La filosofia
e le sue storie

경이로운 철학의 역사

1

고대·중세 편

L'antichità e il medioevo

UMBERTO ECO

RICCARDO FEDRIGA

움베르토 에코

리카르도 페드리가 편저

윤병언 옮김

arte

차례

왜 철학인가?

/ 철학이란 무엇인가?

'철학'이 '지혜에 대한 사랑'을 뜻한다는 어원적인 의미를 제외하고 나면 사실 철학이란 무엇인가를 정의하는 일은 상당히 까다로워진다. 그 이유는 물론 철학이라는 말의 의미 역시 수 세기에 걸쳐 다양하게 변화했기 때문이다. 고대 그리스인들은, 아리스토텔레스Aristoteles가 말한 것처럼, 인간이 경이로움을 경험하면서 이에 대한 반응으로 철학을 시작했다고 믿었다. 하지만 예를 들어 '우리를 에워싸고 있는 이 모든 것들을 만든 존재는 누구인가'라는 신학적이면서도 분명히 철학적인 질문과 '반추동물은 왜 낙타만 빼고 모두 뿔을 가지고 있는가?'라는 전혀 철학적이지 않은 질문은 모두 일종의 경이로움에 대한 반응이다. 아리스토텔레스가 대답을 시도했던 이 두 번째 질문을 우리 현대인들은 철학이 아닌 과학이 답해야 할 문제로 이해한다.

그러나 과학이 반추동물들의 본성과 기원을 밝히고 이들을 자연적인 진화의 결과로 설명할 수 있다 하더라도 의견이 여전히 분분할 수밖에 없는 또 다른,

전적으로 철학적인 질문이 남아 있다. '반추동물들이 자연적인 진화의 결과라 하더라도, 그런 식으로 진화할 수 있도록 하는 (예를 들어 모든 시대 모든 장소에서 태어나는 소에 뿔이 달리도록 하는) 자연의 법칙이 존재한다. 그렇다면 이 법칙을 좌우하는 지적인 구도는 존재하는가?' 독자들은 이것이 신의 존재 여부를 묻는 질문이라는 점을 곧장 이해했을 것이다. 과학은 삶과 우주의 기원을 설명하기 위해 신의 존재를 가정할 필요는 없다고 말할 수 있지만 그렇다고 해서 신이 존재하지 않는다는 것을 증명할 수 있는 것은 아니다. 과학은 마찬가지로 신이 존재한다는 것 또한 증명하지 못한다. 물론 중세에 성 토마스 아퀴나스Thomas Aquinas는 이성을 통해 믿음을 증명할 수 있다고 생각했고 신의 존재를 설명하는 다섯 가지 철학적 논제를 제시한 바 있다. 하지만 이어서 칸트Immanuel Kant는 이러한 종류의 논리적 증명이 이성적인 차원에서 타당하지 않으며 신의 존재는 오로지 도덕적 개념을 통해서만 설명될 수 있다고 설파했다. 여기서 우리는 철학이 어떻게 과학 고유의 영역을 확장시키면서도 사실상 과학과 전혀 관련이 없는 곳에까지 관심을 가지는지 발견할 수 있다.

결과적으로 인류가 고대부터 오늘날에 이르기까지 많은 문제를 해결하기 위해 과학에 의존해 온 반면 과학이 답을 마련해 줄 수 없는 질문들이 존재하며(예를 들어 선이나 정의는 무엇인지, 혹은 기존의 것에 비해 더 훌륭한 국가 개념은 존재하는지, 왜 악이 존재하고 죽음을 피할 수 없는지 등등의 문제들) 이것들이 바로 철학적 탐구의 대상이라고 말할 수 있다. 어쩌면 철학이 대답 없는 질문을 다루는 학문이라는 이야기도 바로 이러한 이유에서 비롯되었을 것이다.

이는 물론 과장된 정의임에 틀림없다. 대답 없는 질문들이 존재하는 것은 사실이지만 이런 종류의 질문은 과학 분야에서도 얼마든지 찾아볼 수 있다. 예를 들어 홀수 가운데 가장 높은 수가 무엇인가라는 문제는 수학자들이 다루는 내용이며 수학철학이라고 불리는 범위에서 연구될 수 있다. 반면에 철학은 오히려 다른 종류의 학문들이 답해 줄 수 없는 질문들을 다룬다. 예를 들어 '존재한다'는 무엇을 의미하는가? 존재한다는 의미에서 내가 누구라고 말하는 것은 개가 포유동물이라든지 내가 몇 년도에 태어났다고 말하는 것 혹은 시간이란 도

대체 무엇인지 묻는 것과 전혀 다른 의미를 지닌다. 우리가 직각은 90도라는 사실과 인간은 모두 죽는 존재라는 생각을 받아들이는 데 상이한 이유가 존재하는가? 만약 개들이 포유동물이라든지 지금 비가 내리고 있다는 것을 믿는다면, 혹은 동방박사들이 아기 예수를 찾아왔다든지, 직각이 90도라는 것을 전부 사실이라고 생각한다면 이것들이 모두 똑같은 의미에서 '사실'이라고 할 수 있는가? 그렇다면 진실이란 무엇인가? 주목해야 할 것은 이러한 종류의 질문에 답이 없는 것은 결코 아니라는 점, 오히려 너무 많은 답을 가지고 있으며 진실의 다양한 정의가 존재할 뿐이라는 점이다.

아마도 역사상 가장 극적인 철학적 질문은 '무언가가 부재하는 대신 존재하는 이유는 무엇인가?'라는 라이프니츠Gottfried Leibniz의 질문일 것이다.

철학적 문제들이 지니고 있는 바로 이러한 난해함 때문에 철학자들은 불필요한 질문만 던지면서 허송세월을 한다고 생각하는 사람들이 있다. 하지만 어떤 불행한 사람, 가난에 찌들고 병들어서 다음과 같은 질문을 던지는 사람을 예로 들어 보자. '나는 도대체 왜 태어났나? 부모님은 나를 세상에 나오지 않도록 할 수 없었나?' 우리는 이 불쌍한 사람이 자신의 본질과 관련된 무언가에 대해 언급하고 있지만, 사실은 본인이 의식하지 못할 뿐 동시에 상당히 철학적인 질문을 던지고 있다는 점에 주목할 필요가 있다. 이 사람은 자신이 글을 쓰듯 이야기하고 있다는 사실을 깨닫지 못하는 몰리에르Molière 희극의 주인공과 비슷하다.

이제 일반인들도 떠올릴 수 있는 전형적인 철학적 질문의 예를 열거해 보자. 이 세상에 정의는 존재하는가? 사람은 왜 고통을 받아야 하는 걸까? 내가 받은 고통을 보상해 줄 사후의 삶은 존재할까? 내 연인은 그 누구보다도 더 아름다워 보이지만 아름답다는 것은 대체 무엇을 의미하는가? 모든 사람이 동등한 대우를 받는 것이 옳은가, 아니면 모두가 각자의 역량에 따라 보상받는 것이 옳은가? 직각이 90도라는 것은 믿을 수 있지만 모든 인간이 죽을 수밖에 없는 존재라는 이야기도 똑같이 사실일까? 우주선을 타고 외계인들이 지구를 방문한다면 그들 역시 직각은 90도라고 생각할까? 대체 직각이 90도라는 이야기는 누가

한 걸까? 동물들은 영혼을 가지고 있을까? 어쨌든 내게는 영혼이 있는 걸까? 아니, 영혼이란 무엇인가? 또 어디에 있는가? 기억은 무엇인가? 기억을 완전히 잊은 사람이 영혼까지 상실한 것처럼 보이는 것은 무엇 때문인까? 나는 왜 소설 속 등장인물들이 허구라는 것을 잘 알면서도 이들의 이야기를 읽고 눈물을 흘리는가? 모든 사람들을 짓밟고 부자가 되는 것이 최선인가, 아니면 이타주의자로 살아가는 것이 옳은가? 사람들 얘기로는 돼지가 강아지보다 훨씬 영리하다고 하는데 나는 왜 강아지를 선호하는 걸까? 이런 문제는 누군가와의 우정이나 사랑, 일체감에 달린 걸까? 그렇다면 우정은 무엇이며 사랑과 일체감은 무엇인가? 왜 나는 내가 사랑하는 사람이 모든 사람들 중에서 가장 완벽하다고 생각할까? 혹시 다른 도시에 살거나 다른 직장을 다녔다면 다른 사람을 만나 사랑에 빠졌을 것 아닌가? 수학적 진실을 증명을 통해 납득시키는 것(예를 들어, 피타고라스의 정리를 통해)과 누군가를 설득하는 일(예를 들어, 여당보다는 야당 후보를 지지해야 한다는 내용으로) 사이에는 무슨 차이가 있는가?

어떤 공식을 증명하는 일이 '이성적'으로 보인다면 어느 한 편을 지지하라고 설득하는 일을 좌우하는 것은 '비이성적'인 선택인가, 아니면 단지 '납득할 만한' 선택인가? 수학공식을 증명하는 일은 감정에 영향을 끼치지 않지만 누군가를 지지하기로 결심하는 일은 선호도와 느낌, 감정을 토대로 이루어진다. 그렇다면 기술자들보다는 정치가들을 더 믿어야 할까? 이성과 지성, 감정과 확신, 선호도와 성향 사이에는 어떤 차이가 있는가? 어떤 차원에서 우리의 몸은 두뇌에 관여하는가?

이러한 질문의 예를 우리는 끊임없이 언급할 수 있다. 하지만 철학적인 성격을 지닌 이러한 질문을 제기하기 위해 모두 철학 교수가 될 필요는 없다. 철학적 질문들은 오히려 우리 모두가 관심을 가질 수 있는 것들이다.

물론 독자 여러분들은 이 모든 질문이 단지 시간을 낭비하게 할 뿐이며 고민할 필요 없이 열심히 돈을 벌고 즐기면서 사는 것도, 혹은 그냥 고생만 하다가 죽는 것도 얼마든지 가능하다고 생각할 수 있다. 물론이다. 이러한 종류의 질문들이 우리의 삶에 직접적인 영향을 끼치지 않도록 하면서 살아가는 것은 언제나 가능한 일이다. 그러나 이러한 질문들을 던지도록 만드는 경이로움에 저항하지 못하는 철학자들은 제쳐 두고라도, 역사가 흐르는 동안 이 '부적절한' 질문들이 우리가 살아가는 방식에 결정적인 영향력을 행사한 것은 사실이다. 종교전쟁을 일으키기도 했고 과학자들의 연구와 성과에 직접적인 영향을 끼치기도 한 이러한 질문들은 우리가 삶과 행복, 벌이와 가난을 이해하고 생각하는 방식, 그리고 이러한 영향력에 대해 한 번도 생각해 본 적이 없는 사람들의 사고방식 형성에도 구체적이고 직접적인 영향력을 행사했다.

그러나 이러한 문제를 떠나 정말 중요한 것은 철학을 실천하는 것이 생각하는 법을 가르쳐 준다는 사실이다. 옳은 방식으로 생각할 수 있다는 것은 우리에게 만족감을 선사한다. 비록 그것을 통해 현실적인 이득을 추구하기가 힘들다 하더라도 실제로는 수많은 철학자들이 실질적이고 현실적인 문제의 해결을 위해 생각을 적용할 수 있도록 도와준다. 데카르트René Descartes나 파스칼Blaise Pascal, 갈릴레이Galileo Galilei, 아인슈타인Albert Einstein 같은 위대한 학자들 역시 과학적인 탐구와 함께 철학적 성찰을 병행했다는 사실을 잊지 말자.

한 어린아이가 어떤 결론을 내리기 위해 '상황이 그런 만큼……'이라는 멋진 표현을 사용하면서 부모를 깜짝 놀라게 했다고 상상해 보자. 아이는 그런 식으로 추론하는 방법(예를 들어, '비가 내리면 땅이 젖는다. 비가 내리면 땅이 젖으니 맨발로는 밖으로 나가지 않는 것이 좋다')을 터득하고, 계속해서 아리스토텔레스의 삼단논법(예를 들어, '소나기가 내리면 땅이 젖는다. 머지않아 소나기가 예상된다. 따라서 머지않아 땅이 젖으리라는 것을 예상할 수 있다')까지도 터득할 수 있을 것이다. 논리학은 철학사의 한 장을 차지하지만, 누구든지 무의식적으로도 논리학을 활용할 줄 안다. 예외가 있다면 그것은 논리적으로 틀린 추론의 경우다. 예를 들어, '모든 소나기는 땅을 적신다. 땅이 젖어 있다. 따라서 소나기가 내린 것이 틀림없다.'는 추론이 틀렸다는 것은 논리학을 별도로 공부하지 않은 사람도 쉽게 알 수 있다. 누군가가 물을 뿌렸기 때문에 땅이 젖어 있을 가능성도 얼마든지 있기 때문이다. 논리학은 이러한 종류의 추론이 틀렸다는 것을 증명하기 위해 엄격한 기준들을 마련하고 발전시켜 왔다. 하지만 또 다른 종류의 거짓 명제들, 틀렸다는 것을 알아차리기 결코 쉽지 않은 논제들이 존재한다.

바로 이러한 단순한 이유 때문에라도 철학적인 사고에 익숙해질 필요가 있다. 신체 운동이 필요하듯이 사고에도 훈련이 요구된다. 전자는 살이 찌는 것을 막을 수 있지만 후자를 통해서는 더 똑똑해질 수 있다.

철학적 사고의 훈련을 통해 우리는 추상적인 사고방식에 좀 더 익숙해질 수 있다. 물론 우리는 모두 추상적인 방식으로 사고한다. 예를 들어 수의사가 나를 문 개를 눈으로 확인하지 않은 상태에서 내게 광견병 예방주사를 놓을 때 의존하는 것은 개에 대한 그의 상식이다. 일반적으로 개에 물렸을 때 무슨 일이 벌어지는지 그는 알고 있다. 하지만 수의사는 평상시에 이 개 혹은 저 개를 다룰 뿐이다. 반면에 철학자는 무언가의 개념뿐만 아니라 개념의 개념, 즉 우리가 개념들을 활용하는 이유에도 관심을 가진다. 바로 이러한 특징 때문에 철학은 우리의 즉각적인 이해를 뛰어넘는 추상에 관심을 가진다. 그리고 바로 그런 이유에서 우리는 철학자가 현실 밖에서 살아가는 사람이라는 편견을 가지게 된다. 하지만 우리가 살아가고 있는 현실세계를 구축한 많은 중요한 업적들(수많은 과학적 발견들을 포함해서)이 굉장히 추상적인 차원의 사고를 통해 현실화되었다는 점에 주목해야 한다.

치와와와 도베르만을 같이 키우면 아주 어린 아이도 머지않아 이들을 모두 '개'라고 부른다. 과학은 우리의 뇌 구조를 연구하고 왜, 어떻게 그런 일이 일어날 수 있는지 설명할 수 있다. 하지만 한 아이가 그토록 어린 나이에도 불구하고 인식할 수 있는 '개'라는 개념의 정체는 대체 무엇인가? 우리의 뇌가 시대와 장소를 불문하고 동일한 방식으로 작동하기 때문에 빚어낸 조합이라고 해야 할까? 아니면 '개'라는 개념은 이 세상 밖에 존재하는 무엇인가?(플라톤학파의 철학자들은 우리의 용기를 북돋기 위해 천상에 존재하는 개념이라고 말할 것이다) 이 세상의 모든 개들이 전염병으로 인해 지상에서 사라진다고 해도 타당성을 잃지 않을 어떤 보편적 법칙의 일부라고 해야 할까? 아니면 어떤 동물학적인 차원의 구조적인 요소인가? 어린아이들이 셰퍼드와 페키니즈 사이에는 유전자적 유사성이 존재하고 페키니즈와 얼룩 고양이 사이에는 그러한 유사성이 없다는 것을 곧장 알아차린다는 것은 어떻게 설명할 수 있는가? 철학자들은 이러한 문제를 다음과 같은 식으로 (수 세기에 걸쳐 해 온 대로) 표현할 것이다. '하나의 보편적인 요소인가? 아니면 문화나 언어가 빚어낸 결과인가?'

/ 철학이 우주에 관한 다양한 질문과 다른 것은 무엇 때문인가?

인류의 역사를 살펴보면 우리를 둘러싼 외부세계의 경이로움에 반응하는 또 다른 방식들이 존재한다. 예를 들면 종교라는 방식이 있다. 철학이 이성의 활용을 토대로 하는 반면 종교는 우리의 믿음을 기초로 하며 신화 혹은 계시의 형태로 전승되어 왔다. 이러한 종교의 계시적인 측면이 '건강한' 이성에 위배되지 않는다는 것을 증명해 보이려고 노력한 철학가들이 있었던 (예를 들어 토마스 아퀴나스는 신의 존재를 증명하기 위한 다섯 가지 논제를 제시했다) 반면 종교를 비판하는 입장에 섰던 철학가들도 있다(포이어바흐Ludwig Feuerbach 혹은 마르크스Karl Marx). 또 다른 예로 우주론, 즉 우주 탄생이나 신들의 계보학에 대해 설명하는 어느 정도는 허구적인 성격을 지닌 이야기들이 존재했다(헤시오도스Hesiodos). 이 '이야기'들은 사실 항상 생각의 법칙으로 고려되는 것에 충실하려고 노력하는 철학적 사고와는 전적으로 다른 성격의 내용을 가진다.

우리가 알고 있을 뿐만 아니라 철학이 탄생하기 이전부터 그리스인들 역시 알고 있었던 것이 있다. 서양철학과는 또 다른 형태의 앎이 존재했고 여전히 존재한다는 사실이다. 중국 철학과 인도 사상뿐만 아니라 이집트에도, 아시리아와 바빌론에도 특이한 형태의 앎이 존재했다. 이러한 형태의 지식은 대부분 신화나 시를 통해 (결과적으로 철학사상이 아니라 예술 혹은 신화와의 깊은 관련하에서) 표현되었지만 이를 밝히는 것만으로는 부족하다. 왜냐하면, 앞으로 보게 되겠지만, 시를 통해 사상을 표현하던 파르메니데스Parmenides나 종종 신화를 통해 의견을 피력하던 플라톤Platon을 우리는 철학가로 간주하기 때문이다. 사실 서양철학의 범위를 넘어서는 바깥세상의 사상에 대해 많은 것들이 여전히 알려져 있지 않다는 것은 상당히 안타까운 일이다. 아프리카 대륙의 원주민 혹은 미국 인디언들의 신화가 표현하는 지혜의 형태에 대해 알려진 것이 많지 않다는 것 또한 안타까운 일이다. 이상적인 교육은 이러한 형태의 앎에 대한 지식 역시 포함하고 있어야 한다. 그리스 철학자들이 하는 이야기만 가르친다는 것은 당연히 부당하며 아울러 성경만 가르칠 것이 아니라 코란이 무슨 이야기를 하는지도 언급해야 한다. 그렇지 않다면 이제 천천히 하나가 되어 가고 있는 상이한 문화, 상이한 세상의 사람들이 서로 무슨 생각을 하는지 결코 깨달을 수 없을 것이다.

철학사가 그리스에서 시작되었다고 보는 것은 문화적인 이유 때문이다. 서구 세계가 사고하는 방식을 구축한 것이 그리스 사상이었고 우리는 그리스인들이 무슨 생각을 했는지 이해해야만 대략 3000년 정도의 시간이 흐르는 동안 우리가 무슨 생각을 해 왔는지 깨달을 수 있다. 어떤 서양인이 중국으로 건너가 직장 생활을 하려면 중국인들의 사고방식을 어느 정도는 알고 있어야 하는 것처럼 어떤 중국인이 서양 세계를 찾아온다면 그리스에서 탄생한 서구 세계만의 사고방식에 적응을 해야 한다. 누군가는 이것이 부당하다고 생각할 수도 있겠지만 수많은 동양 청년들이 미국으로 건너가 공부를 하고 서양식 사고방식을 이해하기 위해 노력하면서 이러한 적응력을 기반으로 동년배의 미국 청년들보다 훨씬 뛰어난 성적을 내고 과학과 경제 분야에서 윗자리를 차지한다는 것은 부인할 수 없는 사실이다.

어떻게 보면 서양 언어가 가지고 있는 구조적인 특성 (예를 들어 '강물은 진흙으로 가득하다'는 문장은 주어, 동사, 보어로 구성된다) 때문에 우리가 일련의 사물들에 특징을 부여하는 방식으로 우주를 이해한다는 주장도 나왔을 것이다. 몇몇 원시언어들은 사물과 그 특성 대신 사건이 일면에 등장한다는 특징을 가지고 있다. 따라서 이러한 언어로 강을 언급할 때에는 진흙으로 가득한 특성을 가진 하나의 대상으로 다루는 것이 아니라 계속해서 뒤섞이는 물의 끊임없는 흐름에 대해 이야기하게 될 것이다(그러고 보면 헤라클레이토스Hērakleitos도 "동일한 강물에 몸을 두 번

적시는 법은 없다"는 말을 남겼다). 하지만 서양철학은 어쨌든 사물이나 물질, 혹은 어떤 특성을 지닌 객체에 대해 말하기를 계속하고 있다. 중요한 것은 우리가 물질이라는 개념이 어떻게 아리스토텔레스와 함께 태어났는지 이해하지 못한다면 사실상 현대물리학이 이를 문제 삼고 있는 부분에 대해서도 전혀 이해할 수 없으리라는 점이다. 서양철학사상이 아예 전적으로 틀렸다고 해도 이를 알고 이해할 필요가 있다. 우리가 살고 있는 세계가 어떻게 시작되었고 우리가 누구인지 이해하기 위해서는 절대적으로 필요한 일이다. 그렇지 않다면 우리는 학생들에게 그리스신화가 허구적인 내용으로 가득할 뿐이니 읽을 필요가 전혀 없다고 가르쳐야 한다. 하지만 이는 젊은 세대들이 호메로스Homeros나 베르길리우스Vergilius가 무슨 이야기를 했는지 이해할 수 있는 가능성을 빼앗는 결과를 가져올 뿐이다. 혹은 구약이나 신약성서에 대한 언급을 피하면서 예술사의 90퍼센트를 차지하는 이미지들을 후세대들이 전혀 이해하지 못하는 상황으로 몰고 가게 될 것이다.

/ 환경

놀림의 대상이 될 때마다 철학가들은 구름을 타고 있는 모습의 캐리커처로 그려지곤 한다. 하지만 철학가들은 허황된 꿈을 꾸며 살지 않았다. 플라톤이 탈레스Thales에 대해 그가 어느 날 별들의 움직임을 연구하기 위해 하늘을 쳐다보다가 우물에 빠지고 말았다고 이야기한 것은 사실이지만, 아리스토텔레스는 탈레스가 꿈속의 현자라는 오해를 지워 버리고 싶었는지 다음과 같은 정반대의 일화를 언급했다. 탈레스의 동시대인들이 그에게 철학의 무용성을 주장하자 그는 별들을 관찰하면서 모은 자료를 토대로 올리브 농사의 풍년을 예측하고 아직 추운 겨울이었을 때 얼마 되지 않는 푼돈으로 밀레토스와 키오스의 모든 올리브 압착소를 임대했다고 한다. 수확기가 되었을 때 탈레스는 훨씬 더 많은 돈을 받고 압착소를 빌려주었고 그런 식으로 철학가들도 원하기만 한다면 얼마든지 부자가 될 수 있다는 것을 증명해 보였다.

그러나 정말 중요한 것은 모든 철학가들이 어떤 구체적인 정치적·사회적·문화적 환경 속에서 살았고, 따라서 이들이 철학하는 방식도 철학과는 무관한 종류의 요인에 영향을 받지 않을 수 없었다는 사실이다. 우리는 세계를 이성적으로 설명하기 위해 노력했던 고대 철학자들이 신들을 섬기는 동시에 전쟁을 일삼던 시대, 자유인뿐만 아니라 노예들이 존재하던 시대에 살았다는 것을 잊지 말아야 한다. 철학이 다양한 종류의 요인에 영향을 받을 수밖에 없다는 것은 우리 시대 철학자들에게도 해당되는 이야기다. 현대 철학자들 역시 사회적 분쟁과 독재의 등극에 영향을 받았고 기술 발전이 가져온 새로운 형태의 문제들 역시 우리의 사고방식에 지대한 영향력을 발휘하고 있다. 이와 마찬가지로 르네상스 및 후기 르네상스 철학자들 대부분이 코페르니쿠스Nicolaus Copernicus와 갈릴레이, 케플러Johannes Kepler의 천문학 발견에 지대한 영향을 받았다. 그리고 이 과학자들 역시 르네상스 이전 혹은 동시대의 철학사상에 깊은 영향을 받았던 것 또한 사실이다.

철학을 공부하고 이해해야 하는 이유는 아마도 지금까지 이야기한 것보다 많고 다양할 것이다. 이를 전부 열거하는 일은 『경이로운 철학의 역사』도 도달하기 힘든 어려운 목표다. 하지만 여기서 내가 제시한 몇몇 예들이 '생각한다'는 것은 과연 무엇인지 이해하기를 원하는 독자들의 관심을 충분히 불러일으킬 수 있으리라고 기대해 본다. 인간이 동물과 다른 이유는 생각하는 존재, 철학적으로 생각하는 존재이기 때문이다.

일러두기

- 『경이로운 철학의 역사』는 다양한 형태와 성격을 가진 글들로 구성되어 있다. 기본적으로 번호가 달린 장들은 전형적인 연대기 형식으로 집필된 철학사를 다룬다. 이어서 필요한 곳마다 다양한 주제나 여러 철학자들에 대한 좀 더 깊이 있는 해설이나 짤막한 기사를 첨부했다.
- 이 기사들 가운데 '망원경 기호'로 시작되는 글들은 때로는 특정 시대를 벗어나기도 하고 특정 분야의 학문을 다루기도 하면서 철학사를 바라보는 우리의 관점을 좀 더 넓혀 줄 수 있는 보다 폭넓고 다양한 주제를 다룬다. 그 밖에 별면에 수록한 글들은 철학적 담론과 관련된 각 시대의 문화적인 측면들을 다룬다. 아울러 저자의 이름이 적혀 있지 않은 글들은 두 명의 감수자가 공동으로 집필한 글이다.
- '책과 호리병 기호'로 시작되는 글들은 원서에서 '문화적 배경Ambiente culturale'이라는 제목으로 본문 하단에 실었는데, 한국어판에서는 모두 별면에 실었다.
- 단행본은 『 』, 논문이나 장 제목은 「 」, 희극은 〈 〉로 묶었다.
- 본문 아래 각주는 모두 옮긴이의 것이다.

I

철학적
이성의 탄생

La filosofia
e le sue storie

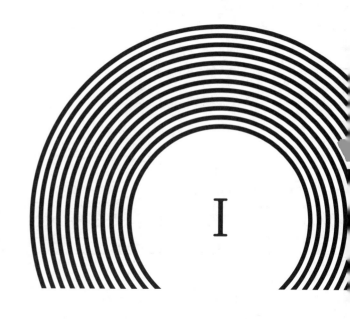

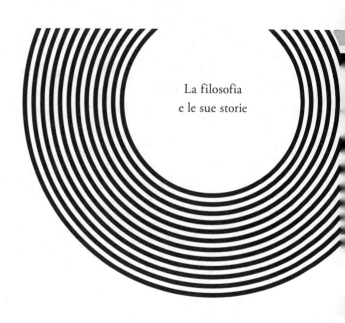

기원전 7~6세기
탈레스 활동

기원전 582년경
사모스에서
피타고라스 탄생

기원전 520년경
피타고라스,
크로토네로 이주

기원전 515년경
엘레아에서
파르메니데스 탄생

기원전 490년경
엘레아에서
제논 탄생

기원전 450년경
메타폰토에서
피타고라스 사망

기원전 428년경
유배지 람프사코스에
아낙사고라스 사망

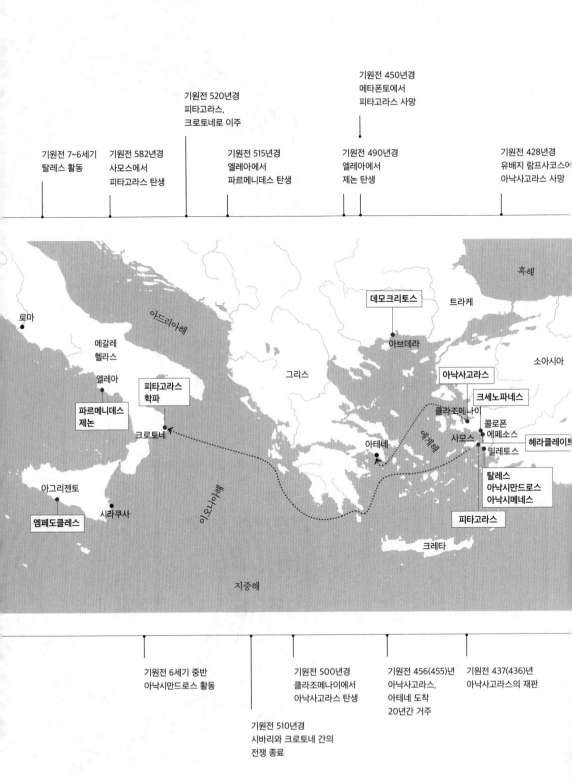

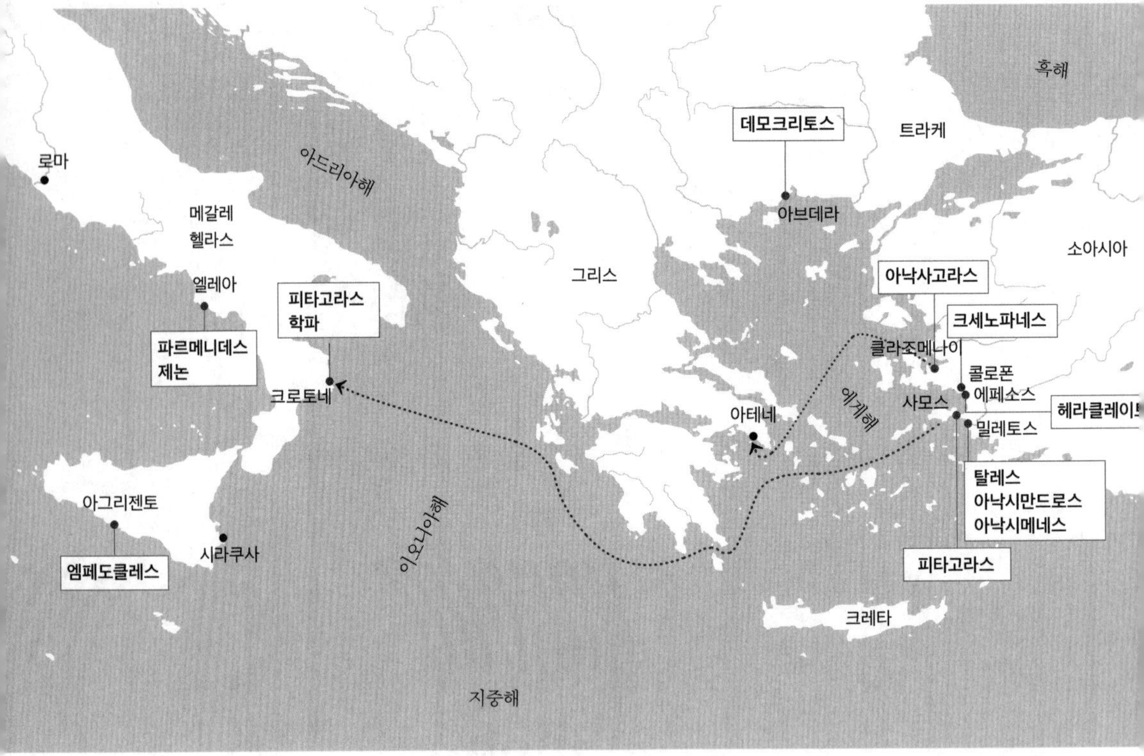

기원전 6세기 중반
아낙시만드로스 활동

기원전 510년경
시바리와 크로토네 간의
전쟁 종료

기원전 500년경
클라조메나이에서
아낙사고라스 탄생

기원전 456(455)년
아낙사고라스,
아테네 도착
20년간 거주

기원전 437(436)년
아낙사고라스의 재판

기원전 6세기에서 5세기 사이에 활동했던 그리스 철학자들의 사상을 다루면서 우리는 이들을 '철학자'로 규정하는 것뿐만 아니라 '소크라테스 이전' 철학자로 서술하는 데 굉장히 신중해야 한다.

입에 오르내리기 시작한 순간부터 유명세를 탔던 '소크라테스 이전'이라는 표현은 사실 커다란 문제점을 안고 있다. 왜냐하면 소크라테스 이전 철학자들로 분류되는 모든 소피스트 철학자들은 물론 데모크리토스Dēmokritos까지도 실제로는 소크라테스Sokrates와 동시대인이었기 때문이다. 무엇보다 철학이 자연 탐구에 집중하던 단계에서 새로운 윤리적 차원으로 도약하는 지점에 소크라테스가 있다는 평가 자체가 오늘날에는 상당히 모호해 보인다. 이는 일찍이 아리스토텔레스가 『형이상학*Metafisica*』 1권에서 자신을 앞서간 철학자들의 사상을 재구축하면서 내렸던 평가로, 이와 비슷한 관점이 고스란히 전승되는 측면을 우리는 후대 철학자 키케로Marcus Tullius Cicero의 다음과 같은 멋진 문장에서 발견할 수 있다. "소크라테스는 철학을 하늘에서 땅으로 끌어내려 각 도시에 전파하고 심지어는 모든 집에 보금자리를 틀게 만들었다." 하지만 최근에 이루어진 연구들에 따르면 소크라테스 이전 철학자들의 글에도 도덕철학적인 요소들은 충분히 담겨 있었던 것으로 보인다. 비근한 예로 헤라클레이토스의 금언들이 간직하고 있는 실존주의적인 고뇌의 흔적이나 피타고라스Pythagoras의 철학 전통, 혹은 엠페도클레스Empedokles의 단상들을 통해 드러나는 영혼과 영혼의 저세상에서의 운명에 대한 관심 등을 들 수 있다.

그러나 이보다 훨씬 더 복잡한 문제, 즉 우리가 소크라테스 이전 시대의 철학자들에 대해 논하면서 '철학'이라는 용어를 과연 어떤 의미로, 어떤 차원에서 다루어야 하는가라는 문제가 남아 있다. 이를테면 탈레스가 "만물의 근원은 물"이라고 주장하면서 실질적으로 일어난 변화는 과연 '무엇'인가라는 질문이 얼마든지 제기될 수 있다. 몇몇 학자들은 탈레스에서 데모크리토스에 이르는 사상가들의 활동을 '철학'이라고 부르는 것이 부적절하다고 주장한 바 있다. 이들 중 어느 누구도 (최초로 플라톤이 했던 것처럼) 순수한 앎을 목표로 하는 지적 활동(주지하는 바와 같이 철학, 즉 필로소피아라는 말은 '지혜에 대한 사랑'을 의미한다)의 이상이나 한 사람이 평생을 바쳐 추구할 만한 앎에 대해 이야기한 적이 없다는 것이었다. 하지만 또렷하게 이론적인 성찰의 흔적을 찾아볼 수 없다는 이유로 이들이 순수한 앎을 실제로 추구했을 가능성을 완전히 배제할 수는 없다. 소크라테스 이전 철학자들의 지적 활동이 자연이나 지식에 관한 일반적인 의문점들에 대해 특정한 이론적 입장만이라도 가지고 있었다는 것이 확실하다면 이들의 활동은 당연히 '철학'으로 정의되어야 한다. 철학이 아리스토텔레스의 의견대로 인간의 삶을 둘러싼 사물들의 신비와 이에 대한 경이에서 탄생한 것이라면, 이 놀라운 경험을 토대로 탈레스, 아낙시만드로스Anaximandros, 아낙시메네스Anaximenes의 학설이 탄생했고 이를 토대로 밀레토스에서 자연의 질서라는 개념이 이론적인 체계를 갖추었다고 보아야 할 것이다. 자연적 질서라는 개념 자체는 이들이 이오니아에서 접했던 것으로 보이는 동방 문화나 호메로스와 헤시오도스의 서사시가 표명하던 신화적 우주론과의 결정적인 결별을 의미한다.

밀레토스에서 그리스 철학이 탄생한 것은 사람들이 흔히 말하는 그리스의 '기적' 때문이라기보다 고대 도시국가들이 분명한 형태를 갖추기 시작하면서 일어난 또렷한 역사적, 문화적 변화 때문이다. 도시국가의 모습은, 정권의 다양한 형태와는 무관하게, 다양한 지식 분야 간의 수준 높은 경쟁을 토대로 하는 다수의 결의 내용과 이에 대한 비판적 저변의 점차적인 확대를 통해 구체화되었다. 소크라테스 이전의 철학은 무無에서 탄생하지도, 한 도시국가 내부에서 탄생하지도 않았다. 그리스 철학은 상이하지만 활발한 교류 관계를 유지하던 여러 도시들, 밀레토스와 콜로폰(크세노파네스Xenophanes), 에페소스(헤라클레이토스), 아울러 '메갈레 헬라스'와 시칠리아(피타고라스학파, 엘레아학파, 엠페도클레스)의 여러 도시에서 탄생했고 아테네를 중심으로 꽃을 피웠다. 소크라테스 이전의 그리스 철학은 나름대로 다양한 표현 방식을 통해 특정 계층의 관심을 모으고 의도적으로 혁신을 꾀하면서 전대미문의 학설들을 내놓았던 상당히 다양하고 이질적인 성격의 인물들에 의해 탄생했다. 그리스 철학은, 예를 들어 서사시적 표현의 장엄함을 향한 파르메니데스와 엠페도클레스의 갈망으로부터, 혹은 데모크리토스가 각고의 노력 끝에 도달한 '학문'에 가까운 산문을 토대로 태어났다고 할 수 있다. 니체가 말했듯이, 결국 소크라테스 이전의 사상가들은 모두 "한 덩어리의 돌로 깎아 만든 완전체"에 가까운 철인들이었다.

1

이오니아의 우주론

자연을 비롯해 기하학과 천문학에 관한 철학적 견해가 기록으로 남아 있는 최초의 철학자 탈레스는 기원전 7세기 후반에서 6세기 초 사이에 활동했던 것으로 보인다. 아낙시만드로스의 철학이 꽃을 피웠던 시기는 탈레스가 활동했던 시기로부터 40년이 채 흐르지 않은 기원전 6세기 중반이다. 이오니아의 세 번째 사상가인 아낙시메네스는 아낙시만드로스에 뒤이어 곧장 활동을 시작했던 것으로 추정된다.

자연과 우주에 대한 아주 상이한 의견과 입장을 견지하던 이 철학자들이 사실상 동일한 관심사를 가지고 있었던 것으로 보이는 이유는 이들이 모두 밀레토스에서 태어났기 때문이다. 이오니아(지금의 터키 남서부)의 남부 해안에 위치한 밀레토스는 당시에 서방과 동방을 연결하는 무역과 상업의 중심지였고, 따라서 메소포타미아, 페니키아, 이집트의 신화를 바탕으로 하는 우주론 모형들과 전격적인 비교를 자극하던 다양한 전통문화와의 충돌에 노출되어 있었다.

1.1 철학의 '선도자' 탈레스

탈레스는 자신의 생각을 글로 남기지 않았다. 그가 일찍이 철학의 아버지로 받아들여지기 시작했던 것도 이와 비슷한 이유에서였다. 관찰과 성찰에 몰두하는 삶을 상징하던 철학자 탈레스를 플라톤은 『테아이테토스*Theaitetos*』의 유명한 이야기에서 정신없이 별들을 관찰하다가 우물에 빠져 여종에게 조롱당하는 인물로 묘사했다. 아리스토텔레스가 『형이상학』 1권에서 내린 평가는 훨씬 더 구체적이다. 아리스토텔레스는 탈레스가 물을 만물의 원리이자 기원으로 봄으로써 변화의 물질적인 원인을 탐색하는 연구의 '선도자' 역할을 했고 이와 함께 자연에 대한 탐구 및 철학 자체가 시작되었다고 보았다. 그리스어 아르케arche가 가리키는 것이 바로 이러한 '원리와 기원'이다.

'철학의 아버지'라는 탈레스의 이미지는 오랜 세월 동안 퇴색하지 않고 그대로 유지되었다. 20세기 초 인문학을 지배했던 인류학적 탐구의 열기 속에서 그리스의 종교와 철학사상에 몰두했던 역사학자들은 신화가 사유를 전달하는 도구로 기능한다는 점에 주목하면서 동방 신화에서 이오니아의 자연주의 철학자들이 제안했던 우주론적인 관점의 원형을 추적하기 위해 노력했다. 이들의 연구에 따르면, 탈레스에게 가장 분명했던 것은 '태초의 바다'를 우주의 기원으로 보는 우주관이었다. '태초의 바다'라는 표현은 메소포타미아나 이집트처럼 강을 중심으로 발달한 문명권의 문헌에서 흔히 찾아볼 수 있고, 가장 오래된 그리스 시에 등장하는 우주의 강 오케아노스Oceanus가 상징하는 것도 '태초의 바다'였다. 하지만 아리스토텔레스 역시 『형이상학』의 한 구절에서 '아주 오래된' 시인들(호메로스와 헤시오도스)이 자연에 관한 이론적인 탐구에 뛰어들었다고 본 '몇몇' 저자들을 언급한다는 점에 주목할 필요가 있다. 신들에 대해 가장 먼저 이야기했던 이들의 의견에 따르면 오케아노스나 테티스Thetis 같은 바다의 신들은 '세대들의 아버지'였고, 신들은 무언가를 맹세를 할 때마다 지옥의 강 스틱스Styx를 언급했다.

아리스토텔레스는 탈레스가 또렷하게 자연을 주제로 철학적 견해를 피력한 최초의 인물이라고 강조했다. 탈레스가 목표로 삼았던 것은 어떤 구체적인 문제의 해결이었다. 다시 말해, 아리스토텔레스는 탈레스가 생체 현상을 관찰하면서 액체가 담당하는 역할에 주목했고, 이어서 자연의 원리는 어떤 신성한 존재가 아니라 물과 같은 하나의 물리적인 요소라고 주장했다고 보았다. 우리가 탈레스에 대한 아리스토텔레스의 평가를 그대로 받아들인다면, 아마도 계속해서 그를 철학의 아버지로 인정할 수 있을 것이다. 뿐만 아니라 이제 동일한 특징들이 아낙시만드로스와 아낙시메네스의 철학을 결정짓는다는 것을 보게 될 것이다. 이로써 좀 더 넓은 관점에서 이오니아 철학가들의 성찰 자체를 철학적 사유의, 즉 하나의 의식적이고 비평적인 활동의 부화 공간으로 해석하는 것이 가능해진다.

1.2 아낙시만드로스와 아낙시메네스: 자연의 신성함

아주 오래전부터 탈레스의 격언으로 추정되어 온 "모든 것은 신들로 가득하다"라는 문구가 실제로 탈레스가 남긴 말이라면, 그는 이 표현을 아마도 전통적인 종교의 신적 인격체들이 실제로 자연세계에 현존한다는 의미보다는 자연이 총체적인 차원에서 어떤 내부적인 힘에 의해 움직이고 생동한다는 의미에서 사용했을 것이다.

바로 이러한 차원에서 아낙시만드로스는 신들의 전형적인 특징 중 하나인 불멸성을 비인격적이고 추상적이며 동시에 물리적인 존재에 부여하면서 이 존재를 변화하는 우주의 원리, 즉 아페이론*과 일치시켰다. 아페이론은 규모에서뿐만 아니라 내부에 어떤 차이도 없다는 차원에서 '한계 없는' 원리를 의미했다. 이러한 특성 덕분에 아페이론은 자연과 사물의 변화를 위한 일종의 무한한 저

---

* 아페이론apeiron은 부정 접두어 a-와 한계 혹은 끝을 의미하는 peirar의 합성어로 '무한함'이나 '형태 없음'을 뜻한다. 아낙시만드로스의 철학에서 아페이론은 아르케, 즉 우주를 구축하는 원리 및 기원과 일치한다.

장고 역할을 담당했다. 아낙시만드로스가 바라보는 세상에는 창조주의 개입이나 세계에 질서를 부여하는 신적 존재의 간섭이 필요하지 않았다. 이러한 조건의 부재 자체는 그리스 문화가 일찍이 헤시오도스의 『신들의 계보*Teogonia*』 같은 작품을 통해 표방했던 신화적인 우주 생성론에 대한 상당히 강렬하고 혁신적인 메시지를 안고 있었다.

아낙시만드로스는 애초에 '생성력'을 지닌 '덥거나 차가운' 요소가 '무한한' 기원으로부터, 즉 아페이론으로부터 분리되면서 우주가 형성되었다고 보았다. 여기서 그는, 탈레스와 비슷한 관점을 좀 더 발전시켜, 생물학적 성장과의 유사성을 전면에 내세운다. 더운 것은 불타오르는 원의 형태로 나타나고 그 한가운데에 가장 차가운 재료로 만들어진 원기둥 모양의 지구가 위치한다.

지구는 대기층이, 대기층은 다시 외부의 화염층이 에워싸고 있다(이 화염층을 아낙시만드로스는 일종의 나무껍질에 비유한다). 화염층은 이어서 공기의 압력을 이기지 못해 증기가 끼어 들어간 다수의 고리로 분리된다. 태양과 달과 별들은 증기를 뚫고 마치 '풀무의 입'에서 뿜어져 나오는 커다란 원형의 불과 흡사하다.

아낙시만드로스는 생명체들이 물리적인 요인들 간의 대응 방식 사이에 존재하는 유사성을 토대로 탄생했다고 보았다. 그는 태양이 열을 가한 물에서 최초 동물이 탄생했고 가시로 뒤덮인 이 최초의 생명체들이 지상에 도달한 뒤 짧은 시간 안에 소멸한 것으로, 즉 가시로 뒤덮인 보호막이 부서지면서 새로운 환경을 이기지 못하고 생존에 실패한 것으로 보았다. 반면에 인간은 어떤 특별한 물고기의 뱃속에서 보호를 받으며 자라나 자생력을 획득한 뒤 지상에 나타났다고 보았다. 여기서 주목해야 할 것은 이러한 이야기가 신이 인간을 창조했다는 신화와 정반대의 관점을 구축한다는 사실이다.

이제 다시 별들의 형성 과정으로 돌아가 보자. 아낙시만드로스는 땅에서 별과 달과 태양이 위치한 천구들까지의 거리가 각각 지반 지름의 9배, 18배, 27배에 달한다고 생각했다. 여기서 우리는 우주의 조화와 균형에 주목하는 관점을 발견할 수 있다. 이러한 관점은 지반이 우주의 중심이라는 생각에서뿐만 아니라 그리스 철학사의 시작을 알린 최초의 철학적 문장, 아낙시만드로스의 단상 1에서도 찾아볼 수 있다. "존재하는 것들이 탄생한 곳은 동시에 이들이 소멸하는 곳이기도 하다. 이들은 사실상 불의에서 비롯된 암울한 의무와 고통을 감내하며 존재한다."

여기서 아낙시만드로스가 말하는 "존재하는 것들"이란 우주를 구성하는 바람, 물, 증기, 불과 같은 질료의 덩어리를 말한다. 이 질료들은 아페이론에서 발현한 뒤에 계절의 변화나 낮과 밤의 교차, 혹은 물이 대지에서 증발한 뒤 다시 비의 형태로 돌아오는 과정처럼 주기적으로 일어나는 현상들의 끝없는 투쟁관계 속에 놓인다. 어느 하나가 다른 것에 비해 우세한 상황에서 비롯되는 불의는 일정한 시간 내에 상반되는 질료에 만회할 기회가 주어지면서 수정된다. 우리가 주목해야 할 것은 아낙시만드로스가 이 단상에서 조화의 원리를 바탕으로 하는 우주의 법칙을 역사상 처음으로 제시했다는 사실이다. 놀라운 것은 이 우주의 법칙과 법적 공방 과정에서 볼 수 있는 법칙들 사이에서 유사성이 발견된다는 점이다.

이 법칙을 좌우하는 것은 세계에 내재하는 '역동적인' 균형인 동시에 부분적으로는 균형을 보장하는 우월한 존재, 즉 아페이론이다. 아낙시만드로스는 이러한 원칙이 법적 공방을 이끄는 판사처럼 기능한다고 보았다. 어쨌든 아페이론이 하나의 원칙으로 기능하는 것은 그것이 단순히 조화로운 세상의 기원이었기 때문이 아니라, 아리스토텔레스가 『물리학*Fisica*』(III, 4, 203b 6)에서 언급했던 것처럼, "모든 사물들을 에워싸고 모든 것을 다스리는" 일을 계속하기 때문이다. 아페이론은 우주를 구축하는 원칙들 가운데 어느 하나가 다른 모든 원칙들을 지배하는 절대적 원리로 부각되는 것을 막고, 우주를 지탱하는 다양한 힘들의 규칙적인 교차와 순환이 허락하는 한도 내에서만 절대성을 인정하면서 패권의 경계를 무너트린다.

앞의 문구에서 '에워싸다periechein'라는 용어는 다름 아닌 아낙시만드로스에게서 유래했을 가능성이 크다. 동일한 용어가 아낙시메네스의 단상 2에 등장한다. 아낙시메네스는 여기서 공기 중에서 일어나는 자연적인 변화의 원리를 제시하기 위해, 공기와 다를 바 없는 우리의 영혼(사실 그리스어 프시케psyche는 '영혼'이기 이전에 '숨'을 의미한다)이 우리를 지탱하듯이 공기가 우주를 '에워싸고' 모든 변화를 지탱한다고 설명한다. "바로 공기와 같은 우리의 영혼이 우리의 삶을 지탱하고 지배하듯 공기가 온 우주를 에워싸고 있다."

모든 것을 모든 각도에서 에워싸고 있는 이 무언가의 이미지는 다름 아닌 기원arche의 상위 역할을 설명하고 강조하는 데 특별히 유용하게 쓰였을 것이다. 그렇다면 아낙시메네스가 아낙시만드로스의 아페이론을 특징짓는 동일한 불멸의 위상을 공기에 부여했을 가능성이 크다. 의미심장한 것은 아낙시메네스의 문장이 아울러 인간 영혼에 대한 최초의 구체적인 설명이기도 하다는 점이다. 따라서 이 단상을 반드시 단순한 유사성의 차원에서, 즉 익히 알려진 소우주를 기준으로 하지 않고서는 알 수 없는 미지의 대우주를 설명한다는 식으로만 읽을 필요는 없다. 물론 아낙시메네스가 살아 있는 생명체들에게 필요한 숨의 역할과 지구를 에워싸는 대기의 역할을 동등한 차원에서 고려했을 가능성이 있고, 공기(대기 혹은 숨)의 밀도와 온도의 변화를 자연 현상 속에서뿐만 아니라 인간의 삶 속에서도 쉽게 관찰할 수 있다는 차원에서 이들이 서로에게 거울 역할을 한다고 보았을 가능성은 충분히 있다(숨의 온도가 입술을 벌리는 정도에 따라 변한다는 아낙시메네스의 관찰은 바로 이러한 차원에서 이해해야 한다).

여하튼 아낙시메네스의 사상 역시 탈레스나 아낙시만드로스와 같은 이오니아 철학자들의 공통된 특징으로 확인된 요소들을 고스란히 가지고 있다. 다시 말해, 현실세계의 물리적 요소들을 또렷하고 구체적으로 의식하는 경향, 우주의 질서에 대한 신화적 접근 방식을 거부하고 자연이 그것을 설명할 수 있는 원리들을 내포하고 있다고 보는 경향, 아울러 비교 중심의 방법론에 치중하는 경향 등이다. 그러나 우주의 질서에 대한 이러한 새로운 이미지의 발전을 보다 심층적으로 이해하기 위해서는 고대 사회polis의 형성과 정착 과정이라는 역사적 배경을 함께 고려해야 한다. 고대 사회 역시 사회 질서의 기반이 초자연적인 것에 있다는 신화적 견해에서 벗어나 경제와 사회의 법적 제도화를 추구하는 방향으로 나아가고 있었기 때문이다.

2

신들의 탄생과 세계의 질서

2.1 우주론에서 '계승 신화'로

헤시오도스는 우주의 기원과 불멸하는 신들의 역사를 다루면서 전통적인 사료를 모으고 정리하는 데 그치지 않고 연대기적인 측면을 강조하면서 현실을 묘사하고 제우스 치하의 질서를 칭송했다. 우라노스(하늘)와 가이아(대지)의 후손이자 크로노스와 레아의 막내아들로 태어난 제우스는 모든 위협으로부터 우주를 보호하고 조화를 책임질 수 있는 유일한 신이었다. 오랜 기간의 생성 과정과 분쟁 끝에 신들의 세계는 인간세계와 함께 안정을 되찾았고, 이 안정을 보장하기 위해 자신의 힘을 증명해 보인 뒤 여러 신들의 요청으로 왕위에 오른 신이 바로 제우스였다. 따라서 제우스의 패권은 어떻게 보면 선거와 업적을 토대로 획득한 패권이었다. 헤시오도스는 이러한 신들의 과거사를 제우스의 왕국이라는 영원한 현재적 관점에서 들려준다.

헤시오도스가 우주의 기원으로 제시한 태초의 기운은 세 가지다. 먼저 '카오스'는 단순한 무질서 혹은 공허가 아니라 광활한 심연이나 활짝 열린 소용돌이,

혹은 불안정하고 형체 없는 모든 것들을 부둥켜안은 일종의 블랙홀과 유사하다. 이어서 '가이아', 즉 대지는 분명한 경계를 지닌 안정적인 공간이지만 태초의 심연이 입을 활짝 벌리고 있는 지하세계 타르타로스에 뿌리를 둔다. 끝으로 '에로스'란 '사지를 녹이는' 저항할 수 없는 본능이자 진정한 생성의 원동력을 가리킨다(『신들의 계보』, 116~122).

카오스에서 탄생한 '밤'과 '암흑'이 결합해 낳은 것이 '낮Hemera'과 '창공Aither'이다. 그런 식으로 우주에 시간과 공간의 기초적인 형태를 부여했던 것이다. 가이아는 단성생식으로 우라노스, 즉 '하늘'을 낳고 이어서 하늘의 표면을 구성하는 '산들', 끝으로 대지의 심연에서 요동하는 폰토스Pontus, 즉 '바다'를 낳는다. 우주의 모습은 그렇게 구체화되기 시작했고 가이아는 우라노스, 즉 자신의 남성 상대를 탄생시킴으로써 여성으로서의 정체성을 확보한다. 이들은 함께 머물면서 태초의 쌍, 즉 '하늘'과 '대지'를 이루며 우주를 다스리게 될 신들의 왕가를 탄생시킨다.

우라노스와 가이아가 낳은 무시무시한 아들들 가운데 외눈박이 키클롭스(외눈박이 폴리페모스와는 구분되어야 한다)와 백수거신百手巨神 헤카톤케이레스가 있다. 외눈박이는 천둥이나 번개 같은 강력한 무기를 손에 쥐고 있고 백수거신은 무한한 힘을 자랑한다. 우라노스와 가이아 사이에서는 또 다른 신들이 탄생했고 이들은 '티탄'이라고 불렸다. 그 이유는 아버지 우라노스에 반기를 들었기(그리스어 titainein는 '반항하다'라는 뜻이다) 때문이다. 이들이 가진 힘을 두려워하고 시기하던 우라노스는 이들을 어머니 가이아의 깊은 땅속으로 밀어 넣었다. 하지만 가이아는 우라노스를 배반하고 가장 어린 크로노스(Kronos, '시간'의 신 크로노스 Chronos와 혼동하지 말아야 한다)만이 해낼 수 있는 일을 계획한다.

이것이 이른바 '계승 신화'의 시작이다. '비뚤어진 지성ankylometes'의 신 크로노스는 가이아에게서 받은 초승달 모양의 낫으로 아버지 우라노스를 거세한 뒤 불멸의 왕으로 등극한다. 하지만 기만과 폭력을 토대로 신들의 왕좌에 올랐기에 아버지 우라노스는 자신에게 반기를 든 아들을 저주하면서 자신이 흘린 피의 대가로 크로노스에게 불길한 운명을 예고한다. 이어서 이 예언을 실현하는 인물이 바로 제우스다. 제우스는 먼저 아버지 크로노스의 왕위를 빼앗은 뒤 그를 다른 티탄들과 함께 타르타로스의 깊은 심연에 영원히 가둠으로써 '계승 신화'를 완성한다.

크로노스가 여동생 레아와 결혼해 낳은 자식들이 바로 세 여신, 헤스티아, 데메테르, 헤라, 그리고 세 남신, 하데스, 포세이돈, 제우스다. 왕위에서 쫓겨날 것을 우려한 크로노스는 자식들을 태어나자마자 집어삼켰다. 자식들이 자신의 지위를 위협하며 반기를 들 수 없도록 하기 위한 조치였다. 하지만 제우스가 태어날 때 레아는 크로노스가 그의 아버지 우라노스를 상대로 저지른 만행을 빌미로 우라노스와 가이아의 도움을 얻어 내는 데 성공한다. 제우스가 태어났을 때 크로노스는 아무것도 모른 채 마지막으로 태어난 아들 대신 돌을 집어삼킨다. 이렇게 목숨을 건진 제우스는 자유롭게 자라나 힘을 키웠고 어느 날 크로노스와 싸워 그를 무릎 꿇게 한 뒤 그가 집어삼켰던 신들을 모두 토해 내게 만든다. 그렇게 해서 크로노스의 자식들과 티탄들 사이의 기나긴 전쟁이 시작된다. 외눈박이 신들의 가공할 만한 무기와 동맹군이었던 백수거신들의 괴력 덕분에 제우스는 크로노스와 옛 신들을 무찌르고 타르타로스의 감옥에 가두는 데 성공한다. 자신감을 얻은 제우스는 이제 그와 항상 동행하는 니케(Nike, 승리), 젤로스(Zelos, 열정), 크라토스(Kratos, 힘), 비아(Bia, 폭력)에 힘입어 자신의 마지막 적, 가이아와 타르타로스의 아들 티폰과 맞선다.

우주에 현존하는 거의 모든 혼돈과 파괴의 힘을 쏟아부은 전쟁을 치르고 이 무시무시한 신을 무찌른 뒤에야 제우스는 가이아와 다른 신들로부터 세상을 다스릴 수 있는 권한을 부여받는다(『신들의 계보』, 881~885). 이것이 '계승 신화'의 마지막 이야기다. 이제는 어떤 후계자도 더 이상 제우스의 자리를 넘보지 못한다. 신들과 인간들의 왕 제우스는 재빨리 '간교한 지성'의 신 메티스를 집어삼킨다. 메티스의 후계자가 그를 위협할지 모른다는 염려 때문이었다(『신들의 계보』, 886~900). 메티스와 하나가 되면서 불리한 상황을 유리하게 만들 수 있는 위대한 힘까지 갖춘('메티스를 겸비한') 제우스는 그의 선임자와는 절대적으로 다른 존재였다(크로노스의 메티스는 비뚤어진 지성이었고, 이는 곧 그의 왕권이 완벽하지 않았다는 것을 의미한다). 어떻게 보면 제우스는 자신이 스스로의 후계자가 되었다고도 할 수 있다. 그런 식으로 제우스는 우주의 안정과 우주 안에서 실행되는 무수한 힘들의 균형을 보장하는 존재였다.

2.2 계보학적 언어와 영예의 재분배

제우스와 마이아의 아들 헤르메스의 탄생 신화를 다룬 호메로스의 찬가 「헤르메스에게」에서 어린 헤르메스는 아폴론 앞에서 리라를 들고 신들을 기리는 노래를 부르고 세상의 기원에 관한 이야기를 전한다. 헤르메스는 불멸하는 신들을 그들의 지위와 출생에 따라 칭송하고 어떤 신들이 '영예'를 나누어 가졌는지 이야기해 준다.

다시 말해 헤르메스의 노래는 신들의 계보를 드러낸다. 이 계보의 구조는 헤시오도스의 뮤즈들이 부르던 매혹적인 노래의 그것과 비슷하다(『신들의 계보』, 104~115). 신들의 계보와 영예의 재분배는 신들이 머무는 세계의 내부 조직과 각각의 신들에게 고유의 능력을 부여하며 판테온을 구축하는 재분배의 논리를 분명하게 드러내는 만큼 신들의 세계를 설명하는 아주 구체적인 기능을 한다고 볼 수 있다.

신들의 계보는 단순히 복잡한 구조를 지닌 서사 혹은 다신주의의 혼돈에 질서를 부여하기 위한 원시적인 사상의 표현이라고 볼 수 없다. 이 계보는 오히려 신들의 역사를 추적하고 이들이 세계에 행사하는 권력의 지도를 그리면서 신들의 혈연관계나 탄생 경로를 토대로 이들의 본질을 묘사하는 아주 복잡한 인식 도구에 가깝다. 저명한 고대학자 장 뤼다르트Jean Rudhardt와 장 피에르 베르낭Jean-Pierre Vernant은 신들의 특징과 특권이 혈통을 통해 구체화된다는 점을 강조한 바 있다. 예를 들어 우라노스의 피를 이어받은 티탄 히페리온과 '신성한' 여신 테이아로부터 탄생한 헬리오스(Helios, 태양)와 셀레네(Selene, 달)와 에오스(Eos, 새벽)는 모두 부모가 하늘의 후손이라는 특징을 고스란히, 그리고 보다 제한된 혹은 구체화된 형태로 드러낸다. 우라노스와 가이아 사이에서 태어난 오케아노스, 대지를 감싸 안는 강의 신과 테티스(아킬레스의 어머니 테티스와 혼동하지 말아야 한다)는 물을 다스리는 신들의 시조다. 모든 강(포타모이Potamoi)과 수많은 바다의 여신들(오케아니스Oceanid)이 이들에게서 태어났고 오케아니스들은 물의 다양한 형태나 움직임을 정확하게 표현하는 이름들을 가지고 있다(예를 들어 '칼리로에Kallirhoe'는 '아름다운 물살', '오키로에Okyrhoe'는 '빠른 물살'을 뜻한다). 오케아니스와 마찬가지로 네레이데스Nereides의 경우에도 헤시오도스는 치밀하게 구축된 명단을 제시하며 파도의 이미지를 가진 이름들을 부여한다(예를 들어 '갈레네Galene'는 '잠잠함', '키모토에Kymothoe'는 '빠른 파도', '키마토레게Kymatolege'는 '파도를 잠잠하게 하는 요정'을 뜻한다).

신들은 세계의 발현을 동반하는 사건들 속에서도 탄생한다. 우라노스의 생식기가 바다에 떨어질 때 정액이 하얀 거품을 일으키며 아프로디테가 태어난다. 아프로디테는 다름 아닌 성적 결합과 그에 따르는 위험을 주관하는 여신이다. 반면에 땅에 떨어진 우라노스의 피에서는 기간테스Gigantes, 즉 무장한 거인 전사들과 에리니에스Erinyes, 즉 피의 대가를 요구하는 복수의 여신들이 탄생한다. 크로노스의 범죄가 우주에 일으킨 충격은 이러한 신들의 탄생으로 표현될 뿐만 아니라 닉스Nyx, 즉 밤의 계보를 통해서도 나타난다. 이 시점에서 혼돈의 딸 닉스는 죽음과 노쇠함과 병을 주관하는 신들을 탄생시키고 그런 식으로 인류의 고통을 동반하게 될 덧없고 연약한 삶의 형태를 세상에 부여한다(『신들의 계보』, 211~225).

계보의 구조 외에도, 신들의 계보를 노래하는 서사시의 또 다른 핵심은 바로 '영예timai'의 재분배다. 이는 신들의 사회에서 모든 신에게 그들의 '운명moira'에 상응하는 영예를 인정했던 그리스 다신주의의 핵심 개념이다. 헤시오도스의 서사시는 신들이 탄생과 결합과 동맹과 분쟁을 통해 어떻게 세상을 나누어 가졌고 어떤 식으로 그들에게 할당된 운명을 받아들였는지 이야기한다. 제우스는 세상을 다스릴 수 있는 권한을 얻었고 티탄들은 반대로 타르타로스의 심연에서 망명 생활을 시작했다.

프로메테우스 이야기 역시 '계승 신화' 속에 끼어들어 재분배라는 주제를 다룬다. 프로메테우스 신화는 결국 신들에게 번제를 통해 영예를 돌려야 하는 유한한 존재 인간과 이 영예에 대한 권리를 지니는 불멸의 존재 신들 사이의 좁힐 수 없는 거리에 관한 이야기다. 더 나아가서 인간의 운명은 제우스가 공포와 불안을 조장하는 여성의 원형 판도라를 창조함으로써 더욱 분명해진다. 판도라로부터 여성의 혈통이 시작되고 이와 함께 남성에게는 고된 일과 고통과 불행으로 점철된 삶을 살아야 하는 형벌이 내려진다.

제우스가 가져온 질서는 크로노스의 아들로서 모든 이들의 정해진 운명을 인식하고 우주를 움직이는 다양하기 이를 데 없는 힘의 조화를 책임질 수 있는 능력 속에 이미 잠재해 있었다. 제우스가 티탄을 상대로 승리를 거두고 결과적으로 왕좌를 차지할 수 있었던 것은 사실상 뛰어난 정치적 수완 때문이었다. 전투가 벌어지기 전에 제우스는 모든 신들에게 각자의 몫을 나누어 줄 뿐만 아니라 그와 함께하는 신들에게는 상을 주고 크로노스가 몇몇 신들에게서 빼앗았던 영예를 되돌려 주겠다고 약속한다. 제우스가 이 약속을 지키고 왕좌에 오르면서 가장 먼저 한 일이 바로 정의롭지 못한 '영예의 재분배'를 바로 잡는 일이었다(『신들의 계보』, 881~885). 더 나아가서, 제우스가 우주에 가져온 질서가 안정적이었던 이유는 나름대로 유동적이고 변화 가능성을 가지고 있었기 때문이다. 새로운 신들이 세상에 모습을 드러낼 수 있었고, 올림포스에서 분쟁이 가능했던 것은 물론 신들의 세계와 인간세계의 관계 자체에도 변화가 일어날 수 있었다. 네 편의 『호메로스 찬가』(「데메테르에게」, 「아폴론에게」, 「헤르메스에게」, 「아프로디테에게」)가 증언하듯이, 제우스를 특징짓는 실용적인 지혜Metis와 법과 질서를 표상하는 테미스Themis와의 특별한 관계 때문에 신들과 인간들의 왕 제우스는 이 영예의 재분배를 재정립하는 모든 과정을 성공적으로 이끌 수 있었다.

호메로스는 우주의 분배에 대해 아주 간략하게만 언급한다(『일리아스』 XV, 187~193). 제우스와 논쟁을 벌이던 포세이돈은 그에게 크로노스의 세 자식들이 우주를 세 영역으로 나누어 하데스는 지하세계, 자신은 바다, 제우스는 하늘을 가졌으며 땅과 올림포스는 공동 소유라고 말한다.

호메로스의 분배 방식은 헤시오도스의 분배를 대체한다기보다는 오히려 보완한다. 아울러 호메로스의 이야기에서 포세이돈이 자신의 자율성을 주장함에도 불구하고 결론 부분에 가서는 제우스의 뜻에 복종한다는 점을 잊지 말아야 한다.

2.3 고대 그리스와 근동의 문화에 비친 헤시오도스의 모형

고대 그리스는 또 다른 형태의 우주론과 신들의 계보학을 보유하고 있었다. 이와 관련된 운문 혹은 산문 형태의 문헌들은 헤시오도스의 서사시에 나타난 우주론 및 계보학과 내용 면에서 일부는 일치하고 일부는 상반되는 특징을 가지고 있었다. 이 문헌들을 구성하는 단상들의 파편적인 성격 때문에 그 내용을 정확하게 재구성하기란 쉽지 않지만, 오르페우스와 무사이오스 같은 전설적인 시인들이 크레타의 현자 에피메니데스Epimenides처럼 신들의 계보를 노래했던 것으로 보인다. 아울러 코린토스의 에우멜로스Eumelos는 티탄들의 전쟁에 대해, 시인 알크만Alkman은 운문의 형태로 우주의 형성에 대해, 시로스의 페레키데스Pherekydes와 아르고스의 아쿠실라오스Akousilaos는 산문 형태로 우주의 기원에 대해 글을 남겼다. 현대인들은 신들의 계보학과 철학을 자연스럽게 구분하고 이들의 차이점을 분명하게 인식하지만 고대인들은 이들을 구분하는 데 전혀 관심이 없었을 뿐만 아니라 파르메니데스나 엠페도클레스 같은 철학자들의 우주에 관한 견해를 헤시오도스와 자연스럽게 연결시키는 것도 마다하지 않았다.

이른바 '오르페우스의 계보학'은 태초의 신들 가운데 닉스가 특별히 중요한 역할을 했고, 아울러 헤시오도스의 계보학과 부분적으로만 일치하는 계승 신화의 결론 부분에서 제우스가 자신의 내부에 세상을 흡수한 뒤 다시 창조해 냈다고 설명한다. 한편 그리스에서 통용되던 우주의 기원에 관한 다양한 견해를 아리스토파네스Aristophanes는 그리스 전통문화의 다양한 요소들이 상당히 기술적으로 혼합되어 있는 희극 『새』를 통해 풍자한 바 있다. 카오스(혼돈)와 닉스

(밤), 에레보스(암흑), 타르타로스(지하세계), 그리고 에로스가 등장하는 이 작품에서는 심지어 새들까지도 고귀한 출생 신화를 열망하고 자신들만의 세계에 어울리는 우주 기원론을 창출해 낸다. 새들은 자신들의 기원이 신들의 기원보다 훨씬 더 오래전으로 거슬러 올라간다고 자랑한다(『새』, 693~703).

물론, 앞서 언급한 것처럼 우주의 기원론과 신들의 계보학이라는 장르는 그리스 문화만의 특징은 아니다. 일찍이 기원전 2000년부터 근동에서도 우주의 기원과 신들에 대한 수많은 이야기들이 구전되기 시작했다. 이러한 이야기들 중 몇몇은 그리스의 전통적인 기원론 및 계보학과 거의 동일하다고 볼 수밖에 없는 요소를 가지고 있다. 이러한 유사성은 그리스 신들의 계보학, 더 나아가서 그리스신화 자체의 기원이 동방에 있다는 주장을 뒷받침하는 데 활용되곤 했다. 대표적인 예는 바빌론의 창조 서사시 『에누마 엘리쉬Enuma Elish』에 등장하는 압수(Apsu, 염수)와 티아마트(Tiamat, 담수)로 구성되는 태초의 쌍에 관한 이야기, 신들의 세대 간 전쟁과 마르두크Marduk의 위대한 업적에 대한 이야기 등이다.

헤시오도스가 전하는 이야기와 유사한 형태의 계승 신화를 소아시아 히타이트 족의 신화에서도 찾아볼 수 있다. 하늘을 다스리는 알랄루Alalu와 아누Anu, 쿠마르비Kumarbi 사이에서 전쟁이 벌어지고 쿠마르비는 아누의 생식기를 잘라 내 삼킨 뒤 폭풍의 신을 잉태한다. 여기서 폭풍의 신은 그리스신화와 마찬가지로 아버지를 왕좌에서 폐위시킬 운명을 타고난다.

바빌론과 히타이트의 서사시들과 그리스 신들의 계보학, 특히 헤시오도스의 계보학 사이에서 발견되는 또렷한 공통점들은 아주 오래전에 단일한 문화가 지중해와 근동을 모두 지배했을 가능성을 생각하게 만든다. 하지만 자세히 살펴보면 공통점 못지않게 중요한 차이점을 발견할 수 있다. 그리고 바로 이러한 차이점들을 통해 우주와 신들의 세계를 표현하는 그리스 문화만의 전형적인 특징이 모습을 드러낸다.

바빌론의 『에누마 엘리쉬』에서 태초의 쌍은 물을 다스리는 신들로 구성되지만 그리스신화에서는 흔히 하늘과 땅으로 구성된다. 바빌론의 서사시에서는 승리를 거둔 마르두크가 태초의 신 티아마트의 몸을 해체하면서 우주를 창조하지만 그리스신화의 제우스는 우주를 구성하는 요소들의 생식 욕구와 생성의 역동성(예를 들어 태초의 에로스)을 통해 점진적으로 형성되는 우주의 주권자로 등극한다. 또한 히타이트의 계승 신화에서는 찾아볼 수 없지만 헤시오도스의 계승 신화에서는 핵심적인 역할을 하는 가이아의 존재가 있다. 때로는 신들의 동지로, 때로는 적으로 등장하는 가이아는 신권을 정당화하기도 하고 무산시키기도 하는 존재다. 제우스는 결국 가이아의 충고에 힘입어 왕좌에 오르고 세계에 질서를 가져온다.

3

신화와 운명

3.1 삶의 '부분'으로서의 운명

인생이 '운명'에 좌우된다는 생각, 다시 말해 사람은 태어나기 전에 그의 생애를 두고 이미 내려진 결정에 따라 살아가게 된다는 생각은 시대와 문화마다 아주 다양한 방식으로 표현되었다. 예를 들어 그리스인들의 '운명'은 로마인들의 '운명'과 같지 않았고 현대인들이 생각하는 '운명'과도 전혀 닮지 않았다. 로마인들이 '운명'을 무언가 '말해진fatum' 것, 즉 신들이 천명한 것으로 이해했다면 현대인들이 생각하는 '운명'은 '연결되어' 있거나 '고정되어'(이것이 바로 영어의 destiny, 이탈리아어 destino의 어원인 라틴어 동사 destinare의 뜻이다) 있는 것과 연관된다. 반면에 그리스인들의 '운명'은 무엇보다도 '분배'라는 독특한 기준을 가지고 있었다. 인간은 자신에게 할당된 '부분'을 부여받으면서 태어나고, 바로 이 '부분'이 한 인간의 존재를 특징짓게 될 일련의 사건들을 결정지을 뿐만 아니라 죽음의 의미와 순간까지 결정하게 된다고 보았던 것이다.

그리스에서 개인의 운명이 '분배' 개념과 밀접한 관련이 있었다는 사실은 상이한 방식으로 사용될 뿐 기본적으로 동일한 어원을 가지고 있는 용어들을 통해, 아울러 운명은 곧 분배라는 생각을 바탕으로 하는 다양한 비유들을 통해 확인할 수 있다.

먼저 운명을 뜻하는 '모이라moira'라는 단어를 예로 들어 보자. 이 명사는 땅의 '일부'를 가리키기도 하고 '운명'을 가리키기도 하는 어근 'mer'에서 유래했다. 그리스인들에게 운명이란 무언가 '할당된 부분'을 의미했다. '모이라'는 동시에 그 누구의 것과도 닮지 않은 고유한 삶을 인간에게 부여하는 여신들의 이름이기도 했다. 헤시오도스는 이 여신들을 닉스(밤)의 딸로 언급하기도 하고 때로는 법을 다스리는 여신 테미스와 제우스의 딸로 묘사하기도 한다(『신들의 계보』, 211, 901). 헤시오도스는 이 여신들의 이름까지 제시했다. 이 여신들은 운명의 '실을 잣는' 클로토Klotho, '인간의 삶을 운명에 맡기는' 라케시스Lachesis, 인간이 '피할 수 없는' 죽음을 관장하는 아트로포스Atropos다. 헤시오도스의 계보학에서 인간의 삶에 부여된 운명의 정당성은 부인할 수 없는 것으로 드러난다. 무엇보다도 이를 결정하는 존재가 다름 아닌 최고의 신 제우스와 법을 다스리는 여신의 딸들이었기 때문이다. 물론 죽음 역시 개인적인 운명moira의 일부를 차지했다. 인간의 삶이 한 '부분'인 만큼 당연히 한계가 주어질 수밖에 없었기 때문이다. 하지만 죽음은 슬픈 일이기에 운명이라는 말은 결과적으로 '불행한' 혹은 '슬픈' 등의 형용사와 함께 쓰일 수밖에 없었다. 이는 일종의 체제적 모순이었다. 신들이 죽음을 원한 이상 옳다고 할 수밖에 없었지만 이와 무관하게 죽음은 고통스러운 일이었고 따라서 이를 명하는 '운명' 역시 불행한 성격을 띨 수밖에 없었다.

라케시스와 아트로포스가 운명이 수행하는 두 가지 기본적인 기능, 다시 말해 할당된 삶을 각자의 '운명에 맡기는' 일과 이러한 운명을 '불변하는' 것으로 고정시키는 기능을 표상하는 반면, 클로토는 실잣기에 비유할 수 있는 개인적 운명을 상징한다. 여기서 삶이 운명적으로 주어지는 과정은 '천연 양모'가 실을 잣는 여인의 손을 통해 '실'로 창조되어 나오는 과정에 비유된다. 근대 유럽과 마찬가지로 고대 그리스에서도 실은 천연 양모를 실패에 감은 뒤 방추를 통해 뽑아냈다. 다시 말해, 일정량의 천연 양모가 실패에서 모두 빠져나가면 그에 상응하는 양의 실이 완성되듯이 한 사람의 인생도 그런 식으로 결정된다고 보았던 것이다.

인간에게 할당되는 '부분'으로서의 삶은 신화를 통해 또 다른 방식으로 표현되었다. 영웅 멜레아그로스가 태어났을 때 운명의 여신들은 그의 어머니 알타이아 앞에 나타나 장작 하나를 선물하면서 새로 태어난 아이의 운명을 예언했다. 장작이 다 타는 순간 아들이 세상을 떠나리라는 것이었다. 아폴로도로스Apollodoros가 전하는 바에 따르면(『도서관』 1, 8, 2~3) 알타이아는 후에 그녀의 형제들이 아들 멜레아그로스에게 살해당했다는 소식을 듣고 분노한 나머지 장작을 불에 던졌고 그 결과 여신들의 예언대로 멜레아그로스는 세상을 떠났다. 이 신화 역시 인간의 삶을 하나의 할당된 부분으로 보는 관점을 강조한다. 좀 더 흥미로운 것은 바킬리데스Bakkhylides가 이 이야기를 전하면서 이 장작을 분명하게 "운명의 여신들이 실을 자아" 만든 것으로 언급했다는 점이다(『승리의 찬가 *Epinikion*』 5, 136). 이러한 예에서 확인할 수 있듯이, 개인의 운명에 대한 다양한 비유들은 그리스인들의 상상력 속에서 얼마든지 뒤섞여 표현될 수 있었다.

그리스에서 운명을 가리키던 또 다른 용어는 '아이사aisa'다. 이 용어 역시 '분배'의 비유라는 차원에서 이해해야 한다. '아이사'는 한 사람에게 부여된 운명적인 삶을 의미하기도 했지만 무엇보다도 전사에게 주어지는 전리품의 일부를 가리키는 말이었다. '모이라'의 경우 한 개인에게 주어진 '부분'으로서 인생을 방추를 통해 천연 양모에서 뽑아낸 실에 비유했다면, '아이사'의 '부분'이라는 개념은 전쟁을 승리로 이끈 전사가 취할 수 있는 전리품, 즉 '포획물'에 더 가까웠다. 호메로스는 '아이사'라는 용어를 '모이라'와 같은 의미로 사용했다. 헤르메스는 칼립소에게 오디세우스를 놓아주라고 명령하면서 이렇게 말한다. "그가 가족과 멀리 떨어진 이 외딴 섬에서 죽는 것은 그의 운명aisa이 아니다. 가족들에게 돌아가는 것이, 높은 곳에 있는 그의 집으로 돌아가는 것이 그의 운명moira이다."(『오디세이아』 V, 113) 아이사 역시 모이라와 함께 거론되던 운명의 여신이었다. 더 흥미로운 것은 이 용어가 '향연'에서 '부분'을 가리키며 초대 손님에게 주어지는 음식의 '할당량'을 가리키는 말로 활용되곤 했다는 점이다. 실과 포획물에 추가되는 이 새로운 비유는 그리스인들이 운명에 대해 이야기할 때 사용하던 세 번째 용어를 떠올리게 한다.

세 번째 용어는 바로 '다이몬daimon'이다. 이 용어는 '신성한 힘'을 가리키는 만큼 종교적인 차원에서 중요한 의미를 가진 말이었고 '다이오마이daiomai', 즉 '여러 부분으로 나누다'라는 의미를 내포하고 있었다. 이 말은 무엇보다도 향연의 만찬과 연관되어 사용되었다. 예를 들어 명사 '다이스dais'는 다름 아닌 '만찬'을 의미했고 참여자가 자신에게 할당된 음식을 취한다는 의미를 내포했다. 어떻게 보면 다이몬은 일종의 집사, 즉 초대받은 손님들에게 음식을 '배분하는' 사람이었던 셈이다. 영웅들의 만찬에 항상 등장하는 다이트로스(daitros, 이 말도 같은 어근을 가지고 있다) 역시 똑같은 역할을 했다.

오디세우스의 궁정에서 다이트로스는 손님들에게 "다양한 고기 요리들을 골라 담은 접시와 금잔"을 나누어 주는 사람이었다(『오디세이아』 I, 141). 종합해 보면, 그리스인들은 '운명'을 인생이라는 만찬에 초대받은 사람들에게 각자의 음식을 배분하는 신처럼 여겼다고 볼 수 있다. 『오디세이아』의 한 구절은 이러한 비유적인 의미를 예리하게 부각시킨다. 엘페노로스Elpenoros의 망령이 오디세우스에게 나타나 자신이 술에 취한 채 지붕에서 떨어져 목숨을 잃었다는 이야기를 전할 때 이렇게 말한다. "너무 많은 술이, 다이몬의 운명이 내 정신을 잃게 만들었소."(『오디세이아』 XI, 61) 다이몬에 의해 주어지는 삶이라는 '만찬'에서 엘페노로스는 너무 많은 술을 마셨던 것이다.

인간의 삶과 운명을 하나의 '분량'으로 보는 관점은 그리스신화의 여러 이야기에 생명의 교환이라는 주제가 등장하게 만든 요인이기도 하다. 다시 말해 누군가가 자신에게 주어진 삶을 다 살지 못하고 세상을 떠날 때 그의 삶을 다른 누군가에게 양도하거나 물려준다는 이야기가 가능했다. 인간의 삶이 그에게 할당된 '분량'이라면, 적어도 신화 속에서는 충분히 설득력이 있는 이야기였다.

이러한 예들은, 알케스티스와 아드메토스의 신화에서 젊은 아내가 죽을 운명에 놓인 남편에게 자신의 삶을 선사하면서 그가 계속 살아갈 수 있도록 허락한다는 이야기(에우리피데스Euripides, 『알케스티스』) 혹은 레다의 쌍둥이 형제, 즉 인간으로 태어난 카스토르와 신으로 태어난 폴리데우케스의 신화에서 카스토르의 죽음을 용납하지 못한 폴리데우케스가 카스토르에게 자신의 삶 '일부'를 선사하면서 서로의 운명moira을 교환하게 되고 하루는 햇빛 아래서, 하루는 지하세계에서 지내지만 결국 영원히 같이 살게 된다는 이야기에서 찾아볼 수 있다(히기누스Hyginus, 『우화집』 80; 아폴로도로스 『도서관』 3, 11, 2).

3.2 신화학과 신화들

여러 언어권에서 신화를 가리키는 말, 영어의 myth, 이탈리아어의 mito, 프랑스어의 mythe, 독일어의 mythos 등은 모두 그리스어 mythos에서 유래한다. 하지만 우리가 신화라는 말의 원래 주인이었던 고대 그리스인들과 이 말의 의미에 대해 이야기를 나눈다면 그리스인들이 우리의 생각과는 전혀 다른 의견을 가지고 있다는 사실에 놀라게 될 것이다. 그리스에서 '신화mythos'라는 단어는 실제로 '말'이나 '담론', '이야기' 등을 가리키는 말이었다. 이는 물론 신화라는 말이 단순히 신들의 삶에 관한 환상적인 이야기, 다시 말해 귀담아듣거나 책으로 읽으면서도 사실로는 받아들이지 않는 이야기라고 생각하던 사람들에게는 놀라움과 실망을 안겨 줄 수밖에 없을 것이다. 하지만 그리스 문학의 태동기, 즉 호메로스와 헤시오도스의 시대에 '신화'는 허구적이거나 초자연적인 사건들로 가득한 '담론' 혹은 '이야기'가 아니라 '의심할 여지 없이 권위 있는' 이야기를 가리키는 말이었다. 예를 들어 사냥꾼 독수리가 먹잇감으로 붙잡힌 참새에게 '강압적으로' 하는 말이 바로 신화였다(헤시오도스, 『일과 날』, 206). 동일한 차원에서 호메로스의 전사들이 전쟁터에서 울부짖으며 외치는 이야기가 신화였고 싸움을 포기하라는 제우스의 명령을 당당하게 거부하는 포세이돈의 강렬하고 단호한 답변이 곧 신화였다(호메로스, 『일리아스』, XV, 202). 똑같은 차원에서 민회에 참석한 시민들을 향해 호소하는 권위 있는 영웅의 일장 연설이 신화였고 아가멤

논의 전령들을 되돌려 보내는 아킬레스의 거부할 수 없는 명령 또한 신화였다 (『일리아스』, IX, 309). 서사시에 나타난 '신화'는 무언가를 주장하면서 하나의 의견에 머물지 않고 실천을 요구하는 담론이었다. 신화의 이러한 강렬한 측면은 '신화'적 담론을 입에 올리는 여자들을 찾아볼 수 없다는 사실로도 충분히 부각된다. 말에 권위가 있을 수 없는 여자들, 심지어는 젊은 남자들이 이야기하는 '신화'적 담론도 힘을 잃을 수밖에 없었다. 신화란 결국 권위 있는 인물들의 발언으로 전달되는 권위 있는 담론이었다고 볼 수 있다.

플라톤이 등장하고 헤로도토스Herodotos와 투키디데스Thucydides가 나타난 후에야 신화라는 용어는 비로소 환상적인 이야기를 가리키는 말로 인식되기 시작했다. 허구적인 성격의 사건들, 즉 사실일 리 없다는 의혹을 불러일으키기에 충분한 사건들이 등장하는 이야기를 지칭하는 말로 사용되기 시작한 것이다. 이 신화적인 담론의 신빙성 문제에 주목하면서 그리스 지식인들은 신화를 읽는 해석학적 전략을 통해, 예를 들어 알레고리를 통해 때로는 불편하게 다가오기도 하는 문자 그대로의 의미를 굳이 받아들이지 않고서도 신화를 수용할 수 있는 방법들을 찾아냈다. 물론 고대 그리스신화를 다룰 때 우리는 신화적인 담론이 시문학과 밀접한 연관성 속에서 발전했다는 점을 잊지 말아야 한다. 신화를 창조한 이들은 시인들이었다. 이들이 없었다면 신화는 존재하지 않았을 것이다.

신화라는 말이 근대에 어떻게 활용되었는지 살피려면 먼저 중세와 르네상스 시대에 고대의 신화적인 이야기들을 가리키기 위해 신화라는 단어 대신 우화, 즉 라틴어의 '파불라fabula'라는 단어를 사용했다는 사실을 기억해야 한다. 예를 들어 보카치오Giovanni Boccaccio가 『비유대인들의 신의 계보학*Genealogiae deorum gentilium*』이라는 대규모 백과사전을 집필하면서 다루었던 것이 바로 고대의 우화들이었다. 모두의 기억에서 사라져 버린 그리스어 mythos를 18세기에 다시 부활시킨 인물은 이탈리아의 비코Giambattista Vico와 독일의 하이네Christian Gottlob Heyne다. 18세기 이후로 신화라는 용어는 다난한 변신의 길을 걷게 된다. 이제 '신화'는 더 이상 환상적인 이야기만을 가리키는 것이 아니라 상당히 복잡하고 세련된 동시에 매력적인 의미를 내포하거나 상징할 수 있는 이야기로 간주되기 시작했다. 그렇게 신화적 담론은 철학이 등장하기 이전부터 존재해 온 문명이 후세대의 보다 이성적인 문화로 대치된 뒤에 다시 모습을 드러내는 방식이 되었다. 신화에 대한 이성의 승리가 인류 발전에 긍정적으로 기여했는지, 아니면 악영향을 끼쳤는지 여부는 사실상 또 다른 문제였다. 물론 이는 어떻게 보면 지금도 여전히 계속되고 있는 논쟁의 주제이기도 하다.

이러한 변신을 계기로 신화는 또 한 번의 변화를 겪는다. 첫 번째 변신의 완성이라고 할 수 있는 이 두 번째 변신을 통해 신화는 원래 가지고 있던 웅변의 의미, 담론으로서의 가치, 무엇보다도 시적인 가치를 완전히 잃고, 근대인의 사고와는 전적으로 다른 고대인들의 사유 양식, 즉 자기 역사에 대한 기억 혹은 우주론적이고 철학적인 사유를 매혹적인 '신화'를 통해 표현할 줄 알았던 고대인들만의 '생각하는 방식'으로, 고대적 이성의 발현으로 간주되기 시작했다. 일종의 묘사 양식이었던 신화는 그런 식으로 어떤 초월적 현실의 위상을 취하면서 그 자체로서 존재하는 무언가로, 무엇보다도 하나의 이야깃거리로 변신했다. 이 시점에 신화는 학문의 대상으로 떠오른다. 결과적으로 탄생한 것이 특별한 지식과 집중적인 탐구와 도서관을 필요로 하는 학문, 무엇보다도 수많은 해석학자들의 활동을 요구하는 신화학이다.

신화라는 개념의 변화는 또 하나의 중요한 결과를 가져왔다. 신화라는 용어는 '고대인'과 '원시인'을 동등하게 보는 근거 없는 관점에서, 제3세계의 고대 설화들을 가리키는 용어로, 예를 들어 콜럼버스 이전 시대의 아메리카 대륙이나 아프리카, 오세아니아 대륙 등의 설화를 가리키는 용어로 활용되기 시작했다. 시간적인 차원의 여명기는 공간적인 차원의 여명기와 호환이 가능한 것으로 비춰졌고, 그런 식으로 19세기 고고학자들의 '원시인'이 '고대인'을 대체하는 상황이 발생했다. 그리스어 '신화mythos'는 결국 그리스 문화와는 아무런 상관이 없는 문화권의 설화를 가리키는 말로, 예를 들어 도서관에서뿐만 아니라 일반 가정에서 흔히 볼 수 있는 '북구의 신화', '마야의 신화', '인도의 신화' 등 대륙과 대륙을 뛰어넘는 책들을 가리키는 말로 전락하고 말았다.

현대 문화에서 신화라는 범주가 다양하기 짝이 없는 의미와 가치를 표상할 수 있다는 사실은 신화가 다양하게 정의된다는 점을 통해서도 분명하게 드러난다. 아주 단순하고 전형적인 설명들 가운데 신화를 '신들에 관한 이야기' 혹은 '기원에 관한 이야기'로 보는 관점 외에도 이제는 이 모든 것을 심리분석이나 문화의 구조 분석 혹은 첨단의 문학 이론과 관련지어 바라보고 정의하는 입장들이 생겨났다. 심지어는 어깨를 으쓱해 보이면서 신화는 정의를 필요로 하지 않고 '느낌'을 통해 이해해야 하는 일종의 경험에 가깝다고 주장하는 입장도 지극히 자연스러운 것으로 받아들여진다. 여기에서 학문적 신화학의 창시자인 카를 뮐러Karl Otfried Müller가 1825년에 남긴 말을 다시 읽어 보자. "분명한 것은 삼단논법의 단순한 조합 기술을 아무리 예리하게 적용한다고 해도 결국에는 탐구 대상의 근처까지만 다가갈 수 있을 뿐 대상 자체에 도달할 수 없다는 사실이다. 신화에 대한 최종적 이해, 즉 정통하고 내면적인 이해는 열광의 순간을 요구하고 예외적인 긴장감과 모든 종류의 분석을 무색케 하는 비범한 정신력의 총체적인 투지를 필요로 한다."(『학문적 신화학 서론*Prolegomeni a una mitologia scientifica*』) 낭만주의적인 성격이 또렷하게 드러나는 이러한 입장은 20세기 학자들 사이에서도 얼마든지 찾아볼 수 있다. 예를 들어 발터 오토Walter Otto는 그리스신화에 대한 신비주의적인 관점을 발전시켰던 인물이다. 오토는 신화의 의미를 파악하려고 할 때, 다시 말해 신화의 '본질' 혹은 '진실'을 밝히고자 할 때 가장 중요한 것은 해석자 자신의 정신적인 참여라고 보았다. 즉 직업과 소명의 친밀한 결속을 가장 중요하고 필수적인 요소로 간주했던 것이다. 오토에게 신화학자는 학자보다 오히려 시인에 가까운 존재였다.

그러나 이로 인해 결국에는 신화를 두고 이러지도 저러지도 못하는 상황이 초래되었다는 점에 주목할 필요가 있다. 신화적인 이야기들에 대한 거부감과 호감, 무관심 또는 경멸과 사랑 사이의 긴장은 끊임없이 지속될 것처럼 느껴진다. 이 문제를 이런 식으로 요약해 볼 수 있다. 한편에는 '신화적'이라고 정의할 수 있는 이야기들, 즉 있는 그대로 받아들이기에는 너무 기이하고 비현실적인 이야기들이 존재한다. 벨레로폰이 페가수스를 타고 사자 머리에 뱀 꼬리가 달린 키메라를 무찌른다거나 헤라클레스가 아홉 개의 머리가 달린 뱀 히드라와 싸우는 이야기들이 바로 이러한 종류의 신화에 속한다. 하지만 다른 한편에는 신화가 이러한 환상적인 이야기에 불과하다는 생각에는 어떤 식으로든 동조하고 싶어 하지도 않고 할 줄도 모르는 독자들이 있다. 오래전에 플라톤이 '현자'라고 불렀던 이들은 바로 신화에서 한 번도 모습을 드러낸 적이 없는 역사를 발견하려고 하는 오늘날의 역사학자들, 특정 문명사회의 문화적 기초를 찾아내려고 하는 인류학자들, 상상계의 원형 내지 모형을 발견하려고 노력하는 문학평론가들, 무의식의 형태 내지 유형을 발견하고자 하는 심리분석가들, 제의 혹은 종교적 신앙의 근거를 찾으려고 노력하는 종교사학자들이다. 물론 '현자'는 아니지만 막강한 권력을 지닌 정치 지도자들 역시 신화에서 자신들의 권력을 정당화할 수 있는 이야기나 그들이 이끄는 공동체의 보다 '진정한' 정체성을 뒷받침할 수 있는 이야기들을 발견하기 위해 노력했다. 간단히 말하자면 이 모든 독자들 혹은 신화의 소비자들은 신화가 비논리적이고 믿을 수 없는 이야기라는 특징을 가지고 있음에도 불구하고, 혹은 바로 그런 이유에서 어떤 특별한 권위를 신화에 부여하려고 한다. 이 해석자들은 아이러니하게도 무의식적으로 한때의 권위적인 성격을, 즉 고대 그리스 사회에서 신화가 가지고 있던 웅변적인 성격을 신화적인 담론에 다시 부여하는 역할을 담당했다. 여기서 우리는 마치 신화의 끈질긴 힘이 고대 신화를 통해 다시 위력을 발휘하기 시작했다는 느낌을 받는다.

그렇다면 이러한 단계에 도달한 신화는 우리에게 어떤 의미가 있는가? 이제 뮐러와 오토의 신비주의적인 신화 개념에서 벗어나 신화를 좀 더 이성적인 차원에서 검토해 보자. 평생을 신화와 고대 종교 연구에 바친 역사학자 발터 부르케르트Walter Burkert는 신화를 이렇게 정의했다. "신화는 하나의 특별한 유의의성Bedeutsamkeit을 가진 전통적인 이야기다."(『신화의 개념, 구조, 기능에 관하여』, 1993) 부르케르트의 정의는 굉장히 단순하고 평범해 보이지만 나름대로 아주 정확하고 신빙성이 있는 설명을 제공한다. 왜냐하면 신화의 기능이 무엇인지 지적하고 있기 때문이다. 한편에는 '전통성'이 있고 다른 한편에는 '특별한 의미'가 있다.

이 두 가지가 바로 '신화'라고 불리는 긴장된 공간을 양극에서 지탱하는 요소들이다. 물론 이 요소들에 대해 이런 질문들을 제기해 볼 필요가 있다. 예를 들어 어떤 이야기를 '전통적'인 것으로 고려하기 위해 필요한 최소한의 기간은 존재하는가? 1세기, 아니면 2세기? 반대로, 완전히 새로운 이야기이지만 그것을 구성하는 방법이 전통적이라면 '전통적'인 이야기로 간주해야 하지 않을까? 당연히 타당성이 있는 견해다. 그렇다면 신화의 유의의성은 무엇을 가리키는가? 커뮤니케이션 이론에서 한 현상의 유의의성은 인지도나 중요성의 관점에서 정보 전달 효과나 성과를 정의하는 개념이다. 그런 차원에서 신화는 결국 하나의 '효과적인' 이야기라고 볼 수 있다. 그렇다면 누구에게 효과적인가? 신화는 사회 혹은 사회의 일부, 사회의 지도자들, 또는 단순히 신화적인 이야기를 듣거나 읽는 사회 구성원들에게 효과를 발휘한다.

사람들이 흔히 생각하는 것과 달리 '전통'이라는 말이 무조건 '오래된' 또는 '정통한' 것을 가리키는 것은 아니다. 한 사회의 전통과 과거의 신화들이 오히려 현재의 필요에 따라 재구성될 수 있다는 것은 널리 알려진 사실이다. 이러한 신화의 재구성 현상은 일반적으로 한 사회의 '집단 기억'이 유지되는 방식의 변화와 함께 일어난다. 일찍이 모리스 알박스Maurice Halbwachs가 주목했던 것처럼 집단 기억은 전통이나 신화의 내용에 지대한 영향을 끼치는 사회적 고정관념들을 토대로 유지된다. 이러한 고정관념들이 변화하면 과거에 대한 기억도 변하게 마련이다. 사회 공동체는 진행 중인 현재의 사회 구조와 설계 중인 미래의 구도에 어울리도록 천천히 자신의 과거와 전통문화를 재구성한다. 결과적으로 '신화'를 구축하는 '전통'이라는 범주는 전통이 얼마나 오래되었는가 혹은 얼마나 독창적인가라는 문제와는 사실상 무관하다고 볼 수 있다. 그보다 더 중요한 것은, 신화가 신화로 수용되기 위해서는 '신화적' 담론이 마치 '전통적인' 이야기인 것처럼 언급되고 또 그렇게 이해되어야 한다는 점과 어떤 식으로든 사회 공동체가 그것을 '의미 있는' 이야기로 간주해야 한다는 점이다.

일상의 삶

시간과 시간의 척도

그리스인들은 시간의 개념을 떠올리며 항상 살 날의 기한을 '생명력'과 결부시켰다. 그리스어 '아이온Aion'은 '삶', '생명력'을 뜻했지만(『일리아스』 X, 415) 동시에 '삶의 기한', '나이', 심지어 플라톤 이후로는 '영원함'을 뜻하기도 했다. 한 인간이 살아온 기간을 가리키며 '지나간 시간'을 의미하는 '아이온'은 '크로노스chronos', 즉 '측량된' 시간, 예를 들어 날이나 계절과는 정반대되는 개념이었다. '아이온'은 생명력으로서의 시간이고 '크로노스'는 계산된 시간이다.

시간에는 '아이온'과 '크로노스' 외에도 '카이로스kairos', 즉 순간이 있다. '카이로스'는 예기치 않은 순간, 놓치지 말아야 할 절호의 기회("카이로스는 모든 것의 으뜸이다." 헤시오도스, 『일과 날』, 694), 지속적인 시간의 흐름 속에서 발견되는 한순간을 가리킨다. 다시 말해 '카이로스'는 인간의 행동과 시간의 만남이다. 무분별한 시간과 시대의 흐름 속에서 '카이로스'는 '지금'과 일치한다. 결코 반복될 수 없는 순간, 따라서 절대로 놓치지 말아야 할 순간 '카이로스' 속에서 시간은 절정에 달한다.

시간에 대해 생각하고 말하는 것은 물론 그것을 측정하는 것과는 다르다. 시간을 재려면 무엇보다도 자연적인 현상을 주의 깊게 바라봐야 한다. 대부분의 고대 사회와 마찬가지로 그리스에서도 시간을 측정하는 가장 기본적인 기준은 낮과 밤의 교차였다. 호메로스는 '새벽'과 인공적인 조명의 부재를 기준으로, 햇빛이 환하게 비추는 가운데 일을 할 수 있는 시간을 '낮'으로 고려했다. 반면에 밤은 어둠의 시간, 즉 텅 빈 시간이었다(비커만E. J. Bickerman, 『고대 세계에서의 시간』). 이처럼 처음에는 빛과 어둠이라는 기준만으로도 시간을 배분하기에 충분했지만 이어서 이집트와 바빌론 문화의 영향으로 그리스인들은 시간의 측정 기준을 진지하게 고민하기 시작했다. 그렇게 해서 처음에는 그림자의 길이를 기준으로 시간을 측량했고 헬레니즘 시대에 들어와서는 하루를 12부분으로 나누는 방식을 도입했다. 보다 폭넓은 의미의 '시간'을 가리키던 '호라hora'라는 단어는 기원후 4세기부터 하루의 일부라는 뜻으로 받아들여졌다. 하루를 균등하게 24부분으로 나누고 이를 다시 60부분으로 나누는 방법은 이집트와 바빌론 천문학에서 유래했고 중세에 들어와서야 널리 확산되었다.

달력은 아주 다양한 방식으로 발전했다. 고대 그리스에서는 바빌론에서처럼 12개월 354일로 이루어진 태음력을 사용했다. 매달의 시작은 월삭月朔과 일치했고 특정일은 초순, 중순, 하순의 구분을 토대로 정해졌다. 아테네에서는 첫째 날을 '신월numenia', 마지막 날을 '낡고 새로운ene kai nea 날'이라고 불렀다. 처음에는 관찰이 비교적 쉬운 달의 변화를 기준으로 날을 정하는 것이 일반적이었으나 머지않아 이 방법이 태양의 운동(가시적)에 비해 덜 규칙적이라는 문제점이 제기되었다. 결과적으로 태음력과 태양력의 균형을 꾀하고 달력과 계절 간의 위상차 발생을 피하기 위해 좀 더 규칙적인 8년 주기(5년 동안 1년에 12개월, 3년 동안 13개월 유지)의 달력을 사용하게 되었고 기원전 432년 6월 27일부터는 19년을 주기로 하는 이른바 메톤Meton 주기(12년 동안 12개월, 7년 동안 13개월 유지)를 도입했다.

공식적으로 한 해가 시작되는 날은 아테네와 델포이에서는 하지夏至, 보이오티아와 델로스에서는 동지冬至였다. 아테네에서 사용되던 달력의 첫 번째 달은 관료들의 업무가 시작되는 '헤카톰바이온Hecatombaion'(7월)이었다. 이달에 아테네 여신을 기리는 판아테나이아 축제가 열렸다. 계속해서 '메타게이트니온Metagheitnion'(8월), '베오드로미온Beodromion'(9월), '피아넵시온Pyanepsion'(10월)이 이어졌다. 10월은 데메테르의 축제 '테스모포리아Thesmophoria'와 형제자매들의 축제 '아파투리아Apaturia'를 비롯해 축체가 가장 많이 열리는 달이었다. 그 뒤로 '마이마크테리온Maimakterion'(11월), '포세이데온Poseideon'(12월), '가멜리온Gamelion'(1월)이 이어졌다. 1월은 혼인gamoi의 달이자 연극과 디오니소스를 위한 축제의 달이었다. 계속해서 '안테스테리온Antesterion'(2월)과 디오니소스를 기리는 대규모의 행진과 축제의 달 '엘라페볼리온Elafebolion'(3월), 그리고 '무니키온Munichion'(4월), '타르겔리온Tharghelion'(5월), '스키로포리온Skirophorion'(6월)이 이어졌다.

그리스에서는 비교적 뒤늦게 시간을 측량하기 시작했고 측량 방법도 초기에는 상당히 대략적이고 부정확했다. 메톤이 아테네에 해시계를 도입한 것은 기원전 5세기다. 오목한 돌 원반 한가운데 금속 침을 세워 만든 이 해시계는 해가 뜨면 시계침의 그림자가 원반 위에 낮을 12부분으로, 즉 태양의 움직임에 따라 변화하는 '시간hora'으로 나누어서 표시하도록 만들어졌다. '시계horologion'라는 단어, 즉 '시간 계산기'라는 이름 역시 이 해시계에서 유래했다. 반면에 알렉산드리아에서는 클렙시드라klepsydra라는 이름의 물시계를 사용했다. 바로 이 물시계가 뒤이어 지중해 지대에서 널리 사용되기 시작한 물시계의 전형이다. 두 개의 용기가 깔때기 모양의 좁은 통로로 연결되어 있는 이 물시계는 물이 아래에 놓인 용기에 일정한 속도로 떨어지도록 만들어졌다. 하지만 물시계는 태양의 미세한 움직임을 전혀 알려 줄 수 없었고, 특히 원래 있던 곳에서 다른 먼 장소로 시계를 옮겼을 때 정확도가 떨어진다는 문제가 있었다.

이러한 시계들의 사용을 뒷받침하는 고대인들의 '주기적인' 시간 개념 옆에는 동시에 '직선적인' 시간 개념이 존재했다. 이는 훨씬 방대한 시간 영역에서 지속적으로 일어나는 사건들을 파악하고 관리하기 위해, 이른바 '기준시'를 정립하기 위해 필수적인 시간 개념이다. 주기적인 시간 개념은 예를 들어 한 달 혹은 일 년처럼 정해진 기간을 토대로 일상을 관리할 수 있었지만 훨씬 넓은 단위의 시간에는 적용할 수 없다는 문제가 있었다. 예를 들어 같은 달 같은 날이지만 서로 다른 해에 일어난 사건을 구별할 방도가 없었다. 이러한 문제를 해결해 준 것이 바로 '올림픽의 주기'다. 기원전 260년에 그리스인들은 올림픽의 기원을 기원전 776년으로 천명했다. 이 해에 올림픽 경기 승자들의 이름이 기록, 보존되기 시작했기 때문이다. 올림픽의 주기는 4년이었고 이로서 모든 해는 바로 올림픽 주기와 연결된 고유 번호를 가지게 되었다.

정확성은 떨어지지만 이와 비슷하게 매해에 나라를 다스리던 인물들의 이름을 부여하여 연도를 구별하는 방식이 사용되기도 했다. 그리스에서는 '아르콘archon', 스파르타에서는 '에포로스eporos', 로마에서는 집정관의 이름이 사용되었다. 다름 아닌 권력자들의 이름이 한 해를 가리키는 이름으로 쓰였던 것이다. 이는 곧 나라를 다스리던 인물들이 시간과 시간의 지배에 지대한 관심을 가지고 있었다는 것을 의미한다.

그리스인들의 식탁

시간을 분배하는 기준으로 기능하는 또 하나의 요소는 음식이다. 하루 일과를 단계별로(아침, 점심, 저녁 식사) 나누거나 축제의 장엄한 순간들, 혹은 탄생이나 혼인과 같은 삶의 중요한 순간들을 준비하는 기준이 바로 음식이다. 그리스에서뿐만 아니라 로마에서도 음식은 축제와 깊은 연관성을 가지고 있었다.

아테네에서 봄에 꽃 축제가 열리면 사람들은 새 포도주를 담그고 세상을 떠난 이들을 위해 야채죽을 준비했다. 11월에 열리는 아폴론 축제에서는 콩으로 얇은 빵을 만들어 먹었다. 고대인들의 음식은 일반적으로 간소한 것이 특징이었고 보리빵과 야채, 치즈가 주를 이루었다. 주식은 보릿가루로 만든 딱딱하고 얇은 빵 '마자maza'와 밀가루로 만든 둥근 빵이었다. '마자'가 차지하는 문화적인 중요성은 그리스인들이 스스로를 '빵 먹는 사람들'로 자처했다는 사실에서도 잘 나타난다(헤시오도스, 『일과 날』, 82). 그만큼 고기는 꽤 오랜 시간이 지난 뒤에야 소량으로 그리스인들의 식탁에 오르기 시작했다. 무엇보다도 고가품이어서 가난한 사람들은 종교 축제 기간에나 고기를 맛볼 수 있었다. 바다와 가까웠기 때문이기도 하지만 고대 그리스인들 대부분은 고기보다 생선을 선호했다. 이들은 디저트도 만들어 먹었다. 말린 과일, 특히 그리스에서 많이 나는 무화과와 호두를 섞어 만들거나 빵에 꿀을 발라 만든 디저트들이 있었다. 가장 많이 소비되던 식품은 치즈, 양파, 마늘 등이다. 그릇으로는 도자기 혹은 나무로 만든 평평하거나 움푹 파인 접시를 사용했고 고기 요리에는 나이프를, 스프나 죽에는 숟가락을, 그 외에는 손을 사용했다. 음료로 물 혹은 우유, 특히 염소젖을 마시기 위해 도자기나 나무 혹은 금속으로 만든 잔을 사용했다. 하지만 그리스인들이 가장 선호하던 음료는 포도주였다. 신들이 인간에게 선사한 최고의 선물로 간주되던 포도주는 생산되기 시작했을 때부터 그리스 세계를 특징짓는 가장 특별한 문화적 요소로 등장했다. 고대 그리스인들은 취하지 않고 가능한 한 오랫동안 포도주를 즐기기 위해 항상 물과 섞어 마셨고, 꿀 혹은 타임, 민트, 계피 등의 향료를 첨가하거나 오랫동안 끓여서 마시기도 했다.

식사는 아침, 점식, 저녁으로 삼식을 하는 것이 가장 일반적이었다. 해가 뜬 뒤 곧이어 하루의 일과와 정치 회합이 시작되었기 때문에 아테네 시민들은 가볍게 아침acratisma을 해결하고 일터로 향했다. 아침식사로는 주로 보리 혹은 밀로 만든 소량의 빵을 포도주에 적셔 먹었고 때로는 올리브 혹은 무화과를 곁들였다. 정오를 전후로 가벼운 점심식사ariston가 이어졌고 때로는 오후 늦은 시간에 간식을 먹기도 했다. 가장 중요한 저녁식사deipnon는 하루 일과를 다 마친 후에, 또는 늦은 저녁 시간에 시작되었고, 때로는 향연symposion이 함께 벌어지기도 했다. 향연은 도시의 축제 기간에, 또는 가족들의 경사를 축하하거나 친구들 사이의 우정을 돈독히 하기 위해 개최되었다. 원래 희생 번제에서 시작된 향연은 귀족과 전사 들의 사회에서 중요하고 의미 있는 순간들을 장식하는 연회의 형태로, 이어서 초대 손님들을 위한 보다 일반적인 만찬 형태로 발전했다. 향연은 부유한 사람들의 저택에서 열리거나 디오니소스 축제를 관할하는 종교단체 티아소스thiasos의 구성원들이 음식을 제공하는 형태로 개최되는 것이 보통이었다. 손님들을 초대하는 형태이든 어떤 단체의 회합이든 향연에 참여하는 사람들은 남자들뿐이었다. 여성은 정치적인 회합뿐만 아니라 사교 모임에도 참여할 수 없었다. 향연에 참여할 수 있는 여성은 향연 후반부에 등장하는 악사와 무녀, 그리고 고급 창부 '헤타이라hetaira'뿐이었다. 그리스에서 향연은 전반부와 후반부로 나뉘어 진행되었다. 일몰과 함께 시작되는 전반부는 곧 저녁식사를 의미했고 훨씬 더 긴 시간에 걸쳐 진행되던 후반부가 바로 본격적인 향연, 즉 이런 저런 대화를 나누면서, 혹은 춤과 다양한 형태의 놀이를 관람하면서 '같이 마시는' 시간이었다.

초대받은 손님들은 주최자의 집에 들어서면 가장 먼저 신발을 벗어야 했다. 이어서 시종들의 도움으로 발을 씻었는데 이는 연회장에 마련된 침상을 더럽히지 않고 편안히 기대어 눕기 위해서였다. 손님들은 조그만 식탁을 중심으로 양쪽에 마련된 침상에 짝을 지어 머리에 화관을 두르고 누워서, 혹은 다리를 쭉 편 상태에서 식사를 했다. 손으로 음식을 취했기 때문에 식사 전에 시종들이 커다란 접시에 담아 오는 물에 손을 씻었다. 당시에는 냅킨을 사용하지 않았고 빵 조각을 뜯어 입을 닦은 뒤 남은 음식과 함께 바닥에 버렸다. 식사가 끝나면 식탁을 치우고 바닥을 닦은 뒤 안녕을 기원하며 바닥에 술을 뿌리고 찬가를 부르면서 본격적인 향연이 시작되었다. 참가자들은 술을 마시기 전에 향연을 인도할 사람을 선출했고, 인도자는 한 사람이 마실 수 있는 술의 양을 공표했다. 참가자들은 흥을 돋우는 악사들과 무녀들의 공연을 관람하면서 헤타이라와 사랑을 나누거나 열띤 대화를 나누었다. 대화는 곧이어 일종의 문학 장르와 다를 바 없는 형태로 발전했다. 사람들은 코타보스cottabos라는 놀이에 열중하기도 했다. 시칠리아에서 유래한 이 놀이에는 여러 가지 형태가 있었다. 가장 일반적인 것은 잔에 남은 포도주로 멀리에 있는 표적을 맞추는 방식이었다. 때로는 물 위에 떠다니는 조그만 접시들을 표적으로 삼기도 했다. 코타보스는 표적을 맞추는 자세의 우아함만으로도 승자가 될 수 있는 놀이였다. 우아함은 그리스인들이 항상 중요하게 생각했던 측면이다. 코타보스의 승자에게는 단 빵이나 과일 혹은 샌들이나 목걸이 등이 상품으로 주어졌다.

반면에 스파르타의 시시티아syssitia는 아테네의 향연과는 상당히 다른 성격의 만찬이었다. 리쿠르고스Lykurgos가 제정했다고 전해지는 만찬 규칙에 따르면, 스파르타에서 사적인 만찬은 존재하지 않았다. 시시티아에 참여한 스파르타 시민들은 사치와는 거리가 먼 고정된 식단의 음식을 취했다. 스파르타에서 불필요한 것으로 간주되던 단 음식이나 디저트는 식단에 포함되지 않았다. 스파르타의 만찬 제도는 식사를 함께한다는 의미뿐만 아니라 시민들의 납부를 통해 축적된 양식을 재분배하는 기능을 가지고 있었다.

신체 관리와 의복

그리스인들은 신체 관리를 상당히 중요하게 생각했다. 무엇보다도 신체를 관리하는 일은 귀족들만의 특권이 아니었다. 운동, 마사지, 목욕 등은 그리스인들이 신체를 아름답고 건강하게 유지하기 위한 필수 요소였다. 그리스인들은 운동이 병을 치료하고 예방하는 효과를 가지고 있다는 사실 또한 분명하게 인식하고 있었다. 소크라테스도 나이가 들어 정상치를 넘어서는 뱃살을 줄이기 위해 운동을 했다고 전해진다(크세노폰Xenophon, 『향연』, 2). 아울러 일종의 예비 군사훈련이기도 했던 운동은, 적어도 기원전 4세기에는, 청소년들의 교육과정 가운데 가장 중요한 부분을 차지했다. 그리스인들은 청소년들을 도시사회의 삶에 적극적으로 참여할 수 있도록 교육하기 위해 육체와 정신의 성장 모두를 고려한 완전한 교육이 필요하다고 보았다.

신체 관리를 위해 설립된 기관들, 예를 들어 체육관이나 치료시설, 위생시설 등은 그리스에 청결한 위생문화가 정착하는 데 적지 않은 공헌을 한 것으로 보인다. 이러한 시설들은 우물이나 개천이 있는 곳에 세워졌고 사람들이 운동을 끝내고 물에 들어가기 전에 몸을 깨끗이 씻을 수 있도록 욕조를 구비하고 있었다. 기원전 5세기 이후로는 아테네에서 위생시설인 동시에 문화공간이었던 대중목욕탕이 설립되었다. 난방시설을 갖춘 목욕탕에서 노예들은 물을 실어 나르거나 목욕하는 사람들에게 기름을 부어 주었고 여탕이 별도로 마련되어 있었다.

신화 속 영웅이나 신 들이 긴 머리카락과 수염을 가지고 있었던(『일리아스』, I, 529) 반면 고전 시대의 아테네 시민들은 비교적 짧은 머리를 하고 다녔다. 청소년들은 사춘기를 지나면서 머리카락을 잘라 신들 혹은 이들처럼 수염을 길게 기르던 철학자들에게 헌정하는 풍습이 있었다. 여성들은 일반적으로 머리를 묶어 위로 감아올린 뒤에 핀이나 끈으로 고정시켰다. 반면에 스파르타에서는 젊은 처녀들이 긴 머리를 그대로 유지하다가 결혼식을 올리는 날에 머리를 완전히 삭발했던 것으로 보인다(『리쿠르고스의 삶』, 15). 아울러 누군가가 세상을 떠나거나 안 좋은 일이 생기면 생명력과 아름다움을 상징하던 머리카락을 자르는 풍습이 있었다.

그리스시대 여성들은 일찍부터 화장을 할 줄 알았고 더 유혹적으로 보이기 위한 다양한 방법을 알고 있었다. 여성들은 머리카락을 염색하거나(금발을 가장 선호했다) 가발을 사용했다. 얼굴을 좀 더 희게 보이기 위해 연백으로 만든 백색 안료를 사용하기도 했다. 일반적으로 입술에는 붉은색을, 눈썹에는 검은색을 사용했다.

사람의 내면과 외면은 일치한다는 그리스적인 사고방식을 바탕으로, 한 사람의 정체와 사회적 위치는 옷을 기준으로 평가될 수 있었다. 의복을 기준으로 한 사람이 어떤 계층에 속하는지뿐만 아니라 축제에 가는 사람인지 상을 당한 사람인지, 간단히 말해 무슨 일을 하는지 판단할 수 있었다. 하지만 사회적 평등주의에 커다란 영향을 받으면서 사실상 일반 시민과 노예를 옷으로만 구분한다는 것은, 후자가 삭발을 하거나 벌거벗은 상태가 아니라면, 거의 불가능해졌다(로스펠드Georges Losfeld, 『그리스 문화에 대한 에세이*Essai sur le costume grec*』, 1991). 완전히 벌거벗은 상태로 몸을 드러내는 것이 여인들에게는 금지되어 있었다. 남성들 역시 특별한 경우가 아니라면, 예를 들어 종교 행사나 운동 경기, 격투 혹은 목욕탕이나 온천에서가 아니면 옷을 벗지 않았다. 여성들은 이러한 행사에 참여할 수 없었다.

고대 그리스 남성들의 의복은 보통 네 가지 종류, 즉 엑소미스exomis, 키톤khiton, 히마티온himation, 클라미스klamis로 구분된다. 가장 단순한 형태인 엑소미스는 사각형의 천을 반으로 접어 매듭이나 띠로 고정시키고 어깨와 팔이 모두 드러나도록 걸쳐 입는 옷이었다. 주로 노동자들이 이 옷을 입었다. 키톤은 일종의 튜닉으로 길이가 다양했고 주로 남성들이 입었던 옷으로 한쪽 혹은 양쪽 어깨에 걸치도록 만들었다. 경우에 따라서는 허리띠를 두르기도 했다. 허리띠는 천이나 가죽으로 만들었고 실용적인 용도뿐만 아니라 장식적인 효과도 가지고 있었다. 허리띠는 시간이 흐르면서 훨씬 더 다양한 상징적 의미를 획득했다. 키톤은 주로 당시에 가장 일반적으로 사용되던 아마포로 만들었고 때에 따라서는 양모로도, 그리고 아주 드물게는 면으로도 만들었다. 값비싼 사치품에 속하던 면은 헬레니즘 시대에 들어와서야 그리스에 도입되었다. 다양한 색상의 키톤이 있었고 종교 행사에 주로 입던 흰색 키톤 외에도 이른바 '그리스의 주홍'으로 불리는 진노랑, 혹은 검정색이나 붉은색의 키톤을 만들어 입었다. 히마티온은 길게 늘어트린 망토로 일종의 '그리스 국민 의복'이었다. 남성과 여성 모두가 입고 다녔고 몸을 감으면서 착용하도록 만들어졌다. 다양한 색상의 히마티온이 있었다. 원래 테살리아 지방에서 유래한 클라미스는 주로 여행자들이나 병사들이 즐겨 입었다. 히마티온보다 더 작고 짧은 형태의 망토로 어깨에 걸친 뒤 브로치로 고정시켰다.

여성들의 의복문화를 특징짓는 가장 대표적인 옷은 페플로스Peplos 혹은 도리아의 키톤이었다. 페플로스는 양모로 만든 사각형 천을 반으로 접어 어깨 위에 걸친 뒤 브로치나 단추로 고정시켜 입었다. 페플로스와 함께 어깨나 머리를 가리는 베일을 착용할 수 있었다. 그리스의 의복은 대부분이 길고 폭이 넓어서 옷자락을 들어 올려 머리를 가리기에 충분했지만 특별히 머리를 가리기 위해, 또는 길게 늘어트려 얼굴을 가리기 위해 사용하던 칼립트라kalyptra라는 베일이 따로 있었다. 그리스에서 이 베일은 정조를 지켜야 하는 예외적이고 구별된 존재로서의 여성을 상징했고, 남성우월주의가 모든 것을 지배하던 고대 사회에서 여성들의 삶의 터전이자 어느 정도 자유를 허락해 주는 '예외적이고 구별된' 공간, 즉 가정의 확장된 표현이었다.

4

피타고라스와 피타고라스학파

4.1 스승과 그의 공동체

피타고라스는 기원전 520년경, 40세가 되었을 무렵 자신이 태어난 사모스 섬을 떠나 크로톤에 정착한다. 고대 문헌들이 전하는 바대로 그가 메갈레 헬라스, 즉 남부 이탈리아에 정착하기 전에 실제로 이집트, 메소포타미아, 페니키아 등을 여행했는지는 확실치 않다. 하지만 피타고라스가 그의 삶에 결정적인 영향을 끼친 여러 종류의 천문학적이고 수학적인 지식들, 종교적인 지식들을 여행을 하면서 터득했을 가능성을 완전히 배제할 수는 없다.

피타고라스의 전기를 구성하는 핵심적인 정보들은 두 지역, 이오니아와 이탈리아를 기준으로 비교적 명확하게 구분된다. 이오니아에서 피타고라스는 밀레토스 철학자들의 발달된 과학 지식을 접했고 이탈리아에서는 전설의 시인 오르페우스와 관련된 종교의례 등을 통해 강렬한 성향의 종교적 경험을 하게 된다.

이탈리아의 크로톤에서 피타고라스는 제자들을 모아 플라톤의 아카데미처럼 전적으로 지적 활동에만 전념하는 공동체를 만들었다. 피타고라스의 공동체는 일종의 철학 학교였으나 흔히 '비교秘教적인' 지식으로 평가되는 스승의 가르침에 접근할 수 있는 위계적인 자격 조건을 토대로 구축되었다. 아울러 특별한 가르침에 대해 침묵해야 할 의무와 정규 모임 및 의례에 참석해야 할 의무 등 엄격한 계율에 따라야 하는 교단적인 성격을 가지고 있었다.

크로톤은 물론 메타폰토나 타란토와 같은 메갈레 헬라스의 다른 도시들에 세워지기 시작한 피타고라스 공동체들은 도시국가의 정치에 적지 않은 영향력을 행사하면서 귀족정치 체제의 확립에 크게 기여했다. 피타고라스는 민주주의 도시국가였던 시바리Sibari와의 전쟁(이 전쟁은 기원전 510년경에 시바리의 완전한 패배로 종결된다)에 참여해 개인적인 공로를 세운 바 있다. 이 시기에 피타고라스주의자들은 대부분 과두정 체제를 지지했던 것으로 보인다. 기원전 6세기와 5세기 사이에는 시바리 시민들의 주도하에 잦은 폭동이 일어났지만 대부분은 영토 분배에 대한 불만에서 비롯된 민중 봉기의 성격을 가지고 있었다. 소란을 피해 메타폰토로 피신한 피타고라스가 기원전 450년경에 사망한 뒤 대규모 폭동이 일어났고 메갈레 헬라스 전역에 산재해 있던 피타고라스 공동체들의 활동 공간 대부분이 화재로 파괴되었다. 이로 인해 대다수 피타고라스주의자들은, 예를 들어 크로톤의 필로라오스(Philolaos. 플라톤의 『파이돈*Paidon*』에서 소크라테스의 대담자로 등장하는 테베의 철학자 심미아스Simmias와 케베스Cebes의 스승)처럼, 남부 이탈리아를 떠나 그리스로 이주하기 시작했다. 피타고라스주의자들의 이동은 기원전 4세기 초가 되어서야 종결된 것으로 보인다.

4.2 전설의 현자

여러 측면에서 고대 마술사나 예지자 혹은 현자에 가까웠던 피타고라스를 중심으로 일찍부터 그를 신성한 존재로 부각시키는 수많은 일화와 이야기 들이 생산되고 말과 글로 전해졌다. 피타고라스주의에 관해 아리스토텔레스가 쓴 글들 중에 단상으로 남아 있는 몇몇 문구에 따르면, 피타고라스가 뱀에 물린 뒤 자신이 직접 뱀을 물어 죽였다는 이야기가 이미 기원전 4세기경에 전해지고 있었다. 이와 비슷한 유형의 이야기들, 예를 들어 그가 미래를 내다볼 줄 알았고 투명인간으로 변할 수 있었다는 이야기, 서로 멀리 떨어진 두 장소에 동시에 나타날 수 있었다거나 어느 날 극장에서 모두에게 금 허벅지를 선보이면서 자신의 신성한 혈통을 증명해 보였다는 등의 이야기가 끝없이 이어졌다. 피타고라스 후세대의 저자들 사이에서도 피타고라스를 이처럼 신화적인 방식으로 묘사하는 성향은 결코 줄어들지 않았다. 이러한 정황은 제목만 같고 내용이 다른 수많은 판본의 『피타고라스의 삶』을 탄생시켰다(이들 가운데 디오게네스 라에르티오스 Diogenes Laertios와 신플라톤주의 철학자 포르피리오스Porphyrios 및 이암블리코스Iamblichos의 글이 남아 있다). 하지만 그리스 철학에서 이처럼 많은 문제점을 안고 있는 문헌들은 찾아보기 힘들다. 사실상 모든 학문적 발견의 공로를 학파의 창시자 피타고라스에게 돌리려는 피타고라스주의자들의 변함없는 성향은 고대인들의 판단을 흐리게 만들었을 뿐만 아니라 피타고라스만의 독창적인 생각이 무엇이었는지, 이에 비해 후세대 철학자들이 이루어 낸 발전된 면모는 무엇이었는지 구분조차 할 수 없도록 만들었다. 하지만 고대 철학의 이상, 곧 '지혜sophia'를 상징하던 피타고라스에 대해 소크라테스 이전 시대(기원전 6~5세기)의 몇몇 철학자들이 때로는 찬사에 가까운 어조로, 때로는 논쟁적인 어조로 남긴 증언에서 몇 가지 의미 있는 사실을 확인할 수 있다.

예를 들어 그리스에서 메갈레 헬라스로 이주했던 철학자들 가운데 크세노파네스는 피타고라스라는 인물을 묘사하면서 인간의 영혼이 여러 형태의 삶을 통해 이주한다는 생각을 표명한 바 있다. 아마도 이것이 바로 '환생(metempsicosi, 영혼의 이주)'에 대한 고대 그리스인들의 믿음을 보여 주는 가장 오래된 증언일 것이다.

피타고라스가 직접 주장했다고 확신할 수 있는 사상들은 모두 다름 아닌 영혼의 불멸과 이 육신에서 저 육신으로 움직이는 영혼의 이주와 관련된다. 이러한 사유와 직접적으로 연결되는 것이 바로 금식 규칙, 현자의 도덕적 정화를 보장할 수 있는 삶의 양식적인 규율, 현자의 사망 후에 그가 자신의 신성한 기원으로 돌아간다는 이론 등이다.

하지만 피타고라스와 상당히 가까운 시대의 한 증언에 따르면, 그의 가르침은 종교적이고 도덕적인 차원을 뛰어넘어 훨씬 더 넓은 영역에까지 영향력을 행사했던 것으로 보인다. 에페소스의 헤라클레이토스는 피타고라스주의자들의 이른바 '많은 것들에 대한 허황된 지식'에 분노했고 피타고라스뿐만 아니라 헤시오도스나 크세노파네스와 같은 그리스 저자들이 단순한 경험적 '탐구'를 지혜로 포장한다는 점을 지적하며 신랄한 비난을 퍼부었다.

여기서 영혼의 불멸성 외에 피타고라스의 사상을 구축했던 '많은 것들'이 과연 무엇인지 살펴보자.

4.3 모든 것은 숫자다

음악의 4도, 5도, 8도 음정을 네 개의 정수를 사용하는 아주 단순한 수학적 비율로, 즉 2:1(8도), 3:2(5도), 4:3(4도)으로 환산할 수 있다는 사실은 피타고라스가 밝혀낸 것으로 추정되는 수많은 수학공식들 가운데 하나다. 피타고라스는 이를 팽팽한 현이 발산하는 소리의 아주 단순한 분석을 통해 발견한 것으로 보인다. 즉 공명판 위에 설치된 현을 활이 분할하면서 원하는 소리를 내도록 만들어진 악기를 활용했던 것이다.

소리가 자연적 원리를 내포한다는 사실이 피타고라스 사상에서 가장 핵심적인 부분을 차지하는 이유는 이를 토대로 산술학적, 기하학적, 화성학적 비율에 대한 수학적 탐구가 가능해졌기 때문이다. 뿐만 아니라 악기가 내는 다양한 소리를 일련의 숫자를 통해 체계화할 수 있었고, 이러한 추상화를 모든 현실에 대한 해석의 기초적인 모형으로 활용할 수 있었다.

상당한 기간 동안 놀라운 인기를 끌었던 별들의 조화에 관한 이론 역시 피타고라스의 것으로 추정된다. 이는 별들의 공전이 조화로운 음을 발산한다는 이론으로, 우리가 이 소리를 듣지 못하는 이유는 태어날 때부터 귀를 기울이지 않았기 때문이라고 설명한다.

아울러 숫자 10을 완전한 숫자로, 즉 수의 본질과 일치하는 숫자로 보는 관점 역시 피타고라스에게서 유래한 것으로 보인다. 이 관점에 따르면, 1에서 4까지 네 정수의 합계(1+2+3+4=10)는 그 자체로 음정의 원리, 따라서 모든 현실의 원리를 내포하고 있다.

10이라는 숫자를 10개의 점이 들어 있는 정삼각형을 토대로 해석하는 테트락티스tetraktys가 보여 주듯이, 피타고라스주의자들은 숫자를 구체적 실체로 묘사하는 오래된 방식을 고집했다. 이는 이들이 수학적 원리를 우리처럼 추상적인 방식으로 이해하지 않았고, 사물 자체와 일치하는 것으로 간주할 수 있었다는 것을 의미한다. 여하튼 이러한 관점을 토대로 고대 수학사의 중요한 발견들이 이루어졌고, 예를 들어 가장 오래된 피타고라스주의자들 중 한 명인 히파소스Hippasos는 정사각형의 변과 대각선 비율을 측정하는 것이 불가능하다는 사실, 다시 말해 정사각형의 변과 대각선의 관계를 유리수로는 규정할 수 없다는 사실을 발견해 냈다. 따라서 피타고라스 정리에 대해 익히 알고 있었던 히파소스의 발견은 더 나아가서 유리수의 관계에만 집중했던 그리스 수학자들에게 심각한 이론적 위기를 가져다주었다.

"모든 것은 숫자다"라는 원칙을 중심으로 피타고라스주의자들은 기원전 5세기 전반에 걸쳐 '존재론적'인 차원에서 중요한 이론적 성과를 거두었다. 물론 어떤 성과도 특정 인물의 공로라고 규정하기는 힘들다. 피타고라스주의의 특별한 해석자이자 역사가였던 아리스토텔레스 역시 '이탈리아 학자들', '피타고라스학파' 혹은 '이른바 피타고라스주의자라고 불리는 이들'과 같은 아주 개괄적인 용어를 사용했을 뿐이다. 여기서 아리스토텔레스가 인용하는 피타고라스주의 이론의 몇몇 예를 살펴보자. 아리스토텔레스에 따르면, 피타고라스주의자들은 사물들이 숫자를 모방한다고 보았다. 아리스토텔레스는 이와 같은 피타고라스학파의 사유가 감각적인 사물과 이데아의 관계를 모방관계로 이해했던 플라톤의 생각에 선구자적인 역할을 했을 가능성이 충분히 있다고 보았다.

플라톤주의자들은 짝수와 홀수라는 요소가 유한함과 무한함에 상응하는 이상 사물들의 요소나 다를 바 없고, 현실은 '유한과 무한', '짝수와 홀수'처럼 상징적인 방식으로 이해되는 수학적 개념들뿐만 아니라 '빛과 어둠', '선과 악'처럼 본질적으로 상징적인 차원의 상반되는 개념들을 토대로 구축된다고 보았다.

아리스토텔레스는 피타고라스주의적인 관점에서 파생된 결과들, 특히 특정한 수와 다양한 개념들의 상당히 상징적인 조합(예를 들어 4는 '정의正義'를, 7은 '기회kairos' 혹은 '적절한 시기'를 가리켰다)에 의존하는 경우들도 빼놓지 않고 언급했다. 아리스토텔레스는 이러한 관점과 구도에 분명한 한계가 있다고 보았고 이러한 한계는 예를 들어 아리스토텔레스 자신이 상세히 설명했던 것처럼 필로라오스Philolaus의 천문학 체제가 분명하게 '조화의 원칙'을 토대로 구축되었다는 사실에서 분명하게 드러난다.

필로라오스는 그가 '아궁이'이라고 부르는 불을 중심으로 천구들이 공전하며 중심에서 바깥을 향해 대지구對地球, 지구, 달, 태양, 다섯 개의 행성, 즉 수성, 금성, 화성, 목성, 토성의 순서로, 그리고 마지막에 고정된 별들의 하늘(별들이 고정되어 있다는 것은 지구와의 거리가 너무 멀어서 움직임을 감지할 수 없었다는 차원에서 이해해야 한다)이 배치되어 있다고 보았다. 육안으로는 대지구나 중심의 불을 볼 수 없었는데 인간이 사는 지구가 항상 바깥, 즉 중심의 반대편을 바라보고 있었기 때문이다. 낮과 밤이 생기는 이유는 불을 중심으로 이루어지는 지구의 일상적인 운동으로 인해 태양에 대한 지구의 상대적 위치가 변화를 일으켰기 때문이다.

우주의 구조에 대한 이러한 생각은 고대인들 대부분의 우주관을 뒷받침하던 지구중심설과 커다란 차이가 있었기 때문에 상당히 충격적으로 다가왔을 것이다. 하지만 지구가 하나의 불을 중심으로 움직인다는 생각은 사실 어떤 비범한 통찰이나 연구의 결과였다고 볼 수 없고, 아울러 행성 운동과 고정된 별들에 대한 보다 만족할 만한 설명을 제시하지도 않았다. 아리스토텔레스의 관찰은 오히려 필로라오스의 생각이 체계적인 일관성 유지라는 조건에 얽매여 있었음을 보여 준다. 예를 들어 실제로는 존재하지 않는 대지구를 도입했던 이유는 그것에 대한 구체적인 근거를 발견했기 때문이 아니라 행성들의 수를 10이라는 숫자에 맞추기 위해서였다. '왜냐하면 그에게 10은 완벽한 숫자였을 뿐만 아니라 그 자체로 수의 모든 본질을 내포하는', 따라서 모든 현실의 본질을 내포하는 숫자로 비춰졌기 때문이다.

한편 필로라오스의 우주론은 기본적으로 '우주는 조화로워야' 한다는 전제를 토대로 구축되었다. 이 전제가 바로 여러 현상들에 대한 개별적인 관찰들을 체계화할 수 있도록 해 주었던 것이다. 그런 차원에서 굉장히 상징적인 의미를 가지는 것이 바로 우주의 중심에 위치한 '아궁이'라는 개념이다. 이는 사실 살아 있는 모든 생명체의 생성에 필수적인 '열기'와의 유사성을 토대로 축조된 개념이다.

아리스토텔레스는 필로라오스의 우주론이 기본적으로 피타고라스주의의 틀 안에서 구축되었다는 점을 『형이상학』 1권에서 지적한 바 있다. 피타고라스주의자들은 자연철학자들의 원칙과는 거리가 먼 원칙들을 사용했다. 아리스토텔레스 이전의 철학자들 대부분이 그랬던 것처럼 원칙을 감각적인 사물이나 현상에서 찾지 않고 수학에서 발견했던 것이다. 아리스토텔레스는 이러한 접근 방식이 생성의 '형식적' 원인을 찾아낼 수 있다는 장점을 가지고 있고 자연현상의 원인을 탐구하는 데 있어서, 아낙사고라스Anaxagoras나 엠페도클레스처럼 물질에서 원리를 발견하고자 했던 철학자들에 비해 좀 더 진보한 면을 보여 준다고 평가했다. 아리스토텔레스는 이러한 수학적 원리에 바탕을 둔 사유가 어떤 면에서는 플라톤의 '이데아'보다 훨씬 더 의미 있는 성과를 이루어 냈다고도 볼 수 있다고 생각했다.

'수의 이론'은 사실 소크라테스 이전 철학자들이 일찍부터 표명해 왔던 자연현상의 원리들에 대한 관심에 부응하는 면을 분명히 가지고 있었지만 숫자가 이상적이고 상징적인 역할을 떠맡는 순간 자연철학과는 전적으로 다른 모습을 드러냈다. 그리고 이러한 차이는 스승 피타고라스의 가르침을 결코 잊지 않았던 피타고라스주의자들의 노력으로 오랫동안 유지되었다.

신비주의 의례

신비주의 의례는 고대 그리스의 주요한 입문 의례들 가운데 하나였다. '신비'를 뜻하는 그리스어 '미스테리아Mysteria'는 좁은 의미에서 여신 데메테르와 그녀의 딸 페르세포네를 기리기 위해 아테네 근교의 엘레우시스에서 열리던 비의秘儀를 가리키는 말이었다. 하지만 일찍이 기원전 5세기부터 그리스인들은 이 '신비'라는 용어를 엘레우시스의 비의와 동일한 유형에 속하는 다른 모든 종류의 의례들(예를 들어 디오니소스 의례)을 가리키는 데 사용하기 시작했다. 이러한 의례에 참석하는 것은 이승 혹은 저승에서 어떤 뜻깊은 복을 얻기 위해 특정한 신의 세계에 입문한 자들의 폐쇄적인 모임의 일원이 된다는 것을 의미했다.

그리스어 미스테리아는 이러한 의례의 절대적인 은밀함을 가리키는 말이었다. 미스테리아는 따라서 이러한 의례에 참여하는 자가 의례에서 본 것과 깨달은 것을 어느 누구에게도 알리지 말고 함구해야 한다는 것을 뜻했다. 입문 의례는 밤에 진행되는 것이 보통이었고 폐쇄된 공간 혹은 도시 바깥, 어떤 식으로든 사람들의 이목이 닿지 않는 곳에서 이루어졌다. 그리스인들은 이러한 의례의 실체를 가리키기 위해 '말하는 것이 금지되어 있는 것'을 뜻하는 '아포레타aporrheta', 혹은 '말할 수 없는 것'을 뜻하는 '아레타arrheta'라는 표현을 사용했다.

앞서 말했듯 미스테리아는 엘레우시스에서 여신 데메테르와 딸 페르세포네를 기리기 위해 9월과 10월 사이에 열리던 비의를 가리켰다. 그리스인들은 엘레우시스의 비의를 다름 아닌 데메테르가 사후세계에 대한 희망을 인간에게 선사하기 위해 제정했다고 믿었다. 저승에서의 풍요로움과 행복한 삶에 대한 기대가 이 두 여신을 기리는 의례의 출발점이었다.

고대인들의 증언에 따르면 엘레우시스의 입문 의례는 아주 강렬한 감정적 경험을 기반으로 진행되었던 것으로 보인다. 신비주의 입문자는 길고 복잡한 과정을 통해 두 여신의 발자취를 좇았다. 먼저 데메테르가 그녀의 딸 페르세포네를 잃으면서 겪는 슬픔과 딸을 다시 만나면서 경험하는 기쁨을 극의 형태로 재현하면서 간접적으로 경험했던 것이다.

의례의 첫 번째 단계에서 입문자들은 아고라에 모여 목욕으로 몸을 정결하게 한 뒤 돼지를 잡아 번제를 드리고 그 고기를 먹는다. 그 순간부터 입문자는 금식에 들어가고 다른 참가자들과 함께 엘레우시스를 향해 긴 순례를 시작한다. 엘레우시스의 성전에 도착하면 참가자들은 금식을 중단하고 보리와 민트로 만든 음료 '키케온kykeon', 즉 데메테르가 슬픔에서 벗어나며 마셨다고 전해지는 음료를 마신다. 엘레우시스에 도달한 날 저녁에 진정한 의미에서의 의례 '에포프테이아(epopteia, '환영' 혹은 '관조')'가 시작된다.

이어서 무슨 일이 어떤 식으로 진행되었는지는 전부 안개에 가려져 있다. 하지만 고대 문헌들이 적어도 세 가지 사실에 대해서만큼은 동일한 정보를 제공한다는 점에 주목할 필요가 있다. 무엇보다도 입문자는 어둠에서 빛으로 나아가는 과정을 거쳐야 했고, 이는 잃어버린 딸을 찾아 나선 데메테르가 결국 딸을 되찾게 되는 과정을 재현하면서 이루어졌다. 마지막 단계에서 입문자는 바구니 안에 담긴 성스러운 이삭의 환상을 보게 된다. 이삭은 사망과 애도를 경험한 후에 생명의 탄생을 알리는 상징물이었다.

엘레우시스의 신비주의 의례가 항상 어느 특정 지역의 특권처럼 간주되면서 엘레우시스라는 지역을 사실상 벗어난 적이 없었던 반면 디오니소스 의례는 상당히 넓은 지역으로, 아울러 굉장히 다양한 형태로 전파되었다. 디오니소스 의례의 가장 특징적인 형식 가운데 하나는 여성들이 황홀경에 빠진 상태에서 디오니소스에게 헌정하는 의례였다. 이 의례에 참여하는 여인들은 깊은 심리적 변화를 겪었고 이러한 변화는 디오니소스의 소유가 되는 환상의 경험에서 비롯되었다.

디오니소스의 손아귀에서 벗어나지 못하던 여인들을 그리스인들은 '바카이bakchai'라고 불렀다. 이 용어는 분명히 디오니소스의 또 다른 이름인 바커스에서 유래하지만 바커스가 원래 무슨 뜻이었는지는 여전히 밝혀지지 않았다. 디오니소스 의례의 광적인 측면 때문에 여인들은 도시 바깥에서, 특히 산에 올라 일련의 광적인 행위와 춤을 통해 극단적인 행복의 순간으로 정의되던 무아지경에 도달했다. 이러한 황홀경은 '스파라그모스sparagmos', 즉 송아지 같은 번제용 동물을 '갈기갈기 찢고' 생육을 먹는 행위를 통해 절정에 달했다. 이 의식은 디오니소스를 기리는 축제를 관할하던 티아소스라는 여성 단체가 주도했다.

고대의 수많은 디오니소스적인 의례들 가운데 오르페우스 의례 역시 상당히 중요한 위치를 차지했던 것으로 보인다. 고대인들에게 아폴론의 아들 오르페우스는 물론 시인이자 음악가였지만 동시에 디오니소스 의례를 제정하고 체계화한 신이기도 했다. 오르페우스가 썼다고 전해지는 시들이 노래하는 것은 독특한 형태의 디오니소스 신화다. 페르세포네와 제우스 사이에서 태어난 어린 디오니소스를 티탄들이 '갈기갈기 찢어' 잡아먹자 이에 분노한 제우스가 번개로 티탄들을 멸하고 이들의 재에서, 즉 신성한 디오니소스의 흔적이 남아 있는 티탄들의 재에서 인류가 탄생한다. 인류는 그렇게 디오니소스 살해라는 오점을 등에 지고 세상에 태어났다. 바로 이러한 차원에서 디오니소스 의례는 여신 페르세포네에게 인류가 속죄를 구하고 이 오점으로부터 정화를 기원한다는 의미를 가지고 있었다. 오르페우스 의례에서 정화 외에 중요한 의미를 지니는 주제는 '환생metempsicosi', 즉 사망 후에 영혼이 새로운 육신을 통해 다시 태어난다는 생각이었다. 바로 이 환생 교리를 바탕으로 오르페우스주의자들은 고기와 달걀을 먹지 않았고 포도주도 마시지 않았다. 엄격한 계율을 따랐다는 점에서는 피타고라스주의자들과 상당히 비슷했다고 볼 수 있다. 여하튼 신비주의 입문자들의 궁극적인 목적은 다름 아닌 환생의 고리에서 영원히 벗어나 신들과 함께 복된 삶을 영위하는 것이었다.

철학적 서사시

/ 서사시, 시와 철학 사이에서

'철학적 서사시'는 문학과 철학의 중간에 위치하는 특별한 장르를 가리키는 말로, 좀 더 정확하게는 호메로스와 헤시오도스의 시처럼 6행 단위로 쓰인 장편의 철학적 산문시를 가리킨다. 물론 이러한 장르에 천착했던 철학자는 그다지 많지 않다. 크세노파네스와 파르메니데스가 『자연에 관하여*Peri physeos*』라는 동일한 제목의 시를 남겼고 엠페도클레스는 『자연에 관하여』를 비롯해 『정화*Katharmoi*』라는 시를 남겼다.

기원전 6세기에는 복잡한 철학이론을 시 형식으로 표현하는 것이 거부반응을 일으켰다. 하지만 2세기 후에는 아리스토텔레스가 문학적 서사시와 철학적 서사시를 구분할 수 있는 또렷한 기준을 마련했다. 아리스토텔레스는 이 두 장르의 서사시가 가지고 있는 6행시라는 공통점이 사실상 형식적인 유사성에 불과하다고 보았다. 즉 고르기아스Gorgias가 시를 '담론logos'과 다를 바 없는 것으로 간주하면서 주목했던 시라는 공통분모가 있을 뿐이라고 본 것이다. 아리스토텔레스는 더 나아가서 형식과 내용의 관계를 판단하는 두 가지 상반된 방식, 즉 형식과 대조되는 내용의 특별함에 주목하는 관점과 형식과는 무관하게 내용의 유사성에 주목하는 관점이 존재한다고 보았다. 하지만 여기서 시인에 가까운 철학자들 대신 철학자에 가까운 시인들, 혹은 이른바 '산문시'의 저자들을 고려하면 상황은 훨씬 복잡해진다. 이들의 경우에는 철학적 서사시의 정의가 내용뿐만 아니라 내용을 기계적으로 장식하는 운율을 기준으로 적용될 수 있기 때문이다. 법률가이자 시인이었던 솔론Solon은 포티오스Photios의 『도서관』에서 시인이 아니라 철학자로 분류되었고 아테나이오스Athenaios는 솔론을 크세노파네스나 포킬리데스Phokylides, 페리안드로스Periandros처럼 운문과는 거리가 먼 저자들과 함께 언급했다. 플루타르코스Plutarchos는 이러한 현상을 아래와 같이 독특한 방식으로 설명했다. 엠페도클레스나 파르메니데스의 글들은 "시에서 운율과 난이도가 높은 양식을 차용해서 사용한다. 이는 걷기에 비유할 수 있는 산문의 느린 움직임을 피하기 위해 마차를 빌려 타는 것과 같다."(『시들은 어떻게 읽어야 하나?』 2, 16c) 뿐만 아니라, 산문 형식으로 글을 쓰지만 양식적인 차원에서는 '시적'으로 평가되는 헤라클레이토스 같은 철학자들의 글이 있는 반면 산문을 운문화했다고 평가되는 글들도 있다(플루타르코스에 따르면, 솔론은 그리스인들에게 전파할 목적으로 이집트 제사장들로부터 전해 들은 아틀란티스 이야기를 운문으로 만들었다). 산문을 운문화한 경우에 대해 아리스토텔레스는 시의 보편적 가치를 강조하면서 역사가 실제로 '일어난' 일들에 대해 이야기하는 반면, 시는 유사성과 필연성을 기준으로 '일어날 수 있는' 것들에 대해 이야기한다고 설명한 바 있다.

현대인들은 이 복합적인 논쟁의 실질적인 내용을 오로지 희미한 메아리로 들을 수 있을 뿐이다. 하지만 이를 기준으로 헤시오도스의 몇몇 특징들을 확인하는 일이 아주 불가능한 것은 아니다. 학자들은 헤시오도스의 시들(『신들의 계보』와 『일과 날』)이 영웅적 서사시가 아니라 교육적 서사시라는 점에서 호메로스의 시와 전적으로 다르다고 평가한다. 여하튼 우리가 확실하게 이야기할 수 있는 것은 두 가지다. 하나는 현대 학자들이 주목하는 것처럼 『일과 날』이 이른바 동방의 지혜서 내지 잠언의 요소들(무엇보다도 인생을 올바르게 살아가는 방식에 대한 충고를 전달하는 헤시오도스의 입장과 그의 충고를 듣는 동생의 입장이 명확하게 표명된다는 점에서)을 분명하게 가지고 있다는 점이며 또한 『일리아스』, 『오디세이아』, 『신들의 계보』, 『일과 날』이 이른바 고전 시대에는, 적어도 플라톤의 시대 이전에는, 동일한 장르에 속하는 시들로 인식되었다는 사실이다. 신들과 영웅들의 계보를 구축하면서 이들을 찬양하는 첫 세 작품의 실질적인 목적은 사실 작품을 듣거나 읽는 사람들이 눈앞에 떠올릴 수 있도록 과거를 재구성하는 것이었다. 이와는 달리 헤시오도스와 호메로스의 차이점은 오히려 전쟁과 평화의 대립을 통해 부각되었다. 작자 미상의 『호메로스와 헤시오도스의 경합』을 살펴보면 그리스인들은 호메로스를 훌륭한 교육자로 추앙하지만(여기서는 헤시오도스가 아닌 호메로스가 최고의 교훈시를 쓰는 시인으로 추앙된다) 전혀 예기치 못한 방식으로, 오로지 사회적이고 윤리적인 측면만을 기준으로, 헤시오도스에게 승리가 주어진다. 청중은 분명히 호메로스의 시를 훨씬 더 매력적으로 느꼈지만 최종판결을 내리는 왕이 전쟁과 학살에 대해서는 전혀 언급하지 않고 오히려 농사와 평화를 장려하는 헤시오도스에게 승리의 관을 돌렸던 것이다.

이제 철학적 서사시로 되돌아가 보자. 기원전 6세기경부터 등장하기 시작한 새로운 현자들, 즉 철학자들은 이전과는 다른 형태의 지혜를 요구하면서 '견해'를 뛰어넘어 '진실'을 탐구하고 즐거움밖에는 선사하지 못하는 신화적인 서술을 철학적 담론으로 대체해야 한다고 주장했다. 바로 그런 차원에서 철학자들은 시인들을, 특히 호메로스와 헤시오도스를 비판했다. 플라톤이 시와 철학 사이를 오래된 '적대관계'로 규정하면서 불거진 논쟁(『국가*Politeia*』, 10권, 607b)은 그렇게 시작되었다. 철학자들이 시인들을 비판했던 것은 물론 시인들이 일반 대중에게 행사하던 어마어마한 영향력 때문이었다. 철학자들은 시인들이 실제로 유용한 정보는 조금도 전달하지 못하고 (플라톤은 『이온*Ion*』에서, 시인들이 사실은 어떤 실용적인 지식도 가지고 있지 않으며 어떤 특별한 기술도 보유하지 않고 오로지 그들에게 영감을 부여하는 신에게 좌우될 뿐이며 열광enthousiasmos의 포로에 지나지 않는다고 보았다) 무엇보다도 거짓말을 통해 감정을 자극하고 열정을 부추기는 부정적인 효과를 낳는다고 보았다.

하지만 철학자들이 시인들을 비판하기 시작한 시대는 철학적 산문의 발명과 실험을 이미 경험한 시대였다. 아낙시메네스와 아낙시만드로스가 일찍이 철학적 시인들의 등장 이전부터 산문으로 글을 쓰기 시작했고 비록 아주 독특한 양식이었지만 헤라클레이토스가, 이어서 아낙사고라스와 데모크리토스가 산문으로 글을 남겼다. 아울러 잊지 말아야 할 것은 구전으로 전해지던 고대 시들과 분명하게 글의 형태를 취하기 시작한 시들 사이에 중간 형태의 시들이 존재했다는 사실이다. 대표적인 예는 아마도 헤로도토스의 경우처럼 공개 강연의 기록들을 '재편집'한 운문들일 것이다. 물론 이와는 정반대로, 신생 학문이었던 철학의 스승들 사이에서도 사유의 전승을 위해 오히려 구전을 선호하는 인물들이 존재했다(이러한 현상에 대해 플라톤이 제시하는 상세한 설명과 정보를 통해 알 수 있듯이, 피타고라스와 마찬가지로 소크라테스 역시 글쓰기에 대해 공공연히 비판적인 태도를 취했다)는 점을 기억할 필요가 있다.

/ 철학적 서사시의 탄생

이러한 정황 속에서 사유를 운문으로 표현하겠다는 생각은 의도적인 선택이었을까? 그렇다면, 크세노파네스와 파르메니데스, 엠페도클레스로 하여금 그들의 철학을 시로 표현하도록 만든 요인은 무엇이었나?

이 질문에 대한 가장 기본적인 답변은 지역적인 특징에서 찾을 수 있다. 즉 당시에 문화적으로 가장 발달했던 이오니아에서는 산문이 인기를 끌기 시작했지만 전통을 중시하던 메갈레 헬라스의 지식인들은 계속해서 운문을 선호했다. 하지만 고대학자 글렌 모스트Glenn Most가 주목했던 것처럼 이들의 선택에 확고부동한 기준이 마련되어 있었던 것은 아니다. 콜로폰 출신인 크세노파네스는 뒤늦게야 엘레아로 이주했고 피타고라스는 사모스 섬 출신이었다. 모스트는 아울러 그리스 음유시인rhapsodos들이 참여하던 경합(예를 들어 기원전 6세기 판아테나이아Panatenaia에서는 음유시인들이 호메로스의 구절들을 낭송하며 경합을 벌였다)의 중요성을 예리한 방식으로 지적했다. 모스트는 음유시인 크세노파네스가 이 전통적인 경합의 강력한 우승 후보로 등장하면서 호메로스의 구절(크세노파네스는 신들을 표현하는 부분에 있어서만큼은 호메로스를 신랄하게 비판했다)보다 훨씬 더 훌륭하고 새로운 진실을 담고 있는 구절을 낭송했다고 보았다. 크세노파네스의 운문은 특정 민족의 신화적인 과거를 이야기하는 대신 모두가 어떤 경우에든 수용할 수 있는 진실을 담고 있었다. 그는 이 진실이 향연에서 강조되는 도덕적인 덕목이나 경합에서 찬양되는 기량보다 중요하다고 생각했다(크세노파네스는 경쟁을 통해 취득하는 명성에 대해 비판적인 태도를 취했다). 이와는 달리 파르메니데스와 엠페도클레스는 모두 지혜가 신성한 영감에서 비롯된다는 생각을 가지고 있었다. 이들에게 시는 신의 언어였고 6행시는 신탁 사제들의 유일한 언어였다. 아니, 파르메니데스의 시는 잠언의 어조로 말하는 여신이 등장하기 때문에 오히려 하나의 신비주의 입문 의례처럼 이해되었다고도 볼 수 있다. 엠페도클레스는 한 걸음 더 나아가서 스스로를 잠시 유배 중인 신으로 등장시켰다.

긴 생애(대략 92년) 동안 크세노파네스는 다양한 운문 형식으로 상당히 이질적인 주제들을 다루며 글을 썼다. 따라서 그가 염두에 두었던 독자층이나 그의 저서들이 소개되던 정황 역시 상당히 다양하고 이질적이었다고 볼 수밖에 없다. 그는 이상적인 향연을 꿈꾸었고 훌륭한 삶과 훌륭한 정부를 보장할 수 있는 '지혜'의 이름으로, 그리스인들이 경합에서 승리를 경축하며 찬양하던 체력 단련의 가치를 비판했다.

한편 크세노파네스와 함께 실로이Silloi라는 철학적 풍자시가 탄생했다. 대부분 6행으로 쓰인 실로이에서 크세노파네스는 호메로스와 헤시오도스의 종교 사상을 비판했고, 역시 6행 형식으로 신과 지식(『자연에 관하여』라는 시), 물리적 현상과 기상 현상에 대한 기록을 남겼다. 크세노파네스는 여러 분야에서 다양한 종류의 영향을 받은 만큼 진정한 의미의 방랑 시인이었다고 할 수 있다. 당시의 음유시인들 대부분이 그랬던 것처럼 시구를 반복하는 경향이 있었지만 그는 창조와 실험을 사랑하고 신랄한 비판적 태도와 풍자적인 경향을 유지하면서 혁신을 추구했다. 주목해야 할 것은, 물론 그의 표현만으로는 정확히 이해하기 힘든 부분이 있지만, 어떤 형태의 물리적인 힘보다도 훌륭한 법을 국가에 보장할 수 있는 자신의 훌륭한 '지혜'에 대한 확신이다(fr. 2). 아마도 크세노파네스는 시를 쓸 줄 아는 단순한 기술이 아니라 실질적인 결과를 낳을 수 있는 지혜, 즉 광기가 아닌 평등과 훌륭한 질서로 인도할 수 있는 사유의 탁월함을 강조하고 싶었던 것으로 보인다. 신이나 뮤즈 들의 존재와 역할에 대해 전혀 언급하지 않은 점 역시 그를 영감에 의존하는 파르메니데스나 엠페도클레스와 분명하게 구별시켜 주는 특징이다. 크세노파네스는 헤시오도스와 분명히 다른 시인이었지만 기본적인 개념과 궁극적인 목적(사회적 안정과 정의, 훌륭한 정부)에 있어서만큼은 많은 공통점들을 가지고 있었다.

/ 한 장르의 행운: 파르메니데스에서 루크레티우스까지

반면에 파르메니데스와 엠페도클레스는 헤시오도스와 같은 선상에 위치시켜야 한다. 이들은 무엇보다도 영감의 원천인 신들에게 일정한 역할을 맡긴다는 점, 다름 아닌 지혜가 신들에게서 온다고 믿는다는 점, 그리고 '장르'의 차원에서 6행시를 선호한다는 점 등의 공통분모를 가지고 있다. 6행시라는 장르는 고전 시대에 적지 않은 영향력을 발휘했고 시의 동기와 독자층을 결정짓는 요소이기도 했다. 기원전 6세기에 서사시는 그리스인들이 자신의 생각을 완전한 형태로 표현할 수 있는 유일한 도구였다. 반면에 훨씬 더 개괄적인 성격의 산문이 기본적으로 세 부류의 독자층에 따라 상이한 형태로 존재했다. 먼저 스승의 강의를 기록하는 제자들이 있었고, 일련의 잠언들을 통해 직관력을 키운 지식인들, 그리고 철학적 담론을 구체적으로는 이해하지 못하지만 어떤 사유에 단순히 감동받는 좀 더 넓은 영역의 독자들이 있었다. 하지만 적어도 파르메니데스의 경우에는 플라톤의 대화록을 토대로 그만의 전달 방식과 독자의 이해 방식을 재구성하는 것이 가능하다. 다시 말해 플라톤의 대화록에서 우리는 파르메니데스의 시가 발휘하는 효과와 유용성에 대한 고대인들의 의견을 들을 수 있다. 『파르메니데스*Parmenides*』에서 제논Zenon이 자신의 글을 낭송할 때 소크라테스는 파르메니데스와 제논이 동일한 주장을 펼치고 있다는 점에 주목한다. 소크라테스는 제논이 자신의 산문을 통해, 파르메니데스는 자신의 시를 통해 각각 스스로의 담론을 "우리 모두의 의견을 초월하는"(128b) 단계로 끌어올린다고 보았다. 결론적으로 말하자면 고대인들의 의견은 시가 기억을 용이하게 하고 사유를 개괄할 뿐만 아니라 시의 인용 가능성을 토대로 문구를 문맥에 어울리도록 만드는 기능을 가지고 있다는 것이었다.

크세노파네스가 스스로를 진실과 새로운 지혜의 보유자로 천명하면서 경합의 승리를 거머쥐려고 노력했던 반면 파르메니데스와 엠페도클레스는 한 번도 전통적인 서사시와 거리를 두어야 한다거나 차별화가 필요하다고 밝힌 적이 없다. 이들은 오히려 전통 서사시의 가장 정통한 후계자를 자처하면서 청중의 호응을 기대했다.

파르메니데스, 호메로스, 헤시오도스는 공통점 못지않게 독특한 특징을 많이 가지고 있다. 예를 들어 헤시오도스의 경우, 전지적 존재이기 때문에 진실과 거짓까지 소유하는 뮤즈들이 나타나 시의 주제들을 선사한다. 반면에 파르메니데스는 그에게 진실을 가르쳐 줄 여신을 찾아 여행을 떠난다. 하지만 파르메니데스의 가장 중요한 특징은 일련의 논제들을 통해 자신의 생각을 제시했다는 점이다.

전통 서사시와의 부인할 수 없는 연속성에도 불구하고 간과할 수는 없는 것은 파르메니데스의 문장 대부분이 묘사적이고 논쟁적이라는 사실이다. 물론 구전적인 요소가 분명히 사라지기 시작했다는 사실에 적지 않은 영향을 받았을 가능성이 충분히 있지만 분명한 것은 서사적인 내용의 서두가 상당히 자연스럽고 매끄러운 반면 논제가 발전되는 부분에서는 6행시의 운율이 전혀 매끄럽지 못하다는 점이다. 이상의 두 가지 특징을 함께 고려할 때 우리는 파르메니데스의 시에서 산문의 영향이 분명하게 드러나는 것 못지않게 시의 운율이 음성적인 측면보다는 사상적인 내용의 유기성에 좌우된다는 결론을 내릴 수 있다.

시인으로서의 재능은 분명히 엠페도클레스가 파르메니데스보다 훨씬 뛰어났던 것으로 보인다. 엠페도클레스가 시의 서두에서 파우사니아스Pausanias에게 일종의 개인적인 입장을 표명하는 부분은 헤시오도스가 그의 제자 역할을 하는 동생에게 조언하는 『일과 날』을 떠오르게 한다. 전통적인 서사시를 창조적인 방식으로 발전시키는 엠페도클레스의 탁월함은 그의 혁신적인 언어 사용뿐만 아니라 특히 시구 전체의 빈번한 반복 및 비교된 것과 비교해야 하는 것의 조합이 빈번히 나타나는 독특한 형태의 '유사'를 활용하는 곳에서 더 분명하게 드러난다. 호메로스의 시에서도 종종 일어나는 시구절의 반복이 어떤 장면이나 전형적인 주제들을 떠올리게 하기 위해 자동적인 방식으로 이루어졌다면 엠페도클레스의 경우에는 반복이 어떤 지점에서 문맥의 유사성을 부각시키거나 주제의 발전 과정을 부각시키기 위해 사용된다는 느낌을 준다. 중요한 것은 엠페도클레스의 시에서 반복이 항상 이러한 차원에서 이루어진다는 사실이다.

로마에서는 루크레티우스Lucretius Carus가 에피쿠로스 철학과 6행 서사시를 접목시킨 형태로 마지막 철학적 서사시를 쓰게 된다. 데이비드 세들리David Sedley가 지적했던 것처럼, 루크레티우스가 서사시로부터 받은 영향을 그대로 느낄 수 있는 부분은 엠페도클레스의 서두를 모방한 것이 분명해 보이는 첫 부분뿐만 아니라 다름 아닌 용어 선택의 변화 과정, 즉 훌륭한 정의로 가득한 에피쿠로스적인 산문의 상당히 고차원적이고 기술적인 용어 활용에서 아무것도 고정시키지 않고 상상력을 자극하는 용어 활용으로 전환하는 과정이다. 이러한 변화는 무엇보다도 루크레티우스 자신의 철학적 과제와 시적 과제에 대한 평가의 긴장 속에서 이루어졌다.

5

파르메니데스와 제논

5.1 엘레아의 파르메니데스

대화록 『파르메니데스』에서 플라톤은 파르메니데스와 제논의 아테네 여행에 대해 언급한 바 있다. 제논은 아테네에서 열린 판아테나이아 축제에서 다원론에 반대하는 내용의 저서를 소크라테스를 포함한 청중 앞에서 낭독할 계획이었다. 당시에 파르메니데스는 대략 65세였고 제논은 40세, 소크라테스는 상당히 젊은 청년이었다. 플라톤의 대화록에 적혀 있는 정보가 사실이라면, 우리는 파르메니데스가 대략 기원전 515년, 제논이 기원전 490년경에 태어났다고 추정할 수 있다.

전통적으로 엘레아의 파르메니데스는 감성이 이성과 달라서 절대적으로 신뢰할 수 없기 때문에 지적 도구로서 유효성이 떨어진다고 평가한 최초의 그리스 철학가로 알려져 있다. 그는 감각으로 감지할 수 있는 현실의 차원을 뛰어넘는 또 다른 차원이 존재한다고 주장했던 최초의 철학자이기도 하다. 파르메니데스는 영원한 현실, 불변하고 부패하지 않으며 오로지 이성에 의해서만 도달할 수 있는 현실이 존재한다고 주장했다.

파르메니데스는 자연을 주제로 하는 6보격의 서사시 한 편을 남겼다. 이 작품의 꽤 많은 분량이 단상의 형태로 남아 있다. 이 시는 크게 세 부분으로 나뉜다. (1) 서두에서는 파르메니데스의 여행이 비유적인 표현(그를 태우고 가는 말들의 이미지를 통해 혹은 그에게 길을 가리키는 소녀들의 이미지를 통해), 영웅적인 표현(파르메니데스의 여행은 오디세우스의 여행에 비교된다), 그리고 신비주의 입문과 관련된 내용(여행이 끝날 무렵 여신 앞에 도달한 그는 그가 알아야 할 모든 것을 전수받는다)을 통해 묘사된다. (2) 다음은 '형이상학적' 내용, 다시 말해 파르메니데스의 철학적 주장과 일치하는 '존재의 길'이라는 주제를 다룬다. (3) 다음은 '자연'을 다루는 부분으로 파르메니데스는 이를 "언젠가는 죽는 존재들의 견해"로 소개한다. 파르메니데스는 이 '견해'가 감각적인 지식을 토대로 구축된다고 보았다. 그는 감각적인 지식이 지식의 궁극적 목적, 즉 '존재의 진실'에 비해 결코 신뢰할 수 없는 내용을 담고 있으며 엄격한 방식으로 탐구될 때에만 나름대로 타당성을 취득할 수 있다고 보았다.

5.2 부재의 길

이 서사시의 서두에 등장하는 여신이 파르메니데스에게 철학적 탐구의 길에는 어떤 것들이 있는지 계시하는 장면을 살펴보자. "먼저, 존재할 뿐만 아니라 존재하지 않을 수 없다고 천명하는 길은 설득의 길이며, 사실상 진실을 추구한다. 하지만 부재할 뿐만 아니라 필연적으로 부재해야 한다고 천명하는 길이 있다. 네게 말하지만, 이 길은 결코 알아볼 수 있는 길이 아니다. 사실상 존재하지 않는 것을 너는 알아볼 수도, 표현할 수도 없을 것이다." 이 문장을 올바로 이해하기 위해 먼저 몇 가지 문제를 제기할 수 있다. (1) 무엇보다도, '존재'하거나 '부재'하는 주체는 무엇인가? (2) '존재'라는 모호한 용어 자체가 아주 많은 의미를 가지고 있는 만큼, 여기서 '존재한다'의 의미는 무엇이며, 결과적으로 '부재한다'의 의미는 무엇인가? (3) 파르메니데스가 '부재'한다고 말하는 것은 정말로 부재하는가? 그렇다면 부재의 언급 불가능성과 생각할 수조차 없는 성격을 고려했을 때, 여신의 의견처럼, 추구할 수조차 없는 길임에도 불구하고 '부재'하는 것이 '존재'하는 것을 항상 따라다니는 것은 무엇 때문인가?

'존재의 길'에서 표현되지 않은 주체는 따라서 '실재'이며 '부재의 길'에서 표현되지 않은 주체는 '실재하지 않는 것'이라고 볼 수 있다. 그렇다면 파르메니데스의 주장을 우리는 다음과 같이 요약할 수 있다. (1) 실재는 존재하며 존재하지 않을 수 없다. (2) 실재하지 않는 것은 존재하지 않으며 필연적으로 부재할 수밖에 없다. 그렇다면 이 두 가지 길에 우리가 부여해야 하는 의미는 과연 무엇인가? 가장 일반적이고 설득력 있는 설명, 즉 이 '존재하다'라는 동사에 실존적인 가치를 부여하는 설명에 따르면, 실존하는 것은 실존함과 동시에 실존하지 않을 수 없는(실존하는 것이 존재하지 않는다는 것은 '불가능'하다) 존재인 반면 부재하는 것은 필연적으로 부재할 뿐이다(부재하는 것의 부재는 '필연적'이다).

이어서 파르메니데스가 결국 이야기하려던 것은 일련의 탐구 방식이라는 점, 즉 일상적인 경험과는 무관한 과정이라는 점에 주목할 필요가 있다. 파르메니데스는 탐구란 오로지 필연적으로 존재하는 것(예를 들어 숫자나 논리적 개념)들을 대상으로만 가능하며 반면에 존재하지 않는 사물(예를 들어 키메라 혹은 날개 달린 말, 둥근 사각형 등)을 대상으로는, 이것들을 생각하거나 언급하는 일이 사실상 비현실적인 만큼, 불가능한 것으로 보았다.

죽을 수밖에 없는 존재들에 대한 견해, 즉 사물들이 어떤 때에는 존재하고(예를 들어 오늘) 어떤 때에는 존재하지 않는다는(예를 들어 어제) 견해 역시 이러한 상황에서 벗어나지 못한다. 봄이나 여름에는 존재하지만 가을과 겨울에는 흔적을 찾아볼 수 없는 벌레들을 예로 들 수 있을 것이다. 따라서 존재하지 않는 사물들뿐만 아니라 감각적 세계의 변화에 지배받는 사물들 역시 부재의 영역으로, 즉 학문적인 탐구가 불가능한 영역으로 밀려나게 된다.

5.3 존재의 길

파르메니데스가 제안했던 것이 필연적이고 불변하는 방식으로 존재하는 것들에 대한 학문적인 탐구 방식이라는 가정하에 제기되는 것은 특정 사물 혹은 사물들의 존재 여부를 어떻게 확인하느냐는 문제다. 단상 8에서 파르메니데스는 실존하는 존재가 존재한다는 사실 자체를 근거로 구체화되는 몇몇 특징을 연역적인 방식으로 증명해 보인 바 있다. 시작 부분을 읽어 보자. "여전히 남아 있는 것은 하나, 존재의 길에 대한 이야기다. 이 길에는 존재가 생성되지 않았고 불멸하며 단일한 종으로 이루어진 완전체인 동시에 부동이며 한계가 없지 않다는 것을 보여 주는 많은 기호들이 있다." 여기서 파르메니데스는 몇 가지 결정적인 특징들이 실존하는 존재의 속성이라고 밝히고 있다. 파르메니데스의 연역을 통해 드러나는 것은 존재가 생성되지 않았고 불멸하며 완전하다는 점, 다시 말해 존재가 일관적이고 단일하며 움직이지 않는 유한한 성격의 총체라는 것이다.

아리스토텔레스의 해석을 토대로 오늘날에 이르기까지 거의 대부분의 학자들이 만장일치로 동의하는 부분은 파르메니데스가 바로 일원론자였다는 사실이다. 이 의견에 따르면 파르메니데스는 세상에 존재하는 하나의 유일한 존재를 염두에 두고 있었고 이 존재를 우리가 감각으로 받아들이는 것처럼 다수가 아닌 단수로 간주했던 것으로 보인다. 더 나아가서 단상 8의 몇몇 문장들은 이 유일한 존재에 공간적인 의미를 부여하면서 이 존재를 모든 것과 동일하고 현실 혹은 자연과 동일한 것으로 간주해야 할 물리적인 존재로 제시하는 듯이 보인다. 파르메니데스가 생각하는 것이 공간적인 총체인지 시간적인 총체인지가 분명치 않은 22~25절의 내용이나, 여전히 어떤 공간적 경계를 의미하는 듯 보이는 '한계'의 개념(26~31절), 혹은 "상당히 둥근 구형의 물체와 유사한"이라는 구절(42~43절) 등이 하나의 물리적인 존재를 생각하게 만드는 예다.

이러한 전통적인 해석과 입장을 달리하는 현대 철학자들은 최근 들어 파르메니데스 철학에 대한 전혀 다른 해석을 내놓았다. 이에 따르면 우리는 '존재'를, 이를테면 단상 8에 제시된 수식어들로 '채워지기를' 기다리는 형태의 존재로 이해해야 한다. 이러한 해석을 받아들인다면 우리는 파르메니데스의 탐구 영역을 감각적인 경험과 (생성되지 않고 부패하지 않고 영원하기 때문에) 놀라울 정도로 모순되는 단수의 실재에 국한시키지 않고, 여러 가지 실재로 확장시킬 수 있다. 결과적으로 상당수의 학자들(누구보다도 아리스토텔레스)이 파르메니데스에게 부여해 온 일원론이라는 특징도 최소한 다시 검토해 보아야 할 문제라는 결론을 내릴 수 있다.

결론적으로 말하자면 파르메니데스가 변화와 탄생과 죽음이라는 특징에서 벗어나 있는 단일한 실재(동시에 물리적인 특성을 가지고 있는 실재)에 대한 탐구뿐만 아니라 더 많은 실재에 대한 탐구, 마찬가지로 감각적인 것에서 벗어나 있는 실재들, 예를 들어 수학적인 실재들에 대한 탐구를 제안했다고 볼 수 있다(단상 8에서 언뜻 물리적 특성을 가진 것으로 묘사되는 부분은 얼마든지 단순한 시적 비유로 해석될 수 있다).

5.4 엘레아의 제논

파르메니데스의 제자 제논은 독재자의 정권을 전복시키기 위해 음모에 가담했던 인물이다. 음모가 실패로 돌아가고 제논을 사로잡은 왕은 다른 반역자들의 이름을 알아내기 위해 그를 고문했지만 제논은 스스로 혀를 깨물고 독재자의 면전에 자신의 혀를 내뱉었다고 전해진다.

다름 아닌 플라톤의 『파르메니데스』에 요약된 내용을 토대로 우리는 제논이 제시했던 논제들이 '다원론'에 반대하는 것들이며 이분법적인 진행 방식, 다시 말해 서로 반대되는 두 가지 개념의 대립을 기초로 하는 진행 방식을 따른다고 추정할 수 있다. 제논의 말을 귀담아들었던 소크라테스의 설명에 따르면 제논은 '모든 것은 **하나**'라는 파르메니데스의 사상을 옹호했을 뿐만 아니라 이를 위해 일련의 놀랍고 명쾌한 예들을 들어 가며 반대되는 논제의 모순을, 다시 말해 '다원론'은 존재하지 않는다는 것을 증명해 낸 것으로 보인다.

그러나 플라톤의 대화록 『파르메니데스』에서 가장 흥미로운 대목은 제논이 소크라테스의 잘못을 지적하면서 다원론을 반대하는 자신의 논리가 파르메니데스의 일원론을 증명하는 것이 아니라고 주장하는 부분이다. 제논은 이렇게 말한다. "이 책이 증명하려고 하는 것은 사물의 다양한 기원을 주장하는 다원론이 초래하게 될 결과가 일원론이 가져올 그것보다 훨씬 더 우스꽝스럽다는 것뿐이다."(플라톤, 『파르메니데스』, 128C~D) 따라서 제논의 의도는 어떤 철학적 논제를 주장한다기보다는 이분법적인 방법을 사용해서 한 논제의 모순적인 결과뿐만 아니라 반대되는 논제의 모순까지도 증명해 보이는 것이었다고 할 수 있다. 아마도 아리스토텔레스가 그의 소실된 저서 『소피스트』에서 제논이 변증법의 창시자, 혹은 진정하고 본격적인 차원의 대화 기술을 창조해 낸 인물이라고 주장했던 것도 바로 그런 이유에서였을 것이다.

아리스토텔레스가 『물리학』에서 인용하는 제논의 '운동'에 관한 논제는 네 가지다. 이 예들은 모순 증명의 형태 혹은 패러독스(일반적인 견해doxa와 반대para되는 것)를 증명하는 형태로 제시된다. 고대 말기 철학자 프로클로스Proklos는 『파르메니데스』 해설서에서 제논의 논제들이 40가지에 달한다고 밝혔지만 실제로 남아 있는 문헌들을 토대로 확인이 가능한 것은 모두 여섯 가지, 즉 신플라톤주의 철학자 심플리키오스Simplikios가 제논의 말을 그대로 인용하면서 남긴 두 가지, 그리고 상당히 축약된 형태로 아리스토텔레스가 인용한 네 가지다.

5.5 '이분법'에 관하여

심플리키오스는 아리스토텔레스의 『물리학』을 다룬 해설서에서 제논의 두 가지 패러독스를 인용한 바 있다. 좀 더 흥미롭고 상세하게 묘사된 이른바 '이분법에 관한' 패러독스를 통해 제논이 증명하고자 했던 것은, 많은 사물들이 다양한 방식으로 존재한다면 사물들 하나하나는 작지만 동시에 거대할 수밖에 없다는 점, 즉 너무 작아서 어떤 크기도 가질 수 없고 너무 커서 무한할 수밖에 없다는 것이었다. 첫 번째 경우를 살펴보면, 결국 아무것도 존재할 수 없다고 해야 한다(따라서 다양성도 존재하지 않는다). 크기도 두께도 질량도 가지지 않는 것은 결국 존재하지 않기 때문이다. 하지만 무수한 사물들이 다양하게 존재한다는 가정하에 각각의 사물이 크기와 두께를 지닌다면, 이 경우에는 모든 것이 무한히 크다고 해야 할 것이다.

상당히 축약적인 방식으로 전개되는 제논의 이러한 논리는 다음과 같은 방식으로 요약될 수 있다. (1) 어떤 물체든(즉 크기를 가진 모든 것은) 무한한 수의 부분들로 나뉘어 있고 이 부분들 역시 물체이며 크기와 두께를 가지고 있다. (2) 한 물체의 무한한 부분들의 합은 마찬가지로 무한하다. (3) 따라서 한 물체의 크기는 무한하다.

이러한 결론 역시 이분법의 첫 번째 경우와 마찬가지로 모순적이기 때문에 결과적으로는 다양성의 존재를 인정할 수 없다는 결론이 도출된다. 하지만 이러한 논리를 부인하기 위해 노력했던 학자들은 (2)의 가정에 문제점을 제기하면서 제논이 말하는 크기란 이른바 급수(예를 들어 한 단위를 1, 1/2, 1/4, 1/8……과 같이 분할하는 방식), 다시 말해 무한하지만 결과적으로 항상 일정한 양을 고수하는 급수의 일종이라고 주장했다. 하지만 사실은 제논의 글 어느 한 부분도 그가 이러한 종류의 실수를 했다는 근거가 되지 못한다. 한편으로는 오히려 제논이 점진적으로 분할되지 않는 부분들의 합으로 구축된 물체를 생각했을 가능성을 배제할 수 없다.

5.6 '운동'을 부정하는 논제들

'운동'을 부정하는 네 가지 논제들 중에 가장 널리 알려진 '아킬레스와 거북이'의 역설과 '화살'의 역설을 살펴보자.

첫 번째 역설에 대한 아리스토텔레스의 설명에 따르면(『물리학』 Z 9), 운동이 일어나지 않는다고 보는 이유는 주자가 목표 지점에 도달하기 전에 중간 지점을 통과해야 하기 때문이다. 다시 말해, (1) 주자는 목표 지점에 도달하기 위해 무한한 지점들, 즉 목표 지점까지 1/2 지점, 1/4 지점, 1/8 지점 등을 계속해서 통과해야 하고, (2) 무한한 지점들을 연이어서 통과한다는 것은 불가능하므로, (3) 주자는 목표 지점에 도달할 수 없다. 결론적으로 움직이는 것은 존재하지 않는다. 유명한 '아킬레스와 거북이'의 역설에서 훨씬 빠른 발을 가진 아킬레스가 거북이를 결코 따라잡지 못하는 것도 바로 이러한 이유 때문이다.

'화살'의 역설에 대해 아리스토텔레스는 움직이는 화살이 '휴식 중'이라고 표현하면서 이러한 결론은 시간이 '지금', 즉 현재적 순간들로 구성된다는 관점에서 비롯된다고 설명했다. '화살'의 역설 역시 좀 더 세분화된 방식으로 살펴보자.

(1) 일정 공간을 차지하는 하나의 사물은 휴식 중이다.

(2) 운동 중에 있는 사물은 어느 한 순간에 사물의 크기와 정확하게 일치하는 공간을 차지한다.

(3) 따라서 운동 중인 사물은 휴식 중이다.

(4) 운동 중인 사물은 항상 어느 한 순간에만 움직인다.

(5) 따라서 운동 중인 사물은 항상 휴식 중이다.

이러한 유형의 전개 방식이 유용한 것은 우리가 무비판적인 자세로 사용하는 개념들의 논리적 난해함을 명확하게 드러내기 때문이다. 역설과 같은 논리적 도구들의 유용성은 사고를 극단적인 한계로 몰고 가면서 그 메커니즘을 드러낸다는 데 있다.

6

헤라클레이토스와 엠페도클레스

6.1 '신탁'을 통한 지혜

소크라테스 이전 시대의 모든 철학자들이 남긴 글과 마찬가지로, 에페소스의 헤라클레이토스가 남긴 글들은 단상의 형태로만 남아 있다. 하지만 헤라클레이토스의 경우 문제는 훨씬 더 복잡하다. 그가 자신이 하고 싶었던 말을 의도적으로 모호하고 '짧은' 금언으로 표현했기 때문이다. 바로 이러한 표현의 모호함 때문에 '어두운 사람skoteinos'이라는 별명을 얻기도 했다.

독일의 문헌학자 헤르만 딜스Hermann Diels는 소크라테스 이전 철학자들의 거의 모든 단상들을 집대성한 것으로 유명하다. 무엇보다 의미심장한 것은 그가 헤라클레이토스의 단상들을 집필 순서대로 재구성하는 대신 단상들이 인용된 문헌들을 알파벳순으로 배열하는 방법을 선택했다는 점이다. 언뜻 무관한 듯 보이지만 사실 이런 방식은 헤라클레이토스처럼 수수께끼에 가깝도록 함축적으로 말하는 방식을 전면으로 부각시키는 데 기여했다. 결과적으로 어떤 학자들은 헤라클레이토스가 단행본을 집필했을 가능성이 전혀 없다고 주장하기까지 했다. 하지만 이러한 입장을 일축할 만한 자료는 이미 오래전부터 주어져 있었다. 이 자료에 따르면 헤라클레이토스는 자신의 책을 에페소스의 아르테미스 신전에 헌정했던 것으로 보인다. 신전 벽에 법령을 전시하는 고대의 풍습을 연상시키면서 자신의 사상에 신성하고 역사적인 의미를 부여하기 위한 행동을 실행에 옮겼던 것이다. 뿐만 아니라 단상들을 꼼꼼히 읽어 보면 아주 많은 부분들이 내용과 표현의 측면에서 치밀한 기획하에 쓰였고 이러한 특징들이 하나의 유기적인 작품 내부에서만 의미를 지닐 수 있다는 것을 확인할 수 있다.

어쨌든 아포리즘을 통해 사상을 표현하려는 태도 자체의 철학적 가치는 주목을 요한다. 헤라클레이토스는 고대 철학자들이 사용하던 여러 종류의 소통 모형, 예를 들어 신비주의적인 계시나 신탁, 도덕적인 금언, 수수께끼 같은 글의 형태를 활용했다. 모두들 이해하기가 결코 쉽지 않은 형태의 글이었다. 이런 종류의 글을 쓰는 저자는 우월한 지식의 소유자였고 이를 읽고 이해할 수 있는 자들은 극소수에 불과했다. 헤라클레이토스에게 수수께끼 같은 표현들은 자연이 스스로의 모습을 드러내는 방식, 즉 인간이 해석하기 힘든 기호들을 사용하는 방식과 유사한 것이었다.

헤라클레이토스는 실제로 자연이 '숨기를 좋아한다'고 생각했다(fr. 123). 즉 현상들의 세계가 끊임없이 전시하는 변화의 물결 속에 숨어 있는 조화의 원리를 파악하기 위해 감각이 가리키는 바를 해독해 낼 줄 알아야 한다고 생각했던 것이다. 이러한 관점에서 비롯된 것이 바로 헤라클레이토스만의 또 다른 특징, 즉 저명한 고대 철학자들에게는 현실을 지배하는 법칙들을 발견하기 위해 필요한 지적 능력이 부족했다는 비판적인 태도였다.

6.2 "모든 것은 흐른다"

헤라클레이토스가 체계를 갖춘 단행본의 저자였다고 확신할 수 있는 또 하나의 이유는 로마 철학자 섹스투스 엠피리쿠스Sextus Empiricus가 전승한 헤라클레이토스의 글이 비교적 길고 상세한 내용을 담고 있으며 일종의 서문 형식을 분명하게 취하고 있기 때문이다.

여기서 헤라클레이토스는 자신이 전하려는 내용을 하나의 로고스, 즉 사람이 손쉽게 '이해할 수 없는' 변화의 '규칙'이나 '이성'으로 상정한다. 의미심장한 것은 '이해력이 부족한' 인간을 지칭하기 위해 사용한 용어 'axynetoi'가 신비주의 문헌에서 유래한다는 사실이다. 헤라클레이토스가 말하는 '이해력이 부족한' 독자는 바로 신비주의에 '입문하지 못한' 이들이었다. 이들 앞에서 헤라클레이토스는 종교적 지혜의 보유자와 계시자의 입장을 고수했다.

헤라클레이토스는 그리스어 로고스가 지니는 '담론'이라는 또 다른 의미에 주목했다. 헤라클레이토스는 이 용어의 다의성을 근거로 그가 드러내고자 했던 복잡한 현실과 완벽하게 상응하도록 말을 고안했고 그의 말에 관심을 기울이도록 하는 데 성공했다. 그의 이야기를 들으면서 사람들은 고립된 삶으로부터 벗어날 수 있었고 그들과 함께 자연 전체를 지배하는 '공통의' 법을 이해하는 데 마음을 열 수 있었다. 그런 식으로 사람들은 상반되는 기운들 사이의 본격적인 '전쟁'을 토대로 자연이 구축되고 우주의 질서를 지탱하는 원리가 바로 이러한 분쟁에 기초한다는 사실을 깨달았다.

우주의 질서라는 문제에 집중하면서 헤라클레이토스는, 일찍이 아낙시만드로스가 그랬던 것처럼, 문제의 해결점을 역학적 균형의 차원에서 발견했다. 이를 통해 그의 철학이 이오니아 자연주의에 뿌리를 두고 있다는 사실이 드러난다. 한편 상반되는 기운이나 사고의 대립에 대한 그의 생각은 우주론적인 차원에서 물질들 간에 일어나는 물리적 상호작용의 효과를 뛰어넘어 주관적인 인상의 상대성을 토대로 하는 역학적인 긴장으로 확장되며 실존적인 삶이 어떤 단계에서 또 다른 단계로 이어지는 과정으로까지, 심지어는 일관적이지 못한 방식으로 특정 대상에 이름을 부여하는 습관으로까지 확장된다.

헤라클레이토스는 흔히 "모든 것은 흐른다panta rhei"고 생각한 철학자로 알려져 있다. 그에 따르면 "같은 강에 몸을 담그는 사람 위로는 항상 다른 물이 흐르기 마련이다."(단상 12, 단상 49a, 91a 참조) 완전히 틀린 말은 아니지만 편협하다고 볼 수밖에 없는 이러한 생각과 관점을 새롭게 발전시킨 인물은 플라톤이다. 플라톤은 실제로 감각적 현실의 유동성이 가진 포착하기 힘든 성격에 굉장한 매력을 느꼈고 이러한 유동성을 이론화한 인물이 다름 아닌 헤라클레이토스라고 보았다. 이 이론을 극단적인 단계로까지 몰고 갔던 헤라클레이토스의 제자들은 유동성을 이해한다거나 이해시키는 일이 불가능하다는 주장을 펼치기까지 했다(플라톤이 헤라클레이토스의 제자들 중에 한 명인 크라틸로스Kratilos를 아테네에서 만나 친분을 쌓았을 가능성이 있다). 따라서 헤라클레이토스에게는 유동성이 안정성만큼이나 중요했고 상반된 것들의 대립이 이들의 통일성 못지않게 중요했다는 점에 주목할 필요가 있다. 바로 그런 이유에서 헤라클레이토스는 극단적인 유동성의 상징일 뿐만 아니라 완벽한 영속성의 상징이기도 한 '불'에 사물의 원리가 있다고 보았다. 이오니아 철학자들과 마찬가지로 그에게도 불은 현실의 신성한 기본 원리였고 상반되는 것들의 대립은 불 속에서 이루어지는 보다 고차원적인 결합을 의미했다.

헤라클레이토스의 전통적인 이미지에 가려졌던 또 하나의 중요한 특징은 영혼에 대한 그의 관심이다. 헤라클레이토스의 심리학은 영혼과 영혼의 활동에 대한 육체적 차원의 관점 혹은 신체 기관과 연관된 설명과 일관성을 유지하는 유물론적인 관점을 유지하고 있다. 영혼의 활동이 영양 섭취처럼 생명과 관련된 것인지 사상처럼 인식과 관련된 것인지는 중요하지 않았다. 이러한 사고방식의 흔적은 호메로스로부터 그리스 비극에 이르는 고전문학과 히포크라테스 학파 의사들의 저서에서도 흔히 찾아볼 수 있다.

공기에 가까운 아낙시메네스의 영혼과 유사하게 헤라클레이토스의 영혼 역시 기본적으로는 우주의 원형, 즉 불에 가깝다. 물론 헤라클레이토스가 생각했던 영혼psyche이 증기나 뜨거운 공기에 좀 더 가까운지 아니면 물과 불, 혹은 공기와 불이 혼합된 형태에 가까운지 확실하게 말할 수 있는 문헌상의 근거는 없다. 하지만 헤라클레이토스에 따르면 영혼이 가지고 있는 건조하고 가볍고 유동적인 특성의 변화는 사람들마다, 아울러 한 사람의 성장 시기에 따라 차이가 있을 뿐만 아니라 인식 활동의 질적인 측면에 직접적인 영향을 끼친다. 특히 영혼이 습해지면 지적 활동은 약해진다. 술에 취했을 때 사고력이 떨어지는 것도 바로 그런 이유에서다. 헤라클레이토스는 노화 역시 습기를 동반한다고 보았다. 습기는 영혼에게 죽음과 마찬가지였다.

영혼의 활동을 유물론적인 관점에서 바라보는 시각은 분명히 개인적인 영혼의 불멸성을 부인하는 입장과 연관이 있어 보인다. 하지만 주목해야 할 것은 그럼에도 불구하고 심리적 차원의 헤아릴 수 없는 깊이에 대해 최초로 의식적인 발언을 했던 인물 가운데 하나가 바로 헤라클레이토스라는 점이다. "네가 아무리 노력해도, 네가 영혼의 모든 길을 섭렵한다고 해도 그것의 경계는 절대로 발견할 수 없을 것이다. 영혼이 소유하는 로고스가 그만큼 깊기 때문이다."(22 B 45 DK*)

헤라클레이토스가 남긴 다른 유명한 문구도 이와 동일한 차원에서 이해되어야 한다. "사람의 개성은 곧 그의 정령daimon이다."(fr. 119) 이 문장이 분명하게 주장하는 것은 한 개인의 운명이 신들 혹은 수호신들의 개입과 무관하다는 사실이다. 헤라클레이토스가 사람의 성격이 이성과 열정의 대립 속에서 형성된다는 구체적인 사고를 바탕으로 이러한 주장을 펼쳤을 가능성을 완전히 배제할 수는 없다. 헤라클레이토스는 이렇게 말한다. "욕망을 상대로 싸우는 것은 힘든 일이다. 욕망이 원하는 것은 영혼으로 대가를 치러야만 살 수 있다." 오랫동안 논란의 대상이었던 이 문장은 분노와 같은 열정의 불이 이성의 불을 소모시키면서 타오른다는 의미로 해석할 수 있다. 이것은 곧 영혼의 가장 출중한 기능이 열정의 우세로 무력화될 수 있다는 것을 의미한다.

---

* DK는 헤르만 딜스Hermann Diels와 발터 크란츠Walther Kranz가 편집한 『소크라테스 이전 철학자들의 단편 선집*Die Fragmente der Vorsokratiker*』의 약칭이다.

6.3 엠페도클레스 '켄타우로스'

엠페도클레스는 기원전 484(481)년에 태어나 기원전 424(421)년까지 활동한 아그리젠토의 철학자다. 그는 두 편의 서사시, 『정화에 관하여』와 『자연에 관하여』를 남겼고 이들 중에 몇몇 단상만 전해진다. 그는 만물이 네 가지 원소로 이루어진다고 보았고 이 4원소에 자기정체성과 영원성, 힘의 동등함을 부여했다. 그런 식으로 파르메니데스의 철학이 요구하는 '존재'의 조건들을 충족시켰던 것이다. 엠페도클레스는 우주가 불, 공기, 물, 흙이라는 네 가지 '뿌리rhizai'로 구축되며 이들의 움직임을 **사랑**과 **불화**라는 두 종류의 힘이 결정한다고 보았다. '뿌리'라는 표현뿐만 아니라 **사랑**과 **불화**라는 두 동력의 감정적 차원 역시 우주를 하나의 유기체적인 관점에서 바라보던 이오니아 철학자들과 이들의 초기 우주론이 남긴 유산의 흔적이라고 할 수 있다. 엠페도클레스가 '뿌리'뿐만 아니라 **사랑**과 **불화**에 신성함을 부여하는 것도 바로 그런 이유에서일 것이다.

사랑은 엠페도클레스의 글에서 조화의 여신 하르모니아나 아프로디테로 의인화되기도 한다. **사랑**은 상이한 요소들을 결합하지만 **불화**는 상이한 것들을 분리시키고 유사한 것들끼리 서로 뒤섞이도록 만든다. 화가들이 수많은 감각적 사물들을 다양한 색상으로 재생해 내듯이 **사랑**과 **불화**는 "나무를 비롯해 남자와 여자, 짐승, 새, 물고기, 존경받으며 장수하는 신들"(fr. 23)을 만들어 낸다. 따라서 변화의 측면과 표상 들은 감각적인 인식에서 비롯되는 순수한 오류의 결과라고 볼 수 없으며(엠페도클레스는 자연을 이해하기 위한 감각적 인식의 유용성을 결코 과소평가한 적이 없다) 오히려 네 가지 '뿌리'들이 **사랑**과 **불화**의 자극을 통해 다양한 비율로 혼합되는 과정을 투영한다고 볼 수 있다.

이 두 동력 사이의 경쟁은 하나의 주기적이고 끊임없는 움직임 속에서 일어난다. 물론 이 움직임이 구체적으로 어떤 구조를 가졌는지에 대해서는 엠페도클레스의 해석자들 사이에서도 의견이 분분하다. 분명한 것은 일정한 시점에 엠페도클레스의 **사랑**이 승리를 거두고 공 모양의 우주, 이른바 스파이로스sphairos 안에서 현실화된다는 점이다. 네 가지 뿌리의 완벽한 결합을 상징하는 스파이로스는 어느 시점에서 **불화**의 공격을 받는다. **불화**는 같은 부류의 요소들을 한곳으로 모으면서 네 가지 뿌리를 천천히 완벽하게 분리시킨다. 이러한 분해에 대항하여 **사랑**은 반대로 상이한 것들의 결합 상태를 유지하려고 노력한다. 우리가 알고 있는 우주란 바로 이 두 동력 중 어느 한쪽이 전적으로 우세해지는 극단적인 두 상황 사이의 중간 단계라고 볼 수 있다.

하지만 우주론이 엠페도클레스의 유일한 관심사는 아니었다. 그의 주요 관심사는 오히려 종교적이고 종말론적인(즉 인간과 인류의 궁극적 운명과 관련된) 성격의 문제들이었다. 자연론은 인간에게 필요한 정신적인 구원의 여정에 액자 역할을 할 뿐이었다. 이러한 독특한 조합 때문에 베르너 예거Werner Jaeger는 1936년에 출판된 유명한 저서 『파이데이아*Paideia*』에서 엠페도클레스를 "철학적 켄타우로스"라고 부른 바 있다.

엠페도클레스의 두 저서 중에 『자연에 관하여』는 우주론적인 내용을, 『정화에 관하여』는 종교적이고 윤리적인 내용을 담고 있었던 것으로 보인다. 하지만 두 저서 모두 아마도 '과학적인' 주제와 영혼의 구원 혹은 운명과 연관된 걱정거리들을 함께 다룬다는 공통점을 가지고 있었을 것이다.

엠페도클레스가 주목했던 종말론의 구도를 재구성한다는 것은 쉬운 일이 아니다. 상대적으로 확실한 몇몇 부분의 특징만을 개별적으로 논할 수 있을 뿐이다. 출처가 불분명한 한 단상에서 엠페도클레스는 다이몬daimon, 일종의 반신으로 등장한다. 그는 **불화**의 검은 세력에 동참하면서 저지른 피비린내 나는 범죄와 위증으로 인해 신들의 세계에서 쫓겨나 유배 생활을 시작한다. 그렇다면 다이몬의 추락은 어떤 의미에서는 스파이로스의 분열과 관련이 있다고 보아야 할까? 분명한 것은 다이몬이 우주적 질서가 명하는 필연적 계율에 따라 고통스러운 속죄의 여행을 시작한다는 사실이다. 그는 죗값을 치르기 위해 먼저 우주의 무질서한 물질세계를 통과하고 이어서 영혼을 가진 다양한 생명체들의 육신을 거친 뒤에 드디어 인간의 형상을 갖추기에 이른다.

여기서 다이몬 엠페도클레스는 환생의 순환 고리로부터 벗어나 해방의 마지막 문턱에 도달할 뿐만 아니라 인간들 앞에 신으로 등장해 생명의 탄생과 죽음의 비밀을 알리고 자연을 지배할 수 있는 방법을 가르치며 병과 노화와 고통에서 벗어나는 방법을 가르칠 수 있는 존재다. 그는 이러한 능력을 오랜 세월 동안 우주를 여행하며 취득했고 잔인한 희생 번제를 거부하고 채식을 하면서 순수하고 검소한 삶을 통해 더욱 굳건하게 보전할 수 있었다.

여기서 피타고라스 철학에 고유한 몇몇 특징들과의 유사성이 분명하게 드러난다. 뿐만 아니라 당시 메갈레 헬라스를 지배하던 종말론적인 성향, 즉 철학과 종말론적인 사상을 결합시키려는 성향을 고려했을 때 오르페우스주의와의 유사성도 비교적 분명하게 나타난다. 더 나아가서 수많은 변신에도 불구하고 스스로의 정체성을 유지하는 다이몬과 같은 존재의 개념을 발전시키면서 엠페도클레스가 개인적인 의식의 차원에 대한 깊이 있는 이해에 크게 기여했다는 사실 또한 잊지 말아야 한다.

7

아낙사고라스와 데모크리토스

7.1 아낙사고라스: '씨앗'과 지성

아낙사고라스(기원전 499~428년)는 보통 엠페도클레스나 원자론자들처럼 이른바 '다원론자'로 알려진 철학자들 가운데 하나다. 물리적인 변화를 부인하는 엘레아 철학자들의 의견에 비판적인 입장을 취하면서 아낙사고라스는 물리적 변화가 불변성을 감지하지 못하는 감각적 오류의 결과일 수 없다고 주장했다. 아낙사고라스는 물리적 변화를 대부분의 사람들이 생명체에 잘못된 방식으로 적용하는 탄생과 죽음을 토대로 설명하지 않고, 감지가 불가능한 궁극적인 요소들(씨앗)의 무리가 혼합과 분리 과정을 겪을 때 발생하는 효과를 통해 설명했다. 이 궁극적인 요소들은 그 자체로는 불변하고 불멸하는 성격을 지니는 만큼 파르메니데스의 철학이 요구하는 '존재'의 조건들을 충족시킨다고 할 수 있다.

자연에서 모습을 드러내는 사물들은 다양하기 짝이 없는 질료들, 즉 땅, 공기, 불, 물뿐만 아니라 머리카락이나 살을 비롯해 조밀하거나 드문 것, 혹은 어둡거나 밝은 것 등 수많은 '씨앗'이 혼합되는 과정에서 일시적으로 생산된 것들이라고 할 수 있다. '씨앗'이라는 용어는 아낙사고라스가 물리적인 변화 과정을 설명하면서 일찍이 이오니아에서 구체화된 생물학적 패러다임을 참조하고 있다는 것을 보여 준다. 하지만 아낙사고라스의 이러한 접근 방식은 아리스토텔레스가 '씨앗' 대신 '유사한 부분들'이라는 표현을 도입하면서 흔적을 감추게 된다.

아낙사고라스에 따르면 태초에는 '모든 사물들이 함께'했다. 즉 어떤 사물도 다른 사물과 구분이 불가능했지만 이러한 상황은 다른 모든 것으로부터 분리되어 있는 우주적 존재, 이른바 '지성nous'의 개입이 일으킨 소용돌이를 통해 혼돈 상태 자체가 뒤흔들리면서 변하기 시작한다. 소용돌이의 진화로 인해 마구 뒤섞여 있던 물질들이 점차 분리되고 서서히 유사한 요소들 사이에 발생하는 친화력에 따라, 아울러 특정 '씨앗'의 밀도에 따라 특징적이고 감각적인 구성물들이 형성된다. 이러한 분리와 조합 과정은 세계의 물리적 변화와 함께 지속된다. 지속적으로 변화하는 아낙사고라스의 세계에서는 아무것도 무無에서 탄생하지 않는다. 왜냐하면 모든 사물에는 정도를 달리할 뿐 또 다른 사물들의 흔적이 남아 있기 때문이다.

지극히 세밀하고 순수한 질료로 구축된 자연세계와 이질적이고 분리된 지점에서 우주에 운동을 부여하는 지적인 힘이라는 개념, 즉 '지성nous'은 소크라테스 이전 시대에는 전적으로 새로운 생각이었다. 반면에 아낙사고라스가 지성의 특징으로 지목하는 신성한 요소들의 근거는 사실상 원형arche의 신성화가 소크라테스 이전 시대의 자연철학자들에게 공통적으로 나타나는 특징이었다는 점에서 발견할 수 있다. 아울러 아낙사고라스가 말하는 신적인 존재로서의 지성은 크세노파네스가 말하는 우주의 신, 즉 '모든 것을 생각의 힘으로 뒤흔드는' 신에서 그 모형을 발견할 수 있다(21 B 25 DK).

생성의 목적이라는 문제에 주목하는 우주론의 주요한 특징들은 정신과 자연의 이원론적 구도를 통해 처음으로 부각되기 시작한다. 아낙사고라스는 이 이원론적 구도를 엄격하게 이론적인 차원에서 제시한 최초의 철학자다. 고대 저자들의 평가에 따르면 아낙사고라스의 '지성'은 당시에 굉장한 관심을 불러일으켰지만 동시에 목적론적인 문제에 민감하게 반응하던 철학자들, 즉 자연적인 사건들의 궁극적 목적telos에 주목하면서 이를 원칙적으로 긍정적인 관점에서 바라보던 이들로부터 실망과 신랄한 비판을 사기도 했다.

우주적 질서라는 개념은 일찍이 아낙시만드로스 시대부터 그리스 우주론의 핵심적인 개념이었다. 하지만 아낙시만드로스는 우주의 질서를 자연에 내재하는 구축적인 요소로 간주했고 설명의 원칙, 즉 '원형'의 신성화는 아낙사고라스의 철학에서처럼 어떤 신적인 존재가 계획하는 세계의 실현에 동반되는 요인이 아니었다. 원형의 신성화는 아울러 소크라테스가 플라톤의 『파이돈』에서, 그리고 아리스토텔레스가 『형이상학』 1권에서 아낙사고라스를 나무라며 지적했던 부분이다.

하지만 『파이돈』에서 제시되는 영혼의 불멸성에 관한 대화에서 소크라테스는 자전적인 일화를 소개하면서 젊었을 때 자신이 '자연과학'에 커다란 관심을 가졌고 특히 아낙사고라스의 이론에 관심이 있었다고 언급한 바 있다. 아낙사고라스의 이론이 (전적으로 물질적이고 기계적인 원칙에 의존하던 자연주의 철학자들과는 달리) 실제로 '모든 것의 최선이며 모든 것에 공통되는 장점'으로서의 '지성'을 매개로, 다시 말해 '사물들을 최상의 방식으로 다루는 힘'을 매개로 설명할 수 있게 만들어 주었다는 것이었다. 하지만 아낙사고라스의 글을 읽으면서 소크라테스는 아낙사고라스가 우주적 지성에 대해 언급하는 것은 틀림없지만 이를 하나의 단순한 운동 원리로 활용할 뿐이라는 것을 깨닫고, 한 사물의 운동에 필수적인 요건으로서의 질료와 한 사물을 어떤 식으로 배치하는 것이 유익한지 그 이유를 설명하는 것 사이에는 커다란 차이가 있다는 점에 주목했다.

아리스토텔레스 역시 『형이상학』에서 전세대의 전통적인 자연철학사상을 검토한 뒤 아낙사고라스가 오로지 우주의 시동을 설명하기 위해 지성이라는 개념을 사용했다고 지적하면서 나무란 적이 있다. 최근에 이루어진 연구에 따르면 플라톤이 대화록에서 소크라테스의 입을 통해 아낙사고라스를 비판하는 내용과 아울러 아리스토텔레스가 아낙사고라스를 비판하는 내용의 기원에는 '목적론적인 혁신'을 인도한, 다름 아닌 소크라테스가 있었던 것으로 보인다.

7.2 데모크리토스: 원자, 허공, 필연성

기원전 5세기 말에 자연철학은 스스로를 정당화하는 우주적 질서에 대한 성찰과 이오니아 물리학을 특징으로 하는 '고전적' 궤도에서 결정적으로 벗어나기 시작했다.

새로운 주제들이 부각되었고 다양하기 짝이 없는 입장들이 목적론의 두 가지 상반되는 이론, 즉 자연 현상을 궁극적인 목적과 관련지어 설명하는 이론과 순수하게 기계적인 법칙을 토대로 설명하는 이론을 중심으로 응집되는 경향을 보였다. 기계적인 메커니즘을 토대로 하는 물리학을 지지하던 학자들 가운데 일부가 바로 원자론자들이었다. 원자론 체제에 초석을 놓은 인물은 레우키포스(Leukippos, 기원전 5세기)로 추정된다. 하지만 그에 대해서는 알려진 것이 거의 없고 오히려 그의 제자인 데모크리토스(기원전 460~370년)에 대한 꽤 많은 정보들이 남아 있다(데모크리토스는 많은 여행을 했고 아테네도 머물렀던 것으로 전해진다). 데모크리토스는 우주론에서 인식론과 윤리학에 이르는 다양한 분야를 이론화한 철학자다.

원자론에 따르면, 자연세계를 구축하는 본질적인 요소들은 분리가 불가능한 질료의 단위 혹은 '원자'(그리스어 atomos는 '나누어지지 않는 것'을 뜻한다)와 '허공'으로 대별된다. '허공'은 무언가 '존재하지 않는' 것으로 묘사되며 원자들을 서로 분리시키는 기능을 한다.

원자들은 모두 동일한 질료로 이루어져 있으며 형태와 차원, 위치, 응집된 요소들 간의 상호 배치만 상이할 뿐이다. 아울러 수적으로 무한하며 상호 충돌이라는 단순한 자극하에 무한한 허공 안에서 움직인다. 허공과 무한한 존재를 인정하는 것이 고대에는 상당히 예외적인 일이었다는 점을 기억할 필요가 있다. 원자 간의 충돌은 수많은 조합을 가능하게 하고 원자들의 조합은 감각적 경험의 다양한 대상들을 결정짓는다. 이 대상들만이 생성과 파멸 과정을 겪고, 원자들은 본성상 불변하는 것으로 남는다.

데모크리토스는 어떤 일도 아무런 이유 없이 일어나지 않으며 모든 것에 대해 논리logos를 추적하여 설명하는 것이 가능하다고 보았다. 아울러 이러한 논리는 지적인 원리와는 아무런 상관이 없는 것이었다. 모든 것이 필연에 의해 일어났기 때문이다.

이는 곧 데모크리토스가 자연적인 사건들의 발생을 필연적인 과정으로 보았다는 것을 의미한다. 원자들은 사실상 무질서하게 움직이지 않고 오히려 일정한 성향을 기준으로 응집한다. 예를 들어 크기나 형태가 비슷한 원자들끼리 모이는 것이다.

그런 의미에서 '우연tyche'은 목적의 부재라는 차원으로 이해할 수 있다. 데모크리토스는 '우연'에 대해 이야기하는 사람들이 그 말로 우주의 이미 결정된 구조에 대한 그들의 무지를 일시적으로 감출 뿐이라고 보았다. 중세 말기에 단테Alighieri Dante는 '세상은 우연히 돌아간다'는 것이 데모크리토스의 견해라고 상상했지만 틀린 생각이었다.

7.3 지각과 지식

아낙사고라스뿐만 아니라 원자론자들 역시 자연 현상을 보이지 않는, 보다 정통한 현실의 투영이라고 보았다. 이 보이지 않는 현실이 아낙사고라스에게는 '씨앗'이었고 원자론자들에게는 원자와 허공이었다. 이 실존하는 원리들은 모두 고유한 성격과 다양한 조합 가능성을 통해 감각적인 대상의 특징을 결정짓는 요인들이었다.

이를 바탕으로 아낙사고라스는 최초의 추론 원리(즉 한 문장에서 또 다른 문장을 도출해 내는 데 쓰이는 논리적인 규칙)를 구축했고 이를 통해 보이는 것에서 보이지 않는 것을 도출해 냈다("눈에 보이는 것들은 눈에 보이지 않는 것들의 표상이다." 59 B 21a DK). 아울러 인간이 동물과 다른 이유는 인간이 감각적인 경험을 지혜sophia와 기술techne로 변신시킬 수 있는 힘을 가지고 있기 때문이라고 강조했다.

한편 데모크리토스는 감각적인 현실과 구분되는 객관적인 현실(원자)에 분명한 한계를 부여한 최초의 철학자였다. 그는 감각적인 특징과 객관적인 대상을 분리시키고, 감각적인 특징이 주체와 원자의 만남에서 발생하는 부차적인 결과에 불과하다는 점에 주목했다. 다시 말해 사물들의 표면으로부터 떨어져 나와 감각 앞에서 이미지로 변신하는 원자와 주체의 만남에서 비롯된 효과에 불과하다고 본 것이다. 데모크리토스에 따르면 사물의 감각적인 특징은 주변 환경으로부터, 아울러 주체로부터 변화를 겪는다.

데모크리토스는 지식을 두 가지 형태로 구분했다. 하나는 감각에 의해 주어지는 열등한 지식이었고 다른 하나는 '순수'하고 '정통'한 지식이자 첫 번째 지식이 도달할 수 없는 지식이었다. 주목해야 할 것은 데모크리토스가 '지각'의 차원에도 원칙상으로는 '지식'이라는 이름을 부여했다는 점이다. 다시 말해 '지각' 역시 현실을 이해하는 데 필요한 유용한 정보들을 제공하기 때문에 일정한 정도의 진실을 담고 있다고 본 것이다. 여기서 데모크리토스와 아낙사고라스의 공통점이 드러난다. 이들은 모두 사물들이 감각을 통해 인식되는 방식에서 사물들의 기초 구조를 도출해 낼 수 있다고 보았다.

히포크라테스

의술의 탄생

의학의 창시자로 알려진 히포크라테스Hippokrates에 대해 우리는 항상 정확하지만은 않은 이미지를 가지고 있다. 이는 그의 후세대들이 상상력을 토대로 재구성한 전설에 가까운 전기들이 잘못된 정보를 전달하면서 비롯된 오해의 결과라고 볼 수 있다.

기원전 460년경 코스Kos 섬의 귀족 집안에서 태어난 히포크라테스는 마케도니아의 왕 페르디카스Perdiccas와 데모크리토스 같은 유명인들을 치료했다고 전해진다. 많은 여행을 했고 그가 태어난 섬에서 테살리아를 향해 이동하면서 이 도시에서 저 도시로 옮겨 다녔다. 이는 고대 방랑 의사들의 전형적인 활동 양식을 그대로 보여 준다. 히포크라테스는 흑사병이 만연했을 때 아테네 시민들을 치료하고 불을 피워 도시의 공기를 정화했다. 기원전 375년에서 351년 사이에 라리사에서 사망한 것으로 전해진다. 그의 아들들이 최초의 제자였다. 물론 그가 창시한 학교는 가족 범위를 훨씬 벗어나는 규모로 발전했고 외부에서 제자들이 들어왔다. 바로 이들에게 의사로서의 의무를 부여하기 위해 집필했던 것이 '히포크라테스의 선서'다.

/ 코르푸스 히포크라티쿰

'코르푸스 히포크라티쿰Corpus Hippocraticum'은 여러 명의 저자, 상이한 의도와 양식, 상이한 집필 연도를 지닌 대략 60권의 저서들이 히포크라테스의 이름으로 편집된 전집을 말한다. 이 저서들 가운데 어떤 책들이 실제로 히포크라테스가 직접 쓴 책이고 따라서 '핵심적인 원전'을 구축할 수 있는 자료들인가, 또 어떤 책들이 그의 직계제자들이 집필에 관여했던 책들인가, 또 어떤 책들이 시간이 한참 지난 후에 쓰인 책들인가라는 의혹들은 사실 일찍이 고대부터 제기되어 왔던 문제들이다. 하지만 상황은 훨씬 더 복잡하다. 몇몇 저서에는 반복되는 부분이 있고, 또 여러 저자들이 공동 집필한 책들이 있는가 하면 한 명의 저자가 여러 시기에 걸쳐 집필한 책들도 있다.

히포크라테스가 직접 집필했다고 추정되는 모든 저서와 그의 의학이론과 흡사한 이론들을 언급하는 저서들이 알렉산드로스Alexandros 대왕 시대에 히포크라테스 전집 '코르푸스 히포크라티쿰'으로 제작되었다. 히포크라테스 전집의 몇몇 저서들은 실제로 히포크라테스가 코스에 설립한 학교에서의 활동을 서술한 것으로 보인다. 여기에는 상처, 탈구, 골절상 등과 관련된 '외과 시술'을 다루는 책들, 기질 이론의 구체적인 내용을 담고 있는 『인간의 본질에 관하여』, 일정 기간 동안 특정 지역에 만연했던 전염병들에 대한 정보와 임상 실험 자료를 수록한 『전염병에 관하여』, 방랑 의사들이 미리 알고 있어야 하는 방문 지역의 지리와 기상 정보를 제공하는 일종의 매뉴얼 『공기와 물과 지역에 관하여』, 질병의 진화 현상을 파악하는 방법과 생활양식의 전반적인 변화를 포함하는 여러 예방책을 설명하는 『예후*Prognosis*』, 의사들이 지켜야 할 행동 규범을 제시하는 『선서』가 포함된다.

이른바 크니도스 문헌에 속하는 다른 저서들은 코스의 '경쟁' 상대였던 도시 크니도스의 의과 학교에서 유래한다. 이 저서들 가운데 몇몇 논문들은 '질환'을 다룬다. 그리고 일련의 철학적인 글들이 있다. 고대 의학에 관한 논문이나 방법론에 관한 저서처럼 오래전에 쓰인 책들이 있는 반면 뒤늦은 시기에 쓰인 저서에서는 초기의 히포크라테스 의학이론과는 거리가 먼 성격의 글들이 발견된다.

여기서 글들의 양식적인 차이, 구문론적인 차이, 이론적인 차이에도 불구하고 최소한 두 가지 공통분모를 발견할 수 있다. 먼저 질병의 발생에 신이 개입할 수 있다는 생각을 거부한다는 점이다. 이러한 입장은 간질이 신이 내린 병이라는 통념을 반박하는 『신성한 병에 관하여』에서 명료하게 표명된다. 두 번째는 건강과 병이 다름 아닌 '신성한' 영역의 현상이 아니기 때문에 '자연physis'의 영역에서 다루어져야 한다는 입장이다.

/ 히포크라테스의 방법론

히포크라테스의 방법론은 병의 원인 탐구를 바탕으로 구축된다. 병의 원인을 이해하기 위해 의사는 환자의 감각적 변화와 지적 변화 과정을 예의 주시해야 한다. 건강과 병이 자연적인 사물의 질서에 속한다면 오감을 통해 이들을 인지할 수 있다는 것이 히포크라테스의 생각이다. 하지만 눈에 보이는 육체의 변화 현상을 주목하고 기록하는 것만으로는 부족하다. 의사의 관찰은 지적 행위인 동시에 선별 행위여야 한다. 그는 감각을 토대로 하는 정보들을 이성적 기준으로 분류하고, 신체적 변화의 징후에 의미를 부여하고, 이를 그만이 알 수 있는 기호로 활용할 수 있어야 한다. 그가 습득한 기호는 어떻게 보면 몸의 실제적인 상황에 대한 무지를 대체한다고 할 수 있다. 하지만 해부학의 경우, 단순한 관찰 결과가 아니라 과학적인 방법론으로서 히포크라테스의 의학에서는 활용되지 않았다는 점을 기억하자.

신체적 현상에 대한 정보를 얻기 위해 사용하는 감각 가운데 의사가 가장 선호하는 것은 당연히 시각이다. 환자의 얼굴과 피부색, 눈이나 분비물을 관찰한다든지 환자가 손을 사용하는 방식, 몸이 일으키는 경련을 관찰한다는 것은 병이 진화하는 과정을 재구축하기 위해 필요한 유용한 정보들을 모으는 것을 의미한다. 여기에 의사는 환자의 몸, 체온, 습도, 복부 근육의 반응, 배설물의 밀도 등 손으로 촉각을 통해 감지할 수 있는 정보들을 추가한다. 이어서 후각과 미각이 동원된다. 악취를 발산하는 배설물은 일반적으로 부정적인 징후로 받아들여졌다. 악취는 신체 내부의 '부패'를 예상케 하는 기호였다. 소변이 비정상적으로 단맛을 내면 당뇨를 예상할 수 있었다. 청각은 두 가지 상이한 성격의 정보들을 제공했다. 한편으로는 신체 내부에서 발생하는 소리를 들음으로써 부자연스러운 진동을 감지해 낼 수 있었고 다른 한편으로는 스승이나 책이 가르쳐줄 수 없는 내용들, 즉 환자가 앓고 있는 병에 대한 환자 자신의 이야기(병력)를 청취함으로써 훌륭한 정보를 얻을 수 있었다.

감각을 사용한 정보 수집 대상에는 환자들의 신체뿐만 아니라 환자들이 살아가는 환경이 포함되었다. 환자들이 들이쉬는 공기와 이들이 마시고 몸을 씻는 물과 이들이 사는 도시를 관통하는 바람 등의 요소들은 자연의 일부인 만큼 신체의 균형과 건강이 필요로 하는 환경과 동일한 특징과 원리를 가지고 있다. 간단히 말하자면 과도한 열기, 습기, 한기 등은 인간의 신체 내부에 직접적인 영향을 끼치면서 신체의 불균형을 가져올 수 있다. 『공기와 물과 지역에 관하여』라는 저서는 이러한 건강 및 병과 환경의 관계에 대한 이해를 돕기 위해 쓰였다. 물론 환경에는 제도적이고 정치적인 차원의 환경도 포함된다. 마리오 베제티Mario Vegetti가 주목했던 것처럼, 예를 들어 독재 체제는 백성들의 신체와 기질에 커다란 악영향을 끼칠 수 있었다.

감각과 관찰을 통해 필요한 모든 정보를 수집한 뒤 의사는 논리적으로 정보들을 비교하고 하나의 원인과 결과를 토대로 하는 일관적인 담론을 구성한다. 출발점은 병이 고정적인 실재가 아니라 시간이 흐르면서 변화하는 현상이며 기원이 있고 강도를 높이면서 발달하고 절정에 달하면서 환자를 위기에 처하도록 만들 수 있고 결국에는 환자를 회복 혹은 죽음에 이르게 할 수 있다는 관점이다. 시간이 흐르면서 병이 악화하거나 호전되는 과정을 의사는 주의 깊게 관찰해야 한다. 히포크라테스학파의 의사들은 병의 주기 이론 혹은 '악화하는 날들'의 이론을 세우는 데 집중했다. 몇몇 저서에 따르면 병은 세 번째 혹은 네 번째 날에 악화될 가능성이 크며, 또 다른 저서들에 따르면 일주일 단위로 악화된다.

의사에게 중요한 것은 숫자든 현상이든 우연성에 맞설 수 있는 하나의 규칙성을 발견하는 것이었다. 규칙이 존재할 때에만 그가 모은 기호들이 일종의 데이터

베이스를 형성했다. 진단이나 기호 들의 선택으로 형성되는 이 데이터베이스를 통해서만 의사는 병의 원인과 진화 경로를 설명해 줄 수 있는 실질적인 현상들과 무의미하거나 우연히 일어난 현상들을 구분할 수 있었다.

'예후'는 히포크라테스 의학에서 중추적인 역할을 하는 개념이다. 『예후』는 이 개념만을 집중적으로 다루는 책이다. 고대 비평가들이 히포크라테스가 직접 썼다고 간주해 온 이 저서는 병이 미래에 어떤 식으로 진행될지 그 경로를 추적하는 의사의 능력을 다룬다. 그런 의미에서 당시의 의사들은 그들이 비판하는 점술가들의 역할을 어느 정도는 수행했다고 볼 수 있다. 하지만 병의 미래에 대한 의사의 의견이 정확하면 정확할수록 그는 점술가와는 다른 부류의 전문가로 인정받았을 것이다. 훌륭한 의사는 도시의 골목과 신전을 오가는 마술사, 점술사, 사기꾼 들과는 달리(이들은 『신성한 병에 관하여』에서 신랄한 비판을 받은 바 있다) 자신의 기술이 상대적이라는 것을 이해하고 모든 이들을 치료한다는 것이 불가능하다는 것을 깨닫고, 따라서 의학의 힘보다 자연의 힘이 훨씬 더 우월하다는 것을 인정할 줄 아는 사람이었다.

/ 히포크라테스의 철학

히포크라테스 전집에 실린 저서들은 의학과 의학이라고 볼 수 없는 민간요법 및 다양한 치료 방식 들 사이의 차이점이 무엇인지에 대해 다양한 답변을 제시한다. 아마도 기원전 5세기경에 쓰인 것으로 추정되는 『기술에 관하여』는 의학을 하나의 기술로, 즉 실질적인 결과를 얻어 낼 수 있는 능력으로 보게 만드는 특징들에 주목한다. 이러한 특징들 가운데 가장 중요한 것은, 앞서 언급한 것처럼, 우연한 병적 현상들의 구별이다. "일어나는 모든 사건에는 이유가 있다. 이유가 있는 한 사건은 눈에 뜨일 수밖에 없으며, 우연은 우연이라는 순수한 이름 외에 어떤 현실도 가지고 있지 않다."

의학 기술은 이론적인 원칙과 '능동적인 행동'의 조합 결과이며 잃어버린 건강을 재생하거나 재창조해야 할 의무를 가진다. 의학은 에피스테메와 구별된다. 에피스테메는 추상적인 앎이며 절대적인 차원을 지향한다. 의학은 민간요법과도 다르다. 민간요법은 순수하게 경험만을 바탕으로, 따라서 '경험과 오류'를 바탕으로 하는 치료법이다. 히포크라테스의 의학 전통에서 병든 자를 고치는 것은 항아리를 만드는 것과는 근본적으로 다른 차원의 일이었다. 물론 항아리를 만드는 사람은 그가 무슨 일을 해야 하는지, 어떤 과정을 거쳐야 하는지 알고 있지만 완벽한 항아리를 만들기 위해 반드시 자신의 작업에 대한 이론적인 근거까지 알고 있어야 하는 것은 아니다. 이와는 달리 히포크라테스학파의 의사는 자신의 경험을 기반으로 앎을 구축하면서 동시에 경험의 한계를 초월해야 하고 그가 관찰하는 정보들을 자연 상태의 변화를 목적으로 하는 하나의 논리적 체제 안에 모을 줄 알아야 한다.

히포크라테스의 애제자 폴리보스Polybus는 그의 저서 『인간의 본질에 관하여』에서 네 기질에 관한 히포크라테스 이론을 일관적으로 정리한 바 있다. 그는 인간의 신체를 구성하는 다혈질, 점액질, 담즙질, 흑담즙질이 다름 아닌 열기, 냉기, 건조, 습기에 상응한다고 보았다. 기질과 특성은 조화로운 관계를 유지하며 나이 및 성과도 조화를 이룬다. 이러한 조화 속에 건강이 있으며 이러한 상태의 변화 속에, 즉 단절 속에 병이 있다. 인간의 신체를 구성하는 것과 동일한 원리(열기, 냉기, 건조, 습기)로 구성되는 자연세계의 어떤 요소든 인간의 신체를 파고들 수 있고 건강과 신체의 균형을 변형시킬 수 있다.

병은 하나의 '변형'이자 환경 속에, 혹은 환자가 유지해 온 생활 습관들의 총체나 체제 속에 잠재하는 어떤 '원인'에서 생성된다. 하지만 원인이 있다면 예상이 가능하다. 의사는 그의 진단 내용을 구체적으로 제시할 수 있고 병의 진행 경로를 '예견'할 수 있다. 어떤 행동, 어떤 음식 혹은 기후가 건강에 해를 끼친다고 말하는 것으로는 부족하고 '왜' 해를 끼치는지 설명해야 한다. 이러한 원인과 결과의 원리를 치료 방식의 기반으로 수용하는 히포크라테스 의학은, 플라톤이 『고르기아스』에서 관찰한 바와 같이, 가히 철학의 스승이라고 할 수 있다.

/ 의학 기술과 히포크라테스의 윤리

히포크라테스 전집에는 의사들의 윤리관에 대해 또렷하게 언급하는 저서들이 포함되어 있지 않다. 다른 분야의 계율과는 분명히 구별되는 의학 분야만의 윤리적 원칙들을 언급하는 책들도 찾아볼 수 없다. 하지만 고대 의학의 윤리관을 대표하는 책이 있다면 그것은 아마도 『선서』일 것이다. 『선서』는 사실 의사라는 직업을 가진 사람들의 행동 규칙만을 다루고 부분적으로만 좀 더 일반적인 윤리로 고려될 수 있는 계율들을 다루는 책이다.

『선서』는 의학으로 입문을 허락하는 의학의 신들, 즉 아폴론, 아스클레피오스, 히기에이아, 파나케이아 앞에서 의사가 약속해야 하는 내용을 다룬다. 일종의 직업적 의무만을 다루는 사회계약의 일종으로, 환자의 회복을 위해 행동할 것, 오로지 할 수 있는 것만을 할 것, 필요할 때에는 스승을 부를 것 등의 조항들이 포함되어 있다. 히포크라테스 전집의 또 다른 글들에도 일련의 규칙들이 실려 있는데, 이 규칙들은 의사의 외모를 비롯해 공적인 자리에서 취해야 할 태도나 옷을 입는 방식, 의사로서의 의무를 다하는 동안 인지한 사실들에 대해 절대적으로 침묵해야 할 의무 등을 다룬다.

이러한 기본적인 계율들 외에는 사실 의술을 실천하는 데 무엇이 옳고 그른지 판단하기 위한 또 다른 계율들을 만들 필요가 전혀 없었다. 오로지 맡은 부분에서 기술적인 능력을 발휘하고 스스로의 기술을 올바른 방향으로 발전시키는 데 집중하는 것으로 충분했고 환자가 의사를 존경하는 것도 바로 그런 이유에서였다.

의사는 환자에게 부드러운 목소리로 대해야 하고 거친 말과 행동을 피해야 하며 지나친 친절함도 '적절함과는 거리가 멀기 때문에' 피해야 했다. 의사에 대한 부정적인 견해가 형성되는 것을 피하기 위해 만들어진 이러한 규범 외에 살해의 위험이 높은 시술은 피해야 한다는 원칙 또한 중요한 것으로 간주되었다. 예를 들어 안락사나 유산에 쓰이는 의약품은 피해야 했다. 이러한 특징은 히포크라테스 선서를 그리스도교적 윤리의 관점에서 바라보는 해석에 길을 열어 주었다.

히포크라테스의 윤리관은 의학 자체의 목적이라고도 할 수 있는 하나의 원칙에 요약되어 있다. “환자에게 피해를 주지 말고 유익한 존재가 될 것.” 의학은 “환자의 고통을 제어해야 하고 병의 횡포를 줄여야 하지만, 병이 위압적일 때에는 개입을 삼가야 한다.” 『기술에 관하여』에 실린 이 문장은 문학사에서 ‘윤리적 자연주의’라고 부르는 비형식적인 도덕적 원리를 구축한다. 이러한 윤리적 차원은 자연에 대한 존중을 기반으로 한다. 따라서 훌륭한 의사는 자연의 섭리를 따르며 무리하거나 강압적인 시술을 피해야 한다. 불치병 앞에서, 즉 자연의 힘이 의학의 힘보다 월등한 것으로 나타날 때 의사는 환자에게 고통을 가져다줄 뿐인 치료를 멈출 줄 알아야 한다. 히포크라테스의 의학은 필연성이 지배하는 조화로운 세계의 일부였다.

히포크라테스 전집의 글들이 의사와 환자의 관계에 대한 굉장히 다양한 의견들을 제시하는 것이 사실이지만 하나의 원칙으로 강조되는 것이 있다면 그것은 치료에 있어서 환자가 중심이자 기준이 되어야 한다는 점이다. 의사는 의식이 있는 주체, 즉 자신이 앓고 있는 병의 실체와 진행 경로를 충분히 의식하는 환자와 협력할 줄 알아야 했다. 이는 현대의 ‘사전 동의’ 개념과도 비슷하다. 아울러 환자는 예방 조치를 일종의 명령으로 받아들여서는 안 되며 의사가 하는 이야기에 귀를 기울이고 동등한 입장에서 의사에게 자신의 병에 대한 정보를 제공할 수 있어야 했다. 치료를 받겠다는 환자의 확신 없이는 치료가 이루어질 수 없었고 의사가 병에 대한 환자의 경험을 이해하지 못한 상태에서 회복은 사실상 불가능했다. 환자로 하여금 기억을 더듬어 자신의 신체에 관한 가깝거나 먼 과거의 기억을 되살리도록 하는 히포크라테스의 병력 청취는 의사와 환자의 능동적인 관계에서 가장 중요한 역할을 하는 도구였다.

II

철학자라는 지적 직업의
탄생과 성공

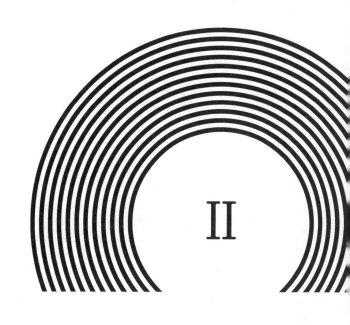

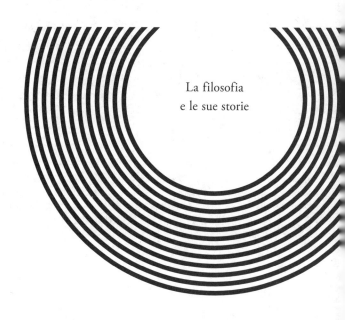

기원전 480년경
아브데라에서
프로타고라스 탄생

기원전 460년경
케아에서
프로디코스 탄생

기원전 444(443)년경
프로타고라스의
아테네 방문 및
메갈레 헬라스의
식민도시 투리오리 건설 참여
헬리스(펠로폰네소스)에서
히피아스 탄생

기원전 432년
포티다이아 전투에서
부상당한 알키비아데스의
생명을 구하는 소크라테스

기원전 430년경
카이레폰의 질문에 대한
델포이 신탁 사제의 답변,
"소크라테스보다
현명한 사람은 없다."

기원전 404(403)년
전쟁 종결과 함께
아테네에서 30인의
참주 정부 설립
크리티아스가
일원으로 참여

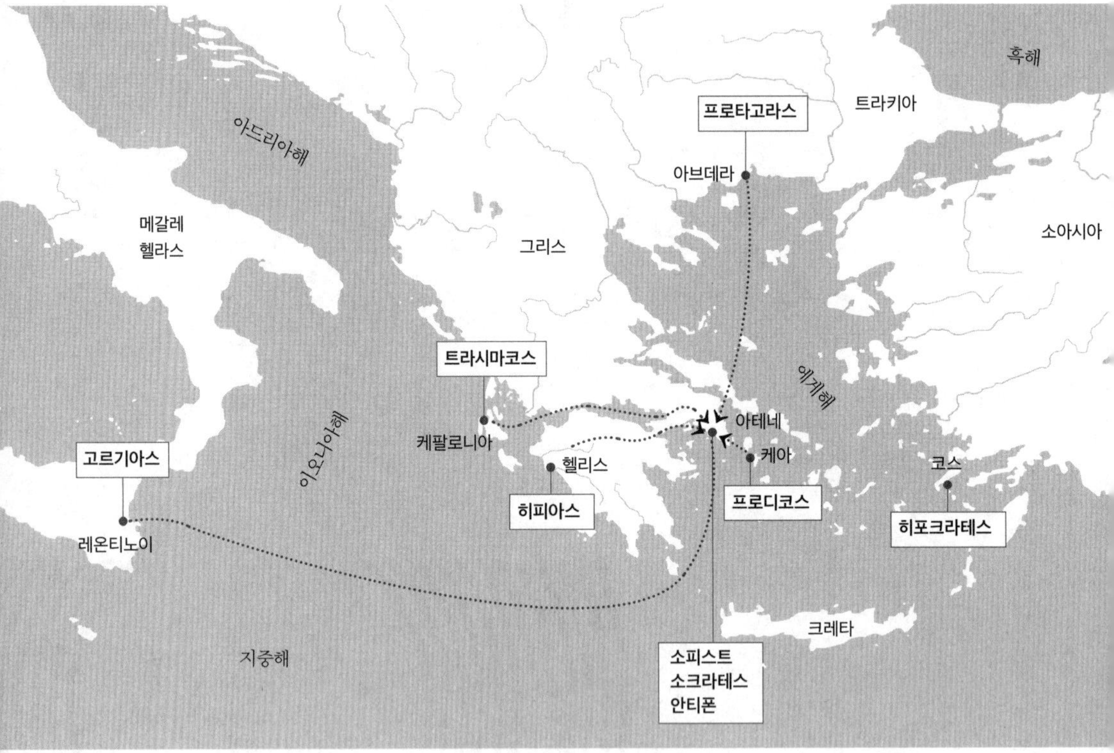

기원전 490년경
레온티노이(시칠리아)에서
고르기아스 탄생

기원전 470(469)년
아테네에서
소크라테스 탄생

기원전 450년
판아테나이아에서
소크라테스와
파르메니데스
제논의 만남

기원전 440년경
아테네에서
크리티아스 탄생

기원전 431년
펠로폰네소스 전쟁
발발

기원전 411년
아테네
400인 협의회의
정권 장악
크리티아스와 안티폰이
일원으로 참여

소피스트란 누구를 말하는가? 이는 플라톤의 대화록 『소피스트*Sofistes*』에서 바로 소크라테스가 던졌던 질문이다. 고르기아스Gorgias나 트라시마코스Thrasymachus, 프로디코스Prodicus 같은 철학자들은 소크라테스가 생각하는 철학자의 범주에 들어갈 수 없는 인물들이었다. 그렇다면 이 소피스트들은 과연 '무엇'이었나? 이들은 말 그대로 앎의 전문가들, 다시 말해 사고와 언변에 탁월한 능력과 기술을 가졌던 이들이며 오늘날의 문화 비평가와 비슷한 역할을 수행했다. 소피스트들에게는 분명히 이상적이었을 아테네의 청중은 그들에게 우리가 이해하는 방식의 철학 강의나 플라톤이 그의 아카데미에서 가르치던 철학을 기대하지 않았다. 아테네의 청중은 히피아스Hippias의 백과사전적인 지식이 증명되는 과정을 목격하거나 담론을 통해 한 논제의 증명과 반대되는 논제의 변론 사이를 자유자재로 넘나들 줄 알았던 프로타고라스Protagoras의 뛰어난 논쟁술을 보기 위해 많은 돈을 지불하고 몰려들었다. 소피스트들이 설파하던 지식은 유용성과 분리될 수 없는 실용적인 성격의 것이었고 소피스트는 시민들이 실생활에서 비롯되는 실질적인 문제들을 주제로 논쟁을 펼치거나 이에 대해 입장을 취할 수 있도록 이들을 교육하는 전문 교육자로서 철학을 가르쳤다. 밀로스 섬 시민들을 몰살하는 데 기꺼이 동의했을 아테네 시민들의 관심사는 파르메니데스의 존재론이나 이오니아 자연주의 철학자들의 아르케에 관한 질문보다는 정의를 힘 있는 자들의 권리와 동일시하던 트라시마코스의 거리낌 없는 정치 발언이었다.

그렇다면 반대로, 소크라테스는 누구였나? 소크라테스의 동시대인들이 남긴 모든 증언(구체적이든 단상에 불과하든 간에)을 토대로 우리가 상상해 볼 수 있는 소크라테스의 이미지는 사실 상당히 모호하고 모순적이다. 외면적인 특징들을 어떻게 해석하느냐에 따라 때로는 악습과 욕심으로 똘똘 뭉친 흉측한 존재로, 때로는 철학자인지 소피스트인지 알 수 없는 우스꽝스러운 모습의 지식인으로, 또 때로는 흠 잡을 데 없는 모범적인 현자로 변신할 수 있는 변화무쌍한 존재가 바로 소크라테스다. 니체는 이렇게 기록했다. "소크라테스가 그리스의 위인들 가운데 최초로 못생긴 인물이었다는 것은 의미심장한 일이다." 소크라테스는 호메로스의 서사시에 등장하는 테르시테스 못지않게 추했다. 아리스토텔레스는 소크라테스의 추함이 한 인간을 불행에 빠트릴 수 있을 정도였다고 묘사했다. 소를 연상케 하는 커다란 눈과 들창코, 불쑥 튀어나온 입술과 불룩한 배에 항상 단벌의 낡은 망토를 걸치고 맨발로 다니는 모습을 보고 관상학자들은 그가 음란과 방조의 화신이며 아테네의 젊은 청년들이 그를 끊임없이 찾는 것도 바로 그 때문이라고 생각했다. 뿐만 아니라 니체는 소크라테스의 "모든 것들이 은밀히 감추어져 있고 또 다른 이유로 가득하며 어둡게 숨어 있다"고 기록했다. 왜냐하면 플라톤이 『향연*Symposion*』에서 이야기하는 실레노스의 조각상이 신화적인 존재의 뚱뚱하고 동물적인 모습 뒤에 신의 진귀한 이미지를 숨기고 있듯이 소크라테스가 젊은 청년들의 환심을 사기 위해 자신의 지혜를 감추고 아둔한 척했기 때문이다.

소크라테스가 그리스의 위인들 가운데 최초로 못생긴 인물이었다는 말은 칼로카가티아kalokagathia*라는 용어가 상징하던 이상적인 결합, 즉 한 개인의 지적이고 도덕적인 가치를 보장하는 미美와 선善이라는 분리할 수 없는 요소들의 이상적인 결속력을 소크라테스가 처음으로 무너트렸다는 뜻이다. 아울러 크세노폰은 소크라테스를 자유와 정의와 지혜를 상징하는 인물로, 심지어는 자신의 사형 선고 앞에서도 흔들리지 않고 올바르게 사고할 수 있는 힘을 가진 인물로

---

* kalokagathia라는 표현은 '아름다우면서 동시에 선하다'는 뜻으로 인간의 몸과 마음의 완전한 조화를 바탕으로 하는 이상적인 인간상을 가리키기 위해 사용하던 표현이다. 그리스인들에게 kalos는 단순히 감각적인 아름다움만을 의미하지 않고 말과 행위의 윤리적인 측면, 즉 도덕적 선과 직결되는 아름다움을 동시에 가리키는 말이었다. 다시 말해 그리스인들은 아름다운 것은 선하며 선한 것은 아름답다는 생각을 가지고 있었다.

간주했다. 더 산다는 것이 피할 수 없는 고통을 참아 내야 한다는 것을 의미하는 만큼 늙은 나이에 살아남기 위해 안간힘을 쓴다는 것이 불필요한 일이라는 것을 소크라테스는 알고 있었던 것이다.

그러나 이러한 절제력과 겸손을 겸비한 지혜가 소크라테스를 최초의 위대한 그리스인으로 만들어 준 것은 아니다. 적어도 그것이 결정적인 요인은 아니다. 플라톤이 철학적 대화록의 주인공이자 사유의 영웅으로 등극시키면서 불멸의 존재로 만들어 버린 한 철학자의 특이함, 기이함, 유일무이함과 소크라테스의 위대함을 분리해서 생각한다는 것은 불가능하다. 소크라테스는 정말 고귀한 마음을 감추기 위해 사티로스의 형상을 하고 나타난 누군가와 다르지 않다. 소크라테스는 이윤을 위해 스스로의 신념을 저버리지 않고 살아갈 줄 알았던 최초의 인간이다. 그는 자신의 신념을 오히려 비판적인 자세로 끊임없이 점검했고 그런 식으로 자신의 생각에 선한 뜻이 담겨 있는지, 자신의 모든 선택과 행동이 그가 할 수 있는 최선의 사고에 뒤따르는 결과인지 확인할 수 있었다. 그는 말과 행동의 일치라는 원칙을 끝까지 고수했던 최초의 인간이다. 이를 위해 죽음이라는 극단적인 상황에서도 뒤로 물러서지 않았던 그는 오히려 이러한 일관성을 토대로 자신의 행복을 추구하고 이를 부패하지 않는 것으로 만들었다. 현대 철학자 로버트 노직Robert Nozick이 말했듯이, 소크라테스가 자신이 굳게 믿고 있던 바를 부인하면서까지 생명에 연연하는 대신 죽음을 선택했다는 사실은 그의 죽음을 그가 살아온 삶의 본질로 만들어 버렸다. 다시 말해 그의 삶을 마지막 이야기로 축약시키면서 그 이야기가 그의 삶 전체에 빛을 비추도록 만든 것이다.

소크라테스의 제자 플라톤이 아마도 우리를 철학으로 초대할 수 있는 가장 설득력 있고 위대한 철학자라면, 아울러 이 제자의 제자 아리스토텔레스가 학문의 백과사전적 차원을 펼쳐 보인 인물이자 보편적 정신을 상징하는 인물이라면, 우리는 소크라테스에게 삶 자체를 철학에 헌정한 최초의, 어쩌면 유일무이한 인물이라는 칭호를 선사해야 할 것이다.

1

소피스트

1.1 소피스트 철학

소피스트 철학은 기원전 5세기 후반을 특징 짓는 그리스 철학으로, 역사적으로는 아테네의 민주주의가 구체적인 체제를 갖추기 시작하던 시기, 즉 페리클레스 혁명 이후 급진적인 형태의 민주주의 도입에 이어 민주주의와 과두주의 사이의 빈번한 정권 교체로 이어지는 정치적 격동기에 꽃을 피웠다.

아테네를 활동 무대로 삼았던 소피스트들이 이 도시로 몰려들었던 시기는 투키디데스의 '헬라스의 학교'라는 표현이 아깝지 않을 정도로 아테네가 화려하게 번창했던 시기였다. 다양한 지역에서 모여든 소피스트들은 각자의 출신 못지않게 다양한 이론적 성향과 정치적 입장을 고수했지만 그럼에도 불구하고 몇 가지 공통된 특징을 가지고 있었다. 이들은 스스로를 그리스 전통문화의 가장 정통한 상속자이자 계승자로, 동시에 정치적 수단을 가르치는 스승이자 상당히 세속화된 지식세계를 보유한 지식인으로 소개하는 습관을 가지고 있었다. 이들은 지배 계층을 상대로 수업료를 받으면서 가르쳤고 정부의 관료 혹은 외교관을 겸하는 것이 보통이었다. 소피스트들은 윤리학, 정치학, 수사학뿐만 아니라 신학과 인식론, 언어분석 등을 가르쳤다.

소피스트들에 대한 플라톤과 아리스토텔레스의 부정적인 견해를 처음으로 단호하게 재평가한 인물은 헤겔이다. 헤겔은 왜 소피스트들이 그리스인들의 진정한 교육자였는지, 아울러 어떻게 이들이 처음으로 소크라테스 이전 철학자들의 낡은 철학적 경향을 비판하면서 윤리학, 인류학, 정치학 분야의 인간적인 현실에 대한 살아 있는 관심에 중요성을 부여했는지 보여 주었다. 하지만 사실은 소피스트들 역시 소크라테스 이전 철학의 계승자였다고 보는 것이 옳다. 흔히 평가되는 것처럼 이들이 기존의 존재론과 자연철학을 버린 것이 아니며 무엇보다도 후자를 상대주의적인 관점에서 재해석했을 뿐이기 때문이다.

한편 소피스트들은 그들이 도입한 옛 시대와의 단절과 결별의 요소가 무엇인지 또렷하게 의식하고 있었다. 프로타고라스는 이 단절의 요소가 소피스트의 언변술이 가진 광고성과 정치성이라 보고 이에 상응하는 '소피스트 예술'이라는 개념을 고안해 냈다. 이 개념은 지식과 언어를 활용하는 소피스트만의 독특한 방식뿐만 아니라 이들이 선택한 구체적인 활동 영역을 가리켰고, 이러한 활동 영역의 전문성이야말로 고대의 현자들은 물론 페리클레스Pericles를 중심으로 하는 소피스트 이전 철학자들로부터 소피스트들을 구별해 주는 특징이었다. 히피아스 역시 탈레스에서 아낙사고라스에 이르는 현자들을 나름대로 역사적인 차원에서 연구한 뒤 소피스트의 가장 커다란 특징은 이론적인 관심과 실용적이고 정치적인 관심을 조합할 줄 아는 능력이라는 결론에 도달했다.

소피스트 철학은 이를 구축한 여러 철학자들의 단순한 총합에 불과하다고 볼 수 없다. 소피스트 철학은 최소한 세 종류의 구체적인 이론적 토대를 가지고 있었다. 먼저 존재와 사유와 언어(한때 엘레아학파가 하나의 철학으로 통일했던 요소들) 사이에 존재하던 끈끈한 구속력을 완전히 분해했다는 특징이 있다. 이것이 바로 담론의 중요성과 자율성뿐만 아니라 담론의 변증법적, 심리학적, 미학적 기능을 결정적으로 부각시킨 가장 우선적인 원인이었다.

소피스트들은 아울러 인간과 인간이 당면한 현실과의 관계를 가장 중요한 문제로 제시했다. 그들은 인간이 현실을 이해하고 이성적으로 제어할 수 있어야 하며 어떤 경우에든 현실을 그것에 대한 앎과 해석과 활용에 굴복시킬 수 있어야 한다고 보았다.

마지막 특징은 소피스트들이 처음으로 추상적인 정치학 개념들을 사용하기 시작했다는 점이다. 기본적으로 자연과 법의 대립을 원칙으로 하는 이러한 개념들은 정치사상이 순수하게 현실적인 차원의 문제에서 벗어나 방대하면서도 실질적인 이론의 영역을 넘나들며 구축될 수 있는 가능성을 제공했다.

1.2 프로타고라스

프로타고라스는 기원전 492년경 아브데라에서 태어났다. 그는 아테네를 세 차례에 걸쳐 방문했다. 방문 시기는 각각 기원전 444년(이때 메갈레 헬라스의 식민도시 투리오리의 헌법 집필을 담당했다), 기원전 423~422년(플라톤의 『프로타고라스*Protagoras*』가 언급하는 시기), 그리고 기원전 421년이다. 사망 시기는 마지막 아테네 방문 직후로 추정된다. 프로타고라스의 저서들은 목록만 일부가 남아 있으며 주요 작품은 『모순』, 『진실에 관하여』, 『신들에 관하여』 등이다.

프로타고라스가 처음으로 자신의 철학적 입장을 표명한 것은 엘레아학파 비판을 통해서였다. 문헌을 통해 확인할 수 있듯이 그는 『실재에 관하여』를 집필하면서 존재의 통일성을 주장하는 이들의 논리를 수많은 예를 들며 논박했다(80 B 2 DK). 동일한 맥락에서 프로타고라스는 모든 것에 대해 서로 상반되는 두 가지 담론이 존재한다고 말했다(A 1 DK). 『모순』의 토대를 이루는 이 논제는 모순을 현실의 구조적인 법칙으로 이해한 헤라클레이토스의 사상을 재해석한 것으로 보인다. 엘레아학파 철학자들에게 모순은 모순이 발견되는 영역(사람들의 의견, 결과적으로는 언어)의 현실과 진실 간의 관계를 무효화시키는 요소였지만 프로타고라스에게 모순은 현실의 중요한 일부였다. 바로 그런 이유에서 모순은 모든 의견과 모든 담론을 정당화하고, 모든 담론은 모순율을 구축하는 인정과 부정의 근본적인 대립으로 귀결된다고 보았다. '인간이 만물의 척도homo mensura' 라는 유명한 말은 바로 여기에서 비롯된다. 하지만 『진실에 관하여』에서 제시된 이 명제는 만물이라는 무대를 뛰어넘어 모순적인 대립을 평가하는 하나의 규칙을 제시한다. "인간은 모든 사물의 척도다. 존재하는 것에 대해서는 존재하는 것의, 존재하지 않는 것에 대해서는 존재하지 않는 것의 척도인 것이다."(B 1 DK)

이러한 주장을 토대로 프로타고라스는 존재하거나 존재하지 않는다는 파르메니데스의 양자택일 논리를 뒤엎고 '존재'나 '부재'는 만물의 현실과 진실의 기준이 되지 못하며 정반대로 인간이 존재 혹은 부재의 기준이라는 논리를 성립시켰다. 여기서 인간이란 개념적 인간이 아니라 의식이 있는 주체로서의 개개인을 의미한다. 아울러 프로타고라스가 인용하는 사물chremata이라는 용어의 활용 방식을 통해 우리는 그가 아낙사고라스와 다른 의견을 가지고 있었고 사물의 다양성을 정당화하는 요소로 **지성**nous처럼 우주를 무대로 활동하는 고차원적인 원리를 제시하는 대신 시간의 흐름 속에서 사물을 인식하고 평가하는 개별적인 주체를 제시했다는 점에 주목하게 된다. 이러한 원리를 일관성 있게 적용한 것이 프로타고라스가 신중하게 주장하는 불가지론이라고 할 수 있다. 그는 신의 존재를 언급하며 자신의 불가지론을 다음과 같이 표현했다. "신들에 대해 나는 이들이 존재한다고도 존재하지 않는다고도 말할 수 없다. 이러한 앎을 가로막는 많은 요인들이 존재한다. 문제는 어렵고 인생은 짧다."(B 4 DK) 이러한 주관주의와 인식론적 상대주의를 존재론적인 차원에서 보완하는 것이 있다면 그것은 프로타고라스의 이른바 은밀한 학설*, 즉 어떤 무엇도 한 가지로 머물지 않으며 우리가 (사실상 틀린 용어를 사용하면서) 존재한다고 말하는 모든 것들이 사실은 항상 변화하기 마련이라는 학설이다.

프로타고라스의 주관주의를 단적으로 보여 주는 것은 인간이 언어의 의식

---

* 플라톤의 대화록 『테아이테토스』(152 C)에서 소크라테스는 프로타고라스를 두고 '은밀한'이라는 표현을 사용한다. 소크라테스는 프로타고라스가 자신의 학설을 일반 대중 앞에서는 수수께끼로만 이야기하고 제자들에게만 은밀하게 모든 것을 설명했다고 전한다.

적인 사용을 통해 훌륭한 담론을 만들어 낼 수 있다는 믿음, 다시 말해 다른 모든 인간의 느낌에 상응하는 담론들보다 더 진실할 필요 없이, 논리적으로나 언어학적으로 더 옳고 따라서 '더 강하고' 우수한 담론을 구축할 수 있다는 믿음이다. 이것이 바로 '언어의 올바른 활용orthoepeia'이 지배적이어야 하는 이유이고, 곧 '더 약한 변론', 즉 쉽게 논박이 가능한 변론과 '더 강한 변론',(B 6b DK) 즉 좀 더 엄격하고 논쟁에서 쉽게 물러서지 않는 힘을 지닌 변론의 대립이 지니는 의미다.

어형론, 문법구조, 수사학을 비롯한 언어의 다양한 기능에 지대한 관심을 기울였던 프로타고라스는 언어적 도구의 논쟁적인 사용 방식과 변증적인 사용 방식을 구분하기에 이른다. 변증법은 현실을 실용적으로 이해하는 데 좀 더 적합한 관점을 구축하기 위해 본보기가 될 만한 담론이 필요했기 때문에 탄생했다. 변증적인 담론이란 논리적·언어적·논증적 차원에서 훨씬 튼튼한 구조를 지닌 담론, 따라서 설득력이 뛰어나다기보다는 이성적으로 반론의 여지가 없기 때문에 우위를 점할 수 있는 담론을 말한다. 프로타고라스가 말하는 '가장 올바른 담론orthotatos logos'의 대표적인 예는 그의 이른바 형벌 이론, 즉 한 범죄자에게 내려지는 형벌은 이미 벌어졌기 때문에 돌이킬 수 없는 사건을 기준으로 결정할 것이 아니라 '미래를 내다보고', 다시 말해 형벌의 예방 기능과 교화 기능, 경고 기능을 고려해서 결정해야 한다는 이론이다.

플라톤의 대화록 『프로타고라스』에서 인용되는 신화는 프로타고라스의 저서 『인간의 원천적인 조건에 관하여』에서 유래하는 것으로 보인다. 프로타고라스는 이 책에서 인류 역사를 단계별로 기술하면서 사회적인 단계와 정치적인 단계를 구분했다. 그는 후자의 실현이 오로지 도시 건설을 통해서만 가능하다고 보았고 도시 건설에 필요한 조건으로 모두가 복종해야 하는 법nomos뿐만 아니라 '존경'과 '정의'라는 덕목을 제시했다. 프로타고라스는 이 두 덕목을 모든 인간이 무언가를 공유할 수 있는 가능성 자체를 구축하는 요소로 보았다(인류가 원시적인 단계를 벗어나면서 거친 길고 고된 과정의 결과가 바로 '존경'과 '정의'라는 점은 신화를 통해 짐작할 수 있다). 이러한 이상의 좋은 본보기가 바로 모든 시민이 정책 일반에 대해 정치적 조언자symboulos로 나설 수 있는 민주주의 도시 아테네였다. 아울러 민주주의 도시가 도시로서 기능을 발휘하기 위해서는 기술적인 문제를 해결할 수 있는 전문인 계급이 필요했고 무엇보다도 전반적인 교육 기능을 수행하던 소피스트들의 활동이 필요했다.

프로타고라스는 좀 더 옳거나 그른 견해나 담론은 존재하지 않으며 다만 좀 더 유용하거나 해로운 견해나 담론이 존재할 뿐이라는 점을 강조한다. 다시 말해 인식론의 영역에서는 진실 여부에 관여하지 않고 오로지 실용적인 측면에만 관여하는 여러 단계의 평가가 있을 뿐이며 실용적인 차원의 규칙과 얼마나 거리가 먼가를 토대로 다양한 의견을 평가하는 기준이 성립될 뿐이다. 예를 들어 꿀을 쓰다고 느끼는 병자의 감각이 건강한 사람의 감각에 비해 덜 사실적이라는 것은 틀린 이야기지만 그렇다고 해서 병자의 감각이 선호할 만한 것이 못된다거나 열등하다는 것을 부인할 수는 없는 노릇이다. 그런 차원에서 법은 분명히 '도시의 결정'이라는 의미를 지닌다. 시민들에게 열등한 견해를 멀리하고 훌륭한 견해를 더 옳은 것으로 간주하도록 만드는 것이 소피스트의 임무인 만큼 법은 결과적으로 소피스트의 담론에서 민중이 얻는 확신으로부터 비롯된 결정이 될 것이다. 프로타고라스의 민주주의 개념은 따라서 일종의 엘리트주의로 연결된다.

1.3 고르기아스

고르기아스는 기원전 480년경 시칠리아 레온티노이에서 태어났다. 엠페도클레스의 제자이며 기원전 427년 시라쿠사에 대항하기 위해 레온티노이가 아테네의 지원을 요청하며 보낸 외교 사절단 대표로 아테네에 파견되었다. 탁월한 연설을 통해 폭발적인 인기를 끌었던 그는 그리스의 여러 도시들을 순회한 뒤 아테네로 돌아와 전쟁에서 사망한 아테네 전사들을 기리는 기념비적 『비문*Epitaphion*』을 남겼다. 말년을 페라이의 왕 이아손Iason 곁에서 보내며 100세 이상을 산 뒤에 사망한 것으로 전해진다. 저서로는 『존재하지 않는 것에 관하여』, 『팔라메데스 옹호론』, 『헬레네 예찬』 등이 있으며 모두 현재까지 전해진다.

고르기아스가 『존재하지 않는 것에 관하여』에서 제시한 세 가지 논제는 사실상 엘레아학파 철학에 대한 비판을 목표로 하고 있었다. 고르기아스는 이렇게 말한다. "아무것도 존재하지 않는다. 비록 무언가가 존재하더라도 그것이 무엇인지 알 수 없다. 무언가가 존재하고 그것이 무엇인지 알 수 있다 하더라도 그것을 남들에게 알릴 수 없다."

고르기아스는 파르메니데스가 '존재하지 않는 것'에 부여했던 사유 불가능성과 표현 불가능성을 '존재하는 것'에 부여한다. 이 첫 번째 논리를 통해 고르기아스는 존재와 비존재를 구별할 수 있는 모든 가능성을 철회시키고 두 번째 논리를 통해 비존재는 사고될 수 없고 따라서 인식될 수 없다는 파르메니데스의 주장을 전복했다. 고르기아스는 이른바 언어의 객관성을 강조하면서 언어적 표현이 '객관적 현실의 전시deloun ta pragmata'와 일치한다고 보는 관점을 거부했다. 거시적인 관점에서 엘레아학파가 주장했던 존재론에 대해 아이러니하면서도 의미심장한 해결책을 제시한 고르기아스는 이를 통해 결과적으로 두 가지 중요한 성과를 이루어 냈다고 볼 수 있다. 우선적으로 고르기아스는 로고스를 존재에 관여해야 한다는 과제로부터 해방시켰고 다른 한편으로는 소통이란 과연 어떻게 이루어지는가라는 질문과 함께 언어에 대한 근본적인 문제를 제기했다.

고르기아스는 이에 대한 답변으로 『헬레네 예찬』에서 언어가 절대적인 자율성과 감성적이고 비이성적인 차원의 심리치료적인 기능을 가지고 있다고 주장했다. 따라서 그는 언어가 "두려운 마음을 진정시키고 고통을 제어하고 기쁨을 주고 동정심을 불러일으킬 수 있다"고 보았다(82 B 11 DK). 여기서 그가 제시하는 시의 정의에 주목하고 이를 참조했던 아리스토텔레스는 후에 『시학』을 집필하면서 모방을 토대로 하는 비극이 열정의 희열을 '동정과 공포를 통해 완성 단계로' 이끈다고 기록했다. 담론logos은 어쨌든 듣는 사람을 설득하고 그가 일정한 견해를 받아들이고 그것에 상응하는 행동을 취하도록 요구하는 기능을 수행한다. 고르기아스에 따르면 시와 수사학 역시 이러한 기능을 가지고 있다. 수사학은 '설득의 예술'이며(A 28 DK) 설득 외에 다른 목적을 가지지 않는다. 수사학이 다른 모든 예술과 구별되는 것은, 모든 것이 수사학에 아무런 조건 없이 자연스럽게 굴복하기 때문이다(A 26 DK). 이러한 구도 속에서 특별한 중요성을 지니는 것은 '기만apate'이라는 개념이다. 기만은 시와 수사학에 공통된 범주이며 담론을 실어 나르는 운반 기구로 기능한다. 시적인 영역에서 기만은 예술적인 환영의 세계에 진입하는 것을 허락해 준다. 바로 그런 이유에서 고르기아스는 비극이 "하나의 기만이며, 비극 속에서는 기만하는 자가 기만하지 않는 자보다 더 훌륭하고 기만당하는 자가 기만당하지 않는 자보다 더 현명하다"고 말한다(B 23 DK).

『팔라메데스 옹호론』에서도 동일한 주제를 다루지만 고르기아스는 이를 실질적인 문제의 차원으로 가져간다. 예술과 수사학 분야에서 담론의 기술적인 측면과 심리치료적인 기능이 탁월함을 드러낼 수 있는 반면 법률 분야에서는 전혀 다른 상황이 벌어진다. 법률 분야에서 본질적인 것은 실제로 일어난 사건, 즉 진실의 소통이다. 오디세우스에 의해 부당하게 반역자로 몰린 팔라메데스가 결코 피할 수 없는 것이 바로 이 소통의 공간이다. 그리고 자신에게 실제로 일어난 일을 남들에게 전달하지 못하는 팔라메데스에게는 형벌이 주어진다. 그의 형벌은 비극을 상징하지만 어쨌든 인간의 소통 과정에서 말하는 자와 듣는 자의 관계와 설득력이 어떻게 모든 것을 결정하는지 다시 한 번 보여 준다.

고르기아스의 『비문』에서는 긍정적인 계율 가운데 가장 효율적이고 보편적인 공존의 법칙들을 조직화하는 기능이 정치적 차원에서 담론의 창조성이라는 개념에 주어지는데, 이 둔탁한 기능에 좌우되는 것이 바로 '법률의 정확도'에 상응하는 '담론의 공정성', '정의의 엄격함'에 상응하는 '유연한 형평성'이다.

1.4 안티폰

소피스트 안티폰Antiphon이 람누스Rhamnus 출신의 안티폰과 동일 인물인지 여부와는 상관없이 이들의 탄생 시기는 기원전 470년경으로 추정되며 사망 시기는 400인 과두제 정부의 일원이었던 람누스인의 경우 기원전 411년, 소크라테스와 프로타고라스의 동시대인이었던 소피스트 안티폰의 경우 411년에서 그리 멀지 않은 시기였을 것으로 추정된다. 안티폰은 아테네에서 태어났고 저서로는 『화합에 관하여』와 『진실에 관하여』가 있다. 후자의 경우 옥시링코스Oxyrhynchos에서 발굴된 파피루스를 통해 몇몇 단상들이 전해진다.

안티폰이 『진실에 관하여』에서 설명했을 것으로 추정되는 현실 이론은 사실상 아리스토텔레스의 증언을 토대로 재구성되는 것이 보통이다(87 B 15 DK). 아리스토텔레스의 증언을 통해 확인할 수 있는 것은 안티폰이 실재 안에 기본적으로 존재하는 것, 즉 실재의 깊은 곳에 위치하는 본성을 가리키기 위해 '무형arrhythmiston'이라는 표현을 사용했다는 사실이다. 안티폰은 실재의 토대를 제외한 모든 것이 외부적인 개입을 통해 토대를 중심으로 모여들어 형태를 취한다고 보았다. 안티폰에게 '자연physis'은 이 부정형의 질료적 토대를 의미했고 이 질료는 외부에서 조장되는 모든 형성 활동의 조건인 동시에 본질적으로 모든 형태의 수용을 거부하는 특성을 지니고 있었다. 안티폰은 예를 들어 침대를 땅에 묻었을 때 부패 과정을 거친 뒤 다시 자라날 수 있는 것은 풍습과 기술의 결과물에 지나지 않는 침대가 아니라 자연에 존재하는 나무라는 점에 주목했다. 또 다른 단상들을 토대로 확인할 수 있는 것은 안티폰이 '무형'과 '자연'의 개념을 토대로 역동적이고 반목적론적인 현실관의 구축을 시도했다는 사실이다. 후에 플라톤이 『법률』의 한 구절에서(889e) 질책하며 지적했던 부분이 바로 이러한 현실관의 결과로 드러나는 무신론이었다. 물론 이 구절에서 안티폰의 이름이 구체적으로 거론되는 것은 아니지만 플라톤이 그를 염두에 두고 한 말이었다는 점은 어느 정도 분명해 보인다.

안티폰은 인류학과 정치 및 윤리적인 차원에서 인간의 자연적 본성을 묘사하며 무엇보다도 인간의 자연적이고 생물학적인 평등성을 강조했다(B 44 DK). 존재론적이고 우주론적인 차원의 '무형'에 상응하는 것이 내부적인 필요성으로서의 자연, 인간의 정통한 진실로서의 자연이다. 이와 상반되는 것이 곧 법률, 즉 유한한 성격의 문화적이고 외부적인 규율이다. 안티폰은 도시가 제정한 규율을 위배하지 않는 것이 곧 정의라고 생각한 반면 법은 법의 위배를 예방할 수 있는 힘을 가지고 있지 않다고 보았다. 법은 피해자에게는 피해를, 가해자에게는 가해 행위를 허락할 뿐 피해자가 피해를 받지 못하도록 한다거나 가해자가 가해 행위를 멈추도록 유도하지 못한다. 그는 형벌 역시 부정확하고 효과적이지 못하다고 보았다. 왜냐하면 형량을 정하기 위해 필요한 담론, 즉 설득의 도구를 피해자와 가해자 모두 동등한 입장에서 사용하기 때문이다. 안티폰은 법정에서 진실을 밝히는 일이 실패로 돌아가거나 피해자가 또 다른 피해를 입을 실질적인 확률이 높다고 보았다. 이와 유사한 모순을 증언 제도에서도 발견할 수 있다. 안티폰은 피의자로부터 실질적인 피해를 입은 적이 없는 한 증인이, 비록 그가 진실만을 말한다 하더라도, 자신의 증언만을 토대로 유죄 판결을 유도한다는 것은 올바른 행동이라고 볼 수 없다고 믿었다. 하지만 그의 확신은 이러한 상황이 전적으로 자연physis의 차원에서 벌어질 때에만 의미를 지닌다. 반면에 진실을 말하는 증인이 스스로 피해를 입는 결과를 가져올 수 있다는 관찰은 상당히 현실적이고 냉철해 보인다. 그만큼 그의 증언을 토대로 유죄 판결을 받은 피의자의 복수에 노출되기 때문이다. 따라서 인간은 증인이 지켜보는 가운데 법을 준수하면서 자신을 위해 유리한 위치를 고수할 수 있지만 증인이 없을 때에는 자연의 법칙을 따라야 한다. 사실상 필수적인 것은 후자다. 이것이 위배될 경우 형벌 또한 자연적으로 뒤따르기 때문이다(87 B 44 B DK).

1.5 프로디코스

프로디코스는 기원전 460년경 케아에서 태어났다. 외교관으로 여러 번 아테네를 방문했던 프로디코스는 자연철학과 인류학을 연구하면서 『자연에 관하여』와 『인간의 본성에 관하여』를 집필했다. 아울러 신학과 무엇보다도 언어분석을 중점적으로 연구했고 테라메네스Theramenes, 에우리피데스, 투키디데스, 이소크라테스Isokrates와 같은 인물들을 제자로 두었다.

프로디코스를 특별히 유명하게 만들어 준 그의 언어분석법은 이른바 '명사의 올바른 활용법'을 구축하기 위해 말들의 의미를 분석하는 방법이다. 프로디코스는 다음과 같은 질문을 던진다. "X는 무엇을 의미하는가?" X는 분석 대상이 되는 용어를 가리킨다. 이에 대해서는 플라톤이 『에우티데모스*Eutidemos*』의 한 구절을 통해 명료하게 설명한 바 있다(84 A 16 DK). 명명 행위가 '이름'과 이름에 상응하는 것으로 간주하는 '사물' 사이의 완벽한 일치를 가져올 때 이 이름은 옳은 뜻을 지녔다고 말할 수 있다. 어떤 이름의 올바른 의미를 규정할 필요성은 여러 가지 뜻을 지닌 용어에서 비롯되는 다의성을 축소시킬 필요성과 일치하며 프로디코스가 필연적으로 유일무이하다고 본 이름과 사물 간의 관계를 보호할 필요성과 연관된다. 이러한 원리가 직접적으로 적용되는 곳이 유의어들을 서로 상반되는 두 종류의 계열로 분류하는 '이름들의 분할법diairesis ton onomaton'*이다. 이를 위해 프로디코스는 다음과 같은 질문을 던진다. "X를 의미론적인 차원에서 Y와 구별시켜 주는 것은 무엇인가?" 어쨌든 중요한 것은 사전적인 형태로 이루어지는 의미론적인 설명이며 이는 비관용적이고 객관적인 의미를 구축하는 일정한 의미소들의 특성을 또렷하게 구분하기 위해 활용된다. 프로디코스는 이름onoma의 다의성을 밝힌 뒤 이를 '명명하기onomazein'의 순수한 요동으로, 따라서 교정이 필요한 현상으로 해석했다. 여기에 엄격한 규율이 요구된다는 점을 직감한 프로디코스는 모든 사물에 개별적으로 상응하는 단 하나의 이름을 고정시킬 필요가 있다고 보았다. 그런 식으로 언어의 일반적인 사용에 추가되는 것이 바로 용어들이 지니는 의미의 실질적인 다양성을 제어하

* 디아이레시스diairesis는 여러 가지 상相을 가지고 있는 한 개념의 의미를 분할해서 단 하나의 구체적인 대상만 가리키는 최소 단위의 개념을 도출해 내는 과정을 말한다.

는 일종의 수정 작업이다.

프로디코스의 자연철학 연구에 대해서는 몇 가지 특징을 제외하고는 알려진 바가 거의 없다. 쾌락주의에 반대했던 그는 노력을 통해 덕을 쌓아야 한다는 능동적이고 이성주의적인 윤리관을 가지고 있었고 크세노폰을 통해 전해지는 그의 유명한 우화 『갈림길에 선 헤라클레스』**에서 이러한 특징을 상징적으로 표현했다.

우리는 프로디코스가 신에 대한 믿음의 기원을 역사적이고 유전학적인 차원에서, 그리고 무엇보다도 실용적인 차원에서 설명한 적이 있다는 것 또한 알고 있다. 프로디코스는 자연의 힘을 신적인 존재의 차원으로 끌어올린 것은 선사시대의 인간들이었다고 주장했다(B 5 DK).

섹스투스 엠피리쿠스는 이러한 이론을 본격적인 무신론과 다를 바 없는 학설이라고 평가했지만 프로디코스는 어떤 생명력이 있는 요소to zotikon의 존재를 인정함으로써 이 이론을 보완할 필요가 있다고 보았다(Epifanios B 5 DK). 이 생명력의 표현으로 볼 수 있는 것이 바로 4원소와 뒤이어 신격화되는 태양과 달이다. 우리는 여기서 자연철학의 요소들을 재해석하고 전형적으로 소피스트적인 도식 속에서 종교를 자연주의적인 종교로 환원시키는 이성주의를 만나게 된다.

1.6 히피아스

헬리스에서 태어난 히피아스는 외교관의 자격으로 그리스의 수많은 도시를 여행했다. 플라톤의 대화록 『대大히피아스*Hippias meizon*』에서 히피아스는 자신이 프로타고라스를 직접 만난 적이 있다고 밝힌다. 당시에 프로타고라스는 나이가

** 프로디코스의 원전은 소실되었지만 이 우화는 크세노폰의 『회상*Memorabilia*』을 통해 전해진다. 갈림길에서 두 여인을 만난 헤라클레스가 덕을 상징하는 아름답고 지적인 여인과 쾌락을 상징하는 관능적인 여인 중에 전자를 택했다는 이야기다.

많았고 히피아스는 "훨씬 더 젊은" 나이였다(86 A 7 DK). 따라서 프로타고라스가 태어난 기원전 490년경을 기준으로 히피아스의 탄생은 대략 기원전 444년경이었을 것으로 추정된다. 플라톤이 『소크라테스의 변론』에서 언급한 것처럼 399년에는 상당히 유명한 인물이었다.

히피아스의 사상을 지배하는 것은 '자연physis' 개념과 소피스트들의 정치, 윤리 사상을 특징짓는 법과 자연의 대립이다. 이를 바탕으로 히피아스는 엘레아 학파의 전통적인 철학 개념들을 재해석하면서 새로운 존재론을 구축했다. 히피아스는 존재를 탐구하면서 멜리소스Melissos, 특히 아낙사고라스의 다원주의로부터 깊은 영향을 받았다. 먼저 멜리소스가 파르메니데스처럼 다수의 현실을 외면하는 것은 그것이 내부적으로 모순을 안고 있기 때문이 아니라 단지 **존재**에 고유한 영원성과 불변성이라는 특징을 전혀 가지고 있지 않기 때문이라는 점에 주목할 필요가 있다. 히피아스는 현실이 "자연에 존재하는 다수의 거대하고 연접해 있는 질료 덩어리들"로 구축된다고 보았다(8 C 2 Untersteiner). 이 덩어리들은 완전체로, 견고하고 해체가 불가능한 총체로 모습을 드러내며 서로 '연접해' 있기 때문에 이들 사이에 은밀한 연결 구도가 존재한다는 것을 보여 준다. 이러한 연결 구도는 밖으로 드러날 필요가 있다. 하지만 소크라테스의 대화는 여기에 전혀 관여하지 않는다. 소크라테스의 대화는 자연에 없는 연관성(예를 들어 실체와 속성)을 토대로 현실의 임의적인 분해를 시도하기 때문에 실질적인 대상을 가지고 있지 않다. 반면에 자연은 종들의 동화와 화합과 융합을 통해 도약 없이 지속되는 유기적인 총체의 선상에서 움직인다. 히피아스는 소크라테스의 분석적인 방법론을 거부하며 지속적이고 조직화된 담론으로서의 로고스를 제시하고 지식의 방법론적인 차원에서 백과사전주의를 제시했다. 후자는 인간이 알 수 있는 모든 것을 총체적으로 망라할 수 있는 지식 분야들의 병합을 시도하면서 다양한 지식의 유기적인 통일성을 구축하는 기능을 발휘한다.

히피아스는 실제로 다양한 분야의 학문을 심도 있게 섭렵한 학자였다. 그는 철학적 존재론을 토대로 다양한 분야에서 통일성을 발견해 내는 데 성공했다. 히피아스는 수세기가 지난 뒤 이른바 콰드리비움(quadrivium, 산술, 기하학, 천문학, 음악학)이라고 불리게 될 4대 학문을 하나로 통일시킨 최초의 사상가다. 플라톤이 『국가』에서 이 4대 학문을 변증법 입문을 위한 예비 과목으로 받아들였던 것도 동일한 차원에서였다. 아울러 히피아스는 연대기적인 차원에서뿐만 아니라 철학사적인 차원에서 역사 연구에 몰두했던 최초의, 그리고 유일무이한 소피스트였다. 히피아스는 지금은 단 하나의 단상만이 남아 있는 『모음집』이라는 책을 저술했다. 그가 다양한 분야에서 연구했던 내용들이 이 책에 수록되었을 것으로 추정되는데 아리스토텔레스가 『형이상학』 1권을 집필하면서 탈레스에 관한 정보를 얻은 책이 아마도 히피아스의 『모음집』이었던 것으로 보인다. 히피아스는 '고고학'을 하나의 학문 분야로 정의한 최초의 인물이기도 하다. 그에게 고고학은 한 민족의 기원과 특정한 '고대사'를 연구하는 학문이었고 이는 곧 그가 당시의 역사학에 깊은 관심을 가지고 있었음을 의미한다(투키디데스 VII 69).

아울러 히피아스가 집필한 『민족들의 이름』이라는 책은 그가 어떤 의미에서는 연대기 작가들의 작업을 계승했음을 보여 준다. 역사적이고 고고학적인 내용을 담은 유명한 작품 『올림픽 승자들의 기록』을 통해 히피아스는, 헬라니코스Hellanikos의 후계자이자 아리스토텔레스의 선도자로서, 모든 그리스 민족의 통일된 연대기 서술에 결정적인 계기를 마련하면서 통사 정립에 기초를 놓았다. 이러한 방대한 분야의 연구에 틀림없이 그의 호메로스 연구(호메로스의 서사시에 등장하는 영웅들 사이에서 본보기가 될 만한 유형을 찾아내는 작업이었다)와 음악과 기하학(히피아스는 '원적곡선', 이른바 히피아스곡선을 최초로 연구했던 것으로 보인다) 연구 역시 포함되어야 할 것이다.

살펴본 바와 같이 히피아스는 모든 현실이 동일한 장르의 또 다른 현실과 일반적이고 자연적인 방식으로 관계를 맺거나 융화되고 따라서 동일한 성격을 공유하는 것이 가능하다고 보았다. 이러한 입장의 토대를 마련하는 것은 친밀함syngeneia이라는 개념이다. 히피아스가 플라톤의 『프로타고라스』에서 자신을 소개하며 언급하는 이 '친밀함'은 히피아스 사상의 세 번째 축을 이루는 정치학을 뒷받침하는 개념이다. 히피아스가 대화에 참여한 모든 이들이 "친화력에 의해 결속되어 있고 같은 도시의 시민으로서 친밀함을 유지하지만" 이는 자연적인 차원에서만 가능할 뿐 법률적인 차원에서는 그렇지 않다고 주장하면서 의도한 것은 인류의 이상적인 화합이나 세계시민주의가 아니라, 전적으로 세속화된 자연의 개념을 토대로, 대화에 참여한 철학자들에게 화합을 명하는 자연적인 구속력이 존재한다는 사실을 강조하려는 것이었다. 즉 히피아스는 철학자들이 기본적인 공통점에 의해 결합되어 있으며 이러한 공통점이나 유사성은 도시의 성벽과 정권과 법률(히피아스에게는 '인간을 독재하는' 것이 법이었다)이 조장하는 인위적인 분리를 뛰어넘는다고 보았다. 그렇게 해서 탄생한 것이 바로 유사한 존재들 간에 형성되는 우정의 이상이었다. 강렬한 지적 성향을 가진 이러한 이상은 히피아스를 뒤따르는 현자들에게 일종의 귀족적 지성인 계층을 상징했고, 귀족적 지성이라는 개념은 그리스 정치사상사에서 점점 더 핵심적인 요소로 자리 잡게 된다.

1.7 트라시마코스

트라시마코스는 칼케돈에서 태어났다. 무엇보다도 웅변가로 유명하며 기원전 5세기 말경에 활동한 것으로 추정된다. 아리스토파네스가 기원전 427년 작품 『연회를 즐기는 사람들』에서 언급했던 내용에 따르면 트라시마코스는 아테네에서도 활동했던 것으로 보인다. 그는 다른 모든 소피스트 철학자들과 마찬가지로 자연철학을 연구했으며 정치적인 성격의 글뿐만 아니라 수사학적인 내용이 담긴 많은 저서들을 집필했다. 그의 정치사상을 재구성하는 일은 상당히 어려운 작업이다. 우선적으로 플라톤이 『국가』 1권에서 트라시마코스의 것으로 설명하는 논제들이 정말로 그가 주장했던 내용인지 확인할 수 없기 때문이다. 우리가 관찰할 수 있는 것은 다른 경로를 통해 알고 있는 내용들을 토대로 플라톤이 소개하는 내용의 사실 여부를 판단한다는 것이 사실상 불가능하다는 것뿐이다. 하나의 가정에 불과하다는 전제하에, 우리는 플라톤의 소개가 정치적인 내용을 담고 있다는 사실에 주목하는 것으로 만족해야 한다.

플라톤에 따르면 트라시마코스는 무엇보다도 모든 도시국가(민주주의 국가이든 다수의 참주 혹은 독재자가 다스리는 국가이든 간에)가 지배자 계층에 유리한sympheron 것만을 법nomos으로 채택한다고 보았다. 이와는 달리 윤리적이고 정치적인 차원의 미덕은 문화적인 기원을 가지고 있었다. 정의로운 인간이란 사실 정의가 아니라 본질적으로 자신의 약함을 보호하기 위해 법에 호소하는 약자에 불과하며 정의는 권력의 열세에 지나지 않는다. 순수하게 자연적인 관점에서 불의는 "더 강하며, 더 자유로운 이들과 지배자들에게나 어울린다."(『국가』 344c) 하지만 불의는 거대한 규모의 행위를 통해 단숨에 실행되어야 한다. 왜냐하면 실제로 작은 규모의 불의는 용서되지 않기 때문이다. 정점에 달한 불의는 자동적으로 벌을 받지 않으며 강자에게 우월한 입지에 대한 권리가 주어진다는 원리의 승리를 확인시켜 줄 뿐이다.

이는 트라시마코스의 입장에서 인간에 대한 그리스인들이 전통적인 이상, 즉 아름답고 선한kalos kai agathos 인간상이 권력은 정치적으로 우월한 자에게 주어진다는 이론에 의해 완전히 대치되었다는 것을 의미한다. 정치적으로 우월한 자는 권력을 절대적으로 편파적인 방법을 통해 쟁취하며 그의 편파성은, 현실 세계에서 가장 강한 인간이 지배자일 경우, 자연 법칙에 절대적으로 부합한다. 이로써 독재정치를 이성적으로 정당화할 수 있고 반대로 '자연physis'의 관점에서 정당화할 수 없는 권력 남용, 하지만 모든 정부 형태에 고유한 권력의 남용을 폭로하는 것 또한 가능해진다. 이러한 차원에서 볼 때 어떤 이성적인 규칙도 법의 기초가 되지 못한다. 아니 법은 오히려 그 자체로 근거가 없으며 오로지 강자로 떠오르는 사람이 지배하는 도시에 가해지는 강압적인 행위로서만 의미를 지닐 뿐이다. 여기서 우리는 어떻게 트라시마코스의 이성주의가 경험적 세계를 기꺼이 인정하고 동시에 현실의 비이성적인 측면 자체를 효과적이고 정당한 평가 기준으로 받아들이는지 관찰할 수 있다.

2

소크라테스

2.1 아테네 사람

소크라테스는 어떤 글도 남기지 않은 고대 철학자들 중에 한 명이다. 소크라테스와 마찬가지로 피타고라스나 에픽테토스Epictetos, 암모니오스 사카스Ammonios Sakkas 같은 철학자들 역시 글을 쓰지 않았고 플로티노스Plotinos는 50세가 되기 이전에는 펜을 들지 않았다. 글의 부재를 특징으로 하는 철학에는 두 종류가 있다. 먼저 피타고라스처럼 자신의 사상이 널리 보급되는 것을 원하지 않았던 철학자들의 독단적이거나 신비주의적인 철학이 있고, 책이 철학적 대화를 대체할 수 없다고 믿었던 사상가들의 변증철학이 있다. 소크라테스와 함께 시작된 것이 바로 이 변증철학이다. 소크라테스와 동일한 입장을 고수했던 인물로 피론Pyrron, 아르케실라오스Arkesilaos, 카르네아데스Karneades 같은 비관론자들이 있다.

소크라테스와 피타고라스 모두 글을 쓰지 않았지만 이들은 책 대신에 '살아 있는 책과 다름없는 제자들'을 남겼다. 소크라테스는 자신을 스승으로 간주하지 않았지만 자신에 대해 많은 글과 기록을 남긴 '제자들'을 거느렸다. 글을 쓰지 않았음에도 불구하고, 혹은 글을 쓰지 않았다는 사실 덕분에 소크라테스는 하나의 문학 장르로서 혁신적인 면을 가지고 있던 철학적 대화의 장점을 많은 이들에게 설파할 수 있었다. '소크라테스의 담론'은 소크라테스 이전 철학자들의 자연론이나 소피스트들의 기념 연설과는 전혀 다른 성격의 것이었다. 소크라테스라는 인물을 둘러싼 수많은 궁금증 가운데 가장 먼저, 그리고 널리 회자된 것이 바로 이러한 차이점에 관한 것이었다.

플라톤은 대화록 『소크라테스의 변론』에서 소크라테스가 법정에 출두한 기원전 399년에 60세였다고 밝힌다. 이 정보를 토대로 그의 탄생을 아테네에서 77번째 올림픽이 열린 470년과 469년 사이로 추정할 수 있다. 그의 아버지 소프로니스코스Sofroniskos는 아테네 근교 남동쪽에 위치한 수공업 중심지 알로페케Alopeke의 조각가였다. 소크라테스가 일정 기간 동안 조각가로 활동했을 가능성에 대해서는 밝혀진 바가 없으며 아테네의 출구에서 아크로폴리스를 바라보며 서 있는 카리테스들을 소크라테스가 조각했다는 이야기는 일종의 전설에 불과하다. 어머니 파이나레테Phainarete는 경제적인 어려움을 극복하기 위해 잠시 조산사로 일한 적이 있다. 남편이 세상을 떠나고 조산사가 되기 전에 그녀는 케레데모스Cheredemos와 결혼해 소크라테스의 이부동생 파트로클레스Patrocles를 낳았다. 아버지 소프로니스코스가 세상을 떠나기 전에 소크라테스의 가정 형편은 그리 나쁘지 않았던 것으로 보인다. 소크라테스는 정신과 육체 모두를 염두에 둔 전통적인 교육을 받았고 읽고 쓰기와 수학을 배우고 운동도 겸할 수 있었다.

페리클레스 시대의 아테네가 문화적으로 개화하던 가운데 젊은 소크라테스는 아낙사고라스의 책들을 읽으며 자연철학을 섭렵했고 그의 제자였던 아테네 출신의 아르켈라오스Archelaos와 교류했다. 플라톤의 대화록 『프로타고라스』와 『고르기아스』를 통해 전해지듯이, 소크라테스가 소피스트 철학자들인 프로타고라스, 프로디코스, 히피아스, 고르기아스를 만난 것도 바로 이 시기였다. 파르메니데스나 제논과의 만남은 불확실하다. 플라톤의 『파르메니데스』에 따르면 이들과의 만남은 기원전 450년에 판아테나이아 축제가 열렸을 때 이루어진 것으로 보이는데 당시에 파르메니데스는 대략 65세였고 소크라테스는 20세가 채 되지 않았다. 이러한 정보는 두 사람의 만남이 이루어졌을 당시에 파르메니데스의 나이가 장장 90세였다는 디오게네스 라에르티오스Diogenes Laertios의 증언과는 일치하지 않는다.

이후 소크라테스는 자연철학을 포기하기에 이르는데, 이는 '목적'이 자연철학의 탐구 대상에서 누락되어 있었기 때문이다. 다시 말해 인간에게 가장 중요한 '선의 추구'가 제외되어 있었던 것이다. 플라톤의 『파이돈』에서 소크라테스는 이렇게 천명한다. "내가 사고logoi에 깊이 천착하고 그 안에서 사물들의 진리를 탐구해야 한다는 생각이 들었다."(99e) 아테네에서 박식하기로 소문난 사람에게는 무조건 질문을 던지던 습관 때문에 소크라테스는 420년대가 끝나갈 무렵 대중적인 인물 코모두메노스komodoumenos, 즉 '코미디에서 놀림의 대상이 되는 인물'로 변해 있었다. 423년 디오니소스 축제에서 상을 받은 세 편의 희극 작품 중에 두 편의 주인공이 소크라테스였다. 1위에 오른 크라티노스Kratinos의 〈호리병〉을 제외하고 2위와 3위를 차지한 작품에 모두 소크라테스가 등장한다. 2위에 오른 아메입시아스Ameipsias의 〈콘노스Konos〉에는 소크라테스와 그의 음악 선생 다몬Damon이 주인공으로 등장한다. 3위는 소크라테스를 비판적으로 풍자한 아리스토파네스의 〈구름〉이 차지했다. 클라우디우스 엘리아누스Claudius Aelianus의 『다양한 이야기*Varia storia*』에 따르면 〈구름〉이 공연되는 동안 관중석에 있던 소크라테스가 자리에서 일어나 모두가 바라보는 가운데 끝까지 선 채로 공연을 지켜보았다고 한다.

아테네 사회에서 소크라테스의 정치 참여는 훌륭한 시민으로서의 의무와 병역의 의무라는 차원을 훨씬 뛰어넘는 것이었다. 오히려 이러한 의무들은 그가 평생 살아온 도시 아테네로부터 그를 멀어지게 만든 요인이었다.

펠로폰네소스 전쟁에서 소크라테스는 세 번의 원정 동안 보병으로서 뛰어난 면모를 과시한 적이 있다. 기원전 432년 칼키디케 반도에서 벌어진 포티다이아Potidaia 전투에서 소크라테스는 부상을 당한 알키비아데스Alcibiades의 생명을 구하는 공을 세운다. 하지만 아테네로 돌아온 소크라테스는 그의 공을 기리기 위한 기념행사에 참가하지 않았다. 거의 40세에 가까웠던 소크라테스는 "이전부터 입고 다니던 똑같은 망토만으로"(플라톤, 『향연』 220b) 추위에 몸을 내맡기고 얼음 위를 맨발로 걸으면서 배고픔과 추위에 대한 탁월한 저항력과 체력을 증명해 보였다. 기원전 424년에는 델리온Delion에서 벌어진 테베인들과의 전투에 참여했다. 승리는 적에게 돌아갔지만 소크라테스는 적들의 존경심과 알키비아데스의 탄복을 자아낼 정도로 용감무쌍하게 전투에 임했다. 소크라테스가 마지막으로 전투에 참여했던 것은 기원전 422년 암피폴리스Amphipolis에서다.

전쟁터에서 자신의 가치를 증명했던 소크라테스는 폴리스 내부에서도 다시 한 번 자신이 탁월한 용기의 소유자임을 증명해 보였다. 기원전 406년 소크라테스가 의장단의 일원으로 선출되어 500인 의회를 관리하는 직책을 맡았을 때, 아르기누사이Arginousai 군도에서 해전을 승리로 이끈 전술가들이 전투 후에 조난자들을 바다에 그대로 방치한 사건을 판결하기 위해 민회가 소집된 적이 있다. 민회는 전술가들을 상대로 집단 사형 판결을 내렸지만 소크라테스는 이 판결의 불법성을 주장하고 나섰다. 실제로 정치가 칼리크세노스Kallixenos가 의장들에게 전술가들의 사형 판결을 반대할 경우 그들과 똑같은 운명에 처하게 하겠노라고 위협했다는 사실을 알아냈던 것이다. 2년 뒤인 404년에 마지막 함대가 다르다넬스 해협으로 출정했고 아테네는 이 기나긴 펠로폰네소스 전쟁의 마지막 전투에서 패배의 쓴 잔을 마신다. 이어서 정권은 이른바 '참주'라고 불리던 30명의 과두정치 집정자들에게 넘어갔다. 같은 해에 소크라테스는 또 다시 목숨을 잃을 위험에 처한다. 소크라테스는 네 명의 시민과 함께 민주주의자 살라미스의 레온Leon을 사형에 처하기 위해 검거하라는 30인의 수장 크리티아스Kritias의 명령을 거부했다. 소크라테스가 이때 살아남았던 것은 과두제가 폐지되면서 이루어진 민주주의의 복귀 덕분이었다.

소크라테스의 가족에 대한 확실한 정보는 그의 생애 마지막 몇 년 동안의 소식 외에는 남아 있는 것이 없다. 소크라테스는 상당히 늦은 나이에 크산티페Xanthippe와 결혼한 것으로 보인다. 소크라테스가 세상을 떠날 때 그의 자식들이 비교적 어린 나이였기 때문이다. 플라톤의 『파이돈』을 통해 우리는 크산티페와 막내아들 메네크세노스Menexenos가 마지막 날 감옥에 와 있었다는 것을 알고 있다. 하지만 소크라테스는 이들을 돌려보내고 친구들과 대화를 나누면서 사형 집행 순간을 기다렸다. 가족 모두가 그를 다시 찾아오는 것은 집행이 이루어지기 조금 전이었다. 소크라테스가 다른 부인을 맞이했는지, 또 맞이했다면 크산티페와 결혼하기 이전이었는지 이후였는지는 상당히 불확실하다.

2.2 소크라테스라는 인물

다양한 얼굴 사진들을 단 한 장에 중첩시키면서 공통된 특징을 찾아내고자 했던 영국의 심리학자 프랜시스 골턴Francis Galton의 이른바 '합성 사진'에 결코 적용될 수 없는 인물이 있다면 바로 소크라테스일 것이다. 왜냐하면 그에 관한 기록들 사이에서 공통점을 발견하기 힘들 뿐만 아니라 공통점이 있는 경우에도 모두 표면적인 것에 지나지 않기 때문이다. 따라서 골턴의 방식을 따른다면 우리는 소크라테스의 외모를 묘사하는 것으로 그치거나 하나 마나 한 이야기, 즉 소크라테스가 사람들과 대화를 나누기 좋아했고 그 대화가 아주 다양한 사고방식을 가진 동시대인들에게 커다란 흥미를 불러일으켰다는 사실을 언급하는 것으로 만족해야 할 것이다. 그만의 대화 방식에 대한 이질적인 의견들의 거리를 좁히는 것은 사실상 불가능한 일이다.

소크라테스를 직접 만난 적이 있는 아리스토파네스, 플라톤, 크세노폰이 의견을 같이하는 부분은 그가 멋진 것과는 거리가 먼 인물이었다는 점이다. 이들은 소크라테스가 불쑥 튀어나온 배에(아리스토파네스는 그가 바싹 마르고 항상 창백했다고 기억한다) 납작한 코를 가지고 있었고 눈과 입술이 모두 앞으로 튀어나와 있었다고 전한다. 소크라테스는 줄곧 낡아 빠진 망토만 걸쳤고 항상 맨발로 다녔다. 이러한 특징들을 아리스토파네스는 조롱거리로 보았던 반면 크세노폰은 소크라테스의 소를 닮은 눈이 오히려 '또 다른 측면들을 볼 수 있기' 때문에 '가장 아름다운' 눈이라고 증언했다. 알키비아데스는 플라톤의 『향연』에서 소크라테스를 현혹적인 사티로스와 흔히 보석과 진귀한 물건들을 숨겨 둘 용도로 제작되던 실레노스의 조각상에 비유했다.

『향연』에서 묘사된 소크라테스의 초상은 사티로스적인 특징들을 그대로 살리면서 아름다움은 육신이 아니라 영혼에 있다는 점을 강조하는 오랜 전통을 그대로 반영한 반면, 아테네의 리쿠르고스가 조각가 리시포스Lysippos에게 의뢰한 소크라테스의 초상은 오히려 미화된 특징만을 강조하는 정반대의 전통에 기초를 마련했다. 사티로스를 닮은 소크라테스의 이미지는 영화로까지 이어졌다. 대표적인 예는 크세노폰이 '까다로운 여인'으로 묘사했던 크산티페의 신화를 재해석한 로베르토 로셀리니Roberto Rossellini 감독의 1970년도 영화 〈소크라테스〉다.

많은 문헌들이 소크라테스에게 부여하는 불같은 성격과 활달함은 마르코 페레리Marco Ferreri의 영화 〈플라톤의 연회〉(1989년)를 통해 만날 수 있다. 하지만 소크라테스를 유별난 존재로 만드는 가장 두드러지는 요인은 역시 그의 외모였다. 왜냐하면 이상적인 인간상을 구축하는 '미와 선kalokagathia'을 분리할 수 없는 요소로 보았던 그리스인들이 보기에 그가 지성인에게는 전혀 어울리지 않는 외모를 가지고 있었기 때문이다. 예를 들어 아리스토크세노스Aristoxenos는 이러한 문제를 정당화하면서 소크라테스의 설득력이 목소리에 있다고 보았고 키케로는 조피로스Zopyros라는 관상학자가 외모만 보고 소크라테스를 호색가로 정의하면서 알키비아데스의 웃음을 샀다는 일화를 인용한 바 있다.

소크라테스의 소식을 전하는 이들 가운데 가장 오래전으로 거슬러 올라가는 인물 아리스토파네스의 희극 〈구름〉은 소크라테스의 사망 이전에 쓰인 유일한 작품이다. 여기서 아리스토파네스는 비유를 통해 페리클레스 시대의 새로운 지식을 모두 섭렵한 인물 소크라테스에 맞서 전통문화의 옹호를 시도한다. 바구니에 몸을 담고 구름 밑의 허공에 매달린 소크라테스는 망설임 없이 돈을 받고 기교적인 사상을 생산해 내는 소피스트의 전형으로 소개된다. 그는 여기서 자신의 '사유 공간phrontisterion'을 수호하기 위해 정당하고 설득력 있는 담론을 무시하고 빈약하거나 근거 없는 담론을 부각시키는 방법을 가르치는 인물로 나온다. 아울러 아리스토파네스는 소크라테스를 질책은 먼 훗날에야 받으리라는 생각으로 제우스를 믿지 않고 **언어**와 **구름**과 **혼돈**의 신성함을 믿는 사악한 자연주의자로 묘사한다.

또 다른 희극 〈새〉에서 아리스토파네스는 심지어 신조어 'esokraton'(v.1282)을 고안해 내기까지 했다. 그는 이 용어를 소크라테스처럼 행동하는 사람의 태도를 가리키기 위해, 다시 말해 머리를 길게 기르고 식사와 위생에 전혀 신경을 쓰지 않는 사람을 가리키기 위해 사용했다. 앞서 언급한 것처럼 〈구름〉이 공연되는 동안 소크라테스가 자리에서 일어나 있었던 것은 아마도 관객들이 원래 알고 있던 그의 이미지와 연극의 환상에 의해 변형되고 왜곡된 이미지를 비교하도록 하기 위해서였을 것이다.

크세노폰이 소크라테스에 관해 쓴 책은 네 권에 달한다. 이 책들은 플라톤의 두 대화록과 동일한 제목을 가진 『향연』과 『소크라테스의 변론』, 그리고 『가정법』*과 『회상*Memorabilia*』이다. 우리가 소크라테스를 주인공으로 하는 정치적 상황을 재구성할 수 있는 것은 역사가 크세노폰이 남긴 기록 덕분이다. 소크라테스주의자답게 크세노폰은 『회상』에서 소크라테스를 변론한다. 하지만 크세노폰과 소크라테스의 교류는 소크라테스를 재판과 사형 집행으로 몰고 간 정황이 발생하기 이전에 중단된다. 어쨌든 이 재판 과정에 대해 우리가 알고 있는 모든 것은 플라톤의 글과 간접적인 문헌에서 유래하며 크세노폰의 글에서는 소크라테스가 사형 선고를 받게 되는 정확한 이유를 도출해 내기 힘들다. 소크라테스가 실제로 크세노폰이 묘사한 대로의 인간이었다면 아테네 시민들이 그를 재판에 회부할 이유는 없었을 것이다. 아울러 크세노폰의 글에서는 인간적으로든 철학적으로든 소크라테스의 유별난 모습을 발견하기 힘들다. 크세노폰의 소크라테스가 주도하는 대화 방식은 일반적인 견해endoxa를 토대로 하는 지극히 평범한 방식이며 그만큼 일반적일 수밖에 없는 결론을 이끌어낸다. 하지만 이것이 바로 그를 가장 설득력 있는 웅변가로, 따라서 율리시즈에 비교할 만

* 『가정법』의 원제목 'Oikonomikos'는 가정을 뜻하는 oikos와 법을 뜻하는 nomos의 합성어로 '집안을 다스리는 법칙'을 뜻한다. 이 책은 소크라테스와 한 젊은이가 나누는 대화 형식으로 쓰였다.

한 인물로 만드는 요인이다.

더 나아가서 크세노폰이 델포이의 신탁을 묘사하는 부분은 소크라테스를 모두가 본받아야 할 인물로 만들어 버린다. 소크라테스보다 자유롭거나 옳거나 현명한 사람은 존재하지 않는다고 보았기 때문이다. 결과적으로 크세노폰은 소크라테스가 동시에 무지의 전문가("나는 모를 줄 안다")라는 점과 이에 뒤따르는 아이러니한 측면을 간과하면서 플라톤이 남긴 증언의 핵심에서 벗어난다.

결과적으로 플라톤이 소크라테스의 사형 선고 원인을 추적하는 데 일조한 반면 크세노폰은 소크라테스가 이미 살 만큼 살았다는 아주 단순한 이유에서, 즉 노령기의 고통을 참아 가면서까지 생명을 부지하고 싶은 생각이 없었기 때문에 스스로를 변호하지 않았다고 본 셈이다.

한편 소소크라테스학파에 속하는 철학자들 역시, 비록 파편적이지만, 소크라테스라는 인물이 기원전 5세기와 4세기의 아테네 문화에 끼친 지대한 영향의 흔적들을 보여 준다. 소소크라테스 학파의 주요 인물로 스페토스의 아이스키네스Aischines를 비롯해 견유학파의 창시자 아테네의 안티스테네스Antisthenes, 키레네학파의 창시자 아리스티포스Aristippos, 메가라학파의 창시자 에우클레이데스Eukleides, 그리고 고향 헬리스에 철학 학교를 세운 파이돈Phaidon을 들 수 있다.

소크라테스를 언급하는 최초의 간접 증인은 아리스토텔레스다. 간접적이지만 플라톤의 아카데미에서 장장 20년간 공부한 인물인 만큼 그의 증언에 신빙성이 있다는 것은 분명해 보인다. 아리스토텔레스의 증언은 소크라테스가 그의 삶을 어떻게 살았는가라는 문제와는 별개로 그가 철학에 기여한 바를 구체적으로 명시하고 있고 그 내용이 플라톤이 제시하는 것과도 대별되기 때문에 오히려 소중한 자료라고 할 수 있다. 아리스토텔레스는 소크라테스 철학의 특징으로 귀납법의 도입을 비롯해 앎과 덕을 동일한 것으로 보았다는 점, 보편성을 강조하면서 이를 정의定義의 대상으로 보았다는 점 등을 들었다.

특히 『형이상학』에서 아리스토텔레스는 소크라테스가 어떤 경로를 통해 자연철학 연구를 포기하고 윤리적인 차원의 문제를 고민하기 시작했는지, 아울러 어떤 방식으로 보편성과 이를 구축하는 구체적이고 특수한 개체들의 존재를 구분하면서 플라톤의 이데아 이론에 초석을 놓았는지 관찰한 바 있다(1권 6, 8권 4, 9). 소크라테스는 보편성과 특수성을 구분했지만 플라톤처럼 이들을 완전히 분리시키지는 않았다. 소크라테스의 탐구는 '무엇인가ti esti'라는 질문에서 출발한다. 예를 들어 소크라테스는 용기란 무엇인가라는 질문을 던지면서 용기 있는 개별 행동들의 목록을 제시하는 대신 용기를 보편적으로 정의할 수 있는, 즉 유일한 것으로 설명할 수 있는 대답을 모색했다. 이를 바탕으로 플라톤은 즉자적이고 대자적인 차원의 용기, 즉 용기 자체를 (혹은 용기라는 이데아를) 현실세계에서 주어지는 용감한 행동의 경험과 분리시켰다. 그런 식으로 용기를 어떤 우월한 현실 혹은 지적 대상으로서의 현실에 존재하는 대상으로 형상화한 것이다.

플라톤은 소크라테스를 『법률』을 제외한 모든 대화록의 등장인물로, 대부분의 경우 주인공으로 기용하면서 자신의 철학적 영웅으로 부각시켰다. 플라톤의 증언은 자연스럽게 아리스토텔레스의 증언과 동일한 맥락에서 읽힐 수 있지만 아리스토파네스와 크세노폰의 그것과는 근본적으로 다른 관점을 고수한다. 대부분의 학자들이 플라톤의 설명을 가장 믿을 만한 것으로 간주하는 이유는 크게 두 가지다. 먼저 플라톤이 크세노폰에 비해 훨씬 더 많은 시간을 소크라테스와 함께 보냈기 때문이다. 두 사람의 만남은 무엇보다도 철학자로서의 만남, 다시 말해 철학자라는 공통점이 만들어 내는 특별한 결속력을 토대로 한 만남이었다. 두 번째 이유는 플라톤이 대화록의 허구적인 상황 설정을 통해 아테네 시민들이 소크라테스에 대해 가지고 있던 다양한 관점들을 재현해 내는 데 성공했고 이를 통해 소크라테스 철학에 대한 완벽한 통찰력을 증명해 보였기 때문이다.

2.3 삶의 점검

기원전 430년경, 자연철학에서 멀어진 소크라테스의 지적 위기를 걷잡을 수 없는 지경으로 몰아넣은 사건이 발생한다. "소크라테스보다 현명한 사람은 없다"는 델포이 신탁 사제의 말이 만천하에 알려지면서 소크라테스를 곤경에 빠트렸던 것이다. 이 말을 어떻게 받아들여야 할지 난감했던 소크라테스는 자신이 사실상 현자는 못 된다는 생각을 가지고 있었지만 반대로 신들은 거짓을 말하지는 않는다는 사실, 다시 말해 신탁 사제가 틀린 말을 했을 가능성이 없다는 점 또한 충분히 이해하고 있었다. 신탁 사제가 남긴 수수께끼 같은 말을 확인하기 위해, 다시 말해 자신보다 더 현명한 사람을 찾기 위해 소크라테스는 오랫동안 아테네를 돌아다니면서 정치인, 장인, 시인 등 현자로 소문난 사람들을 만나 대화를 나누고 질문을 던졌다. 그의 이러한 행동은 시민들 사이에서 적대감을 불러일으켰지만 소크라테스는 결국 수수께끼를 풀고 신탁 사제의 말이 사실은 어느 누구도 현명할 수 없다는 뜻이라는 것을 깨닫는다. 신이 소크라테스를 본보기 삼아 세상에서 가장 현명한 인간이란 다름 아닌 소크라테스처럼 자신이 현명하지 않다는 것을 알고 이른바 '가장 중요한 것들'에 대해 어떤 전문적인 지식도 가지고 있지 않다는 것을 이해하는 사람이라는 사실을 보여 주려고 했던 것이다.

어쨌든 소크라테스의 무지는 '현명한 무지', 현명하지 않지만 현명하지 않다는 것만큼은 아는 사람의 무지다. 이는 곧 '인간적인 지혜', 즉 스스로의 '인간적인' 앎이 '신성한' 지혜에 비해 전혀 값어치가 없다는 사실을 인정하는 지혜를 뜻한다. 이는 물론 소크라테스가 아무것도 모른다는 것을 의미하지는 않는다. 다른 모든 인간들처럼 소크라테스 역시 일반적인 것들, 예를 들어 플라톤이 그의 제자 중에 한 명이라는 것을 알고 있었고 일련의 도덕적인 확신들, 예를 들어 불의를 행하는 것은 곧 악한 행위라는 생각을 가지고 있었다. 소크라테스의 이러한 태도가 우리가 익히 알고 있는 "알지 못한다는 것을 안다"는 궤변적인 공식을 통해 회자되기 시작한 것은 오로지 헬레니즘과 로마 시대에 들어와서야 일어나는 일이다. 이전 시대의 고대 문헌에서 이러한 표현은 발견되지 않는다.

수수께끼를 푼 뒤 소크라테스는 남은 생애를 절대적인 가난 속에서 '신에게 봉사하는' 마음으로, 즉 아테네 시민들을 스스로에 대한 앎과 신념의 점검을 통해 영혼을 배려하는 자세로 인도하기 위해 살았다. 그의 삶을 하나의 철학적인 비오스bios로 탈바꿈시킨 이 예외적인 헌신이 바로 소크라테스를 키케로가 말한 '철학의 아버지'로 만들고 철학을 하나의 살아가는 방식으로 만든다. 다시 말해 누군가를 철학자로서 철학을 위해, 예를 들어 정치적인 참여를 포기하고 모든 시간을 철학에 할애하며 살아가는 사람으로 만드는 것이다. 『향연』에서 아폴로도로스도 철학이란 매일같이 소크라테스가 말하고 행동하는 것을 알아 가는 일이라고 보았다. 소크라테스가 재판이 진행되는 동안 아테네 시민들에게 하는 말을 우리는 그의 영적 유언으로 볼 수 있다. "내가 나 자신의 생각과 다른 이들의 생각을 점검하면서 덕목과 또 다른 것들에 대해 논의하는 것을 여러분들이 들었듯이 이러한 것들에 대해 매일같이 이야기를 나누는 것이 사람에게는 최선이기도 하다. 스스로를 점검할 줄 모르는 삶은 살 가치가 없는 삶이다."(『소크라테스의 변론』 38a) 서양철학사에서 소크라테스만큼이나 철학적 순수함에, 그 '단순하면서도 은밀한' 무언가에 깊은 애착을 보여 준 유일한 인물은 아마도 비트겐슈타인Ludwig Wittgenstein일 것이다. 이러한 순수철학에 대한 소크라테스의 관심 없이는 플라톤 같은 인물의 방대한 철학이나 소크라테스로부터 영향을 받은 모든 철학 역시 빛을 보지 못했을 것이다. 스스로의 무지에 대한 이해는 '지혜에 대한 사랑'을 의미하는 철학의 선결 조건 중 하나다. 모든 형태의 욕망은 욕망하는 대상의 부재를 전제로 하기 때문이다. 소크라테스 자신이 전문가임을 자처하는 유일한 분야는 그가 앞을 내다볼 줄 알았던 여인 디오티마Diotima로부터 배운 '사랑에 관한 것들'이다.

플라톤이 사랑을 주제로 쓴 대화록 『향연』에서 알키비아데스의 목소리를 통해 총체적으로 부각되는 것은 과거와 현재의 그 어느 누구와도 닮지 않았고 사티로스만 연상시킬 뿐인 소크라테스의 유별남과 독특함이다. 유별나다는 뜻의 그리스어 atopia는 문자 그대로 설 '자리가 없는', 즉 어느 곳에도 속하지 않는다는 뜻이다. 알키비아데스의 관점은 소크라테스가 겪어야만 했던 대중의 오해가 무엇이었는지 극명하게 보여 준다. 알키비아데스를 비롯해 소피스트들과 재판관들이 '외모는 흉측하지만 내면에 보물을 감추고 있는' 소크라테스에게 물었던 혐의는 바로 '아이러니'다.

소크라테스의 아이러니는 원래 다른 사람들이 소크라테스에게 쏟아붓던 비난에 지나지 않았다. 사람들은 소크라테스가 사실을 사실이 아닌 것처럼, 즉 자신이 현자라는 사실을 감추고 마치 무지한 사람인 것처럼 꾸미면서 대화 상대를 기만한다고 나무랐다. 물론 사티로스를 닮은 그의 모습이 그를 경거망동한 인간으로 보이게 만들었던 반면 말과 행동을 통해서는 놀라운 절제력을 보여주었다는 사실이 커다란 영향을 끼쳤을 것이다.

소크라테스는 온갖 종류의 고통을 이겨 내는, 예를 들어 추위나 피곤에 저항하는 비범한 지구력의 소유자(그는 포티다이아에서 어느 날 새벽부터 다음 날 새벽까지 선 채로 먹지도 않고 잠도 자지 않고 생각에 몰두한 적이 있다)였을 뿐만 아니라 육체적 쾌락의 유혹을 이겨 내는 탁월한 도덕적 절제력의 소유자였다. 자신이 현자는 못 된다는 소크라테스의 의식 또한 어떻게 보면 열정의 도덕적인 절제에 상응하는 지적 겸손이었을 것이다. 따라서 소크라테스를 향한 비난은 그의 진정한 모습과 의도에 대한 오해에서 비롯되었다고 볼 수 있다. 소크라테스는 젊은이들이 스스로의 영혼을 보살필 수 있도록 이들을 가르치는 데 관심이 있었지 알키비아데스가 주장한 것처럼, 혹은 사랑하는 성년과 사랑받는 청년의 관계에 대한 전통적인 편견처럼 멋진 젊은이들을 바라보며 대리만족을 느끼기 위해 지혜를 팔았던 것은 아니다.

소크라테스의 유별남이 드러나는 또 하나의 특징은 그가 음악의 도움 없이도 '단순한 말들을 통해' 청중의 정신을 현혹시켰다는 점이다. 소크라테스의 현란한 설득력은 그의 말이 다른 사람의 입을 통해 전해질 때에도 그 효과를 그대로 발휘했다.

소크라테스가 철학자로서 활동하면서 청중에게 전달하던 '불쾌감'은 그가 판사들 앞에서 자신을 비유하기 위해 선택한 이미지 속에 그대로 함축되어 있다. 그는 게으른 명마를 괴롭히는 말파리가 되라고 신이 자신을 아테네로 데려왔다고 설명했다.

소크라테스에게 공식적으로 부여된 세 가지 혐의 속에는 소크라테스의 유별남에 대해 오랫동안, 최소한 20년이 넘는 세월 동안 축적되어 온 아테네 시민들의 불만과 오해가 감추어져 있다. 첫 번째 혐의인 무신론, 즉 그가 폴리스의 수호신들을 믿지 않았다는 혐의는 소크라테스의 철학적 사명이 지니고 있던 신성함에 대한 그릇된 이해(소크라테스의 사명은 그가 완곡한 표현으로 신이라 부르는 아폴론의 신탁에 의해 주어졌다)와, 무엇보다도 그가 이룬 신학적 혁명에 대한 전적인 오해를 감추고 있다. 고대 철학사의 권위 있는 연구가 그레고리 블라스토스Gregory Vlastos가 주목했던 것처럼, 소크라테스는 그리스인들의 일반적인 견해와는 달리 신이 본질적으로 선한 존재라는 점을 원리로 내세운 최초의 철학자다. 이러한 원리는 플라톤의 『국가』에서 교육제도 개선의 중심 원리로 떠오른다. 소크라테스는 그리스와 폴리스의 신들을 믿었지만 다른 그리스인들과 동일한 방식의 믿음은 가지고 있지 않았을 뿐이다.

두 번째 혐의인 신성모독, 즉 소크라테스가 폴리스에 '새로운 신들eterodossia'을 도입했다는 혐의는 아리스토파네스의 〈구름〉에서도 언급된 바 있는 '오래된 비난'에 뿌리를 두고 있다. 이 혐의는 소크라테스가 어렸을 때부터 그를 무언가 옳지 않은 일(예를 들어 정치)로부터 거리를 두게 할 목적으로 그에게 조언을 들려주거나 신호를 보내던 '무언가 신성하고 신령한 것theion ti kai daimonion'이 늘 함께하며 그를 인도했다는 그의 주장에서 비롯되었다. 그를 인도한 것은 물론 어떤 새로운 신이나 신령이 아니라 신성하거나 신령한 신호였다. 플라톤은 크세노폰과 달리 이를 단지 경고의 신호로만 해석했고 현대 철학자들 사이에서는 이를 양심의 목소리로 해석하는 것이 일반적이다.

끝으로 소크라테스가 젊은이들을 타락시킨다는 혐의는 그가 무지의 전문가라는 사실, 즉 선생의 입장에 서서 가르치는 것을 항상 거부했고 결과적으로는 아무것도 가르친 것이 없다는 사실 때문에 전혀 근거가 없는 것으로 드러난다. 그럼에도 불구하고 이러한 혐의가 부여되었던 이유는 두 가지다. 하나는 정치적인 이유로 일정 기간 동안 소크라테스의 '모임'에 참여하면서, 다시 말해 선생도 제자도 없이 동등한 입장에서 서로의 믿음과 생각을 점검하며 시간을 보내는 것이 전부였던 '공동생활'에 참여하면서 소크라테스와 집요하게 교류를 가졌던 알키비아데스와 크리티아스, 카르미데스Charmides의 정치가로서의 경력이 암울하기 짝이 없는 결과를 가져왔기 때문이다. 또 하나는 사적인 이유로 폴리스의 현자들이 공개토론을 가질 때마다 젊은이들이 소크라테스와 그의 질문 방식을 모방하며 현자들을 궁지에 몰아넣고 공개적으로 창피를 주는 일이 비일비재하게 일어났기 때문이다.

기원전 416년 '향연'의 참석자들에게 알키비아데스가 전하는 말 속에는 소크라테스에게 사형 판결을 내린 '아테네의 인간들'에 대한 플라톤의 생각이 감추어져 있다. "잘 알아 두시기 바랍니다. 여러분 중에 그를 정말로 아는 사람은 아무도 없습니다."(『향연』 216c~d)

2.4 논박과 산파술

질문과 짧은 답변으로 이루어지는 소크라테스의 대화 방식을 플라톤은 난제aporia를 통한 방식, 즉 납득이 가는 전제에서 납득할 수 없는 결론을 도출해 내는 방식이라고 설명한다. 이러한 방식을 일반적으로는 '엘렌코스elenchos', 즉 '논박'이라고 부른다. 이 말은 현대 그리스어에서는 '제어', '입증', '확인' 등을 뜻한다.

소크라테스의 '엘렌코스'는 대화 상대자, 혹은 흔히 현자인 척하는 인물들의 선입견을 '확인'하는 과정을 말한다. 소크라테스는 현자가 잘 알고 있다고 주장하는 것이 과연 무엇인지, 예를 들어 '용기'가 무엇인지 그에게 묻는다. 현자는 하나의 논제 P를 주장하면서 이와 함께 여러 종류의 상식에 상응하는 일련의 전제 Q, R 등을 제시한다. 하지만 소크라테스와의 대화를 통해 이 전제들로부터 도출되는 결론이 결국에는 P와 모순된다는 점이 드러나고 결과적으로 논제 P와 모순되는 결과를 낳는 전제 Q, R을 동시에 지지한다는 것이 불가능하기 때문에 대화자는 어쩔 수 없이 어느 한쪽을 선택해야만 한다. 아주 기본적인 상식들을 포기할 수 없는 대화자는 결국 그의 주장 P가 그릇된 생각이라는 점을 인정하고 이를 포기하기에 이른다. 그는 난제, 즉 아포리아의 상황, 문자 그대로 '탈출구가 없는' 상황에 놓이게 됨으로써 처음의 질문에 답할 수 없는 입장에 처하게 되고 그런 식으로 사실은 잘 모르는 무언가에 대해 잘 알고 있다고 생각하는 착오로부터 벗어나게 된다. 스스로의 무지를 깨닫는 것만이 이중의 무지, 다시 말해 모르면서 안다고 믿기 때문에 결과적으로 진실의 탐구에 아무런 관심도 가지지 않는 무지에서 벗어날 수 있는 유일한 방법이다.

소크라테스의 방법론이 가지는 궁극적인 목적은 가장 선호할 만한 탐구 대상인 '덕목'을 이해하는 일이다. 기원전 5세기의 그리스에서는 글을 읽고 쓰는 방법과 수학, 그리고 체력 단련이 교육과정에 포함되었지만 선한 행동이 무엇인지 가르치는 과목은 존재하지 않았다. 그저 법을 지켜야 한다는 것과 지키지 못할 경우 어떤 처벌이 뒤따르는지 아는 정도가 전부였다.

고대 그리스에는 도덕적 가르침이라는 개념이 존재하지 않았다. 이것이 바로 소크라테스에게 충격을 안겨 주었던 부분이다. 결과적으로 어떤 선택을 하거나 어떤 방식으로 행동하기 위한 도덕적 가치나 기준은 성찰이나 스승의 가르침이 아니라 각자의 습관에 좌우될 뿐이었다.

기원전 5세기는 소포클레스Sophocles가 『안티고네』에서 칭송했던 기술technai이 승리를 거둔 시대였다. 하지만 선한 사람이 될 수 있는 방법을 가르쳐 주는 기술은 존재하지 않았다. 모형이 있다면 그것은 핀다로스Pindaros가 암시했던 내용, 즉 기술은 자연적으로 터득된다는 견해였다. 그리고 이것이 바로 플라톤이 제시했던 문제, 즉 도덕적 덕목은 자연적으로 혹은 우연히 터득되는 것인가, 아니면 누군가에게서 배워야 하는 것인가라는 문제의 핵심을 이룬다(『메논*Menone*』).

이러한 도덕적 가르침의 부재를 보충하기 위해, 소크라테스는 용기가 무엇이며 정의와 인내가 무엇인지 스스로 질문을 던지는 것이 인간의 도덕적 의무라고 가르쳤다. 덕목을 아는 것이 도덕적으로 훌륭한 인간이 되기 위한 필요충분조건이라는 소크라테스의 논제는 얼핏 모순적으로 다가온다. 하지만 그는 수학을 전문적으로 이해하는 사람이 수학자이듯이, 무엇이 좋은 일인지 아는 사람은 그 일을 하지 않을 수 없고 무엇이 나쁜 일인지 아는 사람은 그 일을 피하지 않을 수 없다고 설명했다. 하지만 그런 식으로 도덕적 덕목과 앎을 일치시킴으로써 또 하나의 모순이 발생한다. 다시 말해 어떤 행위가 나쁘다는 것을 알면서도 욕망이나 쾌락의 포로가 되어 나쁜 행위를 서슴지 않는 경우 사람의 제어 능력 결핍akrasia' 혹은 '도덕적 나약함'이라는 문제가 발생하는 것이다.

도덕적 지혜의 습득은 소크라테스의 방법론이 추구하는 궁극적인 목적이며 도달하기가 결코 쉬운 것은 아니다. 하지만 논박elenchos은 누구든 시도할 수 있는 또 하나의 목표를 제시한다. 그것은 로고스 벨티스토스logos beltistos, 즉 반복되는 논박 과정에서 살아남았기 때문에 잠정적으로는 최상이라고 할 수 있는 상식들과 일관성이 있는 생활방식을 말한다.

플라톤은 『테아이테토스』에서 논박과는 다른 비법이 소크라테스에게서 유래한다고 전하면서 그의 기술을 산파술과 비교한다. 여기서 소크라테스는 의미심장한 (혹은 의심스러운) 이름의 산파 파이나레테의 아들에 비유된다. 이 이름은 '덕목을 태어나게 하는' 여인이라는 뜻이다. 산파들이 임신한 여인의 몸에서 아이들을 태어나게 하듯이 소크라테스는 고통스러워하는 인간의 정신에서 생각을 태어나게 만든다. 그런 점에서 소크라테스는 여신 아르테미스와 닮았다. 소크라테스는 출산을 수호하지만 출산 경험이 없는 여신 아르테미스와 비슷하다. 아이를 낳을 수는 없지만 출산 경험이 있는 산파들과는 달리, 아르테미스처럼 소크라테스는 어떤 사유도 낳지 않았다. 이러한 유사성은 아카데미에서 소크라테스의 생일과 아르테미스의 탄생일이 같은 날에, '타르겔리온'(5월)의 6일에 경축된다는 점에서도 드러난다.

그렇다면 소크라테스의 무지는 다시 설명될 필요가 있다. 소크라테스를 현자라고 할 수 없는 이유는 그에게 스승이 없었고 개인적이거나 공동의 연구에서 비롯된 어떤 전문적인 지식을 습득한 적이 없기 때문이 아니라 그 지식을 스스로 만들어 내지 않았기 때문이다. 소크라테스는 산파술을 경험을 통해 익히지 않았고 신이 원하는 하나의 소명으로 받아들였을 뿐이다.

그렇다면 논박과 산파술의 차이점은 무엇인가? 먼저 적용 대상부터가 다르다. 소크라테스는 지적인 차원에서 이미 무거운 고민에 빠진 상태로 그 앞에 나타나는 누군가에게만 산파술을 적용할 수 있다. 예를 들어 젊은 테아이테토스Theaitetos는 궁금증을 참지 못하고 계속해서 지식이란 무엇인가라는 질문을 던지지만 혼자서는 답변을 찾지 못한다. 소크라테스의 산파술은 그의 자연스러운 고통을 멈추게 하고 생각이 자라날 수 있도록, 이어서 그 생각을 출산할 수 있도록 돕는 일이다. 산파술의 가장 중요한 과제는 어쨌든 그런 식으로 출산된 상식의 훌륭함을 점검하고 진실 여부, 즉 참이라서 길러야 하는지 혹은 거짓이어서 버려야 하는지 여부를 결정하는 일이다. 산파술의 이 두 번째 단계는 사실상 논박으로 구축된다. 단지 검토되는 생각이 생성되었다는 차이가 있을 뿐이다. 테아이테토스의 경우 논박은 세 가지 상식의 오류를 드러내고 그에게 스스로의 무지를 깨닫게 함으로써 새로운 탐구에 매진하도록 만든다.

아리스토파네스의 〈구름〉에서 생각을 포기하는 소크라테스의 제자는 『테아이테토스』에서 제시된 동일한 산파술이 적용된 경우라고 보기 힘들다. 왜냐하면 생각을 완전히 버리는 유산이라기보다는 단순히 출산 후에 거짓으로 나타나는 생각들을 논박하는 것으로 그칠 뿐이기 때문이다. 마찬가지로 크세노폰에게서도 산파술은 찾아보기 힘들다. 진정한 의미에서의 산파술을 보여 주는 철학자는 플라톤이다. 플라톤은 소크라테스를, 즉 플라톤의 대화록을 통해 살아남은 소크라테스를 철학의 산파로 제시한다. 산파술의 수혜자는 사실상 무언가를 안다고 주장하지 않고 반대로 진실의 탐구를 자연스럽게 추구한다. 그가 난제에 빠져 겪는 고통은 본질적으로 소크라테스의 말에서 비롯되지 않는다. 그의 고통은 철학자로서의 자연적인 성향과 철학적 소명의 긴박함에 지나지 않는다. 산파술의 '비밀'은 어쨌든 플라톤의 대화록을 읽는 철학자들을 향해 열려 있다. 플라톤의 대화록 덕분에 우리는 소크라테스를 플라톤이 생각했던 것과 동일한 방식으로 이해할 수 있다.

2.5 "하지만 이제는 떠나야 할 시간……"

미국의 현대 철학자 로버트 노직은 이렇게 기록했다. "죽음이 항상 한 인생의 마지막 경계, 즉 인생 밖에 위치한 어떤 경계 지점을 가리키는 것은 아니다. 죽음은 때로 삶의 일부를 차지하고 그 이야기를 의미 있는 방식으로 이어 간다. 소크라테스, 에이브러햄 링컨, 잔 다르크, 예수 그리스도와 율리우스 카이사르의 경우 죽음은 단순한 끝이 아니라 또 하나의 이야기를 의미한다. 이들의 삶을 우리는 불멸의 죽음이라는 관점에서 생각할 수 있다."(『무엇이 가치 있는 삶인가』)

소크라테스의 죽음은 그의 인생을 불멸의 삶으로 만든 사건이었다. 감옥에 갇힌 소크라테스를 이른 새벽에 친구 크리톤Kriton이 방문했을 때 소크라테스는 꿈에서 막 깨어난 상태였다. 꿈속에서 흰옷을 입은 한 여인이 나타나 이렇게 말했다. "3일 만에 비옥한 땅 프티아에 도착하게 될 것이다." 소크라테스는 이 꿈의 의미에 대해 조금도 의심하지 않았다. 오랜 기다림 끝에 신이 3일 후면 그가 세상을 떠나야 한다는 것을 알려 주었던 것이다.

그렇다면 그가 선택해야 하는 것은 친구 크리톤이 제시하는 도주 계획을 받아들이고 생존을 도모하는 일이 아니라 죽음과 죽는 방법뿐이었다. 자리에 남아 사형 집행 순간이 다가오기를 기다리면서 소크라테스는 죽음을 철학자의 왕관으로 만든다. 죽음은 이제 선과 정의와 덕을 목표로 살았던 삶의 왕관으로, 무엇보다도 행위와 태도가 일관된 방식으로 사유를 뒤따랐던 삶과 여기서 비롯되는 극단적인 결과까지 수용하는 자세를 보였던 삶, 최고의 인간상을 발견하기 위해 스스로의 생각에 대한 검증을 결코 게을리 하지 않았던 삶의 왕관으로 변신한다.

이 검증된 삶의 가치를 부인했다면 재판에서 소크라테스는 살아남았을 것이다. 대신에 그가 온 생애를 바쳐 돌보았던 스스로의 영혼은 포기해야 했을 것이다. '분명하게 말하기', 그것이 가져다줄 위험을 걱정하지 않는 말하기를 선택한 것은 바로 이 삶에 대한 용기 있는 헌사였다. 감옥에서 탈출을 시도했다면 그가 아테네 시민으로서 존중해 왔고 한 번도 의혹을 품어 본 적이 없는 아테네의 법을 위반했을 것이다. 하지만 도주하는 대신 감옥에 머물면서 그는, 자신에게 내려진 사형 선고와는 무관하게, 아테네의 법에 대한 전적인 믿음을 보여 주었다. 소크라테스는 도덕적 일관성의 탁월한 본보기이자 사유의 영웅이었다. 그가 만약 다른 방식으로 세상을 떠났더라면 우리가 알고 있는 소크라테스의 이미지는 사뭇 달랐을 것이다.

플라톤의 『크리톤*Kriton*』을 여는 소크라테스의 꿈은 죽음 앞에 선 그의 자세를 보여 준다. 『소크라테스의 변론』에서 그는 죽음이 좋은 일인지 나쁜 일인지 모른다고 말한다. 소크라테스의 마지막 말에서도 이를 느낄 수 있다. "하지만 이제는 떠나야 할 시간이다. 나는 죽고 여러분은 살 것이다. 우리 중에 누가 더 나은 방향으로 나아가는지를 아는 이는 신밖에는 없다."(42a)

죽음은 아무것도 아닐 수 있다. 죽음은 더 이상 어떤 감정도 느낄 수 없어서 마치 꿈조차 불가능한 긴 잠을 자는 것과 마찬가지이거나, 아니면 영혼이 다른 곳으로 가기 위한 여행이기 때문에 다른 사람들의 영혼을 만나 대화를 나눌 수도 있고 호메로스나 오디세우스 같은 위대한 인물들을 만나 대화를 나누는 것도 얼마든지 가능할 수 있다. 무엇이 진실이든 간에 죽음은 소크라테스에게 좋은 일이었고 하나의 '풍요로운 땅'이었다.

선택된 죽음은 소크라테스에게 좋은 일이었다. 검증된 삶을 통해 드러나는 지고의 선에 왕관을 부여했기 때문이다. 행복한 소크라테스felix Socrates! 인간에게 행복을 선사하는 것은 생각과 삶의 일관성이기 때문에 나온 말이다. 소크라테스의 죽음은 철학에도 좋은 일이었다. 왜냐하면 그의 삶과 플라톤의 저서를 동시에 불멸하는 것으로 만들었기 때문이다.

민주주의 도시국가 아테네

민주주의의 창조

'민주주의가 과연 클레이스테네스Cleisthenes와 함께 탄생했다고 볼 수 있는가'라는 질문은 조금 불필요하게 느껴지는 것이 사실이다. 1992년에 그의 탄생 2500주년 기념행사를 다방면에서 주도했던 열성적인 학자들은 당연히 그가 민주주의의 창시자라고 대답하겠지만, 몇몇 특별한 경우를 제외하고, 그렇지 않다는 대답을 내놓았던 이들은 오히려 고대인들이었다. 클레이스테네스는 고대인들의 기억 속에서 곧장 사라졌고 이들은 민주주의의 창시자를 지목하기 위해 좀 더 거슬러 올라가거나(솔론) 혹은 후세대의 인물들을 선호했다(에피알테스 혹은 페리클레스).

위의 질문에 대한 답변이 고증적 차원에서도 부정적일 수밖에 없는 이유는 클레이스테네스가 그리스 정치의 귀족적 통제 기구였던 **아레이오스 파고스**Areios Pagos, 즉 원로들로 구성된 정치기구에 상당히 중요한 역할을 부여하면서 이를 유지시켰기 때문이다. 어쨌든 민주주의라는 당시의 '비정상적인' 정치 형태의 형성 과정은 시간을 두고 천천히 이루어진 아주 복잡한 과정이었다.

어떤 식으로든 민주주의(역사학자 루치아노 칸포라Luciano Canfora가 주목한 것처럼, '민중demos의 지배kratos'를 뜻하는 민주주의demokratia는 민중 정부의 폭력적이고 자유 파괴적인 성격을 그대로 드러내는 용어다)가 도래한 정확한 시기를 밝히는 것은 결코 쉽지 않은 일이다. 하지만 가장 적절한 해를 고른다면 기원전 461년을 고려해 볼 수 있을 것이다. 이 해에 에피알테스와 페리클레스는 혁명을 통해 아레이오스 파고스를 실각시키고 이 기구가 행사하던 대부분의 권력을 폐지시키면서 공공사업에 대한 귀족들의 통제권을 제도적으로 축소시켰다. 물론 민주주의가 도래하기 위해서는 더 많은 시간과 인내가 필요했다. 예를 들어 공직자들의 보수 체제는 몇 세대가 지난 다음에야 완전히 정립되었다.

아테네가 하나의 완성된 민주주의 형태를 갖추게 되는 것은 기원전 461에서 322년 사이이다. 물론 그리스의 민주주의가 아테네의 수호여신 아테나처럼 제우스의 머리에서 이미 완성된 상태로 태어난 것은 아니다. 이 150년이라는 세월은 많은 변화가 일어난 일종의 적응 과정이었고 특히 펠로폰네소스 전쟁(기원전 431~404년)의 종결과 함께 결정적인 변화들이 일어났다.

주인공으로 떠오른 도시

"아테네는 원래부터 대도시였지만 독재자들로부터 해방된 이후에는 훨씬 더 큰 규모의 도시로 성장했다." 이는 당시의 아테네가 힘과 규모 측면에서 이루어 낸 놀라운 성장을 지켜보고 감탄하며 헤로도토스가 했던 말이다. 아테네는 이 시기에 사실상 지중해에서 가장 커다란 규모의 도시였다. 18세 이상의 남성 시민의 수는 페이시스트라토스Peisistratos 시절에 2만 명, 페르시아 전쟁 시기에 3만 명, 펠로폰네소스 전쟁이 발발하기 직전에 6만 명으로까지 늘어났다.

그리스에서는 성인 남성만을 대상으로 호구조사를 진행했다. 따라서 아테네와 현대 도시를 비교하려면 남자들 수에 상응하는 여자들, 상당수의 어린아이들, 청소년들의 수를 포함시켜야 한다. 뿐만 아니라, 아테네는 외국인들을 수용하고 있었고 도시가 가장 번창했을 때에는 외국인 성인 남성의 수가 1만 5천 명에서 2만 명에 달했다. 아울러 정확히 언급하기는 힘들지만 10만 명에서 15만 명보다 적지 않을 것으로 추정되는 노예들이 있었다.

합산하면 아테네의 인구는 최소 30만 명에서 최대 50만 명에 달했을 것으로 추정된다. 이 중에 절반가량이 아테네와 피레아스 항구 사이에 구축된 본격적인 도시의 시민들이었고 나머지 절반은 아티카 전역에 걸쳐 산재해 있던 백여 개의 마을에 거주했다.

여기서 우리는 흔히 아테네에서 이루어진 민주주의 실험의 중요성을 감소시키기 위해 수 세기에 걸쳐, 어떻게 보면 부당하게 활용되어 온 하나의 특징, 즉 시민권 역시 소수의 시민들에게만 주어졌다는 사실에 주목할 필요가 있다. 거주권을 가진 외국인과 여성과 수많은 노예 들에게는 시민 자격이 주어지지 않았다. 뿐만 아니라 기원전 451년의 법률 제정을 기점으로 페리클레스는 아버지뿐만 아니라 어머니 역시 아테네 출신인 사람에게만 시민권을 부여했다. 물론 사실 여부를 객관적으로 확인하는 데 많은 어려움이 뒤따랐지만 이는 분명히 가볍게 볼 수 없는 제재 조치였다.

여하튼 잊지 말아야 할 것은 아테네의 민주주의 역사 초기에는 '선택과 배제'의 이원론적인 원칙을 적용했다는 사실이다. 어떤 형태의 정권하에서든, 시민이 된다는 것은 특권을 누릴 수 있는 계층에 속한다는 것을 의미했고 어딜 가든 특권 보유자들은 외부인이 특권 계층에 가입할 수 있는 가능성을 최대한 제한하려고 노력했다.

아테네 민주주의의 기반은 네 가지 원칙, 즉 (1) 평등, (2) 선거, (3) 보수, (4) 참여에 의해 구축되었다고 볼 수 있다. 여기서 이 원칙들 하나하나를 간략하게 살펴보자.

(1) 평등: 원칙적으로, 아테네의 모든 시민들은 출신과 수익을 막론하고 공동사회에 대한 동일한 권리와 동일한 의무를 지니고 있었다. 투키디데스의 기록에 따르면, 페리클레스는 펠로폰네소스 전쟁의 희생자들을 기리는 1주년 기념 연설을 통해 '민주주의 선언문'을 낭독하면서 다음과 같은 핵심적인 내용을 분명하게 밝힌 바 있다. "개인들 간의 경쟁과 관련하여, 법에 따라 모두에게 동등한 조건이 주어지는 만큼, 우리가 선호하는 것은 공공사업에 대한 배려를 기준으로 하는 개인의 명성이다. 우리가 누군가를 선호한다면 그가 어떤 특정 분야에서 신뢰받는 인물이기 때문이지 그가 더 많은 권리를 가지고 있기 때문이 아니다. 우리가 원하는 것은 그의 개인적인 능력이다. 가난한 사람도, 사회에 봉사할 수 있는 능력을 가지고 있다면, 지위나 처지의 어두움에 방해받지 않을 것이다."(투키디데스 『펠로폰네소스 전쟁사』 II 37.1) 물론 예외는 존재했다. 재산을 토대로 하는 권력체계가 솔론에 의해 도입되고 상당히 오랫동안 존속되면서(물론 사회에 끼치는 영향력은 계속 감소했지만) 가난한 이들이 얼마 되지 않는 공직에 몸담을 수 있는 기회를 빼앗았다. 실제로도 사회에서 가장 부유한 귀족 계층이 가장 중요한 직책을 오랫동안 유지하는 경우가 흔히 있었다. 그러나 중요한 것은 민주주의의 가장 기본적인 공간들, 민회와 원로원과 법정에서 모든 시민들에게 주어진 평등은 형식적인 차원을 뛰어넘는 하나의 구체적인 현실이었다는 점이다.

2) 선거: 아테네의 모든 공직 임명은 원칙상 선거를 통해 이루어졌다. 그만큼 선거는 진정한 의미에서 민주주의의 표상이었다고 할 수 있다. 물론 이를 반대하는 솔직한 의견이 존재했다("누가 자신의 의사를 선거를 통해 뽑으려 하겠는가?"). 아테네의 선거와 투표는 두 가지 한계를 가지고 있었다. 먼저 자발적인 지원자에게만 후보 자

격이 주어졌기 때문에 지원자 수가 부족할 때 선거나 투표는 형식적인 절차로 끝날 수 있었다(예를 들어 너무 멀고 험한 지역에 사는 부족의 대표들이 일 년 내내 심각한 문제를 다루던 500인 의회에 참여하는 것은 쉽지 않은 일이었다). 두 번째로, 후보들의 능력과 이들이 주는 믿음에 대한 평가 없이는 선택이 불가능한 특별한 직책들이 존재하기 때문에 생기는 문제가 있었다. 몇몇 직책들은, 예를 들어 1년 동안 활동할 10명의 전술가나 경제와 관련된 직책들은 민회에 참석한 시민들이 손을 들어 지지 의사를 표명함으로써 선출하는 방식을 오랫동안 사용했다.

3) 보수: 공직자들의 보수와 관련된 문제는 가장 민감한 문제들 중 하나였을 뿐만 아니라 민주주의를 반대하는 이들이 가장 혐오하는 부분이었다. 그리스 전통사회의 밑바탕에는 공적인 것을 돌보는 행위, 즉 정치가 시간을 마음대로 활용할 수 있는 여유 있는 사람들, 생계를 위해 일할 필요가 없는 사람들의 고매한 활동이라는 사고가 자리 잡고 있었다. 하지만 다른 모든 시대, 모든 종류의 사회에서와 마찬가지로 아테네에 살던 사람들 대부분 역시 먹고 살기 위해 노동을 해야 하는 처지에 있었고 그것이 농업이든 수공업이든 상업이든 지금과 마찬가지로 하루 종일 시간을 할애해야 하는 것이 보통이었다.

공동체와 관련된 중요한 결정을 내리는 회의에 참여할 수 있는 시민의 권리는 이에 관심을 가지고 있는 대부분의 사람들이 시간을 낼 수 없는 처지에 놓인다면 아무런 의미가 없다. 그래서 이를 해결할 목적으로 등장한 것이 공직자들에게 소액의 보수를 지급하는 정책이었다. 페리클레스가 처음에 법정의 배심원들을 위해 도입했던 이 정책은 점차적으로 여러 종류의 공직자들과 500인 의회의 회원들에게까지 적용되었다. 공직자들에게 지급되던 보수는 대략 비전문직 노동자에게 지급되던 급여와 비슷한 수준이었다. 기원전 5세기 말경에는 모든 시민이 참여하는 민회에 미스토스misthos, 즉 공직자들의 보수를 지급하는 제도가 채택되기도 했다.

4) 참여: 마지막 원칙은 앞서 언급된 문제들과 깊은 연관성을 가진다. 그리스의 도시국가가 채택했던 모든 정치체제들은 원칙적으로 시민들의 직접적인 참여를 전제로 하는 것이었다. 아테네의 경우 정치에 관심이 있는 사람들의 참여도는 상당히 높았던 것으로 평가된다. 하지만 많은 학자들이 정치에 대한 아테네인들의 특별한 열정을 강조함에도 불구하고 사실은 오히려 상당수가 "조용한 아테네인들quiet Athenians"(L.B. Carter)이었다는 점을 우리는 기억해야 한다. 거대한 규모의 공공집회에 참여하고 싶은 마음은 조금도 없고 정치적 성향의 발언들을 혐오하고 오히

려 불참을 하나의 덕목으로 여기던 아테네인들이 있었다. 정확한 통계를 제시하는 것은 어렵지만, 아니 불가능하지만, 확실한 것은 후자에 속하는 사람들, 즉 조용한 아테네인들이 훨씬 더 많았다는 사실이다.

민주주의의 도구와 기관

민주주의의 최고 권력 기관은 모든 성인 남성 시민들이 참여하는 민회ekklesia였다. 민회는 고대에 아크로폴리스에서 그리 멀지 않은 프닉스Pnyx 언덕에서 1년에 40회 정도 개최되었고 새벽에 시작해서 대략 정오에 막을 내렸다. 상당히 다양한 종류의 문제들이 토론 주제로 채택되었고 참가자들이 가장 선호하던 안건은 외교였지만 시민들의 삶과 직접적으로 연관되는 문제들, 예를 들어 전술가를 비롯한 공직자를 을 선출하는 문제나 법률을 실행하는 문제 등도 빼놓지 않았다. 회의는 돌아가며 발언을 하는 방식으로 이루어졌지만 의견을 가장 먼저 내놓는 이들은 나이가 많은 원로들이었다. 보통 많은 발언자들이 항상 제각기 다른 주장을 하기 위해 회의장으로 몰려들었을 것이라고 상상하지만 이는 공공회의에 한 번도 참석해 본 적이 없는 사람만이 가질 수 있는 환영에 불과하다. 실제로 수많은 관중 앞에서 공적인 발언을 (마이크도 없이) 한다는 것은 굉장한 능력을 요할 뿐 아니라 굉장한 자연스러움을 요하는 일이었다. 민회에 참가한 사람들 대부분은 따라서 수동적으로 의견을 듣고 필요할 때 손을 들어 의사를 표시하는 것으로 만족했을 뿐이다.

민회 다음으로 중요한 기관은 500인 의회였다. 의회의 가장 중요한 기능은 민회의 진행을 준비하고 모든 주제의 토론 시간과 방식을 결정하는 것이었다. 시민들의 일상과 관련된 모든 행정적인 문제들을 처리하는 것 역시 의회가 주관하는 업무였다. 500인 의회는 열 개 부족에서 나름대로 선발한 50명의 의원들로 구성되었다. 각 부족은 1년에 약 36일 동안 교대로 의장 역할을 맡았고 이 기간 동안 부족의 회원들은 의회가 진행되는 건물 불레우테리온Bouleuterion에 함께 머물렀다.

이제 퍼즐을 완성하기 위해서는, 공직자들에 대해서도 살펴볼 필요가 있다. 놀랍게도 고대 아테네에는 어마어마한 수의 공직자들이 존재했다. 적어도 기원전 4세기에는 거의 700명에 달했던 것으로 추정된다. 이들은 각각의 부족을 대표하는 열 명으로 무리를 지어 다양한 분야에서 1년 동안 자신들의 임무를 수행했다. 위에서 언급한 소수의 직책들을 제외하고 공직자는 지원자들 가운데서 투표를 통해 선출되었고 여러 분야에서 도시의 행정을 관할했다.

이런 식으로 조직이 분할되어 있었다는 특징과 공직자들이 계속해서 교체되었다는 사실도 특별히 효과적이지 못했지만 "효과는 사실 중요한 목표가 아니었다."(로즈Peter John Rhodes) 왜냐하면 그리스인들은 무엇이든 전문화되는 것을 싫어하는 독특한 사고방식을 가지고 있었기 때문이다.

조직의 내부에는 어쨌든 어느 정도의 유연성을 보장하는 일련의 장치들이 마련되어 있었다. 대부분의 업무는 비교적 단순했고 중요한 직책은 제비뽑기가 아닌 투표를 통해 선출했다. 아울러 500인 의회의 감사를 실시했고 자주 거론되지도 않고 눈에 띄지도 않던 서기들grammateis 역시 나름대로 중요한 역할을 수행했다. 비서 역할을 하던 이들은 어떻게 보면 노예에 가까웠지만 각자의 분야에서 오랫동안 축적된 경험들을 자료화하는 역할을 했다.

법원

고대 그리스에서는 30세 이상이면 누구든지 판사에 지원할 수 있었다. 자율적으로 지원한 시민들 가운데 매년 6000명을 선출했고 이들이 선서를 거쳐 12개월 동안 판사 임무를 맡았다. 재판이 벌어지는 날의 수는 믿기 힘들 정도로 많았다. 매년 150에서 200일에 달하는 기간 동안 재판이 벌어졌고 새벽부터 황혼까지 꽤 많은 수의 판사들이 아고라의 지정된 장소에 모여 업무를 수행했다. 이곳에서 한 시간이 넘는 상당히 복잡한 형태의 투표 과정을 거쳐 문을 연 법정들 중에 하나를 재판 장소로 결정했다. 판사에게는 급료가 지불되었다(아마도 급료가 가장 먼저 지불되기 시작한 직업이 판사였을 것이다).

판사는 경우에 따라 201명에서 1001명으로 구성되는 배심원단의 일원으로 한 건 내지 몇 건에 달하는 재판에 참석해 고소인과 피고소인 측의 주장을 경청했다. 양측은 주어진 시간 안에 설명을 마쳐야 했고 시간의 측정을 위해 모래시계를 사용했다(대략 한 시간이 주어졌다). 설명이 끝나면 서로의 의견을 논박하는 별도의 절차 없이 배심원단의 투표가 이루어졌고 투표는 투표용 동전을 투표함에 집어넣는 식으로 이루어졌다. 피고가 유죄 판결을 받을 경우, 형량에 대한 고소인과 피고소인 측의 의견을 듣는, 보다 간략한 형태의 2차 재판이 이루어졌다. 이어서 양측의 제안 가운데 보다 적절한 형태의 형벌을 선택하기 위해 최종 투표를 진행했다. 고소인은 재판에서 유죄에 동의하는 표를 20퍼센트 이상 얻어 내지 못할 때 유배 혹은 시민으로서의 특권을 박탈당하는 등 무거운 처벌을 받았다. 이러한 조치는 사람들이 '전문적으로' 고소를 일삼거나 법정으로 끌려 나오기를 꺼려하는 부유한 시민들을 위협하며 보상금을 노리는 현상을 막기 위한 것이었다.

하지만 실제로 법정에서 이루어지던 토론 대부분은 정치적인 성격의 것이었다. 가장 흔한 법정 공방의 예는 전술가나 기타 영역의 공무원들을 상대로 열리는 일종의 청문회였다. 이런 형태의 재판에서 범죄 혐의(사기, 부패, 무능력)는 구체적으로 논의되지 않았고 어떤 공무원의 부적절한 행동이나 어떤 정책(예를 들어 군사 행동)의 잘못된 결과에 대한 아테네 시민들의 불만을 표출하는 것으로 그치는 경우가 대부분이었다. 민회에서 어떤 종류의 결정(예를 들어 법 조항, 칙령, 기념행사 등)이 내려지든 그것은 법정에서 다시 논의될 수 있었다. 다시 말해 결정된 내용을 제시하고 결정을 주도했던 인물이 피고인으로 법정에 출두해야 하는 경우가 발생할 수 있었던 것이다. 이는 민회에서 이루어진 결정의 철회 가능성이 거의 없었음에도 불구하고 법정이 어떤 식으로든 민회를 감찰하는 기능을 가지고 있었다는 것을 의미한다.

아테네 제국: 폭력적인 민주주의

아테네의 민주주의 운동은 기원전 5세기에 진행된 제국주의적 아테네의 발전과 밀접한 관계를 가지고 있다. 부정할 수 없는 것은 우선 이 두 현상이 같은 시기에 일어났다는 사실이다. 페르시아 전쟁이 종결되고(기원전 478년) 펠로폰네소스 전쟁이 시작하기(기원전 431년) 전에 아테네는 30년간의 절대적인 황금기를 맞이한다(기원전 461~431년). 아테네에서 급진적인 민주주의 체제가 구체적으로 정립되는 이 시기를 역사가들은 페리클레스의 시대라고 부른다. 이 시기에 아테네는 그리스 및 소아시아와 에게해 주변 지역에 산재해 있던 수백 개의 도시국가들을 다스리는 제국의 수도로 부상했다. 그리스는 페르시아와의 전쟁에서 거둔 대승리를 기반으로, 아울러 전쟁을 계속해야 한다는 명분하에 기원전 477년 델로스 섬을 본부로 해상 동맹을 결성했다. 하지만 동맹군은 키몬Kimon의 주도하에 놀랍게 빠른 속도로 아테네의 패권 유지를 위한 도구로 변신했다.

동맹에 가담한 도시들은 시간이 흐르면서 무게와 길이의 측량을 위한 동일한 척도뿐만 아니라 동일한 화폐제도를 채택하기 시작했다. 동시에 법무를 관할하는 제도(유죄 판결을 받은 피고의 형량을 아테네에서 결정하는 2차 재판 제도의 도입)와 세금제도의 도입 등 다양한 형태의 식민정책이 구체화되고, 아울러 자신들의 땅에 아테네 시민들이 정착하는 모습을 지켜보았다.

패권을 장악한 아테네는 민주주의 체제를 선호함으로써 하나의 구체적인 정치적 방향을 제시했다(민주주의를 가장 우월한 정치체제로 간주했기 때문이 아니라 민주주의를 선택할 수밖에 없는 처지에 있었기 때문이다). 하지만 도시국가들의 입장에서 가장 두려웠던 것은 델로스 동맹에서 탈퇴한다는 것이 사실상 불가능했던 이유, 즉 탈퇴가 아테네의 즉각적인 군사개입이라는 위협적인 결과로 이어질 수 있다는 사실이었다.

이러한 정황 속에서 아테네는 장기간에 걸친 압력으로 낙소스(기원전 465년), 타소스(기원전 463년), 사모스(기원전 439년) 섬을 동맹군에 가담하도록 만들었고 그런 식으로 페르시아와의 전쟁에서도 계속해서 승리를 거두었다. 페리클레스 시대의 광명은 이처럼 빛과는 정반대되는 어두운 측면들을 가지고 있었고 이는 모두 폭력적이고 냉소적인 제국주의의 특징이었다. 기원전 300년대에 드러나게 될 온갖 어려움을 고려했을 때 사실상 유일한 해결책은 '제국'이었다.

민중의 지도자 페리클레스

귀족 출신의 뛰어난 웅변가였고 순응주의에 반대했던 매력적이고 세련된 정치인 페리클레스는 60세가 넘어 기원전 429년에 사망할 때까지 아테네의 정치를 30년 이상 지배했던 인물이다. 페리클레스의 절대적이고 압도적인 리더십에 대해 그의 열정적인 지지자였던 투키디데스는 다음과 같은 의미심장한 말을 남긴 바 있다. "이름은 민주주의였지만 실제로 권력은 제일가는 한 시민의 손에 달려 있었다."(II 65.9)

고대에는 평민이 아니라 특별한 교육을 받고 소양을 쌓은 귀족 출신들이 지도자 역할을 담당했고 이것은 지극히 당연한 일로 받아들여졌다. 어떻게 보면 페리클레스 역시 사실은 이러한 예들 가운데 좀 더 눈에 띄고 널리 알려진 경우에 지나지 않는다. 실제로 그리스 역사에서 '민중의 지도자prostatai tou demou'들은 동기를 부여받은 귀족들이 대부분이었다. 하지만 아테네에서 민주주의가 실현되는 과정을 이러한 귀족층의 역사로 오해해서는 안 된다. 실제로는 평민 출신의 수많은 인물들이 헌신과 사랑을 통해 그들의 공동체를 위대한 나라로 만들었다. 때로는 신들의 자손임을 자부하던 귀족들과 이 평민들 사이에 존재하던 어마어마한 격차가 실질적으로 사라지는 것처럼 보이기도 했다. 물론 평민 출신의 영웅들 역시 이 모든 것들을 이루면서 수많은 실수와 불의를 범했고 다른 민족들을 폭력으로 다스리기도 했다. 하지만 이들이 걸은 길은 단 한 사람의 이름으로는 설명될 수 없는 중요한 역사적 의미를 가진다. 왜냐하면 민주주의를 향한 이들의 노력은 페리클레스가 세상을 떠난 뒤 세기가 지나도록 변하지 않는 열정으로 계속되었기 때문이다.

귀족층과 민주주의

아테네의 민주주의는 오랫동안 안정을 유지했고 한편으로는 그리스의 제국적인 사회 구조가 귀족들에게 유리한 입지를 제공했다.

급진적인 민주주의가 오랫동안 정권을 장악했을 때에도, 민회가 결정한 추방 명령이나 이와 유사한 조치를 어쩔 수 없이 받아들여야 하는 경우를 제외하면 도시를 벗어나는 아테네의 귀족들은 그다지 많지 않았다. 민주주의 체제의 정착에도 불구하고 귀족들이 고국을 버리지 않고 남았던 이유는 민주주의 정부의 성공과 그리스 제국의 수도로 등극한 아테네의 패권이 귀족들에게 상당히 유리한 입지를 보장해 주었기 때문이다. 아테네의 귀족들은 사유재산으로 아테네의 군사 재정을 보조해야 할 의무가 전혀 없었다(제국의 예산만으로도 전쟁을 치르기에 충분했기 때문이다). 아울러 아테네와 같은 부유한 도시에서는 부를 축적할 수 있는 기회가 끊임없이 주어졌다. 그런 식으로 일종의 암묵적인 동의하에 아테네 민주주의가 정립된 뒤 처음 백 년 동안 귀족들은 어떤 종류의 반란도 일으키지 않았다. 물론 모든 귀족들이 똑같은 방식으로 행동했던 것은 아니다. 아테네를 벗어나지 않았지만 도시 안에서 일종의 유배 생활이나 다를 바 없는 생활을 이어 가던 귀족들이 있었고 한편으로는 많은 이들이 표면적으로는 민중과 협력하는 입장을 취하면서 민주주의적 결정에 그들이 원하던 대로 일련의 방향성을 부여하려고 노력했다. 사실 페리클레스와 알키비아데스는 이러한 귀족들 가운데 이름이 좀 더 널리 알려진 경우에 지나지 않는다. 아테네 시민들은 중요한 결정을 부자들에게 맡기는 습관을 가지고 있었고 아테네에서 영향력 있는 정치인으로 존재한다는 것은 누구도 꿈꿀 수 없는 막대한 권력을 행사할 수 있다는 것을 의미했다.

암묵적 동의의 파기: 411년의 혁명

지배 계층과 평민들 사이의 암묵적인 동의에 금이 가는 현상은 전쟁이 그리스 제국의 안녕과 부유한 귀족들의 입지를 불안하게 만들면서 시작되었다. 시칠리아 원정(기원전 415~413년)의 참담한 패배는 스파르타가 아테네의 근교 도시 데켈레이아를 점령하는 사건으로 이어졌고 이것이 결국에는 계층 간의 이해관계를 무너트리는 결과를 가져왔다. 공포와 실망에 빠진 도시의 시민들이 무엇을 어떻게 해야 할지 모르는 가운데 귀족들은 자신들의 사업에만 몰두했고 이러한 분위기가 계속되는 가운데 민주주의 자체의 기반이라고 할 수 있는 시민들 사이의 신뢰가 자취를 감추기 시작했다. 아테네 시민들 사이에서는 민주주의에 반대하는 이들의 모반에 대한 이야기가 오갔고 유명인들은 영문도 모르는 죽음을 당했다. 아테네 시민들이 모반 공모자들의 수를 터무니없이 높여 상상했다는 것은 그들의 두려움이 얼마나 대단한 것이었는지 한눈에 보여 준다. 투키디데스는 이 시기에 "진정한 의미에서의 공포 분위기가 알게 모르게 조성되었다"고 설명했다. 그렇게 해서 기원전 411년 5월 어느 날, 이런 공포 분위기 속에서가 아니라면 설명하기 힘든 끔찍한 사건이 벌어진다. 민회에 참석한 모든 사람들이 만장일치로 자살하는 일이 벌어진 것이다. 500인 의회가 해산된 뒤 아테네의 권력은 선거를 통해 선택된 400인 의회에 주어졌다.

이 사건 후에 아테네 시민들이 실제로 어떤 정부체제를 기대했는지는 분명하지 않다. 이 시기에 5000명의 아테네 시민들에게 더 완전한 형태의 시민권을 부여하자는 법안이 논의되었지만 결국 시민권자들의 목록은 완성되지 못했다. 사실 모반 공모자들의 입장이 얼마나 견고했는지도 분명치 않다. 당시에는 상당수의 아테네 시민들이 사모스 섬에 머물고 있었고 이곳에 유명한 전략가들과 함께 아테네 함대가 주둔하고 있었다. 사모스는 반란군의 수도나 마찬가지였다. 하지만 사모스 섬의 반란군과 이 모든 과정의 핵심 인물이었던 알키비아데스와의 관계는 분명치 않다. 아울러 한때 민주주의 정부에 반대하며 반란을 지지했지만 뒤이어 반란의 공모자들을 아테네에서 축출하는 데 기여했던 티사페르네스Tissaphernes와 민주주의의 회복을 위해 사모스 섬의 반란군을 계속해서 설득했던 알키비아데스 사이의 복잡하기 짝이 없는 머리싸움이 과연 무엇이었는지 또한 분명치 않다.

이러한 복잡한 상황을 여전히 분명하게 해석할 수 없는 이유는 당시에 그리스인들이 편의상 반란의 '공모자'라고 부르던 이들의 결속력이 실제로는 허상에 불과했기 때문이다. 이들 가운데에는 소수의 과두정치 및 스파르타와의 평화를 선호하고 그런 식으로 적대국과 아테네 간의 정치적 교류가 가능해지기를 기대하는 급진주의자들이 있었고 다른 한편에서는 중도적 민주주의를 선호하는 이들이 존재했다. 바로 5000명의 시민권 제도를 제안했던 이들은 스파르타와의 모든 불공평한 관계를 거부하고 민중의 의견과 너무 분명하게 대립되는 상황을 피하려고 노력했다.

여하튼 공모자들의 세력은 몇 달 사이에 현저하게 약해졌고 사모스에서는 알키비아데스를 다시 전략가로 임명하면서 그의 공식적인 복귀를 알렸다. 아테네에서는 9월에 400인 의회가 내부의 불화로 4개월 만에 해산되고 말았다. 이어서 테라메네스Theramenes의 주도하에 과도기적인 형태의 정부가 들어섰다. 기원전 410년 3월, 키지코스Kyzikos 해전에서 승리를 거둔 아테네인들은 그들을 괴롭히던 두려움과 10개월에 불과했던 암흑기에서 완전히 벗어나 다시 민주주의 정부를 세우게 된다.

함락된 아테네의 30인 참주

그 뒤로 6년이 흐르는 동안 아테네는 스파르타가 요청해 온 평화협정을 거부하고 뛰어난 전략가들을 사형에 처하는 등 지나치게 과감한 조치들을 취했다. 굶주리고 절망에 빠진 아테네는 결국 기원전 404년 봄 스파르타의 리산드로스Lysandros에게 무릎을 꿇었다. 스파르타와의 평화협정에는 아테네가 어떤 정부 형태를 취해야 하는지가 구체적으로 명시되지 않았지만 민주주의 정권이 사라져야 하는 것은 당연한 결과였다. 새로운 헌법 제정을 위해 30명의 참주가 선출되었고 이 가운데에는 테라메네스와 소크라테스의 제자이자 플라톤의 숙부였던 크리티아스Kritias가 포함되었다. 기원전 404년 늦은 봄부터 업무에 들어간 30인의 참주들이 한 일이라고는 완전한 시민권을 얻게 될 시민 3천 명을 선별한 것뿐이었다. 이들 외에 수많은 사람들이 잔인하고 난폭한 정부의 희생양이 되고 말았다. 불과 몇 달 사이에 1500명 이상이 사형장으로 향했고 사형의 주된 동기는 이들의 재산 몰수였다.

머지않아 민주주의 신봉자들의 대응이 시작되었고 트라시불로스Thrasyboulos가 70명의 군인들과 함께 필레의 성곽을 점령했다. 이들은 피레아스까지 정복하면서 즉흥적으로 소집한 군대의 규모를 점차적으로 늘려 나갔다. 하지만 같은 해 12월에 크리티아스가 전쟁에서 사망했고 이는 사실상 한 체제의 몰락을 의미했다. 이어서 성급히 10인으로 구성된 새로운 참주 체제가 형성되었지만 핵심적인 역할은 불가피하게 스파르타에게 주어졌다. 리산드로스는 크리티아스가 이끌던 극단적인 형태의 과두정치를 지지하는 입장이었지만 스파르타의 왕 파우사니아스가 군대를 이끌고 아테네에 입성한 뒤 민주주의에 유리한 조건을 형성하면서 다시 민주주의 지지자들에게 정권이 맡겨졌다(기원전 403년 9월). 하지만 이들은 몇 달 사이에 벌어진 비극적인 일에 책임을 져야 할 모두에게 내려진 특별 사면조치를 존중해야만 했다(특사에서 제외된 이들은 30인과 10인의 참주들이었다). 이는 역사적으로 상당히 중요한 순간이었다. 독재 체제가 무너진 후에 정권을 장악한 헌법 정부가 독재 기간 동안 이루어진 범죄 행위에 대해 어떻게 대처해야 하는지 역사상 처음으로 질문을 던진 사건이었기 때문이다.

기원전 403년 9월, 아테네는 다시 급진적인 형태의 민주주의 정부를 세우게 된다. 두 번에 걸친 전복과 반란의 시도가 있었지만 결국에는 어떤 결과도 이루어내지 못했고 민주주의의 위기도 불과 몇 년밖에는 지속되지 않았다. 바로 이러한 경험 때문에 기원전 4세기에 아테네에서는 어느 누구도 공개 토론에서 반민주주의자임을 자처하지 못했다. 한편 그토록 잔혹한 전쟁에서 패배했음에도 불구하고, 아울러 스파르타의 보조가 있었음에도 불구하고 귀족과 부자 들은 아테네를 정상적인 도시로 만드는 데 실패했고 중도적인 체제에 적응하는 데에도, 또 하나의 스파르타를 만드는 데에도 실패하고 말았다.

이러한 결과를 초래한 원인은 반민주주의 운동을 이끌던 아테네 귀족들의 나약함이었다고 볼 수 있다. 우유부단한 테라메네스와 크리티아스까지도 훌륭한 정치인이 되기에는 지나친 원한과 미움으로 가득한 인물들이었다. 혹은 좀 더 현실적인 차원의 원인으로 스파르타 지도층 내부의 분열을 들 수 있다. 이들은 방대해진 그리스 세계에서 오랫동안 패권을 유지할 만한 준비가 되어 있지 않았다. 반면에 분명히 드러난 것은 아테네인들이 보여 준 민주주의에 대한 놀라운 애착이다. 이 애착 덕분에 아테네인들은 기원전 4세기 내내 민주주의 체제를 유지할 수 있었다.

3

소소크라테스학파의 전통

3.1 소소크라테스학파

소크라테스라는 인물의 특별함은 그가 담당했던 역할을 철학사에서 재현한다는 것이 사실상 불가능하다는 점에서 드러난다. 철학은 항상 소크라테스에서 다시 새롭게 출발해야만 한다. 그를 반복하는 것이 불가능하기 때문이다.

철학의 절대적인 창시자로서 무대 위에 오른 소크라테스는 어떻게 보면 그를 따랐던 모두에게 배신당할 운명에 처해 있었다고 할 수 있다. 후세대 철학자들 입장에서는 소크라테스처럼 철학을 한다는 것이 불가능했기 때문이다. 예를 들어 소크라테스는 스승을 자처한 적이 없지만 그가 세상을 떠난 뒤에는 철학 학교들이 창설되기 시작했다. 소크라테스는 그를 아끼던 모두를 최고로 만들었지만(크세노폰, 『회상』 I.2.61) 그가 떠난 뒤에는 제자들 사이에서 알력 다툼이 벌어졌다. 소크라테스는 전적으로 대화의 언어에 충실했지만 그가 떠난 뒤에 대화 자체는 소크라테스 철학의 대대적인 확산으로 대체되었다. 그는 아무것도 알지 못한다고 선포했지만 그가 떠난 뒤에는 소크라테스적인 지식과 교리와 이를 전달하는 방법론이 탄생했다. 소크라테스는 철학을 하면서 질문을 던졌지만 후세대 철학자들은 그의 가르침을 세분화하는 데 집중했고 이는 결국 다수의 철학자들이 상이한 의견을 고집하는 결과로 이어졌다. 그러나 이 모든 변화에도 불구하고 소크라테스는 서양철학 전통의 공통분모로 남는다. "소크라테스는 수많은 제자들을 키웠다. 비록 모두가 소크라테스주의자로 불리기를 원했고, 모두들 소크라테스의 진정한 후계자라고 자부했지만 제자들은 스승의 여러 의견들을 서로 이질적이고 상반된 방향으로 발전시켰고 그런 식으로 결코 화합할 수 없는 이질적인 사유를 표명하는 철학 사조들을 탄생시켰다."(키케로, 『변론가에 대하여*De oratore*』 III.16.61) 실제로 소크라테스의 뒤를 잇는 거의 모든 사상가들이 또렷하게 그의 철학에 천착했다(예외는 소크라테스처럼 철학의 창시자로 등장하는 에피쿠로스일 것이다). 몇몇 현대 학자들의 의견에 따르면, 심지어는 스토아학파의 사상적 기원이 소크라테스에게 있다는 점을 강조하기 위해 스토아학파의 창시자가 소크라테스의 제자 안티스테네스라는 이야기를 스토아 철학자들이 지어냈을 가능성도 얼마든지 있어 보인다. 사실 소크라테스학파라는 표현도 모순이라고 할 수 있다. 하지만 이 모순 없이 유럽의 철학은 존재하지 못했을 것이다.

소크라테스의 제자들 중에서는 아이스키네스가 소크라테스처럼 학교의 창설을 거부했던 유일한 철학자다. 소크라테스의 제자들 가운데 몇몇(메가라의 에우클레이데스, 파이돈)은 정기적인 모임의 형태로 철학자들만의 회합을 가지기 시작했고 아리스티포스처럼 수업료를 받는 강습 형태로 활동하거나 플라톤처럼 본격적인 고등 교육기관을 설립했다. 고대의 철학 학교에서는 실천적인 면을 상당히 중요시했다. 피에르 아도Pierre Hadot가 강조했던 것처럼, 고대 철학은 어떤 일관적인 형태의 사유가 아니라 오히려 일정한 양식의 삶을 실천에 옮기는 공동체의 정신세계에 가까웠다. 어쨌든 철학자들은 아고라나 거리와 같은 아무런 구조물이 없는 열린 공간에서 벗어나 회관이나 학교와 같은 안정적인 공간을 확보하기 시작했고 이러한 공간은 보통 정치적 열기와 도심 생활로부터 멀리 떨어진 외곽에 자리했다. 이들이 도심으로부터 벗어난 이유는 소크라테스의 최후가 도심 한복판에서 철학에 대해 공개적으로 이야기한다는 것이 얼마나 위험한 일인지 깨닫게 해 주었기 때문이다(유사한 형태의 재판이 수없이 열렸지만 사형 집행은 한 번도 일어난 적이 없었다). 결과적으로 철학은 일종의 보호 장치를 필요로 했고 이는 도심과 떨어진 곳에 공간을 마련하는 조치로 이어졌다. 철학적 대화는 안전이 보장되는 내부 공간에서 이루어지기 시작했고 엄격한 관리하에 정해진 분야의 주제가 논의되었다. 철학자들의 회합은 더 이상 플라톤의 『향연』에처럼 밤에 열리는 자유분방한 모임이나 『프로타고라스』에서처럼 후원자들의 집, 특히 공공장소에서는 이루어지지 않았다. 때로는 운동장이나 회랑 같은 열린 공간을 활용하기도 했지만(스토아나 에피쿠로스의 정원 역시 열린 공간이었지만 도심과 분리되어 있었다) 철학 강의는 특정한 지식을 갖춘 선별된 청중, 자유로운 영혼을 소유한 인간들, 철학에 전념하기 위해 모인 사람들을 상대로 이루어졌다. 이것이 '학교schole'의 모형이었을 뿐만 아니라 키니코스학파가 신랄하게 비판했던 철학적 무위, 즉 한가하게 사심 없이 이야기를 나누는 철학 활동의 모형이었다. 디오게네스는 에우클레이데스의 학교schole를 매스껍다chole고 표현한 바 있다(디오게네스 라에르티오스, 『그리스 철학자 열전』, VI. 24). 하지만 아리스토텔레스는 학교의 존재를 지식 습득을 위해 필수적인 조건으로 보았고 결국 학교는 철학의 일반적인 교육 형태로 정착하게 된다. 이 모든 것들은 철학이 도시나 정치와는 달라야 한다는 것을 시사했다. 중재가 필요 없는 철학자와 시민들과의 직접적인 만남을 기대했던 소크라테스의 꿈은 결국 이루어지지 않았다(소크라테스는 철학자가 정치의 주체인 시민들의 교육자 역할을 담당해야 한다고 보았다). 철학은 물론 계속해서 정치와 사회에 깊이 관여했지만 소크라테스가 꿈꿨던 것과는 달리 철학의 참여는 기관 대 기관이라는 차원에서 제도적인 형태로 이루어졌다. 철학 학교는 이제 도시사회에 엘리트의 육성을 보장하는 교육기관으로 인식되기 시작했다.

3.2 새로운 정치적 상황

철학의 제도화는 당연히 역사적 배경을 가지고 있다. 아테네가 마케도니아 문화권에 흡수되고 헬레니즘 세계가 형성되기 훨씬 이전부터 소크라테스학파는 기원전 5세기와는 사뭇 다른 상황에 처해 있었다. 클레이스테네스의 민주주의 헌법은 여전히 유지되었지만 민주주의 사회의 틀 자체가 붕괴되고 있었다. 아테네의 패배는 곧 민주주의의 패배라는 결론이 당시에는 지극히 당연하게 받아들여졌다. 아테네는 여전히 생동하고 있었지만 그리스 세계에서는 더 이상 민주주의의 본보기가 될 수 없는 도시였다. 소크라테스 다음 세대의 철학자들은 바로 이러한 위기와 분쟁이 계속되는 상황에 처해 있었고 여기에 아주 상이한 방식으로, 하지만 기본적으로는 정치와 거리를 유지하면서 대응했다. 이 시기에 활동하던 철학 학파들 가운데 몇몇은 헬레니즘 시대와 로마제국 시대에까지 명맥을 유지하면서 정치적 참여라는 개념 자체가 새롭게 정의되는 과정을 경험했다. 권력은 한 개인의 이익을 목표로 할 수 있었지만 더 이상 한 개인에 의해 행사될 수 없었다. 당연히 개인과 권력기관 사이에는 간극이 생길 수밖에 없었고 이러한 간극을 메우기 위해 다양한 형태의 정치선전이나 군주를 신격화하는 종교의례 혹은 부유층의 기부금을 바탕으로 하는 도시 개발 사업 등이 실행되었다.

소크라테스 이후의 철학자들 가운데 실제로 정치에 대한 관심을 버리지 않았던 이들이 플라톤과 그의 제자들뿐이었다는 사실은 결코 우연이 아니다. 게다가 플라톤주의자들의 관심도 사실은 법률의 기능이나 이상적인 사회를 이론적으로 계획하는 추상적인 형태의 관심에 불과했다. 지배적인 정서는 보편적 형제애를 동반하는 새로운 형태의 개인주의에 기울어져 있었다. 키니코스학파의 디오게네스는 자신을 '세계시민kosmopolites'이라고 불렀다. 도시국가들의 울타리가 무너지면서 개별적인 성격의 세계관은 곧장 보다 넓은 세계를 바라보는 총체적인 세계관으로 변모했다. 제도화된 정치 공동체들은 이 확장된 세계관을 뒷받침할 만한 의미의 지평을 더 이상 제공할 수 없었다. 오히려 모두가 공유할 수 있고 더 자연적인 뿌리를 가진 '형제애'에 호소하고, 법적 동의를 기반으로 구축된 인위적인 공동체 대신 모두가 같은 인간이라는 사실에 호소하는 정서가 대두되었다.

한편으로는 왕권을 기반으로 하는 국가들이 항상 전체주의적인 성향을 가지고 있었던 것은 아니다(물론 독재정치의 경우가 아주 없었던 것은 아니지만 그것은 무엇보다도 군주의 성격에 달린 문제였지 왕국이라는 정치체제가 독재의 근본적인 원인이었던 것은 아니다). 군주제는 도시국가처럼 실천적인 사회적 참여나 어떤 가치의 공유를 요구하지 않았고 오로지 형식적인 복종만을 요구했기 때문에 정신문화와 생활방식의 측면에서 한 개인에게 오히려 상당한 자유를 허락했다. 아이러니하게도 사회적 차원의 제재가 그만큼 적었기 때문이다. 이러한 정황을 배경으로 키니코스학파와 키레네학파는 그들의 개성적인 사유를 자유분방하게 발전시키면서 지혜에 도달하기 위한 나름대로의 독특한 방법론들을 실험할 수 있었다. 이러한 특징은 이들의 철학적 태도에서뿐만 아니라 내용적인 측면에서도 그대로 드러난다. 솔직하게 자신이 무신론자임을 천명하는 사람이 있었고(키레네학파의 이른바 무신론자 테오도로스Theodoros는 불경죄로 재판에 회부될 위기에 몰린 적이 있다), 공개적으로 자살을 권유하거나(역시 키레네학파 철학자 중에 이른바 '죽음의 설득자'라는 별명을 가진 사람이 있었다) 남성과 여성 간의 불평등 혹은 노예제도를 비판하는 사람도 있었다. 하지만 이러한 생각들은 공동체를 구축하는 가치들을 위협하지 못했고 더 이상 두려움도 불러일으키지 않았다. 이 모든 것은 키니코스학파 철학자들의 사고와 마찬가지로 충격효과를 노린 일종의 실천적 사고에 불과했다.

3.3 문헌들

소소크라테스학파 철학자들의 저서들은 고대의 저자들 대부분의 경우와 마찬가지로 소실되어 남아 있지 않다. 이 철학자들에 대한 정보를 제공하는 문헌들은 무엇보다도 고대 저자들의 의견이나 전기적인 일화를 담은 글들이며 대부분이 디오게네스 라에르티오스와 스토바이오스Stobaios의 저서 속에 집중되어 있다.

가장 많이 사용되던 장르는 당연히 '로고스 소크라티코스', 즉 소크라테스가 주인공으로 등장하고 대화자가 그와의 대화를 통해 얻는 깨달음을 소개하는 장르다. 당시에는 상당히 유행했던 형태의 글이지만 이와 같은 장르의 문헌들은 플라톤의 대화록 외에는 거의 남아 있지 않다. 디오게네스 라에르티오스가 언급하는 목록 외에, 그리고 이곳저곳에 남아 있는 단상들 외에는 비교적 뒤늦게 쓰인 키니코스학파 관련 문헌들만이 남아 있다(예를 들어 기원전 3세기 전반에 쓰인 텔레테Telete의 글들, 기원후 40년경의 디온 크리소스토모스Dion Chrysostomos의 연설문).

한편 일화를 중점적으로 다루는 글들은 사실상 생활의 양식화에 집중하고 행동 방식이나 스스로를 소개하는 방식, 심지어는 외모에도 신경을 썼던 키니코스학파의 철학 사조와 특별히 잘 어울리는 장르였다. 메가라학파의 철학자들이 훨씬 더 체계화된 지적 세계를 가지고 있었던 반면 키니코스학파와 키레네학파의 진정한 관심거리는 본보기가 될 만한 인물의 개성이나 특징 혹은 태도 같은 것이었다. 아마도 이러한 특징들이 이 두 학파가 성공을 거두었던 보다 근본적인 이유일 것이다. 이들의 메시지는 단순했고 이론적인 부분들도 상당히 축약되어 있어서 아주 단순한 형태의 담론을 통해 전달하는 것이 충분히 가능했다. 바로 그런 이유에서 이들의 철학을 알리기 위한 선전 도구로 간략한 우화나 교훈, 격언이 담긴 일화들보다 더 적절한 것은 없었을 것이다.

3.4 메가라학파와 엘레아학파

소크라테스의 제자들 가운데 몇몇 철학자들이 세운 학파들에 대해서는 관련 문헌이 부족해 거의 알려진 바가 없다. 예를 들어 플라톤의 대화록에 등장하는 파이돈이 엘레아에 세운 학교에 대해서는 남아 있는 정보들이 거의 없다. 디오게네스 라에르티오스가 전하는 모험담은 신빙성이 없어 보인다. 반면에 또 다른 문헌들에 따르면 파이돈은 상당히 뛰어난 문학적 소양을 가지고 있었고 '로고스 소크라티코스'를 따르는 몇몇 대화록들(『조피로스』, 『시메온』)을 통해 철학적 탐구를 영혼의 치유 방식으로 제안했던 것으로 보인다.

두 세대가 교체된 뒤에 파이돈의 학교는 메네데모스Menedemos에 의해 에레트리아로 이전된다. 소크라테스처럼 글을 남기지 않은 메네데모스는 무엇보다도 에리스티케*라는 논쟁술과 논리학에 전념했고 유일하게 허용되는 서술은 동어반복적인 서술뿐이라고 주장했다(예를 들어 '인간은 인간이다').

에우클레이데스가 메가라에 세운 학교에 대해서는 좀 더 많은 정보가 남아 있다. 메가라의 학교는 아마도 소크라테스의 사망 이전에 세워졌을 것으로 추정된다(이는 소크라테스의 재판 후에 플라톤을 비롯한 소크라테스의 제자들이 왜 메가라에서 모임을 가졌는지 설명해 준다). 메가라의 에우클레이데스를 파르메니데스의 제자로 보는 견해는 지금은 더 이상 받아들여지지 않는다. 반면에 디오게네스 라에르티오스가 메가라학파의 기본적인 입장으로 제시했던 '선善은 하나이며 선하지 않은 것은 존재하지 않는다'는 견해는 엘레아학파의 입장과 크게 다르지 않다(II, 106). 그렇다면 메가라학파는 소크라테스의 제자들 가운데 형이상학적인 성향이 가장 강한 철학자들로 구성되어 있었다고 볼 수 있다. 좀 더 정확히 말하자면 이들은, 아리스토텔레스가 주목했던 것처럼, '잠재력', '운동', '생성'과 같은 개념을 거부하는 당시의 형이상학적 성향을 또렷하게 가지고 있었다. 에우클레이데스와 그의 학파에 끼친 소크라테스의 영향은, 선과 선의 보편적이고 불변하는 성격에 집중하는 경향에서 나타나듯이, 확실하다고 볼 수 있다.

에우클레이데스의 후계자들은 변증법에 집중하면서 이를 에리스티케적인 방식으로 발전시켰고 고대에 익히 알려져 있던 몇몇 모순들, 예를 들어 '뿔'의 모순('누구든 그가 잃지 않은 것을 가지고 있다. 사람은 뿔을 잃은 적이 없으므로 뿔을 가지고 있

* 에리스티케Eristike는 '전투하다'라는 뜻의 동사 erizein에서 유래한다. 에리스티케는 사실상 어떤 논제의 참과 거짓 여부를 밝힌다거나 활용되는 말들의 의미를 확인하는 대신 오로지 상대방의 주장을 무너트리기 위해 활용되는 논박 기술을 말한다.

다'), '거짓말'의 모순('내가 지금 주장하는 것이 거짓이라는 점을 인정하면 나는 진실을 말하고 있는가 아니면 거짓을 말하고 있는가?') 등을 이론화시켰다.

3.5 키레네학파

키레네학파와 키니코스학파는 소크라테스로부터 물려받은 행복이라는 주제와 훌륭한 삶이라는 주제를 상이한 방식으로, 하지만 모두 이론적이기보다는 양식적인 차원에서 발전시켰다. 아리스티포스는 쾌락주의를, 디오게네스는 반사회적인 고행주의를 발전시켰지만 이들의 자전적인 삶의 구축은 이들의 철학적 작업인 동시에 하나의 예술작품이었다. 다시 말하자면 이들은 모두 도덕적 이상을 하나의 미학적 전략을 통해 표현했고 그들이 생각하는 이상적인 지혜를 이론화하는 대신 묘사하는 것으로 그쳤다.

키레네의 아리스티포스는 소크라테스의 강연을 듣기 위해 아테네로 이주한 뒤 학교를 설립했다. 그의 학교는 대략 1세기 정도 명맥을 유지했지만 이후에 생겨난 여러 분파들의 영향력까지 고려하면 2세기 정도는 유지되었다고 볼 수 있다. 고대 문헌에서 학교 이름은 시기마다 안니케리스Annikeris나 헤게시아스Hegesias와 같은 지도자들의 이름에 따라 다양한 형태로 등장한다. 이는 곧 학교에 사상적 일관성과 지속성이 결여되어 있었고 무엇보다도 지도자의 카리스마에 좌우되는 경향을 보였다는 것을 시사한다.

디오게네스 라에르티오스는 철학자들(플라톤, 크세노폰 등)이 아리스티포스에 대해 가지고 있던 반감에 대해 언급한 적이 있다(II, 65). 이러한 반감은 모두가 키레네학파의 철학으로 간주하는 이론적 쾌락주의, 즉 좋은 것은 유용한 것과 일치하고 유용한 것은 쾌락과 일치하며 쾌락이 삶의 궁극적인 목표인 동시에 모든 행동의 근본적인 동기라는 사상에 대한 거부반응에서 비롯되었다. 많은 철학자들이, 특히 스토아학파와 그리스도교 철학자들이 쾌락주의를 전적으로 거부하면서 안티스테네스의 이상적 덕목과 대조적인 것으로 묘사했다(예를 들어 아우구스티누스Aurelius Augustinus, 『신국론*De civitate Dei*』 VIII, 3).

아리스티포스는 세련되었을 뿐만 아니라 굉장히 얄팍한 인물로 묘사되는 것이 보통이다. 아리스티포스의 태도에서는 무언가에 대한 절대적인 무관심이 느껴진다. 그는 "당장 눈에 보이는 것들은 즐길 줄 알았지만 눈에 보이지 않는 것을 즐기기 위해 수고하는 일은 쉽게 포기하는 인물이었다."(디오게네스 라에르티오스, 『그리스 철학자 열전』 II, 66) 하지만 그의 무관심은 동시에 보다 심오한 이상, 즉 전통적 경쟁주의와 분쟁 속에서 살아가는 혼잡한 삶의 방식을 거부하는 태도를 가리키기도 한다. 의미심장한 것은 크세노폰의 어떤 문장에서 아리스티포스가 권력을 추구하는 정치에 전혀 관심이 없다고 천명하는 부분이다(『회상』 II, 8~11). 아무에게도 명령하고 싶지 않고 누구의 명령도 따르고 싶지 않았던 그는 자유를 추구하며 '중도의 길'을 걸었다.

한편 키레네학파의 도덕적 성찰은 고지식한 성격의 사유와는 거리가 멀다. 현상론 및 프로타고라스의 사상과 유사한 형태의 주체주의에 집중하는 상당히 고차원적인 인식론의 이론화와 연결되어 있기 때문이다. 키레네학파의 철학자들은 누구든 오로지 자신이 인식하는 내용만을 이해할 뿐이며 정확히 말하자면 외부세계는 타인의 경험과 마찬가지로 인식이 불가능하다고 보았다. 모든 경험은 경험 자체의 운반체에 지나지 않으며 경험의 영역을 넘어서는 판단은 인식론적인 근거를 가지고 있지 않다고 보았던 것이다. 예를 들어 불확실할 수밖에 없는 미래에 대해 근심하는 일은 결코 신중하다고 볼 수 없었다. 키레네학파의 논리에 따르면 소크라테스가 플라톤의 『프로타고라스』에서 즉각적이거나 예상이 가능한 쾌락을 가늠할 필요가 있다고 보았던 부분도 사실은 확실하지 않은 전략이었다. 왜냐하면 지금 당장 기대할 만한 쾌락이 원칙적으로 기대할 만한 것이거나 계속해서 기대할 만한 것으로 남으리라는, 인식론적인 차원에서 그릇된 전제를 바탕으로 하기 때문이다.

키레네학파의 현자 아리스티포스에게 중요한 것은 스스로의 경험을 토대로 판단할 수 있는 능력과 독립성을 유지하는 일이었다. 하지만 그는 반항하는 인간이나 소외된 인간이 아니라 사람들과 기꺼이 어울릴 줄 아는 인물이었다. "철학에서 어떤 이로운 점을 발견했냐고 묻자 그는 많은 사람들 사이에서 그가 원하는 만큼 편안한 마음으로 지낼 수 있는 일이라고 대답했다."(디오게네스 라에르티오스, 『그리스 철학자 열전』 II, 68) 이 엄격한 쾌락주의 속에서 키니코스학파의 최고 덕목이었던 자기 제어는 쾌락을 얻기 위해서가 아니라면 터득할 필요가 없었다. 하지만 쾌락이 한 개인을 사로잡는 일은 피해야 하고 개인에게는 선택의 여지가 남아 있어야 했다. "한번은 아리스티포스가 창부의 거처에 발을 들여놓은 적이 있었다. 그와 동행한 젊은이들 가운데 한 명이 얼굴을 붉히자 그는 들어가는 것이 불결한 것이 아니라 들어간 뒤에 나오지 못하는 것이 불결한 일이라고 대답했다."(『그리스 철학자 열전』 II, 69) 에피쿠로스주의에 비해 더욱 또렷한 쾌락의 경계를 가지고 있었던 것이 키레네학파였다. 키레네학파의 철학자들은 쾌락을 사실상 고통의 부재로 이해했던 에피쿠로스적인 사고방식을 시체의 조건과 다를 바 없는 것으로 규정해 거부했다. 키레네학파의 사상가들에게 쾌락은 무엇보다도 긍정적이고 실천적이고 감각적인 쾌락이었다. 이것이 곧 행복의 유일한 내용이었고, 행복이란 한 인생의 모든 즐거움을 합친 것과 다르지 않았다.

3.6 키니코스학파

트라키아 출신이며 고르기아스의 제자였던 안티스테네스도 소크라테스와 특별히 가까운 관계를 유지했다. 플라톤이 그를 날카롭게 비판했던 이유는 아마도 두 사람이 소크라테스의 사상적 후계자라는 위치를 두고 경쟁하는 관계였기 때문일 것이다. 현대 학자들이 가장 많이 다룬 쓸모없는 문제들 가운데 하나는 안티스테네스를 키니코스학파의 철학자로 간주해야 하는가, 아니면 여전히 소크라테스주의자로 보아야 하는가라는 문제다. 하지만 중요한 것은 안티스테네스가 어디에든 잘 어울린다는 사실이다. 안티스테네스는 틀림없이 소크라테스주의자였지만 그렇다고 해서 그를 키니코스학파의 철학자로 간주할 수 없는 것은 아니다. 무엇보다도 키니코스학파가 사실은 보다 극단적이고 고집스러운 형태의 소크라테스주의였기 때문이다. 키니코스학파는 소크라테스로부터 난제를 다루는 방법론적 성향보다는 영혼의 정화와 도덕적 순수함을 추구하는 경향을 물려받았다. 키니코스학파 철학자들은 산파술을 활용하지 않았다(안티스테네스로부터 많은 영향을 받은 크세노폰의 『소크라테스의 변론』에서 산파술을 찾아볼 수 없는 것은 결코 우연이 아니다). 아니, 시간이 흐르면서 이들의 언어는 점점 일종의 설교처럼 변해 갔다. 키니코스학파의 철학적인 입장은 제도와 사회적 관습의 거부, 욕망의 절제를 통한 행복 추구, 자기 제어 전략으로서의 금욕과 개인적인 투쟁의 이상화 등으로 요약될 수 있다(자기 지배, 자기 소유와 같은 개념들은 키니코스학파 철학자들의 우상이 헤라클레스였다는 점을 통해 보다 또렷하게 드러난다. 방랑하며 고통 받는 영웅 헤라클레스는 자신의 힘을 무엇보다도 스스로에게 쏟아 붓는다). 그리고 이러한 특징들은 안티스테네스의 사유를 통해 고스란히 드러난다.

안티스테네스는 엄격하고 존경받는 인물이었지만 이러한 그의 이미지는 '개'에 비유되던 그의 제자 디오게네스Diogenes에게서는 전혀 찾아볼 수 없었다(키니코스학파라는 이름 역시 개를 뜻하는 그리스어 '키온kyon'에서 유래한 것으로 보인다). 흑해에 위치한 시노페Sinope 출신 디오게네스는 '화폐 위조'로 유죄 선고까지 받았지만 이러한 경험을 발판 삼아 온갖 실험을 감행했다. 안티스테네스가 사회적 관습을 거부했다면 디오게네스는 이러한 거부감을 직접적으로 표명했고 방랑자답게 뻔뻔스러운 행동들을 저지르며 세상을 거꾸로 살았다. 이에 관해서는 수많은 일화들이 전해진다. 그는 향유를 머리가 아닌 발에 바르고 뒤로 걷고 생고기를 먹고 다른 사람들이 극장에서 나올 때 안으로 들어갔다. 보통 사람이면 숨어서 할 일을 만인이 보는 앞에서 하고 점심에 초대를 받으면 초대받은 것에 대해 감사하기보다는 오히려 초대에 응한 것으로 감사하다는 인사를 받고 싶어 했다. 그는 스스로 노예가 된 뒤 구매자에게 주인 행세를 하기도 했다. 그의 이러한 뒤집기 전략은 일종의 실험으로 간주되어야 한다. 그가 실험을 통해 확인하는 것처럼 뒤집힐 수 있는 모든 것들은 '자연적 법칙에 따르지 않는' 인위적인 것이었고 따라서 정통하지 않다고 볼 수 있었다. 이러한 것들이 많으면 많을수록 키니코스학파 철학자들에게는 세상이 이미 거꾸로 돌아가고 있다는 것을 의미했다. 시노페의 디오게네스는 조각상처럼 쓸모없는 것들이 그토록 비싼 값에 팔리는 반면 밀가루처럼 유용한 것들을 푼돈으로 살 수 있다는 것을 놀랍다고 여겼다(디오게네스 라에르티오스, 『그리스 철학자 열전』, VI, 35). 키니코스학파의 뒤집기는 따라서 진정한 가치, 즉 자연적인 가치를 회복하기 위한 시도였다고 할 수 있다.

디오게네스의 제자로는 크라테스Krates와 그의 아내 이파르키아Ipparchia가 있다. 여기서 키니코스학파의 전제들을 다르게 해석하는 입장이 대두된다. 박애주의적인 성격의 키니코스학파를 대변하는 얼굴로 크라테스가 떠올랐기 때문이다. 스토아 철학이 그에게서 유래하는 것은 결코 우연이 아니다. 스토바이오스는 철학이 주는 유리한 점이 무엇이냐는 질문에 대해 크라테스가 답변한 내용을 인용한 바 있다. "지갑을 훨씬 더 자주 열어서 가난한 사람들에게 돈을 나누어 줄 수 있을 것이다." 디오게네스 라에르티오스에 따르면(VI, 87) 부유한 집안에서 태어난 크라테스는 모든 재산을 팔아 사람들에게 나누어 주었다고 한다(이것이 키니코스학파를 그리스도교와 연결시켜 주는 유일한 특징은 아니다. 예를 들어 선교 활동이나 극빈, 스스로에게 사회봉사 의무를 부여하는 자세 등도 공통적인 요소라고 할 수 있다. 4세기에 키니코스학파는 알렉산드리아의 막시무스Maximus라는 주교를 배출하기도 했다).

이후 키니코스학파는 완전히 소멸되는 대신 정체기에 접어들었지만 그 사이에 스토아 철학이 유사한 태도와 주제들을 취하면서 성장하기 시작했다. 로마 제국 시대에 들어서면서 키니코스학파는 제2의 전성기를 맞이한다. 이는 그리스도교의 확산에 발맞추어 혹은 경쟁의 형태로 전개되었다. 하지만 이 재현의 시대에는 연극적이고 허구적인 성격이 부각되었고 이러한 면들은 본래의 순수한 키니코스학파에 대해 향수를 느끼던 지식인들에게 부정적인 반응을 불러일으켰다(황제 율리아누스는 "저속한 키니코스학파 철학자들에 대항하여"와 같은 연설문을 집필하기도 했다). 여기서 기억해야 할 것은 키니코스학파가 항상 관중을 필요로 했다는 점이다. 이들의 가르침은 흔히 표면적인 행위와 자극, 혹은 과감하고 무례한 행동에 위탁되곤 했다. 디오게네스에게 사생활이 없었다는 것은 우연이 아니다. 항아리 안에서 잠을 청하던 그는 쉬거나 하고 싶은 대로 할 수 있는 자신만의 공간을 가지고 있지 않았다. 스스로의 정체를 자신의 행동과 일치시키는 일, 개인적인 정체를 포기하고 총체적으로 '철학적인' 정체를 취하는 일, 이것 역시 키니코스학파의 금욕주의의 한 형태였다. 자전적 삶의 구축은 이어서 죽음을 무대 위에 올리는 단계에까지 도달한다. 아마도 키니코스주의의 절정은 그리스도교에서 키니코스주의로 개종한 페레그리누스Peregrinus Proteus라는 인물이 167년 올림픽 기간에 만인이 보는 앞에서 몸에 불을 지르고 자살한 사건일 것이다.

고대 그리스인들이 바라본 성性의 세계

/ 고대 그리스 여성의 정체성

여성의 정체성을 처음으로 남성과 차별화된 존재의 차원에서 이론화한 것은 그리스인들이었다. 이런 식으로 정의된 여성의 정체성은 문화적인 차원에서 성性의 차별화를 주도하는 동시에 정당화하는 요인으로 기능했다.

여성이 남성과 본질적으로 '다르다'는 것은, 그리고 다르게 태어났다는 것은 그리스인들이 조금도 의심하지 않았던 사실이다. 그리스인들은 여성이 여러 가지 측면에서 남성과 다르다고 생각했다. 먼저 생물학적인 차원에서 달랐고 무엇보다도 여성은 아이를 낳을 수 있는 신체 구조를 가지고 있었다. 앞으로 보게 되겠지만 이러한 상황은 그리스인들에게 상당히 심각한 문제였다. 여성은 남성과는 전혀 다른 태도와 성격과 습성을 가지고 있었다. 생각하는 방식도 남성과는 전적으로 달랐다. 그리스인들은 바로 이러한 이유에서 여성들이 성을 억제하지 못한다고 보았다.

/ 신화를 통한 여성의 정체성 구축

여성과 남성의 차이를 논리적으로 이론화한 이들은 당연히 철학자들이었지만 철학자들보다 먼저 이야기를 시작한 이들은 시인들이다. 여성에 관한 최초의 이야기는 헤시오도스가 전하는 최초의 여인 판도라의 탄생 신화다. 프로메테우스는 신들의 불을 훔쳐 인간에게 선사했다. 인간이 발전을 꾀하고 신들과 격차를 줄이도록 하기 위해서였다. 이로 인해 프로메테우스에게는 이루 말할 수 없이 고통스러운 형벌이 가해진다. 쇠사슬에 묶인 프로메테우스는 날마다 독수리에게 간을 쪼여 먹혔고 밤이면 그의 간은 다시 자라났다. 그런 식으로 그의 고통은 끊임없이 반복되었다. 프로메테우스에게 가해진 형벌은 잔인했지만 제우스의 성은 풀리지 않았고 결국 제우스는 모든 인간에게 벌을 주기 위해 한 여인을 지상에 보내기로 결심한다. 그렇게 해서 탄생한 것이 바로 판도라다(헤시오도스, 『일과 날』 42~104, 『신들의 계보』 561~617).

판도라라는 이름이 말해 주듯이(pan은 '모두'를 doron은 '선물'을 뜻한다) 그녀는 여러 신들로부터 갖가지 재능을 선물받은 여인이다. 헤시오도스의 『신들의 계보』에 따르면 그녀는 헤파이스토스로부터 순결한 처녀의 모습을, 아프로디테로부터 '가슴을 타게 하는 욕망'과 '온몸의 기력을 빼앗는 간절함'을 불러일으킬 수 있는 유혹의 기술을, 헤르메스로부터 '과감한 사고'와 '모호한 성격', 그리고 '거짓말'을 꾸며 낼 수 있는 재능을 선사받았다.

판도라가 지상에 발을 디딘 순간부터 남성들의 불행이 시작된다. 헤시오도스가 『일과 날』에서 전하는 바에 따르면 제우스가 어느 날 지상으로 내려보낸 판도라는 프로메테우스의 동생 에피메테우스의 집에 도달한다. 프로메테우스, 즉 선각자를 뜻하는 이름에서 드러나듯이 모든 것을 먼저 이해하고 예상했던 형과 달리 에피메테우스는 모든 것을 뒤늦게야 깨달았던 인물이다. 그는 프로메테우스의 경고에도 불구하고 판도라를 아내로 받아들인다. 그리고 이들의 결합은 그에게뿐만 아니라 온 인류에게 처참한 결과를 가져온다. 에피메테우스의 집에는 비밀스럽게 봉인되어 있고 어떤 이유로든 열리면 안 되는 항아리가 하나 있었다. 하지만 다른 모든 여인들과 마찬가지로 궁금증을 이기지 못한 판도라가 항아리를 여는 순간 안에서 세상의 온갖 재앙들이 밖으로 튀어나온다. 판도라가 놀라서 항아리의 뚜껑을 닫았을 때에는 악한 기운들이 모두 세상으로 퍼져 나간 뒤였고 항아리 바닥에는 오로지 '엘피스Elpis', 희망만이 남게 된다. 인류가 오로지 희망 하나만 가지고 살아가는 것은 전적으로 판도라 때문이다. 하지만 판도라의 신화가 가진 가장 흥미로운 점은 판도라가 창조되는 과정이다. 성서의 이브와 달리 판도라는 남성의 신체 일부에서 탄생하지 않고 헤파이스토스에 의해 물과 흙으로 빚어졌다. 여기서 드러나는 남성과의 차이점은 단순히 다르다는 말만으로는 충분히 설명되지 않는다. 판도라는 타자성을 표상한다. 헤시오도스는 판도라의 이야기를 전하면서 "여성이라는 종족genos과 여성들만의 부족들phylai이 그녀에게서 유래"한다고 말한다. 여성은 남성 종족과 구별되는 '또 다른' 종족이다. 헤시오도스는 모든 여성이 판도라의 후손이라고 말한다. 다시 말해 판도라의 여성은 남성의 기여 없이 자율적으로 번식한다.

물론 이 부족들이 과연 어떤 모습을 하고 있는지에 대해 헤시오도스가 설명하는 것은 아니다. 하지만 그리스인들이 이를 어떤 식으로 이해했는지 구체적인 예를 제시하는 또 다른 시인이 있다. 세모니데스Semonides는 여성을 여러 가지 유형으로 분류하면서 이 부족들의 특징을 묘사한 바 있다. 그에 따르면, 흙으로 빚어진 여인들이 선과 악을 구별하지 못하고 오로지 먹는 일만 생각하는 반면 물에서 탄생한 여인들은 바다처럼 이중적인 성격을 가지고 있다. 다시 말해 하루는 행복해하고 모두를 행복하게 만드는 반면 다음 날은 도저히 접근할 수 없는 존재로, 마치 새끼들을 보호하려는 암캐처럼 공격적인 존재로 변한다.

동물들의 후예로 여러 가지 특징을 타고나는 여인들도 있다. 돼지의 후예로 태어나는 여자들은 퇴비 속에서 뒹굴며 살만 찌운다. 여우의 후예로 태어난 여자들은 변절하기 쉽고 모든 것을 파악하고 관리하며 상황에 적응하는 재주를 지녔다. 개의 후예로 태어난 여자들은 끊임없이 중얼거리며 집안을 배회한다. 나귀의 후예로 태어난 여자들은 참을 줄 알고 열심히 일하고 매를 맞아도 반항하지 않는다. 하지만 그만큼 항상 아무하고나 사랑을 나눌 자세를 갖추고 있다. 고양이의 후예로 태어난 여자들은 볼품이 없고 도둑질을 일삼으며 색을 밝힌다. 말의 후예로 태어난 여자들은 세련되고 우아하며 머리를 항상 단정하게 빗고 다닌다. 하지만 이런 여자들은 남편에게, 그가 왕이 아닌 이상, 치명적인 해가 될 수 있다. 원숭이의 후예로 태어난 여자들은 꾸부정하거나 목과 허리가 없고 나쁜 일을 벌일 생각만 한다. 그리고 놀랍게도 이 긴 목록 뒤에 긍정적인 특징을 가지고 있는 여인이 한 부류 등장한다. 바로 벌의 후예로 태어나는 여자들이다. 이 여자들은 남편에게 충실하고 자식들에게 헌신적이다. 이런 여자와 결혼하는 남자는 행운아라고 할 수 있다. 하지만 시를 끝까지 읽다 보면 저자가 이런 종류의 여자들은, 즉 벌의 후예들은 더 이상 존재하지 않는다고 생각한다는 것을 깨닫게 된다. 저자의 결론에 따르면, 여자와 함께 사는 남자는 결국 하루도 편할 날이 없다.

/ 남성과 여성의 신체적 차이와 정신적 차이

지금까지 시인들은 여인들의 성격이나 자질에 주목했지만 고대 그리스에서 여성의 문제가 이러한 영역에만 국한되었던 것은 아니다. 여성과 관련된 문제들 가운데 그리스인들이 가장 심각하게 받아들였던 것은 아이들을 낳는 것이 다름 아닌 여자들이라는 사실이었다. 왜냐하면 자식들은 오로지 아버지에 의해서만 생성될 수 있다는 인식에 위배되는 현상이었기 때문이다. 시간이 흐르면서 사상가들은 이러한 원리를 부인하는 성향을 보이기 시작했다. 상당수의 철학자들, 예를 들어 아낙사고라스, 파르메니데스, 데모크리토스, 에피쿠로스Epikuros, 히포크라테스 등은 중도적인 입장을 취하면서 어머니가 자식들을 낳는 데 어떤 식으로든 '기여'한다고 보았다. 그러나 이 '기여'란 정확하게 무엇을 말하는가?

기원전 458년에 무대에 오른 3부작 비극 『오레스테이아』의 한 유명한 구절에서 아이스킬로스Aeschylos는 복수 문화에 종지부를 찍고 법률의 탄생을 경축하면서 현대 여성들은 눈살을 찌푸릴 수밖에 없는 견해를 표명한다. 널리 알려진 이야기이지만 간략히 요약하면, 트로이 전쟁이 끝나고 아르고스로 돌아온 아가멤논을 아내 클리타임네스트라가 살해하자 이에 분노한 그녀의 아들 오레스테스가 아버지의 원수를 갚기 위해 어머니를 살해한다. 이어서 이에 분노한 에리니에스, 즉 혈연관계를 수호하는 여신들이 오레스테스를 괴롭히며 신들에게 클리타임네스트라의 원한을 갚아야 한다고 주장하기 시작한다. 에리니에스의 집요한 청원 끝에 아테나 여신은 아테네 역사상 최초의 법원 아레오파고스를 세우고 이곳에서 오레스테스가 재판을 받도록 만든다. 법원이 설립되면서 복수의 세계도 막을 내린다. 하지만 아테네가 세운 법의 세계에서 발표된 첫 번째 판결문은 오레스테스에게 무죄를 선포한다. 무죄 판결의 기준은 바로 여성들을 열등한 존재이자 남성에게 종속된 존재로 바라보는 남성 우월주의라는 원칙이었다. "자식들을 생성하는 존재는 어머니가 아니다. 어머니라는 존재는 그저 그녀 안에 뿌려진 씨앗을 기른 모체에 지나지 않는다. 진정한 생성의 주체는 그녀를 수태케 한 아버지다." 이는 아폴론이 오레스테스를 변호하며 했던 말이다. 복수와 법률의 대립을 대체하며 아버지와 어머니의 대립이 부각되었을 때 결국 우위를 점한 것은 아버지였다. 그런 식으로 오레스테스는 혐의에서 벗어난다.

아리스토텔레스는, 아이스킬로스의 생각보다는 덜 극단적이지만 여전히 남성 우월주의적인 관점에서, 여인들 역시 번식 과정에서 일정한 역할을 담당한다고 보았다. 아리스토텔레스에 따르면 정액은 일종의 피나 마찬가지다. 좀 더 고차원적일 뿐 월경의 경우와 비슷하다. 피란 사실상 신체 밖으로 방출되지 않고 열에 의해 변형되지 않은 상태의 영양소에 지나지 않는다. 여성은 남성에 비해 덜 뜨겁기 때문에 정액의 생산에 필요한 마지막 변형을 이루어 내지 못한다. 따라서 정액이 여성의 신체 일부를 뜨겁게 달구면서 그것을 새로운 존재로 변형시킨다(『동물의 생성에 관하여*De generatione animalium*』 728 a, 17 ss). 달리 말하자면 정액은 능동적인 역할을, 여성의 피는 수동적인 역할을 담당한다. 따라서 여성의 기여란, 그것이 아무리 필수적이라 하더라도, 질료를 제공하는 것에 지나지 않는다. 질료란 본질적으로 수동적일 수밖에 없으며 이 질료에서 여성은 스스로의 정체성을 발견한다. 반면에 남성의 기여는 정신적이고 능동적이며 창조적이다.

끝으로, 결코 간과할 수 없는 남성과 여성의 차이는 바로 정신적인 차이이다. 그리스인들은 여성이 남성과는 다른 방식으로 사고하며 남성에 비해 열등한 지적 능력을 가졌다고 보았다. 즉 남성만의 고통이자 자랑인 '밝고 높은' 이성 '로고스logos'를 여성은 가지고 있지 않다고 본 것이다. 여성들이 소유할 수 있는 유일한 이성은 '메티스metis', 즉 로고스와는 달리 추상적이지 않으며 분류할 줄 모르고 카테고리를 구축할 줄 모르는 낮은 수준의 지성이다. 메티스는 구체적이고 개별적인 경우, 특정한 문제에 주목하는 이성이다. 그리고 경험의 산물이며 성찰과 실습을 통해 얻은 지식의 산물이다. 앎의 대상에 결코 일률적인 방식으로 도달하지 않으며 주로 속임수나 함정, 전략을 사용하고 간접적인 방식으로, 구불구불한 길을 통해 목표에 도달한다. 이 메티스가 바로 여성들만의 사고방식과 일치한다.

여기서 집고 넘어가야 할 것은 여성들에게는 로고스가 없는 반면 남성들은 로고스와 메티스를 동시에 소유할 수 있다는 점이다. 이러한 특징을 효과적으로 설명해 주는 것은 역시 신화다. 헤라와 맺어지기 전에 제우스에게는 아내가 있었다. 이 여인의 이름이 다름 아닌 메티스다. 제우스와 메티스의 관계에 대해 우리가 알고 있는 독특하면서도 혐오스러운 이야기는 헤시오도스의 『신들의 계보』에 등장한다. 어느 날 제우스는 메티스가 임신했다는 소식을 듣고 오래된 예언을 떠올린다. 즉 메티스가 낳은 그의 아들이 그를 신들의 왕좌에서 물러나게 하리라는 것이었다. 제우스는 이 일을 막기 위해 메티스를 집어삼킨다. 결론적으로 말하자면 남성들이 메티스를 소유할 수 있는 것은 바로 이 때문이다.

다시 여성들만의 세계로 돌아가 보자. 아리스토텔레스에 따르면 여성들은 성욕을 제어하는 능력을 가지고 있지 않다. 여성의 성생활을 엄격히 관리할 필요성은 바로 여기서 생겨난다. 아폴로도로스에 따르면, 어느 날 제우스와 그의 아내 헤라는 남성과 여성 중에 누가 더 많은 성적 쾌락을 느끼는지에 대해 대화를 나눈 적이 있다. 이 질문에 차분하게 대답하는 것은 당연히 제우스뿐이다. 한편 남성이기도 했고 여성이기도 했던 예언자 테이레시아스에 따르면 성행위가 주는 쾌락을 모두 10으로 나눌 때 남성이 느끼는 것은 1에 불과하지만 여성이 느끼는 것은 9에 달한다.

/ 고대 그리스인들의 성性 관념에 대하여

여성의 성생활을 엄격하게 관리해야 하는 이유가 충분했다면, 한편 이러한 관리가 남성들에게 맡겨져야 한다는 점에 논리적인 근거를 마련했던 인물이 바로 아리스토텔레스다. 아리스토텔레스는 성과 관련하여 무언가를 결정할 수 있는 능력이 여성에게 전혀 없는 것은 아니지만 여성들은 그러한 능력을 '권위 없이' 소유할 뿐이라고 보았다(『정치학』 I, 13, 1260a). 결과적으로 남성은 여성에 대해 국가적인 차원에서 고위 관리가 행사하는 것과 유사한 권위를 행사한다. 하지만 고위 관리들이 때에 따라 바뀌는 것과는 달리 남성과 여성의 관계에는 변화가 없다. "남성과 여성의 관계에서 남성은 여성보다 자연적으로 우월하며 여성은 남성의 명령을 따른다. 모든 남성들이 이러한 방식으로 여성과 관계한다."

그리스인들은 여성들의 성생활에 대한 꼼꼼히 관리가 절대적으로 필요하다고 생각했고 여성들은 창녀가 아닌 이상 남편하고만 성관계를 해야 한다고 법으로 정해 놓았다. 남편과 아내의 관계를 벗어난 모든 성관계는 위법행위로 간주되었다. 이를 어긴 사람에게는 시민들 중에 누구라도 자발적으로 벌을 가할 수 있었고 사형까지도 가능했다. 그리고 이러한 법은 결혼한 여자뿐만 아니라 독신이나 과부의 경우에도 적용되었다. 반면에 남성들은 성행위에 관한 한 전폭적인 자유를 누렸다. 위僞 데모스테네스Pseudo-Demosthenes가 창부 네아이라Neaira의 입장을 논박하는 연설에서 읽을 수 있듯이, 아테네의 남성은 세 명의 여자를 거느릴 수 있었다. 이 여자들은 자식들을 낳아 주는 아내damar와 "신체의 일상적인 관리"를 위한, 다시 말해 고정적인 성관계를 위한 첩pallake, 그리고 특정 교육을 받은 일종의 고급 창부로 아내나 첩이 참여할 수 없는 행사에 남성과 동행하던 헤타이라hetaira였다.

언급이 필요한 또 한 가지 사실은 아테네 법이 아들과는 달리 딸을 법적 상속 대상에서 제외시켰다는 점이다. 딸들이 요구할 수 있는 유일한 재산은 혼인 지참금뿐이었다. 하지만 재산을 물려줄 아들이 없는 상태에서 아버지가 세상을 떠날 경우 딸이 비록 재산은 물려받을 수 없었지만 가문의 재산이 그녀의 자식들에게 돌아갈 수 있도록 다리를 놓아 주는 중재자 역할을 할 수 있었다. 이 경우 재산이 외부인의 손에 들어가는 것을 피하기 위해 가장 가까운 친척 중 한 명에게 시집을 갈 수밖에 없었다.

그러나 여성 정체성의 이론화가 여성들의 삶에 끼친 영향은 법적인 차원에만 국한되지 않는다. 감정적이고 성적인 차원에도 적지 않은 영향을 끼친 것이 사실이기 때문이다. 이에 관해 가장 흥미로운 정보를 제공하는 인물은 역시 아리스토텔레스다. 윤리를 주제로 다루는 저서에서뿐만 아니라 『정치학』에서도 아리스토텔레스는 '필리아philia'에 대해 언급한다. 흔히 '사랑'이라는 말로 번역되는 이 용어는 우정, 어머니의 사랑, 남편과 아내의 사랑 등 상당히 다양한 관계에서 모습을 드러내는 감정을 가리킨다. 남편과 아내의 사랑에 관해서도, 아리스토텔레스는 서양철학사에 지대한 영향력을 행사하게 될 몇 가지 중요한 관점을 제시했다. 아리스토텔레스는 인간이 본능적으로 짝을 지으려는 경향이 있고 이는 다른 동물들처럼 단순히 번식을 위해서가 아니라 결혼이 서로에게 훌륭한 삶을 보장하기 위한 방편이기 때문이라고 보았다.

부부 간의 사랑은 배우자의 성향과 기량에 대한 평가를 기준으로 하는 이성적이고 평화로운 성격의 감정이었다. 여성 역시 종류가 다를 뿐 나름대로의 기량을 가지고 있었다. 아리스토텔레스는 부부 관계를 돈독히 하는 데 자식들도 큰 몫을 하며 자식이 없는 부부의 관계는 그만큼 깨지기가 쉽다고 보았다. 여하튼 남편과 아내 사이의 사랑은 쾌락과 유용성을 모두 선사하는 종류의 사랑이었다.

그러나 '필리아' 말고도 또 다른 형태의 사랑, 즉 날개를 단 신 에로스의 화살에 의해 발생하는 열정적이고 감각적인 사랑이 존재했다. 이러한 사랑은 원칙상 결혼한 사람들에게서는 찾아보기 힘들다. 에로스는 오히려 불륜 혹은 위험한 관계에서 더 쉽게 발견된다. 하지만 남성들은 이러한 에로스적인 사랑을 경험할 수 있는 또 하나의 가능성을 가지고 있었다. 남성들은 소년과도 교제할 수 있었다. 여기서 분명히 짚고 넘어가야 할 것은 이러한 관계를 동성애로 정의 내릴 수 없다는 점이다.

그리스인들은 사실 동성애라는 단어도 알지 못했고 개념도 가지고 있지 않았다. 그들에게 동성애 개념이 없었다고 볼 수밖에 없는 이유는 그들의 남성미에 대한 생각이 현대인의 관점과는 전적으로 달랐기 때문이다. 그리스인들은 남성미가 반드시 여성과의 관계 속에서만 발산되는 것이 아니라 상대가 여성이든 남성이든 능동적인 입장을 취할 때 발산되는 것으로 이해했다. 연애 상대가 소년일 경우 동성애가 성립되지 않는 또 다른 이유는 소년이 어린 나이로 인해 남성으로 분류되지 않았기 때문이다.

그리스인들은 두 남성으로 구성된 커플을 사회적이고 문화적인 측면에서 기꺼이 받아들였다. 단지 능동적인 역할을 하는 남성과 수동적인 역할을 하는 미소년 사이에 나이 차이가 많다는 문제가 남아 있었을 뿐이다. 하지만 나이 차이가 많이 난다는 것은 곧 경험의 차이가 존재한다는 것을 의미했다. 즉 남성은 소년에게 무언가를 가르칠 수 있는 입장에 설 수 있었고 소년이 완전한 시민이 되도록 도울 수 있었다. 남성은 이제 도시사회의 새로운 구성원이 성장하는 데 기여하면서 일종의 문화적인 과제를 수행하는 셈이었다. 이러한 조건하에서 그리스인들에게 동일한 성을 가진 두 사람의 관계는 (남성의 경우에 한해서) 사회적으로 수용할 만한 것이었고 따라서 공개적인 경험의 대상이었다. 그 흔적은 흔히 소년을 위해 쓰이던 고대 시에서 발견된다. 그리스에서 소년들은 때로는 신과 같은 대접을 받았다. 예를 들어 사람들이 시인 아나크레온Anakreon에게 왜 신들이 아닌 젊은 소년들을 위해 시를 쓰느냐고 묻자 그는 "그들이 바로 그의 신들"이라고 답했다.

하지만 두 여성 간의 사랑에 대한 이야기는 상당히 다른 양상을 보인다. 여성 간의 사랑이 언급되는 곳은 플라톤의 『향연』이다. 여기서 아리스토파네스는 성의 기원에 대한 자신의 이론을 제시한다. 인간들은 한때 우리와 같은 모습을 하고 있지 않았다. 원래 인간은 공 모양을 하고 있었고 네 손과 네 발로 굴러다녔다.

이들은 각각 공의 양쪽에 두 개의 얼굴을 가지고 있었고 역시 공의 양쪽에 두 개의 성기를 가지고 있었다. 이들 중 어떤 이들은 두 개의 남성 생식기를, 어떤 이들은 두 개의 여성 생식기를, 양성인 사람은 남성 생식기와 여성 생식기를 하나씩 가지고 있었다. 하지만 너무 오만해진 이들은 어느 날 제우스에게 벌을 받아 몸의 반쪽을 잃어버렸다.

그 순간부터 남은 한쪽은 잃어버린 한쪽을 찾아 나서기 시작했다. 태초에 완전히 남자였던 인간은 또 하나의 남자를, 태초에 완전히 여자였던 인간은 또 하나의 여자를, 태초에 양성이었던 인간은 잃어버린 이성을 찾아 나섰던 것이다. 아리스토파네스가 결론적으로 제시하는 설명은 다음과 같다. 남자를 찾는 남자들은 사실상 가장 우월한 인간들이며 남성미를 가장 출중하게 발산하는 이들이다. 이들은 정치가의 자질을 타고났으며 사회적 편의를 위해 결혼을 하지만 여자들 없이도 얼마든지 행복하게 살아갈 수 있다. 양성에서 유래하는 인간들은 여성을 사랑하며 불륜을 저지르기 쉽다. 끝으로 여자를 찾는 여자들을 아리스토파네스는 여성 동성애자라고 부르면서 이 말이 상당히 치욕스러운 표현이라고 설명했다.

III

플라톤의 사상

La filosofia
e le sue storie

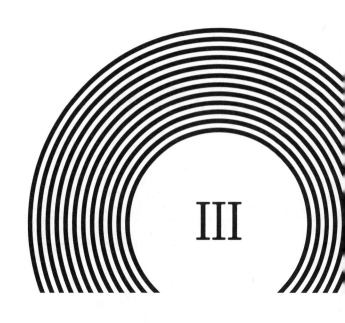

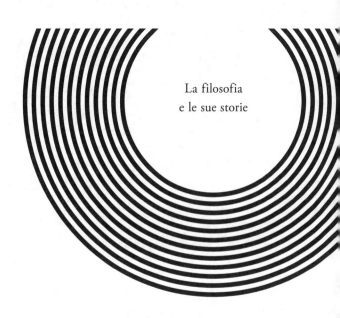

기원전 411년
아테네 400인
과두제 정부 출범

기원전 404년
펠로폰네소스 전쟁 종결
아테네의 패배와
30인 참주 정부 출범

기원전 387년
아카데미 창설

기원전 371~362년
그리스에서 테베의 패권 장악

기원전 336
필리포스 2
알렉산드로스
마케도니아의

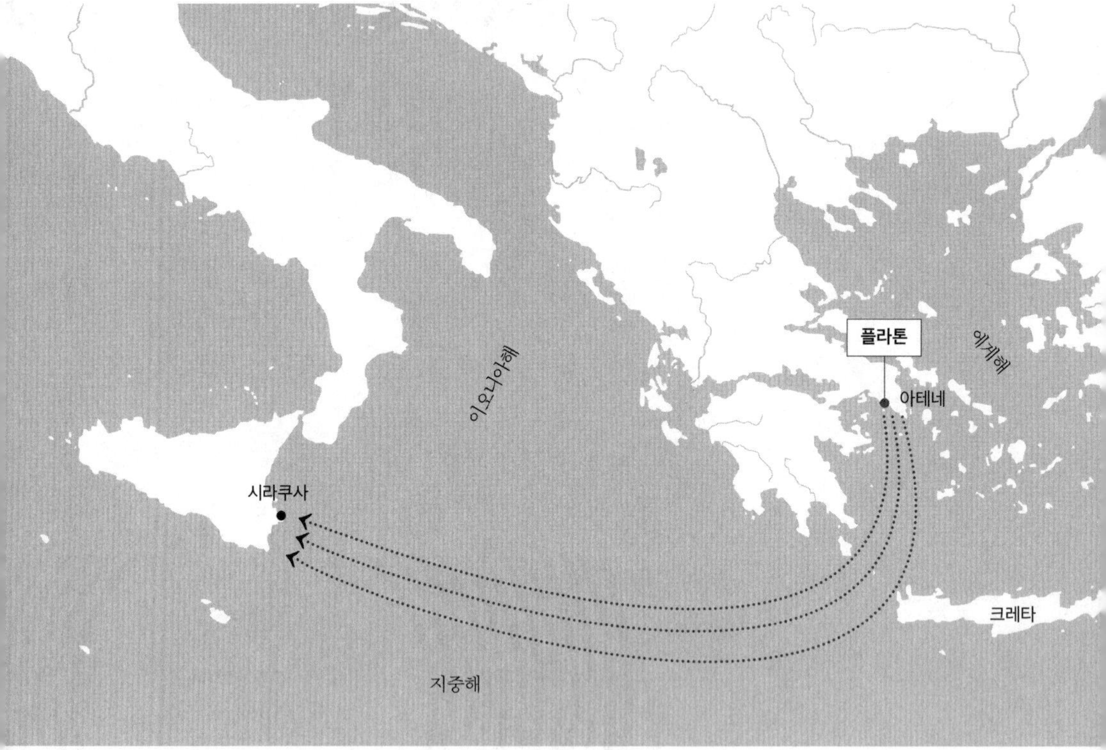

기원전 428년
아테네에서
플라톤 탄생

기원전 408년경
소크라테스의
제자로 입문

기원전 399년
소크라테스의
재판과 사망

기원전 388(387)년
플라톤의 첫 번째
사라쿠사(시칠리아) 여행

기원전 367년
플라톤의 두 번째
사라쿠사 여행

기원전 361년
플라톤의 세 번째
사라쿠사 여행

기원전 347년
아테네에서 플라톤 사망

20세기의 저명한 철학자 알프레드 화이트헤드Alfred North Whitehead는 『과정과 실재*Process and Reality*』에서 "유럽의 철학 전통이 가지고 있는 가장 확실한 특징은 그것이 플라톤 철학에 대한 일련의 각주로 이루어졌다는 점이다"라고 천명한 바 있다. 이를 플라톤 철학에 굉장히 심취했던 한 철학자의 과장 섞인 발언이라고 볼 수 없는 이유는 플라톤의 시대에서 우리 시대에 이르기까지 결과적으로는 모든 철학이, 심지어는 플라톤의 입장과 정반대되는 입장을 표명할 때조차도, 직접적이든 간접적이든 항상 플라톤을 언급하기 때문이다. 다시 말해 플라톤은 좋든 싫든 우리가 여전히 고민하는 많은 문제들에 대한 일련의 질문들을 제시했던 철학자다.

바로 그런 차원에서 플라톤을 알고 이해한다는 것은 상당히 중요한 과제라고 할 수 있다. 앞으로 살펴보겠지만 플라톤의 저서를 토대로 그의 철학을 정의한다는 것은 사실상 불가능하다. 그 이유는 그의 철학이 안고 있는 수많은 내부적인 모순과 변화무쌍한 전개를 집필 시기에 따라 다양한 각도에서 평가해야 하기 때문이다. 따라서 그의 이론을 이해하는 것도 중요하지만 그가 제시했고 이어서 오랜 세월이 흐르는 동안 많은 철학자들이 나름대로 답변을 시도해 왔던 일련의 질문들을 함께 이해할 필요가 있다. 우리는 플라톤이 남긴 사유의 숨소리를 고대 말기의 신플라톤주의에서, 성 아우구스티누스의 철학에서, 인간이 사물을 이해하는 방식에 관한 중세의 논쟁에서, 르네상스 시대의 플라톤주의에서, 독일의 관념주의 철학에서, 현대의 수많은 논리학자들과 과학자들의 사유 속에서 다시 들을 수 있다.

플라톤의 첫 번째 가르침은 철학이란 계시종교와는 달리 서로의 생각을 비교하고 대화를 통해 실천하는 학문이라는 것이었다. 우리가 플라톤을 소피스트로 볼 수 없는 이유는 그가 진실이란 상황에 따라 변할 수 있고 누군가를 설득하려고 하는 자의 상황이나 그가 안고 있는 문제에 따라 다르게 해석될 수 있다고 보았기 때문이다. 그의 대화록은 대화자가 비록 이해는 못했지만 처음부터 어렴풋이나마 알고 있던 무언가를 도출해 내기 위해 쓰였다고 볼 수 있다. 플라톤은 이론적인 논리를 통해서만 철학을 하는 것은 아니며(그는 『파르메니데스』 같은 난해한 대화록에서 굉장히 비범한 논리의 철학을 펼쳐 보이기도 했다) 몇몇 중대한 철학적 문제들은 신화와 비유를 통해서도 명쾌하게 밝혀질 수 있다고 가르쳤다. 플라톤이라는 이름을 한 번이라도 들어 본 사람들이 좀 더 또렷하게 기억하는 것은 아마도 플라톤의 비유(예를 들어 동굴의 비유나 백마와 흑마의 비유)일 것이다. 그리고 상당히 많은 사람들이 플라톤의 철학을 이러한 비유들의 인용이나 기억의 범위 안에서 이해하는 것이 사실이다. 하지만 플라톤의 비유를 대화록의 문맥 속에서 읽고 그의 철학을 보다 개괄적인 관점에서 이해하게 되면 그가 정말 이야기하려고 했던 것이 무엇이었는지 훨씬 또렷해진다.

역사상 가장 다양한 방식으로 해석되어 온 플라톤의 철학이론 가운데 하나는 틀림없이 이데아 이론일 것이다. 하지만 이 경우에도 학생들은 일반적인 통념에 따라, 예를 들어 플라톤이 한 마리의 특정한 '말' 대신 '말'이라는 개념을 연구한 것으로, 다시 말해 개별적인 사물들을 관념화하는 데 몰두했던 것으로 이해한다. 하지만 실제로 플라톤은 이러한 방식을 상당히 경계했던 철학자다. 그가 탐구했던 것은 오히려 아름다움이나 선, 정의, 단일성이나 다양성과 같은 수학적인 개념과 보편적인 언어였다. 이러한 개념들에 대해 플라톤은 확고한 생각을 가지고 있었다. 플라톤에 따르면, 이 개념들은 동굴에 갇혀 살아가는 인간이 그 안에서 발견하는 어둡고 모호한 이미지(혹은 우리가 감각적으로 인식하는 사물들)가 아니라 영원한 초자연적 실체들이었고 이들을 볼 수 있는 곳으로 우리를 인도하는 것이 바로 철학적 사고의 과제였다. 플라톤은 아울러 이 개념들이 사물의 모형으로 그치는 것이 아니라 이러한 개념의 초라한 모방에 지나지 않는 경험을 통해 우리가 인식하는 사물들의 직접적인 존재 근거가 된다고 생각했다. 『크리톤』에서 소크라테스가 시민이 나라의 법을 무시하는 것은 있을 수 없는 일이라며 부당하지만 죽음을 받아들이겠다고 확언할 수 있었던 것은 그가 이에 대한 순수한 의견 내지 경험을 가지고 있었기 때문이 아니라 정의에 대한 분명한 개념을 가지고 있었기 때문이다. 인간이 영혼의 밑바닥에 간직하고 있는 이러한 개념들을 밝혀내는 것이 바로 산파술에 비유되는 소크라테스의 문답법, 즉 아이를 낳는 산모를 도와줄 뿐 대신 아이를 낳아 주지는 않는 방식의 문답법이었다.

하지만 오늘날까지도 철학자들은 정의라는 개념이 과연 불멸하는 개념으로 존재하는지, 아울러 달리는 '말'과 같은 감각적인 실체의 개념 혹은 본질에 대해 이야기한다는 것이 정말 가능한 일인지, 즉 우리가 경험을 토대로 인식하는 모든 '말'들의 모형이 될 수 있는 정의를 내린다는 것이 가능한지의 여부에 대해 여전히 고민하고 있다. 중세에도 이러한 주제를 중심으로 '보편적'인 관념에 대한 열띤 논쟁이 있었고, 플라톤주의에 영향을 받은 성 아우구스티누스도 인간에게 태어나면서부터 주어진 진실은 인간의 영혼 안에 내재한다고 생각했다(현대 철학의 인식론 내부에도 진실의 내재주의라는 문제를 여전히 지지하거나 반대하는 상이한 입장들이 존재한다).

물론 플라톤은 우리에게 이보다 훨씬 더 많은 유산을 남겨 주었다. 예를 들어 『소피스트』에 등장하는 분할법diairesis 모형은 현대 정보과학을 지배하고 있는 '이진 제어 방식'의 먼 친척처럼 느껴지는 부분이 있다. 하지만 플라톤은 그가 속한 시대의 아들이었고, 오늘날 우리가 그의 정치적 제안을 받아들이거나 예술을 모방의 모방으로 보는 그의 편파적인 견해를 그대로 받아들일 수 있는 것은 아니다.

우리는 어쩌면 플라톤을 이해하거나, 플라톤 이후의 모든 철학, 예를 들어 플라톤 철학에 대한 철저한 비평가였던 아리스토텔레스의 철학을 전혀 이해하지 못하거나 둘 중에 하나를 선택해야 하는 상황에 놓여 있는지도 모른다.

1

플라톤

1.1 삶, 성장 과정, 정치적 경험

플라톤은 아테네에서 88차 올림픽이 열렸던 해 아티카 달력으로 11번째 달인 타르겔리온Thargelion 7일(기원전 428/427년 5월 중순)에 태어났다. 이날은 델로스의 주민들이 아폴론이 태어났다고 믿는 날이기도 하다. 그의 가문은 아테네의 가장 유서 깊은 가문들 중에 하나였다. 그의 아버지 아리스톤Ariston은 아테네의 마지막 왕으로 간주되는 전설적인 인물 코드로스Kodros의 후손으로, 어머니 페릭티오네Periktione는 아테네의 입법자였던 솔론의 후손으로 알려져 있다. 아테네 역사와 깊은 연관성을 가지고 있는 플라톤 가문의 이름은 기원전 5세기의 아테네 정치사에 빈번히 등장하는 이름들 중에 하나다. 플라톤의 아버지는 페리클레스의 민주주의를 이념으로 하는 정당의 지도자들 중에 한 명이었고 반대로 과두정치파의 수장이었던 그의 이모부 크리티아스는 기원전 404년에 '30인 참주정치'(이 중 한 명이 플라톤의 또 다른 이모부 카르미데스였다)의 시작을 알린 반민주주의 혁명을 주도하기도 했다.

젊은 플라톤의 정신적인 성장기에 일어난 가장 중요한 사건은 당연히 소크라테스와의 만남이었다. 소크라테스의 삶과 사고방식은 플라톤에게 깊은 인상을 심어 주었다. 그의 비극적인 사망 이후 플라톤은 스승 소크라테스를 자신의 대화록에 거의 빠짐없이 주인공으로 등장시켰다. 하지만 그렇다고 해서 그의 대화록이 철학자 소크라테스의 사상을 고스란히 대변한다고 보는 것은 편협한 의견이다. 어쨌든 소크라테스의 죽음은 플라톤이 그의 사회적 위치나 가문의 입장 때문에 발을 들여놓을 수밖에 없었던 아테네 정치계에 대해 입장을 전적으로 달리하도록 만들었다. 소크라테스는 선동적인 성격이 강한 민주주의 정부를 반대하는 입장이었지만 그렇다고 해서 '30인 참주들'의 잔인하고 실험적인 과두정치에 휘말렸던 것은 아니다. 스승 소크라테스의 이러한 중립적인 입장에 강한 영향을 받은 젊은 플라톤은 비록 그의 가문을 대표하는 인물들이 모두 새 정부의 주요 직책을 맡고 있었지만, 정부를 멀리하는 입장을 취했다. 플라톤과 소크라테스학파 철학자들은 민주주의 정부가 그들의 스승을 재판에 회부하고 사형을 선고한 사건(기원전 399년)이 부당하기 이를 데 없는 처사였고 그 재판은 파렴치한 정치 보복을 은폐하기 위한 수단에 불과하다고 보았다. 하지만 이러한 부정적인 경험이 플라톤으로 하여금 아테네 정치에 직접적으로 관여하는 것을 포기하도록 만들었던 것으로 보인다. 플라톤이 보기에 아테네에는 근본적인 변혁이 필요했고 그것은 한 개인의 힘으로 이루기에는 너무 어렵고 위험한 과제였다.

소크라테스 사망 이후부터 시작되는 플라톤의 삶에 대해 우리가 알고 있는 소식들은 거의 대부분이 「일곱 번째 편지」에 수록된 내용에서 유래한다. 일종의 자서전이라고 볼 수 있는 이 편지는 플라톤이 노년에 접어들어 시라쿠사의 친구들에게 보내기 위해 썼던 것으로 추정된다. 하지만 이 편지의 진위 여부는 오랫동안 지속되어 온 논쟁의 대상으로 남아 있다. 한편에는 이 편지가 플라톤이 쓴 것으로 추정되는 13편의 서간문 중에 하나이고 이 서간문들이 고대의 서간문 대부분이 그렇듯이 의심할 여지없이 외전에 속한다는, 즉 위조되었으리라는 사실을 토대로 이 편지의 정통성을 부정하는 학자들이 있다. 위조자가 널리 알려진 플라톤의 저서들을 참조하고 아카데미 선전에 필요한 논제들을 첨가하면서 편지를 작성했을 가능성이 높다고 보는 것이다. 하지만 이와 정반대되는 의견에 따르면 편지에 사용된 문투뿐만 아니라 내용까지도 플라톤의 저서와 사상을 충실하게 따르고 있기 때문에, 플라톤이 편지를 직접 쓰지는 않았다 하더라도 그와 상당히 가깝거나 그에 대한 많은 정보를 상세히 알고 있는 누군가에 의해 쓰였을 가능성이 높아 보인다(플라톤의 조카이자 플라톤의 뒤를 이어 아카데미를 지도했던 스페우시포스Speusippus가 편지의 저자일 가능성도 충분히 있다). 그렇다면 「일곱 번째 편지」는, 물론 정통한 자서전이라고는 볼 수 없지만 소중한 문헌으로서의 가치는 충분하다고 볼 수 있다. 따라서 소크라테스의 사망 이후 플라톤의 행적에 관한 이 편지의 정보를 토대로 그의 삶을 신중하게 추적해 보는 것은 충분히 가능한 작업이다. 이 편지에 실린 이야기는 플라톤이 정치적 목적으로 세 차례에 걸쳐 떠난 시라쿠사 여행을 중심으로 펼쳐진다.

플라톤이 첫 번째 여행(기원전 388/387년)을 떠난 것은 강력한 영향력을 행사하던 독재자 디오니시오스Dionysius 1세와의 만남을 위해서였다. 「일곱 번째 편지」에서 플라톤은 최고 권력자들이 변해야만 정치의 병적인 측면들이 치료될 수 있다는 사실을 마침내 깨달았다고 이야기하면서 나라를 다스리는 이들 가운데 '철학자들'(즉 지적인 측면에서뿐만 아니라 도덕적인 측면에서 훌륭한 인물들)이 있거나 정치인들이 철학자(이것이 바로 플라톤이 『국가』에서 중점적으로 다루는 문제다)로 개종해야 할 필요가 있다고 말한다. 플라톤이 아마도 이와 비슷한 '개종'을 종용할 목적으로 디오니시오스 1세에게 다가갔을 가능성이 높아 보이지만 결국 그는 실망을 안고 곧장 아테네로 돌아오고 말았다.

플라톤은 이어서 20년에 걸쳐 그의 학교, 즉 아카데미의 건설과 철학 연구에 주력하게 된다. 그는 그리스 전역에서 젊은 지성인들 가운데 뛰어난 인물들을 한곳에 모으고 이들과 같이 살면서 소크라테스적인 차원의 철학적 토론에 힘쓰고 과학적 탐구와 수학에 몰두할 수 있도록 노력하면서 '철학자들의 정부'를 실현할 수 있는 지도자 그룹 양성에 총력을 기울였다.

기원전 367년 디오니시오스 1세가 사망하고 그의 아들 디오니시오스 2세가 왕위에 오르면서 시라쿠사의 귀족 출신이자 플라톤의 총애를 받던 제자 디온 Dion에게 새로운 기회가 주어지고 이를 계기로 시라쿠사의 정치적 혁명을 향한 희망의 불씨가 다시 한 번 타오르게 된다. 디온은 플라톤에게 다수의 아카데미 회원들로 구성된 사절단 단장으로 재차 시라쿠사를 방문해 줄 것을 요청한다. 디온은 새로운 왕을 아카데미의 정치적 프로젝트를 실현하기 위한 협력자로 만들 수 있다고 믿었다. 그러나 이 계획은 디오니시오스가 디온이 자신의 자리를 빼앗으려 한다고 의심하는 바람에 실패로 돌아간다. 플라톤은 우여곡절 끝에 젊은 독재자의 구속으로부터 벗어나(피타고라스학파 철학자이자 타란토의 군주인 아르키타스Architas의 도움을 받았을 것으로 추정된다) 아테네로 돌아오게 된다.

기원전 361년 플라톤은 디온의 촉구로 다시 한 번 시라쿠사를 방문했다. 물론 이번에도 아무런 성과를 거두지 못했다. 하지만 아카데미의 시라쿠사 정복 계획은 여기서 끝나지 않았다. 기원전 357년에는 무장 군인들과 함께 또 다른 사절단이 시라쿠사 땅을 밟게 된다. 이 원정에 플라톤은 참여하지 않았지만 계획에는 틀림없이 동의한 것으로 보인다. 아카데미 사절단은 결국 디오니시오스 2세를 자리에서 물러나게 하는 데 성공했고 이어서 디온을 왕으로 추대했다. 디온은 그렇게 해서 최초의 아카데미 출신 '독재자'가 되었다.

말년에 플라톤은 정치에 참여하지 않았다. 하지만 정치 문제에 대한 관심까지 사라졌던 것은 아니다. 기원전 347년 세상을 떠날 때까지 집필을 계속했고 미처 마치지 못한 방대한 분량의 미완성 대화록 『법률』은 그리스 도시국가들을 위한 새로운 헌법의 청사진을 제시했다. 플라톤은 자신을 '신성한 인간'으로 추앙하는 수많은 제자들이 지켜보는 가운데 아카데미의 정원에 묻혔다. 하지만 그가 세상을 떠나면서 함께 아카데미를 떠난 인물이 있다. 그는 플라톤의 가장 뛰어난 제자들 가운데 한 명이자 그가 가장 아끼던 제자 아리스토텔레스다. 아리스토텔레스는 20년 동안 아카데미의 일원으로 활동했지만 정치 참여와는 거리가 먼 철학자였다.

1.2 저서들

플라톤의 책들은 모두 대화문 형식으로 집필되었다. 유일한 예외는 『소크라테스의 변론』이다. 이 대화록은 기원전 399년 소크라테스가 재판 과정에서 내놓은 변론들을 수록하고 있다. 플라톤은 40편의 대화록을 집필했고 이 중에 10편 정도는 정통성에 문제점이 있는 것으로 평가된다. 플라톤의 대화록에는 셀 수 없이 많은 인물들이 등장한다. 이들은 어떻게 보면 진정한 의미에서 '대화하는 사회'를 구축하는 인물들이다. 이들 중 상당수가 아테네의 정치사와 지성사의 실질적인 주역들이었고 그 외의 인물들은 저자가 지어낸 조연들이지만 어쨌든 당시의 그리스 문화와 이데올로기를 적절히 대변하는 인물들로 평가받는다.

대화록에서 거의 매번 주인공으로 등장하는 인물은 소크라테스다. 그가 등장하지 않는 유일한 대화록은 미완성 작품인 『법률』이며 『정치가』나 『소피스트』에서는 부차적인 역할을 하는 것으로 그친다.

대화록들이 쓰인 시기를 구분하는 것은 상당히 힘든 작업이다. 시기를 분명하게 설정할 수 있는 외부적인 사건이나 역사적 상황에 대한 언급을 거의 찾아볼 수 없기 때문이다. 확실한 시대 구분과는 거리가 멀지만 그나마 만족할 만한 해결 방안이 일련의 운율과 양식 연구를 통해, 즉 플라톤의 글에 등장하는 몇몇 언어학적이고 양식적인 특징들의 분포를 토대로 마련되었다. 이 연구는 플라톤의 마지막 대화록 『법률』이 가지고 있는 양식상의 특징들을 토대로 이루어졌고 이러한 특징들이 나타나는 빈도수를 기준으로 플라톤의 대화록들이 집필된 시기를 추정하는 방식이 고안되었다. 간단히 말하자면 이러한 요소들이 적으면 적을수록 젊었을 때 쓰였고 많으면 많을수록 뒤늦게 쓰였다고 볼 수 있는 기준이 마련되었던 것이다.

학자들은 이를 기준으로 플라톤의 대화록 집필 시기를 세 단계로 구분하는 데 의견을 모은다. 물론 동일한 시기에 속하는 대화록들 사이에 세부적인 집필 순서를 정하는 것은 불가능하다.

첫 번째 그룹에 속하는 대화록에는 『크리톤*Kriton*』(의무에 관하여), 『카르미데스

Charmides』(지혜에 관하여), 『라케스*Laches*』(가치에 관하여), 『리시스*Lisis*』(우정에 관하여), 『이온*Ion*』(시인에 관하여), 『프로타고라스*Protagoras*』(소피스트에 관하여), 『대 히피아스 *Hippias meizon*』(아름다움에 관하여), 『알키비아데스 1*Alkibiades A*』(인간의 본성에 관하여),『에우티프론*Eutifron*』(성스러움에 관하여), 『메네세노스*Menessenos*』(비문에 관하여)가 있다. 이 대화록들은 전체적으로 논쟁적인 흐름(예를 들어 소크라테스의 '논박elenchos')과 모순적인 결론을 가지고 있다. 어쨌든 이것들이 소크라테스의 가르침에 가장 근접한 대화록이라고 보는 것이 일반적인 견해다. 아울러 첫 번째 그룹과 두 번째 그룹 사이의 과도기에 집필된 것으로 간주되는 대화록에는 『에우티데모스 *Eutidemos*』, 『메논*Menone*』과 『고르기아스*Gorgias*』가 있다.

원숙한 시기의 저서들을 포함하는 두 번째 그룹에는 『파이돈*Paidon*』, 『향연 *Symposion*』, 『파이드로스*Phaidros*』, 『국가*Politeia*』, 『크라틸로스*Cratilos*』, 『테아이테토스 *Theaitetos*』, 『필레보스*Filebos*』가 속한다. 이 대화록들은 상당히 공을 들여 만든 탁월하고 비범한 문장들로 구성되어 있다.

노년기의 저서들이 포함되는 세 번째 그룹에는 『소피스트*Sofistes*』, 『정치가 *Politikos*』, 『파르메니데스*Parmenides*』, 『티마이오스*Timaios*』와 『크리티아스*Kritias*』(오늘날에는 이 두 대화록을 하나의 작품으로 보는 것이 일반적인 견해다), 그리고 대화 자체가 중심적인 역할에서 벗어나는 『법률』이 속한다.

집필 시기를 이렇게 세 부분으로 나누는 것이 합리적이고 유용하긴 하나 플라톤의 사상이 발전하는 과정을 초창기의 소크라테스주의에서부터 노년기의 도그마티즘에 이르기까지 일목요연하게 설명하기에는 부족한 면이 분명히 있다.

여기에 주인공인 소크라테스가 대화록마다 항상 일관성 있는 이야기를 하는 것은 아니라는 점도 덧붙일 필요가 있다. 아니 오히려 그가 취하는 입장이 대화록마다 근본적으로는 다르다는 점에 주목해야 한다. 그만큼 대화록들 간의 차이점은 사유가 일관되게 발전하는 과정의 산물이라기보다는 많은 대화자들과 상이한 상황에서 다양한 주제를 다룬다는 점을 기준으로 평가되어야 할 것이다. 그러나 이러한 놀라운 다양함 속에서도 플라톤의 대화록들은 어쨌든 한 저자의 작품들이라는 사실을, 비록 비조직적이지만 통일된 사고방식의 표현들이라는 점을 기억해야 할 필요가 있다. 따라서 플라톤 사상의 일관된 측면이 무엇인지 묻는 것은 지극히 자연스러운 일이다.

1.3 하나의 '플라톤 철학'은 존재하는가?

플라톤의 대화록에는 이곳저곳에서 지속적으로 등장하는 이론적인 주제들이 있다. 주제들은 대화의 다양성에도 불구하고 일종의 통일적인 요소로 부각되거나 대화에 참여하는 아카데미 회원들이 모두 동의하는 공통적인 요소로 소개되곤 한다. 약간은 도식적이지만 이 주제들을 아래와 같은 방식으로 분류할 수 있다.

(1) 그리스의 과두정치 혹은 민주주의 도시국가를 다스리는 지배계급에 대한 비판이 주요 내용으로 등장하는 저서는 『고르기아스』, 『국가』, 『법률』이다. 근본적인 차원에서 정치와 사회의 변화를 꾀하는 두 가지 개혁안이 『국가』와 『법률』에서 각각 제시된다.

(2) 또 하나의 주제는 영혼이다. 영혼이 여러 부분으로 나뉘어 있다는 사유와 영혼의 불멸성을 주제로 다루는 저서는 『파이돈』, 『국가』, 『파이드로스』, 『티마이오스』, 『법률』이다. 여기서 강조되는 것은 훌륭한 영혼을 기준으로 하는 윤리관이며, 이를 기준으로 하는 행복의 필요충분조건은 다름 아닌 도덕적 정의다.

(3) 경험적 세계의 모형이며 생각 속에서만 존재하는 외적 대상 '이데아'가 주제로 등장하는 책으로는 『파이돈』, 『국가』, 『파르메니데스』, 『소피스트』, 『티마이오스』가 있다.

(4) 이데아에 대한 앎과 현실세계에 대한 정돈된 이해를 위한 방법론으로서 변증법을 다루는 책으로는 『국가』, 『파이드로스』, 『파르메니데스』, 『소피스트』가 있다.

(5) 마지막으로, 구체적인 이론이라기보다는 플라톤의 사상을 뒷받침하는 구조적 특징이라고 할 수 있는 요소에 주목할 필요가 있다. 플라톤의 철학은 인

간의 행위나 사유, 존재의 영역을 높거나 낮은 두 단계로 양극화하는 경향이 있다. 이러한 경향 때문에 탄생한 것이 '존재와 변화', '하나와 다중', '영원과 시간', '참과 거짓', '학문과 견해', '선과 악' 같은 대조적인 개념들이다. 이런 식으로 짝을 이루는 개념들은 조직적으로 체계화되는 경향을 가지고 있고 따라서 '영원', '진실', '학문', '가치'와 같은 개념들이 '존재' 개념에만 상응하고 '변화'에는 이들과 정반대되는 개념들이 상응하게 되는 결과를 가져왔다.

파르메니데스와 제논으로부터 물려받은 것이 틀림없어 보이는 이러한 이원론적인 철학에 플라톤은 제3의 요소, 즉 서로 반대되는 두 개념 사이에 전이와 소통을 가능케 하면서 중재 역할을 하는 요소들을 첨가하는 경향을 보인다(예를 들어 영혼은 영원과 시간을 중재하고, 철학자는 이데아의 본질과 역사적인 시간을 중재하는 제3의 요소다).

이런 다양한 종류의 이론적인 요소들은 플라톤 특유의 변증법적인 전개 속에 골고루 배치되어 있다. 이 변증법적인 전개를 우리는 정치학, 윤리학, 존재론, 인식론이 네 꼭짓점에 위치하는 사각형에 비유할 수 있다. 대화가 어느 지점에서 시작되든 결과적으로 드러나는 것은 이 네 분야의 상호의존 관계다. 우리가 어떤 특정 분야를 기점으로 삼는다면 그것은 다분히 해석적 관점에서 비롯된 결정이지 플라톤의 철학에 실질적이고 체계적인 구도가 존재하기 때문은 아니다. 우리의 출발점은 정치학이다. 물론 정치학을 택한 것은 전적으로 연대기적인 이유 때문에, 다시 말해 플라톤의 초기 대화록들 중 하나인 『고르기아스』의 중심 주제가 정치이기 때문이다. 우리가 플라톤의 모든 철학적 사유의 내용을 검토한 뒤 다시 되돌아올 지점 역시 정치학이 될 것이다.

1.4 나라의 질병과 영혼의 질병, 그리고 치료

플라톤은 그리스의 도시국가polis들이 가족이나 가문을 단위로 하는 낡은 소속관계 대신 시민으로서의 정체성을 확인할 수 있는 공간으로 통일된 정치사회를 구축해야 한다는 고유의 역사적 소명을 한 번도 현실화한 적이 없다고 보았다. 『국가』 4권에서 플라톤은 도시국가가 장기판에서처럼 서로를 적대시하는 두 진영으로 항상 분열되어 있다고 기록했다. 그는 도시국가가 가난한 자들과 부자들의 진영으로 나뉘어 있고 각각의 진영은 또 가문이나 개인적인 이윤을 바탕으로 하는 더 많은 분파로 세분화되어 있다고 보았다.

이러한 상황은 두 종류의 정부 형태, 즉 과두정치제와 민주주의를 탄생시켰고 플라톤은 이들 모두를 실패에 가까운 정치체제라고 보았다. 그는 소수의 부자들이 나라를 다스리는 과두정치의 유일한 목표는 부의 축적이며 나머지 사회 구성원들이 더욱더 가난해지는 상황에는 조금도 관심을 보이지 않는다고 비판했다.

아테네의 정치체제인 민주주의는 좀 더 복잡하고 심각한 문제를 안고 있었다. 플라톤이 『고르기아스』에서 신랄하게 비판했던 내용에 따르면, 아테네의 민주주의가 분명하게 드러낸 두 가지 문제점은 무능력한 지도자들이 더욱더 무능력한 대중의 지지를 얻어 나라를 다스린다는 특징과 그에 필연적으로 뒤따르는 선동주의였다. 플라톤은 이렇게 말한다. 병을 앓는 사람들 중에 전문의를 찾아가는 대신 치료 방식을 투표에 부치려고 하는 사람이 누가 있겠는가? 그렇다면 왜 병든 도시의 치료라는 어렵기 짝이 없는 문제를 정치에 대해서는 아무것도 모르는 집권당 의원들의 의견에 내맡겨야 하는가? 이러한 상황은 결국 지도자들과 시민들의 관계를 선동에 의해 결집되는 관계로 추락시킨다. 시민들의 동의를 필요로 하는 지도자들은 진정한 의미에서 도시와 시민들을 위하는 지속적인 정책을 펼치는 대신 이들이 가장 원하는 것을 주겠다는 터무니없는 약속으로, 사실상 시민사회에 암적인 정책으로 이들을 현혹하는 데 급급할 뿐이다. 전부 아이들로 구성된 배심원단 앞에 맛있는 것들을 잔뜩 들고 온 빵집 주인과 병을 치료하기 위한 쓴 약을 들고 온 의사가 서 있다면 아이들은 과연 누구 편을 들어줄 것인가? 플라톤이 보기에 민주주의 사회의 대중은 어린아이에 불과했고 민주주의를 신봉하는 정치인들은 부패한 선동자들에 불과했다. 이들은 '민중'을 말로 현혹시키면서 민주주의적 동의를 자신들의 권력을 위해 사용할 뿐이었다.

과두정치뿐만 아니라 민주주의 역시 어쨌든 부패한 정치와 권력의 남용이 낳은 전형적인 사례들에 불과했다. 『국가』 1권에서 소피스트 트라시마코스가 설파하는 이론에 따르면 정치인들의 권력은 시민사회에 봉사하기 위해 사용되는 것이 아니라 강자들의 이윤을 보장하는 도구로 사용된다. 이러한 부패의 논리적인 귀결, 무엇보다도 민주주의적 선동의 끝에는, 『국가』 7권에서 플라톤이 주장하는 것처럼, '도시국가의 마지막 질병'이라고 할 수 있는 독재정치, 다시 말해 한 사람의 절대적인 권력과 그를 제외한 모든 이들의 노예화가 기다리고 있다.

플라톤 사상의 전형적인 특징은 공적인 차원과 개인적인 영혼의 차원, 다시 말해 정치적인 차원과 윤리적인 차원이 서로에게 긴밀한 영향력을 행사하는 구도라고 볼 수 있다. 나라의 병은 따라서 영혼이 얻는 병의 원인이자 거울이라고 할 수 있다. 플라톤은 영혼이 육체와 분리되어 있으며 육체와 영혼의 결합은 한 개인의 삶에 국한될 뿐이라고 보았다. 여러 편의 대화록, 특히 신화를 다루는 곳에서 플라톤은 영혼의 불멸성을 주장했고 영혼이 육체적 존재를 초월해 생존할 수 있다는 점과 또 다른 육체를 통해 주기적으로 환생할 수 있다는 가능성을 주장했다(『고르기아스』, 『파이돈』, 『파이드로스』, 『국가』 10권). 하지만 플라톤은 영혼의 불멸성을 두 가지 상이한 관점에서 바라보았다. 플라톤의 영혼은 오로지 '이성적인' 부분만 살아남기 때문에 죽음 이후에 개인적인 특성은 조금도 보전되지 않는다. 앞으로 보게 되겠지만, 이러한 형태의 불멸성은 인식론적 요구에 부응한다. 왜냐하면 이데아에 대한 선험적인 지식의 회상을 가능하게 해 주기 때문이다. 혹은 개성을 포함한 영혼 전체의 생존이 관건이 되기도 한다. 그런 식으로 정서상의 요구를 만족시킬 수 있다고 보는 것이다. 한 개인의 영혼이 불멸한다면, 저세상에서 지상에서의 삶을 평가받아 영혼이 상이나 벌을 받는 상황을 가정할 수 있을 것이다. 정의로운 행동에는 상이, 사악한 행위에는 벌이 예정되어 있다는 이야기는 정의와 행복 간의 긴밀한 관계를 설명하는 철학적 담론을 더욱 설득력 있게 만든다.

플라톤은 영혼이, 지상에서 살아가는 동안 육체와 결합되어 있기 때문에, 서로 상이한 세 '부분' 혹은 동기로 나뉘어 있다고 보았다(『국가』 4권, 『파이드로스』, 『티마이오스』). 먼저 이성적인logistikon 부분의 영혼이 존재한다. 이 영혼은 스스로에게 무엇이 좋은지 판단하는 능력과 앎을 추구하는 내면적인 조화와 정의를 추구하는 행복을 목표로 달려갈 수 있는 힘을 가지고 있다. 반면에 자기 성취와 성공과 명성을 추구하는 공격적이고 급한 성격의thymoeides 영혼이 있다. 마지막으로 욕망하는epithymetikon 부분의 영혼이 존재한다. 이 영혼은 육체적 쾌락, 즉 식욕 및 성적 쾌락의 충족을 목표로 한다. 그리고 이를 성취하기 위한 도구로 부를 추구한다. 세 가지 종류의 동기는 상이한 목표를 가지고 있기 때문에 결과적으로 '나'는 분리되고 모순에 빠진다. 여기서 우리는 그리스 비극의 위대한 교훈이 플라톤에게 끼친 커다란 영향력을 느낄 수 있다. 플라톤은 대부분의 인간이 심리적인 힘의 불균형 속에서 살아가고, 이러한 불균형이 비이성적인 면의 승리와 이성적인 면의 패배를 낳는다고 보았다. 결과적으로 조화를 모르고 영원히 불행하게 살아갈 수밖에 없는 형태의 인간이 탄생한다. 이런 인간은 수단과 방법을 가리지 않고 항상 일시적이며 충족될 수 없는 만족을 추구한다. 이들이 추구하는 성공과 쾌락의 욕망에는 한계가 없다. 결과적으로 모습을 드러내는 것은 자신들의 심리를 지배하는 비이성적인 동기를 공개적으로 표명하는 인간들이다. 도시국가는 결국 권력과 부와 쾌락의 자유를 쟁탈하기 위한 영원한 분쟁의 무대로 변신한다. 한 개인의 내면에서 발생하는 자아의 내란은 모든 도시국가들이 골머리를 앓는 질병의 원인, 즉 사회적 분쟁으로 이어진다(민주주의 신봉자들과 과두정치 추종자들 간의 분쟁으로 인해 발발했던 펠로폰네소스 전쟁은 분명하면서도 비극적인 예라고 할 수 있다).

영혼의 이성적인 힘이 영혼의 내면에서 주도적인 역할을 담당할 수 있기 위해서는, 그래서 결과적으로 도시국가의 내부에서도 그 힘을 발휘하기 위해서는 이성을 영혼의 다른 측면들을 지배하고 다스리는 위치로 올려놓을 수 있는 외부적인 장치가 필요하다. 다시 말해 공격적인 성향의 에너지를 이성을 위해 사용하도록, 그 에너지가 사회적으로 긍정적인 목표를 향해 발휘될 수 있도록 인도하면서, 욕망을 토대로 하는 충동을 제어하고 무엇보다도 충동의 가장 중요한 측면인 에로스를 무조건적인 성적 만족이 아니라 앎과 정의와 이상적인 아름다움에 대한 사랑으로 변화시킬 필요가 있다. 하지만 이것은 오로지 외부의 도움을 통해서만 가능하다. 정치적으로 옳은 사회가 사회 구성원들을 도덕적으로 교육하거나 재교육함으로써 개인의 이성적 성장에 도움을 줄 필요가 있는 것이다. 하지만 비이성적이고 부도덕한 개인들이 그들의 모습을 닮은 사회를 구성하고 그 사회의 모습이 다시 부도덕하고 개인적인 행위를 높이 평가하고 정당화하는 이 악순환을 어떻게 끊을 수 있단 말인가? 권력과 부를 쟁취하기 위한 무한경쟁의 무대, 개인적 이윤을 위해 남용되는 권력의 무대, 능력으로 오해되고 성공으로 칭찬받는 불의의 무대는 한 개인에게 영혼의 비이성적인 요소들을 우선순위에 놓도록 부추기는 일 외에는 아무것도 하지 못한다.

플라톤에 따르면, 결과적으로 필요한 것은 '최소한의', 하지만 결정적인 변화, 즉 권력을 거머쥔 자들의 변화다. "철학자들이 국가를 다스리지 않는 이상, 혹은 지금 소위 왕이나 권력자를 자처하는 이들이 본격적으로 철학을 시작하지 않는 이상, 그래서 정치적 권력과 철학을 융합하는 지점에 도달하지 않는 이상…… 나라가 겪는 고통과 인류가 겪는 고통에 결코 위로는 있을 수 없다."(『국가』 5권 473d~e)

플라톤의 이 유명한 말은 우선적으로 세 가지 차원의 질문을 내포한다. 어떻게 새로운 권력이 악순환을 정의로운 순환으로 뒤바꿀 수 있는가? '철학자'들이 권력을 거머쥔다는 것은 어떻게 가능한가? 끝으로 이 '철학자'들이란 과연 누구를 말하며 이들이 정권을 장악해야 한다는 논리, 즉 이들이 나라의 질병을 고치고 따라서 영혼의 질병까지 고칠 수 있다는 논리를 정당화하는 것은 무엇인가?

새로운 정권이 실행에 옮겨야 할 첫 번째 개혁은 권력이 사회 전체의 이윤이 아닌 개개인의 이윤을 위해 행사되도록 만드는 모든 요인을 사회에서 제거하는 것이다. 핵심은, 적어도 나라를 다스리는 정치인들의 경우, 개인적인 재산과 가족관계에서 비롯되는 모든 형태의 구속력을 폐지하는 데 있다. 플라톤은 결정적으로 고대 그리스에서 이 두 가지 차원을 뒷받침하던 하나의 유일한 사회 구조, 즉 가족oikos을 완전히 폐지할 필요가 있다고 보았다. 정치 지도자 어느 누구도 더 이상 재산이나 친척이나 자식들을 두고 "이것은 내 것"이라 말하지 못하도록 할 필요가 있었다. 정치 지도자들을 먹여 살리는 일은, 그들이 사회를 위해 봉사하는 만큼 그 대가로 사회의 또 다른 구성원들, 즉 생산자들이나 상인들이 담당해야 한다. 정치 지도자 그룹 내부에서 남성과 여성의 결합은 일시적이어야 하며 결혼은 어쨌든 폐지되어야 한다. 플라톤은 자식들을 공동으로 키우는 사회, 젊은 청년들이 모든 어른들을 '아버지'와 '어머니'로 부르고 어른들이 모든 젊은이들을 '아들'과 '딸'로 부르는 사회를 상상했다. 더 나아가 가족을 폐지하면 여성들은 가사에만 얽매이는 상황에서 벗어나 남성들과 똑같은 교육을 받고 결과적으로 주요 직책들을 남성들과 공유할 수 있었다. 플라톤은 여성들이 남성에 비해 열등하다고 보아야 할 아무런 이유가 없으며 이러한 의식은 역사적으로 가족이라는 벽 안에서 여성들이 받아 온 부적절한 교육에 기인할 뿐이라고 보았다.

지도자 계층이 사심을 품을 수 없는 구조를 만들면 권력을 쟁취하기 위한 경쟁 구도가 사라지고 정치권 내부의 일관성 및 사회 내부의 평화를 위한 필요충분조건이 보장될 것이라고 플라톤은 전망했다. 사회적인 역할과 심리적인 상태가 조화롭게 상응할 수 있는 조건이 마련될 필요가 있었다. 따라서 지도자 계층에는 영혼의 이성적 측면이 우세한 사람들이, 군인 계층에는 영혼의 공격적 측면이 우세한 사람들이, 생산자 계층에는 욕망이 우세한 사람들이 필요했다.

인간의 공격적인 성향이 사회에서 유용하게 쓰이려면 개개인이 서로 경쟁하는 구도가 아니라 군사 조직에 적용되어야 했다. 아울러 생산자들과 상인들에게는 재산의 일시적인 소유가 허락되어야 하지만, 이들이 가진 강한 욕망은 사회적 역할의 적절한 배분이 조직적으로 이루어지는 사회에서는 제재를 받아야 했다. 그런 식으로 드디어 올바른 도시국가가 건설되면 모든 시민은 서로의 역할을 인정하고 받아들이는 구도 안에서 평화롭고 행복하게 심리적으로 수긍할 수 있는 각자의 역할을 담당하게 되리라는 것이었다.

이러한 교육과정 덕분에 정의로운 사람들이 다스리는 도시는 정의로운 시민들을 양성하게 되고 이들은 다시 올바른 사회를 재구성하는 데 기여하게 된다. 이 시점에 도달하면 아마도 강력하고 강제적인 형태의 권력은 더 이상 필요하지 않게 될 것이다. 어린아이들은 (플라톤이 『국가』 9권에 기록하고 있듯이) 스스로 삶을 꾸려 나갈 능력이 없기 때문에 그들을 가르치고 감독할 수 있는 아버지와 선생을 필요로 한다. 하지만 성장한 다음에는 이들의 구속에서 벗어나야 할 필요가 있다. 마찬가지로, 영혼의 이성적인 측면이 약한 사람들은 이성적 활동을 위해 인공적인 방편을 필요로 하며 이는 철학자들의 정부에 참여함으로써 어느 정도 보완이 가능하다. 하지만 교육이 어느 정도 성과를 거두게 되면 이들은 이 틀에서 벗어나 지도자 역할도 담당할 수 있게 될 것이다. 물론 인류학적인 차원에서 어김없이 비관론자에 속하는 플라톤의 의견을 종합해 보면 이러한 구조 변화가 궁극적으로 사회 전체에 영향을 끼칠 가능성은 극히 적은 것으로 나타난다.

이러한 계획을 현실화하는 것은 (플라톤이 『국가』의 5권과 6권에서 여러 번 강조하듯이) 상당히 어려운 일이지만 불가능한 것은 아니다. 이 가능성은 '철학자'들이 과연 권력을 거머쥘 수 있는가의 여부에 달렸다. 하지만 철학자들이 솔직하기만 할 뿐 완전히 불필요한 존재이며 그것도 최상의 경우에나 그렇지 오히려 위험하거나 악한 존재일 수도 있다(이 경우는 틀림없이 소피스트들을 겨냥한 말이다)는 것이 일반적인 의견이라면, 플라톤이 위와 같은 가능성을 고려하는 것은 어떤 이유에서인가? 플라톤이 생각하는 철학자들이란 진실의 탐구에 전념하며 도덕적으로 헛점이 없는 사람들이다. 그렇다면 이 지성인들이 과반수의 민주주의 시민들을 설득해서 정권을 쟁취하는 것이 아주 불가능한 일은 아니다. 하지만 선동에 쉽게 굴복하는 일반 대중의 노예근성을 고려했을 때 그런 일이 일어날 가능성은 희박하다고 볼 수밖에 없다. 그렇다면 더 큰 가능성을 가진 것은 또 다른 해결책, 즉 플라톤이 『법률』 4권에서 언급했던 "가장 쉽고 가장 빠른" 해결책이다. 즉 왕이든 독재자든 한 권력자를, 혹은 그의 자식들 중 한 명을 정통한 철학에 입문하도록 하거나 적어도 법률에 정통한 철학자들의 의견에 주목하도록 설득하는 방법이다.

플라톤이 시라쿠사의 독재자 디오니시오스의 아들을 철학에 입문시키기 위해 노력했다는 「일곱 번째 편지」의 증언이 믿을 만한 것이라면 이 마지막 방식은 플라톤의 개인적인 경험과도 무관하지 않아 보인다. 그의 경험은 위에서 언급한 『법률』의 문장 속에 분명히 언급되어 있다. 플라톤은 이론적인 차원에서뿐만 아니라 개인적인 경험의 차원에서도, 철학자가 최악의 도덕적·정치적 부패에 노출되어 있는 독재자와 타협할 경우 극단적인 위험을 감수해야 한다는 사실을 분명히 알고 있었다. 플라톤은 인간 사회를, 더 나아가 우주 자체를 한 재주 많은 장인demiourgos이 어떤 재료를 가지고 무언가를 모형 삼아 만들어야 하는 일종의 생산품으로 간주했다. 플라톤의 의견에 따르면, 정치란 그런 식으로 인류라는 아주 보잘것없는 재료로 되도록 완벽한 형상을 만들어 내야 한다는 아주 '기술적인' 문제를 가지고 있었다. 이 완벽한 형상의 모형들을 속속들이 알고 있는 장인은 바로 '철학자'다. 그러나 아무런 힘이 없는 장인 또는 철학자가 자신의 '예술작품'(20세기의 철학자 칼 포퍼Karl Popper는 이러한 접근 방식을 "유토피아적 사회공학Utopian social engineering"이라고 불렀다)을 만들기 위해 할 수 있는 일이라곤 독재자의 도움을 요청하는 것뿐이다.

이러한 분석은 우리에게 또 다른 질문에 대한 해답의 모색을 가능하게 해 준다. 플라톤이 염두에 두고 있는 '철학자'들이란 과연 어떤 인물들인가? 틀림없이 이들은 아테네 시민들이 익히 알고 있던 철학자들, 예를 들어 소피스트 혹은 엠페도클레스나 아낙사고라스와 같은 부류의 자연철학자들이 아니라 플라톤을 중심으로 아카데미에 모인 철학자들이었을 것이다. 아카데미는 '소크라테스'학파에서 유래했지만 이 학파와 분명한 차이가 있다면 그것은 아카데미의 철학자들이 가지고 있던 앎의 형태, 즉 정치의 정당화를 보장하는 철학적 앎의 형태였다. 이러한 종류의 앎은 객관적이고 절대적인 정치적·도덕적 가치들(정의, 아름다움, 선)에 대한 지식, 즉 한 개인의 윤리적 행위와 그것이 정치적으로 확장된 차원의 기초와 목적을 구축하는 관념 혹은 형식에 대한 지식을 근거로 한다. 플라톤학파의 철학자들에 의하면 이러한 가치들은 개인 혹은 다수의 주관적인 평가에 의존하지 않으며 개인 혹은 다수의 자유의지와는 무관하게 그 자체로 존재한다. 이는 상대주의에 대한 상당히 강력한, 어떻게 보면 지나칠 정도로 강력한 이론적 대안이라고 할 수 있다. 상대주의를 주장했던 소피스트 프로타고라스는 객관적인 가치의 존재를 부인하고 그것의 유효성이 정치적 집단 혹은 개인이 때에 따라 내리는 선택에 의해 결정된다고 보았다. 어떤 가치가 다른 것에 비해 더 옳다고 이야기하는 것은 부적당하며 그것의 효과는 실용적인 목적을 기준으로만 가늠할 수 있다고 보았던 것이다(플라톤이 이러한 프로타고라스의 입장을 소개하는 곳은 『테아이테토스』다). 반대로 플라톤학파 철학자들은 프로타고라스의 상대주의가 민주주의에 고유한 집단 선동주의와 언변의 승리를 정당화한다고 보았다. 진정한 정부는 객관적으로, 동시에 절대적으로 진실한 가치들을 추구해야 하고 이를 위해서는 철학자들만이 터득할 수 있는 앎의 형태가 필수적이라고 보았던 것이다. 이어서 살펴볼 이데아 이론은 그런 차원에서 플라톤의 정치학과 형이상학을 중재하는 역할을 담당한다고 볼 수 있다.

분명한 것은 플라톤이 원했던 '올바른 도시국가'란 하나의 이상적인 모형이라는 점이다. 플라톤이 "천상의 패러다임"으로(『국가』 9권 592) 정의했던 것은 역사적 현실 속에서 완벽하게 실현한다는 것이 사실상 불가능한 모형이다. 대신에 가능한 것은, 물론 굉장히 어렵고 또 시공간이라는 변화무쌍한 환경의 지배를 받지만, 이 모형에 가장 근접한 정치 형태를 실현하는 것이다. 중요한 것은 올바른 도시국가라는 모형이 도덕적으로나 지적으로 온전한 인간들이 추구할 만한 유일한 정치체제를 뒷받침한다는 점이다. 이를 토대로 오히려 권력 쟁취를 위한 정치적 경쟁을 폐지할 수 있기 때문이다. 그런 의미에서 플라톤의 유토피아는 완성이 강요되지 않는 어떤 실질적인 계획의 일환으로 이해되어야 할 것이다.

마지막 저서인 『법률』에서 플라톤은 '인간의 실질적인 본성'에 더 근접한 만큼 좀 더 쉽게 현실화할 수 있는 모형을 제시했다. 플라톤은 여기서 '가족'과 '사유재산'을 복구시킨다. 이 모형에서 사회적 결속력은 법을 존중하겠다는 공동의 의지에서 나온다. 법은 여기서 신성한 별들의 세계에 존재하는 신성한 질서의 연장, 즉 인간 세계에서의 연장으로 이해된다. 정부의 최고 기능은 더 이상 철학을 전공한 엘리트 계층이 아니라 신학과 천문학("밤의 의회")을 전공한 인물들, 즉 권력을 신의 이름으로 행사하는(신권정치) 이들에게 주어진다.

1.5 이데아 이론

고르기아스는 세상에 어떤 객관적인 현실도 존재하지 않으며 존재한다 하더라도 그것은 사고의 대상이 될 수 없고, 우리가 그것을 사고의 대상으로 삼는다 하더라도 사실은 말과 사물 사이에 존재하는 근본적인 이질성 때문에 그것을 언어로 표현하는 것이 불가능하다고 주장했다. 반면에 프로타고라스는 사물의 가치와 상태를 평가하고 정의할 수 있는 유일한 '기준'은 개인 혹은 다수의 주체라고 주장했다(예를 들어 무언가가 달콤하거나 옳다고 할 수 있는 것은 누군가에게 그런 식으로 비춰질 때에만, 동시에 그 느낌이 계속 유지될 때에만 가능한 일이다). 하지만 플라톤은 고르기아스나 프로타고라스의 논지가 절대적으로 옳기 위해서는 세상에 존재하는 유일한 현실이 감각적 경험에 근거하는 현실뿐이어야 한다고 보았다.

경험의 세계가 실제로는 존재하지 않는다고 못 박아서 말할 수 없는 것은 사실이지만, 경험세계가 존재하는 특별한 방식은 어쨌든 다양하고 불안정한 것임에 틀림없다. 이 세상의 사물들은 사물 자체와는 결코 일치하지 않는다. 왜냐하면 시간이 흐르면서 변화할 뿐 아니라 이들의 특성 역시 필연적으로 상대적이기 때문이다. 이러한 세계에서 얻어 낼 수 있는 지식 역시 그만큼 불안정하고 불투명하며 그것을 느끼고 평가하는 주체의 주관적인 관점에 지배받는다. 우리는 한 소녀가 아름답다고 말할 수 있지만 그 소녀는 일 년 뒤에는 추하게 변할 지도 모르고 당장이라도 여신과 비교하여 얼마든지 추하게 보일 수 있다. 우리는 누군가 우리에게 보관해 달라고 부탁했던 물건을 돌려주는 것이 옳다고 이야기할 수 있지만 동일한 행위가 부당하게 보일 수 있는 가능성은 얼마든지 있다. 예를 들어 우리에게 칼을 맡긴 한 친구가 미친 상태로 돌아와 우리를 살해할 목적으로 칼을 돌려달라고 요구한다면 우리는 그의 요구 자체를 부당하다고 느낄 수밖에 없을 것이다(『국가』 1권에 인용).

경험적인 세계와 전적으로 다른 현실을 발견해 낼 수만 있다면 우리는 고르기아스와 프로타고라스의 논리가 틀렸다고 말할 수 있을 것이다. 그 현실을 바탕으로 담론과 사유와 진실 간의 소통을 가능케 하고 세상에 대한 우리의 묘사와 평가를 주관적인 상대주의의 구속으로부터, 상대주의가 강요하던 수사적인 설득의 영토로부터 해방시킬 수 있을 것이다. 플라톤은 이 또 다른 차원의 현실에 접근할 수 있는 가능성이 우리의 언어 구조에 내재되어 있으며 더 나아가서 하나의 중요한 인식론적 모형에 의해, 즉 수학적 지식, 예를 들어 기하학을 통해 분명한 방식으로 제시되어 있다고 보았다(잊지 말아야 할 것은 플라톤의 성찰이 에우클레이데스의 『원론原論』을 통해 결정적인 형태를 갖춘 조직적인 이론 체계의 구체화와 동일한 시기에 이루어졌다는 점이다).

기하학 공식들은 보편적인 문장을 만들어 낸다. 다시 말해 이 문장들은 주관적인 의견에 좌우되지 않으며 공식이 증명되는 환경과 무관하게, 증명을 위해 동원되는 대상의 재료와는 무관하게 보편적이면서 필연적이다. 즉 논쟁의 대상이 되지 않는다. 피타고라스의 정리는 한 수학자가 손으로 그린 삼각형(크거나 작고, 검거나 붉은 삼각형)뿐만 아니라 손으로 그린 모든 삼각형(손으로 그린다는 것 자체가 피타고라스의 정리에 상응할 수 없는 불완전한 요소들을 만들어 낸다)에는 적용되지 않는다. 피타고라스의 정리가 적용될 수 있는 것은 이상적이면서 일반적인 삼각형뿐이다. 이상적인 삼각형은 항상 삼각형 자체와 일치하며 시간이 흐르고 공간이 바뀌어도 변화를 모른다. 아울러 이를 토대로 하는 공식들은 그것을 만든 사람의 주관적 의지에 좌우되지 않는다. 이들은 오히려 객관적으로 맞거나 틀린 것으로 평가될 가능성을 가지고 있을 뿐이다.

플라톤은 기하학의 모형이 언어의 형태를 뒷받침하는 구조를 밝히기 위해 기용될 수 있다고 보았다. 우리는 사물과 행위에 대한 묘사 혹은 평가의 공식들을 끊임없이 만들어 낸다. 예를 들어 '소크라테스는' 옳다, '빌린 돈을 갚는 것은' 옳다, '법에 복종하는 것은' 옳다는 식으로 말하는 것이다. 이러한 문장들 속에서 우리는 보통 수많은 주어에 하나의 동일한 특성을 부여한다(x는 P, y는 P, n은 P). 이제 이 주어들 가운데 부여받은 특성과 전적으로 일치하는 경우는 없다(소크라테스가 곧 '정의'는 아니다). 이들은 특성을 지니거나 지니지 않을 수 있고(빌린 돈을 갚는다거나 법에 복종하는 것은 어떤 특별한 상황에서는 부당하게 비춰질 수도 있다) 더 나아가서 또 다른 특성을 지닐 수 있다(소크라테스는 청년이거나 노인일 수 있고, 살아 있거나 죽었을 수도 있다 등등). 하지만 반대로 보어는, 즉 주어에 부여되는 특징은 그 의미가 평균적이고 불변하는 속성을 가지고 있다. 그렇다면 우리는 보편적인 보어들, 예를 들어 '옳은' 혹은 '아름다운'과 같은 표현들이 명확하고 불변하는 의미를 구축하는 반면, 이들이 수식하는 주체나 상황들은 쉽사리 변한다고 말할 수 있을 것이다.

플라톤은 이 보어들의 내용이 주체의 의견에 따라 변할 가능성이 존재한다면, 소피스트적인 상대주의의 위협에서 완전히 벗어났다고는 볼 수 없다고 생각했다. 이 보어(P)들은 이들이 표현하는 특성을 객관적이고 절대적이며 안정적인 방식으로 소유하는 한 지시체의 묘사로 간주되어야 한다. 모든 p는 대상 P의 우선적인 진실이다. '옳은'의 지시체는 플라톤이 '그 자체로 옳은' 것 또는 '정의 자체'라고 부르는 대상 또는 정의라는 이데아(혹은 형상)이다. 이상적인 삼각형이 간간히 손으로 그린 삼각형들 하나하나와 유지하는 동일한 관계를, 이 정의라는 이데아 역시 정의의 특성을 부여할 수 있는 사물들과 유지한다고 볼 수 있다. 정의라는 이데아를 우리는 정점에서 빛을 발하는 일종의 원뿔로 간주할 수 있다. 그 안에 머무는 동안에는 수많은 사람들이 빛을 받아 환히 빛나면서 정의로운 사람으로 비춰지고 그곳을 벗어나는 순간 정의와 멀어진다고 볼 수 있는 것이다. 오로지 이 대상 P가 보어 p에 의해 묘사되는 특성을 완전히 독점적으로 소유할 때(오로지 정의라는 이데아만이 완벽하게 정의로울 수 있다)에만 이 특성과의 즉각적인 대체가 가능해진다. '정의'가 만약, 플라톤이 『국가』 4권에서 제시했던 것처럼, '모두가 각자 해야 할 일을 하는 것'이라면, 정의라는 이데아는 이 정의正義에 의해 변화의 가능성이나 의혹의 여지를 남기지 않고 완전하게 묘사되었다고 볼 수 있다. 마찬가지로 삼각형이라는 이데아는 '세 면을 가지고 있으며 내각의 합이 180도인 도형'이라는 정의와 완벽한 대체가 가능해진다.

묘사와 평가를 내용으로 하는 문장 속에 사용된 표현들이 일차적으로 지시하는 이상적 실재가 존재한다는 사실은 플라톤이 상대주의와 거리가 먼 의미 체제를 안정적으로 확립하는 데 필수적인 조건이었다. 여기서 플라톤주의의 가장 중요한 특징들 중에 하나가 구체적인 모습을 드러낸다. 즉 담론과 지식의 안정성은 이들이 다루는 대상의 안정성에 좌우된다는 점이다. 플라톤은, 현대 철학이 주장하는 바와는 달리, '아름다운'이나 '커다란' 같은 보어들로 묘사되는 이데아가 개념이나 '사유' 내부의 범주로 간주될 가능성을 아예 인정하지 않는다. 모든 사유는, 진정한 의미에서의 사유라면, 즉 꿈이나 망상이 아니라면, 항상 무언가에 대한 사유이며 외부에 객관적인 대상을 가지기 마련이라는 것이다. '아름다운'이나 '커다란' 같은 표현들이 우선적으로 수식하는 것은 객관적으로 존재하며 개개의 주어들('소크라테스', '나무')에 비해 훨씬 더 강도 높은 사실감을 갖춘 이상적인 실재들이다. 그러나 아리스토텔레스는 바로 이 부분에서 플라톤의 치명적인 실수를 발견한다. 아리스토텔레스는 플라톤이 주어보다는 보어에 훨씬 더 많은 현실성을 부여했다는 점, 본질보다는 특성을 현실에 더 가까운 것으로 간주했다는 점, 그럼에도 불구하고 여전히 '아름다운'이나 '커다란' 같은 특성들은 일차적인 현실('소크라테스'나 '나무')을 규정하는 요소로서가 아니면 존재할 수 없다고 생각한다는 점을 지적했다.

우리가 "이 나무는 크다", "소크라테스는 선하다", "이 행동은 옳다"라고 말하면서 사용하는 규칙이나 표본, 묘사나 평가의 기준을 실제로 마련하는 것이 바로 의미를 표현하는 보어들임에도 불구하고 플라톤은 이데아가 이상적이고 독립적인 개체여야 한다고 생각했다.

물론 이데아들이 존재하는 방식은 사물들이 존재하는 방식과는 다르다. 하지만 우리가 다루는 것이 초월적인 사물은 아니다. 삼각형이라는 이데아가 완벽한 삼각형을 가리키는 것은 아니며 사과라는 이데아가 영원한 사과를 가리키는 것도 아니다. 중요한 것은 하나하나의 삼각형과 하나하나의 사과의 정체 및 이들이 다른 사물과 다르다는 것을 확인시켜 주는 본질적인 특징들의 집합

일 것이다.

플라톤은 사물들 간의 관계를 묘사하는 것이 사실적인 서술이라고 보았다. '소크라테스는 선하다', '이 도형은 삼각형이다'라는 말이 옳은 것으로 이해되기 위해서는 경험적인 실재('소크라테스', '이 도형')와 이상적인 실재('선하다', '삼각형') 사이에 관계가 존재해야 하며, 존재하지 않을 경우에는 거짓으로 볼 수 있다는 것이다. 하지만 존재론적으로 상이한 차원의 실재들 사이의 관계란 도대체 무엇을 의미하는가? 이 문제를 해결하기 위해 구축된 것이 플라톤의 가장 까다로운 이론들 중에 하나인 사물과 관념 간의 '참여methexis' 이론이다.

'참여' 관계를 생각하기 위해, 아울러 이데아가 담당하는 원인으로서의 역할을 설명하기 위해 플라톤은 '모형' 혹은 '패러다임'과 '모방'의 관계라는 개념을 도입한다(예를 들어 정의라는 이데아는 어떤 의미에서는 '소크라테스는 옳다'라는 사실의 원인이어야 한다. 왜냐하면 소크라테스가 옳기 위해서는 이 이데아에 어떤 식으로든 참여해야 하기 때문이다). 이데아들은 일종의 모형이며 모형이 경험의 세계에 개별적인 형태로 모습을 드러내는 현상을 '재생', 혹은 피할 길 없이 불완전하고 불안정한 '모방'이라고 할 수 있다. 예를 들어 기하학자는 삼각형을 그리면서 상상으로만 가능한 이상적인 삼각형의 모형을 시각화한다고 볼 수 있다. 또 다른 예로 한 목수가 나무 침대를 만들 경우 목수는 침대의 이상적인 모형에 영감을 얻어 나무라는 재료로 그 모형을 옮겨 왔다고 할 수 있다.

하지만 예를 들어 강아지 플루토가 강아지라는 이데아의 모방이라든지, 아니면 강아지라는 이데아가 강아지 플루토의 '원인'이라는 말은 대체 무슨 뜻인가? 이데아와 사물 간의 관계를 자연적인 사물의 세계로까지 확장하는 것은, 한편으로는 윤리적인 평가의 차원에서, 다른 한편으로는 수학을 토대로 하는 인식론의 차원에서 탄생한 플라톤의 이데아 이론에 상당히 어려운 문제를 제기했다.

물론 이데아 이론이 설명하는 모형과 모방 사이의 '참여' 관계는 단수의 사물이나 행동 속에 남아 있는 이데아의 존재를 설명해 주기 때문에, 또 이를 통해 사물 혹은 행동을 묘사하거나 평가하는 일을 가능하게 해 주기 때문에 어느 정도는 효과적이라는 판단을 내릴 수 있지만 여기에는 몇몇 문제점들이 여전히 산재해 있다. 이데아 이론과 더 직접적으로 연관되는 두 가지 문제점은 다음과 같다. 우선 이데아들은 과연 어떤 것들인가? 다시 말해, 사유가 가능한 이상적 세계를 채우고 있는 것은 무엇인가? 두 번째로, 이데아들을 인식하는 것은 어떻게 가능한가?

고전적인 이데아 이론, 즉 『국가』나 『파이돈』 같은 대화록에 제시된 바 있는 이데아 이론은 비록 정확한 목록은 아니지만 세 가지 범주를 통해 이데아는 물론 이데아의 확장 잠재력을 함께 소개한다.

가장 커다란 규모의 첫 번째 범주는 정치와 윤리의 영역에서 대두되는 '가치'의 이데아, 예를 들어 '아름다움', '좋음', '옳음'과 같은 이데아들의 범주를 말한다. 하지만 플라톤은 이런 가치들과 정반대되는 것들, 예를 들어 좋은 것과 정반대인 '나쁜' 것들까지 이데아의 범주에 포함시키지는 않았다. 왜냐하면 이데아는 평가의 기준으로 기용되기 때문이다. 다시 말해 '나쁜' 것이 이데아에 속할 필요가 없는 이유는 '좋음'이라는 이데아만으로도, 즉 '좋음'이라는 이데아에 참여하느냐 마느냐의 여부를 결정짓는 것만으로도 좋은 것과 나쁜 것을 충분히 구분할 수 있기 때문이다.

두 번째 범주에는 '하나', '사각형', '모서리', 혹은 '기하학 공간'과 같은 수학적인 개념들이 포함된다.

세 번째 범주에는 아리스토텔레스가 상대적인 개념이라고 불렀던 이데아들, 예를 들어 차원과 연관되는 '같다/다르다', '크다/작다', '두 배/반쪽', '빠름/느림'과 같은 대조적인 개념들이 속한다.

아카데미 내부에서는 원천적인 형태의 이데아 이론이 지니는 의미와 한계를 두고 상당히 열띤 토론이 전개되었다. 파르메니데스가 제시한 (다시 말해 『파르메니데스』에서 그의 입을 빌려 플라톤이 제시한) 반대 의견, 즉 이데아를 도덕적 가치('아름다움', '좋음', '옳음')와 수학을 토대로 하는 인식론의 범주('동일함')에 국한시키는 것에 대한 반대 의견은 틀림없이 견본/모방의 관계를 자연세계 전체로, 즉 『티마이오스』에서 구체화되는 우주론적인 구도로 확장시켜야 한다는 차원에서 이해되어야 할 것이다. 하지만 이 경우 우리는 어쩔 수 없이 감각적인 사물로부터 '분리된' 이데아라는 종족의 무절제한 증식이라는 문제에 직면하게 된다. 이는 이어서 아리스토텔레스의 가차 없는 비판을 통해 밝혀진 부분이기도 하다.

파르메니데스의 의견에도 불구하고, 플라톤은 이데아 이론이 이 이론의 탄생 공간인 동시에 비평적이고 논리적인 실효성을 드러내는 영역, 즉 도덕적이면서 동시에 인식론적인 영토에서 유지되는 것이 더 옳다는 결론을 내린다. 바로 이 지점에서 우리는 또 하나의 질문이 제기되는 것을 보게 된다. '사유가 가능할 뿐 분리되어 있는' 이데아를 인식하는 것은 어떻게 가능한가? 이 앎은 무슨 쓸모가 있는가? 첫 번째 질문에 대한 플라톤의 답변은 신화적인 언어를 통해 제시된다. 플라톤은 불멸의 영혼이 체외의 삶 속에서 이데아를 경험한 뒤에, 즉 말 그대로 '목격한' 뒤에 이에 대한 혼란스러운 기억만을 간직하고 있을 때 이 기억이 어떤 적절한 기회에 대화를 통해 다시 되살아나 회상anamnesi*을 가능케 한다고 설명한다. 상당수의 학자들은 플라톤의 이러한 입장을 이데아에 대한 앎이 필연적으로 가지는 선험적인apriori 성격에 대한 신화적인 설명으로 해석했다. 어쨌든 이데아에 대한 이해는, 『국가』 7권을 비롯한 플라톤의 저서들 곳곳에서 볼 수 있듯이, 초기에 제시되지 않고 경험에서 출발해 여러 단계의 추상화를 거쳐 발전하는 하나의 복잡한 이해 과정의 마지막 단계에 주어진다.

하지만 여기서 플라톤이 이데아에 대한 이해 방식을 묘사하기 위해 사용하는 비유적인 언어는 전적으로 시각적인 세계와 연관된다. 이데아를 가리키던 그리스 단어들(idea, 혹은 '눈에 보이는 형상'을 뜻하는 eidos)은 '보다'라는 뜻의 동사 idein과 동일한 어근(id-)을 가지고 있다. 이데아를 대상으로 하는 지식세계를 플라톤은 보는 행위의 대상과 유사한 대상을 가진 사유noesis 행위로 묘사한다. 이론적인 사고 행위를 의미하는 동사 theorein 역시 일차적으로는 '관찰하다, 응

* 플라톤의 철학에서 회상anamnesis은 단순한 기억mneme과 구별된다. 인간의 기억 속에는 영혼이 육체와 결속되기 전에 경험한 이데아들이 남아 있으며, 회상이란 이 이데아들이 감각의 정화 과정을 통해 마치 오랜 잠에서 깨어나는 듯 인식되는 순간을 가리킨다.

시하다'라는 뜻을 가지고 있다. 이 모든 것은 이데아에 대한 이해를 하나의 즉각적인 지적 직관력으로(이 세상에서든 저 세상에서든), 다시 말해 비이성적이라고는 할 수 없지만 틀림없이 담론과 언어를 초월하는 성격의 직관력으로 받아들여야 한다는 생각을 하게 만든다. 사실상 우리는 이상적인 본질로서의 '형상'을 대상으로 하는 사고 행위와 '시각적인 형상'을 대상으로 하는 관찰 행위 간의 유사성이 플라톤으로 하여금 이데아에 대한 이해의 정점을 구축하도록 인도했을 가능성을 완전히 배제할 수 없다. 그러나 이것이 플라톤의 이데아 이론과 지식의 가장 중요한 측면이라고는 할 수 없다. 이유는 두 가지다. 첫째, 이 지성을 토대로 하는 앎이 최고의 철학적 방법론인 변증법의 과정, 즉 전적으로 논쟁적인 성격을 지녔고 따라서 수많은 주체들 사이의 담론을 통한 비교를 필연적으로 수반하기 때문이다. 두 번째로는 플라톤이 이 변증법적 과정이 결론에 다다르는 순간의 언어-담론적인 성격을 강조하고 있다는 점을 들 수 있다. 중요한 것은 모든 본질을 이성적으로 설명하는 "담론을 포착한" 뒤에 "자신과 타자에게" 그 내용을 "담론을 통해" 알린다는 사실이다(『국가』 7권).

이데아에 대한 '변증적인' 이해에 도달하기 위한 정확한 지침은 『파이돈』과 『국가』에서 찾아볼 수 있다. 관건은 『국가』에서 논의되는 것처럼 '정의'라는 이데아를, 즉 '정의' 자체가 무엇인지 이해하는 일이다. 대화자들은 이 문제에 대한 그들의 '가정'을 세우고 대화를 인도하는 철학자(이 경우에는 소크라테스)는 하나둘씩 제안되는 가정의 논박을 시도한다. 예를 들어 어떻게 이 가정들이 보편화될 수 없는지 증명해 보이면서, 즉 어떻게 문제시되는 모든 경우에까지 확장 적용될 수 없는지 증명해 보이면서, 혹은 이 가정들이 받아들일 수 없는 결과를 낳는다거나 결과가 처음부터 받아들일 수 없었던 가설들에 좌우된다는 등의 문제점들을 증명해 보이면서 토론을 진행한다. 결과가 성공적이라면, 논쟁을 통한 비교는 '반박할 수 없는' 논지 혹은 적어도 '반박하기가 상당히 어려운'(『파이돈』) 논지, 즉 더 이상 가정이라고 할 수 없는 논지(『국가』 6권)를 구축하게 된다. 이제 이러한 논지의 내용은 결론적인 형태의 담론을 통해, 예를 들어 정의란 '모두 각자의 의무를 다하는 것'이라는 식으로 표현된다.

하지만 여기서 또 다른 문제가 제기된다. 먼저, 하나의 이데아에 대한 이런 종류의 '정의定義'가 상당히 드물다는 점도 있지만, 무엇보다도 중요한 것은 이러한 정의의 구축 과정이 어쨌든 논쟁 내용과 변증법적 대조에 참여하는 대화자들의 '동의'에 좌우되기 때문에 원칙적으로는 결정적이거나 결론적이라고 할 수 없다는 문제가 제기되는 것이다.

여기서 우리가 분명하게 느낄 수 있는 것은 플라톤의 사상 내부에 숨어 있는 일종의 긴장감이다. 앞에서 살펴본 것처럼, 플라톤은 화자의 임의성과 수사학적인 설득력이 지니는 효과의 차원을 뛰어넘어 언어의 의미 체계를 안정적으로 구축할 필요성을 강하게 느낀다. 이러한 요구가 플라톤으로 하여금 담론에 의존하는 의미 체계에 비해 훨씬 규칙적이고 통일성을 갖춘 일종의 '지적 사전'을 구축하는 방향으로 나아가게 만든다. 하지만 다른 한편으로는 '책'의 반복적이고 닫힌 성격을 불신하는 경향 역시 상당히 강하게 남아 있어서 결과적으로는 지적 탐구 과정의 결과를 변증법적인 토론의 채로 매번 걸러낼 필요성, 혹은 인간들 사이의 '살아 있는' 비교의 채(즉 진정한 의미에서 '영혼'에 뿌리를 둔 확신에 도달하기 위한, 어쨌든 지적으로뿐만 아니라 정서적으로도 분명한 효과를 지닌 정의定義에 도달할 수 있는 유일한 방편으로서의 비교를 통해)로 걸러낼 필요를 느꼈다. 탐구 방향의 차원에서 모순되지만 결코 포기할 수 없는 이러한 두 가지 요구를 충족시켜야 한다는 어려운 과제가 플라톤을 결론적인 정의나 불변하는 공식으로 함축될 수 없는 이데아 이론을 여러 각도에서 실험하도록 인도했던 것으로 보인다.

결과적으로 차별화와 한계 설정 과정을 혼용하는 방식이 이데아에 접근하기 위한 두 가지 전개 과정이었다고 볼 수 있다. 차별화의 관점에서 보면 핵심은 탐색하는 이데아가 아닌 것이 무엇인지 말하는 데, 즉 사물들 및 다른 이데아들과의 차이를 추적하는 데 있다. 『국가』에서 언급되는 예를 인용하면, '좋은' 것은 사실상 지성이나 쾌락처럼 얼마든지 '좋은' 것으로 평가될 수 있는 것들과는 전적으로 다르다. 『대 히피아스』의 또 다른 예를 들면, '아름다운' 것은 '아름다운 소녀'나 '금'과는 다르며, '유익한' 것이나 '유용한' 것과도 일치하지 않는다. 반대로 중요한 것은 탐색하는 이데아와 유사한 이데아들 사이의 관계를 밝혀내는 일이다. 이 유사한 이데아들은 탐색하는 이데아의 경계를 이루는 일종의 망사를 형성하며 그 안에서 문제의 이데아는 하나의 매듭을 구축한다.

이데아들 간의 상호 구축적인 관계를 조직적인 도식을 통해 가시화하는 것이, 혹은 적어도 방법론적인 조건들을 확인하는 것이 가능할까? 이데아를 이해하는 방법으로서의 변증법이 지니는 학문적 가치를 문제 삼는 이 질문에 플라톤은 『소피스트』에서, 지적-이상적 세계에 대한 일종의 '개괄적인 문법론'을 제시하면서, 여전히 많은 문제를 안고 있지만 나름대로 긍정적인 대답을 시도했다.

반면에 '이데아 이론'의 원천적인 형태를 살펴보면, 이 이론은 플라톤에게 무엇보다도 윤리와 정치를 비롯한 인식론의 차원에서 기반과 규칙으로 기능할 수 있는 반상대주의적 체계의 필요성에 대한 답변을 의미했다. 비록 '이론'이 또 다른 차원의 좀 더 세밀한 철학이 요구하는 체계적인 결론, 즉 이상적 실재뿐만 아니라 이들의 관계까지 하나하나씩 열거하고 정의하는 차원의 결론에 도달할 수 없고 이를 의도하지도 않는다 하더라도, 플라톤에게 이데아 이론은 만족스럽다고 할 수 있는 답변이었다. 하지만 그만큼 윤리적인 면이 우세하다는 특징 때문에 발생하는 또 다른 어려움이 존재했다. 이러한 정황이 그대로 드러나는 곳은 플라톤이 이상적인 세계의 개념을 도입하는 『국가』 6권이다. 이 개념은 아마도 아카데미 내부에서 구전으로만 토의되고 발전되었던 것으로 보인다(아리스토텔레스는 이를 스승의 "기록되지 않은 학설"이라고 불렀다). 이데아 조직의 정상에는 바로 선善 혹은 '좋은' 것의 개념이 위치한다. 선은 존재의 원인인 동시에 이데아 자체가 내포하는 진실의 근거로 이해된다. 이제 이 선의 절대적 우월성을 우리는 정의를 추구하는 지식과 실천이 바라보는 '최종적 근거'로 해석할 수 있다. 여기서 정의란 물론 모든 행동의 최종 목표이자 행복을 보장하는 지표를 말한다. 하지만 이데아처럼 창조되지 않은 영원한 실재들이 어떻게 외부적인 근거를 토대로 존재할 수 있는가를 이해하는 것은 그다지 쉽지 않다. 더 나아가서 선은 하나의 이데아인가 아니면 (이어서 신플라톤주의 철학자들이 해석했던 것처럼) 이데아와 존재 자체를 초월하는 하나의 원리인가? 이 경우에 선은 '기록되지 않은 학설'의 절대적 원리로 대두되는 '**하나**'와 일치하는 것으로 보아야 하는가? 이러한 질문들은 물론 결론적인 대답을 허락하지 않는다. 그것은 아마도 다름 아닌 플라톤의 형이상학적 성찰이 한 번도 결정적인 체제의 구축을 시도한 적이 없었고 오히려 아카데미 내부에서 진행되던 연구와 변증적 토론의 주제들을 구축하는 데 주력했기 때문일 것이다.

반면에 이데아 이론이 수반하는 많은 문제점들 가운데 적어도 하나에 대해서만큼은 플라톤이 상당히 또렷한 입장을 표명한 바 있다. 플라톤이 이데아를 진정한(학문적인) 담론의 유일한 대상으로 불변하고 명료하기 때문에 정통한 가치를 가진 유일한 대상으로 제시하면서 가져온 결과는 인식론적인 차원에서뿐만 아니라 윤리적인 차원에서 서로 상반되는 두 세계의 '분리'였다. 한편에는 진실하고 영원불변하는 이상적인 세계가 있고 다른 한편에는 경험의 세계, 불안하고 변화무쌍하며 시공간에 지배되는 만큼 과학적 지식이 아니라 불안정한 의견에 의해 좌우되는 세계가 있다. 이제 이러한 '두 세계'가 언제든 선택이 가능한 것으로 주어질 때 플라톤은 구원의 길이 하나밖에 없다고 말한다. 경험세계(육체적 세계, 역사-정치적 차원의 세계, 실용적 앎의 세계)를 포기하는 것만이, 어쩌면 육체를 벗어던진 영혼의 직접적인 예시를 기다리며 그의 이론적 성찰이 바라보던 이상적인 세계에 피난처를 마련하는 것만이 유일한 길이라고 보았던 것이다. 플라톤은 『파이돈』과 『테아이테토스』의 몇몇 구절에서 바로 이러한 탈출구를 제시한 바 있다. 하지만 자신을 국가와 영혼의 병을 고치는 철학자로 만든 플라톤의 사상은 그를 또 다른 방향으로 이끌었다. 즉 이상적인 세계를 하나의 선택 사항이 아니라 경험적인 세계와 이 세계에 대한 앎의 기초가 되는 세계로 보는 방향으로 나아갔던 것이다. 이런 관점은 『국가』 7권에서 유명한 '동굴의 비유'를 통해 아주 효과적으로 소개된 바 있다. 여기서 인간의 조건은 어두컴컴한 동굴에 갇힌 죄수들의 조건과 유사한 것으로 묘사된다. 죄수들은 모닥불이 벽에 만들어 내는 그림자를 통해서만 자신들의 모습을 볼 수 있다. 이 그림자들의 세계가 상징하는 것이 바로 경험적인 세계와 이 세계의 얄팍한 진실과 임의적인 가치들에 대한 우리의 앎이다. 반면에 동굴을 벗어난 죄수가 목격하는 실제 세상이 상징하는 것은 이데아의 세계, 진실과 정통한 가치로 가득하고 선에 의해 정화된 세계다. 하지만 죄수는 이내 동굴로 되돌아간다. 동료 죄수들에게 되돌아가야 할 도덕적 의무가 있기 때문이다. 비록 그들은 원하지 않는다 하더라도 돌아가서 그들의 생각과 도덕적-정치적 행위를 진정한 가치와 진정한 앎을 위해 사용하도록 설득해야 하는 것이다. 이제 비유의 범위를 벗어나서, 이상적인 차원의 앎을 터득한 철학자는 자신의 앎을 경험세계에 종속되어 있는 지식과 신념을 부정하기 위해서가 아니라 재건하기 위해 활용할 줄 알아야 한다. 그의 의견doxa은 따라서 본격적인 학문이나 이데아만 제시하는 에피스테메로 발전하지는 않지만 최소한 동굴이라는 삶의 영역 내부에서 이해와 행위를 올바른 길로 인도하기에 충분한 최소한의 '진실한 의견'으로 남는다. 이 동굴이 철학자들을 포함한 모든 인간의 삶의 공간이며, 근본적인 차이가 삶의 공간에 있지 않고 지적 시선의 방향에 있다는 점은 분명해 보인다.

두 세계를 바라보는 철학자의 시선에 고유한 유동성은 또 다른 형태의 유동성, 즉 페르소나 전체를 감싸 안는 영혼의 유동성에 상응한다. 먼저 육체적 아름다움에 관심을 기울이지만 곧이어 진실과 선의 아름다움을 향해 움직이는 에로스에 힘입어 영혼은 높은 곳과 낮은 곳, 유한한 세계와 이데아의 영원한 세계 사이를 오가며 이 세계들 간의 통로를 열어젖힌다. 이러한 영혼의 움직임은 『파이드로스』에 등장하는 유명한 신화를 통해 설명된다. 여기서 영혼은 두 마리 말이 이끄는 마차에 비유된다. 마부는 이성적 원리를 상징한다. 백마는 하늘을 향해 비상하려는 상승의 의지를 지녔지만 흑마는 육체적 욕망에 얽매여 여전히 지하세계를 향해 곤두박질친다.

1.6 세상은 어떻게 만들어졌나?

플라톤이 자신의 우주론을 언급하는 유일한 대화록은 『티마이오스』다(일부 추가된 내용들이 『법률』에서 발견될 뿐이다). 그의 우주론은 학문적인(이상적인 세계를 목표로

만 가능한) 우주론이 아니라 일종의 '진실에 가까운 신화'였다. 자연을 주제로 하는 플라톤의 『티마이오스』는 신플라톤주의뿐만 아니라 중세 그리스도교에도 이루 말할 수 없이 커다란 영향을 끼쳤다.

플라톤은 우주의 형성이 절대 장인의 작품이라고 보았다. 이상적인 세계를 모형으로 삼은(앞서 살펴본 것처럼 이것은 이데아의 영역이 자연과 현실세계로 확장된다는 것을 의미한다) 이 창조주의 과제는 모형을 무질서한 시공간의 현실세계로, 일종의 일차 '재료'로 최대한 옮겨 놓는 것이었다. 이 재료를 플라톤은 코라chora,* 즉 '공간'이라고 불렀다. 이 재료는 형상의 은신처로 기능한다(플라톤은 창조주를 '아버지'에, 코라를 '어머니'에 비유한다). 단지 스스로의 원천적인 무질서에서 비롯되는 변형의 저항을 이겨 내야 할 뿐이다. 결코 완성되는 법이 없는 창조주의 업무는 시간과 공간으로 확장된 재료로 하여금 이데아의 질서를 수용하고 최대한 보전하도록 '설득하고 강요하는' 일이었다. 이는 정치가나 철학자 들이 불완전한 방식으로나마 인간의 세계와 역사에 정의로운 질서를 부여하기 위해 노력하는 것과 마찬가지였다.

우주가 형성되는 첫 번째 단계에서 거론되는 것은 '신성하고' 불변하는 천체들이다. 플라톤은 이 천체들이 일률적인 원운동을 토대로 움직이지만 이 원운동 자체는 오히려 이데아만의 완벽한 부동성에 가깝다고 보았다(이러한 그의 가정은 관측을 통해 드러나는 천체 운동의 불규칙성과 그가 말하는 원운동의 완벽하게 일률적인 특징 사이에서 일치점을 찾으려고 노력했던 고대 천문학자들에게 수세기 동안 풀리지 않는 숙제로 남아 있었다).

'지상세계'의 질료를 조직화하는 것은 훨씬 더 복잡한 문제였다. 조물주는 이등변삼각형, 부등변삼각형 같은 기본적인 기하학 형상들의 활용과 조합을 통

---

* 코라chora는 고대 그리스에서 도시의 외곽을 가리키는 말이었다. 플라톤의 철학에서 코라는 무언가를 담는 용기나, 텅 빈 공간, 밑바탕이 되는 재료 등을 가리키며, 존재하지도 않고 부재하지도 않는, 존재와 부재 사이의 간극을 의미한다. 코라는 능동적이지도 수동적이지도 않으며, 선하지도 악하지도 않고, 살아 있는 것도 죽어 있는 것도 아니며, 아무런 의미나 본질도, 어떤 정체성도 가지고 있지 않고 모든 것을 받아들이면서 무엇으로도 변하지 않는다.

해 기초적인 입체 형상들(피라미드, 육면체, 팔면체, 십이면체, 이십면체…… 이런 식으로 공에 점점 더 가까워지는 형상들)을 만들어 내고 이러한 입체들이 이어서 엠페도클레스가 말한 땅, 물, 공기, 불과 같은 '질료적인 요소'들을 만들어 낸다(그런 식으로 예를 들어 땅은 정육면체로, 불은 피라미드로 구성된다). 끝으로 이 요소들의 조합에서 관찰 가능한 물체들이 탄생한다. 이 모든 과정이 다름 아닌 세계의 '몸'을 형성한다. 플라톤은 구조화되고 정돈된 질료를 바탕으로 구축되는 이 세계의 '몸'을 인간이 물리적이기보다는 수학적인 방식으로 이해한다고 보았다(아리스토텔레스는 이와 정반대로 생각했다). 하지만 우주는 하나의 살아 있는 실재였고 조물주는 우주에 영혼을 부여하는 존재였다. 창조주의 활동이 일단 막을 내린 뒤에는 창조된 질서를 수호하는 과제가 바로 이 영혼에게 주어졌다(이것이 바로 중세의 세계영혼anima mundi의 전형이다). 『티마이오스』는 더 나아가서 인체 구조 및 영혼의 구조와 세분화된 역할에 대한 묘사를 포함하고 있다(이성적 영혼은 뇌에 위치하고 감성적 영혼 혹은 공격적인 성향의 영혼은 심장에, 욕구와 관련된 영혼은 내장과 생식기관에 위치한다). 플라톤은 질병이 모두 정신신체증적인 요인에서 비롯된다고 보았다. 다시 말해 질병은 육체가 영혼에 끼치는 나쁜 영향에서, 혹은 반대로 사악한 영혼이 육체에 끼치는 악영향에서 비롯된다. 플라톤은 따라서 예방 역시 총체적인 차원에서 육체의 단련뿐만 아니라 영혼의 올바른 교육이라는 관점을 토대로 이루어져야 한다고 보았다.

플라톤의 후세대들은 이 조물주를 어렵지 않게 세상의 창조주와 동일한 존재로 간주했고 세계란 창조주의 작품인 동시에 인간에게 최대한 훌륭한 터전을 선사하려는 신의 원대한 계획이 현실화된 결과라고 보았다. 이러한 해석을 가능하게 한 것은 물론 플라톤이 자신의 우주론을 서술하는 신화적인 언어다. 아리스토텔레스는 이 신화를 비판하면서 플라톤의 언어가 자연을 탐구하는 학문적인 언어가 아니라 시에 속하는 언어라는 점을 지적했다.

하지만 『티마이오스』에서 표명된 플라톤의 우주론이 사실은 그의 이데아 이론이 불러일으킨 아카데미 회원들과 아리스토텔레스의 자연철학적 관점에 대한 대응이었을 가능성을 완전히 제외할 수는 없다. 다시 말해 이데아 이론이 윤리적이고 인식론적인 영역에서 벗어나 소크라테스 이전의 자연철학자들이 제기했던 문제에 해답을 제시해야 한다는 아카데미 철학자들의 요구에 부응하기 위해 펼친 논쟁적인 성격의 주장이었을 가능성이 충분히 있다. 어떻게 보면 플라톤은 우주론을 구축하면서 자신도 예상치 못했던 하나의 신학에 접근했다고 할 수 있다. 하늘의 계시적이고 신성한 질서에 기초하는 이 천문학적인 성격의 신학은 『법률』을 통해 새로운 형태의 올바른 도시를 위한 윤리적이고 정치적인 기반을 제시하게 된다. 철학보다는 법을 기반으로 하는 이 새로운 형태의 도시는 그가 『국가』에서 설계했던 도시를 대체하기에 이른다.

아카데미

아카데미는 플라톤이 영웅 아카데모Academo를 기리는 김나지움 내부에 이 영웅의 이름을 빌려 세운 학교다. 시간이 흐르면서 아카데미라는 용어는 고등학문 육성을 위한 대규모 공공교육기관을 가리키는 말로 사용되었다. 플라톤이 아카데미를 세운 것은 소크라테스가 사망한 뒤 시작한 여행을 마치고 시라쿠사에서 돌아온 직후였다. 기원전 388년에서 387년 사이에 플라톤은 시라쿠사에 머물면서 독재자 디오니시오스 1세에게 나라를 정의롭게 다스려야 한다고 조언했다가 바른 말을 했다는 이유로 노예가 되어 쫓겨났다. 아카데미가 세워진 시기는 대략 기원전 387년으로 추정된다. 플라톤은 정치인들에게 철학을 가르칠 목적으로 이 학교를 세웠고 이러한 사실은 그가 『국가』에서 제시했던 교육 계획에도 분명하게 드러난다. 아카데미와 아카데미가 소속된 김나지움은 아테네 성벽 밖에 위치하고 있었다.

아카데미에서 수학했던 철학자들 가운데 주목할 만한 인물은 플라톤의 조카이자 그의 뒤를 이어 아카데미의 지도자를 역임했던 스페우시포스Speusippos, 그의 후계자였던 크세노크라테스Xenocrates, 아리스토텔레스, 시라쿠사의 디온Dion, 타란토의 피타고라스 철학자 아르키타스Archytas 등이며 또 다른 문헌들이 언급하는 인물들 가운데 저명한 천문학자이자 수학자였던 크니도스의 에우독소스Eudoksos, 역시 천문학자였던 헤라클레이데스 폰티코스Herakleides Pontikos, 플라톤의 비서였고 그의 마지막 대화록 『법률』을 편집한 오푸스의 필리포스Philippos, 아리스토텔레스의 제자이자 후계자였던 에레소스 출신의 테오프라스토스Teophrastos 등이 있고 이 외에도 아테네와 그리스의 여러 도시에서 활동하던 유명한 웅변가, 전략가, 법률가, 정치가 들이 플라톤의 아카데미에서 공부했던 것으로 보인다.

『국가』에 기록된 것처럼, 아카데미의 주요 연구 활동은 변증법과 철학에 입문하기 위한 기초적인 수학 연구와 과학적이고 철학적인 문제를 주제로 하는 변증적 토론 활동이었다. "기하학을 모르는 사람은 아카데미 안으로 들어올 수 없다"는 문구가 학교 입구에 적혀 있었다는 오래된 소문은 사실상 아무런 근거가 없는 이야기다. 우리가 아카데미 내부에서의 학문 활동에 대한 직접적인 언급이라고 확신할 수 있는 것은 오히려 "적대적 관계를 벗어난 질의문답과 호의적인 토론"을 중심으로 구성되는 공동체의 삶을 통해서만 진실을 깨달을 수 있다고 말하는 플라톤의 편지 내용이다(『편지들』, 「일곱 번째 편지」). 이와 비슷한 취지를 우리는 아리스토텔레스의 『니코마코스 윤리학*Etica Nicomachea*』에서도 발견할 수 있다. 아리스토텔레스는 인간의 행복이 살면서 욕망하는 것들을 친우들과 함께 나누는 데 있듯이 철학자들의 경우에 행복은 "함께 철학하는 데" 있다고 기록했다.

플라톤은 바로 그런 차원에서 천문학과 관련된 연구 과제를 아카데미의 동료들에게 제시한 적이 있다. 플라톤이 '현상을 살리자'는 취지로 제시했던 이 과제는 외견상 불규칙해 보이는 별들의 운동을 규칙적인 운동, 즉 땅을 중심으로 하는 원형운동과 비교해 설명해 보라는 것이었다. 다시 말해 관건은 불규칙한 요소들을 플라톤이 『티마이오스*Timaios*』에서 설명했던 별들의 원형운동을 토대로 증명하는 것이었다.

이 문제에 대한 최상의 답변을 내놓았던 철학자는 인간 중심의 천체 이론을 주장했던 에우독소스다. 그의 이론에 따르면 별들의 움직임은 모두 땅을 중심으로 회전하는 천구 내지 동심구의 운동에서 비롯된다. 그는 천구들이 가까이 붙어 있지만 각기 다른 축을 중심으로 회전한다고 보았다. 에우독소스가 인정한 천구의 수는 27개였지만 그의 제자 칼리포스Kallippos에 의해 34개로 늘어났고 이어서 천구가 제5원소 에테르로 구성되어 있다고 본 아리스토텔레스에 의해 55개로 늘어났다.

약간 다른 이론을 제시한 헤라클레이데스 폰티코스는 땅이 우주의 중심에 있는 것은 사실이지만 스스로를 중심으로 회전한다고 보았고 이 이론을 바탕으로 해와 달이 때에 따라 더 멀거나 더 가까워 보이는 이유를 설명했다. 반면에 플라톤은 『법률』에서 천체들이 마치 영혼을 가진 존재처럼 움직인다고 설명했다.

어떤 종류의 현실을 관념에 적용하느냐는 것은 전적으로 철학적인 문제다. 플라톤이 관념을 도입했던 것은 감각적인 사물들의 보편적이고 불변하는 모형이 사물들의 특징과 존재 이유를 설명하기 위해 꼭 필요했기 때문이다. 그러나 관념과 감각적인 사물의 분리에 대해서는 플라톤 자신도 『파르메니데스』에서 의혹을 표명한 바 있고 그의 이러한 의혹은 결과적으로 아카데미 내부에서 열띤 논쟁을 불러일으켰다.

아리스토텔레스에 따르면 논쟁에 끼어들었던 이들 가운데 가장 눈에 띄는 인물은 에우독소스였다. 사실상 플라톤의 제자라고도 할 수 없었던 그는 아주 잠시 아카데미에 머물렀던 인물이다. 에우독소스는 관념과 사물이 뒤섞여 있다고 보는 일종의 혼용주의를 주장했다. 아리스토텔레스에 따르면 플라톤 역시 관념을 이상적인 숫자와 일치하고 각각의 장르에서 유일무이하며 서로 뒤섞이거나 합산될 수 없는 숫자들과 동일한 것으로 보았다. 그는 수학을 관념과 감각적 사물들 사이에서 중재 역할을 담당하는 현실로 받아들였다.

논쟁에 참여했던 또 다른 인물들 가운데 한 명은 스페우시포스다. 그는 관념에 의해 발생하는 난점들을 해결하기 위해 오히려 관념을 포기할 필요가 있다고 제안했고 감각적 세계와 분리되어 있는 관념의 세계에 숫자와 기하학적 형상 들을 위치시켰다. 반면에 크세노크라테스는 관념과, 즉 이상적인 숫자들과 수학적인 숫자들의 일치를 꾀하면서 스페우시포스의 입장과 플라톤의 입장을 융화시키려고 노력했다. 아리스토텔레스 역시 플라톤의 관념을 받아들였지만 관념이 비물질적인 만큼 감각적인 사물에 '뒤섞여' 있지 않고 내재하는 형태로 이해했다. 이 논쟁은 아카데미 내부에서 활동하던 철학자들의 입장이 얼마나 다양했는지, 아울러 이들의 탐구와 사고방식이 얼마나 자유분방했는지 단적으로 보여 준다.

논쟁에 참여했던 아리스토텔레스는 단상의 형태로 남아 있는 『선에 관하여』라는 책에 이에 대한 기록을 남기기도 했다. 그는 모든 것의 기초에는 두 종류의 원리, 즉 '형상'과 '질료'가 존재한다는 플라톤의 이론을 받아들였지만 이 원리들을 변화에 지배받는 감각적인 사물 속에 현존하는 것으로 이해했다. 아울러 아리스토텔레스는 형식을 모든 사물의 궁극적인 변화 원인으로 보았고 이러한 변화를 설명하기 위해 동적이거나 효과적인 원인이 필연적으로 요구된다고 보았다. 그런 식으로 아리스토텔레스는 원인 혹은 원리의 종류를 네 가지로, 즉 형식과 질료, 목적과 동력으로 분류했다.

그리고 모든 사물이 고유의 원리를 간직하고 있으며 이 원리들이 비록 다른 사물들의 그것과 똑같아 보인다 하더라도 그것은 유사의 환영에 지나지 않는다는 사실을 인정함으로써 결과적으로 원리들의 수를 증폭시켰다. 아리스토텔레스가 모든 사물이 공통적으로 가지고 있는 유일한 원리로 인정한 것은 '부동의 동자' 원리였다. 그는 아울러 이를 우주의 질서를 지탱하는 원리로, 따라서 지고의 선善으로 보았다. 이런 식으로 플라톤의 아카데미 내부에서는 원칙들의 과학, 즉 나중에 형이상학이라는 이름으로 불리게 될 학문의 모든 모형과 가능성 들이 제시되었다.

원리에 관한 논쟁, 즉 선에 대한 논쟁의 일환으로 아카데미 내부에서 일어난 또 다른 논쟁의 주제는 쾌락이었다. 쾌락이라는 문제를 제기한 철학자는 에우독소스였던 것으로 추정된다. 아카데미에서 지내는 동안 그는 모든 생명체가 욕망하는 쾌락이야말로 지고의 선이라고 주장했다. 아리스토텔레스가 이와는 정반대되는 입장의 철학자로 보았던 스페우시포스는 쾌락을 선과 결코 연관될 수 없는 요인으로 보았다. 이 논쟁에는 플라톤 역시 참여했던 것으로 보인다. 그 흔적을 우리는 플라톤의 『필레보스*Filebos*』에서 찾아볼 수 있다. 플라톤은 이 대화록에서 최선의 삶이란 쾌락이나 지혜에만 달려 있지 않고 쾌락과 지혜의 조화를 통해 이루어지며 따라서 쾌락이 항상 선과 일치한다고 볼 수 없고 오로지 지혜가 동반될 때에만 선에 이를 수 있다는 견해를 피력했다.

아리스토텔레스 역시 이 논쟁에 참여했던 것으로 보인다. 알려진 바와 같이 아리스토텔레스가 아카데미에 머무는 동안 집필한 대화록은 대부분 소실되었다. 하지만 이 대화록들의 내용은 그의 다른 저서들에 인용되면서 상당 부분이 살아남았다. 대화록 중에 하나인 『쾌락에 관하여』 역시 비록 소실되었지만 핵심적인 내용은 『니코마코스 윤리학』 안에 실려 있다. 아리스토텔레스에 따르면 쾌락은 그 자체로는 좋은 것이지만 최고의 선善, 즉 행복과는 일치하지 않는다. 행복은 오히려 모든 기량의 훈련에 있고 무엇보다도 담론을 기초로 하는 철학적 기량(지혜와 지식)에 달려 있다. 쾌락은 완성을 현실화하는 주체에게 주어지는 일종의 효과 또는 그가 어떤 활동을 완벽하게 성취하고 있다는 신호, 다시 말해 인간이 현실화할 수 있는 지고의 선이 의존할 수밖에 없는 완성도의 신호라고 볼 수 있다.

플라톤은 정치인들의 교육이 본질적으로 철학을 통해, 다시 말해 변증법을 통해 이루어져야 한다고 보았다. 아카데미의 가장 중요한 활동이 위에서 언급한 토론이었던 것도 바로 그런 이유에서였다. 아카데미의 회원들은 정치적 차원의 현실적인 문제도 결코 외면하지 않았다. 가장 먼저 본이 되었던 인물은 플라톤 자신이다. 첫 번째 시라쿠사 여행에서 나라를 정의롭게 다스려야 한다고 디오니시오스 1세를 설득하려다 실패한 뒤 기원전 367년 자신의 제자 디온의 요청으로 독재자의 아들 디오니시오스 2세를 설득하기 위한 동일한 시도를 감행했지만 디오니시오스의 오만함으로 인해 결국 실패로 돌아가고 말았다. 하지만 플라톤은 이에 굴하지 않고 스페우시포스와 크세노크라테스를 비롯한 여러 명의 아카데미 회원들과 함께 기원전 367년에 세 번째 시라쿠사 여행을 감행했다. 물론 목적은 달성하지 못했지만 뒤이은 기원전 357년에 디온이 몇몇 아카데미 회원들과 함께 시라쿠사를 정복하는 데 성공하게 된다. 하지만 디온은 3년 뒤 내란이 일어났을 때 아테네의 칼리포스에 의해 살해당한다. 그와 함께 또 다른 아카데미 회원이자 아리스토텔레스의 친구였던 키프로스의 에우데모스Eudemos 역시 이때 세상을 떠났다.

철학적 지식의 형태로서 글쓰기

"우리가 순수하게 철학적인 내용만 담고 있는 플라톤의 저서를 가지고 있다면…… 아마도 플라톤의 철학은 우리 앞에 아주 단순한 형태로 드러나게 될 것이다. 대신에 우리는 그의 대화록만 가지고 있을 뿐이며 이 대화라는 형식이 그의 철학을 곧장 파악할 수 없도록 만들 뿐 아니라 그것에 대한 정확한 설명을 힘들게 만든다. 대화라는 형식은 많은 요소들, 많은 이질적인 측면들을 가지고 있다."

— 헤겔, 『철학사 강의』, II 1

/ 제1철학의 표현 양식

철학이라는 이름으로 불리게 될 지식의 형태는 기원전 6세기경에 모습을 드러냈을 때부터 독자적인 지식 영역과 또렷한 사유 양식, 그리고 이에 어울리는 표현 양식을 필요로 했다. 시인들처럼 전통적으로 훨씬 권위 있는 지식인들이 보유하던 '지혜sophia'와는 또 다른 차원의 용어가 필요했던 것이다. 실제로 지혜에 대한 사랑을 뜻하는 '철학filosofia'이라는 용어가 특별한 의미를 획득하면서 불멸의 운명을 누리게 될 행운을 거머쥐는 것은 기원전 5세기 말, 소크라테스와 플라톤을 중심으로 하는 철학자들의 활동과 함께 일어나는 일이다.

최초의 '철학자들'은 전통문화가 제공하는 영역 안에서 가능성을 모색하며 여러 가지 형태의 표현 양식을 실험했다. 가장 먼저 대두되었던 것은 '지혜'라는 분야에서 결코 무시할 수 없는 경쟁자였던 호메로스나 헤시오도스 같은 시인들의 시 형식(예를 들어 호메로스의 6보격 시)이었다. 파르메니데스와 엠페도클레스가 전하던 지혜의 메시지들(아마도 소수의 관중 앞에서 일종의 공연처럼 낭송되었을 것이다)은 어떤 방식으로든 시라는 문학 형태의 권위를 활용한 것이었다. 시 낭송은 시칠리아와 메갈레 헬라스 지역에서는 아주 일반적인 것이었다. 반면에 이오니아에서 헤라클레이토스는 시 못지않게 권위 있는 신탁의 형식으로 자신의 사상을 표현했다(기록에 따르면 헤라클레이토스가 남긴 격언들은 금판에 새겨져 신전에 보관되었다고 한다). 아테네에서는 아낙사고라스의 철학이 상당한 영향력을 발휘했고 그가 전하던 진실의 메시지는 이오니아와 이탈리아 스승들의 가르침 못지않게 널리 보급되어 있었다. 하지만 그가 선택한 표현 양식은 기원전 5세기 아티카 문화권에서 널리 사용되던 산문이었다.

산문의 유행이라는 문화 현상은 두 가지 방식을 통해 부각되었다. 먼저 대중연설 혹은 낭독의 내용을 글로 옮겨 적는 방식이 자극적인 논리를 펼치던 소피스트 철학자들 사이에서 유행하기 시작했다. 필사를 통한 보급을 목적으로 대중 앞에서 글을 낭독하는 방식은 헤로도토스나 투키디데스 같은 위대한 역사가들 역시 채택했던 방법이다. 산문의 유행을 자극했던 또 다른 요인은 의학에서 건축과 수학에 이르는 다양한 분야의 기술 매뉴얼이었다. 격언이나 지혜 문학의 형태보다는 바로 이러한 부류에 속했다고 볼 수 있는 것이 바로 데모크리토스의 철학 및 과학 논문들이다. 하지만 이 책들은 불행히도 모두 소실되고 말았다.

결과적으로 철학적 앎은 골격을 갖추면서 시나 신탁의 형태를 통한 지혜의 메시지와 소피스트들의 낭독이나 기술 매뉴얼을 통한 산문 사이를 오가며 성장했다고 볼 수 있다.

/ 표현 양식과 지적 행위로서의 대화

지혜 문학에 철학이라는 새로운 이름뿐만 아니라 구체적인 논증 영역을 부여하고, 무엇보다도 논박과 증명을 통한 독보적인 논쟁 형식, 그래서 철학을 다른 모든 형식의 앎과 차별화된 형태로 부각시키는 논쟁 형식을 부여하기로 한 것은 기원전 5세기경 소크라테스를 중심으로 모인 일군의 철학자들이었다. 이 논쟁 형식에 상응하는 것이 바로 철학적 대화다. 사람들은 흔히 이 대화 형식을 플라톤이 창안해 냈다고 여기지만 사실은 플라톤의 사상을 뒷받침하는 철학적 언어의 기반 자체가 곧 대화였다. 플라톤은 단지 이 대화 형식을 가장 높은 수준으로 끌어올렸을 뿐이다.

상반되는 의견을 비교하는 토론장으로서의 대화는 당연히 소크라테스의 발명품이라고 할 수 없다. 철학적 대화는 아테네인들이 민회와 의회를 통해 쉽게 접할 수 있었던 정치 토론과 법정에서의 토론이라는 문화적 배경을 토대로 탄생했다. 한편으로는 역사가들의 이야기를 통해 전해지거나 창작된 유명한 토론들이 있다. 헤로도토스의 『역사』 3권에서 거론되는 '최상의 정부 형태에 관한' 논쟁 혹은 투키디데스의 『펠로폰네소스 전쟁사』 5권에서 거론되는 '아테네인들과 멜리스인들 간의' 논쟁 등을 예로 들 수 있다. 연극 분야에서는 에우리피데스의 작품에서 등장인물들 간의 풍부한 대화를 찾아볼 수 있다(극중 대화가 철학적 대화록 양식에 전달한 가장 주요한 특징은 저자 시점의 부재다). 아울러 플라톤은 에피카르모스Epicharmos와 소프론Sofron의 마임으로부터 특별한 영감을 받았다고 전해진다(디오게네스 라에르티오스는 플라톤이 이들의 책을 "배게 밑에" 보관했다고 기록했다).

분명한 것은 소크라테스가 자신의 생각대로 실행에 옮긴 철학적 방법론(지식인들, 정치인들, 시인들과의 직접적인 대화를 통해 선입견을 논박하고 적절한 이론적 해결점을 모색하는 방법)이 몇 십 년 뒤에 하나의 진정한 장르로, 이른바 '로고스 소크라티코스logos sokratikos'라는 철학적 담론으로 자리 잡았다는 사실이다. 아리스토텔레스가 주목했던 것처럼, 소크라테스의 담론은 실제로 이루어졌다고 추정되는 철학자들 간의 만남과 대화를 양식화한 담론이다(『시학』 1447a28~b13). 물론 플라톤이 『테아이테토스』 서문에서 언급한 것처럼, 실제로 이루어진 대화 내용을 옮겨 적은 것이 대화록의 기원이었을 가능성도 충분히 있다. 대화 기록이라는 장르는 소크라테스를 중심으로 모인 철학자들 사이에서, 따라서 아테네의 박식한 독자들 사이에서 굉장한 인기를 끌었던 것이 사실이다. 소크라테스에 관한 고대의 모든 정보와 증언 들을 총망라한 『소크라테스와 소크라테스학파의 유산』*에서 우리는 '로고스 소크라티코스'의 저자들이 플라톤과 크세노폰을 포함해서 최소한 열네 명이 존재했고 이들이 기원전 4세기 초반 30년 동안 대략 200개의 제목으로 250여 권에 달하는 책을 출판했다는 사실을 확인할 수 있다. 이 어마어마한 출판 규모만 봐도 철학적 대화라는 장르의 성공이 얼마나 대단했는지 짐작할 수 있다. 하지만 대단했던 만큼 놀라운 것은 이 장르가 곧장 하향세로 접어들었다는 사실이다. 대화록이 쇠퇴했던 것은 철학 학교의 등장으로 인해 조직적인 체제를 갖춘 논문의 필요성이 대두되었기 때문이다. 이어서 철학서의 형태를 최종적으로 결정짓게 되는 것이 바로 이 논문이라는 장르다.

소크라테스를 모델로 하는 철학적 대화의 등장은 아울러 여러 장르들 사이의 경쟁을 불러일으켰다. 한편에는 당시의 문화적 환경에서 고유의 공간을 찾고자 했던 철학적 담론이 존재했고 이와 경쟁관계에 놓여 있던 장르들 중에 전통 시문학과 당시에 새로이 떠오르던 궤변론이나 교육제도를 통해 널리 보급되던 이소크라테스의 수사학이 있었다. 철학적 대화라는 장르의 등장과 함께 철학 자체를 다름 아닌 대화를 통해 이해하는 방식이 대세를 이루었지만 이는 어쨌든 일시적인 현상에 지나지 않았고, '로고스 소크라티코스'의 뒤를 잇는 체계적인 논문을 통해 철학을 이해하는 것이 훨씬 용이하다는 견해가 우위를 점하기 시작했다. 대화를 통한 철학이 꽃을 피웠던 시대에 철학이 목표로 했던 것은 이론적인 체계를 갖춘 지식(그 내용이 진실을 논하던 옛 스승들의 방식대로 '지혜'를 다루는 것이든, 혹은 좀 더 발전된 '학문적인' 내용이든 간에)이라기보다는, 어떻게 보면 삶과 구별해서 생각한다

* 가브리엘레 잔안토니Gabriele Giannantoni의 감수로 1990년에 출간된 『소크라테스와 소크라테스학파의 유산*Socratis et socraticorum reliquiae*』은 소크라테스와 소크라테스학파에 관한 고대인들의 증언을 모두 수록하고 있다.

는 것이 불가능한 '사유의 양식樣式'이었다(아리스토텔레스는 『수사학』에서 아무런 목적을 가지지 않은 수학적 담론과는 달리 소크라테스의 담론은 어떤 식으로든 "생활문화와 윤리적인 선택에" 관여하는 것을 목표로 한다고 지적한 바 있다. III 1417a18~21).

대화는 대화 상대자에게 도덕과 정치와 문화에 대한 자신의 신념을 피력하도록 만들고 이러한 의견들이 토론과 논박elenchos의 과정을 거치도록 유도한다. 논쟁은 한 개인의 의견이 무분별하게 수용하는 면들을 드러내면서 결과적으로 또 다른 해결책을 모색하도록 만들거나 잠정적이지만 훨씬 더 근거 있는 새로운 관점들을 제시하게 한다. 그런 의미에서 철학적 이성은 선입견이나 고정관념의 축적을 비판적으로 바라보는 사유의 실천이라고 할 수 있으며 이론과 실천의 측면에서 좀 더 성숙한 의식을, 나아가 이러한 의식을 바탕으로 하는 새로운 형태의 삶을 추구한다고 볼 수 있다. 철학은 첫 단계에서 본질적으로 윤리적이고 실용적인 영역에 머물렀지만 대화를 통한 논쟁의 실천으로 논리적이고 방법론적인 도구들, 쉽게 말해 인식론적인 도구들을 갖추었고 이를 통해 시와 수사학에 의존하는 비이성적인 웅변의 오류를 지적하고 진실을 주장하며 정당화하기에 이르렀다.

/ 플라톤의 철학적 대화

플라톤은 철학적 대화라는 장르의 이론적이고 문학적인 수준을 전례 없는 단계로 끌어올리면서 누구도 초월할 수 없는 경지에 도달했다. 하지만 플라톤은 소크라테스적인 담론의 본질적인 특징들, 즉 비판적이고 변증적이면서도 실천에 열린 자세를 유지한다는 점과 결과적으로 윤리적이고 실용적인 차원을 중요시한다는 특징을 고수할 줄 알았다. '대화'를 통해 플라톤은 거대한 철학의 무대를 구축할 수 있었다. 이 무대 위에 오르는 것은 구체적인 체제를 갖춘 철학이라기보다는 상반된 논제의 비교와 끊임없는 토론을 통해 스스로를 구축하는 과정 속에서 모습을 드러내는 철학 자체였다. 토론의 궁극적인 의미는 토론을 통해 인식과 지식의 폭이 넓어질 때마다 철학의 무대를 지켜보고 깨달음을 얻는 관객의 삶에 긍정적인 변화가 일어나지 않을 수 없다는 신념이었다.

대화를 글로 표현하는 방식은 플라톤이 발명했다기보다는 소크라테스를 중심으로 모인 철학자들 사이에서 발전했다고 보는 것이 옳다(실제로는 아리스토텔레스가 대화록의 발명가로 테오스의 알렉사메노스Alexamenos라는 인물을 지목했던 것으로 보이지만 이 인물에 대해서는 알려진 바가 아무것도 없다). 대화라는 장르는 아울러 플라톤의 사상이 비판적으로 요구하는 핵심적인 조건들을 만족시킬 수 있었다.

먼저 플라톤은 글 자체의 가치에 대해 부정적인 의견을 가지고 있었다. 플라톤이 『파이드로스』에서 글이 철학을 표현하는 데 부적절하다고 기록한 것은 다름 아닌 철학의 본질이 학설들의 조합에 있지 않고 살아가며 생각하는 방식에 있다고 보았기 때문이다. 플라톤은 서로 상반된 의견을 주고받는 토론과 살아 있는 대화를 통해서만 모습을 드러내는 철학의 진실을 글이 오히려 고정시키고 경화한다고 보았다. 하지만 동시에 글은 필요한 것이기도 했다. 왜냐하면 스승과 제자들의 대화가 후세대의 교육을 위해 기록을 통해 보전될 필요가 있었기 때문이다(『법률』 VII 811e). 따라서 대화를 글로 옮기는 것이 (웅변을 예술적으로 모방, 기록하는 것과 마찬가지로) 철학의 정신 자체를 훼손시킨다는 비난으로부터 철학을 부분적으로나마 구해 낼 수 있는 유일한 방법이었다.

아울러 철학적 대화는 연극에서 오가는 대화와 마찬가지로 저자를 무대에 올리지 않아도 된다는 장점을 가지고 있었다. 익명성이 보장되었던 것이다. 이러한 측면이 플라톤에게 중요했던 것은 그의 철학적 담론이 어떤 학설이나 지혜를 담고 있는 메시지의 형태로, 따라서 소크라테스의 가르침과 어긋나는 형태로 드러나는 것을 피할 수 있었기 때문이다. 익명성이 중요했던 것은 아울러 그의 철학이 지니는 의미와 목표의 민감한 측면 때문이었다.

플라톤이 자신의 철학적 과제라고 믿었던 것들 중에 하나는 그의 성장 시기와 일치하는 페리클레스 시대의 거대한 정치적 변혁이 결국 내란과 소피스트 철학의 허무주의적인 가치와 인식론의 밑바닥으로 가라앉으면서 실패(정치적이면서 동시에 윤리적이고 문화적인 변혁의 실패)로 돌아가고 만 원인의 뿌리를 찾아내기 위해 총체적이고 비평적인 진단을 시도하는 것이었다. 대화록 집필은 그에게 사라진 지 얼마 되지 않는 세대의 주인공들(예를 들어 정치가나 시인, 소피스트, 웅변가 등)을 마지막으로 한 번 더 무대 위에 올리면서 그들의 신념과 가치 체계와 무의식적인 편견에 대해 질문을 던질 수 있도록 해 주었다. 이러한 의견doxa들의 총체가 분명해질 때 논박을 통해 이들의 비일관성과 모순을 증명하고 이를 통해 주인공들(최소한 지적으로 정직한 지식인들)로 하여금 만인 앞에서 스스로의 잘못과 새로운 출발의 필요성을 시인하도록 만들어야 한다고 보았던 것이다. 플라톤은 도시국가가, 여전히 낡은 세대의 관점에서 벗어나지 못하고 있었지만, 동일한 실수를 범하지 않고 좀 더 확실한 지식과 학문으로 무장하고 스스로의 정치적·도덕적 재건을 위한 길로 들어설 수 있다고 보았다. 그런 의미에서 옛 시대와의 결정적인 작별이 필요했고 구세대의 오류를 논박하는 주인공은, 논박의 효과를 극대화하기 위해서는, 대화록의 저자인 플라톤이 아니라 구세대에 속한 인물이자 구세대가 저지른 실수의 희생자, 아울러 세상을 떠난 지 얼마 되지 않아 사람들의 기억 속에 생생하게 살아남아 있는 유명인이어야 했다. 그 인물이 바로 대화록의 주인공으로 등장하는 소크라테스다(하지만 대화록에서 소크라테스가 플라톤의 사상을 고스란히 대변한다거나 플라톤의 의견이 소크라테스의 입을 통해서만 표명되는 것은 아니다. 플라톤의 사상은 오히려, 한 편의 연극에서처럼, 대화에 참여한 모든 사상가들의 총제적인 견해를 바탕으로 발견되어야 한다).

한 시대의 정신세계 전체를 비평 대상으로 삼은 장구한 질의 과정의 방대함과 이론적 힘을 고려하면 플라톤의 대화록은 상당히 고차원적인 철학서일 뿐만 아니라 페리클레스 시대를 그린 거대한 지적 벽화라고 할 수 있다. 아울러 이러한 차원에서 플라톤이 해석과 비판에 기울인 노력의 흔적은 그가 젊은 시절에 쓴 대화록뿐만 아니라 그의 모든 저서에서 드러난다. 예를 들어 후기 대화록에 속하는 『테아이테토스』와 『소피스트』는 플라톤이 발견했던 프로타고라스 철학의 문제점, 즉 그의 비관론적인 상대주의가 객관적으로 '진정한' 가치를 생각할 가능성을 파괴하고 그런 식으로 개인적이거나 공적인 입장을 주관적이고 임의적인 결정이나 선동에 내맡기는 결과를 가져왔다는 점을 분명하게 드러낼 뿐만 아니라 드디어 플라톤이 페리클레스 시대의 진정한 주인공이자 자신의 가장 위협적인 경쟁자로 간주했던 소피스트라는 지성인의 수수께끼 같은 정체를 해명하는 책들이다.

끝으로, 이 방대한 지적 대조의 여정 속에서 플라톤이 취한 대화 형식은 그 자체로 논박을 위한 효과적인 방편이었다는 점에 주목할 필요가 있다. 이 방편이란 곧 글의 상호호환성을 활용하는 전략을 말한다. 비평의 대상이 되는 옛 문화에 대해 이야기하는 것은 다름 아닌 옛 문화의 주인공들이다. 예를 들어 『메네세노스』의 '페리클레스'를 둘러싼 정치인들, 『고르기아스』와 『국가』 1권의 고르기아스, 폴로스Polos, 트라시마코스 같은 웅변가들, 『프로타고라스』와 『테아이테토스』, 『에우티데모스』의 소피스트들, 『파이돈』과 『소피스트』의 자연주의 철학자들, 『향연』과 『국가』 1·2권의 이오니아 출신 시인들, 『국가』 3·4권의 의사와 수학자 등이 옛 문화의 주인공으로 끝없이 등장한다. 글의 상호호환성을 강조하는 전략은, 바흐친Mikhail Bakhtin의 문학이론적인 관점에서, 문화적이고 문학적인 언어들을 철학의 무대 위로 가져옴으로써 하나의 패러디를 구축하는 것과 같다. 다시 말해 이 언어들의 대체를 목표로 하는 철학적 담론 속에서 이 언어들을 비판하고 전복시키거나 때에 따라서는 다시 채택하고 변형시키는 것을 목표로 한다(하지만 '패러디'는 여기서 대상의 과소평가나 적격평가를 의미하지 않는다. 이 전략의 성공 여부는 오히려 플라톤의 지적 경쟁자들을 극단적으로 진지하게 다룸으로써 때에 따라 이들을 '원래의' 모습보다 훨씬 더 엄격하고 설득력 있는 사상가들로 부각시키는 데 얼마나 성공하느냐에 달려 있다고 볼 수 있다).

플라톤이 현실화한 '철학적 대화'라는 장르의 성공은 한마디로 굉장했다. 무엇보다도 다른 장르들과의 경쟁 속에서 이루어 낸 성공이었고 그 여파로 소피스트들이 쓴 책들은 기원전 4세기경부터 빠른 속도로 자취를 감추기 시작했다. 수사학 분야에서는 이소크라테스의 유명한 학교가 영향력을 대부분 상실하고 말았다. 플라톤의 대화록은 아울러 '로고스 소크라티코스' 양식을 따르는 또 다른 저서들의 생산과 보급이 완전히 중단되는 데 결정적인 역할을 했다. 다른 종류의 철학적 대화록들은 빠른 속도로 사라지기 시작했고, 역사서 집필로 생명을 연장하던 크세노폰은, 적어도 아리스토텔레스 이후로는, 철학자로 분류조차 되지 않았다. 하지만 아이러니하게도 플라톤의 대화록 역시 어떤 의미에서는 성공의 희생양이라고 볼 수 있다. 플라톤이 제시한 철학적 방법론이 구체화되고 그가 세운 아카데미가 입지를 확보하면서 철학 자체가 좀 더 안정적이고 확실한 이론적 체제를 갖추기 시작했던 것이다. 플라톤의 후기 대화록인 『티마이오스』와 『법률』에서도 의도적으로 독백의 양식을 통해 체계를 다지려는 경향이 강하게 나타난다. 이어서 아리스토텔레스는 철학의 기본적인 서술 방식으로 학술 논문(pragmateia, methodos) 양식을 택했고 이 양식이 그의 방법론과 교육의 핵심적인 도구로 자리잡게 된다. 헬레니즘 시대의 주요 철학 학파들은 논문 형식의 글을 생산하고 보급하는 본거지였다. 플라톤학파의 철학자들은 스승의 가르침을 충실하게 계승하고 전파했지만 이를 현실화하기 위한 유일한 방법은 그의 대화록에 논문 형식의 주석을 다는 것뿐이었다.

IV

아리스토텔레스의 철학

La filosofia
e le sue storie

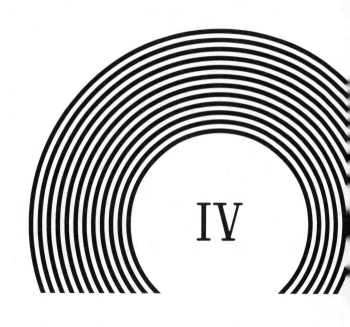

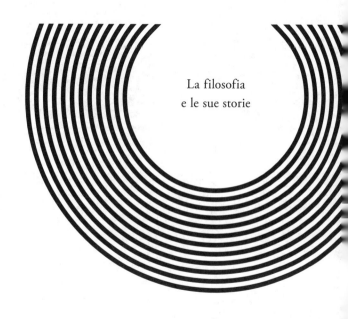

기원전 371~362년
그리스 세계에서
테베의 패권 장악

기원전 338년
필리포스 2세의 승리
마케도니아의 그리스 정복

기원전 336년
필리포스 2세의 사망
알렉산드로스가
마케도니아 왕으로 등극

기원전 323년
바빌로니아에서
알렉산드로스 대왕

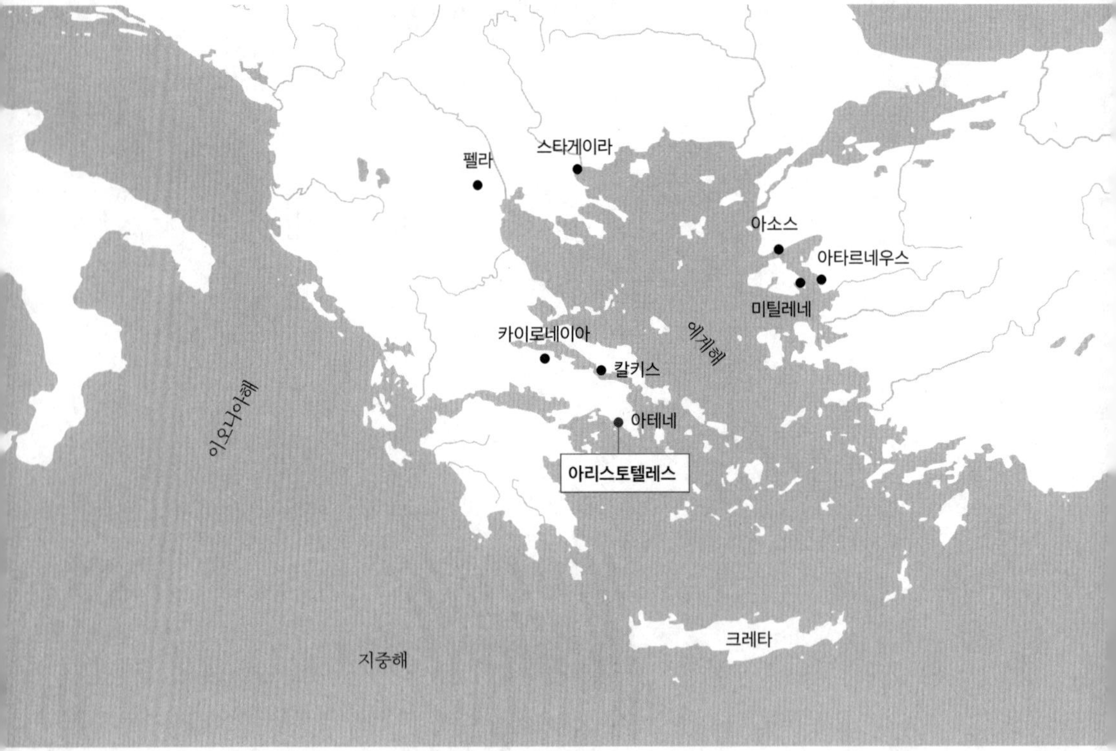

기원전 384년
스타게이라에서
아리스토텔레스 탄생

기원전 367년
아테네에서
플라톤 아카데미에 입학

기원전 347년
아테네를 떠나
아소스로 이주

기원전 343년
필리포스 2세의 아들
알렉산드로스의
가정교사가 됨

기원전 334년
아테네로 돌아와
'리케이온' 학당 설립

기원전 323년
아테네를 떠나
칼키스로 이주

기원전 322
칼키스에서
아리스토텔

상투적인 표현들이 우리에게 무언가를 말해 줄 수 있다면, 단테가 아리스토텔레스를 정의하면서 사용했던 "박식한 이들의 스승"이라는 표현은, 비록 그가 세상을 떠난 지 1600년이라는 세월이 흐른 뒤의 표현이지만, 최고의 철학자라는 아리스토텔레스의 명성이 얼마나 위대했고 또 얼마나 오랫동안 유지되어 왔는지를 그대로 보여 준다. 아울러 이러한 그의 영향력이 중세에도 큰 위력을 발휘했고 근대와 현대 철학 역시 상당 부분을 그에게 빚지고 있다는 점은 재론의 여지가 없는 사실이다. 철학을 공부하려면 아리스토텔레스에서부터 시작해야 하고 생각을 달리하는 이들도 그의 존재가 지니는 무게를 결코 무시할 수 없다. 앞으로 보게 되겠지만 우리가 사용하는 상당히 많은 철학 용어들이 아리스토텔레스에게서 유래했고 아리스토텔레스주의를 수용하는 이들이든 혹은 그의 유산을 무시하는 이들이든 그가 만든 동일한 용어들을 모두 함께 사용하고 있는 것이 현실이다.

아리스토텔레스의 사후에 제자들은 그의 철학을 가르치면서 소요학파의 명맥을 유지했던 것으로 보인다. 하지만 그의 철학은 뒤이어 등장한 후세대의 철학자들, 예를 들어 스토아학파 철학자들에게는 특별한 영향력을 발휘하지 못했다. 아리스토텔레스의 철학은 기원전 1세기가 되어서야 로도스의 안드로니코스Andronikos에 의해 보급되기 시작했다. 책의 보급과 함께 아리스토텔레스의 철학은 점진적으로 아랍 세계에 깊은 영향을 끼쳤고 이어서 다름 아닌 아랍의 사상가들에 의해 다시 서양의 그리스도교 세계로 전달된다. 예를 들어 '실체 변화'의 신학적 원리, 즉 빵과 포도주가 예수 그리스도의 몸으로 변하는 원리가 아리스토텔레스의 '실체' 개념을 토대로 한다는 점은 이러한 경로를 통해 설명될 수 있다.

중세가 시작될 무렵에는 아리스토텔레스의 몇몇 저작들만이 보에티우스의 라틴어 번역으로 보급되었지만 12세기에 들어서면서 아랍어본에서 아리스토텔레스 전집이 번역되기 시작했고 뒤이어 그리스어본에서도 직접 번역 작업이 이루어졌다. 이른바 '자연적' 저술에서부터 형이상학에 이르는 그의 모든 책들은 중세 사상가들 사이에서 진정한 철학 혁명을 일으켰다. 토마스 아퀴나스가 아리스토텔레스 철학을 그리스도교 신학의 공식 철학으로 인정한 것도 이러한 혁명의 결과였다고 볼 수 있다.

많은 르네상스 철학자들의 주장과 세간의 견해에 따르면 플라톤과 아리스토텔레스의 철학을 토대로 전적으로 새로운 근대 사상이 전개된 것처럼 보이지만 사실은 중세 말기와 초기 르네상스 시대에 폼포나치Pietro Pomponazzi를 중심으로 하는 파도바의 아리스토텔레스주의가 강하게 부각되기도 했고, 교회와 신학대학에서 꽃을 피우기 시작한 반종교개혁주의 성격의 아리스토텔레스주의도 19세기의 신토마스주의가 부활할 때까지 오랫동안 명맥을 유지했다.

하지만 형이상학자로서 아리스토텔레스는 르네상스 시대에 큰 영향력을 발휘하지 못했다. 반면에 새롭게 조명을 받으며 많은 이의 관심을 끌었던 것은 그의 시학과 수사학이었다. 이러한 전통은 계속해서 바로크 수사학으로까지 이어졌고 20세기 중반에 들어와 영국 철학자들의 본격적 연구 대상으로 떠올랐다. 아리스토텔레스의 이름은 논리학 분야에서 끊임없이 거론되었고 아리스토텔레스의 철학 세계로 되돌아가려는 다양한 시도들이 많은 현대 철학자들 사이에서, 특히 현상학자들 사이에서 이루어졌다.

누구도 언급하지 않을 수 없는 철학자 아리스토텔레스가 이룩한 것은 과연 무엇인가? 빼놓을 수 없는 것은 당연히 그가 남긴 연구의 방대함이다. 아리스토텔레스는 존재론부터 시작해 천문학, 물리학, 생물학, 동물학 연구(책들이 출판되었을 당시에도 '과학적' 연구로 간주되었고 후세대들 역시 그렇게 받아들였다)뿐만 아니라 정치학과 윤리학 이론을 정립하는 등 셀 수 없이 많은 철학적 업적을 남겼다. 논리학 체계는 아리스토텔레스 이후 스토아학파의 영향으로 급격하게 변모했지만 스토아 철학자들의 사유가 후세대들에게 단상의 형태로만 (그것도 빈번히 반대자들의 언급을 통해) 전해졌다는 사실과 달리, 아리스토텔레스의 삼단논법은 여전히 현대 논리학 연구의 일부를 차지하며(물론 예측하지 못한 방향으로 전례 없는 발전을 이룬 것이 사실이지만) 동일성의 원리, 무모순성의 원리, 배중률排中律 역시 비판적인 입장을 취하는 이들에게도 여전히 인정하고 수용할 수밖에 없는 원리들로 남아 있다.

플라톤주의를 비판하면서 보편적인 형식들을 초월적 천상의 세계로부터 물리적 세계로 끌어내린 아리스토텔레스는 후세대들에게 실체에 대한 사유, 형상과 질료, 잠재력과 행위에 대한 사유뿐만 아니라, 연역법과 귀납법이라는 사고의 도구와 종種과 속屬의 분류법을 유산으로 남겼다. 이러한 분류법은 다양한 각도에서 수정되었음에도 불구하고 여전히 현대 사상가들에게 많은 관심을 불러일으킨다.

앞에서 언급한 것처럼 서양철학사가 고스란히 플라톤의 철학에 대한 각주에 지나지 않는다면 아마도 똑같은 평가를 아리스토텔레스의 철학에 대해서도 내릴 수 있을 것이다. 다양한 방식으로 끊임없이 철학의 발전에 기여해 온 아리스토텔레스의 존재를 모르는 척한다는 것은 불가능한 일이다.

상투적인 예가 되겠지만, 라파엘로Raffaello Sanzio의 〈아테네 학당〉에서 플라톤이 손가락으로 하늘을 가리키며 이데아의 초월적 천상에 대한 신념을 표명하는 반면 아리스토텔레스는 손으로 현실세계를 상징하는 땅을 가리킨다. 물론 단순화된 이미지에 불과하지만 중요한 것은 바로 아리스토텔레스가 우리의 삶의 터전인 세상에 대해 (자연의 관찰과 경험에 의해 구축된 방법론을 토대로) 이야기하는 법을 가르쳐 주었다는 점이다. 아리스토텔레스의 등장으로 인해 초월적 천상에는 오로지 '제1원인'(원인의 원인)과 '부동의 동자', 생각하는 자신을 생각하는 '순수 행위'(신)만이 남게 된다.

르네상스에서 오늘날에 이르기까지 대부분의 철학적 사유를 인도해 온 질문은 '어떻게 하면 아리스토텔레스에서 벗어날 수 있을까?'였다고 해도 과언이 아니다. 하지만 그의 '주변을 맴돌'기만 하는 후세대들이 이 위대한 발자취를 남긴 철학자에게서 벗어난다는 것은 쉬운 일이 아니다. 아리스토텔레스가 세상을 떠난 후에 오간 수많은 이야기들, 때로는 그를 비판하기도 하는 이야기들을 이해하기 위해서는 아리스토텔레스의 철학을 먼저 이해해야 한다. 그를 이해하지 못하면 뒤에 일어난 수많은 일들의 대부분을 이해할 수 없기 때문이다.

1

아리스토텔레스

1.1 아리스토텔레스의 삶과 작품

아리스토텔레스는 기원전 384년, 그리스 북부 스타게이라에서 태어났다. 기원전 367년, 17세의 나이로 아테네에 있는 플라톤 아카데미에 입학해 20년간 수학하면서 플라톤을 모방하며 일련의 대화록을 집필했다. 키케로의 증언에 따르면 뛰어난 문학적 소양이 엿보이는 책이있지만, 불행히도 소실되고 말았다.

그의 사라진 대화록들 가운데 가장 많이 언급되는 것은 영혼의 불멸성을 다룬 『에우데모스*Eudemos*』, 철학을 권고하는 『권유*Protreptikos*』, 그리고 모든 사물의 최초의 원리를 다루는 『철학에 관하여』다. 같은 시기에 아리스토텔레스는 플라톤이 아카데미에서 가르쳤던 원리들에 대해 설명하는 『선에 관하여』와 플라톤의 이데아 이론을 비판적으로 해석한 『이데아에 관하여』를 집필했다. 이 저서들의 내용은 대부분 소실되고 단상의 형태로만, 즉 후세의 저자들이 인용한 몇몇 문장으로만 남아 있다.

아리스토텔레스는 아카데미에서 수사학과 변증법을 강의했던 것으로 보인다. 이에 대한 흔적을 그가 남긴 가장 오래된 저서들 가운데서 찾아볼 수 있다. 플라톤의 사망(기원전 347년)과 함께 아카데미를 떠난 아리스토텔레스는 소아시아의 그리스 도시 아소스로 거처를 옮긴다. 아소스로 자신을 초대해 준 군주 헤르미아스Hermias에게 감사를 표하기 위해 쓴 작품이 『미덕 예찬』이다. 기원전 345년 헤르미아스가 페르시아인들에게 살해당하면서 아소스를 떠난 아리스토텔레스는 이어서 레스보스 섬의 미틸레네로 거처를 옮겨 그곳에서 제자 테오프라스토스와 함께 동물학 연구에 몰두했다. 기원전 343년에는 마케도니아의 왕 필리포스Philippos 2세의 부름을 받아 그의 아들 알렉산드로스의 가정교사를 맡았다. 아리스토텔레스는 알렉산드로스를 위해 대화록 『왕국에 대하여』와 『알렉산드로스 혹은 식민지에 대하여』를 썼지만 두 작품 모두 소실되고 말았다.

필리포스가 세상을 떠나고 그의 뒤를 이은 알렉산드로스가 페르시아를 정복하면서 알렉산드로스 대왕이라는 칭호를 얻게 되자 아리스토텔레스는 아테네로 돌아와(기원전 334년) 아폴로 리케이오스Likeios에게 헌정된 정원에, 그 이름을 따라 리케이온Likeion이라고 불리는 학교를 설립했다. 아리스토텔레스의 학교는 산책로를 별도로 가지고 있었기 때문에 뒤이어 '소요학파逍遙學派'라는 별명을 가지게 되었다. 아리스토텔레스는 학교에서 변증법과 제1철학, 윤리학, 정치학, 시학을 가르쳤다. 아울러 158개에 달하는 도시국가들의 헌법 조항을 집대성하고 다양한 종류의 문헌들(잠언들, 올림픽 승자들의 목록, 해부학 도판)을 수집해서 자료화시켰다.

기원전 323년, 알렉산드로스 대왕의 서거 소식이 전해지면서 아리스토텔레스는 아테네에서 마케도니아의 통치를 반대하던 정치인들에 의해 반역죄로 고소된다. 아리스토텔레스가 헤르미아스를 위해 쓴 『미덕 예찬』이라는 작품이 증거로 제시되었지만 실질적인 동기는 정치적인 것이었다. 고소에 빌미를 마련한 것은 마케도니아의 그리스 집정관 안티파트로스Antipatros와 아리스토텔레스의 돈독한 친분관계였다. 안티파트로스는 실제로 아리스토텔레스가 후에 자신의 유언집행자로 지명했던 인물이다. 재판의 결과를 예견한 아리스토텔레스는 아테네를 떠나 칼키스로 거처를 옮기고 그곳에서 기원전 322년에 세상을 떠났다.

아리스토텔레스가 학교에서 강의했던 내용을 담은 글들은 당시에는 출판된 적이 없고 따라서 잘 알려지지 않은 상태에서 수세기가 흘렀지만 뒤늦게나마 여러 권의 필사본으로 재생되어 천천히 보급되기 시작했다. 기원전 1세기 중반부터, 아마도 소요학파 철학자 안드로니코스가 로마에서 필사본 작업과 보급을 주도했던 것으로 보인다. 이 필사본 강의록으로 구성된 '아리스토텔레스 전집Corpus Aristotelicum'이 우리 시대에까지 전해지고 있다(각 장의 제목들은 흔히 라틴어로 인용된다). 이 전집은 논리학 저서들(『범주론*Categoriae*』, 『명제론*De Interpretatione*』, 『분석론 전서*Analytica Priora*』, 『분석론 후서*Analytica Posteriora*』, 『변증론*Topica*』, 『소피스트 논쟁에 관하여*De Sophisticis Elenchis*』), 물리학 저서들(『물리학*Fisica*』, 『우주론*De Caelo*』, 『생성과 소멸에 관하여*De Generatione et Corruptione*』, 『기상학*Meteorologica*』), 동물학 저서들(『동물사*Historia Animalium*』, 『동물의 운동에 관하여*De Motu Animalium*』, 『동물의 진보에 관하여*De Incessu Animalium*』, 『동물의 신체 부위에 관하여*De Partibus Animalium*』, 『동물의 생성에 관하여*De Generatione Animalium*』), 제1철학 저서(『형이상학*Metafisica*』), 윤리학 저서들(『니코마코스 윤리학*Etica Nicomachea*』, 『에우데모스 윤리학*Etica Eudemea*』, 『윤리학 대전*Grande Etica*』), 그리고 『정치학』, 『수사학』, 『시학』을 포함하고 있다. 한편 『아테네인들의 헌법』은 파피루스로 전해진다.

1.2 논리학과 변증법

아리스토텔레스는 담론logos을 통해 표현되는 사유의 법칙을 연구하는 학문, 즉 논리학의 창시자다. 우리가 논리학이라고 부르는 것은 '오르가논Organon'이라는 제목으로 편집된 일련의 저서들을 통해 아리스토텔레스가 설명했던 이론들을 가리킨다. '오르가논'은 도구라는 뜻을 가지고 있으며 이는 논리학이 바로 여러 학문 분야에서 활용될 수 있는 도구라는 생각에서 비롯되었다.

이 '오르가논'의 첫 번째 저서 『범주론』에서 아리스토텔레스는 '인간'처럼 자체적으로 존재하는 실재와 '흰색'처럼 부수적으로만 존재하는 실재를 구별하면서 전자를 **실체**substantia, 후자를 **속성**accidens*이라고 불렀다. 아리스토텔레스에 따르면 자체적으로 존재하는 실체들은 제1실체와 제2실체로 구별된다. 제1실체는 예를 들어 '어떤 인간' 혹은 소크라테스와 같은 개별적 주체들이며 제2실체는 이러한 개별적 주체의 술어가 되는 보편적 종種, 예를 들어 '인간', 혹은 이러한 종이 포함되는 류類, 예를 들어 '동물'을 말한다. 제1실체는 다른 모든 사물들이 존재하기 위한 조건, 즉 제2실체뿐만 아니라 속성이 존재하기 위한 조건이다. 제1실체는 상극이나 정도를 가지고 있지 않지만 때에 따라서는 상반되는 의미의 술어로 수식될 수 있다. 속성들 속에도 개별적인 것들, 예를 들어 '어떤 흰색'이 있을 수 있고 보편적인 것들, 예를 들어 흰색이라는 개념 혹은 색깔이라는 개념이 있을 수 있다.

실체들은 다름 아닌 실체ousia라는 이름으로 불리는 지고의 범주에 속하고 속성은 또 다른 아홉 개의 범주, 즉 양, 질, 관계, 장소, 시간, 위치, 상태, 수동, 능동이라는 범주에 속한다. 때로는 열 가지로, 때로는 여덟 가지나 여섯 가지 혹은 네 가지로 묶여서 소개되는 이 최고의 장르들을 이른바 '범주', 즉 술어의 종류라고 부른다. 『명제에 관하여』에서 아리스토텔레스는 언어를 형성하는 말들이 전형적인 개념들의 기호이거나 사물들의 이미지와 일치하는 심리적인 내용의 기호라고 말한다. 언어와 사유와 현실 사이에는 어쨌든 의미 작용의 관계가, 혹은 좀 더 현대적인 용어로 '의미론적인 구도'가 주어진다. 말들 가운데 가장 중요한 것들은 이름과 동사이며 이들의 결합이, 즉 주어 역할을 하는 이름과 술어 역할을 하는 동사가 문장 혹은 담론logos을 형성한다. 담론은 사물들의 특정 상황에 대한 서술, 따라서 진위 여부의 판단이 가능한 서술일 수 있으며, 혹은 '기도'처럼 단순히 의미를 장착하는 것으로 그칠 수도 있다.

서술적인 담론은 예를 들어 '소크라테스는 걷는다'라는 문장에서처럼 하나의 이름을 하나의 동사 혹은 또 다른 이름과 조합할 때 '긍정문'일 수 있고 '소크

* 원어로 symbebekos(『형이상학』 1025a). 사물에 필연적으로 내재하거나 대다수의 경우에 나타나는 특징이 아니라 단지 일시적으로만 나타나는 속성을 말한다.

라테스는 날지 못한다'의 경우처럼 조합을 부인할 때 '부정문'일 수 있다. 아울러 담론은 참이거나 거짓일 수 있다. 실제로 조합되어 있는 사실들을 가리키는 말들이 조합되거나 실제로 조합될 수 없는 사실들을 가리키는 말들의 조합을 부인할 때에는 참이지만 이와 반대의 경우는 거짓이다. 동일한 주어에 대한 동일한 술어의 긍정과 부정은 동일한 순간과 동일한 상황에 적용될 때 모순을 일으킨다. 이때 긍정과 부정은 모두 참일 수 없으며(무모순성의 원리) 둘 중에 하나는 필연적으로 참이고 다른 하나는 거짓일 수밖에 없다(배중률). 더 나아가서 문장들은 주어가 '모든 인간'처럼 보편적일 때 보편성을 띠고 '몇몇 인간'처럼 특정한 주어가 주어질 때 특수성을 띨 수 있다.

『분석론 전서』에서 아리스토텔레스는 '삼단논법syllogismos', 혹은 연역법이라는 원리에 대해 언급하면서 이 원리에 따라 '전제'라고 하는 두 개의 보편적 명제에서 '결론'이라고 하는 제3의 명제가 필연적으로 도출된다고 말한다. 예를 들어, 만약 모든 인간이 죽는다면(대전제 또는 좀 더 보편적인 가정) 그리고 모든 아테네인들이 인간이라면(소전제), 모든 아테네인들은 죽을 것이다(결론).

이처럼 두 가지 가정이 하나의 용어를 공유할 때, 즉 '매개체'를 가지고 있을 때(여기서는 '인간') 이 용어는 대전제에서는 주어 역할을, 소전제에서는 술어 역할을 맡는다. 하지만 결론을 구축하는 것은 나머지 용어들, 즉 '아테인들'과 '죽음'이다. 만약에 어떤 논리가 특수성을 띤 전제와 보편적인 결론으로 이루어졌다면 이는 연역이 아닌 귀납에 해당한다. 이 경우에 결론이 반드시 전제로부터 도출되는 것은 아니다. 예를 들어,

만약에 인간, 말, 노새가 담즙이 없는 동물이고(특수성을 띤 첫 번째 전제)
인간, 말, 노새가 오래 산다면(특수성을 띤 두 번째 전제),
담즙이 없는 모든 동물은 오래 산다고 할 수 있다(보편적인 결론).

『분석론 후서』에서 아리스토텔레스는 독특한 형태의 삼단논법에 대해, 즉 과학적 삼단논법, 혹은 '증명'에 대해 설명한다. 증명은 전제가 참일 때, 따라서 필

연적으로 도출되는 결론이 필연적으로 참일 경우에 성립된다. 이러한 증명의 전제들이 우선적으로 주어질 때, 다시 말해 또 다른 증명의 결론이 아닐 때 이들을 '원리'라고 부른다. 이러한 원리들은 예를 들어 산술의 '수'나 기하학의 '크기'처럼 어떤 특별한 학문의 대상을 구축하는 특별한 종류의 실재와 연관될 때 '고유의 특성'을 지닐 수 있다. 이러한 실재들의 고유 원리는 이들의 존재가 가지는 특성인 동시에 정의定義와 일치하며 여러 학문을 대상으로 할 때 공통된 원리로 적용될 수 있다(예를 들어 '동일한 대상에서 동일한 부분을 제외하면 동일한 여분을 얻는다'). 이러한 원리를 아리스토텔레스는 **공리**라고 부른다.

모든 학문에 일반적으로 적용될 수 있는 원리는 무모순성의 원리와 배중률이다. 한 논제의 증명을 성공적으로 얻어 낼 수 있는 방법은 참인 전제로부터 연역을 통해 증명하고자 하는 것과 반대되는 논제의 모순을 드러낼 수 있는, 즉 불합리한 면을 폭로하는 결론을 도출해 내는 것이다. 이를 귀류법Reductio ad absurdum이라고 한다.

『변증론』에서 아리스토텔레스는 또 다른 형태의 삼단논법, 이른바 '변증적 삼단논법'을 제시한다. 이 삼단논법의 전제는 통념적(통념을 뜻하는 endoxa는 역설 paradoxa의 반대말), 즉 모두 혹은 대부분의 사람 혹은 전문가들 혹은 대부분의 전문가들이 수긍하는 전제다. 이러한 전제는 항상 참은 아니지만, 아리스토텔레스가 이야기하듯이, "대다수의"* 경우에 참이다.

이러한 삼단논법이 '변증적'이라고 불리는 이유는 이것이 변증적 논쟁, 즉 두 대화자가 서로 상반되는 해결책이 예상되는 문제 혹은 질문을 두고 논쟁을 벌이면서 상대가 주장하는 바를 반박하기 위해 시도하는 전개 방식이기 때문이다. **논박**elenchos은 일정한 논제를 반박하거나 부정하는 결론을 가진 변증적 삼단논법이다. 일반적으로 어떤 논제를 논박하는 이는 대화자로부터 적절한 질문

* "어떤 것들은 항상 필연적으로 존재한다. 어떤 강요에 의해서가 아니라 다른 방식으로는 존재할 수 없다는 의미에서 필연적으로 존재하는 것이다. 반면에 또 어떤 것들은 필연적으로 존재하지 않고 대다수의 경우에 속하는 방식으로 존재한다. 이것이 바로 우연적인 것을 구별하는 원리다. 우연적인 것이 우연적인 이유는 항상 그렇지도 않고 대부분의 경우에도 그렇지 않기 때문이다."(『형이상학』, 1026b, 27)

을 통해 통념적인 전제를 얻어 내고 이를 토대로 대화자가 주장하는 바를 부인할 수 있는 결론을 도출해 낸다. 이것이 바로 '토포스topos', 즉 '공유 지대'(『변증론』의 원제 '토피카topica'가 바로 여기서 유래한다)를 이용하는 방식, 다시 말해 모두가 인정하는 논쟁 도식을 활용하는 방식이다.

끝으로 『소피스트 논쟁에 관하여』에서 아리스토텔레스는 형식적인 논박의 허상을 폭로하는 방법, 즉 외견상 상식적인 전제에서 출발하는 듯이 보이지만 사실은 속임수를 감추고 있는(예를 들어 이름만 같을 뿐 전혀 다른 사물이 동음이의어로 언급되는 경우) 논쟁을 위한 논쟁이나 소피스트적인 삼단논법을 발견하는 방법을 제시한다.

1.3 물리학과 우주론

아리스토텔레스에 따르면 인간이 소유하는 첫 번째 형태의 앎은 감각적인 대상의 인식을 통해 주어진다. 이러한 인식을 통해 기억이 형성되고 동일한 대상의 많은 기억들을 통해 경험이 탄생한다. 이것이 바로 '무엇'을 토대로 하는 앎, 즉 사물이 어떤 식으로 존재하는지에 대한 앎이다. 반면에 학문 혹은 철학이란 '왜'에 대한 앎, 다시 말해 사물들이 일정한 방식으로 존재하는 이유나 원인에 대한 앎을 말한다. 앞으로 보게 되겠지만, 아리스토텔레스는 하나의 사실적인 대상에 상응하는 모든 종류의 설명을 '원인'으로 이해한다.

아리스토텔레스가 학문의 대상으로 삼았던 첫 번째 사물 또는 실재들의 총체는 자연physis이다. 여기서 자연이란 변화 속에 놓인 객체들의 총체, 다시 말해 스스로 변화하고 바로 그런 점에서 인간이 만든 생산품, 즉 인간의 활동을 통해서만 존재하는 인위적인 실재와 구별되는 객체들의 총체를 말한다. 아리스토텔레스에게는 지상의 물체와 하늘의 별들이 모두 자연의 일부였고, 무기력한 물체뿐만 아니라 살아있는 모든 생명체들, 즉 식물, 동물, 인간이 모두 자연의 일부였다. 자연을 구성하는 실체들은 모두 자체적으로 고유의 운동 원리를 지니고 있으며 '스스로' 움직인다는, 예를 들어 스스로 생식하고 성장하고 소멸한다는 특징을 가지고 있다.

아리스토텔레스에 따르면 자연적 실체의 원인, 즉 실체에 대한 설명에는 네 종류가 있다. (1) 질료로서의 원인, 혹은 하나의 대상을 구축하는 재료hyle. 예를 들어 동물의 경우 살과 뼈, 조각품의 경우 동이나 대리석. (2) 형상으로서의 원인, 혹은 어떤 대상의 형성 구도 내지 활동 구조로서의 형태(에이도스eidos 혹은 모르페morphe). 예를 들어 동물의 경우 신체의 다양한 기관들이 연결되고 기능하는 방식 또는 한 단위체의 다양한 부위들이 관계하는 방식, 예를 들어 옥타브를 이루는 두 음의 주파수 비율이 2:1이라는 사실(오늘날의 '화학공식'도 좋은 예다). (3) 동적 원인 또는 효과의 원인, 어떤 대상이든 한 대상의 변화를 이끌어 내는 모든 것. 예를 들어 자식에 대한 부모의 존재, 생산품에 대한 생산자의 존재, 또는 행위에 대한 행위의 주체. (4) 목적으로서의 원인, 혹은 어떤 대상의 존재나 변화를 주도하는 목적telos. 예를 들어 걷기나 자기 관리의 설명 혹은 목적으로 제시되는 건강, 또는 동물들의 교미에 대한 설명 혹은 목적으로 제시되는 번식.

『물리학』에서 아리스토텔레스는 자연의 원인들을 규명하고, 따라서 자연에 관한 하나의 학문, 다름 아닌 '물리학' 연구가 가능하다는 것을 보여 준다. 자연적인 실체들의 물질적인 원인은 결국 지상의 4원소인 물, 공기, 흙, 불과 일치한다. 이 원소들은 이것들이 재료가 되어 구축하는 실체의 형상에 따라 다양한 방식으로 뒤섞여 있다.

형식적인 원인이란 바로 이 원소들이 자연적 실체를 구성하는 모양으로서의 '형상', 즉 원소들이 뒤섞이고 서로 관계하는 방식을 말한다. 살아 있는 생명체(식물과 동물)의 경우 원인이 되는 '형상'은 이들의 **영혼**psyche이다. 이 용어를 아리스토텔레스는 육체와 분리된 비물질적인 본질로 이해하지 않고, 생명 유지를 가능하게 만드는 조직적인 구도, 즉 신체기관의 기능성과 활용 구도라는 측면에서 이해한다.

목적으로서의 원인은 영혼이 없는 실체들에게는 이들의 '자연적 공간'(무거운 물체에게는 '땅', 가벼운 물체에게는 '하늘')이며, 영혼을 가진 실체들에게는 '형상'의 완전한 실현, 즉 동일한 종의 영역 안에서 이루어지는 한 생명체의 생장과 번식이다.

자연적인 실체의 즉각적인 동적 원인들은 이 실체를 지배하는 변화의 종류에 따라 여러 가지 양상으로 분류된다. 아리스토텔레스에 따르면, 변화 양상에는 네 가지가 있다. (1) 영역의 변화 혹은 이동, (2) 질의 변화 혹은 변질, (3) 양의 변화 혹은 증가와 감소 (4) 실체의 변화 혹은 생성과 소멸. 모든 변화는 어떤 토대, 즉 바탕이 되는 질료를 전제로 한다. 공간 이동이든 질이나 크기의 변화, 혹은 새로운 실체의 생성에 따른 변화이든 간에, 질료는 변화를 통해 형체가 없는 상태에서 형체를 갖춘 상태로 전이한다.

토대 혹은 질료가 아무런 형체 없이 존재하지만 형체를 갖출 수 있는 조건은 마련되어 있는 상황을 아리스토텔레스는 **잠재력**dynamis이라고 부른다. 반면에 재료가 이미 형체를 취한 상황의 이름은 **활동**(energeia, entelecheia)이다. 따라서 '변화'는 동시에 '실행'으로, 즉 잠재력이 활동으로 전이하는 과정으로 정의될 수 있다. 예를 들어 밭에 씨앗을 뿌리고 물을 주었을 때 씨앗은 '잠재력'을 가진 식물이지만 이미 다 자란 다음에는 '활동' 속에 있는 식물이다. 또 다른 예로, 조각상을 만드는 한 조각가의 손에 쥐어진 대리석은 '잠재력'을 지닌 조각상이라고 할 수 있지만 헤르메스의 조각상처럼 이미 완성이 된 조각상은 '활동' 중이라고 보아야 한다.

『우주론』에서는 우주의 구조가 묘사된다. 이전의 모든 철학자들이 생각했던 것과 마찬가지로, 아리스토텔레스는 우주가 하늘과 땅으로 이루어져 있다고 보았다. 여기서 땅은 원소로서의 흙이 아니라 지상에 존재하는 모든 물체들의 총체를 가리키며 천구의 형태를 가졌지만 움직이지 않고 우주의 한가운데 위치한다. 하늘 역시 천구의 형상을 하고 있으며 땅과 행성과 천체, 즉 태양과 별들을 품고 있다. 땅이 전통적인 4원소(물, 공기, 흙, 불)로 구성된 지상의 모든 물체들을 포함하는 반면 하늘은 천상의 모든 물체들을 포함한다. 아리스토텔레스에 따르면 이 천체들은 지상의 4원소와는 전적으로 다른 '에테르'로 구성되며 이 에테르가 천체를 생성과 소멸이 불가능한 실체, 즉 영원한 실체로 만든다.

에테르는 하나의 질료임에 틀림없지만 특별한 부류의 질료이며 변화나 생성이나 소멸에 구속되지 않고 오로지 위치 이동의 규칙만을 따를 뿐이다.

아리스토텔레스는 천체들이 땅을 중심으로 원형운동을 한다고 보았다. 모든 천체들이 땅을 중심으로 자전하는 하나의 천구를 따라 움직인다고 본 것이다. 하늘은 회전운동을 하는 여러 개의 천구들을 포함하며 가장 바깥쪽에 있는 천구가 우주 전체를 감싸 안는다. 이 천구를 아리스토텔레스는 별들의 천구라고 불렀다. 왜냐하면 별들이 서로 간에 항상 동일한 거리를 유지하면서 결과적으로 천구에 박혀 있는 것처럼 보였기 때문이다.

천문학자 에우독소스의 이론을 수용하는 아리스토텔레스의 견해에 따르면, 별들과는 달리 위치를 바꾸고 때로는 뒤로 물러서는 듯 보이는 행성들(행성을 의미하는 planetai는 실제로 '방랑하는' 별을 뜻한다)의 외견상 불규칙한 운동은 천구들의 복합적인 움직임, 즉 양극을 접점으로 연접해 있음에도 각기 다른 축을 중심으로 회전하는 천구들의 체계적인 운동의 결과에서 비롯된다. 이러한 가정에 따르면 각각의 행성은 하나의 천구를 따라 움직이며 세 개 혹은 네 개의 천구들이 모여 하나의 체제를 구성한다. 하나의 천구는 상위 천구에 양극을 접점으로 고정되어 있지만 다른 천구들과는 상이한, 혹은 비스듬히 기울어진 축을 중심으로 회전한다. 이 천구들의 복합적인 움직임은 가장 바깥에서 온 우주를 감싸 안는 천구의 회전운동 안에서 이루어진다. 영원히 지속되는 천구의 회전운동은 따라서 쉬지 않고 활동하는 동인動因, 다시 말해 오로지 행위로만 구축되고 어떤 잠재력도 가지지 않는, 따라서 움직이지 않는 동인을 필요로 한다. 부동의 동자들은, 다시 말해 천구의 외부에 위치하는 비물질적인 실체들은 천구들의 수만큼 존재한다. 앞으로 좀 더 자세히 살펴보겠지만 가장 바깥에 위치한 천구에 상응하는 것이 최초의 움직이지 않는 동자이며 이 부동의 동자가 바로 별들이 고정되어 있는 천구를 도구로 우주 전체를 움직이는 동력이다.

『생성과 소멸에 관하여』에서 아리스토텔레스는 지상의 물체들이 형성되는 과정을 태양의 운동에 기인하는 생성과 소멸을 토대로 묘사한다. 태양은 적도에 비해 비스듬히 기울어진 면 위에서 땅을 중심으로 회전한다. 이 '기울어진

원' 혹은 '황도의 원'이 계절의 변화를 주관하며 지상의 상이한 지역에서 교차하는 더위와 추위의 계승을 주관한다. 계절의 변화는 이어서 식물과 동물의 생성과 소멸을 결정짓는다. 지상의 원소들 역시 더위나 추위의 영향을 받아 본질적인 변화를 일으킨다. 예를 들어 물은 더위로 인해 공기로 변하고(증발 현상) 공기는 추위로 인해 물로(응축 현상), 물은 추위로 인해 땅으로(동결 현상), 땅은 더위로 인해 불로(연소 현상) 변한다. 이는 곧 지상의 4원소가 공통적으로 가지고 있는 질료, 이른바 제1질료가 존재한다는 것을 의미한다. 하지만 이 질료는 4원소와 분리된 상태로는 존재하지 않는다.

하지만 아리스토텔레스에 따르면 다른 모든 형상들을 대체할 수 있는 유일한 형상은 존재하지 않으며 모든 실재가 추구하는 유일한 목적도 존재하지 않는다. 모든 살아 있는 존재는 고유의 형상을 남김없이 실현하려는 성향을 가지고 있다. 즉 성장하고 번식해서 자신과 똑같은 또 다른 존재, 즉 자신과 똑같은 형상을 지닌 존재를 낳으려는 성향을 가지고 있다. 따라서 살아 있는 생명체에게는 형상이 목표의 역할을 한다고 볼 수 있다.

자연에 대한 아리스토텔레스의 전반적인 생각은 목적론적이다. 하지만 아리스토텔레스의 '목적'은 외부적인 지성의 활동에 의해 주어지지 않으며 단 하나의 외부적인 목표를 전제로 하지도 않는 독특한 형태의 목적이다.

아리스토텔레스의 '목적'은 자연적인 물체 안에 내재하는 무의식적인 원리의 존재를 전제로 한다. 이 원리가 다름 아닌 물리physis, 즉 자연이다. 아리스토텔레스의 목적론은 따라서 살아 있는 생명체가 영양을 섭취하고 번식하려는 성향, 그런 식으로 종의 영원한 존속을 보장받으려는 성향을 통해 실체를 드러낸다. 하지만 예술techne을 통해 표현되는 '목적'은 의식적이다. 아리스토텔레스는 예술이 자연의 모방이거나 자연에 대한 일종의 도움이라고 보았다. 예술가에게는 사실 그가 머릿속으로 그려 본 형상을 질료를 통해 현실화하는 것이 목적이다. 예를 들어 건축가에게는 만들고자 하는 집의 설계도를 벽돌과 대들보와 집을 짓는 데 필요한 모든 재료들을 통해 현실화하는 것이 목적이다.

1.4 심리학과 동물학

아리스토텔레스가 자연을 탐구하면서 가장 많은 관심을 기울였던 대상은 식물과 동물, 그리고 인간이다. 이 생명체들이 공통적으로 가지고 있는 영혼을 탐구하는 학문, 즉 아리스토텔레스가 『영혼에 관하여』를 통해 설명했고 우리가 '심리학'이라고 부르는 학문은 사실상 물리학의 일부였다.

아리스토텔레스에게 영혼은 살아 있는 신체와 분리된 현실이 아니라 신체 고유의 생존능력 자체를, 즉 생명체로 살아가는 존재의 형태를 의미했다. 아리스토텔레스는 영혼이 생존능력을 가진 유기적인 존재의 '제1행위'라고 보았다. 다시 말해 그러한 능력을 소유하고 있다는 사실의 실질적인 효과 혹은 죽은 사물과 대별되는 살아 있는 행위로 보았던 것이다. 아리스토텔레스에 따르면 삶은 여러 단계의 활동들(이른바 '제2행위'로 불리는 활동들)을 통해 실현된다. 이러한 활동은 식물들의 경우 양분 섭취와 생장이며, 동물들의 경우 여기에 운동과 감각이 포함되고, 인간의 경우 사고활동 및 이와 관련된 여러 활동들이 아울러 포함된다.

세상에는 세 종류의 영혼, 즉 생장적인 영혼, 감각적인 영혼, 지적인 영혼이 존재한다. 하지만 우월한 영혼은 열등한 영혼을 항상 잠재적으로 보유한다. 즉 식물, 동물, 인간은 각각 하나만의 영혼을 소유하지만 식물은 생장적인 영혼을, 동물은 생장 기능을 포함하는 감각적인 영혼을, 인간은 생장 기능과 감각 기능을 포함하는 지적인 영혼을 가지고 있다.

동물과 인간에게 가능한 최초의 지식 형태는 지각aisthesis 혹은 감각적인 앎이다. 이 앎은 감각기관에 고유한 감지 능력과 감각적인 대상 고유의 감지될 수 있는 가능성이 동시에 실행되면서 주어진다. 이를 현실화하는 것은 이미 실행되고 있는 어떤 원인, 예를 들어 눈에 비춰지는 빛이나 귀에 들리는 진동소리와 같은 것들이다. 지각을 통해 '상상력phantasia'을 토대로 이미지phantasma가 만들어지고 이 이미지는 기억 속에 하나의 잔상으로 보전된다. 인간의 '지성nous'은 이 이미지 혹은 기억으로부터 대상을 정의하고 개념을 형성하면서 그것의 지적 형상을 추출해 낸다. 그런 식으로 지적인 영혼은 모든 지적 형상을 위한 공간, 즉 모든 개념의 그릇이 된다.

대상의 형상을 인식하는 단계, 즉 지적인 앎은 지성 고유의, 따라서 잠재적이고 수동적인pathetikos 특성을 지닌 이해 능력과 형상 고유의 이해될 수 있는 가능성이 동시에 실행되면서 주어진다. 이 경우에도 이를 현실화하는 것은 이미 실행되고 있는 어떤 원인, 이른바 아리스토텔레스가 능동적 혹은 생산적poietikos 지성이라고 부르는 것이다. 이 능동적 지성은 항상 행동하기 때문에 영원하고 인간의 영혼과 분리되어 있는 듯이 보인다.

아리스토텔레스가 『영혼에 관하여』 3권에서 능동적 지성에 관해 남긴 몇 줄에 불과한 설명은 시간이 흐르면서 상당히 다양한 의견들을 탄생시켰다.* 고대 말기의 테미스티오스Themistios나 13세기의 토마스 아퀴나스 같은 해석자들은 아리스토텔레스가 말하는 능동적 지성을 개별적인 것으로, 즉 한 개인의 영혼이 지니는 지성으로 보았고 이 영혼이 불멸하는 이유가 바로 이 능동적 지성 때문이라고 보았다. 반면에 고대 철학자 아프로디시아스의 알렉산드로스Alexandros나 르네상스 시대의 피에트로 폼포나치 같은 이들은 능동적 지성이 영원하다는 특성을 지니고 있는 한 인간의 지성이라 부르기 어렵고 따라서 신성한 영역에 속한다고 보았다. 이들은 인간이 유한한 존재인 이유가 바로 인간의 영혼이 오로지 수동적 지성만 가지고 있기 때문이라고 보았다. 한편 아랍 철학자 아베로에스Averroes를 비롯한 몇몇 철학자들은 두 종류의 지성, 즉 능동적 지성과 수동적 지성이 모두 보편적이며 따라서 어느 것도 한 개인의 지성과는 일치하지 않는다고 보았다. 이들은 능동적 지성과 수동적 지성이 오히려 영원한 진리의 유산을

* 아리스토텔레스는 수동적 지성과 능동적 지성을 구분하고 전자는 개념을 획득하는 데, 후자는 개념을 판단하고 조합하는 데에 쓰인다고 보았다. 능동적 지성이 담당하는 일은 지각 가능한 대상을 물질로부터 추상적으로 분리시켜 수동적 지성에 각인하고 그런 식으로 수동적 지성을 활성화하는 일이다. 아리스토텔레스의 수동적 지성은 '물질적' 혹은 '잠재적' 지성으로도 불린다. 다름 아닌 물질처럼, 지각 가능한 형태를 수용할 수 있는 잠재력을 가지고 있기 때문에 아리스토텔레스의 수동적 지성은 백지처럼 텅 비어 있고 아무런 형체도 가지고 있지 않으며 인간의 지성인 만큼 육체의 죽음과 함께 사라질 운명을 가지고 있다.

구축하고, 한 개인은 학문을 이해하는 순간 이 유산에 참여할 뿐이라고 보았다.

영혼은 무언가를 이해하고 아는 능력 외에도 욕망하는 능력, 즉 좋은 것과 선을 추구하는 욕망orexis을 지니고 있다. 이 선은 감각적인 대상일 수도, 즉 특별할 수도 있고 혹은 지적인 대상일 수도, 즉 보편적일 수도 있다. 어떤 선이 지성에 의해 지적 대상으로 인식될 때 이 선을 향한 욕망을 '의지'라고 부른다. 선을 실현하도록 인간을 인도하는 것이 바로 이 의지다. 이런 식으로 사용되는 지성은 '실천praxis'이라는 차원에서 '실용적 지성'이라고 부른다. 실천은 생산poiesis과 혼동되어서는 안 된다. 실천은 그 자체가 목적이며 어떤 선의 실현이지만 생산은 그 자체와는 다른 대상, 즉 생산품을 목적으로 한다.

동물에 특별한 관심을 쏟았던 아리스토텔레스는 『동물사』를 통해 대략 500 종류의 동물에 대한 해부학과 생리학적인 차원의 묘사를 시도했다. 『동물의 신체 부위에 관하여』에서는 여러 신체 부위의 구조를 분석하고 『동물의 생성에 관하여』에서는 동물의 번식을 연구했다. 아리스토텔레스는 동물학의 창시자로 불릴 만한 충분한 자격을 가지고 있는 철학자다.

여러 종류의 해부학과 생리학을 토대로 아리스토텔레스는 동물들을 유혈동물과 무혈동물로 분류하고 유혈동물을 다시 태생胎生동물과 난생卵生동물로 분류했다. 유기체로서의 동물을 구성하는 여러 부위들을 아리스토텔레스는 세포조직처럼 '동질적인' 종류와 신체기관처럼 '이질적인' 종류로 분류한 뒤 각 기관들의 기능을 분석했다.

아리스토텔레스가 가장 많이 사용하는 설명 방식은 역시 목적론적이라는 특징을 가지고 있다. 아리스토텔레스에 따르면, 세포조직은 기관을 구성하기 위해 존재하고 기관은 기능을 목적으로 존재하며 기능은 삶의 영위를 위해 필요하다. 주로 비교를 통해 동물의 해부학과 생리학의 이해를 도모했던 아리스토텔레스는 서로 상이한 기관들이 상이한 종의 동물들에게서 동일한 기능을 발휘하는 경우에 주목했다. 가장 대표적인 예는 포유동물의 폐와 물고기들의 아가미가 지니는 유사성이다.

아리스토텔레스는 아울러 동물의 번식이 영혼, 즉 하나의 형상이 남성에서 여성의 피가 만들어 내는 질료로 전이되는 과정을 통해 이루어진다고 보았다. 형상을 실어 나르는 것이 정자 안에 들어 있는 이른바 프네우마('바람')다. 정자는 그런 식으로 질료에 생기를 불어넣고 이어서 일련의 자체적인 충동을 통해 질료를 조직화하면서 배胚, 즉 부모의 그것과 흡사하면서도 고유한 형상을 지닌 새로운 개체를 형성한다.

배胚를 토대로 각각의 기관들이 심장에서부터 시작해 하나하나씩 형성된다. 아리스토텔레스는 신체기관들의 형성이 이른바 '후성설後成說'*을 바탕으로 하는 하나의 과정에 따라, 아울러 형상에 의해 미리 예정된 일종의 계획에 따라 이루어진다고 보았다. 이 과정의 결말은 완전한 형체를 갖춘 개체의 형성이다. 아리스토텔레스는 18세기에 현미경이 발명된 뒤에야 발견된 정자의 존재를 식별하기 위해 어떤 도구나 장치도 사용하지 않았고 오로지 달걀에서 병아리가 부화하는 과정을 관찰하면서 이러한 이론을 발전시켰다. 아리스토텔레스의 후성설 이론은 신체의 모든 기관이 배胚의 성장 과정 초기부터 그 안에 축소된 형태로 존재한다는 전성설前成說을 누르고 지배적인 의견으로 자리 잡았다.

1.5 '제1철학' 혹은 형이상학

『형이상학*Metaphysica*』(이 제목은 편집자들이 책을 펴내면서 물리학physica 다음에meta 위치한다는 점을 강조하기 위해 붙인 이름이다)은 아리스토텔레스의 '제1철학'에 관한 상세한 설명으로 구성된다. 그가 '제1'이라는 이름을 부여한 이유는 이 철학이 모든 현실에 고유한 최초 원인들을 탐구하는 학문이었기 때문이다. 1권에서 아리스토텔레스는 네 종류의 원인에 대해 이야기하며 자신의 이론과 이전 시대의 철학자들이 제시했던 원인들의 비교를 시도한다. 물질적인 원인을 발견했던 철학자 탈레스는 아리스토텔레스에 의해 최초의 원인을 탐구하는 철학의 창시자로

---

* Epigenesis. 17세기에 윌리엄 하비William Harvey가 고안해 낸 용어.

등극한다. 탈레스가 모든 사물의 기원이라고 보았던 물과 아낙시메네스가 주목했던 공기, 헤라클레이토스의 불과 엠페도클레스의 4원소(물, 공기, 불, 흙), 아낙사고라스의 '씨앗', 레우키포스와 데모크리토스의 원자들은 아리스토텔레스적 관점과 기준에 따르면 모두 '질료'며, 따라서 물질적인 원인과 일치한다.

엠페도클레스는 '사랑Amicizia'과 '호의Cortesia'에 주목하면서, 아낙사고라스는 실체들의 결합이나 해체의 원인이 되는 '지성'에 주목하면서 운동의 원인을 찾아냈다. 형식으로서의 원인을 발견한 것은 수학에 주목했던 피타고라스학파, 그리고 무엇보다도 감각적인 사물들의 원인으로 이데아를 제시했던 플라톤이었다. 하지만 아리스토텔레스 이전에 목적으로서의 원인을 분명하게 주목했던 철학자는 아무도 없었다.

의도했던 것은 아니지만 아리스토텔레스는 『형이상학』을 통해 사실상 최초로 철학사를 기록하는 업적을 이루어 냈다. 전적으로 자신이 기술하는 철학 자체의 타당성을 증명할 목적으로 쓰였지만 이 역사는 이어서, 예를 들어 소크라테스 이전 철학자들에 대한 설명처럼, 후세에 등장하게 될 모든 철학사의 모형으로 채택되었다. 아리스토텔레스가 선택한 설명의 구도 역시, 다시 말해 철학의 출발점을 명시하거나 다루어야 할 철학자들을 선택하는 방법 역시 사실상 후세에 집필될 모든 철학사의 서술 구조를 결정지었다.

특별히 흥미로운 것은 아리스토텔레스가 제시하는 플라톤의 철학에 대한 설명과 비평이다. 그의 설명이 플라톤의 대화록과 직접적으로 연관되는 경우가 극소수에 불과하기 때문인데, 이로써 플라톤이 구두로만 전했을 뿐 기록을 남기지 않은 강의 내용의 존재 여부를 살펴봐야 한다는 문제가 제기된다. 아리스토텔레스가 아카데미에서 공부하는 동안 그의 스승으로부터 (그가 언급하는, 스승의 이른바 '기록되지 않은 학설Agrapha dogmata'에 대해) 강의를 직접 들었을 가능성은 충분히 있다.

아리스토텔레스에 따르면, 플라톤은 실제로 비물질적이고 영원한 이데아들의 존재를 감각적인 실재와 '분리된' 것으로, 동시에 감각적인 실재의 원인으로 인정했을 뿐만 아니라, 이데아들을 이상적인 숫자, 즉 서로 간에 조합이 불가능한 숫자와 일치시켰다. 플라톤은 이 숫자들이 두 가지 상반되는 원리, 즉 형식적 원인으로 제시되는 **하나**와 물질적 원인으로 제시되는 **대소**大小 혹은 부정형의 **쌍***에서 유래한다고 보았다.

아리스토텔레스는 플라톤의 이데아 이론을 비판하면서 이데아들이 그가 원했던 것처럼 보편적이기 때문에 '분리'될 수 없다는 문제를 제기했다. 왜냐하면 오로지 개별적인 실체만이 분리된 상태로 존재할 수 있기 때문이다. 플라톤은 이데아가 감각적인 실재의 본질에 대한 표현, 다시 말해 '감각적 실재는 무엇인가?'라는 질문에 대한 답변이라고 보았다. 하지만 바로 그런 이유에서 아리스토텔레스는 어떤 실체의 본질을 이루는 이데아가 실체 바깥에 위치할 수 없으며, '영혼'이 생명체의 신체 안에 내재하는 것과 마찬가지로 반드시 실체 안에 내재해야 한다고 보았다. 더 나아가서 아리스토텔레스는 분리된 이데아가 사물들의 생성, 즉 우주 전체의 움직임을 설명하지 못한다고 지적했다. **하나**와 부정형의 **쌍**은 사실상 두 가지 반대말에 지나지 않는다는 결함을 가지고 있으며 결과적으로 생성을 설명하기 위해서는 **밑바탕**sostrato의 존재를 인정할 필요가 있다고 보았다.

제1철학을 기술하면서 아리스토텔레스는 무엇보다도 네 종류의 원인 안에 최초의 원인들이 포함되어야 한다고 보았다. 그렇지 않다면 현실세계에 대한 설득력 있는 설명을 제시하기 위한 탐구의 길은 아무것도 설명하지 않고 무한히 반복되는 헛걸음에 불과하다고 보았던 것이다. 이어서 아리스토텔레스는 제1철학의 전개 방식이 아포리아aporia를 통한, 즉 여러 가지 난제들과 함께 서로 상반되는 해결책을 가정으로 제시하고 이러한 가정의 결과를 검토한 뒤 반론에 쉽사리 무너지지 않는 논제들을 채택하는 방식이라고 밝혔다. 아리스토텔레스는 아포리아를 통해 제1철학의 통일성에 대해 의문점을 제기하고 이에

---

* 대大와 소小로 구성되는 쌍duas은 다양성의 원리다. 이 원리로부터 사물들의 상이한 현실이 유래하며 감각적인 차원에서 생성과 악이 유래한다. 결과적으로 모든 현실은 모든 차원에서 하나의 이중적인 구조, 다시 말해 두 원리인 '하나'와 '쌍'이 적절히 혼합된 구조를 가지고 있다. 플라톤의 철학에서 하나는 한계를, 쌍은 무한을 표상한다.

답하면서 어떻게 제1철학이 유일한 학문인지 설명했다. 이 학문이 비록 다양한 종류의 원인을 찾고 실체뿐만 아니라 속성까지, 아울러 모든 증명의 원리들, 즉 무모순성의 원리와 배중률까지 다루지만 유일한 학문임에는 변함이 없다는 것이 아리스토텔레스의 입장이다. 제1철학의 통일성을 강조하고 이 철학이 개별적인 학문과는 근본적으로 다르다는 점을 분명히 하기 위해 아리스토텔레스는 제1철학이 탐구하는 모든 원인들이 존재 자체를 고려한 존재론적 원인이며, 반대로 개별적인 학문들은 어떤 특별한 종류의 실재가 안고 있는 원리나 원인을 탐색한다고 설명한다. 존재라는 말이 여러 가지 의미로 쓰이는 것은 사실이다. 존재는 하나의 유일한 장르와 일치하지 않으며 '범주'처럼 더 이상 쪼갤 수 없는 수많은 장르로 구축된다. 하지만 범주들 가운데 하나가 거의 실체에 가까워서 존재의 조건과 일치하며 다른 모든 범주들을 정의하는 조건이 되는 것 또한 사실이다. 따라서 이 실체가 무엇보다도 최초의 원인을 탐구하는 제1철학의 통일성을 보장하기에 충분한 하나의 참조 기준이 된다고 본 것이다.

존재로서의 존재, 실재하는 모든 것에 모든 논리적 증명의 원리, 즉 무모순성의 원리와 배중률이 적용된다. 아리스토텔레스는 이 두 원리에 문제점을 제기하는 것이 제1철학의 몫이라고 보았다. 증명될 수 없는 것이 무모순성의 원리와 배중률이다. 왜냐하면 이들이 바로 모든 증명의 전제조건이기 때문이다. 따라서 이 두 원리는 오히려 이들을 부정하는 논제의 논박을 통해 규명된다. 다시 말해 이 두 원리는 '논박을 통해 증명될 수 있다'. 무모순성의 원리("동일한 대상에 동일한 특성이 동일한 측면에서 동시에 속하기도 하고 속하지 않기도 한다는 것은 불가능하다")의 경우 논박을 통한 증명이 이루어지기 위해서는 누군가가 먼저 이 원리를 부인할 필요가 있다. 즉 변증적인 토론이 성립되어야 한다. 사실상 무언가를 부인하기 위해서는 대화자가 무슨 이야기든 먼저 꺼내야 한다. 한마디의 말(예를 들어 '인간'이라는 말)이라도 시작한 뒤에 그 단어에 구체적인 의미(예를 들어 '이성적인 동물'이라는 의미)를 부여해야 하는 것이다. 하지만 이 경우에 대화자는 발언과 함께 자신이 문제의 단어에 부여하는 것과 정반대의 의미가 부각될 수 있는 가능성을 제외시킨다. 그런 식으로 무모순성의 원리를 인정하는 것이다. 하지만 대화자가 말하는 것을 거부하거나 그가 제시하는 단어에 구체적인 의미를 부여하지 않는다면 그는 결국 아무것도 부인할 수 없을 것이다. 따라서 그는 식물과 다를 바 없이 살아 있지만 말이 없는 존재이며 따라서 그를 논박할 필요도 없다.

아리스토텔레스가 존재는 다양한 방식으로 언급된다고 밝히면서 암시하는 것은 실체와 기타 범주들 사이의 차이점이라기보다는 먼저 '있다' 혹은 '이다'를 뜻하는 동사 '에이나이'*의 다양한 사용 방식에 상응하는 '존재하기'의 유형들이다. 아리스토텔레스가 분류하는 존재의 기본적인 유형 내지 의미는 네 가지다.

(1) '우연을 가리키는' 유형. 동사 에이나이는 어떤 단순한 사건의 발생을 가리키기 위해 사용되거나 두 가지 실재의 우연한 조합(예를 들어 '백인은 음악가다')을 가리키기 위해 사용된다.

(2) '자체의' 특성을 가리키는 유형. 에이나이는 본질 혹은 속성으로 표현되는 무언가의 고유한 존재 방식을 가리키기 위해 사용된다(예를 들어 '소크라테스는 인간이다' 또는 '소크라테스는 백인이다'). 주어와 동사로 구성된 모든 문장은 의미를 전혀 손상시키지 않으면서 동사 에이나이가 들어간 문장으로 변환될 수 있다. 예를 들어 '사람은 걷는다'는 '사람은 걷는 동물이다'로 변환될 수 있다. 따라서 동사 에이나이는 사물 '자체의' 특성을 가리킬 때 술어의 종류만큼이나, 즉 범주의 수만큼이나 다양한 뜻을 지닐 수 있다.

(3) '참'을 가리키는 유형. 에이나이는 '맞다'라는 뜻을 전하기 위해 사용된다. 대표적인 예는 우리가 무언가를 긍정하기 위해 사용하는 '그렇다' 혹은 '사실이다'라는 표현이다. 이와 정반대의 경우 우리가 '틀렸다'라는 뜻을 전하기 위해 사용하는 '그렇지 않다' 혹은 '사실이 아니다'는 동사 에이나이의 부정을 통해 표현된다.

(4) 잠재력 혹은 행위를 가리키는 유형. 에이나이는 무언가가 가지고 있는 잠

* Einai. '있다' 내지 '이다'를 개별적으로 혹은 동시에 의미하는 이탈리아어의 essere, 영어의 be, 독일어의 sein 등에 해당하는 그리스어 동사.

재력을 표현하기 위해(예를 들어 '헤르메스가 대리석 안에 있다') 사용되거나 무언가의 잠재력이 실행된 단계의 행위 내지 효과를 표현하기 위해(예를 들어 '이 조각상은 헤르메스다') 사용된다.

아리스토텔레스에 따르면, 우발적인 경우의 정체성은 학문의 대상이 아니다. 왜냐하면 항상 일어나는 것도 아니고 '대부분의 경우에' 일어나는 것도 아닌 우발적 발생과 일치하기 때문이다. 반면에 참을 가리키는 경우의 정체성은 이름과 동사, 혹은 이름과 또 다른 이름의 연결 혹은 분리가 현실세계에 존재하는 사물들의 연결 혹은 분리와 얼마나 일치하는가라는 적합성의 문제에 지나지 않는다. 예를 들어 '소크라테스는 백인이다'라는 주장은 현실세계에서 소크라테스가 백인이라는 존재와 하나로 연결되어 있어야만 참이며 아울러 부정문 '소크라테스는 음악가가 아니다'는 현실세계에서 소크라테스가 음악가라는 존재와 아무런 상관이 없고 분리되어 있어야만 참이다. 주장과 현실의 불일치는 정체성의 부정, 즉 거짓을 의미한다.

사유와 존재의 적합성 혹은 비적합성과 일치하는 참과 거짓은 사유 혹은 담론의 특성이며 따라서 존재를 다루는 학문의 탐구 대상이 되지 못한다.

그렇다면 존재로서의 존재를 탐구하는 학문의 과제는 존재 자체를 연구하는 일, 즉 범주로서의 존재와 가장 우선시되는 '실체'라는 범주다. 그리고 잠재력과 활동으로서의 존재를 연구하는 일이다. 제1철학이 다루어야 할 것은 무엇보다도 실체의 제1원인들이다. 아리스토텔레스는 실체들 가운데 천체들이 불변하는 실체로 이해되고 그만큼 일반적으로는 신성한 것으로 받아들여지기 때문에 이들의 원인 역시 어떤 식으로든 신성한 것으로 보아야 하며, 따라서 제1철학이 '신학적인' 학문으로도 불릴 수 있다고 보았다.

하지만 이는 제1철학이 일종의 신학이라는 것을 의미하지는 않는다. 그것이 아무리 이성적인 신학이라 해도 결과는 마찬가지다. 왜냐하면 우리가 신성한 것으로 간주할 수 있는 천체들의 동적 원인은 제1원인의 종류들 가운데 하나뿐이기 때문이다. 반면에 제1철학은 실체에 내재하는 네 종류의 제1원인들을 모두, 다시 말해 존재로서의 존재에 내재하는 최초의 원인들(질료로서의 원인, 형상으로서의 원인, 동적 원인, 목적으로서의 원인)을 탐구해야 한다. 바로 그런 의미에서 제1철학은 보편적인 학문이다.

실체는 다른 모든 범주에 우선하는 제1범주와 일치한다. 왜냐하면, (1) 존재론적인 관점에서, 다른 범주에 속하는 어떤 실재ente도 실체와 분리된 상태에서는, 즉 하나의 실체에 매달리지 않고서는 존재할 수 없고, (2) 개념적인 관점에서, 다른 범주에 속하는 실재들의 정의定義 속에 항상 실체에 관한 언급이 포함되어 있고, (3) 지식의 관점에서, 하나의 실재에 대한 진정한 의미에서의 앎이란, 속성을 언급하기 이전에 그것의 실체에 대한 앎이기 때문이다. 제1철학 내지 존재의 학문은 기본적으로 실체의 학문이며, 따라서 아리스토텔레스는 철학이 항상 던져 왔던 '실재는 무엇인가?'라는 질문이 이제는 '실체란 무엇인가?'로 대체되어야 한다고 보았다.

이 질문에 답하기 위해 고려해야 할 현실에는 네 종류, 즉 (1) 소크라테스 이전 철학자들의 의견대로 실체를 구축하던 기초 질료, 즉 제1현실, (2) 플라톤과 플라톤학파 철학자들이 실체를 구축한다고 보았던 분리된 이데아로서의 보편적 개념들, (3) 형상, 즉 '그것은 무엇인가?'라는 질문에 대한 답으로서의 본질, (4) 질료와 형상으로 조합된 완전체synolon가 있다. 아리스토텔레스는 실체가 되기 위해 필요한 조건이 타자에 종속되지 않고 분리된 상태로 존재할 수 있는 힘과 구체적인 '이것'으로, 예를 들어 '어떤 한 남자'로 존재할 수 있는 결정력이라고 보았다.

소크라테스 이전 철학자들의 기초 질료는 많은 술어들의 주어가 되는 만큼 첫 번째 조건을 충족시키지만 질료 자체를 고려했을 때에는 형상이 없고 따라서 하나의 구체적인 현실이라고 보기 힘들기 때문에 두 번째 조건에는 미치지 못한다. 보편적인 개념들은 두 번째 조건을 충족시키지만, 다시 말해 하나의 구체적인 현실이지만 첫 번째 조건은 만족시키기 못한다. 왜냐하면 항상 어떤 주어의 술어에 불과하고 제1실체가 아니라 종種이나 특징과 같은 부차적인 실체에 불과하기 때문이다. 완전체와 형상, 즉 질료가 취하는 형체는 두 가지 조건을 모두 충족시키며 따라서 모두 정통한 실체로 간주된다.

어쨌든 실체로 존재함에 있어서 우선권은 완전체가 아닌 형상에게 돌아간다. 왜냐하면 형상은 하나의 완전체를, 예를 들어 '어떤 인간'을 하나의 실재, 즉 하나의 인간으로 존재하게 만들면서 동시에 실체로 존재케 하는 원인이 되기 때문이다. 따라서 '제1실체'라는 호칭은 형상에게, 혹은 본질에게 돌아가야 한다. 물론 이 형상은 항상 어떤 질료가 취하는 형체이며 플라톤의 이데아처럼 분리된 상태의 형상이 아니다. 그러므로 개별적이고 구체화된 형상이지 이데아처럼 보편적인 개념이 아니다. 형상은 예를 들어 살아 있는 생명체들의 영혼처럼 질료적인 실체의 형식적 원인이다. 여기서 우리는 실체들의 제1원인 중 하나인 형상의 제1원인이 이미 이런 식으로 결정되어 있는 것을 보게 된다.

원인의 질료적인 관점에서 보았을 때 실체들의 원인은 감각적인 질료, 즉 앞서 살펴본 것처럼, 지상의 4원소와 천체들의 원소 에테르다. 아리스토텔레스는 지성적인 질료에 대해서도 언급하는데 이는 아마도 수학의 탐구 대상인 공간일 것이다. 하지만 수학적 대상들은 실체가 아니다(반면에 플라톤에게는 실체였다). 생명체처럼 살아 있는 실체들의 경우 형상은, 즉 영혼은 실체들의 목적으로서의 원인이다. 실체들 하나하나가 스스로의 형상에 대한 완전한 실현을 추구하고 형상에서 유래하는 모든 기능들을 활용하려 하기 때문이다. 아리스토텔레스는 질료를 잠재력과, 형상을 활동과 일치시킨다. 실체에 일어나는 변화는 잠재력을 지닌 질료가 활동 중인 형상을 취하면서 이루어지기 때문이다. 그런 식으로 아리스토텔레스는 잠재력과 활동 중인 형상으로서의 존재, 즉 존재의 네 번째 유형을 다루는 단계에 도달한다. 잠재력과 활동의 우선적인 의미는 일상적인 언어를 지배하는 움직임과 연관이 있으며, 잠재력은 타자를 움직이거나 타자로 고려된 스스로를 움직이는 능력을 가리키고 활동은 이 움직임 자체를 가리킨다.

이 두 용어는 존재의 학문과 직접적으로 연관되는 또 다른 의미를 가지고 있다. 이에 따르면 잠재력은 어떤 질료가 하나의 구체적인 형상을 취할 수 있는 실질적인 가능성, 특별한 방해요인만 없다면 이를 실현시킬 운명을 타고난 질료 고유의 가능성에 지나지 않는다. 반면에 활동이란 구체적인 형상이 어떤 질료 속에 머물며 존속하는 것을 말하며 결과적으로 잠재력의 완전한 실현을 뜻한다. 이 활동은 하나의 행위일 수 있으며 이는 행위가 운동을 수반하지 않는 경우, 즉 '보는' 행위나 '생각하는' 행위처럼 내부에 고유의 목적을 가지고 있는, 이른바 완벽한 행위일 경우에 가능하다.

실체가 여타의 범주에 우선하는 것처럼 활동 역시 잠재력에 우선한다. 왜냐하면, (1) 개념적인 차원에서, 잠재력을 가진 실재가 활동 단계로 옮겨 갈 수 있는 기량을 통해 정의되기 때문이며 (2) 시간의 관점에서, 잠재력이 활동에 선행하는 개개인의 경우(예를 들어 생식세포가 건강한 신체를 지닌 인간을 선행하는 경우)를 제외하면 종種의 차원에서, 부모가 자식에 선행하듯, 활동 중인 개인이 동적 원인이 되어 잠재력을 지닌 개인에 선행하기 때문이며 (3) 존재의 관점에서, 영원한 존재들, 즉 항상 활동하는 존재들이 부패하는 존재들, 즉 잠재력에서 활동 단계로 옮겨 가는 존재들에 선행하기 때문이다(전자가 후자의 동적 원인이다. 예를 들어 태양과 이를 떠받치는 천구들은 지상의 식물과 동물의 생성과 부패의 원인이다).

존재를 그것의 기본적인 유형과 의미를 토대로, 즉 실체와 잠재력과 활동의 개념을 토대로 다루는 차원을 뛰어넘어 제1철학은 존재의 두 가지 보편적인 특성, 즉 실재로서 모든 실재에 속하는 '하나'와 '다수'를 다룬다. 모든 실재는 사실상 '하나', 즉 결정되어 있고 스스로와 일치하는 무엇이다. 하지만 스스로와 일치하는 만큼 타자들과 대별되고, 따라서 '다수'의 일부를 차지한다. 결국 존재는 '하나'지만 동시에 '다수'라고 할 수 있다. 아리스토텔레스에 따르면 '하나'와 '다수'는 플라톤주의자들이 생각했던 것처럼 두 가지 원리로는 기능하지 않는다. 다시 말해 이들은 실체가 아니며 실재와 분리된 상태에서는 존재하지 않는, 실재의 보편적인 특성일 뿐이다. '하나'는 동시에 측량 단위이며 분리가 가능한 실재들의 무리 안에서 더 이상 나눌 수 없는 최소 단위를 가리킨다. 하지만 그런 식으로 '하나'는 측량하려는 대상의 종류만큼이나 많은 의미를 보유한다. 예를 들어 '하나'는 인간의 경우, '한' 인간을 가리키지만 말의 경우에는 '한' 마리의 말을 가리킨다.

이제 실체의 동적 원인들 가운데 가장 중요한 첫 번째 원인이 무엇인지 규정하는 일이 남았다. 부패하는 감각적인 실체들의 경우 동적 원인은 부패 혹은 감각에 상응하는 효과의 원인과 일치한다. 대표적인 예로 부모('아킬레스의 원인은 그의 아버지 펠레우스다')를 들 수 있다. 천체들의 경우, 특히 태양과 이른바 '기울어진 원', 즉 적도에서 약간 기울어진 원을 그리는 태양의 궤도는 계절의 변화를 주관한다.

천체들의 동적 원인은 이들을 실어 나르는 천구들의 동력과 일치한다. 동력은 예를 들어 공전처럼 끝없이 지속되는 운동을 만들어 내기 위해 영원부터 활동 중이어야 한다. 다시 말해 움직이지 말아야 한다. 이러한 동력은 실체임에 틀림없다. 왜냐하면 천체 같은 실체의 운동 원인이기 때문이다. 하지만 부동의 실체이기 때문에 비물질적이다. 왜냐하면 동력은 활동에 불과하며, 질료가 곧 잠재력인 것과는 달리, 잠재력을 가지고 있지 않기 때문이다. 동력이 플라톤의 이데아와도 구별되는 것은 그것이 개별적인 존재이며 개별적인 존재란, 무기력한 이데아와는 달리 항상 실체여야 하고 능동적으로 움직일 수 있는 능력을 가지고 있을 뿐만 아니라 활동적이어야 하기 때문이다.

어떤 방식으로 부동의 동자가 천구를 움직이는지는 분명치 않다. 부동의 동자는 욕망이나 지각의 대상이 욕망이나 지성을 움직이는 것과 동일한 방식으로, 즉 움직이지 않는 상태에서 대상을 움직인다. 하지만 부동의 동자가 실제로 하늘이 욕망하거나 감지하는 대상인지, 혹은 이것이 하나의 비유에 불과한 것인지는 분명치 않다. 부동의 동자를 우주의 욕망과 지각의 실질적인 대상으로 보는 전통적인 해석에 따르면 이 욕망은 차라리 멈춰 있는 것에 더 가까운 운동, 즉 원형운동을 통해 부동의 동자를 모방하면서 표현된다. 하지만 이는 플라톤주의를 빙자한 해석에 불과하다. 아리스토텔레스의 직계제자 테오프라스토스의 증언에 따르면 이 해석에 제동을 걸었던 인물들은 다름 아닌 플라톤의 해석자들이었다. 전통적인 해석에 따르면, 부동의 동자들 가운데 가장 우선하는 제1하늘의 동자는 하늘을 움직일 때 하늘을 목적으로서의 원인으로 삼는다. 그러나 사실은 하늘 역시 다른 모든 실재와 마찬가지로 스스로의 선善을 궁극적인 목적으로 삼으며 이를 유일한 운동, 즉 자전을 통해 실현한다. 다른 모든 실재들은 고유한 형상의 완전한 실현을 목적으로서의 원인으로 삼으며 따라서 목적으로서의 원인은 모두에게 동일한 것도 유일한 것도 아니다.

운동을 수반하지 않는 유일한 활동은 사고인 만큼 모든 부동의 동자는 사유하는 실체라고 할 수 있다. 사유가 삶의 한 형태인 만큼 부동의 동자는 하나의 생명체다. 영원하고 축복받은 생명체로서 모든 부동의 동자는 고대 그리스인들이 신들에게 부여하던 모든 특징들을 가지고 있으며, 따라서 하나의 신으로 간주할 수 있다. 결과적으로 이 신들의 존재를 증명하는 제1철학은, 우리가 살펴본 것처럼, 하나의 '신학적인' 학문이다. 최초로 등장하는 부동의 동자란 최초의 하늘을 움직이는 동자이며 신에게 어울릴 만한 최상의 것을 생각해야 하지만 동시에 자신보다 우월한 무언가를 생각하는 것이 불가능하기 때문에 결국 자신밖에는 생각하지 못하는, '사유의 사유'라고 할 수 있다. 그는 군대를 움직이는 장군처럼, 나라를 다스리는 왕처럼 목적으로서의 원인이 아니라 효과로서의 원인으로 온 우주를 움직이는 지고의 선이기도 하다. 그는 스스로를 생각하며 모든 것의 원인을 사유하고, 따라서 어떤 의미에서는 모든 것에 대한 앎과 모든 철학자들이 갈망하는 제1철학을 최상의 방식으로 소유하는 존재다.

1.6 윤리학과 정치학

아리스토텔레스는 물리학과 제1철학이 수학처럼 순수한 '앎theoria'을 목적으로 하는 '이론적인' 학문으로 존재하지만 '실천praxis', 혹은 선善과 선한 행동을 목적으로 하는 '실용적인' 학문도 필요하다고 보았다. 한 개인의 선이 공동선의 일부를 차지하는 만큼 앎의 이론적인 면과 실천적인 면 모두를 포함하는 실용적인 학문 혹은 철학을 '정치학'이라 부르며, 이는 개인적인 선을 다루는 '윤리학' 저서들(『니코마코스 윤리학』과 『에우데모스 윤리학』)과 가족이나 사회 공동체의 선을 다루는 『정치학』이 포함된다. 가족의 물질적인 선을 다루는 학문을 경제학(economia는 가족을 뜻하는 oikia에서 유래한다)이라고 부르지만 '아리스토텔레스 전집'

에 포함된 관련 저서 『오이코노미카*Oiconomika*』는 아리스토텔레스가 직접 쓴 책은 아닌 것으로 보인다.

아리스토텔레스에게 지고의 선은, 개인의 것이든 공동체의 것이든, 행복eudaimonia을 의미하고, 행복은 인간이 가진 고유의 능력, 즉 기량arete을 얼마나 훌륭하게 갈고닦느냐에 달려 있다. 인간은 이성dianoia뿐만 아니라 또 다른 기량들을 가지고 있다. 사람이 기량을 발휘하는 일에 적절한 방식으로 적응하면 다름 아닌 이 기량들이 이어서 사람의 성격ethos을 형성한다. 인간의 기량은 따라서 품성적인 차원의 기량과 이성적인 차원의 기량으로 나뉜다.

품성적인 차원의 기량은 상이한 악습들 사이에서 이성의 힘으로 중용을 발견할 때 발휘된다. 이 기량은 예를 들어 비겁함과 두려움 사이에서 용기를, 무절제와 무감각 사이에서 절제력을, 욕심과 낭비 사이에서 관용을 발견하는 일이다. 품성적인 차원의 기량 가운데 특별히 중요한 것은 정의감이다. 영예 혹은 권력의 분배가 이루어질 때 중용, 즉 정의는 영예와 업적의 적절한 비율(정의의 분배)을 찾는 데 있고 선과 악의 재분배가 이루어질 때에는 동등한 대가(대가성의 정의 혹은 정의의 재분배)를 치르게 하는 데 있다. 이성적인 차원의 기량은 '학문적인', 즉 이론적인 기량, 혹은 '지혜sophia'를 말한다. 지혜는 그 자체로 '지성nous', 즉 원리들에 대한 앎과 '과학episteme', 즉 원리들을 토대로 증명에 도달할 수 있는 능력을 모두 포함할 뿐만 아니라 셈에 밝은 실용적 이성의 '현명함'과 나라와 가족과 스스로를 위해 유익한 방도를 찾아낼 줄 아는 '신중함phronesis'까지 보유한다. 현명함은 유익함을 창출해 내는 '기술techne'보다 우월하다. 이는 행위가 '생산poiesis'보다 우월하기 때문이다. 생산의 궁극적인 목적은 생산 자체가 아닌 생산품이다. 현명함은 지혜보다 열등하다. 지혜는 인간의 가장 고차원적인 기량이다. 지혜에 도달하기 위해 어떤 행동을 해야 하는지 혹은 하지 말아야 하는지 예측하는 것이 바로 현명함이다.

아리스토텔레스는 행복에 쾌락이 포함된다고 보았다. 최고의 선은 아니지만 쾌락은 행복의 쟁취에, 즉 훈련을 통한 완벽한 기량의 성취에 뒤따르는 일종의 선물이었다. 우정 역시 행복에 포함되었다. 기량이 뛰어난 사람들 사이에서 우정은 그 자체로 하나의 덕목이었다. 그러나 수많은 기량과 덕목을 열거하고 외모의 아름다움이나 건강, 또는 호감이 가는 얼굴과 재산과 좋은 가정과 훌륭한 친구들을 가지는 것에 대한 특징들을 열거하면서도 아리스토텔레스는 행복이 본질적으로는 '이론적인 사고 활동을 통한 삶', 즉 앎과 지혜를 목적으로 평생을 탐구활동에 전념하는 삶에 달렸다고 보았다. 이러한 종류의 삶은 사실상 자족적이며 신들이 영위하는 삶과 유사했다.

몇몇 학자들은 아리스토텔레스가 행복을 이론적 탐구에 몰두하는 철학자의 삶에 국한시켰다고 보았고 또 다른 학자들은 철학적 삶이 다른 모든 덕목과 기량의 훈련을 포괄한다고 보았다. 그러나 사실 철학자의 삶은 행복에 꼭 필요한 외부적인 요인과 기타의 기량이나 덕목 없이는, 아울러 훌륭한 계율 없이는 불가능했다. 바로 그런 이유에서 철학자는 정치가들에게 공동선을 실현할 수 있는 방도, 즉 최상의 헌법을 제시할 수 있어야 했다.

아리스토텔레스는 도시가 하나의 완벽한 사회라고 보았다. 도시는 자족적이면서 가족의 경우처럼 단순한 삶을 목적으로 하지 않고 '유익한 삶', 즉 행복을 추구하기 때문이다. 도시는 남편과 아내, 부모와 자식, 주인과 노예로 구성된 자연적인 사회 가족을 포함한다. 도시 역시 하나의 자연적인 사회라고 할 수 있다. 왜냐하면 인간은 본성적으로 '정치적politico 동물', 즉 도시polis에서 살아가도록 만들어진 존재이기 때문이다. 인간이 이러한 정치적인 본성을 가지고 있다는 사실을 증명해 주는 것은 '말logos'이다. '말'이 있기 때문에 인간은 유용한 것들, 옳은 것들에 대한 논쟁을 펼칠 수 있다. 인간의 '본성'은 어쨌든 탄생의 조건이 아니라 그의 목적인 삶의 완성, 즉 행복과 직접적으로 연관된다. 따라서 인간은 오로지 폴리스 내부에서만 자신의 행복을 실현할 수 있다는 것이 아리스토텔레스의 생각이었다.

삶을 위한 기본적인 조건은 가족 단위를 토대로 형성되었고 이러한 조건에는 노예들이 포함되어 있었다. 산업의 부재를 특징으로 하는 고대 사회의 경제구조에서 불가결한 노예라는 존재에 대해 아리스토텔레스는 이렇게 말했다. "실타래가 저절로 만들어진다면 노예는 필요하지 않을 것이다." 모든 노예들이 본성적으로 노예인 것은 아니었지만 스스로의 삶을 헤쳐 나갈 능력이 없기 때문에 주인을 필요로 하는 사람들은 노예라고 볼 수 있었다. 노예제도를 지극히 자연스러운 것으로 받아들였던 이들(아리스토텔레스 이전의 거의 모든 철학자들)과 절대적으로 부당하다고 여겼던 이들(예를 들어 소피스트 알키다마스Alkidamas) 사이에서 아리스토텔레스는 중도적인 입장을 취했다.

노예제도 외에 생존에 필요한 또 하나의 조건은 부의 축적이었다. 아리스토텔레스는 부의 축적을 두 가지 형태로 구분했다. 하나는 자연스러운 방식, 따라서 긍정적이며 꼭 필요한 만큼만의 부를 축적하는 것으로 그치는 형태이고 다른 하나는 부자연스럽고 부정적인 방식, 즉 부의 무한한 축적을 목적으로 하며 그런 식으로 도구로 머물어야 하는 것을 목적으로 탈바꿈하는 형태다. 폴리스의 행복을 실현하기 위한 조건은 훌륭한 국가체제, 즉 효율적인 법률체제 혹은 정부 기능의 올바른 분배였다.

여섯 종류의 전통적인 국가체제 가운데 아리스토텔레스는 세 가지 체제에 긍정적인 평가를 내리면서(1인 통치체제의 왕국, 소수 귀족들의 통치체제, 다수 정당에 의한 통치체제) 나머지를 이들이 퇴폐한 형태로 보았다(국가가 시민들 대신 통치자들을 위해 운영되는 정치체제, 다시 말해 참주제, 과두제, 민주제를 말한다). 아리스토텔레스가 가장 선호했던 체제는 다수 정당에 의한 통치체제다. 이 체제를 아리스토텔레스는 특별한 이름 대신 체제를 갖춘 도시사회라는 뜻의 '폴리테이아Politeia'라는 일반적인 이름으로 불렀고 이것이 자유롭고 평등한 시민들의 사회에 가장 적절한 정치 형태라고 생각했다. '폴리테이아'는 사실상 과두제와 민주제라는 두 악습 사이에서 중용의 형태로 등장했고 바로 그런 이유로 인해, 즉 중간 계층이 통치한다는 의미에서 '중도적인' 체제라고 불리기도 했다.

모든 사람이 나라를 다스리면서 동시에 다스려진다는 것이 불가능한 이상, 모든 사람이 나라를 '번갈아' 다스려야 했다. 나라를 다스리는 동안 다른 시민들을 위해 봉사하고 다른 이들이 나라를 다스리는 동안 그들이 제공하는 혜택을 누릴 수 있었다. 그런 식으로 나라는 모든 국민에게 삶의 일정 기간 동안 음악이나 시나 철학처럼 그 자체로 고유의 목적을 가지고 있는 활동에 참여할 수 있는 가능성을 보장할 수 있었다.

1.7 수사학과 시학

아리스토텔레스가 말년에 쓴 『수사학』과 『시학』은 설득력 있는 담론을 만드는 기술과 시를 짓는 기술을 설명하기 위해 집필되었다.

『수사학』은 '설득을 위한 도구'를 찾아내고 사용하는 법을 기술적인 차원에서, 즉 논쟁의 차원에서 가르친다. 따라서 『수사학』은 논쟁 기술 일반을 가리키는 변증론을 그대로 반영하며 모든 것을 논쟁 대상으로 삼아 상반된 관점에서 다룬다는 공통점을 가지고 있지만, 변증론과 달리 판단만 할 뿐 아무런 의견도 표명하지 않는 청중을 대상으로 한다는 차이점을 가지고 있다. 아리스토텔레스는 수사학적 논리를 세 종류로 구분한다. 심의기관을 상대로 중요한 결정에 찬성하거나 반대하도록 의견을 도출해 내는 논리가 있고, 법정에서 피고인의 유죄를 주장하거나 그를 변호하는 법적 논리와 특정 인물을 공개적으로 칭찬하거나 헐뜯는 것을 목적으로 하는 증명의 논리가 있다.

수사학적 논쟁 방식을 아리스토텔레스는 '영혼thymos'에 호소한다는 차원에서 '엔티메마enthymema', 즉 생략추리법이라고 불렀다. 그는 이를 삼단논법 중 하나로, 즉 청중이 인정하는 '사실에 가까운' 가설, 항상 옳은 것은 아니지만 '대부분의 경우' 옳은 가정을 토대로 하는 연역법의 하나로 간주했다. '엔티메마'는 청중의 피로를 덜기 위해 지극히 당연한 가정들을 생략하기 때문에 변증적 삼단논법에 비해 훨씬 간략하다는 특징을 가지고 있다.

수사학은 설득력의 여부를 결정짓는 요인들, 즉 믿을 만한 이야기를 해야 하는 변론자의 '성격ethos'과 청중의 판단을 일정한 방향으로 이끄는 이들의 '열정pathe'에 주목하는 법을 가르친다. 그런 이유에서 아리스토텔레스는 수사학이 다름 아닌 성격과 열정을 다루는 정치학 계열의 학문이라고 보았다. 결과적으로 수사학에서 중요한 것은 설득력 있는 '표현lexis', 즉 말하는 방식과 변론자의 스타일이다.

아리스토텔레스에게 시는 곧 '미메시스'였고 '미메시스'는 수동적인 모방이 아니라 허구적인 사연을 마치 사실인 것처럼 표현하는 기술을 의미했다. 시는 서사시나 비극의 경우처럼 고귀한 인물들을 주인공으로 택하거나 희극의 경우처럼 우스꽝스러운 인물들을 주인공으로 택할 수 있다. 서사시와 비극에 차이가 있다면 그것은 전자가 하나의 이야기를 다루는 반면 후자는, 희극과 마찬가지로, 이야기를 극적으로 표현한다는 데 있다. 『시학』에서 아리스토텔레스가 제시한 유명한 정의에 따르면 비극이란 "위대하다고 볼 수 있는 진지하고 완결된 행동의 모방으로, 연민과 두려움이라는 감정을 통해, 아울러 이러한 감정들의 카타르시스를 통해 서사적인 방식이 아니라 극적인 방식으로 완성에 도달하는 모방예술이다."

이 정의를 통해 유명해진 것이 있다면 그것은 '정화', 즉 카타르시스katharsis라는 개념이다. 카타르시스의 본질은 연민이나 공포와 같은 감정들이 현실세계의 고통스러운 측면들을 해소시키고 이를 즐길 만한 것으로 만드는 데 있다. 이러한 종류의 즐거움을 아리스토텔레스는 앎의 즐거움, 즉 이러한 감정들을 이해하는 즐거움이라고 보았다. 아리스토텔레스가 『정치학』에서 말했듯이 노래가 불러일으키는 카타르시스는 청년들에게 훌륭한 품성을 선사하는 반면 비극이 불러일으키는 카타르시스는 성인들에게 이성적인 기량, 즉 지혜를 선사한다.

카타르시스가 비극의 목적이라면 비극의 가장 중요한 요소는 그 대상, 곧 '신화'다. 이 신화는 필연적으로, 혹은 사실에 가까운 요인으로 인해 항상 혹은 '대부분의 경우' 일어날 수밖에 없는 사건들을 내용으로 한다. 아리스토텔레스가 철학보다 '훨씬 더 철학적'인 것이 시라고 한 것도 바로 그런 이유에서였다. 역사를 보다 더 잘 알릴 수 있는 힘은 시가 가지고 있으며 역사가 특별한 경우들을 이야기하는 반면 시는 이야기들이 가지고 있는 보편적인 측면을 부각시킨다.

이해와 앎을 위한 기회를 제공하기 때문에 긍정적인 가치를 가지고 있다고 보았던 모방뿐만 아니라 틀림없이 도덕적인 가치를 동시에 가지고 있는 카타르시스, 그리고 시에 부여된 '철학적인' 성격이 예술에 대한 아리스토텔레스의 대대적인 재평가 작업을 구축하는 특징들이다. 이를 통해 아리스토텔레스는 플라톤이 『국가』에서 제시했던 예술에 대한 부정적인 견해와 근본적으로 반대되는 입장을 표명했다.

파이데이아

전통 교육과 소피스트

흔히 '교육'으로 번역되는 그리스어 '파이데이아paideia'(어두 '파이스pais'는 아이를 뜻한다)는 가족과 선생과 사회기구의 관리하에 한 아이가 성인이 되었을 때 필요한 능력과 가치관을 점차적으로 취득할 수 있도록 지도하는 총체적인 과정을 의미한다. '파이스'로 시작되는 또 하나의 용어 '파이디아paidia'는 놀이를 뜻한다. '파이데이아'는 바로 유아적 놀이의 세계에서 진지한 활동의 세계로 인도하는 과정을 뜻한다.

그리스 문화에서 진지한 활동이란 무엇보다도 시민의 정치, 군사 활동을 가리켰다. 『오디세이아』(I 296)에서 아테나 여신은 오디세우스의 젊은 아들 텔레마코스에게 그의 나이에는 더 이상 어울리지 않는 아이들의 놀이를 그만두라고 권고한다. 호메로스의 서사시 『일리아스』와 『오디세이아』는 주인공으로 등장하는 영웅들의 행위를 통해 이러한 교육과정의 모형을 제시한다. 플라톤은 호메로스가 "그리스를 교육시켰다pepaideuken"고 말한 바 있다(『국가』 X 606e). 전통적인 교육이란 바로 전투에 임하는 법과 대중 앞에서 말하는 법, 때로는 리라를 연주하는 법을 가르치는 것이었다. 군사훈련 준비를 위해 중요한 역할을 했던 것은 맨몸으로 실행하던 체력단련이다. 이는 현대인들이 스포츠라는 말로 가리키는 것과 상당히 비슷했고 여기에는 올림픽 경기를 특징짓는 경기들도 포함되었다. 사냥이나 승마 역시 비슷한 목적을 가지고 있었다. 이런 모든 활동들은 여러 분야에서 최고의 기량을 획득함으로써 만인에게 인정받기 위한 경쟁의식을 부추겼다. 여타의 그리스 도시들과는 달리 교육의 군사훈련적인 기능에 상당한 중요성을 부여했던 도시는 스파르타였다. 일찍이 철학자 크세노폰은 체력훈련과 군사훈련에 지나친 비중을 부여하던 스파르타의 관습을 강렬하게 비판한 적이 있다. 체력 단련에 기울이는 만큼의 관심을 음악에도 기울여야 한다는 것이 그의 의견이었다. 물론 여기서 음악이라는 용어는 악기를 다루는 음악뿐만 아니라 시와 지적이고 문화적인 교육을 포함하는 말이다. 교육의 이러한 문화적인 측면이 강세를 보였던 도시는 바로 아테네다. 물론 아테네에 공공교육기관이 존재했던 것은 아니다. 정부 차원에서 학교를 운영하거나 선생을 임명하고 시험제도를 통해 학위를 부여하는 등의 제도는 마련되어 있지 않았다. 청소년 교육은 가장 먼저 가족 단위로, 그리고 당연히 여유 있는 집안에서만 읽기와 쓰기, 산수를 가르치는 선생들에게 남자아이들을 위탁하면서 이루어졌다. 이어서 법과 법적 가치를 기반으로 하는 도시 생활 자체가 총체적 측면에서 하나의 거대한 교육 현장으로, 미래 시민들을 위한 마지막 단계의 교육과정으로 기능했다.

기원전 5세기경에 상당히 전문화된 지식교육이 교육과정에 포함되면서 그리스의 교육문화에 결정적인 변화가 일어났다. 이 변화를 주도했던 인물들은 플라톤이 이른바 '소피스트'라는 경멸조의 이름을 부여했던 이들이다. 하지만 이 용어는 사실 단순히 돈을 받고 다양한 종류의 지혜, 즉 '소피아'를 가르치던 인물들을 가리키던 말이다. 이들은 한 도시에 또 다른 도시로 이주하면서 지혜를 팔았고 그런 점에서 자신의 지식을 전파하기 위해 떠돌이 생활을 하던 의사나 장인 들과 크게 다르지 않았다. 때로는 헬리스의 히피아스처럼 백과사전적인 지식들, 예를 들어 수학이나 천문학 또는 도시의 오랜 전통에 관한 역사적인 지식 등을 가르치기도 했다.

소피스트들의 교육의 핵심은 무엇보다도 언어의 특성과 여러 종류의 담론에 대한 지식을 전달하고, 질문에 답하는 능력과 다양한 논쟁 형태에 적응할 수 있는 능력을 키우고, 상대를 설득하기 위해 이러한 지식을 활용하는 기술을 가르치는 데 있었다. 이를 위해서는 담론이 이루어지는 장소와 환경에 대해서(무엇보다도 재판이나 정치집회에 대해), 아울러 담론에 귀를 기울이는 청중의 감성적이고 지적인 수준과 특성에 대해서도 숙지할 필요가 있었다. 말하고 토론하는 능력을 대변하는 분야가 바로 수사학과 변증법이었고 이것이 바로 소피스트들이 도입한 새로운 교육의 핵심 내용이었다. 소피스트들은 아울러 교육이 유년기에만 국한되지 않고 청년기를 넘어선 이들에게까지 확장되어야 한다는 새로운 이념을 토대로 교육의 혁신을 이끌었다. 이러한 상황 속에서 전문직을 위한 교육과 문화 교육 사이의 또렷한 차이점이 드러나기 시작했다. 전문직을 위한 교육이 사람을 설득하는 데 쓰이는 수사학이나 병을 고치는 데 필요한 의학처럼 특정한 기술적 지식을 배우는 것이라면 문화 교육은 공적인 자리에서 주목받기 위해 다양한 교양을 쌓는 것이었다. 몇몇 대화록에서 바로 이러한 점을 지적하며, 플라톤은 소피스트들을 프로타고라스처럼 '인간을 교육할paideuein' 수 있는 힘을 가졌다고 자랑하는 인물들로, 고르기아스처럼 무엇보다도 웅변술을 터득하기 위해 안달이 난 부유한 청년들의 환심을 살 줄 알았던 이들로 묘사했다. 소피스트들은 강의에 대한 상당한 보수를 받았고 이는 곧 이들이 그리스인들의 강렬한 지적 요구에 결과적으로 부응했다는 것을 의미한다.

하지만 플라톤은 바로 그런 이유에서 소피스트들을 시장의 상인들, 다시 말해 팔려고 내놓은 상품들의 실제적인 용도와는 무관하게 상품들의 장점과 가치를 무조건적으로 과시하는 상인들에 비유했다. 시민들 역시, 특히 전통적인 가치를 중요하게 생각하던 노년층은 소피스트들의 새로운 교육 방식이 드러내던 잠재적인 파괴력을 의심스러운 눈으로 바라보았다. 아리스토파네스의 희극 〈구름〉은 소피스트들로부터 교육을 받은 한 청년을 무대 위에 올리면서 이러한 파괴력을 상세하게 묘사한다. 소피스트의 가르침은 주인공을 결국 아버지의 권위를 부인하고 그의 재산을 빼앗고 그를 구타하는 상황으로까지 몰고 간다. 새로운 교육문화의 실질적인 현장이었던 아고라는 잡담과 공허한 논쟁만이 오가는 시장으로 전락했다. 그곳에서 살 수 있는 것은 언어적인 기교뿐이었다. 아리스토파네스는 이러한 교육 방식을 대체할 수 있는 방안으로 마라톤에서 페르시아를 상대로 승리를 이끌었던 이들을 키워 낸 방식, 즉 체력 단련과 음악을 바탕으로 청년들을 강인하고 겸손하게 키우는 전통적인 교육 방식을 제안했다.

소크라테스와 플라톤의 교육론

아리스토파네스의 작품에서 소크라테스적인 교육 방식은 소피스트나 기상학자들의 방식과 크게 다르지 않은 것으로 소개된다. 소크라테스가 사형을 선고받는 재판 과정에서 그에게 부여된 가장 심각한 혐의 가운데 하나는 바로 젊은이들을 나쁜 방향으로 인도한다는 것이었다. 하지만 플라톤은 교육자로서의 소크라테스의 모습과 소피스트들의 가르침 사이에 얼마나 뿌리 깊은 차이가 있는지 증명해 보이고자 노력했다. 그가 보기에 청년들을 부패시키는 장본인들은 다름 아닌 소피스트들이었다.

플라톤의 대화록에서 소크라테스는 교육이 자아 형성 과정이라고 주장하면서 자아 형성에 본질적인 것은 젊은 청년들뿐만 아니라 나이와 상관없이 모든 인간을 타락의 길로 인도하는 그릇된 신념과 오류로부터 정신을 자유롭게 하는 일이라고 설명한다. 이 해방 과정이 최선을 위해 최악을 제거하는 정화작용과 비슷하다고 설명하면서 소크라테스는 정화를 위해서는 논박 기술이 필요하며 이것이 진정한 교육을 위한 기본적인 조건이라고 말한다. 소크라테스의 논박 기술은 토론 상대자들이 덕목이나 정의, 용기, 앎과 같은 용어들을 사용할 때 이러한 용어들을 과연 어떤 의미로 사용했는지 질문을 던지고 그들의 답변을 검토한 뒤 이들이 주장하는 또 다른 내용의 논제들에 비해 본질적으로 모순적이거나 근거가 부족한 논리들을 밝혀내는 데 있다. 그런 식으로 소크라테스는 이들이 어떻게 일관성이라고는 전혀 찾아볼 수 없는 선입견을 바탕으로 스스로의 삶을 살아 왔는지 보여 줌으로써 이들이 알지 못하는 것에 대한 지적 욕망을 불러일으키거나 철학자가 되도록 유도한다.

하지만 체육관이나 저택과 같은 일상 공간에서 주로 젊은이들과 대화를 나누고 소피스트들, 시민들, 심지어는 외국인들과도 토론을 벌이던 소크라테스와 달리 플라톤은 그의 스승이 겪어야만 했던 운명을 기억하며 아테네에 아카데미를 세운다. 정치를 주제로 다룬 『국가』와 『법률』에서 플라톤은 미래의 시민들에게 그가 고안해 낸 도시의 모형과 함께 가족이나 개인적인 차원의 시도를 넘어선 제도화된 형태의 교육, 즉 공공교육기관의 필요성을 제시한 바 있다. 하지만 플라톤은 이것이 실제로는 불가능하다고 보았다. 왜냐하면 플라톤의 시대는 부패한 정치체제가 세상을 지배하고 있었고 이러한 체제가 다름 아닌 젊은이들, 특히 철학자가 될 소질을 충분히 가지고 있는 최고의 젊은이들을 잘못된 길로 인도하고 있었기 때문이다. 이러한 정황 속에서 철학 학교는 그의 아카데미처럼 사립 교육기관으로 남게 되었고 사립학교는 어쩔 수 없이 소수에게만 허락되는 철학 교육기관으로 정착된다. 플라톤은 철학 교육을 하나의 성장 과정이자 교육을 받는 이들의 습관과 성격이 점진적으로 분명하게 드러나고 구체화되는 과정이라고 보았다. 그가 철학자를 엄선했던 이유도, 따라서 철학자라는 정상의 자리에 도달할 수 있는 이들이 얼마 되지 않았던 이유도 바로 여기에 있다. 플라톤 이후의 고대 철학자들은 철학을 교육과정에 포함시키기 위해 끊임없이 노력했다. 이들은 오히려 교육의 절정이 곧 철학이라고 보았고 철학을 시와 음악을 공부하거나 체력을 단련하는 일보다 훨씬 더 고차원적인 분야로, 때로는 정치 활동보다도 우월한 분야로 고려했다. 이들이 아주 오래된 교육 방식에서 교육의 이상을 발견했던 것도 바로 이러한 관점에서 비롯된 결과였다.

여기서 철학 학교를 남자들만으로 이루어진 공동체로 바라보는 시각이 생겨났고 이러한 시각 에는 교육이 현자에 가까운 성인 남성과 앎에 굶주린 어린 청년 사이의 동성애를 바탕으로 이루어진다는 생각이 동시에 포함되어 있었다. 이러한 정황 속에서 에로스는 분명히 교육적인 기능을 가지고 있고 '지혜를 사랑하는' 철학의 세계로 인도하는 힘을 가지고 있다는 견해가 생겨났다. 어떻게 보면 적에게 저항하는 법을 가르치는 군사훈련의 정서적 특징이 똑같이 적용되었다고도 할 수 있다. 다시 말해 철학적 훈련의 경우에는 욕망과 열정과 고통에 저항하는 법을 배우는 것이 관건이었다. 고통과의 투쟁이라는 측면을 특별히 강조했던 것은 스토아 철학이다. 고통을 '스토아 철학자처럼 참아 내기'라는 유명한 표현은 바로 이러한 정황에서 유래한다.

철학 교육은 따라서 전통적인 교육 방식과 완전히 결별하지 않고 오히려 특징적인 면들을 흡수했다고 볼 수 있다. 하지만 수용은 아주 기초적인 차원에서만 이루어졌을 뿐이다. 『국가』에서 플라톤은 나라를 올바른 방식으로 다스리는 데 적합한 유일한 인물들에 대해 이야기한 바 있다. 이 인물들은 다름 아닌 철학자들이다. 그 이유는 이들이 바로 욕망과 권력 다툼에 휘말리지 않을 수 있는 유일한 사람들이었기 때문이다. 이들이 욕망과 거리가 먼 이유는 권력을 초월하는 또 다른 무언가를 욕망했기 때문이다. 이 욕망의 대상은 바로 앎과 진실이었다.

『국가』에서 제시된 교육 방식과 플라톤의 아카데미에서 실제로 실행된 교육과정 사이에 공통점이 있다면 그것은 수학이었다. 그렇다면 우리는 진정한 의미에서의 철학적 훈련, 즉 변증법 훈련을 시작하기 전에 오랜 기간에 걸쳐 실행되던 수학 교육과정이 아카데미 내부에서 상당히 중요한 역할을 해 왔다는 것을 인정해야 한다. 플라톤은 수학이 그의 철학 가운데 가장 핵심적인 부분을 차지하는 이데아 이론을 이해하는 데 필수적이라고 보았다. 하지만 플라톤은 수학 위에 변증법을 위치시켰다. 다시 말해 변증법을 통상적인 선입견들뿐만 아니라 수학적 원리 자체를 논박할 수 있는 도구, 이를 통해 더욱 튼튼한 이론적 토대를 마련하기 위한 도구로 보았던 것이다. 사실상 플라톤은 교육이 어떤 앎의 내용을 단순히 전달하는 것과는 거리가 멀다고 보았다. 교육이란 무언가를 꽉 찬 그릇에서 텅 빈 그릇으로 옮긴다거나 장님에게 시야를 선사하는 것과는 비교할 수 없는 성질의 것이었다. 교육이란 반대로 한 개인이 이미 무의식 속에서 인식하고 있는 앎을 점차적으로 떠올려 완전히 드러나도록 만드는 과정에 가까웠다.

아테네에서 플라톤의 아카데미는 이소크라테스가 세운 수사학 학교와 경쟁하는 위치에 놓여 있었다. 이소크라테스는 자신이 직접 써서 제자들에게 보급한 책들을 교과서로 삼아 법률적이거나 정치적인 담론을 구성하는 방법뿐만 아니라 선동적인 담론이나 자기 선전 또는 자기 변호, 혹은 타인을 칭찬하거나 비난하는 방법 등을 가르쳤다. 이를 통해 제자들은 공통된 의견들이 무엇이며 담론과 담론의 체계를 구축하는 주제들이 무엇인지, 이들을 어떤 순서로 배치해야 청중의 긍정적인 반응을 얻어 낼 수 있는지 배울 수 있었다. 이소크라테스의 가르침은 담론의 정치적 활용이라는 뚜렷한 목표를 가지고 있었다. 이러한 특징은 왜 그의 학교가 플라톤의 아카데미와 달리 학생들에게 고액의 학비를 요구했음에도 불구하고 크게 성공할 수 있었는지 설명해 준다. 이소크라테스의 수사학이 성공을 거두었던 이유를 좀 더 정확히 말하자면, 그의 학교가 학생들에게 수사학이라는 무기 덕분에 논쟁에서 승리할 수 있는 기회를 주고 정치와 법률 분야에서 성공적인 경력을 쌓기 위해 필요한 도구들을 제공했기 때문이다. 예를 들어 페르시아의 위협에 맞서기 위해 그리스인들이 힘을 모아야 한다는 부류의 이야기들을 누구보다도 설득력 있게 전달할 수 있는 담론 기술을 제공했던 것이다. 이소크라테스는 논리와 설득력 있는 담론을 토대로 하는 교육 방식이 그리스인들만의 특징이었고, 무엇보다도 아테네인들의 특징이었으며, 이것이 바로 그리스인들을 야만인과 구별시켜 주는 요소라고 보았다. 이소크라테스 역시 자신의 가르침을 지칭하기 위해 철학이라는 용어를 사용했다. 하지만 분명한 것은 그가 바라보던 철학이 플라톤이 생각했던 것과는 상당히 다른 의미를 가지고 있었다는 사실이다.

이소크라테스에 따르면 에피스테메episteme, 즉 학문은 인간이 도달할 수 없는 무언가에 불과했고 인간이 도달할 수 있는 것은 오로지 독사doxa, 즉 의견뿐이었다. 이러한 관점에서 상당히 유용했던 것이 바로 수학 연구와 논쟁 기술로서의 철학적 변증법이었다. 하지만 수학과 변증법이 그리 단순한 분야가 아니었음에도 불구하고 이들의 기능성에 집중하는 훈련 과정은 하나의 지적 근육운동으로 전락하고 말았다. 어려운 문제에 대처할 수 있는 능력과 빠른 사고, 이해력을 키우는 것에 그쳤던 것이다. 아울러 순수하게 형식적이고 기술적인 훈련이었기 때문에 그만큼 일정한 시간을 할애하는 것만으로도 충분하고 너무 오랫동안 천착할 필요는 없다는 견해가 지배적이었다. 아마도 당시의 아테네인들 대부분이 이와 비슷한 생각을 가지고 있었을 것이다. 소크라테스의 제자 크세노폰은 소크라테스가 수학, 천문학, 의학 연구에 한계를 둘 필요성을 주장했다고 말한 바 있다. 땅을 사거나 팔 때 필요한 측량법이나 날과 달과 계절의 변화를 가늠할 수 있을 정도의 기본적인 계산을 할 줄 알고 무엇이 건강에 좋은지 아는 것만으로도 충분하다는 것이었다. 크세노폰 역시 이러한 학문 분야에서는 순수하게 형식적이고 기술적인 습득이 중요하다고 생각했다.

'교양인'의 교육과 아리스토텔레스

결과적으로 크세노폰이 추구했던 것은 '교육을 받은 사람pepaideumenos', 즉 교양인이었다. 그는 일찍이 프로타고라스를 비롯한 많은 철학자들이 주장했던 것처럼, 철학을 배워서 남들에게 가르칠 수 있는 능력까지 터득해야 하는 전문인으로서의 철학자를 키우는 일과 일반적인 교양 차원의 철학을 가르치는 것이 전적으로 구별되어야 한다고 보았다.

이소크라테스 역시 동일한 의견을 가지고 있었다. 그에게도 전문적인 웅변가를 키우는 일과 말을 적절히 사용할 줄 아는 것으로 만족하는 교양인을 키우는 일은 전적으로 달랐다. 아리스토텔레스 역시 이러한 구분법을 받아들였다. 하지만 또다른 문제가 남아 있었다. 그렇다면 과연 누가 전문가들의 지식과 이들이 각자의 분야에서 주장하는 바의 옳고 그름을 정확하게 판단해 줄 것인가? 또 다른 전문가들이? 아니면 일반인들이? 한 가지 확실한 것은 한 전문가가 동일한 분야의 전문인들이 주장하는 바에 대한 가장 객관적인 판사라는 사실이었다.

하지만 일반인들 역시 전문가들에 대한 의견을 표명할 수 있다는 사실을 인정하는 순간 곧장 대두되는 또 다른 문제가 존재했다. 이미 전문화되어 있고 상당히 복잡하게 세분화되어 있는 분야의 전문지식을 어느 정도까지 습득해야 하고 철학을 포함한 여러 학문 분야를 얼마나 높은 수준으로 교육과정에 포함시켜야 하는가? 이 질문에 대한 가장 전통적인 답변은 이른바 '폴리마티아polymathia', 말 그대로 '많은 것들을 이해했다'는 뜻의 백과사전적인 앎이었다.

백과사전적인 지식 분야의 대표적인 인물 헬리스의 히피아스는 이러한 경우의 특징과 한계를 동시에 보여 주는 인물이다. 그는 자신이 수학 혹은 골동품 분야에서만 박식한 것이 아니라 심지어는 옷과 신발을 만드는 데 있어서도 모르는 것이 없다고 주장했다. 이러한 주장 속에는 물론 호메로스의 어느 소실된 서사시에서처럼 모든 것을 알았지만 동시에 모든 것을 엉망으로 알고 있었던 존재로 전락할 수 있다는 위험이 도사리고 있었다. 플라톤뿐만 아니라 아리스토텔레스 역시 한 개인이 잘할 수 있는 일은 한 가지뿐이라고 보았고 정확히 세분화된 단 하나의 지식 분야에서만 능력을 발휘할 수 있다고 믿었다.

하지만 플라톤은 전문가가 아닌 지식인도 얼마든지 훌륭한 판단과 평가를 내릴 수 있다고 보았다. 단지 전문가의 그것보다 더 높은 수준의 지식, 즉 변증법을 알고 있어야 했다. 변증법적인 지식이 수학적인 지식에 비해 우월한 것은, 변증법을 활용할 줄 아는 철학자가 수학적인 연역의 원칙들 자체에 의혹을 제기할 수 있기 때문이다. 플라톤은 아울러 여러 기술과 학문 분야의 결과들을 활용할 줄 아는 이의 지식세계도 마찬가지로 우월한 위치에 놓여 있다고 보았다. 다시 말해 이 사람은 건축가를 뜻하는 '아르키텍톤architekton', 말 그대로 '노동자의 작업을 지시하는 사람'의 위치에 서 있었다. 이 부분에 대해서는 아리스토텔레스 역시 같은 입장을 취했지만 그는 모든 종류의 앎에 두 종류의 영역이 존재하며 '하나는 대상을 가진 학문이라는 이름이, 또 하나는 교육paideia이라는 이름이 더 어울린다'고 보았다.

기술자는 오로지 자신의 전문지식에 한해서만 적절한 판단을 내릴 수 있지만 이른바 교양인pepaideumenos은 전반적인 분야에 걸쳐, 이를테면 '모든 기술technai'과 관련된 문화적인 소양을 가지고 있기 때문에 다양한 전문인들이 그들의 전문지식에 대해 주장하는 바의 옳고 그름을 판단할 수 있는 능력을 가지고 있었다. 교양인은 '비평적'인 기능을 수행했고 그의 능력은 거론된 내용의 옳고 그름을 드러내고 판단하는 데 달려 있었다. 하지만 이러한 비평적 기능은 담론 내용과는 사실상 무관했다. 만약에 그렇지 않다면 판단을 위해 사실은 누구도 도달할 수 없는 백과사전적이고 보편적인 지식을 필요로 했을 것이다. 반대로 비평의 기능은 다양한 분야의 전문가들이 자신들의 논리를 펼치는 방법과 기술을 검토하고 이들이 펼치는 담론의 형식적이고 논리적인 구조를 평가하는 것이었다. 그런 의미에서 교양인은 변증법을 사랑하는 철학자에 가까웠다. 그는 전제를 토대로 과학적인 증명을 시도하는 사람이 아니라, 옳은 결론에 도달하기 위해 전제에서(전제는 참일 수도, 일반적으로 모두가 수긍하는 것일 수도, 전문가들이 인정하는 것일 수도 있다) 출발할 필요가 있다는 것을 이해하는 사람이었다. 따라서 아리스토텔레스가 철학을 가르칠 때에는 전문적인 철학자들의 양성에만 신경을 썼던 것이 아니라 동시에 교양인들의 교육과 성장에도 많은 관심을 기울였다고 볼 수 있다. 이와 유사한 예를 들자면 서기 2세기경에 상당한 수준의 철학적 지식까지 겸비했던 의사 갈레노스Claudius Galenus는 전문가들과 교양인들이 함께 참석한 가운데 동물 해부학 절개를 시범 보이면서 그와 경쟁하던 다른 의사들에게 탁월한 설명을 제시했다고 전해진다.

아리스토텔레스 역시 개인교습을 통한 교육뿐만 아니라 시가 운영하는 공공교육이 필요하다고 생각했다. 공공교육의 주요 과목으로는 음악이 채택되기도 했지만 전문학교가 별도로 존재했던 철학이 반드시 포함되었던 것은 아니다. 아리스토텔레스가 아테네 시민이 아니라 외국인이었다는 사실도 잊지 말아야 한다. 아리스토텔레스는 훌륭한 시민이 되기 위해 반드시 전문적인 수준의 철학자가 될 필요는 없다고 보았다. 이는 철학자기 되기 위해 반드시 시민일 필요가 없는 것과 마찬가지였다. 이것이 아리스토텔레스가 처했던 상황이자 입장이었고 헬레니즘 시대에 아카데미뿐만 아니라 리케이온Lykeion, 그리고 이 두 학교 근교에 설립되는 에피쿠로스학파와 스토아학파의 학교에 몸을 담고 있던 수많은 철학자들의 입장이었다. 모든 철학자들에게 철학적 삶은 언제나 가장 높은 경지의 인간 활동이었고 교육의 최고 단계를 상징했다. 완전한 의미에서 인간이 된다는 것은 단순히 훌륭한 시민이 되는 것과는 더 이상 일치하지 않았다. 이러한 관점을 극단적으로 발전시켰던 이들이 바로 견유학파 철학자들이다. 방랑자의 삶을 선택한 이들은 모든 도시와의 관계를 끊고 정치를 포기하고 모든 형태의 전통적인 교육뿐만 아니라 철학 교육에도 적대적인 입장을 고수했다.

견유학파의 철학자들이 어린아이들을 선善의 표본이자 상징으로, 무고함과 자연스러움의 상징으로 이해했던 것은 아이들이 사회의 악에 물들지 않고 사회가 유도하는 부자연스러운 요구에 얽매이지 않는, 자연에 좀 더 가까운 존재라고 보았기 때문이다. 하지만 다른 철학자들에게 아이들은 미완성 혹은 불완전성을 의미했고, 아리스토텔레스는 아이를 동물에 가까운 존재로 보았다. 직립보행 단계에 이르지 못한 아이들은 구조적인 측면에서 난쟁이와 비슷하고 상체에 비해 하체가 훨씬 약하기 때문에 네발 달린 짐승처럼 기어 다닐 수밖에 없는 존재였다. 두뇌의 발달과 직접적으로 연관되는 직립보행은 이성의 사용과 두뇌의 동의를 요구했고 이 단계에 도달하지 못한 아이들은 대부분의 시간을 수면으로 보내야 했다. 아리스토텔레스는 이렇게 말했다. "어린아이의 사고력으로 평생을 살고 싶어 하는 사람은 아무도 없을 것이다." 교육은 아이들이 가지고 있는 잠재력을 필요로 하는 과정이지만 우선적으로 유아기적 조건을 초월하고 파이디아, 즉 게임의 단계를 넘어설 필요가 있었다.

고대의 철학 학교들이 가지고 있던 또 하나의 특징은 철학 교육이 청년기에만 국한되는 것이 아니라 성년기와 노년기까지 확장되어 있었다는 점이다. 에피쿠로스는 늙어서도 얼마든지 철학을 시작할 수 있다고 말했다. 아울러 철학 학교는 위험한 정치적 상황을 피해 몸을 숨기거나(폭풍우를 피해 담벼락에 숨듯이) 도시의 삶과 가치관을 좌지우지하는 소피스트 철학자들의 나쁜 영향력에서 벗어나 여유를 찾을 수 있는 공간이기도 했다. 아테네에서 철학 학교들이 물리적으로 도심에서 멀리 떨어진 곳에 위치했던 것은 결코 우연이 아니다. 에피쿠로스가 제자들에게 남긴 유명한 말을 떠올려 보자. "숨은 듯이 살아라." 메가라의 철학자 스틸폰Stilpon은 자신의 도시를 정복한 마케도니아의 왕이 모든 것을 빼앗은 뒤 무엇을 남겨 줄까 묻자 잃은 것이 아무것도 없다고 대답했다. 어느 누구도 그의 파이데이아를 빼앗지 못했기 때문에, 따라서 자신의 로고스와 에피스테메, 이성과 학문을 고스란히 유지하고 있었기 때문이다.

헬레니즘 시대에서 고대 말기에 이르는 철학 교육의 변천 과정

헬레니즘 시대에 들어와서 아테네를 비롯한 대부분의 그리스 도시국가들은 철학을 청년들이 어른이 되어 시민의 자격을 취득하기 전에 꼭 배워야 할 학문으로 받아들이기 시작했다. 철학의 교육적인 가치를 공개적으로 인정하는 당시의 분위기는 스토아학파의 창시자 제논이 세상을 떠났을 때 젊은이들을 훌륭하게 길러 낸 그의 업적을 기리기 위해 아테네 시민이 아니었음에도 불구하고 공공 기금으로 아테네의 공동묘지에 그의 기념 묘를 세운 예외적인 경우에서 그대로 드러난다. 하지만 이는 동시에 철학자들이 나라를 다스려야 한다는 플라톤의 생각과 꿈을 결정적으로 포기했다는 것을 의미했다. 아테네는 그리스의 다른 도시들과 마찬가지로 이제 철학을 삶의 가장 고귀한 이상으로 보지 않고 훌륭한 시민과 일치하는 인간형의 성장을 위해 필요한 교육과정으로 받아들이기 시작했다. 현실적인 차원에서 결과적으로 승리를 거둔 것은 이소크라테스였다.

헬레니즘 시대부터 철학과 수사학이 융합되는 경향을 보이는 것은 결코 우연이 아니다. 수사학은 더 이상 철학의 상극이나 근본적인 대안으로 이해되지 않고 철학을 완성하는 요소로 간주되기 시작했다. 지중해에서 '김나시온gymnasion'과 학교의 존재는 그곳이 곧 그리스 도시국가의 영토임을 알리는 징표나 마찬가지였다. 초급 학교에서는 읽고 쓰고 셈하는 법을 가르치는 전통적인 교육이 계속해서 이루어졌고 이어서 이른바 '엔키클리오스 파이데이아enkyklios paideia'가 형성되기 시작했다(뒤늦게 구체화되는 '백과사전enciclopedia' 개념과 혼동해서는 안 된다). 엔키클리오스 파이데이아는 천천히 일곱 가지 자유학예arti liberali로 분류되었고 이어서 문법, 수사학, 변증법으로 구성된 3학과 기하학, 천문학, 산술, 음악이론으로 구성되는 4학으로 세분화되었다. 여기서 흥미로운 것은 수사학과 변증법이 마치 비슷한 종류의 과목인 듯 자연스럽게 짝을 이룬다는 점이다. 에피쿠로스학파, 견유학파, 비관론자들에게는 이러한 교육과정이 불필요해 보였지만 스토아학파와 플라톤학파, 아리스토텔레스학파의 철학자들은 엔키클리오스 파이데이아를 진정한 의미의 철학에 입문하기 위한 준비 과정으로 보았다.

로마의 세계 정복이 시작된 후에도 철학의 교육 양태는 변하지 않았고 계속해서 개인교습이 강세를 나타냈다. 하지만 마르쿠스 아우렐리우스Marcus Aurelius Antoninus가 황제가 되면서 아테네에 네 개의 공공 강좌가 설립되었고 철학자들이 보수를 받으면서 4대 철학 사조인 플라톤학파, 아리스토텔레스학파, 스토아학파, 에피쿠로스학파의 철학을 가르쳤다. 황제 아우렐리우스의 스승이었고 동시에 백만장자이기도 했던 철학자 헤로데스 아티쿠스Herodes Atticus가 황제의 명으로 이 강좌를 맡을 선생들을 엄선했다. 하지만 아우렐리우스의 실험은 그다지 오래가지 못했다. 서기 425년 황제 테오도시우스Theodosius가 콘스탄티노폴리스에 일종의 국립대학을 설립했기 때문이다. 황제는 철학과에 한 명, 법학에 두 명, 그리고 라틴어와 그리스어, 수사학과 문법에 다수의 교수들을 임명했다. 여기서 그다지 중요하지 않은 과목으로 평가된 철학은 예전과 같은 예외성이나 우월성을 주장할 수 없었다. 로마에서도 철학은 부유한 집안의 자제들이 받는 교육의 일부로, 따라서 계속해서 소수에게만 허락된 학문으로 인식되었다. 이어서 키케로의 경우처럼, 학업 완성을 위해 그리스로 유학을 떠나는 것이 아주 일반적인 절차로 정착되었다. 가장 선호하는 도시는 아테네였지만 로도스 혹은 철학과 수사학을 가르치는 유명한 학교들이 들어서 있던 이집트의 알렉산드리아도 주요 행선지였다. 그리스의 파이데이아에 상응하는 것은 라틴 민족의 후마니타스humanitas였다. 후마니타스는 인간만의 독특한 특징과 지적이고 도덕적인 장점들을 완성 단계로 끌어올리는 문화를 의미했다.

두 가지 언어를 사용하는 습관은 수세기에 걸쳐 교양 있는 로마인들을 구별해 주는 특징이었다. 비록 루크레티우스와 키케로, 세네카Lucius Annaeus Seneca가 철학서를 집필하면서 라틴어를 사용했지만 철학을 지배하는 언어는 여전히 그리스어였다. 그리스어를 모르는 완성된 철학 교육체제란 있을 수 없었다. 세네카를 통해 볼 수 있듯이, 서기 1세기처럼 정치적으로 불안정한 시기의 로마에서 철학 교육은 황제의 권력 남용과 박해의 악영향에서 벗어나기 위한 위로와 자기 방어 도구로 활용되었다. 신플라톤주의의 경우에는 학교에서 수학을 철학 연구에 필요한 기초학문으로 인정하는 등 철학 교육의 기술적인 측면이 부각되는 추세를 보였다. 이러한 경향 덕분에 아르키메데스의 글들처럼 귀중한 고대 수학 문헌들이 우리 시대에까지 살아남을 수 있었다. 이러한 정황을 배경으로 수학은, 플라톤이 보았던 대로, 변증법에 입문하기 위한 기초학문으로뿐만 아니라 신학을 위한 준비 과정으로 받아들여지기 시작했다.

점차 철학 교육은 신성한 원리 **하나**에 도달해 이 원리와 하나가 되고 황홀경에 이르기 위해 거쳐야 하는 하나의 종교적인 과정이라는 생각이 통념으로 자리 잡기 시작했다. 평범한 삶에서 종교적인 색채가 강한 철학적 삶으로 일종의 개종이 이루어졌던 셈이지만 이에 비하면 새로운 종교 그리스도교를 통한 개종의 경험은 훨씬 더 강렬했다. 그리스도교는 사실상 소수의 엘리트층이나 그리스인들만을 대상으로 하지 않고 모두를 향해 열려 있었다. 이러한 새로운 정황 속에서 진정한 삶의 본보기가 그리스도를 통해 제시된 만큼 철학 교육은 설 자리를 잃거나 변화를 겪을 수밖에 없었다. 예를 들어 테르툴리아누스Tertullianus는 아테네와 예루살렘 사이에 아무런 공통점도 발견할 수 없다는 이유로 철학 교육을 전적으로 거부하고 교육과정에서 제외시켰다. 그렇지 않은 경우에도 철학은 어쨌든 내용의 엄격한 선별 과정을 거친 후에야 그리스도교의 교리와 삶에 입문하기 위한 기초 과정으로 채택되었다. 정도와 방법은 다르지만 이런 식으로 철학 교육을 받아들였던 이들이 바로 알렉산드리아의 클레멘스Clemens와 오리게네스Origenes, 그리고 아우구스티누스Aurelius Augustinus다.

시학과 수사학의 현주소

아리스토텔레스의 저서들이 서양철학의 발전에 지대한 영향을 끼친 것은 사실이다. 하지만 오늘날 현대 철학이 다루고 있는 문제들을 고려한다면 아리스토텔레스가 주장했던 내용들 가운데 상당수가 이제는 낡은 생각에 불과하다는 주장을 누구라도 어렵지 않게 할 수 있을 것이다. 그럼에도 불구하고 아리스토텔레스의 저서들 가운데는 여전히 현대인들의 지대한 관심과 인기를 끌고 있는 작품들이 있다. 바로 『시학』과 『수사학』이다.

/ 시학

『시학』은 (아리스토텔레스가 말년에 집필한 『수사학』과 마찬가지로) 아리스토텔레스의 다른 작품들에 비해 상당히 뒤늦게 발견되었고 라틴어 번역도 한참 뒤에 이루어졌기 때문에 중세에는 거의 읽히지 않았던 작품이다. 하지만 르네상스 시대에 들어와서 『시학』은 이탈리아의 카스텔베트로Castelvetro나 로보르텔로Robortello 같은 해설가들의 등장에 힘입어 굉장한 학문적 관심과 인기를 얻기 시작했다. 이어서 『시학』은, 적어도 이탈리아에서는, 다시 과소평가되는 경향을 보였지만(예를 들어,

크로체Benedetto Croce는 미학사를 다루면서 아리스토텔레스의 『시학』을 단 두 줄로 요약하는 데 그친다) 영미권에서는 이 책에 관한 철학가들과 예술가들의 관심이 끊이지 않고 지속되었다.

전통적으로 『시학』은 하나의 비극이론으로 간주되어 왔지만(소실된 제2권은 희극을 다루었을 것으로 추정된다) 사실은 서사 일반에 대한 이론으로도 얼마든지 읽힐 수 있다. 그만큼 『시학』은 소설이론가들에 의해 끊임없이 인용되어 왔고 20세기에는 영화이론에 적용되기도 했다.

실제로 아리스토텔레스는 처음부터 『시학』이 이야기들mythoi을 어떻게 구축하는가에 대해 논한다는 점을 구체적으로 밝히면서 글을 시작한다. 이어서 아리스토텔레스는 비극과 희극, 그리고 서사시, 즉 오늘날의 '소설'에 가까웠던 서사 형태를 다루고 아울러 모방예술의 다양한 형태뿐만 아니라 예술이 흥미로운 이미지들을 통해 자연을 모방한다는 전통적인 의미의 모방에서 비롯되는 즐거움이 무엇인지에 대해서도 이야기한다. 하지만 이러한 모방 이론에만 집착한다면, 예를 들어 새들이 화가 제우시스Zeusis가 그린 포도 알들을 쪼아 먹으러 모여 들었다는 전설만 중요시한다면(이것이 바로 예술을 모방의 모방으로 보고 비판하던 플라톤이 예술을 이해하던 방식이다) 『시학』의 핵심적인 내용, 즉 '행동하는 사람들'의 모방과 관련된 부분은 놓치고 말 것이다.

아리스토텔레스에 따르면 비극은 "위대하다고 볼 수 있는 진지하고 완결된 행동의 모방으로, 연민과 두려움이라는 감정을 통해, 아울러 이러한 감정들의 카타르시스를 통해 서사적인 방식이 아니라 극적인 방식으로 완성에 도달하는 모방예술이다." 이제 이 문장이 무슨 이야기를 하고 있는지 살펴보자. 비극의 모방은 일련의 사건들을 체계화하는 방법, 즉 신화를 통해 이루어진다. 이러한 생각은 현대 서사이론에 여전히 살아남아 있다. 다시 말해 일련의 사건들(오늘날 하나의 '이야기'라고 부르는 것)이 주어지지만 이 사건들은 어떤 '복잡한 구조'를 통해 표현된다. 예를 들어, 오이디푸스에 대한 이야기들(오이디푸스의 탄생, 아버지 살해, 테베 입성, 오이디푸스의 깨달음 등등)이 있고 이와는 별개로 오이디푸스가 자신이 아버지를 살해하고 어머니와 결혼했다는 사실을 전혀 모르는 상태에서 테베에 도착한 뒤 시간이 한참 흐른 뒤에야 모든 진실을 깨닫는 식으로 이야기들을 배치하는 구도가 있는 것이다. 이것은 곧 이야기가 오늘날 영화에서 사용하는 '플래시백' 기법을 통해서도 얼마든지 구축될 수 있다는 사실을 아리스토텔레스가 이미 알고 있었다는 것을 의미한다. 즉 이야기의 재구성을 위해, 혹은 아직 이야기되지 않는 사건들의 재조합을 위해 시간을 거꾸로 거슬러 올라가는 기법을 이해하고 있었던 것이다.

이야기가 발전하면서 '반전'이 일어날 수 있고 누군가 어떤 기회를 통해, 예를 들어 잃었던 가족을 알아보는 '예기치 못했던' 사건들이 발생할 수 있다(비극에 '설득력'을 선사하는 이러한 인위적인 장치들을 분류하면서 일종의 목록을 제시하는 아리스토텔레스는 소설이나 영화를 통해 우리에게 감동을 선사했던 많은 서사 형태들을 일찍부터 파악하고 있었던 것으로 보인다). 배우들의 성격 또한 중요하다. 등장인물들의 연기를 지켜보는 관객들이 (혹은 소설의 독자들이) 이들의 성격을 자기화하면서 스스로를 인식하는 것이 가능하기 때문이다. 등장인물들과의 감정 일치가 이루어지기 위해서는 이들이 우리보다 훨씬 더 훌륭하고 멋진 삶을 살다가 불행한 상황으로 추락하는 인물이어서도 안 되고, 반대로 우리보다 열등하고 불행한 삶을 살다가 행복을 거머쥐는 인물이어서도 안 된다. 이들은 너무 뛰어나지도 말아야 하고 그저 어떤 사소한 잘못으로 인해 불행한 상황에 걷잡을 수 없이 휘말려야 한다. 다시 말해 우리에게도 얼마든지 일어날 수 있는 상황이 전개되어야 하는 것이다.

이러한 상황을 도입하기 위해 시인은 실제로 일어난 사건들만 전달하는 것이 아니라 '일어날 수' 있는 일들, 아울러 '사실에 가까운' 것으로 보이는 일들에 대해 이야기할 수 있어야 한다. 바로 그런 이유에서 아리스토텔레스는 시학에 관한 담론을 '가능한 세계'의 구축이라는 관점에서 바라보았고, 바로 그런 의미에서 시가 역사 서술보다 고차원적이라고 생각했다. 역사학자는 특별한 사건들을 기록하는 것으로 그치지만 시인은 특별한 인물들의 이야기를 다루면서 동시에 우리에게 훨씬 더 일반적인 진실을 전달하기 때문이다(따라서 아리스토텔레스는 전형적인 상황에 처한 전형적인 인물들의 이야기를 어떻게 구축해야 하는지에 대한 이론을 일찍부터 파악하고 있었던 셈이다. 그런 차원에서 우리는 햄릿이 단순히 몇몇 특정한 사건들을 겪은 인물로 그치는 것이 아니라 우리에게 인류와 인류가 당면한 문제들에 대한 하나의 시각을 제공했고 바로 그런 이유에서 오늘날까지 우리에게 감동을 선사한다고 말할 수 있다. 반면에 우리가 알지 못하는 어떤 덴마크 사람에게 오래전에 일어났던 일은 우리에게 아무런 관심도 불러일으키지 못한다).

일련의 예기치 못했던 사건들을 통해 비극의 주인공들이 불운이나 '재난'을 당할 때(테이레시아스로부터 무시무시한 진실을 전해 들은 오이디푸스가 혼란에 빠져 급기야 스스로의 눈을 파내는 장면과 이어서 그의 아내이자 어머니 이오카스테가 자결하는 장면을 기억하자) 이 재난은 청중 혹은 독자를 '연민'과 '공포'로 몰아넣는다. 연민은 불행에 빠진 주인공을 향한 연민이며 공포는 재난의 잔인함이 불러일으키는 공포다. 이 두 가지 종류의 감정에 참여하면서 관객 혹은 독자는 카타르시스 혹은 정화를 경험한다. 즉 주인공의 고통에 참여하면서 어떤 식으로든 그 무시무시한 감정의 세계에서 벗어나는 것이다. 그러나 아리스토텔레스가 카타르시스를 '동종요법Homopathy'적인 차원의 현상으로 보았는지 (즉, 우리가 등장인물들과 동일한 감정을 경험하고 일종의 '충격'를 통해 이 감정들로부터 자유로워지고 정화된 느낌을 받는 것인지) 혹은 '이종요법Allopathy'적인 현상으로 보았는지는 (즉, 비극이 등장인물들의 감정을 우리의 감정과는 전혀 다른 것으로 보여 주기 때문에 결국에는 우리가 타인의 감정을 관찰하면서 그와 유사한 감정들로부터 벗어나는 것인지는) 여전히 논쟁의 대상으로 남아 있다. 어쨌든 연민과 공포의 충격은 비극의 성공적인 경험을 위해 본질적인 요소들이다. 『시학』은 당연히 음악을 비롯한 비극의 또 다른 요소들을 다룰 뿐만 아니라 시인이 사용하는 언어의 양식에도 특별한 관심을 기울인다. 이 시점에서 아리스토텔레스는 메타포에 관한 논의를 시작한다(이 부분은 『수사학』에서 좀 더 자세하게 거론된다).

/ 메타포

아리스토텔레스 이후 수사학 전통이 수 세기에 걸쳐 유지되는 동안 메타포의 개념은 전치轉置나 도약에 의한 전의(轉義, trope), 혹은 어떤 문학적인 용어를 비유적인 용어로 대체하는 수사법을 가리켰다. 예를 들어 '젊음'이라는 말 대신에 쓰이는 '삶의 아침'이라는 표현은 하나의 메타포이며 포스콜로Ugo Foscolo가 "고결한 이들의 무덤은 위대한 것들을 향해 강인한 이들의 영혼을 불태우고"라고 말할 때 불태운다는 말은 틀림없이 자극한다는 말의 메타포다.

메타포에 대한 최초의 분석과 정의를 시도했던 아리스토텔레스는 이 작업을 의혹 속에서 진행했고 메타포의 전통적의 의미를 부각시키면서 제유(일부로 전체를 가리키는 수사법)나 환유(예를 들어 '내용'을 의미하는 '담긴 것'이라는 표현) 역시 메타포의 일종으로 간주했다. 하지만 아리스토텔레스는 좀 더 깊이 파고들어 표현의 대체가 하나의 유사성을 토대로 실현되고 이러한 대체를 통해 유사한 것들 사이의 비례적인 관계가 구축되는 현상에 주목했다. 그런 식으로, 만약 술잔이 디오니소스를 상징하듯 방패가 아레스를 상징한다면, 비유에 사용된 용어들을 대체시키면서 술잔을 디오니소스의 방패로 혹은 방패를 아레스의 술잔으로 표현하는 것이 가능해진다.

여하튼 아리스토텔레스 이후의 수사학 전통은 메타포를 담론의 장식적인 요소로 간주하면서 메타포의 개념 자체를 상당히 진부한 것으로 만들어 버렸다. 하지만 아리스토텔레스의 이론이 가지고 있는 가장 흥미로운 특징은 그가 메타포에 '인식의 기능'을 부여했다는 사실이다. 『시학』에서 아리스토텔레스는 메타포를 이해하는 것이 "유사한 개념" 혹은 "비슷한 것들을 포착할 줄 안다는" 것을 의미한다고 기록했다. 여기서 사용된 동사 theorein은 '포착하다, 조사하다, 비교하다, 판단하다'라는 뜻을 가지고 있다. 아리스토텔레스는 이어서 아주 기초적인 메타포의 예들, 즉 유에서 종으로 전용된 예("여기에 내 배가 머문다")와 종에서 유로 전용된 예("오디세우스는 만 가지 훌륭한 업적을 이루었다"), 뿐만 아니라 종에서 종으로 전용되는 "청동으로 자신의 삶을 퍼내면서"처럼 시적인 차원에서 훨씬 흥미로운 예를 제시했다. 비교를 토대로 하는 메타포를 설명할 때 아리스토텔레스는 태양을 묘사하면서 "신성한 불꽃을 씨 뿌리는"이라는 아름답고 독창적인 시구를 인용한 바 있다. 이러한 종류의 시적 표현들은, 매력적이지만 그다지 또렷하지는 않은 유사성에 관한 '신중한' 고찰에서 비롯된다.

『수사학』 3권에서 메타포를 다시 언급하는 아리스토텔레스는 메타포가 어떤 비교나 적절한 표현을 관찰skopein하면서 생성된다는 사실에 주목한다. 예를 들어

해적들이 '공급자' 혹은 '조달자'로 묘사되는 비유를 살펴보자. 여기서 메타포가 부각시키는 것은 처음에 눈에 띄지 않던 요소, 즉 도둑과 상인 모두 물품을 어떤 식으로든 소비자들에게 전달한다는 공통점이다. 우리가 부인할 수 없는 것은 이 메타포가 지중해 지역의 경제에 끼친 해적들의 영향력을 재평가하도록 부추기면서 우리에게 '무언가를 더' 가르쳐 준다는 사실이다.

노년기를 보리 그루터기에 비유한 한 시인을 인용하면서 아리스토텔레스가 지적하는 것은 이 두 요소가 지니는 공통점을 통해 메타포가 하나의 앎gnosin을, 즉 노년기와 보리 그루터기가 모두 시들어 버린 것들의 범주에 속한다는 점을 가르쳐 준다는 사실이다. 반면에 지극히 평범해서 아무런 감흥도 주지 못하는 메타포는 오히려 경멸의 대상이 된다. 분명한 것은 어떤 사물에 대해 우리가 일반적으로 알고 있는 것과 정반대되는 측면이 메타포를 통해 드러날 때 우리가 이를 통해 무언가를 배운다는 점이다. 이때 우리는 속으로 이렇게 말한다. '아, 그랬구나, 내가 잘못 알고 있었네.'

아리스토텔레스에 따르면, 그만큼 메타포는 "사물을 눈 밑으로 가져온다." 동일한 표현을 몇 번에 걸쳐 반복하면서 아리스토텔레스는 이 부분을 확실하게 강조하려는 듯이 보인다. 메타포는 의미의 단순한 전이로 그치는 것이 아니라 즉각적인 명료함을, 하지만 명료하게 비통상적이기 때문에 예기치 못한 또렷함을 생산해 낸다. 메타포는 사물들 간의 보이지 않는 관계를 '눈 밑으로 가져오면서' 우리들의 지식세계와 의견의 재구성을 요구한다.

그러나 이 선구자적인 생각이 다시 관심을 끌기 시작한 것은 1600년대에 들어와서야 일어나는 일이다. 에마누엘레 테사우로Emanuele Tesauro는 아리스토텔레스의 견해를 재평가하면서 『아리스토텔레스의 망원경*Cannocchiale Aristotelico*』을 통해 갈릴레오의 망원경이 별들을 관찰할 수 있도록 해 주는 것처럼 아리스토텔레스의 망원경, 즉 메타포 역시 사물들 간의 보이지 않는 관계를 이해할 수 있도록 해 준다고 강조해서 설명한 바 있다.

그리고 현대에 들어와서야, 메타포를 이해하기 위해서는 현실의 새로운 측면에 대한 시야를 넓혀야 하고 이를 위해 범주에 관한 관점을 새로이 재편성할 필요가 있다는 인식이 생겨났다.

/ 수사학

아리스토텔레스가 『수사학』에서 다루는 내용은 당대의 화두였던 수사학 논쟁이다. 수사학이 화두로 떠올랐던 것은 진실의 탐구보다는 누군가를 설득할 목적으로 구축되는 회유적인 담론에 대한 강한 의혹이 플라톤의 소피스트 비판을 통해 제기되었기 때문이다. 상당히 사실주의적인 관점에서 아리스토텔레스는 더불어 살아가는 사회의 담론이 논리적이고 수학적인 원리처럼 논박할 수 없는 진실만을 다루는 담론에 국한되지 않고 오히려 '그럴싸할' 뿐인 논리를 두고 논쟁을 벌여야 하는 경우가 빈번하게 발생한다는 사실을 인정했다. 이런 식의 담론에는 '첨언적인' 담론(누군가 혹은 무언가를 칭찬하거나 폄하하기 위해 펼치는 담론. 예를 들어 어떤 상품의 유용성을 피력하는 오늘날의 광고, 혹은 무언가가 아름답거나 추하다는 판단을 내리기 위한 비평적인 담론), '심의적인' 담론(어떤 안건의 유용성이나 무용성을 논하는 정치적인 성격의 담론), 그리고 '논쟁적인' 담론(한 피고의 유죄 혹은 무죄를 증명하기 위해 법정에서 이루어지는 담론, 혹은 무언가의 옳고 그름을 밝히기 위한 논쟁)이 있다. 이러한 담론들은 확고한 진실을 토대로 하지 않으며 따라서 연설자는 청중을 설득시키기 위해 오로지 그럴싸한 견해로부터 결론을 도출해야만 한다. 그만큼 수사적인 예술이 목표로 하는 것은 '각각의 논제를 중심으로 존재하는 설득의 방법들'을 찾아내는 일이다.

수사학과 소피스트 변론의 차이점은 후자가 누군가를 기만하기 위해 속임수를 기초로 세운 설득 전략을 의도적으로 사용한다는 점이다. 전형적인 예로 '쥐mys'를 오로지 그 이름이 우연히도 '신비mysterion'를 연상시킨다는 이유에서 진지한 동물로 정의한다든지, 혹은 두 배에 달하는 양의 약이 몸에 좋지 않다면 정량 역시 몸에 좋지 않다는 결론을 내리면서 그 이유로 두 개가 다 좋은데 합치면 나쁘다는 말은 억측에 불과하다는 논리를 펼친다든지, 효과를 노려 단순한 현실에 불과한 것을 원인으로 보이게끔 만든다든지, 근거가 미약한 논지를 은근슬쩍 더 튼튼한 논리로 보이게끔 만드는 경우들을 들 수 있다. 그런 의미에서 프로타고라스의 '전공 분야는 거짓말'이었다고 할 수 있다.

아리스토텔레스는 수사학적 논리를 여러 가지 형태로 분류한다. 먼저 '예제'를 드는 형태('디오니소스가 근위대를 요청했다면 아마도 독재자가 되기를 원할 것이다. 페이시스트라토스도 근위대를 요청했고 근위대를 얻자마자 독재자로 등극했다')가 있고 사실에 가까울 뿐인 가정을 토대로 하는 삼단논법 '엔티메마'('절대적으로 사실은 아니지만 대부분의 경우에 사실인 것'에 의존하는 형태), 그리고 '신호'나 '징조'를 사용하는 형태(예를 들어 '누군가가 숨을 몰아쉬면 열이 날 가능성이 있다. 어쨌든 열이 나지 않더라도 숨을 몰아쉬는 것은 가능하다')가 있다.

설득의 기술과 방법들을 설명하면서 아리스토텔레스는 『수사학』 2권에서 여러 가지 열정(화, 욕망, 멸시, 사랑, 수치 등등)의 본질을 다루고 3권에서는 표현법과 문체론을 다룬다. 메타포가 다시 언급되는 곳이 바로 3권이다.

보편적 진실에 대한 플라톤적인 열정에 대해 아리스토텔레스는 상대적이고 비관적이며 전적으로 실용주의적인 입장을 취한다. 라파엘로의 유명한 벽화 〈아테네학파〉에서 플라톤이 손가락으로 하늘을 가리키고 아리스토텔레스가 땅을, 즉 우리가 사는 현실세계를 가리키는 것은 결코 우연이 아니다. 우리가 사는 세상에 철학적이고 논리적인 사고의 밑바탕이 될 수 있는 진리, 즉 논박이 불가능하고 불변하는 진리는 그다지 많지 않다. 대부분의 경우 우리는 서로 상반되는 의견들의 주변을 맴돌 뿐이며 사실상 무엇이 절대적으로 진실하고 아름답고 옳고 유용한지 정할 수 있는 확실한 도구들을 가지고 있지 않다. 그만큼 수사학은 우리가 반대되는 의견을 상대로 무력을 사용하지 않고 설득력을 기반으로 토론을 벌이는 데 활용할 수 있는 인간적인 차원의 도구라고 할 수 있다.

V

헬레니즘 시대의
철학과 학문

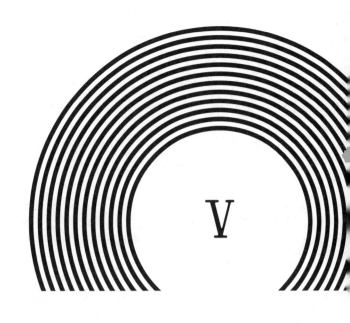

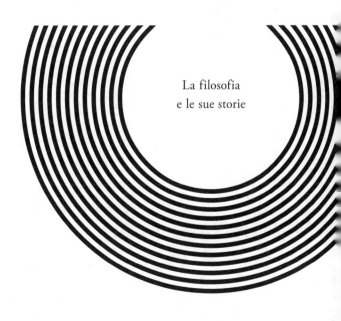

기원전 323년
알렉산드로스 대왕 사망

기원전 306년
에피쿠로스,
아테네에 학교('정원') 설립

기원전 212년
로마의 시라쿠사 점령
아르키메데스 사망

기원전 149~146년
카르타고의 파멸을 가져온
제3차 포에니 전쟁

기원전 146년
로마인들에 의한
코린토스의 파멸

기원전 3
클레오파

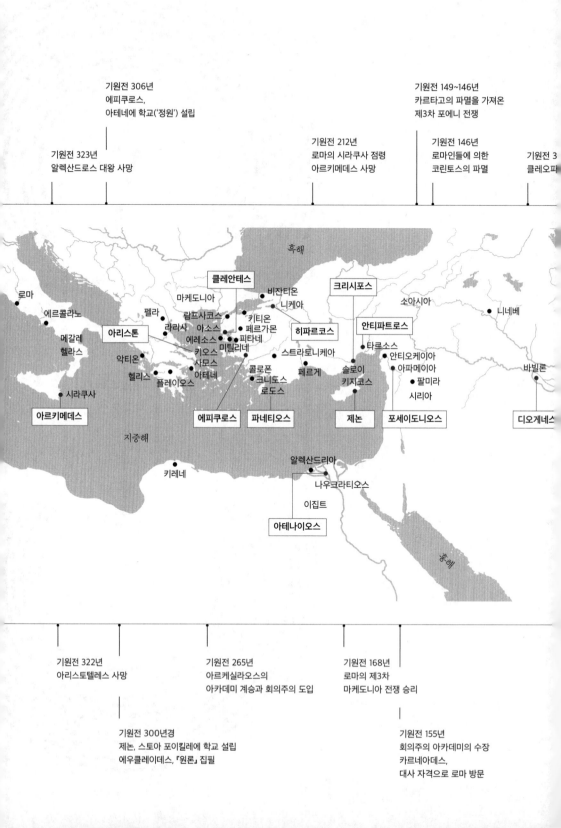

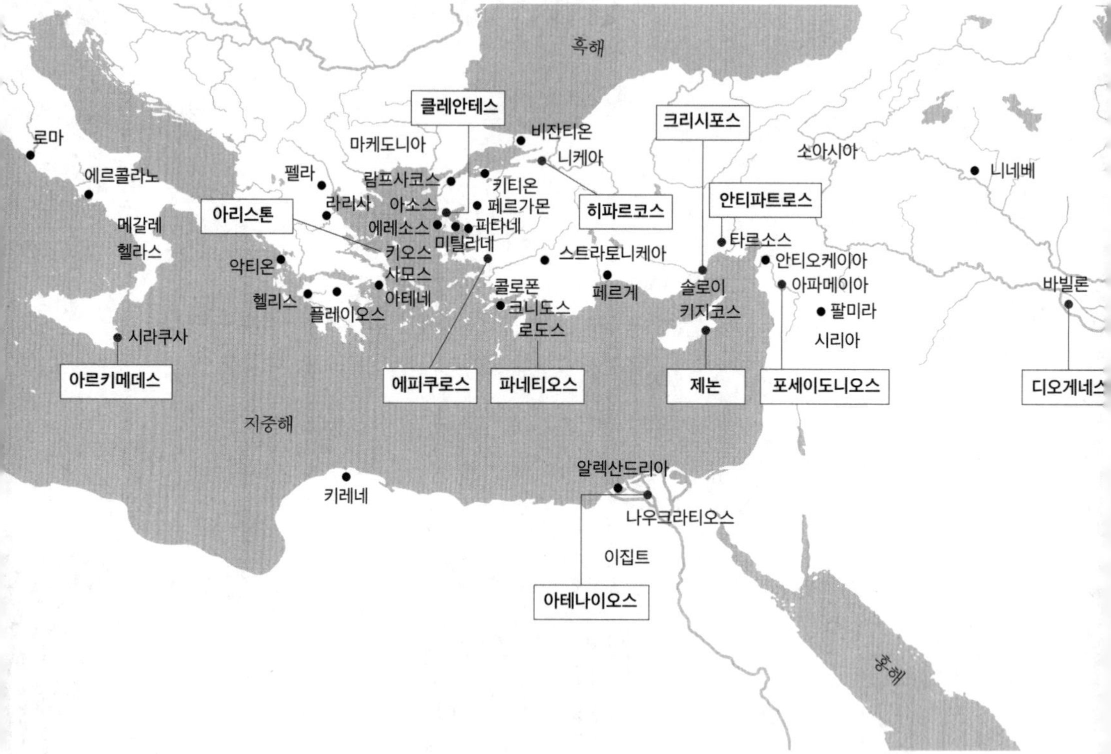

기원전 322년
아리스토텔레스 사망

기원전 300년경
제논, 스토아 포이킬레에 학교 설립
에우클레이데스, 『원론』 집필

기원전 265년
아르케실라오스의
아카데미 계승과 회의주의 도입

기원전 168년
로마의 제3차
마케도니아 전쟁 승리

기원전 155년
회의주의 아카데미의 수장
카르네아데스,
대사 자격으로 로마 방문

철학사에서 헬레니즘 시대는 아리스토텔레스가 사망한 기원전 322년(알렉산드로스 대왕이 사망한 지 정확히 1년 뒤)에 시작하여 그리스 프톨레마이오스 왕족 출신의 마지막 이집트 여왕 클레오파트라Cleopatra가 사망한 기원전 30년까지 지속된 것으로 보는 것이 일반적이다. 이 시기에 철학의 '학파'라는 개념이 좀 더 구체적으로 정립된다. 어떤 측면에서는 플라톤의 아카데미와 아리스토텔레스의 리케이온을 철학의 학파로 인정할 수 있지만 학파로 불릴 만큼 윤리학과 인식론, 논리학, 자연세계에 대한 다양한 철학적 해석을 제공하는 학설들이 제기된 것은 헬레니즘 시대에 들어와서야 일어나는 일이다. 제도적인 관점에서도 비교적 견고한 틀을 갖추고 있던 이 학파들은 다수의 의견을 토대로 수장 혹은 학장을 선출했고 그가 사망할 경우 누가 뒤를 이어야 하는가를 결정하는 상대적으로 형식적인 절차도 가지고 있었다. 철학학파들 가운데 가장 대표적인 것은 스토아학파와 에피쿠로스학파다. 하지만 다른 학파들의 활동, 예를 들어 견유학파와 키레네학파, 그리고 플라톤 아카데미의 계승자들과 소요학파의 활동 역시 기억할 필요가 있다.

이 철학 학파들의 기원에 관한 한 우리는 짤막한 인용문이나 후세대 철학자들의 평가를 기준으로 논의할 수밖에 없는 처지에 놓여 있다. 오로지 에피쿠로스학파에 대해서만, 디오게네스 라에르티오스의 에피쿠로스 전기를 통해, 이들의 초기 활동과 관련된 약간의 문헌들이 남아 있을 뿐이다. 시간이 좀 더 흐른 뒤에 쓰인 키케로와 루크레티우스의 작품들은 기원전 1세기의 철학적 분위기를 좀 더 명료하게 파악할 수 있도록 해 주지만 이 학파들이 출범 당시 표명하던 상이한 입장과 의견 들의 차이점을 정확하고 세밀하게 재구성하기 위해 역사가들이 가지고 있는 것은 오로지 편파적이고 간접적인 증언들뿐이다. 따라서 기원전 3세기 후반에서 기원전 2세기 초반에 이르는 시기, 즉 헬레니즘 철학의 기초가 다져진 시기의 철학적 상황에 대해 분명한 시각을 가진다는 것은 사실상 불가능한 일이다.

헬레니즘 시대의 첫 번째 시기는 고전 시대의 직접적인 영향하에 놓여 있었다. 철학의 주요 활동 무대는 여전히 아테네였고 위대한 선임 철학자들의 영향력이 여전히 강하게 느껴지는 시대였다. 새로운 경향의 철학 운동들은 대부분이 기원을 소크라테스에 두고 있었다. 하지만 헬레니즘 시대의 소크라테스학파들이 다양한 형태로 윤곽을 드러낸 만큼 소크라테스에 대한 의견도 다양하고 이질적이었다. 스토아학파와 아카데미학파는 소크라테스의 철학적 유산뿐만 아니라 지식의 가능성 자체에 관한 중요한 철학적 문제들을 두고 서로 경쟁하는 사이였다. 이들의 경쟁 구도에서 우리는 헬레니즘 시대 초기의 철학이 가지고 있던 또 하나의 특징, 즉 치밀한 논쟁에 뛰어들면서도 자연스럽게 형성된 지성인들만의 세계 안에서 서로의 관점을 잘 이해했다는 점에 주목하게 된다. 여러 학파들이 계속해서 늘어났음에도 불구하고 이들이 스스로의 입장을 고집하며 벽을 쌓는 일은 벌어지지 않았다. 키케로의 저서 『아카데미카』는 일련의 감각적인 인상들을 통해 앎에 도달할 수 있는 가능성을 두고 스토아학파와 아카데미학파 간에 벌어진 논쟁이 어떤 식으로 장장 두 세대에 걸쳐 지속되었고 이로 인해 오히려 서로의 철학적 입장에 대해 깊이 이해하게 되는 결과로 이어졌는지 보여 준다. 무언가를 주장하고 반론을 제기하는 것이 일상의 일부였던 당시의 세계에서 이러한 특징은 사실상 전혀 놀라운 것이 아니었다. 키케로의 책을 통해 우리는 왜 지금까지 전해지고 있는 헬레니즘 시대의 초기 저작들을 해석하는 일이 그토록 까다로운지 이해하게 된다. 스토아학파와 아카데미학파 간의 논쟁이 한참 진행된 뒤에 등장한 후세대의 인물이었음에도 불구하고, 키케로는 기원전 3세기의 철학적 상황을 일종의 복잡 미묘한 전쟁터에 비유했다.

이 장구하면서도 치열한 논쟁을 통해 드러나는 철학자들 간의 복잡한 견해 차이를 풀어서 설명한다는 것은 결코 쉬운 일이 아니다. 그리고 이러한 어려움은 교묘하게 뒤엉켜 있는 상이한 학파들의 상이한 주장 때문에 더욱 복잡해진다. 헬레니즘 시대에 비교적 일반적이었던 풍습대로 여러 학파에 소속된 제자들이 어떤 구체적인 철학적 입장을 취하거나 다양한 학설을 기반으로 복수적인 입장을 취하기 전에 함께 모여 공부하는 것이 당시에는 지극히 자연스러운 일이었다. 같은 학파 내부에서도 의견이 일치하지 않는 경우는 흔히 일어나는 일이었다. 아마도 이러한 변화무쌍한 상황과 여러 철학 학파들 간의 다양한 입장을 팽팽하게 유지하는 토론 자체의 수준 향상이 시간이 흐르면서 결과적으로 안정적인 철학 용어 체제를 정착시켰을 것이다. 모두가 공유할 수 있는 철학 용어는 서로 다른 관점들을 상대적으로 분명하게 드러낼 수 있는 척도가 되었기 때문에 그만큼 모두가 필요로 하는 요소였다고 볼 수 있다.

철학적 대응과 비교를 통해 정신세계의 발전을 꾀하는 경향이 헬레니즘 시대 내내 조금도 수그러들지 않았다면 한편으로는 우리가 철학의 강도 높은 '문서화'라고 부를 수 있는 것이 동시에 이루어졌다. 헬레니즘 시대의 철학자들은 대부분이 왕성한 필력을 지닌 작가들이었고 시간이 흐르면서 분량이 늘어난 스토아학파와 에피쿠로스학파의 철학 문헌들은 해석자들과 해설가들의 커다란 관심을 불러일으켰다. 이러한 과정은 철학의 역사뿐만 아니라 여러 학파들의 개별적인 역사를 재구성할 수 있는 문헌들의 수집과 목록 작성에 대한 관심을 지속적으로 증폭시켰다. 철학자들의 전기나 마찬가지였던 '계승자들 diadochai'이라는 장르는 철학자들이 끼친 영향과 스승과 제자 간의 관계 등에 대한 상세한 정보를 담고 있었고 헬레니즘 시대 초기에 이미 체계를 갖춘 장르로 발전해 있었다. 이러한 사실은 당시의 철학자들이 철학을 소크라테스 이전 철학과의 관계 속에서 이해하려고 노력했다는 점을 확인시켜 준다. 많은 철학자들이 자신이 속한 학파 창설자의 전기에 지속적인 관심을 보였다. 창설자의 전기가 곧 그들의 철학적 정체성을 보장해 주었기 때문이다.

1

원자론과 우연성

: 에피쿠로스와 에피쿠로스주의자들의 세계관

1.1 에피쿠로스와 에피쿠로스주의의 기원

헬레니즘 시대의 가장 중요한 철학 사조들 가운데 하나인 에피쿠로스주의의 창시자는 기원전 341년 사모스의 아테네 출신 집안에서 태어났다. 미틸레네와 람프사코스 등지에서 제자들을 가르치고 오랜 여행을 마친 뒤에 기원전 306년경에 아테네로 이주한 에피쿠로스는 이곳에 진정한 의미에서의 학교를 설립하고 그의 '정원'으로 몰려드는 수많은 제자들에게 철학을 가르쳤다. 도시의 성벽을 바로 벗어난 곳에 위치한 이 '정원'에서 주로 에피쿠로스주의자들이 만남이 이루어졌다. 그는 기원전 271년에 사망하면서 에피쿠로스는 자신의 유산을 아테네의 두 친구에게 물려 주었다. 상속은 아테네 시민이 아니었기 때문에 학교의 법적 소유자가 될 수 없었던 후계자 헤르마코스Hermarcos의 지도하에 두 사람이 학교를 맡아서 관리해야 한다는 조건으로 이루어졌다. 에피쿠로스학파의 번창은 창시자가 세상을 떠난 뒤에도 지중해 전역에서 수 세기에 걸쳐 지속되었다. 실제로 로마의 아티쿠스Herodes Atticus나 카시우스Caius Longinus Cassius 같은 유명 인물들이 에피쿠로스주의자들이었다.

우리가 에피쿠로스의 삶과 성격에 관한 많은 정보들을 가지고 있는 것은 제자들이 보존해 온 그의 철학 저서와 서간문들이 그대로 혹은 디오게네스 라에르티오스의 『철학자들의 삶』과 같은 작품에 인용되면서 살아남았기 때문이다. 한때 에르콜라노Ercolano에 있는 한 빌라의 커다란 도서관에 에피쿠로스의 책들이 많이 소장되어 있었지만 서기 79년 베수비오 화산 폭발로 인해 모두 재에 파묻히고 말았다. 에피쿠로스에 관한 또 하나의 귀중한 문헌은 라틴어로 쓰인 루크레티우스의 『만물의 본성에 관하여*De Rerum Natura*』다. 이 작품은 기원전 1세기에 에피쿠로스의 사상을 로마의 독자들에게 소개할 목적으로 쓰였다. 베르길리우스가 주목했던 것처럼 루크레티우스는 라틴 문학에 지대한 영향력을 행사한 인물이다. 그만큼 이 책은 에피쿠로스의 자연철학에 관한 이해뿐만 아니라 헬레니즘 시대에 로마에서 에피쿠로스 철학이 수용되는 과정을 이해하기 위해 꼭 필요한 문헌이다. 이상의 문헌들은 모두 에피쿠로스의 신성하고 이상적인 이미지를 창조하려는 광범위한 운동의 구도 속에서 다양한 경로를 거쳐 전승되었다.

남아 있는 상당량의 에피쿠로스 전신상과 흉상 역시 동일한 차원에서 바라볼 수 있다. 깊은 생각에 빠진 철학자의 모습 대신 수염을 기르고 편안하면서도 엄숙한 분위기를 자아내는 그의 모습은 고통과 불안을 알지 못하는 평온한 삶이라는 에피쿠로스주의적인 이상을 완벽하게 표현해 낸다.

기록에 따르면 에피쿠로스주의의 영향력은 적어도 서기 3세기 초반까지는 지속된 것으로 보인다. 하지만 정치 및 학문 분야에서 에피쿠로스주의는 그리스도교의 등극을 이겨 내지 못했다. 거의 모든 차원의 철학적 문제에 대해 에피쿠로스주의자들과 그리스도교도들은 극단적으로 상반된 의견을 가지고 있었다.

1.2 에피쿠로스의 방법론과 세계관

에피쿠로스는 세계와 세계 안에 거하는 인간의 자리에 대한 철학적 해석을 통해 행복하고 안정된 삶의 영위를 목표로 하는 인간의 노력에 길을 제시하고자 노력했다. 그의 철학적 방법론은 기본적으로 경험주의적이다. 에피쿠로스는 인간의 감각이 현실에 대한 유용한 정보를 제공하지 못한다는 회의주의자들의 의혹을 부인하고 감각이야말로 세상이 사실상 어떻게 보이는가에 대한 정확한 표상을 제시할 수 있다고 보았다.

물론 감각만을 토대로 물질적 세계에 대한 성급한 결론을 내리는 일은 삼가야 한다. 에피쿠로스는 감각이 제공하는 인상과 상반되는 견해를 가지는 일이 잘못된 것임에는 틀림없지만 그렇다고 해서 모든 것을 전적으로 감각에만 의존할 수는 없다고 보았다. 예를 들어, 물에 잠긴 노가 우리 눈에는 휘어진 것처럼 보이고 우리의 시각이 노의 이미지를 그런 식으로 전달하는 것이 사실이지만 그렇다고 해서 노를 휘어진 물건으로 결론지을 수는 없다. 따라서 노를 관찰하며 받는 느낌의 정체를 점검하고 확인할 필요가 있다. 또 다른 상황에서 또 다른 감각, 예를 들어 촉각 등을 통해 관찰하고 얻어낼 수 있는 모든 종류의 인상을 통해 노에 대한 일관된 견해를 도출해 낼 필요가 있는 것이다. 이러한 방법의 위상은 직접적으로 감지될 수 없는 것들의 경우에도 변하지 않는다. 다시 말해 이 경우에도 우리의 견해는 감각이 제공하는 느낌과 모순을 일으켜서는 안 된다. 예를 들어 에피쿠로스는 우리가, 우주는 분리되지 않고 보이지도 않는 원소들, 즉 허공에서 끊임없이 움직이며 때에 따라 결속을 통해 눈에 보이는 물체로 가시화되는 원소들로 구성되는 있다는 것을 믿어야 한다고 보았다.

에피쿠로스의 원자론은 우리가 현실세계에서 감지하는 것과 감각과는 무관하게 주어지는 다양한 전제들 사이의 조합으로부터 도출해 내야 할 필연적인 결론으로 소개된다.

원자론적 우주론에 따르면, 우주는 끝을 모르고 무한히 확장되는 세계인 반면 인간의 현실은 무한한 세계의 한 가능성에 지나지 않는다. 모든 것을 떠나 굳이 어느 특정 지점에 우주의 한계가 존재해야 할 이유는 없다. 비록 존재한다 하더라도, 그렇다면 우주의 바깥에는 과연 무엇이 존재하는가라는 문제가 남는다.

흥미로운 것은 이러한 결론으로부터 중요한 윤리적 결론이 도출된다는 점이다. 에피쿠로스에 따르면, 현실세계는 다양한 종류의 원자들 간에 발생하는 우연적인 충돌의 결과이지 어떤 정확한 목적을 가진 창조의 결과가 아니다. 우리를 에워싸고 있는 모든 것들이 고유의 특성상 필연적이고 창조된 것처럼 보이지만 실제로는 다양하고 우발적인 시도나 실패의 결과에 지나지 않으며 이를 통해 좀 더 우월하거나 효과적인 것들만이 살아남았을 뿐이다. 물론 그렇다고 해서 우리의 삶이 아무런 의미나 목적을 가질 수 없다는 것은 아니다. 에피쿠로스는 단지 인간의 삶과 삶의 터전인 세상이 하나 혹은 다수의 창조자에게서 비롯되었고 따라서 인간이 그에게 빚을 지고 있다는 생각을 벗어던지게 만들고 싶었을 뿐이다.

에피쿠로스의 원자 개념은 여러 가지 측면에서 데모크리토스와 레우키포스가 제안했던 개념과 닮았지만 실제로는 에피쿠로스가 가져온 미묘하면서도 구체적인 차이점들이 존재한다. 에피쿠로스주의자들은 물리적으로 분리할 수 없는 원자가 입자들(루크레티우스는 이를 minima라고 불렀다)로 구성되어 있으며 이 입자들 역시 이론상으로는 분리가 불가능하다고 보았다. 이들은 아이러니하게도 이 입자들이 촘촘한 동시에 분산되어 있으며 이러한 입자들의 조합이 원자가 다양한 형태를 취하도록 조장한다고 보고, 결과적으로 사물이 지니는 외형상의 차이점들이 원자 형태의 차이에 기인한다고 설명했다.

아울러 에피쿠로스주의자들은 원자들의 운동이 때로는 무게와 충돌의 규칙을 뛰어넘어 예정된 경로에서 벗어난다고 보았다. 이러한 '이탈'(루크레티우스는 이를 일종의 '성향clinamen'으로 설명했다)은 미세하지만 원인이 없는 운동이었고 바로 그런 이유에서 에피쿠로스주의 비판자들에게 조롱거리가 되곤 했다. 하지만 에피쿠로스주의자들이 이탈 개념을 제시했던 것은 아마도 인간이 자유의지에 따라 행동할 수 있다는 부인할 수 없는 진실을 설명하기 위해서였던 것으로 보인다. 세계가 예정된 방식에 따라 움직이는 원자들로 구축된다는 생각은 물리적 세계의 결정론으로 귀결될 수 있었다(데모크리토스 참조). 그러나 실질적으로 존재하는 인간의 자유의지와 결정론이 공존할 수 없는 만큼, 원자들이 전적으로 예정된 방식에 따라 움직이는 것은 아니라는 결론을 내릴 수 있었던 것이다.

1.3 신의 세계와 저세상에 관한 시각

에피쿠로스주의자들은 신들이 사람과 닮은꼴이라는 점을 특별히 강조했다. 이들의 우주론적인 관념 속에 창조주를 위한 자리는 마련되어 있지 않았지만 거의 모든 문명사회에서 인간이 신적 존재에 대한 믿음을 보편적으로 받아들이는 만큼 이들은 이러한 믿음이 틀림없이 현실세계에 기초를 두고 있다는 결론을 내렸다. 에피쿠로스주의자들은 대부분의 인간이 불필요할 뿐만 아니라 신들의 신성한 본질과는 전혀 어울리지 않는 특성이나 걱정거리들을 스스로에게 잘못된 방식으로 부여한다고 보았다. 신성한 존재가 실재한다면 그는 필연적으로 이상적인 삶을 영위할 수밖에 없고, 바로 그런 이유에서 그가 습관적으로 인간에 대한 관심을 표명한다거나 결국 인간적인 것에 불과한 믿음을 선사한다고 확신하는 것은 아무런 의미가 없다는 것이었다. 어떤 신이 그가 아끼는 몇몇 인간을 돕기 위해 애를 쓴다거나 정당하게 예배를 드리지 않은 인간을 벌하는 일에만 신경을 쓴다면 사실상 그가 이상적인 삶을 산다고는 볼 수 없을 것이다.

마찬가지로, 신들이 만약 세상을 창조할 필요성을 느꼈다거나 그렇게 해서 창조한 세상이 잘 돌아가도록 개입할 필요성을 느낀다면 그들은 신의 신성한 본질과는 어울리지 않는 상당히 열악한 삶을 살고 있다고 보아야 할 것이다. 이와는 반대로 에피쿠로스주의자들은 신들이 인간의 시기심을 살 정도로 아무런 걱정거리가 없는 삶을 살아간다고 보았다. 결과적으로, 에피쿠로스주의자는 신을 믿었다고 말할 수 있지만 신에 대한 그의 믿음은 본질적으로 신이 인간사에 전적으로 무관심하다는 것을 인정하는 데 있었다.

에피쿠로스주의자는 신을 그가 갈망하는 삶의 본보기로 삼을 수 있었고, 모든 걱정, 근심을 떨쳐 버리는 단계 '아타락시아'*에 도달하면서 자기 자신을 얼마든지 신성한 존재로 추앙할 수 있었다. 이 신성한 삶이라는 에피쿠로스주의적인 이상은 인간이 원자로 이루어진 다른 모든 존재처럼 죽을 수밖에 없는 존재이며 언젠가는 존재하기를 그만두게 되리라는 또렷한 인식을 바탕으로 구축된다. 에피쿠로스주의자들은 사후의 삶을 믿지 않았고, 인간의 존재를 육체와 영혼의 결합으로 이해했음에도 불구하고 영혼 역시 육체와 마찬가지로 특정한 종류의 원자들로 구성되어 있으며 따라서 육체의 소멸과 함께 파괴된다고 보았다. 죽음에 대한 두려움은 인간에게 불행을 가져다주는 가장 근본적인 요인들 가운데 하나다. 죽음의 두려움에서 벗어나기 위해 에피쿠로스주의자들이 강조하는 것은 바로 죽음이 한 존재의 최종적인 소멸을 가져온다는 사실이다. 이를 감안했을 때, 저세상이라는 근거 없는 곳에서 벌이나 상을 받을 생각을 한다는 것은 분명히 비이성적이라고 본 것이다. 특히 저세상에서 받을 상을 확보하기 위해 이 세상에서 피와 땀을 흘려야 한다는 잘못된 생각을 가지고 있는 이들의 모든 불안과 걱정은 따라서 아무런 근거가 없는 허황된 근심에 불과했다. 에피쿠로스주의자들은 사후에 아무것도 남지 않는 만큼 우리가 걱정할 것은 아무것도 없다고 주장했다.

1.4 쾌락의 본질

에피쿠로스주의자들은 우리가 무엇이 좋고 무엇이 나쁜지 판단할 때 쾌락이나 고통의 경험이 진실의 기준이 되어야 한다고 보았다. 이들에게 쾌락의 경험은 분명히 좋은 것이었고 고통의 경험은 분명히 나쁜 것이었다.

에피쿠로스주의자들은 사고력이 없는 어린아이들과 동물들이 쾌락의 좋은

---

* Ataraxia. 말 그대로 '불안이나 요동의 부재'를 뜻하며, 고통의 극복을 행복의 조건으로 제시하는 에피쿠로스주의자들이 감정적이거나 정신적인 동요나 혼란이 없는 마음의 평정 상태를 가리키는 말이다.

점이나 고통의 나쁜 점에 대한 구체적인 믿음을 전혀 가지고 있지 않은 상태에서 쾌락을 추구하거나 고통을 거부할 줄 안다는 사실을 토대로 아이들이나 동물들이 원하거나 거부하는 행동을 지극히 자연스럽게 받아들인다는 점에 주목했다. 하지만 그렇다고 해서 모든 쾌락의 추구가 필수적인 것은 아니다. 어떤 특정한 쾌락의 추구가 더 큰 쾌락을 가져오는 대신 오히려 커다란 고통을 가져올 수 있기 때문이다. 에피쿠로스주의자들은 아울러 우리가 쾌락을 느끼는 데 필요한 감각의 경로를 이해하듯이 최고의 행복을 느끼기 위해서는 그만큼 이성의 역할이 중요하다고 보았다.

에피쿠로스주의자들은 쾌락의 본질에 대한 독특한 생각을 가지고 있었다. 대부분의 고대 철학자들과는 달리 이들은 쾌락과 고통 사이에 있을 수 있는 간극의 존재를 부인했다. 모든 고통이 사라지자마자 획득할 수 있는 것이 최고의 쾌락이라고 보았던 것이다. 이들은 아울러 육체적인 차원에서든 영적인 차원에서든 고통을 전혀 느끼지 못하는 단계에 도달하게 되면 쾌락은 양태를 달리할 뿐 증폭될 수 없다고 보았다.

에피쿠로스주의자들에게 행복한 삶은 사치나 변덕을 모르는 삶을 의미했다. 이들은 인생의 목적이 모든 고통의 제거에 있으며 고통 없는 삶을 영위하기 위한 가장 효과적인 방법은 자연적이고 절대적으로 필요한 것 외에 모든 욕망을 전적으로 무시하는 것이라고 보았다. 예를 들어 정치적 욕망은 실현이 쉽지 않으며 오히려 많은 고통을 야기할 가능성이 크기 때문에 명백히 부자연스러운 욕망으로 간주되었다. 에피쿠로스주의자들은 정치적 야망이 인간의 어떤 요구도 충족시키지 못한다는 이유로 권력을 추구하지 않았다. 동일한 차원에서 그들은 너무 특별하거나 비현실적인 것도 욕망하지 않았다. 예를 들어 어떤 특별한 요리에 대한 자연적인 욕구는 존재하지 않는다는 생각으로 자신의 기초적인 취향과 영양 섭취를 만족시키는 것 외에 아무것도 바라지 않고 굶주리지 않는 것에 만족했던 것이다. 그들은 이러한 종류의 욕망이 어떤 식으로 충족되는가에 대해 아무런 관심을 가지지 않았다. 에피쿠로스도 물과 빵만으로 훌륭한 점심식사를 할 수 있다고 자신한 바 있다.

에피쿠로스주의자들의 전략은 위험을 거부한다는 특징을 지니고 있었다. 고통의 제거가 쾌락 추구와 일치하는 만큼, 고통의 요인들을 제거하는 데 성공하는 사람은 결과적으로 행복한 삶을 영위할 수 있다고 보았던 것이다. 과거와 현재를 불문하고 대부분의 고대 철학 연구가들은 에피쿠로스주의자들의 이러한 표면적인 평온함과 이들이 약속하는 아름답고 행복한 인생이 실질적으로는 일치하지 않는다고 보았다. 하지만 에피쿠로스주의자들은 불필요한 요소들을 모두 제거한 쾌락의 본질에 대한 성찰이 모든 인간에게 행복하게 살아갈 수 있는 최선의 방법을 찾을 수 있도록 해 준다고 주장했다. 물론 그렇다고 해서 에피쿠로스주의자들이 포기와 체념으로 가득한 삶을 살았다고 보는 것은 잘못된 생각이다. 이들의 철학은 단순히 우리가 욕망하는 모든 것이 행복한 삶을 위해 반드시 필요한 것은 아니며 오히려 어떤 종류의 욕망은 평온한 삶을 전적으로 불가능하게 만든다는 점을 강조할 뿐이다.

1.5 우정과 사회의 역할

에피쿠로스주의자들은 우정과 사회가 행복한 삶을 위해 중요한 역할을 한다고 보았다. 인간은 사회적 동물이며 친구들의 존재는 삶에 안정감과 위로와 도움을 줄 수 있고 따라서 삶 자체에 긍정적인 영향을 끼친다고 본 것이다. 이들은 우정이 상호 존중을 토대로 행복과 도움을 나누는 일종의 교환체제라는 생각을 가지고 있었던 것으로 보인다.

에피쿠로스주의자들은 조직적으로 상당한 결속력을 갖춘 친분사회를 구축하고 있었다. 에피쿠로스의 제자들은 규칙적으로 모여 점심 식사를 나누었고 서로의 건강을 위해 걱정을 아끼지 않았다. 우정은 철학의 효과적인 가르침을 위해 꼭 필요한 일종의 조건으로 간주되기도 했다. 학생은 스승에게 충고와 설명을 요구할 수 있었고 스승은 그의 입장에서 제자의 개인적인 요구와 성향에 대해 충분히 이해한 상태에서 가장 적절한 대답을 제시할 수 있어야 했다.

에피쿠로스주의자들의 정치철학을 살펴보면, 이들은 정의正義가 남들이 가져오는 고통과 공격으로부터 스스로를 보호해야 할 필요성 때문에 탄생했다고 보았다. 따라서 훌륭한 법이란 시민들에게 두려움에서 벗어나 평온한 삶을 영위할 수 있도록 허락해 주는 법을 의미했다. 에피쿠로스주의적인 관점에서 정의 자체는 이러한 보편적인 목적 외에 아무런 가치를 지니지 않는다. 모든 법률 체제가 유사한 원리를 가지고 있지만 법률이 적용되면서 다양한 종류의 사회적 상황과 조건을 바탕으로 전혀 다른 결과를 가져오는 것도 바로 이러한 이유 때문이다.

에피쿠로스주의를 비판하는 이들은 이러한 입장에 반대하며 다음과 같은 반론을 펼쳤다. 이들은 법이 그 자체로 아무런 가치가 없는 것이라면 법을 어기는 일이 악하다고 볼 수 없으며 따라서 에피쿠로스주의자는 마음 놓고 법을 어길 수 있을 뿐만 아니라 그가 법을 어기지 말아야 할 이유도 동시에 사라지는 셈이라고 보았다. 최악의 경우 법을 어기면서 모종의 이득을 취할 수 있다면 법의 위반은 오히려 강력하게 추천할 만한 것이라는 견해가 생겨날 것이라고 보았다. 이러한 반론에 에피쿠로스주의자들은 법을 어기지 않는 편이 더 권장할 만하다고 반박했다. 법을 어기고 감옥에 갈 수 있다는 가능성 하나만으로도 불안감, 즉 고통이 발생한다고 보았기 때문이다.

자신들만의 공간을 벗어난 에피쿠로스주의자들과 사회 구성원들과의 관계는 때때로 긴장감을 불러일으키곤 했다. 시민 자격을 가진 사람들은 대외적인 활동에 적극적으로 참여하는 것이 보통이었지만 에피쿠로스주의자들은 정치에 전적으로 무관심했고 결과적으로 사람들은 이들의 비밀스러운 무신론이 사회에 악영향을 끼친다는 결론을 내리곤 했다.

2

스토아학파

2.1 스토아학파와 스토아 철학

기원전 300년경, 상인이었던 키티온 출신의 제논은 플라톤의 아카데미에서 나와 아테네의 '그림이 있는 회랑Stoa poikile'에 학교를 세웠다. 헬레니즘 시대의 가장 중요한 철학 학파로 성장하게 될 스토아학파의 모체가 바로 이 학교다. 스토아 철학은 발전을 거듭하면서 다양한 차원의 수정 과정을 겪었고 이는 제논이 원래 제시했던 철학 체제에 근본적인 변화를 가져왔다. 특히 기원전 2세기에서 1세기 사이에 일어난 변화가 결정적이었다. 따라서 이를 기준으로 헬레니즘 시대의 스토아 철학을 두 시기로 구분하는 것이 일반적이다.

고대 스토아주의로 불리는 첫 번째 시기는 기원전 3세기에서 2세기까지 지속된다. 이 시기에 활동한 스토아 철학자로 제논과 키오스의 아리스톤Ariston, 아소스의 클레안테스Kleanthes, 솔로이의 크리시포스Chrysippos, 바빌론의 디오게네스Diogenes, 타르소스의 안티파트로스Antipatros 등이 있다. 기원전 2세기에서 1세기에 이르는 두 번째 시기에는 로도스 출신의 파나이티오스Panaitios와 아파메이아의 포세이도니오스Poseidonios가 스토아학파를 이끌었다. 이어서 수세기가 흐르는 동안에도 변하지 않고 그대로 명맥을 유지한 스토아 철학은 최소한 두 가지 특징을 가지고 있다. 첫째는 스토아 철학의 뿌리였던 소크라테스주의, 둘째는 스토아 철학 고유의 체계적인 성격이다.

스토아주의자들은 스스로를 소크라테스주의의 진정하고 유일한 상속자로, 아울러 전통적으로 전해지는 소크라테스주의의 파수꾼이자 가장 정통한 해석자로 간주했다. 물론 제논이 스토아학파를 창시하기 전에 존재했던 모든 철학 학파들(예를 들어 견유학파)이 소크라테스주의로부터 유래한다고 주장했다는 점을 감안할 필요가 있다.

스토아학파의 소크라테스주의가 보여 주는 가장 흥미로운 특징 중에 하나는 이른바 '윤리적 지성주의'의 정립이다. 이는 선에 대한 구체적인 지식이 필연적으로 뛰어난 기량을 동반한다는 소크라테스의 생각 속에 함축되어 있다. 소크라테스는 스토아 철학자들과 마찬가지로 기량arete과 앎episteme을 동일한 것으로 간주했다. 하지만 스토아 철학자들은 뛰어난 정신적 기량의 옷을 입고 있어서 평범한phaulos 인간과 전적으로 구별되는 현자sophos만이 기량과 앎을 지배할 수 있다고 보았다.

현자는 자연의 법칙에 따라 살아갈 줄 아는 사람, 혹은 자연이 생명체들 가운데 유일하게 우주의 흐름을 이해하고 자신을 이 흐름에 적응시킬 줄 아는 존재, 즉 인간에게 허락된 인식의 도구를 적절한 방법으로 사용할 줄 아는 사람이다. 현자는 바로 끊임없는 노력을 통해 이러한 잠재력을 현실화한 인간, 따라서 대부분의 사람들에게는 모호하고 신비하게 보일 뿐인 우주의 신성한 메커니즘을 유일하게 이해하고 해석할 줄 아는 인간이다.

스토아 철학자들의 윤리적 지성주의는 따라서 우주의 섭리에 대한 이해와 실천적이고 이상적인 삶 사이에 존재하는 필연적인 관계의 이론화에 상응한다고 볼 수 있다. 스토아학파의 현자는 뛰어난 기량을 필연적으로 보유하는 존재이며 이는 우주의 섭리에 대한 앎이 그의 삶을 섭리에 적응하도록 만들고 이를 그가 피할 수 없기 때문이다. 이러한 적응 과정을 통해 동시에 모습을 드러내는 것이 바로 스토아의 현자를 특징짓는 자유라는 개념이다. 스토아의 현자가 섭리에 적응하는 과정은 운명이 인간에게 예비해 놓은 것을 수동적으로 받아들이는 태도와는 무관하다. 현자는 자신의 기량을 의무적인 차원에서 받아들이지 않는다. 반대로 그는 개별적인 운명의 완성이, 따라서 그의 운명 역시, 필연적으로 선을 추구하며 우주 전체를 움직이는 어떤 계획의 실현에 기여한다는 것을 이해할 뿐이다. 여기서 현자의 자유란 신의 섭리에 의해 마련된 계획에 의식적으로 참여한다는 것을 의미한다. 참여를 통해 신의 섭리가 실현되도록 자신이 적극적으로 기여한다는 것을 의식하는 것이다.

2.2 스토아주의의 철학적 체계: 논리학, 물리학, 윤리학

스토아 철학자들은 플라톤의 아카데미 교장을 역임한 크세노크라테스의 분류법을 받아들이면서 철학을 논리학, 물리학, 윤리학의 세 영역으로 구분했다. 이들은 철학을 과수원에 비유하면서 과수원 담벼락이 논리학에, 땅과 나무가 물리학에, 열매가 윤리학에 상응한다고 보았다. 이러한 비유는 스토아 철학자들이 바라보는 철학의 본질이 '전체'를 결정짓는 '부분'들의 필연성과 상호의존성이라는 점을 보여 준다. 철학은 여기서 상호의존 관계를 통해 필연적으로 존재하는 분야에 의해 하나의 체제로 구축되며 이를 기반으로 존재하는 하나의 유기적인 총체로 등장한다.

이러한 분류법이 즉각적으로 반영되는 지대는 방법론이다. 여기서 논리학에 상응하는 담벼락은 하나의 구조물로 간주된다. 이는 철학이 논리학에서 출발해야 한다는 것을 의미한다. 다시 말해 이론적인 관점에서 철학이 하나의 체제와 일치한다면, 방법론적인 관점에서는 논리학이 나머지 두 분야에 우선한다는 뜻이다. 스토아 철학자들에게 논리학은 우주 전체를 다스리는 이성적 원리로서의 **로고스**를 구체적인 대상으로 탐구하는 분야였다. 이들의 논리학은 오늘날 우리가 독립적인 것으로 고려하는 다양한 학문 분야들을 대거 포함하고 있었다.

스토아 철학자들은 논리학을 다시 두 종류로 구분했다. 하나는 '달변을 다루는 학문'으로 정의되는 수사학, 다른 하나는 '참인 것과 거짓인 것, 아울러 참도 아니고 거짓도 아닌 것을 다루는 학문', 즉 변증법에 의해 구축되는 논리학이었다. 이러한 정의를 통해 우리는 스토아 철학자들이 변증법에 부여하던 탐구 영역이 상당히 방대했다는 사실을 짐작할 수 있다. 스토아 변증법의 핵심 사실상은 '모든 측면에서 고려되어야 하는' 진실aletheia의 개념이었던 것으로 보인다.

진실은 무엇보다도 의미론적인 차원에서 분석되었다. 의미론은 스토아 철학자들이 '언급 가능한'이라는 표현으로 가리키는 '형체 없는 실재'에 상응하는 의미를 탐구하는 변증법의 한 분야다. 언급이 가능하다는 뜻의 '렉톤lekton'이라는 용어는 사물들의 상태를 가리킬 때 축약된 형태의 언어학적 술어kategoremata, 즉 용어들과 일치하거나 완전한 형태의 문장axiomata과 일치한다.

즉 하나의 문장은 참이거나 거짓일 수 있는 하나의 형체 없는 실재와 일치한다. 참은 '~인 것'과 일치하는 반면 거짓은 '~은 아니다'라는 문장에 상응한다. '~인 것'은 참뿐만 아니라 참이 그려 내는 현실에 상응한다. 이와 동일한 방식으로, '~이 아닌 것'은 거짓뿐만 아니라 거짓말을 머릿속으로 떠올리거나 주장하는 사람이 실재한다고 믿거나 상상하는 것의 부재와 일치한다.

의미론이 실재를 반영하거나(참일 경우) 왜곡하는(거짓일 경우) 문장들을 다루는 반면 스토아학파의 인식론은 실재하는 사물들을 인식 주체의 정신 속에서 비교적 정확하게 재생해 내는 표현들(phantasiai)을 중점적으로 다룬다. 정신은 영혼의 가장 우세한 부분과 일치했고 영혼을 스토아 철학자들은 기체에 가까운 물질로 이해했다. 이들은 영혼을 공기와 불이 혼합된 형태의 실체로 보고 이를 프네우마pneuma*라고 불렀다. 프네우마의 세분화된 일곱 가지 영역(오감과 성대와

* 프네우마pneuma는 숨, 공기, 입김 등을 뜻하는 그리스어로, 철학 용어로 사용되면서 상당히 다양한 의미를 내포하는 용어로 발전했다. 소크라테스 이전 시대의 철학가들은 프네우마를 영혼과 존재의 기원으로 보았고 스토아 철학자들은 영靈으로, 르네상스 철학가들은 신들이 인간사에 개입하기 위해 사용하는 일종의 도구로 이해했다. 그리스도교에서 프네우마는 바람, 숨, 영을 동시에 뜻하는 히브리어 Rual의 번역어로 성령을 가리킨다.

정액)을 제어하고 관리하는 것이 바로 정신이다. 사람이 태어날 때 정신은 완전한 불모지와 같다. 스토아 철학자들은 이를 백지에 비유하면서 경험을 통해 개별적인 표현들이 그 위에, 아울러 프네우마 위에 다름 아닌 지문처럼(제논의 정의에 따라) 혹은 '애착'의 형태로(크리시포스의 정의 따라) 새겨진다고 보았다. 감각적이거나 물질적인 표현을 토대로 인식 주체는 그를 에워싸는 현실을 해석하기 위해 일군의 개념들을 발전시킨다. 이 개념적인 표현들을 가리키기 위해 스토아 철학자들은 예변(豫辯, prolepseis)이라는 용어를 사용했다. 따라서 스토아학파의 인식론은 상당히 경험론적이고 유물론적인 성격을 가지고 있었다고 볼 수 있다.

스토아 철학자들은 인간이 태어나 7세가 되면 영혼 안에서 이성의 발달이 시작되고 이 이성이 정신 안에 점차적으로 스며드는 과정을 통해 정신이 완전히 이성적으로 변한다고 보았다. 정신의 완벽하게 이성적인 단계가 존재한다는 스토아학파의 논리(하지만 파나이티오스와 포세이도니오스는 이를 인정하지 않았고 오히려 플라톤의 전통적인 삼분법을 선호했다)는 몇 가지 이론적인 결과를 수반한다. 먼저 이 논리는 정신이 표현의 (혹은 인상의) 구축에 기여하면서 그 내용을 개념화하고 이를 통해 동일한 내용을 항상 문장 형태로 표현할 수 있다는 것을 의미한다. 아울러 이성을 소유한다는 사실 덕분에 인식 주체는 자신이 동의sunkatathesis하고자 하는 표상을 선택할 수 있는 식별력을 가지게 된다. 동의를 얻을 만한 자격이 있는 표상들을 가리키기 위해 스토아 철학자들은 '식별 가능한'(이 말은 이해한다는 차원에서 거머쥔다는 뜻의 katalepsis에서 유래한다)이라는 용어를 사용했다. 이러한 표상들은 참인 것으로 그치지 않는다. 그 안에는 드러내고자 하는 진실의 기호가 분명하게 각인되어 있다. 이성적인 주체는 이러한 기호를 알아보기 위해 필요한 모든 장치들을 가지고 있다.

주체가 영혼 안에 받아들이는 표상이 이른바 '정신의 옷'('존재하는 방식habitus'이라는 차원에서의 옷)의 형성을 결정짓는다. 그리고 '식별 가능한' 표상에 동의해야만 이 정신의 옷이 형성된다면 이 옷은 현자만의 유산인 앎과 일치한다고 볼 수 있다. 그의 정신을 채우고 있는 모든 표상이 '식별 가능한' 만큼 필연적으로 참이기 때문에 현자는 진실을 소유하고 있다고 볼 수 있으며 이 진실은 인식론적인 차원에서 다름 아닌 지식과 일치한다.

스토아 철학자들은 물리학을 자연적 현상에 대한 지식과 일치하는 것으로 보았다. 이들은 물리학이 변증법과 마찬가지로 오로지 현자에게만 속하는 학문이며 현자 스스로의 터전인 우주 자체의 법칙에 대한 지식이 그에게 살아가면서 자연에 순응할 수 있는 힘을 부여한다고 보았다. 스토아 철학에서 '자연physis', 즉 물리라는 용어는 상당히 다양한 의미로 사용되었다. 물리학이 탐구한 현상세계에 이 용어가 어떻게 적용되는가에 따라 여러 가지 의미로 활용되었던 것이다.

스토아 철학자들이 '자연'이라는 용어에 부여하던 여러 가지 의미 가운데 하나를 예로 들면, 자연은 온 우주에 영향력을 행사하는 창조 원리로서의 프네우마가 일으키는 충돌의 힘이었다. 스토아 철학자들은 우주에 존재하는 실체들을 네 등급의 계열로 나누어서 설명했다. 가장 낮은 등급의 자연적인 계열에 나무 막대기나 바위 같은 무기체들이 속하고 가장 높은 등급의 계열에 인간뿐만 아니라 신들을 포함하는 이성적인 존재가 속한다. 각각의 계열이 지니는 특수성은 프네우마를 구성하는 두 가지 요소, 즉 불과 공기의 충돌이 가져오는 여파의 크기에 따라 결정된다. 따라서 각각의 등급에는 자연의 상이한 표출 방식이 상응한다고 볼 수 있다.

프네우마가 일으키는 충돌의 강도를 좌우하는 것은 그것이 지닌 불의 결정력이다. 이성적인 실체가 가장 지적인 실체라고 할 수 있는 이유는 그것이 가장 집중된 영혼, 다시 말해 영혼 속에 불의 힘을 가장 농축된 형태로 가지고 있기 때문이다.

스토아 철학자들이 말하는 등급 체제의 기반을 구축하는 것이 이른바 우주의 지성이라는 원리다. 이들이 순수한 지성으로 이해했던 신은 바로 우주의 지성이라는 원리에 따라 무소부재하며, 예를 들어 무기체들의 경우 다양한 요소의 단순한 결합으로, 에테르의 경우 순수 지성nous으로 모습을 드러내는 존재다.

이는 막대기나 돌을 포함한 모든 프네우마적인 실체가 계열의 등급에 따라 지적인 차이를 보인다는 것을 의미한다. 우주의 영혼을 하나의 살아 있는 이성적 존재로 이해했던 스토아 철학자들은 따라서 에테르가 우주의 영혼 안에서 주도적인 역할을 담당한다고 보았다. 그런 의미에서 인간의 **로고스**가 우주의 **로고스**를, 소우주가 대우주를 반영하고 우주를 지배하는 동일한 이성적 원리가 인간을 동시에 지배한다고 보았던 것이다.

스토아 철학자들은 개인의 영혼과 우주의 영혼이 모두 몸을 가지고 있다고 생각했다. 우주를 채우고 있는 것은 물질적인 실체들이다. 객체로 존재하는 것이 물체뿐인 것은 바로 그런 이유에서다. 이 물체들은 능동적으로나 수동적으로 서로에게 반응할 수 있다는 특징을 가지고 있다. 몸을 지니고 있다는 특성 때문에 우주는 무無의 존재를 용납하지 않는다. 스토아 철학자들은 무無가 신체를 가지고 있지 않으며 우주 바깥에 머문다고 보았다.

그러나 무無 외에도 또 다른 실재들이, 예를 들어 위에서 언급한 '식별 가능한 것'뿐만 아니라 시간이나 공간과 같은 것들이 신체가 없다는 특성을 지닌다. 신체가 없는 실재들은 '존재'하지 않지만 하나만큼은 존재론적인 위상을 가지고 있다. 이를 스토아 철학자들은 '근원실체hypostasis'라고 불렀다. 반면에 개념이나 상상에 불과한 객체들(선의 개념, 산타크로스 등)은 존재론적인 위상을 가지고 있지 않으며(다시 말해 신체가 있는 것도 없는 것도 아니다) 이러한 실재들을 스토아 철학자들은 '허구적인 대상phantasmata'이라고 불렀다.

스토아학파의 우주는 유한하고 고정되어 있으며 다양하고(즉 무수히 많은 별들로 이루어져 있고) 천구의 형태로 신에 의해, 즉 순수 지성 내지 자연과 일치하는 '인위적인 불'에 의해 창조되었다. 피조물인 만큼 우주는 영혼이 있는 모든 실체와 마찬가지로 부패하고 소멸할 운명에 처해 있다. 이것이 바로 대우주와 소우주의 평행론을 정립한 스토아 철학의 또 다른 흥미로운 특징이다.

우주의 종말을 결정짓는 것은 파멸과 동시에 또 다른 우주의 생성을 가져오는 분열이다. 우주의 만물은 주기적으로 영원히 반복되는 과정을 통해 불에서 탄생하고 불 속에서 분해된다. 바로 그런 이유에서 스토아 철학자들은 우주가 유한한 동시에 영원하다고 보았다. 우주가 유한한 것은 소멸할 운명에 처해 있기 때문이지만 영원한 것은 우주의 생성과 소멸이 주기적으로 끝없이 반복되기 때문이다. 매 주기마다 동일한 사건들이 동일한 방식으로 반복된다. 예를 들어, 언젠가는 또 다른 소크라테스가 태어날 것이고 아테네의 법정이 그에게 또 다시 사형 선고를 내리게 될 것이다. 이것이 바로 스토아 철학자들이 『티마이오스』에서 제시된 플라톤의 이론에 약간의 수정을 가한 이른바 '영원한 순환 활동' 혹은 '우주의 주기' 이론이다. 하지만 파나이티오스는 이러한 이론을 전적으로 거부하고 우주가 영원한 것은 불멸하기 때문이라고 주장했다.

우주의 순환 활동 이론이 가져온 중요한 결과 중에 하나는 스토아 철학의 대표적인 특징이라고 할 수 있는 결정론이다. 우주를 다스리는 것은 신성한 법칙이며 모든 사건들이 이 변하지 않고 영원히 반복되는 법칙을 토대로 설명된다. 세상을 다스리는 이 영원한 법칙은 어쨌든 최상의 법칙이며 신의 섭리pronoia 혹은 세계에 최상의 질서를 부여하는 신 자신에 의해 정립된다. 현자는 자신의 운명이 우주적 질서의 일부라는 사실을 이해하고 이를 자연스럽게 받아들이는 인간이다.

스토아 철학자들에 따르면 결정론은 개인의 책임감과 모순관계에 놓여 있지 않다. 왜냐하면 자연이 인간에게 선택할 수 있는 힘을 선사했기 때문이다. 어떤 말을 받아들일지 거부할지 결정할 수 있는 힘이 바로 인간을 자신의 선택과 행동에 책임을 져야 하는 존재로 만든다. 그의 선택이 비록 운명적으로 예견된 것이라 해도 상황은 바뀌지 않는다. 스토아 철학자들이 철학에 비유한 과수원에서 윤리학이 과일에 상응하는 것은 결코 우연이 아니다. 식물과 과일의 성장은 과수원에서 나무를 심고 과실을 재배하는 목적과 일치한다. 그런 의미에서 논리학과 물리학은 일종의 전주곡을 울리면서 윤리학의 토양을 마련할 뿐이다. 바로 그러한 이유에서 제논과 크리시포스는 윤리학이 철학의 다른 분야들과 함께 연구되어야 한다고 보았다.

스토아 윤리학의 중심에는 악습과 반대되는 기량virtu이라는 개념이 자리 잡고 있다. 기량이 오로지 선을 추구하는 반면 악습은 악을 구축할 뿐이다. 기량도 아니며 악습도 아닌 모든 것(물질적인 자산, 건강 등)은 도덕적인 관점과 '무관adiaphoron'하다. 스토아 철학자들은 이 무관한 것들을 선호할 만한 것과 부적절한 것으로 분류했다. 전자는 자연의 법칙에 부응하는 것들, 즉 기량을 닦는 데 어떤 식으로든 유용한 것들이다.

자연에 부응하는 행위를 스토아 철학자들은 '의무kathekon'라고 부른다. 그러나 어떤 행위도 그것이 이루어지는 정황과 무관하게 의무로 분류되지는 않는다. 삶 자체는 '선호할 만하지만 무관한 것'에 지나지 않았다. 예를 들어 스토아 철학자들은 누군가가 뛰어난 기량을 획득하기 위해 노력할 수 있는 기회 내지 현자가 자신의 기량을 발휘할 수 있는 기회를 전혀 가지지 못하는 상황에서는 삶보다 차라리 죽음을 택하는 편이 낫다고 보았다. 아울러 이러한 경우 자살은 정당할 뿐만 아니라 모든 측면에서 의무에 가까웠다.

기량이 선에 상응하는 만큼 기량을 추구하는 사람은 그것 외에 다른 어떤 것도 목표로 삼을 수 없었다. 스토아 철학자들에게 기량은 사실상 하나의 목적이었고 어떤 고차원적인 선을 이루기 위한 도구와는 거리가 멀었다. 기량을 획득하는 데 성공한 현자는 행복하다고 말할 수 있었고 행복은 기량에 따라 살아가는 데 달려 있었다.

그런 차원에서 스토아 현자의 영혼은 신들의 영혼과 조화를 이룬다고 볼 수 있다. 하지만 신성한 영혼은 인간의 영혼처럼 이성적일 뿐 인간의 그것과는 달리 부패하거나 소멸하지 않는다. 신들은 종말의 분열에서 살아남을 유일한 존재들이다. 이들이 인간에게 미래를 보여 줄 수 있는 것도 바로 그런 이유 때문이다. 하지만 파나이티오스는 '영원한 순환 활동' 이론을 거부하면서 점복을 믿었다는 이유로 스토아 철학자들을 강렬히 비판했다.

현자와는 달리 우주의 섭리와 선과 악의 본질을 무시하고 기량과 악습의 본질을 무시하는 평범한 인간은 이론적인 관점에서든 실제적인 관점에서든 판단의 실수를 범할 수밖에 없다. 선과 악의 본질과 연관되는 실제적인 오류는 스토아 철학자들이 이른바 감성pathe이라고 부르는 것에 상응한다.

생리학적인 차원에서 감성은 영혼의 중추적 기능 가운데 하나인 애착, 즉 프네우마의 축소나 확장에 해당한다. 심리학적인 차원에서 감성은 사실상 현재 혹은 미래의 선이나 악에 대한 견해나 판단력에 해당한다. 반대로 포세이도니오스에게 감성은 영혼의 단순한 비이성적 분출에 불과했다. 그가 본능으로 보았던 것의 존재를 고대의 스토아 철학자들, 특히 크리시포스는 교묘하게 부인했다.

스토아 철학자들은 감성을 기본적으로 네 종류로 구분한다. 고통은 현재의 실질적인 고통에 대한 견해이며 두려움은 미래에 다가올 고통에 대한 견해다. 쾌락은 현재의 실질적인 즐거움에 대한 견해이며 욕망은 미래에 다가올 즐거움에 대한 견해다.

감성적인 판단은 참이라고 볼 수 없다. 왜냐하면 추정된 선과 악은 실질적인 선이나 악과는 결코 일치하지 않기 때문이다. 다시 말해, 감성의 주체가 추정된 혹은 예견된 악이나 병(예를 들어 가까운 사람의 사망, 혹은 자기 자신의 사망)에 대해 견해를 가지는 일은 악습이 아니며 따라서 실질적인 악이라고도 할 수 없다. 이와 유사한 방식으로, 추정된 선을 즐기거나 기대하는 일(예를 들어 쾌락이나 풍부한 재산)은 기량이라고 할 수 없으며 따라서 실질적인 선이라고도 할 수 없다. 감성은 아울러 사람을 부정적인 행동으로 이끌 수 있다. 시간이 흐르면서 감성적 판단에 치우치게 되면 정신적으로 뿌리치기 어려운 악습에 물들기 때문이다.

그런 이유에서, 기량을 획득하고자 하는 자는 추정된 선과 악에 대한 실질적이고 객관적인 견해를 가지기 위해 무엇보다도 감성으로부터 자유로워야 한다.

감성으로부터 자유로워진다는 것은 어떤 경우에든 무감각apatia해진다는 것을 의미하지 않는다. 스토아 현자는 둔감한 사람이 아니다. 그의 영혼 안에서는 감성에 비해 자연에 부응하는 감정적 상태(기쁨, 신중함, 의지)가 강세를 보일 뿐이다.

아크라시아

고대인들의 의지와 의지의 왜곡

/ 윤리학의 여명과 아티카의 비극

윤리적 차원의 악이 철학적 관점에서 중요한 문제로 떠오르고 분석의 대상이 되기 시작한 것은 도시사회를 중심으로 윤리학의 토대가 마련된 기원전 5세기로 추정된다. 상업을 통해 부를 축적한 새로운 계층이 토지를 소유한 귀족 계층을 대체하기 시작한 이 시기에 소크라테스와 소피스트들은 도덕적으로 빼어나다는 뜻의 '기량'이라는 새로운 개념을 도입했다. 중요한 것은 이 개념이 전통적인 귀족 문화와는 전적으로 무관했다는 점이다.

호메로스의 『일리아스』에 등장하는 수많은 인물들의 무분별하고 경솔한 행동에는 대가가 뒤따랐고 이는 이들이 모르는 신령한 존재의 개입이 이들의 정신을 일시적으로나마 혼미한 상태에 빠트리는 방식으로 해결되었다. 하지만 아티카의 비극을 통해 윤리적인 질문, 즉 인간은 왜 잘못된 방식으로 행동하는가라는 질문이 새로운 형태를 취하면서 한 개인의 책임감과 동기를 고려하는 새로운 대답을 요구하기 시작했다. 소포클레스의 「안티고네」나 「오이디푸스」 같은 위대한 비극의 주인공들이 등장하면서 인간의 영혼이 지닌 끝없는 깊이가 감지되기 시작했다면 “성격은 곧 인간의 운명이다”라는 헤라클레이토스의 철학을 계승한 에우리피데스와 함께 악은 더 이상 인간을 괴롭히는 외부적인 힘이 아니라 인간 존재의 한 부분으로 간주되기 시작했다. 오이디푸스에게 일어나는 무시무시한 일들은 모두 그의 의지와는 아무런 상관없이 벌어진다. 오래전 신들이 그의 가문에 내린 형벌 때문에 오이디푸스는 아버지를 살해하고 자신의 어머니와 결혼한다. 그는 아무것도 모른 채 신들의 계획 안에서 움직일 뿐이다. 반대로 에우리피데스의 메데이아는 자신이 저지르는 행위의 동기와 결과에 대해 충분히 인식할 뿐만 아니라 도덕적인 차원에서 옳지 않다는 것 또한 알고 있다. “내가 얼마나 끔찍한 악을 저지르려는지 나는 잘 알고 있다. 하지만 내게는 인간에게 가장 커다란 재앙을 가져오는 격분이 나의 이성보다 더 강렬하니.”(에우리피데스, 『메데이아』 1078) 이상은 메데이아가 남편 이아손에 대한 복수심을 이기지 못하고 자기 자식들을 자신의 손으로 살해하기 직전에 내뱉는 말이다. 여기서 메데이아는 영혼psyche의 약함을 인정하고 그것의 파괴를 허락한다. 이성으로 격분thymos을 억누르지 못하고 결과적으로 남들뿐만 아니라 자신의 눈에도 파렴치하게 보일 수밖에 없는 행동을 저지른 것이다.

에우리피데스는 행위자의 의도를 충분히 인식하지 못한 상태에서 오로지 완결된 행위만을 기준으로 판단하던 고전적 정의正義의 한계를 극복하면서 사람들이 최선으로 간주하는 것과 다르게 행동하도록 유도하는 일종의 결핍 상태, 즉 아리스토텔레스가 뒤이어 아크라시아akrasia라고 부른 ‘자기 제어 능력의 결핍 상태’라는 개념을 역사상 처음으로 도입했다.

/ 정신적 오류로서의 악

일반적으로 소크라테스는 비오스bios, 즉 인간이 살아가는 방식에 대해, 아울러 도덕적 가치로서의 ‘기량’에 대해 언급한 최초의 철학자로 간주된다. 영혼psyche 역시 오르페우스주의와 피타고라스주의의 종교적 맥락에서 수용되던 초개인적인 성격을 벗어던지고 소크라테스를 통해 객관화 과정을 거치면서 도덕적 담론의 핵심적인 개념으로 자리 잡았다. 자아에 대한 앎과 스스로의 영혼에 대한 배려는 기량을 토대로 하는 삶의 실천과 학문 연구를 핵심 과제로 삼는 새로운 철학의 토대를 마련했다. 플라톤의 대화록『프로타고라스』에서 소크라테스는 여러 종류의 기량(정의감, 용기, 절제력 등등)에 대한 정의를 제시하는 대신 모든 기량은 곧 앎episteme이라는 긍정적인 이론을 주장한다. 예를 들어 훌륭한 문법학자가 되기 위해서는 문법을 잘 이해하는 것으로 충분하듯이 용기를 지니기 위해서는 용기가 무엇인지 아는 것으로 족하다. 무언가를 잘할 줄 알면 좋은 결과를 낳기 마련이다. 결론적으로 모든 악한 행위(기량을 토대로 하지 않은 행위)는 무지의 결과이며 특히 알고 있다는 착각과 인지력의 결핍이 뒤섞인 이중적인 '무지amathia'의 결과라고 할 수 있다. 도덕적 악은 그런 식으로 일종의 무지와 어리석음이 뒤섞인 행위, 따라서 어떤 의미에서는 무의식적인 행위의 형태를 취한다. "악 혹은 모두가 악하다고 여기는 것을 자연스럽게 추구하는 사람은 아무도 없다. 살펴보면 선을 뒤로 하고 악을 의도적으로 추구하는 것은 인간의 본성에 속하지 않는다."(플라톤,『프로타고라스』, 345 d~e) 소크라테스는 앎의 힘이 그만큼 크기 때문에 스스로의 오류에 대한 인식과 하나가 되어 버린 아크라시아, 즉 자기 제어 능력의 결핍은 심리적일 뿐만 아니라 논리적으로 불가능한 하나의 순수한 모순이라고 보았다. 메데이아처럼 스스로의 분노를 가라앉힐 능력이 없기 때문에 악행을 저지른다고 생각하는 사람은 선善이 무엇인지 모르는 사람이며, 어떤 식으로 행동하는 것이 옳으리라는 그의 믿음은 오로지 기존의 가치체제를 무너트리는 즉각적이고 무분별한 분노가 조장하는 일종의 환영에 불과하다. 왜냐하면 무엇이 옳은 행동인가를 아는 것이 옳은 행동을 실천하기 위한 충분 조건이기 때문이다. 그런 의미에서 악행을 저지르는 사람은 진실에 가까이 다가가는 대신 환영의 희생자로 남을 뿐이다. 이성만이 유일하게 인간의 행위를 지시할 수 있다고 보았던 소크라테스의 논리는 현대인의 눈에는 극단적인 것으로 비춰질 수 있겠지만, 사실은 일찍이 호메로스 시대부터 비이성적인 충동의 논리적인 객관화가 필요하고 비뚤어진 열정의 발현이 광기라는 외부적인 요인이나 힘의 과시에서 비롯된다고 보았던 고대인들의 '정신의 옷'이라는 오래된 개념을 보다 분명하게 형식화한 논리라고 할 수 있다. 반면에 플라톤은 아무도 악행을 일부러 저지르지 않는다는 논리가 인간에게 그다지 설득력이 없다는 것을 분명하게 인식했다. 플라톤이 『파이돈』에서 언급했던 그 자체로 순수하고 유일한 영혼psyche의 존재를 포기하고 『국가』에서 제시한 보다 세분화된 영혼 개념(플라톤은 영혼이 이성logos, 분노thymos, 욕망epithymia의 세 요소로 구축된다고 보았다)은 스승 소크라테스와 제자 플라톤 간의 사상적 결별을 알릴 뿐만 아니라 인간의 영혼이 그 자체로 분리되어 있다는 사상과 후세의 철학자들 사이에서 커다란 반향을 일으키게 될 영혼의 분쟁, 즉 영혼의 상이한 부분들 사이에서 일어나는 분쟁에 관한 사유의 출범을 알리는 것이었다. 선善을 깨달은 사람도 얼마든지 그것에 위배되는 행위를 할 수 있고 모든 악행은 내면적 분열의 결과로 일어날 수 있다고 보기 시작한 것이다. 이성은 마부에 비유되곤 했다. 마부는 마차를 운행하지만 혼자만의 힘으로는 마차를 움직일 수 없었다. 동력이 되는 것은 오히려 분노나 욕정 같은 요인들이었다. 앎은 더 이상 전지전능하지 않았고 나쁜 행동 역시 오로지 지식의 결함에서 비롯된다고 볼 수 없었다. 철학자들은 영혼을 구성하는 요소들 하나하나가 자율적으로 악행의 동기가 될 수 있고 그만큼 이성의 눈으로는 이해하기 힘든 형태의 행복을 욕망하거나 그러한 욕망에 따라 행동하는 것이 얼마든지 가능하다는 것을 받아들이기 시작했다.

/ 아리스토텔레스와 윤리적 차원에서 다룬 악의 문제

인간의 행동과 태도의 분석이 고유한 방법론을 확보하게 되고 이론철학과 대별되는 독자적인 학문 분야로서의 윤리학이 도덕적 문제를 독점하기 시작하는 것은 아리스토텔레스 철학의 도래와 함께 일어나는 일이다. 기량은 더 이상 소크라테스가 가르치던 앎이 아니었고 플라톤이 원하던 선善 자체의 정의와도 무관한 것으로 드러났다. 아리스토텔레스는 실체로서의 선은 인간의 활동을 다스리는 어떤 규율적인 기능도 발휘하지 않는다고 보았다. 선이 바랄 수 있고 실천할 수 있는 무엇이라면 그것은 모든 범주에 적용될 수 있다는 전제하에서만 가능한 일이며, 그런 의미에서 "영원한 가치라는 이유로 선 자체가 더 선해지는 것은 아니다. 오랫동안 흰 것이 단 하루만 흰 것보다 더 흰 것은 아니기 때문이다. (……) 선이란 하나의 유일한 관념을 근거로 언급할 수 있는 공통적인 무언가가 아니다."(아리스토텔레스, 『니코마코스 윤리학』, 1096b 5~25) 아리스토텔레스의 윤리학은 따라서 훌륭한 행위와 실용적인 선, 즉 훌륭한 기량을 다룬다는 특징을 가지고 있다. 일상을 통해 침전되는 감정을 올바르게 경험하는 방식이 바로 이러한 기량을 토대로 표현된다. 이는 인간이 도덕적으로 훌륭한 행동을 실천에 옮길 수 있도록 해 주는 품행habitus과 일치한다.

선을 목적으로 하는 선택proairesis*을 기준으로 인간의 행동을 연구하면서 전례 없는 이론을 펼쳐 보인 아리스토텔레스는 목적의 실현 여부가 기량의 실천에 달려 있다고 보고 기량을 윤리학의 핵심 영역으로 삼았다. 그런 의미에서 기량의 정반대인 악습은 악행을 낳을 뿐만 아니라 인간을 자기 실현과 행복의 길에서 완전히 벗어나도록 만들기 때문에 한 인간이 빠져들 수 있는 최악의 상황을 구축한다. 악습이란 한 개인이 타고난 정신적 결함으로 인해 잘못되었거나 도덕적으로 혐오스러운 목표를 무언가 좋은 것으로 오해할 때, 이 그릇된 목표를 추구하는 영혼의 긴장 상태 혹은 욕망orexis의 결과를 말한다.

하지만 악습은 선과 악을 구별하지 못하도록 유도할 뿐만 아니라 욕망을 충족시키기 위해 방종에 몰두하도록 유도하는 일종의 정신적 변이이기 때문에 의도적인 성격을 가진다. 초기 단계에는 악습의 허용이 사람에게 달렸지만 적응 시기를 거쳐 습관화된 뒤에는 악습을 그가 원할 때 원하는 방식으로 떨쳐버리는 것이 불가능해진다. 이러한 상황은 "돌을 던져 버렸기 때문에 다시 주울 수 없는 사람에 비유할 수 있다. 되찾을 수 없는 돌을 던지기로 한 것은 결국 그다."(아리스토텔레스, 『니코마코스 윤리학』, 1114a 17~19) 인간의 행동이 추구해야 할 올바른 목적이 무엇인지 아는 것, 그것이 바로 시민의 도덕적 의무라고 할 수 있다. 이를 모른다는

---

* proairesis라는 용어는 개인적인 관심이나 의도, 계획 등을 포함하는 광범위한 선택을 가리키는 말이다. 아리스토텔레스는 이 말을 철학 용어로 기용한 최초의 철학자다. 아리스토텔레스에게 '선택'은 어떤 목표를 달성하기 위한 과정의 첫 단계를 의미한다.

것, 결과적으로 이를 실천하지 않는다는 것은 혐오스러운 일이다. 악습에 물든 사람은 그의 행동뿐만 아니라 도덕적인 관점까지 손상되었다고 보아야 한다.

아리스토텔레스는 『니코마코스 윤리학』 7장에서 인간이 잘못된 행동을 저지르도록 유도하는 또 다른 성격의 조건 '아크라시아'에 대해 언급한다. 소크라테스가 생각했던 것과 달리, 스스로의 감정을 제어할 수 없어서 자신의 도덕적 관념에 어긋나는 행동을 하게 되는 경우는 얼마든지 일어날 수 있다. 감정은 무엇이 훌륭한 행동인가에 대해 익히 알고 있는 사람의 경우에도 그 앎을 실천으로 옮기는 대신 잠재적인 상태로 머물러 있게 만들 수 있다. 도덕적으로 혐오스러운 행동을 낳는 것은 마찬가지지만, 자기 제어 능력의 결핍 상태는 악습보다는 덜 심각한 문제라고 볼 수 있다. 첫 번째 이유는 행동이 추구하는 목표에 훌륭한 의도가 담겨 있었다(나약함으로 인해 실천의 단계로 발전하지 못했을 뿐이기 때문에)고 볼 수 있기 때문이며, 두 번째 이유는 아크라시아를 품행으로 볼 수 없기 때문이다. 악습에 물든 사람은 그가 원하는 모든 것을 정당하다고 믿기 때문에 지배적인 욕구가 자동적으로 그의 가치체제를 점령하는 반면 스스로를 제어하지 못하는 사람은 물론 자신의 욕구에 고개를 숙이지만, 올바른 원칙orthos logos이 무엇인지만큼은 알고 있기 때문에 부끄러움을 느낄 줄 안다는 차이가 있다.

/ 영혼의 아파테이아: 스토아학파의 도덕적 악

헬레니즘 시대의 도래와 함께 스토아 철학자들은 아리스토텔레스의 윤리학과 거리를 두고 소크라테스의 입장을 확고히 하는 데 주력했다. 이들은 영혼psyche이 이성과 고스란히 일치한다고 보았고 이들의 윤리학은 악이나 다를 바 없는 정념pathos(아리스토텔레스는 정념 자체를 도덕적 판단 대상이 아니라고 보았다)의 제거를 위한 일종의 테라피아로 발전했다. 이들은 정념을 경험하는 훌륭하고 올바른 방법이란 존재하지 않으며 정념의 부재를 의미하는 아파테이아apatheia만이 유일하게 존중할 만한 가치가 있는 도덕적 조건이라고 보았다.

아울러 스토아 철학자들은 그들의 윤리학을 실천의 유일한 동력으로 '동의'만을 인정하는 전례 없는 행동 이론을 토대로 구축했다. 아무것도, 심지어는 욕망조차도, '세상이 주는 인상phantasia'에 한 개인이 표하는 '동의'와 무관하게 의도적이고 자유로운 방식으로 행동 여부를 결정하지 못한다. 그런 의미에서 정념을 느끼는 것 자체도 도덕적 주체에게는 비난거리가 될 수 있다.

악한 행동의 탄생 과정이라는 문제와 관련하여 스토아 철학자 크리시포스는 이렇게 말했다. "인간이 저지르는 실수들 가운데 어떤 것들은 판단력 부족에 기인하고 또 어떤 것들은 영혼의 나약함에 기인한다."(크리시포스, SVF,* III 473) 인간을 잘못된 행동으로 인도하는 것은 세상의 거짓 표상에 의도적으로 동의하면서 발생하는 잘못된 도덕관념이다. 아울러 인간의 영혼이 유일하고 분리될 수 없으며 본질적으로 로고스와 일치하는 만큼 악한 인간에게는 힘든 상황이 도래할 때 인간을 정도에서 벗어나게 만드는 분노나 정념과 무관하다고 주장할 만한 구실이 주어지지 않는다. 도덕적 악은 전적으로 로고스 내부에서 일어나는 담론이며 정념은 정신의 동요에 지나지 않는다. 뛰어난 기량을 가진 인간이 곧 모든 정념을 벗어던지고 전적으로 이성적 기준에 따라 살아가는 현자를 의미하듯이 스토아 철학자들에게 도덕적으로 하등한 인간은 하나의 평범한phaulos 인간, 어리석고 무지한 인간을 의미했다(아리스토텔레스의 윤리학에서 뿐만 아니라 소크라테스의 입장에서도 가장 커다란 비난의 대상은 무지한 인간이다). 현자는 그릇된 정신적 표상에 동의하지 않는 법을 배운 사람, 악한 사람은 이를 배우지 못한 사람을 의미했다.

스토아 철학자들은 아울러 스스로의 도덕적 신념과 정반대되는 방식으로 행동하는 태도가 영혼이 스스로 긴장감을 잃는다는 식으로밖에는 설명되지 않는다고 보았다. 이들은 영혼 역시 물질로 구성되는 만큼 하나의 어조를 가지고 있으며 이것이 올바른 방식으로 작동하느냐 아니냐에 따라 도덕성과 부도덕성이 좌우된다고 보았다. 크리시포스가 말하는 무기력함은 어떻게 보면 아리스토텔레스의 아크라시아에 상응한다고 할 수 있다. 다만 전자는 일시적인 체력 소모나 갑작스럽

---

* SVF는 한스 폰 아르님Hans von Arnim이 수집한 글들을 토대로 편집한 고대 스토아 철학자들의 단상 모음집 약자다. *Stoici antichi. Tutti i frammenti secondo la raccolta di Hans Von Arnim*(1903).

게 찾아오는 권태 혹은 영적 긴장감의 상실에서 비롯된다는 유일한 차이점이 있다. 이러한 상황이 심각하게 악화될 때 로고스의 망사가 약해지면서 결과적으로 개인은 스스로를 제어할 수 없는 지경에 빠지게 된다.

서기 1세기와 2세기 사이에 정념을 병으로 간주하는 스토아 철학자들의 이론이 정립되는 동안 도덕적 문제를 의학적 관점에서 분석하려는 시도가 이루어진 것은 결코 우연이 아니다. 아레타이오스Aretaios, 루포스Rhuphos, 소라노스Soranos 같은 의사들의 등장과 함께 영혼의 욕망이 육체적 병의 근원이며 따라서 의사는 후자를 치료하기 위해 전자를 연구해야 한다는 생각이 싹트기 시작했다. 갈레노스는 어떻게 '영혼의 습관이 체질에 좌우되는지' 증명하기 위해 많은 글을 집필했다. 어떤 측면에서는 윤리학과 과학의 플라톤적인 결속력이 마지막으로 반영된 경우라고 볼 수 있겠지만 여기서 도덕적 주체의 책임감이라는 문제는 결정적으로 자취를 감춘다.

/ 의지와 죄의 개념: 타르소스의 바울과 아우구스티누스

그리스 세계에서 행동의 탄생 경로가 오로지 이성과 욕망, 혹은 양자 간의 유희적인 조합을 통해 설명되었던 반면 아크라시아akrasia는 신약성서를 통해 대두된 의지라는 개념과 함께 새로운 모양새를 갖추기 시작한다. 아리스토텔레스는 일찍이 의욕적인 행동을 묘사하기 위해 선善 혹은 선으로 간주되는 것을 향한 자연스러운 기대의 차원에서 '의지boulesis'에 대해 이야기한 바 있다. 일정한 목표를 향한 이러한 욕구appetitus가 바로 누군가를 착한 사람 혹은 나쁜 사람으로 만든다. 의지는 어쨌든 한 주체의 도덕적 신념에 종속된 영혼의 자연스러운 성향이다. 그 자체로 이성적이지는 않지만 아버지에게 복종하는 아들처럼 로고스에 복종하는 만큼 의지는 이성적으로 변할 수 있는 잠재력을 가지고 있다.

의지는 이어서 신약성서, 특히 바울의 서신을 통해, 아울러 아우구스티누스의 철학을 통해 이성과 정념으로부터 자유롭고 무엇보다도 주체의 정신적 자유와 긴밀한 관계를 유지하는 영혼의 능력이라는 독자적인 개념으로 발전한다. "나는

내가 원하는 선은 행하지 않고 도리어 원하지 않는 악을 행하고 있다."(「로마인들에게 보내는 편지」, 7장 19절) 이러한 표현을 통해 타르소스의 바울은 죄를 의지와 의지 간의 충돌에서 비롯되는 행위로 설명한다. 올바른 도덕적 신념이나 욕망의 차원을 뛰어넘어 인간은 강요에 굴하지 않고 자유롭게 '그렇다' 혹은 '아니다'라고 말할 수 있는 능력을 가지고 있다. 따라서 아크라시아는 이성에 대한 정념의 승리를 뜻하지 않으며 의지의 박약함에서 비롯되는 결과로서의 악행에 그대로 반영되는 개념이다. 성서의 원죄 개념은 의지의 본질을 그대로 보여 주는 좋은 예다. 신의 명령에 불복종한다는 사실을 분명하게 의식하고 있던 아담과 이브의 이야기에서 도덕적인 악은 **선**에 대한 의도적인 위반으로 드러난다.

이 모든 것들의 분석을 완성 단계로 끌어 올린 아우구스티누스는 신플라톤주의와 그리스도교의 계시를 조합하고 영혼을 주체의 내면으로 정의하면서("너는 누구인가? 사람이다. 여기에 육체와 영혼이, 하나의 외면과 하나의 내면이 있다. 우세한 것은 내면이다." 『고백록』, X 6, 9) 죄를 의지의 이탈로, 즉 진정한 의미에서의 **선**인 신을 향해 나아가는 대신 하등하고 일시적인 행복을 추구하는 이탈 행위로 보았다. 지상에서의 물질적인 행복 자체가 악은 아니지만 인간의 의욕voluntas이 그것을 악하게 만든다. 왜냐하면 인간이 가진 본질적인 자유 속에서 이를 마치 지고의 **선**인 것처럼 갈망하기 때문이다. 정확히 말해 죄란 무언가를 무엇 대신에 원하거나 사랑하는 데 있다. 죄를 저지른다는 것은 신에게, 혹은 자연적 질서에 피해를 입히는 행위를 의미하지 않는다. 죄는 스스로에게 피해를 입히고 스스로의 본성을 손상시키는 행위다. 죄를 짓는 사람은 죄를 지음과 동시에 벌을 받는다고 할 수 있다. **지고의 선**을 상실한다는 것이 곧 그에게 내려지는 형벌이다(여기에 결핍steresis과 같은 존재론적 악의 플라톤적인 개념이 재차 적용되고 있음을 볼 수 있다). 신약성서의 관점에서 인간의 의지는 신의 의지에 부합해야 한다는 과제를 안고 있다(「요한복음」, 14, 15) 이것이 바로 지상에서 인간이 지니는 '의무'다. 종교적 계시의 진실은 이성의 영역을 초월하기 때문에 믿음 자체는 이성이 정당화하거나 지지할 수 없는 의지적 행위다.

3

지식, 의혹, 확신

: 고대의 회의주의

일반적으로 어떤 문제를 두고 회의주의적인 입장을 취한다는 것은 그 문제에 대한 스스로의 의견 피력을 자제하고 어떤 긍정적인 의견도 제시하지 않는다는 것을 의미한다. '고대 회의주의'라는 표현(회의주의라는 용어 자체는 탐구를 뜻하는 그리스어 skepsis에서 비롯되었다)은 고전 시대에 그리스에서 탄생해 회의적인 입장을 체계화한 철학적 경향을 가리킨다. 회의주의 철학은 인문학의 일부 혹은 전체에 대한 판단의 보류를 권장한다. 철학적 회의주의는 두 가지 방향으로 발전했다. 첫째는 창시자 피론Pyrrhon의 이름을 그대로 사용하는 피론주의이며 대표적인 철학자로 티몬Timon, 아이네시데모스Ainesidemos, 아그리파Agrippa, 섹스투스 엠피리쿠스가 있다. 두 번째는 아카데미학파의 회의주의로 플라톤 아카데미의 후세대 학자들에 의해 발전했으며 대표적인 철학자로 아르케실라오스와 카르네아데스, 필론Philon 등이 있다.

3.1 피론주의자들

피론은 우리에게 신비롭게 보일 수밖에 없는 인물이다. 화가로 성장한 뒤 소피스트 브리손Bryson, 데모크리토스주의 철학자 안티고네Antigone와 함께 철학을 공부한 그는 안티고네를 비롯한 몇몇 철학자들과 함께 알렉산드로스 대왕의 아시아와 인도 원정에 참여했다. 피론은 책을 쓰지 않았다. 그의 삶과 사상에 대해 증언을 남긴 인물은 디오게네스 라에르티오스와 소요학파 철학자 아리스토클레스Aristokles다. 아리스토클레스는 피론의 조력자이자 대변인이었던 티몬의 시각에서 피론주의를 설파했다.

피론에 따르면 행복을 원하는 사람은 사물의 본질이 무엇인지 유심히 살펴야 한다. 그는 사물들을 우리가 어떤 태도로 대해야 하는지, 그리고 그러한 태도가 어떤 결과를 가져올지에 대해서도 알고 있어야 한다고 주장했다. 피론은 사물들 사이에 아무런 차이가 없으며 정해진 것도 없다고 보았다. 따라서 우리의 느낌이나 견해도 참이거나 거짓이라고 할 수 없다. 결과적으로 사물에 대해 어떤 확신을 가질 필요가 없으며 아무런 견해 없이, 어느쪽으로도 치우치지 말고 모든 것에 대해 "아닌 건 아니니 그럴 수밖에", "그렇기도 하고 아니기도 하니", "그렇지도 않고 그렇지 않은 것도 아니니"라는 식으로만 말해야 한다. 이러한 입장을 고수하는 이들은 먼저 진술을 거부하는 기술을, 이어서 어떤 경우에도 침착할 수 있는 냉정함을 터득해야 한다.

티몬이 세상을 떠난 직후에 진정한 의미에서 피론주의라고 할 수 있는 철학의 발전은 더 이상 이루어지지 않았다. 디오게네스 라에르티오스는 아테네와 알렉산드리아에서 피론주의를 지속시켰던 여러 인물들의 이름을 언급한 바 있다. 하지만 피론주의가 새로운 형태로 부활해 정점에 이르는 것은 아이네시데모스를 통해서 이루어지는 일이다.

3.2 아카데미학파

흔히 '아카데미학파'라는 이름으로 불리는 회의주의의 두 번째 학파를 이끈 인물은 아르케실라오스다. 기원전 265년경에 아카데미의 학장이 된 그는 뒤이어 학장을 맡게 될 후계자 카르네아데스와 함께 아카데미를 회의주의의 본거지로 탈바꿈시켰다(아카데미 내부에서 회의주의는 200년 이상 명맥을 유지했다). 아르케실라오스에게 영감의 원천은 관찰자 소크라테스, 혹은 그가 타인뿐만 아니라 자기 자신이 가진 신념의 근거를 무자비하게 탐색하는 자세였다. 아르케실라오스는 글을 쓰지 않았다. 그의 철학적 입장이 어떠했는지는 키케로와 섹스투스 엠피리쿠스, 그리고 후세대의 몇몇 철학자들이 남긴 증언을 토대로만 확인이 가능하다.

아르케실라오스 철학의 본질적인 특징은 철학적 논제를 대상으로 하는 체계적인 논박이라고 할 수 있다. 소크라테스의 철학에서 논쟁 기술을 유산으로 물려받은 그는 추론의 규칙들을 활용해 반회의주의자들이 주장하는 교리적인 논리로부터 그들이 도저히 수용할 수 없는 결론들을 도출해 냈다. 그런 식으로 상대의 논리가 지니고 있던 허점들을 들추어냈던 것이다.

아르케실라오스가 집요하게 비판했던 것 중에 하나는 진실의 기준이 존재한다는 스토아학파의 논리, 흔히 '식별 가능한 표상'이라고 불리던 원리였다. 스토아 철학자들은 누가 무언가를 이해하기 위해서는 그것을 '깨달아야' 한다고 주장했다. 이들의 논리에 따르면, 깨달음이란 어떤 인상 혹은 '식별 가능한 표상'에 동의한다는 것을 의미하고 무언가가 주는 인상은 그 무언가의 실체를 사실대로 드러낼 때에만, 다시 말해 다른 모든 것을 제외한 실체가 원인으로 주어질 때에만 식별이 가능하다. 예를 들어 비가 내린다는 것을 깨닫기 위해서는 먼저 비가 내려야 하고 비가 내린다는 사실이 비가 내린다는 인상을 주어야 하고, 아울러 그 인상이 또 다른 이질적인 요인에 의해 비롯되어서는 안 된다. 아르케실라오스는 이 세 번째 조건이 결코 충족될 수 없으며 결론적으로 식별 가능한 인상은 존재하지 않는다고 보았다. 식별 가능한 것이 아무것도 없는 이상 현자는 아무것도 알 수 없고 순수한 의견을 가질 수도 없는 존재였다. 아르케실라오스는 스토아 철학자들 역시 현자는 판단을 보류하는 자라는 점에 동의해야 한다고 보았다.

교리주의자들은 (특히 스토아 철학자들은) 이 회의주의자를 비판하면서 이른바 '무위도식'이라는 문제를 지적했다. 회의주의자가 판단을 보류한다면 행동을 취하지 않는 것과 마찬가지이며, 따라서 산다는 것이 무의미하지 않느냐는 것이었다. 이들은 반론을 제기하면서 행동의 전제조건으로 욕구와 인상과 동의가 필요하다고 주장했다. 예를 들어 잘 익은 무화과 열매를 맛보기 위해서는 먼저 무화과 열매를 맛보려는 욕구 혹은 욕망이 필요하고 무화과 열매가 잘 익었다는 인상뿐만 아니라 그러한 인상에 대한 동의와 무화과 열매가 잘 익었다는 믿음이 필요하다. 하지만 이들의 반론에 답하면서 아르케실라오스는 회의주의자의 행동을 설명하기 위해서는 욕망과 인상만으로도 충분하다고 주장했다. 회의주의자가 무화과를 먹었다면 그건 그가 잘 익은 무화과를 원했고 아울러 무화과가 잘 익은 듯이 보였기 때문이라고 설명했다. 물론 이는 그가 마치 동물처럼 비이성적으로 행동했다는 것을 의미하지는 않는다. 섹스투스 엠피리쿠스가 말했듯이, "모든 것에 대한 판단을 보류하는 자는 자신의 선택과 거부에 대한, 일반적으로는 이성을 기초로 하는 스스로의 행동에 대한 기준을 가지고 움직이며 이 기준을 준수하면서 행동으로 성공을 거두게 될 것이다." 회의주의자는 차후에 이성적으로 변호가 가능한 행동을 선택하고 실행에 옮긴다.

아르케실라오스가 사망한 후에도 그의 사상은 카르네아데스가 학장에 오를 때까지 아카데미 내부에서 커다란 변화 없이 꾸준히 전수되었다. 키레네에서 태어난 카르네아데스는 바빌론 출신의 스토아 철학자 디오게네스 밑에서 논리학을 공부하기 위해 아테네로 이주했고 기원전 167년에서 137년까지 아카데미를 이끌었다. 기원전 155년에 대사 자격으로 로마를 방문한 그는 정의를 주제로 한 연설을 통해 로마의 지식인들에게 깊은 인상을 남겼다. 카르네아데스는 아르케실라오스가 아카데미에 정착시킨 회의주의를 새롭게 발전시키면서 활동과 비평의 영역을 확장했다. 그의 철학이 도입한 가장 혁신적인 요소는 '개연성'이라는 개념이다.

카르네아데스는 스토아 철학자들이 인정하는 신들의 존재를 부인하고 지고의 선善을 정립할 수 있다는 이들의 선입견과 점복에 대한 신뢰, 점복이 전제하는 운명적 결정론을 비판했다. 아르케실라오스와 마찬가지로 카르네아데스 역시 '식별 가능한' 인상의 개념을 공격했다. 비가 내린다는 것을 알기 위해서는 비가 내리고 있다는 '식별 가능한' 인상, 즉 비가 내린다는 현상에서만 비롯된 인상에 동의해야 한다는 것이 스토아 철학자들의 주장이지만 카르네아데스는 이러한 종류의 인상이 존재하지 않는다고 보았다. 그는 모든 참된 인상에 정확히 상응하는 그릇된 인상을 언제든지 찾아낼 수 있고, 따라서 어떤 인상도 사실상 식별이 가능하지 않으며 결과적으로 우리가 알 수 있는 것은 아무것도 없다고 보았다.

반면에 우리는 개연적인 인상을 그렇지 않은 것과, 개연성이 뛰어난 인상을 개연성이 떨어지는 인상과, 혹은 공존하는 인상과 모순되는 것을 그렇지 않은 것과 구별할 수 있다. 우리는 아울러 인상들을 검토하고 선택할 수 있다. 인상이 결국에는 거짓에 불과할 수 있겠지만 우리는 비개연적인 인상보다 개연적인 인상, 개연성이 낮은 것보다는 뛰어난 것을 선호하고, 무엇보다도 관련된 인상과 모순을 일으키지 않는 것들을 선호한다.

기록에 따르면 카르네아데스의 '개연성'은 일종의 행동 기준이었던 것으로 나타난다. 그렇다면 이 '개연성'은 회의주의자가 어떻게 행동해야 하는지를 설명하는 하나의 방식이었나? 따라서 회의주의자는 개연성을 기준으로 행동해야 한다는 뜻인가? 아니면 회의주의자가 믿음이 없음에도 불구하고 행동을 실천에 옮길 수 있는 능력을 가지고 있고, 따라서 교리주의자들의 주장처럼 이들이 시체와 다를 바 없는 존재는 아니라는 뜻인가? 달리 말하자면, 회의주의자는 자신이 받은 개연적인 인상을 토대로 행동을 취할 수 있기 때문에 의미 있는 삶을 산다고 볼 수 있다는 건가? 하지만 사료를 토대로는 이 두 가지 가능성 가운데 어느 쪽이 확실하게 옳다고 주장할 수 없다.

카르네아데스의 뒤를 이어 곧장 지도자의 자리에 오른 인물들은 전통적인 교육 내용에 커다란 수정을 가하지 않았다. 하지만 이러한 상황은 필론의 등장과 함께 바뀌기 시작한다. 클레이토마코스Kleitomachos가 이끌던 아카데미에서 15년 동안 철학을 공부한 필론은 뒤이어 기원전 110년에 학장의 자리에 오른다. 아테네에서 학장으로 있는 동안 필론은 클레이토마코스의 가르침을 따라 카르네아데스의 회의주의 철학에 대한 보다 급진적인 해석을 시도했다. 이어서 미트리다테스 전쟁 발발과 함께 로마로 이주한 필론은 죽을 때까지 로마에 남아 철학을 가르쳤다. 이 시기에 필론은 또 다른 철학적 입장을 취하게 된다. 그는 '식별 가능한 인상' 차원에서 사물은 식별이 불가능하지만 사물 자체가 지니는 본성의 차원에서는 식별이 가능하다고 주장했다. 달리 말하자면 그는 깨달음에 대한 스토아주의적인 이해에 머물러 있는 한 우리가 알거나 깨달을 수 있는 것은 아무것도 없으며 따라서 스토아 철학자들의 인식론적 사유가 전적으로 틀렸다고 보았다. 식별 가능한 인상이 실제로 유래하는 사물 외에 다른 사물로부터 유래해서는 안 된다는 식으로 주어진다는 것이 잘못되었다고 본 것이다.

3.3 신피론주의자들

기원전 1세기 중반에 활동했던 철학자 아이네시데모스는 필론이 학장으로 있는 동안 아카데미의 철학이 순수하게 회의주의적인 성격을 상실했다고 보고 피론주의로의 회귀를 주장했다. 그는 실제로 피론주의를 재창조해 낸 인물이다. 그는 8부로 구성된 『피론의 담론』이라는 책을 집필했다. 이 책은 원문은 소실되었지만 콘스탄티노폴리스의 총대주교 포티오스Photios가 제작한 카탈로그 덕분에 요약본이 남아 있다. 1부에서 아이네시데모스는 아카데미학파 철학자들이 믿음에 얽매여 있다고 비판하면서 철학적 대안으로 자신의 회의주의를 제시했다. 그는 인상과 사유를 상반된 것으로 보았다. 이러한 대립을 토대로 그는 판단을 보류하는 단계에 도달함으로써 평온함을 얻을 수 있다고 보았다. 여기서 그는 아무것도 결정하지 않으며 그저 자신의 인상을 좇을 뿐이다. 책의 본론에서 아이네시데모스는 물리학과 논리학, 교리주의 윤리학의 기본 개념들을 비판하면서 이 분야들에 대한 판단의 보류를 자극했다.

아이네시데모스는 '판단을 보류하는 열 가지 방법'의 아버지로 불린다. 이 방법이란 회의주의자가 심리적인 보류 상태에 도달할 수 있도록 도와주는 여러 형태의 추론을 말한다. 이들은 다음과 같은 도식을 가지고 있다. 어떤 사물 x가 S라는 상황에서 F라는 인상을 주고 S*라는 상황에서 F*라는 인상을 줄 때 F와 F*는 양립할 수 없는 성격을 지닌다. 하지만 인상은 동일한 효과를 발휘하기 때문에 우리는 S보다 S*를, 혹은 S*보다 S를 선호할 수 없다. 결과적으로 우리는 판단을 보류하게 된다. 우리는 x가 F라는 판단도, 혹은 x가 F*라는 판단도 내릴 수 없다. 위에서 언급한 열 가지 방법은 동물의 종류, 인간, 감각, 심리적 상태, 입장, 거리, 장소, 혼돈, 감지된 대상의 성분, 상대성, 현상의 빈도, 법, 문화, 생활방식 등의 요소가 관여하는 상황에 따라 구분된다.

아이네시데모스의 시대와 섹스투스 엠피리쿠스의 시대를 가로지르는 2세기 동안 피론주의는 주요 철학 학파들과 본격적인 경쟁 없이 살아남았다.

디오게네스 라에르티오스가 정리한 회의주의 추종자들의 목록에는 사실 서기 1세기 중반에 활동했던 철학자 아그리파가 포함되어야 할 것이다. 아그리파에 대해서는 알려진 바가 거의 없지만 섹스투스 엠피리쿠스뿐만 아니라 디오게네스 역시 고대 회의주의의 가장 뛰어난 발명품 중 하나인 '판단을 보류하는 다섯 가지 방법'을 아그리파가 고안했다고 전한다. 예를 들어 P라는 문장의 내용에 동의할 것인지 말 것인지 결정해야 할 때 선택은 P의 내용을 지지하기 위해 무언가 할 말이 있는 경우와 할 말이 전혀 없는 경우에 따라 결정된다. 우리가 P를 지지하기 위해 할 말이 조금도 없다면 P에 동의하지 말아야 한다(이 경우에 동의는 가정에 불과하다). 하지만 할 말이 있다면, 예를 들어 Q라는 문장을 P의 지지를 위해 제시한다면, 결과는 다시 Q가 P와 일치하는 경우와 그렇지 않은 경우로 나뉜다. Q가 P와 일치하는 경우 우리는 P에 대한 판단을 보류해야 한다. 둘 중 어느 쪽에 동의해야 할 내용이 들어 있는지 모호해지면서 증명의 효력이 상실되기 때문이다. 하지만 만약 Q가 P와 일치하지 않는다면 결과는 다시 우리가 Q를 지지하기 위해 아무런 할 말이 없는 경우(이때 우리는 먼저 Q에 대한 판단을 보류한 뒤 P에 대한 판단을 보류해야 한다)와 무언가 할 말이 있는 경우, 예를 들어 R이라는 문장을 제시하는 경우로 나뉜다. 이제 우리는 R에 대해서도 우리가 Q에 적용했던 논리를 똑같이 적용해야 하며 결과적으로 판단의 보류를 피하기 위해서는 또 하나의 문장 S를 도입하고 계속해서 그런 식으로 끝없이 새로운 문장들을 끌어들여야만 한다. 하지만 이 작업을 무한히 계속하는 것도, 또 다른 탈출구를 찾는 것도 불가능하다. 우리는 P에 대한 판단을 보류해야만 한다.

피론주의 철학자들 가운데 저서들이 소실되지 않고 모두 보존되어 있는 유일한 철학자, 따라서 그리스 회의주의에 대한 가장 중요하고 핵심적인 사료를 제공한 인물은 서기 2세기 후반에 의사 및 철학자로 활동했던 섹스투스 엠피리쿠스다. 그는 『피론주의 단상』(피론주의를 세 권으로 요약한 책)과 11권으로 구성된 『수학자들에 대항하여』라는 제목의 전집을 남겼다. 『피론주의 단상』 1권에는 회의주의에 대한 묘사가, 2권과 3권에는 교리주의 철학자들의 논리학, 물리학, 윤리학적 논리와 주장에 대한 체계적인 비평이 실려 있다. 『수학자들에 대항하여』는 모든 과학에 대한 섹스투스 엠피리쿠스의 공격적인 비판을 담고 있다. 그에게 회의주의란 일정한 삶의 방식을 결정짓는 철학적 입장을 의미했다. 그에 따르면, 회의주의 철학자 역시 교리주의나 아카데미 철학자와 마찬가지로 탐구에 몰두하지만 그의 탐구는 아무런 결과도 가져오지 않는다. 회의주의자는 탐구에 몰두하면서 자신의 고유한 능력, 즉 감각적으로 이해하는 대상과 사유하는(그 방식이 어떤 것이든 간에) 대상에 대항하는 힘을 발휘한다. 이러한 능력 덕분에, 아울러 서로 상반되는 대상과 담론들이 실질적으로 발휘하는 동일한 효과 덕분에 그는 판단을 보류하는 단계에 도달하게 되고 이어서 평온함을 얻는다. 회의주의자는 탐구를 시작하면서 긍정 혹은 부정의 답변을 요구하는 하나의 질문, 즉 '섭리는 존재하는가?'라는 질문을 던진다. 조심스러우면서도 집요한 관찰을 통해 회의주의자는 긍정적인 답변과 부정적인 답변 모두를 뒷받침하는 모든 논리들을 수집하고 이들을 하나씩 검토하지만 결국 어떤 답변도 선택할 수 없다는 것을 확인하기에 이른다. 결국 스스로 던졌던 질문에 답을 할 수 없는 상황에 처하지만 이러한 과정 자체는 그를 평온한 세계로 인도한다.

섹스투스 엠피리쿠스의 회의주의에 대한 설명은 상당히 광범위한 차원의 문제를 화두로 부각시켰다. 그의 회의주의가 관여하는 영역은 어디까지인가? 몇몇 해석자들은 회의주의가 모든 문제에 대한 판단을 보류하고 어떤 종류의 신념도 소유하지 않는다고 보았다. 하지만 또 다른 이들은 회의주의가 교리주의 철학자들이 언급하는 과학적이고 철학적인 문제에 대해서만 판단을 보류할 뿐 일상적인 통념의 차원에는 자유롭다. 섹스투스 엠피리쿠스 역시 아카데미 철학자들과 마찬가지로 회의주의적인 입장이 무위도식적인 태도를 낳는 것은 논리적인 결과라는 교리주의자들의 이견과 부딪힐 수밖에 없었다. 인간적인 행위의 본질적인 특징은 행위자의 믿음과 욕망이지만 회의주의자는 믿음을 무시하기 때문에 행동을 취할 수 없다는 교리주의 철학자들의 주장을 반박하면서 섹스투스 엠피리쿠스는 믿음의 부재에도 불구하고 회의주의자를 실천으로 인도하는 요소들, 즉 그가 받은 인상들, 법과 풍습의 존중에서 비롯되는 습관적인 행동들, 그의 능력 등이 실재한다고 주장했다. 그가 제시했던 것은 한 회의주의자가 실천하는 행동에 대한 설명일 뿐만 아니라 무엇보다도 그가 경험한 사회 활동과 직업에 대한 직접적인 설명이었던 것으로 보인다.

그가 제시했던 설명들 가운데 특별히 흥미로운 것은 회의주의자의 언어 습관에 관한 독창적인 관찰이다. 회의주의자는 보통 문법적으로 명시적인 형태의 문장을 사용하지만('x는 F다') 이를 과도하게 비유적인 차원에서 사용하는 경향이 있다. 다시 말해 사물들의 상태를 객관적으로 묘사하기 위해서가 아니라 말을 하는 순간 자신의 심리적인 상태를 가리키기 위해 문장들을 사용한다('x는 그에게 F처럼 보인다'). 예를 들어 '나는 고양이 한 마리를 본다'라는 말은 '나는 내 두뇌가 내게 고양이를 보여 주고 있다고 확신한다'라는 뜻이다. 이러한 관찰은 회의주의자가 명시적인 형태의 문장을 사용해 내용을 표명하면서 그것에 대한 믿음을 드러낸다는 교리주의자들의 숨은 반론에 답변이 될 수 있다. 바로 그런 의미에서, 섹스투스 엠피리쿠스가 지적했던 것처럼, 회의주의자의 말은 확언이나 어떤 신념의 표명이 아니라 감정의 표출, 고함과도 닮은 어떤 느낌의 표출이라고 볼 수 있다. 학자들의 의견에 따르면, 섹스투스 엠피리쿠스는 회의주의자가 교리주의적인 논리와 개념을 깨달을 수 있을 뿐만 아니라 논쟁 상대자가 사용하는 언어적 표현들을 자기 것으로 소화해 낼 수 있다고 생각한 것으로 보인다.

4

제5공준의 수수께끼

: 에우클레이데스의 기하학 원리

4.1 수학의 탐구 대상과 공준의 기하학

기원전 4세기에 수학은 아직 구체적인 체계를 갖추지 못한 상태에서 유동적인 상황을 계속 유지하다가 공리의 기하학, 다시 말해 공준을 기초로 체계화된 기하학이 우세를 점하는 국면을 맞이하게 된다. 출발선에서 정립된 몇몇 공준을 기점으로 다른 모든 공식들이 또렷하고 엄격한 규칙에 따라 도출되는 체계가 모습을 드러냈던 것이다.

이러한 결과는 아리스토텔레스가 발전시킨 수학 개념과 함께 거론되는 것이 보통이다. 아리스토텔레스는 수학과 철학, 물리학을 동일한 계열에 포함시켰다. 그는 이론적이고 관조적인 성격의 이 세 학문이 앎에 대한 순수한 사랑만을 토대로 하는 현실 이해에 집중되어 있다고 보았다. 다시 말해 실용적인 차원의 관심과 거리가 먼 순수한 학문이라고 본 것이다. 수학은 양적 차원에서 고려된 실재를 연구하며 탐구 내용의 증명에 필요한 고유의 원칙들을 가지고 있다. 특히 수학의 추상능력은 논리적 전개 방식을 극단적으로 분명하게 드러낸다. 아리스토텔레스가 수학을 연역법의 모형으로 택했던 것도 바로 그런 이유에서였다.

물론 아리스토텔레스의 견해가 공준을 기초로 하는 기하학의 등극에 얼마나 실질적인 영향력을 끼쳤는지, 혹은 모든 학문 분야들이 고유의 독립성을 인정받을 수 있는 체계적인 앎의 모형을 구체화하는 데 얼마나 크게 기여했는지 평가하는 것은 쉬운 일이 아니다. 확실한 것이 있다면 그것은 공준을 토대로 하는 기하학이 오늘날 우리가 수학을 평가하기 위해 여전히 사용하고 있는 '내재적인' 기준들, 즉 단순성, 일관성, 질서와 같은 기준에 상응한다는 사실이다.

4.2 에우클레이데스의 원론

에우클레이데스Eukleides에 대한 정확한 정보는 불행히도 남아 있지 않다. 그가 언제 어디에서 태어났는지, 정확히 언제 무슨 활동을 했는지 우리는 알지 못한다. 단지 신플라톤주의 철학자 프로클로스(서기 412~485년)가 전하는 내용을 토대로, 『원론(原論, Stoicheia)』이라는 제목의 책을 기원전 300년경에 집필했을 것으로 추정할 수 있을 뿐이다. 그가 연구에 몰두했던 헬레니즘 시대의 태동기는 과거 사회와는 근본적으로 다른 새로운 정치체제와 사회 구조가 구체적인 형태를 갖추면서 모습을 드러내기 시작하던 시대다. 문화적인 차원에서도 본질적인 변화가 일어났고 이러한 변화는 흔히 철학과 과학의 결별이라는 공식으로 요약되곤 했다. 이때부터 철학과 과학은 고유의 탐구 영역과 모형을 가진 분야로 받아들여졌다. 당시의 철학자와 과학자들이 활동하기에 가장 이상적인 공간은 아마도 프톨레마이오스Ptolemaeus 1세가 알렉산드리아에 세운 '박물관'이었을 것이다. 이곳이 바로 에우클레이데스가 제자들을 가르치며 연구에 몰두했던 곳이다.

『원론』은 원작이라고 보기에는 이질적인 요소들을 많이 가지고 있다. 에우클레이데스 자신이 예전에 마친 완성된 형태의 연구 내용들이 그대로 실리거나 또 다른 연구 결과들, 예를 들어 수학자 에우독소스가 얻어 낸 결과들이 체계적인 정돈 작업을 거쳐 삽입되어 있다. 아울러 에우클레이데스가 그의 선임자들이 또렷하게 밝혀내지 못한 문제에 반박이 불가능한 증명들을 제공하는 경우도 찾아볼 수 있다.

『원론』은 총 13권으로 이루어져 있다. 제1권은 기하학 전체를 뒷받침하는 기초적인 원리들을 설명하고 삼각형, 평행선, 그리고 다각의 합동 원리에 대한 기초적인 정리定理와 피타고라스 정리를 제시한다. 제2권은 '기하 대수학'을 다루며 제3권은 원의 특성을, 제4권은 원에 내접하거나 외접하는 도형의 특성들(원문에 표시된 주석에 따르면 피타고라스가 발견했던 것으로 보인다)을 다룬다. 따라서 첫 네 권은 전체적으로 기원전 4세기와 5세기의 수학자들이 익히 알고 있던 평면기하학을 다룬다고 볼 수 있다.

에우독소스의 연구 결과에서 유래하는 평면기하학의 본질적인 핵심은 제5권에서 기하학이 아닌 물리량과의 관계를 통해 설명된다. 제6권은 비율 이론을 기하학에 적용하는 문제를 다룬다. 제7, 8, 9권은 산술과 함께 정수의 특성과 정수들 간의 관계를 수학적인 차원이 아니라 기하학적인 차원에서 다룬다. 제일 두텁고 가장 복잡한 내용으로 구성된 제10권은 수학자 테아이테토스의 무리수 연구를 정리한 책이다. 제11, 12, 13권에서는 평면기하학에 쓰이는 실진법*을 통해 입체기하학을 설명한다.

에우클레이데스의 입장에서 전통 기하학의 내용을 집대성하는 작업은 사실상 그것의 단순한 복사나 전승이 아니라 근본적인 차원에서의 수정이 목적이었다. 하지만 관건은 이전 시대의 수학자들이 이루어 놓은 연구 내용을 하나하나씩 점검하고 정리하는 것도, 기존의 평행선 이론을 조직적인 이론적 체계로 발전시킨 제5공준처럼 이미 이루어진 연구를 토대로 새로운 길을 모색하는 것도 아니었다.

---

* '남김없이 소진시키는 기법'이라는 뜻의 실진법(悉盡法, metodo di esaustione)은 구분구적법과 적분법의 전신이며 무한소 형태의 수많은 조각들의 합으로 면적의 근사치를 구하는 방법을 말한다.

에우클레이데스의 결정적인 기여는 이전에는 개별적으로만 다루어지던 분야들을 하나의 조직적인 체계 안으로 모아 통합하고, 공식들이 나열되면서 서로 간에 엄격하고 논리적인 일관성을 유지하는 하나의 체계를 구축했다는 데 있다. 『원론』에서 우리는 다른 모든 것들의 기초가 되는 공식들을 토대로 원인과 결과라는 논리적 질서가 지배하는 총체적인 결속 구조를 발견할 수 있다.

4.3 기하학의 원리

『원론』 제1권에서는 기하학 전체를 지탱하는 기본 원리로 '용어termini', '공준postulati', '일반 원리nozioni comuni'가 제시된다. 에우클레이데스는 이러한 표현들이 무엇을 의미하는지 설명하지 않는다. 하지만 몇 세기가 흐른 뒤 프로클로스는 이를 명확히 하기 위해 에우클레이데스의 기본 원리들을 아리스토텔레스의 삼분법에 따른 '정의definizione', '가정ipotesi', '공리assioma'에 비교한 적이 있다. 프로클로스는 에우클레이데스가 '가정', '공준', '공리'의 삼분법을 사용한 것으로 보았다. '가정'은 받아들이는 자의 입장에서는 분명치 않지만 이를 발언하는 자에게는 제시가 가능한 문장을, '공준'은 받아들이는 자가 알지도 못하고 인정하지도 않는 문장을, '공리'는 받아들이는 자가 잘 알고 있고 그 자체로도 신빙성이 있는 문장을 가리킨다. 하지만 이러한 삼분법과 아리스토텔레스의 삼분법이 정확하게 일치하는지는 확실치 않다. 에우클레이데스의 '일반 원리들'이 모두 동일한 정도의 보편성을 가지고 있는 것은 아니며 그가 정말 '일반 원리'를 '공준'에 비해 더욱 명료하고 필수적인 원리로 간주했으리라는 것을 뒷받침할 만한 근거도 사실상 존재하지 않는다. 반면에 에우클레이데스의 '용어'와 아리스토텔레스의 '정의' 사이에서는, 예를 들어 '인간'을 똑같이 종('동물')과 차이점('죽을 수밖에 없는 이성적 존재')을 근거로 설명하는 경우처럼, 어느 정도의 유사성을 엿볼 수 있다. 어쨌든 에우클레이데스의 몇몇 '용어'들은 '정의'라기보다는 진정한 의미에서의 '공준', 심이어는 '정리teorema'와 일치하는 경우도 있다. 유사성을 찾아보기 가장 힘든 경우는 물론 '가정'이다. 실제로 에우클레이데스는 '가정'이라는 용어를 사용한 적이 없다.

에우클레이데스는 수학의 탐구 대상들이 공식의 구축과는 무관하게 독립적으로 존재한다고 보았다. 즉 플라톤이 생각했던 것처럼 이상적이고 초월적인 형상으로 존재하거나 아리스토텔레스가 주장했던 것처럼 질료에 내재하는 방식으로, 즉 질료와 분리할 수 없는 현실로 존재한다고 보았던 것이다. 바로 이러한 대상들의 특징을 밝혀내는 것이 수학자의 일이었다.

이와 같은 관점에서 에우클레이데스의 공준들은 논리적 전개를 통해 도형들 간의 연관성과 결속력을 구축하면서 기하학 탐구의 기틀을 마련했다고 볼 수 있다. 그런 식으로, 예를 들어 첫 번째 공준은 임의로 선택한 두 점이 선분을 통해 연결된다는 점을 명시하고 세 번째 공준은 동일한 원 중심에서 출발한 두 개의 선분은 길이가 같다는 사실을 통해 등식과 부등식에 대한 관점들을 끌어들인다. 과거의 기하학자들과 마찬가지로 에우클레이데스 역시 도구로 선분과 원, 자와 컴퍼스를 선호했다. 순수하게 사변적 학문이라는 기하학의 특징을 파괴하지 않는 유일한 도구가 바로 자와 컴퍼스였다.

공리를 토대로 하는 기하학 체제가 확립된 것과 『원론』처럼 짤막한 논술 형태의 글이 주요 서술 양식으로 정착하게 된 것 사이에는 깊은 연관성이 존재한다. 이 새로운 형태의 글은 일련의 '논리적 장점들'을 제공했다. 즉 용어 체제를 구축할 수 있도록, 반복해서 활용할 수 있는 논제들의 유형을 정립할 수 있도록, 논리적 과정과 결과를 지속적으로 점검할 수 있도록, 기하학적 지식을 용이하게 축적할 수 있도록 해 주었다. 이러한 요인들은 순수하게 교육적인 기능을 『원론』에 부여했다. 시간이 흐르면서 에우클레이데스의 『원론』은 교육적인 차원에서 중요한 역할을 담당했고 여전히 동일한 역할을 맡고 있는 것이 사실이지만, 이 책의 의미는 단순한 교육의 차원을 훌쩍 뛰어넘는다. 기하학이라는 학문을 이해하기 위한 빠른 길이 존재하는지 묻는 프톨레마이오스 왕에게 에우클레이데스가 대답했던 것처럼, "기하학에 왕도란 존재하지 않는다." 『원론』은 여러 문제점과 이를 해결하기 위한 방법을 공유하는 수학자들이 빼놓지 않고 읽어야 하는 책이며 그만큼 이 책을 중심으로 모인 학자들 공동체의 구심점 역할을 한다고 보아야 한다.

5

천문학적 현상을 설명하기 위한 우주 모형

: 히파르코스에서 프톨레마이오스까지

5.1 천문학적 현상을 설명하기 위한 새로운 기하학 모형

헬레니즘 시대의 천문학은 부동의 지구를 유일한 중심으로 하는 동심천구설을 대치하기 위해 새로운 기하학 모형을 탐색하기 시작했다. 기원전 4세기에 에우독소스가 고안해 낸 천문학 모형들을 칼리포스가 체계화했고 아리스토텔레스가 우주의 기능을 설명하기 위해 동일한 모형을 수용했지만, 이러한 모형들은 사실상 하늘에서 일어나는 현상들을 충분히 설명하지 못하고 행성들의 위치를 계산하는 데 있어서도 실용적이지 못하다는 단점을 가지고 있었다.

헬레니즘 시대의 천문학자들이 제시했던 다양한 이론들은 크게 두 갈래로 구분된다. 한편에는 우주의 지구중심설을 승리로 이끈 주전원 이론의 모형이 있고 다른 한편에는 16세기에 들어와서야 명예를 회복하게 되는 태양중심설 모형이 있다.

천문학적 현상의 관찰을 통해(수년에 걸쳐 별들의 움직임을 관찰한 결과를 바탕으로) 탄생한 지구중심설 모형들은 일련의 매개변수들과 함께 현실의 일부를 충실하게 표상할 수 있는 공간기하학 도형, 즉 구형球形을 사용했다. 이러한 모형들은 이미 관측된 현상들을 이해하는 데 쓰였을 뿐 아니라 앞으로 일어날 현상들, 예를 들어 별들의 위치를 예측하는 데에도 사용되었다. 하지만 지구중심설을 토대로 하는 모형들은 비교적 분명한 두 종류의 한계를 드러냈다.

첫 번째 한계는 역행운동을 보여 주는 행성들(예를 들어 수성, 금성, 화성, 목성, 토성)이 황도 선상에서 그리는 특별한 굴곡과 관련된다. 이 굴곡(오늘날에는 태양을 중심으로 하는 행성과 지구의 상대적인 움직임에 기인한다고 알려진 현상)은 위쪽이나 아래쪽을 바라보는 올가미 모양 혹은 S자 모양으로 모습을 드러낸다. 올가미나 S자는 종종 경도, 즉 황도(태양이 한 해 동안 황도대를 따라 움직이며 그리는 궤도)와 평행선상에서뿐만 아니라 위도, 즉 황도와 수직선상으로 상당히 커다란 곡선을 그리며 나타난다. 굴곡의 형태와 크기를 결정하는 것은 행성과 황도대다.

그러나 지구중심설을 토대로 하는 우주 모형, 즉 겹쳐진 상태에서 동시에 일률적으로 움직이는 네 개 혹은 다섯 개의 천구들에 의해 구축되는 모형에서 각 행성의 역행운동이 보여 주는 굴곡은 항상 동일한 형태로 나타난다. 즉 에우독소스와 그의 후계자들이 제시한 모형은 실제 현상에 대한 최초의 근사치를 의미한다. 에우독소스의 모형은 역행운동을 질적인 차원에서 설명하지만 결과적으로 얻어지는 굴곡은 실제로 하늘에서 관측되는 것과 아주 조금밖에는 닮지 않았다.

두 번째 한계는 역행운동을 보여 주는 행성들의 밝기와 관련된다. 화성과 목성, 그리고 토성의 밝기는 눈에 띄는 변화를 보여 준다. 세 행성 중에 어느 하나가 태양과 합(合, congiunzione)을 이룬 뒤 곧장 순행운동을 시작해 별들을 기준으로 서쪽에서 동쪽으로 움직일 때, 행성은 약한 빛을 발한다. 빛이 점점 강해지는 현상은 행성이 지구를 가운데 두고 태양의 맞은편에 위치하는 지점, 즉 충(衝, opposizione)에 도달하면서 일어난다. 가장 강렬한 빛은 행성이 역행운동에서 비롯되는 굴곡의 중심을 지날 때, 즉 별들을 기준으로 동쪽에서 서쪽으로 가장 빠르게 움직이는 지점에서 발산된다.

이러한 현상은 크게 두 가지 방식으로 설명될 수 있지만 지구중심설 모형은 이러한 설명 방식과 모순을 일으킨다. 먼저 행성 자체가 스스로의 밝기에 변화를 가져온다는 가정하에 제시되는 설명은 하늘이 불변한다고 믿었던 아리스토텔레스의 생각과 모순된다. 이어서 행성과 지구 사이의 거리가 주기적으로 증가하거나 감소한다는 가정 역시 아리스토텔레스가 생각했던 행성계의 구조와 모순을 일으킨다. 왜냐하면 지구중심설 모형에서 행성은 천구에 고정되어 있으며(네 번째 천구에 토성과 목성, 다섯 번째 천구에 화성과 금성과 수성이 고정되어 있다), 행성과 지구 사이의 거리는 원칙적으로 변할 수 없고, 행성을 품고 있는 천구의 반지름과 항상 일치하기 때문이다. 밝기의 변화를 거리의 변화에 기인하는 것으로 가정한다는 것 자체가 불가능한 것이다.

어떤 과학이론이 한계를 드러낼 때에는 새로운 요소들의 도입을 통해 문제를 해결하고 이론의 개량이나 완성을 시도하는 것이 보통이다. 결과적으로 몇몇 요인들은 수정되거나 교체되기도 하고, 오랜 세월이 흐르면서 이론 자체가 소멸되기도 한다. 지구중심설의 경우 대체 이론을 위한 가설들이 제시되기 시작한 것은 기원전 3세기경 그리스 문화권의 지중해 지역에서 활동하던 몇몇 수학자들의 연구를 통해서다. 새로운 이론들은 모두 플라톤이 주장했던 행성 운동의 순회성과 획일성의 원리에 관한 것이었다. 하지만 이들 중에 몇몇 이론들은 근본적으로 다른 관점에서 지구의 자전운동뿐만 아니라 태양을 중심으로 하는 공전의 가능성을 가정하기도 했다.

아테네에서 활동하며 헬레니즘 시대의 수학자들에게 지대한 영향을 행사했던 한 철학자가 있다. 바로 헤라클레이데스 폰티코스Herakleides Pontikos다. 플라톤과 피타고라스, 아리스토텔레스의 철학을 공부한 뒤 헤라클레이데스는 무한한 우주라는 독특한 개념을 고안해 냈다. 모든 행성들이 지구처럼 땅을 가지고 있으며 이를 에워싸는 대기층을 가지고 있다는 것이 그의 생각이었다. 헤라클레이데스의 저서들은 모두 소실되고 말았지만 그의 사상과 저서들에 대한 의견을 기록으로 남긴 후세대 학자들의 저술을 통해 헤라클레이데스 우주관의 본질적인 특징들을 가늠해 볼 수 있다. 그가 구축한 중요한 천문학적 관점은 두 가지로 요약된다. 첫 번째는 고정된 별들이 동쪽에 서쪽으로 움직이는 과정을 반대 방향으로 움직이는 지구의 자전운동을 통해 설명할 수 있다는 관점이다. 다시 말해 완벽하게 고정되어 있는 것은 지구가 아니라 별들이며 사실은 관찰자의 끊임없는 위치 변동 때문에 움직이는 것처럼 보일 뿐이라고 보았던 것이다. 헤라클레이데스는 아울러 지구와 태양을 두 개의 독립된 회전 중심으로 보는 '혼합형' 우주론을 제시했다. 지구를 중심으로 지구의 자전을 비롯해 달과 태양, 화성, 목성, 토성이 서쪽에서 동쪽으로 느리게 움직이며, 태양을 중심으로는 태양으로부터의 거리가 줄어드는 만큼 더 빠른 속도록 수성과 금성이 움직인다.

5.2 사모스의 아리스타르코스와 태양중심설의 형성 과정

헤라클레이데스의 관점을 수용한 사모스의 아리스타르코스(Aristarchos, 기원전 310년경~250년경)는 천구들의 일률적인 공전 체계라는 범위 안에서 행성들의 역행운동뿐만 아니라 거리와 밝기의 변화에 대한 설명을 시도했다. 하지만 이는 모든 행성들이 지구로부터 일정한 거리를 유지하는 구조 속에서는 사실상 불가능한 시도였고 결과적으로 우주의 정의 자체에 대대적인 수정을 가해야만 했다. 아리스타르코스의 저서들 가운데 남아 있는 것은 관찰된 자료를 바탕으로 행성들의 크기를 측정한 『태양과 달의 크기와 거리』라는 짤막한 논문뿐이다. 아리스타르코스는 월식 현상이 발생할 때 지구의 그림자 안에 몇 개의 달이 들어가는가를 기준으로 지구와 달의 크기를 비교했고 이를 통해 지구의 지름이 대략 달의 세 배에 달한다는 결론에 도달했다. 지구에서 태양까지의 거리와 지구에서 달까지의 거리를 비교하기 위해 그는 상현달이나 하현달이 뜰 때 태양과 달의 각도를 측정하여 비율을 산출해 냈다. 직각에 조금 못 미치는 측정 결과를 바탕으로 아리스타르코스는 태양과 지구의 거리가 지구와 달의 거리의 18배에서 20배에 달한다는 결론을 내렸다.

아리스타르코스의 발견 가운데 가장 혁신적이었던 최초의 태양중심설에 대해 기록을 남긴 인물은 시라쿠사의 아르키메데스Archimedes다. 그가 『모래알을 세는 사람Arenario』에 기록한 바에 따르면 "사스모의 아리스타르코스는 기록을 통해 몇몇 가설을 제안했다. 이에 따르면 우주는 우리가 익히 알고 있는 것보다 훨씬 더 큰 것으로 나타난다. 그는 태양과 별들이 움직이지 않고 고정되어 있으며 궤도의 한가운데 위치한 태양을 중심으로 지구가 원을 그리며 회전한다고 보았다. 행성들이 박혀 있는 천구는 동일한 태양을 중심으로 고정되어 있으며 그 크기는 지구의 공전 궤도와 고정되어 있는 별들 사이의 거리가 천구의 중심과 표면 사이의 거리에 가깝다고 보아도 무방할 정도로 광활하다." 이는 곧 지구를 포함한 모든 행성들이 태양을 중심으로 회전할 경우 행성들 간의 거리와 이들의 위치가 시간이 흐르면서 주기적으로 변한다는 것을 의미했다.

아리스타르코스의 우주관에 따르면 행성들의 역행운동과 밝기의 변화 및 이러한 현상들을 둘러싼 주변 상황은 태양을 중심으로 하는 지구와 행성들의 운동이 가져오는 필연적인 결과였다. 아리스타르코스는 예를 들어 대략 2년에 한 번씩 지구가 화성을 따라잡아 추월하는 현상이 벌어지고 이때 화성이 황도대를 기준으로 뒤처진다(역행운동)고 보았다. 추월이 이루어지는 동안 지구가 화성과 가장 가까운 지점을 통과하기 때문에 화성의 역행운동이 가장 빠른 속도로 이루어질 때 화성은 가장 밝게 빛난다. 지구가 정확히 태양과 화성 사이에 놓이기 때문에 이들은 황도대를 기준으로 서로 맞은편에 위치하는 것으로 나타난다(충衝).

하지만 태양중심설이 천문학적 현상에 대해 이처럼 설득력 있는 설명을 제시할 수 있었다면 왜 아리스타르코스의 동시대인들은 이를 곧장 수용하지 않았는가? 태양중심설은 왜 모두의 기억 속에서 급격히 사라진 뒤 서기 1500년대에 들어와서야 유럽 지식인들의 관심을 끌기 시작했는가? 태양중심설의 보급을 방해했던 원인은 크게 세 가지다.

첫 번째 원인은, 아르키메데스가 주목했던 것처럼, 별들이 고정되어 있는 천구를 너무 크게 설정해야 했기 때문이다. 실제로 고대인들은 지구중심설을 기준으로 별들이 지구와 비교적 가까운 곳에 위치한다고 생각했다. 아리스타르코스는, 프톨레마이오스Klaudios Ptolemaios가 천구에 비해 지구를 하나의 점으로 상정했던 것과는 달리, 공전 궤도상의 지구를 하나의 점으로 간주했다. 하지만 이때 천구에 박힌 두 별 사이의 거리는 지구가 태양과 별 사이에 있을 때보다 태양이 지구와 별 사이에 있을 때 더 좁아야 한다는 문제가 있었다. 하지만 이러한 거리 차이를 측정할 길이 없었기 때문에 이론적으로 천구는 아르키메데스가 지적했던 것처럼 지구중심설의 관점에서보다 태양중심설의 관점에서 천 배는 더 커야 한다는 결과를 가져왔다. 이러한 치수의 급증은 당시의 학자들을 곤경에 빠트렸다. 이들은 그 어마어마한 크기의 '텅 빈' 공간에 어떤 의미를 부여해야 할지 몰라 당혹스러워 했다.

두 번째 원인은 만약 지구가 엄청난 속도로 태양과 스스로의 축을 중심으로 공전과 자전 운동을 한다면 왜 지표면 위의 사물들은 꼼짝도 하지 않는가에 대한 답변을 제시할 수 없었기 때문이다. 아리스토텔레스의 물리학적 관점에 따르면, 한 물체의 자연 운동은 지구의 중심을 향하는 직선운동과 일치한다. 무거운 물체를 위로 던져 올렸을 때 다시 제자리로 떨어지는 것도 바로 이러한 원리 때문이다. 만약 물체가 올라갔다 내려오는 사이에 지구가 움직인다면 물체는 정확하게 동일한 지점으로 떨어질 수 없을 것이다. 지구가 움직인다면, 어떤 동력에 의해 동일한 방향으로 운동하지 않는 모든 사물들 역시 동일한 현상을 겪게 될 것이다. 지구가 움직인다면, 구름과 날아다니는 것들, 공중에 던져진 모든 것들은 결코 동쪽으로 이동할 수 없을 것이다. 동일한 방향으로 움직이는 지구가 이들을 추월할 것이기 때문이다. 이 모든 사물들은 뒤처질 수밖에 없고, 결국에는 서쪽으로 이동하는 것처럼 보일 것이다. 이것이 아리스토텔레스의 물리학적 관점을 토대로 제기된 반론이었다. 결론적으로 말해 아리스토텔레스의 물리학 체제를 뒤엎는 새로운 물리학을 제시하지 못했기 때문에 아리스타르코스의 지동설은 설득력을 잃을 수밖에 없었다.

세 번째 원인은 새로운 우주론에 내재하는 균형 파괴적인 요소였다고 볼 수 있다. 지구중심설은 모든 행성들이 지구를 중심으로 공전하는 체제였지만 아리스타르코스의 이론은 지구를 포함한 모든 행성들이 태양을 중심으로 공전하는 반면 달만큼은 지구를 중심으로 공전한다는 예외적인 경우를 포함하고 있었다. 고대인들은 이를 아주 특이한 상황으로 받아들였다. 왜냐하면 고대인들에게 균형과 균형미는 과학이론에서 빼놓을 수 없는 중요한 요소였기 때문이다.

5.3 주전원 이론

기원전 3세기에서 기원전 2세기 사이에는 지구중심설을 대체할 수 있는 또 다른 우주론 체제의 연구가 이루어졌다. 이 우주론은 지구가 우주의 움직이지 않는 중심이라는 관점을 그대로 유지하면서 천문학적 현상들을 상당히 정확하고 효율적으로 설명해 준다는 장점을 가지고 있었다. 이 우주론 구축에 크게 기여한 인물은 알렉산드리아학파의 두 수학자, 페르게의 아폴로니오스Apollonios와 니케아의 히파르코스Hipparchos다.

불행히도 일부만 남아 있는 아폴로니오스의 유일한 저서는 원뿔을 평면으로 절단하면서 얻는 특별한 곡선들(타원, 쌍곡선, 포물선), 이른바 '원뿔의 절단면' 연구과 연관된다. 반면에 아폴로니오스의 천문학적 발견에 관해 알려진 모든 것은 프톨레마이오스의 『수학적 조합*Mathematike syntaxis*』, 흔히 『알마게스트』로 알려진 저서의 몇몇 문장에서 유래한다.

이 저서를 통해 확인할 수 있는 것은 아폴로니오스가 행성의 역행운동을 두 원의 중첩 현상을 통해 설명할 수 있다고 보았다는 사실이다. 항상 지구를 중심으로 하기 때문에 '동심원'이라 불리는 첫 번째 원은 궤도 선상에 '주전원周轉圓'이라 불리는 또 하나의 훨씬 작은 원을 가지고 있다. 행성들의 공전 궤도가 바로 이 주전원의 궤도와 일치한다. 행성은 일정한 속도로 주전원을 따라 서쪽에서 동쪽으로 움직이며 주전원의 중심은 일정한 속도로 동심원의 궤도를 따라 역시 서쪽에서 동쪽으로 움직인다. 그런 식으로 토성, 목성, 화성, 금성, 수성의 위치는 두 원의 반지름 및 회전 속도와 비례관계를 유지하며 황도대를 따라 변화한다.

'동심-주전원 형태'로 정의되는 이 우주론 모형에서 주전원 중심의 공전 주기는 행성의 황도대 주기와 일치한다. 이 주기는 행성이 황도대를 한 번 완성하는 데 소요되는 시간과 일치하며 수성과 금성의 경우 1년, 화성의 경우 대략 2년, 목성과 토성의 경우 1년이 조금 넘는 시간이 소요된다. 지구를 중심으로 공전하는 동안 행성이 지구로부터 가장 멀어지는 지점이 있다. 이러한 현상은 행성이 태양과 합合을 이룰 때 일어나며 이때 행성은 가장 약한 빛을 발한다. 아울러 행성은 주전원과 동일한 방향으로 움직이기 때문에 서쪽에서 동쪽으로 가장 빠르게 이동하는 것으로 나타난다. 행성은 이어서 점차적으로 태양으로부터 멀어진 행성은 지구와 가장 먼 지점에서 가장 가까운 지점으로 움직인다. 이 운동은 행성이 정확히 태양과 맞은편에 위치하는 지점, 즉 충衝에 도달하면서 절정에 달한다. 이전과 달리 여기서 행성은 가장 밝은 빛을 발하며, 주전원의 궤도를 따르는 행성의 움직임과 동심원의 궤도를 따르는 주전원의 움직임은 서로 다른 방향을 쫓는다. 단 행성의 움직임이 주전원의 움직임보다 빠르기 때문에 행성은 며칠간 후퇴하는 것처럼 보인다.

5.4 니케아의 히파르코스와 분점의 세차운동

하지만 한 가지 문제가 남아 있었다. 역행운동을 하지 않고 유동적인 속도로 황도를 달리는 태양과 달이 '동심-주전원'을 모형으로는 정의할 수 없는 예외적인 경우였기 때문이다. 프톨레마이오스가 전하는 바에 따르면 이 두 천체의 움직임을 최초로 해석한 인물은 또 한 명의 수학자, 니케아의 히파르코스다.

히파르코스는 태양뿐만 아니라 달 역시 부동의 지구를 중심으로 이심원의 궤도를 따라, 다시 말해 구심점이 동일하지 않은 두 원의 궤도를 따라 움직인다고 보았다. 이 체제에 따르면, 태양은 예를 들어 지구와 더 가까운 이심원의 절반을 여행한 지점에서 황도를 더 빠르게 달리는 것처럼 보이고 반대로 지구와 더 먼 이심원의 절반을 여행한 지점에서는 더 느리게 달리는 것처럼 보인다.

유일하게 남아 있는 히파르코스의 저서 『아라토스와 에우독소스의 '현상학' 해설』은 별들이 뜨고 절정에 달한 뒤 지는 시간들을 다룬다. 프톨레마이오스는 히파르코스가 비록 관찰의 정확도는 뛰어나지 않지만 몇 세기 전 메소포타미아에서 관측된 몇몇 좌표들과의 비교를 통해 새로운 현상을 발견해 냈다고 전한다. 즉 시간이 흐르면서 별들이 박혀 있는 천구의 경도가 황도 선상에서 점차 증가하며 마치 천구가 천구 적도의 자전축을 중심으로 동쪽에서 서쪽으로 하루에 한 번 회전할 뿐만 아니라 백 년마다 1도씩 서쪽에서 동쪽으로 움직이는 것처럼 보인다는 사실을 발견해 냈던 것이다. '분점分點의 세차운동'이라고 불리는 이 현상에서 천구 적도와 황도의 교차점들, 즉 분점들은 서쪽으로 움직이는 듯이 보인다.

5.5 고대의 가장 위대한 천문학자 프톨레마이오스

아폴로니오스와 히파르코스의 기하학 모형을 바탕으로 윤곽을 드러내기 시작한 우주 구조는 기하학적인 측면에서 에우독소스나 칼리포스, 아리스토텔레스의 그것과 상당히 유사했지만 세부적으로는 상당히 다른 모습을 가지고 있었다.

새 우주론의 모형은 내용적인 측면에서뿐만 아니라 훨씬 더 많은 양의 천문학 현상들을 보다 효과적으로 설명해 주었고 동심원 체제의 천문학에서는 상상조차 할 수 없었던 잠재적 측정능력을 가지고 있었다. 동심원 체제의 천문학에서 황도대 선상의 행성 위치를 계산하는 일은 상대적으로 기울어진 상태에서 맞물려 공전하는 몇몇 천구들을 대상으로 복잡한 구면삼각법 문제를 해결해야 한다는 어려움을 안고 있었다. 반면에 주전원 체제의 천문학에서 행성의 위치를 계산하는 일은 맞물려 회전하는 두 원을 대상으로 아주 단순한 평면삼각법 문제를 해결하는 것만으로도 충분했다. 천문학의 새로운 모형은 실용적인 측면에서 놀라울 정도로 유리한 점들을 가지고 있었고 이러한 특징은 고대의 천문학자들을 정밀한 측정과 예측 방식을 탐구하는 방향으로 이끌었다. 천문학자들의 이러한 활발한 연구 활동은 서기 2세기에 등장하는 프톨레마이오스를 통해 절정에 달하게 된다.

제국 시대에 알렉산드리아에서 활동했던 프톨레마이오스에게 커다란 명성을 안겨 준 것은 그가 집필한 네 편의 천문학 저서다. 이들은 '위대하다'는 뜻의 『알마게스트』라는 제목으로 알려진 『수학적 조합*Mathematike syntaxis*』, 그리고 『실용 도판』, 『행성들에 관한 가설*Hypothesis in planmenn*』, 『테트라비블로스 *Tetrabiblos*』다. 이 저서들은 순서대로 수학적 천문학, 천체들의 움직임을 계산하는 데 활용되는 도판들, 아리스토텔레스의 우주론을 부분적으로나마 대체하기 위해 기획된 가상의 우주론 체제, 법률상의 천문학(점성술)을 다룬다.

『알마게스트』는 수학적 천문학에 대한 열세 권의 체계적인 해설서들로 구성된다. 지구의 부동성을 증명해 보인 뒤 프톨레마이오스는 행성들의 운동에 관한 공리를 다루는 데 유용한 수학적 개념들을 나열하며 설명을 시도한다. 그는 행성들의 운동을 설명하기 위해 필요한 특수한 측량 기준들을 묘사한 뒤 관찰을 통해 얻은 정보들이 어떻게 특정한 우주론 모형을 구축하는 데 유용하게 쓰일 수 있는지 설명한다. 『알마게스트』가 집중적으로 다루는 것은 태양의 여정이다.

프톨레마이오스가 관찰한 내용들은 수세기에 걸쳐 실효성을 잃지 않았고 그에게 일곱 행성의 움직임을 놀랍도록 정확하게 정의할 수 있도록 해 주었다. 행성들의 움직임을 묘사하면서 그는 완성된 행성 모형을 정의하기 위해 아폴로니오스와 히파르코스가 도입했던 이론들을 출발점으로 삼았다.

『실용 도판』은 『알마게스트』를 이해하기 위해 꼭 필요한 도구 역할을 담당한다. 여기서 프톨레마이오스는 행성 운동의 기하학적인 측면을 보다 깊게 연구하기를 원하지 않는 이들을 위해, 행성들의 위치를 파악하고 기타의 천문학적 현상들을 간단한 수학공식으로 규명하는 데 필요한 실용 도판들을 모아 정리했다.

행성 모형에 대한 잠재적인 예측능력에 더 많은 관심을 기울이는 것은 사실이지만 프톨레마이오스는 여기서 우주의 구조를 다시 정의하기 위한 시도도 빼놓지 않았다. 그는 비교적 정확하게 지구와 달 사이의 거리가 지구 반지름의 60배 정도에 달한다는 사실을 알아냈다. 지구와 달 사이의 거리, 지구와 달의 지름, 월식이 일어날 때 달에 비친 지구 그림자의 지름을 조합하는 방식으로 프톨레마이오스는 지구로부터 태양까지의 거리가 대략 지구 반지름의 1210배에 달하는 것으로 추정했다.

그의 또 다른 저서 『행성들에 관한 가설』에는 세계 구조의 형성에 관한 이론이 등장한다. 여기서 우주는 플라톤주의 전통에서 유래하는 여덟 개의 동심천구에 의해 구축된다. 일곱 개는 일곱 행성들을 위해, 나머지 하나는 고정된 별들을 위해 마련된다. 하지만 각각의 천구는 주전원과 고정된 이심원의 모형에 물리적으로 상응하는 특별한 구조로 형성되어 있다. 특정 행성(예를 들어 목성)의 천구는 지구를 중심으로 하는 동심천구 형태의 두 보호막에 에워싸여 있다. 외부 보호막은 바깥에 위치한 행성(토성)의 내부 보호막으로부터 영향을 받고 전자의 내부 보호막은 안쪽에 위치한 행성(화성)의 외부 보호막에 영향력을 행사한다. 천구를 에워싸는 동심천구 형태의 두 보호막 사이에는 이심천구 형태의 두 보호막이 위치한다. 후자의 두 보호막 사이에서 회전하는 것이 바로 주전원이다. 일률적인 공전운동은 가장 바깥에 있는 동심천구 형태의 보호막에서 첫 번째 이심천구 보호막으로 전달되고 이어서 후자에서 주전원으로, 주전원에서 두 번째 이심천구 보호막으로, 이 이심천구 보호막에서 가장 안쪽에 있는 동심천구 보호막으로 전달된다. 자신의 우주론 가설을 완성하기 위해 프톨레마이오스는 동심천구 보호막, 이심천구 보호막, 주전원들을 빽빽하게 끼워 넣어 이들 사이에 어떤 빈공간도 남지 않도록 만들었다. 결과적으로 그가 얻어 낸 것은 상당히 축소된 규모의 우주였지만 이러한 우주체제는 그가 구축한 행성 모형과 아리스토텔레스 우주 구조의 독창적인 융합을 보여 준다. 그래서 이를 바로 '아리스토텔레스-프톨레마이오스'의 우주체제라고 부른다.

17세기 초반까지만 해도 수학적 천문학은 별들의 움직임을 해석하는 점성술과 깊은 연관이 있었다. 따라서 프톨레마이오스가 우주의 과학적인 측면들을 정의하는 일 외에, 천상의 기호들을 해석하기 위해 특별히 점성술에 관한 『테트라비블로스』를 집필했다는 것은 그다지 놀랄 만한 일이 못 된다. 하지만 프톨레마이오스의 점성술 책이 가지고 있는 독창적인 측면은 그가 점성술에도 조직적인 지식 체계를 도입했다는 점이다. 프톨레마이오스는 『테트라비블로스』를 통해 천문학적인 차원의 몇몇 일반적인 전제들을 제시한 뒤 다수의 천체와 지구 사이의 기하학적 상응관계를 설명하면서 결론적으로 하늘이 지상의 날씨나 민족, 도시나 개인에게 얼마나 커다란 영향을 끼칠 수 있는지에 대해 설명했다. 프톨레마이오스와 함께 점성술은 마술의 차원에서 벗어나 수학적 천문학을 실용적으로 적용한 학문으로 성장했다. 상응관계와 규칙성의 분석을 토대로 하기 때문에, 그의 점성술은 별과 행성의 위치를 예측할 수 있고 그 의미를 이해할 수 있는 사람은 누구든 접근할 수 있는 학문으로 발전했다.

6

수학, 물리학, 천문학

: 아르키메데스

아르키메데스는 287년 시라쿠사에서 태어났다. 알렉산드리아 유학 기간을 제외하면 평생을 시라쿠사에서 살았고 기원전 212년 로마가 시라쿠사를 침공했을 때 65세의 나이로 세상을 떠났다. 수학자, 물리학자, 천문학자였던 아르키메데스는 고대 최고의 과학자 중 한 명이다. 아르키메데스는 물리학 분야에서 두 편의 논문, 『수평에 관하여』와 『부체浮體에 관하여』를 남겼다. 첫 번째 논문에서 그는 고대에도 널리 알려져 있던 지렛대의 원리, 즉 두 물체는 이들의 무게가 중심에서의 거리와 반비례할 때 평형을 유지한다는 원리를 구체적으로 이론화했다. 지렛대의 원리는 아리스토텔레스학파 철학자들 역시 이미 다룬 바 있는 주제였지만 아르키메데스는 완전히 새로운 방식으로 오로지 대칭의 원리, 즉 동질의 물체들이 대칭을 이룰 때 균형을 유지한다는 원리만을 토대로 결론에 접근했다.

아르키메데스는 그의 글에서 모두 세 뼘에 해당하는 길이의 지렛대를 예로 들어 설명한다.

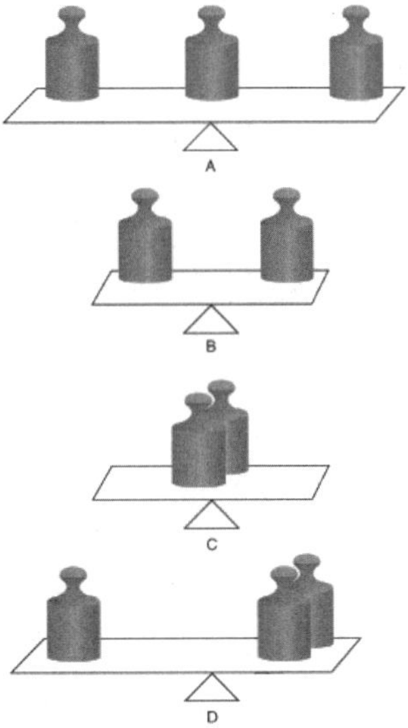

같은 무게를 지닌 물체 세 개 가운데 두 개는 지렛대 양쪽 끝에, 하나는 받침점 위에 놓여 있을 경우(상황 A), 지렛대는 대칭의 원리에 따라 균형을 이룬다. 이어서 지렛대의 길이를 반으로 줄였을 때에도 지렛대는 동일한 원리에 따라 중앙에 위치한 받침점을 기준으로 균형을 유지한다(상황 B). 이제 이러한 경우들을 조합했을 때, 즉 받침점으로부터 왼쪽으로 두 뼘에 달하는 곳에 1개의 물체를 올려놓고 오른쪽으로 한 뼘에 달하는 곳에 두 개의 물체를 올려놓았을 때 지렛대는 정확하게 균형을 유지한다(상황 D). 아르키메데스는 이러한 설명 과정의 보편성에 주목하면서 구시대 철학자들의 사변적인 방식을 버리고 지렛대의 원리를 수학적으로 증명하는 데 성공했다. 그의 접근 방식은 논리적인 차원에서 에우클레이데스가 『원론』에서 취했던 것과 상당히 비슷했고 그런 식으로 아르키메데스는 근대 물리학의 특징이라고 할 수 있는 수학과 역학의 긴밀한 연관성을 역사상 처음으로 구축하는 데 성공했다.

『부체에 관하여』에서 아르키메데스는 정수압의 원리를 체계화했다. 정수압의 원리란 어떤 물체를 물속에 집어넣을 때 물체가 밀어낸 물의 부피에 정확히 상응하는 압력이 아래에서 위로 물체에 가해진다는 원리를 말한다. 바로 이 원리를 발견하면서 아르키메데스가 외쳤던 말이 '유레카'(찾아냈다!)다.

아르키메데스는 수학 분야에서도 이루 말할 수 없이 중요한 업적을 이루어냈다. 『모래알을 세는 사람』이라는 제목의 논문에서 그는 우주를 완전히 채울 수 있는 모래알 수의 계산을 시도한 바 있다. 순수하게 학문적인 실험과는 거리가 먼 시도였다. 아르키메데스에게 필요한 것은 어마어마한 크기의 수, 하지만 추상적이기만 한 수가 아니라 실질적이고 물리적인 의미를 표상할 수 있는 수였다. 실제로 그가 논문을 통해 꾀했던 것은 어떤 수든 표상할 수 있는 지수함수 체제를 구축하는 것이었다. 그런 식으로 아르키메데스는 지구의 둘레나 태양과 지구 사이의 거리 같은 물리량과 관련하여 당시에 일반적으로 통용되던 치수들보다 훨씬 더 큰 단위의 숫자들을 제시했고, 아울러 지구중심설을 토대로 했을 때보다 훨씬 더 커다란 우주를 전제로 하는 아리스타르코스의 태양중심설을 기준으로 계산을 시작했다.

특히 중세에 널리 알려졌던 『원의 측량에 관하여』라는 짧은 글은, 세 문장밖에는 남아 있지 않다. 원의 둘레를 다루는 문장에서 그는 원의 안쪽과 바깥쪽으로 연접하는 다각형의 둘레 사이에 차이가 있다는 점에 주목하고 이를 측정하면서 원주율을 알아냈다. 이는 그가 생각했던 원의 면적이 오늘날의 표기법대로 πr^2과 일치한다는 것을 의미한다. 상당히 독창적인 세 번째 문장은 모든 종류의 근사치를 π로 계산해 내는 이른바 '아르키메데스의 알고리즘'이라는 방법론을 다룬다. 이러한 방법론의 혁신적인 측면은 기존의 기하학을 순수하게 산술적인 과정으로 축소시킴으로써 원하는 근사치를 얻을 때까지 무한히 반복할 수 있는 방법을 고안해 냈다는 데 있다.

『와선渦線에 관하여』에서 아르키메데스는, 상당히 시각적인 측면에서 오늘날 그의 이름을 따라 '아르키메데스의 와선'이라고 부르는 곡선을 고정된 점에서 반직선이 일정한 각속도로 회전하며 멀어질 때 중심으로부터의 거리가 회전각에 비례하는 와선으로 정의했다. 와선에 관한 아르키메데스의 연구는 상당히 중요한 두 가지 결과로 이어졌다. 먼저 와선의 첫 번째 회전 영역을 측정하는 것과, 아울러 와선의 어떤 지점에서든 접선의 방향을 규정하는 것이 가능해졌다(아르키메데스 이전에는 어느 누구도 원이 아닌 곡선의 접선을 정의한 적이 없었다).

아르키메데스는 아울러 원추의 절단면을 계산하는 방법을 연구했다. 『포물선의 구적에 관하여』에서 그는 실진법을 통해 포물선의 절단면이 그 안에 내접하는 삼각형 면적의 4/3에 해당한다는 것을 증명해 보였다. 아르키메데스는 하지만 원추 절단면의 면적을 구하는 문제에 있어서 보다 보편적인 원리, 즉 타원과 쌍곡선에도 적용될 수 있는 공리를 발견해 내지는 못했다.

『구球와 원기둥에 관하여』는 이 형체들에 관한 상당수의 중요한 공리들을 담고 있다. 이들 가운데 하나가 바로 모든 구의 부피는 구의 지름과 동일한 지름 및 높이를 가진 원뿔의 2배에 해당한다는 원리다. 이 논문은 원기둥에 내접하는 구의 부피에 관한 공리 역시 포함하고 있다. 구의 부피는 지름과 높이가 같은 원기둥의 2/3에 해당한다. 이 공리에 대단한 자부심을 느꼈던 아르키메데스는 원기둥에 내접하는 구 모양을 자신의 무덤에 새겨 넣기까지 했다.

아르키메데스의 저서들은 대부분 소실되어 남아 있지 않다. 하지만 바로 그런 이유에서 간단이나마 아르키메데스의 몇몇 글들이 수록되어 있는 유명한 복기지(palinsesto, 원래 쓰였던 글을 지우고 그 위에 또 다른 글을 기록한 양피지)에 대해 살펴볼 필요가 있다. 이 문서는 원래 콘스탄티노폴리스에서 10세기에 제작된 것으로 추정된다. 하지만 13세기 초에 아르키메데스의 글은 자취를 감추게 된다. 사람들이 이 양피지의 내용을 완전히 지우고 그 위에 기도문을 적어 넣었기 때문이다. 19세기에 이르러서야 학자들은 기도문 아래에 수학 논문이 숨어 있고 이를 식별해 낼 수 있다는 사실을 발견했다. 1906년에서 1908년 사이에 이 문서를 집중적으로 연구한 덴마크의 문헌학자 요한 루트비히 하이베르크Johan Ludvig Heiberg는 양피지에 아르키메데스의 저서들이 먼저 기록되어 있었다는 사실을 밝혀냈다. 이 문서는 다른 저자들의 글과 익히 알려진 아르키메데스의 글들 외에도 이전에는 알려진 바가 없었던 『방법론』이라는 논문을 수록하고 있었다. 이 글의 발견은 아르키메데스를 새롭게 해석하는 데 결정적인 계기를 마련했다. 사실 『방법론』 외의 모든 논문에서는 공리의 정의와 증명을 읽을 수 있을 뿐 그 이전 단계로 거슬러 올라가는 연구 과정에 대한 흔적을 전혀 찾아볼 수 없었다.

아르키메데스는 그의 '방법'을 역학에서 차용했다. 그래서 그는 그의 방법론이 그다지 엄격하지 않다고 말한다. 하지만 아르키메데스의 '방법'은 연구 결과를 뒷받침한다는 점에서 뛰어난 탐색 기능을 가지고 있다. 그의 방법론은 실제로 새로운 공리의 탐색과 실진법을 통한 증명을 용이하게 한다는 장점을 가지고 있다. "나는 빈번히 내가 역학의 도움으로 발견해 낸 정리들을 기하학적인 방식으로 증명했다. 왜냐하면 정리를 찾아내는 과정은 진정한 차원의 증명 방식을 갖추고 있지 않기 때문이다. 하지만 그런 방법을 통해 문제점들에 대한 대략적인 이해가 이루어진 다음에는 아무런 개념 없이 시도하는 것보다는 훨씬 수월하게 정리를 증명해 낼 수 있다."

아르키메데스는 이러한 방법을 통해, 예를 들어 포물선의 절단면 구적과 관련된 정리를 발견해 냈다. 실제로 그는 역학에서 지렛대 양쪽에 동일한 무게의 물건들을 올려놓고 평행을 유지하는 것과 유사하게 포물선 절단면을 지렛대 위에 올려놓고 평행이 유지되는 것을 상상하면서 정리를 도출해 냈다.

고대인들의 지식 보존과 백과사전

고대로부터 인류가 지식을 전승해 온 가장 일반적인 방식 중에 하나는 백과사전 혹은 이와 유사한 형태의 논문들이다. 백과사전은 일련의 과학적 정의들(예를 들어 '개는 태반 포유류와 개과에 속하는 육식 포유동물이다'라는 식의 정의)을 제시할 목적으로 만들어지지 않았다. 이러한 분류법은 개가 실제로 어떻게 생겼는지에 대해서는 우리에게 아무런 이야기도 해 주지 못한다. 실제로 이처럼 상세한 설명은 상당히 뒤늦게야 등장했고 17세기만 해도 크루스카Crusca 사전을 살펴보면 개는 그저 '잘 알려진 동물'에 지나지 않았다. 하지만 고대인들은 마치 어린아이처럼 개 혹은 낙타가 어떻게 생겼는지, 아시아가 어떤 모양을 하고 있는지, 다이아몬드는 무엇인지 알고 싶어 했고, 더 나아가서 이 동물이나 돌 혹은 지대가 어디에 있는지도 알고 싶어 했다. 바로 이러한 종류의 정보들을 모아 놓은 것이 여전히 오늘날에도 '백과사전'이라는 이름으로 불린다.

고대 백과사전의 모형

백과사전enciclopedia이라는 용어는 그리스에서 완전한 교육을 의미하던 'enkyklios paideia'에서 유래한다. 백과사전이라는 말은 16세기에 들어와서야 사용되기 시작했지만 백과사전적 논문이라는 개념은 고대로 거슬러 올라간다.

그리스의 백과사전은, 적어도 옛 지식의 모음집이라는 차원에서는, 남아 있는 것이 없다. 아리스토텔레스의 저서들은 논리학에서 천문학과 동물학에 이르기까지 다양한 분야들을 다루었기 때문에 분명히 백과사전적인 측면을 가지고 있지만 다양한 지식의 조합을 전제로 하는 모음집이 아니라 새로운 학문을 제안한다는 차원에서 쓰였다.

사실상 그리스 백과사전의 예로 간주되어 온 것들은 오히려 전설의 땅과 민족들에 대한 궁금증이나 경이의 표현에 지나지 않는다. 『오디세이아』에서 발견되는 백과사전적인 관심의 흔적도 바로 이런 차원의 것들이다. 동일한 맥락에서, 헤로도토스가 이집트와 다른 야만족들의 경이로운 세상을 묘사할 때에도 분명히 백과사전적인 관심을 가지고 있었다고 볼 수 있다.

정확한 집필 시기는 알 수 없지만 알렉산드로스 대왕의 동시대인 칼리스테네스Kallisthenes가 헬레니즘 시대 초엽에 썼을 것으로 추정되는 『소설 알렉산드로스』는 마케도니아의 왕 알렉산드로스의 모험에 대해 이야기하지만 사실은 신비로운 동물들로 가득한 경이로운 나라들의 여행 안내서에 가까운 작품이다.

알렉산드리아의 개화기에는 실제로 경이로운 사건이나 사물들의 소개에 주력하는 저서들이 많이 집필되었다. 예를 들어 람프사케노스Lampsakenos의 스트라톤Straton이 쓴 특이한 동물에 관한 책이나 카리스티오스Karystios의 안티고노스Antigonos와 칼리마코스Kallimachos의 『경이*Mirabilia*』가 이런 종류의 백과사전이었다. 기원전 3세기경 헬레니즘 문화를 배경으로 쓰였고 일찍부터 아리스토텔레스의 저서로 추정되어 온 『들어 본 경이에 관하여*De mirabilibus auscultationibus*』는 사실상 식물학, 광물학, 동물학, 수로학, 신화학 분야의 놀라운 사실들을 수록한 일종의 모음집에 지나지 않는다. 좀 더 후에 집필된 폼포니우스 멜라Pomponius Mela의 지리학 저서 『세계의 위치에 관하여*De situ orbis*』, 엘리아누스의 『동물의 속성에 관하여*De natura animalium*』, 혹은 디오게네스 라에르티오스의 『그리스 철학자 열전』 역시 특수한 분야의 백과사전이라고 볼 수 있다.

헬레니즘 시대에는 로마와 중세가 백과사전에 부여하던 기능을 모든 것들에 대해 이야기하는 한 권의 책 대신 모든 책들을 소장하는 도서관과 가능한 모든 사물들을 보존하는 박물관에 부여했다. 예를 들어 프톨레마이오스 1세가 알렉산드리아에 세운 박물관과 도서관(50만 권에서 70만 권의 책을 소장하고 있었던 것으로 전해진다)은 진정한 의미에서의 대학을 구축하는 핵심적인 요소였고 자료 수집 및 탐구와 지식 보전의 중심지였다.

백과사전이 발달한 곳은 오히려 그리스의 모든 학문을 전폭적으로 수용한 로마였다. 로마인들은 그리스의 문화유산을 고유의 것으로 받아들였고 로마가 정복한 그리스는 결국 야만적인 승자를 문화적으로 굴복시켰다. 예를 들어 바로Marcus Terentius Varro의 『고대의 신성한 것과 인간적인 것에 관하여*Rerum divinarum et humanarum antiquitates*』는 역사와 문법, 수학, 철학, 천문학, 지리학, 농학, 법학, 수사학, 예능, 문학,

그리스 로마의 위인전, 신들의 역사 등 다양한 분야의 지식들을 다룬 백과사전적 저서다. 하지만 이 책은 불행히도 단상의 형태로만 남아 있다. 반면에 대 플리니우스Gaius Plinius Secundus의 『자연사*Historia Naturalis*』(2만 개에 달하는 항목과 500명에 달하는 저자들이 인용된다)는 37권의 책이 남아 있으며 천구와 우주, 세계의 여러 지역과 경이, 무덤, 지상의 동물, 물고기, 새, 곤충, 식물, 동식물에서 축출한 약제, 금속, 그림, 희귀한 돌과 보석 등에 관한 정보와 설명으로 채워져 있다.

언뜻 보면 플리니우스의 저서는 아무런 구조 없이 무수한 정보들을 무질서하게 쌓아놓은 것처럼 보이지만 어마어마한 분량의 목차를 주의 깊게 살펴보면 사실은 플리니우스가 천구를 다룬 뒤에 지리학, 인구학, 민속학, 인류학, 생리학, 동물학, 식물학, 농학에 이어 정원 가꾸기, 자연 약학, 의학, 마술, 광학, 건축, 조형예술 등을 다루면서 하나의 위계질서를 바탕으로 원천적인 것에서 유출된 것으로, 자연적인 것에서 인위적인 적으로 나아가고 있음을 깨닫게 된다.

플리니우스의 저서를 모형으로 백과사전을 만든 이들이 본보기로 삼았던 또 하나의 특징은 그가 경험을 통해 인식한 것들에 대해 이야기하는 대신 전통적으로 전해 내려오는 지식들에 대해서만 이야기했다는 점과 사실상 믿을 만한 정보와 전설적인 이야기를 구분하려는 어떤 노력도 기울이지 않았다는 사실이다(예를 들어 그는 바실리스크와 같은 신화적인 동물과 악어를 사실상 동일한 선상에서 다룬다). 중세에 일어났던 것처럼, 이러한 종류의 백과사전이 추구했던 것은 실제적인 사실들의 기록이 아니라 사람들이 전통적으로 믿어 왔던 사실들의 기록이었고 교육받은 사람이 알아야 할 모든 것, 따라서 세계를 이해하는 데 필요한 지식뿐만 아니라 세계에 대한 담론을 이해하기 위해 필요한 지식의 수록이었다. 이러한 특징은 일찍이 헬레니즘 시대의 백과사전에서도 분명하게 드러나 있었고(예를 들어 위僞 아리스토텔레스의 『들어 본 경이에 관하여』에서는 "사람들이 말하기를", "들리는 이야기에 따르면"과 같은 표현들이 끊임없이 사용된다) 중세와 르네상스 및 바로크 백과사전에서는 아주 일반적인 특징으로 정착했다.

프랑스 철학자 미셸 푸코Michel Paul Foucault는 『말과 사물』(II, 4)에서 18세기에 뷔퐁Georges-Louis Leclerc Buffon이 16세기의 자연학자 알드로반디Ulisse Aldrovandi의 저서 속에 "정확한 묘사와 전해들은 이야기들의 인용, 주석이 없는 우화, 어떤 동물의 해부학이나 서식棲息, 신화적 가치, 혹은 문장紋章에 활용되는 경우, 약학이나 마술에 적용되는 경우들에 대한 상당히 자의적인 소견들이 복잡하게 얽혀 있는" 것을 보고 놀라워하지 않을 수 없었다고 전한다. 푸코의 설명에 따르면 사실 "알드로반디와 그의 동시대인들에게 이 모든 것들은 '전설legenda', 즉 읽을거리da leggere에 불과했다. (……) 자연과 인간이, 세계의 언어와 시인들의 전통이 보여 주고 들려주고 이야기하는 모든 것들을 단일하고 동일한 형식의 지식 속에 긁어모을 필요가 있다고 보았던 것이다."

이러한 특징은 사실상 고대의 백과사전에서도 고스란히 발견된다. 헬레니즘 시대의 백과사전 혹은 대 플리니우스의 저서와 현대의 백과사전 브리태니커의 차이점은 간단히 말해 전설의 개념과 과학적으로 검증된 사실을 구분하는 데 기울이는 관심의 차이라고 할 수 있다. 하지만 이러한 차이점을 제외하면 현대의 백과사전들 역시 전해진 바 있는 모든 것들에 대해, 예를 들어 황산뿐만 아니라 아폴로에 대해서도 말하는 것을 원칙으로 한다.

VI

로마의 철학

La filosofia
e le sue storie

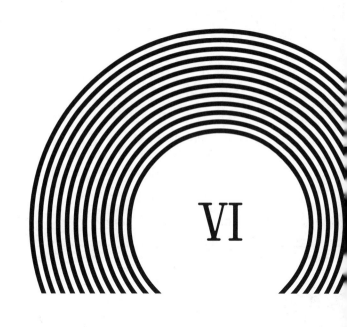

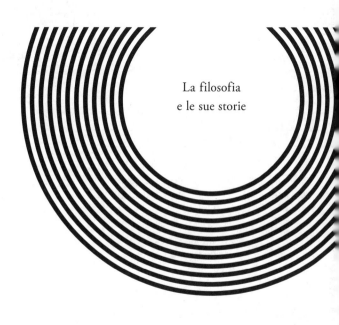

기원전 63년
카틸리나의 모반

기원전 44년(3월 15일)
율리우스 카이사르의
암살

기원전 27~14년
아우구스투스,
군주 즉위

서기 33년
황제 클라우디우스의 명령으로
네로의 교육을 맡은 세네카

서기 54~68년
율리우스-클라우디우스 왕조의
마지막 혈통 네로의 황제 즉위

서기 161~180년
마르쿠스 아우렐
황제 즉위

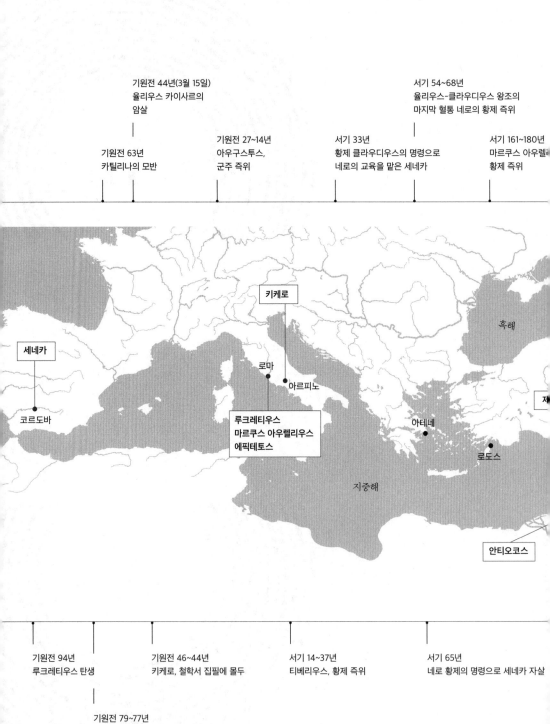

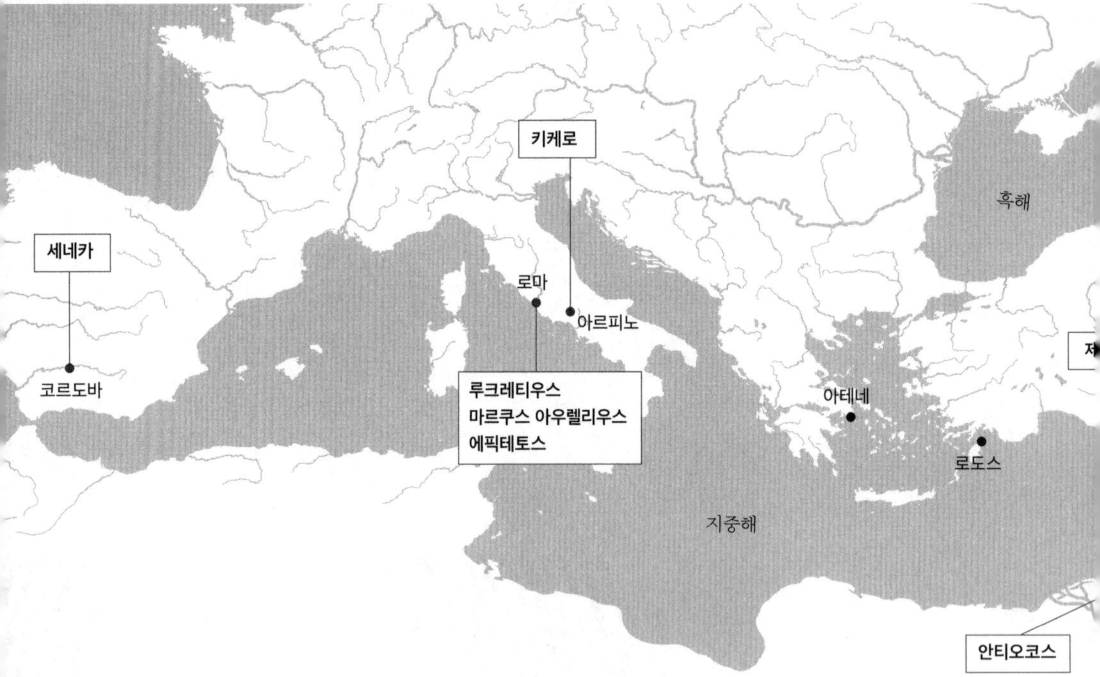

기원전 94년
루크레티우스 탄생

기원전 79~77년
철학과 수사학 공부를 위해
아테네와 소아시아,
로도스를 찾은 키케로

기원전 46~44년
키케로, 철학서 집필에 몰두

서기 14~37년
티베리우스, 황제 즉위

서기 65년
네로 황제의 명령으로 세네카 자살

포에니 전쟁의 종결을 기점으로 서로마제국의 몰락에 이르는 시기에 지중해를 중심으로 발달한 철학을 라틴 혹은 로마 철학으로 분류하는 데 오해의 소지가 있다는 것은 분명한 사실이다. 하지만 그 이유가, 저급한 철학 소개서들이 주장하는 것처럼, 로마 철학이 실제로는 존재하지 않았기 때문이라고 보기는 힘들다. 실제로 키케로나 세네카 혹은 마르쿠스 아우렐리우스와 같은 사상가들이 그리스 문화의 주제들, 특히 헬레니즘 시대의 철학을 답습했다는 것은 사실이지만 이들에게 지적 엄격함이 부족했던 것은 아니다. 아울러 루크레티우스와 같은 거인이 존재했다는 점도 기억해야 한다. 이 시기의 철학을 로마 철학으로 분류하면서 드러나는 오해는 시대 분류의 요구와 주제 분류의 요구가 충돌하면서 발생한다. 바로 그런 이유에서 이 시기에 대두된 로마의 철학, 그리스도교 사상, 유대 사상, 신플라톤주의학파의 활동을 통해 부활한 플라톤 철학, 플로티노스의 철학, 서기 2세기 이후로 지중해 세계를 장악한 다양한 형태의 종교적 혼합주의, 예를 들어 영지주의나 마니교와 같은 종교사상 등은 모두 개별적으로 다루어지는 것이 일반적이다.

이는 마치 어떤 역사가가 20세기의 문화를 여러 권의 책으로 나누어서, 한 권은 미국 문화를 또 한 권은 소련 문화를 또 다른 책들은 식민지 문화와 인도와 중국을 다루면서 여러 가지 가능성들, 예를 들어 한 소련 사람이 미국에서 출판된 책을 읽었다거나 인도 철학의 영향을 받았을 가능성, 혹은 한 아이가 그리스도교 사상에 대해 많은 것을 알고 있었다거나 폴리네시아인들이 소르본에서 유학을 했을 가능성 등은 전혀 고려하지 않는 경우와 마찬가지라고 할 수 있다. 우리는 세네카와 성경을 그리스 문화적인 차원에서 새롭게 해석하던 알렉산드리아의 필론Philon이 같은 세기에 살았고 글을 썼다는 사실을 쉽게 떠올리지 못한다. 아울러 바실리데스Basilides, 발렌티누스Valentinus, 마르쿠스 아우렐리우스, 순교자 유스티누스Justinus, 알렉산드리아의 클레멘스와 같은 영지주의자들이 동시대인들이었다는 사실을 우리는 쉽게 받아들이지 않을 뿐더러 세네카가 서기 20년에 이집트를 방문했고 이집트 문화를 섭렵했다는 사실도 충분히 검토하지 않는다. 하지만 이 모든 사람들이 정말 서로 모르고 지냈다는 것은 타당한 이야기인가? 아마도 마르쿠스 아우렐리우스는 바실리데스와 같은 영지주의자의 존재에 대해 알 수 없었을 것이다. 그만큼 그리스도교는 서기 2세기 초에 아직 널리 알려지지 못한 상태였다. 이러한 사실은 비티니아로 파견된 소 플리니우스Gaius Plinius Caecilius Secundus가 황제 트라야누스Marcus Ulpius Trajanus와 이 '새로운' 종교 문제를 어떻게 받아들여야 할지 의논하는 모습에서 확인할 수 있다. 하지만 반대로 교부들은 그들이 이단이라고 주장하는 사상들에 대해 상당히 많은 것을 알고 있었다. 그리고 그리스도교와 신플라톤주의의 교류는 결코 일시적인 현상이 아니었다.

철학은 그리스에서 로마로 수입되었고 그리스 철학과 전적으로 다른 로마만의 독립된 철학이 형성된 적은 없다. 예외가 있다면 제국시대 초기에 설립된 섹스티우스Quintus Sextius의 철학 학교일 것이다. 로마인들은 그리스인들처럼 추상적인 사고를 사랑하는 대신 자신들의 전통적인 사고에 깊이 천착하는 경향을 보였고 로마의 위대함과 권력에 상응하는 모든 것에 깊은 관심을 기울였다. 철학은 문화 교육과 로마 지식인 계층의 '후마니타스'* 교육의 일부였고 동시에 이러한 한계를 넘어서는 안 되는 분야로 간주되었다.

그러나 로마 철학이 그리스 철학의 주제들을 선택하고 이를 '모스 마이오

* '후마니타스humanitas'는 '스키피오서클'이라는 기원전 2세기 로마의 문인협회에서 인간을 향한 관심과 따뜻한 배려의 이상을 가리키는 도덕적 가치로 탄생한 개념이다. '스키피오서클'은 로마 귀족층의 정치인들과 문인들로 구성된 집단의 이름이며 로마에서 헬레니즘적인 성향의 문학, 철학, 문화의 계몽 활동을 주도했다.

룸'**의 도덕적 이상과 정치적 인간의 완전한 교육이라는 요구에 적응시키는 과정의 독창성과 창조성을 인정하지 않는 것은 부당한 처사일 것이다. 로마에서 철학을 전공한 사람들의 수가 그리 많지는 않았지만 로마의 지식인들 대부분이 간접적으로 철학의 영향을 받은 것이 사실이다. 대표적인 예로 마르쿠스 테렌티우스 바로, 혹은 호라티우스Horatius, 베르길리우스, 페르시우스Persius, 페트로니우스Gaius Petronius Arbiter와 같은 시인들, 역사학자 타키투스Publius Cornelius Tacitus 등을 들 수 있다. 스토아 철학은 로마의 스키피오서클뿐만 아니라 이들과 경쟁하던 그라쿠스 형제의 민주당파 지식인들에게도 깊은 영향을 끼쳤다. 황제 마르쿠스 아우렐리우스뿐만 아니라 노예 출신의 철학자 에픽테토스 역시 자신이 스토아 철학의 후계자임을 밝힌 바 있다. 세네카 역시, 비록 에피쿠로스 철학과 견유학파, 중기 플라톤주의의 영향을 받았지만, 스토아 철학자라고 할 수 있다. 그리스 철학을 토대로 하는 이와 유사한 절충주의는 키케로의 저서에서도 그 흔적을 찾아볼 수 있다. 반면에 에피쿠로스의 사상을 라틴어로 보급하는 데 결정적인 역할을 한 것은 루크레티우스의 『만물의 본성에 관하여*De Rerum Natura*』다.

로마의 철학사는 크게 두 시기로 구분된다. 첫 번째는 기원전 2세기에 비록 제한적이었지만 그리스 철학이 로마에 보급되던 시기, 두 번째는 그리스 철학을 라틴어로 재구축하면서 본격적인 로마 철학이 형성되는 시기다.

** 문자 그대로 '선조들의 풍습'을 뜻하는 '모스 마이오룸Mos maiorum'은 고대 로마 사회의 전통윤리의 핵심을 상징하는 표현이다.

1

우주의 문법

: 루크레티우스

루크레티우스Titus Lucretius Carus의 삶에 관하여 남아 있는 한 줌의 정보는 성 히에로니무스Hieronymus가 남긴 증언에 고스란히 요약되어 있다(7000행이 넘는 그의 『만물의 본성에 관하여』에서 그의 삶에 대한 흔적은 조금도 찾아볼 수 없다). "94년에 시인 티투스 루크레티우스가 태어났다. 사랑의 묘약으로 인해 광인이 된 그는, 머리가 맑았을 때 여러 권을 책을 썼고 이 책들은 키케로에 의해 출판되었지만 44세의 나이에 스스로 목숨을 끊었다." 하지만 이 문장이 제공하는 정보는 불확실하고 부정확하다. 4세기의 문법학자 도나투스Aelius Donatus의 『베르길리우스의 삶』이 루크레티우스의 탄생을 기원전 99(98)년으로 추정하고 있기 때문이다. 히에로니무스의 증언이 불확실하고 의심스러운 또 다른 이유는 루크레티우스의 광기와 자살에 대한 언급 때문이다. 사실 자살 이야기는 다른 어느 문헌에서도 찾아볼 수 없을 뿐만 아니라 무엇보다도 교부들이나 그리스도교 옹호론자들이 이 부분에 대해 만장일치로 침묵을 지켰다는 사실과 전혀 상통하지 않는다. 루크레티우스의 광기와 자살 이야기가 사실이라면 그리스도교 옹호론자들은 이 슬픈 결말에서 에피쿠로스주의를 비판하고 그리스도교를 옹호하기 위한 최상의 논쟁거리를 발견하고 총력을 기울여 비판했을 것이다. 루크레티우스의 자살에 대한 그리스도인들의 침묵의 논제는 여전히 오늘날의 비평가들을 당황스럽게 할 뿐만 아니라 결과적으로 자살에 관한 소식을 그리스도교 내부에서 무르익은, 혹은 반에피쿠로스주의자들에 의한 일종의 악의적인 위조로, 다시 말해 루크레티우스의 유물론과 무신론을 어떤 정신적인 결함의 산물로 폄하하고 그의 자살을 에피쿠로스의 유물론적이고 긍정주의적인 이론 자체와 모순되는 기호로 보이게 만들려는 의도에서 비롯된 일종의 위조로 간주하도록 만들었다.

1.1 만물의 새로움: 이성의 선지자 루크레티우스

스토아 철학의 수도에서, 다시 말해 활동negotium의 중요성을 이론화하고 종교를 '왕국의 도구instrumentum regni'로 실천하는 수도에서, 휴식otium을 중요시하고('숨어서 살아라lathe biosas'라는 에피쿠로스의 모토처럼) 종교를 모든 악의 원인으로 규정하는 에피쿠로스주의자 루크레티우스의 존재는 모두의 의견을 분열시켰다. 루크레티우스는 마치 잘못된 시기에 잘못된 장소에 태어난 인물처럼 여겨졌다. 루크레티우스의 담론이 추구했던 것은 인간의 영혼으로부터 두 가지 원죄, 즉 '삶의 상처vulnera vitae'를 뿌리 뽑는 것이었다. 첫 번째 원죄는 건전하지 못한 사랑의 욕망과 정치적, 경제적 욕구로 전이되는 '삶의 탐욕cupido vitae'(『만물의 본성에 관하여』 2권과 3권의 서두 및 결말 부분 참조) 두 번째는 인간의 잔인하고 파렴치한 반응을 자극할 뿐 아니라(3권의 서두 참조) 인간의 영혼을 신의 숭배와 저세상에 대한 두려움으로 채워 넣는 '죽음에 대한 두려움timor mortis'이다.

인간의 영혼을 죽음에 대한 두려움과 '종교의 속박으로부터 해방하기 위해 religionum animum nodis exsolvere'(1권 932절, 4권 7절) 루크레티우스는 (이전의 모든 철학자들과 달리 철학에 역사적 분기점을 마련한 스승 에피쿠로스의 발자취를 좇아) 전적으로 '만물의 원인을 이해하는rerum conoscere causas' 데 집중된 '위대하고 혁명적인 메시지'를 전파했다. 데모크리토스와 레우키포스의 원자론에서 파생되었지만 플라톤과 아리스토텔레스의 철학 전통뿐만 아니라 대중문화와도 이질적인 면을 가지고 있던 에피쿠로스의 새로운 교리는 다음과 같은 기초 원칙들을 토대로 구축되었다. (1) 우주의 두 가지 원리는 물체corpora와 허공inane이다. (2) 원자들은 현실세계의 모든 것을 구축하는 소립자들이다. 창조되지 않았고 파괴할 수 없다는 물질의 이중적인 원칙을 보장하는 것이 바로 이 단단하고 불변하는 원자들이다. (3) 루크레티우스가 고안해 낸 '성향clinamen'이라는 말은 한 번밖에는 쓰이지 않았고 고전 문헌 어느 곳에도 등장하지 않는다. 하지만 이 '성향'은 중력으로부터 이탈하려는 원자들의 일정치 않고 극미한exiguum 움직임을 가리키며 이러한 성향이 곧 물체의 창조를 허락하고 숙명의 필연성을 단절시킨다(2권 292절) (4) 형평성isonomia은 원천적이고 불변하는 물리적 계율이며 생生의 힘aequum certamen과 사死의 힘motus genitales 사이에 균형을 유지하면서 상반되는 힘들의 교차를 허락하고 우주를 걷잡을 수 없는 돌발 사태로부터 보호한다(2권 569~580절) (5) 우리들의 세상을 뛰어넘어 무한한 세상들이 우주에 공존한다(2권 1074절 이하 참조) 이 새롭고 무한한 세계에서 신들은 능동적인 역할을 담당하는 대신 단순한 관객으로 머물 뿐이다. 그리고 인간은 세상의 중심이 아니라 그저 원자적 변이의 수많은 순간과 파편에 불과하다.

『만물의 본성에 관하여』에서 인간 중심적인 세계관은 자연의 법칙이 차지하는 무게와 모든 것을 순응케 하는 물리적 법칙에 의해 바깥으로 밀려난다. 루크레티우스 시학의 기초를 이루는 가장 중요한 용어는 '이성ratio'이다. '이성'이라는 단어는 이 작품에 150번 이상 등장하며 '이성', '방법', '설명', '학파', '에피쿠로스 교리' 등의 다양한 의미로 사용된다. 루크레티우스는 에피쿠로스를 칭송하며 신에 비유한다. 에피쿠로스는 "세상의 불타는 성벽을 뛰어넘어 이성으로 온 우주를 관찰한 뒤 (……) 종교를 무너트리고"(1권 72절 이하), "욕망과 두려움에 종지부를 찍고",(6장 25절) "인간의 영혼으로부터 무기가 아닌 말로 괴수를 추방시킨"(5장 54절) 신에 비유된다. 반면에 루크레티우스는 신들을 우주의 기원과 통치에서 제외시키고(2장 180절 이하. "우리를 위해 자연적 세계가 창조된 것은 신의 뜻에 의해서가 아니다") 옛 종교를 대체할 수 있는 세속적이고 이성적인 '신심'을 천명했다. "얼굴을 가린 채 모습을 드러내는 행위에 신심이 있을 수 없다. 돌로 만든 조각상에 기도하고 모든 신전들을 방문하는 일, 복종을 표하며 바닥에 엎드리고 신들의 신전 앞에서 손을 뻗는 일, 제단에 동물의 피를 뿌리고 봉헌을 반복하는 일에 어떤 신심도 있을 수 없다. 신심이란 오히려 모든 것을 온전한 정신으로 바라볼 줄 아는 것을 의미한다."(5장 1198~1203절) 하지만 루크레티우스의 사상과 존재를 일찍부터 거부하기 시작한 것은 그의 동시대인들이었다. 루크레티우스가 로마에 혁명적인 사상을 도입한 대가로 되돌려 받은 것은 전격적인 '침묵의 음모'였다. 그가 정의했던 '새 것res novae'이란 바로 로마인들에게 최고의 가치였던 '모스 마이오룸Mos maiorum'(선조들의 풍습)과 직접적인 충돌을 일으킬 수밖에 없었다.

1.2 두 가지 일방적인 해석

비평의 기본적이고 일반적인 틀 속에서 루크레티우스의 비평가들이 결정적으로 선호했던 것은 『만물의 본성에 관하여』에 나타나는 몇몇 문학적·개념적 특징들이었다. 이러한 상황은 이들의 평가가 극단적으로 양분되는, 예를 들어 비이성주의와 이성주의, 부정주의와 긍정주의, 비관론과 낙관론으로 양분되는 현상으로 이어졌다. 먼저 비평가들은 루크레티우스의 강인한 성격을 강조하면서 심리분석을 하듯 고독을 느끼고 고통스러워하는 시인의 유형을 토대로 작가 분석에 집중했고 히에로니무스가 전하는 그의 자살 이야기를 근대 실존주의적 관점에서 해석하며 루크레티우스를 위대한 '저주받은 시인'들의 반열에 올려놓았다. 이러한 해석 방식을 채택했던 이들은 심리학자들(로그르Logre, 『루크레티우스의 근심*L'anxiete de Lucrèce*』), 문학 역사가들(페렐리Luciano Perelli, 『고뇌의 시인 루크레티우스*Lucrezio poeta dell'angoscia*』), 소설가들(슈보브Marcel Schwob, 『상상의 삶*Les vies imaginaires*』)이다. 동일한 해석이 놀랍게도 모라비아Alberto Moravia나(『고대의 격정』) 카르두치

Giosuè Carducci 같은 작가들에게(카르두치는 레오파르디Giacomo Leopardi를 "이탈리아 사상의 루크레티우스"라고 불렀다) 적지 않은 영향력을 행사했다.

이러한 '낭만주의적' 해석의 정반대편에 '이데올로기적' 해석이 위치한다(혹은 시를 활성화하고 시와 철학을 분리시키려는 동일한 이상주의적 노력을 기울이는 만큼, 보충적인 해석이라고도 볼 수 있다). 이러한 해석에 치중하던 비평가들은 시의 중요성을 강조하면서 루크레티우스에게서 사회적 관심을 우선시하는 경향과 정치적이고 종교적인 이질화 현상으로부터 민중을 해방시켜야 한다는 정치적 과제를 발견했다. 결과적으로 탄생한 것은 마르크스 이전의 마르크스주의자 루크레티우스였고 이데올로기적 성향이 강한 비평가들은 이를 상당히 반갑게 받아들였다(폴 니장Paul Nizan, 『고대의 유물론자들: 데모크리토스, 에피쿠로스, 루크레티우스*Les materialistes de l'antiquite. Democrite, Epicure, Lucrèce*』; 벤저민 패링턴Benjamin Farrington, 『고대의 학문과 정치: 고대 그리스에서의 지적 노동과 육체적 노동*Scienza e politica nel mondo antico. Lavoro intellettuale e lavoro manuale nell'antica Grecia*』; 루카 카날리Luca Canali, 『이성의 시인 루크레티우스Lucrezio poeta della ragione』). 이러한 차원에서 루크레티우스는 구소련에서 그의 사망 2000주년 기념 행사를 (정확한 해를 추정할 수 없음에도 불구하고) 개최했을 정도로 대단히 칭송받는 인물이었다는 점을 기억해 둘 필요가 있다. 루크레티우스가 이러한 위상을 차지하게 된 데에는 마르크스의 논문 「데모크리토스 자연철학과 에피쿠로스 자연철학의 차이에 관하여」 역시 커다란 영향을 끼쳤을 것으로 보인다.

1.3 새로운 담론: 언어학자 루크레티우스

우주적인 차원뿐만 아니라 도덕적인 차원에 새로운 질서를 부여하고자 했던 루크레티우스는 이를 위해 새로운 언어와 새로운 문학에 의존해야만 했다. 루크레티우스가 이러한 선택을 할 수밖에 없었던 것은 에피쿠로스의 '교훈novitas rerum'이 가지고 있던 혁명적인 성격과 라틴어의 상대적인 '언어적 빈곤함egestas linguae' 때문이었다.

사실상 놀라운 것은, 따라서 주목하고 파악할 필요가 있는 것은, 담론뿐만 아니라 『만물의 본성에 관하여』가 유지하는 고유의 리듬, 다시 말해 루크레티우스의 글쓰기가 보여 주는 놀라운 유기성과 '무시무시한 규칙성'이다. 루크레티우스는 시를 쓰면서 음성의 반복 활용(두운 반복, 운율 반복, 유사 어미 활용, 동음이의어 활용)과 말들의 반복 활용(어원 활용, 중복을 통한 과장), 문장의 조합 방식과 반행半行, 행과 연 단위의 반복, 때로는 서두와 결말의 상응과 같은 기법들을 동원했다. 결과적으로 부각되는 것은 시의 음성적인 구조뿐만 아니라 동시에 시각적인 구조다. 그만큼 루크레티우스는 자신이 말하는 것을 회화적으로 표현했다. 따라서 단테의 『신곡』과 마찬가지로 『만물의 본성에 관하여』에 대해서도 다음과 같은 설명이 가능하다. "단 하나의 연으로 구성된 시와 다를 바 없다. 고체나 다름없는, 하나의 크리스털 구조를 가진 시(……), 크리스털과 같은 주제가 단음절로 발전한 시(……), 수만 개의 얼굴과 무시무시한 규칙성을 가진 다각형(……), 광물 수집이야말로 그의 시에 대한 가장 적절한 비유일 것이다."(오시프 만델스탐 Osip Emil'evich Mandel'shtam)

동시대의 저자들 역시 루크레티우스가 제시한 새로운 문학의 이데올로기적인 면은 거부하면서도 그의 시가 가진 언어적이고 양식적인 측면의 신선함은 인정하지 않을 수 없었다. 키케로는 루크레티우스를 풍부한 기술multa ars을 가진 시인으로 보았고(『동생 퀸투스에게 보내는 편지*Epistulae ad Quintum fratrem*』, fr. 2, 9, 3), 오비디우스Ovidius는 숭고한sublimis 시인으로(『사랑의 기술에 관하여*Ars amatoria*』 1, 15, 22), 프론토Fronto 역시 숭고한 시인으로(『마르쿠스 아우렐리우스에게 보내는 편지Epist. ad M. Anton.』 p.131, 14 van den Hout), 스타티우스Statius는 박식한doctus 시인으로(『숲Silvae』 2, 7, 76), 퀸틸리아누스Marcus Fabius Quintilianus는 우아하고 난해한 시인으로(『웅변 교수론 *Institutio oratoria*』 10, 1, 87), 마르쿠스 아우렐리우스는 울림과euphonos 힘이 있는hadros 시인으로(프론토, 『마르쿠스 아우렐리우스에게 보내는 편지*Epist. ad M. Anton.*』 p.109, 16 v. den Hout) 보았다. 이러한 글쓰기의 특징을 단적으로 증명해 주는 두 구절을 읽어 보자. "동일한 원자들이 하늘과 바다와 땅과 강과 태양을 형성하고 / 동일한 원자들이 곡식과 나무와 생명체를 형성한다.namque eadem caelum mare terras flumina solem /

constituunt, eadem fruges, arbusta, animantis."(1권, 820절 이하) 그리고 "동일한 말들이 하늘과 바다와 땅과 강과 태양을 의미하고 / 동일한 말들이 곡식과 나무와 생명체를 의미한다. namque eadem caelum mare terras flumina solem / significant, eadem fruges arbusta animantis."(2권, 1015절 이하) 사물의 형성과 말들의 형성 사이에 연관성이 존재한다는 원리를 은연중에, 하지만 비교적 또렷하게 표명하고 있는 이 두 구절은 constituunt(형성하다)와 significant(의미하다)의 차이를 제외하면 동일한 문장으로 구성되어 있다. 첫 번째 문장이 언급하는 것은 '가장 기초적인 물리적 원리', 즉 원자들(루크레티우스가 사용하는 'primordia'는 원소의 시어詩語다)이 사물을 '형성'한다는 이야기다. 반면에 두 번째 문장은 '가장 기초적인 문자적 원리', 즉 알파벳 철자들이 이러한 사물들을 '의미'한다고, 다시 말해 '담론'화한다고 말하고 있다. 여기서 주목해야 할 것은 말과 사물의 조응에 이들의 가역성이 하나의 원리로 첨가된다는 점이다. 루크레티우스는 원자론자 데모크리토스와 레우키포스의 이론을 연구하고 완성 단계로 끌어올리면서(아리스토텔레스, 『형이상학』, 985b 13 이하) 원자론적 구조를 다스리는 법칙으로 다섯 가지 요인을 꼽았지만(2권 1021절) 이들은 사실상 고전 문법과 수사학의 기술적인 용어들과 일치하는 것들이다. 루크레티우스가 말하는 조합concursus, 움직임motus, 질서ordo, 위치positura, 형태figura는 각각 문법적인 조합과 어형 변화, 문장의 양식, 말들의 위치, 문법적 형태에 상응한다. 이러한 요인들은 원자와 물질의 구조에 적용되면서 '말의 요소들elementa vocis'과 '세계의 요소들elementa mundi' 간의 조응과 결속력을 결정짓는다. 따라서 루크레티우스의 경우 시는 우주의 문법적인 실현이었다고 볼 수 있다. 이는 어떻게 보면 태초에 문법이 있었다는 말과 비슷하다.

칼비노Italo Calvino 역시 루크레티우스를 이와 유사한 방식으로 이해했다. "루크레티우스에게 철자들은 끊임없이 움직이며 위치 변동과 함께 말들을 창출해 내고 다양한 음성들을 창출해 내는 일종의 원자였다. (……) 그는 세계의 비밀이 글을 구축하는 기호들의 조합 속에 담겨 있다고 보았다. (……) 그에게 글은 현실이 실현되는 모든 과정의 모형이었다."

세상이 문자로 쓰여 있다면 결과적으로 세상은 읽을 수 있고 따라서 '질서 정연하고' 평화로운 메시지를 간직하고 있다고 할 수 있다. 루크레티우스를 절망과 모순에 빠진 비관론자로 보고 그를 집요하게 비판하던 비평가들은 사실상 우리가 살펴본 바와 정반대의 주장을 펼쳤던 셈이다.

고대 세계의 위기를 감찰하며 그 여백에 하나의 새로운 조합을 시도했던 『만물의 본성에 관하여』의 저자 루크레티우스가 이성적이고 긍정적인 방향으로 현실의 구도 자체에 상응하는 사상의 구도를 추구하며 구축을 시도했던 것은 한마디의 말, 광물처럼 단단하고 자연적인 말, '크리스털의 구조'다.

1.4 동일하면서도 이질적인 한 고전의 생명

동시대인들은 루크레티우스를 악마로('불건전하기 짝이 없는 시인poeta insanissimus'으로) 취급했고 아르노비우스Arnobius나 락탄티우스Lucius Lactantius와 같은 그리스도교 옹호론자들은 거짓을 일삼는 세인들과 거짓 신들을 비판하기 위한 도구로 사용했다. 중세에도 루크레티우스는 한낱 이름에 불과했다. 단테 역시 『신곡』의 「지옥」에서 에피쿠로스와 그의 제자들은 인용하면서도 루크레티우스의 이름만큼은 언급하지 않았고 페트라르카Francesco Petrarca와 보카치오만이 미세한 관심을 보였을 뿐이다. 그의 이름이 다시 널리 알려지게 되는 것은 1418년 코스탄차 근교에서 『만물의 본성에 관하여』의 수사본이 발견되고 이어서 1473년에 초판본이 출판되면서부터다. 철학자보다는 시인으로서 신플라톤주의 인문학자들의 관심을 끌기 시작한 루크레티우스에게 또렷한 영향을 받은 인물로는 폰타노Giovanni Pontano, 마룰로Marullo, 폴리치아노Angelo Poliziano, 조르다노 브루노Giordano Bruno 등이 있다. 타소Torquato Tasso는 자신의 『창조된 세계*Mondo creato*』를 통해 '가톨릭 세계의 루크레티우스'로 등장하고 싶어 했다.

그러나 진정한 의미에서 루크레티우스의 부활은 17세기에서 19세기 사이에, 즉 계몽주의와 실증주의의 시대에 이루어진다. 이 시기에 사람들은 루크레티우스의 원자론과 이성주의가 가지고 있는 천재적인 면을 재발견하고 확인했을 뿐만 아니라 근대의 이상과 시학에 부응하는 『만물의 본성에 관하여』의 수많은 번역본을 탄생시켰다. 이 번역본들 가운데 포스콜로의 부분적인 번역(1802~1803년에 총 289행을 번역했다) 외에도 피에르 가상디Pierre Gassendi의 사상과 풍부한 바로크 시학에서 영감을 얻은 물리학자 알레산드로 마르케티Alessandro Marchetti의 번안에 가까운 번역이 있고(이 번역본은 원본의 7000행을 훌쩍 뛰어넘어 1만 324행에 달한다), 단테적인 언어와 이미지로 가득한 줄리아노 반촐리니Giuliano Vanzolini의 대중적인 번역본은 "원문에 충실하면서도 결코 수동적이지 않고 엄격한 우아함을 유지했다"는 카르두치의 평가를 얻었다. 끝으로 실증주의자 마리오 라피사르디Mario Rapisardi의 번역본은 사상과 번역의 측면에서 모두 다원주의에 충실한 작품이다.

2

철학적 라틴어의 창조
: 키케로

2.1 키케로의 삶과 성장

키케로Marcus Tullius Cicero는 기원전 106년 아르피노Arpino의 한 안정적인 서민 가정에서 태어났다. 그의 정치인과 웅변가로서의 성공은 따라서 출신이나 재력과는 무관하게 오로지 그가 받은 법학과 수사학, 철학 교육 덕분이었다고 할 수 있다. 정치에 관심을 가지고 로마에서 학업을 시작한 키케로는 일찍이 그리스 철학을 접할 기회를 얻었다.

아테네 유학 시기에 키케로는 그가 유일하게 긍정적으로 평가하던 에피쿠로스 철학자 파이드로스Phaidros의 강의를 들었고 집으로 스토아 철학자 디오도토스Diodotos를 초대해 변증법을 배웠다. 아테네 아카데미의 학장 라리사의 필론과 교류했고 그의 가르침을 키케로는 평생 동안 잊지 않았다. 키케로는 대사 자격으로 로마를 방문한 스토아 철학자 포세이도니오스과 교류한 바 있고 로도스섬 유학 기간에도 그의 강의를 들었다.

키케로는 심도 있는 수사학과 철학 연구를 위해 먼저 기원전 79년부터 77년까지 아테네에 머물면서 에피쿠로스주의자 제논의 강의와 이미 스토아학파의 철학 학교로 변해 버린 아카데미의 대표 안티오코스Antiochos의 강의를 들었고 이어서 소아시아와 로도스에서 유학을 계속하며 훌륭한 수사학과 철학 수업을 받았다.

키케로는 플라톤의 대화록을 공부했고 아리스토텔레스의 출판된 저서들뿐만 아니라 여러 철학자들의 많은 저서들을 직접 읽고 섭렵했다. 아리스토텔레스는 무엇보다도 변증법적인 방법론과 수사학에 있어서 그의 스승이 되어 주었다. 키케로는 야심에 찬 당시의 모든 로마인들처럼 정치인에게 필요한 논쟁 기술을 습득하기 위해 부단한 노력을 기울였다.

키케로가 수사학 분야에서 깊이를 다지게 된 것은 필론의 강의를 들으면서부터였다. 확고부동한 지식 세계에 도달한다는 것은 불가능하거나 극단적으로 어려운 일이기 때문에 필론은 개연성 혹은 설득력이 있는 지식에 더 주목할 필요가 있다고 생각했다. 따라서 잠정적으로 모종의 관점을 수용해야 하지만 이러한 잠정적인 성격 때문에 수용하는 관점과 관련된 의견들에 대해 비평의 단계를 거쳐 장단점을 가늠할 필요가 있다고 보았다.

『변론가에 대하여』에서 키케로는 진정한 의미에서의 수사학은 폭넓은 문학적, 역사적, 철학적 소양을 필요로 한다고 주장했다. 그에게 가장 권위 있고 뛰어난 철학자는 플라톤이었다. 하지만 그가 이해한 플라톤은 헬레니즘적인 해석과 무엇보다도 스토아 철학자 포세이도니오스와 파나이티오스의 견해가 반영되고 플라톤 철학을 계승한 두 명의 스승, 즉 라리사의 필론과 안티오코스의 상반된 해석이 반영된 플라톤이었다. 필론의 해석은 회의주의적이었고 안티오코스의 해석은 교리적이었다.

2.2 키케로의 저서들

키케로가 플라톤에게 영감을 받아 그의 대화 형식을 모방하여 쓴 저서는 『국가론*De re publica*』과 『법률론*De legibus*』이다. 이 저서들의 제목은 플라톤의 두 대화록과 동일하지만 실제로는 전적으로 로마적인 정치 철학을 내용으로 하고 있다.

그는 문화나 사회제도, 국가체제의 차원에서, 아울러 '자연이 선사하는 기량을 통해 얻어 내는 결과에 있어서' 로마인들이 그리스인들보다 우월하다고 믿었지만 철학이라는 분야에 있어서만큼은 그리스인들이 훨씬 뛰어나다는 것을 인정했다. 로마 사회의 전통과 문화는 어쨌든 그리스 철학을 받아들일 것인지 말 것인지 선택하는 데 필요한 일종의 척도였다. 물론 그 역은 성립하지 않았다. 예를 들어 『국가론』에서 키케로는 로마의 전통문화와 그리스 철학의 융합을 시도했지만 주된 목적은 로마의 국가체제가 훨씬 훌륭하다는 것을 증명하는 것이었다. 키케로는 아주 분명하게 '모스 마이오룸', 즉 로마의 전통적인 가치관이 곧 진정한 삶의 원리이며 진실과 지식의 원천은 로마의 역사에 있다고 보았다.

비록 철학에 관한 그의 관심이 어렸을 때부터 또렷이 드러났고 살아가는 동안에도 계속 유지되었지만 키케로는 말년이 되어서야(기원전 46~44년), 다시 말해 카이사르의 독재가 시작되면서 정치 활동을 그만 둘 수밖에 없었을 때부터 철학책을 쓰기 시작했다. 그는 철학적 백과사전의 집필을 염두에 두고 있었고 로마 시민들을 위한 책인 만큼, 아울러 나라를 위해 활동한다는 생각으로 라틴어를 사용했다. 그의 계획은 로마 시민들이 그리스어뿐만 아니라 라틴어로도 철학을 접할 수 있도록 하는 것이었다.

『예언에 관하여』에서 키케로는 자신의 철학 저서들이 일관적인 계획하에 쓰였다고 소개하면서 그 내용을 간략하게 설명한다. 『호르텐시우스*Hortensius*』는 아리스토텔레스의 『프로펩티콘*Propemptikon*』을 모델로 쓰였고 철학을 권유하는 내용을 담고 있다. 『아카데미카』는 아카데미 회의주의자들의 철학을, 『투스쿨룸에서의 대화*Tusculanae disputationes*』는 행복의 쟁취와 관련하여 철학이 지니는 치유의 힘을 다룬다. 『신의 본성에 관하여』, 『예언에 관하여』, 『운명에 관하여』는 물리학과 신학에 대한 논의를 완성하는 저서들이다. 대화록들 중에서 『카토 마요르*Cato Maior*』와 『라엘리우스*Laelius*』는 노년기와 우정을 도덕적인 측면에서 다룬다. 키케로는 수사학에 관한 저서들 가운데 가장 중요한 『변론가에 대하여』, 『브루투스』, 『변론가』가 철학적인 책이라고 자신 있게 강조한다. 키케로는 특히 처음으로 아카데미의 회의주의 철학을 라틴어로 소개한 인물이다. 하지만 그가 쓴 『아카데미카』의 일부는 불행히도 소실되고 말았다.

키케로는 아카데미의 회의주의 철학에 심취했고 대화를 집필 형식으로 선택함으로써 헬레니즘 시대의 가장 중요한 철학적 원칙들 가운데 최상의 것을 선택할 수 있었다. 반면에 인식론적 차원과 거리를 두는 그의 태도는 진실을 발견하지 못하도록 하는 일종의 걸림돌이었다. 『선과 악의 경계에 관하여』와 『신의 본성에 관하여』에서는 여러 철학 학파들의 대변자들이 자신들의 교리와 원칙들을 주장하고 이러한 의견들이 동시에 비평 주제로 채택된다. 하지만 키케로는 오로지 이러한 방식을 통해서만 정말 진실다운 진실에 도달할 수 있다고 보았다. 그러나 이러한 태도를 유지하면서도 그는 다른 철학 학파들이 훨씬 더 타당한 관점을 제시할 수 있다면 자신이 이를 얼마든지 받아들일 수도 있다는 입장을 표명했다.

정치적 윤리와 사회적 윤리를 다루는 교리적인 성격의 『의무론』에서도 키케로는 스토아 철학을 중점적으로 다루면서 동일한 주제에 대한 훨씬 설득력 있는 논제들을 언급하는 자유분방함을 보여 준다. 따라서 『의무론』은 스토아 철학자 파나이티오스의 책의 단순한 번역이 아니라 독창적인 번안이라고 보아야 할 것이다.

2.3 철학 언어로서의 라틴어 사용에 관한 논쟁

키케로의 목표는 로마 시민들에게 헬레니즘 시대의 그리스 철학을 보급하는 것이었다. 바로 그런 이유에서 그의 저서들은 지금까지도 헬레니즘 시대의 철학에 대한 결정적인 정보를 제공하는 문헌들 중 하나로 남아 있다. 키케로의 저서들은 헬레니즘 철학의 기본적인 주제들(인식론, 윤리학, 신학)에 대한 서설 내지 요약본의 성격을 가지고 있다. 그는 아카데미 고유의 논쟁 기술을 토대로 이러한 주제들의 장단점을 소개하고 최종적인 판단은 독자들의 몫으로 남겨 두는 방식을 채택했다. 키케로는 자신이 독창적인 철학세계를 가지고 있지 않다는 사실을 잘 알고 있었고, 그리스 철학의 단순한 번역가는 아니라는 점을 강조하면서도 그의 사상이 그리스 철학을 모델로 구축되었다는 점을 반복해서 언급했다. 하지만 여러 저서의 서문에서 키케로는 자신의 장점이 그만의 개인적인 해석을 기준으로 다양한 철학적 의견들을 소개하고 설명하면서 장점과 단점을 부각시키고 로마의 역사와 문학에 대한 지속적인 언급을 곁들이면서 내용을 풍부하게 만드는 점이라고 자신 있게 설명했다.

키케로의 철학이 로마에 널리 알려진 것에 관해서는 먼저 당시의 로마 지식인들이 그리스어를 읽고 말할 줄 알았다는 사실, 즉 두 개의 언어를 구사했다는 사실을 기억할 필요가 있다. 바로 그런 이유에서 키케로는 자신이 그리스 철학의 번역가인 동시에 보급자라는 사실과 라틴어가 복합적인 철학사상을 충분히 표현할 수 있는 잠재력을 가진 언어라는 점을 강조할 필요성을 느꼈다. 물론 라틴어를 철학적 언어로 활용하는 것의 적절성 여부는 키케로 시대에 상당히 활발히 논의되던 문제였다. 이에 대해 루크레티우스는 상당히 부정적인 견해를 표명한 바 있다. 그는 라틴어의 '언어적인 빈곤함' 때문에, 아울러 당시의 로마인들에게는 에피쿠로스의 철학이 전적으로 새로운 것이었기 때문에 라틴어가 에피쿠로스의 철학 개념들을 적절히 표현해 내는 데 한계를 가지고 있다고 보았다.

2.4 라틴어 철학 용어들의 창조

키케로는 어떤 철학 개념이나 이론을 다른 언어로 충실하고 올바르게 전달하기 위해 필요한 단어들의 선택이 얼마나 중요한지에 대해 익히 알고 있었다. 그는 그만큼 자신이 목표로 삼은 과제의 중요성에 대해서도 충분히 의식하고 있었다. 라틴어는 풍부한 언어였지만 그리스어 철학 용어들의 의미를 정확하게 전달할 수 있는 기술적인 용어들은 부족하다는 것이 그의 생각이었다. 그는 라틴어를 사용하는 독자들이 쉽게 이해하고 받아들일 수 있는 신조어들을 고안해 내면서 이러한 부족함을 채워 나갔다. 로마인들에게 그리스 철학을 소개하면서 키케로는 의미는 상응하지만 그리스어에 비해 덜 기술적인 용어를 사용하거나 한 단어의 의미를 전달하기 위해 하나 이상의 라틴어 용어들을 사용했고, 또 유사한 단어들을 라틴어에서 전혀 찾을 수 없는 경우에는 그리스어 단어를 그대로 사용하기도 했다.

키케로가 고안해 낸 수많은 용어들, 예를 들어 qualitas(특성), perceptio(인식), evidentia(명료함), moralis(윤리적인), indifferens(무관심한), probabilitas(개연성) 등이 시간이 흐르면서 본격적인 철학 용어로 자리 잡았다. 키케로는 그리스 문화의 산물인 철학을 라틴 문화에 접목한다는 것이 쉽지 않다는 것을 알고 있었고 철학처럼 중요한 장르에는 효과적이고 우아한 표현이 요구된다는 사실을 통감하고 있었다. 키케로의 목적은 그리스인들이 흔히 기술적인 언어를 사용하면서 모호한 방식으로 표현했던 철학이론들을 우아한 양식의 언어로 보여 주는 것이었다. 모호함이란 웅변가에게뿐만 아니라 철학자에게도 담론에 주어질 수 있는 가장 심각한 한계였다. 철학과 수사학의 차이를 분명히 인정하면서도 키케로는 실용적인 측면에서, 그가 가장 이상적인 철학자로 보았던 플라톤의 경우처럼, 웅변가와 철학자가 하나가 될 필요가 있다고 확신했다. 이러한 그의 신념은 그가 라틴어로 처음으로 쓰기 시작한 철학적 산문의 언어학적 풍부함 속에 그대로 반영되어 있다.

고대 로마의 가족과 가부

고대 로마에서 가족familia이라는 말은 오늘날 우리가 생각하는 가족(핵가족이든 가족공동체든 한 부모가족이든 동성애가족이든 간에)과는 전혀 다른 집단을 가리켰다. 로마에서 가족의 구성을 결정짓는 요인은 결혼이나 공동생활, 혈연관계나 애정관계가 아니라 이른바 가부(家父, paterfamilias)의 존재와 그의 권력이 행사하는 구속력이 있다. 로마에서 가부는 막강한 권력을 가졌고 심지어는 가족 구성원의 생사까지도 결정할 수 있는 권리를 지니고 있었다. 로마 시대에는 노예들 역시 가족의 일원으로 간주되었다. 하지만 노예들에 대한 가부의 권리는 자식들에 대한 권리처럼 '가부권'(家父權, patria potestas)으로 불리는 대신 '주인의 권리dominica potestas'라고 불렸다.

로마 시대의 가부권은 오늘날 자식들에 대한 부모의 권한(오늘날에는 권리보다는 보호라는 원칙을 토대로 하는 권한)과 달랐을 뿐만 아니라 고대 그리스의 부모들이 가지고 있던 권한과도 거리가 멀었다. 가장 커다란 차이는 자식들에 대한 가부권이 (그가 자신의 권리를 포기하고 자식을 바깥세상으로 내보내기로 결정하지 않는 이상) 아이들이 자라나 성인의 되는 순간 종결되는 것이 아니라 가부가 살아 있는 한 유지된다는 것이었다. 아울러 가부가 사망하는 순간 가부권의 속박으로부터 자유로워지는 것은 그의 자식들뿐이었다. 자식이 일찍 사망했을 때는 손자손녀들이 자유를 얻었다. 오로지 이들만이 가부의 사망과 동시에 '타자의 권리로alieni iuris' 살아가거나 '타자의 권한에 종속된alienae potestatis subiecti' 상태에서 벗어나 법적 권리와 함께 '고유의 권한sui iuris'을 취득했다. 다른 이들은 모두 새 가부의 가부권에 자동적으로 종속되었다. 로마에서는 사법私法 분야에서 오로지 가부만이 다른 가족집단의 구성원들과 법적으로 대응할 수 있는 권리를 가지고 있었다. 가부를 제외한 나머지 구성원들은 모두 법적으로 무능력한 존재들이었다. 이와 관련하여, 적어도 로마 역사의 초기에 자식과 노예의 유일한 차이는 자식들이 미래에 스스로의 능력을 발휘할 수 있는 정상적인 경로를 가지고 있었던 반면 노예들은 가부가 그들에게 '임의로'

이른바 '마누미시오'*라는 행위를 통해 자유를 허락할 때에만 자유와 함께 스스로의 능력을 발휘할 수 있는 가능성을 취득할 수 있었다.

가부권에 속하는 권리들을 좀 더 상세히 살펴볼 때 가장 중요한 것은 가부의 첫 번째 권리, 즉 가족의 구성원들 중에 한 여인이 아이를 낳았을 때 누군가의 동의를 얻을 필요 없이 자율적으로 태어난 아이를 가족에 포함시킬 것인지 아니면 외부에 '노출시킬' 것인지, 즉 아이를 스스로의 운명에 내맡길 것인지 결정할 수 있었다는 것이다. 이러한 권력을 제한하는 최초의 법령은 로물루스Romulus가 제정한 것으로 추정되는 '왕법lex regia'에 의해 마련되었다. 이 법령은 남자아이나 장녀를 '노출시키는' 자에게 벌금 징수하도록(재산의 절반을 양도하도록) 규정했다. 장녀가 아닌 딸아이들을 노출시키는 일도 어쨌든 금지되어 있었다(할리카르나수스의 디오니시우스Dionysius, 『고대 로마사』 2, 15, 2). 이러한 법령이 제정되었던 이유는 비교적 분명하다. 농경사회였던 로마의 역사 초기에 여자들은 성년이 되면 곧장 또 다른 가족집단으로 시집을 가야만 했고(로마 시대에 여자가 혼인을 하지 않는다는 것은 생각할 수 없는 일이었다) 이때 필요한 것이 결혼지참금이었다. 결과적으로 딸이 많다는 것은 경제적으로 문제를 일으킬 수 있다는 것을 의미했다.

가족 구성원인 자식들에 대해 가부가 행사할 수 있는 권한(이 중에 하나가 배우자를 선택할 수 있는 권한이었다) 중에 가장 중요한 것은 징벌 권한이었다. 극단적인 경우에 가부는 자식들의 생사까지도 결정할 수 있었다. 이러한 권한을 사회적으로 정당화하는 죄목들은 자식들의 성에 따라 다른 방식으로 해석되었다. 아들의 경우, 가부의 권한은 보통 이들이 국가를 상대로 범죄를 저질렀을 때, 특히 반역proditio이나 모반perduellio의 죄를 저지르며 기존의 제도를 위협했을 때 행사되었다. 이러한 범죄는 국가 차원에서 처벌하는 것이 일반적이었지만 범죄자가 가자(家子, filiusfamilias), 즉 가족 구성원으로서의 아들일 때 국가는 가부에게 우선권을 인정하고 뒤로 물러서는 것이 보통이었다. 하지만 딸의 경우 '생과 사를 결정하는 권한ius vitae ac necis'은 일반적으로 이들이 정조를 잃었을 때, 다시 말해 로마인들이 '간음'으로 규정하던 부당한 행동을 저지른 것으로 판명될 때 행사되었다. 물론 로마인들에게 간음이란

---

* Manumissio. 로마법에서 주인이 종속 상태였던 노예를 자유롭게 하는 행위를 말한다. 마누미시오에는 세 종류, 즉 지휘봉을 노예의 어깨에 얹으면서 자유를 선언하는 방법(Manumissio vindicta)과 유서와 같은 문서로 기록을 남기는 방법(Manumissio testamento), 그리고 호구 조사를 통해 로마의 시민으로 등록하는 방법(Manumissio censu)이 있었다.

한 정숙한 여인, 다시 말해 창녀가 아닌 여인이 결혼이나 축첩蓄妾 관계의 울타리를 넘어서 가진 모든 성관계를 말하는 것이었다.

가부paterfamilias가 자식들을 상대로 행사할 수 있는 또 하나의 권한은 이들을 '팔 수 있는 권한ius vendendi'이었다. 가부는 자식들을 노예와 다를 바 없는 조건으로 다른 가부에게 팔 수 있었다. 가부는 이러한 권한을 반복적으로 행사할 수 있었다. 가부의 권한은 그만큼 막강했고 아들을 팔았다고 해서 자식에 대한 가부의 권한이 말소되는 것도 아니었다. 아들이 팔려 간 뒤에 구입자로부터 자유를 얻었다거나 어떤 이유에서든 그의 영향력에서 벗어났을 때(예를 들어 구입자가 후손 없이 사망했을 때) 가부는 자신의 권한을 자동적으로 재취득했다. 하지만 로마의 십이표법(기원전 450년)은 다음과 같은 규정을 포함하고 있었다. "한 아버지가 아들을 세 번 팔면, 세 번째 이후로 아들은 아버지로부터 자유롭다."(IV, 2)

가부의 권한이 자식들에게 막대한 영향력을 행사하던 또 다른 경우는 자식들이 '사적인' 범죄, 즉 피해자의 요구에 따라 처벌을 받거나 벌금형이 적용될 수 있는 범죄를 저질렀을 때 가부가 자식에 대한 권리를 포기하고 피해자에게 그를 양도할 noxae deditio 수 있는 권리에서 찾아볼 수 있다. 그러나 이러한 극단적인 권한 행사의 실체를 뛰어넘어 자식들의 삶을 결정적으로 억압하는 것은 경제적인 어려움이었다. 가부권의 구조상 누군가가 로마 시민으로 성년에 접어든 지 오랜 세월이 흘렀음에도 불구하도 나이 든 아버지가 여전히 살아 있기 때문에 어떤 법적 권한도 가질 수 없는 경우가 빈번히 발생했다. 가부는 한 가족의 장일 뿐만 아니라 가족의 재산 전체에 대한 권리를 지녔다. 한 아들이 자산을 늘리거나 채권을 획득해도 결국 자신이 아닌 가부를 위해 행동하는 셈이었다. 반대로 자산을 소모하거나 누군가에게 빚을 질 때 자식들의 이러한 행위는 가부의 재산을 축내지도 않을 뿐더러 가부를 어떤 식으로든 연관시키지 않았다. 이러한 불합리한 경우를 방지하기 위해 가부들은 흔히 성인이 된 자식들에게 일정한 양의 재산peculium을 양도하곤 했다. 이러한 재산은 법적으로는 가부의 소유였지만 사회적으로는 자식의 것으로 간주되었다. 하지만 이러한 관습에도 불구하고, 아울러 지긋한 나이의 자식들을 위한 일련의 법적 조치들이 이루어졌음에도 불구하고 이들은 제국 시대에 들어와서도 경제적으로 독립하는 단계에 이르지 못했다.

진정한 의미에서 자유인이 되기 위해 아들은 상속의 순간을 기다려야만 했다. 하지만 그런 순간이 반드시 찾아오리라는 보장은 없었다. 가부는 유서의 형식을 통해 어떤 특별한 이유 없이 자식에게 재산을 물려주지 않기로 결정할 수 있었다. 물론 이러한 일이나 가자家子가 다른 상속자들에 비해 더 적은 유산을 물려받는 일(이 경우 역시 법적으로 허락되어 있었다)이 얼마나 자주 일어났는지 물을 필요가 있다. 확실한 것은 알 수 없지만, 우리는 몇몇 문학작품 속에서 이와 관련된 지표들을 찾아볼 수 있다. 플라우투스Titus Maccius Plautus의 희극에 등장하는 인색한 아버지 이야기는 너무 유명해서 지금 읽어도 전혀 어색하지 않다. 〈냄비〉를 시작하면서 플라우투스가 언급하는 이 인물은 죽음의 순간에도 자신의 보물이 숨겨진 장소를 아들에게 끝내 알리지 않는다. 죽음이 임박해 시간이 얼마 남지 않았음에도 불구하고 자신의 재산을 아들과 나누는 것이 탐탁지 않아 아들을 평생 동안 가난하게 살도록 내버려 두기로 결심한 것이다.

우리는 테렌티우스Publius Terentius Afer의 〈아델포이Adelphoe〉에서 한 아버지가 많은 재산을 모은 뒤에 얻는 것은 자식들의 미움뿐이라는 문장과, 아울러 경제적인 어려움 때문에 돈을 빌리려고 하는 어떤 아들에게 한 노예가 말하기를 그의 아버지가 살아 있는 한 아무도 그에게 돈을 빌려주지 않을 거라고 전하는 유명한 이야기를 읽을 수 있다. 가자에게 돈을 빌려주는 사람들은 사실상 자식들이 법적 권리를 획득한 뒤에야 돈을 돌려받을 수 있다는 것을 잘 알고 있었다. 그리고 이러한 상황은 자식들이 고리대금업자를 찾아갈 수밖에 없도록 만들었다. 재산을 모을 수 없었던 자식들의 상황은 심각한 사회문제로 대두되었고 결과적으로 빚을 갚아야 한다면 부친 살해도 무릅쓸 수 있다는 생각이 만연했다. 예를 들어 부친 살해의 혐의를 받고 법정에 선 아메리아의 로스키우스를 변호하면서 키케로는 검사에게 이런 식으로 답변했다. "당신은 제 고객이 자신의 아버지를 살해했다고 말하고 있습니다. 제 고객은 어떤 종류의 사람입니까? 젊고 부패한 인간처럼, 살해를 일삼는 범죄자처럼 보입니까? 아닙니다. 40세가 넘었어요. 그렇다면, 어쩌면, 쾌락에의 욕구를 참지 못해서, 그래서 지게 된 엄청난 액수의 빚이 그를 이런 범죄를 저지르도록 유도했던 걸까요? 하지만 사실은 연회조차도 한 번 참석해 본 적이 없는 사람 아닙니까. 게다가 빚도 한 번 진 적이 없습니다. 그렇다면, 사실이 그렇다면, 그가 자신의 아버지를 살해했을 이유는 없지 않습니까? 또 무슨 이유가 가능할까요? 혹시라도 그의 아버지가 그에게 유산을 남기기 꺼려했던 걸까요? 그런 생각은 꿈도 꾸지 않았을 겁니다." 결론은 로스키우스가 부친 살해를 저지를 만한 이유가 전혀 없다는 것이었다.

재산의 축적 불가능성과 빚, 스스로의 미래에 대한 불확실성 같은 것들이 어쨌든 아들들로 하여금 부친 살해를 저지르도록 부추기는 요인들이었다. 부친 살해는 상당히 다양한 방식으로, 예를 들어 독약을 사용하거나 암살자를 기용하는 방식으로 이루어졌다. 서기 55년 혹은 52년에 '폼페이우스의 부친 살해 관련법lex Pompeia de parricidiis'은 부친 살해를 목적으로 독약을 구입한 아들 역시, 독약을 실제로 사용한 적이 없다 하더라도, 부친 살해범으로 취급해 처벌해야 한다는 조항을 담고 있었다(유스티니아누스의 『판덱테*Pandectae*』). 이것이 전부가 아니다. 타키투스와 수에토니우스Gaius Suetonius, 세네카는 부친 살해는 특히 황제들에게 골치 아픈 문제였다. 세네카에 따르면(『자비에 관하여*De clementia*』) 황제 클라우디우스가 너무 많은 부친 살해범들을 사형에 처하는 바람에 '자루의 형벌poena cullei'(부친 살해를 저지른 이에게 가해지던 형벌로 죄수를 개나 뱀과 함께 자루에 넣어 꿰맨 뒤 강이나 바다에 버렸다)이 십자가형보다 더 일반적인 것이 되어 버렸다고 전한다.

그러나 부친 살해에 의해 조장되던 공포를 가장 또렷하게 증명해 주는 것은 베스파시아누스Titus Vespasianus 시대에 통과된 이른바 '마케도니아의 원로원 의결Senatoconsulto Macedoniano'이다. 이에 따르면 가자에게 돈을 빌려주는 사람은 법적으로는 채무자의 아버지가 사망한 뒤에도 돈을 되돌려 받을 수 없었다. 하지만 이러한 법적 조치는, 몇몇 학자들에 따르면, 전혀 효과가 없었고 반대로 부친 살해를 더욱 부추겼을 뿐이다.

3

황제와 철학자

: 세네카

3.1 세네카의 삶과 저서

세네카Lucius Annaeus Seneca는 기원전 4년에서 1년 사이에 현재의 코르도바에서 태어났다. 그는 로마에서 문법과 수사학을 공부했고 섹스티우스 철학 학교(기원전 40년에 퀸토 섹스티우스가 로마에 세운 스토아-견유학파의 철학 학교)의 선생 파비아누스Papirius Fabianus와 알렉산드리아의 소티온Sotion, 그리고 스토아주의자 아탈로스Attalos 밑에서 철학을 배웠다. 이들은 그에게 엄격한 도덕주의 일련의 영적 훈련에 집중된 가르침을 전수했다. 40세가 채 되기 전에 로마 원로원의 일원이 된 세네카는 로마의 황제 클라우디우스의 명령으로 서기 33년에 황제의 양아들 네로의 교육을 담당하게 된다. 네로가 서기 54년에 황제에 즉위하면서 세네카는 한때 플라톤이 꿈꾸었던 자리에 오른다. 다시 말해 정치적 통치권을 가지고 있는 인물을 상대로 철학가로서의 영향력을 발휘해 그가 철학을 실천하도록 만들고 그를 올바른 방향으로 인도할 수 있는 자리에 서게 되었던 것이다. 하지만 세네카는 초기의 성공적인 분위기와는 달리 점차적으로 네로에 대한 영향력을 잃었고 정치에도 흥미를 잃고 말았다. 서재에서 명상을 하며 말년을 보내던 세네카는 결국 네로 황제를 상대로 끝없이 시도되던 음모에 연루되어 황제로부터 자살을 명령받고 서기 65년에 세상을 떠났다.

세네카는 스토아 철학자들 가운데 저자의 모든 작품이 남아 있는 최초의 인물이다. 그가 폭넓은 저술 활동을 통해 남긴 저서에는 두 권의 인문서 『자비에 관하여』와 『자선에 관하여』, 『대화록』, 124장에 달하는 『루킬리우스에게 보내는 편지』, 일곱 권으로 구성된 『자연의 문제』, 아홉 편의 비극과 한 편의 정치 풍자극이 있다. 『대화록』에는 도덕적인 내용을 다루는 열 편의 글이 수록되어 있다. 이 글들이 바로 세네카의 가장 널리 알려진 작품, 즉 『화에 관하여』, 『섭리에 관하여』, 『지혜의 불변성에 관하여』, 『인생의 덧없음에 관하여』, 『행복한 삶에 관하여』, 『영혼의 평정에 관하여』, 『무위에 관하여』 등이다. 아울러 지인들에게 쓴 세 장의 위로 편지가 남아 있다.

세네카의 작품은 라틴어로 쓰였다. 로마에서 철학의 언어가 여전히 그리스어였다는 점을 감안하면 커다란 특징이 아닐 수 없다. 하지만 세네카는 키케로와는 전적으로 다른 경우였다. 키케로는 철학을 널리 알리려는 의도로 라틴어를 사용했고 그리스 사상을 설득력 있게 번역하여 로마의 독자들에게 전달하기 위한 기본적인 용어체계를 창조하는 데 주력했다. 하지만 세네카가 라틴어를 사용한 것은 그가 철학적으로 사고하는 데 쓰는 말이 바로 라틴어였기 때문이다. 그리고 이러한 특징은 기존의 철학적 개념들을 훨씬 더 풍부하게 만드는 결과를 가져왔다. 이러한 개념 확장을 분명하게 보여 주는 대표적인 예는 그가 빈번히 사용하는 '의지voluntas'라는 용어다. '좋은 사람이 되기 위해 필요한 것은 무엇인가?'라는 질문에 세네카는 '의지'라고 대답했다. 그의 대답은 곧 스토아 철학자들이 계승한 소크라테스의 전통(소크라테스는 '기량'을 터득해야 한다고 대답했을 것이다)뿐만 아니라 아리스토텔레스 행동 이론(이에 따르면 현실 속의 삶이 행위의 목적, 즉 우리에게는 항상 선善이지만 선 자체라고는 볼 수 없는 목적을 결정한다)과의 단절을 의미했다. 아리스토텔레스는 사람들이 추구하는 선이 진정한 의미에서의 선인지를 결정하는 것은 덕을 쌓았을 수도 있고 악습에 물들었을 수도 있는 행위자의 특성이라고 보았다. 반면에 세네카는 행동의 원리로 '의지'를 내세웠다. 세네카는 의지를 강조하면서 자기 변화와 도덕적 성장을 권유했다. 예를 들어 '루킬리우스에게 보내는' 80번째 편지에서 세네카는 스스로의 영혼을 보살피기 위해서는, 신체가 건강을 유지하기 위해 운동과 영양 섭취라는 외부적인 요소를 필요로 하는 것과는 달리, '바라는' 것만으로도 충분하다고 설명한다.

세네카의 시대에 로마에서는 스토아주의의 몇몇 대변자들이 황제에 대해 비판적인 입장을 취하고 네로에 대한 이른바 '철학적 반대파'를 형성하면서 두각을 나타냈다. 이 반대파는 귀족 출신의 원로원들로 구성되어 있었다. 그렇다면 다름 아닌 세네카가 황제의 조언자로 활동하고 있던 시기에 이 반대파가 원하던 것은 무엇이었나? 문제의 핵심은 황권에 반대하는 스토아주의자들의 정치적 대응이었다는 설명이 지배적이지만 실제로는 구체적인 체제를 갖춘 정치집단이 존재했던 것도 아니고 반대파를 대표하는 인물들 사이에 공화국 체제의 부활을 위해 황권의 전복을 꾀하며 진지하게 모반을 계획했던 음모자들이 존재했던 것도 아니다. 이 원로들이 원했던 것은 클라우디우스의 계속되는 권력 남용으로 인해 와해된 황제와 원로원 간의 관계를 정상적으로 회복시키는 것이었다. 이들은 네로의 독재주의에 심각하게 위협받던 민중의 사기와 원로원의 자유를 수호하기 위해 나섰을 뿐이다.

『자비에 관하여』에서 세네카는 황제를 옹호하는 입장을 취했다. 로마 시민들의 평화와 안보를 보장하는 기구로서 황제의 역할을 인정했던 것이다. 『자비에 관하여』는 기량이 뛰어난 왕의 위상을 묘사한다. 여기서 군주는 그가 가진 무한한 권력 때문에, 아울러 그가 실천해야 하는 정의와 자비 때문에 신들에 비유된다. 세네카는 자비라는 덕목을 강조했다. 왜냐하면 군주는 권력을 남용하지 않고 절제하는 법을 알아야만, 특히 누군가에게 죄를 묻거나 체벌하는 일을 자제할 줄 알아야만 무엇보다도 자신이 스스로를 다스릴 줄 알고 독재자와는 다르다는 것을 보여 줄 수 있기 때문이다.

황제 네로에게 자신의 뜻을 직접 전하면서 세네카는 칭찬과 경고를 병행하는 전략을 사용했다. 한편으로는 이상적인 군주의 품행에 관한 지침들을 내용으로 하는 문학 장르 '군주의 거울speculum principis'의 비유적인 사용을 통해 네로에게 뛰어난 기량을 지닌 인물의 이미지를 부여하면서 이를 그 자신의 것으로 만들 수 있도록 했고, 다른 한편으로는 그에게 자비의 실천을 통해서만 로마 시민들의 사랑을 얻을 수 있다는 점을 상기시켰다. 시민들의 사랑이야말로 그의 무사안전을 위한 유일한 보루라고 보았기 때문이다.

세네카는 자신의 이론에 대한 근거를 자연세계에서 발견했다. 벌들을 관찰하면서 그는 왕벌이 다른 벌들에 비해 탁월한 것은 단순히 몸집이 크기 때문이 아니라 공격용 무기(침)를 가지고 있지 않기 때문이라는 점에 주목했다. 이러한 자연의 법칙과 조화를 이루기 위해서는, 군주가 백성들 앞에서 이와 동일한 비폭력적 태도를 견지해야 한다는 것이 세네카의 생각이었다(『자비에 관하여』, I 19, 3). 세네카에 따르면, 이는 황제가 제국을 스스로의 몸에 견주어 생각할 수 있다면, 다시 말해 군주는 제국을 다스리는 정신이며 결과적으로 백성은 그의 정신이 다스리는 그의 몸과 다를 바 없다고 본다면 아주 간단히 해결되는 문제였다.

황제를 옹호하는 역할은 비록 세네카를 동시대의 스토아주의자들과 멀어질 수밖에 없는 상황으로 몰아넣었지만 사실상 황제의 스승 역할이 스토아학파의 정신에 위배되었던 것은 아니다. 현자가 도시의 정치에 직접적으로 관여해야 하고, 더 일반적으로는 공공의 이익을 위해 (어떤 형태의 정권이 나라를 다스리든 간에) 정치에 참여해야 한다는 것이 고대 스토아학파 정치사상의 가장 핵심적인 내용이었다. 스토아 철학자들은 국가의 체제 구축보다도 더 중요한 것이 철학자의 정치 참여라고 생각했다.

3.2 활동적인 삶과 관조적인 삶

세네카가 살던 시대의 사람들은 현자의 사회생활 참여라는 문제를 두고 상당히 민감한 반응을 보였고 스토아학파 내부에서도 열띤 토론이 벌어졌다. 이 문제는 두 가지 방식으로 다르게 이해될 수 있다. 첫째는 철학적인 성격의 문제,

다시 말해 '실천적인 삶'이 '이론적인 삶'에 비해 선호할 만한 것인가를 묻는 문제로 이해될 수 있고, 둘째는 현자와 밀접하게 연관되는 문제, 즉 현자의 사회생활 참여를 가로막는 요인들이 존재하는지, 혹은 사회생활 참여라는 것을 일종의 도덕적 의무감으로 이해해야 하는지, 아니면 참여를 가능하게 하기 위해 충족시켜야 할 일련의 조건들이 존재하는지 묻는 문제로 이해될 수 있다. 세네카는 이러한 두 가지 측면의 질문을 모두 자신의 저서에서, 특히 두 편의 대화록『영혼의 평정에 관하여』와『무위에 관하여』에서 언급했다.

『영혼의 평정에 관하여』는 기원전 1세기의 스토아주의자 아테노도로스 Athenodoros의 의견과 반대되는 입장을 취했다. 아테노도로스는 시민들을 위한 사회적 참여를 높이 평가했지만 국가의 부정부패가 특별히 심한 상황에서는 모든 공적 임무와 사회 활동으로부터 물러나 거리를 둘 필요가 있다고 보았다. 하지만 세네카는 어떤 경우에든 일관성을 유지할 필요가 있으며 현자는 정치에서 너무 성급하게 물러나거나 혹은 완전히 물러나서는 안 된다고 주장했다.

반대로『무위에 관하여』에서 세네카는 정치에서 벗어나 자연을 관망하며 철학에 몰두하는 관조적인 삶을 권유하는 책이다. 여기서 세네카가 증명하고 싶어 하는 것은 누구든 이론적인 삶을 선호할 수 있으며 그렇다고 해서 스토아주의를 포기하는 것은 아니라는 점이다. 그는 스스로의 발전을 도모하는 사람이 사실은 다른 사람들에게도 호감을 줄 수 있다고 보았다. "왜냐하면 그것이 미래에는 그들에게도 유용할 수 있는 누군가를 준비시키는 일이기 때문이다."(『무위에 관하여』, 3, 5)

뿐만 아니라 세네카는 스토아주의자들이 두 '도시'의 존재를 인정한다는 사실에 주목했다. 첫 번째 도시는 역사적 도시, 즉 모두가 운명에 의해 태어난 도시를 말하며 두 번째 도시는 인간들과 신들이 공존하는 곳, 다시 말해 이성을 가진 모든 존재들이 공존하는 세상을 말한다. 공적 임무와 세상사로부터 자유로운 삶을 통해 누구든 이 두 번째 도시, 더 높은 차원의 도시를 위해 헌신할 수 있다는 것이 세네카의 주장이다.

여기서 우리는 위에서 살펴본 첫 번째 대화록과 두 번째 대화록 사이에 커다란 차이가 있다는 것을 느낄 수 있다. 하지만 이 두 대화록의 집필 사이에 세네카에게 어떤 근본적인 변화가 일어났다고 보기는 힘들다. 오히려 그가 무위 otium를 항상 높이 평가해 왔고 그것이 철학자에게 본연의 활동을 지속할 수 있는 시간, 즉 생각할 수 있는 시간을 허락한다고 생각했다는 점에 주목할 필요가 있다.

『영혼의 평정에 관하여』에서 세네카는 성격을 토대로 하는 직업 선택에 대해 언급하면서, 예를 들어 정치를 선택한 사람은 국가의 부패가 정상적인 정치 활동을 어렵게 만드는 경우에도 정치에서 너무 성급하게 물러나서는 안 된다고 설명했다. 하지만 정치와는 어울리지 않는 내향적인 성격의 소유자들에게는 공적인 일을 멀리할 것을 권유했다.

『무위에 관하여』에서 세네카는 무위의 일반적인 유용성을 부각시키면서 부패한 나라의 정치에서 멀어져야 하는 이유를 언급했다. 세네카는 현자의 본성에 적합한 조건의 나라는 실제로 존재하지 않는다는 점에 주목했다. 결국 정치를 멀리해야 하는 구체적인 이유가 있음을 인정하면서 무위를 선택의 대상이 아니라 필수적인 조건으로 인정했던 셈이다. 그렇다면 정치 참여의 의무에 대한 스토아학파의 입장은 그 자체로 모순이라는 평가도 얼마든지 가능해진다.

하지만 어떤 경우에든 세네카는 한 개인의 기본적인 성격에 대한 정확한 검증을 통해서가 아니라 외부적인 요인에 의해, 즉 국가의 부패를 이유로 정치 참여의 거부를 합리화하는 태도는 옳지 않다고 보았다. 세네카의 이러한 입장에서 그가 제시하는 철학적 근거 뒤에 어떤 식으로든 네로를 모략하는 인물로 몰리고 싶어하지 않는 정치적인 신중함이 숨어 있음을 보게 된다. 정치 참여라는 주제와 관련하여, 세네카는 군주에 맞선 정치 참여 거부를 도덕적인 거부의 도구로 사용하는 스토아주의자들의 태도와도 거리를 유지했다.

3.3 루킬리우스에게 보내는 편지

『루킬리우스에게 보내는 편지』는 문학적인 차원에서 후세에 지대한 영향을 끼쳤을 뿐만 아니라 세네카에 대한 근대의 이미지를 구축하는 데 결정적인 역할을 한 작품이다. 따라서 세네카의 가장 중요한 저서라고 할 수 있는 이 작품은 세네카가 말년에 쓴 편지들로 구성되어 있으며 일부가 소실된 상태로 전해진다. 이 편지들은 허구적인 성격을 지녔다. 다시 말해 실제로 누군가와 주고받은 편지들이 아니라 출판을 위해 창작된 일종의 문학작품이다. 편지 교환은 사실상 발송과 수신에 필요한 시간이 절대적으로 부족했기 때문에 불가능했을 것으로 보인다. 편지에 기입되어 있는 것처럼 40일 동안 32통의 편지를 썼다면 수신자의 답장을 미처 받아보기도 전에 계속해서 편지를 썼다고 볼 수밖에 없다.

『루킬리우스에게 보내는 편지』는 철학적인 내용을 담고 있는 기존 서간문들(예를 들어 에피쿠로스가 쓴 것으로 추정되는 편지들)과 달리 독특한 대화 형식을 토대로 쓰인 작품이다. 세네카는 앞서 보낸 편지에 수신자가 보일 반응과 질문들을 상상하면서 자신이 다루고자 하는 주제를 제시한다. 저자는 대화에 활력을 불어넣기 위해 중요한 지점에서 반대 의견을 제시하는 누군가의 목소리를 등장시키기도 한다. 그런 식으로 독자가 자연스럽게 수신자의 입장에 설 수 있도록, 다시 말해 도덕적 성장을 위해 철학에 이제 막 입문한 사람의 입장에 설 수 있도록 유도한다.

편지들은 상당히 다양한 주제를 다루고 있지만 철학이 일종의 정신적 치유를 위한 훈련이라는 입장을 곳곳에서 엿볼 수 있고 이러한 특징이 작품 전체를 통해 부각된다는 점을 어렵지 않게 알아볼 수 있다.

독자의 입장에서는 세네카의 편지 내용과 스스로의 생각을 견주어 본다는 것 자체가 하나의 훈련이다. 세네카는 이렇게 말한다. "친애하는 루킬리우스, 나는 나를 고치고 있을 뿐만 아니라 나 자신을 변화시키고 있네."(6,1) 세네카의 편지들은 스토아 철학의 진실을 내면화하는 데 도달하기 위한 하나의 과정이다. 말로 표현되는 도덕적 진실, 예를 들어 오로지 훌륭한 덕목(기량)만이 곧 선과 일치한다는 말 자체가 그것을 행동으로 옮길 수 있도록 도와주는 것은 아니며, 구체적이고 변화무쌍한 상황 속에서 이러한 도덕적 원리를 스스로에게 적용할 수 있도록 체화할 필요가 있다. 세네카는 이러한 훈련만이 도덕적 진실을 이해할 수 있는 유일한 방법이라고 보았다. 도시 바깥을 여행하는 동안 다행스럽게 얻어 탄 마차 위에서 세네카는 이렇게 관찰한다. "한 시골 마차 위에 올라탄 뒤 나는 좀 더 편안한 자세로 자리를 잡았네. 하지만 힘없는 말들이 살아 있는 것처럼 보였다면 그건 말들이 계속해서 움직였기 때문일 뿐이네. 마부는 맨발이었네. …… 나는 다른 사람들이 이 마차를 내 것으로 오해할까봐 상당히 부담스러웠네. …… 옆으로 멋진 마차들이 지나갈 때마다 나는 얼굴이 화끈거리는 것을 느꼈네. 하지만 그건 곧 내가 자랑하는 그 멋진 도덕적 교훈들이 내 영혼 속에 여전히 깊이 뿌리내리지 못했다는 것을 증명하네."(87, 4)

진정한 의미에서 유일한 선이 덕목과 일치한다면, 세네카는 그가 얻어 타고 여행했던 마차처럼 '하찮은' 대상에 대해 부끄러워하지도 기뻐하지도 말아야 했다. 스토아 철학자에게 건강이나 재산 혹은 여행의 편리함 같은 것들은 오로지 병과 가난과 불편함에 비해 '선호할' 만하고 '가치'가 있을 뿐이다. 반면에 행복을 결정하는 것은 덕목뿐이다. 이 진실을 느낄 수 있기 위해서는 훈련이 필요하다. 예를 들어 세네카의 편지에 제시된 문제들을 유심히 관찰하고 이를 자신의 경험과 비교하고, 구체적인 상황에 처했을 때 스토아 철학의 원리들을 기억할 필요가 있다. 그런 차원에서 에픽테토스의 『편람*Enchiridion*』은 이러한 훈련의 기능을 설명한다고 볼 수 있다.

이러한 방식으로 독자는 스스로를 대상으로 활동하게 된다. 점차적으로 자신을 변화시키고 극복하면서 스스로의 주인이 되는 것이다. 세네카의 언어가 가진 자기 점검적인 성격은 이른바 '자아의 철학', 예를 들어 시간 속의 정체성(수많은 변화에도 본래의 우리 모습을 그대로 유지하도록 하는 정체성)이나 인간이 스스로와 세계를 인식하는 방식과 같은 구체적인 문제에 민감한 현대 철학자들에게 많은 관심을 불러일으켰다. 특히 프랑스 철학자 미셸 푸코(1926~1984)는 자기 변화를 추구하는 스토아 철학자들의 사고에서 인간이 자아와 관계하는 방식의 모형을 발견했고 이것이 현대 심리분석이 주장하는 '깊이 숨어 있는' 자아의 탐구 방식을 대체할 수 있다고 보았다. 푸코의 제안은 여전히 계속되고 있는 열띤 논쟁을 불러일으켰지만 그가 세네카의 서간문을 교화적인 차원에서 읽는 데서 벗어나 소크라테스의 '자기 배려'라는 지평에 위치시켰다는 점은 분명히 인정해야 할 부분이다.

4

선택, 윤리적 행위와 내면의 삶
: 에픽테토스와 마르쿠스 아우렐리우스의 철학

4.1 에픽테토스

세네카, 마르쿠스 아우렐리우스와 함께 제국 시대 스토아 철학의 주인공이었던 에픽테토스(Epictetus, 서기 50~125/130년)의 철학은 '선택'이라는 개념을 토대로 구축된다. '선택'은 인간의 자유에 대한 성찰을 유도할 뿐만 아니라 철학 활동을 규정하는 기준과 토대를 구축하는 개념이다.

선택을 뜻하는 그리스어 proairesis는 pro('먼저')와 aireo('취하다', '고르다', '선호하다')의 합성어인 동사 proaireo에서 유래한다. Pro는 두 가지 의미로 읽힐 수 있다. 시간적인 차원에서 '먼저'의 의미로 읽힐 수 있고 비교의 차원에서 무언가에 비해 '우선'한다는 의미로도 읽힐 수 있다. 고대 스토아 철학자들은 proairesis를 첫 번째 의미로, 즉 삶에 대한 태도의 '기초적인 선택'의 의미로 사용했다. 반면에 아리스토텔레스는 접두어 Pro에 비교의 의미를 부여하면서 proairesis를 자유의지의 '선호에 따른 선택'으로 보았고 이를 "우리에게 좌우되는 것들에 대한 선택 욕망"으로 정의했다(『니코마코스 윤리학』 3, 5, 1113a 10~11). 에픽테토스는 이 용어의 비교적 의미와 '우리에게 좌우되는 것'이라는 개념을 아리스토텔레스로부터 차용했다. 하지만 아리스토텔레스와는 달리 에픽테토스는 오로지 '선택'과 '선택에 따른 행동'만이 우리에게 좌우되며 나머지(신체나 사물)는 별개의 것으로 남는다고 주장했다. 우리에게 좌우되는 것은 선택의 대상이 아니라 선택 자체라고 본 것이다.

에픽테토스는 철학이 약속하는 완성의 길을 걷는 모든 이에게, 아울러 모든 인간에게 선택능력이 주어진다고 보았다. 에픽테토스에게 선택이란 외부세계 및 인간의 제어에서 벗어나는 모든 것들에도 불구하고 인간이 자율적으로 살아갈 수 있도록 해 주는 지고의 선, 그만큼 모든 인간이 추구해야 할 자유를 누리기 위한 필수적인 도구였다. 에픽테토스는 선택이 인간을 자율적인 세계로 인도할 수 있는 힘을 가진 도구이며 따라서 어떤 자유로운 행위의 결과라기보다는 하나의 능력 혹은 정신 활동으로 간주되어야 한다고 보았다. proairesis라는 말을 '선택'이나 '선택능력'으로 이해한다면 구체적인 관계의 차원에서, 무엇의 선택인지 혹은 무엇 중의 선택인지 확인해 보아야 한다.

에픽테토스는 선택이 눈에 보이는 이득과 지고의 선을 추구하는 것 사이에서 이루어진다고 보았다. 지고의 선은 선택이 궁극적으로 원하는 것 안에, 얻고자 하는 자유 안에 실재한다. 선택이 선택능력의 완벽한 표현일 때 이는 반복적이거나 순환적인 것이 아니라 한 개인의 발전이라는 차원에서 이해되어야 한다. 이러한 선택능력은 모든 인간에게 공통된 요소이며 인간으로 하여금 선을 자유롭게 할 수 있도록 해 준다. 인간의 선택은 처음에는 외부적인 영향과 잘못된 의견, 육체적 충동에 지배된다. 이러한 부패를 막기 위해 선택은 꾸준히 실천되어야 하고 외부적인 영향에 대항할 수 있도록 강인해질 필요가 있다. 이 과정의 마지막 단계에서 개인은 선을 자율적이고 자연스러운 방식으로 선택할 수 있는 조건을 확보하면서 자유를 얻는다.

에픽테토스에 의해 선과 일치하는 것으로 부각되면서 '선택'은 상당히 중요하고 침투적인 개념으로 떠오른다. 이 개념을 토대로 에픽테토스는 '무관한' 것들, 즉 선에도 악에도 속하지 않는 현실에 대한 스토아 철학자들의 이론을 재해석하기에 이른다. 무관한 것들이란 선택과 무관한 대상들을 말하며 여기에 선택 행위가 적용될 수는 있지만 선택 자체와는 결국 이질적인 것으로 남는다. 어떻게 보면 인간의 선의나 악의는 사실 '하나의 특별한 선택'에 지나지 않는다.

에픽테토스의 철학에서 '선택'은 윤리적이고 실천적인 영역에 적용되며 에픽테토스가 구분하는 철학의 세 영역 모두와 연관된다. 이 세 영역은, 선하거나 악한 것과 관련된 욕망 이론(개인은 모든 욕심을 버리고 자신의 힘을 하나의 유일한 선택에 집중시켜야 한다), 적절하거나 부적절한 것과 관련된 충동 이론(여기서 충동은 선택의 행위로 규정된다), 진실 혹은 거짓과 관련된 동의 이론(심리적으로 영향을 받는 만큼, 충동뿐만 아니라 동의 역시 선택의 지배하에 놓인다)으로 구분된다.

'선택'과 함께 사유의 중심은 행위로 옮겨 가고 철학의 실천은 '우리에게 좌우되는 것'의 영역 안에서 행동의 완전한 이성적 단계에 도달하는 것을 목표로 한다. 선택은 자아를 대상으로 하는 활동의 차원과 모든 인간에게 열려 있는 개인적인 발전의 차원에 주어진다. 모든 인간은 선택능력을 타고났으며 다른 모든 육체적, 정신적 능력과 만찬가지로 처음에는 미약하지만 모든 외부적인 환경으로부터 자유로운 스스로의 본성적인 차원을 확보하기 위해 스스로 훈련하는 기능을 가지고 있다. 완전한 훈련을 통해 선택하는 법을 터득하고 확보했을 때 모든 인간은 스스로의 행동과 존재를 완벽하게 자율적으로 다스릴 수 있다. 그래서 에픽테토스는 이렇게 말한다. "내가 선택한 것은 제우스도 이길 수 없다."

4.2 마르쿠스 아우렐리우스의 명상록: 스스로를 향한 담론으로서의 철학

마르쿠스 아우렐리우스(Marcus Aurelius, 서기121~180년. 161년 황제 즉위)의 『명상록』은 그가 전쟁터에서 말년을 보내며 쓴 글들을 수록하고 있다. 『명상록』을 쓰면서 아우렐리우스가 의도했던 것은 자기 자신과의 소통이었다. 이를 통해 그는 스토아 철학의 원칙들을 스스로에게 또렷하게 각인시키고 이러한 원칙들을 토대로 자아의 내면세계를 항구적으로 소유하면서 스스로의 행동과 세계 속에서의 위상을 규정하고자 했다.

그의 글들이 가지고 있는 특징과 후세에 끼친 영향력을 고려했을 때 『명상록』은 고대의 내면적 담론들 가운데 최초로 의미 있는 결과를 가져온 작품이라고 볼 수 있다(미미하지만 이와 유사한 시도들이 없었던 것은 아니다. 예를 들어 오디세우스가 스스로의 마음과 나누는 대화를 『오디세이아』 20장 12~21절에서, 사유에 관한 이론적인 토론을 벌이며 영혼이 스스로와 나누는 이야기를 플라톤의 『테아이테토스』 189e~190a에서 읽을 수 있다).

『명상록』은 하나의 정확한 인식론적 입장, 즉 자기 설득과 자신의 내면세계에 대한 개입의 정당성과 가능성을 인정하는 입장을 토대로 쓰였으며 이에 상응하는 독특한 문체와 논쟁 형식을 가지고 있다.

마르쿠스 아우렐리우스에 따르면 스스로를 대상으로 하는 대화의 필요성은 특정한 외부 대화자의 부재와 깊이 있는 철학적 요구를 전제로 한다. 마르쿠스 아우렐리우스는 로마 귀족사회의 문화적 환경을 배경으로 서기 2세기의 가장 세련되고 훌륭한 교육과정을 밟았다. 이러한 교육 덕분에 철학 일반과 스토아 철학을 접할 수 있었고 군주로서의 의무 때문에 직업적인 철학자가 될 수 없다는 것을 잘 알면서도 철학적으로 사고하기를 포기하지 않았다. 『명상록』에서 우리는 그가 받은 철학 교육과 철학적 경험의 흔적을 이중적인 형태로, 즉 철학 이론의 보고寶庫와 스승과 제자 사이에서 오가는 질문과 답변의 변증적 대조라는 양식의 형태로 발견하게 된다. 『명상록』을 쓰면서 아우렐리우스는 이 두 가지 요소를 융합시키면서 내용의 차원에서는 그가 배운 이론들을 활용하고 방법의 차원에서는 대화와 변증법적인 양식을 활용하는 작업에 몰두한다. 단지 교육을 목적으로 하는 일반적인 대화록의 두 대화자로 동일한 인물, 즉 자기 자신을 등장시킬 뿐이다.

『명상록』의 한 구절에서 황제는 이렇게 말한다. “네가 어떤 인상을 자주 받는다면 네 두뇌도 그런 인상과 비슷하다고 할 수 있다. 사실상 영혼은 인상들로 채워진다.”(5, 16, 1) 이어지는 글에서 볼 수 있듯이 정신의 구조를 결정지을 수 있는 이러한 인상들phantasiai은 문장과 유사한 내용을 가지고 있다. 아우렐리우스는 이러한 인상의 예로 짤막한 삼단논법 문장을 인용한다. "사는 것이 가능한 곳에서는 잘 사는 것 또한 가능하다. 궁정에서는 사는 것이 가능하다. 따라서 한 궁정에서도 잘 사는 것이 가능하다."『명상록』의 또 다른 구절(4, 3, 1~9)에서 아우렐리우스는 자기 자신과 대화하는 방식과 개념에 대해 상세하게 설명한다. 자아와의 대화는 한 개인이 스스로의 힘으로 일상의 불안과 혐오감으로부터 벗어나 평정심을 얻을 수 있다는 원칙을 기반으로 한다. 평정이라는 목표는 헬레니즘 시대부터 대부분의 철학 학파들의 공유해 온 주제였고 철학의 목적 자체와도 일치하는 것이었다.

마르쿠스 아우렐리우스의 이러한 생각은 당대의 여러 스토아 철학자들과 마찬가지로 내면세계와 외부세계와의 관계라는 거시적인 관점을 토대로 한다. 개인은 자신의 개인적인 행복을 외부세계로부터, 즉 물질세계와 다른 인간들로부터 독립적이며 자율적인 것으로 간주해야 한다. 아울러 자신의 사회적 본성을 표명하기 위해 최선을 다해야 하며, 다시 말해 타자를 위해 행동할 줄 알아야 하며 무엇보다도 마르쿠스 아우렐리우스처럼 책임감이 요구되는 직책을 맡았을 때 남을 배려할 줄 알아야 한다.

자아로의 귀가는 모든 형태의 경악과 불만족을 멀리하며 고통을 제거하고 현실을 있는 그대로 받아들일 수 있도록 도와준다. 왜냐하면 현실은 이성적 질서의 결과이며 그러한 결과로 '기꺼이' 받아들여야 한다는 것을 깨닫게 해 주기 때문이다. 자아로의 귀가와 이를 통한 현실세계와의 화해는 실수로 범벅된 일상이 위협하는 개인적인 평화(아우렐리우스는 이를 평정eukosmia이라고 부른다)를 회복시킬 수 있는 내면적 도구를 통해 이루어진다. 아우렐리우스는 자아로의 귀가를 통해 일상의 산만함과 실수에 저항하려는 철학적 노력이 지속적으로 이루어져야 하며 이러한 개선의 시도 자체를 습관처럼 항구적으로 만들 수 있어야 한다고 보았다. 아우렐리우스가 말하는 내면적 도구란 철학에 영감을 얻은 교훈적인 성격의 원칙들을 말한다. 효과적이기 위해, 아울러 언제든지 참조할 수 있기 위해 이러한 원칙들은 간결해야 한다.

아우렐리우스는 현실이 가져다주는 고통과 불만을 제거하기 위해서는 운명을 받아들이고 육욕의 충동을 다스리며 다른 사람들과의 관계(특히 악한 사람들과의 관계)를 원만하게 유지해야 한다고 보았다. 그는 스스로의 내면에서 뿌리 뽑고 싶은 모든 형태의 불만에 상응하는 교훈적인 원칙들을 구체적인 예를 들어 다양한 방식으로 제시했다. 이러한 원칙들은 자연과 세계의 구조에 대한 순수한 고찰의 형태로('이성적인 존재들은 서로를 위해 태어났다') 제시되기도 하고, 때로는 윤리학과 직접적으로 연관되는 내용으로('참는다는 것 역시 정의 실현의 일부다'), 또는 현실을 어떤 특별한 관점에서 바라보는 실험적인 관찰을 내용으로('야망을 다스리기 위해 시간과 공간의 무한한 확장을 관조하기'), 혹은 좀 더 분명하게 변증적이거나 논증적인 구조의 문장으로 제시된다. 예를 들어 아우렐리우스는 『명상록』에서 두 가지 가정, 먼저 우주가 이성적인 구조를 가지고 있다는 가정(이것이 바로 스토아 철학자들의 주장이다)과 이어서 우주가 원소들로 구성되어 있다는 가정(이것이 바로 에피쿠로스의 사상이다)을 변증법적으로 대립시켰다. 이러한 토론의 목적은 아우렐리우스가 지지하는 스토아학파의 주장을 더욱 확고히 하는 데 있을 뿐만 아니라 비록 우주가 무질서한 것으로 드러난다 해도 계속해서 철학을 통해 도덕적인 완성의 길을 걸어야 한다고 자신을 설득하는 데 있다. 어떤 철학이론이 정착되어 아주 당연한 의견으로 받아들여지는 경우에도 그는 그 이론을 받아들이기까지 자신이 밟아 온 과정의 답습을 포기하지 않는다. 그런 식으로 그는 대화자로서의 자기 자신에 대한 '변증법적 존중'이라는 형식이 어떤 것인지 보여 준다.

이러한 것들은 아우렐리우스가 『명상록』을 통해 기록하고 또 실천에 옮긴 내면적 담론의 인식론적 전제이자 주제와 방법들이다. 자신과의 대화를 통해 마르쿠스 아우렐리우스는 설득의 기술(격언의 형식, 허구적인 대화의 형식, 권유 혹은 경고의 말)을 토대로 '고통'과 '불만족'을 떨쳐버리는 데 유용한 주제들('우주의 숙명적이고 이성적인 구조', '인간이 지니는 사회적 존재로서의 본성', '육체부터의 독립')을 다루면서 자신의 사유 안으로 이러한 생각들을 끌어들이고 그런 식으로 받아들인 철학의 실천적인 완성을 시도한다.

고대인들이 듣던 소리의 풍경

우리는 고대에도 현대 세계와 마찬가지로 인간이 생산해 내는 온갖 종류의 소음과 고함이 소리의 풍경을 이루었을 것으로 상상할 수 있다. 하지만 이 즉각적인 비교로 확인할 수 있는 것은 그리 많지 않다. 아마도 우리의 선조들이 누리던 소리의 세계는 우리 것보다 훨씬 더 작고 가벼웠을 것이다. 무엇보다도 소리의 구성 자체가 달랐을 것이다. 문명사회의 발달과 변화로 인해 우리 세계에서는 더 이상 들을 수 없는 소리나 소음이 고대 사회를 지배했을 것이 분명하다. 예를 들어 지금보다는 훨씬 더 많이 사용되었을 것이 분명한 망치 소리(대장장이, 목수, 그릇이나 말발굽을 만드는 사람 등등), 노예나 나귀의 힘으로 돌아가는 방아가 곡식을 빻으면서 내는 소리, 도시의 돌길을 삐걱거리며 달리는 마차들의 바퀴 소리를 들을 수 있었을 것이다. 시인 칼리마코스는 이렇게 노래했다. "길가에 사는 사람들은 마차 밑에서 바퀴축이 삐걱거리는 소리에 잠을 설친다. 허름한 대장장이가 불을 지피며 두드리는 날카로운 망치 소리가 그들을 괴롭힌다." 하지만 고대인들의 귀는 이보다는 더 요상하고 놀라운 소음들에 익숙했다.

1세기에 세네카가 전하는 바에 의하면, 시인 알비노바누스 페도Albinovanus Pedo

는 섹스투스 파피니우스Sextus Papinius의 윗집에 살고 있었다. 섹스투스는 낮을 싫어하는 사람, 다시 말해 정상적으로 낮에 해야 할 일들을 밤에 하면서 시끄러운 소음을 일으키는 사람이었다. 흥미를 느낀(혹은 시끄러웠기 때문에?) 페도는 이 밤의 소음에 귀를 기울였고 이에 대해 상세한 기록을 남겼다. "밤 세 시가 되면 채찍질 소리가 들려왔다. 나는 파피니우스가 대체 뭘 하는 건지 물었다. 사람들은 그가 계산을 하고 있다고 대답했다." 로마에서는 계산기 역할을 '사람'이, 즉 때로는 비서 노릇을 하는 노예가 했기 때문에 페도의 귀에 지속적으로 들려오던 소리는 계산기를 두드리는 소리가 아니라 채찍으로 셈을 하는 소리였다. 계속해서, "여섯 시가 가까워지면 시끌벅적 떠들며 고함치는 소리가 들려왔다. 나는 대체 무슨 일이 일어났는지 물었다. 사람들은 그가 목소리 연습을 하고 있다고 대답했다. 나는 여덟 시가 되면 바퀴 소리가 들려오는 이유는 뭐냐고 물었다. 사람들은 그가 마차를 타고 나간다고 대답했다."(『루킬리우스에게 보내는 편지』, 122, 16)

하지만 고대가 듣던 소리의 세계 내부에는 또 하나의 중요한 '목소리'가 존재했다. 그건 동물들이 내는 소리다. 고대에 동물들이 내던 소리의 종류는 지금과는 비교할 수 없을 정도로 풍부했다. 왜냐하면 이 소리들이 고대의 사회와 경제 체제의 일부를 차지했기 때문이다. 동물들의 소리는 게다가 오늘날에 비해 듣기가 훨씬 더 편했던 것으로 보인다. 아마도 그런 이유에서 동물들의 목소리는 풍부한 의미까지 가지고 있었을 것이다. 이것이 바로 고대의 소리와 현대의 소리 사이에 존재하는 가장 흥미로운 차이점이다. 당나귀가 우는 소리, 새가 노래하는 소리는 우리에게 수많은 소리들 중에 하나에 불과하다. 하지만 고대인들에게 동물들의 목소리는 불길한 징조를 의미했다. 동물들의 목소리는 아울러 날씨를 예고하거나 계절의 변화를 알려 주었고 바로 그런 이유에서 농부들이나 항해사들이 특별한 관심을 가지고 귀를 기울였다.

다른 어떤 새들보다도 뛰어난 예견능력을 가진 까마귀의 소리에 고대인들은 특별한 관심을 가지고 귀를 기울였다. 로마 시대의 점복과 관련된 전문서적을 살펴보면 이 새가 장장 64가지의 상이한 의미로 해석될 수 있다는 것을 발견할 수 있다. 3세기의 그리스 철학자이자 신학자인 포르피리오스에 따르면, 그리스

예언자들은 까마귀의 소리에서 감지할 수 있는 수많은 차이점들을 해석해 기록으로 남겼다. 하지만 어느 지점에 도달하면 예언자들 역시 관찰을 포기하고 모든 것을 잊어버린다. 어쨌든 인간의 귀로는 간신히 들을 수 있는 미세한 차이의 문제, 즉 사소한 문제였기 때문이다.

새들의 노래는 미래에 대한 예언을 제공했을 뿐만 아니라 시인과 작곡가에게 이들이 예술적인 창조를 위해 재활용할 수 있는 놀라운 양의 음성기억을 선사했다. 예를 들어 그리스 시인 알크만Alkman은 자신을 다음과 같이 시적으로 소개한 바 있다. "이 말들과 노래를 알크만은 자고새의 노래를 언어로 표현하면서 찾아냈다."(Alkman fr. 39)

알크만은 어떻게 보면 스스로의 시적이고 음악적인 언어에 소리의 풍경으로부터 추출해 낸 요소들을 접목시킨 대단히 현대적인 예술가다. 무엇보다도 알크만이 다름 아닌 새들의 세계에 특별히 민감한 반응을 보였다는 점을 기억해야 한다. 널리 알려진 그의 시들 가운데 하나는 새가 되기를 원하는 늙은 시인이 "파도의 꽃 위로 물총새들과 함께 날아가는 케릴로스kelylos*를" 꿈꾼다. 여기서 물총새는 젊은 무녀들을 상징한다. 아울러 아름다운 합창장이 마치 "백조처럼 노래하는" 반면 그녀에 미치지 못하는 다른 처녀들은 "허망하게 고함만 지르는 올빼미"처럼 들린다.

소리의 세계와 시적이고 음악적인 구도의 조합이라는 차원에서 더 흥미로운 것은 시와 음악의 시원에 대한 이론들을 제시하는 철학자, 시인, 지식인 들의 주장이다. 우리에게 알크만의 시를 단상으로 전해 준 저자 아테나이오스는 그의 시에 대해 비교적 분명한 해석을 제시한 바 있다. "이런 식으로 알크만이 자고새로부터 노래를 배웠다는 것은 분명하다." 새들이 시인에게 어쨌든 스승의 역할을 해 준 셈이다. 이 주장에서 우리는 그리스와 로마의 고대 문헌에서 흔히 발견할 수 있는 시와 음악의 시원에 대한 이론의 영향력을 느낄 수 있다. 아테나이오스는 알크만의 시를 해설하면서 "고대인들은 한적한 곳에서 노래를 부

---

* 그리스 문학에 등장하는 환상의 새로, 물총새의 남성형이며 알크만의 시 제목이다.

르는 새들을 모방하며 음악을 발명했다"는 카멜레온테 폰티코Cameleonte Pontico의 의견을 인용한다(『연회에 간 소피스트』 9, 389 f~390). 동물도 이성을 갖췄다는 생각을 견지하던 플루타르코스 역시 최고의 시인들은 그들의 부드럽고 아름다운 '시와 선율들'을 백조와 나이팅게일의 '노래'를 토대로 만들었다고 주장했다. 아울러 데모크리토스 역시 시에 관한 한 우리는 백조와 나이팅게일의 제자라는 말을 했다(플루타르코스, 『동물의 지성에 관하여』, 19). 반면에 의견을 달리했던 루크레티우스는 이렇게 경고했다. "새들의 날카로운 노랫소리를 입으로 모방하는 기술은 인간이 듣는 이의 귀에 기쁨을 전해 주는 규칙적인 시를 창작하기 훨씬 이전부터 시작되었다."(『만물의 본성에 관하여』, 5, 1379)

고대인들의 이러한 주장들은 놀랍게도 우리를 현대 음악, 특히 소리의 풍경과 새들의 노래에 영감을 받은 현대 작곡가들에게 눈을 돌리게 만든다. 누구보다도 올리비에 메시앙Olivier Messiaen은 평생 동안 새들의 목소리를 녹음하며 경청했고 자신의 이러한 경험을 일곱권에 달하는 기념비적인 저서 『리듬과 색과 조류학에 대하여*Traite de rythme, de couleur et d'ornithologie*』에 담아 출판했다. 그리고 무엇보다도 이러한 경험을 음악에 적용해 〈세상의 종말을 위한 사중주Quatuor pour la fin du temps〉의 3악장(클라리넷 독주를 위한 '새들의 심연')을 비롯해 피아노를 위한 〈새의 카탈로그Catalogue d'oiseaux〉를 작곡했다. 하지만 이런 관점에서 스트라빈스키Igor Stravinsky의 〈봄의 제전〉의 일부인 '신성한 춤' 역시 상당히 흥미롭다. 이 작품에서 스트라빈스키는 몇몇 새들, 특히 개개비Acrocephalus schoenebaenus의 특징적인 리듬을 활용했다. 이 새의 노래는 세 종류의 소리들 가운데 하나가 어떤 일정한 리듬의 패턴을 따라 몇 번에 걸쳐 더 반복되는 방식으로 진행된다. 스트라빈스키 역시 이와 유사한 패턴을 사용하면서 반복이라는 요소를 극단적으로 흥미롭게 활용한다(스트라빈스키의 반복은 채워 넣기, 혹은 상상력의 부재로 인한 결과라기보다는 창작의 본질적인 도구로 활용된다). 스트라빈스키는 〈봄의 제전〉을 개개비과의 물새들(이 새들은 모두 동일한 패턴의 리듬을 사용한다)이 많이 사는 우크라이나의 부크 강가에서 작곡했다. 하지만 스트라빈스키와 새들의 음성세계 사이에 존재할 수 있는 구체적이고 실질적인 연관성과는 별개로 〈봄의 제전〉이 원시 세계의 재

창조라는 착상을 토대로 쓰였었다는 점을 기억할 필요가 있다.

자랑스럽게 "나는 모든 새들의 노래를 알고 있다"고 선언했던 그리스의 서정시인 알크만은 어쨌든 스트라빈스키와 좋은 친구가 될 수 있었을 것이다. 누군가 지적했던 것처럼 알크만의 주장을 단순한 비유로 보는 것은 잘못된 견해다. 오히려 그가 제시한 창공의 시학과 자고새의 노래를 예술적으로 재편성한 시도는 작곡가들이 하늘의 피조물들과 함께 걸어온 오랜 여정의 첫걸음이었다고 할 수 있다. 어떤 때에는 알크만이나 메시앙의 경우처럼 공개적으로 천명되기도 했고, 또 어떤 때에는 듣는 이의 짐작만 가능했을 뿐, 이러한 시도들이 가져온 놀라운 결과는 고대인들이 자신 있게 주장했던 이 두 음성세계의 조합을 통해 음악 역사의 한 본질적인 측면이 구축되었다는 것을 증언해 준다.

VII

제국 시대의
그리스 철학

La filosofia
e le sue storie

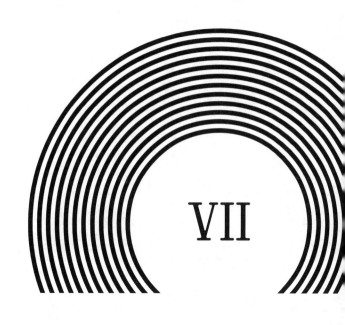

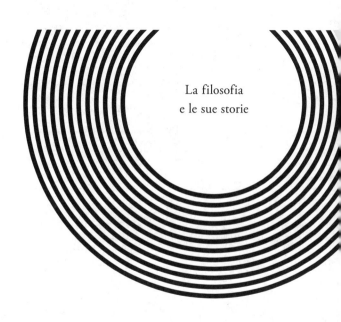

기원전 24년~기원후 14년
오타비아누스 아우구스투스의
로마 집권

서기 129년
페르가몬에서 갈레노스 탄생

서기 244년
플로티노스,
로마에 학교 설립

서기 313년
콘스탄티누스,
밀라노 칙령 발표

서기 395년
테오도시우스 사망
로마, 서로마제국과
동로마제국으로 양분

서기 529년
유스티니아누스,
그리스도교도가
시민들을 대상으
공공교육 금지

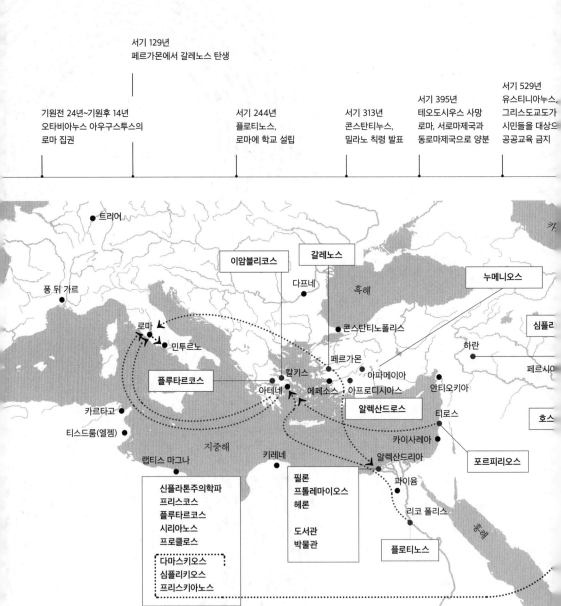

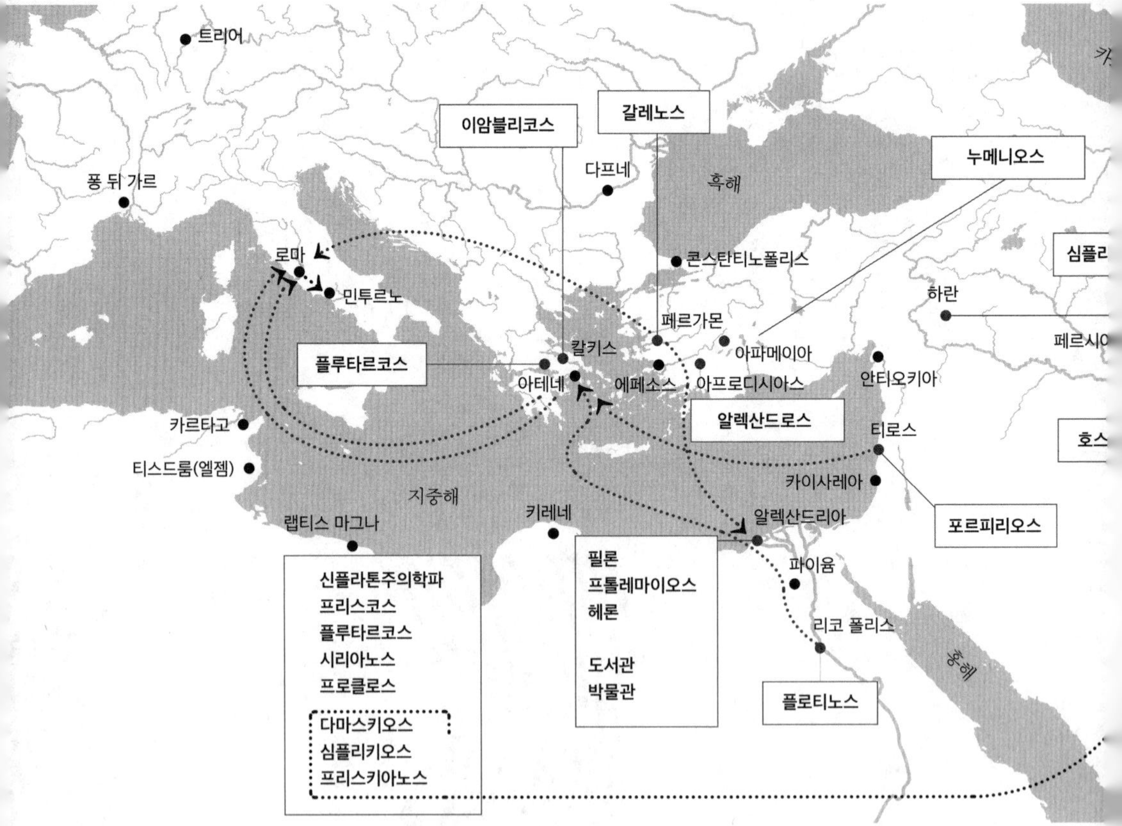

기원전 30년
알렉산드리아의
필론 탄생

서기 62년
헤론의 월식 관찰

서기 232~243년
플로티노스,
암모니오스 사카스의
학교에서 수학

서기 263
포르피리오스, 로마로 이주해
플로티노스의 학교에서 수학

서기 301년경
포르피리오스,
스승 플로티노스의 저술 편집

서기 432년
아테네의 플루타르코스 시
신플라톤주의 학교의
지도자로 시리아노스 임명

서기 440년
플라톤과
아리스토텔레스의
해석자 암모니오스 탄생

그리스 철학이 지중해 중심의 문화권에 널리 확산되는 것은 로마제국 시대의 도래와 함께 일어나는 일이다. 이 시기에 중요한 철학 학파들이 탄생했고 앎의 보급을 적극적으로 추진하는 학교들이 설립되었다. 아테네는 모두에게 영원한 '철학자들의 도시'로 남겠지만 이를 호위하며 알렉산드리아, 페르가몬, 아파메이아, 하란, 로마와 같은 도시들이 이 시기에 학문의 수도로 윤곽을 드러냈다. 이 시대는 과학 분야에서도 중요한 인물들, 예를 들어 알렉산드리아에서 수학과 역학을 가르쳤던 헤론, 위대한 천문학자 프톨레마이오스를 탄생시켰다. 들끓는 문화 교류와 복합적인 상호관계를 바탕으로 성장했기 때문에 끝없는 지적 대화가 오가는 분위기 속에서 공존하던 수많은 철학 학파들은 사실상 하나의 얼굴을 가지고 있지 않았다. 이러한 특징을 아주 또렷하게 증언하는 인물은 갈레노스다. 페르가몬에서 태어난 갈레노스는 이즈미르와 코린토스에서 수학했고 이집트에서 플라톤과 아리스토텔레스의 철학 및 스토아 철학과 에피쿠로스 철학을 공부한 뒤 로마에 도착했다. 이어서 견문을 넓히기 위해 키프로스와 리키아를 여행한 뒤 다시 로마로 돌아와 169년에 황제 마르쿠스 아우렐리우스의 주치의로 발탁된다.

정치·사회적 차원에서 이 시대는 문화적 복수주의와 제국주의적 이데올로기의 공존을 꾀하는 시대였다. 서로 다른 문화와 종교를 가진 사람들 사이에서 그리스 문화는 그리스어라는 공통분모를 통해 인식되었고 그리스어는 철학 사상을 이해하는 데 필요한 방법론적인 통일성과 기본적인 조화를 제공하는 언어로 받아들여졌다. 이 시기에 다양한 철학적 가르침의 실천과 밀접한 관계를 유지하면서 꽃을 피운 철학 장르는 해석학이다. 서기 1세기에서 4세기에 이르는 동안 두각을 나타낸 철학자들은 해석과 주석을 통해 과거의 철학 전통, 특히 플라톤과 아리스토텔레스의 철학을 독창적인 방식으로 부활시켰다.

당시의 시대정신은 문화적 혼합주의였다. 알렉산드리아의 필론이 등장한 1세기부터 이미 그리스 철학은 유대 경전과의 만남을 진지하기 받아들이기 시작했고 같은 시기에 플라톤과 아리스토텔레스의 철학 및 스토아 철학을 통한 성서 해석이 탄생했다. 고대 말기의 가장 뛰어난 철학자 플로티노스는 자신만의 사유를 통해 플라톤과 아리스토텔레스뿐만 아니라 인도와 페르시아 철학에서 유래하는 주제들을 독창적인 방식으로 소화해 냈다. 플로티노스는 고전의 유산을 그만의 독특한 방식으로 수용했다. 고전 철학의 기본 전제들을 자신의 것으로 받아들였지만 철학의 중심을 형이상학으로 가져오면서 기존의 철학 체제에 새로운 구조를 부여하고 무엇보다도 그리스 철학의 지성주의와 신비주의 경험을 모두 엿볼 수 있는 새로운 감성을 각인시켰다. 플로티노스의 제자이자 그의 전기 작가인 신플라톤주의 철학자 포르피리오스는 아리스토텔레스의 『범주론』에 대한 입문서를 집필했고 이 책은 보에티우스Anicius Manlius Severinus Boethius의 인용으로 전승되어 중세 사상가들 사이에서 보편성에 관한 열띤 논쟁을 불러일으켰다. 2세기에서 3세기 사이에 아프로디시아스의 알렉산드로스와 테미스티오스는 『영혼에 관하여』를 비롯해 아리스토텔레스의 여러 저서들에 대한 해설서를 집필했고 이들의 저서는 후세대 학자들에게 지속적인 관심을 받으면서 중세와 르네상스 사상에 적지 않은 영향을 끼쳤다. 아울러 이암블리코스는 피타고라스와 플라톤 철학의 주제들을 이집트와 칼데아의 신학 및 신비주의적인 요소들과 융합시켰다. 5세기와 6세기에는 프로클로스나 다마스키오스Damaskios와 같은 철학자들이 플라톤의 사상을 토대로 헬레니즘 사상의 전반적인 특징들뿐만 아니라 세속 종교의 제례의식이나 숭배사상의 특징들을 접목해 유기적이고 통일적인 체계를 구축하는 사상적 틀을 마련했다.

이처럼 다양한 철학 전통들이 혼재하는 상황에도 불구하고, 존재를 초월하는 유일하고 지고한 원리의 실재나 영혼의 정신적 본질과 같은 개념들은 분명히 공통적인 요소로 남아 있었다. 하지만 이러한 공통분모를 토대로 이 시대의 철학이 모든 성향의 성찰들을 수렴할 수 있는 하나의 유일한 결과 내지 목표를 향해 달려가고 있었다고는 볼 수는 없다. 오히려 그리스 철학의 독서와 해석, 재독서와 재해석이 제시하는 사유의 무한한 가능성과 풍부함으로 인해 더 이상 하나의 통일된 사상체계 안에 묶어둘 수 없는 사상들이 우리가 이 장과 다음 장에서 만나게 될 것들이다. 이러한 다양한 생각들이 끝없는 대화를 통해 공존했다는 사실이야말로 이 철학자들이 우리에게 물려준 가장 커다란 유산일 것이다.

1

문자와 비유 사이에서

: 알렉산드리아의 필론

1.1 알렉산드리아의 유대인 필론

알렉산드리아의 필론은 기원전 30년에서 기원후 40년경까지 이집트에서 활동한 유대 철학자이자 성서를 철학적인 차원에서 연구한 성서 해석자다. 필론의 연구를 뒷받침하는 철학은 플라톤, 아리스토텔레스, 스토아학파의 철학이다. 그리스 철학을 끊임없이 참조하지만 그의 사상은 성서 해석에서 출발하며 성서를 중심으로 전개된다. 그의 성서 해석 역시 독립적인 논술의 형태를 취하는 대신 성서의 전개 과정을 그대로 뒤따른다. 따라서 그가 제시하는 담론의 형식 역시 자율적인 틀을 가지는 대신 성서 주석의 틀을 따른다.

필론은 이집트의 알렉산드리아에서, 유대 왕가뿐만 아니라 로마 황가와도 깊은 연계를 가지고 있던 유수한 유대 가문의 자손으로 태어났다. 알렉산드리아의 유대인 사회를 위해 적극적으로 활동했던 필론은 38~39년에 알렉산드리아 시민들의 폭력과 잦은 공격의 대상이었던 유대 사회의 보호를 요청할 목적으로 로마의 황제 칼리굴라Caligula를 만나러 떠나는 사절단에 일원으로 참여하기도 했다.

알렉산드로스 대왕이 왕국의 수도로 건설한 도시 알렉산드리아는 디아도코이의 등장으로 프톨레마이오스 왕가의 수도가 되었고 활발한 생산 활동의 중심지인 동시에 다양한 인종들이 공존하는 부유하고 막강한 도시로 성장했다. 하지만 점차 과거의 영광과 권력을 잃기 시작한 알렉산드리아는 결국 로마의 식민도시로 전락하면서 이집트의 질서 유지를 위해 파견된 로마 집정관의 지배하에 들어갔다. 프톨레마이오스 왕가의 집권 당시 이집트의 유대 사회는 이미 상당한 규모를 유지하고 있었다. 필론의 시대에 이집트의 유대인들은 장장 백만 명에 달했던 것으로 추정된다. 다양한 직업에 종사하던 유대인들은 피지배자 계층을 구성하던 이집트인들과 지배자 계층을 구축하던 그리스인들 사이의 중간 계층에 속했지만 필론의 시대에 이들의 상황은 과거에 비해 상당히 악화되어 있었다. 로마인들은 유대인들의 사회적 위치를 이집트인들의 그것과 다를 바 없는 것으로 간주했고 유대인들이 사회 활동에 참여할 수 있는 가능성은 점차 줄어들었다. 유대인들을 향한 지역감정은 갈수록 악화되었고 반유대주의 폭동이 끊이질 않았다.

알렉산드리아의 유대 사절단이 로마를 향해 출발한 것은 황제에게 폭력으로부터의 보호를 요청하기 위해서였다. 이들은 아울러 유대 전통문화를 유지하고 자유로운 종교 생활을 허락해 달라고 요구했다. 그러나 이들의 계획은 수포로 돌아가고 말았다. 이어서 오히려 불행한 최후를 맞이할 위기에 몰렸지만 칼리굴라의 사망이 이 긴박한 상황을 해결하면서 새로운 국면이 전개되었고 비록 제한적이지만 알렉산드리아의 유대인들에게도 새로운 공간이 마련되었다.

필론은 알렉산드리아의 유대 시민들과 마찬가지로 정체와 소속이 다른 사람들과 함께 살아가야 한다는 어려운 문제에 봉착해 있었다. 디아스포라의 모든 유대인과 마찬가지로 그에게도 정신적인 고향은 그의 '어머니' 도시 예루살렘이었다. 예루살렘은 순례의 최종 목적지이자 모든 유대인들이 돌아오는 곳, 성전이 있는 신성한 공간이자 필론이 굳게 믿던 유대 전통의 요람이었다. 하지만 반대로 문화적인 측면에서, 특히 철학자로서 필론은 그리스인이나 다를 바 없었다.

1.2 문자적 해석과 비유적 해석

필론이 성서 해석의 출발점으로 삼은 가정은 모세가 영감을 받아 기록한 성서에 신의 법이 적혀 있다는 것이었다. 필론은 이 계율이 인간의 역사를 다스릴 뿐 아니라 우주를 움직이는 자연 법칙과도 일치한다고 보았다. 이는 해석적 담론이 곧 모든 이론적 철학의 출발점이 된다는 것을 의미했다. 필론은 성서가 현실의 표상이며 따라서 성서 해석을 통해 현실을 이해해야 한다고 보았다. 그리고 성서 해석에 필요한 것은 철학적인 관점, 플라톤의 철학이나 스토아 철학의 관점이었다.

성서에 대한 필론의 입장은 그의 저서 곳곳에서 발견할 수 있다. 그의 저서들은 주제와 형식에 따라 '비유에 따른 해석', '모세 율법의 해석', '질문과 답변', 호교론적인 성격의 역사서, 철학서 등으로 구분된다. 필론의 가장 기본적인 입장은 성서가 오로지 진실만을 말하고 기만하지 않으며, 모순도 신화도 담고 있지 않다는 것이다. 필론에 따르면, 모순이나 신화처럼 보이는 것들은 다양한 방식으로 읽어야 하고 이를 위해 문자적 해석과 비유적 해석이 모두 필요하다. 이들은 신화나 모순이 아니라 좀 더 깊은 차원에서 이해되어야 할 진실에 대한 암시에 불과하다.

글에서 문자 외의 의미를 찾아내려는 시도는 전통적으로 호메로스와 플라톤을 해석하던 학자들, 특히 스토아 철학자들에 의해 이루어지고 있었다. 유대 사회에서는 일찍이 아리스토불로스Aristoboulos가 비유를 통한 성서 해석을 시도한 바 있고 숨어 있는 의미를 부각시키는 문화는 유대의 여러 부족들 사이에서, 특히 에세네파 내부에서 널리 보급되어 있었다. 필론은 즉각적이지 않고 문자에 국한되지 않는 의미를 해석하려는 경향이 이 부족을 구별해 주는 특징이라고 보았다.

필론에 따르면 신으로부터 유래하는 글은 의미의 고갈이 불가능하며 무한한 독서와 해석 가능성을 가지고 있다. 따라서 즉각적으로 완전히 이해하기 힘든 내용도 단계별로 이루어지는 다양한 해석을 통해 점차적으로 이해된다. 이러한 체계적 해석을 우리는 필론의 여러 저서에서, 예를 들면 에덴동산의 뱀이나 바벨탑의 해석에서 발견할 수 있다. 그리스신화를 충분히 연상시킬 수 있는 이야기들을 다루면서 필론이 강조하는 것은 보다 깊은 의미와 가르침을 내포하면서 감추어진 의미를 암시할 뿐인 이 이야기들의 오히려 비신화적인 성격이다. 더 나아가서, 성서의 이야기는 아담과 하와, 혹은 아브라함과 야곱의 '이야기'로만 그치지 않는다. 성서에 등장하는 인물들 자체가 하나의 비유 혹은 유형이며 이들의 이야기는 곧 일반적인 진실에 대한 설명에 상응한다. 예를 들어 아담은 지성을, 하와는 감성을 상징하고 뱀은 이 두 요소를 결속시키는 쾌락을 상징한다. 감성과 하나가 되기 이전 상태의 지성은 아무런 내용도 없고 어떤 자극도 알지 못하는 텅 빈 존재에 불과하다. 오로지 감성과의 결합만이 그에게 완전한 앎과 쾌락의 가능성을 제공한다. 하지만 앎에 취한 지성은 자존심과 충만감으로 오만해져 신에게서 온 것을 자신의 역량으로 돌린다. 죄는 바로 이 순간에 탄생한다. 뱀은 하와를 유혹하기 위해 사기극을 벌이고 인간의 목소리를 흉내내며 모호한 언어로 그녀를 현혹한다. 뱀, 곧 쾌락의 특징은 간계와 기만이다. 뱀의 유혹은 아름답고 달콤한 과실을 취하려는 욕망, 즉 초월적인 앎에 대한 욕망이 지배하는 감성을 자극한다. 결국 오류는 더 알고, 더 소유하고자 하는 욕망에서 비롯된다.

이와 유사한 해석이 바벨탑에도 적용된다. 필론은 이 이야기를 비유적인 관점에서 해석된다. 「창세기」에 따르면, 모든 인간은 단 하나만의 언어를 사용하고 있었다. 여기서 단 하나의 언어란 곧 하늘에 도달할 수 있는 탑이나 도시를 원했던 이들의 공통된 소망을 의미한다. 이들은 한계에 도전하기 시작했다. 이들을 움직이는 것은 자신들에게 허락된 것보다 더 많은 것을 알기 원하는 욕망이다. 탑은 인간이 스스로를 알리는 방식과 인간의 도전을 동시에 상징한다. 탑 건축을 중단시키기 위해 신은 인간의 언어 소통을 불가능하게 만들고, 이로 인해 건축가들 사이에 혼돈이 생기면서 사악한 계획이 중단된다.

아담과 하와 이야기뿐만 아니라 바벨탑 이야기 역시 자만심이라는 오류와 새로운 앎 혹은 능력의 의식에 대해 이야기한다. 인간의 오류는 신의 것을 자신의 것으로 간주하는 데 있다. 그래서 신은 인간에게 벌을 내린다. 이야기 자체는 비유에 불과하다. 바벨탑의 경우, 이야기는 실제로 일어난 사건을 묘사하는 것이 아니라 여러 영혼들이 발휘할 수 있는 힘과 이들의 공통된 계획에 대해 이야기한다. 신은 바로 이 공통된 계획의 완성, 즉 악습의 고착을 막기 위해 개입한다. 이러한 해석과 이 이야기를 언어의 기원에 대한 신화로 보는 일반적인 견해 사이에는 커다란 차이가 있다. 필론은 이 이야기가 언어의 차별화 과정에 대한 비유일 수 있다는 가능성을 완전히 부인하지는 않는다. 하지만 그의 의견에 따르면, 여기에는 좀 더 깊이 있는 해석의 가능성이 있다. 필론은 숨어 있는 의미를 발견하기 위해 이야기라는 베일을 걷어올려야 하며 문자적 해석은 항상 향상을 요구한다고 보았다.

1.3 신, 로고스, 권능

성경이 현실의 독서와 일치하고 우주와 우주의 법칙을 표상한다면, 성경 전체는 하나의 교훈인 동시에 과정에 대한 암시라고 볼 수 있다. 이러한 특징은 이미 천지창조에 관한 이야기에서부터 발견된다. 신은 6일 안에 세상을 창조한 뒤 제7일에 안식을 취했다. 필론은 신의 활동을 위한 일정한 시간을 제시하는 표현의 의미에 대해 물음표를 던지면서 6이나 7이라는 숫자를 순차적인 의미로 읽어서는 안 된다고 보았다. 그에 따르면, 6은 세상의 형성을 가리키지만 7은 불변과 세상의 통치를 상징한다. 6과 7의 연결은 활동의 변화를 가리킨다. 토요일에 신은 먼저 시작했던 일을 완성하고 자신의 세상을 바라보며 새겨진 질서의 보존을 직감한다. 일곱째 날은 일종의 재구성을 위한 성찰의 날이다. 여기서 중요한 것은 신이 사유를 통해 세상을 창조했다는 사실이다. 사물의 형성과 신의 사유는 분리될 수 없으며 사유 활동의 중단에 대해 이야기한다는 것도 있을 수 없는 일이다. 세상의 창조와 통치는 제7일의 활동과 분리되지 않는다. 신의 활동을 구체적으로 정의하는 데 분명한 어려움이 있는 것은 사실이지만 이러한 어려움은 인간의 휴식과 '신을 닮아 가는 인간homoiosis theo'의 모습을 다루면서 완화된다. 활동적이고 관조적인 삶의 모형, 덕을 쌓으며 성장하는 인간이 닮으려고 노력하는 존재가 바로 신이다.

신이 자신의 형상대로 세상을 창조했다는 생각은 세상 안에서 주체적으로 활동하며 실재하는 신의 이미지를 떠올리게 만든다. 하지만 이러한 신의 이미지는 눈에 보이지 않고 인식이 불가능한 신, 이름조차 부를 수 없는 신의 초월성과 대치된다. 영원히 불변하는 존재의 특징이 모든 것과 전적으로 분리된 상태에 머무는 것이라면 신과 우주의 접촉을 가정한다는 것은 곧 신의 완전성과 절대성을 무효화한다는 것을 의미한다. 여기서 주목해야 할 것은 신에 대한 모든 수식어를 거부하는 필론의 부정신학이다. 신에 대해서는 부정적인 방식과 부적절한 용어로 이야기할 수밖에 없다는 것이 부정신학의 입장이다. 하지만 필론은 이러한 순수한 초월자의 이미지 곁에 우주와 우주의 보존을 위해 염려하며 섭리를 주관하는 신의 이미지를 위치시킨다. 성경에는 이 두 종류의 이미지가 모두 포함되어 있다. 성서에서 신은 그가 선택한 민족의 삶에 관여하고 모세에게 나타나고 부족장들과 이야기를 나눈다. 반면에 이 신의 모습을 인간은 눈으로 확인할 수 없고 심지어는 그의 이름조차도 입에 올릴 수 없다. 필론은 신의 이 정반대되는 특징들에 주목하면서 신의 인식 불가능성을 주장함과 동시에 창조 과정과 우주의 보존을 위해 섭리를 실현하는 방식으로 인간사에 개입하는 신의 성격을 강조했다.

신은 그가 행사하고 모습을 드러내는 방식, 즉 권능을 통해 역사한다. 이 권능을 통해 인간은 신성을 깨닫는다. 몇몇 구절에서 필론은 이 권능에 대해 자율적인 실재의 차원에서, 즉 근원실체hypostasis의 차원에서 이야기하는 듯이 보인다. 하지만 보다 중요한 것은 존재론적인 차원에서 분리되어 있는 실체의 차원이 아니라, 방법과 규칙 또는 비교의 차원에서 발생하는 차이점이다. 이러한 정황을 확인해 주는 것은 신의 권능에 부여되는 첫 번째와 두 번째 이름 테오스theos와 키리오스kurios, 즉 창조자와 주권자라는 이름이다. 이들 모두 인간이 신을 지칭하기 위해 사용하던 표현이다. 동일한 존재가 여러 의미와 이름으로 불렸다는 사실은 이들이 분리된 존재가 아니라는 것을 보여 준다. 여러 형태의 권능이 신에게 있을 뿐이다. 그는 무한한 권능에 둘러싸여 있을 뿐, 유일신이다.

신의 권능은 무한하지만 가장 우선시되는 다섯 가지를 꼽아 보면, 앞서 거론된 창조자의 힘과 주권자의 힘 외에 자비를 베푸는 힘, 하지 말아야 할 것을 금하면서 계율을 부여하는 힘, 그리고 가장 높은 위치에 로고스logos가 있다. 로고스는 신이 세상을 창조하면서 사용한 도구인 동시에 현실의 원형이다. 신의 권능 가운데 가장 중요한 로고스는 신의 사유 공간인 동시에 신의 보이지 않는 이미지다. 신의 창조와 주권을 상징하며 에덴동산의 출구를 지키는 두 케루빔 사이에서 불타오르는 검이 바로 로고스의 표상이다.

로고스와 권능의 관계는 상당히 복잡하고 이에 대한 필론의 설명도 경우에 따라 입장을 달리하는 모습을 보인다. 어떤 주장에 따르면 신과 신의 권능 사이에는 중재자가 필요 없는 듯이 보이지만, 어떤 곳에서는 중재자로 등장한 로고스가 피조물을 창조주로부터 분리시키고 응집과 통일, 지주와 결속을 주재하는 역할을 맡는다. 하지만 로고스는 동시에 우주의 사물들을 분리하는 요소이기도 하다. 로고스는 세상의 창조와 직결되는 분리 과정의 결정적인 순간과 일치한다.

1.4 지각적인 세계와 이중의 창조

성경에 따르면, 신은 말씀으로 세상을 창조했다. 필론은 신이 지각적인 세계를 먼저 창조하고 이를 감각적인 세계의 창조를 위한 기틀로 삼았다고 보았다. 도시를 건설하려는 건축가가 먼저 설계도를 그리고 그 설계도를 토대로 건축을 시작하듯 신 역시 세상이라는 대도시를 건설하기 전에 우리가 알고 있는 경험적 세계의 원형을 설계했다고 본 것이다. 여기서 눈에 띄는 것은 플라톤 사상의 흥미로운 재해석이다. 『티마이오스』에서는 이데아를 창조주로부터 창조되어 분리된 것으로 보지만 필론의 저서에서는 이데아 고유의 공간이 신의 정신이라고 본다. 필론의 담론에서 우리는 플라톤이 『국가』에서 철학자들이 나라를 다스려야 하는 이유를 설명하기 위해 예로 들었던 화가 이야기, 즉 신성한 모형을 토대로 행복한 나라를 그리던 화가 이야기의 여운을 느낄 수 있다. 필론은 세계를 하나의 거대한 도시로 보는 스토아적인 세계관에 대해서도 언급했다.

필론은 경험적인 세계를 지각적인 세계의 복제로 보는 해석의 분명한 예들이 다름 아닌 성서의 이야기들이라고 보았다. 대표적인 예는 인간 창조에 대한 이중적인 서술이다. 신이 자신의 형상대로 사람을 창조했다는 것은 곧 아담을 인간의 원형으로 창조했다는 이야기지만 아담과 하와의 창조는 곧 경험세계에 속하는 남성과 여성의 창조이며 땅의 창조 및 번성과도 직접적으로 연관된다.

창조의 바탕에는 신의 선한 뜻이 있었다는 필론의 주장에서도 플라톤의 영향력을 느낄 수 있다. 사실상 왜 세상이 창조되었는가라는 질문을 던지게 되면, 세상의 아버지 창조주는 선한 존재이며 선한 뜻으로 이전에는 없던 질서와 조화를 세상에 부여했다는 플라톤의 의견에 동의하지 않을 수 없다. 어떻게 보면 신은 어떤 특성이나 실체, 질서나 형태를 찾아볼 수 없는 원료에 대응한 셈이다. 하지만 필론이 어떤 의미에서 원료에 대해 이야기하는지 밝히는 것은 쉽지 않다. 이것이 어려운 이유는 창조 이전의 물질이 마치 세상의 두 번째 기원인 듯이 거론되기 때문이기도 하고, 질서와 형태가 없는 물질 역시 신의 작품이며 세상의 창조 이전에 먼저 창조되었고 여기에 질서가 부여된 것이 세상이라는 생각 때문이기도 한다.

세상에 현존하는 악의 문제 역시 플라톤의 관점에서, 다시 말해 플라톤이 정령이라 부르는 중재자들의 관점에서 설명된다. 하지만 유일신의 존재를 위협하는 이러한 정령들의 존재를 필론은 인정할 수 없었다. 그는 정령 대신 신이 창조한 조력자들에 대해 이야기한다.

1.5 율법

앞서 살펴본 것처럼 자연적이든 인간적이든 성서의 율법은 오직 하나뿐이다. 율법의 기원은 언제나 신이며 그 안에서 모세의 율법은 자연의 법칙과 전적으로 일치한다. 시나이 산의 계시 이후 모세의 율법은 우주를 지배하는 계율로 인정된다. 하지만 이전에는 계율을 추구하던 사람들, 다시 말해 법을 상징하면서 스스로 살아 있는 계율의 역할을 한 사람들이 있었다. 이들이 바로 부족장들이다. 이들은 이성을 겸비한 계율이자, 창조의 순간에 정립된 체제를 따르는 인격화된 계율로서 행동 면에서 타의 모범이 되는 인물들이었다.

성문화된 계율과 정반대되는 계율, 즉 의인화된 계율이라는 개념은 플라톤의 『정치』와 『고르기아스』에서도 찾아볼 수 있다. 반면에 아리스토텔레스는 '영적으로 옳은' 판사들이라는 표현을 사용했다. 『집회서*Sofia seirach*』에 따르면 아브라함은 신성한 율법의 수호자였고, 『희년서*Libro dei Giubilei*』에서는 시나이 산에서의 계시 이전에 율법을 이해하는 현자들이 이를 전수해 왔다는 해석을 읽을 수 있다. 하지만 이 현자들은, 필론의 경우와는 달리, 의인화된 계율과 일치하지 않으며 단지 개인적인 계시를 받았을 뿐이다.

1.6 성서에 등장하는 인물들의 비유적인 의미

필론은 모세와 부족장들의 이야기를 문자적으로 해석한다. 하지만 동시에 이 인물들이 유형을 표상하고 신을 알아 가는 과정과 그에게 가까이 다가가는 과정을 상징한다고 보았다.

가인의 후계자들은, 도덕적 완성의 상이한 단계를 보여 준다는 차원에서, 3인으로 구성되는 두 무리로 분류된다. 첫 번째 무리는 에노스, 에녹, 노아로 구성되며 에노스는 뛰어난 인간을, 에녹은 불멸의 삶에 몰두하는 현자의 고립 상태를, 포도밭을 경영하는 노아는 도덕적 인간을 상징한다. 노아라는 이름 자체는 휴식을 뜻한다. 그는 영혼을 경영하는 정의로운 인간을 상징하는 인물이다.

두 번째 무리는 아브라함, 이삭, 야곱으로 구성되며 각각 교훈과 완성과 훈련을 통한 깨달음을 상징한다. 교훈을 상징하는 아브라함은 몸을 상징하는 고향, 마음을 상징하는 가족, 약속의 말을 상징하는 아버지의 집을 등지고 유대인, 즉 방랑자가 되면서 지성을 향해 떠도는 삶을 시작한다. 그의 이름이 아브람에서 아브라함으로 바뀌었다는 것은(「창세기」 17장 5절) 그가 별들을 관찰하는 자에서 진정한 의미의 지혜를 탐구하는 자로 변화했다는 것을 의미한다.

이삭은 행복의 일종이며 완성을 표상하는 독학을 상징한다. 고행자 야곱은 천사와 씨름을 벌인 뒤(「창세기」 32장 25~29절) 끝내는 이스라엘, 즉 "하느님을 대면하는 자"가 된다.

이 세 인물은 세 가지 유형의 인간과 이들이 덕을 쌓아 가는 방법을 상징한다. 덕목을 설명하기 위해 필론은 그리스 문화에 고유한 주제들, 예를 들어 플라톤이 주장한 다양한 덕목들의 통일성이나 전통적인 4대 덕목, 즉 신중함, 절제력, 용기, 정의감 등을 인용한다. 아울러 현자만이 자유롭다는 스토아 철학자들의 주장을 다시 제안하기도 한다. 윤리학 분야에서도 필론은 그리스 사상과 유대 사상을 성공적으로 조합해 낸 인물로 평가된다. 필론이 다루는 그리스적인 요소와 유대적인 요소는 완전히 융합되어 있기 때문에 이들의 특징을 구별해 내는 것이 거의 불가능하다. 필론의 조합은 단순한 재편성이라기보다는 두 세계가 교차하는 지점에 대한 정확한 지적에 가깝다.

2

하나, 지성, 형상

: 플로티노스의 철학과 형이상학

2.1 신플라톤주의의 탄생

플로티노스Plotinos는 고대 말기의 가장 대표적인 철학자로 3세기에서 6세기에 이르는 시기에 가장 중요한 철학 사조였던 신플라톤주의의 탄생을 주도했다. 간접적이지만 고전 철학이 후세에 전달되는 과정에서 중요한 역할을 한 인물이다. 플로티노스의 글은 그의 제자 포르피리오스가 서기 301년경에 편찬한 책의 형태로 남아 있다. 포르피리오스는 본문 앞에 플로티노스의 전기와 플로티노스의 저서 목록이 포함된 글을 함께 실었다. 포르피리오스에 따르면 플로티노스는 자신의 삶에 대해 말을 아끼는 사람이었다. 그가 언제 어디서 태어났는지는 정확히 알려진 바가 없다. 하지만 후세의 문헌들에 따르면 플로티노스의 고향은 이집트의 리코폴리스였고 태어난 해는 서기 205년인 것으로 추정된다. 거의 30세가 되어서야 알렉산드리아에 도착한 플로티노스는 이곳에서 11년 동안(232~243년) 수학자이자 플라톤과 아리스토텔레스의 해석가였던 암모니오스 사카스 밑에서 철학을 공부했다. 39세가 되었을 때 황제 고르디아누스Gordianus의 페르시아 원정에 참여했고 로마의 패배와 황제의 사망 후에 신변의 안전을 도모하며 안타키아에 머물다가 로마에 입성했다. 로마에서 남은 생애를 철학가로 활동했고 말년에 병이 들어 민투르노에 정착했다.

로마에 머무는 동안 플로티노스는 철학자들과 문인, 정치인, 권세가들까지 참여하는 지성인들의 모임을 창설했다. 그는 황제 갈리에누스Publius Licinius Egnatius Gallienus와 여왕 살로니나Julia Cornelia Salonina의 친구였고 이들의 도움으로, 비록 시도에 그쳤지만, 캄파니아에 플라톤이 원했던 '철학자들만의 도시Platonopolis'를 건설하려고 노력했다.

플로티노스는 오랫동안의 침묵 끝에 글을 쓰기 시작했다. 그의 침묵은 스승 암모니오스 사카스의 가르침을 알리기 위해 글을 사용하지 않겠다는 스스로와의 약속에서 비롯되었다. 로마에 살았지만 그는 철학자들의 언어였던 그리스어를 사용했다. 플로티노스는 270년에 세상을 떠났다.

플로티노스의 제자 포르피리오스는 스승의 글들을 주제별로 모아 각각 아홉 개 장으로 구성된 여섯 권의 책으로 편찬했다(책의 제목 『엔네아데스』는 '아홉 편의 글'을 의미한다). 제1권은 도덕적인 주제를 다루고 제2권은 물리학, 제3권은 우주론, 제4권은 영혼, 제5권은 지성, 제6권은 **하나**와 지각을 다룬다. 플로티노스의 경우에도 플라톤처럼 모든 저작들이 소실되지 않고 그대로 전해진다.

2.2 플라톤과 고대 철학자들의 권위

플로티노스는 스스로를 일종의 해석자로 간주했다. 예를 들어 그는 형이상학의 세 가지 기본 원칙에 대한 자신의 이론이 고대로부터 은밀한 방식으로 전해 내려오는 '성찰logoi'이며, 따라서 그가 뒤늦게나마 소개하는 내용은 고대 철학과 플라톤 철학의 해석이라고 말했다. 플라톤 해석을 통해 플로티노스는 형이상학적 원리들의 구분이나 영혼과 육체의 관계 같은 몇몇 중요한 담론들을 도출해 냈다. 하지만 플로티노스가 오로지 플라톤의 철학적 권위만 인정했던 것은 아니다. 플로티노스가 해석의 대상으로 염두에 두었던 것은 일군의 '고대' 철학자들이며 플라톤은 그중에 가장 중요한 위치를 차지했을 뿐이다.

플로티노스의 경우처럼 철학과 해석학의 밀접한 관계를 인정하는 철학적 입장은 기원전 1세기부터 제국 시대와 고대 말기의 철학 사조들(특히 플라톤주의와 아리스토텔레스주의) 사이에서 중요한 요소로 떠올랐다. 플로티노스의 시대에 '해석학으로의 전환'은 이미 완성 단계에 이르러 있었다. 그래서 플로티노스는 '혁신'이란 본질적으로 부정적인 행위이며 진정한 의미에서의 철학은 플라톤의 철학을 올바르게 읽고 해석하는 데 있다고 주장했다. 포르피리오스는 플로티노스가 강의 시간에 저명한 철학자들의 책들은 물론 플라톤과 아리스토텔레스에 대해 설명하는 주석들을 다루었다고 증언했다.

무엇보다도 2세기의 플라톤주의자들 사이에서 집중적으로 논의되던 문제는 바로 플라톤의 철학과 아리스토텔레스의 철학 사이에 공통분모나 일치점이 존재하느냐는 것이었다. 이 문제가 중요한 것은 『엔네아데스』에서 아리스토텔레스의 철학이 핵심적인 부분을 차지하기 때문이다. 물론 아리스토텔레스의 주장을 플로티노스가 여러 곳에서 반박하지만, 아리스토텔레스와 그의 소요학파 해석자들이 구축한 개념이나 논제들이 『엔네아데스』에서 지속적으로 활용된다는 것 또한 사실이다. 결론적으로 말하자면, 플로티노스는 아리스토텔레스의 저서와 그의 철학을 해석하는 데 몰두했던 철학자들의 저서를 꼼꼼히 읽고 연구한 최초의 플라톤주의 철학자라고 할 수 있다. 플로티노스가 자신의 철학적 체계를 구축하는 데 결정적인 역할을 한 것은 틀림없이 아프로디시아스의 알렉산드로스가 남긴 아리스토텔레스 연구서일 것이다. 플로티노스가 의존한 방법론의 골조를 구축하는 것이 알렉산드로스의 사상이며, 이러한 특징은 플로티노스가 알렉산드로스의 철학적 결론을 부인하는 곳에서도 그대로 유지된다. 플로티노스는 아울러 당시의 여러 종교와 교파들의 성격에 대해서도 분명하게 인식하고 있었다. 포르피리오스가 전하는 바에 따르면, 로마에서 열리던 플로티노스의 강의에는 플로티노스 자신이 '그리스도교 이단'으로 규정하던 영지주의자들까지 참여했다. 이러한 정보를 바탕으로 사람들은 흔히 플로티노스 철학의 가장 특징적인 사상들(예를 들면 『파르메니데스』의 형이상학적 해석)이 다름 아닌 영지주의에서 유래한다는 가정을 내세우곤 한다. 하지만 이러한 주장은 증거로 내세울 만한 영지주의 문헌과 그 시기에 대한 구체적인 정보가 없고 따라서 내용을 평가하기도 힘들다는 점에서 반박의 여지를 남긴다.

난무하는 가설들 가운데 유일하게 확실한 사실은 플로티노스가 영지주의를 주제로 글을 썼고 플라톤주의 형이상학을 토대로 영지주의의 신학적 관념주의를 비판했다는 사실이다. 플로티노스는 영지주의가 비이성적인 견해와 조잡한 의인화 경향을 가지고 있으며 영지주의자들이 플라톤의 철학에 의존하는 것은 사실이지만 이를 잘못된 방식으로 활용한다고 보았다. 따라서 플로티노스의 사상에 영지주의가 끼친 영향의 중요성을 지나치게 강조하는 것은 옳지 않을 것이다. 동방의 종교사상과 플로티노스 철학의 관련성에 대해 이야기할 때에는 더욱더 신중을 기할 필요가 있다.

2.3 플로티노스의 형이상학: 기초적인 문제점

플라톤 해석의 결과라고 볼 수 있는 플로티노스의 철학이론들 가운데 우선적으로 언급할 필요가 있는 것은 세 가지 형이상학적 원리들의 구분이다(일반적으로는 이들을 통틀어 근원실체hypostasis라고 부른다. 하지만 플로티노스가 이 용어를 세 원리를 지칭하기 위해 사용하는 것은 아니다).

(1) 절대적으로 단일한 **하나**.

(2) 지성, 곧 다양한 형상들이 아무런 시공간적 조건에 구애받지 않고 완벽하게 하나가 되는 원리(지성은 어쨌든 "하나이면서 동시에 다양하다").

(3) 영혼, 곧 지각이 가능하고 위계적으로 하등하며 다양성의 정도가 더 높은 원리(영혼은 "하나이기도 하고 다양하기도 하다").

플로티노스는 이 세 원리들이 플라톤의 『파르메니데스』 2부에서 파르메니데스가 변증적 논리를 통해 정리하는 **하나**에 대한 세 가정에 상응한다고 보았다.

플라톤의 『파르메니데스』는 복잡하기 짝이 없는 문제들을 다루었고, 결과적으로 상이하고 모순적이며 때로는 이데올로기적인 의견들을 유발시켰다. 역사학자들의 해석이 아닌 플로티노스의 글을 토대로, 우리는 '이데아는 다수의 상이한 곳에서도 하나이며 동일해야' 한다는 논제가 『파르메니데스』에서는 이데아 이론을 반박하기 위해 제시된다고 말할 수 있다. 다시 말해 위와 같은 모순적인 성격의 원리가 이데아 이론의 개연성을 무효화한다는 파르메니데스의 견해를 엿볼 수 있다. 파르메니데스의 이견에 소크라테스는 이데아가 마치 대낮이 여러 곳에서도 똑같이 대낮이며 동일한 대낮인 것과 같다고 대답한다. 하지만 파르메니데스는 소크라테스에게 답하면서 이데아가 많은 사람들의 얼굴을 가리는 하나의 베일과 닮았다고 말한다. 여기서 철학사 전체를 통해 오늘날에 이르기까지 지속되어 온 일련의 어려움들이 발생한다. 다시 말해 근본적인 문제는 이데아가 여러 대상을 상대로 동시에 현존하는 만큼 어쩔 수 없이 여러 부분으로 쪼개질 수밖에 없다는 데 있다.

플로티노스는 플라톤이 『파르메니데스』에서 제시한 난점들을 또렷하게 지적하면서 이러한 이견에 맞설 수 있는 '지각 가능한' 원인들, 즉 지성만이 이해할 수 있는 원인들의 이론을 구축했다. 플로티노스의 형이상학을 지배하는 사유는 다음과 같이 요약될 수 있다.

(1) 감각적 세계 내부에서 물리적 차원을 초월하는 형이상학적 원인들에 대해 생각할 필요가 있다. 왜냐하면 물질적 현실은 스스로의 존재와 스스로에 대한 이해의 자체적인 원리를 가지고 있지 않기 때문이다.

(2) 정통한 원인은 어떤 식으로든 물질적 현실의 구조나 존재 방식을 기준으로 이해되어서는 안 된다. 반대로 지각이 가능한 것을 그것에 상응하는 원리와의 관계 속에서 이해할 필요가 있다. 플로티노스는 이러한 공식들을 아리스토텔레스의 『분석론 후서』에서 도출해 냈다. 그는 이러한 방식을 통해서만 이데아 이론과 관련된 모순들을, 다시 말해 플라톤이 『파르메니데스』를 통해 이미 경고한 바 있고 아리스토텔레스가 해결점을 모색했던 '분리된' 이데아들의 통제 불가능한 확산을 피할 수 있다고 보았다.

『파르메니데스』를 형이상학적 관점에서 분석하고 형이상학적 원리들의 위계를 플라톤의 **하나**에 대한 가정과 일치시킨 플로티노스의 플라톤 해석은 그의 사상이 가진 가장 독특한 특징 가운데 하나이자 후세대의 플라톤주의에 가장 커다란 영향력을 행사한 사유들 가운데 하나다.

2.4 하나

플로티노스는 현실의 첨단에 **하나**를 위치시킨다. **하나**는 절대적으로 단일한 원리이자 모든 사물과 존재나 사유보다도 높은 곳에 위치하는 원리다. **하나**는 언급될 수 없으며 그것이 어떤 내용을 가지고 있다고 주장하는 것도 불가능하다. 바로 그런 이유에서 플로티노스는 흔히 '부정신학', 즉 최상의 원리에 대해서는 유일하게 그것이 아닌 것에 대해서만 이야기할 수 있다는 사유를 최초로 이론화한 철학자로 고려되곤 한다. 다름 아닌 모든 사물의 기원이기 때문에, 즉 모든 사물을 창조해 내는 '잠재력'이기 때문에 **하나**는 그것에 의존하는 것의 '어떤 무엇도' 아니다. 지고의 원리에 대한 이론은 플로티노스의 철학에서 핵심적인 위치를 차지하기 때문에 그의 사유를 구성하는 다양한 주제들로부터 독립적인 영역을 구축한다고 볼 수 없다. **하나**의 이론은 이를테면 모든 것의 발판을 마련하는 계기가 아니라 플로티노스의 철학 체계에 규칙을 부여하는 특정한 가정들의 마지막 결과라고 할 수 있다. 철학의 제1원리로서의 **하나**란 사실상 원인들의 이론을 뒷받침하는 방법론적인 체제가 가져온 극단적인 결과라고 볼 수 있다. 플로티노스에 따르면, 세 가지 근원 실체hypostasis를 포함하는 지적 세계는 실재하는 것들 중에 가장 완벽하고 모든 것에 우선하는 동시에 존재의 총체성 내부에 위치하는 제1원리다. 결과적으로 지적 세계는 모든 것의 최초 원리는 되지 못한다. 앞서 언급한 것처럼, 플로티노스는 아리스토텔레스를 나무라며 그가 최초 원리를 '사유의 사유'라고 부름으로써 사유의 절대적인 단순성을 위태롭게 만들었다고 비판했다. 플로티노스는 모든 것 위에, 아울러 가장 고차원적인 차원에서 '존재하는' 것 위에 다름 아닌 **하나**처럼 그것에 의존하는 것의 '어떤 무엇도' 아닌(존재도 사유도 아닌) 무언가가 있어야만 한다고 보았다.

하나는 따라서 지성이 아니며 지성에 앞서는 무엇이다. 지성은 사실상 실재하는 무엇이다. 하지만 **하나**는 '무언가'가 아니며 모든 것에 우선할 뿐이다. **하나**는 존재가 아니다. 존재란 어떤 식으로든 하나의 형상을, 다름 아닌 존재의 형상을 가진다. 반면에 **하나**는 형상의 부재다. 모든 사물을 창조하는 힘인 만큼, **하나**의 본성은 사물들의 '어떤 무엇'과도 일치하지 않는다. 그것은 '무언가'가 아니며 어떤 특성도, 어떤 수량도, 지성도 영혼도 아니다. 움직이는 것도, 멈춰 있는 것도, 어떤 곳에 혹은 어느 시간대에 있는 것도 아니다. 그것을 **하나**라고 부르는 것은 어떤 긍정적인 성격을 부여하기 위해서가 아니라 오로지 다양성의 완전한 부재를 가리키기 위해서일 뿐이다. 플로티노스는 **하나**를 가리키기 위해 아폴론이라는 이름을 상징적인 예로 들면서 아폴론이 'a-pollon', 즉 '다양성의 부재'를 뜻한다고 보았던 피타고라스주의자들의 견해를 언급하고 인정한 바 있다. 플로티노스에 따르면 **하나**는 아주 신중한 태도와 진지한 관점을 통해서만 최초의 원리에 적용될 수 있다. 마찬가지로 플로티노스가 **하나**에 부여하는 또 다른 성격의 이름, **선**善에도 동일한 신중함이 요구된다. 이러한 용어 선택의 기원은 플라톤이 선의 개념을 "존엄성과 잠재력에 있어서 존재를 초월하는" 것으로 정의한 데 있다. 실제로 플로티노스는 『파르메니데스』의 첫 번째 가정에 요약된 절대적인 **하나**의 위상을 플라톤이 『국가』에서 이론화한 **선**의 위상에 비유한다. **하나**와 **선**이 모두 최초의 원리와 연관된다고 본 것이다.

이제 어떻게 **하나**가 그것에 의존하는 것을 생산해 낼 수 있는지 설명할 차례다. 플로티노스는 스스로와 다른 것을 생산하는 능력이 원리들의 본질 자체와 관련된다고 보았다. 관건이 되는 것은, 플로티노스가 아리스토텔레스의 개념을 토대로 재해석하고 깊이 있게 변형시킨 이른바 '이중 활동energeia'에 대한 이론이다. 플로티노스에 따르면, 무언가의 본질에 고유한 활동이 존재하고 이러한 본질에서 유래하는 활동이 존재한다. 첫 번째 활동은 무언가가 자체적으로 활동하는 경우를 말하며, 두 번째 활동은 파생된 활동으로 '무언가'와 구별되며 그것의 실체에 의존하는 활동이다. 두 번째 활동은 첫 번째 활동의 결과로 실행된다. 두 번째 활동을 통해, '계기'였던 것은 '결과'에 스스로의 흔적을 남길 수 있다. '계기'가 발휘하는 효과는 자율적이고 의도적인 행위에서 비롯되지 않고 그저 계기라는 현실의 본질에서 유래할 뿐이다. 이러한 상황을 분명하게 설명하기 위해 플로티노스는 불을 예로 들었다. 한편에는 불의 실체를 구축하는 열기가 있고, 다른 한편에는 이 첫 번째 열기로부터 파생되어 외부를 향해 뻗어 나가는 열기, 즉 이를 통해 불이 스스로의 활동을 실행에 옮기는 열기가 있다. '이중 활동' 이론은 결국 플로티노스가 말하는 위계의 모든 단계에서 이루어지는 파생을 설명하는 데, 예를 들어 지성이 **하나**로부터 유래한다는 사실을 설명하는 데 활용된다.

여전히 해석자들 사이에서 논쟁의 대상이 되는 문제들이 산재하지만, 이상의 내용을 간략하게나마 도식적으로 요약하면 다음과 같다.

(1) **하나**로부터 '과잉으로' 인해 무언가 다른 것이 생산된다. 이는 곧 무한하고 부차적인 활동, 아직은 지성이 아니지만 지성을 탄생시킬 창조적 잠재력과 일치하는 활동이다.

(2) **하나**로부터 분출된 이 무한하고 부차적인 활동은 일종의 '회귀epistrophe'를 통해 다시 **하나**를 바라본다. 플로티노스는 이것이 "아직 아무것도 보지 못하는 시선", 즉 대상이 없는 완성되지 않은 관점, 아무것도 이해하지 못하는 시선과 같다고 말한다. '과잉으로' 인해 **하나**로부터 유래하는 무언가 '다른' 것은 '아직' 지성이 아니지만 **하나**를 다시 바라보며 지성으로 생성된다.

(3) 이 시선이 완성되는 단계에 이르러서야 **하나**로부터 유래하는 무언가 '다른' 것이 지성으로 완성된다. 하지만 이 시선은 **하나**를 있는 그대로 보지 않고 지각적 세계를 구축하는 다양성의 구도를 통해, 다시 말해 이상적인 형상의 다양성이라는 구도를 통해 바라본다. 그런 식으로 지성은 지적 본질을 구축하는 '자기 관조'에 도달하게 된다. 이와 같이 이상적인 형상들이 형성되는 과정은 기존의 어떤 모형을 토대로 시작되는 것이 아니라(**하나**는 지각 가능한 것들의 패러다임이 아니다) 부차적인 활동의 회귀와 제한을 통해 시작된다. **하나**는 일종의 형성

원리로 작용할 뿐 스스로는 아무것도 결정되지 않은 상태, 아무것도 결정할 수 없는 상태로 남는다. 지성이 형성되는 과정의 이러한 상이한 순간들은 순차적이지 않고 '영원히' 도래한다.

2.5 지성과 형상

플로티노스의 두 번째 형이상학 원리인 지성nous 혹은 존재 속에 머무는 것이 바로 플라톤의 지각 가능한 형상들이다. 플로티노스는 이 형상들이 신성한 지성을 구축하는 사유 행위라고 보았다.

플라톤이 『소피스트』에서 말하는 지고의 장르들(실재, 운동, 부동, 동일, 상이)은 플로티노스의 철학에서 기초 개념의 역할을 담당하며, 이러한 개념들은 통일성과 다양성이 상호침투력과 결속력으로 완벽하게 융합되어 있는 지성만의 독특한 구조를 결정짓는다. 플로티노스는 아리스토텔레스의 『형이상학』 12권에 제시된 신학적 설명에도 큰 빚을 졌다고 볼 수 있다. 아리스토텔레스가 여기서 신을 행동, 삶, 사유의 사유로 보았다면, 이러한 특징들은 모두 플로티노스가 설명하는 지성의 특징으로 다시 등장한다(하지만 이러한 것들이 최초 원리인 **하나**의 특징은 아니다).

플로티노스의 지성은 '모든 사물들의 총체homou panta'이며 그것의 구조는 최고조에 달한 '다양성의 조합'을 보여 준다. 신성한 지성의 앎은 원천적이며 앎 자체를 향해 있고 시간적인 연속성의 부재를 특징으로 한다. 이 앎 속에서 사고 행위는 사고의 내용과 일치한다. 왜냐하면 사고 내용, 혹은 이데아가 곧 지성과 일치하기 때문이다. 결과적으로 이 지성은 지성 밖의 외부적인 사물과 아무런 관계없이 다양한 내용에 대해 사고할 수 있다. 실제로 사유는 사고된 내용의 본질을 간파하는 것으로 그치지 않는다. 사유, 즉 사고 행위의 본질은 사고된 내용의 본질과 정확하게 일치한다. 한편 지성의 사유를 운반하는 도구는 사유가 고찰하는 사물들의 표현이 아니다. 지성의 사유는 무언가 '다른 것'에 대한 사유가 아니라 철저하게 자아 성찰적이다. 이 사유의 진실은 외부적인 무엇이 아니라 스스로와 일치한다. 이러한 종류의 사유는 '담론'의 성격을 띠지 않는다. 왜냐하면 사유 대상을 모두 동시에 인식하기 때문이다. 지성의 사유는 스스로의 사상에 대해 필연적인 방식으로 확신한다. 사유 대상을 찾지 않고 이미 소유하고 있기 때문이다. 지성의 활동은 영원하다. 지성의 활동은 시간 바깥에 머문다는 차원에서뿐만 아니라 기한과 미완성과 변화 혹은 과정을 거부한다는 의미에서 영원하다.

플로티노스는 아울러 그를 앞서간 모든 플라톤주의자들보다 훨씬 더 깊이 있게 플라톤의 아름다움에 대한 사상을 발전시켰다(『파이드로스』와 『향연』). 플로티노스는 아름다움과 이상적인 세계의 완성 사이에 직접적인 연관성이 있다고 보았다. 존재의 단계에는 삶의 단계 및 여러 단계의 밝기가 상응한다(지성의 완벽한 빛에서 가장 낮은 단계의 현실과 물질 세계의 암흑에 이르기까지). 지성이 형상들을 바라보는 시선은 하나의 빛이 또 다른 빛을 바라보는 경우에 비유된다. 이 시선은 빛을 바라보기 위해 바깥세계의 어떤 도구도 필요로 하지 않는다. 지성의 세계를 철학적으로 빛에 비유하는 경우가 빈번하기 때문에 플로티노스의 철학은 종종 '빛의 형이상학'이라고 불리기도 한다.

2.6 물리적 세계와 영혼

고유의 힘으로 원인을 제공하는 원칙들 가운데 가장 낮은 자리를 차지하는 것이 영혼이다. 지성과 마찬가지로 영혼은 신체가 없으며 지성을 통해서만 이해가 가능하고 확장이 불가능하며 공간적인 제한으로부터 자유롭다. 하지만 지성의 경우와 달리, 영혼의 활동은 상이한 순간들의 순차적인 단계를 토대로 이루어진다. 영혼은 근본적으로 시간과 직결되며 플로티노스는 이 시간을 영원의 이미지로 간주하고 "한 존재 방식에서 또 다른 방식으로 옮겨가는 영혼의 삶"으로 정의했다.

아울러 영혼은 하나의 지각 가능한 원리이기 때문에 여러 부분으로 나뉠 수 없다. 영혼의 다양하고 복잡한 구조 속에는 실질적인 통일성이 존재한다. 플로티노스는 이 통일성을 수많은 이론과 공식이 뒷받침하는 한 학문의 통일성에 비유했다. 또한 영혼이 지성과 구별되는 것은 영혼이 훨씬 다채롭고 신체들의 세계에 현존하기 때문이다. 지각적인 세계와 감각적인 세계 사이에 위치한다는 것이 영혼의 본질이다. 플로티노스에 따르면 영혼은 세 가지 기본적인 구도 혹은 단계를 가지고 있다.

(1) 보편적인 형이상학적 원리로서의 내면적 영혼.

(2) 세상의 영혼 혹은 우주를 주재하는 영혼. 신체를 지닌 탁월하고 가장 완벽한 개인에 비유된다.

(3) 개인들의 영혼, 혹은 개별적인 인간의 육체 안으로 내려앉은 각각의 영혼.

플로티노스는 감각적인 세계가 비신체적 원리들과는 달리 진정한 의미에서 원인을 제공하는 잠재력을 가지고 있지 않다고 보았다. 물리적 세계가 본질적으로 비신체적인 원인들, 물리적 차원을 초월하는 형이상학적 원인들에 의존한다는 특성을 언급하지 않고 물리적 세계를 설명할 수 있다고 자신했던 철학들을 (특히, 소요학파와 스토아학파의 철학을) 플로티노스가 집요하게 비판했던 것도 바로 그런 이유에서였다. 플로티노스에 따르면, 이와 유사한 '자연주의적' 철학들은 돌이킬 수 없는 모순에 부딪힌다. 감각적이고 물리적인 세계는 그것의 존재와 지각 가능성을 설명할 수 있는 원리들을 자체적으로 가지고 있지 않기 때문이다. '자연철학'의 모순은 오로지 본질적인 원인들, 즉 플라톤이 말하는 비신체적이고 형이상학적인 원인들의 개입에 대한 언급을 통해서만 해결될 수 있다. 플로티노스는 영혼이 육체 안에 깃드는 것이 아니라 원인을 제공하는 영혼의 잠재력 안에 육체가 깃든다는 점을 강조했다.

플로티노스에 따르면, 자연이 물질physis세계에 형체를 부여하는 활동은 물리적 세계의 생성에 책임이 있는 하나의 생산적인 응시theoria라고 볼 수 있다. 자연이 생산 활동을 하는 것은 그것이 하나의 응시이기 때문이다. 플로티노스는 자연의 생산적 응시를 지각 가능한 실체들의 특징들을 결정짓는 응시 활동의 마지막 투영으로 간주했다. 그런 식으로 그는 (점차적 단계를 지닌 형이상학을 통해) 물리적 세계의 구축을 좀 더 고차원적이고 본질적인 원리로 소급시켰다. 플로티노스의 세계관에서 가장 낮은 위치를 점하는 것은 물질이다. 하지만 이 시점에서 우리는 플로티노스의 철학에 대한 해석 자체를 당혹스럽게 만드는 일련의 모호한 문제점들을 발견하게 된다. 먼저 플로티노스는 물질이 고차원적인 원리에 의해 정말 어떤 식으로 형성되는지 분명하게 밝히지 않는다. 아울러 플로티노스가 물질의 위상을 묘사하는 방식은, 적어도 표면적으로는, 모순적으로 보인다. 먼저 플로티노스는 물질을 순수한 비존재나 결핍, 아무것도 생산해 내지 못하는 불모의 땅으로 소개한다. 그런 식으로 그는 물질적인 형상의 내재성을 거울에 비치는 이미지에 비유한다. 하지만 종종 물질은 원인의 결핍이라는 차원에서 설명하는 대신 물질세계의 특징들을 주재하는 일종의 '부정적인' 원리로 설명한다. 아울러 플로티노스는 「병과 악은 무엇이며 어디서 비롯되는지에 대하여」에서 물질의 '부정적인 원인'이 마치 악의 원리이자 기원인 것처럼 말한다.

2.7 인간에 대한 생각: 인식론, 윤리학, 신비주의

개인의 영혼은 지성세계의 일부를 차지하지만 육화와 함께 스스로의 기원을 망각한다. 육화된 영혼의 인식 활동은 기본적으로 지각적인 세계가 아닌 육체를 대상으로 한다. 다시 말해 이 활동에 의해 발생한 앎이 대상으로 하는 것은 감각적인 세계다. 이 앎은 '다른' 것을, 즉 영혼의 외부에 존재하는 사물들을 다룬다. 이런 식으로 존재하며 사유하는 방식이 바로 플로티노스가 '우리'(다시 말해 우리들의 영혼이 공유하는 존재 방식, 우리가 우리의 정체성을 표명하는 방식)라고 부르는 것에 고유한 방식이다. 그러나 이러한 존재 방식이 우리의 존재와 우리가 알 수 있는 모든 것들을 완벽하게 결정짓는 것은 결코 아니다. 플로티노스에 따르면, 영혼의 모든 것이 전적으로 육화되는 것은 아니며 지성이 결코 버리지 않는 '무언가'가 영혼 속에 그대로 남아 있다. 육체적 세계로 내려앉지 않고 영혼과 육체의 결합으로 인해 변형되는 법도 없는 이 무언가는 지성과 동질이며 지성의 자기 성찰적 앎에 참여한다. 이 '무언가', 이 '부분'은 (영혼의 '부분'에 대해 이야기한다는 것이 과연 적절한지의 여부를 떠나서) 지각 가능한 형상들을 끝없이 응시한다. 다만 우리가 이를 의식하지 못할 뿐이다. 우리의 일반적인 인식 활동은 사실상 이를 이해할 수 없는 저급한 단계에 머문다.

이 '육화되지 않은 영혼 이론'은 가장 독창적인 동시에 뜨거운 논쟁을 불러일으켰던 플로티노스의 이론이다. 그의 인류학적 구도에 따르면 모든 인간에게는 존재론적이고 인식론적인 차원에서 이중의 조건이 주어진다. 한편에는 일상적인 '우리', 즉 시간과 변화에 종속되는 현실세계의 존재론적인 조건을 공유하는 육화된 생명체가 있고, 다른 한편에는 우리의 가장 고유한 존재론적 의미, 즉 지성의 세계를 버리지 않고 영혼의 가장 고귀한 부분을 우리의 정체로 받아들이는 진정한 의미에서의 본성이 있다. 고귀한 앎을 향한 인식론적 상승은 우리의 앎 속에서 육체와 연관되는 감각적인 요소들을 벗어던지는 것과 일치한다. 그런 식으로 우리의 영혼이 무의식 상태에서만 이루어지던 고유의 고차원적인 지적 활동을 의식하는 단계에 이를 수 있다고 보았던 것이다. 플로티노스는 이러한 경험을 '스스로에 대한 자아의 깨어남'이라고 표현했다.

지각 가능한 실체가 그 자체로 인식되어야 한다는 생각, 다시 말해 물질적인 성격이 아니라 실체에 상응하는 원리들을 기준으로 인식되어야 한다는 플로티노스의 형이상학적 사고에 기초를 제공하는 것이 바로 '육화되지 않은 영혼 이론'이다. 놀라운 것은 이 이론이 윤리적 차원에 미치는 영향이다. 플로티노스는 지성적 원인과 섭리로부터 태어나 세계의 도처에서 상이한 방법으로 현존하는 질서가 세계를 지탱한다고 보았다. 이러한 부류의 생각들은 실천적인 차원에서 행동의 가능성과 자유를 강력하게 제한하기 마련이다. 플로티노스의 윤리학에서 실천은 사실상 논의 대상이 되지 못한다. 이는 그가 우리의 지적 자아를 중시하고 실천적 자아는 지적 자아에 엄격하게 종속되어야 한다고 생각했기 때문이다. 플로티노스는 진정한 의미에서의 자유가 행동, 혹은 감각적인 것들을 향한 선택을 통해 표현될 수 없다고 보았다. 진정한 자유란 우리가 우리의 가장 정통하고 지적으로 완성된 단계의 본성에 적합한 방식으로 활동할 수 있도록 허락해 주는 자유를 말한다. 여기서 실천의 윤리적인 가치는 결과적으로 줄어들 수밖에 없다. 진정한 자아의, 다시 말해 육화되지 않은 영혼의 활동은 관조적이고 이론적이며 실천에서 벗어나 있다. 행복은 완벽한 삶 혹은 사유하는 지성의 소유와 일치한다.

영혼이 내면을 향해 회귀하고 스스로의 기원을 다시 기원으로 삼게 되는 과정은 단순히 육화되지 않은 영혼의 가장 고귀한 부분과 경험적 자아의 화합을 통해서는 종결되지 않는다. 영혼은 지성을 뛰어넘어 거의 관능에 가까운 절박함으로(플라톤적인 의미에서, 욕망하는 대상을 향한 절박함으로) **하나**를 바라볼 수 있다. 모든 것의 기원이며 영혼 자체가 의존할 수밖에 없는 **하나**는 절대적으로 초월적이지만, 그럼에도 불구하고 하나가 '우리 안에' 현존하는 것은 원인으로 작용하는 그의 잠재력 안에 우리의 영혼을 품고 있기 때문이다. 플로티노스는 물질세계를 멀리하고 지성을 통해, 혹은 지성을 뛰어넘어 **하나**와 합류하기 위해 노력하는 신들과 인간들의 삶을 "**하나**를 향한 하나(한 존재)의 도주"라고 불렀다. 이러한 '신비주의적' 화합의 경험은 모든 가능한 사유 혹은 지적인 성격의 이해와는 전적으로 다른 성격의 경험이다.

플로티노스는 고전 시대의 철학 전통을 아주 진지하고 독창적인 방식으로 받아들이고 중요한 요소들을, 예를 들어 지성주의 혹은 정통한 앎은 원인을 탐구하는 앎이라는 생각을 자신의 것으로 소화해 냈다. 그는 고대 철학에 새로운 구조를 부여했다. 실제로 그의 사유는 온통 형이상학에 집중되어 있다. 플로티노스의 철학적 논제는 신비주의와 아주 밀접한 관계를 가진다. 그런 관점에서 플로티노스는 최후의 위대한 고대 철학자인 동시에 고대 말기에서 후세대로 이어지는 과도기의 새로운 감성세계를 해석해 낸 최초의 철학자였다. 플로티노스는 플라톤주의자임에도 불구하고, 아울러 아리스토텔레스를 비판했음에도 불구하고 상당히 넓은 영역에서 이들의 철학을 조합하고 변형시키면서 아리스토텔레스뿐만 아니라 그의 해석자들이 사용하는 개념과 논제들을 활용했다. 플로티노스는 해석학 분야에도 중요한 변화를 가져왔고 아리스토텔레스에 대한 신플라톤주의적인 해석을 통해 발전한 뒤 중세에 전해지게 될 새로운 철학에 토양을 마련했다.

로마가 지배했던 세계의 예술은 모자이크에 가깝다. 무한한 풍요로움과 복합성을 특징으로 하는 이 모자이크의 다양성을 결정짓는 것은 여러 식민도시를 배경으로 하는 기존의 전통문화와 회화예술이었다. 하지만 로마의 예술은 동시에 공통된 언어의 표현, 즉 제국의 곳곳으로 확산되면서 로마의 세계화를 위해 성공적인 도구 역할을 했던 공통된 이미지의 표현이었다. 로마는 전쟁을 통해 제국을 확장했고 로마의 정복 의지에 굴복하지 않는 모든 형태의 저항을 억압하는 공격적인 정책을 펼쳤지만 확장된 영토의 유지를 보장하던 것은 식민지를 로마의 일부로 만들어 버리는 상당히 침투적인 성격의 문화정책이었다. 그 자체로 하나의 복잡한 정치 현상이었던 이 문화정책은 상부가 강요하는 유일한 모형을 바탕으로 하는 대신, 다름 아닌 식민지 고유의 제도와 통치 방식을 로마제국의 통치체제 중 하나로 접목시킬 수 있는 여유로움과 식민지 사회의 엘리트층을 정치에 직접 참여하게 하고 식민지의 다양한 종교문화를 존중할 뿐만 아니라 로마 종교와의 교류를 통해 탄생하는 혼합주의적인 성격의 종교문화를 오히려 장려하고 정복당한 민족의 문화적인 특성을 가능한 한 존중할 줄 아는 정신적인 힘을 바탕으로 이루어졌다.

제국의 건설과 보전을 위해 필요한 이데올로기를 제공했던 것은 도시를 중심으로 발달한 로마만의 동의 문화, 즉 동의를 효과적으로 생산해 내는 조직적인 체제였다. 이를 기반으로 식민지 도처에서 도시가 건설되었고 도시가 중요한 역할을 담당하던 서로마제국에서는 정복이 완성될 때까지 주로 평야지대를 중심으로 주거지를 건설하는 비교적 간단한 방식이 채택되었다. 반면에 이미 상당히 오래전부터 뛰어난 건축물들을 갖추고 있던 동로마제국에서 로마의 주권을 한눈에 알아볼 수 있는 특징은 무엇보다도 기존의 도시 구조에 중첩되던 야심찬 재건축 시도였다.

공회장과 극장, 대중목욕탕 같은 공공시설(로마 시민들이 일상 가운데 가장 중요한 순간들을 보내기 위해 선택하던 공간들)을 갖춘 도시에서 식민지의 시민들은(적어도 부유한 계층의 사람들만큼은) 공공장소에서뿐만 아니라 사생활에 있어서도 정복자들의 생활문화를 배우고 수용하기 시작했다. 식민지 영토에는 개선문뿐만 아니라 성문과 성벽, 도로, 다리, 수로 같은 대규모의 공공건축물들이 세워졌다. 이러한 구조물들은 사회의 경제 · 문화적 발전을 상징할 뿐만 아니라 자랑스러운 도시화를 증명해 주는 기호들이었다. 로마의 주권을 상징하던 긍정적인 기호들은 오늘날에도 유럽과 북아프리카와 중동에서, 예를 들어 스페인의 세고비아, 이스라엘의 카이사레아에 있는 대규모 수로나 독일 트리어에 있는 포르타 니그라Porta Nigra와 프로방스에 있는 퐁 뒤 가르Pont du Gard 등의 문화유산을 통해 여전히 그 흔적을 찾아볼 수 있다.

로마제국의 예술은 살바토레 세티스Salvatore Settis가 지적했던 것처럼 '복수적인 예술'이었다. 로마 예술의 특징은 다름 아닌 로마 식민지의 다양한 문화적 토대에 뿌리를 둔 형식적 경향과 표현 양식의 이질성이었다. 서로마제국의 여러 지방 도시에 살아남아 있던 로마의 전통 예술은 그리스적인 양식의 인위적이고 유기적인 통일성이나 아름다움과는 거리가 멀었고 강렬하고 즉각적인 인상에 치중하며 서사적이고 기념비적인 성격의 요구에 부응하는 상징주의적인 표현에 치중했다. 표현하고자 하는 인물이 중요한 인물일수록 더 많은 공간을 부여하고 더 크게 부각시키는 위계적 비율의 사용이나 사물들 사이의 거리를 파격적으로 설정하는 단순한 원근법의 사용, 형상의 조형적인 면을 부각시키는 조각보다는 선을 강조하는 부조를 선호하는 경향, 아울러 기념하려는 인물들 주변의 장식적인 요소와 그것의 유기적인 형식들이 퇴보하는 현상 등이 이른바 로마의 '지방 예술'이 가지고 있는 형식적인 표현 양식의 주요 특징들이었다.

로마제국의 중북부에서는 즉각적이고 비자연적인 표현 양식이 확연한 우세를 보였고 이러한 양식은 로마 수도의 '평민적' 예술 양식과 즉각적인 조화를 이루었다. 로마의 상인들, 노예 출신의 자유민들, 지역 관리들의 예술세계를 대변하던 '평민적' 예술의 형식이나 주제들은 주로 서로마제국 식민지의 장례 예술에서 찾아볼 수 있다. 장례 예술의 위촉자들은 주로 로마 문화를 수용한 상인들, 지역사회와 군대의 관리들, 군인들이었다. 고대 예술사의 권위자 파울 잔커Paul Zanker가 주목했던 것처럼, 이들은 정치적이고 문화적인 차원에서 우월한 사회로 감지했던 로마제국의 일원이 되면서 경제적으로 지속적인 성장을 이루었고 결과적으로 좀 더 또렷한 자의식과 자긍심을 가지게 되면서 정체성 표현을 위해 장례 예술이라는 예술 장르에 눈길을 돌렸다. 관을 장식하는 부조들을 살펴보면 망자들의 초상은 볼품없는 대강의 윤곽만을 가지고 있지만 개인의 정체성을 확인할 수 있을 만한 특징만큼은 항상 또렷하게 드러나 있다. 이들은 부조에 자신의 부유함을 강조하거나 로마 문화에 대한 특별한 애착을 표현하곤 했다. 하지만 이 예술 분야에서 가장 빈번하게 등장하던 주제는 위촉자의 직업이나 업적이었다.

어쨌든 이 '평민적이고 지방적인' 예술 형식은 효과적이고 즉각적인 이해를 가능하게 한다는 점에서, 다시 말해 로마 황실의 예술 양식, 즉 고전주의의 세련된 서사 전략이 훈련된 시각을 필요로 하지 않는다는 장점 때문에 공공기념비에 활용되기도 했다.

3세기와 4세기 사이에 로마제국의 정치, 경제, 사회에는 근본적인 변화가 일어났고 이러한 변화는 대중의 심리와 상상력뿐 아니라 예술에도 커다란 영향을 끼쳤다.

실제로 예술은 권력의 새로운 개념을 효과적으로 표현하는 데 아울러 당시에 널리 확산되어 있던 정신적 평화의 요구를 구체적으로 형상화하는 데 기여했다. 서기 315년 로마의 원로원이 황제 콘스탄티누스Flavius Valerius Constantinus 황제에게 헌정한 개선문에는 황제가 로마인들에게 환영받는 장면과 함께 바로 위에 다음과 같은 문구가 새겨져 있다. "도시를 해방하는 자, 평화에 기반을 다지는 자.Liberator Urbis, fundator quietis." 이 문구는 당시의 로마제국 시민들이 평화를 얼마나 갈망했는지를 분명하게 보여 준다.

이 과도기에 제국의 생존 보장 요구를 바탕으로 하는 새로운 국가 개념이 형성되었고 극심한 빈부 격차, 대지주와 소작농 간의 절대적인 주종관계, 황권과 귀족사회를 모델로 하는 지방 권력세가들의 탄생을 특징으로 새롭게 계층화된 사회의 폐쇄적인 구조가 고착화되기 시작했다. 불확실한 미래에 대한 두려움과 경제 위기, 제어할 수 없는 신비로운 힘이 세상을 지배하고 있다는 비이성적인 경향의 인상 등이 영적 목마름이라는 현상으로 전이되면서 동방에서 유래하는 신비주의 종교와 구원론(이 중에 하나가 그리스도교다)의 탄생에 결정적인 요인으로 작용했다. 이러한 종교들은 영혼의 구원을 약속했을 뿐 아니라 인간 평등을 토대로 하는 공동체의 달콤한 안식처를 개인에게 제공했다. 동일한 현상과 요인들이 철학의 변화에도 커다란 영향을 끼쳤다. 이 시기에 과거의 철학을 재해석하고 복합적인 철학체제(예를 들어 신플라톤주의)로 발전시키는 작업이 이루어졌고 그렇게 해서 탄생한 철학들은 모두 물질세계로부터 탈출하고자 하는 사람들의 염원을 정당화하는 경향을 보였다. 사람들이 유지하는 감정의 가장 일반적인 특징은 뿌리 깊은 불안감이었다고 볼 수 있다. 고통받고 괴로워하는 이들의 비극적이고 슬픈 표정들이 3세기의 예술 작품 속에서 흔히 발견된다. 이러한 특징은 개인적인 위촉을 통해 제작된 작품들, 예를 들어 관에 장식되는 극적인 내용(전투 장면 혹은 초상)의 부조뿐만 아니라 황제의 초상에서도 또렷하게 찾아볼 수 있다. 불안감과 두려움의 확산은 결국 독재 지향적인 권력 개념의 고착화를 촉진시키고 권력자를 권위적이고 압도적이며 신성한 기원의 초자연적인 힘을 가진 인물, 따라서 세상을 위협하는 혼돈을 다스릴 수 있는 능력의 소유자로 간주하도록 만드는 데 결정적인 원인으로 작용했다. 디오클레티아누스Gaius Aurelius Valerius Diocletianus에서 콘스탄티누스 황제에 이르는 시기에 황권 체제가 지배체제로 변화하고 결국 제국의 시민들이 한 절대군주의 신하로 변신하는 데 결정적인 역할을 한 것은 바로 이러한 권력 개념이었다.

콘스탄티누스는 평화와 안녕과 번영을 약속했고 트라야누스, 하드리아누스Pablius Aelius Hadrianus, 마르쿠스 아우렐리우스와 같은 위대한 황제들의 이름이 상징하는 황금시대로의 회귀를 약속했다. 수그러진 권위의식과 우아함을 특징으로 하는 콘스탄티누스의 초상은 제국시대 초기에 황제들의 초상화 특징짓던 온화하고 평화로운 모습을 의도적으로 모방하면서 만들어졌다. 전쟁 영웅과 크게 다르지 않았던 3세기 황제들의 초상에서 즉각적으로 발견할 수 있는 특징들, 즉 힘과 투지가 넘치는 전사의 이미지, 공격적이거나 고통스러워하는 표정, 나이와 전쟁으로 인해 피로가 느껴지는 굵직한 얼굴선 등의 요소들은 콘스탄티누스의 초상에서 조금도 찾아볼 수 없다. 콘스탄티누스의 얼굴에서는 황제들의 이미지가 절대적인 힘을 자랑하는 독재자의 이미지로 변화하는 느리고 복잡한 과정의 흔적을 느낄 수 있다. 이와 같은 과정이 황제의 초상을 개인적인 특성이라고는 조금도 찾아볼 수 없는 아이콘으로 만들었다. 이 아이콘은 황제의 가면, 즉 얼굴의 특징이나 성격, 혹은 그 역시 살아 있는 인간이라는 면을 조금이라도 느껴 보려는 모든 노력을 무의미하게 만드는 일종의 가면이었다.

이 새로운 권력 개념을 완전하게 전달하기 위해 좀 더 또렷하고 직선적인 표현과 단순하지만 강렬한 인상과 감동을 즉각적으로 각인시킬 수 있는 형식이 필요했다. 바로 그런 이유에서 수세기 동안 헬레니즘 전통의 이성적 자연주의 원칙에 따라 제작되어 왔던 로마의 기념비나 공공장소 혹은 궁정의 조각상들도 로마의 '평민적인' 예술 고유의 양식들을 따르기 시작했다. 이 단순한 양식적 특징들은 상징적이고 추상적인 성격의 조형언어를 구축했고 이를 통해 초기 그리스도교와 중세의 예술적 알레고리에 기반을 마련했다. 예를 들어 콘스탄티누스 개선문의 외벽에 장식된 부조들을 살펴보면 막센티우스Marcus Aurelius Valerius Maxentius와의 전투를 승리로 이끄는 모습과 승리를 거둔 콘스탄티누스의 영광스러운 모습이 반고전적이고 형이상학적인 조형언어로 표현된 것을 발견하게 된다. 사람과 사물 사이, 사람과 사람 사이의 자연적인 비율은 사라지고 위계적이고 기능적인 비율이 등장인물들의 역할을 강조하며, 자연적인 공간과 원근법은 객관적인 차원에서 비뚤어지고 '틀린' 관점에 의해 대체된다. 분명히 틀렸지만 이 관점은 보여 주어야 할 것을 가장 분명하게 보여 준다는 장점을 가지고 있다.

그리스도교의 아이콘화 역시 동일한 상징적 언어를 추구한다. 후광, 즉 영적 힘을 상징하는 빛의 발산과 강렬하고 감동적인 시선, 긴 수염과 어깨 위로 흘러내리는 긴 머리카락 등은 그리스도의 초상과 고대 철학자의 초상, 즉 3세기부터 신성하고 카리스마적인 성격을 띠기 시작하면서 '신성한 인간'의 반열에까지 오르는 철인의 모습을 하나로 묶어 주는 공통된 요소들이다. 이 철학자는 금식과 정화를 통해 스스로의 육체를 낮추는 일종의 고행자이자 초인이며 기적과 초자연적인 현상, 예언 등을 통해 초인간적인 힘을 가지고 있음을 보여 준다. 3세기의 철인을 고전시대와 헬레니즘 시대의 모든 철학자들과 구별시켜 주는 특징은 그가 신과 직접적으로 소통함으로써 지성을 초월하는 신비로운 현상을 경험했다는 점이다.

로마와 아테네, 콘스탄티노폴리스 등지에서 제작되어 아직까지 보존되어 있는 이 '신성한 인간'의 초상화들은 아리스토텔레스나 에피쿠로스의 초상처럼 진지하게 집중하는 모습이라든지 깊이가 느껴지는 지적 분위기를 특징으로 하는 대신, 오히려 황홀경에 빠진 모습 혹은 간절한 눈길로 하늘을 바라보는 모습, 눈썹을 치켜들거나 이마를 찌푸리는 모습 등을 보여 준다. 이러한 표정을 통해 드러나는 것은 신과의 신비로운 만남을 기다리며 느끼는 감동이다. 세속인들과 그리스도교도들이 모두 필요로 하던 것은 고대 철학자의 초상과 그리스도 초상의 유사점을 정당화해 줄 신의 육화 개념이었지만 이 '신성한 인간'이 전해 주는 거의 환영에 가까운 느낌은 그리스도의 얼굴이 발하는 숭고한 평화와는 거리가 멀었다. 이 세속 철학자들은 와해되어 가는 세상, 즉 과거의 철학 학교들이 들어서 있던 지적이고 도시적인 세계의 마지막 수호자임을 자처하고 고전 문화를 모든 면에서 지켜 나가야 한다는 과제를 지니고 있었다.

3

아카데미의 전통
: 이루 말할 수 없이 오래된 지혜

3.1 플라톤주의와 피타고라스주의의 '융합': 플루타르코스와 누메니오스

헬레니즘 시대의 모든 철학자들은 플라톤이 아테네에 세운 철학 학교 아카데미를 중심으로 활동했고 회의주의적이고 난제들을 선호하는 철학적 성향을 받아들였다. 이들은 스승 플라톤의 대화록에서도 동일한 성향을 찾아볼 수 있다고 믿었다. 이들은 플라톤의 가장 커다란 특징이 철학적 공리公理의 부재, 비판적이고 신중한 태도, 판단의 보류를 권고하는 태도, 끝으로 진실에 도달한다는 것이 불가능한 만큼 인간이 접근할 수 있는 유일한 차원은 '개연성pithanon'의 차원이라는 것을 인정하는 태도라고 보았다.

이러한 종류의 해석학적 견해는 기원전 1세기 초에, 특히 아테네에 본부를 두고 있던 아카데미의 폐쇄(기원전 88년)로 인해 위기를 맞았다. 이어지는 시기에 증폭된 증언들에 따르면 플라톤주의 철학자들은 이미 결정적으로 '교리적인' 성향을 플라톤에게 부여하고 있었다. 즉 플라톤에게 형이상학(신학과 존재론)과 우주론, 심리학, 윤리학 분야의 철학이론들을 정형화하려는 성향이 있다고 보았던 것이다. 결론적으로 기원전 1세기에서 서기 3세기 초에 이르는 플라톤주의의 역사는 플라톤의 철학으로 하나의 철학적 체제를 구축하려는 노력으로 점철되었다고 볼 수 있다. 당시의 플라톤주의자들은 키케로가 일찍이 '학문의 굉장한 일관성과 개념들의 놀라운 질서'를 자랑했던 스토아 철학과 경쟁할 수 있을 만큼 일관적이고 빈틈없는 철학적 체제의 필요성을 느꼈다. 그러나 플라톤의 저서들은 논문이 아니라 대화록이었고 이러한 특징은 결국 그의 철학을 체계화하려는 노력에 적지 않은 걸림돌이 되었다. 플라톤 철학의 체계화는 일관된 과정을 밟기보다는 제국 시대 초기에 활동했던 거의 모든 플라톤주의 철학자들이 참여하는 형태로 드러났다. 플라톤 철학의 '체계화'를 위해 노력했던 철학자들의 공통된 특징들 가운데 가장 중요한 두 가지를 요약하면 다음과 같다.

(1) 고대 해석학의 가장 중요한 텍스트였던 플라톤의 대화록 해석에 대한 지대한 관심.

(2) 기존의 여러 학파에서 유래하는 개념들에 의존하는 성향.

두 번째 경우에 특별히 중요한 역할을 한 학파는 아리스토텔레스와 피타고라스학파였다. 이들은 철학적 체제의 구축을 시도하던 플라톤주의자들에게는 이상적인 '동맹'이나 다름없었다.

하지만 이 시기에는 플라톤주의 철학자들 사이에서 또 다른 형태의 철학적 방법론이 두각을 드러냈다. 후세기에 중요한 학문 분야로 떠오르게 될 이 새로운 성향의 철학은 피타고라스가 제시한 바 있고 플라톤과 아리스토텔레스가 실질적인 기초를 마련했던 '철학적 계보학'이다.

모든 플라톤주의 철학자들이 이 계보학적 관점을 전적으로 수용했던 것은 아니다. 하지만 플라톤 사상의 핵심적인 부분이 피타고라스로 거슬러 올라간다는 이암블리코스와 프로클로스의 공개적인 주장에 많은 플라톤주의 철학자들이 동의했던 것은 사실이다. 대표적인 예는 알렉산드리아의 에우도로스Eudoros다. 그는 플라톤과 아카데미를 모체로 하는 계보학적 체계와 이론적 원리들의 기원이 피타고라스학파 철학자들에게 있다고 본 최초의 철학자다. 어떻게 보면 철학적 체계 구축에 매진하던 플라톤주의 철학자들에게는 이전 세대의 회의주의자들이 활용하던 것과 다른 형태의 계보학에 눈을 돌리는 것이 지극히 자연스럽고 또 어떤 의미에서는 피할 수 없는 일이었다. 이들은 플라톤에게 회의주의적이고 난해한 철학자의 이미지를 심어 주던 소크라테스를 대체하기 위해 긍정적이고 체계적인 사상가의 이미지를 심어 주던 피타고라스를 등장시켰다.

주목해야 할 것은 1세기와 2세기 사이에 활동했던 수많은 저자들이 플라톤과 피타고라스를 동일한 철학 전통에 속하는 사상가들로 간주했다는 사실이다. 예를 들어, 카디스의 모데라투스Moderatus는 10장으로 구성된 『피타고라스 강의』라는 책을 통해 현실세계의 가장 본질적인 원리와 형상들을 설명하기 위한 유일한 방법은 숫자에 의존하는 방법이라고 주장하면서 세 단계로 구성되는 위계적인 현실 개념을 제시했다(첫 번째 단계에서 존재를 초월하는 **하나**, 두 번째 단계에서 존재 및 지성, 즉 플라톤의 이데아에 상응하는 **하나**, 세 번째 단계에서 영혼에 상응하는 **하나**). 또 다른 예로, 게라사의 니코마코스Nicomacos는 『산술 개론』과 『산술적 관점에서의 신학』이라는 책을 통해 피타고라스가 지혜sophia를 '실재 안의 진실에 대한 앎'으로 생각한 최초의 철학자였다는 점에 주목하면서 플라톤의 전통적인 구분법, 즉 '고유한 의미의 실재'와 '동명의 실재', 다시 말해 영원하고 자기 동질적이며 불변하는 이데아와 온갖 형태의 변화에 종속되는 감각적인 현상들의 구분법을 다시 제안했다.

제국시대 초기의 플라톤주의와 피타고라스주의의 밀접한 관계를 증명해 주는 또 다른 증거는 고대 피타고라스주의 철학자들을 저자로 내세우며 위조된 상당량의 문헌들이다. 특히 타란토의 아르키타스Architas의 저작으로 위조된 문헌의 플라톤주의적인 내용을 두고 위조자들은 그것이 피타고라스 철학에 기원을 두고 있다고 주장했다. 피타고라스학파의 이름을 도용한 위조 문헌들 가운데 가장 유명한 것은 『우주와 영혼의 본질에 관하여』다. 위조자들은 이 저서를 로크리의 티마이오스Timaios, 즉 플라톤의 대화록에 주인공으로 등장하는 티마이오스의 작품으로 제시하면서 플라톤이 티마이오스에게서 이론들을 훔치기까지 했다고 주장했다.

아울러 이 시기의 피타고라스주의가 플라톤주의의 일부였다는 점은 오히려 이러한 피타고라스주의적인 철학 교육이 황제 마르쿠스 아우렐리우스가 서기 176년 로마제국의 경제적 지원을 약속하며 지정한 아테네 교육기관의 4대 철학 과목, 즉 당시의 주요 철학 학파에 상응하는 플라톤주의, 아리스토텔레스주의, 에피쿠로스주의, 스토아주의에 포함되지 않았다는 사실을 통해 다시 한 번 확인할 수 있다. 따라서 피타고라스주의는 자율적으로 활동하는 주요 학파로 받아들여지는 대신 단지 플라톤주의의 일부를 차지하는 것으로 인식되었다고 볼 수 있다.

플라톤주의자들 가운데 피타고라스의 철학적 주제들을 가장 집중적으로 다룬 저자들은 의심의 여지없이 플루타르코스Plutarchos와 누메니오스Nūmenios일 것이다. 이 두 인물은 아울러 플로티노스의 등장 이전에 플라톤주의 전통을 대표하는 가장 흥미로운 저자들임에 틀림없다. 플루타르코스는 굉장히 다양한 분야에 대한 관심과 함께 왕성한 필력을 자랑했던 인물이고 누메니오스는 플로티노스 이전의 플라톤주의자들 가운데 가장 깊이 있는 철학자였다.

플루타르코스가 집필한 철학적 성격의 저작들은 원래 200권이 넘지만 이들 가운데 80권 정도가 『윤리학*Ethika*』이라는 제목하에 한 권으로 묶여 전해진다. 누메니오스의 경우는 철학적으로 탁월한 두 작품(『플라톤으로부터 멀어진 아카데미 철학자들』, 『선善에 관하여』)이 그의 저서로 알려져 있고 이 가운데 다양한 분량을 지닌 60개 정도의 단상들만이 후세대 저자들의 인용을 통해 전해진다.

3.2 중기 플라톤주의자들의 형이상학적 신학

플루타르코스와 누메니오스가 플라톤주의(혹은 흔히 이 시기의 플라톤주의를 일컫는 '중기 플라톤주의') 사상가들이었다는 것은 이들이 모두 **존재**(~이다)와 **생성**(~되다)의 전통적인 구분법을 다시 제안했다는 사실에서 분명하게 드러난다. 이러한 구분법이 가장 의미심장하게 표명되는 곳은 플루타르코스의 『델포이의 E』, 즉 델포이의 아폴로 신전에 새겨져 있는 엡실론(E)의 상징적인 의미를 밝히기 위해 쓴 대화록이다. E라는 수수께끼의 해답으로 제시되는 의견들 가운데 가장 흥미로운 것은 젊은 제자들 중 하나로 등장하는 플루타르코스 자신과 그의 실질적인 생각을 대변하는 스승 암모니오스의 마지막 답변이다. 플루타르코스는 델포이의 E가 그리스 알파벳의 다섯 번째 철자 엡실론을 가리키며 5라는 숫자의 중요성을 상징한다고 주장한다. 피타고라스주의자들이 5에 특별한 의미를 부여했던 것은 첫 번째 짝수 2와 첫 번째 홀수 3의 합이었고(피타고라스주의자들에게 1은 숫자가 아니라 숫자의 시작을 의미했다) 현실의 구조를 표상하는 다섯 차원(점-선-면-입체-입체의 운동)의 마지막 단계를 상징했기 때문이다. 청년 플루타르코스는 존재론적 위계에서 숫자에 우선적인 위치를 부여하는 또렷하게 피타고라스주의적인 입장을 취했다. 여기에 반대 의견을 제시하는 것이 경험 많은 철학자 암모니오스다. 암모니오스는 수학이 철학의 무시할 수 없는 한 측면임에는 틀림없지만 수학의 탐구 대상인 숫자들은 존재에 상응하지 않는다고 보았다. 따라서 델포이의 E는 숫자를 상징하는 것이 아니라 '~이다' 동사의 2인칭 현재시제 ei, '당신은 ~이다', 즉 신도들이 신전에 들어가면서 신을 부를 때 사용하는 표현의 기본적인 틀을 상징한다는 것이다. 신도들이 이러한 표현으로 신의 존재론적 충만함을 인정하는 가운데 신은 완벽하고 영원한 존재, '지금에 집중된', 즉 무시간적인 현재에 집중된 존재로 인식된다. 존재의 조건과 상반되는 것이 바로 끝없는 탄생과 죽음에 종속되는 인간의 조건, 즉 '생성'의 조건이다.

플루타르코스는 존재와 생성 간의 대조라는 플라톤의 주제를 다시 다루면서 이 두 영역을 인격화하기에 이른다. 다시 말해 존재의 영역은 신에 상응하고 생성의 영역은 인간에 상응한다고 보았다. 플루타르코스는 『델포이의 E』에서 젊었을 때에는 피타고라스주의에 심취했었다고 밝히면서 플라톤의 형이상학을 신학적 차원에서 받아들이고 나서 피타고라스주의와 거리를 두게 되었다고 말한다. 하지만 피타고라스와 피타고라스주의를 긍정적으로 바라보는 플루타르코스는 결국 플라톤적인 관점으로 수용할 수 있는 피타고라스주의적인 논지들은 모두 수용하는 입장을 취했다.

누메니오스 역시 『선에 관하여』에서 플라톤주의적인 성격의 사상을 표명한다. '실재란 무엇인가?'라는 질문에 그는 실재가 지각 가능한 존재와 일치한다고 답한다. 이 존재는 곧 불변하고 영원하며 '현재에 집중된' 존재다. 누메니오스 역시 플루타르코스처럼 이 실재를 신성한 존재와 동일한 존재로 간주하면서 이를 인격화하지만 플루타르코스와는 달리 신플라톤주의 이론을 예고하는 복합적인 신학적 체제를 발전시킨다. 플루타르코스가 유일신을, 다시 말해 『국가』의 선善, 『티마이오스』의 조물주와 일치하고 피타고라스주의자들의 **하나**와 일치하는 유일신을 가정했던 반면, 누메니오스는 신학적 위계를 두 단계로 나누어서 설명했다. '1단계의 신', 즉 **하나** 및 선과 일치하는 신은 스스로의 내부에 이데아의 세계만을 보유하는 존재이며 '2단계의 신', 즉 조물주에게는 '1단계의 신'이 제시하는 모형을 기초로 감각적 세계를 생산해야 하는 과제가 주어진다. 누메니오스는 아울러 '2단계의 신'을 더 세분화하면서 세계의 영혼이 지배하는 세 번째 단계의 신이 존재할 수 있음을 시사했다. 여기서 우리는 왜 고대인들이 플로티노스가 누메니오스의 사상을 표절했다고 그를 비난했는지(포르피리오스, 『플로티노스의 삶』 17, 1~2), 아울러 왜 누메니오스가 흔히 플로티노스의 신플라톤주의에 토대를 마련한 선구자로 간주되는지 그 이유를 발견하게 된다.

3.3 이원론과 선과 악의 '투쟁'

플루타르코스와 누메니오스 모두 확신을 가지고 수용했을 뿐 아니라 똑같이 피타고라스주의에서 유래하는 것으로 간주했던 사상이 있다. 이 사상은 바로 현실세계 전체가 모든 측면에서 상반되는 두 가지 원칙으로 환원될 수 있다는 이원론이다. 두 원리 중 하나는 선의 원인이자 원천이 되는 원리이며 다른 하나는 악의 원천이 되는 원리다. 피타고라스주의자를 자처하던 모데라투스나 에우도로스와는 달리 플루타르코스와 누메니오스는 현실이 단 하나의 원리(**하나**-

지고의 신)로부터 유래한다는 주장을 인정하지 않고 이원론을 선택했다. 이들은 이원론이 피타고라스와 플라톤을 하나로 묶어 주는 요소라고 보았다. 긍정적 원리를 표상하는 것은 선-하나-신, 즉 지각의 세계인 반면 물리적인 무질서와 도덕적 악을 지배하는 부정적 원리는 본질적으로 우주가 형성되기 이전의 영혼, 즉 우주에 존재하는 비이성적이고 무질서한 움직임의 원인과 일치한다.

플루타르코스뿐만 아니라 누메니오스 역시 일련의 긍정적인 원인들(신, 선, 지성, 세계의 영혼, 섭리)과 부정적인 원인들(우주 형성 이전의 사악한 영혼, 필연성, 비이성적 욕망, 물질)을 두 가지 절대적 원리, 즉 전자는 **하나**로 후자는 부정형의 **이원성**으로 환원시켰다. 두 철학자는 이러한 사상이 피타고라스에 기원을 두고 플라톤에 의해 발전했다고 보았다. 칼키디우스는 누메니오스가 스토아 철학자들의 일원론을 반박하기 위해 플라톤이 발전시켰던 피타고라스의 가르침, 다시 말해 신은 곧 **하나**(singularitas)이며 물질, 즉 악은 부정형의 **이원성**(indeterminata duitas)이라는 생각을 수용했다고 전한다.

플루타르코스와 누메니오스에 따르면 플라톤주의와 피타고라스주의의 공통점은, 현실세계를 모든 측면에서(우주론적, 심리적, 윤리적 차원에서) 선과 악이 투쟁하는 일종의 전쟁터로 간주하는 형이상학적 이원론이었다. 선과 악의 힘은 동등하지 않았고 긍정적 원리가 더 지배적이었다. 플루타르코스가 말하는 선의 지배력은 지성이 필연성을 극복한다는 플라톤의 사상을 토대로 하는 것이었다.

플루타르코스와 누메니오스가 수용한 피타고라스의 사상이나 피타고라스에 기원을 두고 있는 것으로 판단되는 사상들은 이 외에도 여러 종류가 있다. 이 가운데 주목할 만한 것은 영혼의 이주에 관한 이론과 결과적으로 뒤따르는 육식의 금지 조치다. 플루타르코스는 육식의 폐지를 위해 글을 쓴 바 있고 여러 주제들을 다루면서 동물의 살 속에 '아버지, 어머니, 친구 혹은 자식의' 영혼이 깃들어 있을 수 있다는 피타고라스의 (그리고 엠페도클레스의) 사상을 언급한 바 있다. 아울러 누메니오스의 단상 속에서도 육체가 영혼에게는 하나의 감옥이라는 사상의 흔적들을 찾아볼 수 있다. 이는 다름 아닌 플라톤이 『파이돈』에서 피타고라스로부터 유래한다고 언급했던 사상이다.

3.4 피타고라스와 플라톤, 그리고 이루 말할 수 없이 오래된 지혜

플루타르코스와 누메니오스는 피타고라스를 플라톤 사상의 기원으로 보는 일종의 철학적 계보학을 상상했던 것으로 보인다. 하지만 이 계보학은 두 철학자의 사유 속에서 상이한 결과로 이어졌다. 플루타르코스는 피타고라스의 철학적 주제들이 플라톤주의(형이상학적이고 우주론적인 이원론과 영혼의 이주론)와의 연관성 속에서 다루어져야 하고 연관성이 없는 곳(존재론적 위계에서 가장 우선적으로 고려되는 숫자)은 수정이 불가피하다고 보았다. 반면에 누메니오스는 피타고라스의 사상이 플라톤의 사상과 동일하다고 보았고 플라톤의 업적은 모든 면에서 전적으로 피타고라스의 사상을 보다 분명하고 명확한 방식으로 구체화한 것일 뿐이라고 생각했다. 『플라톤으로부터 멀어진 아카데미 철학자들』에서 누메니오스는 철학의 역사 자체를 피타고라스가 정리한 진실로부터 멀어지는 과정으로 보았다. 이 진실을 다시 사유의 대상으로 삼은 철학자가 소크라테스였고 이 진실을 완벽하게 이해하고 소크라테스의 말 속에 숨어 있는 비밀을 발견한 철학자는 플라톤뿐이었다. 누메니오스는 플라톤 이후의 철학사가 계속되는 오류의 역사라고 보았다. 아리스토텔레스 역시 포함되는 이 오류의 역사는 헬레니즘 시대의 플라톤주의자들이 회의주의를 수용하면서 절정에 달한다.

플라톤은 피타고라스의 이론을 재해석하는 데 몰두했지만 이는 그가 피타고라스보다 열등하다는 것을 의미하지 않는다. 그리스 철학의 이 위대한 스승들은 동등한 선상에 위치하며 진리를 발견한 공로는 어느 한 사람에게 돌릴 수 없다. 왜냐하면 진리는 말할 수 없이 오래된 뿌리를 가지며 그리스와 상이한 문화권에서도 발견할 수 있는 일종의 시적이고 종교적인 차원의 지혜로 거슬러 올라가기 때문이다. 누메니오스에 따르면 이러한 지혜는 호메로스와 헤시오도스, 헤라클레이토스, 파르메니데스뿐만 아니라 이집트인들과 유대인들, 특히 모세에게서도 발견된다. 누메니오스는 플라톤을 모세에 비교하며 "아티카 방언을 사용하는 모세"라고 표현한 바 있다. 누메니오스는 이 오래된 지혜가 일종의 수수께끼를 통해 표현되었고 이 수수께끼들은 비교해석학을 통해서만 분명하게 이해될 수 있다고 보았다.

철학적 성찰뿐만 아니라 종교에 깊은 영향을 끼쳐 온 오랜 문화유산이 곧 진리라는 생각은 플루타르코스에게서도 발견된다. 플루타르코스는 『이시스와 오시리스』에서 피타고라스 및 플라톤의 철학과 이집트 신화의 공통분모를 추적했다. 이집트 신화에 그리스 철학을 뒷받침하는 동일한 이원론적 사상이 숨어 있다는 것이 그의 생각이었다. 철학적 성찰과 종교적인 특성을 연결시키려는 노력은 플루타르코스가 아폴로의 신성과 플라톤의 신학을 융합시키려는 시도를 통해 드러난다.

결과적으로 플루타르코스와 누메니오스는 자신들의 것이라고 느끼던 철학 전통을 다른 민족과 다른 형태의 삶을 포함하는 좀 더 폭넓고 오래된 전통과 통합하려는 문화적 전략을 사용한 것으로 보인다. 따라서 이러한 방대한 전략의 관점에서 이들이 플라톤뿐만 아니라 철학적 성찰과 신비주의적이고 종교적인 지혜의 의미 있는 조화를 처음으로 이루어 낸 철학자 피타고라스의 사상을 받아들였다는 것은 그다지 놀라운 일이 아니다.

4

신플라톤주의

4.1 신플라톤주의와 대표적인 철학자들

고대 말기의 철학을 지배했던 사조는 플라톤주의 혹은 신플라톤주의다(신플라톤주의라는 말은 플로티노스와 그의 후계자들의 사상을 가리키며 19세기 초부터 사용되기 시작했다). 서기 3세기에서 4세기에 이르는 동안 실제로 플라톤주의는 또 다른 종류의 사상들을 수용하고 발전시킬 수 있는 정신적인 여력을 지닌 유일한 학파였다. 플로티노스는 244년에 자신의 학교를 로마에 설립했다. 그의 학교가 가지고 있던 여러 면모에 대해서는 그의 제자 포르피리오스가 쓴 『플로티노스의 삶』에 상세히 묘사되어 있다. 플로티노스의 사망(270년) 후에 포르피리오스가 로마에서 제자들을 계속 양성했는지는 정확히 알 수 없지만 270년 이후에 신플라톤주의가 로마가 아닌 다른 곳에서 발전했다는 것만큼은 확실하다. 코엘레 시리아의 칼키스에서 태어난 이암블리코스는 포르피리오스의 제자로 아파메이아에 학교를 설립했고 아울러 안티오케이아의 근교 도시 다프네에도 또 다른 학교를 설립한 것으로 보인다. 그가 직접 가르친 제자들 가운데는 아시네의 테오도로스Theodoros, 아파메이아의 소파트로스Sopatros, 덱시포스Deksippos, 아이데시오스Aidesios가 있다. 포르피리오스가 세상을 떠난 뒤 아이데시오스가 페르가몬에 설립한 학교는 훗날 굉장한 인기를 끌었다. 고대 문헌들을 살펴보면 아이데시오스 역시 많은 제자들을 키웠던 것으로 드러난다. 이 가운데 두각을 드러냈던 인물들은 사르디스의 크리산티오스Crysanthios, 에페이로스의 프리스코스Priscos, 민도스의 에우세비오스Eusebios, 에페소스의 막시모스Maksimos, 그리고 황제 율리아누스다. 특히 율리아누스는 신플라톤주의 철학을 무기로 그리스도교를 반박하는 논리를 펼쳤다.

이암블리코스적인 성격의 신플라톤주의는 누구보다도 프리스코스 덕분에 아테네에 정착할 수 있었다. 당시에 아테네에서 플라톤학파(이상적으로는 플라톤의 아카데미를 전신으로 하는 학파)의 설립자로 알려져 있던 인물은 아테네의 플루타르코스다. 플라톤과 아리스토텔레스의 해석자이자 주석가였고 이른바 '위대한' 철학자로 불리던 플루타르코스가 사망(432년)한 후에 학파의 지도자 자리에 오른 인물은, 시리아노스Syrianos에 이어 아테네의 신플라톤주의를 대표하던 철학자 프로클로스다. 프로클로스의 제자들 가운데 두각을 드러냈던 인물들은 알렉산드리아의 아스클레피오도토스Asclepiodotos, 암모니오스(Ammonios, 헤르미아스의 아들), 제노도토스Zenodotos, 그리고 프로클로스의 뒤를 이어 485년에 학장을 맡은 마리노스Marinos다. 마리노스가 스승의 죽음을 애도하며 일종의 성인 전기 형태로 쓴 『프로클로스의 삶』과 좀 더 후에 쓰인 다마스키오스의 『이시도로스의 삶』은 아테네의 신플라톤주의 아카데미의 변천사를 재구성하는 데 중요한 정보를 제공한다. 아카데미가 마지막 시기에 배출한 저명한 철학자들 가운데에는 다마스키오스와 심플리키오스, 리디아의 프리스키아노스Priskianos가 있다. 황제 유스티니아누스Justinianus가 529년에 발령한 칙령에 따라 그리스도교도가 아닌 철학자들에게는 가르치는 일이 금지되면서 아카데미의 활동은 역사적으로 대단원의 막을 내리게 된다. 역사학자 아가티아스Agathias가 전하듯이, 당시에 학장이었던 다마스키오스와 심플리키오스, 프리스키아노스, 그리고 다른 네 명의 동료들은 아테네를 떠나 페르시아의 왕 호스로Khusraw 1세에게 망명을 요청했다. 532년 페르시아가 로마와 평화협정을 맺으면서 호스로 1세는 황제 유스티니아누스에게 철학자들이 그리스로 돌아가 활동할 수 있도록 자유를 보장해 달라고 요청했다. 이들 중 몇몇은(어쩌면 모두) 문화적인 측면에서 그리스적인 도시이자 아랍과 시리아의 도시였던 하란에 정착한 것으로 보인다. 하란은 비잔틴제국 영토에 속했지만 실제로는 페르시아의 지배를 받고 있었다.

신플라톤주의의 마지막 주요 활동 무대는 알렉산드리아였다. 28세의 플로티노스가 암모니오스 사카스의 강의를 들었고 플라톤과 피타고라스의 철학적 전통이 명맥을 유지할 수 있었던(히파티아와 시네시오스) 곳이 바로 알렉산드리아다. 비록 아테네에서처럼 공공교육기관이 존재했던 것은 아니지만 5세기와 6세기 사이에 알렉산드리아에서는 수많은 신플라톤주의 지식인들이 활발한 활동을 펼쳤고, 『이시도로스의 삶』에서 읽을 수 있듯이, 알렉산드리아와 아테네 간의 문화적인 교류도 상당히 활발히 이루어졌다. 알렉산드리아에서 활동했던 거의 모든 철학자들이 일정 기간 동안 아테네에서 공부했던 것으로 보인다. 예를 들어 히에로클레스Hierocles는 아테네의 플루타르코스 밑에서, 헤르미아스는 시리아노스 밑에서, 헤르미아스의 아들 암모니오스는 프로클로스 밑에서 공부했다. 가장 두드러졌던 인물은 암모니오스다. 440년경에 알렉산드리아에서 태어났고 수학자와 천문학자로도 알려진 암모니오스는 철학자로서 플라톤과 아리스토텔레스 해석에 탁월한 면모를 발휘했다. 그가 쓴 플라톤 주석은 모두 소실되었지만 아리스토텔레스에 관한(논리학과 물리학, 형이상학) 해설은 상당 부분이 보존되어 있다. 하지만 그가 직접 쓴 것은 『명제론』의 해설서뿐이며 아리스토텔레스에 대한 또 다른 강의록들은 그의 제자인 요안네스 필로포노스Joannes Philoponos와 트랄레스의 아스클레피오스Asclepios에 의해 편집, 출판되었다. 그의 제자들 가운데 주목해야 할 또 다른 인물은 올림피오도로스Olimpiodoros다. 그는 그리스도교가 문화적 주도권을 거머쥐기 시작한 6세기에 주석가 다비드를 배출해 낸 인물이기도 하다.

고대 철학 연구가들은 오랫동안 다양한 신플라톤주의학파들의 구체적인 면모를 재구성하기 위해 노력해 왔다. 하지만 이들의 특성을 규정하는 일이 여러 측면에서 유용한 것은 사실이지만, 주요 도시들 사이의 활발한 문화 교류 현상을 고려해야 하는 만큼 특별한 주의와 신중함을 요한다. 대략 1세기 전에 쓰인 한 유명한 저서에서 고전 문헌학자 칼 프레히터Karl Praechter는 신플라톤주의학파를 크게 세 종류로 분류한 바 있다. 프레히터에 따르면 먼저 플로티노스와 이암블리코스, 아테네학파를 중심으로 하는 형이상학적이고 사변적인 경향의 신플라톤주의가 있고, 이어서 종교적이고 신비주의적인 성격의 페르가몬학파, 그리고 박학을 추구했던 알렉산드리아학파가 있다. 아울러 칼키디우스를 비롯해 마리우스 빅토리누스Gaius Marius Victorinus, 마크로비우스Ambrosius Theodosius Macrobius, 보에티우스를 중심으로 하는 라틴학파 역시 결정적으로 박학의 성격을 띠고 있었던 것으로 보인다. 하지만 이러한 방식의 재구성은 도식적으로만 적용될 뿐 여러 철학자들 개개인의 특징을 결정짓는 상이한 요소들의 풍부함과 복합성에 대해서는 간과하는 경향을 보인다. 결과적으로 우리는 놓치기 쉬운 복합적인 현상들, 예를 들어 후기 신플라톤주의의 빼놓을 수 없는 특징인 종교적이고 마술적인 성격이나 아테네학파와 알렉산드리아학파가 제시하는 형이상학적 전제들의 본질적인 유사함 등에도 주의를 기울일 필요가 있다.

4.2 방법론적이고 이론적인 공통점들

신플라톤주의 철학자들은 플로티노스처럼 자신들의 철학 활동을 자율적이고 독창적인 것으로 인식하지 않고 오히려 플라톤의 '신성한' 사유를 더욱더 상세하고 깊이 있게 탐구하는 일종의 해석학으로 간주했다. 하지만 플라톤의 철학만이 이들의 유일한 탐구 대상이었던 것은 아니다. 이들은 플라톤 철학의 전통을 잇는 여러 학파들, 즉 아리스토텔레스와 아리스토텔레스의 해석자들, 스토아 철학자들의 의견과 헬레니즘 시대 및 동방의 신학사상에도 커다란 중요성을 부여했다. 전통철학에 커다란 의미를 부여했던 만큼 자연스럽게 이들이 선호했던 것은 주석 형태의 글쓰기였다. 소실되었거나 남아 있는 신플라톤주의 철학자들의 수많은 저서들이 대부분 주석이며 주로 다루는 텍스트 역시 플라톤의 작품이다. 하지만 독자적인 성격의 논문 형태로 쓰인 탁월한 저서들이 아주 없었던 것은 아니다. 포르피리오스의 『단상』이나 살루스티우스Gaius Sallustius Crispus의 『신들과 세계에 대하여』, 프로클로스의 『신학 요강』, 다마스키오스의 『기본 원리의 문제와 해결책』 등을 대표적인 추가적 논문으로 볼 수 있다.

플라톤 철학의 이해는 신플라톤주의 철학들에게 가장 기본적인 과제였다. 제자들이 가장 먼저 시작했던 것은 아리스토텔레스의 논리학을 공부하는 기초 과정이었고, 이어서 다름 아닌 플라톤을 두 단계로 나누어서 공부했다. 이암블리코스가 제정한 교과과정에 따르면 학생들은 첫 번째 단계에서 플라톤의 대화록 열 편을 다음과 같이 순서대로, 즉 『알키비아데스 1』(서론), 『고르기아스』와 『파이돈』(윤리학), 『크라틸로스』와 『테아이테토스』(논리학), 『소피스트』와 『정치가』(철학), 『파이드로스』와 『향연』(신학), 그리고 『필레보스』(이전 대화록에 대한 일종의 부록 내지 결론)를 공부했다. 대신에 두 번째 단계에서는 가장 신성한 작품으로 간주되던 두 작품, 즉 물리학 분야의 『티마이오스』와 신학 분야의 『파르메니데스』를 읽고 분석했다. 플로티노스의 사상을 발전시키면서 후세대의 신플라톤주의 철학자들은 『파르메니데스』에서 제시되는 변증법적 가정들 속에서 나름대로 현실의 다양한 차원들, 즉 최고 원리에서 물질에 이르는 여러 단계의 현실들, 혹은 근원실체hypostasis를 발견해 내고자 노력했다.

신플라톤주의 철학자들 모두에게 공통된 이론적 특징들 가운데 하나는 최고 원리라는 개념이다. 『파르메니데스』의 영향하에 흔히 **하나**라는 이름으로 불리는 이 원리는 무엇보다도 존재에 우선하는 것으로 간주된다(하지만 포르피리오스는 이 부분에 의문의 여지가 있다고 생각했다). 신플라톤주의 철학자들은 이 원리가 본질적으로는 지각이 가능한 이데아들의 플라톤적인 세계와 일치한다고 보았다. 하지만 존재에 우선하는 원리는 하나 이상 존재한다는 것이 사실상 거의 모든 신플라톤주의 철학자들의 생각이었다. 본질을 초월하는 이 모든 원리들에 적용되었던 것이 바로 '부정신학'이라는 이름으로 알려진 독특한 담론 방식이다. 존재를 초월하는 것은 본질적으로 어떤 특징도 가지지 않으며 따라서 인식과 언급이 불가능하다. 결과적으로 초월적 원리에 대해서는 부정적인 방식으로만 이야기할 수 있으며, 최고 원리의 절대적이며 초월적인 단순함을 말로 설명할 수 있는 특징이란 존재하지 않는 만큼 어떤 특성도, 심지어는 '원인'이나 '원리', '신' 혹은 '하나'와 같은 특성들도 모두 부인된다. 이것이 바로 플로티노스가 최고 원리를 묘사하는 방식이다. 신플라톤주의 철학자들은 이러한 형태의 묘사 방식을 더욱 더 발전시켜 **하나**와 관련된 모든 담론의 자동 해체를 이론화하기에 이른다.

최초의 원인이 내포하는 완벽한 통일성으로부터, 잠재력의 포화로 인해, 다양성의 증폭을 특징으로 하는 일련의 현실적 차원들이 유래한다. 이러한 다양성 속에서 발생하는 무질서와 분산 현상은 감각적인 사물과 물질을 통해 최고조에 달한다. 신플라톤주의 철학자들에 따르면, 모든 사물이 **하나**로부터 유래하는 과정은 고유의 모양새와 특징을 보유하는 현실의 질서, 혹은 '근원실체'를 바탕으로 하는 빈틈없는 '지속성' 속에서 주어진다. 이와 관련하여 비물질적인 세계를 **하나**, **지성**, **영혼**으로 세분화하는 플로티노스의 구분법은 신플라톤주의 철학자들에 의해, 다시 말해 세 '근원실체'에 내재하는 다양한 차원들의 삼분법적인 증식을 통해 더욱더 복잡해진다.

신플라톤주의 철학자들에게 가장 기본적인 윤리적 교훈은 영혼의 정신세계를 가능한 한 육체 및 쾌락과 연관되는 타락으로부터 보호하고 정신을 원천적인 공간, 즉 지성으로, 궁극적으로는 **하나**로 인도하는 것이었다. 이러한 목적을 달성하기 위해 신플라톤주의 철학자들은, 특히 이암블리코스 이후로, 영혼과 최고 원리의 재화합을 꾀하기 위한 신비주의 의식 및 독서와 금욕을 기반으로 하는 생활양식을 선택했다.

4.3 포르피리오스, 이암블리코스, 프로클로스, 다마스키오스

플로티노스의 뒤를 이어 활동한 신플라톤주의 철학자들 가운데 사상의 독창성과 문화적으로 끼친 영향력의 측면에서 두각을 드러냈던 인물은 아마도 포르피리오스Porphyrios, 이암블리코스Iamblichos, 프로클로스Proklos, 그리고 다마스키오스일 것이다. 아울러 아리스토텔레스의 신플라톤주의 주석가들 가운데 심플리키오스Simplikios와 필로포노스의 이름을 기억할 필요가 있다.

고대 페니키아의 티레 출신인 포르피리오스는 아테네에서 문헌학과 문학비평을 공부했고 플라톤주의 철학자 롱기노스Cassius Longinos 밑에서 철학 교육을 받았다. 263년에 로마로 이주해 플로티노스의 학교에서 6년간 머물며 수학했다. 스승 플로티노스가 사망한 지 30년이 지나 『플로티노스의 삶』에서 천명한 바 있는 원칙들을 기준으로 『엔네아데스』를 편집해 출간했다. 플로티노스는 포르피리오스에게 지대한 영향을 끼쳤지만 이 두 철학자 사이에는 명백한 차이가 존재한다. 플로티노스가 전적으로 철학적인 문제에 관심을 가졌고 다양한 철학적 입장의 중재보다는 플라톤주의적인 관점에서 깊이 있는 해결점을 모색했던 반면 포르피리오스는 거의 백과사전에 가까운 다양한 분야의 지식과 다양한 종교 현상에 관심을 가졌고(예를 들어 그리스도교를 반박하며 펼친 논쟁) 플라톤주의와 여러 철학 학파들 사이에 존재하는 공통분모를 발견하기 위해 노력했다. 지금은 남아 있지 않은 글에서 포르피리오스는 플라톤과 아리스토텔레스의 본질적인 공통점을 증명해 보이려고 시도한 바 있다. 그는 아리스토텔레스의 논지를 수용하는 경향을 보였고 특히 그의 스승 플로티노스가 근본적인 문제점을 지적하며 비판했던 아리스토텔레스의 범주론에 대한 재평가를 시도했다.

최고 원리에 대한 포르피리오스의 생각 속에는 모순적인 측면들이 공존하며 이는 이전 세대 플라톤주의의 고유한 요소들과 플로티노스의 새로운 철학 사이에 존재하는 차이점들이 완전히 극복되지 못한 상황에서 비롯된 것으로 보인다. 예를 들어 포르피리오스의 몇몇 저서에서 **하나**는 또 다른 근원실체와 엄격하게 분리되어 있고 따라서 존재 자체를 초월하는 것으로 나타나지만 다른 곳에서는 지각 가능한 이데아들의 결정된 실재와 모든 특성에 우선하는 순수한 존재와 일치하는 것으로 묘사된다. 이는 왜 서구 그리스도교 사회에서 포르피리오스의 신플라톤주의가 각광을 받았는지 설명해 준다. 원리의 절대적인 단순성과 초월성을 강조하는 사상에 거부반응을 일으키던 그리스도교 신학자들이 그리스도교를 반박하던 포르피리오스의 입장을 사실상 수용하면서까지 신에게 존재의 충만함이 지니는 긍정적인 성격을 부여하고자 했던 것이다.

윤리학에서 포르피리오스는 육체적 정욕으로부터 영혼을 순수하게 유지하기 위한 금욕적인 생활의 필요성을 강조했다. 포르피리오스는 이러한 생활이 지속적인 사고 활동(지식의 축적이 아니라 철학적 삶의 완전한 실현을 목적으로 하는 활동)과 하나가 될 때 영혼이 반복되는 환생의 고리로부터 벗어나 신에게 돌아갈 수 있다고 보았다. 포르피리오스는 도덕적 성장을 위해 필요한 덕목을 네 단계로 나누어서 설명했다(고대 말기와 중세의 수많은 철학자들이 포르피리오스의 이러한 구분법을 활용하거나 때로는 폭넓게 발전시켰다). 첫 번째 단계로 포르피리오스는 대인관계에서 열정을 다스릴 줄 아는 덕목(아리스토텔레스 윤리학의 기본 개념)을 꼽았다. 두 번째 덕목은 육체와 세상을 멀리하고 영혼을 정화하는 덕목, 즉 궁극적으로는 스토아주의적인 '열정의 부재'를 목적으로 한다. 세 번째 덕목은 영혼이 영혼의 원천인 지성을 지속적으로 바라볼 수 있도록 하는 관조적 기능을 가지고 있다. 마지막 단계에 지성적 존재가 내포하는 이상적 덕목이 있다.

이암블리코스의 저서들은 대부분이 소실되었지만 남아 있는 책과 후세대 학자들의 증언을 통해 시리아학파의 창시자인 그가 신플라톤주의 발전에 결정적으로 기여한 부분을 또렷하게 확인할 수 있다. 열 권으로 구성되어 있으며(이 중에 네 권이 남아 있다) 피타고라스주의를 집중적으로 다룬 그의 저서 덕분에 피타고라스 철학의 전형적인 특징들, 예를 들어 순수한 생활양식의 추구, 수학적인 차원을 중시하는 경향, 유한과 무한을 원칙으로 하는 이원론적 도식에 사고를 적용시키는 경향 등이 신플라톤주의의 정신적 유산으로 고착된다. 신들의 세계와 인간 영혼의 운명에 관한 2세기의 계시록『칼데아의 신탁』을 다루면서 이암블리코스는 28권에 달하는『완벽하기 그지없는 칼데아 신학』을 집필했다. 이암블리코스는 그런 식으로 마술과 강신降神에 중요성을 부여했고 이러한 성격의 제의가 인간의 영혼을 정화하고 지적 탐구에 호소하지 않고서도 기원에 직접 도달할 수 있는 길을 열어 준다고 보았다(그의『이집트의 신비』역시 동일한 차원의 글이라고 할 수 있다). 이암블리코스는 교과과정을 제정했을 뿐 아니라 원전들을, 특히 플라톤의 저서들을 읽고 해석하는 방식을 근본적으로 혁신한 철학가다. 포르피리오스가 백과사전적 지식을 토대로 하는 연구와 비유적 해석의 다양한 가능성에 더 관심을 가졌던 반면 이암블리코스는 결정적으로 하나의 철학적 체제를 추구하는 경향을 보였다. 예를 들어 이암블리코스는 플라톤의 모든 대화록마다 철학적으로 중요한 주제를 먼저 찾아낸 뒤 이를 기준으로 다른 내용을 해석할 필요가 있다고 보았다. 그에 따르면, 플라톤의 모든 주장은 기초적인 단계에서 물리학이나 윤리학 혹은 형이상학에 속하는 듯이 보이지만 주장의 효용성은 세 분야 전체로 확장된다. 동일한 진리가 때로는 물리학이나 윤리학 혹은 형이상학적인 용어로도 표현될 수 있기 때문이다. 해석자의 임무는 따라서 보편적 교감의 원칙을 기준으로 이 세 영역 간의 실질적인 연관성을 찾아내 그것에 의미와 통일성을 부여하는 일이다("만물은 고유의 본성에 따라 존재할 뿐 모든 것은 모든 것 안에 있다").

좀 더 철학적인 영역에서, 이암블리코스는 **하나**보다 더 높은 곳에 위치하는 최고 원리를 이론화하고 이어서 프로클로스가 발전시킨 주요 이론들의 기초를 닦았던 인물이다. 예를 들어 **하나**에 우선하지 않지만 지성을 초월하는 헤나데스* 이론이나 비물질적인 현실의 삼중구조 이론, 타락하지 않은 영혼에 대한 플로티노스의 입장을 명백하게 거부하는 이론 등이 이암블리코스가 제시했던 것들이다. 이암블리코스는 아울러 플로티노스가 주장했던 존재와 사유의 동일성 이론과 거리를 두고, **하나**의 다음 단계인 근원실체의 내부에서 지성보다는 지각 가능성이 더 중요하다는 입장을 취했다. 다시 말해 이암블리코스는 존재를 구축하는 이데아들이 우선적으로는 사유의 대상이며 오로지 부차적인 의미에서만 완벽한 사유 행위 주체로 간주될 수 있다고 보았다.

프로클로스는 신플라톤주의 철학자들 가운데 가장 뛰어난 인물로 평가받는

---

* 하나hen의 표상이라는 뜻의 헤나데스henades는 신에게서 유래하며 모든 사물에 침투하는 하나의 속성을 가리킨다. 신과 신성한 것이 하나의 원인관계에 의해 결속되어 있는 것은 바로 이 때문이다.

철학자다. 그가 이룬 놀라운 철학적 위업뿐만 아니라 후세대의 철학가들에게 끼친 지대한 영향력 때문이다. 사실상 고대가 중세와 르네상스에 전달한 플라톤의 이미지는 프로클로스가 주조한 이미지와 크게 다르지 않다고 해도 과언이 아니다. 프로클로스에 대해서는 일반적으로 사유의 독창성보다는 철학체제의 일관성과 논리의 명확성을 높이 평가한다. 그는 철학적인 측면에서 스승 이암블리코스로부터 많은 것을 물려받았다. 중요한 부분만 언급하자면, 플라톤의 『파르메니데스』에 대한 혁신적인 해석이나 아리스토텔레스 철학의 이론적인 측면에 대한 조명(대부분 뛰어났지만 형이상학과 신학 분야에서는 두드러지지 못했다), 세 가지 최고 원리의 이론화(하나, 유한, 무한), 플라톤의 가르침과 오르페우스, 피타고라스, 칼데아 신탁 사이의 공통점에 대한 연구 등이 스승 이암블리코스의 영향이 또렷하게 드러나는 부분이다.

그의 저서들은 많은 부분이 소실되었지만 역시 많은 부분이 보존되어 있다. 이들 가운데 다수의 플라톤 저서(『알키비아데스 1』과 『크라틸로스』, 『국가』, 『티마이오스』, 『파르메니데스』)에 대한 해설서와, 에우클레이데스의 『원론』에 대한 제 1권의 해설서, 섭리에 관한 세 편의 소논문, 그리고 가장 중요한 저서로 평가되는 『신학 요강』과 『플라톤의 신학』이 있다. 211개의 논증으로 구성된 『신학 요강』에서 프로클로스는 여러 형태의 비물질적인 현실, 다시 말해 **하나**와 헤나데스, 지성적 세계(혹은 존재의 영역), 영혼의 세계들 간의 상관관계와 이들의 본질을 다루면서 자신의 형이상학을 기하학적인 방식으로 전개한다. 프로클로스에게 헤나데스는 완벽하게 단순한 **하나**에서 비롯되는 최초의 실재들을 의미한다. **하나**와 거의 일치하며 통일성을 유지하는 헤나데스들은 다양하지만 각각 고유의 특성을 가지고 있기 때문에 복수성과 차이의 첫 탄생에 원인을 제공한다. '참여'를 모르는 **하나**와는 달리 헤나데스들은 직접 '참여'함으로써 다양한 '참여' 체제의 시원이 된다. 다시 말해 헤나데스는 이데아가 감각적 사물에 대해 발휘하는 것과 유사한 기능을 수행한다. 하지만 헤나데스는 이데아 자체의 초월적인 원인이다. 헤나데스보다도 더 높은 단계에 위치하는 것이 유한과 무한의 원리이며 이 두 원리의 만남, 즉 '혼합'된 형태가 존재의 첫 발현에 상응한다.

유한, 무한, 혼합의 세 원리는 뒤를 잇는 다양한 현실세계에서 재생되며 이와 유사한 삼중구조의 모형으로 기능한다. 예를 들어 보류-발전-회귀*로 구축되는 체제를 통해 프로클로스는 모든 원리의 기능을 지배하는 역동적이고 순환적인 법칙을 설명한다. **하나**(혹은 모든 종류의 원인)는 먼저 스스로의 완전성 속에 머물며 정체를 '보류'한다. 이어서 잠재력의 포화로 인해 스스로의 밖으로 나와 '발전'하며 그런 식으로 생산을 시작한다. 그러나 여기서 **하나**가 만들어 내는 것은 복수적이고 활용될 수 있는 형태의 원인에 지나지 않는다. 하지만 마지막 단계에서, 원인과 효과 사이에 실재하는 유사성이 효과로 하여금 기원으로 향할 수 있도록, 즉 '회귀'하여 초기의 완전성을 회복할 수 있도록 허락한다.

『플라톤의 신학』에서 프로클로스는 플라톤의 대화록에 산재해 있고 『파르메니데스』에 체계적으로 정돈되어 있는 모든 '신학적' 가르침, 즉 형이상학적 원리와 관련된 모든 가르침들을 집대성해 해석한다. 프로클로스는 동시에 칼데아 신탁과 오르페우스의 랩소디, 호메로스와 헤시오도스의 신화 및 신피타고라스주의 이론적 전통에서 비롯되는 가르침과의 융합을 통해 형이상학적 신학의 보완을 시도한다(이는 『플라톤의 신학』에서 전적으로 철학적인 내용을 보조하는 신비주의적인 표현이 자주 등장하는 이유를 설명해 준다). 『신학 요강』에 비해 『플라톤의 신학』에서는 신적인 존재들의 위계가 훨씬 더 복잡하게 설명된다. 이는 지적이고 심리적인 근원실체hypostasis의 내부에서 부차적인 세분화가 전제되기 때문이다. (1) **하나** 혹은 제1신, (2) 신성한 헤나데스, (3) 지각 가능한 신적 존재, (4) 지각 가능하고 지적인 신적 존재, (5) 지적인 신적 존재, (6) 세상 밖의 신적 존재, (7) 세상 안의 신적 존재, (8) 보편적 영혼, (9) 초월적인 존재(천사, 악령, 영웅). 이러한 세분화는 크게 두 종류의 요구에 부응했다. 즉, 형이상학적 위계 안에 전통적인 신 모두의 자리를 하나씩 마련함으로써 철학적인 관점과 종교적인 관점을 통

---

* 프로클로스의 '보류-발전-회귀'는 변증적 순환 과정으로, 연대기적 연속성이 아니라 논리적 공존을 전제로 진행된다. 보류는 하나의 완벽한 불변성을 의미하며 발전은 존재들이 원리로부터 발현하는 순간을, 회귀는 되돌아오는 순간을 의미한다.

일시킬 필요성, 아울러 **하나**에서 다양성의 감각적인 세계로 전이되는 과정을 중재함으로써(상반되는 용어들 사이에서 유사성의 관계를 구축할 수 있는 중간 개념들에 대한 집요한 모색과 이에 뒤따르는 삼중구조의 구축을 통해) 공백 혹은 '도약'으로부터 자유로운 위계의 연속성을 구축할 필요성에 부응했던 것이다.

비범하고 날카로운 비판과 변론으로 유명했던 아카데미의 마지막 학장 다마스키오스에게 빈번히 피해를 입었던 인물은 누구보다도 프로클로스였다. 후기 신플라톤주의 형이상학의 체제 전반에 대해 본격적인 비판을 가했던 것은 아니지만 다마스키오스는 전임자들의 의견에 대해 빈번히 문제점을 지적하고 상이한 해석을 제시했다(예를 들어 『파르메니데스 해설』). 다마스키오스는 『기본 원리의 문제와 해결책』 1부에서 이암블리코스의 이론을 새롭게 정립하면서 '원리'의 개념에 대한 탁월한 비평을 감행했다. 다마스키오스는 모든 사물의 원리인 **하나**가 어떻게 보면 사물 자체에 상응하도록 조정되어 있고 그것이 다양한 사물과의 관계 속에서 존재하고 인식된다는 사실 자체가 그것을 불완전하게 만들고 절대적으로 초월적이지 못하도록 만든다고 보았다. 그는 그만큼 **하나**보다 우월한 존재, 즉 전적으로 파악이 불가능하고 모든 면에서 모든 것과 분리되어 있으며 절대적으로 초월적인 원리, 어떻게 보면 '원리'라는 이름이나 무언과의 관계를 토대로 하는 '초월적'이라는 수식어조차도 어울리지 않는 존재를 상정할 필요가 있다고 보았다. 다마스키오스는 **하나**에 우선하며 인식이 불가능한 원리에 대해서는 불분명한 예감밖에 가질 수 없으며 결과적으로 이에 대한 모든 이성적 묘사를 포기할 수밖에 없다고 주장했다. 본질적으로 담론의 대상이 될 수 없는 것을 다루는 모든 담론은 (회의주의자들에게 일어났던 것처럼) 담론 자체를 무산시킬 수밖에 없다고 보았던 것이다.

건축과 수학 속에서의 기계: 비트루비우스와 알렉산드리아의 헤론

로마 시대의 기계들에 대한 우리의 지식은 전적으로 로마의 건축가 비트루비우스(Marcus Vitruvius Polio, 기원전 80~15년)의 『건축학*De architectura*』 제10권과 알렉산드리아의 발명가이자 수학자인 헤론Heron의 『기계공학』 제3장을 토대로 한다.

비트루비우스의 『건축학』은 당시 건축에 활용되던 여러 편의 건축학 논문들을 집대성한 책이다. 비트루비우스는 건축 외에도 당시의 수사본들을 토대로 기계를 다루면서 당시의 기계 문화에 대한 중요한 정보를 제공한다. 평화로운 시대와 전시에 유용하게 쓰이던 다양한 기계들을 백과사전식으로 묘사하는 『건축학』은 건축가가 되고자 하는 모든 이들이 기계학에 대한 기본적인 지식을 얻기 위해 반드시 참고해야 하는 책이었다. 부족하고 불완전하지만, 실제로 고대 로마의 기계에 대한 유일한 기록상의 정의는 비트루비우스의 책에 수록되어 있다. "기계는 서로 연결된 나무 부품들로 구성된 기구를 말하며 무거운 물건을 옮기는 데 상당히 유용하다. 기계는 인공적인 '회전 기술kyklile kinesis'을 통해 작동된다. 첫 번째로 높이 오르는 데 쓰이는 형태의 기계(akrobatikon)가 있고 두 번째로 공기를 이용하는 기계(pneumatikon), 세 번째로 무거운 물건을 끌거나 들어 올리는 데 사용하는 기계(braoulkon)가 있다."(10권 1장)

이어서 비트루비우스는 기계와 도구의 차이가 무엇인지에 대해서도 언급한다(10권 1장 세 번째 문단). 그는 기계나 도구를 운용에 필요한 사람의 수에 따라 구분한다. 그는 많은 수의 사람이 필요할 경우에 기계, 한 사람이 작동시킬 수도 있는 것을 도구라고 부른다.

비트루비우스가 묘사하는 가장 특이한 기계들 중 하나는 고대인들이 익히 알고 있었던 것으로 소개하는 '이동 거리 측정기'다. 저자가 특별한 정보를 제공하지 않기 때문에 이들이 어떤 부류의 사람들이었는지는 알 길이 없지만 거리 측정기라는 용어가 그리스에서 유래하는 만큼 그 기원은 그리스에서 찾아야 할 것이다. 마차의 뒷바퀴에 장착되는 이 장치는 바퀴가 한 번 회전할 때마다 기능하는 것으로 묘사된다. 헤론 역시 이동 거리 측정기에 대해서 『디옵트라에 관하여』의 한 구절에서 훨씬 더 자세하게 설명한 바 있다.

서기 1세기 알렉산드리아에서 활동했던 헤론은 많은 저서를 집필했고 이론과 실습을 통한 완전한 학습의 필요성을 강조하면서 알렉산드리아 박물관에서 기계 공학과 여러 분야의 기술 과목을 가르쳤다.

헤론은 수학과 기하학 저서들(『정의』, 『기하학』, 『토지측량학』, 『공간측량학』, 『측정기구론』, 『측량학』)을 통해 측량 문제에 대한 훌륭한 해법들을 제시했고, 정사각수나 세제곱수가 아닌 수들의 제곱근과 세제곱근의 근사치를 구하는 방법이나 삼각형의 변의 길이로 면적을 구하는 이른바 '헤론의 법칙'을 소개했다.

반사의 법칙을 정확하게 설명하는 헤론의 광학 연구뿐만 아니라 기체학 연구 역시 상당히 중요한 업적으로 평가된다. 그의 저서 『기체학』은 이론적인 부분을 다루는 서론과 물, 증기, 압축공기의 압력에 의해 작동되는 수많은 장치들에 대한 설명으로 이루어져 있다. 이 책에서 이른바 '헤론의 공'이 소개된다. 여기서 헤론은 어떻게 열기를 적절히 가둠으로써, 즉 금속으로 만든 공 내부에서 끓는 물의 압력을 활용해 열기를 기계적인 에너지로 변환시킬 수 있는지 설명한다.

물론 헤론은 다름 아닌 이 발명품의 조립과 기능에 대한 그의 정확한 묘사를 인용하며 18세기의 역사학자들이 '왜 고대에는 기계가 발달할 수 없었는가'라는 문제를 두고 열띤 논쟁을 벌이게 되리라는 것을 결코 상상하지 못했을 것이다. 몇몇 역사가들의 주장에 따르면, 고대에 기계가 발전하지 못한 이유는 고대 그리스의 사회 구조와 노예제도를 토대로 하는 경제체제가 기계 활용의 필요성을 전혀 느끼지 못하게 만들었기 때문이다. 반면에 알렉산드르 코이레(Alexandre Koyre, 1892~1964)와 같은 역사가는 비록 위의 주장을 부인하지는 않았지만 과학과 기술의 실용적인 측면에는 전혀 관심이 없었던 그리스인들의 사고가 순수하게 사변적이었다는 점도 무시할 수 없는 이유라고 보았다.

기계를 직접 제작하기도 했던 헤론은 실용적인 기능 없이 오락에만 쓰이던 자동기계들을 발명해 냈다. 『자동기계에 관하여』에서 헤론은 당시에 상당히 유행하던 자동 극장들을 소개하면서 공연이 지속되는 동안 내내 작동하며 직선과 회전 운동을 하던 일련의 자동기계들에 대해 설명한 바 있다.

무엇보다도 중요한 것은 헤론이 기계학 분야에서 남긴 업적이다. 그의 연구는 기계학 자체에 새로운 혁신을 가져왔다. 헤론은 이 분야만 집중적으로 다룬 저서『기계학』을 별도로 집필했다. 몇몇 단상만이 남아 있는 이 책에서 헤론은 기계학의 실용적인 면과 이론적인 면을 체계적으로 정리하면서 지렛대 원리에 의존하는 벨트나 나사와 같은 기초적인 기계들의 메커니즘을 설명한다. 여기서 주목해야 할 것은 이론적인 면과 실용적인 면의 조합이 지속적으로 부각된다는 점이다. 헤론은 에우클레이데스의 과학 전통에서 유래하는 순수하게 관조적인 수학보다는 수학 원리들을 기계에 기술적으로 적용하는 실용적인 면에 더 큰 관심을 보인다. 실제로 헤론이 1권에서 다루는 기하학은 실용적으로 적용 가능한 이론이다. 2권에서도 헤론은 간단한 기계들의 기능에 적용되는 이론과 이 기계들의 활용법에 대해 설명한다. 결론적으로 말하자면 헤론의『기계학』이 고대의 기하학과 수학 이론을 발전시킨 것은 사실이지만, 이 책은 무엇보다도 기계들의 종류를 분류하고 그 개념의 정립을 시도한 최초의 저서라고 할 수 있다.

황제의 의사 혹은 철학자 갈레노스

/ 책을 쓰는 의사

서기 129년 페르가몬에서 태어난 갈레노스Claudios Galenos는 고대에 가장 왕성한 저술 활동을 펼친 의사이자 뛰어난 문화적 교양을 갖춘 철학자였다. 풍부한 내용을 자랑하는 그의 저작들은 히포크라테스의 저서와 함께 그리스 의학 지식을 서구 중세 의학에 직접적으로 전달하는 실질적인 교량 역할을 하게 된다. 유명한 건축가 니콘Aelius Nikon의 아들로 태어난 덕분에 갈레노스는 당시의 유명한 선생들 밑에서 교육을 받고 멀리 이집트로 유학까지 떠날 수 있었다. 이러한 폭넓은 교육과정은 그에게 의학 및 해부학에 대한 풍부한 지식을 쌓고 플라톤과 아리스토텔레스의 철학 및 스토아 철학과 에피쿠로스의 철학을 열린 자세로 수용할 수 있도록 해 주었다.

페르가몬으로 돌아온 갈레노스는 일정 기간 동안 검투사들의 의사로 일하면서 해부 시술 경험을 쌓았다. 162년에 처음으로 로마를 찾은 그는 병든 철학자 에우데모스를 치료하면서 열병의 추이와 결과를 정확하게 예견할 줄 아는 명의로 이름을 알리게 된다. 이를 계기로 로마의 상류사회에 진출한 갈레노스는 집정관 보에티우스와 친분을 쌓고 그를 위해 일련의 해부학 서적들을 집필했다(대표작은 두 권으로 된 『해부학 시술』이다). 이어서 그는 절개와 생체 해부에 관한 책들, 히포크라테스 해설서(갈레노스는 그의 개인적인 요구와 확신에 걸맞도록 히포크라테스의 글을 '재구성'했다), 『인체 부위의 유용성』 1권과 호흡의 원리에 관한 글 등을 집필했다. 갈레노스가 처음으로 로마를 떠난 것은 166년이다. 아마도 천연두 전염을 피하기 위해서였던 것으로 보인다. 이후로 몇 년 동안 그가 무슨 활동을 했는지에 대한 확실한 정보는 남아 있지 않다. 169년에 다시 로마로 돌아온 갈레노스는 황제 마르쿠스 아우렐리우스의 병든 아들을 살려 내면서 황제의 주치의로 발탁된다. 로마의 고위층 인사들을 치료하는 일은 갈레노스에게 부귀를 가져다주었고 무엇보다도 커다란 권력을 안겨 주었다.

그가 얻은 높은 사회적 지위와 경제력은 환자들을 신분과 무관하게 무상으로 치료해 줄 수 있는 환경을 마련해 주었고 더 나아가서 제자들을 가르치고 해부학 연구에 몰두할 수 있도록 해 주었다. 그는 아프리카에서 직접 수입한 원숭이들을 모델로 신체의 구조와 기능을 연구했다. 그가 관찰 결과를 비교하며 집필한 해부학 서적들은 오랫동안, 적어도 베살리우스Andreas Vesalius의 『인체 해부학*De humani corporis fabrica*』이 1543년에 출간될 때까지는, 서양 의학에서 가장 중요한 참고서 역할을 했다.

두 번째 로마 체류 시기에 갈레노스는 『해부학 시술』과 유사한 상당히 중요한 해부학 저술들을 집필했다. 갈레노스가 언제 사망했는지에 대해서는 알려진 바가 없지만 『만병통치약에 관하여』라는 책에 삽입된 몇몇 기록에 따르면 204년 혹은 207년인 것으로 추정된다.

/ 해부학 연구

갈레노스의 의학은 본질적으로 신체 기능과 회복에 필요한 적절한 치료법의 이해를 추구하는 해부학 지식을 토대로 이루어져 있다. 인간의 시체를 해부하는 것이 거의 불가능했기 때문에 의사는 해골의 구조를 공부하거나 표면 해부학에 의존하거나 인간의 신체와 비슷한 구조를 지닌 원숭이 혹은 다른 동물들의 해부에 의존해야 했다. 갈레노스의 해부학은 상당히 높은 수준에 달해 있었다. 골격 구조에 대한 이해는 거의 완벽하고 신경 구조의 묘사도 상당히 상세하다.

하지만 그가 피할 수 없었던 오류들, 다시 말해 비교를 기준으로 하는 방법론 자체에서 오는 오류, 관찰의 오류를 지적으로 충당하려는 노력에서 비롯되던 오류들은 르네상스 시대에 도달할 때까지 해부학이 결코 벗어나지 못했던 부분이다. 갈레노스는 신체가 여러 부위로 구성되어 있으며 각 부위마다 자연과 신이 부여한 특별한 기능을 가지고 있다고 보았다. 인체가 플라톤 철학에서 유래하는 '삼중구조'로 조직되어 있다는 생각과 함께 찾아볼 수 있는 갈레노스적인 신체 개념의 또 다른 특징은 아리스토텔레스의 목적론이다. 그는 신체의 세 기관이 나름의 목적을 가지며 각각 하나의 체제를 담당한다고 보았다. 뇌는 심리적 프네우마를 주관하는 기관으로 신경조직과 함께 느낌, 의식, 의지를 다스린다. 심장이 주관하는 것은 생명의 프네우마이며 동맥이 이를 피와 함께 운반한다. 간은 피의 기원인 성장의 프네우마를 주관한다. 혈관이 이를 실어 나르며 신체 각 부위에 영양을 공급한다. 갈레노스는 이 신체 부위들이 바르게 기능하느냐의 여부가 건강을 좌우한다고 보았다.

/ 경험과 고찰

갈레노스의 의학은 경험empeiria과 고찰logos이라는 두 가지 필수적인 요소를 토대로 구축된다. 그가 사람들을 치료하면서 터득한 뛰어난 관찰력은 그에게 환자들의 과장과 심리적인 상태를 파악할 수 있도록 해 주었다. 반면에 갈레노스는 논리적인 고찰을 통해 병의 원인을 밝혀냈다. 예를 들어 그는 병의 원인을 기본적으로 병이 발발하기 이전이나 신체의 외부에 산재하는 요인, 신체에 변화를 가져오거나 신체 기능을 방해하는 즉각적인 요인으로 구분했다.

병의 원인에 대한 정확한 판단을 통해 갈레노스는 정확한 진단을 내릴 수 있었고 아울러 환자를 확실하게 치료할 수 있는 능력과 의사로서의 권위를 겸비할 수 있었다. 갈레노스가 20세기 이전까지만 해도 서양 의학의 아버지로 불렸던 것은 바로 그런 이유에서다.

갈레노스의 제약 기술 역시 상당히 중요하다. 갈레노스는 약이 내부에 일종의 잠재력, 즉 신체 상태를 변화시킬 수 있는 힘을 가지고 있다고 보았다.『인간의 본질에 관하여』에서 히포크라테스가 제시했던 인간의 네 가지 기본적인 특성에 갈레노스가 추가한 또 하나의 척도는 바로 약이 몸에 잘 받느냐의 여부였다. 갈레노스는 약품의 기본적인 특성 외에도 약의 강도를 기준으로 등급을 부여하며 종류를 구분하는 법을 제시했다. 갈레노스는 예를 들어 몸을 덥게 하는 약의 강도를 상, 중, 하로 나눈 뒤 각각의 단계를 효과의 차원에서 다시 상, 중, 하로 분류했다. 그는 결과적으로 상당히 복합적인 제약 체제를 만들어 냈지만 이를 뒷받침하는 것은 역시 실험이었다. 그에게 중요한 것은 사실 특정 약품이 일련의 변화 요인들, 즉 몸 상태나 계절 변화, 환자들의 성과 나이에 어떻게 반응하는지 평가하는 일이었다. 그는 모두를 위한 치료약이란 존재하지 않으며 특정 환자에게만 처방할 수 있는 약이 존재할 뿐이라고 보았다.

갈레노스가 의사로서 오랫동안 명성을 유지할 수 있었던 것은 여러 가지 복합적인 요인들이 작용했기 때문이다. 예를 들어 그리스도교 사상에 대한 그의 입장이 철학적으로는 고지식하지만 도덕적인 측면에서는 고귀하다는 평가를 받았다는 점을 들 수 있다. 그의 자연철학 역시 커다란 영향력을 발휘했다. 갈레노스는 건축가에 비유할 수 있는 신이 구축해 놓은 질서에 부응하는 완벽한 자연이 존재하며 인체 구조 역시 이 질서를 따른다고 보았다. 아울러 그의 수준 높은 해부학과 이에 대한 방대한 연구서들을 후세의 의학자들이 오랫동안 필독서로 활용했다는 점을 빼놓을 수 없다. 의학에 철학적 성찰을 가미할 줄 알았던 갈레노스는 탁월한 비판적 시각의 소유자였으며 스스로를 치켜세우는 능력도 탁월했던 인물이다. 덕분에 갈레노스는 수많은 경쟁자들을 물리치고 자신을 히포크라테스의 이상적인 후계자이자 진정한 해석자로 포장하는 데 성공했다. 그는 의술과 철학을 조합할 줄 아는 최고의 의사였고 거의 모든 병리학적 문제들을 해결할 줄 아는 위대한 임상학자였다.

이상의 특징들이 사실과 얼마나 일치했는지는 알 길이 없지만 그의 의술이 얼마나 효과적이었는지는 비잔틴과 아랍 세계가 그의 의술과 의학 지식을 오랫동안 활용하며 선호했고 관련 문헌들을 서방 세계에 최상의 상태로 전수해 주었다는 점을 통해 다시 한 번 확인할 수 있다.

VIII

고대 말기의
전통 철학과 신학

La filosofia
e le sue storie

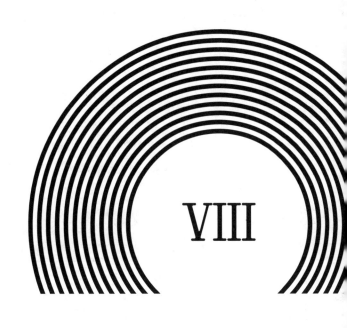

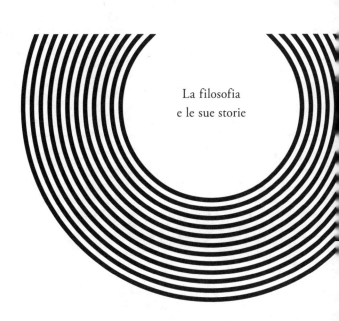

서기 30년
예수의 십자가형

165(170)년
테르툴리아누스 탄생

185년
오리게네스,
알렉산드리아에서 탄생

325년
콘스탄티누스
주재로 열린 니케아 공의회

372년
그레고리우스,
니사의
주교에 오름

425년
테오도시우
콘스탄티노
'국립대학' 설

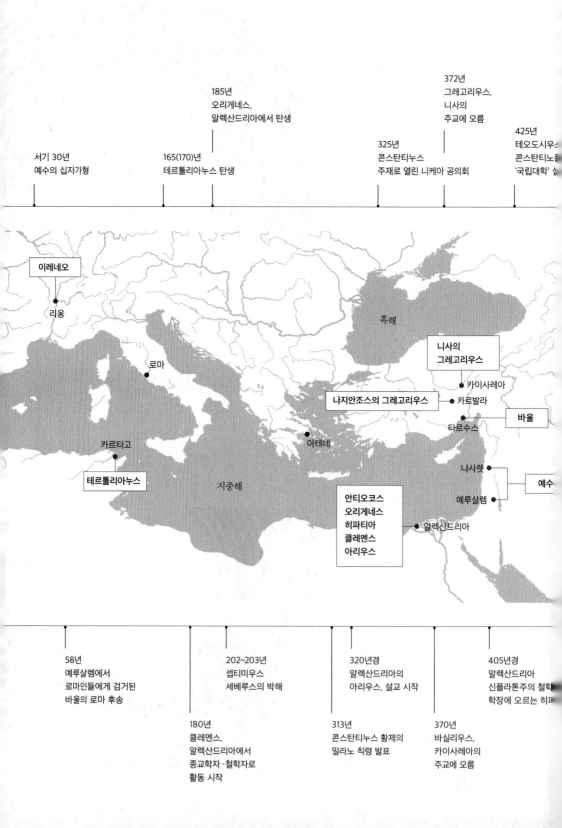

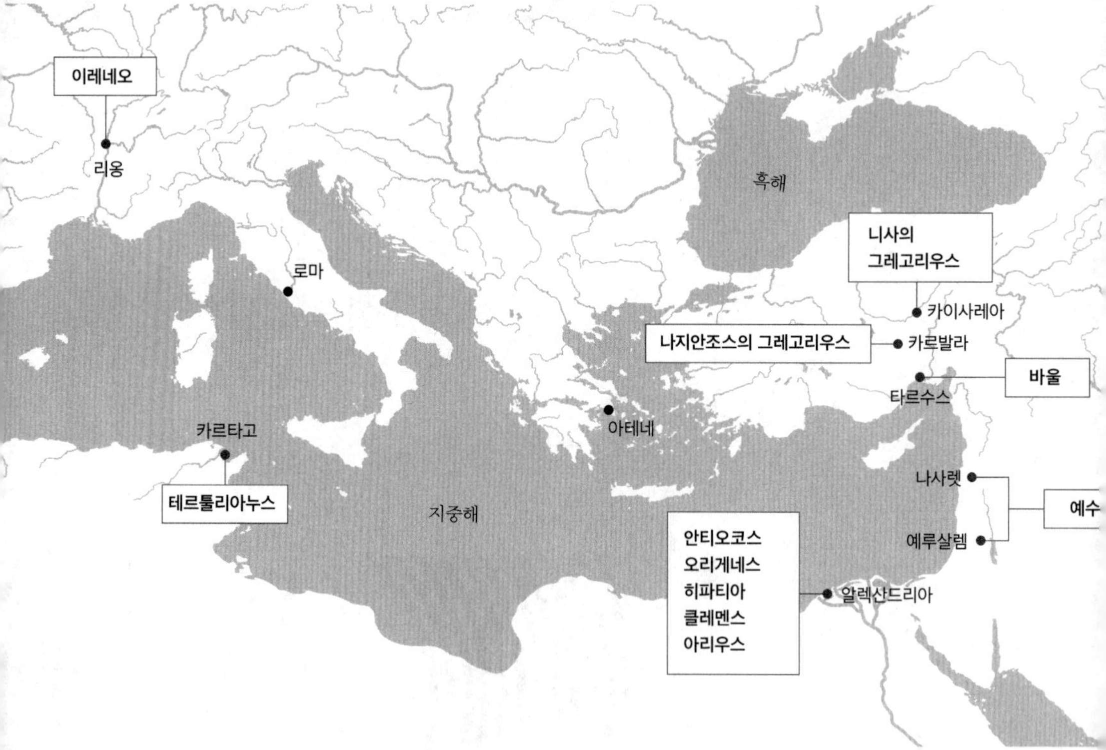

58년
예루살렘에서
로마인들에게 검거된
바울의 로마 후송

180년
클레멘스,
알렉산드리아에서
종교학자·철학자로
활동 시작

202~203년
셉티미우스
세베루스의 박해

313년
콘스탄티누스 황제의
밀라노 칙령 발표

320년경
알렉산드리아의
아리우스, 설교 시작

370년
바실리우스,
카이사레아의
주교에 오름

405년경
알렉산드리아
신플라톤주의 철학
학장에 오르는 히파

트라야누스에서 콘스탄티누스에 이르는 시대(1~4세기)는 한마디로 문화적인 갈등의 시대였다. 한편으로는 모든 민족들이 동일한 언어와 문화를 공유하며 정치적으로 안정된 평화의 시대를 살았다. 웅변가들이 도시들을 순회하며 연설을 하고, 의학이 놀라운 발전을 이루고, 수학과 음악과 천문학이 발달하고, 압력을 이용한 기계와 첨단 무기들이 발명되고, 광학이 꽃을 피웠다. 문화의 성장과 함께 체제를 갖춘 교육 활동이 활발하게 이루어졌고 바로 이 시기에 전인교육enkyklios paideia, 즉 모든 분야를 골고루 섭렵한 조화롭고 완전한 인간상을 추구하는 교육 개념이 생겨났다. 하지만 다른 한편으로는 진정한 의미의 독창적인 창조 활동이 부재했고 과거의 문화 전통을 빠짐없이 습득하고 해석하며 발전시키는 데 주력했을 뿐 새로운 것을 발견하지 못했다. 전통문화의 보급이 새로운 것의 창조에 우선했기 때문이다.

이성을 중시하는 전통 철학과 아리스토텔레스의 사상, 스토아학파와 에피쿠로스학파에 반대하는 일종의 종교사상이 이 시기에 등장했다. 후에 혼합주의라는 이름으로 불리게 되는 이 종교사상은 다양한 형태의 신비주의와 계시종교사상들을 무분별하게(이들의 기원이나 문헌학적 차이점들을 기본적으로 무시한 채) 수용하는 경향을 가지고 있었다.

혼합주의는 전통 종교에도 커다란 영향을 끼쳤다. 당시에 로마의 종교는 일종의 형식주의에 빠져 있었고 종교 자체는 진정성을 표현하기 위한 일종의 도구에 불과했다. 로마의 판테온은 모든 민족이 숭배하는 다양한 종류의 신들을, 이들 간의 유사성이나 동일성에서 비롯되는 모순에 전혀 개의치 않고 수용했다. 모든 민족에게 그들이 섬기던 신은 깊은 의미를 가지고 있었지만 변방의 영토와 도시국가들이 로마제국에 병합되면서 이 신들은 정체성을 잃고 신화라는 용광로 속에서 뒤섞이고 말았다. 예를 들어 이집트의 여신 이시스는 로마에서 데메테르뿐만 아니라 키벨레, 시리아의 아프로디테, 유노, 페르시아의 아나히타, 인도의 마야와 마찬가지로 취급되었다. 한 신이 다른 모든 신들의 이름과 특징을 취하는 상황이 전개되면서 신들을 구별하는 것이 불가능하거나 무의미한 지경에 이르고 말았다.

우리는 이러한 혼합주의와 회의주의가 낳은 독특한 상황 속에서 그리스도교의 '말씀'이 하나의 해결책으로 등장했던 것은 아닌지 자문해 볼 수 있다. 하지만 이 시대의 그리스도교를 이미 모두가 익히 알고 있던 종교로 이해해서는 안 된다. 그리스도교는 시간이 한참 흐른 뒤에야 로마제국이 인정하는 종교로 선포되었고 그 다음에야 지배 계층의 관심을 끌기 시작했다. 이 시기의 그리스도교는 (비록 같은 시기에 테르툴리아누스, 클레멘스, 오리게네스와 같은 중요한 그리스도교 사상가들이 활동했지만) 여전히 노예들의 종교였고 철학자들의 눈에는 수많은 신비주의 종파들 가운데 하나로 비춰졌을 뿐이다.

뒤늦게 다신주의에 실망한 영혼들 사이에서 하나의 독특한 종교적 성향이 모습을 드러내기 시작했다. 사람들이 의식했던 것은 세계의 보편적인 영혼, 즉 별들뿐만 아니라 사물에도 존재하며 개개인의 영혼이 지극히 작은 부분을 차지하는 하나의 보편적 영혼이었다. 바로 이 우주적인 차원의 종교사상에 접목되었던 것이 신플라톤주의다.

회의주의나 박애정신 외에도 고대 말기의 종교사상을 특징짓는 또 다른 요소는 신비주의였다. 철학자들 역시 지극히 난해한 문제들에 대해서는 이성적인 차원의 진실을 제시하는 것이 불가능했고, 따라서 이성을 초월하는 신의 계시나 환상을 통해 직접적인 깨달음을 줄 수 있는 계시적인 성격의 진실이 필요했다.

믿음이 믿고 싶다는 은밀한 갈망에서 비롯되었다면, 심리적 차원에서는, 신을 믿는 것만큼 쉬운 일도 없을 것이다. 그러나 로마 시대에 사람들이 원했던 것은 이와는 다른 형태와 믿음, 또 다른 성격의 믿음이었다. 따라서 이들은 만약 이 또 다른 형태의 믿음이 가능하다면 그것이 계시하는 바는 지적 인식이 필연적으로 불가능하리라는 것을 인정하지 않을 수 없었다.

1

그리스도교

1.1 첫 200년 동안의 그리스도교

나사렛 예수의 활동 시기에서 3세기 초에 이르는 200년 동안 그리스도교는 하나의 자율적인 종교로 성장했다. 팔레스타인에서 유대인으로 태어난 예수는 종교를 창시하려는 의도는 전혀 없었고 단지 이스라엘 백성에게 하나님의 메시지를 전하려 했을 뿐이다. 신의 메시지는 머지않아 악을 물리치고 도래하게 될 하나님의 나라를 기대하며 예수의 생애와 함께 시작된 '왕국'에의 초대를 의미했다. 예수의 제자들은 물론 바울도 종교를 창시할 생각은 하지 않았다. 이들은 예수의 죽음과 부활이 과거에는 이스라엘 민족에게만 주어졌던 믿음을 모든 민족에게 허락하는 결정적인 계기를 마련했다고 믿었을 뿐이다.

예수를 믿는 사람들 가운데 유대인이 아닌 사람들이 차지하던 비중과 이들이 모세의 율법을 반드시 지킬 필요는 없다는 확신이 바울의 강력한 영향으로 더욱 확고해지면서 그리스도교와 유대교가 차별화되는 계기를 마련했다. 유대교는 이어서 73년과 135년 두 번에 걸쳐 패배로 끝난 로마와의 전쟁(절정에 달했던 해는 예루살렘 성전이 파괴되는 70년이다) 이후에 율법을 토대로 재건의 길을 걸었다. 그리스도교도들과 그리스도교도가 아닌 유대인들은 고유의 관습과 이데올로기를 선택적으로 정립하면서 스스로의 정체성을 확립해 나갔다.

그리스도교의 본질적인 특징들이 구체적인 형태를 갖춘 것은 첫 2세기 동안에 일어나는 일이다. 이 시기에 한 명의 주교가 여러 지역의 그리스도교 공동체를 맡아 지도하는 체제가 확립되었고 후에 신약성서를 구성하게 될 글들을 선별하고 편집하는 작업이 이루어졌다. 아울러 예수를 믿지만 동시에 율법을 고수하면서 예수를 단순히 인간으로만 간주하던 신도들이 공동체에서 소외되었고 물질세계를 무시하거나 예수의 메시지가 이스라엘의 하나님과는 다른 더 위대한 신에게서 비롯되었다고 보는 신학사상이 본격적으로 거부되기 시작했다. 아울러 그리스도교를 가장 우수한 종교인 동시에 사회가 신의 뜻에 부응할 수 있도록 누구보다도 정치 지도자들이 받아들여야 할 종교로 간주하고 소개하려는 노력이 이루어졌다.

1.2 그리스도교는 언제 시작되었나?

이상하게 들릴지 모르지만 그리스도교가 정확히 언제 시작되었는지는 여전히 구체적으로 밝혀지지 않았다. 역사학자들은 나사렛 예수가 유대교라는 종교적 영역 내부에서 활동하기를 원했던 유대인이며 또 다른 종교를 창시할 의도가 전혀 없었다는 것을 잘 알고 있다. 이들은 한때 그리스도교의 진정한 창시자가 바울이라고 생각했지만 결국에는 바울 역시 유대교 내부에서 움직였다는 점을 인정하지 않을 수 없었다. 물론 바울은 나사렛 예수의 생애와 부활에 가장 큰 의미를 부여했지만, 예수를 신이 보낸 인물이자 세상이 끝나 갈 무렵 유일하고 결정적인 임무를 띠고 나타난 인물로 간주하는 것이 반드시 유대교를 버려야 한다는 것을 의미하지는 않았다. 문헌상에 나타나는 '그리스도교도'라는 이름마저도 그리스도교가 하나의 독립된 종교였다는 근거로 간주하기에는 부족한 면이 분명히 있다. '그리스도교도'라는 명칭은, 아마도 1세기 말 혹은 그 이후에나 집필되었을 것으로 추정되는 「사도행전」의 내용을 기준으로, 안티오키아의 예수 추종자들을 부를 때 주로 공동체 외부인들에 의해 사용되기 시작했고(11장 26절) 따라서 얼마든지 유대교 내부의 종파를 일컫는 용어로 사용될 수 있었다.

서기 115년경에 안티오키아의 주교 이냐시오Ignatios는 그리스도교khristianismos를 유대교ioudaismos와 상반되는 종교로 제시한 바 있다(이것이 그리스도교라는 용어를 가장 먼저 인용한 문헌이다). 물론 여기서 이냐시오가 말하는 유대교는 우리가 이해하고 있는 것과는 달리 (바울의 「갈라디아서」 1장 3절과 기원전 2세기에 쓰인 「마카베오서」에 기록된 것과 같은 의미에서) 율법을 상당히 전투적인 자세로 수호하던 유대교를 가리키며, 그리스도교라는 용어도 유대교와 다른 성격의 집단이자 아직은 체계를 갖춘 종교라고 할 수 없는 종파를 가리킨다.

그리스도교를 독립된 종교로 언급하기 위한 중요한 기준은 틀림없이 예수의 권위에 호소할 뿐만 아니라 여러 측면에서 모든 종류의 유대인들과 구별되는, 다시 말해 유대인들뿐만 아니라 이들과 의식적인 차별화를 꾀하던 유대교도들과도 구분되는 신도들의 존재라고 할 수 있다. 하지만 모든 것이 불완전한 상태에서 이러한 구분이 구체적으로 현실화되어 나타난 경우를 발견하기는 힘들다. 왜냐하면 예수를 믿는 신도들은 예수를 믿지 않는 유대인들과 수세기 동안 관계를 지속해 왔고 어떤 부분에 있어서는 모세의 율법을 존중하기도 했기 때문이다. 최근 들어 예수를 믿는 신도들과 유대인들 간에 다양하고 활발한 교류가 있었다는 사실이 부각된 바 있다. 종파와 상관없이 전통을 공통분모로 하는 무리의 존재가 조명되었고, 이와 함께 때로는 서로를 적대시하는 여러 종파들의 정체성을 구체적으로 정의하려는 노력 자체가 한 종파의 정체와 분리할 수 없는 타자와의 관계 및 타자의 정체성 구축을 전제로 한다는 사실이 드러났다. 예를 들어 유대교를 비방하는 그리스도교의 논쟁이 실제로는 그리스도교 신도들을 그리스도교가 아닌 유대교의 고유한 사상과 관습을 따르는 것처럼 보이게 만들면서 '거짓 그리스도인'으로 낙인찍는 데 역이용되었던 실례가 있다. 이런 일이 일어나도록 그리스도교와 유대교가 반드시 독립된 종교일 필요가 있었던 것은 아니다. 정확히 말해 이 두 종교가 서로 다르고 상반되는 종교라는 역사적 사실은 예수를 믿는 신도들을 배척하고 깎아내리려는 담론의 결과였다. 그리스도교 신학자들이 율법의 존중은 유대교도들만의 특징이며 따라서 그리스도교도가 받아들일 수 없는 부분이라고 결정하는 순간 율법도 존중하고 예수도 믿었던 그리스도교도들은 느닷없이 두 종류의 정체를 한 몸에 담고 있는 해괴망측한 괴물처럼 비춰질 수밖에 없었다. 이 경우도 사실은 이단을 정의하고 배척하는 과정의 일부에 지나지 않는다.

이러한 선별과 배척 과정은 장소와 배경에 따라 상이한 방식과 속도로 진척되었다. 서기 100년경에 요한이 작성한 것으로 알려진 복음서는 예수를 신의 계시자로 인정하지 않는 유대인과 예수의 대척관계를 언급한다. 이러한 종류의 시대착오적인 설정이 이 복음서에 고정된 예수의 이미지를 통해 스스로의 정체성을 발견하던 신도들 무리가 서기 100년경에 직접적으로 경험했던 상황이 예수의 삶에, 즉 과거에 그대로 투영되었다는 전제하에 설명될 수 있다. 요한은 이러한 상황을 직접적으로 묘사하기도 했다. "유대인들은 예수를 그리스도라고 고백하는 사람은 누구든지 회당에서 쫓아내기로 작정했다."(9장 22절) 예수가 살아 있었을 당시에는 상상하기 힘들었을 상황을 토대로 하는 이런 식의 표현은 66년에서 73년 사이에 일어난 유대인 반란이 처참하게 실패하고 예루살렘 성전이 파괴되었던 시작된 참담한 시대에 예수를 메시아로 바라보기 시작한 유대인들을 향해 유대 사회가 표명했던 적대감을 그대로 반영한다. 이 시기에 랍비들은 성문화된 율법을 중시하는 유대교파와 구전 율법을 중시하는 바리새파 사이의 갈등을 최소화하며 유대교 재건을 위해 노력하고 있었다. 이러한 랍비들의 눈에 신과 이스라엘의 중재자, 즉 율법이 제시하는 것과 전혀 다른 중재자의 존재는 분열을 초래하는 위험한 요소로 비춰질 수밖에 없었다. 예수의 존재를 의심스러운 눈으로 바라보던 유대교 지도자들이 토라의 이중적인(구전과 문헌) 해석, 즉 바리새파와 랍비들의 전통을 통합하는 형태로 유대교 재건을 꾀했던 것은 오히려 요한의 복음서에서 그리스도교 공동체가 예수를 신의 곁에 머물던 아들이자 말씀으로, 아울러 신을 아는 유일한 존재이자 신을 인간에게 알릴 수 있는 유일한 존재로 이해하면서 그에게 부여했던 '높은' 위치에 대항하기 위한 조치였을 가능성이 크다. 이 강렬한 예수의 이미지가 이스라엘 경전(구약성서)에 기록된 모든 계시를 한정적이고 일시적인 것으로 만들어 버렸기 때문이다. 또 다른 지역에서 그리스도교도들은 유대교 율법의 권위를 직접적으로 침해하지도 않고 예수를 믿지 않는 유대인 공동체와 즉각적인 분쟁을 자극하지도 않는 예수의 이미지를 구축했다. 하지만 예수의 제자들 입장에서는 자신들의 정체성을 유지해야 했고 이러한 요구가 결국은 예수를 믿지 않는 유대교 지도자들의 율법 해석에 대항할 수 있는 해석 방식을 취하도록 만들었다. 이러한 경로를 통해 형성된 것이 바로 마태의 입장이다.

비방으로 상대의 정체성을 '축조'하고 이를 통해 스스로의 정체성을 확립하면서 시작된 분리의 씨앗은 이미 1세기부터 존재했고 무엇보다도 예수의 제자들 입장에서 더 분명하게 드러났다. 이러한 분리는 실제로는 아주 다양한 방식과 속도로 진행되었다. 이어지는 장들이 다루는 것은 예수의 생애와 2세기 말을 잇는 시기, 즉 그리스도교의 역사 자체를 결정짓게 될 기본적인 특징들이 구체적으로 형성되는 시기의 주요 변천 과정이다.

1.3 예수는 누구인가?

그리스도교의 탄생에 관한 문제를 검토할 때마다 우리가 만나는 인물은 한 왜소한 체격을 지닌 예수라는 이름의 목수(혹은 어떤 이들에 의하면 농부)다. 서기 20년대 말에 고향땅 갈릴리(예수가 베들레헴에서 태어났다는 이야기는 전설에 불과하다)와 이스라엘의 국경 지역을 돌아다니며 설교 활동을 펼친 그는 대도시를 멀리했지만 빼놓지 않고 방문한 예루살렘에서 성전의 파괴가 임박했음을 예언했다. 하지만 이러한 종류의 예언들은 또 다른 유대 '예언자'들에 의해 반복되었던 것으로 보인다. 예를 들어 유대 역사가 플라비우스 요세푸스Flavius Joseph는 로마의 집정관 알비누스Albinus의 시대(서기 62년)에 예루살렘 성전의 파괴를 예언하던 예수라는 이름의 또 다른 예언자에 대해 언급한 바 있다(『유대 전쟁사』 6권, 300~309).

예수 그리스도는 로마인들이 유대를 직접 다스리던 시대에 아마도 예루살렘 유대교 지도자 계층의 동의 내지 협력으로 검거되어, 메시아임을 주장하며 로마의 권위를 위협한다는 이유로 유죄를 선고받았다. 예수는 서기 30년 4월 부활절을 앞두고 십자가형에 처해진 것으로 보인다. 그가 불러 모은 제자들은 이어서 뿔뿔이 흩어졌지만 머지않아 다시 모여 활동을 시작했다. 그들의 스승이 맞이한 치욕스러운 최후에도 불구하고, 아니 다름 아닌 그의 죽음을 통해 신이 그를 지지했고 여전히 그의 뜻을 지지한다고 확신했기 때문이다.

예수의 뜻이 무엇이었는지, 다시 말해 그의 메시지가 무엇이었는지에 대해서는 의견이 분분하다. 성서를 비롯한 다양한 종류의 고대 문헌들에 따르면 그의 설교의 핵심은 하나님의 왕국인 것으로 보인다. 신이 우주의 왕이라는 것은 널리 수용되던 원리들 중에 하나다. 그러나 유대인들 사이에서는 세상을 지배하는 악한 영을 물리치기 위해 신이 곧 세상에 나타나 그의 주권을 선포하게 될 것이며 이와 함께 이스라엘 민족이 세상을 지배하게 되리라는 생각이 자리 잡고 있었다. 예수는 이러한 기다림을 공유하면서도 악이 지배하는 이 세상에서 자신의 인성을 통해 신이 구체적인 방식으로 그의 왕국을 실현하기 시작했다고 믿었다. 이것이 바로 그가 특별했던 점이다. 예수는 병든 자를 고치고 귀신을 쫓아내면서 그 기적이 신의 사랑에서 비롯되었고 신이 아무런 대가 없이 이스라엘 백성 모두에게 선사하는 선물인 동시에 그를 전적으로 신뢰함으로써 화해에 도달할 수 있도록 허락하는 기회라고 설명했다. 예수가 선택한 삶은 가족과의 관계를 끊고 세상을 떠도는 카리스마적인 설교자의 길이었다. 그의 인간됨과 가르침을 받아들이는 이들은 그와 이러한 파격적인 특성을 공유하며 그가 제자들에게 베푸는 호의에 의존하며 살았다. 물론 예수와 그의 제자들은 방랑하는 삶을 살았지만 예수의 메시지를 받아들이는 이들이 모두 가족을 버리고 모든 인간관계를 포기하며 그를 좇았던 것은 아니다. 독일의 신학자 게르트 타이센Gerd Theissen이 강조했던 것처럼, 이러한 종류의 삶은 종교적인 가치를 지닐 뿐만 아니라 사회적 혼란과 빈곤이 지배할 때 위기에 대한 하나의 답변으로 기능하곤 했다. 부유하거나 사회적으로 안정적인 위치에 있는 사람들이 위기의식을 느끼고 스스로 재산을 포기하거나 사회적 관계가 보장하는 특권과 안정된 삶을 포기하면서 오히려 신의 특별한 보호를 기대할 수 있다는 확신을 얻었기 때문이다. 세계의 종말과 함께 최종적으로 도래할 하나님의 왕국이 임박했다고 보는 견해가 그리스도인들의 일반적인 생각이었지만, 종말을 얼마 남겨 두지 않은 당시의 '현재'를 특징짓는 것은 종말에 대한 전통적인 이미지가 불러일으키는 끊임없는 재난의 시대였다기보다는 오히려 하나님의 왕국이 이미 '손이 닿는 곳에' 와 있는 시대, 따라서 어떤 식으로든 먼저 왕국에 들어갈 수도 있는 시대였다.

예수는 단순히 왕국의 도래가 임박했음을 외치는 예언자가 아니라 왕국의 첫 단계를 실현한 인물이며 그런 의미에서 인류사에서 유일하고 결정적인 역할을 했다고 볼 수 있다. 종말과 함께 세상에 모습을 드러낼 신의 사자에게 전통적으로 부여되던 다양한 칭호들 가운데 예수가 세상을 떠난 뒤 그의 제자들이 곧장 사용했던 칭호인 메시아를 예수가 스스로에게 부여했는지는 답하기 힘든 문제로 남아 있다('기름 부은 자'라는 뜻을 가진 '메시아'는 왕족과 제사장에게 주어지던 칭호다. 반면에 '신의 아들'이라는 칭호는 말 자체로는 신성함을 표현하지 않지만 선택받은 민족으로서의 이스라엘 혹은 고통에 처한 신의 종을 상징한다. 분명한 것은 예수가 스스로를 '주님'이나 '구주'로 내세우지 않았다는 점이다). 이른바 「예수의 말씀 복음서」에서 예수에게 부여되는 유일한 칭호는 '사람의 아들'이며 예수 역시 자신을 가리키기 위해 오로지 '사람의 아들'이라는 표현만 사용한 것으로 보인다. 이 표현을 바라보는 두 가지 시각, 즉 당시에 사용되던 '사람'이라는 용어가 내포하던 사회적 소외감의 표현으로 보는 견해와 하나님의 왕국이 최종적으로 실현될 순간에 대한 일종의 예찬으로 이해하는 견해 사이에는 묘한 갈등의 흔적이 남아 있다('사람의 아들'을 예찬으로 보는 근거는 이 용어를 최후의 심판에 특별한 역할을 맡게 될 특정 인물을 지칭하며 사용하는 「다니엘서」 7장 13절이나 『에녹서』에서 찾아볼 수 있다).

예수가 그리스도인이었던 것은 아니지만 그가 그리스도교의 태동과 분리할 수 없는 존재인 것은 분명하다. 왜냐하면 한편으로는 그의 메시지가 어느 정도 변질되었지만 제자들이 전하는 다양한 형태의 복음 속에 그대로 살아남아 있고, 신과 그의 백성을 중재하는 그의 중심적인 역할에 대한 이야기가 제자들의 창작에서 비롯된 것이 아니라 예수 자신에게로 거슬러 올라가기(비록 부활에 대한 이야기는 언급되지 않지만) 때문이며, 다른 한편으로는 그의 활동과 초기 그리스도교도들의 활동 사이에 연속성을 발견할 수 있기 때문이다.

연대기적 차원에서 예수를 가능한 한 가까이에서 이해하고 아울러 그리스도교의 경전인 신약성서의 형성 과정을 이해하기 위해서는 초기 그리스도교 문헌과 관련된 문헌학적 비평의 결과를 주목할 필요가 있다. 보존되어 있는 그리스도교 문헌들 가운데 가장 오래된 것은 대략 50년대 중반에 작성된 것으로 추정되는 바울의 편지들이다. 복음서 중에서는 대부분의 학자들이 70년대에 쓰인 마가의 복음서가 가장 오래되었고 마태와 누가가 복음서를 쓰면서 이를 활용한 것으로 보고 있다. 마태와 누가의 책에서 훨씬 짧은 마가의 책과 중첩되는 내용을 제하고 나면 마태와 누가 복음서의 고유한 요소들이 남는다. 그리고 이러한 요소들은 마가에게는 없는 특징, 즉 대부분의 내용이 예수의 말로 구성되어 있다는 공통된 특징을 가지고 있다. 학자들은 서사적인 내용 없이, 특히 예수의 고난에 대한 언급 없이 예수의 설교만 수록하고 있던 어떤 문헌을 마태와 누가가 개별적으로 활용했을 가능성이 상당히 높다고 보고 있다. 이러한 문헌이 당시에 실제로 존재했을 가능성은 비록 절대적이지는 않지만 높아 보인다. 「예수의 말씀 복음서」 혹은 'Q문서'라고 불리는 이 문헌은 일찍이 50년대에 실재했던 것으로 추정된다. 복음서와 마찬가지로 예수에 대한 구체적인 관점 내지 해석을 포함하는 이 문헌은 그의 '말씀'이 전파되던 상당히 오래된 경로를 찾아 거슬러 올라갈 수 있도록 해 준다.

「마태복음」의 경우는 80년대 전후에 쓰였다고 볼 수 있는 충분한 근거들이 남아 있다. 물론 2세기 초에 검증된 바 있는 한 문헌에는 마태가 그의 복음서를 아람어(예수의 언어)로 작성했고 현존하는 그리스어 원문은 뒤이어 만들어진 번역본들 가운데 하나라고 기록되어 있지만 이러한 변천 과정은 사실상 전설에 불과하다.

「요한복음」의 경우 세베대Zebedee의 아들이자 예수의 제자인 요한이 저자가 아니라는 것만큼은 확실하다. 이에 대해서는 교부들 역시 만장일치로 인정한 바 있다. 1세기 말에 쓰인 것으로 보이는 이 복음서에는 아울러 신성한 존재이며 신을 인간에게 알릴 수 있는 유일한 존재로서의 예수에 대한 오랜 신학적 성찰이 담겨 있다. 상당히 오래된 문서임에도 불구하고 학자들이 예수에 관한 1차 연구 자료로 다른 복음서들을 선호하는 것은 바로 그런 이유 때문이다. 네 권의 복음서 중 어느 책에도 본문에 저자의 이름은 등장하지 않는다. 하지만 마가와 누가의 이름은 일찍부터 사람들의 입에 오르기 시작했고 어떻게 보면 이들이 예수의 직계제자는 아니었기 때문에 오히려 실제 저자들의 제자들이었을 가능성이 크다. 만약에 허위로 이름을 도용할 의도였다면 차라리 좀 더 유명한 이름을 골랐을 것이기 때문이다. 한편 마가가 베드로의 동료였고 누가가 바울의 동료였다는 이야기는 이 두 복음서의 내용이 두 사도의 가르침과 직결될 수 있다는 것을 의미하기 때문에 내용의 정통성이 어느 정도 보장되는 듯이 보인다. 하지만 이 이야기 역시 확실한 근거를 가지고 있는 것은 아니다. 여하튼 1세기와 2세기 사이에는 예수에 관한 상당량의 글이 곳곳에서 읽히고 전파되었다. 이들 중에 몇몇은 상당한 분량의 글이 남아 있고(가장 유명한 문서는 「도마복음」이다. 예수의 말씀을 한곳에 모은 이 문서의 발견은 아울러 Q문서와 유사한 장르의 문서들이 초기 그리스도교 사회에 실제로 존재했음 입증해 준다) 몇몇은 단상의 형태로만 보존되었다(예를 들어 「베드로복음」과 「히브리복음」, 「나사렛복음」, 「에비온복음」 등은 나름대로 예수의 초상화를 그리고 있다). 초기 그리스도교 사회에서 글로 쓰인 복음서는 말로 전해지던 복음과 공존했으며 첫 수십 년 동안에는 후자가 절대적인 우세를 나타냈다. 하지만 그리스도교 1세대와 2세대가 자취를 감춘 뒤에는 당시에 통용되던 복음서들 가운데 어떤 것들이 예수에 관한 가장 정통한 정보를 제공하는지 검토해야 하는 상황이 발생했다. 이러한 복음서들 가운에 몇몇이 2세기에 '정교'라는 이름으로 대세를 장악하기 시작한 교파의 신학과 양립할 수 없는 몇몇 교파들의 신학적인 견해를 반영하고 있었다는 사실 역시 복음서의 선별에 적지 않은 영향을 미쳤다. 그리스도인들이 머지않아 '구약'이라는 이름으로 부르게 될 유대인들의 성서 곁에 배치되는 '신약'(바로 새로운 약속을 뜻하는)성서, 즉 그리스도교 경전을 구축하게 될 그리스도교 문서들을 모으고 선별하는 길고 복잡한 과정은 형식적으로나마 4세기 후반이 되어서야 막을 내린다. 하지만 신약성서의 윤곽은 이미 2세기 말에 드러나 있었고 무엇보다도 네 권의 복음서는 이미 결정되어 있었다.

1.4 예수의 발자취를 좇아서

예수가 세상을 떠난 뒤 곧장 제기되었던 문제는 그의 활동을 어떤 식으로 계속해서 이어 가느냐는 것이었다. 이를 테면 누가 과연 예수처럼 역사적으로 유일무이한 역할을 감당해 낸 인물의 후계자가 될 것이며 어떤 방식으로 그 활동을 지속시킬 것인지가 문제였다. 이 문제에 답을 마련하는 과정은 먼저 예수가 최후의 심판을 통해 악을 물리치고 하나님의 왕국을 세우기 위해 조만간 세상에 다시 돌아올 것이라는 확신에 커다란 영향을 받았다. 이러한 상황에서 해결책은 크게 두 가지 형태로 윤곽을 드러냈다. 빠르게 두각을 나타낸 것은 이하에서 보게 될 첫 번째 요소들을 수용하는 데 성공한 두 번째 형태의 해결책이었다. 그 이유는 예수 그리스도의 재림이 계속해서 불분명한 방식으로 연기되는 현실에서 살아남을 수 있는 유일한 해결책이었고 아울러 훨씬 더 튼튼한 사회 구조를 기반으로 하고 있었기 때문이다.

우위를 점하는 데 실패한 첫 번째 형태의 해결책은 카리스마적인 방랑 설교자들에 의해 제시되었다. 이들은 시리아와 팔레스타인에서 예수의 삶과 동일한 방식의 삶을 추구하며 동일한 메시지를 전파했다. 이들의 활동을 정당화해 주던 문구는 복음서 곳곳에서, 다시 말해 Q문서(「마태복음」 10장 40절과 「누가복음」 10장 16절의 비교를 통해 재구성할 수 있다)와 「마가복음」(9장 37절), 「요한복음」(13장 20절)에서 찾아볼 수 있다. 「마태복음」에는 이렇게 기록되어 있다. "너희를 맞아들이는 사람은 나를 맞아들이는 것이요, 나를 맞아들이는 사람은 나를 보내신분을 맞아들이는 것이다.” 이러한 자세로 포교에 나선 방랑 설교자들은 예수의 권위와 대등한 권위를 인정받기를 원했다. 자신들이 있는 곳에 예수가 있고 자신들의 설교는 예수의 말이 다시 울려 퍼지는 것과 마찬가지라는 것이 이들의 입장이었다(이들은 예수와 마찬가지로 병든 자를 고치며 귀신을 쫓아내기도 했다). 예수의 부재를 이러한 방식으로 해결하려는 태도는 설교라는 수단을 빌려 복음을 전파하던 이들에게 전형적이었던 것으로 나타난다. 그 이유는 설교의 효과가 전적으로 설교자의 존재와 설교하는 순간의 구체적인 상황이나 청취자에게 달려 있었기 때문이다. 아마도 방랑 설교자들의 복음 전파라는 이러한 환경 속에서 바로 예수가 제자들을 파송하며 제시했던 계율들(「마가복음」 6장 7~11절, 「마태복음」 10장 1~16절, 「누가복음」 9장 1~5절, 10장 1~12절)이 존중되고 유지되었을 것이다. Q문서 역시 이러한 환경에서 유래했을 가능성이 높다. 아울러 이러한 성향의 복음 전파는 예수의 삶과 메시지의 지속성을 강조했지만 그렇다고 해서 그의 죽음을 간과했던 것은 아니다. Q문서는 비록 예수의 고난에 대해서는 언급하지 않지만 ‘누구든 자기 십자가를 져야’ 한다는 표현을 수록하고 있고(「누가복음」 14장 27절) 이것이 예수의 죽음에 대한 암시라는 것은 어느 정도 분명해 보인다. 하지만 방랑 설교자들은 예수의 죽음을 구원의 사건으로 보는 대신 고통을 받고 희생당한 이스라엘 역대 선지자들 가운데 한 명의 운명으로 간주했다. 이들은 예수를 구약성서가 언급하는 정의로운 사람, 즉 적에게 고난과 죽임을 당하지만 이로써 오히려 신에게 인정받는 사람에 비유했다. 이들은 신이 그를 인정한다는 이야기가 부활 소식, 즉 다름 아닌 죽음을 통해 예수를 높이 세우는 일에 대한 또 다른 방식의 표현이었을 것이라고 보았다.

예수의 활동을 이어 가기 위해 복음을 전파하는 또 다른 방식의 출발점은 예수의 사망 후에 제자들이 어떤 신비로운 경험을 통해 얻은 믿음, 즉 신이 예수를 사망의 어두움 속에 버려두지 않고 그와 함께하는 영생으로 인도했다는 믿음이었다. 우리가 ‘부활’이라는 말로 이해하는 것을 가리키던 초기의 용어는 ‘깨어남’을 뜻했고 다시 일어나 신의 세계를 향해 승천한다는 것을 의미했다. 하지만 예수를 통해 드러난 신의 역사役事는 동시에 종말의 시대가 시작되었다는 것을 의미했고, 이 시대는 머지않아 예수가 세상으로 다시 돌아오고 그를 믿는 모든 이들이 구원을 받으면서 종결될 예정이었다. 한편으로는 가능한 한 많은 이스라엘 백성들이 이 구원의 역사에 동참해야 한다는 요구가 예수의 부활을 주요 내용으로 복음을 전파하던 제자들에게 더 커다란 동기를 부여했다. 그러나 이들의 설교가 강조하던 부분은 예수가 설교를 통해 전하던 메시지와는 근본적으로 달랐다.

부활을 목격한 증인들은 부활의 메시지를 보증하고 전파하는 역할을 담당했다. 실제로도 죽은 예수가 제자들 앞에 현현하는 장면을 묘사하는 복음서에는 복음을 전파하라는 예수의 지상명령이 포함되어 있었다. 이 이야기는 물론 예수의 부활에 관한 가장 오래된 형태의 이야기는 아니지만(이와 유사한 경우를 「고린도전서」 15장 3~7절에 나타나는 예수에 대한 믿음의 오래된 고백 형식에서 발견할 수 있다) 그의 제자들이 예수의 부활과 부활 소식을 널리 알리기 원하는 증인들의 입장에 대해 이해하던 바의 발전상을 그대로 반영한다고 할 수 있다. 이러한 이해를 토대로 그리스도교도들 간에는 소규모의 모임들 생겨나기 시작했고, 이들은 예수의 희생을 기억하고 임박한 예수의 재림에 대한 그들의 믿음을 확인하기 위해 예수가 죽기 전에 제자들과 나누었던 최후의 만찬을 기리며 성찬식을 가졌다. 예수의 고난과 죽음에 관한 이야기는 다름 아닌 이러한 소규모 공동체들의 탄생에 초석을 마련하면서 (그런 의미에서 '신화'적으로) 발전했을 가능성이 크다. 이에 대한 구체적인 상황을 전하는 사도 바울의 편지에 따르면 도시를 기점으로 소규모의 무리들이, 때로는 한 도시에 하나 이상의 무리들이(고린도에는 최소한 6개의 공동체가 존재했던 것으로 보인다) 저녁에 성찬식을 위해 신도들의 집에서 모임을 가졌다. 「고린도전서」에 언급된 것처럼, 이러한 모임 도중에는 신도들이 영감을 얻어 이해할 수 없는 짧은 메시지를 전하는 현상이 벌어졌다. 이 알아들을 수 없는 메시지들은 일종의 천사의 언어로 받아들여졌고 사도들의 부름을 받고 모인 신도들의 공동체 안에서 '성령'의 임재를 가리키는 기호로 인식되었다(교회로 번역되는 그리스어 에클레시아ekklesia는 예수를 믿는 모든 신도들의 총체가 아니라 항상 소규모의 지역 공동체를 가리키는 용어였다).

1.5 비유대인을 향한 말씀의 전파

예수에 의해 시작된 복음운동은 무엇보다도 이스라엘 내부에 국한된 '깨어남'의 운동이었다. 「사도행전」은 이 운동이 예루살렘을 중심으로 시작되었고 열두 명의 사도들에 의해 주도되었다고 기록하고 있다. 문서상으로는 이 열두 명이 예수의 제자 열두 명과 완전히 일치하지 않고 전도여행에 나선 사도들과도 일치하지 않는다. 그리고 몇몇 학자들은 「사도행전」이 말하는 열두 명의 사도들이 예수의 사후에 구성된 것으로 보지만 실제로는 이들이 예수에게서 직접 가르침을 받은 것으로 소개하는 복음서가 오히려 정확할 가능성이 높다. 이들이 만약 예수의 사후에 구성되었다면 유다를 그들 중 하나로 고려하지는 않았을 것이다. 가장 오래된 복음서 「마가복음」(3장 13~19절)에 따르면 예수는 자신의 활동, 즉 병든 자를 고치고 귀신을 쫓아내고 하나님의 왕국이 가까이 왔음을 선포하는 일을 계속 이어 나갈 수 있도록 제자들을 직접 고른 것으로 보인다. 하지만 이러한 과제는 사실 훨씬 더 많은 사람들에게 공통된 과제였고 아울러 Q문서에 수록된 예수의 말씀 가운데 하나는 열두 제자들이 최후의 심판 날에 열두 왕좌에 앉아 이스라엘 부족들을 심판할 것이라고 말하고 있다(「마태복음」 19장 28절, 「누가복음」 22장 30절). 아마도 예수에게는 이 열두 제자가 신이 자신을 통해 불러 모은 이스라엘을 상징하는 인물들이었을 가능성이 크다. 50년대 중반에 쓰인 바울의 서신들은 열두 제자에 대해 전혀 언급하지 않지만 예외가 있다면 그것은 바울이 전해 받은 복음을 전하는 일과 관련하여 이 12사도들을 부활한 예수가 모습을 드러낸 사건의 직접적인 수혜자로 소개하는 경우다(「고린도전서」 15장 5절). 반면에 48년 혹은 49년, 중요한 결정을 내리기 위해 회합을 가진 지도자들의 모임에 대해 언급하는 「사도행전」(15장 1~29절)과 「갈라디아서」(2장 1~10절)를 살펴보면, 「사도행전」의 저자는 그가 열두 제자와 일치하는 것으로 보는 사도들과 예수의 동생 야고보에게 최고 권위를 부여하는 반면 바울은 자신이 약간은 아이러니한 방식으로 '기둥'에 비유하는 세 인물, 즉 예수를 직접 좇았던 것은 아니지만 그의 동생이었던 야고보, 그리고 예수와 함께했던 베드로와 요한(세베대의 아들)에게 최고 권위를 부여한다. 좀 더 믿을 만한 것은 틀림없이 바울의 견해다. 비록 그의 의견이 논쟁적인 것은 사실이지만, 그의 서신이 실제 사건과 그리 멀지 않은 시기에, 즉 사건을 확인하는 것이 훨씬 용이했을 시기에 기록되었기 때문이다. 이는 곧 이 시기에 12사도 무리가 이미 해산되었고(「사도행전」 12장 1절에 따르면, 일원이었던 세베대의 아들 야고보는 어쨌든 세상을 떠난 상태였다) 결과적으로 지도자의 역할에서 벗어나 있었다는 것을 의미한다.

「사도행전」은 전도여행의 시발점이 예루살렘이었고 12사도들이 예수의 복음 전파 사업을 주도하는 최고 권위자들이었으며 전도여행의 경로가 점차적으로 사마리아와 안티오키아, 소아시아, 그리고 그리스를 거쳐 로마까지 이어졌다고 소개하고 있다. 「사도행전」의 이러한 설명은 소중한 정보들을 제공하는 것이 사실이지만 한편으로는 묘사하는 사건들을 엄격하게 선별했다는 점과 다른 한편으로는 저자의 신학적인 관점, 즉 복음의 전파 경로가 유대인에게서 비유대인으로 흘러가는 과정을 보여 주는 데 더 큰 의미를 부여하는 관점이 눈에 띄게 드러난다는 특징을 가지고 있다. 이 경로의 시작과 끝을 장식하는 예루살렘과 로마는 바울의 전도여행 경로와도 일치한다. 한편 성경의 한 구절이 부활한 예수가 갈릴리에 나타난(「마가복음」 15장 7절) 것으로 보고하고 있다는 사실은 이 지역에서 예수를 믿는 신도들의 소규모 공동체들이 아주 일찍부터 형성되어 있었기 때문이라고 볼 수 있다. 성서의 몇몇 이야기들이 사마리아에 대해 관심을 보이는(「요한복음」 4장 1~42절, 「사도행전」 8장 5~25절) 것도 이 지역의 그리스도교화가 상당히 일찍부터 시작되었다는 것을 짐작케 한다. 시리아의 안티오키아 역시 「사도행전」을 통해 예수의 사망 직후부터 그리스도교의 중심지로 성장했고 로마에서는 바울이 그들에게 서신을 쓰기(서기 56년경) 훨씬 이전부터 예수를 믿는 신도들이 존재했다. 예루살렘은 유대인들이 로마를 상대로 반란을 일으키기(66~70년) 전까지는 가장 중요한 그리스도교도들의 도시였음에 틀림없다. 이는 바울이 예루살렘을 가장 중요한 도시로 생각했다는 사실뿐만 아니라 예루살렘의 그리스도교 공동체 지도부가 그의 파송을 허가했다는 사실을 통해 확인할 수 있다. 당시에는 예수가 세상에 다시 돌아올 때 모습을 드러낼 장소 역시 예루살렘이라고 여겼을 가능성이 상당히 크다.

반면에 세 '기둥'의 지도자 역할에 대한 바울의 언급에서 우리는 예수의 계승 방식을 결정지을 수 있는 두 가지 기준, 즉 야고보가 표상하는 혈연관계라는 기준과 베드로와 요한이 표상하는 예수와 함께 생활하며 방랑 설교자의 길을 걸었던 제자라는 기준 사이의 타협점을 찾으려는 그의 노력을 엿볼 수 있다. 하지만 베드로와 요한이 지도자 역할을 지속적으로 유지했던 것은 아니다. 48년의 회합 당시 베드로는 이미 선교 활동을 여러 곳에서 펼친 뒤였고(「갈라디아서」 2장 7~8절) 머지않아 다시 전도여행을 시작(「갈라디아서」 2장 11~14절)했다. 요한의 경우도 이와 크게 다르지 않았고 뒤이어 주로 소아시아 지역에서 활동했다. 예루살렘에서 그리스도교 공동체의 진정한 수장 역할을 했던 인물은 예수의 동생 야고보다. 그는 62년경 예루살렘의 유대교 사회 내부에 존재하는 일종의 계율 위반을 계기로 사망할 때까지 공동체를 이끌었다. 유대 역사가 요세푸스 플라비우스가 『유대 고대사』(20권, 197~203절)에서 언급한 것처럼 유대에 로마의 집정관이 부재하던 시기, 즉 집정관 페스투스Festus가 사망하고 그의 후계자 알비누스가 예루살렘에 입성하기 전까지의 시기에 대제사장 안나스Annas 2세가 예루살렘에서 산헤드린을 소집해 야고보 외에 몇몇 지도자들이 율법을 어겼다는 이유로 유죄 판결을 내리고 투석형投石刑에 처했다. 우리가 알고 있는 한 야고보는 율법을 엄격하게 지키는 유대인이었지만 예수가 메시아이며 자신이 이끄는 공동체가 바로 임박한 심판의 날에 구원받을 자들의 공동체라는 그의 확고한 믿음이 유대교 지도자들로 하여금, 비록 특정 인물을 메시아로 간주하는 것이 사형에 처할 만한 일은 아니었음에도 불구하고, 유죄 판결을 내리도록 만든 것으로 보인다. 170년경에 그리스도교 저술가 헤게시포스Hegesippus는 야고보의 죽음을 상당히 신화적으로 표현한 바 있다. 그의 저서 『기록』에 실렸던 이 묘사는 콘스탄티누스 시대의 그리스도교 신학자 카이사레아의 에우세비오스가 그의 『교회사』(2권 23)에 인용하면서 단상의 형태로 남아 있다. 아울러 헤게시포스의 또 다른 단상은 1세기 말에 유대교 율법을 지키면서 동시에 예수를 믿던 신도들이 예수의 가족들을 여전히 특별한 사람들로 간주하고 있었다는 사실을 보여 준다(에우세비오스, 『교회사』 3권 11, 19, 20장).

앞서 언급한 것처럼 예수의 메시지는 이스라엘을 향한 것이었다. 하지만 초기에 그리스어를 사용하던 유대인들 가운데 예수를 믿었던 신도들 일부가 비유대인들에게 복음을 전하기 시작했고(「사도행전」 6장) 이는 예수를 믿는 비유대인들이 이스라엘 민족이 되기 위해 할례를 받고 모세의 율법을 지킬 필요가 있느냐는 문제를 전면에 떠오르도록 만들었다. 많은 신도들, 특히 야고보를 중심으로 하는 공동체 내부에서는 그것이 필요하다고 보았다. 왜냐하면 언약을 통한 율법의 준수를 기본으로 하는 이스라엘 민족이 신에게 선택받은 민족이라는 전통적인 원리가 예수의 존재로 인해 사라지는 것은 아니라고 보았기 때문이다. 반면에 다른 이들, 즉 그리스 문화권의 유대인들은 예수의 부활이 새로운 시대를 열었고 신전과 법률 간의 중재라는 전통적인 도식은 사라졌으며 유일하게 결정적인 요소는 모두에게 열린 예수에 대한 믿음뿐이라고 보았다. 「사도행전」은 이러한 종류의 입장의 기원에 그리스 문화권에 속한 유대 그리스도교도들의 지도자 스데반이 있으며 이것이 산헤드린 측에서 그에게 사형 선고를 내린 원인이라고 설명한다(6, 7장). 결론적으로, 율법에 대한 지나친 존중이 종교 지도자들로 하여금 예수를 율법에 우선하는 존재로 간주하는 유대인들을 탄압하도록 만들었던 것으로 보인다.

1.6 타르소스의 바울

이러한 탄압의 분위기 속에서 두각을 나타냈던 인물이 바로 바울이다. 그는 타르소스 출신으로 그리스 문화권의 유대인이었고 두 가지 이름, 즉 히브리어 이름 사울과 그리스어 이름 바울을 가지고 있었다. 바울은 자신이 부활한 그리스도로부터 계시를 받았고 이를 이스라엘의 하나님이 자신과의 화해를 위해 그리스도를 믿는 것 외에는 아무것도 원하지 않으며 이 소식을 유대인이 아닌 자들에게도 전하라는 뜻으로 이해했다고 서신에 기록했다(「갈라디아서」 1장 15~16

절). 이러한 믿음은 이제 유대인과 비유대인으로 구성된 하나님의 새로운 백성을 정의하는 본질이 되어 버렸고 율법은 더 이상 이들의 정체성을 구축하는 요소가 되지 못했다. 바울에 따르면 율법의 본질은 신의 뜻을 거역하는 것이 어떤 것인지 또렷하게 보여 주는 것에 지나지 않고 율법을 존중하는 것과 죄인의 구원 사이에는 어떤 실질적인 관계도 존재하지 않았다. 죄인의 구원은 예수를 믿는 모든 이들에게 신이 허락하는 부활한 예수의 영적 힘을 통해서만 가능했다. 이러한 믿음은 그가 계시를 받은 날로부터 수년이 지난 뒤에 쓴 편지들을 통해 표현되었기 때문에 시간이 흐르면서 점차적으로 발전된 형태일 수 있지만 그는 그의 믿음을 그가 받은 계시, 즉 유대인과 유대인이 아닌 사람들 모두에게 복음을 전파하라는 명령으로 이해했던 계시에서 비롯된 것으로 설명한다. 바울은 이 명령을 곧장 실천에 옮겼고 수년에 걸쳐 쉬지 않고 복음을 전파하는 데 주력했다. 처음에는 혼자였지만 이어서 안티오키아 그리스도교 공동체의 의탁으로, 아울러 저명한 선교사 바르나와 협력하며 활동했다. 48년의 예루살렘 회합에서 바울은 예루살렘의 지도자들로부터 그가 비유대인들에게 율법을 반드시 지켜야 한다는 요구 없이 복음을 전파하면서 성공적으로 이끈 선교 활동의 성과를 인정받았다(「갈라디아서」 2장 1~10절). 이어서 그는 소아시아와 그리스를 포함하는 대장정의 전도여행을 떠났다. 하지만 바울은 야고보와 그의 가르침을 따르며 율법을 존중하던 유대인 그리스도교도들의 반감을 사기 시작했고 그가 직접 「로마서」를 통해 설명한 것처럼(15장 22~24절) 선교 지역을 지중해 서부로 정하고 로마로 떠날 준비를 하고 있던 사이에 예루살렘에서 로마인들에게 검거되어(유대인 그리스도교도들의 신고로?) 로마로 후송된다. 그가 로마에 도착한 것은 58년경이다. 바울이 감옥에서 풀려나 스페인으로 전도여행을 떠났다는 이야기가 있지만, 아마도 사망 직전까지 로마에 머물렀고 64년에 일어난 로마 화재 이후 황제 네로가 일으킨 짧지만 잔인했던 그리스도교 박해 기간에 사망한 것으로 보인다.

바울의 선교 활동은 복합적이고 조직적이었다. 그는 선교를 위해 능력 있는 동료들을 기용할 줄 알았고 결과적으로 소통과 여행의 상대적인 용이함이 그의 선교 활동을 효율적으로 만들었다. 바울 자신이 세운 교회와 로마의 교회에 보낸 서신들은 전해지는 것들 가운데 가장 오래된 그리스도교 문헌이다(하지만 신약성서에 포함된 바울의 열네 편의 편지 가운데 학자들이 만장일치로 정통성을 인정하는 것은 일곱 편에 불과하다). 그의 서신들은 이 특별한 인물이 누구였는지, 아울러 이스라엘의 하나님이 그의 아들 예수의 죽음과 부활을 통해 실현한 가치 전복과 이를 토대로 하는 깊이 있고 급진적인 신학에 대해 이해할 수 있도록 해 준다.

하나의 또렷한 신학적 체계를 구축하는 대신 그의 서신을 받아 보던 그리스도교 공동체들의 다양한 상황과 요구에 대한 답변으로 제시되었던 바울의 성찰은 이어서 그리스도교의 모든 역사와 교리 형성에 결정적인 역할을 하게 될 직관적인 성격의 중요한 깨달음들을 포함하고 있었다. 바울의 서신들은 아울러 초기의 선교 활동뿐만 아니라 예수를 섬기던 대도시 신도들의 사회적이고 문화적인 생활상에 대해 귀중한 정보를 제공한다.

바울이 주로 선교 활동을 펼친 곳은 도시였다. 「사도행전」에 따르면 바울은 어느 도시에 도착하자마자 먼저 유대인들을 상대로 설교했고 이들로부터 커다란 동조를 얻어 내지 못하자 이어서 '고이goy'라고 불리던 비유대인들을 향해 말씀을 전하며 훨씬 더 큰 호응을 얻었다(하지만 아테네의 아레오파고스에서 바울이 설교할 때 그리스인들이 보인 차가운 반응에 대한 이야기는 「사도행전」 17장에 실린 이 알쏭달쏭한 이야기의 저자가 당시의 그리스 지식인들에게 부활의 메시지가 이질적으로 비춰졌다는 점을 충분히 의식하고 있었다는 것을 보여 준다). 그러나 바울의 전도 활동이 항상 그런 식으로 「사도행전」의 저자가 가지고 있던 생각에 지나지 않을 가능성이 높다. 왜냐하면 그가 예수의 메시지는 원래 이스라엘 백성을 위한 것이었지만 신의 뜻에 따라 결국 비유대인들이 받아들이도록 정해졌고 실제로도 복음을 받아들이는 대부분의 사람들이 비유대인이라는 점을 상당히 강조하고 있기 때문이다. 주목할 것은 우리가 알고 있는 한 바울의 공동체를 구성하는 주요 인물들의 이름이 히브리 이름이 아니며 바울이 비유대인들을 대할 때 이들을 일종의 선교 수단으로 생각했던 것도 아니라는 점이다. 전통적으로 사회의 일원이 되는 것을 허락하는 상징적인 의식, 즉 세례를 바울은 예수의 죽음에 신비로운 방식으로 참여하는 동시에 미래의 부활에 참여할 수 있는 가능성의 담보로 해석했다. 바울은 그리스도교 공동체를 세우자마자 신도들의 영적 성장을 직접 이끌었고 전도여행을 위해 공동체를 떠난 뒤에도 서신을 통해, 혹은 그의 협력자들이나 여행 도중에 그를 방문하는 공동체 지도자들과의 만남을 통해 관계를 유지하면서 지속적으로 신도들의 영적 성장에 심혈을 기울였다.

고린도의 신도들에게 보내는 편지는 그런 측면에서 특별히 흥미롭다. 이 편지들은 예수를 받아들였던 비유대인들이 어떻게 자신들의 신앙과 신비주의 종교를 유사한 것으로 간주했는지 보여 준다. 고린도에서는 일각에서 세례를 신비주의 입문 의식과 유사한 것으로 받아들였고, 바울에게는 그리스도를 통한 역사役事의 신비를 이해하는 능력과 다를 바 없던 '지혜'를 고린도의 일부 그리스도교도들은 눈에 띄는 신비한 능력을 발휘할 수 있는 종류의 것으로 이해했다. 어떤 이들은 심지어 자신들이 이미 그리스도의 부활에 합류한 것으로 간주했고 따라서 신비주의적인 차원에서 이미 죽음을 넘어섰으며 결과적으로 죄를 짓는 것이 불가능하다고 여겼던 것으로 보인다.

1.7 1세기에 이루어진 그리스도교의 성장

1세기 말에 이르기 이전부터 그리스도교 포교의 중심지는 사실상 헬레니즘과 로마 문화에 젖어 있던 대도시들이었다. 대표적인 예는 로마와 안티오키아다. 알렉산드리아에 뿌리를 내린 그리스도교의 기원에 대해서는 알려진 바가 거의 없지만 1세기에 시리아와 팔레스타인을 기점으로 복음화운동이 가장 먼저 일어났고(이에 대한 흔적은 아마도 115~117년 사이에 예루살렘에서 일어난 유대인 반란의 피비린내 나는 탄압을 계기로 완전히 사라진 것으로 보인다) 이어서 결정적인 역할을 한 제2차 복음화운동이 로마를 기점으로 일어났다. 바울이 직접 복음을 전파했던 도시는 아니지만 에페소스는 바울의 선교 활동을 위한 요충지 중에 하나였고, 이곳에서 그의 가르침을 기리며 명맥을 유지하던 공동체 내부에서 그의 것으로 알려진 서신들 일부가 작성된 것으로 보인다. 반면에 예루살렘에서는 예수를 믿으면서 동시에 율법을 지키던 일부 신도들은 66년에 일어난 유대인 반란을 계기로 요르단 강 동쪽에 위치한 펠라로 이주했다(에우세비오스, 『교회사』 3권 5장. 이 소식의 진위 여부가 문제시된 적이 있지만 에우세비오스의 진술을 의심할 만한 충분한 근거는 없다). 전쟁이 끝나고 이주민들의 일부가 다시 예루살렘으로 돌아왔을 가능성이 있지만 예루살렘의 유대인 그리스도교 공동체는 이미 정체성을 상실한 뒤였다. 2세기에 주도권을 쥐게 되는 정교는 결국 율법을 지키면서 예수를 믿는 신도들을 이단으로 간주하기 이른다. 물론 이들이 이단으로 몰렸던 가장 중요한 이유는 예수를 신성한 존재라기보다는 신이 '입양'한 존재로 보았기 때문이다.

1세기가 끝나기 전에 그리스도교 공동체가 형성되었던 것으로 확인되는 곳은 이스라엘 영토뿐만 아니라 페니키아, 시리아 서부(특히 안티오키아), 시리아 동부(2세기 초부터 로마의 지배를 받은 오스로에네 왕국과 특히 수도 에데사), 이집트의 알렉산드리아, 소아시아 남부(피시디아, 팜필리아, 리카오니아), 소아시아 중부(갈라티아), 특히 소아시아 서부(프리기아, 에페소스, 밀레토스, 마그네시아, 트랄레이스, 콜로사이, 라오디케이아, 히에라폴리스, 필라델피아, 스미르나, 사르디스, 티아테이라, 페르가몬), 마케도니아(필리포이, 테살로니카), 아카이아(특히 고린도), 그리고 이탈리아(로마)다. 하지만 1세기에 그리스도교도들의 확산을 정확한 숫자나 백분율로 환산한다는 것은 사실상 불가능하다. 무엇보다도 동로마제국과 서로마제국의 상황이 많이 달랐을 뿐만 아니라 제국 내부의 지역들마다 차이점이 발견되기 때문이다. 예를 들어 서로마제국은 동로마제국에 비해 포교가 훨씬 뒤늦게 이루어졌고 확산의 강도도 훨씬 약했다. 이와 관련된 사료와 문헌들을 집대성한 인물은 아돌프 폰 하르낙Adolf von Harnack이다(『첫 3세기 동안의 그리스도교 확산과 선교』; 라이프치히, 1924, 529~958쪽). 이 문헌들은 현대 고고학의 발굴 결과와 비교하면서 읽을 필요가 있다. 하지만 하르낙 역시 그리스도교도들의 확산을 구체적인 숫자로 환산하려고 시도했던 것은 아니다. 이러한 시도는 최근 들어 종교사회학자 로드니 스타크Rodney Stark에 의해 추진되었다. 그가 제시한 환산 방식에 따르면 그리스도교도들은 매 10년마다 40퍼센트씩 증가한 것으로 보인다(『그리스도교의 발흥*The Rise of Christianity*』,

1997). 스타크에 따르면 서기 40년에 대략 천 명의 신도들이 존재했으리라는 가정하에(이는 당시의 로마제국 인구로 추정되는 6000만 명의 0.0017퍼센트에 해당한다) 신도들의 수는 100년에는 7530명(0.0126퍼센트)으로, 200년에는 21만 7795명(0.36퍼센트)으로, 300년에는 629만 9832명(10.5퍼센트)으로 늘어난다. 이는 콘스탄티누스 황제가 그리스도교도들에게 종교의 자유를 허락하는 313년보다 조금 전인 310년에 신도들의 수가 대략 881만 9765명에 달했다는 것을 의미한다. 하지만 이 숫자들은 결국 가정에 불과하다.

1.8 초기 그리스도교의 사회적인 요소

1세기 후반부터 그리스도교의 복음을 받아들인 이들은 주로 비유대인들, 특히 유대교에 흥미를 가지고 있었지만 음식을 가려 먹어야 하고 까다로운 예배의식을 지켜야 하는 유대교 전통 계율 때문에 적극적으로 참여하지 못하던 사람들이었다. 이들은 '하나님을 두려워하는 사람들'이었고 유대교 공동체를 외부에서나마 긍정적으로 바라보고 지지하는 사람들이었다. 단지 유대인들뿐만 아니라 세속인들에게도 소외당하는 처지에 놓여 있었을 뿐이다. 이러한 부류의 사람들에게 예수의 복음을 받아들인다는 것은 자신들의 사회적 위치를 그대로 유지하면서 종교적으로 강렬하면서도 수준 높은 삶을 살 수 있다는 것을 의미했다. 이러한 장점은 우선적으로 어느 정도는 여유로운 삶을 영위하면서 살아가던 다양한 사회 구성원들의 관심을 불러일으켰다. 불안한 사회적 위치 때문에 사회에 적응하기 힘든 문제를 안고 있던 사람들은 이를 다름 아닌 그리스도교 공동체 내부에서 극복할 수 있었다. 예를 들어 한 부유한 여인은 경제적인 차원에서 높은 위치에 있었지만 또 다른 측면에서는 여자라는 이유로 공직을 얻을 수 없었기 때문에 사회적으로 낮은 위치에 있었다고 볼 수 있다. 그러나 그리스도교 공동체 내부에서 그녀는 스스로의 정체성을 확인하고 공동체 바깥에서는 기대할 수 없는 역할을 맡을 수 있었다. 바울은 「로마서」에서 페베라는 여인에게 감사하며 그녀를 자신의 후견인prostatis으로, 즉 로마시대에 사회관계의 기초를 구축하던 주인/손님이라는 관계의 주인으로 소개한 바 있다(16장 1~2절). 여기서 그녀가 경제적으로 바울의 선교 활동을 후원했고 그가 어려운 상황에 처했을 때 도움을 주었으리라는 것을 쉽게 짐작할 수 있다.

물론 복음은 사회적으로 아주 낮은 계층의 사람들에게서도 커다란 호응을 얻었다. 비록 본격적인 사회 혁명을 예고했던 것은 아니지만 신 앞에서 모두가 평등하다는 가난한 자와 약자들을 위한 희망의 메시지를 담고 있었기 때문이다(「빌레몬서」에서 읽을 수 있듯이 바울은 도망쳤던 노예 오네시모를 그의 주인 빌레몬에게 돌려보낸다). 하지만 이러한 관점보다 더 결정적인 역할을 했던 것은 부유한 일원들의 후원뿐만 아니라 많은 이들의 봉사를 통해 약자와 가난한 자들, 누구보다도 과부와 고아들을 도왔던 초기 그리스도교 공동체의 활동이었다. 사회보장제도나 연금제가 전혀 없었던 시대에 이러한 후원과 봉사 활동은 상당히 매력적이었고, 예수를 믿는 이들이 기근이나 전염병과 같은 재해가 닥쳤을 때 서로를 돕는다든지 강제노역을 하던 죄수들과 노예들을 돕고 가난한 자들의 장례를 치러주는 활동 역시 비슷한 효과를 발휘했다.

비교적 빠른 시기에 부를 축적한 로마의 교회 역시 바로 이러한 활동을 통해 유명해졌고 세인들까지도 이러한 활동을 타의 모범이 되는 행동으로 간주했다. 3세기 중반에 로마의 주교 코르넬리우스Cornelius는 안티오키아의 주교 파비우스Fabius에게 보내는 편지에서 로마 교회가 1500명 이상의 과부와 가난한 자들을 지원한다고 기록했다(에우세비오스, 『교회사』 6권 43장 11절). 비슷한 시기인 황제 데키우스Gaius Messius Quintus Trajanus Decius의 박해 기간 동안에 로마 교회는 시리아와 아랍의 교회들을 지원하기도 했다(에우세비오스, 『교회사』 7권 5장 2절). 로마 교회의 영향력은 틀림없이 이러한 주변 상황에 힘입어 점점 커졌던 것으로 보인다. 361~363년경 로마 전통 종교의 부흥을 꾀했을 때 황제 율리아누스는 그리스도교도들의 이러한 영향력에 대해서 누구보다도 정확하게 파악하고 있었다. 그는 이렇게 기록했다. "사악한 갈릴리 사람들이 그들의 가난뱅이들뿐만 아니라 우리의 가난뱅이들까지 먹여 살리고 있다. 우리 가난뱅이들이 우리의 도움을

전혀 받지 못하기 때문이다."(소조메노스Sozomenos, 『교회사』 5권 16장)

1.9 그리스도교 공동체의 조직

바울의 서신들을 통해 알 수 있듯이 '교회'는 실질적인 공동체를 형성했던 그리스도교도들의 모임을 가리키는 말이었다. 라틴어 ecclesia의 번역어인 '교회'라는 용어는 원래 그리스어 ekklesia에서 유래했고 이 말은 '밖으로 부르다', '밖으로 나오게 하다'라는 뜻의 동사 ek-kaleo에서 비롯되었다. Ekklesia는 원래 폴리스의 모든 권리를 가진 시민들의 회합을 가리키는 말이었고 아주 특별한 몇몇 경우를 제외하고는 종교 회합을 가리키는 데 쓰이지 않았다. 이 용어는 헬레니즘 시대에 알렉산드리아의 유대인들이 만든 그리스어 번역본 성경(이른바 '칠십인역')에 대략 100번 정도 등장한다. 여기서 ekklesia는 '모이다'라는 뜻의 히브리어 동사 어근 qhl을 토대로 하는 명사 qâhâl의 번역어로 채택되었다. Qâhâl이나 ekklesia는 세속적인 회합을 의미하지만 신이 소집한 특별한 회합이라는 의미에서 이스라엘 민족을 상징하기도 한다. 예수의 복음을 받아들인 초기의 신도들은 이 용어를 다시 그리스도교도들의 공동체를 가리키기 위해 사용했고 이 공동체가 이스라엘 민족을 대신한다고 믿었다. 처음에는 일정한 장소에서 열리던 회합을 가리키던 '교회'라는 용어는 이어서 모든 신도들의 이상적인 모임을 가리키며 '모든 교회'라는 의미를 획득하게 되었다.

초기에는 여러 교회마다 다양한 구조를 지닌 지도부와 행정부가 존재했다. 바울이 강조했던 것은 신도들에게 다양한 형태의 은사를 허락하는 성령의 현존과 역사役事였다(「고린도전서」 12장 4~11절). 하지만 그렇다고 해서 그가 은사의 위계질서를 부인했던 것은 아니다(「고린도전서」 12장 28~31절). 바울은 첫 세 자리에 순서대로 사도, 예언자, 교사didaskaloi를 위치시켰다. 이 세 직책에 대한 언급은 2세기 초 시리아 서부에서 윤리와 예배, 교회의 규율을 다루던 『12사도의 가르침*Didakhe*』이라는 제목의 문헌을 통해서도 확인된다. 바울의 서신들 중에 가장 오래된 「데살로니가전서」는 공동체 안에서 신도들을 '지도하고 훈계하는 이들', 즉 proistamenoi를 존경하라고 권고하는데(5장 12절) 이 말은 문자 그대로 '(여러분) 앞에 있는 이들', 혹은 '(여러분을) 위해 그곳에 있는 이들'을 뜻한다. 「빌립보서」는 episkopoi와 diakonoi를 언급하고 있는데(1장 1절) 이 용어들은 각각 관리자(감시자)와 협력자(봉사자)를 뜻한다. 또 다른 공동체들은 유대 사회에서 장로들presbyteroi로 구성된 심의 기관의 형태를 받아들였다. 이들에 대한 치침은 「베드로전서」 5장 1~4절과 「야고보서」 5장 14절에서 찾아볼 수 있다. 「사도행전」은 예루살렘(15장, 16장 4절)과 밀레토스(20장 17절)의 장로들에 대해 언급하면서 바울이 그가 세운 그리스도교 공동체에 장로 제도를 도입했다고 설명한다. 하지만 다른 서신에서는 이 제도에 대한 언급을 찾아볼 수 없다. 어쨌든 두 종류의 체제는 하나로 통합되기 시작했다. 이른바 「목회서신」(바울의 서신들 가운데 디모데에게 보내는 두 편의 편지와 디도에게 보내는 편지)이 언급하는 공동체 내부에서 감독과 장로 사이에는 커다란 차이가 없는 듯이 보인다(「디도서」 1장 5~9절). 이들이 똑같이 중요한 것은 이들 모두가 믿음을 지키고 보장하는 역할을 했기 때문이다(「디모데전서」 6장 20절, 「디모데후서」 1장 12절, 14절). 사도의 임무는 장로들의 안수를 통해 주어졌고(「디모데전서」 4장 14절, 「디모데후서」 1장 6절, 「사도행전」 13장 3절, 14장 23절) 이는 공동체의 동의를 기반으로 지도부가 권위를 행사하는 제도였다. 95년경 로마 교회의 지도부가 고린도 교회의 지도부에 보낸 편지(일찍이 2세기부터 '클레멘스의 서신'이라는 이름으로 불려 왔지만 아마도 로마 교회의 장로회 일원이 작성하여 발송한 것으로 보인다) 역시 이러한 체제를 언급하며 이를 신의 명령이 주어지는 방식으로 정당화한 바 있다.

이 서신은 아울러 장로(감독)와 부제副祭들을 사도들의 후계자로 제시했고(42장 1~5절) 처음으로 세속인laikos anthropos(평신도)이라는 용어를 사용했다(40장 5절). 이 용어는 문자 그대로 '민중의 인간'을 의미했고 교역자의 임무를 맡은 이들과 일반인을 구별하기 위해 사용되었다.

지역 공동체의 장로회는 2세기에 모습을 감춘다. 물론 이 과정은 점진적이었고 지역에 따라 진행 속도도 달랐다. 헤르마스Hermas의 『목자』(로마에서 140년경에 쓰였을 것으로 추정되는 계시록)를 통해 확인할 수 있는 것처럼, 2세기 중반에 로마 교회는 여전히 장로회를 유지하고 있었다. 한 명의 주교를 중심으로 하는 체제는 2세기 후반에 이르러서야 두각을 나타내기 시작했고 이어서 로마 교회는 뒤늦게 사도들의 활동 시기로 거슬러 올라가는 주교들의 목록을 작성했다(이 목록은 190년경 이레네오Eirenaios가 인용한 바 있다. 『이단 논박』 3권 3장 3절). 몇몇 학자들은 한 명의 주교를 중심으로 하는 체제가 형성된 것은 220년 이후라고 주장하지만 사실상 그럴 가능성은 희박하다. 안티오키아의 주교 이냐시오가 115년경에 쓴 편지를 살펴보면 당시에 한 명의 주교를 비롯해 그에게 소속된 장로와 부제들이 있었던 것으로 나타난다(「스미르나에 보내는 편지」 8장 1절, 「마그네시아에 보내는 편지」 6장 1절, 「필라델피아에 보내는 편지」 7장 1절, 「트랄레이스에 보내는 편지」 2장 1~3절). 물론 이냐시오는 여전히 주교의 권위를 인정받기 위해 고군분투하고 있었고 몇몇 공동체들이 주교의 권위에 굴복하기를 거부하고 있었지만 어쨌든 안티오키아에서 '단일 주교 체제'로 접어드는 과정은 로마에서보다는 훨씬 빨랐던 것으로 보인다.

2세기에 그리스도교의 발전을 가능하게 했던 결정적인 요인은 지역 공동체들 간의 끈끈한 결속력이었다. 1세기에 그리스도교 공동체들은 여행 도중에 혹은 개인적으로 그들을 찾아오는 선교사들의 활동이나 선교 지역이 공통 관심사였을 뿐(예를 들어 바울이 창시했거나 커다란 영향력을 행사하던 교회들, 혹은 「요한계시록」 2, 3장이 언급하는 교회들) 실제 서로를 간섭하는 법 없이 자율적으로 활동했고 원칙적으로는 공동체의 지도자들이나 창시자들에게 의존하고 있었다. 하지만 3세기에는 대규모의 교회들이 지방 주교회의의 결정권을 거머쥐면서 보다 넓은 지역으로 교회의 영향력을 확장하기 시작했다. 4세기에 이르러 황권과 결속된 교회의 종교회의에 초석을 놓은 것이 바로 이 지방 주교회의였다. 1세기의 상황과 3세기의 상황을 연결하며 과도기적 역할을 담당했던 2세기에 독자적인 영역을 구축한 '일인' 주교 체제의 주교들은 도시의 공동체들뿐만 아니라 도시 주변에 산재하던 소규모의 공동체들에 대한 권한까지 주장하면서 교회들 간의 협력과 경쟁 및 간섭 구도를 구축하기 시작했다. 그리고 그런 식으로 보편적이고 총체적인 차원에서 교회는 믿음과 사랑의 결속만 의미하지 않으며 권력의 배분과 교리의 통일성 유지를 위한 상호의존 관계를 동시에 의미한다고 주장하기 시작했다.

물론 이러한 과정이 지역에 따라 어느 정도 다른 방식으로 진행되었다는 점에 주목할 필요가 있지만 결정적인 변화는 어쨌든 1세기 말에서 2세기 말 사이에 이루어진 것으로 보인다. 그런 관점에서 로마를 주인공으로 하는 이하의 두 일화는 상당히 의미심장하게 다가온다. 95년경 로마 교회가 고린도 교회에 보낸 편지에서 로마 교회는 아무런 권한도 없으면서 고린도 교회의 내부 문제에 끼어 들며(구체적인 이유는 알 수 없지만 고린도의 기득권층이 현직 장로들의 퇴진을 요구하고 나선 것에 반대하며 개편을 철회하라는 것이 로마 교회의 요구였다) 로마 교회의 입장을 관철시키려는 강한 의지를 피력한 바 있다. 한편 2세기 말에는 로마의 주교 빅토르(Victor, 재위 189~199년)가 이른바 '14일제'라는 관습에 따라 유대력의 니산Nisan 달 14일(예수의 사망일)에 부활절을 치르던 소아시아 교회의 주교들에게 로마식 부활절을 강요하면서 이를 따르지 않을 경우 교회에서 파문하겠다고 위협까지 한 사례가 있다. 소아시아 교회의 전통이 분명히 더 오래되었음에도 불구하고 로마는 아랑곳하지 않고 그들이 원하던 혁신을 가장 정통한 사도들의 관습이라고 주장하면서 결국에는 자신들의 의지를 관철시키는 데 성공했다. 이는 아마도 소아시아의 가장 영향력 있는 주교 에페소스의 폴리크라테스Polycrates가 논쟁의 무대에서 사라진 뒤에야 가능했던 것으로 보인다. 2세기 후반에 앞서 언급한 바 있는 일인 주교 제도가 정착되면서 로마 교회는 본격적인 권력 행사를 시작했다. 일인 주교 제도의 강화가 가져온 상황은 일명 '아프리카의 주교'로 불리던 카르타고의 주교 키프리아누스Cyprianus가 3세기 중반 한 서신에서 사용했던 표현을 통해 적나라하게 드러난다. "주교는 교회 안에 있으며 교회는 주교 안에 있다. 만약 누군가가 주교와 함께하지 않는다면 그는 교회 안에 있다고 할 수 없다."(『서간문』 66, 8) 이냐시오 역시 2세기 초에 이와 비슷한 생각을 가지고 있었다. 하지만 그가 여전히 일인 주교 제도를 도입하기 위해 노력하는 단계에 머물렀던 반면 키프리아누스는 일인 주교 제도가 이미 하나의 현실이 되어 버린 상황을 대변한다.

1.10 그리스도교의 다양성, 정교와 이단

이러한 변화 과정이 가져온 또 하나의 결과는 그리스도교 정교의 등극이었다. 앞서 언급한 바와 같이 처음에는 상당히 다양한 형태의 그리스도교가 존재했고 여러 종류의 경전들이 예수와 예수가 구원을 제시하는 방식에 대한 여러 가지 해석을 내놓았다. 재구성된 「예수의 말씀 복음서」(Q문서)에 따르면 당시의 사람들은 예수가 신이 이스라엘에 보낸 마지막 예언자이며 따라서 과거의 예언자들처럼 사형을 당했다고 (당시의 유대교 전설을 토대로) 이해했던 것으로 보인다. 하지만 Q문서의 궁극적인 메시지에 대한 학자들의 의견은 분분하다. 어떤 이들은 이 문헌이 예수를 삶에 필요한 지혜의 스승으로 제시한다고 보고, 또 어떤 이들은 이 문헌에서 현세에 임박한 종말과 예수의 복음을 받아들이지 않는 일부 이스라엘 사람들에게 들이닥칠 신의 심판에 대해 말하는 예언자 예수를 발견한다. 복음서 가운데 가장 오래된 「마가복음」은 예수가 메시아라는 사실이, 메시아와 관련된 모든 종류의 기다림과는 정반대로, 그의 고난과 죽음과 부활을 통해 드러난다고 강조한다. 「마태복음」은 율법을 인정하지만 바리새파의 율법 해석에 반대하며 근본적인 차원의 해석을 제시하는 예수의 모습을 그리고 있다(「마태복음」 5장 21~48절의 산상수훈 참조. 예를 들어 '살인하지 말라'는 계율은 일종의 판례법으로 이해할 것이 아니라 어떤 식으로든 남에게 화를 내거나 상처를 주어서는 안 된다는 근본적인 가르침으로 이해해야 한다고 설명한다). 1세기 말에 쓰인 것으로 추정되는 「마가복음」은 드디어 모든 종족에게 허락된 신의 자비를 이 땅으로 가져온 인물이 바로 예수라고 설명한다. 실제로 「마가복음」의 저자가 복음서의 연장선상에서 「사도행전」을 통해 어떤 식으로 복음이 먼저 이스라엘 민족에게 전해졌고 이어서 비유대인들에게까지 전파되면서 결과적으로 유대인들보다 훨씬 더 많은 비유대인들이 복음을 받아들이게 되었는지 설명하는 것은 결코 우연이라고 볼 수 없다. 그의 이야기가 예루살렘에서 시작해 로마에서 끝난다는 사실 역시 이러한 전복의 상징적인 표현이라고 볼 수 있다.

「도마복음」은 세상의 가치관을 멀리하기 위한 고행을 통해 모두의 마음 깊은 곳에 숨어 있는 신을 발견하는 과정에 구원의 길이 있다고 설명한다. 단상으로만 남아 있는 「히브리복음」은 과거의 예언자 중 어느 누구에서도 안정적인 터전을 발견하지 못했던 신의 지혜(성령)가 최종적으로 안주하게 되는 존재가 예수이며 이제 그를 통해, 즉 "영원히 다스리는 독생자 아들" 예수를 통해 신의 지혜를 찾을 수 있다고 가르친다. 「베드로복음」은 예수의 고난을 성서의 예언이 정확하게 성취되는 역사로 간주하고 이를 상세하게 묘사한다. 외경 「이사야의 승천」에 따르면 예수는 하늘에서 몰래 내려와 외관상으로만 인간이 된 신성한 존재이며 악령의 교사教唆로 인해 죽임을 당한 뒤 지옥을 벗어나 모든 영광을 차지하기 위해 다시 하늘로 올라가, 세상을 다스릴 의무를 다하지 못하고 신에게 반항했던 천사들을 굴복시키고 인간의 구원을 실현한 존재였다. 이외에도 예수에 대한 해석들은 얼마든지 찾아볼 수 있다. 안티오키아의 이냐시오와 몇몇 문헌들에 따르면 「이사야의 승천」처럼 진정한 의미에서의 육화가 신에게는 전혀 어울리지 않을뿐더러 인간의 구원에 반드시 필요한 것도 아니기 때문에 예수의 인성을 하나의 순수한 가면으로 보는 여러 형태의 해석(뒤이어 가현설假現說이라고 불리게 될 이론)들이 존재했던 것으로 보인다. 결론적으로 말하자면 예수의 존재와 메시지에 대한 상이하면서도 서로 모순되는 해석들이 동시에 발전했다고 할 수 있다.

여기에 종교적 성향이 짙은 철학 사조들의 굵직한 문제에 대한 답변으로 다양한 해석을 시도했던 몇몇 그리스도교 지도자들의 신학 체계들을 추가할 필요가 있다. 이러한 체계들 가운데 하나가 바로 '영지주의'다. '영지'는 구원이 신에게서 유래하고 예수의 입을 통해 전달된 하나의 '앎'(그리스어로 그노시스gnôsis)에서 온다는 주장을 가리키며 사용되던 용어다. 당시의 모든 종교들이 종교적 구원과 앎의 연관성을 강조했지만 이른바 영지주의를 특징으로 하는 공동체(실제로 영지주의를 천명하던 공동체들의 수는 얼마 되지 않았다) 내부에서는 이를 강조하는 방법 자체가 특이했다. 영지주의의 전제는 다신주의 종교(예를 들어 헤르메스주의 문학이나 『칼데아의 신탁』에서 나타나는 종교들)와 철학(특히 플라톤주의)의 공통된 과제들, 즉 절대적으로 초월적인 신의 존재를 보장하고 이어서 신과 세상과의 관계에 대해 설명해야 한다는 과제였다. 이러한 구조 속에서 물질적인 세계는 신의 세계에 비해 존재론적인 차원에서 열등할 뿐 존재론적 위계의 또 다른 극단에 위치한 신과 유기적으로 연결되어 있으며 물질세계의 존재 자체는 신의 의지에 상응하는 것으로 전제되지만, 이와는 달리 영지주의의 다양한 이론들은 신적 세계와 물질적인 세계의 근본적인 단절을 전제로 물질세계를 신이 원하지 않았고 따라서 부정적으로 바라보는 실재로 간주했다. 아울러 영지주의자들은 물질세계의 기원과 성격을 신비주의적인 언어로 묘사했다. 예를 들어 좀 더 철학적인 형태의 발렌티누스 체계 안에서 절대적으로 인식이 불가능한 지고의 신은 스스로를 관조하며 일련의 영적 실재들, 혹은 신성한 세계의 완벽함을 표상하는 '영원성'(영체靈體)을 생성해 내는 존재였다. 이 영적 실재들 중 마지막에 해당하는 **지혜**는 인식 불가능한 신이 모습을 드러내기 이전부터 그를 알고자 하는 충동을 이기지 못하고, 정의상 신의 세계와 불화를 일으킬 수밖에 없는 '열정'의 노예가 된다. 이 열정의 구체화를 통해 형성되는 것이 바로 하류의 신이며 이 '유한하고 무식하고 이기적인' 신이 물질세계를 형성한다. 그러나 이 세계에는 신성한 영적 실재의 파편들, 즉 지혜가 스스로의 열정으로 인해 신성한 세계에서 잠시 벗어났을 때 '밖으로 흘러나온' 파편들이 감금 상태로 남아 있다. 이러한 파편들은 이어서 하류의 신과 그의 시종들이 창조한 인간의 일부 안에 침적된다. 이들이 바로 영지주의자들이다. 구원 과정은 이들이 자신 안에 내재하는 신성함에 대한 앎을 깨어나게 하고 이를 통해 신의 지체로 복원되는 과정과 일치한다. 참고로, 4세기 이후 삼위일체 신학의 가장 중요한 개념으로 자리 잡게 되는 공체(共體, consustanziale)라는 용어를 가장 먼저 사용하기 시작한 이들 역시 영지주의자들이었다. 세상을 창조한 이 하류의 신이 바로 이스라엘 민족의 계시와 율법의 신이다. 대부분의 영지주의 이론과는 달리 발렌티누스의 신학은 이 하류의 신을 부정적으로만 바라보지 않는다. 이 신을 특징짓는 요소 중에 하나는 비록 최고신의 '선의'와 상반되는 차원이지만 '정의'이며, 이것이 곧 신성한 영 대신 '심리'만 보유할 뿐인 인간들이 다름 아닌 율법의 존중을 통해 하등한 형태의 구원에 이를 수 있도록 해 준다(이것이 두 번째 계열의 인간이며 순수하게 물질적인 차원에 머무는 세 번째 계열은 모든 형태의 구원에서 제외된다). 예수는 신성한 영을 보유하는 이들에게 그 신성함에 대한 앎을 '일깨우기 위해' 최고신이 보낸 계시자다.

이 복잡하기 짝이 없는 신학 체계를 더 상세히 설명한다는 것은 힘든 일이지만 아마도 다음과 같은 특징이 충분한 설명을 대신할 수 있을 것이다. 발렌티누스의 신학 체계에서 세상과 세상을 다스리는 신의 존재는 어떤 지혜가 범한 실수의 결과로 인식된다. 이 지혜는 스스로의 힘으로 신이 되었고 이를 표명하면서 스스로에 대한 억압적이고 그릇된 이미지를 만들어 냈다. 이 신과 물질세계, 육체, 세계의 상대성을 지배하는 논리('심리'적인 단계) 등이 일종의 악몽을 생산하고, 인간이 보유하는 진정한 의미에서의 신성함은 이 악몽에서 벗어나지 못한 채 감금 상태에 놓인다. 그래서 '세상의 지혜'로 신을 이해할 수 있다는 환영이 낳는 것은 열정과 무지와 어두움과 무질서와 공포와 절망뿐이다('세상의 지혜'라는 바울의 표현을 발렌티누스학파의 영지주의자들은 지혜가 실수를 범하는 단계를 가리키기 위해 사용했다). 이는 한마디로 공포의 신학이다. 신이 모습을 드러내는 과정은 어쩔 수 없이 하나의 위기로 이어지고 이 위기 속에서 신성한 존재는 사라질 위험에 처한다. 신성한 존재는 숙명적으로 살아남지만(스스로의 행동을 뉘우친 지혜는 다시 신성한 세계로 복귀한다) 이 위기는 일종의 고통으로 점철된 자취를 남기고 신성한 존재는 이 자취로부터 벗어나기 위해 고통스러운 행보를 이어가게 된다. 온 우주의 역사가 바로 이 자취와 일치한다. 역사가 지니는 유일한 의미는 신성한 존재가 역사를 초월해 역사 바깥에 위치할 수 있도록 허락하기 위한 역사 자체의 소멸에 있다. 이 바깥세계에만 진정한 의미에서의 자유, 물질세계에서는 불가능한 자유가 존재한다. 유대교가 인간의 열정으로 조작된 신이 말하는 공간인 반면 예수의 복음은 진정한 의미에서의 신이 주도하는 계시의 공간이라고 할 수 있다. 그리스도교의 기원이나 영지주의에 대한 연구와 논쟁이 오랜 세월에 걸쳐 지속되어 왔고 여전히 계속되고 있지만 한 가지 사실만큼은 기억할 필요가 있다. 그리스도교의 영지주의는 유대교나 또 다른 유형의 고대 종교들과 견주었을 때 그리스도교의 정체성을 구축하는 특징이 무엇이냐는 문제에 근본적인 해답을 제시하기 위한 시도였다.

어떤 측면에서는 이와 유사하다고 볼 수 있는 또 다른 해결책을 제시한 인물이 신학자 마르키온Marcion이다. 서기 140년 전후로 활동했던 마르키온은 앞에서 살펴본 신학적 체계와 마찬가지로 물질세계의 창조주, 즉 천하고 무능력한 이스라엘의 신보다 더 높은 곳에 또 다른 신, 즉 완벽하고 초월적이며 본질적으로 사랑과 일치하는 영적 세계의 주인이 존재한다고 믿었다. 하지만 마르키온의 생각이 영지주의 신학 체계와 전적으로 다른 부분은 바로 모든 인간을 하등한 신의 피조물로, 즉 완벽한 신의 어떤 특징도 보유하지 않은 존재로 보았다는 점이다. 창조주에게 잔인한 방식으로 지배당하는 인간의 참담한 상황을 보고 이를 가엾게 여긴 선한 신이, 타자보다는 자기를 중시하며 창조주와 마찬가지로 악을 악으로 갚으라고 가르치는 율법의 헛된 구원의 약속으로부터 인간을 구원하기 위해 보낸 인물이 바로 예수였다. 마르키온은 예수의 제자들이 유대인이었기 때문에 예수의 복음이 그들이 알고 있던 신과는 전혀 다른 신에 대해 이야기한다는 사실을 이해하지 못했고 결과적으로 그의 메시지를 잘못된 방식으로, 즉 복음(타인, 특히 이방인에 대한 무조건적인 사랑을 토대로 하는 복음이며 이 사랑에 대한 구체적인 실례는 인간을 위해 아들을 세상에 보낸 신의 사랑이다)과 율법이라는 양립할 수 없는 세계를 혼용하는 방식으로 전달했고 이것이 필연적으로 복음을 잘못 이해하게 만드는 결과를 가져왔다고 믿었다. 마르키온은 예수를 진정으로 이해한 유일한 인물이 바울이라고 보았다. 그에게는 바울의 서신과 바울의 가르침에 영향을 받은 「누가복음」만이 진정한 복음을 담고 있는 문헌이었다(하지만 마르키온은 유대교 경전과의 연관성으로부터 자유로운 개정판 제작을 계획해야 했다. 예수가 이 세상의 창조주가 아닌 또 다른 신이 보낸 인물이라는 점을 이해하지 못한 신도들이 결과적으로 구약을 잘못 해석한다고 보았기 때문이다). 이러한 정황을 배경으로 다양한 형태의 그리스도교 문헌들을 최종적인 형태로 편집해 경전화해야 한다는 생각이 역사상

처음으로 등장했다. 이러한 생각은 아울러 곳곳에서 읽히던 다양한 문헌들의 신빙성 문제에 대한 즉각적인 해답을 요구했다. 신약성서의 점진적인 구축(신약 텍스트의 선별 과정은 일반적으로 마르키온의 신학에 대한 대응책이라는 관점뿐만 아니라 어차피 피하기 힘들었던 한 과정의 결과라는 관점에서 논의된다)은 수용하기 힘들거나 출처가 예수의 제자들에 있다고 보기 힘든 문헌들을 제외시킨다는 원칙하에 시작되었고 이러한 정책이 이어서 문헌들의 신빙성 문제에 대한 정교의 입장을 대변하게 되었다. 마르키온은 살아 있을 때뿐만 아니라 특히 2~3세기에 정교 신학자들이 강렬한 비판을 쏟아부으며 일으킨 논쟁의 중심 표적이었다. 정교 신학자들은 마르키온처럼 유대교와 그리스도교를 근본적인 차원에서 분리시키고 신의 선의와 상벌을 토대로 하는 정의의 양립 가능성을 거부하는 신학이 어떤 문제를 야기할 수 있는지 잘 이해하고 있었다.

성격은 다르지만 2세기에 그리스도교도들이 가지고 있던 생각과 관습의 다양성을 적나라하게 보여 주는 또 하나의 현상은 2세기 후반(정확한 시기는 알 수 없지만 155~160년 혹은 170년경으로 추정된다)에 소아시아의 프리기아에서 창궐했던 몬타누스주의다. 이 종파는 몬타누스Montanus라는 인물과 몇몇 여인들 및 추종자들이 환각 상태에서 예언을 하며 신이 직접, 혹은 성령(이들은 「요한복음」을 근거로 성령을 보혜사라고 불렀다)이 그들의 입을 통해 말한다고 주장하면서 시작되었다. '새로운 예언'이라는 이름으로 정의되던 몬타누스주의는 전통 신학이나 경전을 거부하지 않았지만, 계시는 종결되지 않았고 여전히 열려 있으며 새로운 예언자들의 신탁을 기록으로 남겨 성스러운 경전으로 승격시켜야 한다고 주장했다. 아울러 이들은 그리스도교 지도자들의 권위에 도전장을 내밀면서 새 예언자들이 정말 보혜사에게 영감을 얻어 말한다면 그 말을 신성한 것으로 받아들여야 하고 따라서 공동체 내부에서 이들에게 지도자의 역할을 인정해 주어야 한다고 주장했다. 이러한 경향은 문헌들을 고르고 신약의 결정판을 만들어 가는 과정과 정반대되는 것이었을 뿐만 아니라 그리스도교 공동체의 지도자들은 카리스마적이어서는 안 된다는 원칙, 즉 성령의 선물에 불과한 예언이나 기적의 능력을 기준으로 지도자를 선택하지 않는다는 원칙에도 위배되는 것이었다. 그러나 경전의 선별과 지도자의 선택이라는 측면에서도 몬타누스주의는 교회의 행정적인 발전이나 당시의 시대적인 요구에 비해 낙후한 것으로 비치던 초기 그리스도교 사회의 모습과 가치를 그대로 유지하려는 보수적인 성향을 고집했다. 이러한 상황 속에서 주교들은 공동체의 붕괴를 막기 위해 몬타누스주의자들과 투쟁을 벌였고 결국 몬타누스주의자들은 비교적 짧은 기간 안에 자취를 감추고 말았다. 라틴계의 중요한 그리스도교 신학자들 가운데 한 명인 테르툴리아누스가 몬타누스주의자였으나 그는 이들의 윤리관이 그다지 투철하지 못하다는 이유로 스스로 새로운 종파를 만들었다.

그리스도교 파벌들의 혼란스러운 경쟁 구도는 결국 예수의 말씀과 제자들의 복음에 실질적으로 부합하는 신학의 공간을 구축하고 초기 그리스도교가 안고 있던 주요한 신학적 질문들에 대해 답변을 제시할 수 있는 교단을 수립해야 한다는 반응과 입장을 만들어 냈다. 이 신학적 질문들이란 신의 본질, 신이 창조한 세상 및 인간과 그의 관계, 신과 이스라엘의 보다 구체적인 관계, 이스라엘 민족에게 주어진 계시의 가치, 예수와 그의 업적, 예수와 복음에 관한 문헌들의 정통성을 판단하는 기준, 예수에 대한 믿음과 예수 이전의 철학이나 종교와의 관계 등에 관한 것이었다. 이러한 질문들에 대한 답변을 마련하는 데 상당히 커다란 원동력을 제공했던 인물은 리옹의 주교 이레네오Irenaus다. 180~190년에 이레네오는 사람들이 그릇된 방식으로 '앎gnosis'이라 부르던 것에 대해 『폭로와 논쟁』이라는 제목으로 다섯 권의 책을 집필했다(이 작품은 흔히 『이단 논박』이라고 불린다). 여기서 이레네오는 '앎'이라는 주제하에 상이한 성향의 종파들, 즉 발렌티누스주의와 다양한 형태의 영지주의학파들, 마르키온의 추종자들, 율법을 존중하던 그리스도교도들 혹은 「요한복음」을 인정하지 않던 그리스도교도들 등을 분류하고 논박했다. 이레네오에게 중요한 것은 무엇보다도 그가 '진실의 규칙'이라고 부르는 것이었다. '진실의 규칙'이란, 그리스도교 내부에서 받아들일 수 있는 담론의 영역을 규정하는 사도들의 가르침, 즉 이에 상응하는 기본적인 규칙들의 총체를 말한다. 예를 들어 제1규칙에 따르면 율법의 저자이며 예수의 아버지인 창조주 신만이 유일하게 존재하며 여러 신의 존재를 인정하는 모든 종류의 담론은 그리스도교 안에서 존속할 수 없다. 이러한 '규칙'은 동시에 성서를 해석하는 기준으로 활용되기도 했다. 예를 들어 바울에게서 다신론적인 구분법을 읽으려는 모든 해석은 시작부터 틀린 것으로 간주되었다. 더 나아가서 이레네오는 마태와 마가, 누가, 요한의 복음서만이 사도들에게서 직접 전해 내려오는 정통한 복음서이며, 여기에 다른 것을 추가하거나 이 중 일부만을 선택할 수 없다고 주장했다. 이는 곧 네 권의 복음서만 경전에 포함시키려는 분위기가 당시에 이미 조성되어 있었음에도 불구하고 이레네오가 논증을 통해 이를 확언하려고 노력했던 만큼, 완전히 무르익었던 것은 아니라는 것을 의미한다. 이레네오는 구전을 통한 복음 전파를 거부하지 않았지만 예수와 사도들의 가르침에 관해서는 사실상 문헌들을 중심으로 한 경전 구축을 고집했다. 이레네오의 저서는 당시에 신약성서의 구축이 최종적인 단계에 이르는 것은 비록 4세기의 일이지만 이미 상당히 진척되어 있었음을 보여 준다. 한편 이레네오가 '진실의 규칙'에 호소할 수밖에 없었던 이유는 그가 익히 알고 있던 사실, 즉 그가 논박하던 종파들이 이질적인 문헌들을 읽고 활용하면서도 동시에 일반적으로 통용되던 문헌들을 토대로 자신들의 교리를 구축할 수 있다고 주장했기 때문이다. 이레네오는 '진실의 규칙'을 전승하고 보증하는 것이 계승을 유지해 온 역대 주교들이라고 보았다. 이들의 계승에 결정적인 역할을 한 것은 일인 주교 제도의 정립뿐만 아니라 교회가 만든 역대 주교들의 목록, 즉 그리스도교 공동체들을 만든 사도들의 시대로 거슬러 올라가는 주교들의 작위적인 목록이었다. 이레네오의 기본적인 가정은 초기 그리스도교 사회의 사도들이 복음의 핵심 내용이었던 '진실의 규칙'을 자신들이 세운 교회의 책임자들에게 전달해 주었으리라는 것이었다.

이러한 방식의 역사 구축이 지니는 중요성은 2세기 초에 여전히 히에라폴리스의 주교 파피아스Papias가 『주의 설교에 대한 설명』에서 예수에 관한 문헌들의 정통성을 판가름하는 기준이 구전 전승이라고 기록했다는 사실을 기억하면 훨씬 더 직접적으로 와닿는다. 파피아스는 정통성의 기준이 사도들의 시대에 스승이 제자에게 구두로 전달하던 복음에 달려 있다고 보았다. 그는 복음서의 증언들을 깊이 이해했지만 책보다는 구전 전승을 선호했다. 이레네오는 파피아스가 제시했던 해법이 더 이상 적용될 수 없는 시대에 살고 있었다. 그러나 적용이 불가능했던 이유는 사도들의 시대가 연대기적으로 거리가 먼 시대였기 때문이라기보다는 이레네오가 반박하던 공체들(마르키온주의 제외)이 다름 아닌 예수의 제자들로부터 직접 전해 들은 복음의 신비주의적인 구전 전승을 고집하던 공동체들이었기 때문이다. 이레네오의 신학 체계 속에서 예수의 가르침과 복음의 정통성을 보장하는 것은 경전이었고(구전 전승의 중재 없이 사도들의 가르침을 직접적으로 깨달을 수 있도록 허락한다는 차원에서) '진실의 규칙', 즉 경전의 해석 기준을 전승하고 보장하는 것은 더 이상 파피아스의 경우처럼 사도들의 계승이 아니라 주교들의 계승이었다. 그의 신학을 간략하게 살펴보면, 이레네오는 물질세계의 창조설을 지지했고 구약성서의 신이 불완전하고 무능력한 신이라는 비난에 대해 오히려 창조된 세계가 그 자체로는 선하며 단지 원죄가 인간을 원래 예정되어 있던 낙원에서 추락하도록 만들었다고 대답했다. 이레네오는 인간이 낙원에서 추방당한 뒤 신이 이들을 구원을 향해 인도하기 시작했다고 보았다. 구약에서 불완전해 보이는 것은 사실상 신이 아니라 신이 이스라엘을 인도하는 방식의 표현에 지나지 않으며 동일한 방식으로 신이 온 인류를 그리스도를 통한 구원과 미래의 왕국을 향해 인도한다는 것이 그의 생각이었다. 그는 미래의 왕국이 물질세계의 소멸 대신 영광을 가져올 것이라고 믿었다. 이레네오에게 물질세계란 신이 원했고 그가 아들 예수 그리스도와 성령의 힘으로 함께 실현하게 될 선한 창조의 일부를 의미했다. 그런 식으로 이레네오는 구약을 통한 계시와 예수를 통한 계시를 유기적으로 조합하면서 그리스도교의 정체를 구약을 통해 예수로 이어지는 역동적인 역사 및 인류와 모든 피조물에게 부여된 운명의 영광스러운 완성과 일치시켰다. 이와는 반대로, 그가 비난했던 영지주의자들과 마르키온주의자들은 그리스도교의 정체성이 구약의 계시와 신약의 계시를 상반된 것으로 분리시키는 과정에서 발견된다고 보았다.

1.11 그리스도교와 정치

유대교는 로마제국의 전통적인 제례 의무를 이행하지 않아도 된다는 특권을 가지고 있었다. 유대인들은 성전에서 날마다 황제를 위해 야훼에게 번제를 드렸지만 다른 신들, 예를 들어 여신 '로마'나 황제의 수호신에게는 번제를 드리지 않았다. 이스라엘에서 로마에 대항하며 일어난 유대인들의 반란이 서기 70년에 처참한 보복과 신전 파괴라는 결과를 가져온 뒤에도 디아스포라의 유대인들은 그들이 누리던 종교적 특권을 빼앗기지 않았다. 그러나 예수를 믿는 신도들의 공동체와 유대교의 구분을 모호하게 만들던 안개가 서서히 걷히면서 그리스도교의 기원을 이해한 사람들은 이 종교를 의심스러운 눈으로 바라보기 시작했다. 이들은 그리스도교의 창시자가 로마의 식민지였던 유대 땅에서 메시아임을 주장했다는 이유로, 다시 말해 로마의 권위에 도전하며 반란을 주도했다는 이유로 사형을 당했다는 사실을 잘 알고 있었다. 물론 이러한 일을 예수가 도모한 적도 의도한 적도 없지만 이러한 인식은 예수와 그의 제자들을 로마가 가장 금기시하던 범죄를 저지른 이들로 보이게 만들었다. 우리가 알고 있는 한 예수의 제자들은 로마제국의 권력에 동조하지도 않았고 정치적인 성격의 반란에도 참여하지 않았다. 앞서 언급한 것처럼, 예루살렘의 그리스도교 공동체는 오히려 66년에 유대인들이 반란을 일으켰을 때 펠라로 피신했고, 132~134년의 반란 주동자 시몬 바르 코크바Simon bar Kokhba는 자신이 다하고 있던 메시아로서의 역할을 인정하지 않으려는 유대인 그리스도교도들을 박해까지 했던 것으로 보인다. 그만큼 그리스도교도들은 정치와 거리가 멀었다고 볼 수 있다.

한편 예수의 재림이 임박했다고 믿었던 바울은 누구든 예수 그리스도를 영접하는 순간에 처해 있던 상황이나 사회적 위치를 뒤바꾸기 위해 애쓰지 말아야 한다고 생각했다. 예를 들어 노예였다면 자유를 얻으려고 애쓰지 말아야 한다고 보았던 것이다(「고린도전서」 7장 20~22절). 「로마서」의 한 유명한 구절에서 바울은 세상의 권세에 복종할 것을 권고한 바 있다(13장 1~7절). 세상의 권세 역시 신에게서 왔고 좋은 일에 상을 주고 나쁜 일을 벌하는 데 쓰인다는 것이었다. 바울은 그리스도인의 나라가 하늘에 있다고 보았다(「빌립보서」 3장 20~21절). 이는 바울이 본 그리스도인들의 세계가 정치적 차원의 공동체와는 거리가 먼 내면적 세계였다는 것을 의미한다. 바울은 정치가 그 자체로는 나쁜 것이 아니지만 실제로는 일시적일 수밖에 없고 신도들이 무관심할 수밖에 없는 성격의 것이라고 보았다. 바울에 따르면, 예를 들어 신도들이 선을 행하는 것은 나라의 법이 그것을 의무로 정해 놓았기 때문이 아니라 성령의 힘이 그들과 함께하기 때문이었다. 정치와 권력을 부정적으로 바라보지 않는 이러한 입장은 2세기에 활동한 그리스도교 '호교론'의 저자들을 통해 계속 유지되었다. 예를 들어 아테네의 아리스티데스Aristeides(125년경), 순교자 유스티누스Yustinos(160년경), 타티아노스Tatianos(170년경), 아테네의 아테나고라스Athenagoras(177년경), 안티오키아의 테오필로스Theo philus(180년경), 테르툴리아누스(200년경) 등은 직접 혹은 간접적으로 로마의 권력자들과 지도자 계층에게 신의 계율이야말로 백성의 충성을 보장받기 위한 최선의 방법이며 원칙상 모든 인간 사회를 이끌어야 마땅하고 훌륭한 왕이라면 당연히 모든 백성들이 존중하도록 조치해야 할 윤리관에 부합하는 계율이라고 끊임없이 강조했다. 황제에 대한 충성심의 표현은 수많은 초기 그리스도교 문헌에서 발견되며 유대교의 경우와 마찬가지로 권력자들을 위해 기도하기를 권고하는 형태로 나타났다(「베드로전서」 2장 13~17절, 「디모데전서」 2잘 1~2절, 「디도서」 3장 1절, 「고린도의 신도들에게 보내는 클레멘스의 편지」 61장).

「로마서」 집필은 네로 황제(54~68년 집권)의 집권 초기, 다시 말해 네로가 정신 이상 증상을 보이기 이전 시기로 거슬러 올라간다. 서기 64년 로마의 적지 않은 부분을 파괴한 화재가 네로의 도시 계획으로 인해 조작되었다는 소문이 나돌기 시작했고 네로는 그 의혹을 불식시키기 위해 화재를 그리스도교도들의 탓으로 돌렸다(타키투스, 『연대기』 15권 44장; 수에토니우스, 『황제 열전』 네로 16장. 하지만 수에토니우스는 그리스도교 박해를 로마의 화재와 연관시켜 언급하지는 않았다). 하지만 그리스도교도들의 죄는 방화였지 그리스도에 대한 믿음은 아니었다. 다수의 현대 역사가들이 주장하는 것과 달리 당시에 그리스도교는 여전히 종교로 인식되지 않았기 때문이다. 이와 무관하게 그리스도교도들은 쉽사리 로마 시민들의 증오의 표적이 되곤 했다. 선동적인 성향의 신도들이 꽤 있었고 그리스도교도들 대부분이 사회적 신분이 낮은 사람들이었기 때문에 이러한 환경 속에서 지속되던 복음화는 사회 질서를 중시하는 로마 시민들과 권력자들의 의심을 사기에 충분했다. 따라서 이들은 황제들에게 잠재적인 반대세력으로 비춰질 수밖에 없었고 이러한 정황은 115년경에 비티니아로 파견된 소 플리니우스와 황제 트라야누스가 주고받은 서간문 10권을 통해 확인할 수 있다.

타키투스는 그리스도교도들이 그들의 혐오스러운 행동 때문에 미움을 샀다고 기록했다. 이는 곧 상류층뿐만 아니라 일반 대중 사이에서도 그리스도교도들에 대한 적개심이 상당히 널리 퍼져 있었다는 것을 의미한다. 사람들은 그리스도교도들이 '인간을 증오'한다고 비난했다. 전통적으로 유대인들이 받아 오던 동일한 비난을 사람들은 특이한 행동 방식을 가지고 있던 그리스도교도 혹은 공동체를 향해 쏟아부었다. 아울러 그리스도교도들은 그들만의 예배 형식과 내용을 공개하지 않았고(유스티누스는 이로 인한 의혹을 피하기 위해 160년경 『호교론』에서 의도적으로 세례식과 성찬을 자세히 묘사한 바 있다) 이에 대한 의혹이 구체적이지 않은 정보까지 변질시키던 소문을 바탕으로 험담을 탄생시켰다. 그리스도교도들은 함께 식사를 나누는 습관을 가지고 있었고 이는 모든 그리스도교 공동체들의 공통된 특징이었다. 결국 그리스도인들이 예배 도중에 예수의 몸과 살을 취한다는 이야기 때문에 2세기에는 이들이 인육을 먹는 풍습을 가지고 있으며 서로를 형제나 자매로 부르는 만큼 근친상간을 일삼는다는 소문이 나돌았다. 물론 이와 관련된 정보를 담고 있는 문헌들은 2세기 이전으로는 거슬러 올라가지 않는다.

네로가 진정한 의미에서 그리스도교 박해를 주도했다고는 볼 수 없다. 다시 말해 그는 이들을 종교적인 이유로 박해하지 않고 단지 방화범으로 몰았을 뿐이다. 하지만 이러한 요인이 바로 그리스도교도들을 공공의 적으로 각인시키는 결정적인 계기를 마련했다. 한편 그리스도교도들의 입장에서는 네로라는 인물이 특별히 부정적으로 비춰질 수밖에 없었고 결국 네로는 1세기가 끝나기도 전에 신의 원수, 즉 유대인들이 일찍부터 세상의 종말이 다가올 때 등장할 것으로 예상하고 있던 신의 적을 대변하는 인물로 간주되었다(유대인들도 모친을 살해한 네로를 악의 화신으로 바라보았고 고린도 지협을 분리하려는 네로의 시도를 권력 남용이자 신에 대한 직접적인 도전으로 받아들였다. 유대인들이 특히 네로를 미워했던 것은 그가 황제에 오르면서 유대인 반란을 막기 위한 억압 정책을 시행했기 때문이다). 몇몇 그리스도교 공동체는 네로의 로마제국을 최후의 심판 이전에 올 것으로 예정되어 있던 대환란의 시작으로 보았다. 네로는 악마의 마지막 발악을 상징하는 인물이었다. 네로가 68년에 세상을 떠난 뒤에도, 사실은 그가 죽은 것이 아니라 로마의 숙적이었던 파르티아제국으로 도망쳤으며 그곳에서 다시 권력을 장악하기 위해 군대를 모아 로마를 무너트리려고 쳐들어올 것이라는 소문이 나돌았다. 유대인들과 그리스도교도들은 이 이야기를 고스란히 사실로 받아들였고 1세기 말 네로의 부활이 거의 불확실한 것으로 드러났을 때에는 오히려 하나의 신화로 발전시켰다. 이들은 네로가 악마의 화신이 되어 다시 나타날 것이며 하나님의 왕국이 도래하면서 결정적으로 소멸되기 전에 신실한 신도들을 상대로 마지막 공격을 해 올 것이라고 상상했다. 초기 그리스도교 문헌들 가운데 네로의 부활을 비유로 언급하는 글은 「요한계시록」 17장 11절과 부활한 네로의 행적이 신화적인 용어로 묘사되는 「이사야의 승천」 4장 2~12절이다.

도미티아누스Titus Flavius Domitianus 황제의 집권(81~96년) 당시 몇몇 역사가들이 남긴 기록에 따르면, 황제의 사촌이었던 집정관 플라비우스 클레멘스는 '무기력하다'(inertia)는 이유로(수에토니우스, 『황제 열전』 도미티아누스 15장 1절) 혹은 무신론자(atheotes)라는 이유로(디오 카시우스Cocceianus Dio Cassius, 『로마사』 67권 14장 1~2절) 사형을 당했고 유대교를 옹호하던 이들 역시 동일한 명목으로 피해를 보았다. 4세기 초에, 그리스도교 역사학자인 카이사레아의 에우세비오스는 이러한 소식을 그리스도교 박해의 차원에서 해석했고(『교회사』 3권 18장 4절) 현대의 학자들 역시 이러한 해석을 받아들인다. 하지만 에우세비오스의 증언은 분명하지 않은 부분을 가지고 있으며, 비록 지역마다 그리스도교에 대한 거부반응을 다룬 이야기들이 없지 않아 있었지만(예를 들어 「요한계시록」 2장 13절이 언급하는 것처럼 페르가몬에서), 도미티아누스가 그리스도교 박해를 주도했던 것으로 보이지는 않는다.

또 하나의 유명한 예는 앞서 언급했던 로마의 학자 소 플리니우스가 111~112년 사이에 황제 트라야누스에게 보낸 편지(플리니우스, 『서간문』 10권 96)에서 찾아볼 수 있다. 그리스도교도들의 실상이 황제에게 보고된 뒤 이들을 어떤 기준으로 처벌해야 할지 망설였던 황제는 이들에게 자신의 조각상 앞에 번제를 드리라고 명령했다. 이는 그가 그리스도교도들이 황제의 조각상에 앞에 절하는 법은 없을 것이라는 이야기를 전해 들었기 때문이다. 황제의 명령을 거부하는 자는 황권에 도전한다는 이유로 사형에 처해졌다. 비록 이러한 거부는 그리스도에 대한 믿음에서 비롯되었지만 권력자들이 이들을 사형에 처한 것은 이들이 단순히 그리스도인이었기 때문은 아니다. 이러한 조치가 이루어진 후에, 플리니우스는 그리스도교에 동조하는 이들의 수가 확실히 줄어들었고 번제용 가축 시장이 다시 활성화되었다고 보고했다. 하지만 이에 대해 트라야누스는 플리니우스에게 자신의 선택을 준용하되 익명이나 근거 없는 고발에는 반응하지 말 것을 명령했다(플리니우스, 『서간문』 10장 97절). 그리고 플리니우스가 언급하는 지역의 그리스도교도들이 공동체에서 탈퇴하는 현상은 20년 전 도미티아누스 시대의 박해와 함께 이미 시작되었던 것으로 보인다. 이외에도 여러 그리스도교 문헌들이 실질적인 박해에 관한 많은 기록을 남겼지만[예를 들어 사르디스의 멜리톤Meliton이 170년경에 집필한 『호교론』(에우세비오스의 『교회사』 4권 26장 9절에 인용), 2세기 말에 쓰인 테르툴리아누스의 『호교론』 5권 4장] 사실상 그 어느 것도 그리스도교 박해가 본격적으로 실행에 옮겨졌다는 것을 증명하지는 못한다. 이러한 복합적인 상황은 그리스도교도들의 상이한 반응을 불러일으켰다. 도미티아누스의 집권 말기에 로마의 클레멘스가 고린도의 신도들에게 보낸 편지에는 권세가들을 위해 기도하는 기도문이 포함되어(60~61절) 있는 반면 같은 시기에 쓰인 「요한계시록」의 저자는 로마제국이 사탄의 권력을 상징한다고 보았고(13장에서 거론되는 두 짐승은 로마제국과 황궁의 제사장들을 상징하는 것으로 해석된다. 17~18장은 로마제국의 멸망을 예견하고 있다) 어떤 경우에든 로마 사회와 결탁하지 말고 번제에 사용된 가축의 고기를 먹지 말라고 경고했다(물론 이에 대한 바울의 견해는 달랐다. 「고린도전서」 10장).

요한은 로마제국과 황제의 신격화를 악마가 직접 발산하는 전체주의적인 권력의 표출이며 신에게 반항하는 사탄의 반격이 집중되는 공간으로 해석했다. 그리스도가 돌아올 때까지 그리스도교도들이 감당해야 할 운명은 소외와 박해, 순교뿐이라는 것이 바로 요한의 생각이었다.

1세기 말 이후에 순교한 몇몇 인물들의 예는 문헌을 통해 확인할 수 있다. 트라야누스 시대(98~117년)에는 예루살렘의 유대그리스도교 공동체 지도자였던 시메온Simeon(에우세비오스 『교회사』 3권 32장 6절)과 안티오키아의 이냐시오 외에 몇몇 인물들(이레네오, 『이단 논박』 5권 28장 4절)이 순교했고 히드리아누스(Hadrianus Augustus, 재위 117~138년)와 안토니누스 피우스(Antoninus Pius, 재위 138~161년) 시대에는 스미르나의 폴리카르포스Polykarpos(155년에 순교한 것으로 보이며 이에 대한 상세한 보고서가 남아 있다)와 로마의 그리스도교도 네 명(유스티누스, 『호교론』 2권)이 순교했다. 스토아 철학자였던 황제 마르쿠스 아우렐리우스(재위 161~180년)는 그리스도인들을 결코 달갑게 여기지 않았다. 아우렐리우스는 『명상록』에서 그리스도교도들을 언급하며 이들의 어리석은 고집을 비판했다(11장). 그에게 수사학을 가르쳤던 스승 프론토는 소문을 토대로 그리스도교를 논박하기도 했다(이 글의 일부가 마르쿠스 미누키우스 펠릭스Marcus Minucius Felix의 그리스도교 호교론인 『옥타비우스』를 통해 전해진다). 유스티누스가 순교를 당한 것은 163년과 167년 사이였고, 철학자 켈수스Celsus가 예수와 그리스도교도들을 강렬하게 비판하는 글을 펴낸 것은 178년, 마르쿠스 아우렐리우스의 집권 당시였다. 황제가 직접 그리스도교 박해를 주도했다는 기록은 남아 있지 않다. 그러나 새로운 종교의 도입을 금하는 176(177)년의 칙령은 지방 집정관들의 입장에서 그리스도교들을 제재하기 위한 방편으로 쓰였을 가능성이 크다. 당시에 로마제국을 위협하던 위기와 불안감 역시 그리스도교 박해를 자극했던 것으로 보인다. 야만족의 침입과 전염병, 기근이 평화와 번성의 시대에 종지부를 찍었고 로마 시민들은 어려운 상황으로부터 벗어나기 위해 일종의 희생양을 요구했다. 이러한 상황 속에서 그리스도교도들이 표적이 되었던 것은 이들이 사회 참여를 거부하는 차별화된 인간들이었고 따라서 로마의 적으로 간주될 수 있었기 때문이다. 결국 177년에는 리옹과 비엔나에서 그리스도교도들을 상대로 커다란 폭동이 일어났고 권력자들은 이를 그대로 방치하다가 결국 폭동을 지지하는 입장으로 돌아섰다. 이 지역의 그리스도교 공동체가 아시아의 교회에 보낸 장문의 사건 경위서가 카이사레아의 에우세비오스를 통해 전해진다(『교회사』 5권 1장). 박해를 증언하는 또 다른 사료로, 180년 7월 17일에 처형당한 북아프리카의 일부 그리스도교도들이 재판 과정에서 받은 심문 내용이 라틴어 기록으로 남아 있다. 그리스도교도들을 향한 최초의 공식적인 박해는 뒤늦게 데키우스에 의해 시작되었고 그 이전에는 지엽적인 일화들이 간헐적으로 이어졌을 뿐이다. 하지만 소규모든 대규모든 박해는 그리스도교라는 새로운 종교의 등극을 가로막지 못했다.

서기 529년 아테네 : 아카데미의 최후

서기 6세기 초에 아테네는 동로마제국의 도시 안티오키아, 콘스탄티노폴리스, 이집트의 알렉산드리아와 같은 대규모 문화 중심지들 가운데 하나였다. 그리스의 유구한 역사와 전통은 아테네에 철학의 도시라는 독특한 역할을 부여했다. 프로클로스나 다마스키오스 같은 걸출한 철학자들의 왕성한 활동을 비롯해 소크라테스를 기리는 성소 건축이나 플라톤의 탄생 기념일에 열리던 축제 등은 고대 말기에 아테네의 정체성이 어떻게 과거 그리스 철학의 영광에 대한 기억을 토대로 형성되었는지 증명해 준다. 아리스토텔레스가 사망한 지 거의 9세기가 흐른 뒤에도 아테네는 여전히 '철학자들의 도시'였다. 그리스의 본질적인 특징이었던 이 세속 문화는 당시에 문화를 주도하고 정권을 지배하던 그리스도교들의 세계와 공존했고 적어도 5세기 초까지는 실질적인 평화를 유지했다.

하지만 그리스도교의 공인과 급격한 성장은 사실상 세속 문화와 철학의 주요 기관들에 대한 탄압 정치의 시작을 의미했다. 첫 번째 신호탄은 425년 황제 테오도시우스 2세가 칙령을 발표하면서 세속주의에 대항하기 위한 하나의 방편으로 콘스탄티노폴리스 대학을 설립한 사건이었다. 콘스탄티노폴리스 대학은 로마제국의 행정부가 설립한 최초의 대학이었다. 이는 교육을 장려한다기보다는 교육이라는 앎의 전파 과정을 아테네학파의 철학자들 같은 개인 교수들에게 맡기지 않고 행정부의 직접적인 관리하에 두기 위한 조치였다. 5세기 말부터 종교와 세속 문화는 본격적인 대립 상태에 접어들었고 서로를 향한 배척의 수위는 점점 더 높아지는 경향을 보였다. 로마에서는 원로원이 승리의 제단을 철거하는 일이 벌어졌고 결국 로마를 상징하던 중요한 기념물 하나가 그런 식으로 사라지고 말았다. 아테네에서는 아카데미 학장이었던 철학자 프로클로스가 유배되고 신플라톤주의 철학자들이 아끼던 대규모의 아스클레피오스 성소가 폭동으로 파괴되었다. 심지어는 도시 곳곳에서 전통적인 세속 문화의 흔적을 지우려는 시도가 정책적으로 실행되었고, 이와는 달리 대성당과 교회들이 곳곳에 들어섰을 뿐 아니라 기존의 세속 신전들을 성당으로 탈바꿈하는 작업이 이루어졌다. 대표적인 예는 성모 마리아 성당으로 변신한 파르테논 신전이다. 하지만 전통 파괴의 가장 중요한 표적은 무엇보다도 아카데미, 즉 고대의 플라톤 아카데미를 전신으로 하는 신플라톤주의학파의 아카데미였다.

6세기에 접어들었을 때에만 해도 아테네의 아카데미는 교육기관으로서의 기능을 완벽하게 수행하고 있었다. 동로마제국 도처에서 학생들이 아카데미로 몰려들었지만 아테네의 전통적인 학교였던 만큼 자부심이 강한 아테네 시민들이 주를 이루었다. 풍부한 기부금을 통해 운영되던 아카데미는 공공기금에 의존하지 않고 자유롭게 번창하며 탁월한 철학자들의 가르침으로 명성을 유지했다. 역사학자 알랭 뒤셀리에Alain Ducellier는 로마제국과 아테네처럼 이미 그리스도교화한 세계에서 고유의 정치적 세력을 유지했던 당시의 아카데미를 '정치성이 강한 플라톤주의자들의 소도시'라고 정의한 바 있다. 이 시기에 학장을 맡고 있던 인물은 다마스키오스다. 신플라톤주의와 세속 종교의 융합을 도모했던 다마스키오스의 문화 전략은 한 오래된 문화 발전 과정의 결말에 가까웠다. 이 과정의 궁극적인 목표는 철학을 고전 문헌 독서와 해설을 토대로 하는 실천적인 학문이자 모든 그리스적 사유가 공유하는 기초적 통일성과 신플라톤주의 신학을 토대로 하는 학문으로 정립하는 것이었다. 바로 이러한 문화 전략에 대항하며 527년에 황제 유스티니아누스의 최종 반격이 시작된다. 이 해에 황제는 이단자들을 비롯해 유대인과 헬라인(혹은 세속인)들에게 국가의 모든 행정직을 금하는 동시에 모든 종류의 교수 자격을 박탈하는 법령을 발표했다. 이러한 조치는 분명히 그리스도교 배척자들을 억압하는 정책의 일환으로 실행되었고 로마제국 내부에서 행해지는 모든 형태의 이단 행위를 단 하나의 조항으로 처벌하는 효력을 가지고 있었다. 하지만 가르칠 수 있는 자유를 금하는 법이 공개적으로 철학 아카데미를 표적으로 삼고 있었다는 것은 분명하다. 몇 년 뒤에 황제는 세속인에게만 해당되는 또 다른 법령을 통해 기존의 법 조항을 강조하고 처벌을 강화했다(531년). 가르치는 일을 금하는 법은 재차 강화되었고 세속인들은 비축식량 수혜 대상에서 제외되었다. 아울러 이들이 자신의 권리를 보호하기 위해 최고 통치권자가 세운 법을 악용하지 못하도록 하는 조치가 이루어졌다. 다시 말해 '정교에 속하지 않은' 이들은 로마법을 근거로 자신의 권리를 주장할 수 없었다. 이러한 조치는 결국 이들에게서 법적 보호 장치에 대한 모든 권리를 빼앗고 시민으로서의 자격을 박탈하는 것과 다를 바 없었다. 이들은 유산 상속의 권리마저 박탈당했다. 그런 식으로 아카데미 운영에 쓰이던 풍부한 기부금의 출로를 봉쇄했던 것이다. 우상숭배와 번제가 금지되었고 법을 어길 경우 높은 벌금형과 강제 세례를 받아야 했다. 법령에 인용된 "헬라인들의 광기"는 사라져야만 했다.

이러한 상황을 배경으로 일어난 미묘한 사건이 바로 529년에 황제 유스티니아누스가 아테네에서 철학 강의를 금지하는 칙령의 발행이었다("황제가 발행한 칙령이 아테네에서 공표되었다. 황제는 로마제국의 도시에서 어느 누구도 철학을 가르치거나 법을 해석하거나 투기를 도모할 수 없다고 천명했다." 요안네스 말라라스Ioannes Malalas, 『연대기』 XVIII 47). 유스티니아누스는 아카데미의 실질적인 폐교를 명했고 천 년에 가까운 역사를 자랑하던 아카데미는 그런 식으로 문을 닫고 말았다. 이러한 금지령이 어디까지 확장 적용되었는지는 구체적으로 언급하기 어렵다. 물론 아카데미의 마지막 학장 다마스키오스에 따르면 알렉산드리아의 철학 학교 교수들이 그리스도교 정신에 위배되지 않는 내용으로 교육 계획을 제한하겠다고 대주교에게 약속했던 것으로 보이지만 로마제국의 다른 도시들에 산재하던 철학 학교들은, 예를 들어 알렉산드리아와 하란에서는 특별한 제재를 받지 않았다. 여하튼 황제의 칙령이 표현의 자유와 정치적 참여라는 그리스 철학의 가장 특징적인 요소들을 표적으로 삼았다는 것은 분명해 보인다. 그런 식으로 불화의 온산이었던 교육기관을 철저히 관리하려 했던 것이다. 실제로 아카데미의 마지막 학장 다마스키오스는 플라톤이 『국가』에서 제시했던 이상적인 철학자상을 토대로 정치 참여를 적극적으로 권장했던 인물이다. 여기서 비롯된 위험 요소가 바로 종교적 교리의 구속력에 거부반응을 보이는 철학자들의 사회주의적인 성향이었고, 이러한 성격의 적신호들은 결국 모든 형태의 이단을 신성모독으로 간주하게 만들었다. 철학 역시 이제는 그리스에서 로고스를 숭배하며 탄생한 이성주의의 병폐, 즉 '헬라인들의 광기'에 불과했다.

철학자들이 황제의 칙령에 어떤 반응을 보였는지에 대해서는 아무런 정보가 남아 있지 않다. 게다가 지성인들 사이에서도 특별한 반향을 일으키지 못했던 것으로 보인다. 하지만 우리는 역사학자 아가티아스 스콜라스티코스가 전하는 531년경의 한 일화를 통해 유스티니아누스의 정책에 대한 지식인들의 입장이 어떠했는지 짐작할 수 있다. 아가티아스에 따르면 다마스키오스를 포함한 7인의 철학자들은 로마제국을 떠나 페르시아 황제에게 망명을 요청했다. 황제 호스로는 철학을 특별히 사랑해서 아리스토텔레스의 모든 저작과 플라톤의 중요한 대화록을 읽고 공부했던 인물이다. 7인의 철학자들은 페르시아를 가장 이상적인 국가로 보았다. 왜냐하면 '철학과 정치를 궁극적으로는 동일한 것으로 보았던 플라톤이 꿈꾸었던 나라'로 비춰졌기 때문이다. 이 시기에 호스로는 유스티니아누스와 '영원한' 평화협정을 맺으면서 한 가지 별도 조항을 포함시켰다. 철학자들이 고향으로 돌아가 아무런 제약 없이 자유롭게 철학자로서 살아갈 수 있도록 보장해 달라는 요청을 협정 내용에 포함시켰던 것이다. 물론 이러한 정보가 전적으로 믿을 만한 것은 못 된다는 점에 대해 역사가들 대부분이 동의하지만, 당시의 아카데미와 7인의 철학자들이 처했던 정치적 상황에 대한 이들의 관점만큼은 분명하게 드러낸다고 볼 수 있다. 이 일화에 대해서는 다양한 추론과 가설들이 제기되었다. 예를 들어 한편에는 철학자들이 페르시아로 떠난 이유가 마즈다크교와의 교감 때문이었다고 보면서 페르시아의 전복적인 개혁 정신(예를 들어 플라톤이 마음에 들어 했던 재산의 공유)에 관심을 기울였던 아카데미 철학자들의 '정치적 플라톤주의'에 중요성을 부여했던 견해가 있는 반면, 다른 한편으로는 프랑스 역사학자 미셸 타르디유Michel Tardieu가 아테네의 아카데미와 메소포타미아의 도시 하란, 그리고 바그다드 사이에 지속적인 교류가 있었다고 주장하면서 9세기 바그다드에 세워진 '지혜의 전당'과 더 나아가 이슬람 철학 자체를 그리스 철학의 직접적인 상속자로 부각시킨 바 있다.

유스티니아누스의 칙령이 가져온 실제적인 결과나 이에 대한 해석과는 무관하게, 서기 529년은 한 시대의 급격한 변화를 설명하는 데 상당히 유용한 해임에 틀림없다. 529년은 물론 고전 철학의 최후를 의미하지는 않는다. 하란이나 이집트의 알렉산드리아 같은 곳에서 철학자들이 오랫동안 그들의 활동을 계속 이어 갔기 때문이다. 하지만 유스티니아누스의 칙령은 고대를 오랫동안 지배해 왔던 독특한 철학 문화의 황혼을 알리는 신호였고, 동시에 새로운 문화, 즉 그리스도교 문화의 등극을 알리는 신호탄이었다. 그리스도교는 서구 세계의 삶의 실천 방식과 지형도를 뿌리 깊게 변형시켰다. 유스티니아누스가 칙령을 발표한 해는 동시에 성 베네딕투스Benedictus가 몬테카시노에 수도원을 세운 해이기도 하다. 베네딕투스의 수도원은 중세 초기에 새로운 문화 공간으로 등장한 수많은 수도원 건축의 시발점이었다.

2

영지주의

2.1 영지주의의 탄생과 발전

서기 2세기에는 그노시스gnosis, 이른바 영지주의 운동이 활발히 전개되었다. 그리스 전통 철학에서 그노시스는, 단순한 지각aisthesis이나 견해doxa와는 다르다는 차원에서, '존재에 대한 진정한 앎'을 의미했다. 하지만 2세기에 들어와서 그노시스는 점차적으로 인간의 정상적이고 평범한 인지능력으로는 취득하기 힘든 초월적인 차원의 지식이라는 의미로 사용되기 시작했다.

영지주의는 이어서 여러 종파를 탄생시킨 일련의 교리들을 총체적으로 가리키는 용어로 정립되었다. 영지주의의 기원에 대한 현대 학자들의 의견은 상당히 분분하다. 어떤 이들은 그리스와 바빌론에서 유래한 것으로, 또 어떤 이들은 이집트 혹은 이란에서 유래한 것으로 보았고, 아울러 이러한 기원과 유대교 혹은 그리스도교적인 요소들을 조합시키면서 다양하기 짝이 없는 가정들을 내놓았다. 실제로 영지주의는 초기 그리스도교 시대에 유행하던 혼합주의의 한 결과였다고 볼 수 있다. 한편으로는 이 운동의 본질적으로 복합적인 성격에 대해 인식할 필요가 있지만 다른 한편으로는 수세기 동안 영지주의에 관한 문헌이라고는 초기 그리스도교 저자들(아울러 플로티노스나 켈수스 같은 몇몇 세속 철학자들)이 그들의 교리를 설명하기 위해 간접적으로 인용하며 논박하던 내용이 전부였다는 사실 또한 기억할 필요가 있다.

영지주의 사상에 대해 우리가 좀 더 많은 것을 알게 된 것은 1차 사료들이 발견된 1945년 이후의 일이다. 이집트의 나그함마디Nag-Hammadi에서 발견된 이 콥트어 파피루스 코덱스는 1960년대부터 정체를 드러내기 시작했다. 나그함마디 문서는 모두 13권으로 구성되어 있으며 총 1153쪽에 달하는 53편의 글을 포함한다. 이 문서들 가운데 41퍼센트가 누구도 들어 본 적이 없는 새로운 문서들이고 나머지는 우리가 여러 가지 형태로 익히 알고 있는 내용을 담고 있다. 파피루스의 제작은 4세기로 거슬러 올라가지만 2세기에 통용되던 그리스어 원본의 복사본으로 밝혀졌다. 이제 우리는 이 문서들을 토대로 2세기의 영지주의에 대해 좀 더 자세히 파악할 수 있는 단계에 있다.

2.2 초기 영지주의의 주요 논제들

주목할 만한 영지주의 사상가로는 「사도행전」에 처음으로 언급되는 마법사 시몬(사도들에게 기적을 일으키는 비밀을 사겠다는 시몬의 제안으로부터 성직 매매를 뜻하는 '시모니아'라는 말이 생겨났다)과 바실리데스, 발렌티누스(그의 사상은 전통적인 유대그리스도교 사상과 아담의 셋째 아들이며 이른바 '영적 인간들'의 조상으로 알려진 셋의 영지주의의 융합으로 탄생했다), 카르포크라테스Karpocrates, 마르키온, 에데사의 바르데사네스Bardesanes 등이 있다. 이 영지주의 지도자들이 주장했던 이론들은 많은 차이점을 가지고 있으며 때로는 아주 대조적인 양상을 보인다. 아울러 우리가 알고 있는 모든 영지주의 문헌들은 철학적이거나 신학적인 성격이 아닌 신화적인 성격을 가지고 있다. 바로 이러한 특징이 이들의 이론에서 하나의 체계적인 신학을 발견하기 힘들게 만든다. 신화적인 담론은 본질적으로 서사적이며 이미지를 통해 개념을 위장하고 하나의 동일한 신화적 인물이 서로 반대되거나 이질적인 개념들 또는 사물들을 상징하거나 비유하는 특징을 지닌다. 하지만 이와는 무관하게 초기 영지주의의 특징을 다음과 같이 몇 가지로 요약해 볼 수 있다.

무엇보다도 영지주의는 본질적으로 이원론적이라는 특징을 가지고 있으며 우주를 선과 악이라는 자율적이고 강렬하며 서로 상반되는 원리들이 전투를 벌이는 일종의 무대로 간주한다. 여기서 근본적인 차원의 이원론과 완충적인 이원론을 구별할 필요가 있다. 전자는 두 원리에 동등한 영원성을 부여하는 반면 후자에서는 부정적인 원리가 우주의 창조 기간에 신성한 세계의 변방에서 일어난 사고로 인해 뒤늦게 부각된다. 영지주의적인 이원론은 항상 창조된 우주를 일종의 형벌로 간주하는 특징을 지닌다. 영지주의의 우주는 이른바 '보이지 않는 것들의 관료주의'를 무대 위에 올린다. 신성한 힘의 충만함과 총체성을 가리키는 플레로마pleroma는 영체aeon들의 복잡한 위계와 일치한다. 발렌티누스에 따르면, 신과 피조물 사이에 존재하는 이 영체들은 짝을 지어 혹은 연접(물질 세계에까지 연결된 하향적 위계에 따르는 연접 배치)을 통해 나타나며 음과 양의 변증법을 통해 조합된다. 이 영체들은 우주가 불완전한 방식으로 모방하는 영원한 원형, 즉 플라톤적인 차원의 원형과 일치한다.

세상은 사고事故에 의해 창조되었다는 말이 있다. 몇몇 영지주의 이론에 따르면 창조 과정은 일종의 발산이었다(예를 들어 신플라톤주의 철학자들은 발산을 필연적인 것으로 보았다. 이들은 최초에 **하나**가 우주를 창조하기 위해 힘을 발산했고, 결과적으로 우주는 열기가 발원지에서 뿜어져 나오듯이 사실상 신성 자체의 발산에 지나지 않기 때문에 그 자체로는 악할 수 없다고 보았다). 또 어떤 이론에 따르면, 신의 창조가 필요했던 것이 아니며 창조란 어떤 원천적인 사고의 결과였다. 그런 의미에서 영지주의 우주론에서는 시간 역시 하나의 결함이며 영원성의 보잘 것 없는 모방에 불과하다.

반면에 대부분의 영지주의 이론은 우주 창조를 조물주의 작품으로 간주한다. 우리가 영지주의에 대해 알고 있는 대부분의 지식에 대해 간접적인 증인 역할을 하는 그리스도교 신학자 로마의 히폴리투스Hippolytus에 따르면 조물주는 부도덕한 존재가 아니라 무능한 존재였다. "마르쿠스주의자들에 따르면 조물주는 한계와 세월을 모르는 '오그도아드Ogdoad'(신성한 지적 세계에 존재하는 여덟 영체의 무리)의 영원하고 무한한 본성을 모방하려 했지만 안정성과 영속성을 재생하는 데 실패하고 말았다. 왜냐하면 조물주 자신이 어떤 결함의 산물이었기 때문이다. 그래서 오그도아드의 영원한 본성에 가능한 한 가까워지기 위해 시간과 순간과 세월을 만들어 냈다. 그런 식으로 시간의 축적을 통해 오그도아드의 무한함을 모방할 수 있다고 보았던 것이다."(『철학 총론*Philosophoumena*』 6권 5장 55절)

몇몇 영지주의자들에게 조물주는 유대인들이 추앙하는 사바오트Sabaoth 혹은 얄다바오트Yaldabaoth라는 거짓 신이었다. 야훼는 단순히 거칠고 무식한 제작자에 불과했다. 이러한 특징은 왜 대부분의 영지주의자들이 구약성서를 거부했는지 설명해 준다(교부들이 영지주의 이론을 내세우는 이단과 맞서기 위해 취했던 조치들 가운데 하나가 바로 구약과 신약의 통일성을 주장하는 것이었다).

일반적으로 조물주를 동반하며 등장하는 것이 무한한 부정적 근원실체hypostasis, 즉 영체들의 실루엣이었다. 신과 인간 사이에 머무는 천사, 대천사, 아르콘, 불꽃, 기운, 별과 같은 신성한 존재들은 2세기의 모든 신학에 빠지지 않고 등장했던 요소들이다.

하지만 이원론적 우주론(예를 들어 창조된 세상의 어두움과 상반되는 신성한 빛의 세계)을 설명하기 위해 영지주의자들은 신의 본성 자체에 이원론을 적용했다. 창조와 함께 발생한 원천적 사고라는 원리, 즉 악의 원리가 신의 속성 가운데 하나라는 것이었다. 이러한 근본적인 차원의 이원론은 신플라톤주의 교리와 상반된다. 신플라톤주의에 따르면 악과 어두움은 신성한 힘이 발산되는 곳 주변에서 일어나는 현상에 불과했고 신성한 힘의 기원은 **하나**, 즉 그 자체로 충만한 빛이자 선이었다. 세상이 악한 것은 오로지 신으로부터 멀어졌기 때문이었다. 하지만 영지주의자에게 근원악은 사고에 의해 발생한 것도, 신의 적도 아니었다. 악은 오히려 신의 또 다른 일면이었다.

이와 유사한 방식으로 영지주의 우주론은 신성을 양성으로 인식했다. 다시 말해 남성과 여성의 신성한 혼인을 통해 생성과 창조를 주관하는 하나의 쌍으로 본 것이다. **최초의 사유**protennoia 혹은 **사유**ennoia는 창조주 아버지가 보유하는 스스로에 대한 성찰 가능성을 말한다. 하지만 안정을 보장하는 이 원리는 동시에 동요의 원리이기도 하다. 왜냐하면 이 원리의 여성성이, 그것이 **사유**이든 소피아(sophia, 지혜)이든 간에, 신의 안정성을 무너트리면서 그에게 창조를 강요하기 때문이다. 창조를 통해 **사유**는 신의 실체를 빈약하게 만든다. **사유**는 창조의 원인인 동시에 근원적 사고의 원인이며 결과적으로 악의 원인이다. 소피아는 우주에 생명을 허락하는 실수를 범하면서 스스로의 감옥이 될 세상을 창조하고 말았다. 이 소피아에 반한 천사들이 질투심으로 인해 소피아를 여성의 신체 안에, 즉 끝없는 환생 속에 가두면서 모든 종류의 폭행을 감당하도록 만든다. 하지만 소피아는 동시에 이 세상의 영혼이며, 천사들의 압제로부터 벗어날 수만 있다면 구원의 원리로도 기능한다. 어떻게 보면 소피아의 구원 가능성은 인간의 구원 가능성에 비례한다고 할 수 있다.

풍요의 시원인 소피아는 모호한 면을 가지고 있다. 한편으로는 처녀지만 다른 한편으로는 번식을 주관하며, 또 어떤 측면에서는 신성한 매춘을 상징한다.

2.3 영지주의적 인간

근원적 사고事故의 결과물인 인간은 세상에 유배되어 참담한 상황의 희생양으로 살아간다. 인간은 흔히 무덤, 감옥, 침입자, 적으로 정의되는 육신의 희생양이다. 그에게는 존재한다는 것 자체가 하나의 악이며 우주는 근본적으로 병들었고 시간과 역사는 감옥에 지나지 않는다. 영지주의자는 자신이 이 세상 사람이 아니며 소피아와 마찬가지로, 근원적 사고로 인해 세상에서 잠시 유배 생활을 하고 있는 신성한 존재의 불꽃이라는 것을 이해하는 사람이다. 인간은 여하튼 신에게 돌아가야 한다. 그는 회귀를 통해 스스로의 시원에 도달할 수 있을 뿐 아니라 그것을 정화하고 부활시킬 수 있다.

그런 식으로 영지주의자는, 병든 세상의 죄수임에도 불구하고, 신성한 부활의 일꾼으로 살아간다. 신은 오로지 인간의 협력을 통해서만 근원적인 분열을 복구할 수 있다. 하지만 인간의 구원은 그의 행위가 아니라 초월적인 앎을 통해 이루어진다. 인간은 세 종류로 구분된다. 물질에 얽매이며(hyle) 구원의 희망을 잃은 인간이 존재하는 반면 심적(psiche) 단계에 머무는 인간(어떤 교리에 따르면 바로 그리스도교도들을 말한다)과 앎을 통해 신성한 세계에 복귀를 희망할 수 있는 영적(pneuma) 인간이 존재한다. 영지주의는 귀족주의적이다. 완벽한 이들만이 구원을 받을 수 있다고 믿기 때문이다. 세상의 희생양인 인간은 회복을 위해 스스로가 지닌 본성의 물질적인 면을 증오해야만 하는 처지에 놓여 있다. 영지주의자는 가장 기본으로 육체와 생식 활동 자체를 경멸한다. 이러한 특징은 후세의 영지주의 종파들에서도 계속 유지되었으며 카타리파의 경우 육체에 대한 경멸은 자살 예식으로까지 이어졌다.

세상과 육신에 대한 경멸이라는 요소는 몇몇 영지주의학파에서 궤변적인 형태로 나타나기도 했다. 카르포크라테스는 인간이 우주를 지배하는 천사들의 압제로부터 벗어나기 위해 의도적으로 가능한 모든 치욕을 감당해야 한다고 보았다. 다시 말해 총제적인 육체적 경험의 단계를 통과해야 한다고 보았던 것이다. 이러한 입장은 종종 또 다른 믿음에 의해, 즉 계시를 얻는다면 선과 악의 경계를 뛰어넘어 영적이고 완전한 단계에 도달할 수 있다는 확신에 의해 강화되곤 했다. 구원에 대한 확신을 가진 영적 존재에게는 모든 종류의 방종이 허락되었다. 왜냐하면 그가 학대하는 것은 궁극적으로 파괴되어야 할 육신이지 이미 구원을 받은 그의 영혼이 아니었기 때문이다. 초대 교회의 교부들은 영지주의자들의 이러한 자유분방함을 나무랐고 후에 교회는 어떤 종파가 이단으로 판명될 때마다 동일한 종류의 자유분방함을 지적했다.

영지주의적인 요소들은 여러 교리 속에 산재해 있었고 이 교리들은 영지주의의 모든 특징을 가지고 있었던 것은 아니지만 반드시 어떤 한 형태의 그노시스에 의존하는 경향을 보였다. 이원론을 주장하는 많은 이단들이 영지주의를 배경으로 탄생했고 이들 가운데 가장 독특한 것은 3세기 페르시아의 종교지도자 마니가 창시한 마니교였다. 마니교에 따르면 선과 악은 빛과 어둠처럼 완전히 상반된 원리로서 기능했고 세상은 악, 즉 부정적인 원리의 결과였다. 마니교는 육체와 번식과 혼인의 경멸을 통한, 아울러 특별한 방식의 고행을 통한 신성한 '나'의 복구를 가르쳤다. 뒤이어 마니교에서 여러 종파들이 파생했지만 사실상 어떤 것이 마니교에 기원을 두고 있고 어떤 것이 영지주의 혹은 혼합주의에 기원을 두고 있는지 판단하기가 항상 쉬운 것은 아니다.

3

신을 비유하기

클레멘스와 오리게네스

알렉산드리아는 영지주의 교리의 확산과 체계화의 중심지였다. 하지만 알렉산드리아의 그리스도교 내부에는 다양한 교리를 지닌 종파들이 공존했고 2세기 말부터 알렉산드리아는 영지주의에 반대하는 대대적인 운동의 극장으로 변모했다. 이 무대에서 주인공으로 떠올랐던 인물이 바로 클레멘스Clemens와 오리게네스Origenes다.

3.1 알렉산드리아의 클레멘스와 반영지주의 논쟁

아테네에서 150년경에 태어났지만 클레멘스가 철학자와 종교인으로서 활동한 곳은 알렉산드리아다(180년~3세기 초). 그는 211년에서 215년 사이에 소아시아에서 사망했다. 클레멘스의 주요 저서는 『스트로마타*Stromata*』(문자 그대로 '양탄자'를 뜻하는 이 용어는 학문적인 글들의 선집을 가리키기 위해 사용되었다)로 이 책이 쓰인 철학적 종교적 배경을 명시하는 '진정한 철학의 관점에서 바라본 영지주의'라는 부제를 달고 있다. 언뜻 '요약본'처럼 보이지만 이 저서는 그만큼 독자의 특별한 지적 능력을 요구한다. 『스트로마타』는 어떤 의미에서는 난해한 책이며 내용이 의도적으로 무질서하게 배치된 것처럼 보이지만 사실은 철학 분야에서 유지되어 온 전통적인 출판 방식, 즉 학교에서 오로지 제자와 스승의 토론을 위해 교과서로 만들어지던 책의 집필 방식을 그대로 따른다. 이 저서의 핵심은 저자가 선별 작업을 통해 구축하는 성서 내용의 위계적인 체제이며 이를 토대로 그의 신학적 구도가 설명된다. 그런 식으로 절대적 일관성을 획득하는 신학적이고 철학적인 체제 안에서 믿음, 영지와 영지주의자, 상징과 비유, 예배와 순교의 개념이 설명된다.

클레멘스가 이끈 반영지주의 논쟁의 핵심 논제는 구약의 '옳은' 신과 신약의 '선한' 신을 구별하는 문제와 인간이 지니는 본성의 다양성을 인정하는 문제였다. 클레멘스는 첫 번째 문제를 전적으로 부인하면서 '옳은' 동시에 '선한' 유일신의 존재를 주장했다. 두 번째 문제 역시 신 앞에서 모든 인간이 평등하다는 바울의 주장을 근거로 거부했지만 이 문제는 한편으로 그에게 독창적인 성찰을 위한 영감을 제공한 것으로 보인다. 클레멘스는 사실상 영지주의 이원론을 다시 제안했다고 볼 수 있다. 그는 이원론이 자연적인 존재론 차원에서 똑같이 적용될 수 있다고 보는 영지주의의 핵심 사상을 거부했지만 대신에 존재론적인 차원의 구분은 전적으로 자유의지에 달렸다고 주장했다. 그는 단순한 믿음의 단계에서 진정한 의미의 앎, 즉 영지를 의식하고 이해하는 믿음으로 한 걸음 더 나아갈 수 있는 가능성이 모든 그리스도교도들에게 열려 있다고 보았다. 그러나 실제로 이러한 발전 가능성을 가진 사람들은 많지 않으며 발전은 고통을 감수하고 노력하는 사람에게만 가능했다. 이러한 발전 과정은 사실상 플라톤 철학에서 유래하는 고행과 변증의 과정과 크게 다르지 않았다. 신성한 로고스에 의해 깨우침을 얻고 스승의 도움으로 성서에 대한 더욱더 깊은 깨달음을 얻은 신도의 영혼은 점차적으로 육신과 욕망의 무게를 벗어던지고 다양성을 토대로 하는 세상으로부터 신의 통일된 세계를 향해 나아갈 수 있었다. 클레멘스가 생각했던 대로, 영지주의자가 이와 크게 다르지 않은 이유는 그가 그리스도교적 희망 안에서 그를 미래와 분리시키는 공간, 즉 사랑의 희망이 완성될 순간으로부터, 지적 세계와 묵상의 세계로부터 그를 분리시키는 공간을 축소하고 최소화하면서 살아가기 때문이다.

3.2 오리게네스: 강의와 성서 해석 사이에서

오리게네스는 185년경 알렉산드리아의 그리스도교 집안에서 태어났다. 18세가 되었을 때 셉티미우스 세베루스Septimius Severus의 박해(202~203년)로 아버지가 사형을 당하고 재산을 몰수당한 뒤 가족의 생계를 위해 학교 선생으로 일하기 시작했다. 머지않아 이 젊은 선생의 탁월한 재능을 주목한 대주교 데메트리오스Demetrios는 예비 신도들, 즉 세례를 받고 그리스도교도의 길을 걷기 위해 공부하는 이들의 교육을 오리게네스에게 의뢰했다. 새로운 임무를 의욕적으로 수행하면서 성공을 거둔 오리게네스는 그의 명성을 듣고 학교를 찾아오는 세속인들을 가르치기 위해 그리스 철학을 공부하기 시작했고 플라톤주의 철학자이자 플로티노스의 스승이었던 암모니오스 사카스를 찾아가 강의를 들었다. 그러나 오리게네스에게 가르치는 일은 생활의 일부에 지나지 않았고 그가 대부분의 시간을 할애해 몰두하던 일은 성서 해석이었다. 성서에 관한 주석서들 외에 손꼽을 만한 저서에는 교리를 다룬 『원리론*Dei principii*』과 그리스도교 반대론을 비판하는 『켈수스 논박』이 있다. 소실된 그의 저서들 가운데 창조와 원죄설을 집중적으로 다룬 『창세기 주석』은 상당히 중요한 작품이었던 것으로 보인다.

오리게네스 신학의 핵심 요소는 감각적 세계와 지적 세계의 구분이었다(이러한 구분은 분명히 플라톤의 철학에 기원을 두고 있다). 그에게 그리스도교도의 과제란 바로 감각적인 단계에서 인식된 진실의 단계에서 벗어나 정신적인 진실의 단계로 성장하는 것이었다. 구원의 가능성은 소수의 인간들에게만 허락된 것이 아니라 모든 민족과 모든 계층에게 열려 있었다. 하지만 그는 앎을 토대로 하는 이성적인 믿음이 단순한 사람들의 믿음보다 우월하며 신의 신비로운 세계에 대한 앎을 추구하지 않는 이들의 믿음은 신에 대한 사랑보다는 두려움에 의존하기 때문에 그만큼 굳건하지 못하다고 보았다.

문헌학적 엄밀함을 토대로 성서를 해석하는 일이 그에게 중요했던 것도 바로 그런 이유에서였다. 오리게네스는 플라톤주의 철학자들과 마찬가지로 자신이 다루는 텍스트를 중요하게 생각했지만 성서는 신의 말씀이 직접 기록된 책이라는 커다란 차이가 있었다.

오리게네스는 성서를 다양한 의미로 해석할 수 있으며 특히 구약은 신약의 예시라고 보았다. 총체적인 차원에서 구약과 신약이 구축하는 통일성은 형태가 없으며 본질적으로는 인식이 불가능한 신의 통일성에 기초를 두고 있었다. 하지만 오리게네스는 인간이 중재를 통해 신의 본성을 이해할 수 있다고 보았다. 아버지인 신이 영원한 세계 안에 아들 혹은 로고스를 생성했고 아들은 아버지에게 종속될 뿐 그와 동일한 본성을 가지고 있었다. 바로 이 '두 번째 신'이 아버지를 알고 있으며 그가 바로 인간의 입장에서는 신에 대한 이해를 도모하기 위한 단서였다. 로고스의 뒤를 이어 활동하는 것이 성령이었고, 따라서 생명의 입김 혹은 프네우마가 모든 것을 다스렸다.

오리게네스는 신이 스스로 감당할 수 있고 그의 섭리 안에 수용할 수 있는 양의 피조물들을 창조한다고 보았다. 신에게 창조를 종용하는 것은 그의 선의뿐이었고, 바로 그런 차원에서 신의 창조 자체는 영원한 것이었다. 오리게네스는 신이 선한 뜻의 실현을 멈추었다고는 볼 수 없다고 믿었다.

그는 바로 이 영원한 창조 과정 속에 영혼의 역사가 있다고 보았다. 순수한 지성으로 창조되었지만 처음처럼 완벽한 모습을 유지하지 못하고 신의 뜻을 거역하며 죄를 짓기에 이르는 것이 영혼이었다. 따라서 죄로부터 벗어날 필요성은 인간뿐만 아니라 모든 존재가 지니는 공통된 요소였다. 오리게네스는 궁극적으로 모든 존재가 구원을 얻게 될 것이라고 보았다. 이것이 바로 오리게네스가 아포카타스타시스apokatastasis, 즉 '만물의 갱신'이라고 부른 것의 의미다. 아포카타스타시스는 말 그대로 근원적인 안정의 '회복'을 의미한다. 회복이 이루어진 뒤에 영원히 순환하는 영생이 시작된다.

4

스캔들로서 종교

이레네오와 테르툴리아누스

4.1 리옹의 이레네오와 영지주의 비판

2세기 후반에 활동한 리옹의 대주교 이레네오는 두 가지 기본 개념, 즉 그리스도교 신앙의 진실과 신의 신비에 대한 이해라는 개념을 중심으로 자신의 신학 사상을 발전시켰다. 이레네오는 인간이 신에 대한 앎을 터득하기 위해 필수적인 계시를 통해 진실을 이해하려는 기본적인 성향을 가지고 있다고 보았다. 이레네오는 주요 저서들 가운데 하나인 『이단 논박*Adversus haereses*』에서 신에 대한 진실을 밝히는 과제는 오로지 성서의 내용과 상응하지 않는 교리를 동시에 논박할 때에만 실현될 수 있다고 주장했다.

비록 신의 타자성과 초월성을 무시하지 않았지만, 아울러 창조되지 않은 조물주와 약하기 그지없는 피조물 인간 사이의 근본적인 차이점을 인정하면서도 이레네오는 영지주의자들의 입장을 논박하며 인간은 신을 이해할 수 있으며 이러한 가능성 자체는 인간에 대한 신의 사랑에서 직접적으로 비롯된 결과라고 주장했다.

이레네오는 신의 계시가 점진적으로 완성되고 신에 대한 실질적이고 본질적인 지식의 습득 과정이 인간의 역사 속에서 실현된다고 보았다. 이레네오 신학의 핵심은 이른바 "진실의 삼위일체적인 리듬"에 대한 성찰이다. 이 표현을 그는 신의 계시와 인간의 역사가 성삼위일체를 구성하는 세 인격체의 역동적인 관계에 좌우된다는 점을 주장하기 위해 사용했다. 이레네오는 신의 사랑이 그에 대한 앎을 터득하고 신비를 이해하기 위한 하나의 조건이자 원동력으로 기능하는 과정이 곧 계시라고 보았다.

피조물이란 이레네오에 따르면 존재하는 모든 것의 절대적인 원리, 즉 신의 자유의지에 의해 실현된 결과였다. 이레네오는 역사 속에서와 마찬가지로 창조 과정 속에서도 삼위일체의 역동성이 힘을 발휘했고, 그가 '신의 손'이라고 표현한 아들과 성령이 지켜보는 가운데 신이 스스로의 힘으로 창조의 위업을 달성했다고 보았다.

이레네오는 완벽한 앎gnosis(믿음을 기반으로 하는 총체적인 차원에서의 지적 침투력)이 신에 대해서는 이해도 접촉도 불가능하다는 것을 깨닫는 데 있다는 영지주의자들의 생각을 전적으로 거부하면서, 신학 연구란 우리에게 삶과 지식을 허락하는 신의 신비로운 세계 속으로 침투해 들어간다는 것을 의미한다고 주장했다. 이레네오에게 역사란 신이 인간과 더욱 굳건한 결속을 다지면서 스스로를 알리는 이상적인 무대의 표상이었다. 신의 신비로운 세계와 비교를 통해 터득해야 할 진리는 곧 그리스도교 신앙과 일치했고 이를 신으로부터 직접 물려받은 교회가 진리를 널리 전파해야 할 임무를 지니고 있었다. 진리의 공간인 교회는 계시의 결과였고 인간이 신을 적합한 방식으로 이해할 수 있도록 인도하는 곳이었다. 이레네오는 그리스도 및 성령과 함께하는 것이 교회를 신과의 관계가 역사 속에서 활성화되는 장소로 만든다고 보았다.

4.2 테르툴리아누스, 종교와 철학의 관계

165~170년경 카르타고에서 태어난 테르툴리아누스Tertullianus는 헬레니즘 문화의 영향을 받으며 성장했다. 그리스어에 익숙한 테르툴리아누스는 2세기 그리스도교 정교를 보호하기 위해 이단 논박에 몰두했던 그리스도교 호교론자들의 저서들과 이레네오의 책을 읽고 공부했다. 이어서 테르툴리아누스는 이단의 공격으로부터 믿음의 진리를 수호하겠다는 생각으로 신학자가 되었다. 이단 퇴치에 대한 그의 의지는 널리 알려진 저서들 가운데 하나인 『호교론』에 그대로 드러나 있다. 여기서 그는 세속 문화를 기본적으로 거부하는 입장을 취한다. 초기 그리스도교 시대에 철학과 그리스도교의 관계는 무엇보다도 서로에 대한 몰이해를 바탕으로 하는 관계였다. 테르툴리아누스의 글들은 당시에 신학이 철학으로부터 또렷하게 멀어지려고 했던 동기를 파악하는 데 특별히 중요한 사료라고 할 수 있다.

테르툴리아누스는 세속 철학과 그리스도교 신앙의 비교를 위해 가장 먼저 아테네와 예루살렘을 대립시켰다(아테네 혹은 그리스 세계는 철학을, 예루살렘 혹은 유대그리스도교는 신앙을 상징했다). 고대 세속주의를 강하게 비판했던 테르툴리아누스는 철학자들을 우스꽝스러운 존재로 묘사하며 이들의 이론이 이단의 냄새를 풍기는 결론에 도달하기 십상이라고 주장했다. 그의 가장 방대한 책 『마르키온 논박』에서 테르툴리아누스는 모든 이단들에 대한 논박을 시도했고, 『이단의 규정』에서는 전통적인 교회 내부에서 사도들의 믿음이 생생하게 전승되어 온 과정을 상세하게 묘사하며 자신의 입장을 발전시켰다.

철학의 '세속적인 지혜'와 '허영'을 비판하면서 테르툴리아누스는 고대 철학자들을 심지어 모욕적인 표현으로 묘사하기까지 했다. 테르툴리아누스는 플라톤처럼 자신의 학문에 자긍심을 지닌 철학자보다는 겸손한 태도의 그리스도교 노동자가 훨씬 훌륭하다고 주장했다. 신을 발견한 그리스도교도는 그의 지인들에게 다름 아닌 스스로의 삶을 통해 자신의 믿음을 증언할 수 있다는 것이었다. 『호교론』에서뿐만 아니라 『이단의 규정』에서도 테르툴리아누스는 그리스도교를 옹호하면서 그리스도인들이 믿음을 증언할 때 사실을 예로 드는 반면 허영심으로 가득한 철학자들은 지혜보다는 말로 설득하려고 노력한다고 주장했다. 아테네는 능변의 도시였고 세속적인 지혜의 상징이었다. 테르툴리아누스는 아테네에 군림하던 철학자들이 지혜의 우스꽝스러운 지배인이었고 불건전한 궁금증을 참지 못해 창조주보다는 피조물에 더 많은 관심을 가지는 수다쟁이나 이단자에 가깝다고 보았다. 철학은 계시와 무관하게 진실에 도달할 수 있다는 억측과 병폐에 물들어 있었고, 따라서 테르툴리아누스의 눈에는 그리스도교도들의 믿음을 위협하는 학문이었다. 하지만 테르툴리아누스를 단순히 비이성주의자로 이해해서는 안 된다. 그에게 중요한 것은 믿음과 공존이 불가능한 이성을 절대적으로 혐오하는 것이 아니라 단지 우상숭배의 온상인 다신주의의 문제점을 극복하는 데 실패한 철학자들을 비판하는 것이었다.

테르툴리아누스는 신의 창조 계획 한가운데에 인간이 있다고 보았다. 그는 영혼의 비신체성에 관한 플라톤의 논리가 허황되다고 주장하면서 영혼과 육체의 조화를 토대로 존재하는 것이 바로 인간이라고 설명했다. 영혼과 육체는 서로 분리된 자율적 실체가 아니며 '인간'이라는 말도 오로지 이 두 실체의 공존을 가리킬 때에만 올바르게 사용할 수 있다는 것이 그의 생각이었다. 바로 그런 이유에서 테르툴리아누스는 세상을 떠난 영혼이 후에 상이나 벌을 받을 수 있지만 이는 부활 이후, 즉 영혼이 스스로의 육신과 다시 하나가 된 다음에야 가능하다고 보았다.

심판의 날이 도래하기 전까지 망자의 영혼에 부여된 운명을 다루면서 테르툴리아누스는 세상의 마지막 날에 그리스도가 하늘에서 온 새 예루살렘을 지상에 건설할 것이며 이 왕국이 천 년 동안 유지될 것이라고 보았다. 의인들은 그리스도와 함께하기 위해 다시 부활하겠지만, 지하세계에 남아 죗값을 치러야 하는 사람들이 있기 때문에 이 부활은 천 년이 흐르는 동안 천천히 각자에게 정해진 시간에 맞추어 이루어질 예정이었다. 테르툴리아누스는 천년왕국이 끝난 뒤에 모든 망자들이 부활할 것이며 악인은 심판과 처벌을 받고 의인은 지상의 왕국에서 천상의 왕국으로 승천하리라고 예견했다.

삼위일체 논쟁

삼위일체의 '탄생'

초기 그리스도교 사회의 신도들이 당면했던 문제들 가운데 하나는 신과 그의 아들의 관계를 엄밀하게 정의하는 문제였다. 초기에 가톨릭교회 내부에서는 이 문제에 상하 수직관계, 즉 신과 세상을 양극에 두는 수직관계를 축으로 중간에 그리스도와 소피아(지혜), 신의 말씀(신 안에 영원부터ab aeterno 내재하는 로고스)을 위치시키는 교리를 구축하면서 대처했다. 서기 2세기에 서서히 고착된 이러한 관점에 따르면, 그리스도는 시간 이전에 신에 의해 생성된 존재 혹은 신의 '외면화된' 존재로서 신과 구별되며, 신의 창조를 보조하고 세상 및 인간의 중재자로서 기능하는 신성한 실체였다. 그러나 이러한 견해가 모두에게 호응을 얻었던 것은 아니다. 어떤 이들에게는 유일신 개념을 무시하는 것처럼 보였고 또 어떤 이들에게는 지나치게 강조된 그리스도의 신성이 그의 인간성을 쓸모없는 것으로 만드는 것처럼 보였기 때문이다.

안티오키아의 6대 주교 테오필로스의 성찰은 바로 이러한 상황을 배경으로 시작된다. 테오필로스는 로고스와 소피아 역시 신의 창조에 협력한다고 보았다. 하지만 몇몇 경우에 소피아는 로고스와 완전히 일치하지 않았고 결과적으로 '삼중구도'가 발생하면서 조물주 곁에 그의 '손'이나 다름없는 로고스와 소피아가 위치하게 되었다. 테오필로스의 이론은 결국 신-로고스의 이원론적인 패러다임을 극복하고 이를 신-로고스-소피아의 삼중구도로 변신시켰다. 실제로 테오필로스는 '삼위일체'(그리스어로 Trias)라는 용어를 최초로 사용한 가톨릭 저자였다. 머지않아 히폴리투스라는 이름의 주교가 테오필로스의 이론에 대해 상당히 개인적인 해석을 내놓으면서 **아버지**와 **아들**을 가리키기 위해(성령은 아직 등장하지 않는다) 처음으로 '페르소나'(그리스어로 prosopon)라는 용어를 사용했다. 이 용어는 당시의 신학자들 사이에서 대단한 인기를 얻었다.

이 열정적인 해석의 시도들이 이루어 낸 중요한 결과들 중에 하나가 바로 로마 교회의 신앙고백이자 우리에게 전해지는 가장 오래된 신앙고백, 「사도신경」이다. "나는 전능하신 하나님 아버지, 천지의 창조주를 믿습니다. 나는 그분의 독생자 우리 주 예수 그리스도를 믿습니다. 그분은 성령으로 잉태하여 동정녀 마리아에게 나셨고, 빌라도 치하에서 고난을 당하시고, 십자가에 달려 죽으시고 장사되어, 음부에서 사흘 만에 죽은 자들 가운에 부활하셨고, 하늘에 오르시어, 전능하신 하나님 아버지의 우편에 앉아 계시다가 산 자들과 죽은 자들을 심판하러 오실 것입니다. 나는 성령님을 믿습니다. 나는 거룩한 공교회와 성도의 교제와 사죄와 육신의 부활과 영생을 믿습니다."

삼위일체 교리의 형성 과정에 결정적인 역할을 한 것은 3세기 중반에 알렉산드리아의 대주교와 로마의 주교 사이에서 벌어진 이른바 "두 디오니시우스의 문제"라는 이름의 논쟁이었다. 이 논쟁은 삼위일체의 유일한 근원실체hypostasis, 즉 여러 형상으로 모습을 드러내는 신성한 단자monade의 존재를 주장했던 오리게네스의 교리에 문제를 제기하며 알렉산드리아의 디오니시우스가 **아들**은 **아버지**의 "피조물"이라고 주장하면서 시작되었다. 이러한 견해에 강력히 반대하며 맞섰던 로마의 디오니시우스는 알렉산드리아의 주교가 신성의 세 가지 근원실체를 주장하면서 결과적으로 세 명의 신이 존재한다고 가르친다는 주장을 펼쳤다. 이러한 지적에 답하면서 알렉산드리아의 디오니시우스는 **아들**에 대한 의견에 수정을 가했지만 삼위일체에 대한 기존 입장은 바꾸지 않았다. 그는 근원실체가 셋이라는 점을 무시하는 것은 삼위일체를 무시하는 것과 마찬가지이며 단자 내부에서 일어나는 삼위일체의 수축뿐만 아니라 삼위일체 내부에서 일어나는 단자의 확장 또한 인정할 필요가 있다고 주장했다. 더 나아가서 알렉산드리아의 디오니시우스는 **아들**이 **아버지**와 공체(그리스어로 homoousios)를 이룬다고, 즉 동일한 종에 속하며 동일한 본성을 지닌다고 주장했다. 이 '공체consustanziale'라는 용어를 삼위일체 신학에서 가장 먼저 기용했던 인물이 바로 알렉산드리아의 디오니시우스다.

전복적인 성향의 사제 아리우스

313년 콘스탄티누스 황제의 밀라노 칙령 발표와 함께 수립된 교회의 평화는 320년을 전후로 그리스도교 사회 전체를 떠들썩하게 만든 한 논쟁에 위협을 받기 시작했다. 모든 것은 알렉산드리아의 나이 많은 장로이자 신학자였던 아리우스Arius가 공개적으로 **아들**-로고스는 **아버지**의 실체ousia와는 이질적인 존재이고 그와 함께 영원부터 함께했던 것도 아니며(아리우스주의자들은 흔히 "한때 로고스가 존재하지 않았던 시대가 있다"고 주장했다), 비록 **아버지**와 함께 창조에 참여했지만, 결국 **아버지**-신의 파편이자 초석인 존재일 뿐이라고 주장하면서 시작되었다. 강생降生을 통해 인간이 '되지' 않고 단지 인간의 모습으로 나타난 **아들**-로고스는 창조주이며 신이지만 **아버지**와 다르고 보다 하등한 존재이며 그에게 종속된 신이라는 것이 아리우스의 생각이었다. 아리우스의 이러한 교리는 대주교 알렉산드로스와 도시의 성직자들이 참석한 가운데 열린 회의에서 부적격 판정을 받았다.

하지만 계속해서 자신의 입장을 고집하던 아리우스는 결국 교회에서 파문을 당했고 이집트와 리비아의 교회들이 참석한 318년의 알렉산드리아 공의회에서 그의 교리는 공식적으로 이단 판정을 받았다. 이에 굴복하지 않은 아리우스는 콘스탄티누스 황제의 공식 전기 작가였던 카이사레아의 주교 에우세비오스에게 망명을 요청했다. 에우세비오스는 아리우스의 교리를 흥미롭게 바라보던 인물들 중에 하나였다. 아리우스를 받아들인 뒤 머지않아 동방의 그리스도교 사회는 아리우스의 교리에 찬동하거나 반대하는 이들의 당파 싸움으로 격한 논쟁에 휩싸였고 이를 계기로 서로 상반되는 신학적 해석을 각자의 편에서 선전하거나 강화할 목적으로 활발한 서신 교환이 시작되었다. 이 모든 것은 동방 교회가 여전히 동로마제국 리키니우스Valerius Licinianus Licinius 황제의 지배하에 있었을 때 일어난 일이다. 하지만 324년 리키니우스와의 전투를 승리로 이끈 콘스탄티누스가 동방과 서방 세계의 유일한 통치자로 등극하면서 상황은 바뀐다. 콘스탄티누스가 당시에 그리스도교 사회를 뿌리째 뒤흔들던 아리우스 논쟁에 종지부를 찍기 위한 조치를 취하기로 결정을 내렸기 때문이다.

니케아 공의회

니케아 공의회(325년 5~6월)는 그리스도교 최초의 공의회로 '평신도들의 주교'(그리스어로 episkopos ton ektos) 자격으로 참석한 콘스탄티누스 황제의 주재로 개최되었다. 학자들이 주목했던 것처럼 '평신도들의 주교'라는 표현은 교회에 대한 콘스탄티누스 황제의 입장이 무엇이었는지 비교적 정확하게 말해 준다. 여기서 분명하게 드러나는 것은 교회에 대한 주교들의 권력에 비해 교회의 조직 바깥에 머무는 이들에 대한 콘스탄티누스 황제의 권력이 강조되고 있다는 점이다. 하지만 콘스탄티누스는 교회에 대해 권한이 없음을 인정하고 세속적인 권력만 유지하며 주교들이 모든 결정을 자유롭게 내릴 수 있도록 허락했다. 콘스탄티누스는 장장 1800명에 달하는 모든 교회의 주교들(동방 교회의 1000명과 서방 교회의 800명)을 니케아(이스탄불에서 동남쪽으로 약 130킬로미터 떨어진 지금의 이즈니크)로 소집했다. 하지만 250에서 320명에 달하는 주교들만이 실제로 회의에 참석할 수 있었다. 정확한 참가자들의 수에 대해서는 사료들이 제공하는 정보가 일치하지 않지만 공의회에 참석한 교부들 대부분이 언급하는 수는 318명이다.

교부들이 뜻을 모으기 위해 고심하던 안건들은 여전히 그리스도론과 관련된 문제들이었다. 이성적인 관점에서 그리스도-로고스가 **고난**을 당하고 **부활**을 피부로 '느낀다'는 것은 어떻게 가능한가? 로고스-신은 인간처럼 고통을 느낄 수 있는가? 그렇다면 그리스도-로고스와 유일신은 어떤 관계인가? 니케아에서 공의회에 참석한 교부들은 아리우스의 교리를 이단으로 단죄하면서 이른바 「니케아 신경 Symbolum Nicaenum」을 공식적인 신앙고백으로 채택했다. 「니케아 신경」은 451년의 칼케돈 공의회에서 채택된 내용과 함께 여전히 가톨릭교회의 교리에 관한 가장 중요한 문헌으로 남아 있다.

공의회에 참석한 교부들은 '강생을 통해 현현했지만 인간이 되었다고 볼 수 없는' 아리우스의 로고스 개념에 '강생을 통해 인간이 된' 로고스 개념을 대립시키고, 따라서 신의 '파편이며 초석'인 그리스도에 신에 의해 '생성되었을 뿐 창조되지 않은' 존재, 즉 아버지와 영원부터 함께했고 그와 한 몸을 이루는 독생자 그리스도를 대치시켰다. 여기에 성령에 대한 '믿음'을 추가하면서 교부들은 삼위일체의 교리를 분명하고 확실한 방식으로 정립시켰다. "우리는 한 분이신 하나님, 보이는 것과 보이지 않는 모든 것들을 창조하신 전능하신 아버지를 믿는다. 그리고 우리는 한 분이신 주 예수 그리스도를 믿는다. 그리스도는 하느님의 외아들이시며 아버지에게서, 곧 아버지의 실체에서 나셨다. 그는 신에게서 나신 신, 빛에서 난 빛, 진정한 신에게서 나신 진정한 신으로 하늘에 있는 것들과 땅에 있는 것들 모두를 창조한 아버지와 동일한 실체를 지니셨다. 그는 우리 인간을 위하여, 우리의 구원을 위하여 하늘에서 내려와 육신을 취하고 인간이 되셨으며, 고난을 받으시고 사흘 만에 부활하신 뒤 하늘로 올라가셨고, 이어서 산 이와 죽은 이들을 심판하러 오실 것이다.

우리는 성령을 믿는다. 그러나 그가 존재하지 않았던 시대가 있다고 말하거나 탄생 전에는 존재하지 않았다고 말하는 사람들, 혹은 존재하던 것에서 태어나지 않았다거나 아버지와는 다른 근원실체hypostasis 혹은 실체ousia에서 태어났다거나 하나님의 아들이 변화하거나 변질될 수 있다고 말하는 사람들을, 사도들의 가톨릭교회는 단죄한다."

교회의 입장에서 사도들의 전통을 수호하던 교부들은 결국 아리우스의 추종자들뿐만 아니라 오리게네스 추종자들과의 경쟁에서 우위를 점하는 데 성공했다. 오랫동안 오리게네스의 교리에 관심을 기울였던 카이사레아의 에우세비오스 역시 공의회에 참석한 교부들의 결정에 고개를 숙였다. 니케아 공의회는 아울러 교구 조직과 관련된 중대한 결정을 내리고 로마와 알렉산드리아, 안티오키아에 각각 서방과 이집트, 동방 교구의 통치를 의탁했다. 서기 325년 6월 25일 공의회를 마감하면서 교부들은 콘스탄티누스 황제의 통치 20주년을 기념했다. 콘스탄티누스는 최종 연설에서 그리스도론 논쟁에 관한 자신의 염려를 표하면서 교부들에게 가톨릭교회가 화목과 평화를 유지하기를 간절히 희망한다고 밝혔다.

5

카파도키아의 교부들

5.1 카이사레아의 바실리우스

바실리우스Basilius는 카파도키아 카이사레아의 부유하고 영향력 있는 그리스도교 가정에서 태어났다. 그의 아버지는 폰토스 출신의 유명한 웅변가였고 어머니는 카파도키아의 전통적인 그리스도교 공동체 출신이었다. 바실리우스는 콘스탄티노폴리스와 아테네에서 유학했다. 콘스탄티노폴리스에서는 철학자 리바니오스Libanios 밑에서 공부했을 가능성이 크다. 바실리우스가 유학하던 당시의 아테네에서는 웅변가 프로에레시오스Proeresios와 이메리오스Imerios가 활동 중이었고 이암블리코스의 제자 프리스코스가 신플라톤주의 아카데미를 이끌고 있었다. 바실리우스와 그의 동료 나지안조스의 그레고리우스Gregorios가 이 인물들과 친분을 맺었을 가능성은 충분히 있지만 교류를 명확하게 증명해 줄 사료는 남아 있지 않다. 미래의 카이사레아 주교가 먼저 웅변가가 되겠다는 생각으로 고국에 돌아온 것은 355년이다. 하지만 이어서 그는 고행의 길을 걷기로 결심한다. 그를 설득한 것은 여동생 마크리나Macrina 성녀였다. 바실리우스의 유학

기간에 마크리나는 어머니와 함께 아마시아에서 은둔 생활을 시작했고 그곳에 수도원과 수녀원을 세웠다. 하지만 바실리우스는 먼저 여행을 감행했고 코엘레 시리아, 팔레스타인, 이집트, 메소포타미아 전역에서 활동하던 고행자들과 교류했다. 바실리우스는 여행에서 돌아오는 도중 358년에 세례를 받았다. 이어서 그는 오랜 회유 끝에 그의 동료 나지안조스의 그레고리우스와 아마시아에서 만나는 데 성공했고 그렇게 해서 오리게네스의 글들을 두 사람이 공동으로 재편집한 문헌 모음집 『필로칼리아*Philokalia*』가 세상의 빛을 보게 된다. 몇 년 뒤에 바실리우스는 그의 가장 중요한 저서 『에우노미오스 논박』을 출판했다. 이는 키지코스Kyzikos의 아리우스파 주교가 『호교론』을 통해 표명했던 아리우스주의 입장에 대한 그의 답변이었다. 아리우스파인 에우노미오스Eunomios는 자신의 삼위일체론을 근거로 아버지는 아들을 창조하면서 본인의 본성을 물려주지 않았고 결과적으로 아들은 아버지와 '다를' 수밖에 없다고 주장했다. 이러한 입장에 대한 바실리우스의 답변은 또렷했다. 니케아 공의회에서 논의되었던 내용을 근거로 아버지와 아들은 삼위일체라는 통일된 실체 안에서 유일한 실체를 공유하며 이들의 이름이 서로 다른 것은 이들의 공체성에 아무런 영향도 끼치지 못하는 단순한 특성들이 반영된 결과에 불과하다고 주장했다. 이어서 다시 카이사레아로 돌아온 바실리우스는 370년경에 카이사레아의 주교가 되었다. 이 시기에 바실리우스는 열악한 삶을 살아가는 하층민들에게 주의를 기울이면서 병자들을 치료하고 가난한 자들을 돌보기 시작했다. 이러한 그의 구제 활동은 369년 대기근으로 인해 타격을 입은 사람들을 보살피면서 절정에 이르렀다. 주교에 오른 뒤 바실리우스는 당시의 문화적 상황을 그대로 보여 주는 『청년들을 향한 기원』을 집필했다. 여기서 그는 세속 문화를 그리스도교 교육의 핵심인 성경 연구의 준비 과정으로 보고 세속 문화에 접근하는 올바른 방식과 이를 바라보는 비판적인 자세에 대해 설명했다.

정치적인 관점에서 주목할 만한 점은, 바실리우스가 교구 활동을 펼치는 동안 카파도키아를 아리우스주의의 영향으로부터 보호하기 위해 필요한 섭외 활동 및 동맹관계와 정보 조직망 구축에 주력했다는 점이다. 교리적인 관점에서 주목할 만한 점으로 세바스티아(시바스)의 에우스타티오스Eustathios가 성령의 신성을 부정한 것에 대해 바실리우스가 『성령에 관하여』라는 책으로 답변했다는 사실을 꼽을 수 있다. 하지만 불행히도 바실리우스는 교리적, 정치적 차원에서 그가 부단히 기울여 왔던 노력의 결실을 보지 못하고 379년 1월 1일에 세상을 떠났다. 기억할 만한 그의 저서들 가운데 플라톤의 『티마이오스』를 모형으로 오리게네스에 반대하는 경향의 날카로운 논리를 펼치며 우주론을 논한 『6일 동안의 창조에 관한 강론』 외에 몇몇 작품이 있다.

바실리우스가 비잔틴의 천 년 역사에 남긴 위대한 유산 가운데 하나는 그가 폰토스와 카파도키아에 세운 수도원의 수도사들을 위해 만든 '규칙서'다. 내용은 비교적 복잡하지만 규칙서의 심장이라고 할 수 있는 부분은 윤리적인 내용의 1500행에 달하는 80개 규칙으로 구성되어 있다. 아울러 『금욕주의 소론』이 있다. 그리스어 원본은 소실되었지만 라틴어 번역본으로 전해지는 이 저서는 그리스도교 공동체에 보내는 바실리우스의 서신과 서문(원래는 강론)에 이어 '상세한 규칙들', 즉 비교적 장문으로 구성된 55개의 '질의와 응답'과 '짧은 규칙들', 즉 상당히 요약적인 313개의 '질의와 응답'으로 구성되어 있다. 그리고 수도원에서의 삶에 관한 지침이 포함된 『금욕주의 대론』이 있다.

5.2 니사의 그레고리우스

니사의 그레고리우스Gregorios는 332년에서 340년 사이에 태어난 것으로 추정된다. 그는 아테네에서 막 돌아온 형 바실리우스의 보호하에 고향에서 교육을 받은 것으로 보인다. 그러나 바실리우스나 그의 친구 나지안조스의 그레고리우스와는 달리, 그리고 무엇보다도 누나인 마크리나 성녀와는 달리 고행의 길을 처음에는 거부했던 것으로 보인다. 오히려 결혼을 하고 아버지의 직업이었던 웅변과 수사학에 매진하기로 결심한 그의 삶은, 카파도키아의 행정부가 와해되고 티아나의 아리우스파 주교 안티모스Antimos가 세력을 확장하던 무렵 카이사레아 교구의 정치적 부패와 맞서 싸우고 있던 바실리우스가 372년에 그를 니사의 주교로 임명하면서 결정적인 전환점을 맞이한다. 하지만 그레고리우스는 처음부터 난관에 부딪혔다. 아리우스파 황제 발렌스Flavius Valens의 지지자들이 가해 오던 거센 공격은 결국 374년에 열린 아리우스파의 종교회의에서 그를 파면하는 결과로 이어졌다. 하지만 그에게 다시 주교로 돌아올 기회가 378년 황제의 서거, 379년 바실리우스의 사망과 함께 찾아온다. 유배지에서 돌아온 뒤 정교의 수호자들 사이에서 그레고리우스의 역할이 중요해졌고, 황제 테오도시우스의 아내와 딸의 장례 연설문에서 드러나는 것처럼, 새 황제와의 교류 역시 활발해졌다. 이러한 정황 속에서 그레고리우스는 381년 콘스탄티노폴리스 공의회 기간에 에우노미오스파를 단죄하는 데 결정적인 역할을 했다. 하지만 380년대 중반 이후 그는 바실리우스가 세운 수도원에서 은둔 생활을 시작했고 394년 세상을 떠나기 전까지 저술 활동에 전념했다.

그레고리우스의 신학에서는 무엇보다도 '외부의 철학'(즉 세속 철학)과 '내부의 철학'(즉 그리스도교 철학)을 융합시키려는 성향이 강하게 드러난다. 이러한 성향은 카파도키아 교부들과 이들의 문화적 배경이 지닌 전형적인 특징이었다(끝없는 논쟁을 불러일으켰던 '그리스도교적 플라톤주의'라는 표현이 바로 이러한 배경에서 탄생했다). 이러한 융합의 성향은 그레고리우스가 글을 쓰면서 활용한 장르들의 형태를 통해 고스란히 드러난다. 대표적인 예는 『마크리나의 삶』과 대화록 『영혼과 부활에 관하여』다.

첫 번째 작품 『마크리나의 삶』을 통해 그레고리우스는 전통적인 성인 전기 양식을 바탕으로 새로운 형태의 그리스도교 '소설', 즉 세속 문학 고유의 서사 양식들을 최대한 활용해 그리스도교도라는 새로운 독자들에게 효과적으로 전달할 수 있는 소설을 창조해 냈다. 두 번째 작품 『영혼과 부활에 관하여』에서 그레고리우스는 플라톤의 『파이돈』을 모형으로 소크라테스의 자리에 마크리나를 배치시키고 신플라톤주의의(특히 포르피리오스와 플로티노스의) 철학적 요소들을 첨부하면서 그리스도교 심리학이나 영혼과 육체의 관계에 대한 유기적인 해설을 시도했다.

이 대화록의 핵심적인 내용을 구축하는 질문들은 육체의 기능과 죽음 이후에 육체가 담당하는 역할과 부활 이전에 영혼이 머무는 중간 세계에 관한 것들이다. 그레고리우스의 『죽음에 관하여』와 『인간의 창조에 관하여*De opificio hominis*』 역시 동일한 문제를 다룬다. 특히 후자의 경우는 세속 철학자들의 인류학과 경쟁할 수 있는 그리스도교만의 인류학을 구축하고 바실리우스가 『6일 동안의 창조에 관한 강론』에서 제시한 구도를 완성하려는 시도였다고 볼 수 있다. 마크리나가 주인공으로 등장하는 대화록에서 결정적인 역할을 한 것은 육체와 영혼 간에 뿌리 깊은 연관성이 있다는 생각이었다. 그레고리우스는 이러한 연관성을 토대로 육체와 영혼 모두가 경쟁을 통해 개인의 정체를 결정짓는다고 보았고(하지만 그레고리우스의 생각은 영혼이 탄생 이전부터 존재한다는 오리게네스의 이론과 모순된다) 사망 후나 부활 이전에도 육체는 영혼의 인식 과정과 존재의 일부로 남는다고 생각했다.

『인간의 창조에 관하여』에서 그레고리우스는 신의 인간 창조가 종적이거나 개인적인 차원의 세분화에 앞서 총체적인 차원에서 이루어진 인류의 창조였고, 지적인 차원에서 신의 형상을 닮은 인간의 창조는 모든 개별적 인간 존재의 우연성 속에서 완성될 운명을 가진다고 설명했다(그레고리우스가 창조를 독립된 순간의 행위로 간주했음에도 불구하고 흔히 '이중의 창조'라는 표현을 사용했던 것은 바로 이러한 완성의 순간을 기다려야 한다는 특징 때문이었다). 그레고리우스의 신비주의가 가진 가장 중요한 특징 중에 하나는 『모세의 삶』이나 『아가에 대한 강론』에서 표명된 바 있는 '에펙타시스epektasis'(중기 플라톤주의에서 유래하는 용어)라는 개념이다. 에펙타시스는 인간의 영혼이 본능적으로 신의 본성을 추구하는 과정이며 신의 무한성과 규정 불가능성을 고려했을 때 결코 해소되거나 완성될 수 없는 과정을 가리킨다. 끝으로 주목해야 할 것은 『에우노미오스 논박』을 통해 드러나는 그레고리우스의 치열한 교리 논쟁이다. 이 저서는 에우노미오스가 바실리우스의 반론에 대한 답변으로 집필한 『호교론 중의 호교론』를 논박하기 위해, 니케아 공의회를 통해 정립된 아버지와 아들의 삼위일체적인 관계를 분명히 밝힐 목적으로 380년에서 384년 사이에 집필되었다. 원래는 세 권이었지만 비잔틴 시대에는 『에우노미오스의 믿음에 대한 논박』이 추가되면서 네 권으로 구성된 판본이 보급되었다.

5.3 나지안조스의 그레고리우스

나지안조스의 그레고리우스는 사망한 뒤 대략 60년 밖에 되지 않은 451년의 칼케돈 공의회에서 간략하게 '신학자'로 기억된 바 있다. 복음서의 저자 요한을 지칭하던 이 별명은 그리스에서 중세 내내 그레고리우스를 따라다녔다. 하지만 그레고리우스의 삶은 결코 순탄하지 않았다. 그는 326년에서 330년 사이에 카파도키아의 아리안조스 근교 카르바라에서 태어났다. 그레고리우스는 영향력 있는 가문에서 자라난 어머니의 집요한 회유 끝에 그리스도교로 개종하였고 329년에 나지안조스의 주교에까지 오르는 아버지 밑에서 그리스도인으로 성장했다. 그레고리우스는 형 케사리오스Cesarios(뒤이어 콘스탄티노폴리스에서 의사가 되었지만 368~369년에 일찍 세상을 떠났다)와 함께 상당히 철저한 교육과정을 거쳤다. 처음에는 카파도키아의 카이사레아에서 공부했고 이어서 팔레스타인의 카이사레아, 뒤이어 알렉산드리아(고대 말기에 부유한 집안의 청년들이 유학을 위해 반드시 거쳤던 중요한 도시들 중에 하나), 끝으로 아테네에서 유학했다. 아테네에서 그레고리우스는 그의 생애에서 가장 중요한 역할을 한 친구, 같은 고향 출신의 바실리우스를 만나게 된다.

그레고리우스는 견문을 넓히기 위한 10년 동안의 긴 여행을 마치고 50년대 말이 되어서야 '철학'에 전념하겠다는, 즉 '철학'이라는 용어가 당시에 그리스도교 사회에서 의미하던 대로 은둔 생활을 통해 성찰에 몰두하는 삶을 살겠다는 확고한 신념을 가지고 카파도키아로 돌아온다. 하지만 일찍부터 그레고리우스는 정치적 목적으로 그를 끌어들이려는 바실리우스의 열성적인 회유로 인해 갈등을 겪었고 게다가 고향에서는 80세가 넘은 아버지가 교구를 힘들게 이끌면서 그에게 도움을 요청하고 있었다. 그레고리우스에게서 나타나는 이론과 실천의 치열한 공방은 이러한 상황에서 비롯되었다고 볼 수 있다. 배교자 율리아누스를 비판하는 강론 4권과 5권에서뿐만 아니라 그레고리우스의 서간문(총 249편)과 자서전적 운문(나지안조스의 그레고리우스가 남긴 방대한 분량의 운문 중에 일부가 시들만 모아 놓은『팔라티나 선집*Antologia Palatina*』8권에 수록되어 있다)에서도 그 흔적을 찾아볼 수 있다.

분쟁이 일어날 때마다 나지안조스의 그레고리우스는 몇 번에 걸쳐 이를 아주 간단한 방식으로, 즉 도주로 해결했다. 처음에는 372~373년경 바실리우스에게 임명을 받고 주교 활동을 했던 사시마에서, 그리고 아버지가 돌아가신 후 주교를 맡았던 나지안조스에서 375년에 다시 도주를 감행했다. 이어서 황제 발렌스가 세상을 떠난 후 니케아 공의회의 결과를 지지하는 당파의 입장에서 세력을 확장해야 했기 때문에 그레고리우스는 인생에서 가장 중요하고 어려운 임무를 맡게 된다. 그것은 콘스탄티노폴리스의 교구를 담당(379~381년)하는 일이었다. 그가 성 히에로니무스라는 인물을 제자로 가르친 것 역시 콘스탄티노폴리스에서였다. 성 히에로니무스는 후에 라틴계 성직자들 가운데 그의 스승 같은 인물이 없음을 한탄한 바 있다(『루피누스 논박』I권 1절). 그의 가장 중요한 강론들 역시 이 시기에 집필되었다. 이들 가운데 주목해야 할 것은 무엇보다도 다섯 편의『신학적 담론』(27~31권)이다. 여기서 그레고리우스는 니케아 공의회가 다루었던 주제, 즉 성삼위일체의 인격체들이 가지고 있는 통일성과 공체성이라는 주제를 보다 심도 있게 다루었다(수사본 형식으로 보존된 그의 강론은 모두 45권에 달한다). 이 다섯 편의 강론에서 그레고리우스는 콘스탄티노폴리스의 신도들을 향해 이미 바실리우스와 니사의 그레고리우스가 맞서 싸웠던 에우노미오스의 아리우스파 교리를 멀리해야 하는 이유에 대해 설명을 시도했다. 그레고리우스는 신성의 본질이 이성적 담론이나 변증법을 통해서는 인식이 불가능하다는 확신을 토대로 본질적으로는 부정신학에 가까운 신학적 담론을 발전시켰다(그가 에우노미오스를 '아리스토텔레스적인 기술자'라고 비난했던 것도 바로 그러한 이유에서였다). 그레고리우스가 꽤 많은 지면을 할애하며 언급하는 또 하나의 주제는 니케아 공의회에서 정립된 공체성의 교리로, 그는 이를 바실리우스의 실체와 근원

실체의 구분을 토대로 설명했다. 아울러 그는 강론 29권에서 플로티노스의 철학에 가까워 보이는 '유출'이나 '움직임'이라는 용어를 사용하며 단자에서 삼위일체로 이루어진 '발전processione'에 대해 묘사했다. 성령이 **아들**의 경우처럼 생성되지 않았음에도 불구하고 **아버지**로부터 유래하는 방식을 가리키기 위해 '발전'이라는 표현을 최초로 도입한 인물이 그레고리우스였다. 이러한 용어 사용이 후세에 얼마나 커다란 영향을 끼쳤는지는 비잔틴 신학자들의 글을 통해 여지없이 드러난다.

코르푸스 헤르메티쿰

/ 코르푸스의 기원

'코르푸스 헤르메티쿰Corpus Hermeticum'은 여러 시대에 여러 저자들이 쓴 철학적이고 종교적인 성격의 글들, 특히 1세기 이후에 집필되어 뒤늦게 6세기와 9세기 사이에 편집된 글들을 집대성한 일종의 문헌집이다.

그리스인들은 헤르메스라는 이름으로 이집트의 신 토트를 가리키곤 했다. 이 신은 플라톤의 『파이드로스』에서 글의 발명가로 거론된 바 있다. 달을 상징하는 토트는 이집트 중부와 남부에서는 시간을 다스리는 신이었던 반면에 오시리스 신화에서는 신의 서기로 나타나며, 따라서 글과 언어의 발명가로 추앙되었다. 이어서 그는 마술과 천문학, 점성술, 연금술의 발명가로도 나타난다. 지옥에서 심판의 결과를 석판에 기록하는 자가 바로 토트였다.

이집트 신화를 받아들이면서 그리스인들은 신의 전령 헤르메스와 토트를 동일 인물로 바라보기 시작했다. 물론 『파이드로스』에서 토트를 글의 발명가로 소개한 플라톤이 헤르메스까지 언급했던 것은 아니다. 헤르메스를 토트와 동일 인물로 보는 것이 보편적인 견해로 정착되는 것은 2세기다. 이 시기에 헤르메스라는 말이 '해석하다'는 뜻의 hermeneuein에서 유래한 것으로 간주되기 시작했다.

한편 밀교적인 성격의 훌륭한 지혜를 담고 있는 서적들의 전통과 기원에 대해 이야기할 때면 항상 헤르메스와 토트를 거론하는 것이 지극히 당연하게 받아들여졌다. 헤르메스는 정통성을 부여하는 기능을 가지고 있었고 무언가 신성하고 전통적인 지혜에 속하며 초월적인 성격을 지닌 것에 대해 언급하는 사람은 누구든지 자신의 말을 헤르메스에게서 유래한 것으로 간주할 수 있었다. 초기에는 '코르푸스 헤르메티쿰'에 실린 이름 없는 저자들의 글이 허위로 인식되지 않았다. 이는 플라톤이 소크라테스를 몇몇 철학이론의 창시자로 소개하면서 대화록의 주인공으로 등장시키는 것이 허위로 인식되지 않았던 것과 마찬가지다. 당시의 사람들은 '코르푸스 헤르메티쿰'을 저자가 주장하는 바에 권위를 부여하기 위해 헤르메스라는 인물이 주인공으로 등장하는 일종의 문학작품으로 이해했다.

/ 헤르메스 트리스메기스토스

르네상스 시대에 이탈리아에 전해진 '코르푸스 헤르메티쿰'은 헤르메스 트리스메기스토스("세 배나 위대한 자")의 신화를 탄생시킨 일련의 글 모음집이다. 르네상스 시대의 이탈리아 인문학자들은 이 글 모음의 저자가 한때 모세로 간주되기도 했던 헤르메스 트리스메기스토스라고 보았지만, 실제로 글을 쓴 저자들은 여러 명이며 모두 이집트의 종교적 색채가 강한 그리스 문화권 출신일 것으로 추정된다. 아울러 신플라톤주의학파의 영향을 받았을 가능성도 충분히 있다. '코르푸스 헤르메티쿰'을 구성하는 책들이 집필된 것은 1세기 이후인 것이 분명하다. 하지만 이들 중에 『아스클레피오스』라는 제목의 책은 중세에 유통되던 라틴어 번역본(그리스어 원본은 소실되었다)을 통해서만 전해진다는 점을 감안해야 한다.

'코르푸스 헤르메티쿰'은 플라톤학파와 스토아학파의 철학적 요소들이 뒤섞여 나타난다는 특징을 보여 준다. 이러한 혼합주의는 기원전 1세기에만 나타나던 현상이다. 이집트적인 요소를 살펴보면, 이집트 사상 고유의 양식적 특징의 흔적은 조금도 발견할 수 없지만 예외는 곳곳에서 발견되는 '투철한 박애정신'의 요소들이다. 하지만 이러한 요소들은 서기 2세기의 로마제국이라면 어디에서든 쉽게 찾아볼 수 있는 특징들이었다. 그리스도교 사상과 관련하여, 구세주로서의 그리스도에 대한 언급은 '코르푸스 헤르메티쿰'에서 전혀 찾아볼 수 없고 로고스(이 개념은 심지어 유대교에서 유래했을 가능성이 있다)는 종종 '신성한 지혜'와 동일시되곤 한다. 여기서 언급되는 '두 번째 신'이라는 표현은 그리스도교의 **아들**이 아니라 세상 혹은 태양을 가리킨다. 이들은 사실상 플라톤적인 요소이지(『티마이오스』) 그리스도교적인 요소라고 할 수 없다.

모든 것은 헬레니즘에 깊은 영향을 받은 어떤 현자가 혼합주의적인 차원에서 시도한 편집의 결과인 것으로 보인다.

『아스클레피오스』는 묵시록적인 문체로(묵시록이라는 장르는 제국 시대에는 아주 일반적이었다) 야만족의 이집트의 침략에 대해 서술한 책이다. 하지만 로마인들도 그리스인들도 아닌 야만족의 이집트 침략은 270년이 되어서야 일어나는 일이다. 따라서 『아스클레피오스』만큼은 3세기 후반 이후에 집필되었을 가능성이 크다.

/ 『사람의 목자』

사실상 '코르푸스 헤르메티쿰'을 구성하는 여러 문헌들 사이에서는 어떤 종류의 통일성도 발견하기 힘들다. 이 작품을 구성하는 17권 중 제1권 『사람의 목자』가 다루는 주제들을 예로 들어보자. 이 책에는 이집트적인 요소뿐만 아니라, 플라톤, 스토아, 신플라톤주의, 성서학, 영지주의, 점성술적인 요소 등 수많은 특성들이 모두 뒤섞여 있다. 이러한 특징을 토대로 우리는 '코르푸스 헤르메티쿰'을 이 시기에 발전했던 종교적·철학적 혼합주의의 가장 전형적인 작품으로 분류할 수 있다.

『사람의 목자』에서 헤르메스는 '누스nous'가 나타난 꿈 혹은 환상 속에서 계시를 받는다. '누스'는 여러 철학자들이 상당히 다양한 의미로 사용하던 그리스 용어다. 아리스토텔레스의 철학에서 누스는 우리에게 지각 활동과 인식 활동을 허락하는 이성, 간단히 말해 인간을 인간으로, 꽃을 꽃으로 볼 수 있도록 허락하는 이성을 의미한다. 여기에 신비하거나 복잡한 요소는 없다. 아리스토텔레스 역시 우리가 특별한 노력 없이 사물의 본질을 깨달을 수 있도록 해 주는 이성의 직감이나 속도와 같은 개념에 대해 언급한 바 있고 이는 플라톤의 디아노이아dianoia처럼 훨씬 복잡하고 논리적인 정신 활동, 즉 성찰 혹은 이성적 활동과는 전적으로 다른 것이었다. 누스는 학문을 의미하는 에피스테메(지식)보다, 진실에 대한 성찰을 의미하는 프로네시스(지혜)보다 훨씬 빨랐다. 플라톤에게는 이데아를 직관할 수 있는 능력을 의미했고 아리스토텔레스에게는 일상적인 사물을 있는 그대로 감지하는 기능을 의미하던 누스는 헬레니즘 세계의 신비주의 속에서 점차적으로 마술적인 직감이나 비이성적인 깨우침, 혹은 비논리적인 직관으로 변화했다.

'코르푸스 헤르메티쿰'에서 누스는 하등한 세계의 암흑 앞에서 솟아오르는 빛과 일치한다. 빛은 **아버지**-신이며 로고스는 그의 **아들**이다. 빛은 무수한 잠재력으로 구축된다. 빛나는 잠재력의 세상은 이상적인 원형들의 세계와 일치하며, 감각적인 세계는 신이 로고스를 취한 뒤 원형의 세계를 모방하려 할 때 신의 의지 안에서 발생하는 일종의 내부적인 분열을 통해 형성된다. 최초의 누스, 양성의 신 **아버지**는 두 번째 신 조물주를 생성하고 조물주는 7인의 통치자를 생성하며 이들은 **운명**이 다스리는 일곱 개의 행성 궤도를 주관한다. 습기를 버린 로고스가 조물주와 합류한 뒤 함께 불의 7궤도를 만들고 이들의 움직임이 동물들을 존재하게 만들며, 아울러 4원소도 각각의 범주에 해당하는 동물들을 생성시킨다.

/ 원형의 인간과 조물주

최초의 누스는 스스로의 형상대로 원형의 **인간**을 생성하고 인간은 조물주가 될 것을 허락받는다. **통치자**들은 그를 사랑하고 아끼면서 일원으로 받아들인다. 인간은 자연에 모습을 드러내고 그를 사모하는 자연과 짝을 이룬다. 이어서 추락한 인간은 영혼과 육체가 혼합된 상태로 남는다. 인간과 짝을 이룬 뒤 수태한 자연은 지상의 일곱 양성인을 생성한다. 이들이 곧 7인의 **통치자**들이다. 마지막 시기에 신은 모든 동물과 사람을 여성과 남성으로 나눈다. 이 존재들은 짝을 이루고 번식한다. 스스로를 불멸의 존재로 인식하는 인간은 선의 축적을 추구하지만 스스로의 육체를 사랑하는 인간은 암흑과 죽음 속에서 살아간다. 누스의 실재는 기량이 뛰어난 인간에게만 허락될 뿐이다.

육체는 변화를 겪는다. 그리고 눈에 보이는 육체의 형상이 사라지면 정신은 정령들에게 맡겨진다. 하지만 영혼은 행성 궤도를 통해 상승하면서 하강해 있는 동안 영혼을 휘감고 있던 열정과 우발적인 사고들, 의상 등을 벗어 각각의 7궤도에 되돌릴 수 있다. 벌거벗은 채로 오그도아드에 도달한 영혼은 오그도아드보다 우월한 잠재력의 세계에 들어가 스스로 잠재력이 된다. 신의 세계에 들어가 신이 되는 것이다. 인간의 신격화뿐만 아니라 오그도아드의 개념 역시 영지주의적인 요소들을 떠올리게 한다. 오그도아드는 일곱 개의 행성에 우월한 실체가 합해진 것으로 이해해야 한다. 이 실체는 문헌 이곳저곳에서 태양으로 등장한다.

'코르푸스 헤르메티쿰'에 실린 창조 이야기는 창세기를 연상시키지만 한 가지 차이가 있다. 그것은 '코르푸스 헤르메티쿰'에서는 인간이 신성한 존재이며 신이 될 수 있는 존재로 간주된다는 점이다.

『아스클레피오스』에 대해 간략하게 덧붙이면, 아우구스티누스와 여러 명의 스콜라 철학자들이 인용하는 『아스클레피오스』에서는 어떤 신비주의 우주론도 거론되지 않는다. 『아스클레피오스』는 아울러 병에 대해 집요하게 파고들지도 않으며 오히려 번식을 장려한다. 아마도 이러한 특징들 때문에 중세의 그리스도교 문화권에서도 번역되어 널리 읽혔던 것으로 보인다.

'코르푸스 헤르메티쿰'이 실제로는 훨씬 뒤늦게 쓰인 작품이라는 사실을 17세기에 문헌학적인 근거를 토대로 명확하게 밝힌 인물은 이삭 카소봉Isaac Causobon이다. 그러나 이러한 명백한 사실에도 불구하고 이런저런 몽매주의자들은 오늘날까지도 이 작품을 고대인들의 지혜가 담긴 정통한 문헌으로 받아들이고 있다.

IX

고대인들을 바라보며

La filosofia
e le sue storie

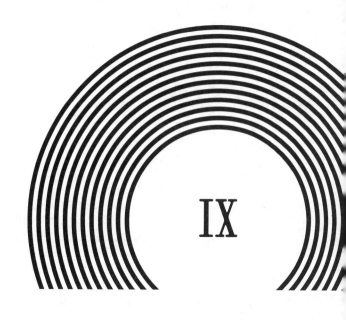

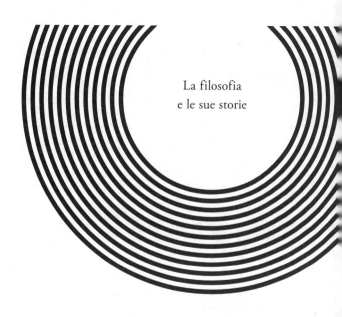

395년
아우구스티누스,
히포 레기우스의 주교로 임명

410년(8월 24일)
알라리크가 이끄는
고트족의 로마 침략

510년
보에티우스,
집정관으로 임명

529년
아카데미 폐교와
철학 강의 금지령
베네딕투스,
몬테카시노 수도원 설립

781년
요크의 앨퀸,
샤를마뉴의 요청으로
스콜라 팔라티나 창설

827년
루이 1세,
디오니시우스
아레오파고스의
저서로 추정되는
코덱스를 선사받음

아일랜드 요크

앨퀸
스코투스 에리우게나

스콜라
팔라티나

성 베네딕투스

밀라노

세베리누스
보에티우스

노르차

흑해

비잔티움

카시오도루스

성 아우구스티누스

마르티아누스
카펠라

스킬레티온

아테네

히포

타가스테 비잔티움

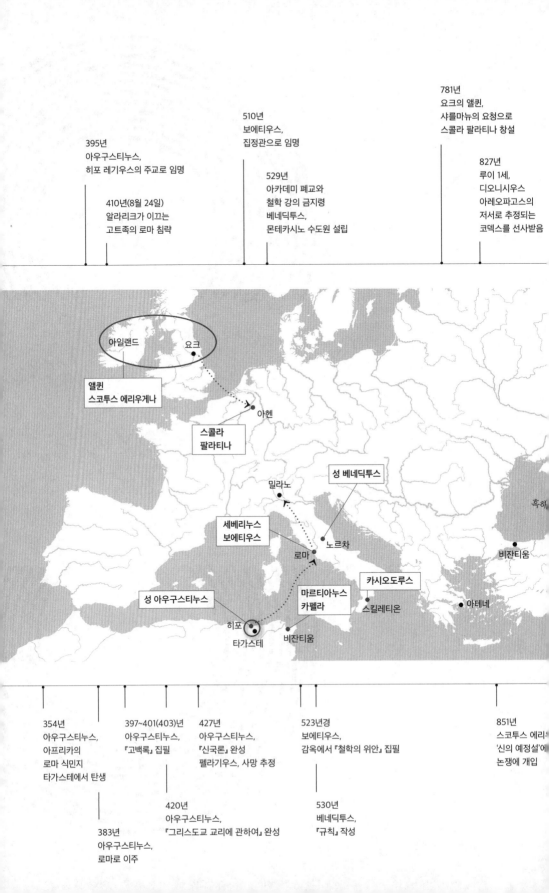

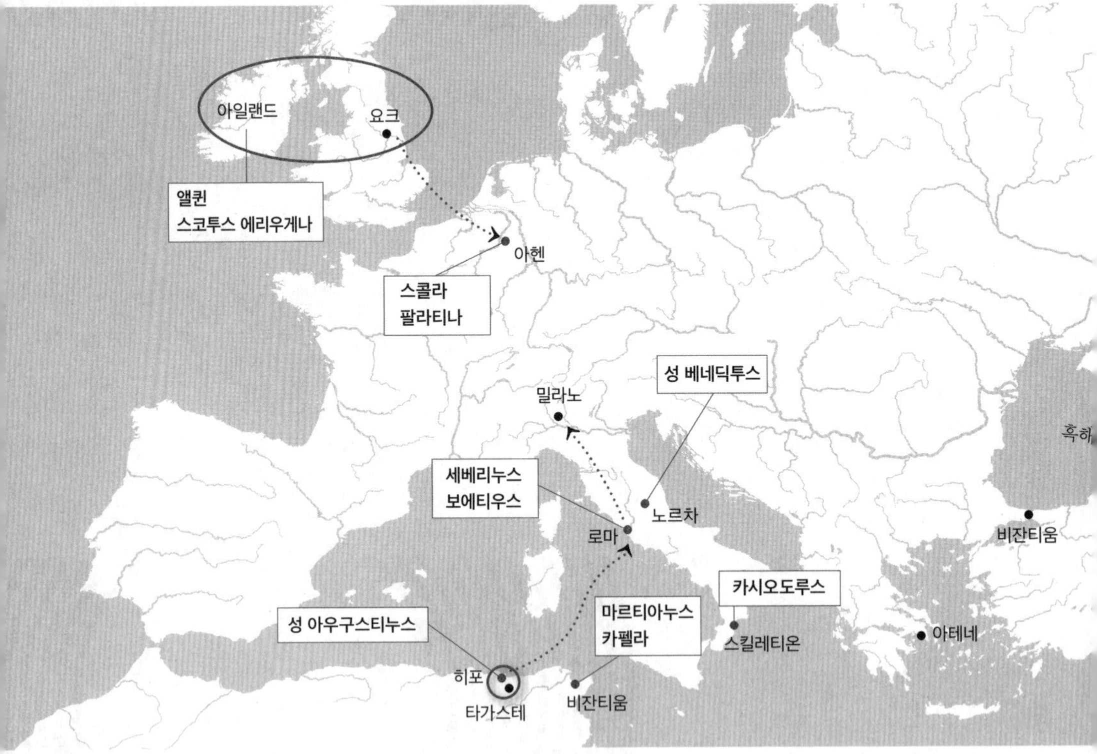

354년
아우구스티누스,
아프리카의
로마 식민지
타가스테에서 탄생

397~401(403)년
아우구스티누스,
『고백록』 집필

427년
아우구스티누스,
『신국론』 완성
펠라기우스, 사망 추정

523년경
보에티우스,
감옥에서 『철학의 위안』 집필

851년
스코투스 에리
'신의 예정설'에
논쟁에 개입

383년
아우구스티누스,
로마로 이주

420년
아우구스티누스,
『그리스도교 교리에 관하여』 완성

530년
베네딕투스,
『규칙』 작성

일반적인 시대 구분에 따르면, 중세는 서로마제국이 멸망한 476년에서 시작해 아메리카 대륙이 발견된 1492년에 막을 내린다. 그러나 천 년이 넘는 이 기간은 중세만의 유기적인 사유체제를 가정하기에는 너무 방대한 세월이다. 일관적인 중세 사상을 기대하기 힘든 이유는 무엇보다도 중세가 로마제국의 붕괴, 야만족의 침입과 '국가'의 등장, 인쇄 및 화약의 발명 등을 포함하는 일관성이라고는 전혀 찾아볼 수 없는 시기였기 때문이다.

중세 철학을 정의하기 위해서는, 혹은 적어도 중세 철학 속에서 하나의 일관성을 발견하기 위해서는 세월과 혁신을 통한 사유의 발전 과정을 토대로 하는 일관성을 원칙적으로 부인할 필요가 있다. 이러한 '혁신'의 흔적을 중세 사상가들에게서 거의 찾아보기 힘든 이유는 근대와 현대의 철학자들이 항상 혁신가가 되기 위해 노력했던 반면 중세 철학자는 반대로 항상 전통적인 사상의 충실한 수호자가 되기 위해 노력했고 우연히 혁신을 이루어 냈을 때조차도 그것을 내세우기보다는 감추려고 노력했기 때문이다.

중세 사상이 그리스도교에 절대적으로 의존했다는 것은 의심할 수 없는 사실이지만 우리의 안 좋은 습관 때문에 여전히 '중세'라고 불리는 이 천 년의 세월이 흐르는 동안에는 오히려 '그리스도교' 철학이 전통 철학의 끊임없는 구조 변화를 통해 명맥을 유지했다. 우리가 중세 사상에서 정말 하나의 공통점을 발견하기를 원한다면 차라리 도서관이라는 비유에 의존하는 것이 훨씬 유익하다. 다시 말해 중세 문화가 일종의 도서관으로, 즉 다른 어떤 종류의 탐구보다도 먼저 세계 혹은 우주의 축소판으로 간주되던 책들을 읽고 이해해야 한다는 공통된 의식을 기반으로 하나의 도서관처럼 탄생했고 발전했다는 점에 주목할 필요가 있다.

중세 철학의 다양성을 하나의 공통점으로 요약한다는 것 자체가 얼마나 무모한 일인지 확실하게 이해하고 싶다면 아마도 로마제국의 멸망과 함께 사망한 아우구스티누스의 시대에서 토마스 아퀴나스의 등장까지 장장 8세기가 걸렸다는 사실을 기억하는 것으로 충분할 것이다. 사실 천 년이라는 세월이 흐르는 동안 사람들이 살아가는 방식과 생각하는 방식이 불변했으리라고는 상상하기는 힘들다. 따라서 중세 사상에 접근할 때에는, 일관성이 존재한다면 그것은 바로 다양성 속에서만, 즉 중세 사상을 구축하는 다양한 전통 사상들의 공존 속에서만 발견될 수 있다는 것을 먼저 이해해야 한다.

중세 철학은 마치 관습적인 시대 구분에 도전이라도 하겠다는 듯이 중세의 출발을 알리는 로마제국의 멸망보다 거의 1세기 앞서 시작된다. 실제로 4세기와 5세기 초의 정신세계를 지배했던 인물은 철학사에서 가장 위대한 사상가 중 한 명으로 손꼽히는 아우구스티누스다.

모든 피조물의 구도와 의미에 대한 무한한 암시를 통해, 아우구스티누스는 그의 책들, 무엇보다도 『고백록』을 빽빽하게 채우고 있는 비유와 상상, 기억, 감동, 메타포로 이루어진 새로운 사고방식을 중세에 선사했다.

아우구스티누스 이후의 철학은 보에티우스가 모든 시대의 억압받는 이들을 위한 황홀한 책 『철학의 위안』(18세기에 카사노바Giacomo Girolamo Casanova가 베네치아의 감옥에서 읽고 있던 책이 바로 이 걸작이다)에서 언급했던 것처럼 더 이상 젊지는 않지만 여전히 아름다운 여인에 비유할 수 있다. 보에티우스는 그를 위로해 주었던 철학의 도움으로 고대 전통문화의 가치를 일깨우고 전달할 수 있었다. 보에티우스는 진정한 의미에서 마지막 고대인이었다. 그에게 철학은 세상의 사물보다 우월하며 불변하는 진리를 찾고자 하는 열정과 다름없었다.

이상적인 연속성의 차원에서 고대인들을 바라보며 중세 초기의 저자들은 우리에게 '지혜에 대한 열정과 탐구'로서의 철학 개념을 유산으로 물려주었다. 중세 철학자들에게 앎을 사랑하고 탐구한다는 것은 성경의 연구와 함께 고대인들의 지식을 가르치고 보존하고 전달한다는 것을 의미했다. 중세 철학과 신학이 남긴 중요한 저서들은 대규모의 베네딕투스 수도사 공동체와 아일랜드 수도회를 통해 수사본으로 생산되고 연구를 통해 해석되면서 보전되었다. 서기 천 년이 도래하기 전에 철학은 샤를마뉴의 궁정에서 '다시 탄생'했다. 이곳에서 탐구와 가르침의 요람이었던 '스콜라 팔라티나Schola Palatina'가 앨퀸Alcuin의 노력으로 탄생했고 바로 이곳에서 탁월한 철학서 『자연의 분류에 관하여*Periphyseon*』의 저자 스코투스 에리우게나Johannes Scotus Eriugena가 자신의 생각을 발전시켰다. 이어서 플리니우스의 전통과 헬레니즘 시대의 신비한 사물들을 다룬 서적이나 동물학 사전들을 모형으로 백과사전이 제작되었다. 세비야의 이시도르Isidore 혹은 베다Beda의 백과사전들은 사실 정확한 기준을 토대로 만들어졌지만 이러한 기준이 현대인들의 관점과 항상 일치하는 것은 아니다.

아주 오랫동안 우리는 999년 12월 31일 저녁에 온 인류가 교회에 모여 세상의 종말을 맞으려 했을 것이며 다음날 아침 오히려 안도의 노래를 불렀을 것이라고 믿어 왔다. 하지만 당시에 쓰인 책들을 읽어 보면 사실상 종말에 대한 공포심의 흔적을 조금도 찾아 볼 수 없다. 당시에 하층민들은 자신들이 서기 천 년을 맞이하고 있다는 사실조차 이해하지 못했다. 예수의 탄생을 시점으로 하는 달력은 아직 통용되지 않고 있었다. 반면에 11세기 초부터는, 당시의 연대기 작가 라울 글라베르Raoul Glaber가 언급했던 것처럼, '교회라는 흰색 망토를 두른' 문화가 도서관과 학교를 배경으로 뚜렷한 정체성을 드러내기 시작했다.

1

끝없는 탐구

아우구스티누스의 사유

1.1 아우구스티누스의 삶과 사상

아우구스티누스Aurelius Augustinus의 철학적 여정은 기본적으로 두 종류의 움직임을 따른다. 먼저 외부세계에서 유래하는 감각적인 세계에서 진실과 행복을 탐색하는 고유의 내면 세계로 나아가는 움직임이 있다. 이런 식으로 외부에서 내부로 향하는 움직임은 동시에 아래에서 위로 향하는 움직임, 즉 영혼이 탐구하는 피조물과 세상이라는 '하등한' 단계에서 궁극적인 논리와 답을 찾아야 할 공간으로서의 내면이라는 '우월한' 단계로 나아가는 움직임을 동반한다. 아우구스티누스의 성찰은 이성의 도구와 믿음의 도구 사이에서, 동시에 그의 『자서전』을 통해 생생하게 드러나는 이성과 믿음 사이의 갈등 속에서 진행된다. 믿음은 깊이를 요구하고 이성을 토대로 하는 포괄적인 관점을 요구한다. 이성 역시 믿음을 통해 이성 안에서는 찾아볼 수 없는 기반을 발견한다. 아우구스티누스의 철학에서 진실의 탐구 과정은 항상 삶의 실존적인 측면과 분리해서 생각할 수 없는 과정으로 나타난다. 쉽게 말해 그의 철학은 그것을 구축하는 주체를 떠나서는 결코 이해될 수 없는 성격의 철학이다. 그의 글에서는 어떤 성찰의 최종적인 결과인 듯 보이는 이야기들도 다시 논의의 대상이 되곤 한다. 결론들을 다른 차원에서 바라보거나 삶의 또 다른 상황에 비추어 보았을 때 항상 새로운 문제, 새로운 질문과 새로운 연구 과제가 제기되었기 때문이다.

바로 그런 이유에서 아우구스티누스가 397년에서 401(403)년 사이에 쓴 자서전적 『고백록』은 그의 사상을 이해하는 데 꼭 필요한 관점이 무엇인지 보여 준다. 아울러 이 책은 아우구스티누스가 히포 레기우스의 주교로 임명되고 실존적인 차원에서 커다란 변화를 겪은 시기에 쓰였기 때문에 더 중요하다. 『고백록』은 17세의 아우구스티누스가 학생 신분으로 시골에서 카르타고로 올라온 시기부터 도시의 삶이 선사하는 쾌락을 경험하는 과정과 13년 동안 그와 함께했던 여인으로부터 얻은 아들 아데오다투스Adeodatus(대화록 『교사론*De magistro*』의 주인공)가 젊은 나이에 세상을 떠나는 사건, 이어지는 아우구스티누스의 그리스도교 개종과 어머니 모니카Monica의 사망, 그가 아프리카로 돌아오는 과정 등에 대해 이야기한다. 철학 고전일 뿐만 아니라 양식적이고 수사학적인 차원에서 걸작으로 손꼽히는 『고백록』은 자신의 문화적이고 종교적인 경험을 그대로 전달하면서 깊이 있는 내면 분석으로 이야기를 구축하는 아우구스티누스의 비범한 능력 때문에 그의 저서들 중에서는 가장 많이 읽히는 책이다. 『고백록』은 사실상 아우구스티누스가 처음으로 신의 '은총'과 '구원' 사이의 관계라는 핵심 주제를 전면에 부각시키는 작품이다. 따라서 이 책은 아우구스티누스를 그리스도교 개종으로 이끌고 철학적으로 성숙한 단계에 오를 때까지 인도한 지적 여정을 간접적으로 경험할 수 있도록 해 준다.

『고백록』의 핵심 일화는 그리스도교의 신을 전적으로 신뢰하게 되는 과정이다. 어떻게 보면 이 일화는 그의 삶과 사상적 발전 과정 속에서 끊임없이 발생했던 수많은 정신적 변화들 가운데 가장 결정적인 것이었다고 할 수 있다. 하지만 이러한 변화는 아우구스티누스의 탐구에 하나의 고정된 형식을 부여하지 못했다. 개종 후 신의 존재에 대해 더 이상 아무런 의혹도 가지고 있지 않음을 고백하면서 그는 자신이 언급하기도 하고 말을 건네기도 하는 신은 과연 어떤 존재인가라는 질문을 계속 던지면서 또 다른 답을 찾아 나섰다. 그런 식으로 관점을 달리하며 그는 탐구를 이어나갔다.

1.2 삶과 저서: '고백'을 통한 여정

아우구스티누스는 아프리카의 로마 식민지 타가스테에서 서기 354년에 태어났다. 그의 아버지는 세속인이었고 어머니 모니카는 그리스도교 신자였다. 그리스도교는 아우구스티누스가 일찍부터 접했고, 비록 청년기에는 마음속 깊이 받아들이지 못했지만, 사실상 한 번도 완전히 멀리한 적은 없는 종교였다. 『고백록』의 첫 장에서 9장까지 거론되는 삶의 이야기들은 아우구스티누스의 인격 형성 과정과 밀접한 관계를 가진 개인적인 탐구의 역사를 보여 준다.

마다우라와 카르타고에서 문법과 수사학을 공부한 뒤 키케로의 『철학의 권유』를 통해 아우구스티누스는 지식에 관심을 가지고 앎을 사랑하는 일에 눈을 뜨게 된다. 이어서 아우구스티누스는 어머니의 영향으로 성서 연구에 몰두했지만 이내 포기하고 말았다. 그 이유는 구약성서가 어머니로부터 받은 그리스도교 교육과는 거리가 먼 내용을 담고 있었고 아울러 성경의 문학적인 수준이 그가 공부한 고전 저자들의 수준에 전혀 미치지 못했기 때문이다. 하지만 아우구스티누스는 계속해서 세상에 대한 순수하게 이성적인 설명과 그가 결코 빼놓을 수 없는 철학적 과제로 확신하던 문제, 즉 세상에 존재하는 악이라는 문제를 추적하는 데 집중했다. 그는 해답을 페르시아의 사제 마니(Mani, 서기 3세기)의 교리, 즉 악을 절대적으로 상반되는 선과 악의 개념을 토대로 설명하는 마니교에서 찾을 수 있다고 확신했다. 따라서 악은 주기적으로 악의 원리가 선의 원리에 비해 우위를 점하는 시기에 득세한다고 볼 수 있었다. 하지만 아우구스티누스는 일찍이 마니교와 거리를 두기 시작했다. 마니교의 가장 대표적인 스승 파우스트Faust와 만남에 실망했고, 무엇보다도 교리의 지나치게 엄격한 윤리적 원칙과 이와는 무관하게 오로지 선택받았다는 이유로 모든 도덕적 비판으로부터 자유롭다고 믿던 추종자들의 행위 사이에 크나큰 모순이 존재한다는 것을 발견했기 때문이다.

『고백록』에 기록한 것처럼 카르타고에서의 교사 생활에 만족하지 못한 아우구스티누스는 383년에 로마로 이주한 뒤 다시 밀라노로 이주했다. 밀라노에서 수사학을 가르치며 주교 암브로시우스Ambrosius의 설교를 들을 기회를 얻은 아우구스티누스는 자신이 고전문학의 영향 때문에 저급한 수준의 책으로 간주했던 구약성서의 알레고리적인 해석에 매력을 느끼게 된다. 하지만 어떤 확고한 진리에 도달할 수 있다는 가능성에 회의를 느낀 아우구스티누스는 플라톤 아카데미의 몇몇 학자들이 주장하던 회의주의적인 입장에 더 큰 매력을 느끼기 시작했다. 이어서 아우구스티누스는 신플라톤주의 철학자들(아마도 플로티노스와 포르피리오스)의 저서들을 접한 뒤 회의주의적인 입장을 포기하게 된다. 결정적인 역할을 했다고 볼 수 있는 이 신플라톤주의 철학자들은 그에게 근본적인 형이상학적 개념들을 수용할 수 있도록 해 주었고 덕분에 아우구스티누스는 다시 그리스도교와 가까워질 수 있는 기회를 얻는다.

그를 개종으로까지 인도한 결정적인 사건은 『고백록』 7권에 언급된다. 성공에의 야망과 그리스도교 신앙에 더욱더 가까이 다가가려는 희망 사이에서 갈등하던 아우구스티누스는 생각에 잠겨 정원을 산책하던 중 "집어서 읽어라"라고 말하는 목소리를 듣고 무작위로 펼쳐진 성경에서 육신의 욕망을 버리고 그리스도의 가르침을 따르라고 권고하는 바울의 문장을 읽게 된다.

이어서 그리스도교로 개종한 아우구스티누스는 교수직을 버리고 브리안자의 카시치아코에서 은둔 생활을 시작했다. 외적인 만족(부와 영예, 육체적 쾌락)을 얻기 위해 주력하는 대신 지적이고 영적인 정화 과정을 통해 진리 탐구에 몰두하기로 했던 것이다. 바로 이 시기에 아우구스티누스는 그의 대화록을 집필했다(『아카데미학파 논박*Contra Academicos*』, 『복된 삶에 관하여*De beata vita*』, 『질서에 관하여*De ordine*』, 『독백*Soliloquia*』, 『영혼의 불멸성에 관하여*De immortalitate animae*』, 소실되어 남아 있지 않은 『문법에 관하여*De grammatica*』와 『음악에 관하여*De musica*』). 『복된 삶에 관하여』에서 나타나는 것처럼, 지혜 탐구는 아우구스티누스에게 행복과 선의 추구를 의미했다.

이러한 입장은 에보디우스Evodius 같은 몇몇 제자들, 그의 어머니 모니카와 함께 나눈 대화 기록에서도 나타난다. 대화록에서 그의 어머니는 철학적인 대화를 나누면서 항상 믿음의 관점에서 말하지만 철학적인(혹은 지성적인) 관점까지도 수용하는 입장을 대변하는 인물로 등장한다.

진리를 탐구하는 두 가지 방식, 즉 지성을 토대로 하는 방식과 믿음의 권위를 토대로 하는 방식이 공존하는 특성은 아우구스티누스가 플라톤주의 철학 전통의 회의주의적인 입장을 다루는 『아카데미학파 논박』의 논쟁 속에도 그대로 남아 있다. 그는 행복에 도달하기 위해 진리를 추구할 필요가 있는가, 아니면 진리를 전적으로 소유하겠다는 억측을 부리지 말고 관심을 기울이는 것만으로도 충분한가라는 질문을 토대로 회의주의적인 의혹을 비판하면서 현실과 주체의 존재마저도 의혹하는 회의주의를 근본적인 차원에서는 인정하기 힘들며, 이는 불확실한 결론에 섣불리 동의하는 입장을 인정할 수 없는 것과 마찬가지라는 논리를 펼쳤다.

아우구스티누스는 고대인들에게 세계에 대한 앎의 구성 방식을 표상하던 7종의 자유학예(문법, 수사학, 변증법, 음악, 천문학, 수학, 기하학) 과정에 관심을 기울이고 이 과정을 밟아야만 개인의 균형 있는 문화적 성장이 가능하다고 보았다. 『질서에 관하여』에서 아우구스티누스는 이러한 과정과 함께 창조된 세상의 질서를 총체적인 차원에서 이해하고 앎의 끝없는 다양성을 통일된 단계로 이끌 수 있는 가능성을 제시했다.

서기 387년 부활 성야에 밀라노에서 암브로시우스에게 세례를 받은 아우구스티누스는 이어서 아프리카로 돌아가기로 결심했지만 고향으로 돌아가던 도중 로마 근교의 오스티아에서 어머니의 임종을 지켜 보아야만 했다. 추운 계절이 다가오고 있었고 불안한 정치적 상황 때문에 아우구스티누스는 출발을 미루고 로마에 머물 수밖에 없었다. 여기서 아우구스티누스는 철학적 탐구를 계속 이어 가며 다른 중요한 저서들을 집필했다. 『영혼의 위대함에 관하여』에서 아우구스티누스는 영혼과 관련된 다양한 문제들을 제기한다. 여기서 그의 성찰은 오로지 정신적인 차원에서 이해해야 할 영혼의 위대함에, 아울러 영혼과 육체의 관계에 집중된다. 아우구스티누스는 지식의 주체이기도 한 영혼이 무언가를 감각적으로 이해할 때 전적으로 수동적인 입장만 취하는 것은 아니라고 보았다. 내면적 성찰을 통해 자아에 집중하면서 영혼은 스스로에 대해, 아울러 스스로의 지각 활동에 대해 의식하는 단계에 도달한다("나는 나 스스로를 향해 이런 질문을 던졌다. '너는 누구인가? 사람이다. 여기에 육체와 영혼이, 하나의 외면과 하나의 내면이 있다.'" 『고백록』, 10권 6장 9절). 영혼은 육체가 경험하는 것들을 아무것도 놓치지 않으며(non latet) 지식이란 영혼이 그런 식으로 감지하는 감각적 대상에 대한 관심의(intentio) 결과에 지나지 않기 때문이다.

같은 시기에 쓴 『음악에 관하여』에서 아우구스티누스는 영혼에 관한 성찰을 더욱 깊게 발전시켰다. 그는 감각기관을 생동하게 하는 영혼의 기능이 외부 자극으로부터 도움을 받거나 방해를 받는다고 보았다. 그런 식으로 좋은 느낌 혹은 나쁜 느낌이 발생한다고 보았던 것이다. 여기서 아우구스티누스가 특별한 관심을 기울이는 주제는 소리와 청각과 청취에서 비롯되는 지적 판단이다. 아우구스티누스의 분석은 어떻게 보면 비율이나 척도 혹은 조화 등의 주제를 다루는 하나의 미학이론을 구축한다고 볼 수 있다.

서기 388년 로마에서 아우구스티누스는 『자유의지에 관하여』의 초고를 작성하기 시작했고 이를 히포 레기우스, 지금의 알제리 북부 해안 도시 안나바에서 391년경에 완성했다. 그의 고향 타가스테에서도 그리 멀지 않은 이곳 히포에서 아우구스티누스는 395년에 주교로 임명된다.

『자유의지에 관하여』에서 아우구스티누스는 모든 것을 예상하고 예비하는 신의 전지전능함과 함께 인간의 자유를 인정해야 한다는 입장을 표명했다. 하지만 아우구스티누스는 이어서 이 자유의지로 인해 인간이 감당할 수 없을 정도로 많은 것을 계획하고 책임져야 한다는 점을 통감하고 이러한 입장을 포기하기에 이른다.

『자유의지에 관하여』는 신을 악의 창조자로 볼 수 있는가라는 질문과 함께 시작된다. 아우구스티누스는 악이 이중적인 면을 가지고 있다고 보았다. 악은 부재하듯 존재하며 무無에 가까운 동시에 신을 떠나 현실의 가장 낮은 단계로 향하려는 의지의 실현이라고 보았던 것이다.

첫 번째 특징과 관련하여, 아우구스티누스는 존재란 선한 것이며 이는 존재가 지고의 선인 신에게서 유래하기 때문이라고 보았다. 아우구스티누스에 따르면 피조물이 선한 것은 그것이 존재하기 때문이다. 존재는 그 자체로 선하며 악은 존재의 상실이므로 선의 부재와 일치한다. 그럼에도 불구하고 만류에 대한 신의 구도 속에는 악이 포함되어 있다. 모든 존재가 마땅한 위치와 가치를 지니며 그런 식으로 신이 부여한 한계 내에서만 선하기 때문이다.

두 번째 관점에서 보았을 때, 악은 결국 신이 원한 질서를 피조물이 의도적으로 위배하면서 저지르는 죄와 일치한다. 아우구스티누스는 죄에 뒤따르는 고통과 형벌이 결국 신의 정의가 다스리는 질서 속에 부도덕성을 가져온다고 보았다.

아우구스티누스는 『고백록』을 통해 악의 기원에 대한 가장 고전적인 질문으로 자리 잡은 "악은 어디에서 오는가?"라는 물음에 답하면서 악을 무無로 정의했다. 그런 식으로 피조물들이 겪는 아픔과 고통에 대한 책임이 신에게 없다는 결론을 내린 것이다. 악은 오로지 인간의 잘못된 관점으로서만 존재할 뿐이며 인간이 실수를 범하는 것은 고통과 죄와 악 모두를 다스리고 안에 품을 수 있는 창조된 우주의 조화를 깨닫고 수용하지 못하기 때문이다.

아프리카로 돌아온 아우구스티누스는 이탈리아에서 시작했던 몇몇 저서들을 탈고하고 『교사론』(388~391년) 집필에 착수했다. 이 저서는 아우구스티누스의 지식이론과 특히 '계몽의 이론'이라는 이름으로 거론되는 측면을 이해하기 위해 꼭 읽어야 할 작품이다. 책의 1부는 의미하고자 하는 사물들을 가리키는 기호로서의 언어 활용에 대한 상세한 분석으로 이루어져 있다. 아우구스티누스의 성찰은 두 가지 특별한 언어 활용 방식, 즉 노래와 기도의 검토를 바탕으로 이루어진다. 말들이 일반적으로 무언가를 가리키거나 상기시키기 위한 기호로 고착되어 있는 반면 기도의 말들은 "말 안에서 맴도는 말",(『교사론』 1장 2절) 사실상 외부를 향해 울려 퍼질 필요가 없는 말들이다. 아우구스티누스는 언어적 표현의 기호들이 우리가 알고 있는 사물들을 가리키거나 의미하는 데 사용되는 일종의 관습이며, 내면적인 언어(즉 verbum cordis, '가슴에서 우러나오는 말')는 인간의 인식능력과 사물의 중재를 의미하는 대신 사물을 직접적으로 표현한다고 보았다. 그런 식으로 그는 언어 분석에서 말 자체의 차원보다는 말들이 가리키거나 의미하는 사물에 더 커다란 중요성을 부여했다.

책의 2부에서 아우구스티누스는 소통과 가르침을 위한 언어 활용에 주목하면서 그만의 독특한 논리를 해결이 불가능해 보이는 모순으로까지 몰고 나아간다. 그는 먼저 기호 없이는 아무것도 가르칠 수 없다는 것을 증명해 보인 뒤 곧장 다름 아닌 기호들이 사실은 아무것도 가르쳐 줄 수 없으며, 그 이유는 어떤 기호들이 무엇을 의미하는지 모른다고 해서 기호들이 어떤 새로운 지식을 생산해 내는 것은 아니기 때문이라고 주장했다. 아우구스티누스는 성경에 나오는 알쏭달쏭한 용어들을 예로 들면서 한 단어가 정확하게 무엇을 의미하는지 알려 주는 것은 말이 아니며, 반대로 오로지 사물에 대한 지식만이 말의 의미를 파악할 수 있도록 해 준다고 설명했다. "사물에 대한 지식을 통해 기호를 이해하는 경우가 주어진 기호를 통해 사물을 이해하는 경우보다 훨씬 많다."(『교사론』 10장 33절)

아우구스티누스는 이러한 어려움을 '내면의 스승'을 통해, 즉 우리에게 전달되는 내용을 첫 단계에서 판가름하는 능력 혹은 우리가 보고 듣는 것의 근거를 파악할 수 있도록 허락해 주는 특별한 판단력, 다시 말해 신이 허락하는 일종의 혜안을 통해 극복할 수 있다고 보았다.

아우구스티누스는 철학과 믿음 간의 밀접한 관계를 증명해 보이면서 이 '내면의 스승'이 바로 그리스도라고 강조했다. 아우구스티누스는 철학이 역사의 어느 순간에 **말씀** 즉 피조물이 가지는 의미의 공간이 여러 기호들 가운데 하나인 **인간**이 되었다고 믿는 그리스도교 신앙 속에서 하나의 견고한 기반을 발견한다고 보았다. 그는 인간과 신의 만남이 영혼 깊은 곳에서 이루어진다고 보았다. 왜냐하면 "진실은 인간의 내면에 머물기in interiore homine habitat Veritas" 때문이다(『참된 종교에 관하여*De Vera Religione*』, XXXIX, 72).

『그리스도교 교리에 관하여』는 아우구스티누스가 주교에 오른 뒤에 곧장 쓰기 시작한 저서로 그가 성직자로서 활동을 시작한 시기에 쓰였다는 특징과 새로운 임무를 맡으면서 성직자로서 실천적인 삶과 동시에 철학자로서 삶을 살겠다고 결심하는 단호하면서도 진지한 자세가 그대로 드러나는 책이다. 도중에 중단되었다가 420년경에 완성된 이 저서에서 아우구스티누스는 그리스도교 교리를 의도적으로 방대한 고전 수사학 전통 안에 위치시키고 수사학으로부터 그리스도교 문화를 전파하기 위한 도구와 성경 해석을 위한 도구들을 찾아냈다.

그리스도교 신앙과 세속 문화의 관계는 초기 그리스도교 사회에서 상당히 커다란 비중을 차지하던 토론 주제였고 아우구스티누스는 이러한 전통 세속 문화에 대해 그리스도교가 열린 자세로 임해야 한다는 입장을 상당히 강조한 저자들 가운데 한 명이다. 아우구스티누스는 신플라톤주의 철학을 분명히 활용했을 뿐만 아니라 고전 문화에서 유래하는 자유학예를 권장하기까지 했다. 앞에서 살펴본 것처럼 『질서에 관하여』에서 아우구스티누스는 자유학예가 여러 분야로 구축된 일종의 계보와 함께 모든 것을 원리로 인도할 수 있다는 생각을 제시한 바 있다. 동일한 주제가 『그리스도교 교리에 관하여』에서 '신성한 도둑질'이라는 비유와 함께 다시 등장한다. 아우구스티누스는 이집트에서 탈출해 고향으로 돌아가기 위한 필수품과 이집트인들의 재산을 훔치는 것이 유대 민족에게 허락되었던 것처럼, 그리스도인들 역시 세속 문화의 훌륭한 점들을 수용하고 이를 토대로, 세속적인 요인들이 완전히 새로운 것을 의미할 수 있도록 새로운 세계관을 구축하는 것이 가능하다고 보았다.

1.3 삼위일체론, 기억, 유추

『고백록』 10권과 11권에서 아우구스티누스는 그의 지적 여정과 삶의 여정에 대한 언급을 마치고 보다 고차원적인 단계의 성찰을 시작하면서 '기억', '시간', '신의 창조' 같은 주제들을 다룬다. 살아온 시간들의 의미를 깨닫고 자신을 발견하기 위한 일종의 시간여행을 마친 뒤 『고백록』의 후반부에서, 아우구스티누스는 이러한 주제들을 이론적인 관점에서 고찰하기 시작한다. "기억의 힘은 참으로 위대하다. 기억은 깊고 끝없는 하나의 납골당과 같다."(『고백록』 10권, 8.15) 기억은 의식이 감각을 통해 만들어 내는 이미지들의 공간일 뿐만 아니라 학문과 모든 감정과 자아의식의 기초인 동시에 스스로의 정체성 구축을 허락하는 정신적 기반이다. 아우구스티누스는 "기억의 거대한 궁전 혹은 평야"(『고백록』 10권 8.12)를 마치 하나의 정신세계인 것처럼 넘나든다. 아우구스티누스에 따르면 신에 대한 탐구를 종용하는 영원과 진실의 흔적은 오로지 기억 속에서만 발견될 수 있다. 신은 사실상 인간 스스로의 가장 고차원적인 동시에 가장 은밀한 내면에서만 발견된다. 아우구스티누스가 말하는 신은 절대적으로 내재적이지도 않지만 절대적으로 외부에만 존재하는 것도 아니다. 다시 말해 신은 이해하기 힘들거나 거리가 먼 원리와는 다른 존재다.

시간 역시 더 이상 존재하지 않는 과거와 아직 존재하지 않는 미래를 현재의 순간에 연결시키는 기억 덕분에 비로소 나름대로의 현실을 지닌다. 이 경우에도 시간에 연속성을 부여하는 것은 주체이며 따라서 시간은 과거와 미래를 향한 '영혼의 확장distentio animi'이라고 볼 수 있다. 고유의 문화를 가진 인간만이, 즉 기억하는 인간만이 시간과 세계에 대한 고유의 경험에 의미를 부여할 수 있다. 바로 이러한 차원에서 아우구스티누스는 "생육하고 번성하라"(「창세기」 9장 7절)라는 성경 구절을 '세상을 해석으로 채우면서 굴복시키라'는 뜻으로 해석했다.

성경의 첫 구절들을 해석하는 『고백록』의 마지막 권에서 아우구스티누스는 인간이 존재하는 세 가지 방식, 즉 '존재', '앎', '의지'에 대해 언급하며 '의지'에 아주 독특한 역할을 부여했다. 아우구스티누스는 또렷하게 다르지만 사실상 분리할 수 없는 존재 방식들이 삼위일체와 유사하다고 보았다. 이러한 의견은 아우구스티누스의 걸작 『삼위일체론*De Trinitate*』을 구축하는 신의 흔적 탐구에 대한 첫 번째 암시였다고 볼 수 있다.

399년에 쓰기 시작해 420년에 완성한 이 책의 전반부에서 아우구스티누스는 아리우스처럼 삼위일체를 구성하는 세 인격체에 종속관계를 부여하는 모든 해석을 논박하면서 삼위일체의 세 인격체 모두가 신의 역사에 관여하며 동일한 초월성을 지닌다고 주장했다.

삼위일체의 교리에 분명한 구도를 부여하기 위해 노력하면서 아우구스티누스는 서구 세계의 '신'이라는 개념에 결정적인 변화를 가져왔다. 특히 철학적인 차원에서 시도된 변화에 주목할 필요가 있다. 아리스토텔레스의 이론에 따르면 수식어는 주어의 실체에 대해 말하거나 부차적인 특성을 언급할 때 주어와 조합될 수 있다. 이와 달리 아우구스티누스는 신의 인격체를 수식하는 수식어들(아버지, 아들, 성령)이 순수한 관계의 수식어에 지나지 않으며, 그 이유는 이 신성한 세 인격체들이 어떤 관계에 놓여 있는지 설명할 뿐 서로 다른 세 가지 실체에 대해 언급하는 것도, 부차적인 특성에 대해 언급하는 것도 아니기 때문이라고 보았다.

고대에 신 혹은 근원 원리의 개념이 실체라는 범주의 절대화였다면, 이 개념은 아우구스티누스의 신학과 그의 뒤를 잇는 신학 전통 속에서 관계라는 범주의 절대화로 변한다. 여기서 사랑으로서의 신이 언급되는 것은 서로 사랑하는 두 주체의 관계와 이들을 하나로 묶어 주는 사랑의 개념이 바로 관계의 순수한 구조를 표상하기 때문이다.

인간이 신의 형상과 이미지대로 창조되었다면 우리가 신을 생각하는 삼위일체적인 방식의 기호가 될 수 있는 무언가가 인간의 본성 속에 남아 있어야 할 것이다. 『삼위일체론』의 후반부는 사실상 인간의 지성과 삼위일체 간의 유사성에 대한 탁월한 탐구 기록이라고 할 수 있다. 아우구스티누스는 예를 들어 '주체', '객체', '객체를 향한 주체의 관심'으로 구성되는 감각적 관찰의 구도가 삼위일체의 구도와 닮았고 더 나아가서 기억notitia, 지성mens, 의지amor로 구성되는 인간의 인식능력, 즉 서로 분리된 실체가 아니라 인식 과정에 내재하는 관계를 토대로 하는 인식능력이 삼위일체의 신비와 닮았다고 보았다. 이 내재적 관계란 다시 말해 하나의 삶, 하나의 유일한 실체가 기능하는 순간에 원동력을 부여하며 동시에 정립하는 움직임들 간의 관계를 말한다.

앞서 언급한 것처럼, 인간이 구축한 다양한 학문의 기초는 기억 속에서 발견되고 지성은 기억에서 유래하는 정보의 분석을 토대로 기능한다. 반면에 의지는 지성과 기억의 조합을 꾀하며 이들 사이에 흐르는 관계를 표상한다.

이런 식으로 분명하게 부각되는 것은 유추의 기능이다. 유사성은 아우구스티누스의 사유에서 가장 중요한 역할을 하는 탐색 도구인 동시에 그의 탐구 대상인 세계의 기반을 이루는 근원 구조이기도 하다. 아우구스티누스의 유사는 단순히 닮은꼴의 관계가 아니라 관계의 유사를 의미하며 a:b=b:c라는 공식으로 요약할 수 있다. 이 유사성은 사물들 간의 상이함이나 완성도의 차이를 초월할 필요 없이 지식이 보유하는 다양한 정보 및 **존재**의 다양한 단계에 통일성과 일관성을 부여할 수 있도록 허락해 준다. 이 유사성의 발견은 아우구스티누스에게 이루 말할 수 없이 중요한 지적 성과였다. 사실상 아우구스티누스의 사상 전체를 지배하는 '신에 대한 열망'이라는 논리는 신성한 삼위일체를 모형으로 구축된 관계의 논리와 크게 다르지 않다.

1.4 주교와 정통성: 이단과의 전쟁

유추의 관계와 연관성이 핵심적인 역할을 하는 아우구스티누스적인 사유의 특징은 만년에 쓰인 저서들 속에서 천천히 사라지는 경향을 보인다. 이 시기에 아우구스티누스는 무엇보다도 도나투스주의와 펠라기우스주의 추종자들과 열띤 공방을 펼치고 있었다.

로마에서뿐만 아니라 로마제국의 식민지에서도 교회의 역할이 여전히 불안하기 짝이 없던 시대에 아우구스티누스는 아프리카로 돌아와 주교에 오르면서(395/396년) 교회가 점진적으로 회복하고 있던 정치적, 제도적 기능에 대한 책임을 떠맡았다.

북아프리카에서는 특히 콘스탄티누스 황제의 그리스도교 공인 이전에 일어났던 피비린내 나는 박해의 억압 속에서 교회를 떠났다가 다시 돌아오고자 하는 이들을 강력하게 거부하던 도나투스주의자들의 분파주의가 기승을 부리고 있었다. 도나투스주의자들은 그들의 교회 바깥에서 이루어진 세례의 유효성을 인정하지 않았고 그들이 보기에 부적격한 사제들이 주재하는 성찬의 유효성도 인정하지 않았다. 도나투스주의자들은 교회가 순수한 성인들로 구성된 기관인 동시에 세상의 악하고 부패한 죄인들로 에워싸여 있다고 보았다. 아우구스티누스는 도나투스주의자들의 이러한 신학적 입장을 강력하게 비판했다.

아우구스티누스는 반대로 교회가 얼마든지 외부세계처럼 불완전한 모습으로 비춰질 수 있으며, 따라서 복음 전파라는 고유의 임무 속에서 공동체의 정체성을 발견해야 하고, 스스로 만든 감옥에 갇혀 있어서는 안 된다고 보았다. 아우구스티누스는 도나투스주의자들이 야기한 상황을 다음과 같이 아이러니하게 묘사한 바 있다 "구름이 천둥의 목소리로 지상 곳곳에서 하나님의 집이 세워지고 있다고 천명한다. 하지만 늪지대 한쪽에서는 몇몇 두꺼비들이 자기들만이 그리스도인이라고 외친다."(『시편 주석*Expositio in Psalmos*』 95, 11) 도나투스주의자들과 변증적인 단계의 비교를 신사적으로 마친 뒤에 아우구스티누스는 역사의 요구라면 국가 차원의 폭력 사용도 인정할 필요가 있다는 주장을 하기에 이른다.

아우구스티누스의 동시대 신학자들 가운데 펠라기우스주의자들로 불리던 이들은 원죄를 아담의 모든 후손들이 물려받은 것은 아니며 따라서 인간의 본성은 신의 도움 없이도 죄를 짓지 않을 수 있는 능력을 가지고 있다고 주장했다. 이러한 주장을 비판하며 아우구스티누스는 원죄가 세대를 통해 육체적으로 전달되며 막 태어난 어린아이들조차도 성적 쾌락을 통해 태어난 만큼 죄인이라는 반론을 펼쳤다. 철학적인 관점에서 중요한 것은 인류가 돌이킬 수 없는 방식으로 악에 물들어 있으며 따라서 스스로의 힘으로 구원에 도달하려는 모든 노력이 헛되다는 아우구스티누스의 인류학적 입장이다. 펠라기우스주의자들 사이에서 교회가 순수한 자와 우월한 자들, 즉 스스로의 힘으로 구원의 길을 찾을 수 있는 자들의 것이라는 의견이 등장했을 때 아우구스티누스는 다시 한번 이러한 입장을 단죄하기 위해 정반대되는 주장, 즉 인류는 저주받은 민족에 지나지 않는다는 극단적인 주장을 펼쳤다.

만년에는 예전처럼 쉽사리 의혹에 휩싸이던 아우구스티누스의 모습이나 관점의 끊임없는 변화를 추구하며 인간과 신의 유사성에 집요하게 주목하던 모습을 찾아보기 힘들다. 아우구스티누스는 이제 정치적 실천의 도구가 되고 동의 체제의 구축과 이데올로기적 투쟁에 쓰일 담론을 펼치면서 이러한 담론들을 진정한 의미에서의 교리로 변환하는 데 주력했다. 죄와 악, 죽음과 구원 같은 개념들은 예전에 가지고 있던 관계로서의 특성을 상실하고 규정 가능한 대상으로 변화했다.

그러나 여기서 우리가 예전에 알고 있던 것과 전적으로 다른 아우구스티누스를 마주하는 것은 아니다. 만년의 아우구스티누스는 철학적 대화록을 써 내려가던 한 젊은 사상가의 모습을 그대로 유지한다. 단지 역사의 시급한 요구라고 사료되는 과제 앞에서 생각을 행동으로 옮기고 세상 안에서 활동하며 다름 아닌 『신국론*De civitate Dei*』에서 드러나는 것처럼 세상의 모든 복합성을 수호하려는 굳은 의지를 보여 주기로 했을 뿐이다.

1.5 역사에 도전장을 던진 주교: 『신국론』

서기 410년 8월 24일, 고대인들에게는 역사와 문명 그 자체와 다를 바 없던 로마가 알라리크의 고트족 침입으로 인해 폐허가 되고 말았다. 이 소식이 로마제국 전역에 퍼지는 데 시간이 얼마나 소요되었는지는 알 수 없지만 틀림없이 우리의 상상을 초월하는 커다란 충격을 안겨 주었을 것이다.

410년 8월에는 역사의 한 국면이 아니라 역사 자체가 막을 내렸다. 하나의 문명이 저무는 대신 문명 자체가 저물었고, 하나의 정치적·경제적·문화적 체제가 위기에 빠진 것이 아니라 정치와 경제와 문화 자체가 위기를 맞이했다. "로마가 망할 수 있다면 무엇이 안전하겠는가?" 성인이자 교회 박사인 히에로니무스가 한 서간문에서 던졌던 질문이다.

당시에 아우구스티누스는 라틴 세계가 당면한 혼란을 견뎌 낼 수 있는 제도적이고 이데올로기적인 토대를 마련하는 데 집중하고 있었다. 410년의 재해를 바라보며 아우구스티누스는 로마와 로마 문화가 쇠퇴한 원인으로 그리스도교를 지목하던 사람들의 논리에 이견을 제시했다. 그는 그리스도교가 오히려 로마제국에 새로운 활력을 불어넣을 수 있는 전적으로 새로운 요소이며 로마의 쇠퇴는 악습과 위선에 빠진 로마인들이 역사 속의 문인들이 설파했던 위대한 덕목에 충실하지 못했기 때문이라고 보았다.

그리스도교를 수호하려는 아우구스티누스의 이러한 노력은 로마 약탈을 배경으로 412년과 427년 사이에 집필된 방대한 저서 『신국론』에 그대로 드러난다. 말년에 아우구스티누스는 이 시기를 이렇게 회상했다. "알라리크가 이끄는 고트족의 침입으로 인해 로마는 폐허가 되고 말았다. 우리가 흔히 세속신이라고 부르는 수많은 거짓 신들의 추종자들이 로마의 멸망을 그리스도교도들의 탓으로 돌리면서 평소보다 훨씬 더 거칠고 거센 방식으로 진정한 신을 모욕하기 시작했다. 나는 하나님을 향한 열정으로, 하나님의 나라에 대한 책을 통해 그들의 모욕적인 언사에 대응하기로 결심했다."(『재고록*Retractationes*』 43.1) 그의 글에서 묘사되는 로마의 역사는 거의 인류의 역사에 가깝다. 이 역사 속에는 혼잡하게 뒤섞여 살아가는 두 종류의 인간이 공존한다. 절대적인 신과 그리스도교적 덕목의 탐구를 가장 중요하게 여기는 사람들, 다시 말해 아우구스티누스가 '신의 도시civitas Dei'라고 부르는 곳에서 같이 살아가는 사람들이 있는 반면 사리사욕과 육체적 욕망의 충족을 무엇보다도 중요하게 생각하며 살아가는 인간들, 다시 말해 '인간의 도시civitas hominum'에서 살아가는 이들이 있다. 이 두 도시는 **국가**나 **교회**로 정의된 적이 없지만 결국에는 지상에서 공존할 수밖에 없는 이 두 삶의 모형을 상징한다고 볼 수 있다.

로마의 전통적인 가치들은 지상의 도시가 고수하는 가치, 예를 들어 정복에의 갈증이나 허황된 칭찬과 경탄의 추구 등을 토대로 한다. 『신국론』은 그리스도교와 세속 문화의 관계에 대한, 아울러 신의 섭리에 따른 그리스도교 전파에서 로마 역사가 담당하는 역할에 대한 길고 세분화된 성찰이다. 이 저서는 신생문화에 하나의 역사 철학을 제시하려는 최초의 체계적인 시도였다고 볼 수 있다. 아우구스티누스는 이 역사 철학을 구축하면서 인류를 고유의 발전 원리에 의존하는 단일한 유기체로 보았고, 역사 자체는 타당한 의미들로 채워져 있으며 질서 있는 세대 변화를 토대로 발전한다고 보았다. 아우구스티누스는 인간이 시대를 막론하고 '신의 도시' 대 '인간의 도시'라는 경쟁구도 속에서 삶의 방향을 설정해 왔고, 이러한 긴장이 일찍부터 가인과 아벨의 분쟁 속에 존재했으며 상이한 상황과 환경을 배경으로 계속해서, 예를 들어 로마가 건국되었을 당시 로물루스와 레무스의 분쟁을 통해 다시 나타났다고 보았다.

1.6 은사의 교리

아우구스티누스는 항상 신이 인간의 삶에 관여한다고 생각했다. 예를 들어 『교사론』에서 아우구스티누스는 이러한 생각을 내면적 깨달음의 차원에서 지식의 범주에 관한 담론으로 발전시켰다. 반대로 동일한 주제를 구원과 저주에 관한 종교적 논쟁의 차원에서 언급할 때면 이를 운명의 필연성에 관한 담론으로, 즉 신의 구체적인 도움 없이 인간 스스로의 힘으로 삶을 헤쳐 나간다는 것이 사실상 불가능하다는 결론으로 발전시켰다. 여기서 극적으로 등장하는 것이 바로 은사恩賜와 예정론이라는 주제다. 『은사와 자유의지에 관하여*De gratia et libero arbitrio*』, 『부패와 은사에 관하여*De corruptione et gratia*』, 『성도의 예정에 관하여*De sanctorum praedestinatione*』(모두 426년에서 430년 사이에 쓰였다)와 같은 글들이 집필되는 동안 은사나 예정론이라는 개념은 탐구를 위한 가정에 머물지 않고 보다 구체적인 논쟁의 무기로 발전했다. 일찍이 신플라톤주의가 존재론적 위계질서의 여러 단계들 간에 이루어지는 지속적인 소통을 인정한 바 있듯이, 동일한 차원에서 인간에게 신을 사랑하고 갈망할 수 있도록 계기를 마련하는 사건 같은 것이 바로 은사였다. 아우구스티누스에 따르면, 은사는 영적 삶의 공간인 동시에 인식 활동의 중심인 영혼의 완전한 실현과 일치한다. 욕망이 육체적 만족의 탐색 속에서 소모될 때 질서는 파괴된다. 인간적인 것과 신성한 것의 유추적인 결속력이 파괴되기 때문이다. 하지만 이러한 결속력의 감소는, 신의 역사役事가 이를 받아들이는 인간의 이해 방식과 더 이상 조화를 이루지 못할 때에도 발생한다. 이때 인간은 왜 어떤 이들은 구원받고 어떤 이들은 구원받지 못하는지 이해하지 못한다. 왜냐고 묻는 것은 아우구스티누스에 따르면, 마치 어떤 물건이 그것을 만든 장인에게, 혹은 어떤 짐승이 신에게 왜 사람으로 만들어 주지 않았냐고 묻는 것과 같았다.

고트족이 로마를 약탈하고 반달족이 히포를 향해 접근하던 시기에, 로마 문명이 막을 내리고 그리스도교가 한 줄기의 마지막 희망인 것처럼 보이던 시기에 아우구스티누스가 선택한 것은 공동체의 지도자 역할을 통해 그의 신도들에게 더 이상 의혹이 아닌 확신을 심어 주는 일이었다.

중세의 인간이 살아가던 세계는 사물을 통한 신의 현현과 그것의 비유와 초월적인 의미가 살아 숨 쉬는 세계, 상징적인 언어를 끊임없이 사용했기 때문에 한 마리의 사자는 단순히 사자 한 마리에 불과하지 않고 하나의 호두도 단순히 호두 하나로 그치지 않으며 히포그리프 역시 사자와 마찬가지로 어떤 초월적인 진실의 기호였기 때문에 지극히 사실적인 존재로 받아들여지는 세계였다.

이러한 신비주의적인 성향을 이해하기 위해 우리는 중세의 상징주의를 어떤 대중적이고 우화적인 현실 도피에 비유해 볼 수 있다. '암흑의 시대'로 불리는 중세 초기는 도시 사회의 몰락과 농가의 쇠퇴, 기근과 전염병, 외세의 침략을 특징으로 하는 시대였다. 서기 천 년에 도래할 것으로 믿었던 세상의 종말은 일어나지 않았고 전설이 들려주던 것처럼 극적이거나 절망적인 현상도 발생하지 않았지만, 종말의 전설이 유행했던 이유는 끊임없이 계속되던 불안과 고통의 시간이 상상력을 오히려 자극했기 때문이다. 그런 의미에서 수도원 생활은 실질적인 공동체 생활과 더불어 질서와 안녕을 보장하는 사회적인 차원의 해결책 중에 하나였다. 하지만 중세적 상상력은 이러한 위기에 대한 감정적 대응을 뒷받침하며 구축되었을 가능성이 크다. 상징주의적인 관점에서 자연은, 어떻게 보면 자연의 가장 두려운 측면까지도 창조주가 세계의 질서에 대해, 초자연적인 선에 대해, 하늘나라에서 상을 받기 위해 세상에서 걸어야 할 길에 대해 이야기하는 언어의 알파벳으로 기능할 수 있었다. 중세 사람들에게도 세상의 사물들은 덧없고 무질서할 뿐 아니라 본질적으로는 적대적이었기 때문에 불신을 심어 줄 수 있었지만 사물은 이들에게 눈에 보이는 것과 일치하지 않았고 무언가 다른 것의 기호였다.

세상에서 다시 희망을 가지는 일이 가능했고, 그것은 세상이 바로 인간에게 전하는 신의 담론이었기 때문이다. 초기 그리스도교는 믿음을 상징적인 언어로 이해하도록 신도들을 길들이는 데 일조했다. 물론 물고기의 형상 속에 구세주의 모습을 감추고 이를 암호화한 것은 박해를 피하기 위한 조치였지만 초기 그리스도교가 제시한 상상과 해석의 세계는 중세의 인간에게 꼭 어울리는 것이었다. 평범한 사람들에게도 그들이 깨달은 진리를 이미지로 기억하는 것은 쉬운 일이었기 때문에, 교리를 연구하는 신학자와 철학자들은 평범한 사람이 깨달을 수 없는 전문적인 신학 용어나 어려운 개념들을 점점 이미지와 비유로 번역하기 시작했다. 그렇게 해서 즐거운 이미지와 비유를 통해, 혹은 1025년 아라스의 종교회의에서 결정된 내용에 따라 오툉의 호노리오Honorius가 말했던 것처럼 '세인들의 문학과 다름없는', 즉 무식자들의 문학인 회화를 통해 평범한 신도들을 가르치기 위한 대대적인 움직임이 시작되었다. 결과적으로 해설이라는 형식은 상징주의적인 감각의 도구로 기능하면서, 어떤 교육체제의 표현 혹은 당시의 전형적인 사고방식을 최대한 활용하는 문화 정책의 표현으로 나타났다.

상징주의적인 정신세계는 이상하게도 인과관계, 즉 원인과 결과의 고리를 토대로 현실을 해석하는 데 익숙한 중세인의 사고방식을 파고들었다. 이러한 문제를 다루면서 "정신의 단락短絡"이라는 표현이 회자된 적이 있다. 관건은 어떤 두 사실의 관계를 원인과 결과를 토대로 추적하는 대신 갑작스런 도약을 통해 발견하는 사고방식이었다. 중세에는 이러한 단락을 통해 예를 들어 흰색, 붉은색, 녹색은 호의적인 색상으로, 노랑색이나 검은색은 고통과 고행을 의미하는 것으로, 혹은 흰색을 빛의 상징이나 영원성, 순수함, 처녀성의 상징으로 간주했다. 타조는 완벽하게 고른 깃털이 균일성이라는 개념을 상기시켰기 때문에 정의를 상징했다. 펠리컨은 주둥이로 스스로의 가슴살을 뜯어내 새끼들을 먹인다는 이야기가 전해지면서 인류를 위해 스스로의 피와 살을 바친 그리스도를 상징하는 새가 되었고 누구도 붙잡을 수 없지만 순결한 처녀에게만큼은 순순히 복종하며 그녀의 무릎 위에 고개를 올려놓는 유니콘은 동정녀 마리아에게서 태어난 신의 독생자라는 의미로 그리스도에 비유되곤 했다. 유니콘은 상징화되면서 타조나 펠리컨보다 훨씬 사실적인 의미를 획득했다.

이러한 이미지들은 알레고리다. 알레고리는 이러한 이야기들 속에 또 다른 의미가 숨어 있다는 것을 설명하지 않으면 문자 그대로 읽으면서 그냥 지나칠 수도 있는 담론을 말한다. 여기서 글은 항상 글 자체가 말하는 것과는 다른 무엇을 이야기한다.

그리스인들 역시 호메로스의 작품을 알레고리의 차원에서 이해했다. 시적 혹은 종교적 텍스트가 '말이 가리키는 것과 말을 통해 이해하는 것은 서로 다르다aliud dicitur, aliud demonstratur'는 원칙을 토대로 쓰였다는 것은 상당히 오래된 생각이고 이러한 생각을 일반적으로는 풍유諷喩주의allegorismo 혹은 상징주의simbolismo라고 부른다.

형이상학적 상징주의의 기원은 오래전으로 거슬러 올라간다. 중세에 사람들은 5세기 로마의 철학자이자 천문학자인 마크로비우스의 생각, 즉 사물들은 그 아름다움 속에서 하나의 거울이 되어 신의 유일한 얼굴을 비춘다는 생각을 익히 알고 있었다(『스키피오의 꿈에 대한 주해』 I, 14). 그리고 이러한 종류의 논리가 신플라톤주의 사상에 젖어 있는 이들에게 환영을 받는다는 것은 지극히 당연한 일이었다. 중세에 가장 매력적인 형태의 형이상학적 상징주의를 제시했던 인물은 위 디오니시우스와 비교되곤 했던 요하네스 스코투스 에리우게나였다. 그는 세상이 태초의 영원한 동기를 통한 신의 위대한 현현이며 아울러 감각적인 아름다움을 통한 영원한 동기의 현현이라고 보았다. "나는 눈에 보이는 물질적인 것들 가운데 인식이 불가능한 무언가를 의미하지 않는 것은 아무것도 없다고 믿는다."(『자연의 분류에 관하여*De divisione naturae*』 V, 3, PL 122, col. 865~866)

위그 드 생 빅토르(Hugues de Saint-Victor, 1096년경~1141년. 동명의 수도원 원장을 지냈다) 역시 형이상학적 상징주의의 뛰어난 해석자였다. 이 12세기의 신비주의자에게 세상은 거의 "신이 손가락으로 쓴 책quidam liber scriptus digito Dei"(『세 날에 관하여*De tribus diebus*』 PL 176, col. 814)에 가까웠고 인간 고유의 아름다움에 대한 이해는 본질적으로 지적 아름다움의 발견에 달려 있었다. 생 빅토르에 따르면 오감이 주는 기쁨이 우리를 세상의 아름다움으로 인도한다면 그것은 그 아름다움 안에 투영된 신의 모습을 발견하도록 하기 위해서였다. "눈에 보이는 모든 사물들은 보이지 않는 것들의 의미와 표명을 위해 제시된다. 그런 식으로 상징적인 관점을 통해, 즉 비유를 통해 우리를 가르치는 것이다. …… 보이는 것들의 아름다움이란 사실 그것의 형상에 있으므로 …… 눈에 보이는 아름다움이란 곧 보이지 않는 아름다움의 이미지를 말한다."(『'천상의 위계론' 주석*In Hierarchiam coelestem expositio*』, PL 175, col. 978 e 954)

신학적 알레고리

구약을 전적으로 무시하고 신약성서를 과대평가하는 영지주의자들의 입장을 논박하기 위해 알렉산드리아의 클레멘스(150년경~211/215년)는 구약과 신약의 차이와 이들 간의 상호보완성을 강조했고 오리게네스(185~253년경)는 이러한 클레멘스의 입장을 고수하면서 비교 해석의 필요성을 주장했다. 구약은 신약의 비유였고, 신약이 정신이라면 이 정신의 문자적 표현이 바로 구약이었다. 기호학적인 용어로 말하자면, 구약은 수사학적 표현이며 신학은 그것의 내용이었다. 하지만 신약 역시 비유적인 표현을 가지고 있었던 여기에는 미래에 대한 약속이 담겨 있었다. 오리게네스는 더 이상 신에 대한 담론으로 그치지 않고 성서에 관한 담론까지 포함하는 '신학적 담론'을 탄생시켰다.

일찍이 오리게네스는 '문자적인 의미', '정서적인psiche 의미', '신비주의적인pneuma 차원의 의미'와 같은 표현들을 사용했고 여기서 세 가지 의미, 즉 '문자적', '정서적', '비유적' 의미를 포함하는 체제가 천천히 이른바 글의 '네 가지 의미(문자적, 비유적, 정서적, 신비적 의미) 이론'으로 발전했다.

구약과 신약의 '올바른' 해석이 한편으로는 교회를 전통적인 해석의 수호자로 정당화했던 반면 다른 한편으로는 전통적인 해석이 다름 아닌 '올바른' 해석을 정당화했다. 이러한 악순환은 교회를 인정하지 않는, 결과적으로 해석 자체의 진위를 평가하는 교회의 권위를 무시하는 모든 해석을 의도적으로 도외시하는 방향으로 나아갔다.

처음부터 오리게네스와 교부들의 해석학(혹은 성서의 내용을 해석하는 기술)은 어떤 특정한 형태의 해석을, 물론 여러 종류의 이름으로 불렸지만 다른 분야에서는 '유형類型학적'이라고 부르는 해석을 선호했다. 이는 구약성서에 등장하는 인물이나 사건들을 이들의 행동이나 특징을 기준으로 신약성서에 등장하는 인물이나 사건의 유형적인 원형이나 예견으로 간주하는 해석학을 말한다. 이러한 유형학은, 그것의 본질이 무엇이든 간에, 처음부터 비유는(비유되는 것이 유형이든 상징이든 알레고리이든 간에) 하나의 특별한 알레고리, 즉 언어가 사건을 표현하는 방식에 관여하지 않고 사건 자체에 관여하는 알레고리라고 가정한다. 여기서 대두되는 것은 말을 토대로 하는(in verbis) 알레고리와 사실을 토대로 하는(in factis) 알레고리의 차이점이다. 어떤 특별한 의미를 가지고 있는 것으로 읽어야 할 것은 모세나 시편 저자의 말이 아니다. 이들의 말이 비유임에 틀림없을 때에는 그렇게 읽어야 하지만 그래도 상황은 마찬가지다. 반대로 의미가 있고 따라서 새로운 약속의 비유로 기능하는 것은 구약의 사건들이다. 마치 구약의 역사 자체가 신이 쓴 한 권의 책이라는 듯 신의 섭리에 따라 일어난 사건들 자체가 비유로 등장하는 것이다.

이러한 문제에 본격적으로 대처했던 인물은 아우구스티누스다. 이러한 시도가 가능했던 것은 그가 골고루 섭렵한 스토아 문화를 바탕으로 하나의 기호 이론을 구축한 최초의 저자였기 때문이다. 아우구스티누스는 말로 이루어진 기호와 기호로 기능할 수 있는 사물들을 구분할 필요가 있다고 보았다. 아우구스티누스는 이렇게 말했다. "기호란 사물 자체가 우리에게 주는 인상을 뛰어넘어 무언가 다른 것을 떠오르게 하는 모든 것을 말한다."(『그리스도교 교리에 관하여*De doctrina christiana*』, II, 1, 1) 인간이 의도적으로 어떤 의미를 부여하기 위해 만들어 낸 기호 옆에는, 기호로 이해되거나 기호처럼 읽힐 수 있도록 초자연적인 방식으로, 마치 기호인 것처럼 배치될 수 있는 사물들, 인물들, 사건들(성경의 경우)이 동시에 존재한다.

아우구스티누스는 고대 말기의 라틴 문화가 그에게 제공하던 모든 언어학적, 수사학적 도구를 동원해 성서를 해석하면서 밝고 분명한 기호와 어둡고 모호한 기호를 구분하기 위해 노력했다. 하나의 기호가 있는 그대로의 의미로 해석되어야 하는가, 아니면 비유적인 의미로 해석되어야 하는가라는 문제에 답하기 위해서였다. 그는 하나의 비유가 분명하게 비유로 인식될 수 있다는 것을 너무나 잘 알고 있었다. 왜냐하면 비유는 문자 그대로 읽을 때 아무런 의미가 없거나 유치한 거짓말처럼 보였기 때문이다. 하지만 문자 그대로의 의미로 읽힐 수 있음에도 불구하고 해석자가 비유적인 의미를 부여할 수밖에 없는 표현들은 어떻게 해야 하는가?

아우구스티누스는 성서가 문자 그대로 의미 있는 말을 하는 경우에도 이것이 신앙적인 차원의 진실이나 도덕적 상식과 모순될 때에는 비유적인 의미를 애써 찾아내야 한다고 말했다. 막달레나는 그리스도의 발에 향유를 붓고 자신의 머리카락으로 그의 발을 닦았다. 구세주가 이러한 세속적이고 난잡한 절차를 허락했다고 생각해야 할까? 물론 아니다. 대신에 이 일화는 무언가 다른 것에 대해 이야기하고 있다.

아우구스티누스에 따르면 우리는 성서가 '상투적인' 표현이나 문학적으로 '빈약한' 표현들을 사용할 때에도 두 번째 의미를 찾아낼 필요가 있다. 이러한 형태의 표현은 세련되고 날카롭기 때문에 상당히 놀라운 면들을 가지고 있다. 상투적인 표현은 예를 들어 문자 그대로 충분한 의미가 있는 무언가를 지나치게 상세히 묘사하면서 그러한 집요함에 대한 구체적인 동기는 전혀 언급하지 않는 경우에 발생한다. 예를 들어 고유명사나 숫자와 기술적인 용어들이 끊임없이 언급되는 경우 이들은 무언가 다른 것을 암시하는 것이 틀림없다.

언어를 다룰 때 아우구스티누스는 어디서 규칙을 찾아내야 하는지 알고 있었다. 그가 해답을 찾았던 곳은 수사학과 고전 문법이다. 하지만 아우구스티누스는 성서가 언어로만 이야기하지 않고 사건을 통해 이야기한다는 것 또한 잘 알고 있었고 결국에는 백과사전적인 지식에(적어도 그가 고대 말기에 구할 수 있었던 백과사전에) 주목할 것을 독자들에게 요구했다. 성서가 인물, 사물, 사건을 중심으로 이야기하고 꽃과 돌의 이름들, 자연의 기적과 숫자를 언급한다면 전통적인 지식 속에서 이 돌과 꽃이, 이 기적과 숫자가 무엇을 의미하는지 찾아내야 한다는 것이었다.

이 시점에 중세가 이러한 꽃들, 돌들, 동물들의 초자연적인 의미를 설명하기 위해 고유의 백과사전 연구와 제작에 착수했던 것도 바로 그런 이유에서였다.

그리고 이 시점에서 탄생한 것이 바로 보편적 풍유주의다. 이 보편적 풍유주의가 무엇인지 가장 잘 설명해 주는 것은 리샤르 드 생 빅토르Richard de Saint-Victor의 다음과 같은 주장이다. "눈에 보이는 모든 사물은 보이지 않는 선善과의 유사성을 보여 준다."(『묵상의 은총에 대해』, PL 196, col. 90)

보편적 풍유주의

바로 그런 차원에서 중세는 아우구스티누스의 제안을 극단적인 결과로 몰고 갔다고 할 수 있다. 다시 말해 백과사전이 성서가 언급하는 것들의 의미가 무엇인지 우리에게 말해 준다면, 그리고 이러한 것들이 바로 성서가 사건을 토대로 설명하는 세상을 장식하는 요소들이라면, 그렇다면 비유를 통한 해석은 성서가 말하는 대로의 세상을 대상으로만 가능한 것이 아니라 있는 그대로의 세상을 대상으로도 얼마든지 가능하다고 보았던 것이다. 세상을 일종의 상징 모음집으로 읽고 해석하는 방법은 위 디오니시우스의 가르침대로 신성한 이름들을 만들어 부여하기 위한 최선의 방법이었다(이를 통해 도덕성, 계시, 삶의 계율, 지식의 모형 등을 만들어 내는 것이 가능했다).

중세의 '상징주의'나 '풍유주의'라는 이름이 무분별하게 가리키던 것은 이 시점에 각자의 길을 걷기 시작했지만 시인들 역시 이어서 성서를 모방하는 경향을 보였다는 점을 고려하면 상징과 알레고리의 상호 침투적인 관계는 계속 유지되었다고 보아야 할 것이다.

상징주의와 풍유주의의 구별은 역시 형식적인 것에 불과했다. 모든 세상이 곧 기호라는 생각은 디오니시우스의 『신성의 이름』과 함께 탄생했고 비유적인 형태의 표현을 제시했지만 실제로는 모든 효과가 결국 그것에 고유한 원인의 기호와 일치하는 세계관을 제시하는 것으로 그치고 말았다. 사건을 토대로 하는 성서적 알레고리에 관한 한, 이것이 말을 토대로 하는 알레고리에 대한 관심과 함께 더욱 복잡해졌다는 전제하에, 교부 철학과 스콜라 철학의 모든 역사가 바로 '경전의 숲'(오리게네스)이라는 성서, 혹은 '신성하고 신비로운 바다' 또는 '미로'(히에로니무스)로서의 성서에 대한 끝없는 질문들이 주어졌다는 것을 고스란히 증언해 준다. 12세기의 수도승 질베르토 디 스탠포드Gilberto di Stanford가 말했던 것처럼 "성서는 빠르게 흐르는 강물과 같아서 깊은 인간의 정신을 끝없이 범람하도록 만든다. 성서는 마시는 자의 갈증을 해소하지만 결코 마르지 않는 강물과 같다. 이곳에서 영적 감흥의 커다란 파도가 일고 파랑이 지나갈 때 또 다른 파랑을 일으킨다."(『'아가' 연구*Tractatus super cantica canticorum*』 서문)

중세에는 또 다른 형태의 알레고리가 존재했다. 이를 '인위적인' 알레고리라고 부른다. '인위적인' 이유는 세계라는 조직체 내부에서 발견되는 대신 인간이 생산하는 차원의 알레고리이기 때문이다. 예배 형식에서 발견되는 알레고리가 여기에 속한다. 예배에 고유한 의상이나 행위 등이 영적 현실의 비유로 해석되기 때문이다. 시적 알레고리 역시 이러한 '인위적인' 장르에 속한다. 어떻게 보면 시적 알레고리의 정의는 알랭 드 릴(Alain de Lille, 1120년~1202/1203년)의 글로 추정되는 운문에 함축되어 있다고 할 수 있다. "우주의 모든 피조물이 / 우리에게는 마치 한 권의 책 혹은 한 폭의 그림 / 하나의 거울과 같으니 / 우리의 삶, 우리의 죽음 / 우리의 형편과 운명의 / 충실한 기호가 된다. / 우리의 현실을 표상하는 장미는 / 우리의 형편에 대한 우아한 주석이며 / 아침 일찍 피어오르고 / 다시 시들 때는 / 밤처럼 늙어 버리는 / 우리의 인생에 대한 해석이다."(『또 다른 조화*Rhythmus alter*』 PL 210, col. 579)

알레고리적인 예술 개념은 알레고리적인 자연 개념과 나란히 발전했다. 리샤르 드 생 빅토르는 이러한 두 가지 측면을 모두 염두에 둔 이론을 발전시켰다. 신이 만든 모든 것들은 인간의 삶에 지표를 마련하기 위해 창조되었지만, 인간이 만드는 것들 가운데 어떤 것들은 알레고리를 통해 조화를 추구하고 어떤 것들은 추구하지 않는다고 보았다. 문학예술은 쉽사리 알레고리에서 출발하는 성향이 있었지만 조형예술은 문학작품의 의인화를 모방하면서 중첩되는 알레고리를 만들어 냈다.

하지만 사람들은 인간이 만들어 내는 것의 비유적인 성격이 자연의 그것보다 훨씬 강렬하다는 것을 점차 깨달았고, 특별한 이론의 구축 없이, 리샤르가 주장했던 것과 정반대의 상황을 목격하게 되었다. 다시 말해 자연적인 사물들의 비유적인 성격이 가면 갈수록 창백해지고 의혹을 불러일으키며 관습에 불과한 것으로 추락했던 반면 예술(조형예술을 포함해서)은 무엇보다도 초월적인 의미의 세련된 축조물로 비춰졌던 것이다. 세계의 알레고리적 의미는 땅속에 묻히기 시작했고 시라는 장르의 문학적 알레고리에 대한 취향은 익숙하고 타당한 것으로 남았다. 중세 사상이 절정에 달하는 13세기에 이르러 중세는 알레고리를 토대로 하는 세계 해석을 결정적으로 포기하고 알레고리적인 서사시의 원형이라고 할 수 있는 작품, 『장미의 이야기』를 탄생시켰다. 풍부한 비유의 작품 생산과 함께 중세에는 세속 시인들, 특히 베르길리우스의 작품에 대한 알레고리적 해석의 관심 또한 계속해서 증가했다.

현대인들은 예술을 이런 식으로 실천하고 바라보는 방식이 혐오스럽다고 느끼기 때문에 이를 시에 대한 지나친 갈망과 정신적 마비를 조장하는 지성주의의 표현으로 이해하는 경향이 있다. 그러나 중세가 알레고리적인 방식으로 시를 해석했다는 것은 시에 딱딱하고 인위적인 독서 방식을 적용했다는 것이 아니라 오히려 시에 접근하며 시를 최상의 기쁨, 즉 '거울을 통해 희미한 방식으로'(「고린도전서」 13장 12절) 드러나는 깨달음의 기쁨을 자극하는 요인으로 간주했다는 것을 의미한다.

중세에 시는 전적으로 지성이 주관하는 분야였다. 모든 시대가 시에 대한 나름의 정의를 가지고 있었기 때문에 사실 현대인의 기준으로 중세에 시가 의미하던 바를 판단한다는 것은 사실상 불가능하다. 아마도 우리는 중세가 마술사 베르길리우스의 시를 통해 그가 예견했던 세계를 발견하면서 느끼던 미묘한 행복을 동일한 방식으로는 결코 느낄 수 없을 것이다. 하지만 중세 사람들이 이를 통해 실제로 행복을 느꼈다는 것을 받아들이지 못한다면 그것은 중세에 대한 이해 자체를 거부하는 셈이 될 것이다.

12세기에 시편 세밀화를 그리던 힐데스하임의 세인트 알반Saint Alban이라는 화가는 적군에게 포위당한 한 성곽도시를 묘사하면서 그림이 사람들의 마음에 들지 않거나 부적절하다는 평가를 받을 수 있다는 생각에 이런 기록을 남겼다. "이 그림이 물리적으로(corporaliter) 표현하는 바를 여러분은 영적인 방식으로(spiritualiter) 이해할 수 있습니다. 전투 장면을 보면서 악과 맞서 싸우는 여러분을 떠올려 보십시오." 분명한 것은 이 화가가 이러한 종류의 예술 이해를 순수하게 시각적인 예술 이해보다 훨씬 더 풍부하고 만족스러운 것으로 제시하고 있다는 사실이다.

쉬제 드 생 드니Suger de Saint-Denis의 열성적인 장려로 고딕예술의 발전이 최고조에 달하면서 알레고리를 통한 예술의 소통은 절정의 영향력을 확보하게 된다. 중세 문명의 모든 것을 예술로 승화시킨 '대성당'은 자연을 대체하는 하나의 현실이었고 자연에서는 찾아볼 수 없는 해석 규칙을 토대로 만들어진 진정한 의미에서의 '책과 그림'이었다.

2

신의 이름

위 디오니시우스와 신비주의 신학

2.1 한 정체불명의 저자

디오니시우스 전집을 구성하는 『천상의 위계질서*De coelesti hierarchia*』, 『교회의 위계질서*De ecclesiastica hierarchia*』,『신의 이름*De divinis nominibus*』, 『신비주의 신학*De mystica theologia*』, 『서간문』과 같은 저서들의 저자는 자신을 아레오파고스 법정의 일원이며 사도 바울이 아테네에 머무는 동안 그를 통해 개종한(「사도행전」 17장 16~34절) 인물로 소개한다. 중세에는 이 디오니시우스의 정체를 아무도 의심하지 않았다. 다만 극히 드문 예외였던 에페소스의 가톨릭 주교 히파시오스는 533년 콘스탄티노폴리스에서 벌어진 가톨릭 성직자들과 단성론을 주장하던 신학자들의 논쟁에서 이 문제와 관련하여 상당한 당혹감을 표명한 바 있다. 하지만 '디오니시우스 전집'이 사도들의 시대에 집필되었다는 이야기가 하나의 전설에 불과한 것으로 확인되기까지는 훨씬 더 오랜 세월이 걸린다. 이 전집이 한참 뒤에 쓰였다는 것을 증명해 보인 인물들은 르네상스 시대의 로렌초 발라Lorenzo Valla와 에라스무스Desiderius Erasmus다. 하지만 이들의 학자적인 권위와 동일한 입장을 표명하는 또 다른 연구자들의 발표에도 불구하고 전통적인 견해는 여전히 많은 이들의 지지를 얻으며 오랫동안 유지되었다.

하지만 19세기에 들어와서 상황은 변하기 시작했고 정반대의 의견이 일반적인 견해로 자리잡았다. 그 이후로 지금까지 이 신비로운 저자의 정체와 문화적 배경을 밝히기 위한 시도가 지속적으로 이루어졌지만 결정적으로 완벽하다고 할 수 있는 결론은 아직까지도 얻어 내지 못했다.

최근의 연구로 다시 검증된 바 있는 19세기 말의 가장 신빙성이 있는 해석에 따르면, 위 디오니시우스는 시리아 출신의 그리스도교도로 추정되며 아테네 신플라톤주의학파의 마지막 철학자들, 즉 프로클로스와 다마스키오스 밑에서 철학을 공부했던 것으로 보인다. 그가 시리아 출신일 것이라는 가정을 뒷받침하는 근거는 『교회의 위계질서』에서 주교, 사제, 부제의 임명을 다루는 부분이 안티오키아의 주교가 발표한 시리아 예전禮典 양식과 상당히 유사하다는 사실에서 발견된다. '디오니시우스 전집'이 시리아 지역에서 상당히 중요한 저서로 위세를 떨쳤다는 것은 의심의 여지가 없어 보인다. 이를 증명해 주는 것은 536년 이전에 출판된 세르기우스Sergius의 시리아어 번역본이다.

위僞 디오니시우스가 프로클로스와 다마스키오스로부터 영향을 받았다는 데에는 대부분의 학자들이 동의한다. 그가 신플라톤주의 철학으로부터 받은 영향은 사실상 여러 가지 언어적이고 교리적인 측면의 특징에서 그대로 드러난다. 교리적인 특징의 몇 가지 예로, 중심적인 역할을 하는 보류-발전-회귀의 삼중 개념, 악을 존재론적 결핍으로 보는 관점, 신과 영혼의 신비주의적 결합이라는 개념, 플라톤의 대화록 『파르메니데스』의 신플라톤주의적인 해석(첫 번째와 두 번째 가정)을 모형으로 하는 부정신학과 긍정신학에 지속적으로 의존하는 경향 등을 들 수 있다. 이러한 특징과 또 다른 특징들을 고려했을 때 '디오니시우스 전집'에 수록된 모든 저서들의 집필 시기는 대략 서기 500년 전후였을 것으로 보인다. 아울러 위 디오니시우스는 신플라톤주의학파 아카데미의 마지막 원장들뿐만 아니라 플라톤주의 계열의 또 다른 철학자들, 즉 플로티노스, 포르피리오스, 이암블리코스의 영향 또한 분명하게 받은 것으로 보이며 교부 철학자들, 예를 들어 알렉산드리아의 클레멘스, 카이사레아의 바실리우스, 니사의 그레고리우스, 나지안조스의 그레고리우스, 키로스의 테오도레토스Theodoretos로부터도 적지 않은 영향을 받은 것으로 보인다. 해석자들의 의견은 신플라톤주의 철학자들의 영향이 더 크다고 보는 견해와 교부 철학의 영향이 더 중요하다는 견해로 나뉜다. 하지만 이러한 대립은 엄격한 차원에서 위 디오니시우스의 독창적인 사상에 내재하는 구도와 전혀 일치하지 않으며 그 위상을 오히려 격하시킬 뿐이다.

2.2 저서들

15장으로 구성된 『천상의 위계질서』는 구약과 사도 바울이 언급하는 천사들의 고유한 특성과 기능에 대한 묘사로 이루어져 있다. 이 아홉 부류의 천사들은 세 단계의 위계가 각각 다시 세 부류로 분류되면서 발생하는 아홉 개의 범주와 일치한다. 가장 낮은 단계는 천사angeli, 대천사arcangeli, 권천사principati로 구성되고 중간 단계는 주천사dominazioni, 역천사potenze, 능천사potesta, 가장 높은 단계는 치천사serafini, 지천사cherubini, 좌천사troni로 구성된다. 천사들은 그 자체로 순수한 지성과 비물질적인 힘을 가리키지만 성서에서는 가장 저급한 것(예를 들어 물이나 동물)에서 가장 고급한 것(예를 들어 빛)에 이르기까지 상당히 다양한 감각적 상징을 통해 묘사된다. 신이 이들을 원했던 것은 제한된 인식능력을 가진 인간에게 도움을 주고 세속인들에게는 진실을 감추기 위해서였다. 인간이 정신적 노력을 통해 이루어야 할 것은 감각적인 상징을 뛰어넘어 성서를 알레고리적으로 해석하는 일이었다. 모든 단계의 천사들이 나름대로 가지고 있는 특성을 뛰어넘어, 천사들의 계보는 이들의 상호 관계를 지배하는 규칙들을 포함한다. 가장 높은 단계의 천사들은 직접 신으로부터 빛을 통해 존재와 삶과 지성을 부여받는다. 이어서 이 빛을 낮은 단계의 천사들에게 전달하면서 깨달음을 주고 정화를 통해 이들을 완전하게 만들면서 신의 신비 안으로 끌어들인다(다시 말해 이들이 정화와 깨달음과 신비주의 입문이라는 세 가지 기본적인 과정을 밟게 만든다). 동일한 방식으로 중간 단계의 천사들은 가장 낮은 단계의 천사들에게 빛을 선사하고 가장 낮은 단계의 천사들은 가장 높은 단계의 성직자들에게 빛을 선사한다. 신의 빛은 위계질서에 따른 단계를 밟아 하강하면서 힘을 잃는 듯이 보인다. 하지만 실제로 일어나는 일은 빛 자체의 감소가 아니며 그렇게 보이는 것은 아래 단계로 내려갈수록 빛을 적절한 방식으로 수용하는 이들의 능력이 점점 감소하기 때문이다. 모든 단계의 천사들은 신과 닮아 가기를 갈망하다. 하지만 이러한 목표는 누구든 스스로의 본성이 허락하는 한에서만 달성할 수있다.

『교회의 위계질서』는 7장으로 구성되어 있으며 다양한 전례典禮 양식(세례식, 성찬식, 견진성사, 성품성사, 장례)을 알레고리 차원에서 묘사하고 해석하면서 천사들의 계보가 교회의 위계와 상응하는 부분들을 체계적으로 정리한다. 교회는 두 단계의 성직자들로 구성되어 있고 각 단계는 세 부류의 성직자들을 포함한다. 다시 말해, 신비주의 입문을 인도하는 단계는 주교, 사제, 부제로 구성되고 신비주의에 입문하는 단계는 정화된 자(교리문답을 공부하는 예비신도), 깨달은 자(신의 민족), 완벽한 자(수도승)로 구성된다. 아울러 수도승을 인도하는 주교들은 수도승의 신비주의 입문과 정화와 깨달음을 주관하고, 깨달은 자를 인도하는 사제들은 깨달은 자의 정화와 깨달음을, 정화된 자를 담당하는 부제들은 오로지 정화만을 주관한다.

'디오니시우스 전집'에서 가장 많은 분량을 차지하는 『신의 이름』은 13장으로 구성되어 있으며 성경에서 신을 부를 때 사용하는 이름들을 분석한다. 영속 상태에 있는 신은 그 자체를 고려했을 때 사실상 인식과 명명이 불가능한 존재다. 신의 이름을 부르고 인식하는 것은 그의 역사役事를 통해서만, 혹은 그에게서 비롯되어 현실에 반영되는 것을 통해서만 가능하다. 신의 이름들은 다름 아닌 신의 발현과 세상 안에서 이루어지는 신의 현현에 상응한다.

이러한 전제하에 30개 정도의 용어들이, 예를 들어 '선', '빛', '아름다움', '사랑', '존재', '삶', '지성' 등등이 신의 이름으로 등장한다. 진정한 의미에서 신에게 다가서는 일은 부정의 길을 통해서만, 즉 이전에 받아들였던 신의 모든 이름들을 점진적으로 지우는 데 성공할 때에만 가능하다.

5장으로 구성된 짧은 책 『신비주의 신학』은 『신의 이름』에서 중점적으로 다루었던 내용의 정리라고 할 수 있다. 부정의 길은 신성한 어둠 속으로 들어가면서 절정에 이르는 신비주의 여정의 도구로 사용된다. 신은 실제로 어떤 긍정이나 부정도 초월하는 존재이며 그와의 결합은 감각적이거나 지적인 모든 경험을 초월한다. 시나이 산에서 모세에게 일어났던 것처럼 어둠 속으로 들어간다는 것은 생각과 말이 전적으로 부재하는 상태에 진입한다는 것을 의미한다. 신과의 결합이라는 차원은 바로 이러한 특성을 가진다. 이 결속 상태에서 지고한 무지와 지고한 지식은 동일한 것으로 드러난다.

사도 시대의 여러 인물들에게 보내는 열 편의 서간문에서는 이전에 다룬 몇몇 주제들이 다시 언급된다. 마지막 다섯 편의 서간문은 원래 '디오니시우스 전집'에 포함되지 않았던 것으로 보인다.

2.3 사상: 신의 본성에 관한 성찰

위 디오니시우스의 성찰은 신의 본성과 그의 창조 활동, 아울러 피조물들이 그에 대한 앎을 완성해 가는 방식에 집중된다. 이러한 주제들의 관계는 총체적으로 신플라톤주의에서 유래하는 보류(mone)-발전(proodos)-회귀(epistrophe)의 원리에 의존한다. 첫 번째 단계에서 신은 스스로의 내부에 남아 **존재**에 상응하는 인식 가능한 형상들을 초월하는 자신의 신비로운 완벽성 속에 머문다. 프로클로스의 **하나**처럼 위 디오니시우스의 신 역시 형태가 없으며 **존재**보다 우월하다. 물론 이 우월성은 **존재**가 하나의 형태를 가지고 있다는 전제하에서 주어진다. 좀 더 정확히 말하자면, 디오니시우스의 신은 그에게 의존하는 유한한 **존재**의 어떤 형태보다도 우월하며 무한하고 완벽한 **존재**다. 신은 이어서 스스로에게서 벗어나 스스로를 기점으로 발전을 꾀하며 **존재**를 창조한다. 창조를 실현하면서도 자신의 능력과 완벽함을 조금도 소모하지 않으며 오히려 피조물들에게 회귀를 통해 신에게 돌아올 수 있는 기회를 선사한다.

위 디오니시우스는 보류 단계와 발전 단계에 있는 신의 본성을 플라톤이 제시한 『파르메니데스』의 첫 두 가정에 대한 신플라톤주의적인 해석, 결정적으로 프로클로스에 의해 정형화된 해석을 토대로 묘사한다. 첫 번째 가정의 대상은 **하나**, 즉 예외를 허락하지 않는 유일한 존재이며 결과적으로 어떤 종류의 수식어도, 심지어는 '~이다'라는 수식어도 허락하지 않는 **하나**다. 바로 그런 이유에서 신플라톤주의 철학자들은 이것이 전적으로 초월적인 **하나**이며 심지어는 **존재**에도 우선하고, 바로 그런 이유에서 인식이나 이해가 전적으로 불가능하다고 보았다. 대신에 두 번째 가정의 **하나**는 첫 번째 가정에서 부인되었던 모든 특성들을 수용하는 **하나**다. 바로 그런 이유에서 신플라톤주의 철학자들은 이를 가능한 모든 현실의 원형(이데아)을 내포하고 모든 형태의 앎과 긍정적인 특성의 기반을 구축하는 근원실체, 즉 **존재-지성**과 결부시켰다.

위 디오니시우스 사상의 혁신적인 면은 첫 번째 가정과 두 번째 가정을 하나의 동일한 주체, 즉 신에 적용하면서 '보류' 단계와 '발전' 단계를 유일신의 두 측면으로 고려했다는 데 있다. 반대로 신플라톤주의 철학자들은 이 '보류'와 '발전'의 단계를 서로 구별된 근원실체, 다시 말해 **존재**를 초월하는 **하나**와 진정한 의미에서의 **존재**에 부여했다. 위 디오니시우스는 그런 식으로 신플라톤주의의 첫 번째 원리와 **존재** 사이에 존재하던 실질적인 거리를 현저하게 좁히는 데 기여했다. 디오니시우스의 신은 사실상 보편적이고 유일무이한 원인인 동시에 이에 상응하는 모든 결과를 단순하고 불분명한 형태로나마 이미 품고 있는 신이다. 피조물은 결과적으로 무언가의 중재 없이 사랑의 의지와 행위만으로, 즉 신플라톤주의 철학자들이 생각했던 것처럼 근원실체들의 상이한 위계를 토대로 일어나는 일종의 필연적 발현에 의해서가 아니라 사랑을 토대로 창조를 실현한 신의 부분적인 현현에 지나지 않는다. 사실상 바로 그런 이유에서 '보류' 개념에 상응하는 부정적인 담론(이른바 부정신학 혹은 부정의 길)뿐만 아니라 '발전' 개념에 상응하는 긍정적인 담론(이른바 긍정신학 혹은 긍정의 길)을 신에게 적용하는 것이 가능해진다.

신이 '발전'을 통해 이룩한 모든 것들이 본연의 자리로 돌아가기를 갈망하며 신이라는 원리에 가능한 한 가까이 다가가려고 노력하는 단계가 바로 '회귀'다(여기서 쉽게 알아볼 수 있는 것은 바로 신과 닮아 가려고 노력하는 플라톤적인 이상이다. 플라톤이 『테아이테토스』와 『티마이오스』에서 표명했던 이러한 이상은 한때 교부 철학자들 사이에서도 굉장한 인기를 누린 바 있다). 인간에게 '회귀'의 과정은 성경이 신을 가리키며 언급하는 상징들, 즉 감각적으로 인식이 가능한 요소들의 발견과 해석을 요구하는 종교적 정화와 깨달음의 과정이다. 이러한 상징들 가운데 저급한 단계의 상징과 고급한 단계의 상징이 공존한다는 점은 현실세계의 모든 측면에 실재하는 신의 무소부재함으로 해석될 수 있고, 동시에 저급한 것과 고급한 것의 차이점을, 즉 위 디오니시우스의 글 속에서 그토록 집요하게 강조되는 위계질서라는 개념을 지적 인간의 입장에서 이해가 가능한 것으로 만들기 위한 하나의 교육적인 장치로 해석될 수 있다. 이러한 해석들은 신에게 다양한 이름들을 부여하고 그 이름들을 감각적인 의미의 차원을 뛰어넘어 알레고리적인 차원에서 분석하는 다름 아닌 긍정신학의 단계에서 이루어진다. 위 디오니시우스가 제시하는 여러 이름들 중에는 성경에 등장하는 이름들이 들어 있다. 하지만 대부분은 분명히 파르메니데스의 범주 분석을 위해 채택된 것으로 보인다(예를 들어 『신의 이름』에서 논의되는 '동일자', '타자', '동同자', '부동不同자'와 같은 용어들). 위 디오니시우스는 더 나아가서 신의 여러 이름들이, 특히 가장 일반적인 이름들이 보다 분명한 방식으로 **아버지**와 **아들**과 **성령**을 동시에 가리킨다고 보았다. 신 안에 존재하는 근원실체의 복수성은 실제로 결속을 통한 일체 내부에서 가능한 구분으로 이해해야 한다. 따라서 삼위일체를 구성하는 세 인격체들은 동일한 명예를 가지며 동일한 일을 실천하고 피조물들에게 동일한 존재로 간주된다(그런 식으로 신플라톤주의 철학자들이 유일무이한 **하나**에 적용하던 동일한 논리를 하나이면서 동시에 셋인 그리스도교의 신에게 적용된다).

한 차원 더 올라선 다음 단계에서 시작되는 것이 부정을 통한 담론, 이른바 부정신학 내지 부정의 길, 즉 이전에 수용했던 신의 이름이나 신에 대한 묘사들을 점진적으로 부정하고 지우는 데 주목하는 담론이다(그런 의미에서 우리는 부정의 길이 '발전' 단계를 거꾸로 답습한다고 볼 수 있다). 부정의 길은 창조의 결과에 불과한 피조물의 입장을 토대로 규정되는 신의 긍정적인 특성들이 불충분하고 편협하다는 점을 폭로한다.

긍정의 담론에 따르면 신이 피조물에서나 찾아볼 수 있는 존재나 선善이라는 특성의 기원이 되는 만큼 존재와 선의를 아울러 그의 특성으로 부여하는 것이 지극히 마땅해 보이지만, 한 차원 더 높은 부정의 담론에 따르면 사실상 존재라는 개념도 선이라는 개념도 피조물에게만 적용이 가능할 뿐 신의 본성을 적절한 방식으로 묘사하지 못하기 때문에 신이 존재한다거나 선하다고 말할 수 없다는 논리가 성립된다. 심지어는 이 시점에서 동일한 부정도 재차 부정할 필요가 있다는 논리가 대두된다. 즉 신을 어떤 식으로든 이해하거나 명명하는 것은 불가능하다는 것을 인정해야 한다는 것이다. 그러나 위 디오니시우스에 따르면 흔히 최선의 길로 간주되는 부정의 길보다 한 차원 더 높은 길이 존재한다. 이 길의 과제는 긍정이나 부정을 뛰어넘어 신비로운 침묵, 즉 어떤 형태의 앎보다도 우월하고 신의 붙잡을 수 없는 초월성과 유일하게 어울리는 무지의 신비로운 암흑에 도달하는 일이다. 그런 차원에서 위 디오니시우스는 분명히 신에 관한 전통적인 형태의 담론, 즉 교부 철학과 신플라톤주의 담론의 복원과 수정 작업을 시도했다고 할 수 있다. 반면에 그가 부정신학에 의존한다는 점이나 신에게 돌아가는 회귀의 과정이 특히 언어라는 울타리를 뛰어넘어 발견될 어떤 결과를 전제로 한다는 점을 고려했을 때, 이러한 특징들은 아마도 위 디오니시우스의 입장에서 다름 아닌 신의 수식어들이 가지는 애매한 의미에 집중하며 수세기에 걸쳐 지속되어 왔던 종교회의의 논쟁 기반을 무너트리는 데 일종의 도구로 활용되었을 것이다.

신이 실행에 옮긴 창조의 가장 분명한 특성은 위계의 층상層狀이다. 신플라톤주의 철학자들처럼 위 디오니시우스 역시 신이 무소부재한 존재이기 때문에 없는 곳이 없다 하더라도 모든 곳에 있는 모든 것이 동일한 방식으로 신성한 것은 아니라고 보았다. 달리 말하자면, 그의 사유는 모든 것을 무분별하게 뒤섞어 놓은 일원론과는 거리가 멀다. 왜냐하면 차별화란 신의 능력이 쇠퇴하면서 일어나는 현상이 아니라 피조물이 그것을 어디에서든 동일한 방식으로 수용하지 못하면서 일어나는 현상이라고 보았기 때문이다. 현실세계의 다양한 위계들 가운데, 아울러 이러한 위계들을 구축하는 특별한 체제 내부에 구체적인 인과관계가 존재한다. 이에 따르면 가장 높은 위치에 있는 것이 가장 넓은 영향력을 소유하는 인과의 힘을 지닌다(이러한 논리는 프로클로스가 『신학 요강』에서 아주 분명하게 언급한 바 있다). 중요한 것은 삼위일체적인 형태의 체제이며, 우리가 '교회와 천상의 위계질서'를 통해 본 것처럼, 신의 본성이 최초로 모습을 드러내는 과정 역시, 신의 선한 의지에 대한 가장 보편적인 정의라고 할 수 있는 존재-삶-지혜의 삼위일체적인 형태를 지닌다. 선善은 사실상 존재하는 사물에서 아직 존재하지 않는(오로지 신의 정신 속에서만 가능하기 때문에 존재하지 않거나 존재 가능성을 지닌 그 무언가가 아직은 '아니기' 때문에 존재하지 않는) 사물로 확장된다. 반면에 존재는 존재하는 사물에만 적용될 수 있고 삶과 지혜의 영역은 각각 살아 있는 생명과 지성을 겸비한 생명에만 적용되기 때문에 더욱 협소하다고 볼 수 있다. 위 디오니시우스가 항상 또렷하게 강조하는 것은 신의 이런저런 이름에 상응하는 것이 실체와 독립적인 인과의 힘을 갖춘 상이한 근원실체들이 아니라 오로지 신성하고 유일무이한 원천의 단순하고 순수한 매개라는 점이다(이 점에 있어서도 위 디오니시우스는 신플라톤주의 철학자들과 구별된다).

자신이 사도 바울을 통해 개종한 아테네인이라는 위 디오니시우스의 주장(혹은 문학적 표현)은 굉장한 위력을 발휘했고 결과적으로 그는 저자로서 거의 사도들의 권위에 상응하는 명성을 아주 오랫동안 누릴 수 있었다. 더 나아가서 영적 삶에 대한 그의 독특한 사고방식은 후세대의 신비주의 문학에 지대한 영향을 끼쳤고, 이러한 영향력은 신과 영혼의 결속을 묘사하는 후세의 신비주의적 표현에서 그를 연상케 하는 문장들을 통해 그대로 드러난다.

디오니시우스 전집의 전승과 번역의 역사를 간략하게 요약하면, 먼저 518년에서 528년 사이에 안티오키아의 주교 세베로스Severos가 몇몇 인용문을 통해 디오니시우스의 저서들이 당시에 널리 읽히고 있었음을 간접적으로 증언한 바 있고, 533년에는 콘스탄티노폴리스의 종교회의에 참석한 교부들이 위 디오니시우스의 저서들을 직접적으로 인용하면서 이를 다시 한 번 입증해 주었다. 530년 전후에는 베트셰안의 요안네스Joannes가 그의 저서들에 대한 해설과 주석을 집필했고 비슷한 시기에 레샤이나의 세르기우스가 그의 책들을 시리아어로 번역했다. 시리아의 그리스도교 문화권에 위 디오니시우스의 사상을 전파하는 데 결정적인 역할을 했던 것이 세르기우스의 번역본이다. 디오니시우스 전집은 아르메니아어와 아랍어로도 번역되었고 아울러 그의 글들이 이슬람 세계에서 많이 읽혔다는 것을 증명해 주는 확실한 근거들이 남아 있다. 동방에서 비잔틴 신학자들이 인정하던 위 디오니시우스의 권위를 그대로 확인해 주는 인물은 고백자 막시무스Maximus the Confessor다.

그러나 위 디오니시우스의 영향력이 가장 확실하게 위용을 떨쳤던 곳은 서방 세계다. 디오니시우스 전집은 827년 비잔틴제국의 황제 미카엘Michael 2세가 선사한 수사본 한 권이 생 드니의 수도원장 일뒤엥Hilduin에게 의탁되면서 서양 세계에 도입되었다. 일뒤엥은 832년에 처음으로 번역을 시도했고(번역의 완성도에 대해서는 의혹의 여지가 있다) 30년 뒤에는 이 번역본의 일부가 디오니시우스의 철학에 굉장한 매력을 느끼고 직접적인 영향을 받았던 스코투스 에리우게나의 번역 작업에 기초자료로 활용된다. 위 디오니시우스의 저서들은 12세기부터 무엇보다도 위그 드 생 빅토르, 스텔라의 아이작Isaac, 피에트로 롬바르도Pietro Lombardo와 같은 인물들의 노력으로 새로운 전성기를 맞이하게 된다. 13세기에는 디오니시우스에 대한 깊이 있는 연구가 로버트 그로스테스트Robert Grosseteste, 알베르투스 만뉴스Albertus Magnus, 토마스 아퀴나스, 보나벤투라Bonaventura(이 네 명 중에 유일하게 상세한 해설서를 남기지 않은 신학자다)와 같은 신학자들에 의해 이루어진다. 아울러 디오니시우스에게 강한 영향을 받은 인물로 신비주의 신학자 마이스터 에크하르트Meister Eckhart와 요하네스 타울러Johannes Tauler, 그리고 단테를 들 수 있다. 14세기에 디오니시우스의 영적, 철학적 유산을 더욱더 값진 것으로 만드는 데 결정적인 역할을 했던 인물들은 쿠자누스Nicolaus Cusanus와 피코 델라 미란돌라Pico della Mirandola, 마르실리오 피치노Marsilio Ficino 같은 플라톤학파 철학자들이다. 이 놀라운 인물들의 목록은 개인적인 견해에 따라 얼마든지 확장될 수 있을 것이다. 십자가의 요한Saint John of the Cross이나 프리드리히 셸링Friedrich Schelling, 에디트 슈타인Edith Stein의 경우만 보아도, 이들은 서로 다른 시대를 살았고 서로 다른 철학적 성향을 가지고 있었지만 디오니시우스에 대한 집요한 관심과 연구를 통해 사유의 풍요로움을 꾀했던 사상가들이다.

3

억압받는 자를 위한 목자

보에티우스와 위안의 철학

3.1 '최후'의 로마인

보에티우스(Anicius Manlius Severinus Boethius, 480년경~525년)는 로마의 뛰어난 정치인이자 정신적인 측면에서 후세대 철학자들에게 지대한 영향력을 행사한 뛰어난 지성인이었다. 역사는 전기를 통해 그를 야만인들에게 박해당한 로마인으로 기억하지만 철학사적인 관점에서 보에티우스는 틀림없이 중세 사상에 기초를 마련한 가장 영향력 있는 사상가들 중에 한 명이었다.

보에티우스는 이탈리아를 지배하던 동고트족의 수장, 테오도리쿠스Theodoricus 대왕 밑에서 정치가로서의 경력을 쌓았지만(510년 집정관 임명, 523년 황궁 교사 임명) 그의 정치적 이념은 상이한 출신, 상이한 종교, 서로에 대한 적대심이라는 문제를 해결하지 못한 채 양분되어 있던 동고트족과 로마인들의 관계를 회복시키는 것이었다. 로마의 귀족 사회는 동고트족과 이들의 역할을 달갑지 않은 시선으로 바라보았고 오히려 교황 및 동로마제국의 황제와 우호관계를 구축하려는 경향을 보였다. 동고트족과 동로마제국의 관계는 점점 악화되었고 로마의 원로 알비누스와 동로마제국의 황제 사이에 오간 서신들이 발견되면서, 궁지에 몰린 보에티우스는 로마 원로원과 친밀한 관계를 유지해 왔다는 이유로 반역자라는 판결을 받고 사형을 선고받았다.

보에티우스는 귀족 집안 출신으로 아니키 가문을 중심으로 형성된 귀족 사회의 문화적 환경에서 성장했다. 이 귀족 사회는 위대한 로마의 기억을 생생하게 간직하고 있었고 새로운 문학의 창조와 고전문학의 번역 작업을 통해 라틴 문화를 발전시키고 견고하게 만들 필요성을 느끼고 있었다. 보에티우스 역시 이러한 요구를 수용했고 정치적 과제와 문화적 과제를 '국가 수호rei publicae cura' 라는 동일한 임무의 두 측면으로 이해했다.

정치인으로서 경험이 큰 역할을 했겠지만, 보에티우스는 그가 사는 시대의 역사적 의미에 대한 또렷한 의식을 가지고 다름 아닌 시대의 요구라는 측면에서 문화 계획을 추진한 지성이었다. 서로마제국의 쇠퇴와 함께 진행되던 지식 세계의 퇴폐를 지켜보면서 보에티우스는 천문학, 음악, 수학과 같은 다양한 분야의 첨단 과학지식과 아리스토텔레스, 플라톤 같은 주요 그리스 사상가들의 철학을 라틴 세계에 전파하겠다는 계획을 세웠다. 그는 이 위대한 철학자들의 저서들을 번역 출판하고 독자들의 이해를 돕기 위해 해설서들을 함께 집필하겠다는 원대한 계획을 실행에 옮겼다. 그는 두 철학자들이 대변하는 철학 체제 사이에 깊은 연관성이 존재한다는 것을 증명할 수 있다고 확신했다.

보에티우스의 시대에만 해도 아리스토텔레스의 책을 구해서 읽는다는 것이 여전히 쉽지 않았기 때문에 보에티우스의 계획은 철학사상을 가르친다는 의미뿐만 아니라 고대 서적들을 보존하고 보급한다는 특별한 의미를 가지고 있었다. 이러한 계획을 엄격하게 이론적인 연구 활동으로 발전시키면서 보에티우스는 과학과 신학 분야의 논문들(『수학에 관하여』와 『음악에 관하여』를 비롯해 소실된 기하학과 천문학 분야의 논문들)을 집필하기도 했다. 이러한 저술 활동은 그가 얼마나 많은 분야에 관심을 기울였는지 그대로 보여 준다.

3.2 번역과 주석

그의 원대한 계획에 비해 실제로 보에티우스가 완성한 번역서와 주석의 수는 그리 많지 않다. 보에티우스가 번역한 아리스토텔레스의 저서들 중에는 『명제론』과 『범주론』, 『분석론 전서』, 『분석론 후서』(보급이 미흡했고 지금은 남아 있지 않다), 『변증론』, 『소피스트 논쟁에 관하여』가 있다. 보에티우스는 아울러 포르피리오스의 『아리스토텔레스의 범주론 입문』을 번역하고 이에 대한 다섯 권의 주석을 집필했다. 먼저 문법학자 마리우스 빅토리누스의 번역본을 토대로 만든 주석이 있었지만 이에 대해 그다지 만족하지 못했던 것으로 보인다.

보에티우스는 다른 번역서들에 대해서도 주석을 집필했다. 『명제론』 주석 두 권, 『변증론』 주석 한 권을 비롯해 키케로의 『변증론』에도 주석을 달았고 아리스토텔레스의 『분석론 전서』에는 몇몇 용어 설명을 첨부했다. 『범주론』에 대해서는 두 권의 해설서, 즉 일반인들을 위한 해설서와 이어서 전문인을 위한 해설서를 집필했지만 후자는 소실되었고 이에 대한 아무런 정보도 남아 있지 않다. 어쨌든 이 방대한 주석 작업은 보에티우스의 번역 기획이 그리스어를 습득한 로마인들에게 철학적 지식을 알리고 전파하는 교육적 가치를 지니고 있었다는 것을 보여 준다. 번역어 문체의 선택 역시 이러한 정황에 영향을 받았던 것으로 보인다. 우아한 문체를 고르는 대신 보에티우스는 정확성을 중시하고 문자 그대로의 번역을 선호했다. 그는 아울러 그리스어 원문에 배치된 단어들의 순서를 존중하고 원문의 미세한 어조까지도 빼놓지 않고 옮기려고 노력했다.

그렇다면 보에티우스는 왜 다른 책들을 뒷전으로 미루어 두고 이 저서들 먼저 번역에 착수했던 걸까? 당시에 구해서 읽을 수 있었던 아리스토텔레스와 플라톤의 저서들이 어떤 것이었는지 확인하고 그 결과를 이유로 제시할 수도 있겠지만, 무엇보다도 당시에 아주 일반적이었던 철학 교육의 내용과 과정이 어떤 규모와 차원의 것이었는지 생각해 볼 필요가 있다. 아리스토텔레스의 논리학은 사실 포르피리오스가 제정한 신플라톤주의 아카데미의 교육과정에 들어 있던 과목이다. 아리스토텔레스의 『범주론』에 각주를 다는 작업은 당시에 상당히 일반적이었고 포르피리오스뿐만 아니라 이암블리코스와 암모니오스도 활용하던 방식이다. 보에티우스와 마찬가지로 포르피리오스와 심플리키오스 역시 아리스토텔레스 철학과 플라톤 철학의 화해를 하나의 이상으로 간주했다. 따라서 보에티우스의 선택은 지극히 당연하고 아주 일반적인 선택이었다고 볼 수 있다.

끝으로 보에티우스는 하급 단계에서 상급 단계로 올라가는 교육 과정이 이상적이라고 보았다. 그는 예를 들어 논리학을 형이상학보다 먼저 배워야 한다고 생각했다(같은 이유에서 문법이 논리학에 우선한다).

신플라톤주의 철학자들의 주석을 바탕으로 아리스토텔레스의 저서들을 읽고 공부하면서 보에티우스는 자신의 가장 의미 있는 철학이론들을 발전시켰다. 보에티우스의 가장 흥미로운 성찰들 가운데 '보편적인 것의 본질'과 '불확실한 미래'라는 주제를 살펴보자. 두 가지 논제 모두 아리스토텔레스의 대한 해석을 바탕으로 구축되며 비교적 까다롭고 복잡한 내용으로 전개된다.

그의 보편성에 대한 성찰이 실질적으로 다루는 것은 속屬과 종種(동물, 인간, 말 등등)의 본질이다. 이것들이 실체인가 아니면 개념인가라는 문제를 제기하는 보에티우스는 플라톤의 입장을 분석 대상에서 제외했다. 왜냐하면 사물의 모형이 되는 이상적인 실재의 존재를 고려하지 않고 보편적인 것들의 개념적 본질을 파악하는 데 주력했기 때문이다. 보에티우스는 보편적인 개념을 정신에 의해 구축되는 개념으로 이해하지 않고 개개인의 추상화를 통해 추출된 무언가로 이해했다. 따라서 그는 플라톤적이면서 동시에 사실주의적인 입장을 취했다고도 볼 수 있다. 보에티우스의 가장 널리 알려진 저서 『철학의 위안』에서 표명된 몇몇 입장을 고려했을 때 보편적인 개념은 현실을 설명하는 데 감각보다 더 뛰어난 능력을 가진 일종의 사상으로 비춰지기도 한다. 이에 비하면 감각의 인식 영역은 훨씬 더 협소한 것으로 드러난다. 이러한 복잡한 해석 과정을 바탕으로 우리는 동시대의 철학자들에 비해 보에티우스가 미묘하고 까다로운 해석을 결코 마다하지 않는 사상가였다는 점에 주목하게 된다. 후세대의 중세 철학자들에게 보에티우스가 이 주제에 관한 한 반드시 거쳐야 하는 하나의 관문으로 간주되었던 것도 바로 그런 이유에서였을 것이다.

보에티우스가 흥미로운 방식으로 다루는 또 하나의 주제는 '불확실한 미래'다. 그는 아리스토텔레스의 『명제론』을 다루면서 하나의 해석학적 문제, 즉 일반적인 문장에 그것이 참인가 거짓인가라는 질문이 적용될 수 있다면 동일한 질문이 미래와 관련된 문장에도 적용될 수 있는가라는 문제를 제기했다. 보에티우스는 아리스토텔레스의 입장을 해석하면서 미래를 다루는 문장들은 불확실한 방식으로만 참이거나 거짓일 수 있다는, 다시 말해 아직은 참이거나 거짓이 아니라는 결론을 내렸다. 보에티우스의 이러한 입장에 대한 다양한 해석이 가능하지만 우선적으로 보에티우스는 미래를 다루는 문장들이 참이거나 거짓이 '될' 것이지만 '지금' 반드시 그렇게 될 것이라고는 확신할 수 없다고 주장한 듯이 보인다. 그는 이에 대한 확신 자체가 이 문장들의 불확실한 성격을 사라지게 만들고 무언가 필연적인 것으로 만들어 버린다고 보았다. 여기서 보에티우스는 단순한 해설자의 입장을 취한다. 하지만 이러한 입장이나 입장의 성찰은 또 다른 철학자들의 성찰 대상 혹은 근거가 될 수 있을 것이다.

3.3 철학과 신학

번역가와 해석학자로서의 역할에 대한 관심 때문에 이 로마 철학자의 또 다른 저서들이 가지고 있는 중요성을 간과해서는 안 된다. 이 저서들 가운데 몇몇은 분명히 '신학적' 내용을 담고 있지만 이 신학이 다루는 문제들을 통해 드러나는 것은 오히려 보에티우스의 논리학에 대한 지대한 관심이다. 이 논리학적인 요소들은 일련의 개념들을 분명하게 정의하는 데 활용된다.

이 신학 저서들은 총체적인 차원에서 독자들에게 하나의 질문을 제기한다. 플라톤과 아리스토텔레스의 영향으로 확연하게 드러나는 보에티우스의 논리적이고 이성적인 성향은 분명하게 비이성적인 관점에서 출발하는 주제들, 즉 계시나 신앙 같은 주제들과 어떤 조화를 이루는가? 물론 이와 같은 질문은 모든 그리스도교 저자들에게 해당되겠지만 보에티우스가 그리스도교에 동조한다는 것이 결코 쉽지 않았던 환경에서 자라난 사상가라는 것을 기억한다면 이러한 질문은 확실히 더 강렬하게 다가올 수밖에 없다. 어쨌든 우리는 이것이 보에티우스에게는 신앙의 진실에 논리학의 엄격함을 적용하는 문제였다고 대답할 수 있다. 또렷한 정의, 견고한 논리, 아리스토텔레스와 신플라톤주의의 용어 등은 그리스도교 신앙을 반박하기 위해서가 아니라 그리스도교 내부에서 신앙의 실상을 좀 더 명확히 하고 이단자들의 주장을 단죄하기 위해 사용된다. 예를 들어 신의 선의와 피조물에 내재하는 선의의 차이를 증명하기 위해 보에티우스는 '존재esse'와 '존재하는 것id quod est'을 구별하고 신이 사물에 존재를 부여하면서 실체와 선의를 선사하는 반면 신은 그 자체로 '존재'하며 동시에 '존재하는 것'이기도 하다고 주장했다. 보에티우스는 삼위일체의 신비를 관계(아리스토텔레스의 범주)의 차원에서 해석하며 관계자들(**아버지**, **아들**, **성령**)은 오로지 관계의 주체로서만 구별될 뿐 실체로서 구별되는 것은 아니라고 설명했다. 아울러 그리스도의 본성은 본질적으로 인간적인가 혹은 신적인가라는 질문과 관련하여 이단의 교리를 반박하며 보에티우스는 본성 개념과 페르소나 개념의 차이점을 부각시켰다.

3.4 철학의 위안

보에티우스의 가장 유명한 저서 『철학의 위안*Consolatio Philosophiae*』에서 해석자와 번역가로서의 그의 모습은 찾아보기 힘들다. 만년에 감옥 생활을 하면서 쓴 『철학의 위안』에서 보에티우스는 무대에 올라 철학과 대화를 나눈다.

『철학의 위안』을 뒷받침하는 관점은 인간의 역사와 저자 자신의 개인사에 대한 이해, 역사를 지탱하는 섭리와 이 섭리를 '아는' 신에 대한 이해를 통해 주어진다. 이러한 관점을 중심으로 보에티우스는 인간의 행위와 그것의 동기, 악의 본질, 인간의 자유와 신의 인식에 대해 질문을 던진다. 『철학의 위안』은 다섯 권으로 구성되어 있으며 각각 보에티우스 자신의 정치적 불운, 행운과 내면적 행복, 지고의 선, 악의 본질, 신의 예지와 자비를 다룬다.

『철학의 위안』을 통해 비춰지는 보에티우스의 이미지는 고대 말기의 정신세계를 지배하던 각양각색의 사상들을 열린 자세로 받아들이려는 한 적극적인 지식인의 모습이다. 이러한 그의 자세를 본받아 후세의 지식인들은 보에티우스의 철학을 연구하고 그가 다루었던 주제들을 발전시켰으며 『철학의 위안』이라는 '열린 작품'의 시적인 이미지들을 끊임없이 해석하고 전파하기 위해 노력했다.

철학, 혹은 "위엄이 느껴지는 여인"

다섯 권으로 구성된 『철학의 위안』은 보에티우스가 감옥에서 523년경, 죽음이 임박했던 시기에 쓴 책이다. 시 구절을 포함하는 세련된 산문 속에서 보에티우스는 그가 "위엄이 느껴지는 여인"에 비유하며 인격화하는 '철학'이 감옥에 갇힌 그를 위로하기 위해 찾아오는 장면을 상상한다. 그와 대화를 나누면서 '철학'은 운명이 그에게 부여한 모든 고통이 우주를 창조한 창조주의 섭리 안에 계획되어 있었고 따라서 현자다운 확신을 가지고 이를 받아들여야 한다고 그를 설득한다.

제1권은 적들의 비난으로부터 스스로를 변호하는 보에티우스 자신의 정치적 입장에 대해, 제2권은 지상의 삶 속에서 행운이 담당하는 역할에 대해, 특히 보에티우스에게 커다란 내면적 상실을 가져다 준 극적인 상황 속에서 행운이 담당한 역할에 대해 이야기한다.

전적으로 철학적인 주제들은 마지막 세 권에서 다루어진다. 특히 제3권에서 보에티우스는 인간이 느끼는 진정한 행복의 본질에 대해 질문을 던지면서, 결론적으로 행복이란 우주의 지배자이며 지고의 선善인 신에 대한 갈망과 일치한다고 말한다. 보에티우스에 따르면 세상의 어떤 선도 실제로는 신의 선과 비교될 수 없다. 부귀영화는 그 자체로 커다란 고통이며 쉽게 소멸하지만 이를 멀리하고 하늘을 바라보는 인간은 어떤 식으로든 성화를 통해 완벽한 기쁨의 초인간적인 상태에 도달할 수 있다. 제4권에서 보에티우스는 악의 문제, 즉 지극히 선하고 옳은 창조주가 용납하지 말아야 할 것처럼 보이지만 실제로는 사악한 인간들이 자신의 만족을 위해 온갖 종류의 악행을 저지르도록 그냥 내버려 둔다는 문제를 다룬다. '철학'은 악이 어떤 구체적인 존재론적 위상을 가지고 있지 않으며 사실은 **선**善의 정반대인 순수한 무無를 표상한다는 아우구스티누스의 의견을 답변으로 제시한다. '철학'에 따르면 사악한 인간들은 선에서 멀어지고, 결과적으로 신과 거리를 두기 때문에 행복에 도달할 수 없을뿐더러 무언가 존재하지 않는 것을 붙잡으려고 노력하다가 결국에는 인간성과 존재마저도 상실하게 된다.

'철학'에 따르면, 이러한 문제에 대한 보다 주의 깊은 관찰을 통해 드러나는 것은 **운명**과 **섭리**의 구별이다. 모든 인간사를 주관하는 보편적인 규칙이 존재하며 이 규칙의 이름이 바로 **섭리**다. 일어날 수 있고 일어나게 될 일들을 예견한다는 차원에서 **섭리**가 영원하고 시간을 초월하며 모든 것을 파악하는 신의 관점과 일치한다면, **운명**은 피조물에게만 적용되기 때문에 시간에 종속된다는 한계를 가진다. 이성을 도구로 하는 인간은 악의 존재를 헤아릴 수 없이 깊은 방식으로 이해하는 신의 완벽한 관점에서 삶을 이해하지 못한다. 결국 신에게 가까이 다가가지 않는 이상 인간은 피조물의 비밀스러운 조화를 이해할 수 없다. 신에게 가까이 다가가는 점진적인 방식은 플라톤의 『국가』 6권에서 유래하지만 이는 분명히 보에티우스의 『철학의 위안』이 중세에 물려준 중요한 철학적 유산 중 하나다.

제5권에서는 **섭리**의 개념을 통해 제시되는 또 하나의 윤리적, 형이상학적 문제가 검토된다. 완벽하고 실패를 모르는 신이 모든 것을 관찰하고 인식한다면, 그래서 신의 **섭리**가 미래에 일어날 것으로 예상하는 모든 일들이 그대로 실현된다면 인간의 모든 행위 역시 이미 결정되어 있는 셈이며, 자유가 상실된 만큼, 선한 자는 상을 받고 악한 자는 벌을 받는다는 이야기 또한 모든 의미를 잃고 말 것이다. 이는 곧 신의 예지와 인간의 자유의지가 양립할 수 없다는 것을 뜻한다. 오리게네스나 아우구스티누스 같은 신학자들이 이미 언급했던 이 문제는 중세와 근대 철학에서 상당히 복잡한 논제로 발전한다. 이 경우에도 보에티우스가 강조하는 것은 인간이 하나의 초월적인 관점에서 사물을 이해할 수 없다는 사실이다. 반면에 신의 영원한 현재 속에서 자유로운 행위는 자유로운 행위로, 필연적인 것은 필연적인 것으로 예정되어 있다. 시간을 초월한 차원에서 순수하게 사물을 바라보는 관점은 사물에 어떤 영향도 끼치지 못한다.

현대 철학사학자 존 머린번John Marenbon은 보에티우스가 바라본 신적 섭리와 인간적인 자유의 관계에 대한 새로운 해석을 제안한 바 있다. 머린번에 따르면, 보에티우스가 감옥에 갇혔을 때 신이 만약 모든 것을 미리 예정해 두었다면 모든 것이 필연적으로 섭리에 따라 실현될 수밖에 없다는 문제를 두고 고민하다가 해결책으로 채택한 것은 신이 시간을 초월한다는 특성이 아니라 신의 사유가 지니는 단순성이었다.

보에티우스는 실제로 동일한 사물들이 영혼의 상이한 능력에 따라, 즉 사물을 관찰하는 자의 인식능력에 따라 여러 가지 방식으로 이해될 수 있다는 원칙을 토대로, 신은 절대적으로 단순하며 따라서 그의 앎 역시 단순하고 불변하는 성격을 지닌다고 보았다. 즉 신의 앎은 그의 절대적인 단순함 때문에 미래의 사건과 과거의 사건을 마치 현재의 사건인 것처럼, 다시 말해 사건이 벌어지는 순간에 반드시 실재해야 하는 것으로 이해한다고 보았던 것이다. 결과적으로 필연적인 성격을 지니는 것은 신의 지식이지 인간사가 아니며, 사물은 불확실한 것으로 남아 의지의 자유를 보장한다고 할 수 있다.

4

요하네스 스코투스 에리우게나

4.1 다재다능한 학생

에리우게나의 독자들이 놀라워하는 것은 그의 박식함과 다재다능함이다. 무엇보다도 라틴계 교부 철학자들, 특히 아우구스티누스로부터 큰 영향을 받은 그는 성서의 텍스트 연구에 특별한 관심을 기울였다. 에리우게나는 샤를마뉴Charlemagne 시대에 살았던 모든 유럽의 지식인들과 마찬가지로 그리스와 로마의 전통을 기반으로 하는 인문학 연구에 몰두하며 교부 철학을 전파하고 보전하는 데 지속적인 관심을 기울였다. 그는 성서 연구가 다른 어떤 활동이나 방법론보다도 우선한다는 확고한 믿음을 가지고 있었다.

당대의 모든 신학자들과 마찬가지로 에리우게나는 성서에 대한 지식을 보충하는 차원에서 아우구스티누스와 히에로니무스, 암브로시우스, 푸아티에의 힐라리우스Hilarius와 같은 주요 교부 철학자들의 저서들을 연구하는 데 몰두했다. 이에 앞서 그는 세련된 웅변가였고 뛰어난 문법학자였으며 피조물의 세계를 논리적이고 형이상학적인 차원에서 체계적으로 반영하는 변증적인 논제들을 교묘하게 직조해 내는 탁월한 능력의 소유자였다.

에리우게나의 사상이 지닌 독창성은 그만큼 다양한 분야에 걸친 풍부한 지식과 비잔틴 신학사상을 조화롭게 융합하는 그만의 탁월한 능력에서 비롯되었다고 해도 과언이 아니다. 에리우게나는 위 디오니시우스와 몇몇 그리스 교부들의 책을 번역하면서 그만의 언어와 철학적 관점, 즉 피조물의 세계에 신이 부여한 하나의 질서가 존재하며 학자들의 입장에서 부분적으로는 인지가 가능하다는 아우구스티누스의 생각을 더욱 견고하게 뒷받침하는 관점을 구축해 냈다. 에리우게나의 여러 저서에서 우주는 피조물을 창조주에게 인도할 목적으로 만들어진 하나의 완벽한 기계로 묘사된다.

서기 851년 신학자 잉크마르 드 랭스Hincmar de Reims는 에리우게나에게 수년 전부터 신학자들의 골치를 썩여 오던 논쟁에 개입해 줄 것을 요청했다. 문제가 되었던 것은 수도사 고트샬크 본 오르베Gottschalk von Orbais가 오래전부터 주장해 오던 '신의 이중적 예정gemina praedestinatio divina'에 관한 이론이었다. 고트샬크는 '쌍둥이geminus'(따라서 '이중적'이라는 뜻)라는 문법적으로는 단수지만 복수적인 의미를 지니는 형용사를 사용하면서 신이 예정한 것은 한 가지이지만 실제로는 이중적이라는, 즉 선한 자에게는 구원이 악한 자에게는 멸망이 예정되어 있다는 주장을 펼쳤다.

에리우게나는 『예정론*De praedestinatione*』 서두에서부터, 동일한 주제를 다루는 아우구스티누스의 성찰을 토대로, 진정한 종교와 진정한 철학 사이에는 차이가 있을 수 없다는 점을 밝히면서 모든 진리의 기원이 하나뿐이라는 가정하에, 아울러 모든 학문과 해석의 정통한 규칙들을 준수한다는 조건하에, 인간이 탐구를 통해 발견하는 모든 진리는 신에게서 유래하는 것으로 볼 수밖에 없다고 관찰했다. 이는 곧 자유학예를 토대로 하는 논리의 규칙들이 올바르게만 적용된다면 신학적 담론에도 얼마든지 적용될 수 있다는 것을 의미했다. 이러한 원칙하에 에리우게나는 고트샬크를 상대로 두 가지 차원의 반론을 제기했다. 먼저 에리우게나는 이중적 예정론이 비모순율에 위배되기 때문에, 즉 신이 하나이면서 순수하다면 사실상 스스로의 실체 안에 고트샬크가 말하는 예정론의 이중성을 받아들일 수 없기 때문에 인간의 이성이 이러한 모순을 거부할 수밖에 없다고 보았다. 아울러 에리우게나는 신이 인간에게 신학적 주제를 탐구할 수 있는 가능성을 허락했다는 것 자체가 이 학문의 권위와 존엄성을 증명해 주는 것이며, 만약에 신이 이미 모든 것을 예정해 놓았고 모든 인간을 선한 인간과 악한 인간으로 분류해 놓았다면 인간은 사실상 아무런 선택도 할 수 없을뿐더러 이성의 가장 높은 단계에 있는 '선택' 없이 학문을 한다는 것 역시 불가능하다고 주장했다.

성서적 권위에 따르거나 교부로서의 권위에서 비롯된 단순한 정당화가 아니라 엄격한 논리적 전개를 토대로 하는 특징에도 불구하고 그의 『예정론』은 정당한 평가를 받지 못했다. 이 저서를 위탁했던 신학자들마저도 『예정론』이 고트샬크의 이론을 논박하는 데 전혀 효과적이지 못했을 뿐더러 전적으로 신학적인 문제를 변증적이고 사변적인 주제로 전락시킬 위험이 있다고 보았다.

하지만 『예정론』의 실패도 에리우게나의 성공을 막을 수는 없었다. 몇 년 뒤 서로마제국의 황제 카를 2세가 그에게 '디오니시우스 전집'의 번역을 의뢰했던 것이다. 카를 2세가 가지고 있던 책은 그의 아버지 루트비히Ludwig 1세가 827년에 비잔틴제국의 황제 미카엘 2세로부터 선사받은 코덱스로, 아테네의 아레오파고스에서 바울 사도의 설교를 듣고 개종한 그리스인 디오니시우스의 저서로 추정되는 책들이 이 코덱스에 포함되어 있었다. 중세에 '디오니시우스 전집'은 그리스도교의 계시에 무릎을 꿇은 헬레니즘과 철학적 이성의 굴복을 상징하는 책이었다. 이 책의 번역을 먼저 맡았던 인물은 생 드니의 수도원장 일뒤엥이다. 하지만 그의 번역은 만족스러운 결과를 낳지 못했고, 카를 2세는 결국 당시에 그리스어를 완벽하게 구사하던 극소수의 지식인들 가운데 한 명이었던 에리우게나에게 새로운 라틴어 번역본을 의뢰했다. '디오니시우스 전집'의 우주 묘사에는 신플라톤주의 영향의 흔적이 역력하게 나타난다. 우주를 지탱하는 위계질서의 각 단계마다 고유의 인식론적이고 존재론적인 존엄성이 상응하고 이러한 구도 속에서 피조물은, 디오니시우스의 언어를 통해, 질서 정연하면서도 복합적인 '신의 현현teofania'으로 부각된다.

디오니시우스가 묘사하는 우주는 신이 부여한 질서와 함께, 이 신의 초월성에 도달한다는 것이 어떤 정의나 묘사로는 불가능하며 오로지 부정적인 언어를 통해서만 가능하다는 것을 분명하게 보여 준다. '디오니시우스 전집'의 연구와 번역 작업은 어쨌든 에리우게나에게, 그리고 그를 통해 서양 세계에 창조주피조물 사이의 관계에 대한 엄격하고 구체적인 관점을 심어 주었다. 고백자 막시무스나 니사의 그레고리우스 같은 인물들의 저서도 이러한 관점 형성에 크게 기여했다. 에리우게나는 사실상 이들의 저서들 덕분에, 자연뿐만 아니라 말씀까지도 신이 세상에 현현하는 하나의 방식이며 인간은 신과의 결속을 이루기 위해, 즉 인식의 주체와 대상 사이의 구별이 더 이상 불가능한 최종적 신격화deificatio에 도달하기 위해, 신의 현현과 정반대 방향으로 이를 답습할 필요가 있다는 확신을 가지게 되었다.

4.2 『자연의 분류에 관하여』

이러한 종류의 복합성은 그가 말년에 집필한 신비주의적인 성향의 글들, 그럼에도 불구하고 그만의 논리적이고 변증적인 특징들이 완전히 사라졌다고는 볼 수 없는 글들에서 다시 드러난다. 『자연의 분류에 관하여』의 그리스어 제목 Periphyseon은 '자연에 관한' 논의를 뜻하며, 그런 의미에서 이 책은 인간이 두뇌 활동을 통해 이해할 수 없는 것들, 즉 피조물과 인간의 인식능력을 뛰어 넘는 것, 다시 말해 신을 하나로 묶어 줄 수 있는 개념을 찾아내려는 원대한 계획이었다고 볼 수 있다.

다섯 권으로 구성된 『자연의 분류에 관하여』는 한 스승과 제자 간의 팽팽한 논쟁 형태로 쓰였으며, 신과 피조물을 동시에 가리킬 수 있는 용어를 찾아내는 데 필요한 일종의 지침서였다고 볼 수 있다. 책의 첫 부분에서 에리우게나는 '자연'이 이러한 기능을 소화할 수 있는 유일한 개념이라고 말한다. 자연이라는 개념은 사실상 그것의 수많은 의미들을 하나의 거울에 비춰 보았을 때 오히려 증명될 수 없는 것들을 토대로 하는 직감에 가깝다고 할 수 있다. 왜냐하면 구체적인 관찰을 요구하지 않고 존재하는 모든 사물의 총체를 즉각적으로 가리키는 듯이 보이기 때문이다. 반면에 이를 이성적으로 분석하려는 순간 자연은 고유의 순수함을 잃는다. 아울러 그것을 구축하는 가장 기본적인 요소들까지도 하나하나씩 분석되어야만 한다. 아리스토텔레스적인 관점에서 '자연'이라는 용어는 사실상 하나의 속屬에 해당하며 따라서 종種으로 구분될 수 있다. 그런 차원에서 종과 속의 관계와 차별화를 즉각적으로 드러내는 성경의 첫 구절("태초에 하나님이 하늘과 땅을 창조하셨으니")은 아주 적절한 예라고 할 수 있다. 여기서 창조주와 피조물은 다름 아닌 창조라는 개념에 의해 하나가 된다(혹은 구분된다). 그런 식으로 자연은 창조 과정에서 능동적인 역할을 하느냐 아니면 수동적인 역할을 하느냐에 따라 분류된다. 이를 기준으로 에리우게나는 자연을 네 가지로 분류했다. 첫 번째 자연은 창조하지만 창조되지는 않는다. 두 번째 자연은 창조하며 아울러 창조된다. 세 번째 자연은 창조하지 않고 창조된다. 네 번째 자연은 창조하지도 않고 창조되지도 않는다. 창조하지만 창조되지 않는 자연은 당연히 신을 가리킨다. 이것이 바로 『자연의 분류에 관하여』 1권이 다루는 내용이다.

위 디오니시우스의 저서들을 번역하면서 얻은 신학적 지식과 언어능력을 최대한 활용하면서 에리우게나는 신을 수식할 때 인간의 언어가 부딪히게 되는 어려움들이 무엇인지 증명해 보인다. 사실상 어떤 긍정적인 형태의 주장을 통해 신을 묘사한다는 것 자체가 불가능하지만 자세히 들여다보면, 부정적인 방식으로 이야기한다는 것도 사실은 부적절하다는 것이 드러난다. 신에게선 어떤 특성을 찾아볼 수 없다고 말한다는 것 자체가 마치 신에게 한계를 부여하려는 듯이 보이기 때문이다.

에리우게나는 또 다른 신학의 필요성을 제기했다. 그는 단순히 긍정적이지도 않고 전적으로 부정적이지도 않은 초월적 신학이 필요하며, 신은 사실상 인간이 부여하는 모든 수식어가 의미하는 것보다 우월한 존재로서 언어의 표현 가능성 자체를 초월한다고 보았다.

에리우게나에 따르면 인간은 두 가지 가능성을 가지고 있다. 위에서 언급했듯이 긍정이나 부정에 의한 정의를 초월하는 신학을 추구하거나 신이 세상에 남겨 둔 기호를 추적할 수 있다. 성서와 자연은 사실상 모두 신이 모습을 드러내는 방식이라고 볼 수 있다. 단지 첫 번째 경우는 영감을 통해, 두 번째 경우는 현현을 통해 모습을 드러낼 뿐이다. 창조된 우주 자체도, 비록 물질적인 측면에서 쇠퇴할 수밖에 없는 상황에 놓여 있지만, 사실상 신이 모습을 드러내는 방식이다. 진정한 의미에서 최초의 창조는 시간 이전에 신의 **지성** 혹은 **말씀** 속에서, 즉 신에 의해 창조된 두 번째 실체, 창조되었지만 모든 사물에 대한 사유를 포함하기 때문에 창조를 주도하는 실체 속에서 이루어졌다.

인간 역시 원죄 이전에는 신의 정신세계 속에서 하나의 생각에 불과했다. 인간이 이 상태에서 전락한 것은 창조주의 신뢰를 저버렸기 때문이며 이로써 물리적 세계의 탄생을 위한 조건을 은연중에 충족시켰다고 볼 수 있다. 그렇게 해서 탄생한 물리적 세계는 에리우게나의 눈에 신이 인간과의 신뢰 회복을 위해 마련한 하나의 무대로 비춰졌다. 창조하지 않고 창조될 뿐인 세 번째 자연, 즉 인간의 목적은 신과의 조화 속에 머물던 원천적인 상황으로 되돌아가는 것이었다. 그래야만 재구성된 통일성의 완벽함 속에서 네 번째 자연, 즉 신과 함께 완성되는 에리우게나의 4단계 분류법이 의미를 가지게 된다. 창세기에서 묘사된 창조 과정을 완성한 신은 물론 창조되지 않은 존재지만 더 이상 창조하지도 않는 존재다.

4.3 해석학 저서들

『자연의 분류에 관하여』에서 에리우게나가 관찰한 내용은 따라서 라틴 교부 철학의 전통과 그리스 신학과 성서학이라는 세 분야를 모두 하나로 묶을 수 있는 듯이 보인다. 이 아일랜드 신학자의 사상은 위 디오니시우스의 표현대로 정확하게 '진정한 의미에서의 신학'으로 간주되던 성경이라는 제한된 영역을 결코 벗어나지 않았다. 에리우게나에게 영감의 원천이었던 '디오니시우스 전집'은 그에게 풍부하기 짝이 없는 자료와 세속적이면서도 독창적인 이미지들을 제공했다. 위 디오니시우스의 사상이 강하게 표명하는 신의 무한성이라는 개념으로부터 에리우게나는 어떤 식으로든 신을 부적절한 언어로 묘사할 수 없는 하나의 신학적 언어를 도출해 냈다. 모든 긍정적인 주장은 사실상 정반대되는 내용의 부정이다. 신에게 부여 가능한 모든 수식어는 가장 긍정적인 것 역시 그것의 정반대를 부정할 수밖에 없다. 즉 신이 위대하다고 주장하는 일은 곧 신이 위대하지 않을 수 없다고 믿는 것과 마찬가지이며 어떻게 보면 그의 무한함에 일종의 한계를 부여하는 것과 같다고 할 수 있다.

위 디오니시우스에 따르면, 바로 그런 이유에서 신에 대한 앎을 지속적으로 추구하는 끝없는 욕망이 특별한 가치를 지닌다. 이 욕망은 동시에 필연적이다. 왜냐하면 피조물 안에 구조적으로 신의 이미지와 현현 가능성이 포함되어 있기 때문이다. 모든 피조물은 사실상 내부에 창조주가 발하는 빛의 흔적을 가지고 있다. 이 빛의 흔적은 다름 아닌 창조주를 향해 반짝인다. 바로 그러한 이유에서 피조물들의 복잡한 질서를 구축하는 위계질서는 위 디오니시우스를 통해, 아울러 에리우게나의 번역문을 통해, 신의 현현의 이미지처럼 묘사된다. 이러한 이미지는 부적절하게 인간의 언어, 즉 스스로의 한계로 인해 신이 직접 영감을 불어넣은 '성서'의 해석을 통해서만 창조주에 대해 무언가를 주장할 수 있는 인간적인 언어로 묘사된다. 성서는 진리에 대한 앎의 세계로 나아가기 위한 일종의 종부성사를 상징한다. 여기서 **진리**란 자연을 통한 신의 현현처럼 예언자들과 사도들의 말을 통해 드러나는 **진리**를 말한다.

에리우게나는 『요한복음 주석』을 통해 『자연의 분류에 관하여』에서 보여 준 관찰력의 극치와 해석학적 기술의 조합을 꾀하면서 중세 신비주의 사상의 가장 용감하고 매력적인 측면들을 창출해 냈다. 에리우게나의 사상이 발전해 나가는 과정을 살펴보면 그가 사도 요한의 사유를 추적하는 모습이 역력히 드러난다. 에리우게나는 『강론』의 첫 페이지에서부터 사도 요한을 지고의 앎, 최고의 지성, 이성적 사고에 필요한 논리적 과정을 거치지 않고서도 직관을 통해 진실에 도달할 수 있는 영예로운 인물로 묘사했다. 에리우게나에 따르면 사도 요한은 아는 것과 알려진 것 사이에 더 이상 아무런 차이가 존재하지 않는 지식의 마지막 단계에 도달하기 위해, 창조된 모든 하늘과 모든 인간의 지성을 초월하며 일어서는 존재다. 에리우게나는 사도 요한에게서 발견되는 신격화deificatio 과정이 그리스도 강생의 신비를 정반대되는 의미와 정반대되는 방향으로 답습하며 그것을 절대적으로 불가능한 앎의 단계로 끌어올린다고 보았다. 그런 식으로 그는 성경에 접근하면서 신학적 지식에 도달할 수 있는 첫 단계가 신앙에 있으며, 이 신학적 지식은 오로지 신과의 지적 일치를 통해서만 완성될 수 있다고 보았다.

에리우게나의 복잡하고 매력적인 사상은 중세가 흐르는 동안 빈번히 이단에 가깝다는 의혹을 받았지만, 모든 것이 말씀을 통해 최초로 창조되는 순간부터 아담의 전락과 물질세계의 탄생에 이르기까지 피조물과 인류의 역사에 대한 세련되고 풍부한 이야기를 구축하는 동시에, 신이 우주에 제정한 현현의 위계적 단계에 따라 진행될 원천적이고 순수하고 조화로운 세계로의 회귀를 전망한다.

요크의 앨퀸과 왕립 학교

샤를마뉴 시대(8~9세기)를 특징짓는 학문 활동의 부활에 가장 크게 기여했던 인물은 요크의 앨퀸(740년경~804년)이다. 앨퀸은 샤를마뉴의 요청으로 781년에 왕립 학교 '스콜라 팔라티나Schola Palatina'를 창설했다. 귀족들의 교육을 위해 설립된 이 학교는 선생들뿐만 아니라 필경사와 서기, 성악가들의 활동을 포함하고 있었다. 교육과정은 문법과 산술을 기본적으로 익힌 다음 자유학예 과목과 성서를 공부하도록 짜여 있었다.

왕립 학교에 이어 설립된 왕립 아카데미는 황제와 가깝게 지내던 학자들과 문인들을 중심으로 이루어진 일종의 학회로, 샤를마뉴의 궁정에서 주로 신학적인 주제를 다루며 열리던 세련된 토론회의 모체가 바로 이 아카데미였다. 여기서 토론되던 것들은 예를 들어 성찬에 그리스도가 실재하는지의 문제, 예정론, 혹은 카를 2세가 제안으로 에리우게나가 직접 토론에 참여했던 영혼의 문제, 즉 영혼의 본질은 물질적인가 아니면 비물질적인가라는 문제 등이었다.

왕립 학교 설립과 운영을 뛰어넘어, 앨퀸은 샤를마뉴가 제국의 행정직과 관리직을 교육 수준이 높은 사람들로 구성하기 위해 추진했던 교육과 문화 분야의 개혁을 기획하고 추진했던 인물이다. 그는 새로운 학교와 문헌 기록실을 설립하고 수도원에서 고서들을 수집해 도서관을 만들며 논문과 자료집들을 펴내고 왕과 왕손 교육을 위한 지침서들을 제작했다. 앨퀸은 자유학예 과목에서 신학, 정치적 논쟁에서 성서 해석, 철학에서 시에 이르는 다양한 분야의 책들을 집필했고 이 저서들은 우리에게 당시의 문화를 상징하던 한 인물의 초상화를 고스란히 전시한다. 샤를마뉴의 역사학자 아인하르트Einhard가 정의했던 대로 존경받는 스승이자 '보편적인 앎의 인간'이었던 앨퀸은 다양한 분야에 대한 풍부한 지식을 토대로 먼저 아테네와 이어서 로마가 보유하던 지식세계를 갈리아에 들여오겠다는 원대한 계획을 실천에 옮긴 위대한 학자였다.

X

수도승과 스승

La filosofia
e le sue storie

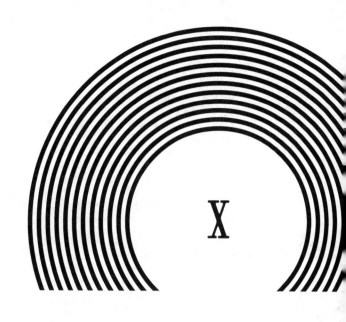

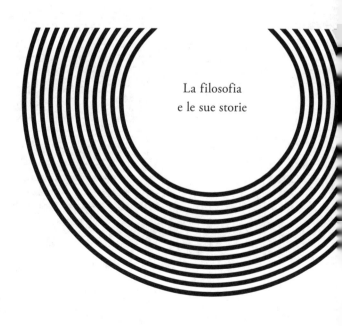

1075년
교황 교서(교황 그레고리오 7세 집필 추정)가
권력체제의 모형으로 확정
이를 통해 교황에게
칙령을 발표하고 황제를 폐위할 수 있는
권한이 주어짐

1098년
빙엔의 힐데가르트 탄생

1215년
페트루스 롬바르두스의 『
제4차 라테란 공의회에서
공식 참고서로 채택

1148~1152년
페트루스 롬바르두스,
『명제집』 집필

1070년
샹포의 기욤 탄생

1088년
볼로냐 대학 창설

1109년(4월 21일)
안셀무스 사망

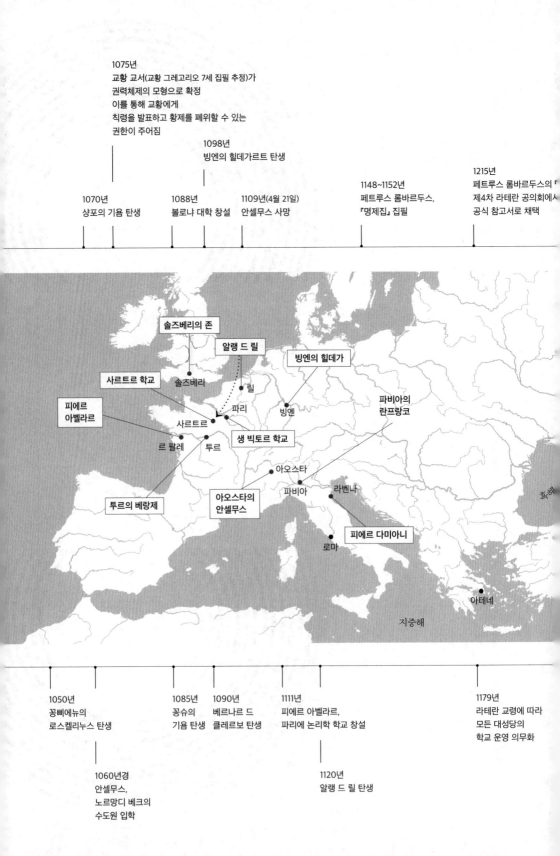

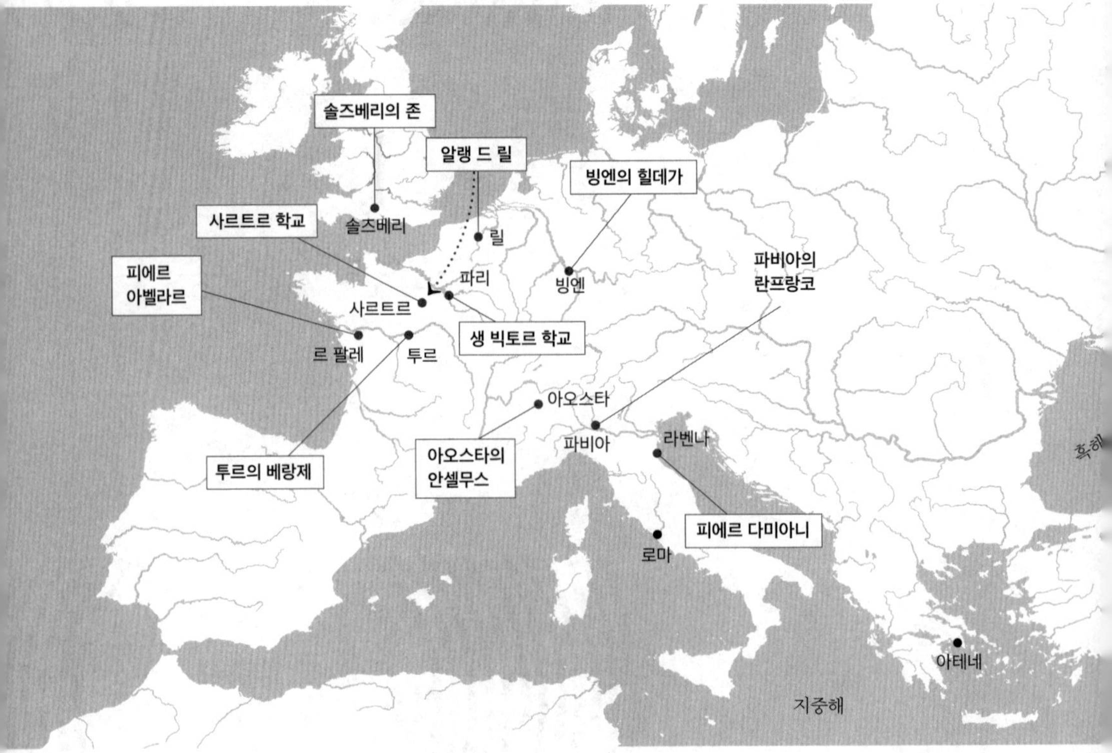

1050년
꽁삐에뉴의
로스켈리누스 탄생

1060년경
안셀무스,
노르망디 베크의
수도원 입학

1085년
꽁슈의
기욤 탄생

1090년
베르나르 드
클레르보 탄생

1111년
피에르 아벨라르,
파리에 논리학 학교 창설

1120년
알랭 드 릴 탄생

1179년
라테란 교령에 따라
모든 대성당의
학교 운영 의무화

서방 세계가 서기 천 년 이후로 거의 모든 분야에서 꽃을 피우며 다시 살아나기 시작했다는 것은 잘 알려진 사실이다. 실제로 11세기와 13세기 사이에 정치, 사회, 예술, 경제, 기술을 비롯한 다양한 분야에서 실질적이고 근본적인 변화가 일어났다. 이러한 활력의 회복과 사상의 개화 현상에 대해서는 동시대인들도 분명하게 의식하고 있었고, 철학자들 역시 이 물질적이면서 동시에 지적인 차원의 부활에 적극적으로 참여하는 모습을 보였다. 이전 시대의 지식세계가 주로 전통적 지혜에 대한 해설의 형태를 띠었던 반면 이 시기에는 혁신 자체를 문화로 간주하는 관점이 구체적으로 형성되기 시작했다. 한 유명한 경구의 표현대로 당대의 사람들이 스스로를 거인의 어깨 위에 올라탄 난장이로 고려했다는 사실, 즉 고대인들에 비해 부족한 능력을 지녔지만 그들에 비해 훨씬 더 넓은 시야를 가진 것으로(이 경구를 어떤 식으로 해석하든 간에) 간주했다는 사실은 탐구 활동 자체가 어떤 식으로든 혁신을 가져온다는 생각이 당시에 얼마나 널리 퍼져 있었는지 보여 준다.

이러한 혁신의 숨은 공신은 의심할 여지없이 도시였다. 경제 발전과 인구 증가에 힘입어 도시는 사회적인 차원뿐만 아니라 문화적인 차원에서 다시 주인공으로 돌아왔다. 산과 숲의 침묵 속에 가라앉아 있던 중세 초기의 수도원 학교에서 도시에 세워진 학교로 대이동이 시작되었고 도시에서 가르치는 교수들은 상인이나 장인 같은 직업과 다름없는 전문직으로 받아들여졌다.

11세기와 12세기 사이에 현대인들의 눈에는 '거인'으로 보일 수밖에 없는 사상가들이 등장했다. 서양철학사가 '존재론적 논의'로 정의해 온 안셀무스Anselmus의 사상을 현대 철학이 여전히 연구하고 있다는 사실이나 아벨라르Pierre

Abelard의 공로에 힘입어 철학의 역사가 이룩한 놀라운 발전을 생각해 보면, 아울러 중세가 그토록 치열하게 논쟁을 벌였던 보편성의 문제가 철학에서 차지하는 커다란 비중을 생각해 보면, 11세기와 12세기를 지배하던 사유의 생동감이 과연 어떤 것이었는지 어렵지 않게 가늠할 수 있을 것이다.

중세 철학이 권위 있는 고대 사상가들, 특히 아리스토텔레스와 교부들의 사상을 그대로 답습한 것에 불과하며 독창적인 것이라고는 전혀 찾아볼 수 없는 철학이라는 선입견에서 벗어나기 위해, 우리는 12세기에 '아랍 철학자들의 친구'로 불리던 아델라드Adelard가 식물학을 연구하기 위해서는 선한 신의 뜻을 헤아리려고 애쓸 것이 아니라 자연 현상의 원인을 파악해야 한다고 주장했다는 사실을 기억할 필요가 있다. 같은 세기에 피에르 아벨라르는 '이성적인' 『윤리학』을 집필하면서 악과 죄를 성경 구절이 아닌 논리적 증명을 통해 정의했고, 샤르트르학파는 당시에 유일하게 통용되던 플라톤의 대화록 『티마이오스』 해석을 토대로 하나의 환상적인 우주론을 구축하기도 했다. 중세의 신비주의 사상은 생 빅토르학파의 신학자들과 베르나르 드 클레르보 Bernad de Clairvaux, 빙엔의 힐데가르트Hildegard von Bingen를 통해 절정에 이르렀다. 솔즈베리의 존John of Salisbury은 근대 정치사상의 기초를 마련했고 페트루스 롬바르두스Petrus Lombardus는 후세대 철학자들의 끊임없는 해석과 해설 대상이 된 『명제집』을 집필했다.

백과사전 역시 바르톨로메우스 앵글리쿠스Bartholomeus Anglicus나 알렉산더 네캄Alexander Neckam과 같은 저자들의 노력으로 놀라운 발전을 이룩했고 이들이 닦은 기반을 토대로 12세기에 여러 백과사전들을 집대성한 뱅상 드 보베Vincent de Beauvais의 『커다란 거울*Speculum Maius*』이 탄생했다.

11세기에는 아리스토텔레스의 질료-형상 이론, 즉 모든 현실이 질료와 형상으로 구성되어 있다는 이론을 신학적인 차원에서 발전시킨 이븐 가비롤Solomon Ibn Gabirol의 사상이 꽃을 피웠고 이어서 13세기의 철학사상에 지대한 영향을 미쳤다.

10세기와 12세기 사이에는 이슬람 세계에서 알 파라비al-Farabi, 이븐 시나Ibn Sina, 아베로에스, 알 가잘리al-Ghazali 같은 사상가들과 알페트라기우스Alpetragius,

이븐 알 하이삼Ibn al-Haytham 같은 과학자들이 등장했다. 한편 철학자이자 의사였던 모세 벤 마이몬Moshe ben Maimon은 아리스토텔레스의 이성주의 철학을 토대로 유대교의 재해석을 시도했다.

12세기에는 아울러 중세 초기에만 해도 서방 세계에서 이른바 '고대 논리학logica vetus'(아리스토텔레스의 『범주론』과 『명제론』 번역본들과 포르피리오스의 『아리스토텔레스의 범주론 입문』 및 보에티우스의 몇몇 논문들을 포함하는 일련의 논리학 저서들을 가리키던 용어)을 통해서만 접할 수 있던 아리스토텔레스의 저서들을 보급하기 위해 대대적인 번역 작업이 시작되었다. 아랍어 번역본을 다시 번역하거나 그리스어에서 직접 번역한 『분석론 전서』, 『변증론』, 『소피스트 논쟁에 관하여』, 『분석론 후서』가 통용되기 시작했고 이어서 아리스토텔레스의 자연철학 저서들도 번역 출판되었다. 아울러 클뤼니의 수도원장 가경자 피에르Pierre le Venerable는 케른텐Kärnten의 헤르만Herman과 케턴Ketton의 로버트Robert를 통해 최초로 코란의 라틴어 번역을 추진시켰다.

12세기와 13세기에 주로 스페인 반도와 팔레르모의 궁전에서 이루어진 이 방대한 번역 작업과 계속해서 강세를 보이던 아랍과 유대 사상의 영향력은 '학문의 전이translatio studii'라는 이름으로 불리는 철학과 과학의 거대한 문화화 과정에서 결정적인 역할을 수행했다.

1

철학과 수도 생활

1.1 기원

"숨어서 살아라Lathe biosas" 에피쿠로스의 말이다. 그는 정통하고 깊이 있는 자아와의 결속을 도모하고 그 안에서 앎을 얻기(gnothi seauton) 위해 욕망을 억제하고 극복하라고 가르쳤다. 여기서 강조되는 것은 사물의 본질과 자아의 탐구, 자아의 개념, 표면적인 세계 너머에 존재하는 자아와 세상이라는 개념이다. 수도 생활이란 세상의 의미에 대한 질문과 자아에 대한 앎의 경험이 수도원이라는 그리스도교의 제도화된 기관 내부에서 전개된 현상이자 지혜의 탐구 경험이 그리스도교라는 새로운 종교의 문화적 환경 속에서 새로이 번역되는 과정이었다고 할 수 있다.

다름 아닌 앎에 대한 사랑, 탐구의 욕망, 앎의 절대적인 필요성('진정한' 의미에서의 앎, 즉 신에 대한 앎)이 바로 인간에게 고독monos과 고립eremos을 선택하도록 만들었다. 그리고 최상의 고립이 가능한 곳은 당연히 사막desertum이었다. 고독의 경험과 명상으로 이루어진 은둔 생활이 처음으로 실험된 곳도 바로 이집트 테베의 사막이었다. 적어도 우리가 흥미로운 이야기들을 통해 전해 들은 은둔 생활의 형태가 이곳에서 시작되었을 것이다(알렉산드리아의 아타나시우스Athanasius). 예를 들어 성 히에로니무스는 칼키스에서 수양하며 스스로 시험대에 올랐다. 소아시아는 원래부터 항상 모든 것의 기원이 되는 원천적인 지대였고, 동시에 초기 그리스도교를 포함해 모든 것이 뒤섞이고 융합되는 곳이었다. 은둔 생활의 형태는 다양했다. 즉각적으로 눈에 띄던, 예를 들면 세상과 거리를 두기 위해 나무나 기둥 꼭대기에 올라가 머물며 고행하던 이들이 있었고 또 사회로부터 멀리 떨어져 쇠로 만든 무거운 흉갑 속에 스스로의 몸을 가두고 신체에 고통을 가하며 고행의 길을 걷던 이들도 있었다. 성인들의 육신이 신성한 것으로 간주되기 시작한 것은 바로 이때부터였다.

1.2 은둔 생활과 수도 생활

하지만 고립된 생활과 완성의 추구가 어떤 결과를 보장해 주지는 않았다. 고독은 그 자체로 하나의 극단적인 경험이었고 삶의 열악한 조건으로 인해 더욱 두려운 경험으로 변하면서 악마가 유혹을 위해 개입할 수 있는 최상의 조건이 되기도 했다. 고행이 유혹의 조건인 이유는 단순히 육체적이거나 성적인 요인이 잠재하기 때문이라기보다는 오히려 고난을 충분히 경험했고 그만큼 자신이 완벽해졌다고 느끼려는 경향이 자신에 대한 앎과 신의 지혜를 이미 취득한 것으로 간주하며 자만에 빠지도록 만들기 때문이다. 이는 그리스도가 경험했던 악마의 유혹, 즉 모든 죄악의 시원이 되는 허영의 유혹과 동일한 것이었다.

사막으로 떠나는 사람이 그가 찾으려 했던 것을 '사막'에서 찾아 돌아올 수 있으리라고 과연 누가 장담할 수 있는가? 아울러 이 새로운 형태의 신도들이 그들을 성인으로 추앙하며 뒤따르는 평범한 사람들에게 오히려 악영향을 끼치는 일은 절대로 일어나지 않는다고 누가 보장할 수 있는가? 진부한 이야기이지만, 신을 만난 적이 있다고 주장하는 사람들의 경험이 단순한 환영이었을 가능성은 절대로 없다고 누가 장담할 수 있는가? 하지만 바로 이러한 질문들이 계기가 되어 수도원주의가 은둔주의를 대체하는 현상이 일어났다. 수도사는 일종의 살아 있는 모순이었다. 왜냐하면 자신만의 영적 수양을 위해 모든 것을 쏟아붓는 그가 수양의 효율을 보장받기 위해 공동체에 가입해, 서로를 감시하며 서로에게 증인이 되어 주는 그와 비슷한 종류의 사람들로부터 지시와 지속적인 영적 지도를 받았기 때문이다. 수도사가 선택한 수도원의 삶은 잘못된 선택으로 인해 무의미해진다는 것이 불가능할 정도로 혁신적이고 진지한 삶이었다. 그 삶이 혁신적이었다는 것은 의심할 여지가 없다. 수도사들은 세상으로부터 멀어졌을 뿐만 아니라 심지어 빛으로부터도 멀리 떨어져 살았다(5세기에 한 로마 시인은 수도사들이 어둠을 선호한다는 뜻에서 '빛을 피하는lucifugi' 이들이라고 부른 바 있다).

고대 말기에 형성되기 시작한 수도원 공동체들(최초의 수도원은 306년경에 은자 안토니우스Antonius를 중심으로 모인 공동체다)은 그들만의 특별한 공간을 구축했고 이 공간은 머지않아(대략 15년 정도 후에) 수도사들의 생활 무대를 외부세계로부터 차단하는 벽이 건설되면서 보다 또렷한 형태를 갖추었다(파코미우스 공동체). 라틴어로 닫힌 공간을 가리키던 '클라우스트룸'이라는 단어가 초기에 수도원을 지칭하는 용어로 사용되었던 것도 바로 이 외벽 때문이었다. 풍부한 경험과 카리스마를 겸비한 인물이 수도사들을 이끌었고 이 영적 지도자는 그리스도교에 내재하는 유대-헬레니즘 전통문화와 일관성을 유지하며 '아바abba'(아버지)라는 히브리어 이름으로 불렸다(이것이 수도원장을 가리키는 '아바스'의 어원이다). 시간이 흐르면서 수도원에 보다 또렷한 형태를 부여하기 위한 시도들이 동방에서는 카이사레아의 바실리우스에 의해, 서방 세계에서는 알렉산드리아의 아타나시우스가 그의 정치적 망명지 트리어에서 집필한 『성 안토니우스의 생애』를 통해 동방에서의 수도 생활 경험을 서구에 알리면서 이루어졌다. 이 저서는 그때까지만 해도 철저하게 소외된 상태에 머물러 있던 자신의 교구에 독창적인 역할과 권위를 부여하기 위해 쓰였다. 5세기 초반에는 20년에 걸친 이집트와 팔레스타인 생활을 마치고 콘스탄티노폴리스에서 사제로 임명된 카시아누스Cassianus Johannes가 그의 고향 갈리아로 돌아와 『수도 공동체 규칙서*De institutis* *coenobiorum*』를 집필하면서 수도원의 발전에 결정적인 역할을 한다. 이 책은 단순히 수도사들의 생활 규범을 제시하는 것으로 그치지 않고 사실상 엄격한 통제 체제를 구축했다.

카시아누스는 무언가를 창조하는 대신 경험을 통해 터득한 내용들을 정리하는 데 집중했다. 카시아누스에 따르면, 고행은 수도원장에 대한 전적인 신뢰를 통해서만 이루어져야 했고 반면에 그의 권위는 모든 수도사들의 자율성과 본질적인 자유를 침해하지 않는 범위 내에서 행사되어야 했다. 수도원장은 그리스도를 대변하는 인물로 사랑을 실천하는 데 있어서 본이 되어야 하고 동시에 수도사들이 복음서의 계율을 실천할 수 있도록 권위를 행사해야 했다. 그는 성서를 손에 들고 복종과 안정, 욕망의 통제와 극빈과 자비를 명령하는 인물이었다. 공동체의 삶은 은둔 생활을 더 고차원적으로 완성하기 위해 할 수 있는 하나의 과정이자 수업이었다. 수도 생활의 가장 중요한 특징은 통제였다. 진부하지만 나름대로 중요한 한 가지 예는, 중세의 수도원에 존재했던 일종의 내부 감사단(circatores)이다. 수도사들로 구성된 이 감사단의 임무는 잠을 이기지 못하고 야간 전례에 모습을 드러내지 않는 수도사들을 깨우기 위해 숙소를 돌아다니는 것이었다.

1.3 『규칙』: '새로운' 성경

성 베네딕투스의 『규칙』은 이전에 이루어진 모든 수도원 경험과 관련 자료의 중심 내용들을 토대로 작성되었다. 주목해야 할 혁신은 베네딕투스의 등장으로 인해 수도 생활의 기초가 수도원장에서 규율서로 바뀌었다는 점이다.

수도 생활의 토대를 이루는 이 규율서는 이를 테면 '디오니시우스'적인 차원에서 '아폴론'적인 차원으로의 전이를 의미했다. 수도원에 질서를 부여했기 때문이다. 『규칙』이 수도사에게 설명하던 것은 경험의 정통성을 유지하는 방법과 그가 따라야 하는 삶의 모형들, 이루어야 할 목표 등이었다. 예를 들어 수도

사는 풍부한 교양을 겸비해야 했다. 그렇지 않다면 신의 말씀을 이해할 수 없었다. 서방 세계에서 신의 말씀은 성 히에로니무스의 라틴어 번역본을 통해 읽히고 전승되었다. 하지만 성 히에로니무스가 사용한 유연하고 문학적인 라틴어는 사실상 4~5세기의 상류사회와 지식인들이 사용하던 라틴어였다. 이 언어는 다름 아닌 교부들의 라틴어였고 그 자체로 지배자 계층의 가치와 경험을 고스란히 보유하고 전달하는 언어였으며 동시에 주교들, 즉 도시와 주변 관할 지역(일반적으로 '주교 관구'나 '교구'를 가리키는 용어 dioecesis는 원래 제국의 행정 관할 구역을 의미하던 단어였다)의 새로운 지도층 인사들이 사용하던 소통의 수단이었다. 반면에 도시 밖에 위치한 대규모 농장이나 숲지대, 로마식으로 문명화되었지만 주교들의 영향력이 미치지 않던 지역(혹은 문명화되지 않았거나 문명화의 정도가 미약했던 지대, 또는 야만족의 잦은 침입으로 인해 다시 낙후된 지대)은 수도사들만의 영역이었다.

로마 문명의 손길이 전혀 닿지 않았기 때문에 오히려 중세 초기에 가장 의미 있는 수도 생활이 가능했던 곳은 아일랜드였다. 이곳은 이교도나 유대인들이 발을 들여놓은 적이 없기 때문에 그리스도교의 정통성을 유지하고 보전하기 위한 최적의 공간이었다. 아일랜드의 수도사 콜룸바누스Columbanus가 교황 보니파시오Bonifazs 4세에게 612~615년 사이에 보낸 편지에서 언급했던 것이 바로 이러한 내용이었다. 아일랜드의 수도 생활에서는 고행이나 금욕과 같은 관행들이 어느 때보다 중시되었다. 학문의 열기 또한 대단했다. 학문은 신의 말씀과 섭리에 대한 깊은 이해를 토대로 신에 대한 앎을 터득하기 위한 필수불가결한 요소였다. 신에 대한 앎은 신을 찬미하기 위한 정확한 시간을 계획하고 주기적으로 계시되는 신의 말씀을 되새기기 위한 연례 제의를 구성할 수 있도록 해 주었다. 하지만 이러한 계획은 그런 식으로 인간의 시간까지 통제하고 좌지우지하는 결과를 가져왔다. 이것이 바로 부르군트의 주교들과 아일랜드 수도사들 사이의 분쟁을 자극한 요인들 중에 하나였고 이 분쟁을 계기로 콜룸바누스는 결국 롱고바르드의 왕 아길룰프Agilulf에게 망명을 요청하게 된다. 교황과의 관계 회복을 위해 소통의 필요성을 느끼고 있던 아길룰프는 콜룸바누스의 요청을 기꺼이 받아들였다.

1.4 겸양의 12단계

신에게 다가가기 위한 방식 가운데 가장 모범적인 것은 겸양의 실천을 바탕으로 하는 연구, 명상, 금욕 등이다. 이것이 바로 베네딕투스의 『규칙』이 말하는 '겸양의 12단계'다. "겸양의 모든 단계를 거친 뒤에 수도사는 두려움을 몰아내는 신의 완벽한 사랑에 도달하게 될 것이다." 수도사는 무엇보다도 겸손해야 했다. 그리고 신중할(discretus) 필요가 있었다. 다시 말해 사리를 분별하고 절제(고대의 '선한 사람vir bonus'이 갖추어야 했던 가장 중요한 요건 중에 하나)할 수 있는 힘을 겸비해야 하며 아울러 항상 자기를 버리고 스스로의 의지를 아버지(아바스), 즉 수도원장의 손에 맡길 줄 알아야 했다. "영적 아버지의 동의 없이 이루어진 것은 공로로 인정될 수 없고 단지 허영과 자존심에서 비롯된 것으로 간주될 것이다." 때로는 정당한 의도조차도 가차 없이 거부되곤 했다. 예를 들어 오동 드 클뤼니Odon de Cluny는 『삶』에서 속죄에 대한 깊은 열망 때문에 본인의 의지대로 스스로를 나무라는 일에 과도하게 매달리는 한 수도사의 태도가 허영에서 비롯된다고 설명한 바 있다. 수도사는 아버지 수도원장에게 스스로의 구원을 전적으로 맡기고 자신의 모든 것을 절대적으로 양보해야 했다. 약 2세기 후에 클레르보의 베르나르는 "진리를 탐구하고 사랑을 배우며 지혜에 참여하는 일은 겸양의 길 위에서 이루어진다. 결국에는 그리스도가 율법의 결말이었듯이 겸양의 완성은 진리에 대한 이해와 일치한다"고 기록하면서 수도 생활을 진정하고 완전한 의미에서의 철학으로 간주했다(『겸손과 지혜의 위계에 관하여*De gradibus humilitatis et sapientiae*』).

이상은 왜 포레의 질베르Gilbert de Porree나 피에르 아벨라르처럼 변증법이나 논리학을 사상의 기초로 삼았던 철학자들을 상대로, 더 포괄적으로는 모든 변증론자들을 상대로 12세기 내내 그토록 가혹한 비판이 지속되었는지, 왜 수도원 철학이 변증 철학과 첨예하게 대립했는지 설명해 준다. 하지만 실제로는 신에 대한 지식, 즉 진정한 지혜sophia에 도달하기 위한 상이한 두 가지 방법이 존재했다. 지식에도 사실상 절제가 요구되었고 절제할 줄 모르는 사람은 '필요 이상으로 알기를 갈망'하는 오류에 빠질 위험이 있었다. 변증론이 11세기 말에 실용적이고 이론적인 해결점을 탐구하기 위한 혁신적인 도구로 사용되었다는 것이 분명하다면, 잊지 말아야 할 것은 성 베르나르가 정통한 교리를 지속적으로 패권의 차원에서 이해했다는 점이다. 그와 마찬가지로 시토회 수도사들이 추구했던 것은 패권이었고 이것이 가능했던 것은 자신들이 정통한 교리의 대변자이며 진정한 의미에서의 수도 생활을 완벽하게 복원시켰다고 굳게 믿었기 때문이다. 반면에 변증론을 옹호하던 이들은 의전사제들이었다. 학생들을 모으고 학문을 장려했던 이들은 전통의 권위에 복종한다는 것이 자동적으로 개성의 말살을 의미하는 것은 아니라고 가르쳤다. 베르나르 드 샤르트르Bernard de Chartres의 유명한 경구를 예로 들어 '거인의 어깨 위에 올라탄 난쟁이들' 역시 자신들이 '거인 앞에 선 난쟁이'라는 사실만 잊지 않는다면 그들만의 힘으로 생각하고 탐구하는 것이 얼마든지 가능하다는 것이었다. 하지만 이는 수도 생활의 선택에 대해 또렷한 확신을 가지고 있던 수도사들이 기대하던 것과는 거리가 멀었다. 물론 성 베르나르 역시 자신의 이름을 알릴 수 있었던 것은 강렬하고 생명력 있는 그의 변증능력 때문이었다는 점을 기억해야 한다. 아울러 똑같은 이야기가 이전 세대의 피에르 다미아니Pier Damiani에게도 적용된다. 베네딕투스회의 규칙을 전적으로 수용했던 것은 아니지만 수도 생활과 은둔 생활의 개혁자이자 뛰어난 해석자였던 다미아니는 교회의 정치와 제도 및 변증적 토론에 끊임없는 관심을 기울였음에도 불구하고 자신의 영적 아들들에게는 지식과 진실과 구원을 얻기 위한 전적으로 신비주의적인(비이성적이라는 뜻은 아니라는 점에 주의하자) 길을 제시했다. 다미아니는 이러한 길이 동일한 삶의 과정을 밟지 않는 이들에게 주어져서는 안 된다고 보았다.

1.5 베네딕투스 수도사들과 의전사제들

7~8세기에 베네딕투스회의 생활양식과 수도원 제도를 전격적으로 수용했던

것은 프랑크족의 주교단이었다. 『규칙』은 필요한 곳이라면 어디든지 본질적으로 동일한 경험을 일률적으로 부여할 수 있다는 유연성을 가지고 있었다(앞서 언급했듯이, 5세기부터 수도원은 도시를 제외한 나머지 영토를 관할하는 가장 효과적인 제도들 중에 하나였다). 뒤이은 신성 로마제국의 등장은 베네딕투스회의 승리를 가져왔고 이들의 수도 생활은 사실상 유일하게 가능한 형태의 수도사 생활양식으로 정착했다(루트비히 1세는 베네딕투스회의 수도원 독점권을 공식화한 바 있다). 크고 작은 베네딕투스 수도원들이(무엇보다도 샤를마뉴 시대의 양식에 따른 대규모 수도원이) 고위층 귀족 가문들의 후손들을 받아들였다는 사실은 당시의 수도원 문화가 어떤 모양새를 하고 있었는지 비교적 정확하게 설명해 준다. 수도원은 이들에게 고급 양피지와 바실리카 성당의 위용과 경건한 미사와 아름다운 성가로 가득한 성스러운 공간을 선사했다. 가장 대표적인 예는 클뤼니의 수도원이다. 샤를마뉴 시대의 문화적인 맥락에서 10세기와 11세기 사이에 가장 크게 발전했던 수도원이 바로 클뤼니의 수도원이다. 이 수도원의 탁월한 면은 다름 아닌 전례典禮 미사였다. 죽은 자들을 기리는 찬송을 부르며 승리를 향해 수직적으로 상승하는 구도를 가진 클뤼니의 미사는 성스러움의 고귀하고 엄숙한 표현이었다. 성가를 합창하던 이들은 '청순한' 수도사들, 즉 이 말이 9세기에 가지고 있던 수사적이고 신학적인 의미에 따라 '순결을 잃지 않은' 수도사들, 따라서 천사와 같고 따라서 신과 더 가까운 수도사들이었다. 클뤼니 수도사들이 새롭게 발명하거나 첨가한 것은 아무것도 없었다. 하지만 클뤼니에서 전례는 일관적이고 효율적인 모형에 따라 재정비되었고 결과적으로 클뤼니 고유의 전례 행사였던 '세상을 떠난 모든 신도들'을 기리는 11월 2일의 '위령의 날' 미사가 로마 전례력에 포함되면서 뒤이어 가톨릭교회 전체에 적용되었다.

후세대의 시토회 수도사들이 맹렬하게 비난했던 클뤼니의 성가들은 일종의 황홀경과 환희의 표현이었다. 장식음과 트릴, 모음 발성, 가성 등 여러 가지 화려한 기교들을 사용하던 클뤼니의 성가는 우울증에 빠진 사울 왕을 위로하는 다윗의 노래였고, 항상 젊고 청순하고(나이 든 사람이나 병자는 전례뿐만 아니라 공동체의 삶에서 제외되었다) 성화된 수도사들이 세상사와 시대의 죄악을 바라보며 우울해진 권력자들을 위로하는 노래였다. 클뤼니의 성가는 수도원과 기도의 위대함을 기리는 행사와 대규모의 전례 행렬에도 커다란 영향을 끼쳤다.

잊지 말아야 할 것은 클뤼니가 비록 죽은 자들의 중재라는 독특한 역할을 담당했음에도 불구하고 결코 죽음의 어두운 분위기에 휩싸여 있지는 않았다는 사실이다. 오히려 수도사들은 기도 효과에 대한 확고부동한 신념을 가지고 있었고 이러한 신념은 매일같이 신도들의 영혼을 저세상으로 실어 나르던 그들을 믿고 따르는 이들에게 두려움을 이길 수 있는 용기와 믿음을 선사했다. 클뤼니에서는 죽음에 대한 두려움이 사라지고 영원한 삶이 가져다 줄 휴식과 기쁨에 대한 확신만이 살아남았다. 11세기 첫 30년 동안 누군가가 천년왕국설에 뒤늦게나마 자극을 받는 일이 일어날 수 있었지만 이러한 일이 클뤼니에서만큼은 불가능했다는 점을 인정할 필요가 있다.

아마도 클뤼니의 수도사들은 신에 대한 앎보다는 신에 대한 경험을 추구했던 것으로 보인다. 노래와 긴 호흡의 기교적인 합창이 자아내던 황홀경을 통해 신과의 합일을 꾀하는 것이 곧 이들의 지혜sophia였다. 끝없는 보수 공사로 인해 천국의 공사장처럼 보이던 클뤼니의 대성당에서는 매일 밤낮을 가리지 않고 신과의 소통을 위한 기도와 합창의 목소리가 높이 울려 퍼졌다. 이 기도를 통해 수도원 내부의 성스러운 공간에서 신과의 소통이 시작되거나 매듭지어졌고 그런 식으로 신을 향해 열린 세계의 중심이, 신을 향한 상승의 움직임과 세계를 향한 신의 하강이 실현되는 공간이 형성되었다. 그러나 이 모든 것은 11세기에 로마를 주축으로 제도적인 개혁을 추진하던 교회의 입장에서는 받아들일 수 없는 성격의 것이었고 게다가 세속화 물결에 오염되지 않은 전통적인 베네딕투스『규칙』의 순수함을 회복해야 한다고 주장하던 사람들의 눈에도 좋게 보일 리가 없었다.

하지만 클뤼니 수도원이 공개적으로 신랄한 비판의 대상이 되었던 것은 아니다. 클뤼니 수도원은 고유의 제도적인 취약점에서 비롯된 내부적인 균열을 보완하기 위해, 이를테면 '함께 정비'되었다. 클뤼니 수도원을 좀 더 직접적으로 비난했던 이들도 사실상 클뤼니 수도사들의 기도가 가진 힘을 문제 삼았던 것은 아니다. 논쟁의 대상이 된 것은 오히려 기도의 힘을 정당화하던 기본적인 요소들, 즉 클뤼니 수도사들의 일상적인 삶과 문화, 이들의 성가와 대규모의 수도원 건축이었다. 이들을 비판하던 사람들은 이런 질문을 던졌다. 과연 누가 혹은 무엇이 이 수도사들에게 그토록 확고부동한 신념을 심어 주는가? 그들이 영위하던 삶의 양식은 분명히 아니다. 그렇다면 무엇인가? 클뤼니 수도사들을 전면적으로 비난했던 이들은 클레르보의 베르나르가 이끄는 시토회 수도사들이었다. 거의 은둔주의에 가까운 수도 생활을 추구했던 카르투지오회도 클뤼니 수도원을 공격하지 않았지만 시토회는 달랐다. 베르나르에게 가르침을 받은 시토회 수도사들이 유일하게 추구했던 것은 베네딕투스회의 수도 생활과 그리스도교적인 삶의 원천적인 순수함이었다. 베르나르 자신이 반복해서 언급했던 것처럼, 시토회의 수도사들은 그들이 선택한 엄격하기 짝이 없는 생활양식을 통해 정통성을 인정받은 최고의, 아니 유일무이한 수도사들이었다. 시토회 수도사들보다 더 금욕적이고, 더 순수하고 베네딕투스 『규칙』을 더 엄격하게 준수하는 수도사들은 존재하지 않았다. 그들의 순수함은 정결과 순결의 논리적 결과가 아니라 그들이 선택한 삶의 일관성에 근거하는 것이었다. 이러한 특징은 멀리서도 한눈에 알아볼 수 있었다. 시토회 수도사들은 항상 흰 수도복을 입고 다녔다. 이들의 거주 공간 역시 시토회의 수도 생활처럼 순수함, 엄격함, 단아함을 유지했고 심지어는 동정녀 마리아에 비유되곤 했다. 성 베르나르에 따르면 클레르보는 예루살렘이나 다를 바 없었고 영적으로 천상의 예루살렘과 하나였다. 클레르보의 수도사가 사는 곳은 곧 천상의 예루살렘이었다. 그렇다면 클뤼니에서 일어났던 것과 동일한 상황이 클레르보에서도 재현되었다고 볼 수 있을 것이다. 적어도 수도원 세계의 패권 다툼이라는 관점에서는 피할 길이 없었을 것이다. 하지만 여기에는 시토회의 고유한 하나의 모순적인 일관성이 존재한다.

베르나르는 사실상 수도사들에게 확실한 것은 존재하지 않으며 시토회의 검소한 삶의 양식이나 엄격함과 훈련이 반드시 구원을 약속해 주는 것은 아니라고 경고했다. 심오하고 어두운 것이 신의 뜻이었고 어느 누구도 이를 마음대로 상상하거나 결정지을 수 없었다. 그것은 신에 대한 전폭적인 사랑의 표현을 통해서도 불가능했다. 단지 명상을 통해 신에게 가까이 다가가기 위한 노력을 이어 갈 수 있을 뿐이었고 이를 위해 예술이나 음악 같은 세상의 유혹이나 세상사의 덧없음을 분명히 깨닫고 인식할 필요가 있었다. 바로 그런 이유에서 시토회는 그레고리오 성가의 개혁을 시도했고 환희에 찬 표현을 세상이 나약하기 때문에 신을 필요로 한다는 사실의 진지하고 엄격한 증언으로 변형시켰다.

시토회 수도사들에게 지혜란 개인적인 노력을 통한 섭리의 깊은 이해를 의미했지만 한 개인의 여정을 보장하는 것은 엄격한 규율에 의해 통제되는 공동체의 삶이었다. 이들의 수도 생활은 아울러 강렬하게 심미주의적인 성격을 지니고 있었다. 이는 사실상 클뤼니 수도사들이나 피에르 다미아니 시대에 폰테 아벨라나Fonte Avellana 수도원에서 생활했던 은둔자들의 신비주의적인 경험에 비해 결코 새롭다고 할 수 없었다. 사실상 다양한 영역에서 단자의 양면을 구축하는 심미주의와 신비주의는 수도회 혹은 중세라는 동일한 메달의 양면이었다고 볼 수 있다. 하지만 수도사들의 심미주의와 신비주의는 결코 즉흥적인 요소들을 허락하지 않았다. 이들이 궁극적으로 추구했던 것은 '이성적인 삶rationabiliter vivere'이었기 때문이다.

감정을 다스리고 엄격하게 통제하는 것이 곧 이성ratio이었고 이성을 구축하는 것은 곧 베네딕투스의 『규칙』이 유지해 온 전통과 문화, 『규칙』의 실천이었다. 신비주의의 개인적인 경험을 위한 공간은 조금도 허용되지 않았다. 클뤼니의 수도원에도 은둔자들이 있었고 은둔주의는 수도 생활에서 가장 높은 단계의 경험으로 간주되었지만 이들의 활동 영역은 결국 수도원이라는 제한된 공간이었다. 이들에게 익숙한 것은 공동체 생활이었고 이들의 생활을 확실하게 보장하는 것 역시 수도원 공동체였다. 처음에 수도 생활의 필요성이 제기되었을 때와 마찬가지로 12세기에도 이성은 질서를 부여하는 요소였다. 모든 것을 주재하는 이성은 수도원 교육의 가장 핵심적인 요소였다.

베르나르가 1144년 상스Sens에서 이단으로 단죄했던 아벨라르가 클뤼니 수도원에 변증론(논리학) 교수 및 철학자로 채용된 것도 바로 이러한 이성에 대한 사랑 때문이었다. 베르나르와 그의 수도사들은 아벨라르를 이단으로 단죄했지만 그렇다고 해서 그들이 정통한 교회의 대변자가 될 수 있었던 것은 아니다. 어느 한쪽으로 치우치지 않는 것이 바로 정통한 교회의 특징이었기 때문이다. 좀 더 자세히 살펴보면 실제로 수도사들과 의전사제들이 이성을 추구하던 방식은 상이한 경로를 통해 구체화되었다. 오래된 아우구스티누스의 신학 전통을 물려받은 의전사제들은 8세기 초에 메스의 주교 크로데강Crodegang이 제정한 '규범'을 따랐다. 하지만 수도사들과 의전사제들 간의 경쟁 구도는 형성되지 않았다. 로마의 교황청이 11세기의 새로운 국면을 맞이하면서 주도적인 역할을 담당하기 시작한 것은 교황들이 신자 공동체의 실질적인 책임자라고 할 수 있는 주교들의 입장에서 통제가 훨씬 용이했던 의전사제들을 지지하기로 결정하면서부터 일어난 일이다. 아울러 논리학, 수사학, 어원학과 같은 이론적인 분야를 활성화할 필요성이 대두되었던 곳은 수도원이 아니라 주교성당에서 운영하는 학교였다. 잊지 말아야 할 것은 11세기의 마지막 20년을 포함해 12세기에 들어 상당한 시간이 흐르는 동안 지속되었던 논쟁이 교회와 관련된 정치적이면서 동시에 이데올로기적이고 논리학적인 논쟁이었다는 점이다. 예를 들어 르망 주교 라바르댕의 일드베르Hildebert de Lavardin, 투르의 베랑제Berange de Tours, 아오스타의 안셀무스와 같은 인물들이 관여했던 '중성'의 특성에 대한 논쟁은 신학과 법학 연구 및 권력을 새롭게 정의하는 과정과 밀접한 관계를 가지고 있었다. '이성'은 교회와 그리스도교 문화의 정통성을 견고하게 할 수 있었지만 반대로 진실을 탐구하는 또 다른 길이 있을 수 있고 진실 자체가 변증법적 탐구를 통해 용해될 수 있다는 부적절한 인상을 심어 줄 수 있었다.

변증론자들의 탐구는 그들의 논리적인 체계에 의해 예견된 것 외에는 아무것도 통제하지 않았고, 변증론자들로 구축된 집단의 내부적인 논쟁 외에 어떤 것도 참조하지 않았다. 머지않아 전문화되는 이 집단은 기능적인 측면에서 법률학자 집단과 상당히 유사했다. 지식의 전문화와 세분화가 진행되고 있었던 걸까? 그래서 철학은 위험에 처했던 걸까? 성 베르나르는 그렇다고 굳게 믿었고, 그가 생각하는 그리스도교적인 삶과 수도 생활만이 패권을 장악할 수 있는 유일한 모형이라고 확신했다. 12세기는 정치적 패권 다툼과 패권적 지혜 모형에 대한 진위 논쟁이 중첩되어 진행되었던 시대다. 클뤼니 수도원장 가경자 피에르Pierre le Venerable는 수도사들의 경험이 '서로 다르지만 적대적이지 않은' 주장들을 수용하는 변증론적 입장에 상응하고, 그들의 '이성'이 세상의 지식과 확실한 방식으로 경쟁할 수 있는 힘을 여전히 가지고 있으며 동시에 현실을 이해하고 수정하기 위해 필요한 이성 체계를 구축할 수 있는 능력을 가지고 있다고 보았다. 그는 맞서 싸워야 할 적들(교양이 없을 뿐 민중과 이슬람교도, 유대인을 움직일 수 있는 이단자들)이 교회 내부의 적보다 더 많고 중요하며 아벨라르가 비록 패배의 쓴잔을 마시긴 했지만 그의 논리학은 여전히 유용하여 배울 필요가 있다고 주장했다. 또 다른 '이성'의 지배하에 놓여 있던 로마 교황청은 고유의 정체성을 다름 아닌 학문에서 발견했다. 로마가 대변하던 교회는 정통성을 보증하고 통제 기능을 수행하며 정책의 효율성을 평가하는 실체로 등장했다. 결국 로마에서는 모든 베네딕투스회 수도사들이 시토회의 제도를 모형으로 받아들였지만 미래의 주인공은 이들이 아닌 논리학자, 즉 논리학자와 다름없는 신학자와 법률학자였다. 성 베르나르의 패배 후에 철학은 스스로의 기호記號와 주인공을 교체하기에 이른다.

자유학예

로마의 행정제도가 실질적인 기능을 서서히 상실해 가던 시기에 그리스도교는 성서와 교부 철학 저서들에 관한 풍부한 지식과 함께 세속 철학이 제공하는 경쟁력까지 갖춘 상태에서 전 유럽에 확산되고 있었다. 정치적 불안과 체제 전복의 기후로 인해 교육 문제를 지방 기관이 떠맡는 현상이 일어났고 사실상 수도원과 교회에서 운영하는 학교들이 중추적인 역할을 담당하게 되었다. 교회의 교육기관을 이끌던 지식인들은 고대 문화와 교부 철학의 명맥이 끊기는 것을 막기 위해 다양한 전통에서 유래하는 다양한 문헌들을 최대한 수집할 필요성을 느꼈다.

고전 문화의 정체성과 지식세계를 당시의 세기말적인 상황으로부터 지켜내야겠다는 것이 바로 카시오도루스Flavius Magnus Aurelius Cassiodorus의 생각이었다. 로마의 귀족 출신으로 고트족 왕들의 조력자였고 비잔틴의 새 지배자들과 대립했던 카시오도루스는 550년경에 학문적인 성격이 강한 종교 공동체 비바리움Vivarium을 현재의 칼라브리아에 설립했다. 그는 독실한 그리스도교 신자였고 동시에 그리스-라틴 전통의 박학한 지식을 겸비한 인물이었다. 카시오도루스가 이끄는 공동체의 궁극적인 목적 역시 교육이었고 그는 공동체의 형제들에게 이상적인 그리스도교 현자의 모습, 즉 굳건한 신앙을 유지하면서 자유학예 분야에서도 박식한 지식을 겸비한 현자의 위상을 추구하며 학문에 매진하라고 가르쳤다. 이와 동일한 맥락에서 집필한 저서가 『성서와 세속 문학의 기초*Institutiones divinarum et saecularium litterarum*』다. 이 저서는 지식과 지혜의 조화라는 이념의 실현에 필요한 모든 정보들을 수록한 일종의 백과사전으로 먼저 성서의 이해를 통해, 이어서 세속 학문을 통해 독자들을 통일된 지식세계로 인도하는 이중구도를 가지고 있다. 카시오도루스를 비롯해 중세 초기에 활동했던 학자들의 이러한 방법론적 특성을 뒷받침하는 것은 모든 앎이, 그것이 성서적이든 세속적이든 간에, 모든 진실의 유일한 원천인 신에게서 유래한다는 믿음이었다. 정확히 말하자면 『성서와 세속 문학의 기초』의 구조는 성서 독해를 중심으로 하는 그리스도인의 교육과정에 초점을 두고 있었다.

카시오도루스는 성서에 대한 앎이 인간의 영혼을 고양시키는 중요한 역할을 한다고 보았다. 하지만 성서는 즉각적으로 이해하기 어렵기 때문에 진실을 다양한 각도에서 바라보며 해석할 필요가 있었다. 따라서 성서를 처음 공부하는 이들이 쉽게 접근할 수 있도록 입문서가 필요했다. 카시오도루스는 성서를 연구하는 데 성서 주해에 대한 이해와 원로 학자들과의 토론이 특별히 효과적이라고 보았다. 그리스도교도의 입장에서 무엇을 어떻게 공부해야 하는지에 대해 설명하는 『성서와 세속 문학의 기초』 1부의 마지막 부분에서 카시오도루스는 전적으로 실용적인 분야에 대해서도 언급했다. 그는 문헌들의 엄격하고 정확한 필사본 작성에 힘쓸 것을 형제들에게 상기시키면서 이를 위해 맞춤법 매뉴얼과 제본 작업을 위한 전문 인력과 야간 작업을 위한 램프 및 여러 도구들이 필요하다는 점도 잊지 않고 언급했다.

『성서와 세속 문학의 기초』 2부는 7장으로 구성되어 있으며 각 장은 자유학예의 일곱 개 학과에 대한 설명으로 이루어져 있다. 기본적인 특징들의 서술과 함께 설명되는 문법, 수사학, 변증법, 수학, 음악, 기하학, 천문학은 진정한 그리스도인이 되기 위해 틀림없이 필요한 지식의 일부라는 것이 카시오도루스의 의견이었다. 『성서와 세속 문학의 기초』는 아울러 중세 초기의 백과사전주의가 가지고 있던 두 가지 중요한 특징, 즉 학문 연구에 유용한 내용으로 편집되었다는 실용적인 측면과 당시의 종교문화적인 특성을 그대로 반영한다는 특징을 고스란히 보여 준다.

카시오도로스가 주목했던 자유학예의 전통은 사실상 세속 문화 속에 오래전부터 생생하게 살아남아 있었다. 자유학예와 관련된 세속 학자들의 저서들 가운데 가장 눈에 띄는 것은 5세기 카르타고의 학자 마르티아누스 카펠라Martianus Capella의 『문헌학과 메르쿠리우스의 혼인*De nuptiis Philologiae et Mercurii*』이다. 그리스도교와 무관한 영역의 백과사전들이 가지고 있던 특징들을 그대로 보여 주는 이 저서는 일곱 개의 자유학예 학과를 카시오도로스와는 상당히 다른 세속 문학적이고 신화적인 관점에서 설명한다. 첫 두 권이 전하는 이야기에 따르면, 메르쿠리우스는 아내로 맞을 여인을 찾고 있던 도중 아폴로의 충고를 따라 지혜의 딸 문헌학과 혼인하기로 결심한다. 신들의 원로원에 도달한 문헌학은 수많은 고대 그리스의 위인들이 뒤따르는 미래의 남편 메르쿠리우스를 만난 뒤 그에게서 일곱 명의 시녀, 다시 말해 자유학예의 일곱 학과를 선사받는다. 마르치아노는 『문헌학과 메르쿠리우스의 혼인』에서 자유학예 학과를 7장에 걸쳐 각 학과에 상응하는 상징물을 통해 소개한다. 예를 들어 문법을 상징하는 것은 고대 작가들이 사용하던 밀랍 서판이다.

이 책이 중세 내내 굉장한 인기를 누렸다는 사실은 한편으로는 당시에 요구되던 입문서에 대한 지대한 관심을, 다른 한편으로는 마르치아노처럼 이해하기 어렵고 난해한 저자들의 글을 파고들어 읽을 수 있는 중세 지식인들의 탁월한 해석 능력을 증언해 준다.

2

믿음의 지성

베랑제와 란프랑코

2.1 논리학과 신학

11세기에 베네딕투스의 수도원 개혁을 통해 드러난 종교적 혁신의 필요성은 신학적인 문제를 철학적인 관점에서 다루는 경향의 점차적인 강세 현상을 가져왔고 이러한 현상은 결과적으로 계시의 언어를 참과 거짓의 논리적 구분을 통해 해석하는 기술의 역할에 대한 논쟁으로 이어졌다.

피에르 다미아니(1007~1072년)는 자유학예에 일가견이 있던 인물이지만 세속 문화의 침투로부터 신앙을 보호하는 데 앞장섰던 가장 권위 있는 신학자 중 한 명이다.

몬테카시노의 수도원에서 논리적 담론을 토대로 신의 전지전능함을 문제 삼던 몇몇 수도사들과의 만남을 계기로 다미아니는 이들을 논박하는 입장에 서게 된다. 그는 변증법의 무분별한 사용이 이단에 가까운 결과를 가져올 수 있기 때문에 항상 성서의 말씀을 수호하는 입장에서만 변증법을 사용해야 한다고 주장했다. 논리학의 규칙을 과연 신학적 성찰에 적용할 수 있는가라는 문제를 둘러싼 논쟁은 투르의 베랑제를 중심으로 시작된 성찬 논쟁을 통해 정점에 이른다.

성찬 논쟁은 성체와 역사적 예수의 관계가 어떤 유형의 관계인지 규명할 필요에 의해 탄생했다. 하지만 성찬 논쟁에는 선례가 있다. 예를 들어 9세기에는 파스카시우스 라드베르투스Paschasius Radbertus가 성찬식에 그리스도의 몸이 구체적으로 실재한다는 입장을 표명했고, 이에 반발한 코르비Corbie의 라트람누스Ratramnus는 그리스도의 영적 실재와 성찬의 상징적인 가치를 강조한 바 있다.

2.2 투르의 베랑제

9세기부터 두 세기가 흐른 뒤에 논쟁은 다시 시작되었다. 투르에서 자유학예를 가르치던 베랑제의 입장은 보편적인 것을 일관적이고 사실주의적으로 표현하려는 의도와 크게 다르지 않았다. 빵과 포도주가 상징하는 성체의 완벽함과 불변성을 보존해야 한다는 생각으로, 그는 성찬의 신비를 상징적이고 영적인 차원에서 이해해야 하며 따라서 빵과 포도주가 실질적으로 그리스도의 몸과 피로 변하는 것은 아니라고 보았다. 아리스토텔레스의 본질과 속성 개념을 인용하면서 베랑제는 본질이 사라지면 본질에 내재하는 속성도 함께 사라진다는 측면을 강조했다. 그는 성찬에서 빵과 포도주의 실체가 사라진다면 맛이나 색깔 같은 속성 역시 함께 사라지며 이는 감각에 의해 즉각적으로 포착될 것이기 때문에, 결과적으로 빵과 포도주의 실체는 성찬이 거행되는 도중에도 그리스도의 몸과 피는 변하지 않고 계속 존속해야 한다고 보았다. 베랑제의 논리에 따르면 감각적인 속성들이 불변하는 만큼 성찬을 통해 성별聖別된 빵과 포도주의 본질은, 실체 없이는 속성 역시 존속할 수 없으므로, 사라질 수 없었다. 베랑제의 이러한 사실주의는 그가 자신의 주장을 뒷받침하기 위해 제시하는 문법적인 차원의 논제를 통해서도 그대로 드러난다. 그는 성찬식에 사용되는 "이것은 나의 몸이니Hoc est corpus meum"라는 문구에서 대명사는 빵의 실체를 가리키며 술어가 빵의 실체를 무효화하지 않으므로 문장 전체의 타당성은 상실되지 않는다고 보았다. 하지만 베랑제는 개혁파를 대표하는 성직자들을 중심으로 1049년부터 1079년 사이에 개최된 수많은 공의회에서 지속적으로 유죄를 선고받은 뒤 자신의 교리를 부정할 수밖에 없는 상황에 놓였고 결국 1080년에 열린 보르도 공의회에서 "성찬식을 거친 빵은 성모 마리아를 통해 탄생한 그리스도의 진정한 몸이 되며 제단 위의 빵과 포도주는 우리 주님의 말씀과 성스러운 기도의 신비로 인해 주님이신 예수 그리스도의 실질적인 몸과 피로 변한다"는 것을 믿는다고 고백했다.

2.3 파비아의 란프랑코

베랑제의 교리에 반대했던 이들 가운데 가장 눈에 띄는 인물은 파비아의 란프랑코(Lanfranco, 1005~1089년)다. 그는 노르망디 베크의 수도원장이었던 안셀무스의 스승으로 제자에 앞서 캔터베리 대주교를 역임했던 인물이다. 란프랑코는 가장 널리 알려진 저서 『주님의 몸과 피에 관하여*De corpore et sanguine Domini*』를 통해 베랑제가 논리학의 규칙들을 전혀 이해하지 못했을 뿐만 아니라 사료를 조작하고 진실과 교회의 권위를 변증적 논리에 종속시킨다고 신랄하게 비판했다. 성찬을 오로지 영적 차원에서만 바라보는 이론에는 아무런 근거가 없다는 점을 강조하면서 란프랑코는 그리스도교의 권위와 이에 부합하는 변증적 이성을 근거로 자유학예와 세속적인 지식이 그리스도교 신앙의 면모를 분명히 하는 데 기여할 수 있다고 주장했다. 란프랑코는 계시의 내용보다 성찬의 본질에 대한 논리적이고 철학적인 탐구를 중요시하는 베랑제를 비난하면서 성찬의 신비에 대한 믿음은 어떤 이성적 선입견에도 좌우될 수 없다고 주장했다. 그는 오히려 오로지 견고한 믿음을 바탕으로 할 때에만, 교리의 실현을 위한 조건까지 설명하겠다는 강압적인 논리를 배제하고 교리를 해석하기 위해 철학적 도구에 의존하는 일이 가능하고 또 권장할 만하다고 보았다. 믿음과 이성 사이의 올바른 관계를 제시한 뒤, 란프랑코는 아리스토텔레스의 동체 분류법에서 성찬의 경우에 적용할 수 있는 유일한 방식, 즉 감각적 세계 안에서 속성은 변화하되 본질은 그대로 남는 자연적 실체의 변화 방식에 주목할 것을 조명하면서 화체설(化體說, 빵과 포도주가 그리스도의 몸과 피로 변하는 현상)의 교리를 옹호했다. 믿음에서 유래하는 진실이 우선한다는 원칙을 토대로 란프랑코는 인간이 모든 것을 깨달을 수 없으며 신의 전지전능함이라는 불가사의한 원리에 의존할 수밖에 없는 만큼 성찬의 경우에는 아리스토텔레스가 말하는 것과 정반대의 현상, 즉 속성은 불변하는 반면 빵과 포도주의 본질이 변화하는 현상이 일어난다고 주장했다. 이러한 란프랑코의 교리는 1079년에 열린 3차 라테란 공의회에서 승인되었고, 1215년에 열린 제4차 공의회에서 신앙의 교리로 인정되었다. 3세기 후인 1551년 트렌트 공의회에서 벌어진 개신교도들과의 논쟁에서도 신앙의 교리로 재차 인정되었다.

3

아오스타의 안셀무스

3.1 삶과 이상적인 수도 생활

아오스타에서 1033년에 태어난 안셀무스는 26세에 노르망디의 베크 수도원에 들어가 당시에 수도원장이었던 란프랑코의 제자가 된다. 란프랑코가 캔터베리의 대주교로 임명되면서 부수도원장이 된 안셀무스는 15년 뒤에 수도원장으로, 이어서 란프랑코의 사망과 함께 그의 뒤를 이어 캔터베리의 대주교로 임명된다(이 때문에 잉글랜드에서는 그를 캔터베리의 안셀무스라고 부른다). 만년에는 유럽 대륙에까지 큰 영향을 끼쳤던 세속적인 권위와 영적 권위의 문제, 즉 왕권과 교회의 대립이라는 문제를 두고 잉글랜드 왕들(윌리엄 2세와 헨리1세)과의 끊임없는 불화에 휩싸였다.

1109년 4월 21일에 사망한 안셀무스는 평생을 자신이 가장 훌륭한 삶의 형태로 간주하던 수도 생활의 이상을 추구하며 살았다. 잊지 말아야 할 것은 6~7세기 이후로는 수도원들이 문화의 보전과 보급을 담당하던 유일한 공간이었다는 사실과 성경뿐만 아니라 인간을 향한 신의 위대한 담론으로서의 세상 역시 오로지 수도원의 일상을 지배하는 독서와 지적 성찰과 기도의 대상이었다는 점이다.

11세기는 믿음의 내용을 구체적으로 밝히는 데 쓰일 이성적 도구에 대한 관심이 계속해서 깊어지던 시기였다. 예를 들어 샤를마뉴 시대에 제기되었던 그리스도 실재 여부의 문제, 즉 성찬에 그리스도가 실재하는 방식에 대한 논쟁이 활발하게 재개되었고 이러한 논쟁이 진행되는 동안 이성의 위상과 역할에 대한 상이한 입장들이 때로는 날카로운 긴장 상태에 돌입하곤 했다.

같은 시기에 재개된 삼위일체 논쟁은 아우구스티누스가 다루었던 비교의 차원에서 계속 멀어져, 동일한 실체의 통일성과 다양성 개념처럼 서로 모순되는 용어들을 인정한다는 것이 결코 쉽지 않은 아리스토텔레스의 논리학에까지 발을 들여놓게 된다. 결과적으로 독립적인 실체 외에는 어떤 실재성도 인정하지 않았던 콩피에뉴의 로스켈리누스(Roscellinus, 1050년경~1120년경)는 사실상 서로 다른 세 개의 이름에 세 개의 서로 다른 실체를 부여하는 셈이었고 결국 세 명의 신이 존재한다고 주장했다는 이유로 비난의 대상이 되었다. 이러한 로스켈리누스의 입장을 비판했던 인물이 바로 안셀무스이며 그를 논박하는 내용은 안셀무스의 저서 『말씀의 강생에 관한 서신*Epistola de incarnatione Verbi*』에서 찾아볼 수 있다.

물론 안셀무스 역시 아리스토텔레스적인 논리와 표현으로 삼위일체에 대해 이야기한다는 것이, 불가능하지는 않더라도 상당히 힘든 일이라는 것을 고백한다. 이런 심경을 털어놓으면서 안셀무스는 아우구스티누스적인 비교의 논리를 스스로 포기하는 것처럼 보이지만 사실 초기 저서에서 안셀무스는 아우구스티누스의 전폭적인 지지자였다. 실제로 안셀무스는 그의 대표작인 『모놀로기온*Monologion*』과 『프로슬로기온*Proslogion*』을 집필하면서 또렷하게 아우구스티누스의 권위에 의존하며 그의 『삼위일체론』을 인용한 바 있다. 아울러 이 두 저서에 기술된 내용의 전체적인 흐름을 상세히 살펴보면 이것이 아우구스티누스의 권위에 대한 단순한 호소가 아니라 아우구스티누스적인 이성에 대한 진정한 찬미와 믿음의 표현이었음을 확인할 수 있다.

3.2 신학, 논리학, 언어: 안셀무스의 저서들

안셀무스는 『모놀로기온』의 첫 부분에서 신의 존재를 증명하기 위한 세 가지 논제를 제시한다. 이 논제들은 모두 창조된 현실세계에 대한 관찰을 토대로, 혹은 후세대가 명명했던 것처럼 경험적 관찰을 토대로 구축되며 형이상학적이고 또렷하게 신플라톤주의적인 성격의 두 가지 전제를 가지고 있다. 즉 사물들은 완벽하게 똑같을 수 없으며 아울러 동일한 완벽성을 지닌 모든 사물들은 무언가 동일한 요소를 가지고 있기 때문에 동일한 성격의 완벽함을 드러낸다는 것이다.

첫 번째 논제는 모든 인간이 선善을 추구한다는 점, 혹은 우리가 오늘날 이야기하듯이 인간은 그들이 최선이라고 간주하는 것을 선택한다는 사실에서 출발한다. 이러한 방향으로 나아가기 위해 인간은 본질적으로 다른 성격의 선을 비교할 줄 알아야 하고 항상 더 높은 단계의 선을 추구하기 위한 선택 기준을 마련해야 한다. 아울러 끝없는 퇴보를 피하기 위해 항상 더 높은 단계의 선을 추구할 때 모든 아래 단계까지 선한 것으로 만드는 최고선Summum Bonum을 추구해야 한다는 사실을 인정해야 한다. 이러한 형태의 논리 자체는 일반적으로 완벽한 모든 것과 모든 피조물(존재)이 가지고 있는 완벽함에 똑같이 적용된다. 여하튼 우리는 바로 이러한 논리를 통해 최고의 존재를 인정하는 지점에 이르게 된다.

다름 아닌 이 최고의 존재가 모든 사물에 존재를 부여하기 때문에 우리는 그를 무無에서 유有를 창조해 내는 주체로, 마치 어떤 장인처럼 존재한다는 특성과 아울러 창조를 계획한다는 의미에서 지식과 그 계획을 실현하기 위한 의지를 가지고 있는 독특한 존재로 인식한다. 이 경우에도 다시 등장하는 것은 기억, 지성, 의지를 포함하는 인간의 지적 구도를 토대로, 인간이 신의 형상대로 창조되었다는 생각을 정립할 수 있도록 해 주는 아우구스티누스의 삼위일체 이론이다.

안셀무스가 『모놀로기온』을 시작하면서 자신의 계획은 성경의 권위에 의존하지 않고 오로지 이성에만 의존한다고 천명할 때, 우리는 이를 비교에 바탕을 둔 아우구스티누스의 논리적 체제에 대한 분명한 언급으로 이해해야 한다. 아울러 안셀무스가 진실에 근거하여 반드시 필요한 주제만 다룰 것을 제안한다는 점에도 주목해야 한다.

안셀무스는 결국 인간적인 경험을 토대로 신의 삼위일체적인 구도를 제안한다. 그렇다면 분명해지는 것은 『모놀로기온』이, 아직 그리스도교를 받아들이지 않은 사람에게 그가 의식하지 못했을 뿐 사실은 이미 알고 있었던 것으로 발견하는 사물들을 이해할 수 있도록, 아울러 그가 이 모든 것을 알아 가는 과정 자체가 바로 이러한 사물들을 기초로 이루어진다는 것을 받아들일 수 있도록 해 주는 하나의 명상이라는 사실이다. 이 앎의 과정이란 곧 최고의 존재가 그리스도교의 신과 일치할 수 있다는 가정에 이르는 과정이다. 이어서 이러한 가정을 심도 있게 다루기 위해 믿음의 대상인 신의 고유한 특성들을 직접적으로 다루는 문제가 제기된다.

성찰을 주도하는 주체의 변화가 분명하게 드러나는 『프로슬로기온』은 실제로 『모놀로기온』과는 달리 믿는 것을 이해하고자 하는 사람의 성찰을 다룬다. 관점은 완전히 뒤바뀐다. 『모놀로기온』에서는 창조된 세상을 기준으로 높은 곳을 향해 설정되어 있는 완전성의 단계에 대해 성찰하며 끝없는 퇴보를 막기 위해 신앙과는 별개의 분석에 기초하여 완전성의 특성들을 포착해 내고자 했다. 하지만 『프로슬로가온』에서는 다름 아닌 신앙이 그 지고의 한계에 대해 관심을 고정시키고 아래 단계에서는 단지 추측만이 가능했던 담론을 높은 단계에서 발전시킬 수 있도록 해 준다.

안셀무스는 경험과 관련된 증거들의 다양성을 극복함으로써 신이 존재한다는 이성적 결론이 필연적이라는 사실을 보여 줄 수 있는 '유일무이한 논제', 이른바 존재론적 논리의 탐색을 제안했다. 실제로 모든 완전성을 최상의 상태로 갖추고 있기 때문에 신이 '보다 더 위대한 것을 상상할 수 없는' 존재라고 가르쳐 주는 것은 신앙이다. 이와 같은 신의 정의를 부정하면서 그의 존재를 부인하는 사람도 신을 생각하는 방식에 대한 설명을 듣고 이해한 뒤 그에 상응하는 개념을 정립하게 되면 그 시점에 '보다 더 위대한 것을 상상할 수 없는' 존재가 최소한 정신적으로는 존재한다는 것을 더 이상 부인하지 못한다. 경험을 완전히 배제하고 엄격하게 정의의 비교적 논리 분석이라는 한계 내에서 움직이는 안셀무스는 여기서 어떤 선험적 성격의 절차를 통해 정신적인 차원의 존재가 정신 외적인 차원의 존재를 끌어들인다고 주장한다. 만약 '보다 더 위대한 것을 생각할 수 없는' 존재의 개념이 존재의 완전성까지 포함하지 않는다 하더라도, 존재의 완전성까지 포함하는 동일한 존재에 대해 최소한 '생각하는' 것이 가능하고, 따라서 정의상 '보다 더 위대한 것을 생각할 수 없는' 존재보다 더 큰 무언가에 대해 생각하는 것이 충분히 가능하다는 것을 인정할 필요가 있다는 것이다.

하지만 이러한 지적인 결과가 결정적으로 확보된 듯이 보였을 때 안셀무스는 오히려 실망스러워하며 스스로의 영혼을 향해 질문을 던졌다. "네가 그걸 발견했다면, 왜 느끼지 못하지? 주 하나님, 내 영혼이 당신을 찾았다면 왜 느끼지 못하는 겁니까?"(『프로슬로기온』 14) 이는 안셀무스가 지적 여정의 불충분함과 실패를 사실상 인정한 것과 다를 바 없는 표현이다. 이어서 안셀무스는 생각할 수 있는 모든 것보다 더 위대한 무언가로서의 신에 대한 새로운 정의를 시도한다. 이제 신을 생각할 수 있는 가능성마저도 사라지는 듯이 보이는 가운데 부정신학의 길이, 즉 신에게는 인간의 정신으로 규정할 수 있는 어떤 수식어도 어울리지 않는다는 논리가 펼쳐진다.

안셀무스의 담론은 전체적으로 삼위일체적인 구조를 지니고 있다. 『모놀로기온』은 인간이 감지하거나 인식하지 못할 뿐 기억 속에 간직하고 있는 정보들을 제공한다. 반면에 『프로슬로기온』은 믿음에 근거한 신의 정의와 논리학의 도움으로 이루어지는 지적 탐구의 순간이었다. 그렇다면 이제 아우구스티누스의 위대한 가르침을 따라 모든 종류의 지적 능력을 동원할 필요가 있겠지만, 이 경우에는 신이 자발적으로 나서지 않는 이상, 인간의 의지만으로는 충만한 사랑의 관계를 구축한다는 것이 불가능하다. 그렇다면 '유일무이한 논제'의 발견 뒤에 오는 실망은 실패에서 비롯된 것이 아니라 『모놀로기온』과 『프로슬로기온』이 제시하는 모든 과정을 거친 뒤에야 찾아오는 더 어렵고 큰 시험의 일부였다고 볼 수 있다.

안셀무스는 『프로슬로기온』에서 신을 존재하지 않는다는 것은 생각조차 할 수 없을 만큼 사실적인 존재로 정의한다. 안셀무스에 따르면 신의 존재를 처음부터 부인하는 '어리석은 자'는 사실상 신의 부재를 생각조차 할 수 없으며 실제로는 "신은 존재하지 않는다"라는 문구만을 떠올릴 뿐이다. 하지만 수도사 마르무티에의 고닐로Gaunilo는 논쟁적인 성격의 저서 『어리석은 자를 위한 책 *Liber pro insipiente*』을 통해 안셀무스의 논리를 비판하고 나섰다. 고닐로는 그의 유명한 '완벽한 섬' 이야기를 예로 들어 안셀무스의 '유일무이한 논제'를 반박했다. 우리가 어떤 완벽한 섬을 상상한다면, 그리고 이 섬이 인간의 머릿속에서 하나의 개념으로 존재한다면 이 섬은 필연적으로 존재해야 한다. 그렇지 않다면 이 섬보다 더 훌륭한 섬을 상상할 수 있고, 우리가 상상했던 것은 더 이상 완벽한 섬이 아니기 때문이다. 고닐로는 안셀무스의 주장이 이러한 논리를 따른다고 보았다. 안셀무스의 존재론적 논저는 지성으로 개념화할 수 있는 모든 것들이, 따라서 틀렸거나 사실상 존재하지 않는 것들까지도 모두 존재한다는 결론을 내린다고 본 것이다. 이러한 고닐로의 비판에 안셀무스는 완벽한 섬에 대해 이야기하는 것, 즉 존재하는 섬들이라는 좁은 영역 안에서 다른 어떤 섬보다도 더 훌륭한 섬에 대해 이야기하는 것은 '보다 더 위대한 것을 생각할 수 없는' 것과는 전혀 다른 성격의 일이라고 응수했다. 고닐로는 안셀무스를 상대로 안셀무스가 어리석은 자에게 적용했던 것과 동일한 방식의 논리를 적용하면서 안셀무스의 정의에서 생각할 수 있는 것은 말들에 지나지 않으며 개념의 형성과는 거리가 멀다고 보았다. 하지만 안셀무스는 아우구스티누스와 마찬가지로 개념이 뜻을 가진 사물의 정신적 기호이며, 믿음이 의미를 보장하는 한, 의미의 이해는 곧 그것의 개념 형성과 일치한다고 보았다. 반면에 고닐로는 경험의 중재, 즉 하나의 개념은 어떤 의미에서는 사물의 이미지라는 점을 중요시했다. 지식과 이성을 바라보는 이러한 상이한 관점은 사실상 양립이 불가능하다.

지금까지 살펴본 바와 같이 안셀무스의 사유에서 언어와 사상과 현실의 관계에 대한 관심이 중요한 역할을 했다는 것은 분명하다. 안셀무스는 『진리에 관하여*De veritate*』에서 한 문장이 무언가를 의미한다는 아주 단순한 사실을 바탕으로 발휘하는 소통능력과 동일한 문장이 지니는 진실, 즉 그 문장이 옳고, 있는 그대로의 것들을 실질적으로 가리킬 때에만 가진다고 볼 수 있는 진실을 구분했다. 진실을 표명하는 방식으로 기능하는 문장은 인간의 지성이 로고스의 계획부터 신이 사물들을 규정하며 사용한 언어와 본래의 창조 계획 속에서 발견되는 사물들의 본질적인 의미에 이르기까지 신의 창조 과정을 그대로 답습할 수 있도록 해 준다. 이 문장의 참됨이란 인간으로 하여금 신의 말씀이 지니는 의미에 적응할 수 있도록 도와주는 일종의 이정표에 지나지 않는다.

한 문장이 내포하는 완전한 진실은 결국 도덕적인 차원뿐만 아니라 인식론적인 차원의 정당성과 일치한다. 이 정당성은 오로지 생각만으로 진실 자체를 고려해야 하기 때문에 심지어는 문장의 존재와도 무관하다고 할 수 있다. 바로 그런 차원에서 사유, 의지, 행위, 사물의 경우에도 진실에 대해 이야기하는 것이 가능하다. 특히 사물은 항상 창조된 목적에 부응하며 기능하기 때문에 언제나 진실하다고 할 수 있다. 사물들은 다름 아닌 진실을 실행하기(facere veritatem) 위해 존재를 부여받았으며 동일한 목적이 앞서 언급된 '사유', '의지', '행위'의 경우에도 부여된다. 그런 식으로 인간에게는 진실의 생산을 위해 논리적인 면과 윤리적인 면의 조화를 꾀해야 한다는 요구가 주어진다.

안셀무스는 『문법학자에 관하여*De grammatico*』를 통해 훨씬 더 기술적인 성격의 언어학적 문제들, 예를 들어 '문법학자'라는 용어가 실체를 말하는가 아니면 특성을 말하는가라는 문제를 다룬다. 여기서 안셀무스는 형태를 달리할 뿐 하나의 어근에서 유래하는 파생어들을 심도 있게 분석한다. '문법학자grammatico'는 직접적으로는 '문법grammatica'을 의미하고 간접적으로는 '사람'을 의미한다. 다시 말해 이 용어는 '문법'을 의미하고 '사람'을 지칭한다. 안셀무스는 일반적인 언어와 기술적인 언어, 말들의 일반적인 활용법과 말들의 독특한 특징 사이에 존재하는 차이점의 중요성을 강조한다. 동일한 맥락에서 강조되는 것은 사물들의 의미를 회복하기 위해 집중되는 올바른 언어 사용으로서의 '참됨'이라는 개념이다. 반면에 담론의 자율성을 인정하는 일은 비이성적인 면을 절정으로 몰아 현실에 대한 판단을 오로지 언어의 규칙만을 토대로 도출해 낼 수 있다는 그릇된 생각으로 인도할 뿐이다.

담론의 규칙과 용어들의 의미에 대한 안셀무스의 지대한 관심은, 비록 그의 이론적 성향이 여전히 아우구스티누스적인 맥락에 머물러 있긴 하지만, 당시에 철학과 신학과 논쟁에서 논리학이 얼마나 널리 활용되었고 또 일반적인 경향으로 자리 잡았는지 보여 줄 뿐만 아니라 안셀무스가 스콜라주의적인 방법론의 구체화에 결정적으로 기여한 인물들 중에 하나라는 것을 보여 준다.

『왜 신은 사람이 되었는가?*Cus Deus homo?*』에서 안셀무스는 어떤 이유에서 원죄의 대가를 신이면서 인간인 그리스도라는 존재 이외에는 치를 수 없었는가라는 질문을 던진다. 그리고 그 이유를 인간은 죄의 빚을 갚아야 하지만, 인간보다 열등한 어떤 피조물도 신에게 만족스러운 속죄양이 되지 못했기 때문이라고 설명한다. 여기서 흥미로운 것은 채무, 채무의 이행, 적합성, 완전성의 위계처럼 봉건주의적 논리의 범주들을 떠올리게 하는 용어들이 권력, 필연, 의지와 같은 기초 용어들에 대한 안셀무스의 꼼꼼한 분석들과 뒤섞이며 조화를 이룬다는 점이다.

안셀무스에 따르면 필연성이라는 개념은 신에게 적용되었을 때 어떤 식으로든 감히 신의 권능을 제한하지 못한다. 신에게 적용되었을 때 언급할 수 있는 것은 단지 '결과적인 필연성', 즉 무언가가 존재할 때 그것이 동시에 있기도 하고 없기도 하다는 것은 상상할 수 없다는 단순한 사실에서 유래하는 필연성뿐이다.

안셀무스가 다루었던 또 하나의 문제는 '자유'와 '자유의지'다. 이와 관련된 주제들의 복합성과 다양성에 지대한 관심을 기울이며 그는 『자유의지에 관하여*De libertate arbitrii*』, 『악마의 추락에 대하여*De casu diaboli*』, 『예지, 예정, 신의 은총과 자유의지의 조화에 관하여*De concordia praescientiae et praedestinationis et gratiae Dei cum libero arbitrio*』에서 자유와 자유의지를 심도 있게 다루었다. 안셀무스는 죄의 가능성을 힘의 형태로 다루면서 결과적으로 죄를 짓거나 짓지 않을 수 있는 가능성을 자유의지로 간주하는 것은 언어의 부적절한 활용에 불과하다고 보았다. 안셀무스에 따르면 죄는 능력의 결핍이지 일종의 긍정적인 기회와는 거리가 멀다. 여기서도 용어의 고유한 특성에 기울인 세심한 주의가 안셀무스로 하여금 자유의지를 의지의 공정함과 공정함 자체에 대한 사랑을 유지할 수 있는 힘으로 보는 더 일관적인 정의에 도달할 수 있도록 한 것으로 보인다.

4

피에르 아벨라르

4.1 도시의 철학자

1111년 파리의 센 강 좌안에 논리학 학교를 설립한 피에르 아벨라르는 그가 자서전에서 묘사한 것처럼 '야생적이고 살기에 부적합한' 브르타뉴 지방에서 태어난 인물이다. 일찍이 청년기부터 로슬랭 드 콩피에뉴Roscelin de Compiegne와 기욤 드 샹포Guillaume de Champeaux 같은 뛰어난 선생들 밑에서 공부했지만 그는 이들의 가르침을 달갑게 여기지 않았고 후에는 이들을 오히려 신랄하게 비판하는 입장에 서게 된다. 뒤이어 아벨라르는 유명한 신학자 랑의 안셀무스Anselmus van Laon를 만나 짧은 기간 동안 그의 신학 강의를 들었지만 곧장 비판적인 자세를 취하면서 그의 신학을 '연막에 가린 암울한' 신학으로 규정했다.

당시에는 프랑스를 중심으로 전 유럽에서 경제적 성장을 이룬 몇몇 대도시들이 성당에서 운영하는 혁신적인 형태의 학교들을 수용하는 현상이 일어나고 있었다. 무엇보다도 완전히 새로운 분석과 토론 방식이 가장 혁신적인 요소였고 학교가 도시 안에 있다는 것도 새로운 특징이었다. 수도사들에게만 제한되지 않고 누구든 다닐 수 있는 학교였다는 점이 달랐고 산의 깊은 침묵 속에 잠긴 수도원에서와는 전적으로 다른 형태의 교육이 이곳에서 이루어졌다. 파리는 학교가 세워진 유일한 곳은 아니었지만(파리 외에도 투르, 샤르트르, 오세르, 플뢰랑 같은 도시들이 있었다) 틀림없이 본보기가 될 만한 도시였고 북부의 '새로운 아테네'로 칭송될 만큼 활발한 연구 활동을 주도적으로 이끌었다. 하지만 이러한 파리를 바라보는 수도사들의 시각은 달랐다. 이들은 파리를 오히려 고대의 부패한 도시 바빌론에 비유했다.

이러한 새로운 문화적 현실 속에서 아벨라르는 일찍이 철학 분야의 주인공으로 떠올랐다. 그는 항상 열성적이고 충직한 제자들에게 에워싸여 강의를 진행했다. 솔즈베리의 존이나 브레샤의 아르날도Arnaldo da Brescia 같은 제자들이 그의 강의를 듣기 위해 멀리서 찾아왔다. 아벨라르에 대해 적대적인 입장을 고수했던 클레르보의 베르나르는 아벨라르가 "도시의 광장을 지나는 행인들을 붙들고 철학과 신학을 논한다"고 비난했다. 하지만 오늘날 대부분의 학자들은 베르나르의 이러한 판단이 아벨라르의 신학에서 차지하는 논리학의 중요성에 대한 몰이해뿐만 아니라 아벨라르의 의견이 학교의 문턱을 벗어나 훨씬 더 많은 수의 일반 대중에게도 영향을 끼칠 수 있다는 두려움에서 비롯되었다는 데 동의한다.

아벨라르의 지적 여정을 우리는 그의 자서전을 통해 재구성할 수 있다. 40대 초반에 아벨라르는 한 친구에게 보내는 서간문의 형식으로 자서전 『나의 불행한 이야기』를 집필했다. 아벨라르가 당시에는 상당히 드문 일이었던 자서전 집필에 착수했다는 것은 스스로의 우월성과 그의 삶이 가지는 특별한 의미에 대해 얼마나 또렷하게 의식하고 있었는가를 증명해 준다.

아벨라르는 평범한 기사 가문 출신이었고 관례에 따라 기사가 될 예정이었다. 하지만 그는 철학을 선택했고 이는 바로 '이성'의 입장을 옹호하는 그의 첫 번째 행동이자 그가 인간을 도덕적으로 나약하게 만든다고 규탄했던 '관습' 혹은 전통에 대한 그의 첫 번째 반항 행위였다. 하지만 아벨라르가 사용하는 언어 속에는 가족들로부터 받은 영향의 흔적이 그대로 남아 있다. 자신의 파란만장한 삶에 대해 이야기하면서 아벨라르는 전쟁 용어와 비유를 사용했다. 아벨라르는 예를 들어 '변증법의 무기'라든지 스승 기욤 드 샹포의 학교에 '공습'을 계획한다든지 혹은 토론을 전투에 비유한다거나, 그가 일찍부터 교수로 활동하고 싶어 했던 파리 근교의 믈룅과 코르베이에 조그만 학교를 세우면서 파리를 향한 본격적인 '공격'을 계획한다는 표현 등을 사용하곤 했다. 자신의 삶이 항상 하나의 전투였다는 말 역시 그가 자주 사용했던 표현이다.

뒤늦게 아벨라르는 사랑을 경험하게 된다. 그는 파리에서 거의 40세의 나이에 20세가 채 되지 않은 똑똑하고 아름다운 제자이자 한 고위 사제의 조카였던 엘로이즈Heloïse와 사랑에 빠진다. 그의 제자들은 논리학 선생에서 시인으로 변신한 아벨라르의 사랑의 시를 "노래하며 파리의 거리를 돌아다녔다." 엘로이즈와의 이야기는 모든 이의 입에 오르내렸고 머지않아 비극으로 치달았다. 명예를 훼손당했다고 느낀 엘로이즈의 가족이 자객을 시켜 아벨라를 거세하는 복수극이 벌어졌기 때문이다. 절망에 빠진 두 연인은 헤어진 뒤 파리와 가까운 곳에 위치한 생 드니Saint-Denis와 아르장퇴유Argenteuil의 수도원에 각각 은신처를 마련했다. 거의 20년이라는 세월이 흐른 뒤 정신적으로 다시 가까워진 두 사람은 감미로운 기억과 철학적 성찰로 가득한 서신들을 교환하기에 이른다.

아벨라르의 신학 저서, 『신의 유일성과 삼위일체에 관하여』가 수아송Soissons에서 열린 공의회에서 단죄를 받은 뒤, 아벨라르는 트루아 근교의 수도원 공동체에서 논리학과 신학을 가르치기 시작했고 이 근면하고 조화로운 공동체 안에서 위로와 새로운 힘을 얻었다.

1136년에 파리로 돌아와 생트 주느비에브Sainte-Genevieve의 학교에서 강의를 맡으면서 아벨라르는 아마도 지적으로 가장 왕성한 활동을 펼친 것으로 보인다. 하지만 머지않아 1139년에 그는 수도원장 베르나르의 치밀하고 강도 높은 비난에 대응해야 했다. 그의 신학 저서에서 논리학의 활용도가 지나치게 높다는 것이 비난의 핵심이었고 그의 신학은 결과적으로 '세속적'이며 위험하다는 평가를 받았다. 비판의 목소리가 높아지면서 결국 1140년에 아벨라르의 사상을 검토하기 위해 상스Sens에 공의회가 소집되었고 그의 신학과 윤리학 저서들은 토론조차 거치지 않은 상태에서 단죄 판결을 받았다. 아벨라르에게는 머지않아 파면 명령이 내려졌다. 클뤼니의 수도원에 은신처를 마련한 아벨라르는 이곳에서 1142년에 세상을 떠났다. 당시에 그에 대한 존경심과 너그러운 마음으로 그를 받아들였던 클뤼니의 수도원장 가경자 피에르는 아벨라르가 "세상을 떠나는 마지막 날까지 가르침과 성찰을 계속했다"고 기록했다.

현대적 의미의 '지성인'이라는 표현이 거의 1000년 전에 활동했던 이 중세 철학자에게는 굉장히 잘 어울리는 듯이 보인다. 정신적인 활동이 기능적인 측면에서 사회에 기여해야 한다는 것과 철학 역시 모든 다른 직업과 다를 바 없다는 점을 그는 또렷하게 의식했다. 그는 지성인의 작업 역시 사회적으로나 경제적인 측면에서 농부나 수공업자들의 수작업과 다를 바 없다고 보았다. 이와 같은 생각을, 아벨라르는 그가 많은 이들의 비난으로 인해 절망에 빠진 상태에서 경제적으로도 궁핍한 상황 몰렸을 때 도시의 학교와는 거리가 먼 트루아의 수도원 공동체에서 "손으로 육체노동을 하는 이들과 마찬가지로 어쩔 수 없이 생존을 위해 머리와 말로 노동(즉 가르치는 일)을 할 수 밖에 없었던" 경험에 대해 언급하며 아주 또렷하게 표현한 바 있다. 파리의 제자들이 그에게 돈으로 월급을 지급했던 것과는 달리 트루아 공동체의 제자들은 음식과 옷과 생필품을 제공함으로써 그가 생계를 위한 노동의 굴레에서 벗어나 오로지 학문과 가르침에 몰두할 수 있도록 해 주었다.

4.2 논리학, 신학, 윤리학

아벨라르는 철학이 논리학, 물리학, 윤리학으로 구성된다고 보았다. 여기서 가장 중요한 위치를 점하는 것은 의심할 여지없이 논리학이다. 논리학은 '학문 중의 학문'이었고 철학의 '일부'이자 '도구'였다. 왜냐하면 어떤 주제, 어떤 형식의 담론이든 진실을 구축하고 통제하기 위한 필수적인 요소는 논리학이었기 때문이다.

아벨라르의 연구는 기본적으로 '고대 논리학logica vetus'(즉 아리스토텔레스의 『범주론』, 『명제론』, 포르피리오스의 『아리스토텔레스의 범주론 입문』 및 보에티우스의 몇몇 논문들을 포함하는 번역본) 텍스트를 토대로 이루어졌다. 하지만 아벨라르는 당시에는 아직 출판되지 않았던 아리스토텔레스의 또 다른 저서들도 읽었다고 밝힌 바 있다. 그의 저서들은 모두 강의와 직결된다. 『기초 논리학*Logica ingredientibus*』과 『실용 논리학*Logica nostrorum*』은 보에티우스와 아리스토텔레스의 텍스트를 분석한 신플라톤주의 철학자 포르피리오스의 설명에 대한 주해로 이루어진 반면 『변증법*Dialectica*』(이 용어는 여기서 논리학과 동의어로 취급된다)은 아벨라르 자신의 생각이 담긴 저서다.

당시의 논리학자들은 '보편적인 것'의 문제를 다른 논제들에 비해 선호했고 중세를 비롯해 근대의 학자들 역시 수세기에 걸쳐 이 문제를 여러 가지 방식으로 검토했다. 아벨라르에게 보편적인 것의 문제는 이름이 가지는 가장 기초적이고 포괄적인 의미의 문제였다. 아벨라르는 의미를 두 가지 종류로, 즉 사물의de rebus 의미와 개념의de intellectibus 의미로 구분했다. 첫 번째 경우 이름은 사물을 가리키거나appellat 부르는nominat 반면 보다 중요하고 정확한 두 번째 유형의 의미는 이름을 명명하는 사람에 의해 그것을 듣는 사람의 머릿속에 '생성되는' 개념을 가리킨다. 아벨라르는 아리스토텔레스와 마찬가지로 보편적인 현실은 존재하지 않으며 보편적인 것은 오로지 여러 개체에 공통되는 일반적인 개념과 개체 들을 가리키는 이름들뿐이라고 보았다.

명제에 관한 토론에서, 아벨라르는 그의 모든 논리학 저서들을 특징짓는 반현실주의적인 관점을 유지하면서, 보에티우스와 달리 하나의 독창적인 입장을 취한다. 그에 따르면, 한 명제의 의미는 명제가 가리키는 현실 속에 있지 않고 말 자체에, 즉 '명제가 말하는 것'에 있으며 이는 현실 자체와는 명백히 구분된다. 말은 그 말에 상응하는 구체적인 현실이 부재할 때에도 성립된다. 예를 들어 "플라톤은 플라톤이다"라는 동어반복적인 문장은 플라톤이 실존 인물이 아닐 경우에도 참으로 인식된다.

아벨라르에 따르면 논리학 또는 언어과학은 다름 아닌 진실을 탐색한다는 고유의 특성 때문에, 그를 비난하는 이들의 주장과는 달리, 그리스도교 신앙에 해가 되거나 위험한 것으로 간주될 수 없었다. "학문은 신에게서 오며, 따라서 선할 수밖에 없다"는 것이 그의 주장이었다. 논리학 변호는 따라서 아벨라르에게 그의 적대세력으로부터 자신을 지키기 위한 가장 효과적인 방어수단이기도 했다.

아벨라르는 35세가 되어서야 신학 연구, 혹은 '신성한 것들'에 대한 연구를 시작했다(너무 늦게 시작했기에 그의 적대세력은 그를 '즉흥적인 신학자'라고 불렀다). 그는 자신의 가장 설득력 있고 독창적인 신학사상을 『최고선의 신학*Theologia summi boni*』과 『한 철학자와 한 유대인과 한 그리스도인의 대화』를 통해 제시했다.

성서 해석을 위해 아벨라르가 취하는 방법론은 '의미의 이해'를 토대로 구축된다. "왜냐하면, 이해하지 못하는 것을 믿는 일은 물론 이해하지 못한 것을 남에게 가르치겠다고 나서는 것은 우스꽝스러운 일이기 때문이다." 아벨라르에 따르면 신학은 신에 대한 담론의 내용을 다루는 학문이지 신 자체를 다루는 학문이 아니다.

여기서 부각되는 하나의 본질적인 조건에 주목할 필요가 있다. 아벨라르에 따르면 인간의 정신은 본질적으로 감각적인 경험의 정보와 직결되어 있으며 초자연적인 현실을 수용하는 데 부적절한 구조를 가지고 있다. 결과적으로 아벨라르는 신학을 통해 '진실을 가르치기보다는 오로지 진실에 가깝고 성서에 위배되지 않는 것만을' 가르칠 수 있다고 보았다. 신학의 진실은 인간의 언어가 표현할 수 있는 영역의 경계를 뛰어넘는 것이었다. "어떤 단어도 신에게 적용되었을 때는 현실적 기초를 토대로 표현되지 않는다. 따라서 신에 대한 모든 언급은 신비로운 유사성에 휩싸여 있다. 유사를 통해서는 신을 완전히 이해하는 단계에 도달할 수 없으며 우리는 오로지 붙잡을 수 없는 창조주의 몇몇 특징만을 엿볼 수 있을 뿐이다." 물론 아벨라르에게도 비교와 비유는 인간이 신에 대해 논할 때 어떤 식으로든 사용할 수밖에 없는 수사학적 도구였다.

클레르보의 베르나르와 아벨라르 간의 의견 차이와 소통의 부재는 여기서 극명하게 드러난다. 앞서 살펴본 것처럼 아벨라르는 신학적 내용을 파악하기 위한 논리학 사용을 의도적으로 제한했다. 하지만 위에 인용한 그의 주장은 적대세력이 그에게 쏟아붓는 비난에서 완전히 전복된 형태로 나타났다. "그는 모든 것을 설명하고 모든 것을 가까이서 열어 보길 원한다."

여기서 또 다른 차이점에 주목할 필요가 있다. 아벨라르는 그리스도교의 진실(예를 들어 신의 초자연성과 유일성, 창조론, 창조된 세상의 질서, 영혼의 불멸성 등)이 플라톤 같은 고대 철학자들이 '말과 행동을 통해' 증명해 보인 이론에서 예시된 바 있는 자연적 이성의 진실과 일치한다고 보았다. 하지만 이러한 관점은 그리스도교적인 계시의 역사적인 의미를 무색하게 만들었다. 베르나르는 그리스도가 세상에 온 사건이 인류의 역사를 두 단계로 나누고 신의 **아들**의 강생 이후에 태어난 인간들에게 유일한 구원의 길을 제시한 유일무이한 사건이라고 보았다. 하지만 아벨라르의 의견은 달랐다.

아벨라르는 소크라테스의 영향이 분명하게 드러나는 '너 자신을 알라Scito te ipsum'라는 제목으로 알려진 저서 『윤리학』에서 죄악의 의미를 논리적인 방식으로 분석하며 처음부터 끝까지 그리스도교적 윤리관과는 무관하게 도덕적 선의 기준을 철학적 차원에서 도출해 냈다.

아벨라르는 죄와 그것에 앞서는 자연적 의취義趣 내지 '영혼의 악습'을 구분했다. "내가 유일하게 죄라고 부르는 것은 자연적 의취에 동조하는 행위이다." 예를 들어 이웃의 아내를 탐내는 것은 "주체가 그러한 욕망을 행동으로 옮기지 않는 이상 죄가 되지 않는다." 욕망과 죄악의 구분이 직접적인 비판의 표적으로 삼았던 것은 죄악의 기원을 오히려 자연적이고 무의식적인 충동 속에서(이른바 '유혹' 속에서) 발견했던 수도사들의 전형적인 고행주의 윤리관이었다.

하지만 다른 한편으로는 행동 역시 그 자체로는 죄악이라고 할 수 없었다. 행위에 하나의 부정적인 혹은 부도덕적인 의미를 부여하는 주체의 구체적인 의도가 동반되지 않는다면 '행위 자체는 사실상 죄나 과오와는 아무런 관계가 없다'고 보았던 것이다. 행위 자체는 기본적으로 '도덕과는 무관하며' 오로지 주체의 의도를 토대로만 죄를 죄로 규정할 수 있었다. 예를 들어 살인은 그 자체로도 끔찍한 행위지만 한 사냥꾼이 숲속에 숨어 있던 어떤 사람을 사슴으로 착각하고 그를 향해 화살을 당겨 목숨을 빼앗을 경우 그에게 죄가 있다고 볼 수는 없다. 아벨라르에 따르면 사냥꾼에게는 죄가 없지만 반대로 누군가의 재산을 훔치면서 그를 살해할 음모까지 꾸민 강도는 분명히 죄인이다. 그는 만약 행위에 대한 도덕적인 차원의 판단이 행위를 실행에 옮기는 주체의 상이한 의도를 기준으로 이루어진다면, 사실상 '인간의 속마음을 감찰하는' 신만이 완전한 판단을 할 수 있으며, 인간의 정의는 대부분의 경우 눈에 보이는 것만을 기준으로 판단할 수밖에 없다는 한계를 가진다고 보았다.

아벨라르는 아울러 관습과 습관을 따르려는 일반적인 경향이 주체의 '의식'을 속박하고 책임이 뒤따르는 선택을 통해 이성에 의해 주도되어야 할 '의지'를 오히려 나약하게 만든다고 보았다. '의도'를 도덕적 기준으로 보는 관점에서 아벨라르는 또 하나의 충격적인 신학 논제를 제시했다. 아벨라르는 "그리스도를 십자가에 못 박은 이들을 죄인이라고 할 수 없으며 이는 그들 입장에서 (아마도) 옳은 일이라고 믿고 행한 일일 뿐만 아니라 그를 처벌해야겠다는 의도 자체가 그리스도를 모략가로 잘못 인식한 데서 비롯되었기 때문"이라고 주장했다. 여기서 우리는 왜 베르나르와 그의 추종자들이 아벨라르의 이러한 입장을 혐오스러운 이단으로 규탄하면서 신학에 논리학을 적용할 때 발생하는 위험의 분명한 예라고 주장했는지 충분히 이해할 수 있다.

반면에 아벨라르는 일부가 소실된 상태로 전해지는 『윤리학』 마지막 부분에서 부패한 교회를 신랄하게 비판했다. "탐욕에 눈이 먼 주교들과 사제들은 금전을 취하기 위해 자비를 베풀며 면죄부를 발행한다. 이들은 베드로를 그가 이룬 업적의 존엄성이 아니라 오로지 권력의 차원에서 모방할 뿐이다." 이러한 아벨라르의 입장은 그의 제자 아르날도 다 브레샤의 입장뿐만 아니라 당시에 이단으로 간주되던 이들이 교회를 향해 고수하던 비판적인 태도와 같은 맥락에서 이해해야 한다.

4.3 평화 기획: 종교들 간의 대화

『최고선의 신학』에서와 마찬가지로 『한 철학자와 한 유대인과 한 그리스도인의 대화』에서도 아벨라르는 '철학가들의 증언'이 이성과 신앙의 화합 가능성에 터전을 마련한다고 주장했다. 이 저서에서 아벨라르는 이성과 신앙의 화합이라는 첫 번째 목표에 이어, 그에 못지않게 중요한 두 번째 목표, 즉 서로 다른 양태의 신앙을 가진 사람들이 서로 공유할 수 있는 관점을 탐구하고 비교하면서 굳건한 상호 관용의 관계를 구축할 필요성을 제안했다.

상당히 독창적인 방식으로 구성된 이 저서는 한 유대인과 한 그리스도인과 한 철학자가 유대교와 그리스도교 근본적인 원리에 대해 나누는 대화로 이루어진다. 이 세 등장인물들 간의 화합은 우선적으로 유대인에게는 구약성서의 신, 그리스도인에게는 복음서의 신, 철학자에게는 최고선이라는 사실상 동일하고 유일한 신성에 대한 믿음을 토대로 이루어진다.

아벨라르는 그가 동정어린 눈길로 바라보는 '유대인'에게 성서의 '문자가 이야기하는 바를 뛰어넘어' 이해하려 하고 보다 '영적인' 의미에 마음을 열라고 충고한다. 타 종교에 대한 불관용은 사실상, 아벨라르가 몇 번에 걸쳐 강조하듯이 스스로의 신앙을 문자라는 엄격한 틀 안에서 이해하기 위해 '문자를 넘어선' 의미를 거부하는 태도에서 비롯된다. 종교적인 믿음이 '철학적'이면 철학적일수록 다른 종교와의 화합에도 더욱 열린 자세를 취하게 된다는 것이 바로 아벨라르가 신학 저서들 속에서 빈번히 강조하는 기본적인 입장이다.

세 인물들 가운데 '철학자'는 처음부터 "계시의 도움이 아니라 오로지 이성을 통해 진실을 찾는다고" 천명한다. 어떤 이성을 말하는가?

'철학자'가 제시하는 것은 아벨라르가 익히 알고 있던 전통적인 플라톤 철학의 개념들이었다. 당시에는 플라톤의 철학이 프랑스 학교에 널리 소개되어 있었지만(가장 대표적인 예는 샤르트르다) 후에 새로운 문화개혁의 기틀을 마련하게 되는 아리스토텔레스 철학은 서구 세계로 아직 되돌아오지 못한 상태였다. 고대 철학의 저변 확대에 크게 기여한 인물들은 널리 알려진 바와 같이 번역과 주해에 주력했던 아랍 세계의 지식인들이었다. 하지만 아벨라르는 아리스토텔레스의 새로운 번역서들이 본격적으로 보급되기 20년 전에 세상을 떠났다. 그렇다면 특이할 수밖에 없는 것은 아벨라르의 대화록에서 '철학자'가 자신을 무슬림으로 소개한다는 점, 아벨라르가 그를 비교와 대조에 열린 자세를 가진 이성적이고 이상적인 신도로 묘사했다는 점이다. 아마도 이에 대한 가장 적절한 설명은 아벨라르가 가까운 에스파냐에서 '자유로운 사상가들' 혹은 이슬람교 신도들이면서 동시에 자신들의 종교에 대해 비판적인 입장을 취하고, 이에 대한 토론에 열린 자세를 견지하던 철학자들(예를 들어 아벰파세Avempace)의 활동에 대해 익히 알고 있었다는 사실에서 찾을 수 있을 것이다.

이처럼 지적인 차원에서 열린 자세를 가진 신도는, 아벨라르가 씁쓸한 어조로 언급했던 것처럼, 사실상 그리스도교 내부에서는 찾아보기 힘들었다. 아벨라르의 비교 자체는 그리스도교의 전통을 수호한다는 명목하에 모든 종류의 지적 비교를 거부하던 그리스도교도들과 또 다른 논쟁을 불러일으켰다. 아벨라르의 대화록에 등장하는 세 번째 인물 '그리스도인'의 또렷한 특징들 역시 그리스도교도들의 이러한 신학적 입장을 뒷받침한다. '철학자'에게 '그리스도인'은 이렇게 말한다. "나는 당신에게 나의 관점을 강요하고 싶지 않습니다. 반대로 우리가 가지고 있는 믿음의 공통된 뿌리가 우리 선조들의 지혜에 있다는 것을 증명해 보이고 싶을 뿐입니다." 아벨라르에게 그리스 철학자들의 로고스는 신이 인간에게 선물한 최초의 '자연적 계시'이자 역사 속에 등장한 종교적 계시들(유대교, 그리스도교, 이슬람)의 공통된 기원이었다.

12세기에 그리스도교의 내부 혹은 경계에 머물던 '타자들'의 존재는 수많은 그리스도교 지식인들에게 종교적인 차원에서뿐만 아니라 문화적인 차원에서 하나의 도전이었다. 하지만 아벨라르와 같은 철학자들은 이러한 두려움의 위험을 지적하면서, 이 두려움이 관용 대신 자기방어를 부추기고 철학적 탐구 자체를 메마르게 만든다고 주장했다. 아벨라르의 입장은 역사 속에서 예외적인 경우로 남지 않고 1200년대에 로저 베이컨Roger Bacon이나 라몽 유이Ramon Llull, 그리고 좀 더 후에 니콜라우스 쿠자누스와 피코 델라 미란돌라 같은 사상가들을 통해 반복되었다. 또 다른 문화와 종교에 대한 개방적인 자세라는 미묘한 문제는 그리스도교 문화가 수세기에 걸쳐 지속되는 동안 결코 사라지지 않았다.

두 개의 검: 중세 초기의 정치철학

중세의 정치사상사를 다루기 위해 빼놓지 않고 읽어야 할 책이 있다면 그것은 아우구스티누스의 『신국론』일 것이다. 아우구스티누스는 여기서 정치권력을 아주 구체적으로 묘사한다. 아우구스티누스에 따르면 원죄로 인해 부패한 본성을 가진 인류의 사악함에 제동을 걸기 위해 탄생한 것이 국가다. 그리스도인은 몸과 영을 겸비한 존재로 고스란히 지상의 왕국에만 속하는 것은 아니다. 따라서 육체가 영혼에 종속되듯, 지상의 국가 역시 영적 권위에 종속되어야 한다. 국가의 권력은 확인하거나 대척하는 것으로 그치는 무언가가 아니라 그것의 본질과 기원에 대해 질문을 던져야 하는 하나의 현실이다. 만약 신이 이 세상의 창조자라면 그는 동시에 최고의 사법권자이기도 하며 인간이 누리는 권력과 그것의 합법화 혹은 비합법화의 원천이기도 한다.

교황 젤라시오Gelasius 1세(5세기)의 등장으로 권력 문제는 모든 면에서 이미 그리스도교화된 서구 사회 내부에서 권력의 비대칭적인 두 기능의 구분을 통해, 즉 정치적 힘을 부여하고 정당화하는 '권위auctoritas'와 그것을 실행에 옮기는 '권력potestas'의 구분을 통해 정의되기 시작했다.

교황 그레고리오Gregor 7세가 작성한 「교황 교서Dictatus papae」(1075년)의 발표를 통해 부각되었던 것은 권력의 '하행' 이론이다. 이 문서는 교황 젤라시오의 견해를 영적 지도자가 결정적인 역할을 하는 권력의 위계체제로 수정했다고 볼 수 있다. 로마 교회의 기원이 가지는 권위와 보편성이 교황에게 완벽한 정치적 지도력까지 부여함으로써 그에게 법을 제정할 권력과 함께 때에 따라서는 황제를 폐위하고 피지배자들을 모든 구속으로부터 해방할 수 있는 권력이 주어졌다. 이러한 정황을 정확하게 설명해 주는 것이 바로 교황 인노첸시오Innocenz 3세가 고안해 낸 '두 개의 검'이라는 표현이다. 이 표현은 교황이 두 개의 검, 즉 직접적으로 행사하는 영적 권한과 황제에게 위임하는 세속적인 권한을 모두 통제한다는 것을 의미한다.

그레고리오 7세와 그가 「교황 교서」를 통해 천명한 교리의 수호자 역할을 맡았던 라우텐바흐의 마네골트(Manegold, 1103년 사망)는 그의 『게버하르트에게*Ad Gebehardum Liber*』(1085년)에서 황제의 지지자들로부터 교황을 변호하기 위해 왕과 백성 간의 관계의 본질을 탐구하면서 왕과 백성이 누구도 위반할 수 없는 양자 간의 계약으로 결속된다는 협약주의적인 결론에 도달했다. 그는 왕국의 본질적인 특징이 한 개인의 권력이 아니라 '업무officium', 즉 기능이라고 보았다. 한 왕이 의무적으로 보호해야 할 사회 공동체에 피해를 주면서 폭군처럼 행동할 때 왕은 폐위되어야 마땅하며 어느 누구도 스스로를 왕으로 세울 수 없다는 것이 마네골트의 입장이었다. 왕의 권력은 불의로부터의 보호와 안정을 보장하기 위해 한 개인을 가장 높은 위치의 지도자로 추대하는 백성에 의해 부여되는 것이었다. 그런 식으로 백성은 왕에게 충성과 복종을 맹세하지만 반대로 왕은 자신이 맡은 임무와 업무를 다하기 위해 노력해야 한다는 일종의 계약이 성립되는 셈이다. 다름 아닌 권력자의 업무와 이를 실행에 옮기는 페르소나의 구분이 한 왕을 폐위시킬 수 있는 근거였다. 왕의 임무를 수행하기에 부적절한 인물은 또 다른 인물로 대체될 필요가 있었고 대체될 수 있어야 했다. 사실상 교황의 입장에서 한 왕을 폐위시키는 일은 이미 실현된 바 있는 선례, 즉 교황 그레고리오가 앙리 4세를 파면했던 사건을 반복하는 일에 지나지 않았다.

마네골트가 구체화한 논쟁은 교황 지지자들과 황제 지지자들 사이의 논쟁으로 확대되었다. 교황파가 영적 권한의 우월성을 부각시키기 위해 노력했던 반면 황제의 지지자들은 오히려 영적 권한과 세속적 권력은 개별적으로 공존할 뿐이라는 주장을 펼쳤다.

존 솔즈베리의 『정치가론*Policraticus*』(1159년)은 아리스토텔레스의 정치학 저서들이 번역되기 이전에 쓰인 최초의 체계적인 정치철학서다. 중세의 봉건제도에 대해 성찰하는 대신 존이 염두에 두었던 것은 키케로가 제안했던 일종의 공화국이다. 다시 말해 공동선을 위해 일하는 지도자가 다스리되 법과 권리에 대한 합의를 바탕으로 하는 통일된 사회 공동체를 생각했던 것이다.

여기서 주목해야 할 것은 정당한 왕과 독재자의 구분이다. 왕은 법에 따라 백성을 정의롭게 다스릴 의무를 지닌다. 다시 말해 왕의 정당한 권한과 자유는 법적 구속력이라는 한도 내에서 주어진다. 하지만 그렇다고 해서 왕이 백성들 가운데 한 사람으로 간주되는 것은 아니다. 왕은 모든 백성들보다 우월한 존재이며, 이는 바로 백성들이 개인적인 일에만 책임을 지는 반면 왕은 모두의 문제를 책임지기 때문이다.

왕의 주권을 정당화하는 절대적인 차원의 법과 왕이 자신의 임무를 수행하면서 실행에 옮기는 법 사이에는 커다란 차이가 있다. 이 절대적인 법에 복종하지 않는 왕이 바로 폭군이며 솔즈베리의 존은 폭군의 경우 사형에 처해도 무방하다고 주장했다. 육신이 영혼에 종속되는 것과 마찬가지로 왕은 교황에 종속된다. 하지만 교황은 속세의 권력을 직접적으로 다스리기보다는 도덕적 권위를 행사하는 존재에 가깝다.

5

엘로이즈와 중세의 윤리관

5.1 엘로이즈와 그의 스승

엘로이즈가 아벨라르에게 보내는 아름다운 사랑과 철학의 편지들은 그의 스승이자 연인이었던 아벨라르의 윤리학이론에 대한 생생하고 비극적인 증언일 뿐만 아니라 어떤 측면에서는 아주 독창적이고 때로는 아벨라르의 교리와 대조를 이루기도 하는 성찰의 흔적들을 보여 준다.

엘로이즈가 그녀의 스승으로부터 배워 이해했고 전적으로 동의한다고 밝힌 바 있는 내용 중에 하나는 죄와 악이 인간의 의도에서 비롯될 뿐 주체의 행위에서 비롯되는 것도, '인간의 통제능력을 벗어난 영혼의 자연적 의취義趣', 즉 욕망이나 본능에서 비롯되는 것도 아니라는 점이었다. 하지만 그녀는 인생에서 일어나는 모든 사건들이 존재의 총체적인 차원에서만 의미를 부여받는다는 아벨라르의 생각과는 달리 하나하나의 사건들이 나름대로 의미를 가진다고 보았다. 아벨라르의 영웅적인 견해와는 상이하게 그녀는 "천국의 한쪽 모퉁이만으로도" 충분하고 자신이 원하는 것은 "승리의 왕관"이 아니라고 고백했다. 그녀는 유혹을 이기지 못하는 인간의 나약함을 반드시 고쳐야 할 단점으로 보지 않았다. 오히려 그녀는 대담하게 "항상 하나님보다는 아벨라르에게 잘 보이려고 노력했다"고 고백하기까지 했다.

이처럼 서로 다른 성격과 생각을 가지고 있었음에도 불구하고 두 연인이 주고받은 서간문은 아벨라르가 머나먼 1118년 아리따운 나이의 엘로이즈에게 가르쳤던 철학과 같이 읽었던 책들에서 유래하는 동일한 윤리적 정서를 그대로 드러낸다. 일찍이 아벨라르의 청혼에 '성스럽고 철학적인' 성격의 미묘한 주제들을 제시하며 집요하게 대응했고 나이가 들어서도 강인하고 집요한 성격을 그대로 유지했던 엘로이즈를 아벨라르는 이렇게 묘사했다. "내가 100년이나 걸려 해냈을 일을 단 1년 만에 더욱 훌륭하게 해낸 당신 같은 여인……."

5.2 "매일같이 우리는 사랑에 대해 이야기를 나눕니다"

아우구스티누스는 그리스도교 윤리의 핵심이 '사랑'이라는 점을 강조하면서 신의 사랑amor Dei이 유일하게 '측량할 수 없는immoderatus' 유형의 사랑이라는 점에 주목한 바 있다. 바로 여기서 탄생하는 것이 엘로이즈가 대담하게 세속적인 사랑으로 전이시킨 새로운 유형의 절대적인 열정이다. 엘로이즈는 제한된 삶을 살아가는 피조물도 '진정한 사랑'을 절대적이고 피할 수 없는 것으로, 아이러니하게도 '영원한' 것으로 받아들인다고 보았다. 진정한 사랑(아벨라르를 향한 사랑)은 인간이 신을 향해 간직해야 할 사랑과 마찬가지로 측량할 수 없는 것이었다.

엘로이즈의 시대를 지배하던 도덕적 관념의 실제적인 위상은 일반적으로 중세를 생각하며 떠올리는 종교적 윤리관, 즉 전적으로 교회의 권위와 강압적인 규례에 의존하는 윤리관과는 거리가 멀었다는 점에 주목할 필요가 있다. 엘로이즈와 같은 시대를 살아가던 평신도들의 생각 속에서는 물론 일부 수도원 내부에서도 새로운 도덕관이 싹트고 있었고, 골리아드*들이 노래를 부르며 거리를 활보하던 파리에서, 시테Cite 섬의 학교에서, 시토Citeaux와 클레르보의 대규모 수도원에서, 엘레오노르 다키텐Alienor d'Aquitaine과 그녀의 딸 마리 드 샹파뉴Marie de Champagne의 궁전에서 사랑의 분석과 덕목에 관한 토론이 미묘하면서도 열정적인 방식으로 뒤섞이며 새로운 윤리관을 구축하고 있었다. 세속적인 사랑을 주제로 하는 중세의 기사 소설에서나 찾아볼 수 있는 표현으로 시토회의 기욤 드 생티에리Guillaume de Saint-Thierry는 신의 사랑을 논하면서 이렇게 말했다. "매일같이 우리는 사랑에 대해 이야기를 나눕니다." 이러한 새로운 관점을 뒷받침하는 것은 아우구스티누스와 암브로시우스 같은 신학자들의 저서뿐만 아니라 세네카의 철학이나 베르길리우스 내지 호라티우스의 시 혹은 오비디우스의 『사랑의 기술*Ars amandi*』 같은 저서들이었다. '고귀한 사랑fin'amors'**의 복잡하고 다양한 이론 역시 종교적인 담론에 비유 또는 차용되는 용어들을 통해 등장하기 시작했다. 중요한 것은 아벨라르의 학교뿐만 아니라 아서 왕 혹은 트리스탄의 사랑이야기 같은 궁정문학의 소설들, 심지어는 몇몇 수녀원들의 규율까지도 비록 방식은 다르지만 하나의 공통점, 즉 저자들이 인간의 내면을 도덕적 기준으로 바라보기 시작했다는 공통분모를 가지고 있었다는 점이다. 기사들의 선의(bonne foi)나 수도사들의 속마음(intentio cordis), 동의의 원칙, 의식적인 책임의 원칙 등은 모두 나름대로 종교적 계율뿐만 아니라 형식적인 것으로 간주되던 궁정문화의 거부에서 비롯되는 요인들이었다. 아벨라르에게 보내는 편지에서 엘로이즈가 몇 번에 걸쳐 강조했던 것은 사심 없이, 그리고 이를 분명히 의식한 상태에서 시작된 사랑만이 가치가 있다는 것이었다. 그녀의 이러한 확신을 뒷받침하는 것은 당시에 수많은 지식인들이 베개 밑에 두고 읽던 『우정에 관하여*De*

* 골리아드goliard란 11세기에서 대학제도가 도입되는 13세기 사이에 지적 욕망을 충족시키기 위해 유랑하던 학생이나 선생들 또는 젊은 하급 성직자들로 구성된 지식인들을 총체적으로 가리키던 말이다. 반체제적인 사고를 가진 이 방랑자들은 종교 지도자들과 권력자들을 공개적으로 비판하고 기존 질서에 도전하면서 다양한 창작 활동을 펼쳤다.

** '고귀한 사랑fin'amors'은 관능적인 욕망과 영적인 긴장감이 동시에 존재하는 모호한 감정 상태를 토대로 하는 귀족적이고 우아한 사랑의 개념을 가리키던 음유시인들의 용어다.

Amicitia』에서 오비디우스가 주장했던 사심 없는 애정, 즉 친구를 향한 애정(따라서 연인을 향한 애정)은 그것이 자신의 행복이나 만족 혹은 쌍방의 이익을 위하는 것이 아니라 오로지 사랑하는 친구의 행복을 위하는 것일 때에만 '진실'하다는 생각이었다. 이러 식으로 정의되는 사랑에서 제외될 수밖에 없는 것은 특히 결혼, 즉 당시에는 개인적인 선택에 의해 이루어지는 경우가 거의 드물었던 결혼이라는 제도였다. '고귀한 사랑'의 이론가들과 엘로이즈에게 사랑은 신의 사랑amor Dei과 마찬가지로 사랑하는 자에게 힘과 간절함을 선사할 수 있는 '한계나 조건 없는' 자연스러운 열정이었다. 결과적으로 도덕적인 차원에서 '진실한' 사랑이란 '순수한' 사랑, 즉 사랑을 생생하게 만드는 긍정적인 의도의 힘으로 인해 순수해질 수밖에 없는 사랑이었다. 바로 이러한 차원의 사랑을 바탕으로 고트프리트 폰 슈트라스부르크Gottfried von Straßburg의 서사시에서 마크 왕의 부정한 아내이자 트리스탄의 연인인 이졸데는 자신이 신의 형벌을 두려워하지 않으며 그 이유는 신이 인간의 마음을 읽을 수 있고 그녀의 '진정성bonne foi'을 알아볼 수 있는 유일한 분이기 때문이라고 주장할 수 있었다. 엘로이즈 역시 교회와 사회가 그녀의 태도를 체제전복적이라고 비난했음에도 불구하고 자신의 무고함을 주장했다. 왜냐하면 자신의 '사랑의 의도가 순수했다고' 믿었기 때문이다.

이러한 입장을 공유했던 골리아드들의 노래와 장 드 묑Jean de Meung의 시가 특별히 강조했던 사랑의 또 다른 측면은 영혼을 가진 모든 존재에 공통적인 사랑의 근원은 좋은 것이라는 생각, 즉 사랑 자체는 신이 창조한 모든 것과 마찬가지로 '좋은 것'일 수밖에 없다는 생각이었다.

신비주의 신학자 클레르보의 베르나르가 신의 사랑에 대해 이야기하며 사용하는 어조는("신의 사랑은 압도적이며 맹렬하고 측량도 규정도 불가능한 사랑이다") 특이하게도 엘로이즈나 이졸데의 그것과 상당히 비슷하다는 느낌을 준다. 그에게 사랑이란 "인간에게 고통을 주지만 고통을 경멸할 수 있는 용기를 함께 허락할" 뿐만 아니라 감성에 기원을 둔 지적 앎에 길을 마련하는 자연스러운 감정이었다. 여하튼 이 경우에도 성스러운 사랑과 세속적인 사랑이라는 사랑의 두 언어가 긴밀한 결속력을 유지한다는 점이 분명하게 드러난다. "그 간절한 평화, 그

고통스러운 조화, 나르시스적인 자아의 무한한 팽창에 이어 숭고한 분신과의 맹렬한 일치를 통해 스스로를 텅 비우는 것, 그것이 곧 사랑이다."(줄리아 크리스테바Julia Kristeva, 1984) 사랑의 세속적인 관점과 종교적인 관점의 관찰을 통해 드러나는 것은 중세의 윤리관 형성에 결정적인 역할을 했던 것이 바로 사랑이라는 주제와 사랑의 내면적인 차원이었고 그런 의미에서, 아벨라르가 『윤리학』에서 언급했던 것처럼, 도덕적 판단의 기준이 행동에서 영혼 혹은 의도로 바뀌었다는 점이다.

존 솔즈베리의 논리학 옹호론

지식의 한계와 역할과 기초에 관한 적지 않은 중세의 성찰들 가운에 존 솔즈베리의 철학은 특별히 중요한 위치를 차지한다. 아벨라르의 제자이며 기욤 드 콩슈 Guillaume de Conches와 질베르 드 포레 밑에서 공부했던 존은 키케로에 기원을 둔 아카데미 철학 전통을 추구하며 인간의 삶과 관련하여 오로지 타당성이 있는 결론만 받아들이는 이들의 입장을 공유한다고 천명한 바 있다. 이러한 회의주의적인 입장을 토대로 그가 집중적으로 연구했던 것은 지식의 한계였다. 바로 이러한 차원에서 그가 『논리학 옹호론*Metalogicon*』을 통해 신랄하게 비판했던 것은 인간의 지식세계에 대한 한없는 믿음을 표명하면서 자신들의 관점을 절대적인 진리와 동일한 것으로 간주하는 이들의 태도였다.

솔즈베리의 존은 이러한 태도가 독단과 파멸을 낳을 뿐이며 무엇보다도 지나친 교만과 진실 자체를 경멸하는 태도로 이어진다고 보았다. 그는 논리적으로 옳은 어떤 진리의 절대성을 주장하는 태도에서 벗어나 타당성에 주목할 필요가 있다고 주장했다. 솔즈베리의 존은 아울러 그가 중세의 소피스트라고 부르던 이른바 코르니피키우스Cornificius의 추종자들이 논리학 자체의 불완전성을 근거로 삼종 학과(문법, 변증법, 수사학)의 조합을 토대로 하는 문학과 학문 전통의 기초적인 가치를 무시한다고 신랄하게 비판했다. 그는 지식의 가치도, 논리학의 가치도 부인하지 않았다. 그가 강조했던 것은 올바른 언어 사용에 대한 탐구 자체가 가지는 비평적 도구로서의 기능이었다. 개연성과 타당성의 한계 안에 머물지만 바로 그런 이유에서 인간의 성찰에 독립성을 보장하는 지혜는 구원에 이르기 위한 자세와도 같았다. 왜냐하면 그 자체로 인식론적인 측면, 바로 학문을 포함하고 있었기 때문이다.

6

도시의 학교

샤르트르와 생 빅토르

6.1 수도원에서 학교로

중세 초기에, 특히 7세기와 9세기 사이에 서방 세계가 문화적 삶의 터전으로 삼았던 공간은 수도원이다. 이 시기에 전 유럽에 걸쳐 건축된 수많은 수도원들의 복잡한 조직망이 구축되었고 훌륭한 도서관을 갖춘 수도원들은 숲의 침묵 속에 고립되어 전통 학문을 보전하고 고대 서적의 주해를 작성하는 공간으로 발전했다. 수도원이라는 문화 현상은 꽤 오랫동안 지속되었다. 여전히 12세기에 아오스타의 안셀무스가 이러한 수도원 문화를 배경으로 활동했고 수십 년이 지난 뒤 아벨라르가 생애의 마지막 순간을 보냈던 곳도 수도원이었다.

중세의 전형적인 수도원 문화에 근본적인 변화를 가져온 요소들은 12세기부터 시작된 인구 증가와 경제 발전 및 도시의 확장이었다. 예를 들어 수도원과는 달리 도시에 주교의 권한으로 세워지는 새로운 형태의 학교들이 등장했다. 이러한 교육기관들은 어떤 권력자나 왕조가 주도하는 혁신의 결과가 아니라 새로운 사회의 요구에 부응하는 자연스러운 결과로 탄생했다. 1179년에 열린 라테란 공의회의 교령은 모든 대성당에 학교를 운영할 의무를 부여했고 그런 식으로 수십 년 전부터 일어나기 시작한 현상이 본격적으로 제도화되는 단계에 돌입했다. 도시에 세워진 새로운 학교들은 교회의 직접적인 관리하에 운영되었고 주교 혹은 수도원장이 임명하는 학장이 업무를 담당했다. 학교는 항상 대성당이나 수도원과 같은 종교기관에 예속되어 있었고 수업을 받는 학생들은 참사회의 일원으로 예정된 젊은 사제들 혹은 수도사나 어렸을 때부터 수도원에서 자란 수사들이었다. 때로는 고위 성직자들도 유명한 스승의 가르침에 대한 유혹을 뿌리치지 못하고 수업에 참여하곤 했다.

도시의 학교들이 입지를 마련하는 사이에 스승과 제자들 사이의 관계도 새로운 특징들을 나타내기 시작했다. 수도원에서는 스승과 제자가 가르치고 배우는 입장을 떠나 서로를 격려하며 함께 기도하는 개인적인 관계였던 반면 도시의 학교에서 이들은 '스승magister'이라는 직업적 지식인으로서의 자격을 좀 더 강조하고 인정하는 차원의 관계로 발전했다. 처음에는 스승의 역할을 대성당 소속의 고위 성직자가 담당했다. 그는 주교에 의해 임명되고 봉급을 받는 일종의 공무원이었다. 하지만 머지않아 스승의 이미지는 주교가 인정하는 교수의 자격을 갖춘 정통한 전문 지식인으로 변모했다. 사회 구조의 변화가 교육자들이 스스로의 역할을 또 다른 방식으로 이해하고 정의하는 결과를 가져왔던 것이다. 이제 도시 생활을 지탱하는 것은 노동의 분리와 전문화가 구축한 새로운 사회 구조였다. 교육은 이러한 전문화된 직업 중에 하나였고 교육자에게 스스로의 능력을 인정받을 수 있는 기회와 더욱더 자율적으로 활동할 수 있는 경제력을 허락했다.

이러한 변화로 교육과정 자체도 크게 달라졌다. 비록 학과 내용은 크게 변하지 않았고 읽어야 할 책들도 대부분 성서에서 교부들의 저서에 이르는 전통적인 텍스트였지만 몇몇 저서들이 과거와는 다른 각도에서 조명을 받으며 부각되기 시작했다. 예를 들어 플라톤과 신플라톤주의 철학자들의 저서들은, 비록 오래전부터 알려진 책들이지만, 전적으로 새롭게 해석되기 시작했다. 실제로 와해되기 시작한 것은 지식체제의 통일성이었다. 예를 들어 언어의 기술과 관련된 과목들(문법, 수사학, 변증법)은 성서 해석학과 분리되면서 점점 더 자율적인 학문으로 발전했다. '자유학예'의 개념도 변화했고 '자유'라는 표현은 더 이상 노동의 의무로부터 해방된 인간의 자유를 가리키는 것이 아니라 자유학예 자체의 특성, 즉 인간을 물질의 구속으로부터 벗어나 하나의 지적인 목표를 향해 매진하도록 인도한다는 차원의 자유로 인식되기 시작했다.

아울러 교수법 자체에도 변화가 일어났다. 대표적인 예는 '논제questio'(문자 그대로 '문제' 혹은 '질문')의 변모 과정이다. '논제'란 원래 전통적인 원전의 인용문들 사이에서 발견되는 교리적인 차이점들을 극복하고 융화시키기 위해 기용되던 방법 가운데 하나였다. 선생은 원전을 읽으면서 읽은 대목마다 먼저 문자적인 의미를 설명하고, 이어서 보다 깊은 의미, 즉 상징적인 의미에 대한 해석을 시도했다. 이때 해석 도중에 부각된 모호한 관점들을 분명히 설명하기 위해 제시했던 것이 바로 논제였다.

하지만 12세기가 흐르면서 선생은 더 이상 다른 저자의 책을 읽고 해석하는 해석자라는 제한된 역할에 머물지 않고, 변증법 분야의 전문가 및 경험자로서의 권위를 내세우며 교리적인 차원에서 해결해야 할 문제들을 '규정'하고 이들을 해결하는 방법론까지도 제안하는 능동적인 입장을 취하기 시작했다. 더 나아가서 선생은 학생들에게 교육적인 차원에서 직접 원전의 문제점들을 찾아 제시하는 연습을 시키기도 했다. 학교에서는 개념들을 분석하고 용어들의 모호함을 해결하고 원전에 대한 여러 의견을 수렴하면서 토론에 임하는 훈련이 이루어졌다. 이러한 교육문화를 배경으로 일찍이 12세기부터 유행하기 시작했던 것이 소피스마타sophismata의 전통이다. 소피스마타란 일종의 논리학 퍼즐로 표면적으로만 옳은 논리적 전개를 통해 궤변에 이르는 과정을 말한다. 이러한 궤변론은 사유와 언어의 법칙들을 분석하고 한 이론의 타당성과 한계를 판단하기 위한 사고 훈련의 도구로 활용되었다.

톨레도와 살레르노, 캔터베리, 쾰른 등 유럽 도처에서 새로운 학교들이 설립되었고 특히 1088년부터 운영되기 시작한 볼로냐의 학교studium는 이어서 유럽 최초의 대학으로 탄생했다. 그러나 '12세기의 르네상스'로 불리는 문화혁명을 사실상 주도했던 나라는 프랑스다. 랑과 오를레앙, 랭스, 오세르에, 그리고 무엇보다도 파리를 중심으로 새로운 학교들이 세워졌고 파리는 '새로운 아테네'라는 신화를 탄생시키면서 수도원의 신학에 대항하기 위한 세속적 지혜mundana sapientia의 수도로 등극했다. 특히 샤르트르의 대성당 학교와 파리 근교의 생 빅토르 수도원에서 운영하던 학교는 지식인들의 활발한 학술 활동과 독창적인 철학적 성찰로 지대한 영향력을 행사했다.

6.2 플라톤학파: 샤르트르의 선생들

샤르트르의 대성당 학교는 10세기에 주교 퓔베르Fulbert의 열성적인 장려를 통해 성장했지만 사실상 샤르트르학파의 가장 중요한 특징인 우주론 성찰이 꽃을 피우는 것은 12세기에 일어나는 일이다. 이 개화의 주인공은 베르나르 드 샤르트르Bernard de Chartres, 테오도리쿠스, 기욤 드 콩슈, 베르나르 실베스트르Bernard Silvestre 등이다. 자연철학 분야 외에 독창적인 영역을 구축했던 인물은 포레의 질베르다. 그는 베르나르 사망 당시에 학교의 서기관이었고, 적지 않은 논쟁을 불러일으키며 신학 토론에 논리학과 문법을 적용하는 새로운 학파를 탄생시켰다.

샤르트르학파의 사상가들이 성찰을 위해 빼놓지 않고 주목했던 철학자는 플라톤이다. 이들이 중점적으로 연구했던 것은 12세기 중반까지만 해도 유일하게, 그것도 미완역본으로만 읽을 수 있었던 플라톤의 저서 『티마이오스』다. 샤르트르의 사상가들은 4세기의 신플라톤주의 철학자이자 그리스도교도였던 칼키디우스가 우주론과 관련된 1부를 번역하고 주해를 단 번역본을 통해 플라톤의 사상에 접근했다.

물론 이 외에도 중세가 주목했던 플라톤주의 문헌에는 여러 가지가 있다. 먼저 4세기의 저자 마크로비우스의 『스키피오의 꿈에 대한 주해』는 키케로의 『국가론』 마지막 부분을 장식하는 글 「스키피오의 꿈」의 해설서로, 여기서 저자는 플라톤의 영향이 또렷하게 드러나는 영혼의 이론을 펼쳐 보인다. 아울러 플라톤의 영향을 받은 세속 저자들, 예를 들어 아풀레이우스(Lucins Apuleius, 2세기)나 마르치아노 카펠라(5세기)와 같은 인물들의 저서들을 비롯해 12세기의 저자들이 플라톤 철학의 이해를 위한 일종의 참고도서이자 그리스도교의 가르침과도 일맥상통하는 저서로 간주했던 헤르메스주의 문헌 『아스클레피오스』, 에리우게나가 번역한 위僞 디오니시우스의 작품들, 끝으로 아리스토텔레스의 논리학과 플라톤의 철학 사이를 모순에 빠지지 않고 자유자재로 넘나들던 보에티우스의 저서들이 모두 플라톤주의 문헌에 속한다고 볼 수 있다. 이러한 저서들 대부분은 중세 초기의 도서관에 일찍부터 배치되어 있었다. 하지만 이 시기의 학술 활동에 결정적인 활력소가 되었던 것은 그리스어와 아랍어로 쓰인 철학과 인문 서적들의 새로운 번역 작업이었다. 팔레르모에서는 엔리코 아리스티포Enrico Aristippo가 플라톤의 『메논』과 『파이돈』, 신플라톤주의 철학자 프로클로스의 『물리학 요강*Elementatio Physica*』을 번역 출간했다. 아울러 프톨레마이오스와 에우클레이데스의 과학 서적들이 번역되었고 아랍어에서는 주로 천문학과 점성술, 의학 서적들이 번역되었다.

샤르트르학파의 사상가들은 『티마이오스』의 우주론과 성서의 창조론을 조화롭게 융합시킬 수 있는 자연철학을 연구했다. 이들은 저술 활동을 통해 자연을 그 자체로 충족적이고 결정적인 원인들의 체제로 보는 관점, 즉 자연을 과학적이고 철학적인 방식에 따라 연구할 수 있는 하나의 독자적인 모형으로 바라보는 관점을 구체화시키기 시작했다. 중세 초기의 상징적인 우주관을 대체하며 등장했던 것은 자연세계가 감추어진 의미를 밝혀야 할 비유들의 베일로 머무는 것이 아니라 무엇보다도 물리적인 법칙에 순종하며 구체적인 실체와 힘으로 만들어진 하나의 명백한 현실이라는 생각이었다. 다시 말해 신은 우주의 질서를 창조한 창조주였지만 창조 이후에 자연의 삶은 신의 또 다른 개입을 필요로 하지 않으며 자율적으로 신이 자연의 창조와 함께 세운 법칙에 따라 진행된다는 것이었다. 자연의 탐구 자체는 신앙의 진실을 대신할 수 없었고 신앙과 모순을 일으키지도 않았다. 그것은 오히려 성서 속에 포함된 철학적이고 과학적인 내용을 밝혀내기 위한 새로운 해석 방식에 가까웠다. 샤르트르의 사상가들에게도 자연은, 아우구스티누스가 가르쳤던 대로, 신의 뜻을 읽을 수 있는 하나의 거대한 책이었다. 단지 이 책을 읽고 이해하는 방식만큼은 자연적인 사건들을 지배하는 인과관계와 원리 탐구를 통한 것이어야 한다고 보았을 뿐이다.

베르나르(1130년경 사망)는 샤르트르학파의 발전에 결정적으로 기여한 인물이다. 그의 글 속에서 우리는 뒤이어 그의 후계자들에 의해 발전되는 몇 가지 특징들을 찾아볼 수 있다. 그중에 하나가 우주의 형성 과정 속에서 발견되는 신의 초월성과 창조된 물질세계 사이의 거리를 좁히려는 시도였다. 『티마이오스 주해』에서 베르나르는 칼키디우스의 해설에서 발견한 "선천적 형식"이라는 개념을 도입했다. 이 형식은 신의 생각과 물질세계의 중재자 역할을 하는 원리인 동시에 영원하고 불변하는 신의 생각이 존재와 사물의 질서로 인도되는 과정을 설명할 수 있도록 도와 준다.

베르나르의 제자로 1140년 전후에 샤르트르의 서기관을 역임했던 테오도리쿠스(1156년 이후 사망)는 키케로와 보에티우스의 주해서 이외에도 인문학 강의를 위한 백과사전적인 저서 『칠종 학과*Heptateuchon*』와 철학을 도구로 창세기의 문장들을 해설하는 『6일간의 창조에 관한 논고*Tractatus de sex dierum operibus*』를 집필했다.

테오도리쿠스는 총체적 존재의 존재 방식을 네 가지로 구분했다. 먼저 모든 사물이 신의 유일성과 단순성 안에 머문다는 차원에서 '절대적으로 필연적인' 방식이 있고, 이어서 사물들이 하나의 질서에 따라 움직인다는 차원에서 '필연적으로 관계에 의존하는' 방식, 고대 철학자들이 '혼돈' 혹은 '태고의 물질'이라고 부르던 '절대적인 가능성'으로 존재하는 방식, 끝으로 진행 중인 현실세계에 상응하는 '결정된 가능성'으로 존재하는 방식이 있다.

『6일간의 창조에 관한 논고』에서 나타나는 사유의 양극을 구축하는 것은 바로 가능성과 필연성, 즉 물질적 실체의 고유한 불확정성과 불안정성의 조건으로서의 가능성과 이성이 탐구를 통해 발견해야 할 자연적 질서의 고유한 불변성으로서의 필연성이다. 이 저서는 '물리학 원리에 상응하는 내용으로' 성서에 대한 정확한 해설을 시도하지만 이어서 성서와는 거리를 둔 채 우주의 형성 과정에 대한 본격적인 연구의 형태를 취한다. 주해의 첫 문장에서부터 테오도리쿠스는 철학을 도구로, 정확히 말해 아리스토텔레스의 인과론을 기준으로 창조에 관한 성서의 이야기를 해석하고 이 이야기의 과학적 근거를 증명해 보이는 데 주력한다. 그런 식으로 테오도리쿠스는 "태초에 하나님이 천지를 창조하시니라"라는 구절의 하나님을 실효성을 가진 원인으로 해석했다. '하나님'은 스스로의 지혜(형식적 원인)를 통해 4원소(물질적 원인)에 질서를 부여하고 창조된 모든 사물에 자신과 일치하는 최고선(목적론적 원인)이라는 목적을 부여하는 존재였다. 반면에 "하나님의 영이 수면 위에 운행하시니라"라는 구절의 영은 플라톤이 『티마이오스』에서 이론화한 바 있는 세상의 영혼anima mundi을 의미했다. 이러한 맥락에서 핵심적인 것은 '말씀Logos'의 개념이었다. 말씀은 곧 모든 사물의 존재뿐만 아니라 그것의 본질적인 측면을 이해할 수 있는 가능성 자체를 결정지은 신의 생각을 내포하는 것으로 간주되었다. 테오도리쿠스는 신이 물질세계를 창조한 뒤 그가 세운 원리('씨앗의 원리' 혹은 '자연')를 통해 자연이 스스로를 구축하고 성장하도록 내버려 둔다고 보았다.

베르나르의 제자 기욤 드 콩슈(1085년경~1154년 이후)는 샤르트르 학교의 교수이자 노르망디 공국의 공작, 즉 잉글랜드의 왕 헨리 2세의 궁정교사였다. 테오도리쿠스와 마찬가지로 기욤 드 콩슈 역시 여러 편의 주해서를 남겼다. 주요 저작으로 백과사전적인 형식의 논고 『세상의 철학*Philosophia mundi*』과 『철학의 대화*Dragmaticon Philosophiae*』을 꼽을 수 있다.

기욤의 저서에서도 플라톤의 『티마이오스』부터 철학과 과학 분야의 새로운 번역서들에 이르는 다양한 저서들을 인용하고 참조한 흔적이 역력하게 드러난다. 다양한 원전들을 인용하는 특징은 이 시대의 저자들이 가진 기본적인 성향이었다. 기욤은 다름 아닌 아랍의 의학 서적에서 하나의 통일된 세계라는 개념을 도출해 냈다. 그는 인간이 발휘하는 힘(소우주)이 자연 현상을 통해 발휘되는 힘(대우주)과 동일하다고 보았다. 기욤은 아울러 "어떤 물체의 단순하고 가장 적은 일부"로서의 요소라는 기본 개념을 수용했다(『세상의 철학』 1, 22). 물, 공기, 흙, 불은 물체의 최소 단위로 간주될 수 없었다. 왜냐하면 이들은 부차적으로 분해될 수 있는 혼합물이며 사실상 인간이 감지할 수 있는 한계를 표상할 뿐이기 때문이다. 반면에 인간의 지성은 감각이 도달하지 못하는 또 다른 분류를 통해 현실을 구성하는 기본 요소들을 개별적으로 파악할 수 있으며 그런 식으로 물리적인 세계의 구조를 이해할 수 있었다.

기욤은 플라톤의 '세상의 영혼' 개념을 발전시켜 이를 피조물에 내재하는 일종의 자연적인 힘으로 간주하면서 이 힘이 우주라는 신의 구상을 완성 단계로 이끌어야 할 과제를 가지고 있다고 보았다. 테오도리쿠스와 마찬가지로 기욤 역시 창조 후에는 자연세계 안에서 일어나는 모든 사건들이 대우주에서 소우주에 이르는 모든 피조물들에게 적용되는 물리적 법칙에 의해 결정된다고 보았다. 하지만 테오도리쿠스와는 달리 기욤은 그가 하나의 독립적인 연구 대상으로 간주하는 자연세계에 훨씬 더 집중하는 경향을 보였고 이는 현실을 통해 신성한 세계를 발견할 수 있다는 확신이 상대적으로 약해지는 현상을 동반했다.

"저명한 스승이자 현자인 샤르트르의 테오도리쿠스에게" 헌정된 베르나르 실베스트르의 『우주구조론*Cosmographia*』은 헤르메스주의나 점성술, 플라톤주의, 자연주의 철학의 논제들이 다양한 방식으로 혼용되는 특징을 가지고 있다. 양식적인 측면에서도 운문과 산문을 독창적인 방식으로 번갈아가며 사용한 이 저서는 두 개의 장, 즉 「대우주」와 「소우주」로 구성된다. 『우주구조론』의 중심 주제는 샤르트르학파가 전통적으로 비유와 상징을 통해 설명해 왔던 우주의 창조 과정이다. 간략하게 요약하면, 「대우주」에서 피조물에 내재하는 힘으로 의인화된 '자연'은 '지성' 즉, 신의 정신에 물질세계의 질서를 요청하고 이에 동의한 신은 4원소를 통해 우주와 인간을 제외한 모든 피조물들을 창조한다. 신의 창조가 이루어지는 것은 '세상의 영혼'의 중재 덕분이기도 하다. 「소우주」는 인간의 창조에 관한 이야기다. 지성은 자연과 우라니아(천상의 삶의 원칙)와 퓌지스(Physis, 물리적 삶의 원칙)를 불러 모아 이들에게 성찰을 통한 깨달음을 선사하고 이들은 이 깨달음을 토대로 물질을 활용해 인간을 만든다.

6.3 신비주의와 철학: 생 빅토르의 학교

파리 근교에 있는 생 빅토르의 학교는 보편성에 관한 아벨라르와의 논쟁 뒤에 동명의 수도원에 칩거하던 기욤 드 샹포의 노력으로 설립되었다. 그의 뒤를 이어 학장에 오른 인물은 위그(1096년경~1141년)와 리샤르(1173년 사망)다. 특히 리샤르는 생 빅토르학파의 사상이 신에게 다가가기 위한 신비주의적인 경로라는 주제에 집중하도록 만드는 데 결정적인 역할을 했던 인물이다.

생 빅토르의 스승들은 성서에 관한 지식을 이성적인 방법론 및 세속적인 지식과 융합시키기 위해 노력했다. 이러한 차원에서 가장 의미 있는 저서는 위그의 『해설서*Didascalicon*』다. 학생들을 위해 총 여섯 권으로 제작된 이 소규모의 백과사전은 내용 면에서는 전혀 독창적이지 않지만 다양한 학문 분야를 편성하는 방법에 있어서만큼은 놀라울 정도로 혁신적인 면을 보여 준다. 가장 중요한 특징은 통일적인 지식 개념이며, 철학은 여기서 현실세계와 신성한 세계에 존재하는 모든 것의 원인을 탐구하는 학문으로, 따라서 신학을 포함한 모든 과학의 그릇 역할을 하는 학문으로 간주된다. 이러한 구도 속에서 눈에 띄는 또 다른 특징은 당시의 경제 발전을 토대로 각광받기 시작했던 기술 분야에 대한 지대한 관심과 지식을 습득하는 과정에서 경험을 높이 사는 경향이다.

생 빅토르의 학자들은 아우구스티누스의 신학에서 학문의 가치가 세상의 초월적 원리를 탐구하는 데 있다는 생각을 수용했다. 위그는 세상의 창조와 창조의 역사에 관한 탐구가 세속 학문의 몫이라고 보았다. 따라서 감각적인 세계는 거의 "신의 손가락으로 쓰인 한 권에 책에" 가까웠다(『해설서』 VII, 1). 인문학에는 한계가 있었지만 그것은 오히려 궁극적인 진실과 신과의 신비주의적인 만남을 목적으로 하는 상승 과정을 관망하기 위한 필수적인 조건이었다. 신은 성사sacramenta를 통해 세상에 모습을 드러냈고, 성사란 인간이 지적인 노력을 기울여 이해하고 해석해야 하는 형상들, 예를 들어 플라톤이 인간에 내재하는 신의 흔적으로 보았던 선험적인 진실의 원리와 같은 것이었다. 이러한 생각이 바로 세계가 상징 혹은 신의 현현으로 가득하다는 세계관이었다. 위그는 이러한 알레고리가 성서뿐만 아니라 인류의 역사를 구축하는 기본적인 원리라고 보았다.

생 빅토르학파는 시대에 부응하며 중세 플라톤주의의 기본적인 가정들을 수용했다. 하지만 샤르트르학파의 기본적인 탐구 대상이 플라톤의 우주론이었던 반면 생 빅토르학파의 주된 관심사는 아우구스티누스의 해석에 영향을 받은 영혼의 신플라톤주의 교리였다. 아우구스티누스는 일찍이 육체적인 관점(감각에 의해 주도되는 지각 활동)과 영적인 관점(생각 속에 실체의 이미지를 생산하는 상상력), 그리고 지적인 관점(비실체적인 실재를 사고할 수 있는 지적 능력)을 구분한 바 있다. 이 구분법은 사실상 생 빅토르학파의 신비주의를 지탱하는 개념적 초석들 가운데 하나였다. 동일한 구분법을 세 단계로 설명하는 위그의 '지식의 눈' 이론과 무엇보다도 리샤르가 『성찰을 향한 영혼의 예비*De praeparatione animi ad contemplationem*』(혹은 '소 베냐민')와 『성찰의 은사*De gratia contemplationis*』(혹은 '대 베냐민')를 통해 제시했던 신비주의 이론에서 찾아볼 수 있다.

『소 베냐민』이 신비주의적 성찰에 도달하기 위한 영혼의 정화 과정을 묘사하는 반면 『대 베냐민』은 신에게 다가가기 위한 신비주의적 성찰의 여정을 여러 단계에 걸쳐 묘사한다. 신을 향한 상승 과정에서 이성은 신앙을 기반으로 스스로의 능력을 확장하고 희망과 사랑을 통해 지각의 단계와 성찰의 단계, 앎의 단계를 거쳐 신에 대한 완전한 지식에 도달하게 된다. 영혼은 상승 과정을 통해 말이 필요 없는 곳, 하지만 철학적 지식이 무산되기보다는 신비주의적 성찰로 변하는 곳에 도달한다. 이 과정의 정상에서 영혼은 오로지 자아의 '이질화alienatio'를 통해 신성을 경험할 수 있는 세계에 접근하게 된다. 그러나 진실을 향한 이성의 여정은 신성의 궁극적인 표현 불가능성으로 인해 일종의 '암흑'에 갇히게 된다. 이곳에서는 가장 고귀한 형태의 빛이 가장 맹렬한 부정으로 변화하고, 가장 완성된 형태의 영혼이 신을 마주하며 스스로의 정체성을 부인하는 단계에 이른다.

리샤르는 신비주의 사상의 핵심인 신에 대한 사랑이 성찰과 결코 분리될 수 없는 성격의 사랑이라고 보았다. 성찰 자체가 신에 대한 일종의 '지적 사랑'이라는 성격을 가지고 있었기 때문이다. 신을 사랑한다는 것은 그에 대한 가장 순수한 앎의 형태로 그를 이해하는 단계에 도달한다는 것을 의미했다. 이러한 경로를 통해 신을 이해하는 단계에 이르는 과정은 성찰의 대상에 대한 사랑을 낳지 않을 수 없었다. 신에 대한 사랑은 생 빅토르 신학의 특징 중 하나인 이성과 의지와 욕망의 조합 속에서 이루어지는 성찰의 자연스러운 결과였다.

신학, 신비주의, 종교적 논문

변증론자와 반변증론자

중세 초기의 사상가들에게 신학이라는 용어는 관조, 혹은 이론을 뜻하기도 하는 사색과 동의어였다. 11~12세기에는 그리스도교 교리에 문법과 변증법이 적용되면서 신학의 개념에 커다란 변화가 일어났다. 그런 식으로 신학을 이성적인 성격의 지적 활동으로, 즉 진정한 의미에서 하나의 학문으로 간주하게 되는 과정이 시작되었고 이 과정이 12세기 신학의 사실상 가장 중요한 측면을 구축하기에 이른다. 11세기에는 학교에서 흔히 변증법ars dialectica이라는 과목으로 가르치던 논리학이 신앙과 관련된 논문에서 활용될 수 있는가에 대한 광범위한 논쟁이 성직자들과 수도사들 사이에서 시작되었다. 이러한 논쟁은 흔히 변증론자와 반변증론자의 대립이라는 표현으로 간략하게 요약되지만, 분명한 것은 11세기의 지성과 종교가 경험했던 긴장감을 이 단순한 도식으로 전부 설명할 수 있는 것은 아니며, 관련된 주제들의 상관구조나 상이한 입장들의 다양성 또한 훨씬 더 복합적이었으리라는 점이다. 변증론에 반대하던 인물들 가운데 장크트 에메람Sankt-Emmeram의 오틀로Otloh와 라우텐바흐의 마네골트는 순수 신학이 아닌 모든 것에 대해 강한 불신을 표명하면서 신앙을 변증법의 계율에 종속시킨다는 것은 있을 수 없는 일이라고 주장했다. 신학의 가장 열성적인 수호자였던 피에르 다미아니는 세속 문화와 철학을 세속적인 권력의 도구로 보고 그것의 유용성을 전적으로 거부했지만, 한편으로 자유학예에 조예가 깊었던 그는 수사들의 무지를 깨우쳐야 한다는 생각으로 수도원의 도서관에 종교 서적뿐만 아니라 세속적인 주제의 책들을 보급하는 데 세심한 노력을 기울였다. 다미아니는 흔히 성직자들과 수도사들에게 보내는 편지의 형식으로 꽤 많은 양의 논쟁적인 소논문들을 집필했다. 간결한 문체와 날카롭고 과감한 논리를 특징으로 하는 이 글들 가운데 대표적인 글로 『진정한 행복과 지혜에 관하여*De vera* *felicitate et sapientia*』와 문학의 유용성을 제한하고 변증론을 악마의 발명품으로 정의한 『교만한 학문에 우선하는 신성한 단순함에 관하여*De sancta simplicitate scientiae inflanti anteponenda*』가 있다. 변증론 지지자들 가운데 가장 대표적인 인물은 투르의 베랑제다. 그는 변증법을 진실을 발견하기 위한 수단으로, 아울러 『신성한 만찬에 관하여*De sacra cena*』에 기록한 것처럼 이성에 호소하기 위한 도구, 즉 인간을 '신의 형상대로 만든' 기준으로서의 능력에 호소하기 위한 도구로 간주했다. 이성에 의지하지 않는다는 것은 여하튼 날마다 스스로를 신의 한 형상으로 인식하고 경신하지 않는다는 것을 의미했다.

아오스타의 안셀무스는 신앙과 이성 사이에 대립이 성립될 수 없다는 확신을 가지고 '오로지 이성sola ratione'만을 토대로 신앙의 내용을 설명하면서 '믿음의 이치ratio fidei'에 관한 엄격한 교리를 구축해 냈다. 이러한 방식으로 제시된 혁신의 징후는 안셀무스의 대표작인 『모놀로기온』과 『프로슬로기온』의 문체를 통해서도 드러난다. 안셀무스는 여기서 종속절을 중심으로 문장을 구축하는 대신 등위 접속사를 사용하는 병렬 구성을 선호했다. 실제로 그가 제시했던 것은 우리가 '신앙을 통해 알고 있는 신의 본성을 성경의 권위와는 무관하게 '필연적인 근거necessariae rationes'만을 토대로 증명하는'(「말씀의 육화에 관한 서간문Epistola de incarnatione Verbi」 6) 일이었고, 이를 위해 아주 짤막하고 논리적으로 상당히 엄격한 문구들을 만들어 활용했다. 관련 주제들의 긴밀한 연계를 토대로 하나의 논증을 구축해 나가는 그의 서술 방식은 후세대의 스콜라철학자들이 질문quaestio을 토대로 권위 있는 성서 해석과 교부 철학의 다양한 내용들을 검토하고 대립시키면서 파편적인 구조를 생산해 내던 방식과는 정반대되는 것이었다. 안셀무스가 채택한 변증법적 전개 과정은 그리스도교의 교리를 양식적인 차원에서 이성적으로 설명하려는 노력의 결과였다.

혁신과 신비주의 사이의 수도원 신학

11세기부터는 특히 교황 그레고리오 7세의 재임 기간에, 교회와 종교인들의 삶 전반에 걸쳐 혁신이 요구되었고 혁신의 요구에 가장 민감하게 반응했던 것은 복음서가 표명하는 단순하고 검소한 생활로 복귀를 장려했던 수도원이었다.

당시에 이루어진 논의들 가운데 몇몇은 성직 매수 및 성직자 혼인 문제에 연루된 성직자들의 부패를 비판하는 논쟁과 이들이 교회에서 맡은 직분의 부적절함에 대한 논쟁에 집중되었다. 이러한 논쟁은 신학적 성찰의 배경이 되기도 했다. 예를 들어 성찬 논쟁에는 성직 매수에 연루된 사제들의 문제가 직접적인 영향을 끼쳤다. 개혁파를 이끄는 몇몇 인물들은 1079년 로마 공의회에서 천명된 교리에 따라 성찬이 진행될 때 '제단 위에 놓인 빵과 포도주가 그리스도의 살과 피로 변하는' 만큼이 부적격한 사제들이 성찬을 집전하지 못하도록 해야 한다고 주장했다.

수도 신학의 고행과 혁신이라는 이중의 임무를 수행하는 차원에서 가장 두드러졌던 인물은, 1140년 상스의 공의회에서 피에르 아벨라르를 단죄했던 클레르보의 베르나르다. 변증론자들의 천적이자 일명 신비주의자로 불리던 베르나르는 금욕주의를 다루는 몇몇 논문들(『겸손의 단계에 관하여*De gradibus humilitatis*』와 『신을 사랑하는 법에 관하여*De diligendo Deo*』)을 통해 놀라운 열정과 뛰어난 설득력으로 인간이 죄악에서 벗어나 신과 하나가 되는 단계에 도달하는 성찰의 여정을 묘사했다. 그는 인간이 겸손한 태도를 취할 때 자신이 죄를 짓기 쉬운 비천한 존재임을 인식하고 자신의 삶을 신에 대한 사랑과 일치시키기 위해 모든 육체적 욕망을 벗어던지게 된다고 설명했다. 그의 저서들을 꽉 채우고 있는 성서적 비유와 수사적 표현들, 시에 가까운 그의 산문들은 그의 뛰어난 문학적 재능을 보여 줄 뿐만 아니라 그가 왜 '꿀처럼 달콤한' 박사라는 별명을 가지고 있었는지 설명해 준다.

신학적 성찰에 내재하는 신비주의적 이상을 심도 있게 연구한 인물로 고차원적인 논문 『신에 대한 고찰에 관하여*De contemplando Deo*』의 저자 생 티에리의 기욤뿐만 아니라 생 빅토르 수도원을 중심으로 모인 아우구스티누스학파의 성직자들을 들 수 있다. 특히 이 아우구스티누스학파의 신학은 스콜라주의 신학의 이성적인 접근 방식과 수도 신학의 정서적인 접근 방식을 중재한다는 특징을 지니고 있었다. 실제로 생 빅토르의 위그Hugues de Saint-Victor는 영적인 삶 속에서 신에 대한 사랑이 차지하는 중요성과 이를 위해 세상과 단절할 필요성을 인정하면서도 『디다스칼리콘*Didascalicon*』에서는 여러 학문에, 특히 삼종 학과(문법, 논리학, 수사학)와 사종 학과(수학, 기하학, 음악, 천문학)에도 특별한 중요성을 부여하며 이 모든 것들이 신비주의적 고양高揚에 유용하다고 설명했다. 생 빅토르의 리샤르 역시 계시 내용을 이성적인 개념으로 표현할 수 있다는 입장을 고수했다. 하지만 그의 주된 관심은 이성과 신앙의 관계가 아니라 '내면적 인간'을 향해 있었고 그의 『격정적인 사랑의 4단계에 관하여*De quattuor gradibus violentae caritatis*』에서 볼 수 있듯이 인간의 감정을 분석하면서 서정적이고 황홀하며 감동적이고 세련된 언어를 사용하는 신비주의적 성찰의 심리학을 추구했다.

예언문학

같은 시기에 신비주의 신학과 함께 예언문학이 꽃을 피우기 시작했다. 가장 대표적인 예는 빙엔의 힐데가르트가 집필한 묵시록적인 성격의 『스키비아스』라고 할 수 있다. 신에게 직접 영감을 얻은 그녀의 예언들은 그리스도교 세계의 다양한 측면과 함께 적그리스도의 출현과 세상의 종말을 앞둔 마지막 시대에 대해 이야기하는 듯이 보인다. 예언문학 분야에서 독보적인 위치를 차지하는 조아키노 다 피오레Gioacchino da Fiore는 자신의 가장 중요한 성서 해석학 저서들(『신약과 구약의 조화 *Concordia Navi ac Veteris Testamenti*』와 『계시록 주해*Expositio in Apocalypsim*』, 『10현의 솔트리*Psalterium decem chordarum*』)을 통해 삼위일체의 세 인격체가 각각 상징하는 세 시대를 기준으로 결정되어 있는 인류의 운명에 대해 설명한 바 있다. 성부에는 구약의 시대, 법이 지배하는 왕국, 즉 세속인들('짝을 맺은 이들의 무리Ordo Coniugatorum')과 감각이 지배하는 왕국이 상응하며 이 시대는 그리스도의 강림과 함께 막을 내린다. 성자에는 신약의 시대, 곧 교회('성직자들의 무리 Ordo clericorum')의 시대가 상응한다. 교회는 곧 조아키노 자신이 살고 있다고 믿었던 왕국이며 이미 육체적 구속으로부터 벗어나려는 성향을 가지고 있었고 머지않아 적그리스도의 출현과 함께 멸망하게 될 왕국을 의미했다. 끝으로 성령에는 미래의 시대가 상응한다. 조아키노에 따르면, 이 시대는 1260년부터 영이 완전한 승리를 거두고 명상적인 수도 생활의 양식이 확고하게 정립되는 시기를 가리켰다. 이 시대는 '정의로운 이들의 무리Ordo iustorum'에 속하는 영적 존재들viri spirituales의 시대, 즉 그가 세상을 영원한 구원의 길로 인도하기 위해 피렌체에 세운 수도회와 흡사한 수도사들과 은수자들의 사회가 누릴 시대였다. 조아키노의 예언들은 문학적인 차원에서 후세대에 어마어마한 영향력을 행사했다. 이를 증명해 주는 것은 그의 저서로 추정되기도 하는 많은 위작들(예를 들어 『예레미야서에 관하여』와 『이사야서에 관하여』)의 존재다. 이 위작들 속에서 조아키노의 사상은 흔히 교황을 중심으로 하는 위계 체제 또는 황제의 권력 행사에 반대하는 논쟁을 고취시키기 위한 수단으로 사용되곤 했다. 이와 유사한 경우를 13세기의 프란체스코회 수도회에서 발견할 수 있다. 영적 인간들만의 새로운 사회를 예견했던 조아키노의 예언을 근거로, 프란체스코회의 수도사들은 프란체스코 수도회의 존재 자체를 영적 시대의 도래를 알리는 신호로 간주한 바 있다.

그리스도교도의 궁극적인 목표는 신과의 영적 교감이 이루어질 미래의 삶이었다. 바로 그런 이유에서 지상에서의 삶은 고통과 불행으로 점철된 일시적인 경험에 불과했다. 바로 이러한 주제를 다룬 저서들 가운데 대표적인 것이 베르나르와 로타리오 추기경의 작품이다. 클뤼니의 수도사 베르나르는 거의 3천 개에 달하는 시행으로 구성된 『세상의 경멸에 관하여*De contemptu mundi*』에서 성직자들의 도덕적 부패를 풍자적으로 신랄하게 비판하며 아울러 죄를 지을 수밖에 없고 신앙을 통해서가 아니면 죄악에서 벗어나지 못하는 인간의 조건을 생생하게 묘사했다. 로타리오 데이 콘티 디 세니Lotario dei Conti di Segni 추기경(훗날의 교황 인노첸조 3세)은 『세상의 경멸, 혹은 인간의 불행한 조건에 관하여*De contemptu mundi, sive de miseria conditionis humanae*』에서 영원한 행복에 대한 희망조차 제시하지 않은 채 이 지상의 불결함을 증명해 보이고자 했고 약하며 비참할 수밖에 없는 인간의 삶을 간결하면서도 강렬한 문체로 묘사했다.

스콜라 신학과 조직해석학

12세기에 새로운 문화와 경제의 중심지로 떠오른 도시를 기반으로 발전하기 시작한 학교들은 이른바 신학의 이성화를 추진하는 동력의 기능을 수행했고 이러한 이성화 과정은 베랑제와 안셀무스가 마련했던 길을 토대로, 무엇보다도 변증법의 승리를 가져온 피에르 아벨라르의 공로에 힘입어, 신학이 하나의 독립된 학문으로 자리 잡는 데 결정적으로 기여했다. 결과적으로 신학은 13세기와 14세기에 이르러 완전한 학문세계를 구축하게 된다.

12세기에 랑의 안셀무스를 중심으로 하는 랑학파의 신학자들은 교부 철학 문헌과 성경의 조직적인 독해, 다시 말해 복합적이고 유기적인 해석에 착수했다. 이러한 노력의 결과로 나타났던 일련의 「논제들」은 후세에 흔히 『명제집*Sententiae*』이라는 이름으로 불리는 선집에 포함되면서 빛을 보게 되었다. 이 『명제집』에는 어떤 또렷한 기준을 토대로 선택된 것은 아니지만 상당히 다양한 신학적인 주제들에 대해 비교적 명확하고 단호한 의견을 제시하는 교부들의 문구와 주로 아우구스티누스의 저작에서 발췌한 문구들이 실려 있다. 랑의 신학자들은 비록 독창적이지도 않았고 전통 신학의 다양한 측면들을 비판적인 자세로 바라보지도 못했지만, 전형적인 해석학의 논문 형식을 버리고 신학적인 지식을 주제에 따라 논리적이고 체계적으로 구축하는 성과를 이루어 냈다.

이어서 페트루스 롬바르두스의 『명제집』과 함께 신학적 토론 방식의 체계적인 성격은 거의 완벽한 단계에 이르게 된다. 이러한 성과는 왜 후세에 이 책이 엄청난 성공을 거두었고 창설된 지 얼마 되지 않은 대학의 신학 교과서로 채택되었는지 잘 설명해 준다. 롬바르두스는 주제라는 기준 이외에도 초기 선집들이 주목했던 역사적이고 성서적인 기준뿐만 아니라 아벨라르의 『긍정과 부정*Sic et Non*』에 의해 도입된 논리와 토론의 기준 역시 중요하게 생각했다. 아울러 롬바르두스는 문장을 선택하고 주제들을 설명하는 과정에서 교육적인 측면에 대해 끊임없이 염려하는 모습을 보여 준다. 이러한 신학적인 지식의 체계화는 후세에 엄청난 성공을 거두는 '대전Summa'이라는 양식의 탄생에 길을 열었다.

알랭 드 릴과 조직신학

랑의 학교와 명제 모음집

체계적인 신학을 구축하기 위한 최초의 시도는 12세기에 이루어졌다. 이 시기에 랑의 학교에서 특별한 기준 없이 상당한 분량의 신학 고전과 교부들의 저서들이 수집되었고 이를 바탕으로 권위 있는 문헌과 완벽하게 상응하는 명제들을 모은 모음집이 탄생했다. 형식적인 측면에서나 교육적인 측면에서 독자적인 장르를 구축했던 이 모음집은 12세기 전반에 활동하던 교수들에게 그리스도교 교리의 핵심적인 논리를 역사상 처음으로 단일한 논리적 체계 안에서 정리할 수 있도록, 아울러 이를 통해 본질적인 내용을 기준으로 신학을 세분화할 수 있도록 해 주었다.

포레의 학교

이러한 맥락에서 공리의 형식을 활용하는 학문적인 신학의 장으로 부각되었던 곳이 바로 질베르 드 푸아티에Gilbert de Poitiers가 이끌던 포레의 학교다. 이곳의 선생들 가운데 언급이 필요한 인물은 시몬 드 투르네Simon de Tournai와 알랭 드 릴이다. 시몬은 1160년과 1180년 사이에 파리에서 활동했고 저서로는, 선생과 제자들 간에 이루어진 다양한 주제 토론을 바탕으로 쓰인 『문제집*Quaestiones*』과 『토론*Disputationes*』, 그리고 여전히 편집되지 않은 상태로 남아 있는 『신학 대전*Summa theologica*』이 있다. 알랭은 방대한 분야에 대한 학문적 관심과 신학 저서들의 다양성으로 인해 만물박사(Doctor Universalis)라는 호칭을 얻었다.

조직신학과 알랭 드 릴

알랭은 다양한 형태의 신학을 계획하며 다양한 대전Summa 집필을 시도했다. 『대전 "인간이" *Summa "Quoniam homines"*』가 창조주와 창조, 회복이라는 세 주제를 통해 구축되는 체계적인 구도 내부에서의 증명 과정을 다루었다면 『이단과 대별되는 가톨릭 신앙에 관하여*De fide catholica contra haereticos*』는 또렷하게 호교론적인 차원에서 신앙의 총체적인 면을 다룬다. 여기서 알랭은 신앙의 적들(유대인, 이슬람교도, 카타리파, 발데스파)이 범하는 신학적이고 철학적인 오류와 대적하기 위해 교부들의 문장을 인용하기도 하고 전적으로 논리적인 주장을 펴기도 한다. 반면에 『설교기술 대전*Summa de arte praedicatoria*』에는 미사 도중에 이루어진 강론들이 요약되어 있다. 『대전 "얼마나 많은 방식이"*Summa "Quot modis"*』는 사실상 당시에 유행하던 또 다른 신학 장르, 즉 '분류법Distinctiones'이라 불리던 일종의 신학과 철학 용어 사전으로 용어들의 언어학적이고 의미론적인 차원을 강조한 저서다.

신학과 공리

하지만 알랭이 남긴 저서들 가운데 가장 중요한 것은 공리의 형식으로 쓰인 신학 저서들이다. 일찍이 질베르 드 푸아티에가 도입했던 이 새로운 장르의 특징은 기하학에 주로 사용되는 엄격한 연역법을 신학 분야에 적용하는 것이었다. 놀라운 추상능력을 필요로 하는 이 작업은 일련의 공리들, 즉 그 자체로 명료하기 때문에 또 다른 증명이나 증거를 필요로 하지 않는 문장들, 예를 들어 아리스토텔레스가 『분석론 후서』에서 언급한 바 있는 즉각적인 이해와 명료함을 전달하는 문장들을 기반으로 신학을 구축하는 일이었다. 알랭은 그의 저서 『천상의 규율*Regulae caelestis iuris*』을 통해 그가 일찍이 『대전 "인간이"』에서 다루었던 동일한 신학적 내용을 엄격한 구도 속에 배치된 일련의 공리들을 통해 집약한 바 있다. 교리적인 측면에서 알랭은 『원인에 관한 책*Liber de causis*』*과 무명의 헤르메스주의 문헌 『24인의 철학자들의 책*Liber XXIV philosophorum*』으로부터 깊은 영향을 받은 것으로 보인다.

알랭은 신학이 다른 여타의 학문과 마찬가지로 명료하고 보편적인 전제를 출발

---

* 원래 제목은 '순수한 신에 대한 아리스토텔레스의 설명에 관한 책'이다.

점으로 삼아야 한다고 보았다. 그런 식으로 그는 단자monad의 정의로부터 관계로서의 삼위일체 개념에 도달했고 또 다른 원인을 가지지 않는 원인으로서의 창조주 개념으로부터 어떤 이름도 적절한 방식으로 절대적으로 단순한 신에게 부여될 수 없다는 결론을 도출해 냈다. 한편으로는 위 디오니시우스, 다른 한편으로는 아우구스티누스의 사상으로 거슬러 올라가는 이 내용을 전제로, 알랭은 자연세계의 학문에서 신성한 학문으로 움직일 때 일어나는 이름들의 '전이translatio'(하나의 의미 영역에서 또 다른 의미 영역으로 이동할 때 일어나는 의미의 변화) 이론, 즉 어떤 용어도 신과 피조물에게 동일한 방식으로 부여될 수 없다는 사실을 바탕으로 하는 이름의 전이 이론을 발전시켰다. 이 이론의 첫 115개 규칙들은 전적으로 신학과 관련되며 뒤를 잇는 10개의 규칙들은 자연철학과 신학에 공통적으로 적용되고 나머지 9개 규칙들은 순수하게 자연철학 분야에만 적용된다. 하나하나의 규칙은 바로 이전 규칙이 자연스럽게 발전한 형태로 나타나며 그런 식으로 진정한 의미에서 하나의 신학적 공리를 구축하는 데 기여한다. 모든 규칙에는 규칙들 간의 논리적 연속성을 합리화하는 간단한 설명이 뒤따른다. 신의 불변하는 유일성의 수용이 신앙의 진실을 개념적으로 규명하기 위한 최초의 공리이며 이 부인할 수 없는 최초의 공리로부터 나머지 규칙들이 파생한다.

한 경구의 역사:
"거인의 어깨 위에 올라탄 난쟁이"

/ 반복되는 이미지

언젠가 마리탱Jacques Maritain은 철학자가 오로지 데카르트의 등장 후에야 '절대적인 것에 입문한' 존재가 되었고, 아울러 프랜시스 베이컨Francis Bacon처럼 전통에서 비롯되는 우상들을 단죄한 후에야 사유하기 시작했다고 천명한 바 있다. 하지만 중세는 모두들 알다시피 성경을 비롯해 과거의 위대한 철학자들에 대한 맹종이 절대시되던 시대였다. 중세의 철학자가 안고 있던 문제는 따라서 독창적이지 못하다는 것뿐만 아니라 이들의 사상이 권위 있는 옛 철학자들의 사상에 대한 충실한 답습에 불과하다는 것이었다. 이러한 문제는 모든 신학 논문이 항상 해설로만 제시되는 결과를 가져왔다.

하지만 스콜라 철학자들 사이에서는 "새롭지 않지만 새로운 방식으로non nova sed nove" 같은 경구들이 유행했고 여기서 우리는 무언가 새로운 것을 다루려는 의지는 아니지만 무언가를 새로운 방식으로 말하려는 의도가 숨어 있음을 엿볼 수 있다. 이 경구가 혁신에의 권리를 주장하기 위한 일종의 구실이었다는 것은 분명해 보인다. 전통 철학의 권위에 대한 존중과 혁신이 어떻게 동일한 차원에서 병행될 수 있는가를 그대로 보여 주는 것은 릴의 알랭이 『가톨릭 신앙에 관하여*De fide catholica*』(I, 30)에서 인용한 한 유명한 경구, 즉 "권위란 밀랍으로 만들어서 마음대로 비틀 수 있는 코와 같다"는 표현이다. 이는 전통 철학의 권위에 대한 복종이 전통적 담론을 문자 그대로 따르되 이를 각자의 관점에 따라 나름대로 해석할 권리를 포기하지 않는 데 있다는 생각을 상당히 적나라한 방식으로 표현한 말이다. 하지만 근대에까지 살아남았을 정도로 유명했고, 중세의 정신세계를 가장 심오하고 독특한 방식으로 표현하는 것은 난쟁이와 거인 이야기다. 이 경구에 따르면, 우리를 앞서간 선조들은 거인이며 우리는 그들의 어깨 위에 올라탄 난쟁이들에 불과하지만, 바로 그런 이유에서 우리는 그들보다 더 멀리 내다볼 수 있다.

흔히 이 경구의 저자로 알려진 샤르트르의 베르나르를 언급하며 솔즈베리의 존은 그의 『논리학 변론*Metalogicon*』(III, 4)에서 이렇게 말한다. "베르나르는 우리가 거인들의 어깨 위에 올라탄 난쟁이와 같으며, 그래서 그들보다 훨씬 더 많은 것을 보고 더 멀리 볼 수 있지만, 이는 우리의 시선이 날카롭다거나 육체적으로 강하기 때문이 아니라 단지 거인들의 거대함에 힘입어 우리가 더 높은 곳에 올라 앉을 수 있었기 때문이라고 주장했다." 하지만 베르나르가 이 경구를 최초로 고안해 낸 인물은 아니었던 것으로 보인다. 비록 난쟁이의 비유는 아니지만 이 이야기의 핵심적인 내용이 이미 6세기 전에 프리스키아누스의 저서에 등장한 바 있기 때문이다. 하지만 프리스키아누스와 베르나르 사이에서 흥미로운 중재자 역할을 한 인물은 『프리스키아누스 주해』에서 난쟁이와 거인에 대해 언급한 이는 콩슈의 기욤이다. 기욤의 『주해』는 존의 책보다 먼저, 베르나르가 샤르트르에서 서기관으로 있던 시기에 집필되었다. 기욤의 『주해』 첫 번째 판본은 1123년 이전에 쓰였고(존의 『논리학 변론』은 1159년에 쓰였다) 이 경구는 1160년 랑의 학교 문헌에 다시 등장하며, 이어서 1185년경 덴마크 역사학자 스벤 아게센Sven Aggesen을 비롯해 알렉산더 네캄, 피에르 드 블루아Pierre de Blois, 릴의 알랭 등의 글에서 발견된다. 13세기에 이 경구는 캉브레의 제라르Gerard de Cambrai, 롱샹의 라울Raoul de Longchamp, 코르베유의 에지디우스Aegidius, 오베르뉴의 제라르Gerard의 책에 이어서 14세기에 아라곤 왕의 주치의 알렉산드르 리카Alexandre Ricat의 저서에 등장한다.

로버트 머튼Robert Merton은 그의 『거인의 어깨 위에서*On the shoulders of giants*』(1956년)를 통해 이 경구가 근대에 들어와서 거둔 성공의 역사를 재구성했다. 대표적인 예들 가운데 하나는 뉴턴Issac Newton의 말이다. "내가 더 멀리 볼 수 있었던 것은 내가 거인의 어깨 위에 올라탔기 때문이다."(훅Hooke에게 보내는 편지, 1675년) 아울러 머튼은 일련의 학구적인 탐색을 통해 수많은 저자들의 글 속에서 이 경구가 영향력과 협조, 대여나 표절 등에 대한 현대의 논쟁에 해결책을 제시하는 아이디어로 등장한다는 점을 발견했다. 툴리오 그레고리Tullio Gregory는 이 경구를 피에르 가상디의 글에서 발견했고, 20세기에는 오르테가 이 가세트Ortega y Gasset가 세대의 끝없는 교체에 대해 언급하며 다음과 같이 말했다. "어떤 이들은 다른 사람들의 어깨 위에 올라서 있고 그래서 높은 곳에 있는 이는 다른 이들을 지배한다는 느낌을 받고 그 느낌을 즐기겠지만 사실은 그들의 포로임을 알아야 한다."

/ 겸허함의 표현인가 거만함의 표현인가

여기서 우리의 관심을 끄는 것은 분명히 이 경구가 중세에 의미하던 바와 차지하던 무게일 것이다. 그렇다면 우리가 가장 먼저 다루어야 할 것은(에두아르 조노Edouard Jeauneau가 『비바리움*Vivarium*』 5호에서 폭넓게 다루었던 것처럼) 이 경구가 과연 겸허함의 표현인가 아니면 거만함의 표현인가라는 문제다. 사실상 이 경구는 우리 현대인들이 고대인들보다 더 많은 것을 알고 있다 하더라도 알고 있는 것은 모두 고대인들이 우리에게 가르쳐 준 것이라는 의미로, 혹은 우리가 고대인들에게 빚을 지고 있는 것은 사실이지만 덕분에 우리가 그들보다 더 많은 것을 알고 있다는 의미로 해석될 수 있다. 성 베르나르는 이와 유사한 경구를 예로 들면서 벼를 베는 사람과 그의 뒤를 좇는 이삭 줍는 사람의 이야기를 한 적이 있다. 여기서 이삭을 줍는 사람은 벼를 베는 사람이 남긴 것만 줍기 때문에 경구의 의미는 또 다른 해석의 여지를 남기지 않는다. 하지만 '우리가 고대인들보다' 더 영리한 것은 사실이지만 더 현명한 것은 아니라는 프리스키아누스의 해석자 기욤의 입장은 모호하다. 게다가 이러한 경구를 즐겨 사용하던 중세가 과연 후세의 현대인들이 더 영리해질 거라고 생각했다거나 역사의 연속성을 지지하기까지 했는지는 불분명할 수밖에 없다. 이 경구를 헤겔식으로 이해하기 위해 헤겔을 기다릴 필요는 없지만 그렇다고 베르나르가 뉴턴과 같은 방식으로 생각했던 것도 아니다. 뉴턴은 코페르니쿠스Nicolanus Copernicus를 기점으로 우주의 혁명이 진행 중이었다는 것을 또렷하게 인식하고 있었지만, 베르나르는 지식의 혁명이라는 것이 가능한지조차 모르고 있었다.

아니, 중세 문화에 자주 등장하던 주제들 가운데 하나가 세계의 '점진적인 노쇠 현상'이었던 만큼 베르나르의 경구는 오히려 세상이 노화하는(mundus senescit) 현상을 피할 수 없다면 그 비극의 남은 이점을 칭송하는 것으로 만족할 수 있다는 의미로도 해석할 수 있을 것이다.

게다가 베르나르는 프리스키아누스처럼 고대인들의 양식을 모방하고 습득하는 문제가 관건이었던 문법 분야의 논쟁에서 이 경구를 사용했다. 즉 신학적이고 과학적인 지식의 발전이나 축적 가능성 같은 문제와는 사실상 아무런 관계가 없는 맥락에서 사용했던 것이다. 하지만 존의 증언에 따르면 베르나르는 고대인들의 권위에 고개를 숙이고 이들의 글을 무조건 복사하는 제자들을 나무라며, 문제는 그들처럼 글을 쓰는 데 있지 않고 그들만큼 잘 쓸 수 있도록 배우는 데 있으며 그래야 우리가 고대인들에게서 영감을 받았듯이 후세대의 누군가에게 영감을 전해 줄 수 있을 것이라고 말한 바 있다. 따라서 오늘날 우리에게는 그렇게 읽히지 않지만 그의 경구 속에는 혁신을 향한 용기와 자율성에 대한 호소가 들어 있었다고 볼 수 있다. 아울러 솔즈베리의 존이 이 경구를 문법 분야가 아닌 아리스토텔레스의 『명제론』을 다루는 곳에서 인용했다는 것 역시 무시할 수 없는 단서다. 이보다 몇 년 앞서 바스Bath의 아델라드는 고대인들이 발견한 것만 수용 가능한 것으로 간주하던 한 세대를 향해 비난을 퍼부었고, 이어서 한 세기 뒤에는 브라반트의 시제루스Sigerus가 전통 학문의 권위만으로는 부족하다고 주장하면서 우리 역시 우리에게 영감을 주는 이들과 똑같은 인간이며 "그렇다면 왜 그들처럼 이성적인 연구에 전념하지 말아야 하는가?"라고 물은 바 있다.

이와 동일한 입장을 우리는 아우구스티누스가 『그리스도교 교리에 관하여』(II,

40)에서 표명한 바 있고 13세기에 로저 베이컨Roger Bacon이 다시 강조했던 생각, 즉 믿지 않는 사람들이라도 훌륭한 생각을 가지고 있다면 받아들일 필요가 있으며 그 이유는 그들의 생각이 진실하다면 당연히 그리스도교 문화에 속할 권리를 가지고 있기 때문이라는 생각 속에서 발견할 수 있다. 중요한 것은 바로 이러한 경로를 통해 신학적이고 철학적인 논쟁에 새로운 생각을 도입하는 것이 인정되고 장려되기 시작했다는 사실이다.

XI

철학자와 신학자

La filosofia
e le sue storie

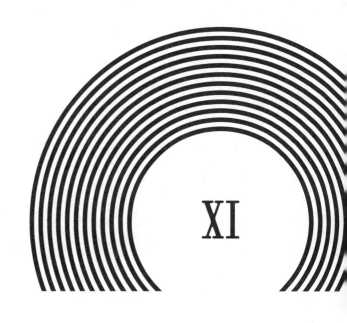

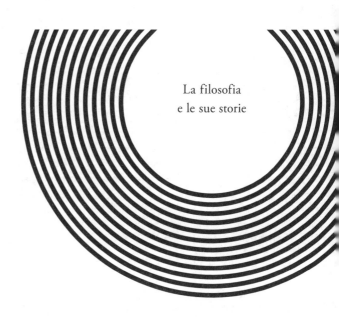

1194년
프리드리히 2세 탄생

1215년
파리 대학의 초기 규정에
아리스토텔레스의 자연철학
강의 금지령 포함

1224년
프리드리히 2세, 나폴리 대학 설립
아시시의 성 프란체스코가 베르나 산에서
성흔을 받은 것으로 알려진 해

1243년
조반니 피단차,
'보나벤투라'라는
이름으로
프란체스코회에 입단

1250년
프리드리히 2세 사망

1255년
파리 대학의 인문학과 규정에 따라
아리스토텔레스의 모든 책에 대한 강의 허용

1277년(3월 7일)
파리의 주교 에티엔 탕피에
그리스와 아랍 세계의
아리스토텔레스주의에 영
219개의 논제를 단죄하고
교육 금지령 발포

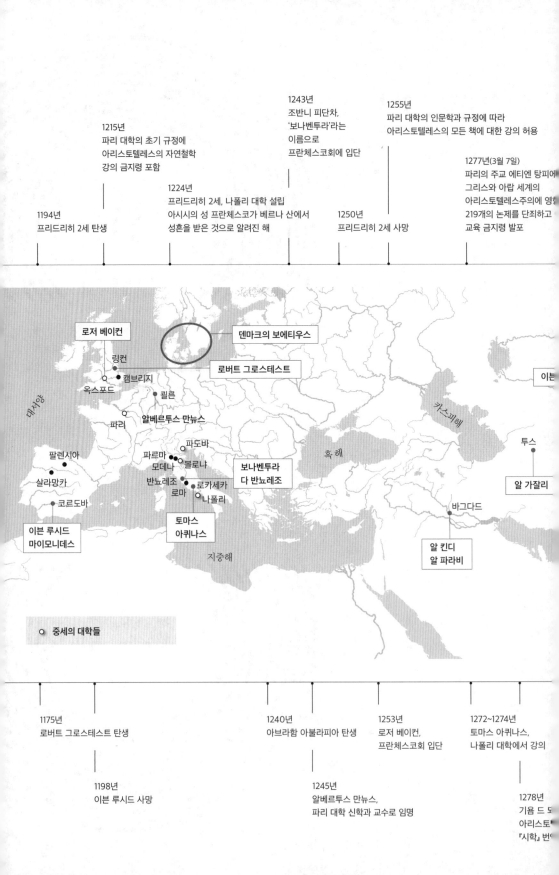

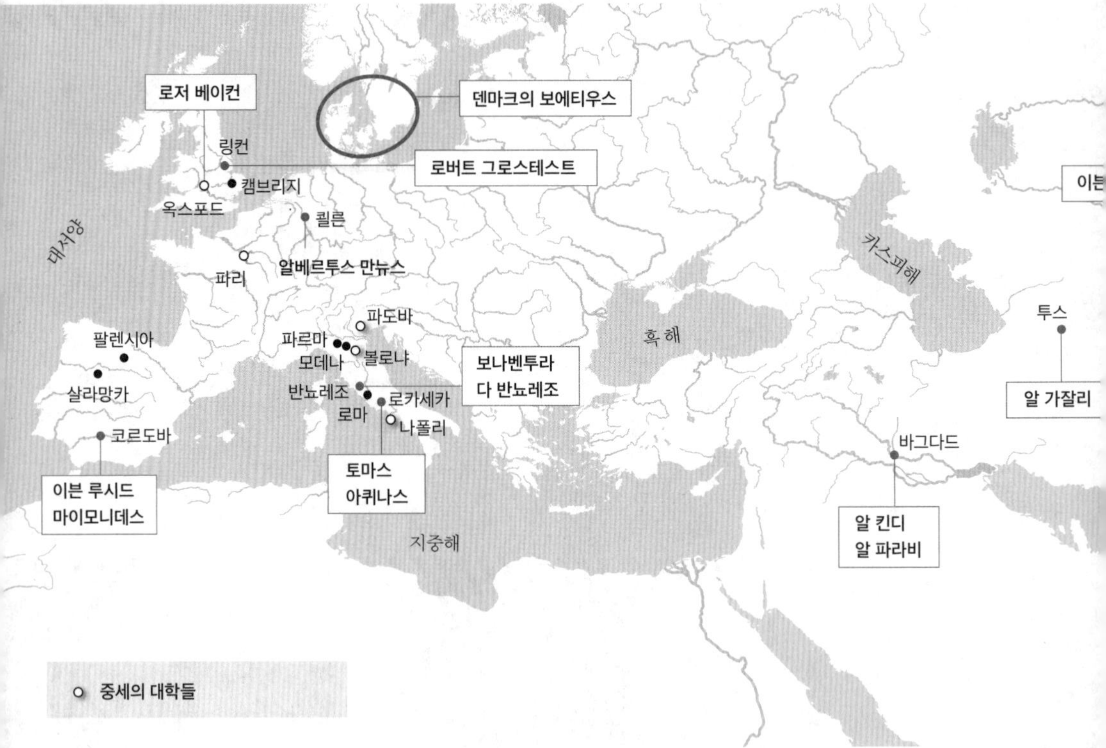

1175년
로버트 그로스테스트 탄생

1198년
이븐 루시드 사망

1240년
아브라함 아불라피아 탄생

1245년
알베르투스 만뉴스,
파리 대학 신학과 교수로 임명

1253년
로저 베이컨,
프란체스코회 입단

1272~1274년
토마스 아퀴나스,
나폴리 대학에서 강의

1278년
기욤 드
아리스토
『시학』 번

13세기는 그리스 고전 철학과 아랍의 지식세계에 비해 훨씬 뒤떨어져 있던 서방 세계의 과학과 철학의 후진성을 극복하기 위해 12세기 초반부터 시작된 번역과 주해 집필의 열기를 어느 때보다도 생생하게 경험했던 세기다. 이 시기의 철학적 논쟁에 대한 현대 학자들의 심도 있는 연구는 흔히 13세기가 유기적이고 조직적인 스콜라 철학의 등극을 알린 시대였고 이 철학이 이전 시대의 신학적인 문제들을 아리스토텔레스적인 관점에서 연구했다는 일반적인 견해에 중요한 변화를 가져다 주었다.

역사학자들은 라틴어의 서양철학과 아랍어 및 히브리어로 쓰인 원전들의 조합이 이루어 낸 독특한 결과와, 일반적인 통념과는 달리 훨씬 더 비정상적이었고 투쟁적이었던 시대에 이러한 특징이 가지고 있던 중요성에 주목했다. 이로써 부차적인 요인으로만 간주되던 백과사전적인 지식의 결정적인 역할과 역사의 뒷전에 밀려나 있던 덴마크의 보에티우스나 바르반트의 시제루스와 같은 저자들의 중요성, 그리고 아랍인들과 유대인들의 전통 철학이 서방세계에 끼친 영향의 중요성이 재조명되었다.

13세기에는 아리스토텔레스의 영향이 지배적이었고 무엇보다도 12세기에 시작된 아리스토텔레스 저서의 번역 작업이 빛을 보기 시작했다. 13세기 중반에는 로버트 그로스테스트Robert Grosseteste가 『니코마코스 윤리학』을 번역했고 기욤 드 뫼르베케Guillaume de Moerbeke가 이 번역서의 수정 증보판을 출판했다. 기욤은 아울러 1270년대에 『정치학』의 완역본을 출간했다. 마이클 스콧Michael Scot이 프리드리히Friedrich 2세의 이른바 '다문화' 궁정에서 아리스토텔레스의 동물학 저서들을 아랍어에서 번역했고 얼마 지나지 않아 기욤이 같은 책들을 그리스어에서 직접 번역해 출판했다. 기욤은 특히 1278년에 『시학』을 번역했고 이븐 루시드Ibn Rushd의 『시학 주해』는 1256년을 전후로 프리츨라어의 헤르만Hermann von Frizlar에 의해 출판되었다. 헤르만은 같은 해에 『수사학』을 아랍어에서 번역했다.

13세기가 흐르는 동안 아리스토텔레스는 신학자들과 그리스도교 철학자들 모두가 인정하는 권위 있는 저자들 중 한 명으로 간주되기 시작했다. 하지만 그 과정은 쉽지 않았다. 인문학과와 신학과 사이에서는 아리스토텔레스의 권위를 인정하는 문제를 두고 끊임없는 논쟁과 토론이 이루어졌고 스스로의 지적이고 전문가적인 정체성을 분명하게 의식하기 시작한 인문학과 교수들이 학문의 자율성을 주장하며 아리스토텔레스의 권위를 인정하고 나섰던 반면 이를 막기 위해 교회의 지도자들은 제도적 압박을 서슴지 않았다.

이러한 논쟁이 활발하게 이루어졌던 곳은 바로 대학이다. 이러한 토론 문화를 배경으로 논의의 형식과 방법론들이 구체화되기 시작했고 무엇보다도 '문제quaestio'의 진행 방식이 정착되었다. '문제'는 주어진 논제를 중심으로 여러 의견과 이에 대한 반론을 제시하고 여러 입장들에 대한 점검과 대조 및 토론을 통해 모두가 원하는 하나의 결론에 도달하는 방식을 말한다. 구조적인 측면에서 '문제'는 '대전summa'의 뼈대를 구축하는 방식이다. '대전'이라는 양식은 신학적이고 철학적인 삶 전체에 하나의 구체적인 체제를 부여하려는 의도로 쓰이기 시작했다. '문제'는 아울러 공개토론의 형태(즉 선생이 제자 혹은 논쟁 상대에게 논제를 제시하는 방식의 토론)로도 발전했다. '토론 문제quaestio disputata'에는 '자유토론 문제quaestio quodlibetalis'와 마찬가지로 신학적이거나 윤리학적인 차원에서 그다지 중요하지 않은 문제들까지도 포함되곤 했다.

아리스토텔레스의 재발견과 무엇보다도 그의 『분석론 후서』에서 드러나는 논리적 증명 방식의 원칙들은 중세 철학자들이 결코 무시할 수 없는 탐구의 모형을 제시했다. 이러한 지적 도전을 보다 의식적으로, 그리고 보다 깊이 있게 받아들였던 인물은 토마스 아퀴나스다. 하지만 아리스토텔레스주의를 인정하는 문제와 아리스토텔레스의 철학이 과연 그리스도교 사상과 조합을 이룰 수 있는가라는 문제에 대한 상이한 입장은 쉽게 해결될 수 없는 분쟁의 씨앗이 되었다. 1255년 파리 대학의 인문학과는 '아리스토텔레스 전집'을 교재로 채택했지만 1277년 파리의 주교 탕피에Etienne Tempier는 아리스토텔레스주의의 영향이 농후하고 그리스도교 교리에 위배되는 219개 논제('세상의 영속성', '영혼의 불멸성', '지성의 통일성' 등등)의 단죄를 천명했다. 이런 식으로 아리스토텔레스의 사상이 널리 전파되는 것을 제한했던 교회가 제시한 단죄 사유는 인문학과 교수들이 아리스토텔레스의 저서와 그의 해석자 이븐 루시드의 책들을 읽고는 이 세속 철학자들이 주장하는 진리가 그리스도교의 진리와 양립할 수 있으며 표면적으로만 다를 뿐 똑같이 진실하다고 주장한다는 것이었다. 반면에 인문학과 교수들은 철학이 그리스도교 신학의 통일성을 위해 희생되거나 가려질 수 없는 성격의 학문이라고 주장했다. 이들은 오히려 아리스토텔레스에 대한 상이한 해석과 의견을 제시하면서 학문의 방법론은 다양해야 한다고 주장했다. 결코 무시할 수 없는 절대적인 진실이 신앙에 달려 있다는 것을 어느 누구도 부정하지 않았지만 한편에서는 앎의 영역을 규정하고 탐구의 원칙과 이 원칙을 증명하는 방식들을 체계화할 필요가 있다는 확신이 점점 구체화되기 시작했다.

아리스토텔레스주의가 이끌었던 13세기의 이미지는 통일된 성격을 부여하는 것이 불가능한 수많은 목소리의 복수주의를 특징으로 한다. 그러나 이 아리스토텔레스주의라는 문화적 환경 속에서도 프란체스코회는 아우구스티누스 재해석을 통해 과학적이거나 신학적인 성찰 속에서 경험의 중요성을 강조하는 입장을 회복하게 된다. 이에 크게 기여했던 인물들이 바로 로버트 그로스테스트, 로저 베이컨, 보나벤투라다.

1

비잔티움의 철학

1.1 중기 비잔틴 시대의 철학적 성찰

비잔티움의 철학은 상대적으로 적게 연구되는 분야지만 나름대로 상당히 흥미로운 요소들을 가지고 있다.

비잔티움의 형성기(4~6세기)에 플라톤의 사상을 재조명하려는 운동의 기반이 마련되면서 신플라톤주의(포르피리오스, 이암블리코스, 프로클로스, 다마스키오스)가 탄생했다면 여기서 다루게 될 중기 비잔틴 시대(7세기~13세기)에는 철학과 신학의 중첩 현상이 일어난다. 13세기부터는 스콜라 철학과의 직접적인 교류를 통해 서양 전통 철학의 주제들을 아리스토텔레스의 방법론에 적용하는 독창적인 사상이 꽃을 피우기 시작했다.

아리스토텔레스에 대한 지대한 관심은 일찍부터 9세기의 비잔틴 휴머니즘 시대를 특징짓는 요소였다. 예를 들어 주교 포티오스는 자신이 철학 분야에서 선호하던 아리스토텔레스의 사상에 대해 일말의 의심도 품지 않았다. 반면에 기하학자 요한John Geometres의 글에서는 플라톤과 아리스토텔레스의 철학을 대립시키기보다는 다시 양립시키려는 경향을 엿볼 수 있다. 하지만 신플라톤주의적인 관점을 선호하면서 프로클로스와 이암블리코스, 『칼데아 신탁』에 관심을 쏟았던 미카엘 프셀로스Micahel Psellos의 등장으로 플라톤과 아리스토텔레스 사이에서 저울질을 하던 분위기는 수그러들기 시작했다. 이러한 변화는 플라톤을 선호하던 기존의 입장을 부각시키는 결과를 가져왔다. 플라톤의 철학이 그리스 이전의 동방 철학과 상통하는 면들을 가지고 있었을 뿐만 아니라 그리스도교 교리와도 본질적으로 일치하는 특징을 보였기 때문이다. 반대로 세상이 출발점을 가지고 있지 않다는 아리스토텔레스의 논리는 그리스도교 교리와 양립될 수 없었기 때문에 받아들여지지 않았다. 이러한 평가를 지지했던 프셀로스는 논리학과 물리학이라는 한정된 분야에 머물러 있던 아리스토텔레스의 철학에 비해 진정한 의미에서의 철학과 신학 분야의 지도자나 다름없는 플라톤을 선호했다. 프셀로스는 주교 미카엘 케룰라리오스Michael Keroularios가 공의회에서 플라톤과 아리스토텔레스의 철학을 무분별하게 단죄했던 것에 동의하지 않았지만 다른 한편으로는 교회의 교리를 세속 철학의 오류로부터 보호해야 한다는 입장을 고수했다. 그의 후계자 요하네스 이탈로스Johannes Italos는 아리스토텔레스의 철학과 플라톤 및 신플라톤주의 철학의 조화를 시도했지만 후세대의 철학자들은 그를 완고한 아리스토텔레주의자로만 기억했다. 비잔틴 교회의 가장 중요한 전례 문서 가운데 하나인 『정교의 공의회 교서*Synodikon dell'ortodossia*』는 그를 단죄하면서 플라톤과 아리스토텔레스의 실질적인 융합을 꾀했던 인물로 기록했다.

불분명하면서도 다양한 입장들이 공존했지만, 급진적인 반고전주의도 철학적 이성주의도 비잔티움의 신학과 철학 사상 전체를 대변했다고는 할 수 없다. 아울러 상당수의 저자들이 고대 문화를 적극적으로 수용하는 입장과 수도원주의를 모두 수용하는 경향이 강했다는 점도 잊지 말아야 한다. 이러한 경향은 '고전'의 영향을 말로는 부인하는 저자들에게서도 똑같이 발견된다. 위僞 디오니시우스가 구축한 신학체제 역시 사실은 신플라톤주의 철학에서 파생된 하나의 세련된 성찰에 지나지 않는다.

1.2 라틴 세계와의 논쟁에서 미스트라스의 유토피아까지: 비잔티움 황혼기의 철학

제4차 십자군전쟁이 막을 내리고 라틴 왕국이 콘스탄티노폴리스에 세워지면서(1204~1261년), 비잔틴 세계는 서구의 스콜라 철학과 직접적인 교류를 시작했다. 비잔티움은 그때까지만 해도 공식 석상에서 토론을 통해, 다시 말해 책에 대한 실질적인 정보 없이 극소수의 궁정 신학자들에게만 알려져 있던 라틴 세계의 신학에 관심을 가지기 시작했다.

특히 14세기 이탈리아 남부에 산재해 있던 그리스 수도원들은 세속 학문과 교회의 문화 모든 분야에서 비잔틴 세계와 이탈리아의 인문주의를 연결하는 독특한 중재자 역할을 담당했다. 이와 마찬가지로 비잔틴제국에서는 도미니크 수도회가 이탈리아의 그리스 수도원과 유사하지만 어느 정도는 상반되는 역할을 수행했다. 이단자들의 개종을 목적으로 설립된 이 수도회의 수도사들이 사실은 동방에 토마스 아퀴나스의 그리스어 번역본을 가장 먼저 보급한 주인공들이었다. 같은 시기에 황제의 수석 보좌관Mesazon이었던 데메트리오스 키도네스Demetrios Kydones는 토마스 아퀴나스의 『이교도 논박 대전』을 읽기 위해 라틴어를 직접 배우기까지 했다. 그의 이러한 관심은 이 작품의 번역으로 이어졌고 완역본이 1354년 12월 24일에 완성되었다. 키도네스는 더 커다란 관심을 가지고 이 번역에 이어 토마스 아퀴나스의 또 다른 저서들과 아우구스티누스를 비롯한 여러 라틴 신학자들의 번역 사업을 추진했다.

토마스 아퀴나스에 대한 관심은 아울러 아리스토텔레스의 저작에 대한 보다 깊은 관심과 함께 총대주교 겐나디오스Gennadios 2세가 추진한 토마스 아퀴나스의 아리스토텔레스 주해서 번역으로 이어졌다. 겐나디오스 2세는 토마스 아퀴나스를 아리스토텔레스의 해석가들 가운데 가장 뛰어난 인물로 칭송했다. 아울러 이탈리아에서 활동하던 많은 비잔틴 인문학자들은 아리스토텔레스마저도 새로운 라틴어 번역본으로 읽기 시작했다.

이러한 라틴 철학의 열풍을 배경으로 이루어진 일련의 성찰들은 단순히 문화적인 차원에만 국한되지 않는 중요한 의미를 지닌다. 이러한 성찰들이 곧 동방 정교와 서방 교회를 통일하려는 극단적인 시도가 이루어진 페라라와 피렌체 공의회(1438~1439년)의 신학적이고 철학적인 기초를 이루었기 때문이다.

철학적인 관점에서 '천년의 비잔티움'은 사실상 고대의 가장 권위 있는 두 명의 철학자 플라톤과 아리스토텔레스의 우위를 논하는 열띤 공방과 함께 막을 내렸다고 할 수 있다. 이 논쟁의 주인공은 앞서 언급했던 총대주교 겐나디오스 2세와 플레톤Plethon이다. 플레톤은 비잔티움의 시민들에게 펠로폰네소스 남쪽에 위치한 미스트라의 성곽에서 헬레니즘 정신의 개혁을 통해 플라톤의 '국가'를 재건설하고 위대한 휴머니즘의 유토피아를 건설하자고 제안했다. 이러한 플레톤의 플라톤 해석이 후에 이탈리아 인문학자들(예를 들어 마르실리오 피치노를 중심으로 하는 학자들) 사이에서 커다란 인기를 끌었던 반면 겐나디오스 2세의 아리스토텔레스주의는 후에 동방 정교회의 공식적인 이데올로기를 형성하는 데 크게 기여했다. 동방정교의 이데올로기는 플라톤의 철학을 토대로 하는 모든 교리의 관점에서는 특별히 의심스러울 수밖에 없는 방향으로 발전했다.

2

이슬람의 철학

2.1 팔사파

흔히 '팔사파falsafa'라고 불리는 중세 이슬람의 아랍 철학은, 8세기에서 13세기 사이에 에스파냐에서 북아프리카를 거쳐 인더스 강에 이르는 방대한 지역을 배경으로 발전했다. 이 넓은 영토에서 이슬람교는 다양한 문화를 가진 다양한 민족들을 하나로 묶는 데 기여했다.

이러한 정황 속에서 코란의 아랍어가 공용어로 사용되기 시작했고 바그다드, 다마스쿠스, 카이로, 부하라와 같은 대도시에서 이슬람 유일신주의의 갈망이 지배하는 강렬한 문화가 꽃을 피웠다. 그럼에도 불구하고 대도시들은 도시에 정착한 그리스도교나 유대교와 같은 타 종교 공동체의 학문에 상당히 개방적인 자세를 견지했다.

팔사파 연구에 기본적으로 요구되는 두 종류의 지식은 그리스 철학서들의 아랍어 번역본에 대한 지식과 이 번역본에 대한 아랍 철학자들의 주해에 관한 지식이다. 플라톤과 아리스토텔레스의 그리스 철학 전통이 중세 라틴 세계로 전해진 것은 무엇보다도, 비록 유일한 경로는 아니었지만, 이슬람 세계의 아랍 철학을 통해서였다. 한편 팔사파의 저자들, 즉 중세 아랍 철학자들의 원작 저서들에 대한 연구를 통해 드러나는 팔사파의 빼놓을 수 없는 특징은 전적으로 세속적인 성격의 그리스 사상과 엄격한 유일신주의를 토대로 하는 이슬람 신학의 중재를 시도했다는 점과, 플라톤의 사상과 아리스토텔레스의 사상의 일치점을 찾으려고 노력했다는 점이다.

아바스 왕조가 이슬람 세계를 지배하던 시기(750~1258년)의 첫 두 세기 동안 바그다드에서는 수많은 철학 서적들이 그리스어와 시리아어에서 아랍어로 번역되었다. 그리스 철학서들의 번역은 동로마제국에서 학문이 상당히 발달했던 도시들(안티오키아, 에데사Edessa, 하란, 켄네스린Qennešrīn, 라스 알 아인Ras al-Ayn, 곤데사푸르Gondešapūr)의 이슬람 정복이 가져온 결과들 중에 하나였을 뿐만 아니라 8~9세기 이슬람 세계의 독특한 정치적, 종교적 상황에서 비롯된 결과였다. 아바스 왕조가 지지하던 무타질라Mutazilah파의 신학은 이슬람과 관련된 종교적인 문제를 최초로 이성적 차원에서 다루려는 시도나 마찬가지였고 결과적으로 코란과 예언자 무함마드의 행적과 말씀을 기록한 순나의 내용을 그대로 믿는 정통 보수주의 무슬림들의 거센 반발을 불러일으켰다. 팔사파를 추종하는 경향이 본격적인 문화운동으로 발전하면서 아랍 철학자들은 그리스 철학을 보편적인 진리의 지고한 원천, 혹은 일종의 세속화된 경전으로 간주하기 시작했다. 이들 사이에서 전례를 찾아볼 수 없는 그리스 서적 수집 열풍이 불었던 것도 바로 그런 이유에서였다.

초기의 번역 작업에 기여했던 지성인들은 유사한 번역 양식과 동일한 지역(즉 바그다드) 및 알 킨디al-Kindī의 철학에 천착했다는 공통점들을 가지고 있었다. 이들은 상당히 방대한 분량의 저서들을 아랍어로 번역했다. 예를 들어 아리스토텔레스의 『형이상학』, 『우주론』, 『기상학』, 알렉산드로스 아프로디시아스(2~3세기)의 몇몇 논술과 『섭리론』, 프로클로스의 『신학 요강』에서 발췌한 명제들을 모아 편집한 번역본, 즉 서구 세계에서는 『원인에 관한 책』이라는 이름으로 알려졌고 오랫동안 아리스토텔레스의 저서로 오인되어 왔던 책 등이 이들의 노력으로 번역되었다. 아울러 플로티노스의 『엔네아데스』 마지막 3장을 편집한 번역본, 즉 『아리스토텔레스의 신학』이라는 이름으로 불리게 될 책이 출간되었다. 이 번역본들을 읽으면서 아랍 독자들이 강렬한 힘과 뛰어난 설득력을 지닌 것으로 받아들였던 그리스 철학은 바그다드와 톨레도를 거쳐 파리에까지 전파될 운명에 놓여 있었다.

이 1세대 번역가들의 노력으로 아랍 철학의 일관적인 용어체제가 구축되었고 이를 기반으로 최초의 독창적인 형이상학이 알 킨디의 대표적인 저서 『제1철학*al-Falsafa al-Ūlā*』을 통해 빛을 보았다. 이 저서에서 알 킨디는 코란이 말하는 신의 유일성(tawhīd)을 믿는 이들, 혹은 최초의 원인이자 최초의 지성이며 무無에서 우주를 시간 속에 창조하기 원했던 신을 믿는 모든 이들의 신앙과 양립할 수 있는 존재론을 제시했다. 알 킨디와 함께 철학은 사실상 아리스토텔레스적인 차원의 원인들에 대한 연구에서 최초의 원인과 부동의 동자를 분석하는 플라톤적인 차원의 철학으로 수정된다. 알 킨디는 부동의 동자가 코란이 설명하는 신과 조화를 이루기 위해서는 부동의 자의식으로 남아 있을 수 없으며 변화하는 세계에, 즉 현실 속에 영원히 존재하는 우주의 변화라는 원칙에 이질적인 것으로 남아 있을 수 없다고 보았다. 부동의 동자는 오히려 플라톤이 『티마이오스』에서 언급했던 조물주로서의 창조자여야 하고 모든 독특한 실체를 생각하며 피조물에 관용을 베풀어야 한다고 본 것이다. 알 킨디는 아리스토텔레스의 순수 지성과 일치하는 부동의 동자 개념을 모든 존재가 **하나**를 향해 움직이고 **하나**에 참여하는 과정으로서의 우주 개념으로 대치시켰다. 주목해야 할 것은 이러한 해석 속에서 이슬람 신플라톤주의의 주요 특징들, 예를 들어 최초의 원리를 초월적인 것으로 간주하는 특징, 이 원리로부터 사물들이 발현한다는 생각, 신이 사용하는 도구로서 이성이 창조 과정에서 수행하는 기능, 감각적 세계와 지적 세계 사이에 놓인 지평으로서의 영혼 개념과 같은 특징들이 아리스토텔레스에게서 유래한 것으로 간주되었다는 점이다.

인간에 관한 연구에서도 알 킨디는 플라톤의 철학 전통과 아리스토텔레스의 철학 전통의 본질적인 일치를 주장하는 관점의 해석을 제시했다. 『지성에 관한 편지*Risālo fi l-'aql*』에서 알 킨디는 아리스토텔레스의 철학에서처럼 네 단계의 지성, 즉 잠재적 지성(지각 가능한 것들, 예를 들어 '선', '진실', '인간'과 같은 개념들을 받아들이려는 자세), 습관적 지성(지각 가능한 것들에 대해 사고할 수 있는 능력을 가진 지성), 능동적 지성(지각 가능한 것들에 능동적으로 생각을 기울이는 지성), 분리된 지성(인간에게 적용되며 습관적 지성에게 능동적 움직임과 사고를 허락하는 지성)이 존재한다고 주장했다. 알 킨디는 인간의 지식이 감각적인 인식 단계에서 영혼 안에 형성되는 사물의 이미지의 단계로 나아간다고 보았다. 인간의 지성은 감각으로는 접근할 수 없는 비물질적인 형태까지도 인식할 수 있으며 이는 대상의 지적 성격을 공유하기 때문이다. 인간의 지성은 지각 가능한 비물질적인 형태를 인식하면서 그것과 완전히 하나가 되며 이러한 활성화를 통해 능동적 지성으로 변한다. 그러나 잠재적인 단계에서 실행의 단계로 나아가기 위해 모든 현실은 이미 실행 단계에 있는 하나의 원칙을 필요로 한다. 분리된 지성은, 항상 실행 단계에 있기 때문에 '능동적' 지성이라고도 불리며, 부동의 동자를 사유의 사유로 보는 이론과 비물질적인 대상을 인식할 때 인식의 주체와 인식의 객체와 인식의 행위가 모두 일치한다는 아리스토텔레스의 논리, 그리고 플로티노스적인 지성nous의 특징들을 모두 내포하고 있다.

2.2 알 파라비와 정치철학

알 킨디의 철학이 구체적으로 정립된 뒤 10세기에 알 파라비al-Farabi는 아랍어로 번역된 알렉산드로스 아프로디시아스의 『지성에 관하여』(210년경)를 통해 지성 이론에 새로운 관심을 가지고 그만의 독특한 이론을 구축했다. 그의 이론이 후세대에 끼친 영향은 그와 마찬가지로 이슬람교도였던 이븐 시나Ibn Sina나 아베로에스뿐만 아니라 마이모니데스Maimonides, 도밍고 군디살비Domingo Gundisalvi, 로저 베이컨, 보나벤투라, 알베르투스 만뉴스, 토마스 아퀴나스와 같은 철학자들의 저서에서도 찾아볼 수 있다.

아바스 왕조가 몰락하던 9세기와 10세기 사이에 바그다드에서는 그리스도교도들과 무슬림들로 구성된 철학자들과 번역가들이 하나의 학파를 형성하며 그리스 전통 철학 연구에 몰두하기 시작했다. 알 파라비는 여기에 가담했다. 그는 아리스토텔레스의 철학을 그리스의 과학적, 철학적 유산과 이슬람 문명의 전통 학문들을 융합시킬 수 있는 새로운 학문체계의 중심에 위치시켰다. 알 파라비는 더 나아가서 종교와 정치 공동체의 움직임을 운명적으로 조율하는 전통 학문들과의 조합 속에서 플라톤의 정치철학을 통해 이슬람 사회에서 차지하는 철학자의 역할을 재정립하고자 했다.

알 파라비에게 정치학이란 곧 고대인들의 정치학, 특히 플라톤의 『국가』와 『법률』에서 표명된 정치학을 의미했다. 정치학의 목표는 훌륭한 정부를 세우는 일, 혹은 규칙을 마련하고 도시를 훌륭하게 다스리는 자의 통치 기술과 일치했다. 정치가가 추구하는 것은 사실상 훌륭하고 고귀한 행동을 통해 도달할 수 있는 진정한 의미의 행복이었다. 문제는 충만한 행복을 위해 필요한 것이 무엇인지를 이해하는 일이었다. 알 파라비는 『행복 입문』에서 플라톤뿐만 아니라 아리스토텔레스 역시 인간을 완성의 단계, 즉 행복으로 인도하는 것이 철학이라는 의견을 가지고 있었다고 주장했다. 그는 진정한 철학이 모든 실체의 원인과 본질에 대한 지식 및 모범적인 삶의 양식을 토대로 구축된다고 보았다. 그런 관점에서 가장 완벽하고 행복한 인간은, 그러한 유형의 지식을 소유하고 삶을 살아가는 철학자였다. 훌륭한 정부는 인간의 영혼 또는 이성의 완벽함에 좌우되는 충만한 행복의 실현을 가장 중요하게 생각하는 정부였고 그만큼 인간은 욕망을 절제하고 자연적이거나 신성한 현실을 깨달아 가는 본연의 자세를 잊지 말아야 했다.

알 팔라비는 『행복 입문』에서 완벽한 인간을 '철학자', '최고 통치자', '군주', '법관' 그리고 '이맘imām'이라고 불렀다. 이 철학자의 잠재적 지성은 감각적인 사물들로부터 형상을 추상화하며 점진적으로 지각 가능한 모든 형상에 대해 능동적 지성으로 변화한다. 다시 말해 확보된 상태로 진화하면서 그것이 인식하는 지각 가능한 것들과 더 이상 구별이 불가능한 지성으로 변화한다. 철학자의 지성은 인간이 능동적 지성에 가까이 다가설 수 있는 가장 높은 단계의 지성을 표상한다.

알 파리비에 감각적인 사물들 안에 실재하는 형상들은 이미 능동적 지성 안에 비물질적인 상태로 '앞서' 존재한다. 왜냐하면 능동적 지성이 '이들을 물질 속에 형상으로 도입한 뒤 천천히 물질과 형상의 접근을 꾀하며 이를 통해 지성의 확보를 실현하면서 분리가 이루어지는 단계'에 이르기 때문이다. 따라서 감각적인 사물의 생성 목적은 인간이 인식 활동을 전개할 수 있도록 사물들을 존재 안으로 끌어들이는 일이다. 인간이 지성이라는 본연의 실체 속에서 고유의 목표와 고유의 행복에 도달할 수 있는 것은 오로지 이 인식 활동이 가능하기 때문이다. 인간의 지성은 수많은 형상으로 가득 채워질 수 있고 스스로를 인식할 수 있을 뿐만 아니라 물질과 완전히 분리된, 보다 우월한 실체들을 관찰할 수 있다. 감각적인 것들 안에서 잠재력의 형태로 존재하는 지적 대상과 지성 속에서 행동력의 형태로 존재하는 지적 대상 외에도, 본질적으로 물질과 분리되어 있으며 그 자체로 실재하는 지적 대상 혹은 '지능'이 존재한다. 이러한 지능을 인식하기 위해서는 확보된 상태의 지성만이 가지고 있는 지적 직관력이 필요하다. 지능에는 최초의 원칙부터 능동적 지성에 이르는 여러 단계의 지능이 있으며 능동적 지성은 마지막 단계에 속하는 동시에 능동적 지성보다 우월한 모든 지능의 영원한 관점을 향유한다. 여기서 우리가 다시 한 번 마주하게 되는 것은 그리스 철학의 화합주의적인 해석 방식, 즉 신성한 지성은 스스로를 생각한다는 아리스토텔레스의 이론과 비물질적인 현실 속에서는 인식된 대상과 대상의 인식 능력 사이에 아무런 차이가 없다는 이론의 조화를 꾀하는 해석 방식이다. 하지만 아랍 철학이 지성을 바라보는 방식은 지성과 지적 대상의 본질적인 일치에 주목하는 신플라톤주의적인 관점 없이는 쉽게 설명되지 않는다.

2.3 이븐 시나: 팔사파의 성장과 신학자들의 비판

라틴어로 아비첸나Avicenna라고 불리던 이븐 시나(980~1037년)와 함께 동방의 아랍 철학은 인식론뿐만 아니라 형이상학 분야에서 한 차원 성숙한 단계에 도달하게 된다.

이븐 시나는 『치유의 책』의 「신성한 것에 관한 학문」이라는 장을 통해 존재하는 모든 것에서 본질과 존재, 사물과 실재를 구분했다. 논리적인 차원에서 사물과 실재는 사실상 서로 구분되는 개념이다. 어떤 특정한 사물에는 어떤 본질을 부여하고 실재하는 무언가에는 실질적이고 객관적인 존재를 부여하는 것이 보통이다. 예를 들어 본질이 주어이고 존재가 술어인 문장은 전혀 동어 반복적이지 않다("개는 존재하는 동물이다"). 즉 똑같은 것이 아니므로 본질(사물)과 존재(실재)는 별개의 것으로 나타난다.

이븐 시나는 이러한 구분법을 여러 영역에, 무엇보다도 신과 피조물의 구분에 적용했다. 이븐 시나에 따르면 존재하는 모든 것은 일시적이거나 가능할 뿐이며 오로지 그것을 존재로 이끄는 원인, 최초의 원리, 즉 신에 의해서만 필연적인 것으로 생성된다. 최초의 원인으로서 신은 모든 것을 존재로 이끌며 필연성을 고유한 본질적 특성으로 지닌다. 신은 존재와 본질이 일치를 이루며 결국 동일한 것으로 나타나는 필연적 실재다. 이븐 시나의 보편성 이론도 본질과 존재의 구분에 의존한다. 그에게 보편성이란 본질의 한 속성, 즉 순수하게 지적으로 존재하는 방식을 갖춘 하나의 속성에 지나지 않았다. 이븐 시나는 아울러 네 가지 원인(물질, 형식, 운동, 목적)에 대한 아리스토텔레스의 이론도 본질과 존재의 구별을 토대로 해석했다. 그는 '목적'이 나머지 세 원인이 발생한 후에야 존재할 수 있음에도 불구하고 본질적인 차원에서는 제1원인의 위치를 차지한다고 보았다.

그러나 이븐 시나의 이러한 주요한 이론들이 형성되는 과정에서도 그가 여러모로 그리스와 아랍의 철학 전통으로부터 받은 영향의 흔적들, 예를 들어 '존재의 개별성'에 대한 '본질의 보편성'을 다룬 아리스토텔레스의 이론이나 최초의 원인과 존재의 순수한 단계를 같은 것으로 보는 전형적인 아랍 신플라톤주의적인 관점의 흔적들을 찾아볼 수 있다. 이븐 시나에게 존재의 '필연성'이란 자아의 과잉으로 선善을 베풀거나 실재하는 모든 것에 존재성을 선사하는 존재의 가장 높은 '단계'를 의미했다. 그러나 다양성은 존재의 필연성에서 유래하지 않으며 필연성이 생산하는 최초의 효과, 즉 분리되어 있고 비물질적인 최초의 지성으로부터 유래한다. 왜냐하면 최초의 지성은 지각이 가능한 내용을, 따라서 다양성의 원리를 그 안에 포함하고 있기 때문이다. 그럼에도 불구하고 이 비물질적인 지성 안에서 인식의 주체는 인식 대상과, 다양성은 가장 통일적인 단위와 일치한다. 이 지성은 신과 세계를 중재하는 요소다.

이 최초의 지성에서 모든 지능이 유래하며 천상의 열 번째 지능, 즉 '형상을 부여하는 원리dator formarum'로서 인간에게 고유한 지적 능력의 원동력인 능동적 지성 역시 이 최초의 지성에서 유래한다. 이븐 시나는 인간 지성의 실행 과정에 대한 상세한 분석을 시도했다. 먼저 '백지 상태tabula rasa', 즉 재료로서의 지성이 논리-수학적인 공리나 존재, 사물, 필연, **하나** 등의 개념과 같은 일차적인 지각 대상을 '소유'하는 지성으로 발전하고 이어서 이차적인 지각 대상을 취하기 위해 움직인다. 지각 대상을 일단 '소유'하면 실천 단계의 지성, 즉 지각 대상을 소유하지만 아직은 생각하지 않는 단계의 지성으로 발전한다. 인간의 지성은 지각 대상을 오로지 능동적 지성과의 관계 속에서 능동적으로 사고할 때에만 비로소 확보된 지성이라는 가장 높은 지적 단계에 도달할 수 있다.

2.4 알 가잘리와 전통주의자들의 목소리

코란에서 분명히 벗어나 있었고 외국에서 들여온 것이 분명한 학문에 대해 대부분의 아랍 철학자들이 개방적인 입장을 표명했던 것과는 달리 알 가잘리(1057~1111년)와 같은 인물들은 그리스의 전통 철학과 그리스 철학에 영향을 받은 모든 아랍 철학자들의 사상을 거부하면서 이들이 모두 계시와 상반되거나 이질적인 지식을 가르친다고 주장했다. 아랍 세계에서 팔사파의 가장 대표적인 반대자로 알려진 알 가잘리는 생전에 진리를 깨달을 수 있는 인간을 네 가지 범주로 분류하면서 그중 하나가 철학자라고 주장했다.

알 가잘리 역시 처음에는 신뢰를 가지고 팔사파 철학에 접근했지만 결국에는 이들의 철학이 신과 신앙에 대한 진실한 앎을 제시하지 못하고 계시를 통한 믿음의 기초를 사실상 파괴하는 고대 철학에 너무 많은 것을 허용한다고 보았다. 알 가잘리는 팔사파의 철학자들을 세 종류로 분류했다. 먼저 신과 창조에 대한 사상을 부정하는 유물론자들이 있었고, 이어서 창조를 주관한 현자의 존재를 인정하면서도 영혼의 불멸성을 부정하는 자연주의자들 혹은 이신론理神論자들, 그리고 유일하게 대화가 가능한 유신론자들이 있었다.

알 가잘리는 『철학자들의 모순*Tahāfut al-falāsifa*』에서 알 파라비와 이븐 시나뿐만 아니라 이들에게 커다란 영향력을 행사한 아리스토텔레스, 즉 알 킨디가 신플라톤주의적인 관점에서 해석했던 아리스토텔레스를 다루었다. 알 가잘리는 이들의 저서에서 거론되는 『형이상학』과 『물리학』의 몇몇 논제들이 신도들에게 해가 될 수 있으며 따라서 이러한 부정적인 측면이 논의되어야 한다고 강조했다. 그는 이들이 세상의 영원함을 주장하면서 창조는 물론 심판의 날을 사실상 부인했고, 신에 대한 앎을 보편적 지식이라는 틀 안에 가두면서 신이 신도들에게 자비를 베풀기 위해 이들의 개인적인 현실에 개입할 수 있다는 가능성 역시 부인했다고 보았다. 그는 이들이 육신의 부활을 부정하고 마치 신의 뜻만으로는 불충분하다는 듯이 또 다른 원인들의 필요성을 강조하고 영혼을 단순하지 않은 복합적인 실체로 간주하면서 신과 그의 속성에 대한 이단적인 이론들을 창출해 냈다고 주장했다.

2.5 이븐 루시드: 진실의 문제

라틴어로 아베로에스Averroes라 불리던 이븐 루시드(1126년 코르도바 태생, 1198년 마라케시 사망)는 그의 저서 중 유일하게 라틴어로 번역된 『모순의 모순(*Tahāfut al-tahāfut, Destructo destructionis*)』에서 알 가잘리의 비판에 답변을 시도했다. 알 가잘리의 주장은 동방의 이슬람 세계에서 철학문화에 대한 강렬한 저항을 불러일으켰고 이븐 루시드는 이러한 철학의 증오 현상이 이슬람의 에스파냐, 알 안달루스al-Andalus에까지 전파되는 상황을 우려하고 있었다.

이븐 루시드의 입장에서, 팔사파의 논리적인 방법론이 계시를 통한 코란의 진실과 다른 결론에 도달하도록 만든다는 것은 불가능한 일이었다. 코란의 언어와 철학적인 결론 사이에 있을 수 있는 모순은 표면적일 뿐이며, 그러한 면이 눈에 뜨인다는 사실은 오히려 모순되는 구절에 대한 알레고리적인 해석의 시도가 팔사파에 의해 이루어져야 한다는 것을 의미했다.

이븐 루시드가 '이중적 진리'를 주장한 것으로 보는 시각은 정확하지 않다. 그는 철학적 진실을 종교적 진실의 대안으로 간주하지 않았고 철학은 단지 동일한 진실을 현자의 차원에서 표현하기 위해 더 세련된 언어와 더 수준 높은 논리를 사용할 뿐이라고 보았다. 이러한 그의 사상에서 비롯된 것이 바로 13세기 후반 파리의 인문학과 교수들을 중심으로 확산된 이른바 '라틴 아베로에스주의' 혹은 '난해한 아리스토텔레스주의'였다. 하지만 이븐 루시드에게서든 인문학과 교수들에게서든 그 악명 높은 '이중적 진리'의 흔적을 찾아낸다는 것은 사실상 불가능하다. 바르반트의 시제루스와 함께 가장 '뛰어난' 인문학과 교수들 중에 한 명이었던 덴마크의 보에티우스는 신도의 입장에서 믿는다고 고백하는 종교적 진실의 참됨을 증명하기 위해 철학적인 차원에서 부정하는 '이중적 진리' 뒤에 숨지 않았다. 그는 오히려 이성적 앎과 종교적 믿음의 대립을 막기 위해 화합주의적인 관점에서 생각을 진전시켰다. 그는 예를 들어 창조설을 인정하면서 동시에 부인하는 것이, 즉 신학적인 관점에서는 인정하고 자연철학적인 관점에서는 부인하는 것이 충분히 가능하다고 보았다.

이븐 루시드의 원작 저서들이 『모순의 모순』을 제외하고 서방 세계에 번역되지 않았던 반면 아리스토텔레스의 저서들에 대한 그의 주해들은 상당수가 라틴어로 번역 출판되었다. 이븐 루시드는 당시에 이슬람 세계에서 성장한 철학 내부에서 아리스토텔레스라는 이름이 사실은 아리스토텔레스의 철학뿐만 아니라 플라톤 혹은 신플라톤주의 전통에서 유래하는 다양한 그리스 철학 이론들이 모두 잡다하게 뒤섞여 있는 상황을 감추기 위한 하나의 가면에 지나지 않는다는 점을 부분적으로나마 의식했던 것으로 보인다. 아리스토텔레스라는 가면은 이슬람 세계에서 다양하고 이질적인 학문들의 통일성을 유지할 수 있도록 해 주었지만 이들의 아리스토텔레스 원전 연구는 그것이 역사적 아리스토텔레스와 사실상 얼마나 거리가 먼 것이었는가를 보여 준다.

이븐 루시드가 주제별 주해서를 내놓았던 것도 바로 그런 이유에서였다. 그는 아랍어로 번역된 아리스토텔레스의 저서를 다양한 분량의 문단으로 분리한 뒤 각각의 문단에 비유적 주해와 해설을 싣는 방식으로 주해서를 집필했다. 주제들은 모두 '아리스토텔레스가 말하기를'이라는 문장과 함께 도입되었고 이에 대한 주해 속에 본문의 여러 문장들이 질서 정연하게 배치되었다. 이어서, 논리상의 문제와 교리상의 문제에 대한 교육적인 차원의 짤막한 보충 설명이 이루어졌다.

아리스토텔레스의 『영혼에 관하여』 혹은 『형이상학』과 같은 책을 주제별로 주해하는 일은 결과적으로 이븐 루시드가 이를 통해 자신만의 독특한 교리를 구축하는 결과로 이어졌고 그가 제시한 논제들은 서구 세계의 대학에서 끊없는 토론 주제로 부상했다. 가장 대표적인 예는 아마도 모든 인간에게 적용되는 유일하고 분리된 질료로서의 지성이라는 주제일 것이다.

이븐 루시드 이전 시대의 아랍 사상가들에게는 능동적 지성이 분리된 지적 실체들의 마지막 단계였고 모든 인간이 개별적으로 소유하는 고유의 질료적 지성이 능동적 지성에서 유래하는 빛의 영향으로 완성 단계에 이른 것이었던 반면, 이븐 루시드는 『영혼에 관하여』에 대한 『대주석서*Commento Grande*』에서 질료적 지성은 모든 인간에게 개별적으로 속한 것이 아니라고 보았다. 그에게 질료적 지성은 인간의 보편적 완성 또는 총체적인 차원에서 모든 인간의 완성을 의미했고 종적 차원의 인류와 마찬가지로 영원한 것이었다. 인간의 사고 활동이란 인류 전체의 고유한 지성의 활성화를 의미했다. 한 개인이 물질로부터 추상화하는 형상들, 즉 상상력 고유의 추상능력에 의해 추출되기 때문에 이른바 '상상된 형상'이라고 불리는 것들은 다름 아닌 질료적 지성의 고유한 인식의 잠재력을 실현하는 일종의 원리들이었다. 이를테면 눈에 보이는 대상의 시각적 인식이 빛에 의존하듯 이 잠재력의 실현 역시 능동적 지성에 달렸다고 본 것이다. 하지만 질료적 지성의 단일성 이론은 결과적으로 사후의 개인적인 생존이 불가능하다는 결과를 가져왔다. 개인이 소유하는 것은 사실상 개별적으로 상상된 형상에 지나지 않으며 이러한 형상은 육신의 부패를 피할 길이 없었다. 불멸은 오직 보편적 지성에만 속할 뿐 개인의 전유물이 될 수 없었다.

앎의 경로: 번역과 도시문화

11~12세기는 '학문의 전이Translatio studi'라고 불린 지식의 위대한 이주를 목격했던 시대다. 이주의 동력이 되었던 번역 활동은 사실상 아주 오랫동안 서구 세계가 잘 이해하지도 못했고 그나마 2차 자료를 통해 간접적으로만 접할 수 있었던 그리스 문화와, 반대로 일찍부터 그리스 문화를 수용하고 소화해 낸 유대, 아랍, 비잔틴 문화와의 비교를 통해 구체적으로 드러나던 이론적 결함을 보완할 수 있도록 해 주었다. 11세기까지 저자로서의 확고한 권위를 인정받았던 이들은 거의 그리스도교 지식인들(로마와 그리스의 교부들, 보에티우스, 혹은 카시오도루스Cassiodorus나 세비야의 이시도르 같은 백과사전 학자들)이었고, 그리스 문화를 전달하는 중재자 역할을 맡았던 이들 역시 이 지식인들이었다. 아리스토텔레스의 새로운 저서들(이른바 '새 논리학')을 비롯해 아랍어 주석들이 수입되면서 지식을 삼종 학과와 사종 학과로 분류하던 전통적인 구분법과 일반적으로 통용되던 형태의 인식론은 위협을 받기 시작했다.

번역의 과정을 단계별로 살펴보면 첫 단계에서는 주로 과학, 마술, 점성술을 다루는 책들이 번역되었고 두 번째 단계에서는 학문 서적들의 번역과 병행해서 알 파라비, 아비첸나, 이븐 가비롤, 알 가잘리와 같은 아랍 주석가들 및 철학자들의 저서들이 집중적으로 번역되었다. 세 번째는 제라르도 다 크레모나Gerardo da Cremona의 번역을 통해 아리스토텔레스의 저서들이 본격적으로 도입되는 단계다. 12세기에는 제라르도 다 크레모나의 작업과 병행해서 엔리코 아리스티포와 자코모 베네토Giacomo Veneto의 노력으로 아리스토텔레스의 저서들이 그리스어에서 직접 번역되기 시작했다.

13세기에는 아랍 문화유산의 수용 과정이 서양 세계에서 결과를 드러내기 시작했고 유럽의 대학에서는 아리스토텔레스를 해석하는 아베로에스 사상의 영향력이 실질적인 효력을 발휘하기 시작했다. 13세기 말에 뫼르베크의 기욤은 기존의 아리스토텔레스 번역서들을 감수하고 대대적으로 수정하는 작업과 함께 아리스토텔레스 전집 대부분을 그리스어에서 직접 번역해 서양 세계에 보급하는 과업을 이루어 냈다. 번역을 의뢰하는 후원자들은 선택의 기준을 달리하며 더 이상 요약적인 형태의 번역이나 문자 그대로의 번역에 만족하지 않았다. 로저 베이컨은 번역가들의 형편없는 번역에 지속적으로 불만을 토로했다.

아랍의 경로와 그리스의 경로

그리스의 지식은 아랍인들의 중재를 통해서뿐만 아니라 자코모 베네토, 피사의 부르군디오Burgundio, 엔리코 아리스티포와 같은 번역가들의 그리스어 번역을 통해 서양 세계에 전달되었다. 물론 아리스토텔레스의 논리학과 자연철학 저서들(libri naturales)을 번역한 이름 없는 번역자들의 노고도 잊지 말아야 할 것이다. '아리스토텔레스 전집Corpus Aristotelicum'을 서양 세계에 전하면서 아랍의 중재가 가장 크게 기여한 부분은 13세기에, 특히 파리 대학을 중심으로, 아리스토텔레스 해석에 하나의 방향을 제시했다는 점이다. 실제로 아랍어 번역본에 내재하는 체계로서의 지식 개념과 철학의 다양한 범주 개념은 파리의 교수들에게 지대한 영향력을 행사했다. 이러한 상황을 그대로 설명해 주는 것은 아리스토텔레스의 저서로 오랫동안 오인되어 왔고, 다름 아닌 아비첸나의 신플라톤주의적인 해석에 따라 아리스토텔레스 형이상학의 최고봉으로 평가받았던 『원인에 관한 책*Liber de causis*』이다.

에스파냐는 틀림없이 '학문의 전이'가 가장 활발하게 이루어졌던 곳 중에 하나다. 11세기 말부터 이베리아 반도를 특징짓던 역사적이고 사회적인 상황의 특수성은 유럽의 다른 어떤 곳에서도 찾아볼 수 없는 것이었다. '학문의 전이' 현상이 가장 먼저 시작된 곳은 이베리아 반도 북부의 그리스도교도들이 모여 살던 지역으로 이곳에서 초기의 번역가들이 활동을 시작했다. 이러한 정황 속에서 무슬림과 모자라베, 유대인, 그리스도교도들이 함께 살아가던 도시 톨레도는 세 종류의 언어가 함께 사용되는 특이한 상황에 힘입어 문화와 번역의 중심지로 자리 잡았다. 그리스도교 왕들이 정복한 지 얼마 되지 않은 에스파냐는 사실상 유대 및 이슬람 문화와의 교류와 접촉이 가능한 유일한 지대였고 아랍인들의 지식세계를 직접적으로 경험하는 것이 각별히 용이한 문화 공간이었다.

문화 활동과 학문 연구가 활발히 전개되던 또 다른 지대는 이탈리아 남부, 특히 시칠리아였다. 시칠리아는 오래전부터 비잔틴제국 및 아랍 세계와의 교류를 지속적으로 유지해 왔고 그만큼 노르만제국의 정복자들도 세 언어(라틴어, 그리스어, 아랍어) 사용을 장려했던 곳이다. 그리스어와 아랍어 번역을 추진하며 번역 운동의 심장 역할을 했던 곳은 다름 아닌 팔레르모의 궁전이었다. 굴리엘모Guglielmo 1세가 통치하던 시기에 초기 번역가들 중에 한 명이었던 카타니아의 대주교 엔리코 아리스티포가 과학과 철학 분야의 그리스 저서들을 번역했다. 그는 디오게네스 라에르티오스의 저서들, 프톨레마이오스의 『수학 대전*Syntaxis mathematica*』 혹은 『알마게스트*Almagest*』 필사본과 플라톤의 『메논』(1155년)과 『파이돈』(1156년), 아리스토텔레스의 『기상학』 제4권을 번역했다. 시칠리아의 에우제니오Eugenio 역시 아리스티포의 조력자로 『알마게스트*Almagest*』 번역에 참여했다.

프리드리히 2세의 등장과 함께 번역에 대한 관심은 그리스와 비잔틴 세계에서 아랍 세계로 기울어진다. 그만큼 프리드리히는 아랍 문화에 대해 커다란 호기심과 동경심을 가지고 있었다. 프리드리히 2세 밑에서 활동했던 점성술사 마이클 스콧은 점성술, 화학, 기상학, 인상학 등에 대한 글을 남겼다. 마이클 스콧은 일련의 동물학 저서들을 번역함으로써(『동물학*De Animalibus*』) 아리스토텔레스의 라틴어 문헌 확장에 크게 기여했고 그 외에도 아베로에스의 수많은 주석들을 번역했다. 결과적으로 '새로운' 아리스토텔레스와 그의 '가장 뛰어난' 아랍 주석가가 서양에 알려진 데에는 마이클 스콧의 기여가 결정적이었다고 할 수 있다.

이어서 만프레디Manfred가 통치하던 기간에는 메시나의 바르톨로메오Bartolomeo da Messina가 아리스토텔레스의 것으로 잘못 알려진 몇몇 저술들을 번역하면서 '아리스토텔레스 라틴어 문헌Aristoteles Latinus'을 완성했다.

아랍의 지식세계가 서구에 체계적인 형태로 전달되는 과정이 시작되는 상징적인 차원의 해를 고른다면 유대인 학자 모세 세파르디Mose Sefardi가 그리스도교로 개종하면서 '페드로 알폰소'라는 이름으로 우에스카Huesca에서 세례를 받은 1106년을 택할 수 있을 것이다.

그는 천문학 저서들을 아랍어에서 라틴어로 번역했을 뿐만 아니라 유럽의 학자들에게 에스파냐를 방문해 아랍인들의 학문을 보고 배울 것을 권고하는 『프랑스의 아리스토텔레스학파에 보내는 편지』와 유명한 알 콰리즈미Al-Kwarizmi의 「천문학표*Zij al-Sindhind*」를 토대로 달의 움직임을 관찰한 천문학 논문 『용*에 관한 명제

* 달의 궤도가 황도黃道와 교차하는 지점을 가리키는 용어.

Sententia de Dracone』를 집필했다. 알 콰리스미의 「천문학표」는 1126년경 바스의 아델라드에 의해 라틴어로 번역되었고, 과학적 관점에서 상당히 혁신적인 내용을 담고 있는 것으로 평가되었다.

아델라드는 초기의 번역 운동을 대표하는 뛰어난 인물들 중에 하나로 남부 이탈리아와 그리스를 여행한 뒤 주로 잉글랜드에 머물며 작업에 몰두했다. 그는 에우클레이데스의 『원론』을 완역했고 그 외에도 『자연에 관한 문제들*Quaestiones Naturales*』을 집필하면서 아랍인들의 지식세계에 찬사를 보냈다.

과학 서적들에 대한 관심, 특히 아랍 세계의 천문학과 점성술에 대한 관심은 티볼리Tivoli의 플라톤과 산탈라Santalla의 우고Ugo와 같은 인물들의 저술에서도 두드러지게 나타난다. 티볼리의 플라톤은 바르셀로나에서 유대인 수학자 아브라함 바르 히야 하 나시Abraham bar Hiyya ha-Nasi와 함께 점성술과 의학 서적들을 번역했고 산탈라의 우고는 12세기 중엽에 천문학과 풍수지리 서적들, 그리고 알 킨디의 점성술 논문 두 권을 번역했다.

아랍 문화의 이해

무슬림들이 그리스도교도나 유대인과 동등한 법적 권리를 보장받던 에스파냐에서 교황청의 복음화 계획은 더 이상 예루살렘 성지에서처럼 '칼끝'으로 결론을 기대할 수 없었다. 필요한 것은 오히려 정복한 땅의 문화를 천천히 탐구하고 이해하며 그것에 적응하는 일이었다. 다름 아닌 이러한 탐색의 필요성이 클뤼니의 수도원장 가경자 피에르로 하여금 이슬람 종교 서적들의 번역을 장려하는 입장에 서게 만들었다. 그는 아랍 저서들의 직접적인 이해를 통해서만 무슬림이라는 이단을 효과적으로 퇴치할 수 있다는 생각으로 코란의 번역을 추진했다. 이 작업에는 피에르의 설득으로 케른텐의 헤르만과 케턴의 로버트가 참여했다.

학자들 간의 협력이 돋보이는 또 다른 예는 톨레도의 부제장 도밍고 군디살비와 아마도 그의 뒤를 이어 부제장에 오른 것으로 보이는 요하네스 히스파누스Iohannes Hispanus의 협력 관계다. 바로 이 번역가와 함께 군디살비가 이븐 가비롤의 『생명의 샘*Fons vitae*』을 번역함으로써 위僞 아리스토텔레스의 다양한 신학적 주제들을 라틴 세계에 보급했던 것으로 보인다. 요하네스 히스파누스와의 공동작업 이후에 이루어진 것으로 보이는 이븐 다우드Ibn Dawud와의 협력을 통해 군디살비는 아비첸나의 『치유의 책*Kitab al-shifa*』 일부와, 특히 서양에 아리스토텔레스에 관한 초기의 아랍 주석을 제공했던 『영혼에 관한 책*Kitab al-nafs*』을 번역했다. 군디살비는 서구 라틴 세계에 '팔사파'를 알리는 데 중요한 역할을 한 인물이다. 아비첸나의 『치유의 책』 외에도 그는 알 가잘리와 알 파라비의 저서들까지 번역한 것으로 보인다. 군디살비는 단순한 번역가가 아니라 아랍 사상가들로부터 배운 지식세계를 재구성하며 『철학의 부류에 관하여』, 『학문에 관하여』, 『영혼에 관하여』와 같은 독창적인 책들을 펴낸 사상가였다.

12세기에 에스파냐에서 활동했던 번역가들 중에 눈에 띄는 인물은 아리스토텔레스의 저서들을 체계적으로 번역한 크레모나의 제라르도다. 프톨레마이오스의 『알마게스트』 연구를 위해 에스파냐를 찾은 그는 군디살비와 같은 시기에 톨레도에 머물며 활동했다.

제라르도의 번역은 상당히 방대한 영역에 걸쳐 이루어졌다. 아리스토텔레스의 저서들 외에도 수학, 지리학, 광학, 천문학, 점성학, 의학, 연금술 분야의 논문들을 번역했고 알 킨디의 저서로 추정되는 몇몇 논문과 알렉산드로스 아프로디시아스의 저술들, 위 아리스토텔레스의 『원인에 관한 책』을 번역했다.

'아리스토텔레스 전집corpus aristotelicum'을 서방 세계에 알리는 데 크게 기여했던 자코모 베네토는 1125년에 아리스토텔레스의 『분석론 후서』를 번역했고 이외에도 『소피스트 논쟁에 관하여』, 『물리학』, 『영혼에 관하여』, 『형이상학』, 그리고 『자연학 소론집*Parva naturalia*』의 일부를 그리스어에서 라틴어로 옮겼다. 그의 번역 작업에 힘입어 12세기 중반에는 아리스토텔레스의 저서들 가운데 상당수를 그리스어-라틴어 번역본으로 구해 읽을 수 있었고 결국 그런 식으로 아리스토텔레스의 책은 아랍어-라틴어 번역본을 통해서만 접할 수 있다는 고정관념 역시 서서히 사라지기 시작했다. 그리스어 번역 분야에서 중요한 역할을 한 또 한 명의 인물은 외교관이었던 피사의 부르군디오다. 그는 자코모 베네토와 함께 동방을 여행하면서 수집한 상당한 분량의 책들을 활용해 철학적 교양을 서양 문화에 그리스어 원문으로부터 직접 전달하는 데 기여했다.

주로 13세기에 활동한 차세대의 번역가들 중에는 위 아리스토텔레스의 『식물에 관하여*De Plantis*』와 아비첸나의 『광물에 관하여*De Mineralibus*』를 번역한 사라셀의 알프레드Alfred와, 코란의 두 번째 판본, 즉 가경자 피에르와 마이클 스콧의 첫 번째 코란에 뒤이어 두 번째 라틴어 판본을 만든 톨레도의 마르코Marco가 있다. 사실상 이들 덕분에 '아베로에스 전집Corpus averroisticum'의 보급이 시작되었고 '아리스토텔레스 라틴어 문헌'에도 주요한 보완이 이루어졌다.

'아베로에스 라틴어 문헌'과 연결되는 또 다른 두 사람의 이름은 루나Luna의 윌리엄William과 헤르마누스 알레마누스Hermannus Alemannus다. 윌리엄은 13세기 중반에 나폴리에서 활동했고 주로 논리학 저서의 주석서들, 예를 들어 포르피리오스의 『아리스토텔레스의 범주론 입문』과 아리스토텔레스의 『범주론』, 『명제론』의 중급 주석서를 번역했다. 반면에 헤르마누스 알레마누스는 『니코마코스 윤리학』의 고대 후기 요약본과 『수사학』, 아베로에스의 『시학』 주석을 번역했다.

번역의 방법론 : 구어의 중재

번역의 방법론 연구는 번역가의 개성 분석에만 유용한 것이 아니라 상당수의 경우에 소실된 원문의 재구성을 위한 소중한 도구로도 쓰일 수 있다. 예를 들어, 크레모나의 제라르도는 비교적 원문에 충실하고 문자 그대로의 번역에 치중하는 번역가였기 때문에 그가 번역한 책들은 더 이상 남아 있지 않은 아랍어 원본에 대한 충실한 증언이라고 할 수 있다. 마이클 스콧의 번역도 마찬가지다.

역사적 관점에서 가장 많이 논의된 문제들 중에 하나는 아랍어 번역의 기술과 관련된 문제, 특히 '구어의 중재' 혹은 두 번에 걸쳐 이루어지는 번역의 문제였다. 아랍어와 라틴어를 중재하는 차원에서 구어를 활용하는 이 번역 기술은 한 박식한 아랍인 번역가가 아랍어에서 구어로 번역하는 내용을 큰 소리로 읽고 한 박식한 라틴어 번역가가 이를 듣고 구어에서 라틴어로 번역하며 받아 적는 방식을 말한다. 이러한 방식은 아랍어 문어文語가 가진 수많은 어려움들을 쉽게 극복할 수 있도록 해 주었다. 이러한 기술의 사용을 증명하기 위해 흔히 인용되는 문헌은 도밍고 군디살비의 『영혼에 관하여』 번역본 서문이다. "여기에 아랍어에서 번역한 번역본이 있다. 나는 모든 단어들을 구어로 번역하며 크게 읽었고, 부제장이 이를 다시 라틴어로 옮겼다."

이 문장은 '구어의 중재'가 사용된 적이 있다는 점을 증명하지만 이러한 방식이 에스파냐에서 유일하게 통용되던 번역 기술이었다는 것을 의미하지는 않는다. 오히려 다양한 번역 기술이 공존했다는 점, 다시 말해 개인적인 방식, 박식한 아랍인의 협력으로 진행되는 번역 방식(군디살비가 묘사한 것과 반드시 같아야 할 필요는 없다), 그리고 완전히 두 단계로 분리되어 진행되는 방식이 함께 통용되었다는 점을 인정할 필요가 있다.

하지만 번역가라는 이름에 어울릴 만한 언어능력을 갖춘 번역가는 사실상 찾아보기 힘들었고 번역문을 원문에 대한 충실한 증언으로 볼 수 없는 경우들도 비일비재했다. 번역가들의 형편없는 실력과 '쓸모없는' 번역에 대한 베이컨의 단호한 비판은 다른 한편으로 번역가들이 원문을 이해하는 데 얼마나 큰 어려움을 겪었는지 증언해 준다. 베이컨은 번역가들을 가차 없이 비판했다. 그의 비판을 피할 수 있었던 유일한 인물은 로버트 그로스테스트다. 그로스테스트는 그리스어 번역을 통해 '학문의 전이' 과정이 일진보하는데 결정적인 역할을 했다. 그는 '아리스토텔레스 전집' 원본의 완역을 목표로 작업했을 뿐만 아니라 신학과 과학에도 관심을 보이면서 특히 언어학적이고 문헌학적인 측면을 상당히 중요시하는 번역 방식을 제안했다. 실제로 그는 자신을 중심으로 수많은 전문 번역가들과 그리스 전문가들을 끌어모았고 수많은 문법책들을 참조하고 활용하면서 작업에 임했다. 그의 감독하에 완성된 번역서들이 방법과 양식적인 측면에서 뛰어난 일관성을 보여 주는 것도 바로 그러한 이유에서다. 그로스테스트는 다마스쿠스의 니콜라Nicola와 위 디오니시우스의 몇몇 저서 외에도 그리스어 주석이 달린 『니코마코스 윤리학』의 첫 완역본을 출간했다. 아울러 위 아리스토텔레스의 몇몇 저서와 『우주론』의 일부 역시 그로스테스트가 번역한 것으로 추정된다.

'학문의 전이' 과정에 중요한 역할을 한 또 한 명의 주인공은 뫼르베크의 기욤이다. 그는 13세기 말에 기존 번역본들을 세심하게 검토하는 작업과 방대한 영역의 번역 작업을 통해 '아리스토텔레스 전집' 원본의 완역본을 거의 완성하는 데 성공했다. 아울러 뫼르베크의 기욤은 아르키메데스, 헤론, 프톨레마이오스, 갈레노스와 같은 과학자들의 논문뿐만 아니라 아랍어의 중재 없이 서구에 '진정한 아리스토텔레스'를 되돌려주어야 한다는 신념으로 고대 말기의 아리스토텔레스 주석서들을 번역하기도 했다.

12세기 말부터 새로운 번역서들이 빠른 속도로 보급되기 시작했다. 잉글랜드에서는 새로운 지식세계를 진지하게 받아들이고 아리스토텔레스의 번역서들을 연구하려는 학자들이 등장했고(존 블런드John Blund, 사라셀의 알프레드, 로버트 그로스테스트), 파리에서는 금서로 취급되던(1210년과 1215년에 처벌된 사례가 있다) 아리스토텔레스의 자연학 저서들이 자유학예의 정규 교육과정에 포함되는 획기적인 변화가 일어났다. 서구 세계는 그 순간부터 철학과 과학 분야에서 아리스토텔레스의 진정한 승리를 목격하게 된다. 이에 비하면 플라톤은 사실상 없는 것과 다를 바 없는 존재였다. 어쨌든 아리스토텔레스의 사상이 당대의 문화적 요구를 훨씬 더 진지하게 충족시킬 수 있었던 것으로 보인다. 하지만 아리스토텔레스의 저술들만이 서양을 잠에서 깨우고 문화적 부흥을 일으키는 데 기여했던 것은 아니다. 아랍 과학자들의 저서들, 아리스토텔레스를 연구한 아랍 학자들의 주석서들, 비잔틴 세계와의 교류를 통한 그리스 문헌의 재발견 등이 그에 못지않은 중요한 역할을 했다고 볼 수 있다. 12세기부터 활성화되기 시작한 인간과 사상의 교류는 라틴 문화에 새로운 활력소를 제공했고 새로운 지식과 새로운 해석 방식을 전파하고 보급할 수 있도록 해주었다.

3

유대인들의 철학

3.1 전통, 계율, 설화

유대인들의 철학 전통은 일종의 규율체제, 다시 말해 성서를 보완하는 기능을 가지고 있고 랍비들의 잠언으로 구성된 하나의 법전을 토대로 구축된다. 초기에 구전되던 성서는 뒤늦게 탈무드 안에 합쳐지면서 문서화되었다. 이 법과 관련되는 부분을 할라카Halakah라고 부른다. 법과 무관한 부분은 하가다Haggadah('이야기')라고 부르며 우화나 잠언 등을 토대로 구성된다. 탈무드는 토라(법)의 '반복'(학습)을 뜻하는 미쉬나Mishnah와 미쉬나의 문서화된 주해 게마라Gemarah로 구성된다. 주해에는 두 종류가 있으며 여기서 두 종류의 탈무드, 즉 바빌론 탈무드와 예루살렘 탈무드가 유래한다. 사실상 유대교는 인간의 실천적인 삶을 토대로 하는 종교로 탄생했다. 유대교는 어떤 교리도 가지고 있지 않았고 신학이나 철학적 성찰을 토대로 형성되지 않았으며 대신에 행동이나 자세를 규제하는 일련의 규율을 토대로 탄생했다. 이것이 바로 탈무드가 2세기에서 5세기 사이에 그리스 철학의 영향으로부터 거리를 유지할 수 있었던 가장 결정적인 요인이었다. 유대인들은 그리스 철학을 법과 전통을 연구하는 것과는 전혀 다른 종류의 이질적인 지혜로 받아들였다.

이러한 상황은 7세기부터 변하기 시작한다. 634년 아랍의 이슬람교도들이 비잔틴제국과 사산제국을 침범하고 차례대로 다마스쿠스와 바그다드를 칼리파제국의 수도로 삼으면서 바로 이 지역에서 경전을 지닌 세 종교, 즉 그리스도교, 이슬람교, 유대교의 교류가 시작되었다. 이슬람 세계에서는 이른바 칼람 kalām,* 즉 논리적인 증명을 토대로 하는 신학적 토론 방식이 발전했다. 유대인들 사이에서도 이와 유사한 현상이 일어났고 역사학자들은 이를 유대교의 칼람이라고 부른다. 칼람을 대표하는 유대 사상가들 가운데 가장 중요한 역할을 한 인물은 흔히 가온이라는 이름으로 불리는 사아디아 벤 요제프(Saadia Ben Joseph, 882~942년)다.

가온은 이집트에서 탄생했고 이어서 팔레스타인, 시리아, 이라크로 이주했다. 가온은 철학적인 담론과 성서의 계시가 동일한 기원을 가진다고 보았다. 모든 철학적 문제는 따라서 하나의 해답을 가지고 있었고 이 해답은 성서를 뒷받침하는 논리적 증명을 토대로 마련되었다.

성서 해석을 통해 가온은 문자 그대로의 의미로 읽었을 때 논리적으로 모순을 일으키는 문장이나 단어들에 대한 올바른 이해 방식을 제시하고자 했다. 예를 들어 신의 존재를 수식하는 '눈', '귀', '손'과 같은 표현들은 신의 물리적인 특징 혹은 실질적인 신체의 일부를 가리키는 것으로 이해할 것이 아니라 신을 묘사하는 비유로 이해할 필요가 있었다. 신의 '손'은 인간의 손과 똑같은 차원의 손이 아니라 신의 능력을 의미했다.

---

* 문자 그대로 '말씀' 혹은 '담론'을 뜻하는 아랍어 칼람kalām은 이슬람 세계에서는 '신의 말씀kalām Allāh'을 탐구하는 학문을 가리키며 그런 의미에서 신약성서의 그리스어 로고스에 해당한다.

3.2 유대인들의 신플라톤주의

호교론적인 성격의 '칼람'에 이어 중세의 유대 사상은 무엇보다도 철학 혹은 논리적인 사유체제와 계시의 내용을 조합하는 데 집중했다. 중세 유대 사상의 논리적인 성향들은 특히 10세기에 아랍 해석학자들의 아리스토텔레스주의 및 아리스토텔레스의 사상을 신플라톤주의적인 관점에 바라보는 이들의 독특한 해석 방식과 상당한 부분에서 일맥상통하는 것으로 나타난다. 하지만 유대 전통 사상의 몇몇 기본적인 요소들과 신플라톤주의적인 관점의 만남과 비교는 결코 융합될 수 없는 몇 가지 특징들을 부각시켰다. 불화의 가장 기본적인 원인은 신의 이미지에 대한 관점 차이였다. 성서의 신이 창조의 의지를 가진 존재였고 세상사에 직접적으로 관여하며 인간과 약속을 통해 소통하는 신이었다면, 이와는 달리 신플라톤주의의 **하나**는 요지부동의 자세로 의지와는 무관한 힘의 발산을 통해 세상을 생산해 내는 존재였다.

10세기 전후에 활동한 주요 사상가에는 이삭 이스라엘리(Isaac Israeli, 850년경~932년경), 솔로몬 이븐 가비롤(1021~1054년경), 바히야 이븐 파쿠다(Bahya Ibn Paquda, 11세기), 아브라함 이븐 에즈라(Abraham Ibn Ezra, 1089~1164년) 등이 있다. 이삭 이스라엘리는 주로 이집트에서 활동했으며 의학 저술을 통해 널리 알려졌던 인물이다. 그는 무엇보다도 고대 말기의 철학사상들을 유대 사상에 도입한 최초의 사상가였다. 아리스토텔레스주의적인 요소들도 분명히 나타나지만 이스라엘리의 사상은 주로 신플라톤주의 전통의 회복과 알 킨디 및 플로티노스와의 철학적 대화에 집중되어 있다. 하지만 그는 세상이 신의 의지와는 무관하게 어떤 힘의 발현을 통해 창조되었다는 신플라톤주의 사상에는 동의하지 않았고 오히려 신이 무無에서 세상을 창조했다는 전통적인 창조론을 수용했다. 이스라엘리의 우주론에 따르면 플로티노스의 **하나** 대신 창조주 신이 존재하며, 최초의 질료와 최초의 형상이 존재하고 이들의 조합으로부터 지성이 생성된다. 그는 생장 기능, 이성적 기능, 동물적 기능을 가진 하나의 영혼이 존재하며 인간의 영혼은 최초의 질료와 최초의 형상의 조합에서 유래하는 하나의 순수한 빛, 즉 지성의 발현에 의해 생성된다고 보았다. 또한 영혼이 이러한 조합에서 유래하기 때문에 발현의 과정을 거꾸로 거슬러 올라갈 수 있으며 그런 식으로 황홀경에 도달할 수 있다고 보았다.

이븐 가비롤은 시인이자 신비주의자였다. 그의 주요 저서들 중에 하나인 『삶의 원천(*Fons Vitae, Meqor Hayyim*)』은 아랍어로 쓰였고 먼저 히브리어로, 이어서 요하네스 히스파누스와 도밍고 군디살비(12세기)에 의해 라틴어로 번역되었다. 히브리어로 쓰인 그의 서사시 『왕관*Keter Malkut*』 역시 중요한 작품이다. 이븐 가비롤의 사상은 그리스도교 사상가들에게 적지 않은 영향을 끼쳤다. 그의 저서들은 아리스토텔레스뿐만 아니라 신플라톤주의로부터 받은 영향의 흔적을 분명하게 나타내며 의지라는 개념에 특별한 역할을 부여한다는 특징을 가지고 있다.

이븐 가비롤은 존재 안에 세 가지 실재가 있다고 보았다. 존재 안에는 하나의 실재를 이루는 질료와 형상이 있고, 최초의 실체 즉 신이 있고, 이어서 전자와 후자의 중재자로 간주되는 의지가 있다. 이븐 가비롤에 따르면 존재의 모든 단계는 최초의 실체와는 무관하게 질료와 형상으로 구성된다. 모든 사물에 공통된 하나의 보편적 질료와 하나의 보편적 현상이 존재한다. 지성, 영혼, 자연이라는 세 가지 실체 역시 질료와 형상으로 구성되며 발현 과정을 통해 서로 관계한다. 물질적 실체는 바로 자연으로부터 유래한다. 서방 세계에서는 질료형상주의가 논의될 때마다 거론되는 것이 이븐 가비롤의 이름이었다. 이븐 가비롤은 다름 아닌 모든 실재가 하나의 형상과 하나의 질료로 구성된다는 질료형상주의를 지지하는 대표적인 철학자 가운데 한 명이었다.

이븐 가비롤에 따르면 삶의 궁극적인 목적은 학문, 즉 세상(질료와 형상)과 의지에 대한 앎이었던 반면 신은 인간이 이해할 수 없는 존재였다. 하지만 인간은 앎을 통해 플라톤이 말하는 감옥, 즉 영혼이 물질세계 안에 갇혀 있다는 뜻의 감옥에서 벗어나 스스로의 근원, 즉 신을 찾아 거슬러 올라갈 수 있는 힘을 가지고 있었다. 그는 인간의 영혼과 우주의 구조 사이에 존재하는 연결 고리와 이들의 상관 관계 덕분에 영혼이 스스로를 이해하고 동시에 우주와 모든 사물을 이해하는 단계에 도달할 수 있다고 보았다.

지대한 영향력을 행사했던 또 다른 인물은 유다 하 레비(Judah ha-Levi, 1075~1141년)다. 그의 주요 저서 『하자르의 책*Sefer ha-Kuzari*』은 서구 세계에서도 개방적인 성격의 지식인들에게는 그다지 이질적이지 않았던 대화 형식(예를 들어 아벨라르의 『한 철학자와 한 유대인과 한 그리스도인의 대화』, 라몽 유이의 『이방인과 세 현자의 책』)을 통해 하자르의 왕이 한 그리스도인, 한 이슬람교도, 한 철학자, 한 랍비와의 토론 끝에 유대교로 개종하게 되는 과정을 이야기한다.

토론을 통해 제시되는 내용은 상이한 종교적 관점이다. 성서의 신이 의지를 가진 전능한 존재라면 아벰파세(Avempace, 1138년 사망)와 같은 철학자에게 신은 자기밖에는 모르는 존재였다. 스스로와 다른 무언가를 안다는 것 자체가 그의 불완전성을 가리키는 지표였기 때문이다. 결과적으로 철학자의 신은 인간을 알지 못하며 그에게 어떤 행동을 요구하지도 못하는 존재였다.

하지만 유대인들의 신은 철학가들의 보편적인 신과는 달리 한 민족과 한 언어만을 통해 역사에 등장했고 이러한 전제를 토대로 하 레비는 역사의 어느 한 순간에 신의 계시를 통해 등장한 유대교만이 진정한 의미에서 신성한 종교라는 결론을 내렸다.

『하자르의 책』을 통해 하 레비는 당시에 이븐 시나와 알 파라비의 아리스토텔레스주의와 일치하던 철학을 (이슬람교에서 알 가잘리가 그랬듯이) 논리적인 증명 방식으로 비판하며 이성에 대한 계시의 우월성을 주장했다.

유대 철학이 아리스토텔레스주의를 본격적으로 수용하기 시작한 것은 12세기부터다. 이 그리스 철학자의 사상에 대한 유대적인 해석의 특징은 고대 말기의 사상과 아랍 사상의 중재를 통한 철학의 수용, 신플라톤주의와 대조적인 논제들의 발전, 알레고리적인 해석을 바탕으로 성서 내용과 상응하는 방법론 모색 등으로 요약할 수 있다.

이러한 맥락에서 가장 중요한 역할을 했던 철학자는 모세 벤 마이몬(1138~1204년)이다. 일명 마이모니데스라고 불리는 그는 코르도바에서 태어났고 박해로부터 벗어나기 위해 정착한 이집트에서 의사로 활동하며 법률과 종교와 관련된 저서들을 집필했다. 중요한 작품으로는 『미쉬네 토라*Mishnhe Torah*』(문자 그대로 토라의 반복)와 『당혹해 하는 이들을 위한 안내서』가 있다.

마이모니데스는 성서에 대한 논리적인 성격의 해석학을 제안하면서 문자적인 의미를 뛰어넘는 알레고리적인 해석을 시도했다. 그는 아리스토텔레스의 『물리학』과 『형이상학』을 기준으로 성서의 문장들을 해석했고 동시에 전통 사상의 탈신화화를 시도하면서 성서 해석학과 철학 간의 소통체제를 확립하기 위해 노력했다. 마이모니데스는 알렉산드로스 아프로디시아스와 알 파라비, 이븐 시나의 주해서를 통해 아리스토텔레스의 철학을 접했지만 그의 글들은 오히려 밀교적인 성격을 가지고 있었다. 이는 그가 종교적 진실이 많은 이들에게 감추어져 있어야 하고 사실상 성서 역시 진정한 의미를 문자적인 의미 뒤에 감추고 있다는 생각을 가지고 있었기 때문이다.

마이모니데스의 저서들 가운데 가장 널리 알려진 것은 『당혹해 하는 이들을 위한 안내서』다. 이 책은 체계 없이 의도적으로 무질서한 구도 안에서 쓰인 작품이다. 하지만 특별히 중요한 주제들이 있고 이들 가운데 가장 눈에 띄는 것이 바로 세상의 창조에 관한 문제다. 마이모니데스는 여러 입장들을 제시한 뒤 성서의 진실, 즉 신이 세상을 무無에서 창조했다는 의견과 세상은 어느 한 순간에 시작되지 않았고 영원하다는 아리스토텔레스의 의견을 비교한다. 그가 어떤 결론에 도달하는 것은 아니다. 그의 입장은 아리스토텔레스의 입장에 더 가깝다는 것이 일반적인 의견이지만 사실상 이 문제에 분명한 해답이 있는 것은 아니다. 실제로 마이모니데스는 성직자들의 논리를 증명할 길이 없다고 말하면서 반대로 영원성의 논리는 신의 존재 및 유일성과 비신체성을 주장하는 철학적 논리에 하나의 전제조건이 될 수 있다고 주장했다. 하지만 마이모니데스는 이러한 '철학적' 해석과는 무관하게, 무無로부터의 창조를 주장하는 의견이 믿음의 대상이라고 보았다.

특별히 흥미로운 것은 철학적 사고와 세계의 질서와 예언 사이의 관계에 대한 분석이다. 마이모니데스는 이러한 관점을 비유를 들어 설명했다. 궁전에 갇혀 사는 한 왕이 있고 백성들의 일부는 성곽 바깥에서, 일부는 안에서 살아간다. 어떤 이들은 궁전을 등지고 있고 어떤 이들은 궁전을 향해 움직이며 또 어떤 이들은 궁전 안에서 이 방 저 방을 돌아다닌다. 철학자들은 궁전 안에 들어가는 데 성공하지만 그 안에는 더 뛰어난 예언자들이 있고 결국에는 이들이 왕이 머무는 방에 도달한다. 그렇다면 이 비유가 말하는 철학과 예언의 관계는 무엇인가? 예언은 능동적 지성을 통해 인간의 지성 안에서 이루어지는 신의 발현인 이성적 사고력 혹은 상상력, 혹은 두 가지 모두를 요구한다. 결과적으로 여러 단계의 예언이 존재한다. 마이모니데스에 따르면 예언의 능력을 소유하기 위해서는 학습 과정과 준비가 필요하지만 인간의 재능과 노력에도 불구하고 신은 얼마든지 이러한 능력을 허락하지 않을 수 있다.

지식과 관련하여, 마이모니데스는 인간이 현실세계에 대한 완벽한 앎의 경지에 도달할 수 있는 능력을 가졌지만 천상의 세계에 대한 인간의 지식에는 한계가 있으며, 신에 대한 앎은 원래부터 불가능했고 오로지 부정적인 방식을 통해서만 접근할 수 있다고 보았다.

12세기까지 유대인들의 문화적인 성장이 주로 아랍 세계를 통해 이루어졌다면 그 이후로는 무엇보다도 유대인 공동체들에게 다른 지역보다 훨씬 우호적이고 유리한 환경을 제공했던 프로방스와 이탈리아를 배경으로 이루어졌다. 12세기에 에스파냐에서는 마그레브와 에스파냐의 이슬람 세계를 1147년부터 1269년까지 다스렸던 무와히드 왕조의 박해가 진행 중이었다. 프로방스에서는 철학자들 가운데 게르손Levi ben Gershon이 활발한 활동을 펼쳤던 반면 아랍어가 통용되지 않던 이탈리아에서 철학의 보급에 크게 기여했던 것은 무엇보다도 티본Tibbon 가문의 번역 작업이었다. 이들은 아랍어로 쓰인 유대인 철학자들의 저서들 외에도 이슬람 철학자들의 책과 그리스 철학의 주해서들을 번역했다. 이탈리아에서 유대인 철학자들은 라틴 문화에 녹아들면서 자연스럽게 동화되었다. 예를 들어 프리드리히 2세의 궁정에서는 번역가로 일하는 유대인 지식인들을 상당수 찾아볼 수 있었다. 반대로 박해가 계속되던 에스파냐의 열악한 상황은 결국 1492년 유대인들이 그리스도교들로부터 추방당하는 결과로 이어졌다.

3.3 카발라, 신비주의와 철학적 성찰 사이에서

카발라kabbalah는 성서의 문자적인 의미를 뛰어넘어 깊이 숨어 있는 의미를 파악하기 위해 필요한 독서의 기술 혹은 해석의 기술로 탄생해, 라인강 지역과 에스파냐, 프로방스를 중심으로 12세기부터 발전하기 시작했다. '카발라'는 문자 그대로 '물려받은 전통'이라는 뜻을 가지고 있으며 실제로 유대교 전통 사상에서, 특히 3세기와 6세기 사이에 쓰인 『창조의 책*Sefer Yetzira*』에서 유래한 것으로 추정된다. 카발라는 흔히 신학적인 성격의 카발라와 신비주의적인 성격의 카발라로 구분된다.

신학적인 카발라에 의해 발전된 주제들은 우선적으로 '엔 소프En Sof'(무한함, 신의 감추어진 특성)의 교리와 신의 현현의 도구가 되는 '세피로트sefirot'(숫자)의 교리다. 열 개로 구성되는 '세피로트'는 신의 현현과 일치하는 것은 아니지만 일종의 내부적인 지형학을 구축한다. 카발라를 바탕으로 하는 성찰의 모든 중심 주제들은 13세기에 모세 데 레온Moshe de Leon이 쓴 『광채의 책*Sefer ha-Zohar*』에서 다시 검토되고 체계화된다.

반면에 신비주의적인 성격의 카발라는 문자 뒤에 숨어 있는 보다 깊은 의미를 히브리어 알파벳의 치환법을 통해 탐구하는 방법을 제안했다. 이러한 방법은 흔히 토라의 독서 및 해석학과 밀접한 연관성을 가지고 있다. 이러한 방식을 구축하는 기법들 가운데, '노타리콘notariqon'은 한 단어를 구성하는 철자들을 각각 다른 단어를 시작하는 철자로 상정하여 문장을 만들어 내는 기법을 말한다. 예를 들어 유대인들의 기도문에 사용되는 Agla라는 단어는 "Atha Gibor Leolam Adonai", 즉 "당신은 전능하시고 영원하신 주님!"이라는 문장으로 풀이된다. 아울러 철자와 단어 혹은 단어의 일부에 수數적인 가치를 부여하는 '게마트리아gematriah'라는 방식과 철자들의 순서를 뒤바꾸어 말을 변형시키는 '테무라temurah'라는 방식을 사용하기도 했다. 이러한 방식들을 활용해서 말들 사이에 존재하는 숨은 공통점을 찾고 말 속에 내재하는 본질적인 의미의 고리를 밝혀내고자 했던 것이다. 이러한 기법들은 아울러 신비주의적인 경험과 깊은 연관성을 가지고 있다. 여기서 언급이 필요한 인물은 아브라함 아불라피아Abraham Abulafia다. 그는 자신의 신비주의 경험을 증언하기 위해 호흡이나 음악과 관련된 기술을 발전시켰고 자신이 경험한 환영을 묘사하기도 했다.

아불라피아의 사상에 대한 관심뿐만 아니라 일명 '유대인 레온'으로 불리던 예후다 레온 아브라바넬(Yehudah Leon Abrabanel, 1460~1530년)의 신비주의 사상 및 당대의 진정한 베스트셀러였던 그의 『사랑의 대화』에 대한 지대한 관심은 주로 모데나와 레조 에밀리아, 만토바, 피렌체 등지에서 활동하던 그리스도교 철학자들에게 커다란 영향을 끼쳤다. 반면에 페라라에서는 상이한 전통문화들이 공유할 수 있는 기초적인 점성술 연구가 이루어졌다. 이 분야에서 두각을 드러냈던 인물은 마르실리오 피치노와, 아베로에스주의자였던 유대인 학자 엘리아 델메디고Elia Delmedigo의 제자 조반니 피코 델라 미란돌라다. 신비주의적인 주제들과 그리스도교 사상 및 신플라톤주의의 공통점을 발견하려고 노력했던 피코와 피치노 모두 신비주의와 카발라에 지대한 관심을 가지고 있었다.

4
앎의 모형, 중세의 백과사전

4.1 과거의 앎에 대한 하나의 '관점'과 현재에 대한 판단

중세에 사람들은 백과사전을 알파벳이나 주제와 같은 여러 가지 기준을 토대로 통일된 구도 속에 조직적으로 배치되는 일련의 선별된 지식으로 이해했다. 하지만 중요한 것은 백과사전에 전시되는 정보들의 방대함보다는(중세에도 분야별 백과사전이 존재했다) 과거의 지식에 대한 '관점'과 지식의 현 상태에 대한 판단이었다. 다른 시대와 마찬가지로 중세의 백과사전에서도 저자들에 따라 빈도의 차이를 보이는 두 가지 요소가 발견된다. 첫째는 소개된 지식의 일반적인 연구 현황을 점검하는 경향이며, 둘째는 암묵적으로든 공개적으로든 지식의 선전 계획이나 소개 목적을 표명하면서 수집된 지식세계에 의미를 부여하는 경향이다. 이러한 구분을 기준으로 우리는 중세의 백과사전을 다른 시대에 만들어진 유사한 성격의 서적들(예를 들어, 헬레니즘 시대의 책들 혹은 계몽주의 시대의 백과사전들)뿐만 아니라 중세의 그리스도교, 유대교, 이슬람교 전통에 속하는 또 다른 형태의 책과 비교해 볼 수 있다.

아우구스티누스의 『그리스도교 교리에 관하여』를 살펴보면 중세의 백과사전에 다양한 방식으로 영향을 끼치게 될 계획 지향적 관점이 확연하게 드러난다. 아우구스티누스는 신학적 지식의 체계를 구축하는 데 꼭 필요한 몇몇 원칙들 가운데 세 가지를 또렷하게 지적했다. (1) 성경 구절들은 구원을 위한 유일무이한 길이며 모든 지식의 값어치를 견줄 수 있는 최상의 척도다. (2) 성경의 어휘들 속에 모든 의미는 숨어 있고 '가려진' 채 담겨 있다. (3) 결과적으로 성경 구절을 이해하기 위해서는 '비유를 통한per figuras' 독서 방식을 취할 필요가 있다. 아우구스티누스는 인간이 에덴동산에서 추방된 후로는 진리를 직관적으로 이해하는 능력을 상실했기 때문에 비유나 알레고리를 통한 독서가 하나의 의무사항이 되었다고 보았다. 따라서 '표류하는 인간homo viator'에게 언어는, 비록 필수적이지만, 부정확한 소통 수단이며 오히려 유사와 상사가 기본적인 소통 수단이었다.

『그리스도교 교리에 관하여』에서는 세속 문화와의 관계를 특징짓는 '신성한 도둑질'라는 비유가 중요한 위치를 차지한다. 유대인들이 이집트의 노예 생활로부터 탈출하면서 이집트인들의 재산을 훔쳐 나왔던 것처럼, 그리스도교도들 역시 하나의 새로운 문화를 구축하기 위해서는 세속인들로부터 자유학예라는 보물과 함께 문명 생활에 필요한 윤리적 규율 및 정치와 사회 제도를 훔칠 줄 알아야 한다는 것이었다.

보에티우스는 아리스토텔레스의 번역과 주석 작업을 통해 백과사전의 저자들에게 하나의 엄격한 용어체제 및 후세에 '전형적인' 것으로 남게 될 문제들의 정확한 윤곽을 제시했다. 두 세기가 지난 뒤에 세비야의 주교 이시도르(560~636년)는 20권으로 구성된 『어원사전*Etymologiae sive Origines*』에서 이미 위험에 처해 있던 '고대의 지식을 구해' 서고트족 왕국의 관리들과 고위 종교지도자들의 육성에 활용했다. 이후에 등장하는 백과사전들은 이시도르가 자유학예와 법학, 의학, 언어학, 사회, 가정, 지리, 자연과학과 기술 분야에서 다룬 내용들을 폭넓게 활용했다. 그의 어원 연구는 말들이 가지고 있는 원래의 의미를 깨닫게 해 주었을 뿐만 아니라 가장 적절한 사용법을 정립하고(규칙의 기능) 동시에 말들이 표상하는 현실(존재론적 상황)을 포착할 수 있도록 도와주었다. 『어원사전』은 라틴어가 통용되던 중세에 상당히 널리 전파되면서 고대의 지식세계를 정치적이고 그리스도교적인 차원에서 재구성하는 데 크게 기여했다.

4.2 12세기와 13세기 백과사전

대성당의 학교 운영이 활성화되면서 12세기의 문화적 발전이 현실화되고 라틴어가 통용되던 서유럽에 다시 그리스와 아랍 저자들의 저서들을 활용할 수 있는 새로운 가능성이 등장하면서 백과사전의 역사에 획기적인 변화가 찾아왔다.

생 빅토르의 위그가 『디다스칼리콘』에서 "인간적인 것과 신적인 것의 이치를 정립하기 위해 노력하는 학문"으로 정의한 철학에는 다섯 개의 분야, 즉 신학, 수학, 윤리학, 논리학, 역학이 포함된다. 새로운 측면은, 신학이 가장 고차원적인 연구 대상(물질과 분리되어 있으며 오직 생각으로만 접근이 가능한 순수한 '지적' 현실)을 가지고 있음에도 불구하고 다른 학문과 같이 철학의 내부에 포함되었다는 점과 역학이 긍정적으로 평가되었다는 점이다.

'보조적'인 학문, 즉 '조합'에 기초하거나 '기계적'인 성격의 일곱 개 학과(양모 제조 기술, 건축 및 선박 제조 기술, 항해술, 농업 기술, 사냥술, 의술, 연극)는 철학 혹은 진정한 앎의 범주에서 제외되었다. 왜냐하면 플라톤의 관점에서 사물을 이상적 현실의 자연적인 복사물로 고려했을 때 이러한 '보조적' 학문들이 마치 사물의 인위적인 복사물처럼 보였고, 그리스도교의 관점에서 보았을 때에도 원죄에서 비롯된 결과의 단순한 '보완'에 불과한 것처럼 보였기 때문이다. 그러나 고대와 중세 초기에는 이 일곱 가지 '자유롭지 못한' 학문이 자유롭지 못한 사람들의 활동 영역이었던 반면 12세기에 도시 내에서 일어난 노동의 분업화는 이 분야들을 각광받는 직업으로 만들면서 새로운 형태의 사회 생활에 필요한 기술의 발전을 가져왔다.

샤르트르와 생 빅토르의 학교에서 탄생한 백과사전들과는 달리 '작은 규모의 백과사전'들이 12세기 말부터 출간되기 시작했다. 이 책들은 비전문가나 일반 대중, 혹은 쉽고 빠른 참조가 가능한 글을 통해 학문적이거나 도덕적인 주제들에 관한 정보를 얻기 원했던 새로운 시민 계층을 위한 일종의 '매뉴얼'이었다. 이러한 사실을 증명해 주는 특징으로 철학적이고 신학적인 주제들에 대한 구태의연한 설명이 사라졌다는 점과 오히려 사회나 가족, 정치, 경제, 가계와 관련된 주제들이 훨씬 더 폭넓게 다루어졌다는 점을 들 수 있다. 이 새로운 백과사전식 매뉴얼의 가장 대표적인 예는 잉글랜드인 바르톨로메우스Bartholomeus의 『사물의 특성에 관하여*De rerum proprietatibus*』다. 이 매뉴얼은 전통적인 문헌과 새로운 문헌을 포함한 상당히 다양한 자료에서, 예를 들어 아리스토텔레스의 『물리학』 같은 저서에서 정보를 수집했지만 언급하는 주제들을 깊이 다루거나 논의하지 않는다는 특징을 가지고 있었다. 하지만 가족과 의학 분야의 매뉴얼은 이어서 독자적인 영역을 구축했고 이 매뉴얼들의 출판과 인용은 17세기까지 지속되었다.

13세기에는 두 종류의 방대하고 복합적인 백과사전들이 커다란 성공을 거두면서 후세에도 지속적으로 출간되는 행운을 누렸다. 하나는 프랑스 왕 루이Louis 9세의 아들들을 가르치던 가정교사 뱅상 드 보베Vincent de Beauvais의 백과사전, 또 하나는 저명한 대학 교수이자 뛰어난 아리스토텔레스 연구가였던 알베르투스 만뉴스Albertus Magnus의 논문들이다. 뱅상 드 보베의 『자연의 거울*Speculum naturale*』은 『교리의 거울*Speculum doctrinale*』, 『역사의 거울*Speculum historiale*』과 함께 중세 대학의 학문적 관심이 무엇이었는지 보여 줄 뿐만 아니라 (알베르투스 만뉴스, 토마스 아퀴나스, 아비첸나, 아베로에스의 인용을 통해) 저자의 아랍 문화에 대한 특별한 관심을 증명해 준다. 『교리의 거울』에서 뱅상의 인식론이 도입한 새로운 측면은 논리학이 아우구스티누스가 '학문 중에 학문'이라고 정의했던 최고 학문으로서의 위상을 상실하고 문법이나 수사학과 같은 범주에 포함되었다는 사실이다. 윤리학은 정치, 경제, 도덕의 세 분야로 분류되는 반면 기술 분야에 관한 글들은 기술의 중세사를 다루는 하나의 본격적인 다큐멘터리라고 해도 과언이 아닐 정도로 생생하게 묘사되어 있다.

알베르투스 만뉴스가 다양한 저서들(『식물과 수목*De vegetabilibus et plantis*』, 『광물학*De mineralibus*』, 『기상학*De meteoris*』)을 통해 펼쳐 보인 학문세계는 일반적으로 정의되는 백과사전의 범주를 초월하는 것이었고 단지 여러 저자들이 다루었던 개념들의 목록을 제시하는 것이 아니라 "아리스토텔레스 사상의 모든 것을 라틴 독자들에게 설명하고" 해설하는 것을 목표로 삼았던 한 권위 있는 대가의 위상을 그대로 증언해 준다. 자연과학 분야에서 알베르투스는 생생한 경험을 통해 얻은 지식을 토대로 아리스토텔레스의 몇몇 묘사에 수정을 가하기도 했다. 그러나 그의 저서들이 공통적으로 제시하는 것은 마술적인 성격의 천문학적인 관점이었으며 그의 저서들을 통해 널리 확산되었던 것은 바로 이러한 관점이었다(단테의 『신곡』「천국」 제3곡 참조). 이러한 관점은 세상이 별들의 움직임에 좌우된다는 주장을 토대로 점성술과 형이상학이 견고하게 결속되어 나타나는 아리스토텔레스의 이론에 기원을 두고 있었다. 알베르투스 만뉴스에게도 "자연적이거나 기술에 의해 생산된 모든 것은 우선적으로 별들의 기량에 의해 발현된" 것이었다.

4.3 백과사전의 위기와 13세기의 백과사전 기획

문화적인 지평의 확장과 학문적인 연구 분야 및 관련 서적들의 증가, 이와 함께 드러나는 독자들의 새로운 관심사 등은 모두 뱅상 드 보베와 알베르투스 만뉴스의 저서들을 통해 부각되던 특징들이다. 백과사전이라는 장르에 커다란 변화를 가져왔던 것이 바로 이러한 요소들이다. 특히 로저 베이컨과 라몽 유이의 저서에서 또렷하게 드러나는 이러한 변화를 통해 이제 한 시대의 모든 지식을 총망라한 모음집으로서의 백과사전 개념은 사라지고 앎의 새로운 구도를 통해 정치적이고 종교적인 차원에서 사회의 개혁을 전망하는 설계도로서의 백과사전 개념이 자리 잡게 된다.

미완으로 남은 한 백과사전(『대서(大書, *Opus majus*)』, 『소서(小書, *Opus minu*)』, 『제삼서(第三

書, *Opus tertium*)』)의 서문에서 베이컨은, 대부분의 프란체스코회 신학자들처럼 천년지복설에 민감하게 반응하며, 정치 및 종교의 체제와 학문에 대한 근본적인 개혁의 청사진을 제시했다. 개혁의 시작은 실제적인 연구 활동과는 거리가 먼 불모의 전통 학문에 종속적으로만 기능하던 당대의 문화를 해체하는 것이었다. 하지만 개혁의 본질은 '진리의 회복'을 위해 꼭 필요한 학문 분야들, 예를 들어 라틴어와 그리스어, 아랍어와 히브리어 같은 언어들을 활용할 줄 아는 언어 능력과 로버트 그로스테스트를 중심으로 하는 수학, 사실의 관찰을 토대로 하는 실험과학 등의 육성에 있었다. 베이컨은 결과적으로 주어지는 앎의 모형, 즉 방법과 효과의 측면에서 전적으로 새로운 앎의 모형이 그리스도교 세계의 개혁을 위해 꼭 필요하다고 보았다. 반면에 라몽 유이의 방대하기 이를 데 없는 저술(라틴어와 카탈루냐어로 쓰인 책은 250권이 넘는다)에서는 앎의 통일성과 세상의 가독성을 상징하는 '조합의 기술'이 특별히 부각된다. 여기서 핵심적인 것은 복합적인 개념들을 단순한 요소로 분해하고 상징과 문자로 번역함으로써 이들이 완벽하게 논리적인 언어를 창출해 내도록 하는 해석의 열쇠, 즉 논리적이면서 동시에 형이상학적인 '보편적 열쇠clavis universalis'(보편적인 해석의 열쇠)에 대한 생각이다.

유이 역시 베이컨처럼 개념들의 목록이나 권위 있는 저작들의 목록을 작성하지 않고, 오히려 그가 사회에 근본적인 변화를 가져오리라고 믿는 앎의 구도를 펼쳐 보였다. 이러한 특징이 예고하는 것은 미래의 백과사전이 겪게 될 과정, 즉 닫힌 체제의 앎에서 프랑스 백과사전학자들의 말처럼 "일반적인 사고방식의 변화를 추구하는 하나의 계획"으로 발전하는 과정이었다.

평평한 땅, 대척지, 둥근 땅

/ 평평한 땅에 대한 가설들

'땅은 어떤 모양새를 갖추고 있을까라'는 질문이 대두되었을 때 고대인들은 땅이 원반 모양이라는 생각을 상당히 사실주의적인 견해로 받아들였다. 소크라테스 이전 철학자들의 부정확하고 때로는 모순적이기도 한 단상들을 토대로, 호메로스 역시 원반 모양의 땅을 대서양이 에워싸고 둥근 하늘이 뒤덮고 있다고 보았고 탈레스는 땅이 납작한 원반 모양이라고 생각했다. 아낙시만드로스는 땅이 실린더 모양을 하고 있다고 믿었고 아낙시메네스는 땅이 평면이며 이를 일종의 압축된 공기 위로 여행하는 대서양이 에워싸고 있다고 보았다. 파르메니데스만이 지구가 둥글다는 것을 어렴풋이나마 짐작했다. 그와 마찬가지로 피타고라스가 땅은 공 모양이라고 보았지만 그것은 순수하게 신비주의적이고 수학적인 차원의 공이었다.

하지만 시간이 흐른 뒤 경험적인 관찰을 토대로 땅이 둥글다는 것을 증명하려는 시도들이 이루어졌다. 이러한 사실은 플라톤과 아리스토텔레스의 저서를 통해서도 확인할 수 있다. 물론 이에 대한 의혹은 여전히 데모크리토스와 에피쿠로스에게 남아 있었고 루크레티우스는 대척지의 존재를 부인했지만 고대 후기에 땅이 둥글다는 생각은 더 이상 논쟁의 대상이 아니었다.

프톨레마이오스도 땅이 둥글다는 것을 알고 있었다. 그렇지 않다면 경선을 360도로 나눌 생각은 절대로 하지 못했을 것이다. 에라토스테네스Eratosthenes도 땅이 둥글다는 사실을 알고 있었다. 그는 기원전 3세기 하지의 정오에 그가 거리를 익히 알고 있던 두 도시 알렉산드리아와 아스완에서 연못 바닥에까지 비친 태양빛의 기울기에 차이가 있다는 것을 발견하고 이를 기준으로 지구의 반경을 비교적 정확하게 계산해 냈다.

여전히 전설에 가까운 이야기들이 인터넷에 돌아다니지만, 중세 학자들 대부분은 지구가 둥글다는 사실을 익히 알고 있었다. 예를 들어 단테가 지옥에 들어갔다가 반대편으로 나오면서 한 번도 본적이 없는 별들을 발견했다는 이야기는 곧 단테가 지구는 둥글다는 사실을 깊이 이해하고 있었다는 것을 의미한다. 이는 사실 고등학교 초년생들도 쉽게 이해할 수 있는 문제다. 지구가 둥글다는 생각은 단테뿐만 아니라 오리게네스와 암브로시우스, 알베르투스 마뉴스, 로저 베이컨, 요하네스 데 사크로보스코Johannes de Sacrobosco 같은 인물들도 가지고 있었다.

7세기에 세비야의 이시도르는, 비록 뛰어난 과학적 사고력의 소유자는 아니었지만, 적도의 길이를 계산했던 인물이다. 중요한 것은, 이를 얼마나 정확하게 계산해 냈느냐는 문제와는 무관하게, 그가 적도의 길이라는 문제를 고민했다는 사실 자체가 지구를 둥글다고 보는 그의 생각을 증명해 준다는 사실이다. 더욱 놀라운 것은 이시도르가 사용했던 방법이 부정확했을 뿐 현재 사용되는 측량법과 크게 다르지 않았다는 사실이다.

그렇다면 왜 사람들은 초기 그리스도교 사회가 그리스 천문학을 멀리하면서 땅이 평평하다는 이전 단계의 사고로 되돌아갔다고 그토록 오랫동안 믿어 왔고 여전히 많은 이들이 믿고 있는 걸까? 한 가지 실험을 해 보자. 크리스토퍼 콜럼부스Christopher Columbus가 동쪽에 갈 생각으로 서쪽을 향해 떠났을 때 증명하고자 했던 것이 무엇이며 동시에 살라망카의 신학자들이 한사코 부인했던 것이 무엇이었는지 사람들에게 물어보자. 대부분의 경우 사람들은 콜럼부스가 땅이 둥글다고 생각했던 반면 살라망카의 신학자들은 땅이 평평하기 때문에 배를 타고 출발한 뒤 일정 시간이 흐르면 땅 끝의 벼랑 아래로 추락한다고 생각했다는 대답을 내놓을 것이다.

주목해야 할 것은 19세기 지식인들의 일부가 그리스도교도들이 진화론에 거부반응을 일으킨다는 사실에 분노한 나머지 땅이 평면으로 이루어졌다는 생각을 완전히 그리스도교에서 유래한 것으로 간주했다는 사실이다. 이들의 의도는 그리스도교도들이 지구가 둥글다는 사실에 대해 그릇된 생각을 가지고 있었던 만큼 인류의 기원에 대해서도 잘못 생각할 가능성이 높다는 것을 부각시키는 것이었다. 이들은 4세기의 그리스도교 저자 락탄티우스를 대표적인 예로 들기까지 했다. 락탄티우스는 성경에서 우주가 성막에 비유되는 만큼 사각형에 가까우며 따라서 땅이 둥글다는 세속적인 견해는 틀렸다고 보았고 대척지의 존재도 지구 반대편에서 사람들이 머리를 땅에 두고 다닌다는 것은 상상할 수 없는 일이므로 받아들일 수 없다고 주장했던 인물이다(『신의 교훈*Institutiones divinae*』).

또 다른 예는 6세기 비잔티움의 지리학자 코스마스 인디코플레우스테스Cosmas Indicopleustes다. 코스마스 역시 『그리스도교 지형학』에서 성서가 언급하는 성막의 비유를 기준으로 우주가 사각형이며 평평한 땅을 아치형의 하늘이 뒤덮고 있다고 주장했다. 코스마스는 이 둥근 지붕이 천계의 베일로 가려져 있어서 사람의 눈으로는 분간할 수 없다고 보았다. 코스마스에 따르면 이 보이지 않는 지붕 밑으로 인간이 사는 땅이 펼쳐진다. 바다가 지탱하는 땅은 미세하게 기울어져 있고 북서쪽을 향해 점점 더 높아지는 모양새를 하고 있다. 그리고 끝에는 너무 멀어서 인간의 눈이 감지할 수 없고 봉우리가 구름에 가려진 높은 산이 솟아 있다. 비와 지진과 모든 기상 현상을 주관하는 천사들이 움직이는 태양은 아침에 동쪽에서 산 앞을 지나 남쪽으로 움직이며 세상을 비춘 뒤 저녁에 서쪽에서 산 뒤로 사라진다. 달과 별은 이와는 정반대의 과정을 밟으며 움직인다.

천문학의 역사를 다루는 권위 있는 저작들의 상당수가 여전히 중세는 프톨레마이오스의 책에 대해 전혀 모르고 있었고(역사적인 차원에서 틀렸다고 볼 수밖에 없는 묘사다) 아메리카 대륙이 발견되기 전까지는 코스마스의 견해가 지배적이었다고 기록하고 있다. 이런 저서들이 여전히 읽히는 것이 현실이지만 코스마스의 책은 1706년이 되어서야 서방 세계에 번역되어 알려지기 시작했고 영어로 출판된 것은 1897년의 일이다. 중세에는 아무도 이 책의 존재에 대해 알지 못했다.

그렇다면 중세가 지구를 평평한 원반으로 생각했다는 견해는 어디서 시작되었나? 앞서 언급했던 것처럼 적도에도 관심을 보였던 이시도르의 필사본 문헌에는 이른바 'T 모양'의 지도가 들어 있다. 윗부분은 아시아를 가리킨다. 이유는 바로 아시아에 지상의 낙원이 있다는 전설을 따랐기 때문이다. 수평선의 일부는 흑해를, 다른 일부는 나일 강을 가리키며 수직선은 지중해를 가리키고 왼쪽의 사분원은 유럽을, 오른쪽의 사분원은 아프리카를 가리킨다. 그리고 바다가 커다란 원을 그리며 땅을 에워싸고 있다.

중세가 지구를 평평한 원반으로 보았으리라는 인상은 중세의 필사본 서적에 등장하는 지도를 통해서도 느낄 수 있다. 그렇다면 지구가 둥글다고 믿었던 사람들이 왜 지구를 평면으로 그려 지도를 만들었을까? 가장 기본적인 대답은 현대에도 똑같은 방식으로 지도를 만든다는 사실에서 찾을 수 있다. 중세에 만들어진 지도의 평면성을 문제 삼는다는 것은 사실 오늘날 우리가 사용하는 지도의 평면성에 문제가 있다고 지적하는 것과 다를 바 없다. 중요한 것은 중세에도 지도를 지금처럼 통상적인 방식으로 이해했다는 것이다.

여기서 우리는 또 다른 요소들을 살펴보아야 한다. 첫 번째 요소는 아우구스티누스가 제안했던 관점이다. 아우구스티누스는 락탄티우스에 의해 시작된 성막 형태의 우주에 대한 논쟁의 내막을 익히 알고 있었고, 아울러 지구가 둥글다는 것에 대해 고대인들이 어떤 생각을 가지고 있었는지에 대해서도 잘 알고 있었다. 그의 결론은 성서의 성막에 대한 묘사를 두려워할 이유가 전혀 없다는 것이었다. 왜냐하면 비유를 통해 말하는 경우가 성서에는 상당히 많았기 때문이다. 아우구스티누스 역시 지구가 둥글다는 생각을 어렴풋이나마 하고 있었다. 하지만 그는 지구의 모습이 둥근지 아닌지 안다고 해서 그것이 영혼을 구원하는 데 직접적인 도움을 주지 못하는 만큼 이러한 문제를 무시해도 상관없다고 보았다.

하지만 이것이 곧 중세에 천문학이 없었다는 것을 의미하는 것은 아니다. 12세기와 13세기 사이에 프톨레마이오스의 『알마게스트』에 이어 아리스토텔레스의 『우주론』이 번역되었고, 널리 알려진 바와 같이 중세 대학의 사종 학과 가운데 하나는 천문학이었다. 13세기에 사크로보스코의 요하네스가 집필한 『둥근 세상에 관한 논고』는 프톨레마이오스의 뒤를 이어 수백 년 동안 천문학 분야에서 독보적인 권위를 유지했다.

중세는 아울러 대탐험의 시대였다. 하지만 지나야 할 험한 길과 가로질러야 할 숲과 목숨을 걸고 건너야 하는 망망대해를 배경으로 적절한 형태의 지도를 만든다는 것은 불가능한 일이었다. 중세에 지도는 순수하게 암시적이었다. 지도는 산티아고 콤포스텔라로 가는 『순례자를 위한 여행 안내서』와 비슷했고 예를 들어 "로마에서 예루살렘으로 가려는 사람은 남쪽으로 가다가 다시 길을 물어보라"고 말하는 것과 다를 바 없었다.

이제 오래된 기차 시간표에 그려진 노선도를 떠올려 보자. 밀라노에서 리보르노까지 기차를 타고 갈 경우 노선도가 줄 수 있는 정보(예를 들어 제노바를 경유한다는 정보)는 아주 또렷하지만 어느 누구도 노선도를 바라보며 이탈리아의 정확한 모양새를 떠올리지는 못할 것이다. 게다가 기차를 타야 하는 사람은 이탈리아의 정확한 모양새에 관심을 가지지 않는다.

로마인들은 알려진 땅 안의 모든 도시들을 연결하는 도로망을 지도로 만들었다. 상당히 단순한 방식으로 그려진 이 도로들망의 대표적인 예는 포이팅거Peutinger라고 부르는 지도에서 찾아볼 수 있다. 포이팅거는 15세기에 이 지도를 발견한 사람의 이름이다. 폭이 좁고 기다란 두루마리 양피지에 그려진 이 지도의 윗부분은 유럽을, 아랫부분은 아프리카를 가리킨다. 하지만 지도를 바라보는 우리의 상황은 기차 노선도를 보고 있을 때의 상황과 크게 다르지 않다. 여기서 우리는 도로가 시작하는 지점과 끝나는 지점을 눈으로 확인할 수 있지만 유럽이 어떤 형태를 하고 있는지, 지중해 또는 아프리카가 어떤 모양새를 하고 있는지에 대해서는 아무런 정보도 얻지 못한다. 물론 지중해를 오랫동안 항해했던 로마인들은 틀림없이 훨씬 더 정확한 지리적 정보를 가지고 있었을 것이다. 하지만 이 지도를 만든 사람들의 관심거리는 예를 들어 마르세유와 카르타고 사이의 실질적인 거리가 아니라 마르세유와 제노바를 연결하는 도로가 하나 있다는 정보였다.

다른 차원에서 설명하자면, 중세에 여행은 주로 상상을 통해 이루어졌다. 중세에는 여행이 불가능한 먼 나라들을 소개하고 무엇보다도 신기한 것에 대한 취향을 충족시키기 위한 『세계의 이미지*Imagines Mundi*』라는 백과사전이 있었다. 여기서도 지도의 목적은 여전히 땅의 모양새를 그리는 것이 아니라 여행 도중에 만날 수도 있는 도시나 민족들을 열거하는 것이었다.

경험의 표현보다는 상징적 표현이 훨씬 더 우세했다. 다양한 형태의 지도를 그리면서 중세의 세밀화가가 훨씬 더 많은 노력을 기울였던 부분은 예를 들어 예루살렘으로 가는 길이 아니라 예루살렘이 땅의 중심에 있음을 보여 주는 일이었다. 마지막으로 고려해야 할 또 하나의 특징은 중세의 지도가 과학적인 용도와는 거리가 멀었고 대신에 신기한 것을 찾는 대중적 취향을 충족시키기 위한 하나의 방편이었다는 점이다. 중세의 지도는 예를 들어 오늘날 잡지의 화려한 컬러 화보를 통해 비행접시를 보여 준다거나, 텔레비전을 통해 외계인들이 만든 피라미드 이야기를 들려주는 것과 크게 다르지 않았다.

한편으로는 천문학의 역사 역시 묘한 면을 가지고 있다. 태양과 달과 별들은 우리 눈에 보이는 것보다 더 크지도 작지도 않다는 것이 바로 에피쿠로스와 같은 위대한 유물론자의 생각이었고 사실상 오랫동안 명맥을 유지한 이러한 관점은 17세기에 들어와 가상디에 의해 다시 논의되기까지 했다. 어쨌든 이러한 관점을 증언하는 『만물의 본성에 관하여』의 저자 루크레티우스에 따르면 에피쿠로스는 태양의 지름이 대략 30센티미터에 달한다고 생각했던 것으로 보인다.

/ 대척지

피타고라스학파의 철학자들은 굉장히 복잡한 행성 체계를 고안해 냈다. 지구는 우주의 중심에서 벗어나 있었고 태양도 변두리에 머물고 있었다. 모든 행성들은 가운데 있는 불 주변을 맴돌면서 자전과 함께 음계상의 소리를 만들어 냈다. 이 음향학적 현상과 천문학적 현상이 정확하게 상응하는 지점의 확립을 위해 도입된 것이 실제로는 존재하지 않는 가상의 천체, '반대지구Antichthon'였다. 이 가상의 천체는 우리가 있는 반구에서는 보이지 않으며 오로지 대척지에서만 볼 수 있다.

플라톤은 『파이돈』에서 지구가 너무 크기 때문에 우리는 지극히 작은 일부만을 차지하고 살아갈 뿐이며 지구 표면의 다른 곳에서 다른 민족들이 살아갈 가능성도 얼마든지 있다고 이야기한 바 있다. 이러한 생각을 발전시킨 기원전 2세기의 그리스 지리학자 말로스의 크라테스Krates Mallotes는 사람이 사는 지역이 북반구에 두 곳, 남반구에 두 곳이 존재하며 십자가 모양으로 배치된 해협을 중심으로 서로 분리되어 있다고 생각했다. 크라테스는 남반구의 대륙에 사람들이 살고 있을 가능성이 높지만 북반구의 사람들이 남반구로 갈 수는 없다고 보았다. 서기 1세기 로마의 지리학자 폼포니우스 멜라는 어쩌면 타프로바나Taprobana 섬(지금의 실론)이 아직 알려지지 않은 남반구 대륙의 해각海角일지도 모른다는 과감한 추측을 한 바 있다. 대척지에 대해 언급하는 문헌으로 베르길리우스의 『농경시*Georgiche*』, 루카누스Marcus Annaeus Lucanus의 『파르살리아*Farsalia*』, 마닐리우스Marcus Manilius의 『천문학』, 플리니우스의 『자연사』 등이 있다.

하지만 대척지에 대한 이야기 속에는 어떻게 그곳에서 사람들이 머리를 아래로 두고 발을 위로 두면서 심연으로 추락하지 않고 살 수 있을까라는 문제가 숨어 있었다. 이 가설에 대한 반대 의견은 이미 루크레티우스가 피력한 바 있다.

대척지 이론에 가장 강력하게 반발했던 이들은 당연히 락탄티우스처럼 지구가 둥글다는 것을 부인하던 사람들이다. 하지만 아우구스티누스처럼 합리적인 사고의 소유자에게도 머리를 아래로 둔 인간들이 존재한다는 것은 수긍하기 힘든 생각이었다. 더군다나 대척지에 사는 인류의 존재를 인정한다는 것은 곧 아담의 후손이 아니므로 그리스도의 구원과는 거리가 먼 인류의 존재를 인정해야 한다는 것을 의미했기 때문에 더더욱 받아들이기가 힘들었다.

대척지에 대한 불신은 다름 아닌 구원의 보편성을 설명하는 데 걸림돌이 된다는 이유 때문에 더 오랫동안 지속되었다. 예를 들어 뒤늦은 12세기에도 라우텐바흐의 마네골트는 대척지의 존재를 강력하게 부인했다. 하지만 중세에는 대척지 개념을 수용하는 것이 일반적인 추세였다. 기욤 드 콩슈와 알베르투스 만뉴스(13

세기)가 대척지 개념을 받아들였고 약간은 망설였지만 피에르 다이Pierre d'Ailly(14세기)도 이를 수용했다. 특히 다이의 『세계의 이미지*Imago mundi*』는 콜럼부스에게 신세계를 향한 여행의 영감을 불어넣었다.

그럼에도 불구하고 고대로부터 전해 내려오는 이 전설의 또 다른 특징은 끈질기게 살아남았다. 이를 증언하는 인물들은 세비야의 이시도르를 비롯해 무수히 많다. 이 특징이란 대척지에 인류가 아니라 흉측한 괴물들이 살고 있을 것이라는 생각이었다. 중세 이후에도 탐험가들은 항해 도중에 무시무시하고 흉측한 괴물이나 착하지만 소름끼치는 존재들을 만날 수 있다는 생각을 머릿속에서 떨쳐버릴 수 없었다.

5
검열과 단죄
아리스토텔레스주의와 신학

5.1 아리스토텔레스에 관한 논쟁

13세기 초에 파리에서는 아리스토텔레스의 철학을 대학 교육의 기초학문으로 활용하는 문제를 두고 복잡한 이론적 '전투'가 진행되고 있었다.

중세에 아리스토텔레스의 저서에 대한 최초의 검열은 1210년 파리에서 이루어졌다. 당시에 파리에서 열린 공의회는 에리우게나의 영향을 받아 일종의 범신론을 주장했다는 이유로 아모리 드 샤르트르Amaury de Chartres를 파문하고 그의 시신을 재매장할 것과, 아리스토텔레스의 번역자이자 성서의 기적에 대한 자연주의적인 해석과 유물론을 지지한 다비드 드 디낭David de Dinant의 『공책 *Quaderni*』을 불태울 것을 명령하고, 아울러 아리스토텔레스의 자연학 저서와 주석서의 사적이거나 공개적인 독서를 금지하는 결정을 내렸다. 1215년 교황의 특사 로베르 드 쿠르송Robert de Courçon은 파리 대학의 초기 법규를 제정하고 인문학과에 학제를 도입하면서 아리스토텔레스의 자연학 저서들, 즉 『형이상학』처럼 논리학과 거리가 먼 모든 저서들에 대한 강의를 금한다고 천명했다. 반면에 1231년에는 교황 그레고리오Grego 9세가 교황 칙서『학문의 어머니*Parens scientiarum*』를 발표하면서 금서에 대한 단순한 인식은 1210년과 1215년의 교령을 반드시 위반한다고는 볼 수 없기 때문에 허용될 수 있다는 의견을 피력했다. 이상의 금지령들은 일찍이 파리가 유럽의 지식인들로부터 외면당하는 결과를 가져왔고 1299년 파리에서 학생 파업이 일어났을 때에는 아리스토텔레스에 대한 강의가 허용되던 툴루즈 대학에서 파리의 학생들을 수용하려고 시도한 적도 있었다. 파업을 종식하기 위해 그레고리오 9세는 1231년에 파리 대학의 정상화를 지시했다. 그는 로베르 드 쿠르송이 취했던 일련의 조치들을 그대로 유지하면서 특별 위원회가 아리스토텔레스의 저서들에 대한 조사를 완전히 마칠 때까지 금서에 대한 강의를 금지시켰다. 하지만 철학사학자 루카 비앙키Luca Bianchi가 강조했던 것처럼 교황의 실질적인 의도는 사실상 그가 아무런 관심도 기울이지 않던 아리스토텔레스주의 논쟁을 종식시키려는 것이 아니라 파리의 대학에 평화를 보장하고 신학의 발전을 꾀하기 위해 신학자들에게 '철학자 놀이'에서 멀어질 것을 권고하는 것이었다. 인문학과의 학제를 제정하면서 그레고리오 9세가 의도했던 것은 물리학과 형이상학 교육에 몰두하는 신학자들을 만류하는 것이었다.

아리스토텔레스에 대한 강의를 일시적으로 금지하는 조치는 1245년 툴루즈 대학에도 확장 적용되었고 1263년 파리에서 다시 연장되었다. 하지만 앞서 발표된 교황 칙서『학문의 어머니』와 함께 '아리스토텔레스 전집'을 인문학과의 교육과정에 포함시키기 위한 유리한 조건은 이미 확보된 셈이었다. 1252년 파리 대학의 잉글랜드 동향인 단체는 인문학과에서 학사로 인정받기 위해서는 아리스토텔레스의『영혼에 관하여』에 대한 강의를 의무적으로 수강해야 한다는 결정을 내렸다. 1255년에 제정된 법규는 번역본이 아직 발간되지 않은『정치학』외에 아리스토텔레스의 모든 저술에 대한 강의가 규칙적으로 이루어져야 한다는 규정을 인문학과 전체에 적용시켰다. 아리스토텔레스의 철학을 파리 대학에서 교육의 기초학문으로 채택한 사건은 중세 사상에 커다란 변혁을 가져왔을 뿐만 아니라 유럽의 문화에도 또렷한 변화를 가져왔다. 실제로 1255

년부터 17세기에 이르기까지 아리스토텔레스주의는 금지 대상에서 제외되는 것으로 그치지 않고 철학 중의 하나가 아닌 최고의 철학이라는 영예를 거머쥐었다.

물론 아리스토텔레스주의의 등극이 아무런 고통 없이 진행되었던 것은 아니다. 일찍이 1260년부터 프란체스코 수도회 출신의 신학자들을 비롯한 많은 신학자들이 그리스도교 신앙을 심각하게 위협하는 그리스 철학을 공개적으로 비판하기 시작했다. 최초의 의미 있는 사건은 1270년 12월 10일의 단죄 사례다. 당시에 파리의 주교였던 에티엔 탕피에는 '세상의 영속성', '최초의 인간은 존재한 적이 없다는 사상', '지성의 통일성', '필연주의', '결정주의' 등 13개에 달하는 항목을 이단에 가깝다는 이유로 단죄했다. 1272년 인문학과 내부의 철학 분쟁은 대학 전체로 확산되었고 대부분의 학과들은 신앙과 이성의 경계를 명확히 하는 한도 내에서 토론을 진행하도록 하는 법규를 발표했다. 자유학예 교수들의 자유를 제한하는 이러한 조치는 분쟁을 절정에 달하게 했고 결국 중세 사상사의 한 획을 그은 또 하나의 단죄 사례를 탄생시켰다. 1277년 3월 7일 주교 탕피에는 다시 한 번 그리스와 아랍의 아리스토텔레스주의로부터 영향을 받은 219개 항목의 단죄를 천명하였고 파문으로 위협하며 이에 대한 확산과 교육을 금지시켰다. 물론 1277년의 단죄는 철학 자체에 대한 조잡하고 무분별한 공격이라기보다는 철학이 대변하는 부분적 진실은 어쨌든 신학적 담론의 절대적인 진리 안에서 결론을 찾아야 한다는 점을 분명히 하려는 경고였다. 에티엔 탕피에의 『단죄 목록*Syllabus*』,* 즉 검열 대상이었던 항목들의 목록은 필사본의 형태로 유럽의 모든 대학에 배포되었다. 이어서 수많은 교수들이 검열된 항목들을 끝없이 인용하고 언급하는 현상이 벌어졌고 철학자들(에지디오 로마노Egidio Romano, 퐁텐의 고드프루아Godefroid de Fontaines, 서턴의 토머스Thomas Sutton, 니콜라스 트리벳Nicolas Trivet, 오컴의 윌리엄William Occam)은 탕피에가 내린 조치의 합법성 여부를 치밀하게 분석하기 시작했다. 1277년의 단죄는 14세기 이후까지도 그 효력을 잃

* 원제목은 '우리 시대의 주요 오류들을 망라한 목록*Syllabus complectens praecipuos nostrae aetatis errores*'이다.

지 않았다. 파리의 주교 스테판 드 부레Stephen de Bourret가 검열 대상이었던 토마스 아퀴나스와 관련된 항목들을 무효화한 경우가 있었지만 그렇다고 해서 검열의 권위가 손상된 것은 아니었다.

5.2 이성적 진리와 신앙의 진리: 시녀로서의 철학을 뛰어넘어

1277년의 단죄 조치로 인해 표면 위로 떠오른 수많은 논제들 가운데 가장 특별한 위치를 차지하는 것은 이성적 앎의 인식론적 위상이라는 주제였다.

13세기 후반에 인문학과(facolta delle Arti liberali)는 이름만 그대로였을 뿐 사실상 진정한 의미에서의 철학과로 발전했고 교수들은 다른 학과의 동료들에 비해 그들이 담당하고 있던 보다 전문적이고 지적인 영역을 분명하게 인식하려고 노력했다. 이들이 철학과 신학의 인식론적 차이를 구체적으로 깨닫는 데 결정적인 역할을 했던 인물은 알베르투스 만뉴스다. 그의 아리스토텔레스 주해에서 강하게 드러났던 것은 신앙의 도그마에 대한 비이성적인 접근 방식과 이성적 탐구를 구분해야 한다는 요구와 기적에 대한 모든 유형의 호소를 거부하는 태도였다. 알베르투스는 아리스토텔레스의 입장이, 그가 주도하는 담론의 영역 내부에서 만큼은, 옳다고 보았다. 사실상 아리스토텔레스가 제시한 문제와 원칙들에 대한 거의 모든 결론들이 전제로부터 논리적인 과정을 거쳐 얻어낸 타당한 결과였다. 그럼에도 불구하고 알베르투스는 아리스토텔레스의 사상이 절대적인 진리와는 일치하지 않는다고 보았다. 우선적으로, 아리스토텔레스가 관심을 가졌던 문화 영역과 무관했기 때문에 그가 다루지 않았던 문제(창조설 혹은 저세상에서의 행복)들이 존재했고, 아울러 그의 몇몇 이론들이 그가 제시한 원칙들과는 일관성을 유지했지만 신앙의 관점에서는 거짓으로 드러났기 때문이다. 알베르투스는 철학과 신학이 동일한 질문에 양립할 수 없는 답변을 제시하는 것이 아니라 서로 다른 질문에 서로 다른 답변을 제공할 뿐이라고 보았다. 결론은 필연적으로 다를 수밖에 없으며, 그렇다고 해서 상이한 답변이 모순

관계에 있다고는 볼 수 없다는 것이었다.

알베르투스의 주장을 극단적인 방식으로 배척했던 인물들은, 1265년에서 1277년 사이에 인문학과 교수로 활동하면서 철학이 전문화되는 과정을 통해 경력을 쌓은 덴마크의 보에티우스나 시제루스와 같은 직업적인 철학자들이었다. 특히 보에티우스는 지적 활동의 지속적인 전문화 경향이 가져올 인식론적 변화에 대해 누구보다도 또렷하게 의식하고 있던 사상가였다.

이러한 체제 변화를 배경으로 오랫동안 잠재해 있던 대립관계가 부각되기 시작했고 철학적 결론과 그리스도교적 진리가 대립되는 경우 어떻게 대처해야 하는가라는 문제는 결국 신학자들과 인문학과 교수들 간의 날카로운 분쟁을 일으켰다. 1277년의 단죄 조치가 자연적 이성의 자율적인 활동에 제동을 걸어야 하고, 증명이 가능하든 그렇지 않든 신앙의 진리를 인정하고 강화하는 데 활용되어야 한다고 확신하던 신학자들은 인문학과 교수들이 더 이상 그들의 철학을 신학 연구를 위한 시녀로 인식하지 않고 오히려 신학자들의 간섭에 불만을 표한다는 사실에 우려를 표명했다. 이들은 철학이 대변하는 부분적 진실이 신학적 담론의 절대적인 진리 안에서 해결점을 찾아야 한다고 경고했다. 13세기에 대부분의 신학자들은 신앙과 반대되는 철학적 결론이 하나의 오류라고 보았다. 신앙의 진리는 하나이며 모든 진실은 진리와 조화를 이루었기 때문이다. 신앙의 진리는 언제나 철학적 결론의 참 혹은 거짓을 판단하는 기준이었고, 따라서 신앙의 진리와 반대되는 내용을 논박하는 데 철학자들 스스로가 참여할 필요가 있었다.

1272년 4월 1일을 전후로 대다수의 인문학과에서는 보수적인 성향의 신학자들과 동일한 입장을 표명하는 법령을 선포했다. 이에 따르면, 학사들과 교수들은 신학의 영역을 침범할 수 없으며, 철학과 신학의 경계에 위치하는 주제들을 다룰 경우 신앙과 반대되는 내용의 논지를 지지하는 자는 이단으로 간주될 뿐 아니라 고개를 숙이고 주장을 번복하지 않는 이상 대학에서 추방될 것이며, 난해하거나 표면적으로라도 신앙을 위협하는 문장에 직면한 인문학과 교수는 신앙과 반대되는 내용의 논제들을 논박하거나, 그러한 문장들이 '절대적으로 거짓이며 전적인 오류'에 불과하다는 것을 인정하거나, 아니면 그러한 문장들을 전적으로 무시해야 했다.

하지만 인문학과의 몇몇 교수들은 1272년의 법령을 인정하지 않고 이에 저항하는 입장을 고수했다. 시제루스는 철학자들의 사상을 화려하게 치장하거나 변질시키지 말고 그것의 실질적인 내용을 제시할 권리와 의무가 있음을 강조했다. 덴마크의 보에티우스는 『세상의 영원함에 관하여*Sull'eternita del mondo*』에서 철학이 보편적 철학으로 확장되는 과정을 이론화하면서, 신앙의 진리와 상반되는 철학적 결론의 거부는 철학적 진실의 조작이 아니라 상대화를 의미할 뿐이라고 주장했다. 그는 신도의 침묵이 능사는 아니며 신도는 오히려 세상의 영원함을 증언하는 증거들을 배우고 이를 논박할 수 있어야 한다고 보았다.

철학이 신학에 예속된다는 논리가 일반적으로 받아들여지던 시기에 보나벤투라와 로저 베이컨을 비롯한 상당수의 프란체스코회 신학자들은 인문학과 교수들을 이단으로 규정하며 공개적으로 비난했다. 1267년, 1268년, 1273년의 『6일간의 세계 창조에 대한 강연*Collationes in Hexaemeron*』에서 보나벤투라는 인문학과에서 유행하는 철학 교육이 그릇된 용도로 사용되고 있다는 점을 비난하면서 철학은 신학이라는 무상의 영예로운 학문을 추구하며 밟는 첫 번째 계단에 지나지 않으며, 또 다른 학문으로 인도하는 하나의 길에 불과한 철학을 고집하는 자는 결국 암흑에서 헤어날 수 없다고 주장했다. 보나벤투라는 아울러 아리스토텔레스의 사상이 추론을 통해 생산되는 일련의 오류라고 보았다. 예를 들어 모형론*의 부정에 이어 신성한 학문과 통찰력을 부정하는 태도, 결정론, 사후세계에서 주어질 상과 벌의 구분과 도덕적 책임을 부정하는 태도가 이어진다고 보았던 것이다. 이러한 상황에서 또 다른 세 가지 심각한 오류, 즉 세상의 영원함, 지성의 유일무이함, 사후 단죄의 부재라는 이른바 '3중의 안개'가 발생했다. 보나벤투라에 따르면, 이러한 죄악에서 벗어나기 위한 유일한 전략은 철학

---

* '말씀' 혹은 신성한 지성을 구축하는 영원한 이데아, 즉 신이 세상을 창조할 때 바탕으로 삼은 모형이며, 인간의 정신 속에 실재하는 만큼 참된 판단의 기초이자 모범이 된다는 생각을 말한다.

을 오로지 그것이 좀 더 고차원적인 삶에 예속되고 신학자들의 통제 아래 놓일 때만 받아들이는 것이었다.

『세상의 영원함에 관하여』(1270~1277년)를 통해 덴마크의 보에티우스는 철학적 담론과 신학적 담론의 차이에 대한 최고의 이론가로 등극했다. 그는 학문 분야들 간에 존재하는 위계질서라는 독특한 개념을 토대로 연구의 방법과 대상과 기능에 대해 성찰하며 직업적 철학의 자족성을 합리화했다. 실제로 그는 신학의 권위적인 통제 요구를 거부하며, 신앙과 학문이 서로 상이하고 무관한 차원에 위치하는 만큼 그러한 요구가 무의미하다고 보았다. 보에티우스가 그의 글을 통해 제시하는 제한적인 성격의 여러 가지 전제 조건들(예를 들어 "물리학자 입장에서 말하자면", "자연철학자의 입장에서 말하자면")은 변론의 수단이라는 측면을 뛰어넘어, 아리스토텔레스의 이론들을 긍정적으로 평가하면서 신앙의 진리에 대한 철학의 독자성을 확립하기 위한 일종의 해석적 기술로 기능했다. 보에티우스의 목적은 철학자라는 새로운 형태의 지성인이 사상의 자유를 단호히 요구하며 독자적으로 활동할 수 있는 안정적인 영역을 확보하는 것이었다.

인문학과 교수들의 몇몇 주장에 대한 탕피에의 단죄는 이들의 저술 전체에 대한 총체적인 의혹으로 확대되었다. 일부 역사학자들은 오로지 보에티우스의 강의에 대한 반응만을 토대로 그를 이른바 '라틴 아베로에스주의' 혹은 '급진적인 아리스토텔레스주의'의 수장으로 간주했다. 여기에 '급진적'이라는 형용사가 부여된 것은 이러한 교리적 접근 방식이 그리스도교적 계시와의 연계성에 대해서는 아무런 관심도 기울이지 않은 채 아리스토텔레스의 사상을 다루었기 때문이다. 하지만 철학은 다름 아닌 이러한 정황 속에서 독립적인 학문으로 성장했다. 여기서 비롯된 것이 바로 보에티우스를 향한 비난, 즉 그가 '이중의 진리'라는 지름길을 택했다는 비난이었다. 다시 말해 그가 철학적 차원에서는 계시를 통한 진리를 의도적으로 부인하면서 한편으로는 확신이라기보다 편리를 위해 신자임을 밝힘으로써 계시적 진리를 암묵적으로 인정하는 방식을 택했다는 것이었다. 그러나 최근의 연구는 보에티우스의 저서에서 이러한 저급한 이론의 흔적을 찾아볼 수 없다는 사실을 증명해 냈다.

보에티우스는 실제로 그의 글에서 천지창조론을 옹호한 바 있다. 그는 세상이 '새롭다'는, 다시 말해 어느 순간엔가 존재하기 시작했다는 주장이 그리스도교의 진리일 뿐만 아니라 절대적인 진리라 믿었고, 따라서 세상과 신이 영원부터 공존한다고 주장하는 모든 논제들을 이단으로 간주하며 거부했다. 계시를 통한 진리의 우월성을 반복해서 강조했던 보에티우스는 이성적으로 이해되지 않는 것은 믿기를 거부하는 사람들의 태도를 비난하면서 세상이 존재하고 존재 속에 유지되는 것은 신의 개입 덕분이라고 주장했다. 우주는 얼마나 오랫동안 지속되는가라는 문제에 대해 이성적으로는 답을 구하기 힘들지만 최종적으로 성서의 가르침을 통해 답을 얻을 수 있다고 믿었던 보에티우스는 이성적 지식과 종교적 믿음이 조화를 이루는 지점을 발견하기 위해 노력했다. 하지만 그의 불가지론은 오해를 불러일으켰고 1277년 탕피에의 단죄 목록에 포함되었다.

탕피에의 주장과는 달리, 보에티우스는 자연철학자가 자연적 원인에 의존하는 만큼 세상은 '새롭다'는 관점을 절대적으로 부정해야 한다고 말한 적이 없다. 대신에 그는 세상의 '새로움'과 최초의 동자를 주장하면서 동시에 자연적 원인을 토대로 이들의 전혀 새롭지 못한 측면을 주장하는 것이 충분히 가능하다고 보았을 뿐이다. 즉, 세상과 최초의 동자가 새롭다는 것이 가능하다면 물리학자가 그것들이 '자연학자의 관점에서loquens ut naturalis'도 새롭다는 것을 부인할 때 진실을 말한다고 보았던 것이다. 세상의 영속성에 대한 주장은 절대적으로 틀렸지만 논리적으로는 옳으며 여하튼 물리적인 원리들을 기준으로 할 때 사실이라는 것이 보에티우스의 의견이었다.

보에티우스가 제시한 관점의 의미를 가장 잘 설명해 주는 범주는 '인식론적 복수주의'다. 이 표현은 흔히 학문은 그것의 출발점을 형성하는 일련의 원칙들을 토대로 구축된다는 사실을 가리키기 위해 사용된다. 이러한 복수주의에서 출발해 보에티우스는 신앙과 철학이 대립할 수 없다는 것을 보여 주는 불가지론적인 결론을 이끌어 냈다. 저서의 말미에서 보에티우스는 철학과 철학의 독자성을 적극적으로 옹호했다. 실제로 그는 이성과 신앙 사이에서 좁힐 수 없는 간극만을 바라보는 불특정 비지식인들, 이른바 '이해력이 부족한 사람들non intelligentes'을 신랄하게 비난했다. 반면에 이성적 그리스도교인은 종교로부터 철학적 원리의 파괴를 강요받지 않으며 신앙과 철학 모두를 보존한다고 보았다. 보에티우스가 이 '이해력이 부족한 사람들' 사이에 탕피에와 그의 동료들을 포함시키고 이들이 철학적이거나 신학적인 논쟁에 개입할 만한 능력이 전혀 없는 자들이라고 여겼다면 여기에는 틀림없이 1272년 4월 1일, 법령을 선포해 교육의 자유를 억압했던 인문학과 동료들도 포함되어 있었을 것이다.

대학

중세의 발명품

/ 학교에서 대학으로

12세기 초반에 교육 활동은 수도원 혹은 주교좌성당에서 성직자와 종교인들을 육성하기 위해 운영하는 학교를 통해 이루어지던 것이 전부였다. 도시들이 놀라운 속도로 발전하고 대규모 수도원들이 운영하던 많은 학교들이 문을 닫는 현상은 도시 내부에서 교육 활동이 활발히 전개되는 새로운 상황과 함께 하나의 진정한 '교육혁명'을 가져왔다.

유럽에서 학교는 원래 선생과 제자들 간의 단순한 합의에 의해 시작되었고 적어도 초기에는 주로 제자들이 제공하는 자금으로 운영되었다. 학교는 유럽의 여러 도시에서 법적 효력을 지니는 기관으로서 입지를 다지며 빠르게 발전했다. 이러한 기관들은 교육 활동에 참여하는 모든 이들을 포함했기 때문에 흔히 대학universitas이라는 이름으로 불리곤 했다. 자발적으로 설립된 대학 외에도 교황이나 황제에 의해 설립되거나 기존의 대학에서 분리되어 나온 몇몇 교수 혹은 제자들의 시도로 설립된 대학들이 존재했다. 우리는 12세기 말 파리에 이러한 교육 기관들이 존재했다는 흔적을 찾아볼 수 있다. 하지만 최초의 대학, 즉 교회나 정부로부터 아무런 간섭도 받지 않는 최초의 학교는 볼로냐에 설립되었고 1088년으로 거슬러 올라간다. 파리에서 학교는 아벨라르의 시대에만 해도 여전히 대성당이나 주교좌성당에 종속되어 있었다. 나폴리 대학은 황제 프리드리히 2세(1194~1250년)에 의해 설립되었고 파도바 대학과 오를레앙 대학은 기존의 대학에서 분리되어 나온 교수들이 세운 대표적인 예로 각각 볼로냐와 파리에서 이주해 온 교수들에 의해 설립되었다.

교수들은 교수 활동을 이어가기 위해 이른바 교수 자격증licentia docenti을 취득해야 했다. 이러한 종류의 허가서는 처음에는 출신 교구에서만 효력을 발휘했지만 후에는 영역이 확장되면서 어디에서나 가르칠 수 있는 자격증(licentia ubique docenti)으로 자리 잡았다. 하지만 교수들의 대부분은 성직자들로 주교좌성당이 운영하는 학교에서 이미 활동을 하고 있었고 13세기에는 프란체스코와 도미니코 수도회 출신 교수들이 합류하게 된다.

중세 대학의 교육과정을 구축하는 것은 일곱 개의 자유학예 과목이었다. 고전 문화에서 상속된 뒤 주교좌성당과 수도원의 학교에서 전수되던 이 과목들은 후에 학생들이 상급 단계의 학문에 접근할 수 있도록 기초적인 지식을 제공하는 것을 목표로 하고 있었다. 바로 그런 이유에서 모든 대학은 학생들이 기초 교육을 받을 수 있는 인문학과Facolta delle Arti를 의무적으로 설립해야 했다.

/ 학과와 교육과정

주교좌성당과 수도원의 학교들은 구체적인 체제나 교육과정을 가지고 있지 않았고 해당 지역을 떠나서는 아무런 값어치도 없는 학위를 발급했다. 반면에 대학이라는 기관은 설립 초기부터 구조와 학제를 규정하는 일련의 규율을 통해 체제를 갖추었다. 대학이란 이를테면 교황이나 황제의 권위가 인정하고 모든 그리스도교 세계가 인정하며 구체적인 내용의 법적 보호를 보장받는 고등 교육기관이었다. 대학이라는 용어 자체는 학문의 내용을 가리킬 뿐만 아니라 학생과 여러 학과의 교수들 외에도 학교에서 일하는 다양한 분야의 노동자들로 이루어진 조직체를 가리키는 말이었다. 대학 내부에서 일하던 노동자들은 문지기를 비롯해 도서관 사서, 필경사, 약사, 그리고 의과 대학의 경우 당시에는 치료와 외과 수술까지 담당하던 이발사 등이었다. 대학의 기본적인 조직이 세분화되는 기준은 나라와 학과였다. 같은 국적을 가진 학생들이 서로에게 도움을 주고 친목을 도모하기 위해 자치단체를 형성했고 반면에 학과 조직은 교육과정의 구조 및 대학 행정과 직접적으로 연관이 있었다. 대학의 가장 중요한 공식 직책은 학장이었다. 옥스퍼드에서는 학장을 서기관이라 불렀고 서기관은 주교의 대리인 역할을 동시에 담당했다. 학장은 나라별 자치단체와 여러 학과를 대표하는 인물들로 구성된 위원회의 보조를 받으며 교육 활동을 감독하고 대학의 재정을 관리했다. 특히 강의나 토론 공간으로 사용되던 성당과 수도원에 임대료를 지불하는 것이 그의 업무 중에 하나였다.

대학universitas이라는 용어 자체는 지식의 보편성universalita에 도달하기 위해 주요 학문 분야를 섭렵하고자 하는 욕망의 표현이었고 자유학예 과목 외에 상급 단계의 3개 학과(의학, 법학, 신학)가 설립된 것도 바로 그런 이유에서였다. 그러나 대부분의 대학들은 이 학과들을 모두 활성화할 수 있는 능력이 부족하거나 설치 허가를 받기 힘들다는 이유 때문에 특별한 한 분야에만 집중하는 것으로 만족해야 했다. 예를 들어 파리 대학은 수년에 걸쳐 신학에만 집중했고 볼로냐 대학은 법학에 집중했다. 후자가 법대로 유명한 것도 바로 그런 이유에서다. 중세만의 지식세계를 바탕으로 하는 학과들 간의 독특한 위계구도에 따라, 인문학부는 상급 학문을 준비하기 위한 기초 과정으로, 신학은 상위 학과들 중에서도 으뜸가는 '학문의 여왕'으로 간주되었다. 신학은 아울러 인문 과정 학위를 가지고 있는 학생들만 받아들이는 유일한 학부였다. 의학과 법학에 입문하는 데에는 신학처럼 까다로운 절차가 요구되지 않았다.

학생들은 대략 14세의 나이에 인문학과에 입학한 뒤 4년의 교육과정을 이수했다. 첫 2년 동안에는 논리학과 자연철학, 문법, 기타의 자유학예 과목을 공부했고 나머지 2년 동안에는 동일한 과목의 수업 외에 여러 분야의 학회 토론에 의무적으로 참여해야 했다. 4년의 교육과정을 마치고 수준급의 준비 과정을 이수했다고 판단되는 학생들에게는 학사 학위가 주어졌다. 학사들은 일정 기간 동안 계속해서 담당 교수의 강의를 듣고 토론에 참여했을 뿐만 아니라, 때에 따라서는 어린 학생들을 위해 개론적인 강의를 하거나 추가 교육을 담당하기도 했다.

학사는 훈련 기간이 종료되면 교수가 되기 위해 교수 자격증 취득 시험에 응시했다. 시험을 통과한 신참 교수에게는 인문학과에 남아 2년 동안 강의를 해야 하는 의무가 주어졌다. 2년 뒤에는 선택의 기회가 주어졌다. 대학을 떠나 초급 학교에서 교편을 잡거나 공직을 택할 수 있었고 반대로 상급 학과, 특히 신학과에 진학해 학업을 계속할 수 있었다. 그렇게 해서 시작된 새로운 과정에는 7년이라는 긴 시간이 필요했다. 이 교육과정은 성서와 페트루스 롬바르두스의 『명제집』에 대한 강의로 구성되었다. 이 과정을 마친 학생에게는 성서학 학위가 주어졌다. 이어서 학생은 다시 4년간 새로운 과정을 밟으면서 첫 2년 동안에는 성서에 대한 설명을 제시하며 신학 토론에 참여했고 나머지 2년 동안에는 '명제학 학위'를 받은 뒤에, 『명제집』을 연구하면서 주석 작성에 몰두했다. 신학 박사 학위는 여기서 4년을 더 공부한 뒤에야 주어졌다. 따라서 14세의 나이로 대학에 입학한 학생이 이 모든 과정을 마쳤을 때는 어느덧 35~40세의 성인이 되어 있었다. 신학과 안에서만 공부를 마치는 데 장장 15년이라는 세월이 걸린 것에 비하면 교수 생활을 계속할 수 있는 기간은 상대적으로 상당히 짧은 편이었다. 주로 나이가 많이 들었기 때문이거나 강의할 수 있는 강좌 수가 정해져 있었기 때문이다. 아울러 교수들이 계속해서 교체되는 현상도 바로 이러한 상황에서 비롯되었다.

학력curriculum studiorum은 한 개인의 경력으로 그치는 것이 아니라 하나의 지적 공동체를 구성하는 학생들과 교수들의 공동작업을 토대로 구축되는 것이기도 했다. 아울러 학생과 선생의 구분도 항상 또렷한 것은 아니었다. 이는 학생들이 초급 학과에서 선생이 되는 경우가 많았기 때문이기도 하고, 아울러 학회 토론이 기술적인 측면에서 학생과 선생 모두의 참여를 요구했기 때문이기도 하다. 대학들 사이에서도 돈독한 유대관계가 유지되었다. 대학들 간의 결속력은 학술 활동을 장려했을 뿐만 아니라 특정 분야에서 타 대학의 학위를 인정하고 학생과 교수들을 교환하는 문화를 정착시켰다. 물론 그렇다고 해서 각 대학이 교과서나 교육과정, 교수법과 관련된 대학 고유의 특성과 특수성까지 상실했던 것은 아니다.

/ 교과서

대학의 연구 과정은 기본적으로 각 학문 분야의 기둥으로 간주되는 저자들auctoritates의 저서들을 읽고 해석하는 작업, 아울러 이 저서들의 이해를 돕는 신뢰할 만한 주석서들의 강독을 포함하고 있었다. 13세기에 대학에서 사용되던 교과서들은 대부분 상당수의 교수들이 집필한 '대전'과 주해였다.

법학과에서 사용되던 교과서들은 『교회법 전집*Corpus Iuris Canonici*』과 『로마법 전집*Corpus Iuris Civilis*』에 포함되어 있으며 이 가운데 핵심적인 저서들, 교회법에 속하는 『교령집*Decretum*』과 『교령서집*Decretali*』, 시민법에 속하는 『디제스토*Digesto*』과 『법전*Codice*』이 교수들의 정규 과정에서 텍스트로 다루어졌다. 반면에 『새 디제스토*Digesto Nuovo*』와 『증강판*infortiatum*』, 『법학 제요*Institutiones*』, 『봉건법*Liber feudorum*』, 『클레멘스 5세 법령집*Clementine*』 및 기타 참고 서적들은 학사들이 주도하는 특별 과정에서 다루어졌다. 최고의 법학 연구 도시로 알려진 볼로냐에서는 프란체스코 아쿠르시오Francesco Accursio가 13세기 중반에 요약한 볼로냐 박사들의 주해를 바탕으로 이상의 저서들에 대한 주석서들이 집필되었다.

의학 분야에서 활용되던 교과서들은 히포크라테스(기원전 5~4세기), 갈레노스(131~201년), 콘스탄티누스 아프리카누스(1020~1087년)의 저서들, 그리고 몇몇 아랍 저자들의 저서들, 특히 이븐 시나(980~1037년)의 『의학 정전*Liber canonis medicinae*』과 아베로에스(1126~1198년)의 『의학 요강*Colliget*』이었다. 14세기부터는 몽펠리에 대학을 비롯한 다른 여러 대학에서 시신을 해부하는 과정을 포함하기 시작했다.

신학 분야에서는 기본적으로 두 종류의 텍스트, 즉 그리스도교 교리를 완벽하게 요약한 저술로 평가받던 페트루스 롬바르두스의 『명제집*Sententiae*』과 성서를 사용했고 이 외에도 교부들의 저서나 몇몇 신세대 신학자들의 주석서를 강독했다. 신학자들은 인문학과에서 사용하던 본격적인 철학 저서들, 예를 들어 아리스토텔레스나 몇몇 아랍 사상가들의 저술들을 활용하기도 했다. 인문학과에서 아리스토텔레스의 저서들은 중요한 역할을 했지만 아리스토텔레스의 사상을 주장하는 일은 사실상 많은 이들의 반감을 불러일으켰다.

모든 학과에서 교육은 두 가지 기본적인 형태, 즉 강의와 토론으로 진행되었다. 강의는 학생들에게 해당 분야의 주요 저자들을 소개하고 알리는 것을 목적으로 하고 있었고 토론은 교수들에게 몇몇 주제들을 해석의 틀을 벗어나 훨씬 자유롭게 다룰 수 있도록 해 주었다. 강의는 일반 강의와 특강, 속강으로 구분되었다. 일반 강의는 교수들이 교육과정에서 가장 중요한 저서들을 다루며 보통 이른 아침에 직접 진행하던 강의를 말한다. 특강은 학사들이 담당했다. 늦은 아침 혹은 이른 오후에 시작되었으며 일반 강의 내용을 좀 더 깊이 있게 다루기 위해 진행되었다. 강사의 해설은 보통 문자적인 방식(설명 혹은 명제)과 주제나 문제를 제시하는 방식으로 구분되었다. 끝으로 속강은 교수들이 일반 강의에서 다루었던 주요 문제들을 간략하게 복습할 목적으로 진행되었다. 속강의 기본적인 형태는 한 특정 분야에서 중요한 위치를 차지하는 저자auctoritas의 글littera을 큰 소리로 낭독하는 과정이었다. 학생들은 낭독 내용을 듣고 동시에 그들이 가지고 있던 사본을 읽으면서 내용을 요약했다. 강사에게는 책의 내용을 세밀하게 분류하면서 저서의 구조에 대해 설명하는 기회가 주어졌고, 난이도에 따라 길어질 수도 있는 설명이 때로는 하나의 간단한 비유로 대치되기도 하고 저서에 대한 기본적인 정보 혹은 몇몇 모호한 용어에 설명으로 이어지기도 했다. 가장 중요한 점들을 논의하는 강의의 결론 부분은 토론 형태로 이루어졌으며 해를 거듭하면서 이전 단계에 비해 독립성을 취하는 경향을 보였다.

고대부터 실행되어 왔던 오래된 관습에 따라 대학 교수들과 조교들, 때로는 학생들까지도 강의를 통해 얻은 내용들을 글로 남기기 시작했고 초기의 주석들이 바로 이러한 정황 속에서 탄생했다. 반면에 토론은 훨씬 더 독창적인 성격을 가지고 있었고 그만큼 중세의 가장 특징적인 교육 방식이었다고 볼 수 있다. 유능한 교수들은 토론 활동에 더 많은 관심을 가지고 참여했으며 때로는 강의를 포기하면서까지 토론에 매달리곤 했다.

13세기 후반부터는 또 다른 형태의 토론이 유행하기 시작했다. 파리 대학의 신학부에서 탄생해 여러 대학으로 빠르게 확산된 이 토론 형식이 다루는 것은 자유주제(quodlibet, 즉 '마음대로 고른 주제')였다. 정상적인 토론 형태와는 달리 주제를 선택하는 사람이 교수가 아니라 대학과는 전혀 상관없는 일반 청중이었고 이들은 교수에게 질문을 던지면서 그들이 원하는 내용으로 토론을 요청할 수 있었다. 청중이 던지는 수많은 질문들은 종종 교수들을 곤경에 빠뜨리거나 그들의 경력에 금이 가도록 만들기 위한 전략으로 사용되기도 했다. 자유주제 토론을 선호하던 사람들은 따라서 경험이 풍부하고 뛰어난 능력을 갖춘 학자들, 예를 들어 토마스 아퀴나스 같은 사상가들이었다.

/ '주해'와 '문제'

12세기와 14세기 사이에 쓰인 대부분의 철학 서적들은 중세의 교육 방식과 형태가 그대로 반영된 결과였고, 따라서 주교좌성당의 학교나 대학에서 이루어지는 강의의 기록 혹은 요약본 형태로 탄생했다고 볼 수 있다.

강의를 기록으로 남기는 관습은 일찍이 12세기부터 정형화되어 있었지만 강의와 기록 사이의 결속력은 13세기와 14세기가 흐르면서 강의 자체가 다양한 문예 장르의 탄생에 기회를 제공하던 대학 문화를 통해 더욱 돈독해졌다.

초기 단계의 대학 강의와 직접적으로 연관되는 강의 기록들은 주해라는 새로운 철학 장르의 가장 기초적인 형식이었고 여백에 작성되는 풍부한 용어해설, 즉 방주(旁註, scholia)와 주석을 함께 포함하고 있었다. 전통 철학의 주해가 빈번히 새로운 이론들의 본질을 가리는 결과를 가져왔지만 주해의 저자는 자신의 의견을 주장한다기보다는 어떤 비판이나 공격적인 성격의 논쟁에 대비해 그가 가장 충실하다고 간주하는 해석을 제시할 뿐이었다. 예를 들어 13세기에 아베로에스를 추종하던 몇몇 교수들은 그들의 입장을 변론하면서 그들이 자신들만의 의견을 주장하는 것이 아니라 단지 아리스토텔레스를 해석했을 뿐이라는 논리를 펼치곤 했다. 다양한 종류의 주해는 학과와 강사에 따라 차이를 보였지만 구조적으로 몇몇 공통점들을 가지고 있었다.

‘텍스트의 구성ivisio textus’은 공부해야 할 원전의 구성에 대한 설명을 가리키는 용어로 대학 강의의 첫 단계에서 학생들에게 원전에 대한 포괄적인 관점을 전달하고, 이어서 분석 대상이 될 각각의 장들에 대한 상세한 설명을 제공하는 과정을 말한다. ‘명제sententia’는 주해의 저자가 주장하는 논지의 요약을 가리키며, ‘문자적 설명expositio litterae’이란 번역에서 비롯되는 독해의 어려움을 해소하고 전체적으로 이해도가 뛰어난 학구적인 언어 구축을 목표로 하는 원문의 언어학적 분석을 가리킨다. 진정한 의미에서의 주석이라고 할 수 있는 이 첫 단계의 주해에 이어 ‘표기notanda’, 즉 특정 분야에서 특정한 시기에 이루어진 기존의 해석들을 검토하는 작업이 이루어진다. 반면에 ‘의혹dubia’과 ‘문제quaestiones’는 주해의 저자가 처음에 제시된 논제를 분명하게 해명하는 도구로 활용되기 때문에 주해의 가장 중요한 부분이라고 할 수 있다. ‘의혹’은 주해의 설명 속에서 의혹의 대상이 되는 문장들의 문제점을 파악하는 과정을 말하며 ‘의혹’ 뒤에는 곧장 하나의 ‘해답solutio’이 제시된다. 반면에 ‘문제’는 일군의 소수 주제에만 집중하되 이에 대해 상당히 복잡하고 세분화된 답변을 제시하는 과정이다. ‘표기’와 ‘의혹’ 과정 속에 흔히 ‘분류distinctio’ 작업이 포함되곤 한다. ‘분류’는 하나의 개념 혹은 용어가 가질 수 있는 여러 가지 의미를 분류함으로써 뜻을 명료하게 하는 기능을 한다. 주해의 마지막을 장식하는 ‘결론conclusio’은 처음에 논의된 ‘명제’를 ‘토론disputatio’에서 드러난 내용을 토대로 재검토하는 과정이다.

‘문제’는 일찍이 주해라는 구조의 구속에서 벗어나 독자적인 형태로 발전했다. 여기에는 교수들이 기여한 바가 크다. 학생들이 그에게 제공하는 강의 기록들을 검토하고 수정하면서 결과적으로 대학이 인정하는 강의록 출간에 결정적으로 기여했던 것이다. 짧고 비유적인 설명 방식이 여전히 살아남아 있었지만, 독자적인 형태의 ‘문제’에서는 시작 부분을 제외하고는 낡은 주해의 흔적을 전혀 찾아볼 수 없었다. 사실상 저자의 관심은 한 텍스트의 해석에서 비롯되는 몇 가지의 문제점에 기울어져 있었고 따라서 관련 텍스트의 전체적인 주해 역시 제공되지 않았다. 문제의 도입부에는 항상 ‘~인가 아닌가?’(utrum)라는 형태의 질문이 제시되었고 이어서 논박하려는 내용과 관련된 일련의 논제들을 짤막하게 검토하는 작업이 이루어졌다. '문제'의 세 번째 단락을 구성하는 반대 논제의 증명은 좀 더 개괄적인 성격을 가지고 있었고 몇몇 권위 있는 저자들의 의견을 인용하며 이루어지는 것이 보통이었다. 분석의 마지막 부분에서는 전체적인 이해를 위해 필요한 몇몇 주제 설명과 함께 저자의 결론이 제시되었다.

주해와의 연관성에서 완전히 벗어난 '문제'라는 장르는 1240년과 1260년 사이에 '자유로운 주제 토론의 문제quaestiones disputatae de quodlibe'가 제도화되면서 대학과도 무관하게 완전히 독자적인 영역을 구축하게 된다. 앞서 살펴본 것처럼 자유토론은 주제가 토론에 자유롭게 참여하는 청중에 의해 선택되는 공개토론을 말한다.

'대전summae' 역시 독자적인 영역을 구축하는 성향을 보였고 주해와 '문제', '명제' 혹은 강의 요약의 편집을 통해 재구성하는 장르로 발전했다.

6

알베르투스 만뉴스와 쾰른학파

6.1 생애와 저서

알베르투스 만뉴스는 1200년경 독일 슈바벤의 라우잉엔에서 태어났고 1223년에 이탈리아 파도바 대학의 인문학과 학생으로 입학했다. 독일로 돌아온 알베르투스는 도미니크회에서 승진을 거듭하며 경력을 쌓았다. 1240년 초반에는 유학을 목적으로 파리에 파견되었고 이곳에서 페트루스 롬바르두스의 『명제집』을 접하게 된다. 1245년에 신학 박사 학위를 취득했고 도미니크회 외국인 수도사들을 위해 마련된 학과 수업을 3년간 맡아서 진행했다. 바로 이 시기에 『명제집』 주해와 『창조물 대전*Summa de creaturis*』을 집필했다. 1248년에 쾰른으로 이주한 알베르투스는 이곳에 독일 최초의 고등 교육기관 '일반학교Studium Generale'*를 설립했다. 이 학교는 최초의 독일 대학이 설립(프라하, 1348년)되기 전

* 중세에 대학을 부르던 또 하나의 명칭으로, '일반generale'이라는 용어가 사용된 이유는 구체적으로 밝혀지지 않았지만 어디에서 온 사람이든 입학이 가능했다는 차원에서 그렇게 불렸던 것으로 추정된다.

까지 독일에서 대학을 대신하던 기관이다. 당시 그를 따랐던 인물이 바로 1249년 그의 위 디오니시우스 강의를 듣게 될 어린 토마스 아퀴나스다. 1250년에는 알베르투스의 지적 활동에 결정적인 변화의 계기가 주어진다. 프란체스코회의 로버트 그로스테스트가 번역한 아리스토텔레스의 『니코마코스 윤리학』을 교재로 쾰른에서 일련의 강의를 시작했던 것이다. 그는 곧장 아리스토텔레스의 모든 저서에 대한 체계적인 강의에 착수했고 그의 강의는 『형이상학』의 주해를 집필하는 1263년까지 이어졌다. 알베르투스의 저술은 비유적인 형태의 주해로 이루어졌고 아리스토텔레스의 글에서 발견되는 난해한 부분들을 설명하기 위해 때로는 논제에서 벗어난 주제들을 폭넓게 다룬다는 특징을 가지고 있었다. 이렇게 중심에서 벗어난 내용을 다루면서 알베르투스는 이슬람과 그리스의 아리스토텔레스주의뿐만 아니라 플라톤주의의 다양한 입장들을 검토했다. 아리스토텔레스와 플라톤의 철학을 이해하지 못하면 완벽한 철학 교육은 이루어질 수 없다는 믿음을 가지고 있었기 때문이다.

알베르투스는 1254년부터 1257년까지 독일 도미니크회의 지역 교구장을 역임했고 1260년에는 레겐스부르크의 주교에 임명되었다. 2년 후 주교직에서 물러나 독일의 지역사회를 여행하며 순회설교를 마친 뒤 1264년 뷔르츠부르크에 정착했다. 곧장 이어지는 시기에 알베르투스는 성서 주해서 대부분을 완성했다. 1269년에는 스트라스부르에서 아리스토텔레스의 저술들에 대한 강의를 진행하면서 그때까지만 해도 아리스토텔레스의 신학 저서로 알려져 있던 『원인에 관한 책』에 대한 기념비적인 해설을 남겼다. 1270년부터 1280년 세상을 떠날 때까지 쾰른에 머물면서 마지막 저서인 『신의 놀라운 지식에 관하여*Summa de mirablil scentia dei*』 집필에 전념했다.

알베르투스 만뉴스의 명성은 거의 대부분이 아리스토텔레스 또는 위 아리스토텔레스 저서들에 대한 주해의 형태로 이루어진 그의 학술적이고 철학적인 저술 활동에 기인한다. 알베르투스가 장장 15년에 걸쳐 완성한 이 방대하고 체계적인 연구의 결과는 인문학과가 항상 이븐 시나와 아베로에스의 주해에만 의존하던 상황에서 드디어 벗어나고 도미니크회가 아리스토텔레스의 저서들을 교과서로 채택(1259년)하는 데 결정적인 계기를 마련했다. 알베르투스 만뉴스의 주석이 문화적으로 개방적인 성격을 가지고 있었던 것은 그리스도교 신학을 근거로 평가를 제시하는 것이 아니라 다양한 철학 전통이 표명하는 다양한 입장의 또렷한 근거에 대한 분명한 이해와 설명을 추구했기 때문이다. 알베르투스의 입장은 또렷했다. 그는 아리스토텔레스의 방법론이 자연과 인간에 대한 학문적인 탐구에 적용될 수 있는 유일한 도구이며 과학적 추론을 근거로 하는 철학은 그만큼 **계시**로부터, 즉 신학적 담론의 확실성으로부터 전적으로 자유로워야 한다고 보았다.

알베르투스 만뉴스는 신이 세상사에 자유롭게 개입하기 때문에 필연성에서 예외가 발생하고 이러한 예외 상황이 곧 철학적 이성과 신학적 이성 간의 대립을 낳는다고 확신했다. 그의 주장이 가지고 있는 인식론적 가치를 떠나서 그의 입장이 몰고 온 문화적, 정치적 여파는 한마디로 충격적이었다. 왜냐하면 신학의 '계시'를 진리의 마지막 단계로 인정하면서도 신학이 자부하는 철학적 기능은 사실상 인정하지 않았고, 결국 세속 신학을 총체적으로 합리화하는 결과를 가져왔기 때문이다. 알베르투스의 사상을 뒷받침하는 것은 견고하고 체계화된 자연철학이었고 이는 당시에 인문학과 교수들의 일반적인 견해를 구축하던 전통적인 상징주의 해석과는 상당히 거리가 먼 것이었다. 알베르투스에 따르면 우주를 지배하는 것은 별들의 움직임에 직접적인 영향을 받는 자연의 법칙이었다. 알베르투스는 아울러 점성술적이고 헤르메스주의적인 필연성이 지배하는 이 우주 안에서 인간에게 특별한 위치가 주어지는 것은 그의 지성이 그를 자유롭게 하고 신과 세상의 중재자로 만들기 때문이라고 보았다. 알베르투스는 인간의 자유와 존엄성을 신학적인 분석을 통해서뿐만 아니라 이성의 보편성에 대한 아베로에스적인 관점의 철학적 분석을 통해 다루었다. 그는 인간이 신의 형상대로 창조되었기 때문에 지성을 겸비했으며 인간이 특별한 존재인 것은 바로 이 때문이라고 보았다. 그에 따르면, 이성을 활용하면서 인간은 자신의 지성이 그 자체로, 다시 말해 한 특정 인간의 지성이라는 사실과는 무관하게, 신적인 기원을 가지고 있다는 사실을 이해하게 되며, 인간의 진정한 행복이란 다름 아닌 지성의 신성한 기원을 발견하는 데 있다. 이러한 지적 완성은 이성을 겸비한 모든 인간이 추구할 수 있지만, 신체적 혹은 도덕적 결함을 고려할 때, 모두가 같은 경지에 도달할 수 있는 것은 아니다. 따라서 알베르투스의 주장이 수신자로 간주하는 대상은 따라서 인간 자체라기보다는 학자와 철학자였다고 볼 수 있다.

6.2 쾰른학파

아베로에스주의, 아리스토텔레스주의, 신플라톤주의, 헤르메스주의적인 요소들이 함께 나타나는 알베르투스의 지성과 정신적 행복에 관한 이론은 쾰른학파, 다시 말해 교수 혹은 연구생 자격으로 '일반학교Studium Generale'를 드나들던 독일의 도미니크회 수도사들에 의해 수용, 발전되었다. 쾰른학파에 속하는 인물로는 스트라스부르의 니콜라Nicola, 리히텐베르크의 조반니 피카르디Giovanni Picardi, 뤼베크의 하인리히Heinrich, 스트라스부르의 울리히Ulrich, 프라이베르크의 테오도리쿠스Teodoricus, 마이스터 에크하르트Meister Eckhart, 모스부르크의 베르톨트Bertold 등이 있으며 이들의 저서 대부분은 여전히 출판되지 않았고 거의 알려지지 않은 상태로 남아 있다.

알베르투스 마뉴스의 첫 제자는 쾰른에서 그의 강의를 들었던 스트라스부르의 울리히다. 여섯 권에 달하는 울리히의 방대한 저서 『최고선에 관하여*De summo bono*』는 위 디오니시우스의 『신의 이름』과 무엇보다도 스승 알베르투스의 영향이 두드러지게 나타나는 저서다. 오랫동안 스승을 단순히 모방했던 인물로 인식되어 왔지만 울리히는 알베르투스 마뉴스 고유의 사상과 후세 철학자들에 의해 발전된 형태의 사상 사이에서 고리 역할을 하는 중요한 인물이다. 신학적 방법론과 철학적 방법론의 차이를 구축하는 자연의 섭리와 의지적 섭리의 차이, 신의 첫 번째 이름 '지성', 근본적 원인이라는 개념의 기술적인 활용 등은 알베르투스 마뉴스의 저서에서 다루어진 핵심 주제였지만 울리히와 함께 흔히

'독일' 철학으로 규정되는 사상의 주제로 발전했다.

프라이베르크의 테오도리쿠스가 신학적 방법론과 철학적 방법론의 차이를 새로운 방식으로 규명하기 위해 참조했던 인물은 알베르투스가 아닌 울리히였다. 작센의 프라이베르크에서 출생한 테오도리쿠스는 1275~1276년에 파리 대학 신학부에서 수학했고 뒤이어 같은 대학에서 교수로 활동했다. 1293년부터 1296년까지 독일의 지방 교구장을 역임했고 1294년부터 1296년까지 도미니크회 총대리vicario generale를 역임했다. 1296년에는 다시 파리에서 신학 박사 자격으로 도미니크회 외국인 수도사들을 위해 2년간 강의를 맡아 진행했다. 우리가 그의 활동을 확인할 수 있는 마지막 연도는 그가 독일의 지방 교구장직을 맡은 1310년이다. 도미니크회 저자들의 오래된 저술 목록에 따르면 테오도리쿠스는 33권의 저술을 집필했고 그중에 보존되어 있는 것은 26권이다. 테오도리쿠스 전집은 크게 지성의 자율성과 자연적 필연성이라는 두 주제로 집중되는 전문적인 논문들로 구성되며 아울러 상세한 광학과 화학 논문들을 포함하고 있다. 테오도리쿠스는 신학과 철학을 명백하게 구분한다는 점을 알베르투스 마뉴스와 스트라스부르의 울리히 모두를 통해 깨달았지만 그가 자연의 섭리와 의지적 섭리의 차이를 다룬 아우구스티누스의 중요한 문장에 대해 그만의 해석을 도출해 내는 과정에서 결정적인 역할을 한 것은 울리히였다. 울리히와 테오도리쿠스는 자연의 섭리가 지배하는 물리적인 세계가 '철학자들의 신성한 학문적 대상'인 원인들의 관계를 토대로 구축되며 의지의 섭리는 신학의 대상인 의지와 가치들의 세계를 표상한다고 보았다. 테오도리쿠스에 따르면, 자연은 이른바 본질적 인과율이 보장하는 규칙성과 필연성의 지배를 받는다. 아울러 우주의 다양성은 세계에서 관찰되는 현상들을 단순하고 일관적인 방식으로 내포하는 유일한 지적 원리를 토대로 존재한다. 원인과 결과는 존재의 차원에서, 다시 말해 이들의 구체적인 특성에 관한 한 서로 다를 수밖에 없지만 본질적인 차원에서, 다시 말해 이들의 원리에 관한 한 동일한 것이었다.

이러한 관점에서, 정신의 차원을 초월하는 대상들은 인식되어야 할 이유를 자체적으로 가지지 않으며 이들을 인식해야 할 필요성은 오히려 인간의 지성에 의해 구축된다고 보아야 한다. 다시 말해 인간은 대상 자체에 이른바 '부가된' 범주적인 차원의 수식어들(관계, 본질, 시간, 등등)을 통해 지적 대상을 취할 뿐이다. 테오도리쿠스는 어쨌든 우주의 형성이 지성의 행위, 즉 그가 최초의 원리 또는 신의 본질적 발현이라고 보았던 지성의 지극히 자연스러운 행위라고 생각했다. 이러한 발현 과정을 테오도리쿠스는 이미지의 과정이라고 불렀다. 그에 따르면 발현하는 것(인간의 지성)은 그것의 기원이 되는 원리(신)의 완벽한 이미지이며 아울러 원리의 순수하고 단순한 지적 본질을 공유한다. 그런 의미에서 능동적 지성은 영혼의 단순한 기능일 수 없으며 오히려 자신을 인식하고 따라서 자신의 원리가 되는 신 또한 인식하는 지적 실체의 활동이다. 비록 이러한 조건, 혹은 자의식으로서의 사유가 인간의 진정한 본성을 표상하는 것은 사실이지만 인간의 본성은 어쨌든 인간적인 현실을 통해 인식된다. 그런 식으로 인간은 자신의 지적 원리와 영원히 이질적일 수밖에 없는 상태에서 살아간다. 테오도리쿠스는 한 인간의 지적 원리를 진정으로 깨닫는 일이 오로지 또 다른 삶 속에서만 가능하다고 보았다.

이러한 입장의 난점을 극복했던 인물은 마이스터 에크하르트다. 그는 동료들과 동일한 전제에서 출발했지만 신에 대한 앎을 개인적인 경험으로, 즉 선한 의지를 가진 모든 사람에게 허락되는 경험으로 간주했고 그런 식으로 인간의 존엄성과 본질을 고려하는 새로운 방식을 제시했다. 이러한 생각을 마지막으로 전수받은 인물은 모스부르크의 베르톨트다. 신플라톤주의의 중요한 문헌 중에 하나로 평가받는 그의 방대한 주석서에서 베르톨트는 쾰른학파의 주요 개념들 가운데 몇몇(자연의 섭리와 의지적 섭리의 차이, 지성의 자연스러움, 인간의 신성화)을 프로클로스의 철학적 관점에서, 즉 우주란 신성한 것들의 총체이며 신성한 것들은 발현에 이어 그가 **최고선**이라고 정의했던 **최초의 원리**로 되돌아간다는 관점에서 검토한 바 있다. 프로클로스의 철학은 그에게 곧 신학과 마찬가지였다. 다시 말해 그는 철학을 프라이베르크의 테오도리쿠스가 『신학적 주제에 관하여*De subiecto theologiae*』에서 묘사한 바 있는 철학자들의 신학으로 이해했다. 관건은 자연의 섭리라는 관점에서, 또는 모든 것의 최초 원리를 발견할 수 있는 곳으로 인간을 인도하는 원인들의 관계라는 관점에서 우주를 연구하는 것이었다. 프로클로스의 사상은 아리스토텔레스의 철학과는 달리 탐구하는 대상을 정의하는 경향이 전혀 없었지만, 베르톨트에 따르면, 그렇다고 해서 그의 사상이 덜 과학적이었던 것은 아니다. 그는 프로클로스의 사상이 오히려 인식의 주체와 인식된 대상의 대립을 극복하려는 노력인 동시에 통일된 철학에 도달하기 위한 시도라고 보았다. 인식 과정에서 출발해 발현 과정을 거꾸로 답습하며 인간은 그가 인식하는 원리 자체 혹은 최고선에 가까이 다가서게 된다. 지복은 따라서 세계에 대한 철학적 관점을 획득하는 데, 혹은 자신과 우주 속에 내재하는 신적인 것을 발견하는 데 있다. 이러한 앎은 그것을 직접적으로 경험하는 인간을 완전히 변화시킨다. 왜냐하면 신성한 것을 이해한다는 것은 곧 신성한 존재로 존재한다는 것을 의미하기 때문이다. 베르톨트는 여기서 그가 알베르투스 만뉴스, 특히 에크하르트에게서 발견하는 '신성한 인간homo divinus'을 부각시킨다. 그런 식으로 통일성의 형이상학을 하나의 새로운 윤리학으로 발전시켰던 것이다. 그런 차원에서 베르톨트가 프로클로스의 『섭리에 관하여』에서 발견한 '인간의 영혼은 하나unum animae in nobis'라는 주제는 상당히 중요한 의미를 지닌다. 여기서 중요한 것은 영혼의 본질을 구축하고 이성적인 기능의 기초가 되는 원리인 동시에 온 우주의 기원이 되는 최고선을 지적으로 직관할 수 있는 가능성과 일치하는 초이성적 원리다.

7

토마스 아퀴나스

7.1 고대 서적의 탐구

토마스 아퀴나스는 아퀴노Aquino의 백작 란돌포Landolfo의 아들로 로카세카Roccasecca에서 1221년에 태어났다. 어린 시절부터 근교의 몬테카시노 수도원에서 서원 없이 수사로 지내며 기초 교육을 받았다. 1239년 나폴리에 도착한 토마스 아퀴나스는 프리드리히 2세가 1244년에 설립한 나폴리 대학의 인문학과에서 공부를 시작했고 당시의 교육과정에 따라 논리학과 아리스토텔레스의 자연철학을 공부했다.

당시에 파리에서는 아리스토텔레스의 자연철학과 형이상학의 연구가 금지되어 있었지만 나폴리에서는 누구든지 그의 철학을 공부할 수 있었다. 처음부터 고대 학문과 철학을 열린 자세로 수용했던 프리드리히 2세는 아리스토텔레스와 그리스 및 아랍 철학자들의 저서들을 라틴어로 번역하는 데 지원을 아끼지 않았고 나폴리 대학을 중심으로 이러한 문화 정책을 통해 번역서들의 보급과 지식의 전파를 도모했다. 분명한 것은 그때까지만 해도 서구 세계가 이질적으로 받아들이던 과거의 책을 특별한 관심이 토마스 아퀴나스의 지적 성장에 결정적인 역할을 했다는 점이다. 그만큼 그는 끊임없이 아리스토텔레스와 고대 철학자들, 그리스도교 사상가들의 저서들을 읽으면서 주해서를 집필했고 그리스어뿐만 아니라 아랍어로 쓰인 철학서들의 좀 더 완벽한 번역본 수집에도 관심을 기울였다. 다양한 외국 문화를 섭렵하는 과정에서 그리스와 아랍 세계의 지식을 총망라한 방대한 백과사전적 지식을 습득했던 것이 토마스 아퀴나스에게는 중세 초기의 신학과 철학, 즉 아리스토텔레스의 인식론을 그리스도교 신학에 적용하면서 여전히 신플라톤주의의 강력한 영향하에 놓여 있던 철학과 신학 전통을 혁신하게 되는 결정적인 계기를 마련해 주었다.

토마스 아퀴나스의 생애에 전환점이 된 사건은 나폴리에서 이루어진 도미니크 수도회와의 만남이었다. 1244년에 토마스 아퀴나스는 가족들의 만류에도 불구하고 수도회에 입단했다. 그의 결정에 반대하던 가족들의 곁을 떠나 파리의 도미니크회 수도원으로 이주한 그는 그곳에서 스승 알베르투스 만뉴스의 강의를 듣게 된다. 이어서 스승을 따라 쾰른으로 거처를 옮겨 남은 4년 과정을 마치고 교육과정을 수료했다. 1253년에는 파리로 거처를 옮겨 대학의 신학부에서 학사 자격으로 성서와 페트루스 롬바르두스의 『명제집』에 대한 주해 작업에 몰두하면서 체계를 갖춘 그의 첫 번째 저서 『명제집 주해』를 완성했다. 그가 강사로 활동하던 시기에 파리 대학에서는 기욤 드 생타무르Guillaume de Saint-Amour가 이끄는 재속在俗 성직자 신분의 교수들과 정규 성직자들로 구성된 탁발托鉢 수도회의 교수들은, 예를 들어 도미니크회(대표적인 인물은 토마스 아퀴나스다)나 보나벤투라가 이끄는 프란체스코회 교수들 사이에서 분쟁이 진행 중이었다. 재속 성직자들이 탁발 수도회가 교단의 위계질서에 복종을 서약함으로써 대학의 독립성을 위협했다고 비난하면서 시작된 이 분쟁은 토마스 아퀴나스의 정교수 임명이 1년 정도 지연되는 결과로 이어졌다. 토마스 아퀴나스는 1257년 초반부터 파리에서 교수 생활을 시작했다.

교수 생활은 토마스 아퀴나스의 생애에서 상당히 커다란 부분을 차지했다. 그는 파리에서 3년 동안(1257~1259년) 강의에 몰두한 뒤 10년 동안 이탈리아의 여러 대학을 돌아다니면서 강의했고 다시 파리로 돌아와 교수 생활을 계속한(1269~1272년) 뒤 마지막으로 나폴리 대학에서 강의를 맡아 진행했다(1272~1274년). 교수로서의 삶은 그가 폭넓은 영역에서 뛰어난 연구 성과를 이룩하는 데 결정적인 역할을 했다. 그의 학문적 성과는 그의 강의를 구성하는 세 종류의 활동으로, 해설을 포함하는 '강독', 교리를 심도 있게 이해하기 위해 진행되던 변증법적 '토론', 교리의 구축 과정을 설명하기 위해 대학 공동체의 여러 구성원들을 상대로 이루어지던 '설교'로 분류된다.

7.2 저서들

토마스 아퀴나스의 저술들 역시 이상의 세 형태로 분류된다. 먼저 과거의 문헌들에 대한 방대한 주해 형태로 이루어진 '강독'의 기록이 남아 있다. 그가 다루었던 문헌들은 성서의 신약과 구약, 아리스토텔레스의 거의 모든 철학서들, 보에티우스와 위僞 디오니시우스의 신학 저서들, 『원인에 관한 책』이라는 제목의 아랍어 문집을 통해 서방 세계에 알려진 신플라톤주의 철학자 프로클로스의 신학 저서 등이다. '토론 주제Questiones disputatae'라는 제목의 문집들(『진실에 관하여』, 『함에 관하여』, 『악에 관하여』, 『영혼에 관하여』 등) 역시 상당한 분량이 남아 있다. 이는 역사상 가장 뜨거웠던 철학과 신학 논쟁에 대한 대학의 지대한 관심의 결과였다고 볼 수 있다. 아울러, 토론이라는 당시의 새로운 교육 방식이 그대로 반영되어 있는 만큼, 여기에 토마스 아퀴나스의 가장 유명한 저서 두 권, 즉 3부로 구성된 『신학대전』과 4부로 구성된 『이교도 논박 대전*Summa Contra Gentiles*』이 포함되어야 할 것이다.

좁은 의미에서 설교라는 장르에 포함시킬 수 있는 글은 성서와 전례서의 해석을 내용으로 하는 설교와 일반 대중을 위해 속어로 진행되었지만 지금은 라틴어 번역본으로만 남아 있는 설교다. 하지만 동일한 장르에 『소논문들*Opuscula*』에 포함된 공공 토론의 기록들을 포함시킬 수 있다. 이들 가운데 눈에 띄는 것은 탁발 수도사들을 변호하는 논쟁적인 성격의 글들, 즉 1270년경 인문학과 교수들을 상대로 벌인 논쟁 기록이다(가장 널리 알려진 것들 가운데 『아베로에스주의 논박: 지성의 단일성에 관하여』와 『세계의 영원함에 관하여』를 들 수 있다). 이외에도 토마스 아퀴나스는 여러 권의 전례서를 집필했다. 대표적인 예로 성체 축일(Corpus Domini)을 위한 전례서 전문(강독과 찬송으로 구성)을 들 수 있다.

토마스 아퀴나스는 자신이 신학자라는 점을, 혹은 당대의 표현대로 '성스러운 교리의 스승'이라는 점을 항상 분명히 했다. 그가 말하는 교리는 '신성'하다는 특징을 가지고 있었고 이 교리가 다루는 것은 신의 광채가 관여하는 영역의 지식이었다. "그 자체로 하나인 성스러운 교리가 다양한 철학 분야의 요소들에까지 확장되는 것은 이 교리가 지니는 다양한 학문 분야와의 형식적인 연관성 때문이며 이 다양한 요소들을 신의 광채를 통해 인식하는 것이 가능하기 때문이다."(『신학대전』 I, 1, 4)

토마스 아퀴나스에 따르면, 계시는 앎(광채)을 위한 수단이며 신이 스스로에 대해 가지는 앎의 완벽한 지각 가능성에 뿌리를 둔 수단이다. 신성한 앎에 고유한 전적으로 투명한 '광채'는 계시를 통해 신이 이미 계시하고 드러낸 내용 혹은 신앙의 내용으로까지 확장된다. 이 광채는 이어서 신이 계시를 통해 드러낼 수 있는 모든 것들, 즉 신의 광채를 통해 인식과 계시가 가능한 모든 사물과 모든 분야를 망라하는 총체적인 지식에까지 확장된다.

토마스 아퀴나스의 신학에서는 고전 철학의 이성이 분명한 방식으로 드러난다. 아리스토텔레스의 『분석론 후서』로부터 삼단논법의 논리적인 방법론을 수용한 토마스 아퀴나스는 이러한 방법론이 근거와 증명을 필요로 하는 지식의 본질에 부합하며 보편적이고 필연적인 전제에서 똑같이 보편적이고 필연적인 결론과 학문을 도출해 낸다고 보았다. 토마스 아퀴나스는 그런 식으로 『신학대전』에서 좀 더 넓은 의미의 철학에 대한, 다시 말해 계시에 기원하지만 이성이 인정하는 형태와 분석 과정을 통해 확장되는 지식을 소화해 낼 수 있는 인간의 이성적 힘에 대한 믿음이 무엇인지 보여 주었다.

그럼에도 불구하고 토마스 아퀴나스에 따르면, 신학은 보편적이고 필연적인 전제에서 출발하지 않는다는 특징, 즉 계시를 통해 받아들인 신앙의 내용을 전제로 한다는 특징을 가지고 있다. 신학의 논리적인 엄밀함은 따라서 신학적 진실의 유효성을 부인하는 누군가를 논박할 때 본 모습을 드러낸다. 아리스토텔레스가 『형이상학』 제4권에서 무모순성의 원리에 대해 언급했던 내용을 그대로 적용하면서 토마스 아퀴나스는 신학에 반대하는 자가 계시에 근거하는 몇몇 표현들의 정당성을 인정할 경우에만 신학 논쟁이 가능하다고 주장했다. 계시에 근거하는 몇몇 진실은 받아들이되 다른 진실들은 거부하는 이단자들과의 논쟁이 바로 이런 경우에 속한다. 최소한의 주장이 받아들여지면 논박elenchos 과정이 성립되고 성서를 인용하며 이단자들의 비일관성을 증명하는 것이 가능하다. 하지만 신학에 반대하는 자가 계시를 근거로 하는 어떤 내용도 인정하지 않을 경우, 신학 논쟁은 성립되지 않는다. 논쟁이 계시를 통한 진실과 반대되는 논증 과정의 비일관성을 증명하는 데 집중되기 때문이다.

토마스 아퀴나스는 '성스러운 교리의 스승'에게 계시와 정반대되는 주장들, 엄격한 논증이 아니라 궤변에 불과한 주장들을 논박할 의무가 있다고 보았다. 그의 신학적 인식론을 뒷받침하는 이 핵심적인 논제를 바르게 이해하기 위해서는 무엇보다 우선적으로 논리의 악순환을 자극하는 가설의 틀에서 벗어날 필요가 있다. 여기서 토마스 아퀴나스가 하는 이야기는 예를 들어 신학자가 신앙을 통해 받아들인 계시의 진실을 토대로 계시와 정반대되는 논리적 주장들이 거짓이라는 걸 알 수 있다는 이야기가 아니다. 이러한 입장은 이성의 자율성을 전혀 존중하지 않는다. 왜냐하면 계시의 진실을 믿는 신학자가 이성을 완전히 무시한 채 진실은 자신의 소유라고 천명하는 것과 마찬가지이기 때문이다. 아울러 토마스 아퀴나스가 하는 이야기는 계시와 정반대되는 논리적 주장들이 거짓이라는 것을 아는 것으로 충분하다는 이야기도 아니다. 그는 단지 상이한 결론에 도달할 수 있는 이성적인 논제들의 구축 가능성과 상대방의 논증 방식에서 형식적인 엄격함의 부재를 발견할 수 있는 힘이 인간의 이성에게 있다고 말할 뿐이다.

신학적 지식의 논리적인 측면에서 토마스 아퀴나스가 취하는 방법론은 성서를 다루는 수많은 주해서에도 그대로 적용된다. 그의 의도는 성서에서 그리스도교 신앙의 진실을 값어치 있게 만들고 반대되는 주장을 논박하는 데 유용하게 쓰일 교리적인 요소들을 찾아내는 것이었다. 종교적 혹은 세속적 문헌의 권위 있는 저자들에 의존하는 일은 권위의 정도를 토대로 위계질서를 존중하면서 이루어져야 했다. 가장 효율적인 것은 권위를 지니면서 신의 계시에 기초하는 논제였다. 토마스 아퀴나스에 따르면 신학이론이 사실상 인간의 이성적 사고를 필요로 하는 것은 믿음의 진리를 증명하기 위해서라기보다는(이는 신앙의 역할을 완전히 무산시키는 결과를 가져올 뿐이다) 오히려 신학의 몇몇 내용을 명확하게 제시해야 했기 때문이다. 성서의 권위 있는 문구들은 필연적인 논제를 구축하기 위해, 교부들의 권위 있는 문구들은 적절하고 개연적인 논제를 구축하기 위해 사용됐다(『신학대전』 I, 8, ad 2)

계시 속에 포함되어 있는 진리지만 동시에 이들을 이성적으로 다룰 수 있는 것들이 있었다. 예를 들어 신의 존재, 신의 특성들, 불멸을 보장하는 지적 영혼의 본질적으로 영적인 성격과 같은 내용은 이성이 다루어야 할 진리였다.

토마스 아퀴나스는 이러한 진리를 '신앙의 내용을 위한 전제들'이라고 정의하면서 이것들이 사실은 기초적인 진리이며 인간의 이성이 그 진리에 독자적으로 도달하는 것은 가능하지만, 한편으로는 모든 사람이 도달할 수 있는 것도 아니고 또 한편으로는 모두가 즉각적으로 이해할 필요가 있기 때문에 신이 이러한 '전제'를 계시의 진리 속에 포함시켰다고 보았다. 토마스 아퀴나스는 이러한 '전제들'이 신앙과 이성의 은밀한 조화를 표상한다고 보았다.

『신학대전』을 시작하면서 토마스 아퀴나스는 어떻게 철학적인 방법을 통해 신의 존재를 증명할 수 있는가라는 질문을 던진다. 그는 이를 서로 분리되어 있지 않으며 동일한 '경험적' 논증 절차를 구성하는 다섯 가지 방식, 다시 말해 경험을 통해 주어진 정보들의 분석을 토대로 경험적 세계를 초월하는 원리의 존재를 규명하는 단계에 도달하는 동일한 과정의 다섯 가지 공식으로 증명할 수 있다고 대답한다.

첫 번째 방식은 아리스토텔레스가 말하는 잠재력에서 실행으로의 전이 과정으로 볼 수 있는 운동 내지 변화에 대한 감각적 증명을 토대로 전개된다. 이 전이 과정은 한 인자因子의 활동을 통해서만 이루어질 수 있다. 이 인자는 하나의 사물이 스스로의 힘으로 스스로를 움직이게 만든다는 것이 불가능하다는 사실, 즉 스스로가 잠재력에서 실행으로 전이하는 운동에 원인을 제공할 수 없다는 점을 근거로 하는 원리다. 만약 변화하는 사물 가운데 어떤 것도 스스로 잠재력의 단계에서 실행의 단계로 나아갈 수 없고 외부의 동력을 필요로 한다면, 변화하는 사물들의 변화 과정은 일련의 운동처럼 보일 것이며 이 일련의 운동은 또 다른 사물들을 잠재력의 단계에서 실행의 단계로 움직이게 만들 것이다. 하지만 이 운동이 무한히 계속될 수 있는 것은 아니다. 운동의 끝없는 지속이란 곧 그것을 토대로 어떤 원칙이나 기원도 발견할 수 없으며 결국 아무것도 설명할 수 없다는 것을 의미하기 때문이다. 어떤 원리 없이는 어떤 운동도 시작될 수 없으며 따라서 우리가 현실 속에서 발견하는 실질적인 운동조차도 실재할 수 없는 것으로 보아야 할 것이다. 이러한 모순적인 결론을 피하기 위해서는 최초의 동자 혹은 부동의 동자, 즉 생성의 기원이 되며 모두가 신이라고 부르는 존재를 인정해야 한다.

나머지 네 가지 방식은 첫 번째 방식과 본질적으로 유사한 구도를 가지지만 논증 과정을 구축하는 경험의 내용 면에서 차이를 보인다. 두 번째와 세 번째 방식은 운동이 무한히 지속될 수 없다는 논제를 활용하며 항상 무모순성의 원리를 토대로 전개된다.

어떤 원인에 의해 발생한 것으로 보이는 사물들을 존재하게 만든 실질적인 원인을 찾아 무한히 거슬러 올라가거나(두 번째 방식) 이 사물들의 일시적인 성격, 다시 말해 '항상 존재하는 것은 아닌' 이유를 끝없이 탐구하더라도(세 번째 방식) 원인의 실체와 일시적인 성격에 대한 논리적인 이유를 발견한다는 것은 불가능하다. 따라서 이 두 가지 경우에도 최초의 원인, 한 원리의 존재를 인정할 필요가 있다.

네 번째 방식은 유한한 실상에 내재하는 완벽함의 정도와 차이에 대한 고찰을 토대로 이루어진다. 여기서 완벽함이란 선善, 진리 혹은 존재론적 고귀함 같은 개념을 가리키며, 존재와 함께 발현되었기 때문에 흔히 초월적 완전성이라고도 불린다. 하지만 이러한 완벽함을 단계에 따라 보유하는 존재의 유한한 실체는 그것의 원천과 토대의 관점에서가 아니면 인식되지 않는다. 그러한 실체가 존재하기 위해서는 자체로 실재하는 존재, 절대적인 존재가 필요하다. 그래야만 원인인 존재, 즉 존재에 참여하지 않는 무한한 존재 없이 존재에 참여하는 유한한 실체만을 가정할 때 발생하는 모순에서 벗어날 수 있다.

다섯 번째 방식은 지식을 겸비하지 않은 실체들과 관련된 목적론의 규명을 토대로 전개된다. 이성을 겸비하지 않는 자연적 인자들은 고유의 기능을 수행하면서 언제나 또는 거의 항상 하나의 결과를 이루어 내며 이는 본질적으로 최선의 결과이기 때문에 결과가 이들의 목적인 것으로 드러난다. 지식을 겸비하지 않은 실체들이 어떤 목적을 추구한다는 사실에서, 아울러 이러한 목적론을 자연적 인자들의 꾸준한 활동을 고려했을 때 우연을 토대로는 설명할 수 없기 때문에, 이들이 목적을 달성할 수 있도록 인도하는 한 지적 실체의 존재를 인정해야 한다.

토마스 아퀴나스도 신의 존재를 증명하는 방식에 신의 더 구체적인 속성들, 예를 들어 선의와 유일성, 무한성과 같은 속성들에 관한 부차적인 논의가 요구된다는 점을 인정했다. 하지만 그는 신의 존재를 증명하는 증거들이, 상당히 믿을 만한 결론들을 내포하고 있음에도 불구하고, 신의 초월성을 이성적으로 설명한다거나 계시의 신비로운 성격과 신앙의 무상성을 폐지시킬 만큼 또렷하지는 않다고 보았다.

인식론적인 차원에서 토마스 아퀴나스는 지성이 추상화를 통해서만 감각적 현실로부터 개념을 추출해 낸다는 아리스토텔레스의 생각을 준용했다. 그는 보편적인 개념들이 지성의 판단에 맡겨지며 지성이 선천적으로 내포하는 제1원리들, 즉 동일성의 원리, 무모순성의 원리, 배중排中의 원리가 판단에 활용된다고 보았다. 인간의 지성이 가장 쉽게 이해할 수 있는 개념은 실체였다. 존재론의 고유한 탐구 대상인 '실체'는 인간이 존재의 초월적인 특성들(단일성, 진실함, 선함, 아름다움), 질료와 형상으로 구성되는 실체의 본질, 생성과 인간 행위의 원인을 탐구하고 존재에 관한 형이상학적 기초를 구축할 수 있도록 허락해 주는 개념이었다.

토마스 아퀴나스는 아리스토텔레스의 인류학적이고 심리학적인 관점을 받아들이면서 사고와 추론의 기능을 보장하는 인간의 지적 영혼이 다름 아닌 본질적인 형상, 즉 인간을 실존하고 활동하는 존재로 구축할 수 있는 단일한 실상이며 영혼의 생장과 감지 기능까지 완성한다는 생각을 수용했다.

이 본질적인 형상의 단일성 이론은 플라톤의 이원론을 토대로 모순을 드러내던 주체의 내면적 단일성 문제를 해결하는 데 결정적인 역할을 했다. 하지만 그리스도교 인류학의 핵심인 영혼의 불멸성이라는 주제와 관련된 복잡한 문제들이 여전히 남아 있었다.

토마스 아퀴나스는 육신이 인간 활동의 중추적인 역할을 수행하는 기관임에는 틀림없지만, 인간의 영혼이 지적 활동을 위해 육신을 반드시 필요로 하는 것은 아니라는 점을 지적하면서, 육신이 부패한 뒤에도 인간의 영혼은 살아남는다고 주장했다. 그는 영혼이 본질적인 형상임을 뛰어넘어 실재적인 형상이며, 육신과는 무관하게 독립적으로 사유하는 하나의 독자적인 존재, 예를 들어 모든 육체에 관한 지식이나 보편적인 것에 대한 지식, 자의식 등을 보유하는 실질적이고 독자적인 존재임을 증명하려고 노력했다. 영혼의 활동이 육신에 예속되지 않는 만큼 영혼은 순수한 형상이었다. 결과적으로 영혼의 존재론적인 독립성이 확립되면서 영혼이 육체와 함께 부패될 수 있다는 가능성은 배제되었다.

육신의 유일하게 본질적인 형상으로서 영혼이 '실재'한다는 논제는 영혼이 두뇌 활동의 원리, 즉 인식의 원리로서 기능할 뿐만 아니라 형이상학적인 차원에서도 원리로서 기능한다는 것을 분명하게 보여 준다. 토마스 아퀴나스에 따르면, 영혼은 인식 과정과 인식 주체 사이의 형식적 유사성을 토대로 하는 하나의 존재론적 원칙이다. 이러한 유사성을 뒷받침하는 것이 바로 "활동은 존재에 의존한다operari sequitur esse"라는 명제다. 활동적 차원과 존재론적 차원의 연관성은, 후자가 전자에 우선한다는 조건하에, 존재론적 전이 원칙으로서의 형상이라는 개념과 활동 원리로서의 존재 개념을 바탕으로 구축된다.

모든 인간은 자신의 행복이나 완성을 욕망하는 만큼 궁극적인 목표를 추구한다고 볼 수 있다. 이 행복과 완성이라는 개념 속에는 행복과 완성을 부여하는 충만한 선善으로서의 궁극적 목적이라는 개념이 내포되어 있다. 그렇지 않다면, 즉 최고선이 존재하지 않는다면 부분적인 과정 속에서도 행복이나 완성은 주어지지 않을 것이다. 토마스 아퀴나스는 최고선을 추구하는 이러한 목적론적인 구도가, 아리스토텔레스가 주목했던 도덕적 덕목에서부터 그리스도교 윤리의 토대를 이루는 초자연적인 덕목들(믿음, 희망, 사랑 등)에 이르기까지, 인간의 모든 윤리적인 선택을 결정짓는다고 보았다.

행복이 일반적으로 바라던 바의 성취를 통한 욕망의 만족 내지 쾌락이나 기쁨에서 비롯된다면 이러한 행복의 경험이 최고조에 달하는 것은 궁극적인 목적을 성취했을 때, 즉 욕망을 결정적이고 완전한 방식으로 만족시키는 최고선을 성취했을 때 가능할 것이다. 인간은 두 가지 상이한 유형의 행복을 추구한다. 유한한 선을 목표로 지상의 행복을 추구하거나 최고선에서 비롯되는 영원한 행복을 추구하는 것이다. 지상의 불완전한 행복은 항상 지성과 의지를 겸비한 존재로서의 인간이 누리는 유형의 행복이다. 일찍이 아리스토텔레스는 단순한 현상들에 대한 포괄적이고 완벽한 앎을 추구하며 행복을 느끼는 것이 바로 인간이 추구하는 행복의 한 특징이라고 설명한 바 있다. 하지만 인간이 지적 존재에 불과한 것은 아니다. 토마스 아퀴나스는 외부의 물질세계에 영향력을 행사하는 전이적 행위와 행동하는 사람의 내면에 그대로 머무는 내재적 행위를 구분한 뒤, 인간의 특성이 이성과 활동의 복합적인 조합구도를 바탕으로 결정되는 만큼 인간의 활동 영역은 무한히 확장될 수 있다고 설명했다. "지적 영혼은 보편적인 것을 이해하는 만큼 무한한 대상을 상대로 확장될 수 있는 힘을 가지고 있다." 기본적으로 두뇌와 손을 모두 활용하기 때문에 "인간은 무한한 효과에 상응하는 무한히 다양한 도구들을 준비할 수 있다."(『신학대전』, I, 76, 5. ad 4)

토마스 아퀴나스는 이전 세대의 신학자들이 인간과 자연의 관계에 대해 가지고 있던 생각의 재평가를 시도했다. 그가 제시한 새로운 관점 속에서는 노동의 일상에서 오로지 단죄의 결과만을 발견하던 이들의 비관론이나 모든 이원론적이고 마니교적인 관점에서 발견되는 자연적 세계에 대한 불신의 흔적을 찾아볼 수 없다. 그의 사유 속에는 자연이 인간의 활동 공간이라는 생각을 탄생시킨 새로운 문화적 자극의 흔적들이 고스란히 남아있다. 이러한 개혁의 흔적은 13세기 초반에 일어났던 변화의 물결을 그대로 반영한다. 토마스 아퀴나스의 사상에는 프란체스코Francesco 성인의 『피조물의 찬가』에 나타나는 세계관은 물론 중세의 신비주의적인 상징주의와 광물학 문헌이나 동물 설화집의 환상주의 문화를 대체하며 등장했던 아리스토텔레스의 자연관(『물리학』, 『형이상학』, 『영혼에 관하여』)과 우주관이 그대로 반영되어 있다.

토마스 아퀴나스와 세상의 영원함

세상이 영원하다는 생각은 위험천만한 이단으로 간주되었다. 세상이 영원하고 어느 한 순간에 시작된 것이 아니라면 창조주 신의 존재는 불필요하고 "태초에 하나님이 천지를 창조하셨다"는 성경 구절 역시 거짓말에 불과한 셈이었기 때문이다.

세상이 영원하다는 주장은 할 수 없었지만 신앙과 이성의 화해를 꾀하면서 토마스 아퀴나스는 『세상의 영원함에 관하여*De aeternitate mundi*』를 통해 위험하기 짝이 없는 모험을 감행했다. 그는 신앙의 영역에서 벗어나 오로지 정직성과 논리성을 바탕으로 사고하면서 하나의 놀라운 결론에 도달했다. 그는 성서가 말하는 창조된 세계를 믿지만 철학적인 차원에서는 세상이 영원하지 '않다'는 것을 증명할 방도가 없다고 생각했다. 그러나 세상이 최고 존재에 준하는 무언가에 의존하지 않고 영원부터 존재한다는 것을 가정하는 것은 철학자에게도 혐오스러운 일이기 때문에, 그는 하나의 해결책을 모색했다. 토마스 아퀴나스는 세상이 시간의 차원에서 영원부터 존재한다고 말하는 것과 자연의 차원에서 영원부터 존재한다고 말하는 것은 전적으로 다르다는 점에 주목했다.

이 세상의 모든 사물은 탄생의 경로를 거친다. 예를 들어 꽃은 선재先在하는 질료에 잠재력으로(in potenza) 머물다가 꽃의 형상을 취하면서 꽃이라는 실체로(come sostanza) 피어난다. 이와 마찬가지로 신의 창조 행위가 선재하는 질료에 다양한 형상을 부여하는 일이었다면 이는 곧 세상이 부정형의 질료로서, 혹은 순수한 가능성으로서 창조주의 창조 행위가 이루어지기 이전부터 존재했다는 것을 의미하며 이는 그 자체로 하나의 모순이다. 하지만 토마스 아퀴나스에 따르면 신은 천사들을 창조하면서 선재하는 질료에 의존하지 않았다(천사는 질료가 없는 순수한 형상이다). 따라서 신이 모든 것을 반드시 선재하는 질료에서 창조할 필요는 없었다고 본 것이다. 그렇다면 신은 이미 영원부터 존재하던 무언가를 창조했단 말인가? 이는 당연히 불가능한 이야기다. 세상이 이전에는 존재하지 않았고 신에 의해 창조되었다면 세상은 창조주 신의 창조 행위 이후에 태어났다고 보아야 한다.

하지만 이러한 논리는 모든 사물을 시간 속에 주어지는 원인과 결과의 구도를 통해 바라보는 인간의 사고방식, 예를 들어 돌은 걷어차야만 구른다는 식의 논리를 기준으로 했을 때에만 사실로 드러난다. 세상에는 시간의 차원에서 결과에 우선하지 않는 원인들이 존재한다. 예를 들어 빛은 분명히 태양이 일으키는 효과지만 태양이 모습을 드러내는 정확한 순간에 함께 나타난다. 마찬가지로 불도 열기의 결과임에는 틀림없지만 열이 발생하는 정확한 순간에 함께 타오른다. 혹은 영원부터 스스로의 자취를 모래 위에 새겨 넣은 발이 존재한다고 상상해 보자. 다시 말해 발이 먼저 존재했고 누군가가 발로 모래를 밟은 것이 아니라 그 발 자체가 '모래 위의 발'로 태어났다고 가정해 보자. 발자국은 발이라는 원인의 효과임에 틀림없지만 발이 모래를 밟은 뒤에 나타나지 않고 오히려 발이 나타나는 바로 그 순간에 같이 모습을 드러냈다고 보아야 할 것이다.

이러한 예들을 통해 확인할 수 있듯이, 원인과 효과, 동기와 결과, 필연성과 우연성의 관계를 시간의 차원에서만 바라보아서는 안 된다. 이러한 관계는 모래시계에서 볼 수 있는 시간적 연속성과 반드시 일치하는 것은 아니다. 시간은 세상에서 일어나는 사고事故에 지나지 않으며 시간과 신 사이에는 어떤 관계도 존재하지 않는다. 신은 영원한 존재다.

만약에 신이 어느 한 순간에 세상의 존재를 원했다면 그것은 그의 의지에서 비롯되었을 것이다. 하지만 그의 의지가 순차적으로 나타나는 효과를 반드시 선행할 필요는 없다. 신이 어느 한 순간에 자신의 의지대로 세상을 창조했고 그래서 세상이 하나의 완성작이라는 것을 인정한다면, 완벽한 존재인 신은 영원에 가까운 시간 동안 이 완성작 없이 머물러야 했고 뒤늦게야 비로소 세상을 창조하기로 결심했다고 보아야 한단 말인가? 이는 당연히 불가능한 이야기다.

반면에 신이 세상의 존재를 영원부터 원했을 가능성이 있다. 물론 이는 신이 세상을 '무無'에서(ex nihilo) 창조했다는 논리와 직접적으로 모순되는 생각이다. 그러나 신이 세상을 '무'에서 창조했다는 것은 그 이전에 아무것도 존재하지 않았고 이어서 세상이 존재하기 시작했다는 것을 의미하지는 않는다. 그렇다면 바로 이 '무'가 영원했을 것이며 신이 먼저 개입할지 혹은 나중에 개입할지 어떤 식으로든 결정해야 했을 것이다. 세상을 '무'에서 창조한다는 것은, 마치 '무'가 항상 무언가의 앞에 와야 할 것처럼 먼저 '무'가 존재했고 뒤이어 무언가가 존재하기 시작했다는 것을 의미하지는 않는다. '무'에서 창조한다는 것은 모든 피조물이 스스로의 존재를 다른 무언가로부터 부여받는다는 것을 의미하며 이 무언가 없이는 아무것도 아닐뿐더러 존재할 수도 없다는 것을 의미한다. 신은 세상을 틀림없이 '무'에서(ex nihilo) 창조했지만 '무' 이후에(post nihil), 즉 이전에 존재하던 '무'의 뒤를 이어 창조한 것은 아니다. 따라서 세상에 존재를 부여하는 신은 세상의 필연적인 원인인 동시에 영원한 존재이며, 세상 이전에 무언가 영원한 것, 즉 '무'가 존재했다고 가정할 필요는 없다. 공기가 빛을 발하는 것은 태양 이전에 '무'가 존재했기 때문이 아니다. 하지만 태양이 없다면 공기는 아무것도 아니며 존재할 수도 없을 것이다.

아울러 세상이 영원부터 존재한다면 무한한 수의 영혼이 천국과 지옥에 남아 있으리라는 것도 사실은 틀린 생각이다. 세상이 영원부터 인간 없이 존재했을 가능성은 얼마든지 있다.

토마스 아퀴나스에 따르면 철학적인 관점에서 세상의 영원성은 부인할 수 없는 요인이지만 세상이 영원하지 않다는 것은 신앙을 통해서만 받아들일 수 있다.

8

보나벤투라 다 반뇨레조

8.1 한 인생의 의미

보나벤투라(본명은 조반니 다 피단차Giovanni da Fidanza)는 1217년 치비타 디 반뇨레조 Civita di Bagnoregio의 한 부르주아 가정에서 태어났다. 아버지는 의사였다. 보나벤투라는 고향의 프란체스코회 수도원에서 공부한 뒤 18세에 파리로 이주해 대학의 인문학과에서 수학했다. 1243년 인문학과 학위를 수여한 뒤 프란체스코 수도회에 들어가면서 보나벤투라라는 이름으로 불리기 시작했다. 1248년에는 성서 강독을 맡아 진행했고 '명제학 학사'(baccalaureus sententiarius) 학위를 받았다. 1253년 교수 자격증을 취득하면서 파리의 프란체스코 수도회 학교 학장으로 취임했다. 보나벤투라의 몇몇 유명한 저서들, 예를 들어 『그리스도에 대한 지식을 다루는 토론 문제집*Quaestiones disputatae de scientia Christi*』, 『삼위일체의 신비에 대한 토론 문제집*Quaestiones disputatae de mysterio Trinitatis*』, 『소고*Breviloquium*』, 『인문학에서 신학으로의 환원에 대하여*De reductione artium ad theologiam*』와 이 외의 많은 성서 주석서들이 이 시기에 집필되었다.

1257년 보나벤투라는 프란체스코 수도회의 참사회 총회에서 프란체스코회의 총장으로 임명되었다. 1259년 10월 4일에는 프란체스코 성인이 1224년에 성흔聖痕을 받은 곳으로 알려진 베르나Verna 산을 순례했다. 이어서 그의 저서들 가운데 가장 널리 알려진 『신을 향한 정신의 여정*Itinerarium mentis in Deum*』을 집필했다. 다음 해에 프란체스코회의 참사회 총회는 보나벤투라에게 프란체스코 성인의 전기를 의뢰했다. 보나벤투라는 1263년 피사에서 열린 참사회 총회에서 완성된 전기를 발표했고 3년 뒤에 열린 참사회 총회에서 보나벤투라의 책은 수도회의 창시자인 프란체스코 성인의 공식 전기로 채택되었다. 1273년에는 그의 마지막 저서 『6일간의 세계 창조에 대한 강연*Collationes in Hexaemeron*』를 완성했다. 1274년에는 리옹의 공의회에서 몇몇 고위 성직자들의 비난으로부터 프란체스코회 수도회 입장을 변호했고 이어서 수도회 총장직에서 물러났다. 보나벤투라는 같은 해 7월 사망했다.

보나벤투라의 저술은 크게 프란체스코 수도회 내부에서의 활동과 외부 활동을 기준으로 구분될 수 있다. 대외적인 활동을 통해 그가 스스로에게 부여했던 과제는 프란체스코 수도회를 비난하던 파리 대학의 비종교인 교수들뿐만 아니라 프란체스코회의 파문을 요청하던 이들에게 프란체스코 수도회는 고유의 철학을 가지고 있으며 설립자와 초창기의 제자들이 가지고 있던 비학문적인 성격에도 불구하고 이들의 산 경험에서 독창적인 철학과 신학을 구축할 수 있는 가능성이 솟아나온다는 것을 증명해 보이는 것이었다. 이러한 측면에 대한 또렷한 인식을 바탕으로 보나벤투라가 수도회 내부에서 장장 17년간 추진하게 될 학술과 문화 활동이 시작된다. 이 활동의 요지는 성 프란체스코의 가르침을 진정으로 이해하기 위해서는 '비학구적인' 성향에서 벗어나야 하며 이를 위해서는 성 프란체스코 본래의 가르침과 일관성을 유지하면서 세속적인 것에 대한 헛된 호기심을 버리고 진정한 지혜로 인도해 줄 철학적이고 신학적인 탐구에 주력할 필요가 있다는 것을 보여 주는 것이었다.

그런 의미에서 보나벤투라의 사상은 세 가지 핵심적인 요소, 즉 '철학과 신학 연구', '명상적 관점', '프란체스코 성인의 영향'을 중심으로 구축된다고 볼 수 있다. 이러한 요소들은 개별적인 요소가 아니라 밀접한 관계를 통해 하나의 지속적인 과정을 구축하는 단계로 이해해야 할 필요가 있다. 그런 의미에서 보나벤투라의 사상을 가장 정확하게 표상하는 이미지는, 그의 가장 널리 알려진 저서 『신을 향한 정신의 여정』의 제목에서도 나타나는 '여정'의 이미지다.

8.2 철학과 신학 연구, 혹은 지성에 관하여

보나벤투라는 자신의 철학적 성찰을 또렷하게 아우구스티누스 신학에서 유래하는 두 가지 개념, 즉 탐구의 역동성과 비유라는 개념을 중심으로 구축했다.

이 두 가지 개념을 기반으로 보나벤투라는 현실 분석, 현실과 창조주의 관계에 대한 고찰, 인간이 자신의 인식능력을 발전시키는 방법을 검토했다. 현실 분석의 출발점은 보나벤투라가 중세 사상과 공유하는 하나의 메타포, 즉 세계는 창조주의 존재와 자취를 읽을 수 있는 한 권의 책이라는 메타포였다.

바로 이 메타포를 통해 제기된 것이 창조주과 피조물 사이의 유사성 문제였다. 보나벤투라는 유한한 것이 무한한 것을 모방한다는 것 자체가 불가능하다는 생각을 토대로 신과 사물들 간의 본질적인 유사성을 부인했지만 다른 한편으로는 인간의 정신이 신에게 다가가는 여정의 첫 단계에서 사물들이 함께 변화하기 시작한다고 보았다. 이 감각적인 사물들이 다른 모든 현실처럼 보편적 질료형상주의 원칙에 따라 질료와 형상으로 이루어졌다면 이를 가리키는 가장 정확한 표현은 다름 아닌 '신의 자취Vestigia Dei'였다.

사물들은 어쨌든 창조주를 향한 인간의 인식 여정에 포함되어 있을 뿐만 아니라 내부적인 역동성에 좌우된다는 특징을 동시에 가지고 있었다. 실제로 보나벤투라는 동시대의 아리스토텔레스주의자들, 특히 토마스 아퀴나스의 사상과 상반된 의견을 제시하면서 질료와의 융합을 통해 존재를 완전한 형태로 실현하는 형상은 하나가 아니라고 보았다. 즉 모든 존재를 특징짓는 것은 오히려 복수의 형상이며 각각의 형상은 하나의 완성에 상응하고 동시에 또 다른 완성을 향해 열려 있다고 보았던 것이다. 보나벤투라에 따르면 이미 태초부터 질료 속에 실재해 온 이러한 긴장감 자체는, 역사학자 에티엔 질송Etienne Gilson의 주장대로, 본질의 심장 속에 존재하는 "신을 향한 기다림의 보편성"을 상징하는 것이었다.

보나벤투라는 이미 태초부터 질료에 조합되었던 것이 형상들 가운데 가장 능동적이고 완벽한 빛의 본질적 형상이라고 보았다. 그런 식으로 그는 수십 년 전 로버트 그로스테스트가 옥스퍼드에서 제안했던 빛의 형이상학을 수용하면서 이를 창조에 관한 성서의 이야기에 접목시켰다. 빛은 사물이 모든 후속적인 특성들을 수용할 수 있도록 그것을 활성화하며 동시에 실재하는 사물들 사이의 위계를 성립시킨다. "빛은 빛 자체에 나름대로 참여하기 때문에 보다 진실하고 보다 값어치 있는 방식으로 존재하는 물체의 본질적인 형상이다."(『명제집 주해』) 바로 빛의 본성에 대한 참여도가 피조물마다 다르다는 이유 때문에 "모든 피조물이 창조주의 지혜에 대해 이야기하며 온 세상은 마치 빛으로 가득한 거울이나 빛으로 불타오르는 숯과 같다."(『6일간의 세계 창조에 대한 강연』, 2.3)

인간은 이 이야기를 읽을 수 있는 유일한 존재였고, 따라서 보나벤투라가 그의 저서 곳곳에서 언급한 '신을 향한 여정'에 참여할 수 있는 유일한 존재 역시 인간이었다. 이러한 참여의 가능성을 뒷받침하는 두 가지 개념이 바로 유사성과 통일성이었다. 오로지 인간만이 자연적 현실 내부에서 신의 현존을 인식할 수 있으며 아울러, 다름 아닌 인간의 영혼이 보유하는 기억력, 인식력, 의지력과 같은 다양한 기능들 사이의 유사관계 덕분에, 현실에 각인된 삼위일체적인 리듬("그가 모든 것을 수와 길이와 무게로 정했으니" 「지혜서」 11장 21절)을 인식할 수 있었다. 이것이 바로 인간을 피조물들 가운데 유일무이한 존재로, 하나의 단순한 흔적이나 기호(vestigium)가 아니라 진정한 '신의 형상imago Dei'으로 만드는 요소였다. 보나벤투라는 감각적 현실에서 출발하는 이러한 상승 과정이 앎의 빼놓을 수 없는 토대이며 이 과정 속에서 인간의 노력을 지탱하는 것이 바로 진실이 발하는 빛이라고 보았다. 이 진실의 명백한 존재가 모든 탐구 활동의 필수적인 기반이었다. 인간의 앎이 가능한 것은 사실상 감각적인 사물들이 존재하기 때문이기도 하지만 인식 활동을 주도하는 지성의 판단력을 견고하게 구축할 수 있도록 허락해 주는 하나의 원리 혹은 기준을 인간의 영혼이 즉각적으로 파악하기 때문이다. 물론 보나벤투라가 '자연적 판단naturale iudicatorium'이라고 부른 이 판단 기준이 경험을 축소시키거나 방해하는 것은 아니다.

보나벤투라는 진리를 주재하는 기준이 선험적으로 주어진다고 보았다. 그것 없이는 사고 활동 자체가 불가능했기 때문이다. 그런 식으로 과거에 존재의 기원으로 간주되던 신은 존재론적 차원과 인식론적 차원의 의미심장한 중첩을 기반으로 이제 진실의 기원이라는 역할까지 담당하는 존재로 인식되기 시작했다. 과거에 철학이 완벽한 실존의 단계에 이르지 못하는 사실적 실체의 기원으로서 신의 존재를 증명하는 데 집중했었다면, 이제는 신의 존재가 진리에 대한 영적 갈망의 전제라는 점을 지적하면서 동일한 결론에 도달했다. 그런 식으로 외면에서 내면으로 의미심장한 전이가 이루어졌고 이성적 앎의 궁극적인 순간과 높은 이상을 향한 긴장에 필수불가결한 전제로서의 내면세계가 확보되었다.

이 시점에 신을 경험하기 위해 필요한 전제조건들이 영혼의 인식 활동을 통해 제시된 셈이지만, 여전히 신을 찾고 있는 '여정'이라는 인간의 조건은 고유의 모든 한계를 드러내며 신을 직접적으로 이해하려는 모든 시도들을 사실상 힘들고 불가능하게 만든다.

8.3 명상적 관점, 혹은 기억에 관하여

유대인들이 노예 생활에서 벗어나기 위해 이집트를 탈출하면서 이집트인들의 재산을 훔쳐 나왔다는 이야기의 비유적인 해석을 통해 아우구스티누스는 『그리스도교 교리에 관하여』에서 지혜sapientia와는 달리 철학적 지식이 가지고 있는 기능적인 성격을 이론화한 바 있다. 특히 그는 향유와 활용을 구분하면서 의미를 가리키는 기호로서의 사물과 지혜에 도달하기 위한 도구로서의 학문 사이에 밀접한 관계가 있다는 점에 주목했다. 보나벤투라는 이러한 전통적 입장을 고수했고 아리스토텔레스주의적인 관점에서 철학적 탐구의 독자성을 주장하는 이들과 공개적으로 대립하면서 오로지 신에 대해서만 진정한 의미에서의 향유가 가능하며, 그 이유는 신과의 관계 속에서만 향유가 기쁨뿐만 아니라 평정으로 이어지기 때문이라고 주장했다. 이것이 바로 지혜의 조건이었다. 신에 대한 경험적인 앎, 즉 보나벤투라가 '현명한 무지docta ignorantia'라고 정의했던 앎은 성 프란체스코가 베르나 산에서 경험했던 것처럼 오로지 신의 은총에 의해서만 얻어질 수 있었다.

이러한 종류의 인식론적 조건은 철학적 지혜에 고유한 그것과는 근본적으로 다르며 전적으로 신의 섭리에 달려 있었다. 이 조건은 인간에게 주어진 제한된 도구들을 통해 완성되는 인식론적 여정을 기반으로 형성되지만 동시에 여정의 단절과 검열을 의미하기도 했다.

보나벤투라는 이 여정을 설명하기 위해 빛과 어둠의 대조를 주제로 하는 형용모순에 의존하곤 했다. "그곳에는 호기심에 의한 탐구를 포기한 학자들의 정신을 밝혀 주는 침투 불가능한 암흑이 있다."(『6일간의 세계 창조에 대한 강연』, 20.11)

이러한 과정의 실현은 모든 지적 활동의 포기로, 이어서 기억이 착수하고 신의 사랑 속에서 완성되는 '자아로의 회귀'를 이루어 내는 인식 주체의 완전한 변화로 이어진다.

8.4 프란체스코 성인의 영향, 혹은 의지에 관하여

지혜를 추구하는 학문은 한 개인의 인식능력뿐만 아니라 그의 온 존재를 고스란히 사로잡는다. 보나벤투라가 프란체스코 수도회의 일원으로서 프란체스코 성인의 삶에 대해 오랫동안 지속해 온 성찰의 경험은 그의 철학에 본질적으로 실천적인 성격을 부여했다.

보나벤투라는 성 프란체스코가 그리스도와 닮았기 때문에 원죄에 물든 인간은 모방할 수 없는 성격의 것들이 그에게는 가능했다는 점을 잘 알고 있었다.

이 불가능한 모방을 실현하기 위해서는 지식과 의지의 측면에서 각별한 노력이 필요했다. 바로 그런 이유에서 프란체스코 성인을 믿는다는 것은 곧 초기 제자들의 '비학구적인' 성격을 극복해야 한다는 것을 의미했다.

아울러 다름 아닌 의지를 통해서만 신에게 최대한 가까이 다가가고 그와 최대한 닮아가려는 노력이 결실을 이룰 수 있으며 동시에 그와 가장 완벽한 거리를 유지하는 것이 가능했다. 의지는 신에게든 인간에게든 전적으로 자유로운 것이었다. 하지만 신의 의지와 인간의 의지는 아무것에도 구속되지 않는다는 차원에서만 동등하게 자유로울 뿐, 권위나 권력의 차원에서는 근본적으로 다른 것을 의미했다.

보나벤투라에 따르면, 의지 역시 고유의 목적을 이루기 위해, 다시 말해 인식론적인 차원에서 지성이 인식한 바와 완전한 일관성을 유지하며 목적을 달성하기 위해, 행위의 차원으로 움직이려는 '본능적인 성향synderesis'을 가지고 있다. 인식론적 과정을 실현하는 데 있어서도 자유의지는 결정적인 역할을 담당하는 것으로 드러난다. 왜냐하면 선한 것에 대한 단순한 앎이 그것의 수용을 피할 수 없는 것으로 만드는 것은 아니기 때문이다. 따라서 인간의 자유의지는 이성으로 시작해서 의지를 통해 완성된다고 할 수 있다. 이는 곧 철학적 지식에서 지혜로의 전이가 단순한 인식 활동의 결과가 아니라 실존적 결단의 결실이라는 것을 의미한다.

보나벤투라 철학의 근본적인 뿌리는 아우구스티누스주의였다. 하지만 그는 13세기 초에, 특히 파리를 중심으로 확산되던 아리스토텔레스의 번역본들을 통해 도입된 새로운 내용의 철학을 자신의 철학과 견주지 않을 수 없었다. 보나벤투라는 의도적으로 아리스토텔레스의 용어와 개념들을 사용했지만 아리스토텔레스 철학이 근본적으로 추구하는 바, 즉 인간과 신을 탐구하는 철학의 독자성은 인정하지 않았다. 이러한 사실은 1277년의 단죄가 임박하고 아리스토텔레스의 철학에 대한 학계의 반응에 변화가 일어나고 있었을 당시에 출간된 그의 마지막 저서 『6일간의 세계 창조에 대한 강연』을 통해 분명하게 드러난다. 보나벤투라는 아리스토텔레스를 논박하는 입장에 서서 아우구스티누스의 해석을 통해 읽은 플라톤 철학, 특히 그가 유일하게 정당한 형이상학으로 간주하던 이데아 이론을 근거로 내세웠다. 그는 플라톤의 철학이 아리스토텔레스의 저서에서처럼 단순히 원인과 결과라는 도식으로 그치지 않고 모든 사물의 본보기가 되는 원인으로서의 신을 바라볼 수 있도록 해 준다고 보았다.

9

로저 베이컨과 프란체스코회의 철학

9.1 프란체스코회의 철학적 성찰이 지니는 복합성

상당히 다양한 철학적 입장을 수용했던 프란체스코회의 사상은 어떤 통일된 형태의 학파도 구축하지 않았고 어떤 형태의 교리도 의무화하지 않았다. 반면에 엄격한 교리를 구축했던 도미니크회와 프란체스코회 사이에서는 토마스주의라는 문제를 놓고 격렬한 논쟁이 벌어졌다. 토마스 아퀴나스의 몇몇 교리들은 실제로 1277년 파리에서 발표된 탕피에의 『단죄 목록*Syllabus*』을 통해, 그리고 같은 해에 옥스퍼드에서도 단죄를 선고받은 바 있었다.

1278년을 전후로 프란체스코회의 기욤 드 라 마르Guillaume de La Mare는 토마스 아퀴나스의 사상을 체계적으로 논박하는 『토마스 형제의 수정론*Correctorium fratris Thomae*』을 집필했다. 이 책은 곧장 '토마스의 오류'에서 벗어나기 위한 공식적인 해결책으로 받아들여졌다. 하지만 이러한 조치는 도미니크회의 즉각적인 반발을 불러일으켰고 도미니크회 학자들은 곧장 『부패의 수정론*Correctoria corruptorii*』 집필에 착수했다. 총 다섯 권으로 구성된 이 저서는 기욤 드 라 마르가 사실상 토마스 아퀴나스의 이론을 '부패시킨' 장본인이라는 점에 초점을 맞추고 그의 이론을 논박하는 책이다. 1286년에 도미니크회의 학자들은 순수하게 정치적 차원에서 토마스 아퀴나스를 기념하고 그의 가르침을 전파하는 운동을 펼치기도 했다.

대조를 바탕으로 하는 도식적인 설명과 달리 프란체스코회의 성찰은 당시에 놀라운 성공을 거두었던 아리스토텔레스주의나 토마스주의와의 막연한 논쟁 상대로 축소될 수 없는 성격의 사유를 발전시켰다. 이러한 측면을 보다 또렷하게 보여 주는 인물은 기욤 드 라 마르다. 『명제집 주해』에서 그는 결코 토마스 아퀴나스의 천적이라고 할 수 없는 모습을 보여 준다. 왜냐하면 오히려 토마스 아퀴나스를 배우고 참조해야 할 점이 많은 사상가로 고려하기 때문이다.

피에르 드 장 올리비Pierre de Jean Olivi도 『철학서들의 검토에 관하여*De perlegendis philosophorum libris*』에서 프란체스코회의 사상이 아리스토텔레스와 토마스 아퀴나스의 철학에 대한 하나의 대응 혹은 반발이라는 단순한 차원으로 축소될 수 없다는 점을 나름대로 증명해 보인 바 있다. 올리비는 아리스토텔레스의 우상화를 비판하면서 비록 철학이 앎의 한 훌륭한 양식임에는 틀림없지만 오류를 범할 수 있다는 점을 지적하고, 무엇보다도 철학의 가르침이 허영에 불과할 수 있다는 점을 강조했다. 올리비에 따르면, 철학을 실천하기 위한 최상의 전술이 존재한다면 그것은 '철학서들을 낭송하며' 내용을 파악하고 제시되는 논제들을 서로 비교하는 일이었다. 하지만 그는 이러한 논제들이 오로지 개연성을 가지고 있을 뿐이며 철학자들이 언급은 하면서도 반드시 동의하지는 않는 의견에 불과하다는 것을 분명히 인식해야 한다고 보았다.

사실상 프란체스코회의 사상만이 가지고 있는 독특한 특징으로 내세울 만한 유일한 이론적 관점을 도출해 내기란 쉽지 않다. 하지만 프란체스코회의 모든 선생들이 항상 다루어 왔고 13세기와 14세기에 활동했던 프란체스코회 사상가들의 감수성이 과연 어떤 것이었는지 보여 주는 몇 가지 특징들을 꼽아 볼 수 있다.

1279년에서 1290년 사이에는 신학의 과학성이라는 문제와 신학의 본질을 실용적인 것으로 보아야 하는지 아니면 철학적인 것으로 보아야 하는지에 대한 문제가 체계적으로 논의되었다. 존 페캄John Peckham은 보나벤투라의 가르침대로 신학을 실용적이면서 동시에 철학적인 지혜의 형식으로 간주했다. 그는 신학이 신에 대한 사랑의 감성적인 측면을 옳은 길로 인도하고 지성을 밝혀 주는 학문이라고 보았다. 반면에 기욤 드 라 마르는 신학이 부분적으로만 과학으로 인정될 수 있고 오히려 실용적인 목적에 부합하는 계율에 가깝다는 독창적인 입장을 표명했다. 실제로 신을 믿고 경배하고 그에 대한 희망을 잃지 않기 위해 필요한 것들이 무엇인지 제시하는 것이 신학이었다. 하지만 윌리엄 오컴은 이성과 신앙의 분리라는 원칙을 전제로 신학의 과학성을 전적으로 부인하는 입장을 취했다. 피에르 오리올Pierre Auriol 역시 신학을 체계적으로 배치된 명제들의 총체로 이해했지만 신학은 과학적인 위상을 주장할 수 있는 학문이 못 된다고 보았다.

여기서 언급된 사상가들은 상이한 입장에도 불구하고 모두 인간의 삶 자체가 근본적으로는 사랑에 종속되어 있으며 신에 대한 사랑이 모든 종류의 철학적 성찰에 언제나 우선한다는 생각을 공통적으로 가지고 있었다.

프란체스코회의 인식론을 뒷받침하는 가장 기본적인 사상은 모범주의였다. 프란체스코회 사상가들은 신이 현실 인식의 원리이자 학문의 원천이라고 보았다. 신의 자기성찰은 현실을 생산하는 로고스와 일치했다. 관념은 신성한 사유의 영원한 대상이자 현실의 모형으로 간주되었다. 따라서 진실의 이해를 보장하는 것은 오로지 인간의 영혼에 대한 신의 직접적인 개입뿐이었고 관념의 이해 역시 중재 역할을 하는 신의 예시를 필요로 했다.

대부분의 프란체스코회 사상가들에게 중요했던 것은 앎에 부여되는 조건과 목적에 대한 성찰이었다. 이들은 경험의 문제와 개인사에 대한 직접적인 앎의 문제에 특별한 관심을 기울였다. 특히 두 번째 문제는 둔스 스코투스, 윌리엄 오컴, 피에르 오리올을 비롯해 보나벤투라의 뒤를 잇는 모든 프란체스코회 사상가들이 공통적으로 다루었던 문제다.

13세기 중반에 가장 뜨거웠던 논쟁의 주제는 형식의 복수성이라는 문제였다. 토마스 아퀴나스처럼 형식의 통일성을 주장했던 이들은 모든 존재에 단 하나의 본질적인 형식이 주어지며 이것이 바로 그 존재만의 독특한 특징을 결정짓는다고 보았다. 반면에 기욤 드 라 마르나, 존 페캄, 마테오 다쿠아스파르타 Matteo d'Acquasparta, 리처드 미들턴Richard Middleton, 피에르 드 장 올리비, 윌리엄 오컴과 같은 인물들은 인간의 육체와 영혼의 통일성을 설명하기 위해서는 하나 이상의 형식이 필요하다고 보았다.

모든 프란체스코회 사상가들이 신의 사랑이라는 차원에서 이해하는 축복 외에, 이들에게 가장 기본적인 도덕적 주제는 두말할 필요 없이 '자유'였다. 이 주제를 가장 구체적으로 발전시켰던 올리비는, 뒤이어 윌리엄 오컴이 그랬던 것처럼, 자유를 인간의 의지와 존엄성이 지니는 가장 본질적인 특성으로 칭송했다.

9.2 프란체스코회의 "특이한" 철학자 로저 베이컨

1240년경에 인문학과 교수로 활동했고 1257년에 프란체스코회의 일원이 된 철학자 로저 베이컨(Roger Bacon, 1214년경~1292년경)은 파리와 옥스퍼드에서 학술 활동과 대학 생활을 배경으로 하는 복잡다단한 무대의 주인공이었다. 그가 교황 클레멘스 4세에게 보낸 세 편의 저서(대규모 백과사전은 결국 완성되지 못했고 그 일부인 『대서*Opus Maius*』, 『소서*Opus Minus*』, 『제삼서*Opus Tertium*』가 1266년과 1268년 사이에 집필되었다)에서 그대로 드러나듯이 베이컨은 헤일즈Hales의 알렉산더Alexander나 알베르투스 만뉴스와 같은 대학 교수들이 지나치게 권위적이고 무능력하고 어리석다고 비판했다. 그는 이러한 특징이 자기만족적 권위에 대한 숭배 현상으로 무미건조해진 자기관조적이고 비생산적인 문화의 표현이라고 보았다. 그는 아울러 아리스토텔레스주의를 추종하는 도미니크회의 선생과 제자들이 철학을 아무짝에도 쓸모없는 엘리트 학문으로 만들어 버렸다고 주장했다. 프란체스코 수도회의 일원답게 베이컨은 대학을 채우는 전문 지식인들의 자만심보다는 배운 것이 없더라도 앎을 사모하는 이의 순수함을 칭송했다. 그는 신성한 진실에 대한 궁극적인 이해가 불가능하다는 사실을 드디어 인식할 때 겸손이야말로 진정한 지혜의 정통한 원리라는 것을 깨닫게 된다고 설파했다.

베이컨의 이러한 열정은 그로 하여금 그리스어와 아랍어의 수준 낮은 번역서들에 맹렬한 비난을 퍼붓도록 만들었다. 낮은 번역 수준에 결코 만족할 수 없었던 그는 『철학 연구 개론*Compendium studii philosophiae*』에서 차라리 번역을 하지 않는 편이 훨씬 나았을 것이라고 지적했다. "내가 아리스토텔레스의 책들에 대해 어떤 권한이라도 가지고 있다면 이 책들을 모두 불살라 버리라고 명령할 것이다. 왜냐하면 표현할 수 있는 것을 뛰어넘어 오류로 가득하고 무지를 전파하는 이러한 책들을 읽고 공부한다는 것 자체가 시간 낭비에 불과하기 때문이다." 그래서 베이컨은 문헌학이 아주 중요한 학문이라고 보았다. 문헌학 덕분에 성서의 의미를 이해할 수 있었고 그리스와 유대와 아랍의 지식세계로부터 그리스도교적 앎의 유일한 진실과 양립할 수 있는 지식들을 추출해 낼 수 있었기 때문이다.

베이컨이 다양한 활동을 통해 이루고자 했던 원대한 계획의 중심에는 하나의 독특한 문화적, 사회적, 종교적 개혁 의도가 자리 잡고 있었다. 이 개혁은 곧 과학적, 철학적, 신학적 지식의 총체적이고 통일된 조합을 꾀하는 일이었고 베이컨은 이를 통해 보편적이고 이상적인 사회의 결속력을 구축할 수 있다고 믿었다. 당대의 문화가 범하던 악행과 오류를 물리치기 위한 최상의 해독제는 진실이 현현하는 무한히 다양한 방식을 수호하는 것이었다. 자신이 추구하는 백과사전주의의 개념적 기반으로, 베이컨은 신이 계시를 통해 예언자들과 성인과 철학자들에게 알린 모든 종류의 앎이 사실은 동일한 기원과 뿌리를 가지고 있다는 논리를 제시했다.

세상의 모든 현자들의 협력을 갈망하며 베이컨은 사상의 전파와 소통 가능성, 사유의 호환성 같은 공동의 목표를 향해 집중할 수 있도록 다양한 학문 분야를 개괄할 수 있는 관점이 필요하다고 보았다. 인류의 노력으로 계속해서 앎이 확장된다는 사실에서 확인할 수 있듯이, 과학과 학문이 가지고 있는 발전적이고 열린 성격은 신의 계시 안에 확실한 기초를 두고 있었다. 베이컨은 성서에 모든 앎이 담겨 있는 만큼 성서의 지속적인 해석과 연구가 앎 자체를 발전시킬 수 있다고 보았다.

베이컨의 계획은 앎의 혁신과 사회의 개혁을 조합하는 것이었다. 상이한 학문들 간의 관계를 개선하고 문화를 통일된 총체로 이해하는 일이야말로 그리스도교 사회를 유기적이고 통일된 형태로 재건설하는 길이었다.

베이컨은 수학, 광학, 천문학과 같은 실험적 학문의 중요성을 누구보다도 잘 이해하고 있었다. '실험적 학문scientia experimentalis'이라는 표현을 이론적 가설의 실험적 점검을 토대로 진척되는 탐구 활동으로 이해해서는 안 된다. 실험적 학문이란 오히려 논리적 증명 과정을 통해 얻어진 결과의 적용에 대한 관심, 과학기술을 자연적 현실에 적용하는 일에 대한 특별한 관심을 의미한다. 실제로 베이컨은 엄격한 지식의 모형이자 다른 모든 학문의 뿌리는 수학이라고 보았고 『기술과 자연의 비밀*De Secretis Operibus Artis et Naturae*』이라는 유명한 저서에서 새로운 형태의 앎이 가져온 실질적인 결과들, 예를 들어 자동으로 움직이는 배와 마차, 하늘을 나는 기계 등에 대해 상세히 묘사한 바 있다.

프란체스코회의 일원이었던 로버트 그로스테스트(1175~1253년)의 발자취를 좇아 베이컨은 광학을 연구했다. 그에게 광학은 수학적 사고의 추상적인 차원에서 자연 현상의 구체적인 차원으로 나아가는 것을 허락해 주는 학문이었다. 그로스테스트의 『빛에 관하여*De luce*』나 『선과 각과 형상에 관하여*De lineis, angulis et figuris*』 같은 저서들의 탐구 대상이었던 빛의 확산과 반사의 법칙들은 베이컨의 노력으로 자연 현상의 원인관계를 탐구하기 위한 모형으로 발전했다.

그러나 실험과학에 대해 지대한 관심을 가지고 있었음에도 불구하고 그가 철학의 가장 높은 단계에 위치시킨 분야는 도덕철학이었다. 프란체스코회의 사상가답게 그는 인간이 원죄와 함께 잃어버린 행복을 되찾기 위해 필요한 것은 도덕철학이라고 보았다. 행복을 되찾기 위해서는 진실의 유일한 원천이 계시의 신학, 실험과학의 완전하고 완벽한 실현, 그리고 인간에게 복된 사후세계를 보장하는 그리스도교의 지혜에 있다는 것을 반드시 이해해야 했다.

XII

복수의 진리

La filosofia
e le sue storie

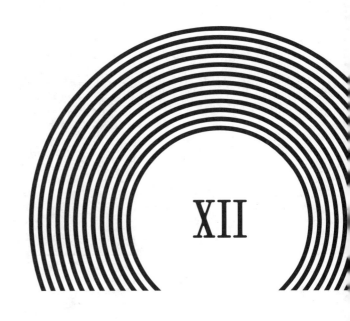

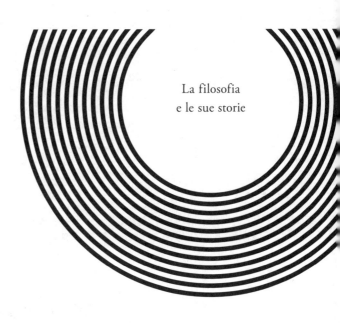

1223년
교황 호노리오 3세,
프란체스코 수도회의
「규칙」 공인

1265년
단테 알리기에리
탄생

1279년
교황 니콜라오 3세, 프란체스코 수도회에
가난의 가치와 의무를 강조하고
'사유재산'과 살아가기 위해 필요한 재물의
단순한 '사용'을 구분하는 칙서 발표

1298~1311년,
에크하르트, '삼부작' 집필

1302(1303)년
에크하르트,
파리 대학 신학 교수로 임명

1322년
프란체스코회 참사회,
그리스도를 본받아
가난을 선택한
프란체스코회 수도사들의
결정 공인

1328년
윌리엄 오컴과
미켈레 다 체제나
(프란체스코 수도회 총장),
아비뇽을 탈출해
루트비히 4세의 궁정에 피신

1339년
윌리엄 오
사상에
파리 대
강의 금

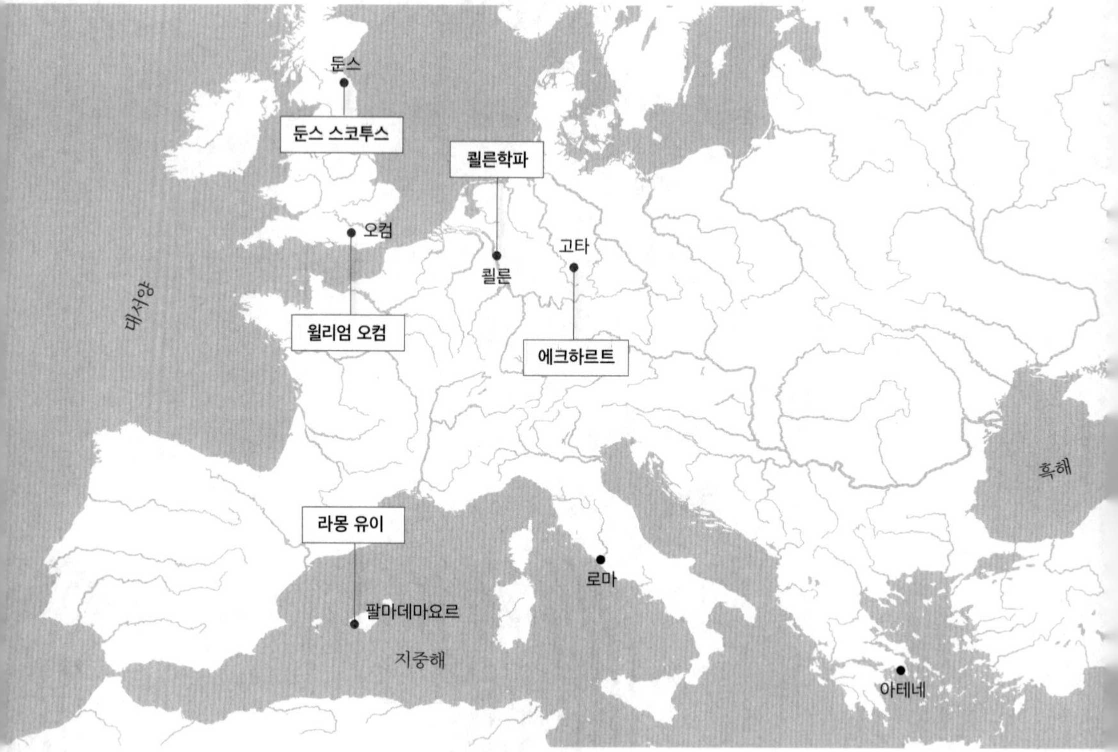

1232년경
라몽 유이 탄생

1270년
파리 대학
문법 강의 분야에서
우세를 점하는 양태론

1298~1299년
둔스 스코투스,
옥스퍼드에서
페트루스 롬바르두스의
『명제집』 강독

1300~1307년
스코투스,
간헐적으로 『정리』 집필

1305년
스코투스,
파리에서
교수 자격 및
신학 교수
자격 획득

1317~1319년
윌리엄 오컴,
옥스퍼드에서
페트루스 롬바르두스의
『명제집』 강독

1323년
교황 요한 22세,
프란체스코 참사회의
1322년 입장을
이단으로 규정하는 칙서

1329년(3월
종교재판부
에크하르트
단죄 판결

아리스토텔레스주의는 1277년의 단죄 이후 13세기의 마지막 10년 동안 심각한 위기를 맞이했다. 자연 현상의 연구에서 심리학과 형이상학, 심지어는 신학에 이르는 모든 형태의 앎에 대한 총체적인 설명을 제시할 수 있는 모형으로서의 아리스토텔레스 철학에 대한 신빙성에 금이 가기 시작한 것이다. 무엇보다도 신학과 철학 사이의 본질적인 결속력이 사라지고 말았다. 철학의 결론이 신학적인 결론으로 귀결될 수 없었을 뿐만 아니라 과학적 담론과 신학적 담론은 시간이 흐르면서 점점 더 개별적인 영역으로 간주되었다. 현실을 설명하기 위한 하나의 강렬하고 통일된 인식론적 모형을 찾지 못하고 철학의 탐구 대상과 영역이 신학과는 완전히 다른 차원의 것이라는 점을 인정하기 시작했던 것이다. 두 학문이 배척관계에 놓여 있었던 것은 아니다. 이 두 분야의 방법론은 탐구 영역이 엄격하게 정의되고 제한된다는 조건하에서 공존할 수 있었다. 하지만 모든 형태의 진실이 반드시 신학적 진실과 일치해야 한다는 점에 대해서는 공개적인 의혹이 제기되었다. 뿐만 아니라 앎의 통일성은 우연적인 세계, 다시 말해 이론적으로는 얼마든지 변화를 일으킬 수 있고 전지전능한 신이 무수히 많은 가능성 가운데 자유롭게 선택해서 질서를 부여한 세계의 풍요로움에 종속되는 것으로 간주되었다. 14세기의 문화는 진실의 복수적인 성격을 열린 자세로 받아들였다.

철학적 논리의 엄격한 인과율과 신학의 탐구 대상 사이에서 모순점 혹은 상반된 견해가 발견될 때 고유의 연구 내용과 영역을 수정해야 하는 것은 신학자들이었다. 실체의 사실적인 측면보다는 성격들을 비교할 수 있는 기준점을 찾기 시작했고 모순 문장이나 사고 실험에도 상당한 관심을 기울였다. 이러한 장르들 역시 무용한 말장난에 불과한 것이 아니라 세계의 안정적 질서에 대한 유용한 생각들을 제공할 수 있다고 보았기 때문이다. 14세기는 새로운 계절을 맞이한다는 또렷한 의식 속에서 시작되었다. 새로운 음악과 치마부에Cimabue와 조토Giotto di Bondone의 새로운 그림이 등장했다. 교수들은 전 유럽을 여행하며 파리와 옥스퍼드와 볼로냐와 에르푸르트의 대학에서 공용어로 새로운 지식을 전달했다. 철학의 필요성이 요구되었고 지식세계는 사회의 요구와 변화에 답하면서 대학 강의실을 벗어나 속어로 쓰인 단테의 문학과 에크하르트의 설교를 통해 훨씬 더 넓은 독자층에게 전달되었다. 라몽 유이는 신에게 다가갈 수 있는 독창적인 방법 연구에 도전했고 '불화'의 성직자 윌리엄 오컴은 "성서가 말하는 교회에는 평신도들도 포함된다. '교회'라는 말은 일반인 남성과 여성을 모두 포함한다. 신은 성직자들의 신인 것처럼 평신도들의 신이기도 하다"라고 천명했다.

학문을 통한, 하지만 전적으로 현실적인 행복의 요구가 증가했다. 지배자들과 철학자들은 여러 정치 형태의 기반이 무엇인지 탐구했고 시에나의 시청사에 있는 로렌제티Ambrogio Lorenzetti의 그림에서처럼, 예술가들은 훌륭한 정부와 타락한 정부의 이미지를 시민들에게 전달하기 위해 노력했다. 마르실리오 다 파도바Marsilio da Padova는 글을 통해 시민법과 정치권의 자율을 인정해야 평화를 지킬 수 있다고 단호하게 주장했다.

아리스토텔레스는 여전히 핵심적인 위치를 차지했지만 그의 철학을 연구하는 관점은 이루 말할 수 없이 다양해졌다. 아리스토텔레스주의 철학자들은 불과 몇 십 년 전까지만 해도 뜨거운 논쟁을 불러일으켰던 "자연철학자의 입장에서 말하자면"이라는 표현으로 자신들의 견해를 정당화하며 편안하게 연구 활동을 이어 갔다. 모든 이론이 과거의 '권위 있는auctoritates' 이론보다는 당대의 입장과 새로운 이론을 기준으로 평가되는 경향을 보였고 과거의 이론들은 더 이상 '권위 있는' 텍스트의 차원이 아니라 토론 주제로 간주되기 시작했다.

이처럼 다양한 목소리를 지닌 지식세계의 출범을 배경으로 유럽에서는 전쟁의 유령이 모습을 드러냈고 백년전쟁은 봉건제의 몰락과 국가적 중앙집권제의 등극으로 이어졌다. 1309년부터 아비뇽으로 거처를 옮긴 교황청은 요한Johannes 22세를 중심으로 헤게모니를 유지하기 위해 총력을 기울였지만 교황의 세력은 복음서의 '가난'을 추구하는 여러 종교 단체와 불화를 일으키며 점점 더 약해졌고 제국 역시 프랑스와 영국의 세력 증가로 인해 힘을 잃기 시작했다. 무엇보다도 14세기 중반에 창궐한 페스트는 화려한 빛과 색으로 찬란하게 빛날 줄 알았던 중세에 충격적인 일격을 가했다. 14세기의 한 수도사가 묘사했던 것처럼 중세는 심지어 천국마저도 하나의 거대한 도서관으로 상상하던 시대였다.

1

신의 전지전능함과 세계의 가능성

1.1 신의 형상

신의 '절대적absoluta 능력'과 '정제된ordinata 능력'의 구분은 완벽한 존재로서의 신이 가지는 전지전능함과 신이 세상의 질서와 안정을 보장하기 위해 도구로 사용하는 계율 사이의 변증적 대조를 토대로 이루어진다. 그런 의미에서 이러한 구분은 계율을 존중하며 살아가는 인간이 신과 유지하는 관계의 유형뿐만 아니라 인간의 역할과 자유와도 연관된다.

성서는 창조주와 인간이 맺은 약속의 유일성을 인정하면서(「창세기」 9장, 15~17장) 세상사를 원하는 대로 다스리는 절대적인 주권자로서의 신의 형상을 제시한다. 성서의 신은 예를 들어 아브라함에게 그와 그의 아내가 '많은 나이에도 불구하고' 곧 부모가 되리라는 사실을 알리면서 자신의 절대적인 능력을 드러낸다(「창세기」 8장 10~14절). 그런 식으로 그는 정해진 규칙을 마음대로 바꾸고 모든 계율과 구속을 초월함으로써 자신의 능력이 얼마나 '절대적'인지를 증명해 보인다.

이러한 특징은 니케아 공의회에서 공표된 니케아 신경Credo을 통해 교리로 고착된다("유일하고 전지전능하신 하나님을 믿으며").

"모든 것이 가능"하기(「마태복음」 19장 26절) 때문에 신은 무한히 가능한 세계들 가운데 어떤 세계를 창조할 것인지 결정할 수 있으며, 만족하지 못했을 경우에는 원한다면 일말의 후회 없이 창조한 세상의 질서를 뒤엎을 수 있다. "속으로 아브라함이 우리 조상이라 생각하지 말라. 내가 너희에게 이르노니 하나님이 능히 이 돌들로도 아브라함의 자손이 되게 하시리라."(「마태복음」 3장 9절)

창조주와 피조물의 관계는 세계가 안정적인 질서를 찾기 위한 조건이며 두 존재 사이의 약속이라는 차원에서 성립된다. 이들 가운데 하나는 어떤 한계도 알지 못하는 존재다. 창조주와 피조물의 관계는 절대적인 존재가 그의 오묘하고 자유로운 주도로 동의를 제안할 때에만 의미를 지닐 수 있다. 이러한 생각은 중세 사상이 발전하는 동안 전통 철학과의 교류를 통해, 특히 그리스어와 아랍어로 쓰인 주석서들의 번역본을 통해 서구 세계가 재발견한 아리스토텔레스 철학과의 접촉을 통해 더욱 풍성해졌다. 세상의 질서는 결정적으로 필연적인 성격을 가지고 있었고 인간과 신의 약속은 자연의 법칙이라는 한계 안에서 변화할 수밖에 없었다. 이제 주권자 신은 자신의 고전적인 이미지, 즉 고대 말기에 세상사의 질서를 보장하던 전지전능한 존재(Pancrator)의 이미지와 화해를 도모해야 했다. 에우제니오 란디Eugenio Randi의 재치 있는 표현을 빌리자면, "세상이 신에게 예속된 것 이상으로 신은 세계에 예속되어"(『통치자와 시계 수리공』, 1987) 있었다. 그의 자유로운 선택에서 비롯된 일련의 조건들이 주어진 만큼 신은, 아인슈타인의 말처럼, 더 이상 "주사위 놀이를 할 수 없고" 현실세계를 뒷받침하는 법칙들의 영역 안에서 스스로의 힘을 사용해야 했다.

중세 사상은 신의 이미지가 이런 식으로 변화하는 과정의 거울 역할을 했다. 그리고 신의 전지전능함에 대한 성찰을 토대로 신의 '절대적 능력'이라는 주제, 즉 애초에 신이 가지고 있던 무수히 많은 창조 가능성들의 총체라는 주제를 '정제된 능력'과의 관계 속에서, 즉 현실세계에서 일어나는 사건들과의 관계 속에서 발전시켰다. 이러한 맥락에서 '절대적 능력'과 '정제된 능력'의 구분은 신과의 다양한 관계를 읽기 위한 개념적 구도의 변화를 부각시키는 힘으로 작용했다. 좀 더 구체적으로 말하자면 피조물의 안정성 내지 불확정성과 관련하여 믿음의 본질 또는 믿음의 정당화 과정을 읽는데 활용되었다. 서양철학의 가장 흥미로운 주제들 가운데 하나인 '절대적 능력'과 '정제된 능력'의 변증법이라는 주제가 지니는 가장 독특하고 중세적인 특징은 또 다른 철학적 주제들의 탐구를 위한 도구 역할을 했다는 점이다.

1.2 신의 전지전능함

처음에 문제는 신의 전능함, 특히 신의 의지와 능력 혹은 무능력 간의 관계에 집중되었다.

11세기에 피에르 다미아니는 『신의 전지전능함에 관하여*De divina omnipotentia*』에서 전지전능함이란 바로 원하는 것을 마음대로 할 수 있는 힘이라는 몬테카시노의 수도원장 데지데리오Desiderio의 의견을 인용한 바 있다. 이러한 입장은 무능력이 곧 의지의 부재와 일치한다는 견해를 동반했다. 신은 따라서 그의 권능과 의지가 일치하는 존재로 이해될 수 있다는 가능성이 제기된 것이다. 하지만 이는 곧 신의 권능에 한계가 있다는 것을 의미했다. 다시 말해 신은 무엇이든 할 수 있는 것이 아니라 그가 바라는 것만을 할 수 있다는 것이었다.

피에르 다미아니는 이러한 생각과 사실상 정반대되는 신학적 입장을 내놓았다. 그는 신이 실제로 실현하거나 실현하기를 원하는 것보다 훨씬 더 많은 일들을 할 수 있다고 보았다. 그는 신의 절대적인 능력은 신이 선택한 바를 실천할 수 있는 자유에 국한시킨다는 것은 있을 수 없는 일이었다. 신의 절대적인 능력은 오히려 인간의 한시적인 인식능력을 초월하는 신의 자유, 즉 어떤 세계의 질서를 선택할 수 있는 절대적이고 총체적인 자유로 이해해야 한다고 보았다(『신의 전지전능함에 관하여』 XVI). 아오스타의 안셀무스 역시 이와 비슷한 입장을 내놓았다. 그는 신이 자신의 절대적인 능력을 어떤 강요에 의해서가 아니라 자의적으로 제한한 뒤에 이어서 모종의 행동을 선택한다고 보았다. 할 수 없음은, 예를 들어 '속일 수 없는' 경우와 마찬가지로, 신이 자신의 추상적 전지전능함에 한계를 부여하려는 본성과 연관될 뿐 의지의 부재와는 무관하다고 본 것이다(『왜 신은 인간이 되었는가?*Cur Deus Homo*』 II). 안셀무스에 따르면 신은 무엇이든 할 수 있고 원하지 않을 수도 있으며, 그런 의미에서 그의 '무능력'은 더 이상 '의지의 부재'와는 일치하지 않았다.

피에르 아벨라르의 입장은 이와 달랐다. 신의 역사가 그의 본성의 표현이자 선의라는 원칙에 따라 이루어지는 것이 사실이라면, 어떻게 신이 이전부터 실행해 온 방식과 다르게 행동할 수 있는지가 분명치 않다는 것이었다. 적어도 여기서 언급되는 신의 역사가 이를 실현한 신의 본성과는 다른 성격의 역사라는 것을 인정하지 않는 이상, 이러한 변화는 설명하기 힘든 것이었다. 아벨라르는 선택의 우연성에 대한 책임은 전적으로 의지의 주체인 신에게 있으며 신의 전지전능함은 그의 본성에 준하는 한도 내에서 발휘된다고 보았다. "신은 어떤 식으로든 그가 이미 창조한 세계보다 더 훌륭한 세계를 만들 수 없었다. (……) 신은 우리가 알 수 없을 뿐인 지극히 선하고 합리적인 이유에서가 아니라면 아무것도 하지 않고 아무것도 빼놓지 않는다."(『신학 입문*Introductio ad Theologiam*』 III) 아벨라르의 이러한 생각에서 주목해야 할 두 가지 특징은 첫째, 한계를 가지고 있는 것은 사실상 신이 아니라 신의 능력을 완벽하게 설명하지 못하는 인간의 언어라는 점과 둘째, 다름 아닌 우리의 언어를 다스리는 규칙들을 토대로 신의 전지전능함을 절대적인 능력으로, 다시 말해 어떤 체계적인 규율에도 구속되지 않는 절대적인 자유로 이해할 수 있다는 사실이다.

그러나 언제나 그랬듯이 아벨라르의 의견은 소외당했고 대부분의 신학자들, 예를 들어 마르틴 그라프만Martin Grabmann이 구별의 아버지라고 부른 생 빅토르의 위그나 심지어는 페트루스 롬바르두스와 같은 신학자들도, 후에 교회의 공식적인 입장으로 수용되는 '신은 할 수 있었지만 원하지 않았다potuit sed noluit'는 공식에 동의를 표했다.

1.3 신의 절대적인 능력과 정제된 능력의 구분

13세기부터 전지전능함의 역사는 '절대적인absoluta 능력'과 '정제된ordinata 능력'의 역사로 변모했다.

은밀하게 유지되던 이러한 구분법은 비록 생 셰르Saint Cher의 위그나 헤일즈의 알렉산더에 의해 조금 다른 방식으로 표현되었지만(절대적 능력과 '조건에 따른 능력potentia conditionata', 즉 시간이라는 한계에 종속되는 능력), 이어서 아주 일반적인 개념으로 발전했고 일종의 관용구로, 예를 들어 페트루스 롬바르두스의 『명제집』 제1권 42~44장에서 거론되는 주제에 관한 논쟁을 가리키는 표현으로 사용되었다. 절대적 능력이란 신의 힘이 가지는(혹은 가질 수 있는) 무한한 잠재력을 말하며 정제된 능력이란 신이 기원이 되는 체제와 그가 부여하는 가능성 속에서 인식될 수 있는 능력을 말한다. 어쨌든 중요한 것은 신이 보유하는 두 가지 종류의 능력이 아니라 신의 능력에 대한 두 가지 논의 방식이다. 첫 번째 방식은 신의 뜻이나 현실을 통한 신의 역사와는 무관하게, 신의 능력에 대해 순수하게 논리적으로만 토론하는 방식이며, 두 번째는 신이 실제적으로 선택했고 선택하는 행동의 차원과 관점에서 토론하는 방식이다. 이러한 두 가지 방식의 공존이 수반하는 논리적 결과는, 어떠한 것들은 가능성 혹은 잠재력('절대적 능력')의 논리라는 차원에서 신에게 실재할 수 있는 반면 그가 선택한 현실세계('정제된 능력')의 질서 속에서는 실재하지 않을 수도 있다는 것이다.

다시 말해, 신의 능력이 그의 완벽함에 상응하는 모든 행위를 통해 확장될 수 있는 반면 신은 그의 무한한 능력으로 당연히 생산해 낼 수 있는 것들의 일부만을 실현한다고 할 수 있다. 바로 그런 이유에서, 절대적 능력의 차원에서는 가능한 일들이 현실화된 체제의 차원, 즉 정제된 능력의 차원에서는 실제로 불가능할 수 있다. 이러한 설명은 쉽게 모순으로 귀결되지 않는다. 다시 말해 신은 첫 번째 방식에 따라 행동할 수 없으며 그 이유는 그의 행동과 의지가 두 번째 방식의 영역에 국한되기 때문이다. 그런 식으로 신의 자유로운 선택에 의해 창조된 세계의 순수하게 논리적인 가능성뿐만 아니라 우연성과 안정성이 동시에 유지되는 것이다.

신의 지혜, 선의, 정의는 빈번히 현실세계의 질서와 일치하는 것으로 간주되곤 했다. 이러한 성향은 첫 번째 방식(절대적인 능력)의 힘을 약화시키고 두 번째 방식(정제된 능력)에서도 신의 자유의지와 더 깊이 연관되는 측면들을 약화시키는 결과를 가져왔지만 다른 한편으로는 신의 지혜, 선의, 정의와 현실세계의 질서 사이에 요구되는 다름 아닌 등가성을 강조하는 효과를 지니고 있었다. 바로 이러한 입장이 알베르투스 만뉴스에서 보나벤투라에 이르기까지 13세기 후반의 사상가들 대부분이 고수했던 입장이다. 특히 보나벤투라는 신의 지혜와 사물의 질서를 사실상 동일한 것으로 간주하면서, 모순의 원천인 '절대적인 능력'을 부인하는 단계에까지 도달했다. 하지만, 윌리엄 코트니William Courtenay가 주목했듯이(『능력과 의지력*Capacity and Volition*』, 1988), 토마스 아퀴나스는 현실세계의 질서와 신의 특성이 일치할 수 없다고 보았다. 신의 지혜, 선의, 정의는 사실상 신이 자의로 선택하는 또 다른 세계의 질서 속에서도 얼마든지 주어질 수 있었다(『신학대전』).

1.4 절대적 능력과 완전한 권력: 두 종류의 방식에서 두 종류의 권력으로

13세기에 이루어졌던 수많은 해석의 방식들을 크게 두 범주로 분리시켜 신적 권능의 구분법에 대한 해석을 시도해 볼 수 있다. 첫 번째 해석은 신의 절대적인 능력이 수많은 가능성을 기대할 수 있는 총체적인 능력과 일치한다고 보고, 정제된 능력은 자유의지에 의한 현실적이고 실질적인 신의 선택을 반영하는 것으로 보는 해석이다. 두 번째는, 정돈된 체제가 일상의 질서를 선택한 신의 결정을 반영한다면, 그의 절대적인 능력은 그가 선택한 질서를 벗어날 때 그 질서를 유보시킬 수 있는 힘을 의미한다고 보는 해석이다.

둔스 스코투스Johannes Duns Scotus가 부분적으로나마 다시 연구한 이 두 번째 해석은 법학과 특히 교회의 전통에 뿌리를 두고 있었다. 13세기 후반부터 이 신적 권능의 구분법은 교황권의 역할을 정의하는 데 활용되기 시작했다. 교황은 교회의 법을 존중해야 했지만 동시에 '완전한 권력plenitudo potestatis'을 가지고 있었다. 이 권력 덕분에 어떤 법 조항들은 교회의 발전을 위해 무시될 수 있었다. 수자Susa의 엔리코Enrico는 교황의 권위를 검토하면서 이상의 신학적 구분을 처음으로 적용했던 인물이다. 당시에 화두로 떠올랐던 것은 교황이 수도사를 그의 청빈 서약으로부터 자유롭게 할 수 있는가라는 문제였다. 교황 인노첸시오 3세는 이러한 유형의 일이 교황의 권한에 속하지 않는다고 주장했지만 엔리코는 교황이 '완전한 권력'(절대적인 능력)을 바탕으로 수도원의 상황을 본질적으로 변화시킬 수 있으며 단지 이를 정제된 능력의 차원에서 실현할 수 없을 뿐이라고 주장했다. 교회의 발전을 위한 예외적인 조건이 형성될 경우 교황에게 절대적인 힘을 사용할 권리가 주어진다고 보았던 것이다. '절대적 능력'의 차원에서 교황은 모든 법의 구속으로부터 자유로웠지만 '정제된 능력'의 차원에서는 법을 존중하고 준수하기로 결정한 셈이었다.

완전한 권력의 독단적인 사용에 대한 두려움을 뛰어넘어 이러한 방식의 해석은 절대적 능력을 일련의 순수한 논리적 가능성의 영역으로부터 추출해 낸 뒤 현실의 차원으로 끌어들였다. 이제 두 종류의 신적 권능은 더 이상 신의 동일한 권능을 이해하는 두 가지 방식이 아니라 두 가지 상이한 행동 방식을 의미했다. 하나는 규칙적이고 정돈된 방식, 다른 하나는 질서의 존중과는 거리가 먼 우발적이고 예외적인 방식이었다. 이러한 문제와 이 문제가 동반하는 위험을 분명하게 인식하고 있던 인물은 윌리엄 오컴이다. 그는 교황 요한 22세와의 논쟁에서 '절대적인 능력'은 순수하게 논리적인 가능성의 영역에서만 언급할 수 있다는 입장을 고수했다(『논리학 대전*Summa logicae*』 III). 즉 신이 행동을 취하기로 결정했을 때에는 오로지 정돈된 방식으로만 행동한다는 것이었다.

1.5 둔스 스코투스와 세계의 질서

신의 입장에서 '절대적인 능력'은 단순히 논리적 선택의 가능성으로만 간주되는 것이 아니라 하나의 행동 방식으로 활용된다는 관점을 발전시킨 또 한 명의 인물은 둔스 스코투스다. 이러한 관점을 상당히 독특한 방식으로 이해했던 둔스 스코투스는 신의 절대적인 능력이 현실세계의 질서와 일치하며 신은 그가 선택한 특별한 질서와의 관계 속에서만 현실세계에 관여한다고 보았다. 신은 그가 수많은 가능성들 가운데 자유롭게 선택한 질서 안에서 행동할 수밖에 없지만 다른 방식으로 행동하거나(potest aliter agire) 행동했을 가능성을 가지고 있는 존재였다(『옥스퍼드 강독*Ordinatio*』 44번째 구분). '절대적인 능력'은 신의 예외적인 개입을 통해서만 드러날 수 있고 '법을 벗어날extra legem' 뿐만 아니라 '법을 초월하는supra legem' 것으로 간주되었다. 스코투스에게 신이 '정제된 능력'에 따라 역사한다는 것은 어쨌든 '법에 따라de jure' 행동한다는 것을 의미했고 '절대적인 능력'에 따른다는 것은 반대로 법과는 무관하게(따라서 때로는 법을 거스르며), '사실에 근거해de facto' 행동한다는 것을 의미했다.

둔스 스코투스는 교회의 전통적인 언어양식을 사용했음에도 불구하고 교회의 입장을 완전히 받아들이지는 않았다. 그는 신이 정제된 의지의 중재 없이 절대적인 능력만으로는 세상사에 직접적으로 관여하지 않는다고 보았다. 그는 오히려 '절대적인 능력'과 '정제된 능력'이 상호 영향력이라는 틀 안에서 발휘되며 전자는 발현된 질서의 중단을 가능하게 하고 후자는 신의 역사가 무질서한 방식으로 이루어지지 않도록 보장하는 역할을 한다고 보았다. 절대적인 능력은 창조된 법적 질서를 초월할 뿐만 아니라 또 다른 법적 질서를 정립할 수 있는 힘을 의미했다. 따라서 신의 절대적인 권능이란 사실 현실세계에 직접적으로 개입할 수 있는 능력이 아니라 하나의 체제를 중단시키고 이를 다른 체제로 대체할 수 있는 능력을 의미했다(『파리 강독 *Reportatio parisiensis*』 1권 17번째 구분 2번째 문제).

1.6 윌리엄 오컴: 절대적인 능력과 시간과 반反사실적 가정

신적 권능의 구분에 대한 또 하나의 중요한 해석을 제시했던 인물은 오컴의 윌리엄이다(『자유토론*Quodlibet*』 VI). 윌리엄 오컴의 가장 권위 있는 연구자 중에 한 명인 윌리엄 코트니에 따르면 오컴은 신적 권능의 구분을 동일한 권력을 이해하는 두 가지 방식으로 보는 전통적인 입장을 고수했다. 즉 오컴의 입장은 신이 행동을 취하기로 결정한다면 '정제된 능력'에 따라 행동해야만 하며 신의 절대적인 권능이란 이와 다르게 행동할 수 있는 힘을 의미할 뿐 기존의 질서를 또 다른 질서로 대체하면서 갑작스럽고 근본적인 변화를 일으킬 수 있다는 것을 의미하지는 않는다는 것이었다. 그런 식으로 스코투스의 입장과는 이질적일 수밖에 없는 또 하나의 입장이 성립된 셈인데, 최근의 한 연구(에스터 겔버Ester Gelber, 『그렇지 않았을 수도 있다*It Could Have Been Otherwis*』, 2004)는 이러한 이질성에 주목하는 해석을 역사적 시간에 대한 인식의 필요성이라는 윌리엄 오컴의 개념을 토대로 비판한 바 있다.

신의 절대적 권능이 그가 다른 방식으로 역사할 수 있는 가능성 또는 힘과 일치한다고 보는 전통적 견해는 시간에 대한 신의 인식이라는 차원과 깊은 연관성을 가지고 있다. 영원한 현재 속에 머무는 신은 시간이 흐르면서 발생하는 모든 사건들을 과거나 미래가 아닌 현재의 사건으로 인식한다. 결과적으로 '지금' 일어나는 사건들은 다르게 진행되었을 수도 있지만 다름 아닌 '지금 바로 이 순간에' 일어나기 때문에 현재의 형태와 다르게 진행될 수 없다. 신의 절대적 권능은 신이 무언가를 다른 방식으로 실현할 수도 있었다는 가능성과 상응할 뿐 현실 속에 실재하는 것을 그것과 다른 무엇으로 만들 수 있는 힘을 의미하지는 않는다. 아울러, 신이 정한 법은 바뀔 수 있다. 그렇지 않다면, 즉 현실세계의 '현재' 상태를 유지할 필요가 있다면, 신의 창조 행위 자체는 그의 자유의지에 의한 창조가 아닐 것이다. 윌리엄 오컴 역시 신이 '지금'과 다른 방식으로 역사했을 가능성이 있을 뿐 그가 '현재'에 실현하고 있는 것이 수정될 가능성은 없다고 믿었다. 하지만 미래는 열려 있었다. 미래에는 신의 절대적인 권능이 적용될 수 있었다. 다시 말해 미래는 모순을 빼고 모든 것을 할 수 있는 힘이었다. 신은 미래를 위해 '지금 이 순간'에 행하고 있는 것을 포기하기로 결정할 수 있으며, 그런 식으로 무언가를 새로이 창조할 수 있는 가능성을 가지고 있었다. 그리고 이는 창조된 인간에게도 마찬가지로 주어지는 가능성이었다. 신의 절대적인 권능이란 단순히 모든 것이 가능하고 우발적인 미래, 아직 도래하지 않은 시간의 우연성 자체에 구속되는 미래에 역사할 수 있는 가능성을 의미했다.

둔스 스코투스와 마찬가지로 윌리엄 오컴 역시 '절대적인 능력'과 '정제된 능력'은 분리될 수 없다고 보았다. 윌리엄에게 신이 그가 바라는 것 이상을 할 수 있다는 이야기는 신이 미래에 현재를 지배하는 규칙들의 체제를 한쪽으로 미루어 두거나 그것을 또 다른 체제로 교체할 수 있다는 것을 의미했다. 바로 그런 이유에서 그는 신이 현실세계에 절대적인 능력을 직접적으로 발휘한다는 것은 불가능하며, 매 순간에 주어진 질서는 불변한다고 보았다. 그는 오로지 우발적인 성격의 미래만이 그 자체로 하나의 가능성, 즉 신의 절대적인 능력이 또 다른 체제를 만들 수 있다는 가능성을 가지고 있을 뿐이라고 보았다.

어쨌든 윌리엄 오컴에 따르면 신에게는 본질, 지성, 의지가 모두 한가지였다는 점에 주목할 필요가 있다. 결국 신의 절대적인 힘과 정제된 힘은 모두 신이 의지의 실현을 위해 취하는 하나의 동일한 실천적 행위에 속하는 것이지 둔스 스코투스가 생각했던 것처럼 신의 의지 자체에 내재하는 두 가지의 상이한 논리에 상응하는 것은 아니라고 보았던 것이다. 사실상 윌리엄 오컴과 둔스 스코투스는 우연성의 존재론적 기반에 대해서도 서로 다른 생각을 가지고 있었다. 둔스 스코투스는 우연성이 신의 의지 안에 내재한다고 보았던 반면 윌리엄 오컴은 우연성이 미래의 불확실성과 연관될 뿐이라고 보았다.

1.7 가능한 세계들, 자유, 우연성

14세기에 이러한 구분 자체는 점점 더 빈번하게 신학적이고 철학적인 주제들의 분석 수단으로 활용되었고, 이에 따라 '절대적 능력'과 '정제된 능력'의 관계도 변화하기 시작했다. 신의 권능을 구분하는 방식은 점차적으로 권능의 주체(신)와 그의 선택에 대한 언급으로부터 벗어나, 그레고리오 다 리미니Gregorio da Rimini의 경우에서처럼, 권능의 실현 대상, 즉 자연과 인간이라는 주제로 집중되기 시작했다(『명제 강독*Super Sententiarum*』 3번째 구분).

'절대적 능력'과 '정제된 능력'의 구분은 점점 더 본격적인 사고 훈련을 위한 도구로 사용되었고 학자들은 이러한 도구를 바탕으로 일련의 행위와 행위의 동기를 연결하는 필연성의 유형, 이미 실현된 가능성의 영역과 실현되지 않은 가능성의 차이, 반反사실적 가정들, 자연적인 사건들의 지속적인 발생에 대한 확신과 진실의 가치를 전복시킬 수 있는 시간적 단절 등에 대해 질문을 던졌다.

아울러 신의 권능을 구분하는 방식에 대해서는 여러 수도회가 서로의 해석학적 입장들을 참조하는 경향이 나타났다. 도미니크회의 로버트 홀콧Robert Holcot은 신의 능력에 두 가지 종류가 있다는 가정 자체를 부인하면서 프란체스코회의 윌리엄 오컴처럼 신의 권능과 신 자체를 하나로 보는 입장을 취했다. 신은 스스로와 동격인 한 종류의 권능만 가지고 있으며 이를 인간이 두 가지 상이한 방식으로 이해할 뿐이라고 보았던 것이다(『자유토론*Quodlibet*』 I, 문제 8). 토마스 버킹엄(Thomas Buckingham, 14세기 초 옥스퍼드에서 활동)은 이러한 구분을 과거와 미래의 완전한 불확정성을 보장하기 위해 사용했다. 인간이 자유롭기 위해서는 미래가 수정 가능성을 가지고 있어야 했기 때문이다. 버킹엄은 윌리엄 오컴이나 애덤 워드햄Adam Wodeham과 마찬가지로 토마스 브래드워딘Thomas Bradwardine으로부터 펠라기우스주의자라는 비난을 받았다. 브래드워딘은 필연성의 개념에 대한 이중적인 해석, 즉 순수하게 논리적인 차원과 사실적인 차원의 필연성 해석을 바탕으로, 신이 이런 방식 혹은 저런 방식을 논리적으로 선호하도록 만들 만한 어떤 이전 단계의 필연성이 존재하지 않는 만큼 신의 의지는 자유롭다고 주장했다. 브래드워딘에 따르면 바로 그런 이유에서 신은 '절대적인 능력'으로 그가 원하고 아는 것과는 다른 무언가를 할 수 있다. 반면에 실제로 일어나는 사건들의 측면에서 신의 권능은 그가 정해 놓은 질서에 필연적으로 구속될 수밖에 없으며 바로 그런 이유에서 그가 원하는 것과 다른 방식을 원하는 것이 불가능하다. 결국 신의 의지는 바로 이러한 인과 관계의 실효성 안에서, '절대적인 능력으로', 영원히 현재적이며, 신은 자신의 의지에 대한 이러한 명확한 인식을 통해 세계를 완벽하게 이해한다(『펠라기우스 논박*De Causa Dei Contra Pelagium*』 III).

14세기 중반에 이르면, 이제는 가능한 것과 사실적인 것의 관계에만 적용되는 전적으로 논리적이며 인식론적인 도구로 변해 버린 신적 권능의 구분법에 대해 흥미로운 해석들이 등장한다. 잉글랜드 도미니크회의 휴 로턴Hugh Lawton에 따르면 신의 권능은 신이 계획한 적이 없는 만큼 결코 실행될 리 없는 수많은 일들을 충분히 현실화할 수 있는 힘을 의미했고, 윌리엄 크래손William Crathorn은 반면에 전통적인 용어 사용을 거부하면서 '신의 절대적인 능력potentia absoluta Dei'이라는 표현 대신 현실을 사실과 다르게 만들 수 있는 가능성(사물들이 '지금'의 상태와 다르게 진행될 수 있거나 동시에/혹은 진행되었을 가능성)에 대해 언급할 필요가 있다고 보았다. 신이 필요에 의해 창조된 모든 것을 그것과 무관한 모든 여타의 것들을 그대로 내버려 둔 상태에서 파괴할 수 있는 만큼, 중요한 것은 더 이상 신의 '절대적'이거나 '정제된' 개입 가능성의 분석이 아니라 신이 그가 창조한 세계의 일부에 변화를 가하면서 그것과 무관한 부분들의 변화를 동시에 초래하지 않을 수 있는 힘이었다. 가능한 세계들, 반反사실적인 상황들, 순수한 가능성과 사실적 현실의 관계, 인간의 자유의지와 미래의 불확실성 등은 모두 세계의 확실성, 세계에 대한 앎의 조건들, 세계 안에서 일어나는 사건들의 규칙성 및 불가해성, 신의 통찰력과 연관된 주제들이었다. 예를 들어 우연성의 기초가 신의 의지와 현실세계 속에 내재하며 이들 안에 불확실성이 동시에 실재한다면 결과적으로, 비록 추상적인 관념의 문제에 불과하지만, 우리가 사는 세계와 이 세계의 질서는 수많은 가능성 가운데 신의 절대적인 독단을 기준으로 이루어진 선택의 결과에 지나지 않았다. 신이 창조한 질서의 규칙성은 기적과 같은 특이한 사건들의 쇄도로 인해 끊임없이 파괴될 수 있었고, 스스로의 불확실성과 세계의 불확실성에서 벗어나지 못하는 인간은 전능한 신의 헤아릴 수 없는 은혜뿐만 아니라 그의 독단에 끊임없이 연루될 수밖에 없는 존재였다.

구약성서에 등장하는 군대의 전지전능한 신과 단테의 "모든 것을 움직이는 자"(『신곡』「천국」, 1곡) 이후로 양분된 신적 권능은 신이 가진 힘의 또 다른 이미지들을 부각시키는 데 일조했다. 예를 들어 데카르트가 상상했던 신의 이미지들이 있다(『반문과 답변』). 데카르트는 사악하지는 않더라도 불안정하고 변덕스러워서 세상사의 순리를 마음대로 뒤바꾸고 심지어는 사물들의 존재를 무산시키기도 하는 신 혹은 이성의 진실성 자체에 의혹을 불러일으키는 협잡꾼 신에 주목했다(툴리오 그레고리, 「협잡꾼 신과 사악한 천재Dio Ingannatore e genio maligno」, 『세속 지혜 *Mundana Sapientia*』).

신적 권능의 구분법에 대한 중세 논쟁의 풍부함은 한편으로 이러한 해석들이 결코 보편화될 수 없다는 것을 보여 준다. 아울러, 상당히 극단적인 경우에도, 신이 그가 창조한 세계에 자유롭게 행사할 수 있는 절대적인 능력은 그가 세운 질서 체계에 의해 충족되는 것이 아니라 항상 신의 본성에 기초하는 어떤 윤리적인 규율에 의해 충족된다는 점에 주목할 필요가 있다. 다시 말해, 세계에 개입할 수 있는 신의 권능을 충분히 보장하는 요인은 결국 신의 선의였다.

그러나 '절대적인 능력'과 '정제된 능력'의 역사는, 중세의 신학과 철학에 대한 일반적인 견해와는 달리, 어떤 식으로 원래는 순수하게 도구적인 차원에서 발전했던 권능의 구분법이 현실세계에 대한 다양하고 풍부한 해석을 탄생시켰고, 심지어는 다양한 세계의 존재 가능성과 이들의 존재 규칙에 대한 구체적인 이론적 가설들을 구축하는 데 결정적인 역할을 했는지 보여 준다.

2

둔스 스코투스

2.1 한 프란체스코회 스승의 삶과 성장

요하네스 둔스 스코투스는 1265년과 1266년 사이에 스코틀랜드와 잉글랜드 국경지역에 위치한 둔스라는 조그만 마을에서 태어났다. 어린 나이에 옥스퍼드의 프란체스코 수도원에서 수사로 성장하여 철학을 공부하기 시작했다. 그는 사제로 임명된 뒤 학사 자격으로 강의를 시작했고 1298년과 1299년 사이에 옥스퍼드에서 중세 대학의 신학 강의에 사용되던 가장 핵심적인 텍스트 페트루스 롬바르두스의 『명제집』 4권을 강독했다. 1302년과 1303년에는 파리에서 강의를 했지만 필리프 4세의 명령으로 강의를 중단하고 프랑스를 떠나야 했다. 교황 보니파시오Bonifaz 7세의 폐위를 시도하던 프랑스 왕을 그가 지지하지 않았기 때문이다. 옥스퍼드에서 머물던 둔스 스코투스는 교황이 서거하면서 1304년에 파리로 돌아왔다. 1305년에는 파리에서 교수 자격과 함께 신학 분야에서 영예로운 지도 교수(magister regens) 자격을 획득했다. 이어서 1307년에는 상부의 부름을 받고 쾰른의 프란체스코회 대학 인문학과로 자리를 옮겨 강의를 시작했다. 이곳에서 1308년 11월에 43세의 나이로 갑자기 세상을 떠났다.

둔스 스코투스의 저서들은 대부분이 그의 강의를 토대로 집필되었고 상당 부분이 제자들의 강의 기록을 토대로 편집되었다. 초기 저작들은 1295년을 전후로, 그러니까 아리스토텔레스의 사상과 주해서들에 대한 1277년 단죄 판결의 여파가 여전히 생생하게 남아 있던 시기에 쓰였다. 일종의 글모음인 『논리학 소고*Parva logicalia*』는 포르피리오스의 『아리스토텔레스의 범주론 입문』과 아리스토텔레스의 『범주론』, 『명제론』, 『소피스트 논쟁에 관하여』에 대한 둔스 스코투스의 주해로 구성되어 있다. 아리스토텔레스의 『영혼에 관하여』에 대한 짤막한 주해서와 『형이상학』 1~9권에 대한 해설로 구성된 『아리스토텔레스의 형이상학에 관한 문제들*Quaestiones super libros Metaphysicorum Aristotelis*』이 같은 시기에 쓰였다. 옥스퍼드에서 집필한 형이상학 해설서의 경우는 뒤이어 추가 작업을 통해 분량이 늘어났고 몇 번에 걸쳐 수정이 가해졌다.

둔스 스코투스의 저서들 가운데 상당 부분은 페트루스 롬바르두스의 『명제집』에 대한 해설서들이다. 둔스 스코투스는 학사 시절에 옥스퍼드에서 처음으로 『명제집』을 강의했다. 『강독*Lectura*』이라는 제목을 가진 이 주해서가 그의 첫 번째 신학 저서다. 이어서 그는 『강독』을 완전한 작품으로 만들어 출판할 목적으로 여러 차례 수정 작업을 시도했다. 이것이 바로 둔스 스코투스가 1300년에서 1307까지 수차례 검토와 수정을 반복했고 결국에는 미완성으로 남은 저서 『정리(整理, *Ordinatio*)』의 초고-원전이다. 끝으로 『명제집』의 세 번째 주해서 『파리 강의*Reportata Parisiensia*』는 둔스 스코투스가 파리에서 한 일련의 강의를 들으면서 제자들이 남긴 기록을 토대로 편집한 책이다. 이후에 쓰인 좀 더 체계적인 성격의 저서로는 신의 존재에 대해 논하는 『첫 번째 원리에 관한 논고*Tractatus de primo principio*』와 역시 신앙의 문제를 다룬 『정리(定理, *Theoremata*)』가 있고, 아울러 1306년에 이루어진 토론 내용을 정리한 『자유토론 문제집*Quaestiones Quodlibetales*』이 있다.

2.2 인간의 영혼과 지식

대부분의 중세 사상가들과 마찬가지로 둔스 스코투스 역시 인간의 존재는 영혼과 육체로 이루어져 있으며 지적 능력과 의지를 지닌 이성적인 영혼이 바로 인간이라는 특별한 존재만이 가지고 있는 특징이자 인간을 인간답게 만드는 특징이라고 가르쳤다.

둔스 스코투스는 영혼이 지니는 기량들을 서로 구별하는 것도, 이들을 영혼 자체와 구별하는 것도 불가능하다는 점에 주목했다. 그는 이들이 독립적이고 개별적으로 존재하는 실체가 아니라 하나의 유일한 실체에 내재하며 실체 자체를 구축하는 잠재력이라고 보았다. 영혼과 영혼의 기량들 간에는 오로지 형식적인 구분만이 가능했다. 왜냐하면 이들은 하나의 특정 기량으로 환원될 수 없으며 항상 같이 주어지고 개별적으로 존재할 수 없기 때문이다. 둔스 스코투스에 따르면 영혼은 의지나 지성과 일치하지 않고 의지가 지성과 일치하는 것도 아니다. 하지만 지성과 의지는 영혼의 잠재력으로서가 아니면 존재하지 않았고 이와 마찬가지로 인간의 영혼 역시 지성과 의지 없이는 존재한다고 볼 수 없었다. 바로 그런 이유에서 둔스 스코투스는 영혼이 생각하면서 동시에 욕망하고 욕망하면서 동시에 생각한다고 보았다. 단지 형식적으로 구분되는 일이나 능력에 따라 생각하고 욕망할 뿐이었다.

둔스 스코투스는 인간이 세상을 인식하는 방식에는 두 가지가 있다고 보았다. 하나는 '직관notitia intuitiva'이며 다른 하나는 '추상notitia abstractiva'이다.

직관은 어떤 실질적인 대상에 대한 직접적인 앎을 취득하는 방식, 즉 우리 앞에 놓인 대상의 존재와 실체를 확인하는 방식이다. 반면에 추상은 한 대상에 대한 앎을 인간의 영혼이 지니는 기량을 통해 취득하는 방식이다. 대상이 실질적으로 존재하느냐 정신적으로 존재하느냐에 따라 앎의 방식도 달라진다. 따라서 이 두 가지 인식 경로의 차이점은 사물이 존재하는 방식의 차이점과 일치한다.

직관은 실질적인 대상과의 직접적인 접촉을 통해 이루어지기 때문에 우리에게 대상의 특성(예를 들어 대상의 종류와 대상의 본질적이거나 잠재적인 특징들, 혹은 또 다른 사물과의 차이점)뿐만 아니라 대상의 구체적인 실체, 즉 그것이 특별히 지금 우리 앞에 놓여 있다는 사실을 알려 준다. 이와 달리 추상적인 방식을 통해서는 대상의 특성을 파악할 수 있지만 이를 대상의 존재 여부와는 무관하게, 다시 말해 대상을 정의할 수 있고 그 특징들을 나열할 수 있지만 그것이 우리의 인식 과정과 무관한 조건에서는 존재하는지 혹은 우리가 그것을 생각하는 바로 그 순간에 실재하는지의 여부를 알지 못하는 상태에서 인식할 뿐이다.

둔스 스코투스는 인간의 지성이 위에서 언급한 두 가지 인식 방법을 모두 활용할 수 있는 능력을 가지고 있다고 보았다. 하지만 그는 지상에서 살아가는 인간이 고향 땅인 하늘을 바라보며 길을 가는 나그네에 불과하기 때문에 직관을 통한 앎을 완전하고 완벽한 방식으로 활용하지 못하고 추상을 통해 세상을 이해하는 것으로 만족해야 하는 상황에 놓여 있다고 생각했다. 둔스 스코투스에 따르면, 본질적으로 나그네인 인간의 지성은 알고자 하는 구체적이고 실질적인 대상에 직접적으로 다다르지 못하고 직관을 통해 마땅히 드러나야 할 대상의 모든 특징들을 이해하지 못한다. 대상을 파악하기 위해 인간은 항상 추상에 의존한다. 오감(시각, 청각, 후각, 미각, 촉각)이 외부세계를 감지하고 감각적인 정보들을 수집하면 이 정보들은 감각적 영혼에 의해 조합된 뒤 하나의 '환상 phantasma'으로, 즉 대상의 모든 감각적 특징들이 표상하는 '정신적인 이미지'로 표현된다. 정확히 말해 지성이 직접적으로 관여하는 것은 구체적이고 실질적인 대상이 아니라 바로 대상의 이미지다. 따라서 지성의 행위는 언제나 추상 행위라고 볼 수 있다. 둔스 스코투스는 이러한 사실에서 두 가지 결론을 얻을 수 있다고 보았다. 먼저, 인간이 언젠가는 죽을 수밖에 없는 존재이며 그의 삶이 궁극적으로 우연에 의존한다는 사실을 고려했을 때 인간의 지식이 출발점으로 삼는 세계는 어쨌든 인간의 바깥에 존재할 수밖에 없는 세계라는 사실, 그리고 인간의 열등한 기량이 파악하는 것만 지성에 의해 포착되는 사실이다.

2.3 신학: 하나의 실용 학문

이전 시대의 수많은 신학자들과는 달리 둔스 스코투스는 신앙과 이성이 결코 중첩될 수 없는 상이한 차원에 머문다는 의견을 가지고 있었다. 반대로 토마스 아퀴나스나 헨트의 헨드릭Hendrik van Gent과 같은 학자들의 사상은 신학과 철학의 조합에 집중되어 있었다. 진실이 하나인 만큼 신학적 담론과 철학적 담론은 서로 대척될 수 없었고 어떤 논제가 신의 계시를 통해 드러난 사실과 상반된 내용을 주장한다면 그것은 그 논제가 오류추리에 불과하며 따라서 오류를 밝혀 수정할 필요가 있다는 것을 의미했다. 하지만 둔스 스코투스는 아리스토텔레스주의에서 유래하는 철학적 개념과 논리적 장치들이 인간 지식의 모든 영역에, 특히 신학 분야에 적용될 수 있다는 신념에 의혹을 제기하면서 철학은 철학 고유의 방법론과 고유의 탐구 영역을 가지고 있으며 이는 신학적 담론이 추구하는 것과는 전적으로 다르다고 주장했다. 둔스 스코투스는 이성과 신앙 사이의 논리적인 모순이 서로 상반되는 두 가지 진실의 존재를 증명하는 것은 아니지만 이를 반드시 철학적 담론이 범하는 오류의 일종으로 간주해서도 안 된다고 보았다. 반대로 이러한 모순들은 오히려 신학과 철학이 서로 다르고 개별적인 차원에서 움직이며 각각의 고유한 언어와 방법을 가지고 서로 다른 결과와 결론에 도달한다는 것을 증명해야 한다고 보아야 했다.

둔스 스코투스는 신학이 실용적인 학문이라고 보았다. 다시 말해 신학은 행위에 직접적으로 관여하는 계율의 적용을 전제로 하는 학문이었다. 신학은 진실을 가르치지만 그것을 관조하는 것으로 만족하는 대신 삶에 적용하라고 가르치는 학문이었다. 게다가 신이 믿지 않는 누군가를 구원하기로 작정할 수 있는 자유의지를 지닌 존재인 만큼 신학이 인간의 구원을 위해 반드시 필요한 학문이라고도 볼 수 없었다. 그럼에도 불구하고 둔스 스코투스는 인간의 초자연적이고 영적인 요구를 만족시키기 위해 필요한 앎의 세계에 도달하는 일이 오로지 그리스도교의 계시를 통해서만 가능하다고 보았다.

신학이라는 학문 역시 사실상 계시를 통해 가능해졌지만 중요한 것은 신학이 실천을 요구하는 학문이라는 것이었다. 둔스 스코투스는 신학이 계시를 통해 인간이 신에 대해 이해할 수 있는 것만을 대상으로 하는 학문이라고 보았다.

2.4 형이상학

둔스 스코투스는 신학이 최고의 실용적 학문이라면 최고의 이론적 학문은 형이상학이라고 보았다. 형이상학 고유의 탐구 대상이자 지성, 즉 영혼의 인식력 고유의 인지 대상은 실재 자체로서의 실재였다. 이러한 정의가 구태의연해 보이는 것은 사실이지만 이를 통해 둔스 스코투스가 취하는 입장은 아우구스티누스의 신학 전통뿐만 아니라 좀 더 아리스토텔레스주의적인 철학 전통에 비해서도 훨씬 더 독창적이고 혁신적인 측면을 보여 준다. 둔스 스코투스는 아리스토텔레스적인 증명 방식이 신학 분야에 적용될 수 없다는 입장을 고수했다. 토마스 아퀴나스가 완전한 형태로 발전시킨 이 증명 방식의 핵심은 실재의 유사성, 다시 말해 실재가 신과 피조물을 오로지 유사한 방식으로만 수식할 수 있다는 생각이었다. 이러한 구도를 거부하며 스코투스는 실재의 단일성 이론을 발전시켰다. 다시 말해 그는 실재가 신과 피조물에 대해 동일한 의미의 수식어가 될 수 있다고 보았다. 실재의 이러한 정의는 여기서 상당히 중요한 의미를 지닌다. 왜냐하면 인간의 지성이 항상 감각적인 경험을 토대로 구축되는 개념들의 점차적인 초월을 통해 보다 보편적인 정의에 도달할 수 있도록 해 주기 때문이다.

여기에 실재의 개념을 토대로 하는 스코투스 형이상학의 가장 중요한 원리들을 간략하게 요약하면, (1) 유한한 존재에 '존재'와 '본질'을 모두 포함하는 유일한 구도가 내재한다는 생각의 거부, (2) 개별성의 원리가 개별적인 차이와 일치한다는 원리, (3) 장르와 특별한 차이점의 관계, 공통점과 차이점의 관계를 설명하기 위한 새로운 형태의 구분법, 즉 형식적인 구분법의 도입이다.

둔스 스코투스의 실재는 일찍이 이븐 시나가 발전시켰던 개념과 유사하고 본질적으로 단일할 뿐 아니라 개별적이며 독특한 실재에 비해, 혹은 언급되는 논제의 옳고 그름에 비해 중립적이기도 하다. 이는 곧 지성이 실재하는 것들을 보편적인 차원 또는 특수한 차원에서 고려할 수 있을 뿐만 아니라 이들을 아무런 조건 없이도 고려할 수 있다는 것을 의미한다. 이러한 입장을 기반으로 둔스 스코투스는 사물들 사이의 유사성을 뒷받침하는 공통점 이론을 발전시켰다. 그에 의하면 공통점은 개별적이지도 보편적이지도 않으며 오히려 중립적이다. 그만큼 공통점은 실존하는 실체 속에서 개별적인 특징으로 드러날 수도 있고 지성이 실체에 개념을 부여할 때 활용하는 추상화를 통해 보편적인 특징으로 드러날 수도 있다. 어떤 사물의 본질 혹은 특성은 사고의 측면에서는 보편적이며 실체의 측면에서는 개별적이다. 공통점 자체는 전적으로 보편적인 것도 전적으로 개별적인 것도 아니기 때문이다.

개별성으로의 전이, 즉 어떤 구체적이고 특별한 개별적 존재(예를 들어 소크라테스)로의 전이 과정은 둔스 스코투스가 다루었던 가장 난해한 철학적 문제들 중에 하나인 동시에 그와 토마스 아퀴나스의 거리 혹은 반목이 보다 확연하게 드러나는 부분이기도 하다. 둔스 스코투스에 따르면 이러한 전이를 결정짓는 것은 하나의 구체적인 현실, 즉 개념적 현실이 상정할 수 있는 것보다 훨씬 더 구체적인 현실이다. 이러한 긍정적이고 구체적인 현실이 바로 개별적인 특성 혹은 차이를 말한다. 이 개별적 특성의 차별화는 존재의 차원에서 '성숙해지는' 과정으로 간주되며 이 과정은 공통점이라는 특성을 아무런 형식적인 변형 없이 강화하는 결과를 가져온다. 이러한 존재론적 확장의 과정은 일종의 완성과 차별화 과정으로 묘사될 수 있다.

공통점을 개별적인 존재로 변형시키거나, 둔스 스코투스의 표현대로, '축약'시킬 수 있는 원리는 실존하는 개별적 실체를 식별하고 드러내는 기능을 수행하는 '이것'이라는 뜻의 라틴어 지시대명사 haec를 토대로 스코투스가 고안해낸 haecceitas, 즉 '이것이라는 특성'이다. 어떤 사물에 '이것'이라는 칭호를 붙일 수 있는 이유는 그것이 즉각적이고 현재적인 특징을 가지고 있기 때문이다.

공통점과 개별적인 특성의 구분은 현실적이지 않고 형식적이다. 이 구분법은 동일한 장르에 속하는 개별적인 사물들이 이들의 실재를 결정짓는 본질을 배가시키지 않고서도 얼마든지 늘어날 수 있다는 것을 보여 준다. 두 가지 사물이 하나의 유일한 실체를 구축하면서 서로에게 스스로의 필수불가결한 구축 요소가 되지 못할 때 이들은 형식적으로 구분된다고 말할 수 있다. 형식적인 구분은 주어진 실재가 존재의 단계에 들어설 수 있는 가능성, 따라서 어떻게 보면 오히려 실현되지 못하고 순수하게 논리적인 단계에 남아 있을 수도 있는 가능성을 가리킬 뿐이다. 이와 달리 아리스토텔레스주의적인 전통 철학에서 이러한 가능성은 곧 잠재력을 의미했고 결과적으로 행위 혹은 실질적인 현실로의 전이를 필연적으로 동반하는 것이었다.

2.5 우연과 자유

사물의 개념은 둔스 스코투스에 따르면 신의 생각 속에 이미 마련되어 있었다. 신의 지성은 가능한 모든 사물들의 개념을 자체적으로 창출해 낸다. 신의 창조 행위는 이 개념들 가운데 일부를 순수하게 지적인 존재의 단계에서 실재하는 존재의 단계로, 다시 말해 결국 신의 정신 밖에 위치하게 될 독립적인 존재의 단계로 옮겨 오는 행위다. 하지만 둔스 스코투스는 신이 전지전능한 존재인 만큼 그가 이 유한한 세상을 창조하면서 존재의 단계로 끌어들이는 피조물들이 창조 이전에 열려 있던 무수히 많은 논리적 가능성들의 일부만을 표상할 뿐이라고 보았다.

둔스 스코투스는 신의 잠재력만 무한한 것이 아니라 그의 의지 역시 절대적으로 불확정적이며 모든 종류의 외압으로부터 자유롭다고 보았다. 그렇다면 신은 아무런 조건 없이 절대적으로 자유롭게 이루어지는 행위를 통해 무수히 많은 가능성들 가운데 이 세상을 창조하기로 결정했다고 볼 수 있다. 달리 말하자면 이 세상을 원해서 창조하기로 한 순간에도 신은 얼마든지 또 다른 세상을 기대하거나 고안할 수 있었다. 이는 곧 이 세상이 우발적인 세계라는 것을 의미한다. 왜냐하면 신의 의지가 실행에 옮긴 전적으로 자유로운 행위 덕분에 존재를 부여받았기 때문이다. "발생하는 동안 일어나지 않을 수 있거나 다른 방식으로 일어날 수 있는 일을 우발적이라고 한다."(『첫 번째 원리에 관한 논고』 4장, 결론 4)

둔스 스코투스는 아울러 최초의 원인에 내재하는 우발적인 성격으로부터 온 우주의 우발적인 요소들이 유래한다고 보았다. 부차적인 원인들도 우발적인 방식으로 기능한다. 이들은 사실 중간자적인 원인의 역할을 할 뿐이다. 왜냐하면 무언가의 힘에 의존해서만 움직이기 때문이다. 아울러 이들이 우발적인 방식으로 기능할 때에는 마찬가지로 우발적인 효과를 낳을 수밖에 없다. 그러나 이는 전통적인 형이상학의 입장과는 달리, 즉 모든 사물이 그 자체로 필연적이며 완벽한 지고의 원리를 향해 움직인다는 견해와는 달리 우연성이, 특히 이 세상의 우발적인 성격이 결함은 아니라는 것을 의미한다. 둔스 스코투스가 피조물에 내재하는 근원적인 우연성을 강조한 이유는 결정주의적인 세계관을 거부하고 신의 전지전능함과 자유를 수호할 필요가 있다고 보았기 때문이다.

둔스 스코투스는 인간의 자유가 피조물이 지니는 우연성의 가장 고귀한 표현이라고 보았다. 인간의 자유 역시 신의 자유로운 창조 의지와 행위로부터 유래하며 인간의 의지가 지니는 가장 중요한 특성이 자유인 것도 바로 이 때문이다. 그렇다면 자유는 영혼의 인식 기능과는 어떤 관계를 가지고 있는가? 지성은 자연적인 방식으로, 다시 말해 확정적인 방식으로 활동한다. 어떤 사물이 관심의 영역 안으로 들어오면 지성은 그것에 대한 앎을 거부할 수 없으며 어떤 명백한 진실을 마주했을 때에도 그것을 옳은 것으로 판단하고 인식하지 않을 수 없다. 그런 의미에서 지적 기량은 항상 관심의 대상에 좌우된다고 할 수 있다. 이와 달리 의지는 절대적으로 자유로우며 스스로 결정할 수 있는 힘을 가지고 있다. 의지는 대상을 욕망할 것인지 말 것인지 결정할 수 있고, 선택을 한 이후에도 스스로의 결정을 취소하고 그것과 정반대되는 것을 선택할 수 있다. 알베르투스 만뉴스나 토마스 아퀴나스와 같은 사상가들은 지성이 사물들을 좋거나 나쁘다는 식으로 평가하는 판단력의 일종이기 때문에 의지로 하여금 어떤 대상을 원할 것인지 거부할 것인지 결정짓도록 만든다고 보았다. 그런 식으로 어떤 대상을 일단 좋은 것으로 평가한 뒤에는 그것을 욕망하지 않을 수 없다는 것이었다.

대신에 둔스 스코투스는 의지가 지성보다 우월하다는 정반대의 논리를 받아들였다. 의지가 지성에 비해 우월하다는 점은 두 가지 사실을 통해 분명하게 드러난다. 첫 번째는, 지성이 본연의 기능을 발휘하도록 하는 것은 다름 아닌 의지이며 그 역은 성립하지 않는다는 사실이다. 의지가 대상을 파악하기 위해 지성을 필요로 하는 것은 사실이지만 대상에 대해 관심을 가질 수도 있고 포기할 수도 있는 만큼 대상에 대한 앎의 여부를 결정짓는 것은 결국 의지다. 두 번째는, 의지가 지성의 판단에 반대하거나 그것을 무시할 수 있다는 사실이다. 예를 들어 인간은 무언가가 나쁘다는 것을 알면서도 그것을 욕망할 수 있다.

도덕적으로 훌륭한 행위는 책임감을 가지고 선을 추구하기로 선택하는 인간의 자유의지에서 비롯된다. 그렇다면 인간은 어떤 방식으로 추구해야 할 선이 무엇인지 이해하고 어떻게 옳은 행동과 그른 행동을 구별할 수 있는가? 다시 말해 무엇이 행동의 도덕적 가치를 결정하는가?

무엇보다도 인간의 행위는 법에 지대한 영향을 받는다. 둔스 스코투스는 법을 자연적인 차원의 계율과 실정적인 차원의 계율로 구분했다. 전자는 그 자체로 명백한 도덕적 계율들을 말하며 모든 시대와 모든 땅의 모든 인간에게 적용된다. 이 보편적인 계율에는 십계명의 첫 세 계명이 포함된다. 신을 사랑하고 존중하라는 이 계명들은 도덕적으로 훌륭한 행위의 본질 자체를 표상한다. 자연적인 계율은 신조차도 존중하지 않을 수 없을 만큼 위력적이다. 신은 인간에게 그를 사랑하지 말라거나 믿지 말라고 명령할 수 없다. 왜냐하면 창조주를 추구하는 피조물의 본성뿐만 아니라 신 자신의 뜻에도 어긋나는 명령이기 때문이다.

반면에 실정적인 차원의 계율은 본질적으로 인간이 세운 법을 말한다. 이 법의 가치는 제정되는 시대와 장소에 의해 결정된다. 입법자를 세우는 권한은 신에게 있으며(예를 들어 십계명의 나머지 일곱 계명은 자연적인 계율이 아니라 신의 실정적인 계율로 간주될 수 있다) 신은 입법권을 먼저 교회에, 그리고 간접적으로 국가에 부여한다. 하지만 실정적인 계율이 반드시 자연적인 계율에서 유래하는 것은 아니다. 실정적인 계율은 자연적인 계율의 부연 설명이나 구체화와는 거리가 멀다. 이들은 기원이나 범위, 적용 영역 등의 측면에서 전적으로 다른 종류의 계율이다. 실정적인 계율은 어떤 의미에서는 자연적인 계율에 종속되어 있다고도 볼 수 있다. 왜냐하면 실정적인 계율의 보편성을 고려했을 때 자연적인 계율에 위배되는 내용을 법으로 제정할 수 없기 때문이다.

2.6 정치적 권력과 국가

둔스 스코투스는 정치적 권력이 원죄에서 유래한다고 보았다. 즉 인간이 낙원에 머물며 순수한 마음을 유지하고 욕망을 절제할 줄 알았던 시기에는 모든 것을 공유할 수 있었지만 죄를 짓고 부패한 뒤로는 사유재산의 제도화가 요구되었다고 본 것이다. 그렇게 해서 모든 인간이 모든 것을 평등하게 공유해야 한다는 자연법ius naturale의 규범은 폐지되었고 재산의 분리와 사유재산을 인정하는 실정법이 제도화되었다. 사유재산의 제도화는 사유재산 보호를 목적으로 하는 실정법의 탄생과 함께 법 준수를 책임져야 하는 정치권력의 탄생을 가져왔다.

둔스 스코투스는 국가의 권력이 기본적으로 가부pater familias의 권력에서 출발했다고 보았다. 아버지의 권위는 자연법에 의해 보장되었지만 가족의 수가 증가하고 체제의 구조가 복잡해지면서 가족을 기준으로 하는 권력 형태가 새로운 상황에 부적합한 것으로 드러났고 가족의 구성원들 스스로가 가부의 권력을 군주 혹은 왕과 같은 새로운 형태의 정권 보유자에게 양도하기 시작했다고 본 것이다.

그러나 정치와 관련하여 둔스 스코투스가 무엇보다도 강조했던 것은 정부의 형태가 무엇이든 간에 그것의 정당성은 동의를 기반으로 하며, 지도자에게 정치적 권위를 부여하는 것은 다름 아닌 공동체라는 점이다. 바로 이 공동체가 부여하는 권위를 토대로만 지도자의 활동은 정당성을 확보할 수 있었다(『정리整理』

IV, 토론 15, 문제 2).

2.7 개인의 윤리와 철학

둔스 스코투스는 인간의 의지가 차원을 달리할 뿐 신의 의지와 마찬가지로 자유롭게 결정을 내릴 수 있는 능력이라고 보았다. 의지는 '본질적으로 자유로운'(libera per essentiam) 것이었고 의지가 바라는 바를 결정짓는 것은 외부적인 대상이나 지성의 판단력이 아니라 자유의지에 따라 우발적인 방식으로 이루어지는 선택이었다. 그러나 둔스 스코투스가 의지의 절대적인 불확정성을 부각시키면서 분명하게 강조하는 것은 한 인간의 자유와 그의 선택에 대한 도덕적인 책임이다.

둔스 스코투스는 행동의 도덕성이 다름 아닌 자유에서 유래한다고 보았다. 형이상학적인 관점에서는 모든 사물과 모든 행위가 선한 것으로 간주된다. 왜냐하면 이것들이 피조물의 발현이자 존재의 완성을 표상하기 때문이다. 한 행위는 행위 주체가 완전할수록 더 훌륭한 행위로 간주된다. 하지만 도덕적인 차원에서 행위의 좋고 나쁨은 행위의 목표와 목적을 기준으로 판단된다. 의도적인 행위의 도덕성을 판가름하기 위한 절대적인 조건은 행위 주체가 자유롭고 이성적이어야 한다는 것, 다시 말해 지성과 의지를 겸비한 존재여야 한다는 것이다. 행동의 도덕성은 행동이 자유로운 이성적 판단과 자유의지에 기초하는 책임감 있는 선택에서 비롯된 결과일 때 정체를 드러낸다.

어떤 도덕적 행위가 훌륭하기 위해서는 행위의 결과가 선하거나 가치 있는 일이어야 하고 행위 주체가 이를 분명히 의식하고 선하고 가치 있는 일이라는 차원에서 그것을 원해야 한다. 이상의 조건들 가운데 어느 하나라도 부족하면 인간의 행위는 도덕적 선의 바깥으로 추락한다. 둔스 스코투스가 여기서 말하는 선이란 신을 향해 있는 모든 것을 가리키며 이것이 바로 인간의 행동이 추구하는 궁극적인 목적이다.

따라서 아벨라르가 주장했던 것과는 달리, 한 인간이 선을 행한다는 확신 속에서 무의식적으로 악을 행할 때 그의 행동은 결코 무고하다고 볼 수 없으며 좋은 의도에도 불구하고 도덕적으로는 훌륭하다고 할 수 없다. 왜냐하면 스스로의 행위에 대한 판단 오류를 범하고 있기 때문이다. 이와 마찬가지로 정직하게 행동하지만 신에 대한 사랑을 바탕으로 하지 않을 때에도 이를 훌륭한 행동이라고 볼 수 없다. 두 가지 경우 모두 도덕적으로 무관심한 태도를 보여 준다. 둘 다 혐오스러운 행위는 아니지만(오직 의도적인 악행만이 나쁘다고 할 수 있으므로) 도덕적 선의 영역에는 포함될 수 없다.

3

윌리엄 오컴

3.1 한 자유로운 신학자의 인생

1288년 잉글랜드 서리에서 태어난 윌리엄 오컴은 일찍이 1306년에 프란체스코회의 수도사가 되었다. 신학 교수가 되기 위해 옥스퍼드 대학에서 공부했고 이곳에서 1317년부터 1319년까지 페트루스 롬바르두스의 『명제집』을 강의했다. 이어서 런던에 있는 프란체스코회의 일반학교 교수로 임명되어 철학을 가르쳤다. 아리스토텔레스의 논리학 저서들과 『물리학』에 대한 주해서들을 비롯해 그의 가장 중요한 논리학 저서인 『논리학 대전*Summa logicae*』이 이 시기에 쓰였다. 1324년에 이단으로 몰려 재판을 받기 위해 아비뇽으로 소환된 윌리엄 오컴은 문제시된 논제들을 담당 위원회가 검토하는 동안 아비뇽에서 4년이라는 세월을 보내게 된다. 아비뇽에 머무는 동안 『자유토론 문제*Quaestiones quodlibetales*』의 마지막 두 권을 집필한 것으로 보인다. 윌리엄 오컴은 1328년 초에 프란체스코회의 총장 미켈레 다 체제나Michele da Cesena를 만나게 된다. 미켈레 역시 프란체스코회가 주장하던 가난의 정신으로 인해 이단으로 몰린 뒤 교황 요한 22세의 질문에 답하기 위해 아비뇽에 와 있었다. 아비뇽에서의 체류가 더 길어질 것을 염려한 미켈레와 윌리엄은 1328년 5월에 교황청에서 탈출해 피사에 머물던 황제 루트비히 4세를 찾아가 보호를 요청했고 1330년에 황제를 따라 뮌헨으로 이동했다. 1331년에 프란체스코회 참사회는 미켈라 다 체제나와 추종자들에게 공식적인 추방 조치를 내렸다. 황궁에 머물면서 윌리엄 오컴은 논쟁적인 성격의 수많은 논문들과 교회론(즉 교회의 목적과 성격, 구조, 기원 등을 다루는 학문) 및 정치와 관련된 책들, 예를 들어 『90일간의 저술』이나 『소고*Breviloquium*』, 『교황의 권위에 대한 여덟 가지 질문*Octo quaestiones de potestate papae*』, 『대화록』 등을 집필했다. 윌리엄 오컴은 1347년, 유럽을 강타한 흑사병이 만연하기 시작했을 무렵에 사망한 것으로 보인다.

오컴에게 세계는 독특한 실체와 개별적인 존재들로 구축되는 우발적인 세계였다. 이러한 세계를 인식하는 정신은 우발적인 사고나 언어적인 용어들로 구축되는 영혼의 주관성에 지나지 않았다. 가장 우선적으로 인식되는 대상은 다름 아닌 개별적인 사물들이다. 정신은 이들을 직접적인 방식으로, 다시 말해 사실상 증명할 수 없고 어떤 사전 지식에서 비롯되지 않는 자연스러운 형태의 앎을 통해 인식한다. 이러한 앎의 형태를 그는 직관notitia intuitiva이라고 불렀다. 둔스 스코투스 역시 인간이 실질적인 사물들을 직접적으로 이해하는 방식을 설명하기 위해 이러한 개념을 활용한 바 있다.

윌리엄 오컴은 둔스 스코투스의 견해를 받아들였지만 그럼에도 불구하고 스코투스와는 전혀 다른 입장을 취했다. 그는 '공통적인 본질', 즉 두 가지 이상의 개별적인 사물들 사이에 유사성을 구축하거나 정당화하는 독특하지 않은 현실 내지 공통점이라는 개념을 전적으로 거부했다. 윌리엄 오컴에게 개별적인 사물들을 인식하는 가장 우선적인 기준은 다름 아닌 이들의 독특함이었다. 뿐만 아니라 그는 사고의 추상 과정을 통해서는 보편적인 개념을 만들어 내지 못한다고 보았다. 윌리엄 오컴에게 개념이란 개별적인 사고 활동 자체였다. 이를 통해 지성이 사물들에 대한 직접적인 지식을 얻는다고 보았던 것이다. 아울러 그는 이러한 개념들이 사고 활동 고유의 언어와 일치하는 만큼 사상적인 언어가 존재한다고 보았다. 이 언어에 의해 형성되는 의미가 인간의 머릿속에서 실질적인 사물들을 대체하게 되고 그런 식으로 그 자체로는 변화무쌍하고 개별적인 사물들에 대해 안정적이고 진실하고 보편적인 방식으로 생각하거나 말하는 것이 가능해진다고 보았던 것이다. 하지만 윌리엄 오컴은 보편적 개념들이 그것들을 표현하는 용어의 영역을 뛰어넘어 또 다른 현실을 가지고 있다고 생각하는 것은 커다란 잘못이라고 보았다. 이러한 오류는 흔히 사상적 언어에 독립적인 현실을 부여하려는 억측에서 비롯되며 이 사상적 언어는 오히려 인간이 인식 대상에 대해 이야기하기 위해 구축하는 담론 방식에 가까웠다. 중요한 것은 이 언어가 하나의 언어적 구조와 일치하며 사물과 일치하는 것은 아니라는 점이었다. 흰색의 두 가지 사물들 사이에 존재하는 유사성을 예로 드는 오컴에 따르면, 신은 "서로 닮은꼴의 두 가지 사물을 만들 때에만 두 가지 흰색의 사물을 만들 수 있다. 유사성이란 흰색의 두 가지 사물 자체에 지나지 않는다." 이는 두 가지 흰색의 사물들 사이에 '흰색'이라는 공통점의 존재를 덧붙여 상정할 수 없다는 것을 의미한다. 존재하는 것은 오로지 흰색의 두 가지 개별적인 사물뿐이며 인식할 수 있는 것도 이들뿐이다. 노예들이 없으면 노예제도도 없는 것과 마찬가지다.

3.2 논리학과 신학, 그리고 우연성

윌리엄 오컴에 따르면 엄격하게 논리적이고 언어학적인 분석철학의 과제는 무의미하게 확산되는 철학적, 신학적, 정치적인 문제들을 존재론적이고 인식론적인 절제의 원리로 축소시키는 것이다. 이것이 이른바 '오컴의 면도날'이라고 불리는 규칙이다. 비록 윌리엄이 직접 고안해 낸 것은 아니지만 '면도날'이라는 표현은 명민함과 날카로움으로, 무엇보다도 새로운 방법론의 '존경할 만한 창시자Venerabilis Inceptor'로 명성을 떨쳤던 프란체스코회의 신학자 윌리엄 오컴을 가리키는 대명사로 통용된다. 실제로 윌리엄 오컴의 저술에서는 다른 식으로 표현되지만(예를 들어 "적은 수의 논리로 해결될 수 있는 문제에 다수의 논리를 적용한다는 것은 불필요한 일이다" 혹은 "필요 없이 다수의 논리를 제기하지 말라") 이 면도날의 원리는 사실상 철학적 문제의 인식론적인 단순화와 개념적 실체의 축약이 요구될 때마다 적용된다. 윌리엄 오컴의 사상을 다룬 상당량의 연구서들은 그의 형이상학적 결론들 대부분이 다름 아닌 엄격한 논리철학과 일관성을 유지한다는 점에서 이 '면도날'이 얼마나 적절한 표현인가를 증명해 보인 바 있다. 그러나 언어의 단순화를 동반하는 분석의 중요성은 사실상 윌리엄 오컴의 신학사상 내부에서만 확인할 수 있는 요인이다. 그는 개개의 피조물로 구축된 세계의 중심에 전지전능한 신의 자유롭고 전적으로 단순한 실천 의지가 자리 잡고 있다고 보았다. 반면에 세계의 질서는 이러한 신을 이해하기 위해 필요한 기초적인 특성들을 전혀 가지고 있지 않았다. 하지만 오컴의 사상이 지니는 강렬함은 바로 이러한 결핍에서 출발한다. 그는 축복된 하늘나라를 바라보며 나그네로 살아가는 인간이 스스로의 행동에 책임을 질 수 있는 능력을 가지고 있다고 보았다. 세상은 사건들의 우발적인 성격으로 인해 피조물들이 모든 것을 전지전능한 신에게 맡겨야 할 정도로 부족한 세상이었지만 그럼에도 불구하고 인간이 스스로의 선택을 주도할 수 있는 세상이었다.

윌리엄 오컴의 철학의 토대를 이루는 것은 논리학과 언어학적 분석이다. 전통적인 3부 형식으로 구성된 그의 『논리학 대전*Summa logicae*』은 1부에서는 용어들, 2부에서는 문장들, 3부에서는 논제들을 다룬다. 먼저 윌리엄 오컴의 언어철학을 이해하기 위해서는 '기호'의 개념을 파악해야 한다. 그는 기호에 두 종류, 즉 좀 더 일반적이고 추론적인 성격의 기호와 언어학적이고 의미론적인 기능을 가진 기호가 있다고 보았다. "'기호'라는 용어는, 일단 이해된 다음에는 무언가 다른 것을 가리키는 모든 것을 가리킨다. 단지, 무언가에 대한 직접적인 앎을 허락하는 대신 습관적인 앎에서 유래하는 실용적인 앎을 허락할 뿐이다. 말 역시 이런 식으로 의미를 전달하며 효과가 원인을 지시하는 것과 마찬가지로, 예를 들어 간판에 동그라미가 그려져 있으면 술집을 의미하는 것과 만찬가지로 기능한다. 그러나 여기서 이야기하고자 하는 것은 이러한 일반적인 의미의 기호가 아니다. 또 다른 차원에서, '기호'는 무언가를 알리는 동시에 동일한 것을 의미하거나 어떤 문장 안에서 동일한 기호를 부연할 운명에 놓인 모든 것을 가리킨다. (……) '기호'를 이러한 의미로 간주했을 때 단순한 음성적 차원의 말은 어떤 무엇의 기호도 아니다."(『논리학 대전』 I) 윌리엄 오컴이 자신의 언어철학을 구축하는 핵심 요소로 간주했던 것은 바로 이 두 번째 의미의 기호다. 윌리엄 오컴의 논리학이 가지고 있는 가장 흥미로운 특징 중에 하나인 '대체 이론' 역시 바로 기호학을 통해 완성 단계에 도달한다. '용어의 대체suppositio terminorum' 이론이란 한 문장 안에서 무언가를 가리키며 그것을 대신할 수 있는 용어의 활용에 관한 이론이다. 간단한 예를 들어, '소크라테스는 인간이다'는 문장에서 '인간'이라는 용어가 바로 이러한 경우에 해당한다. 따라서 기호가 수행하는 기본적인 인지 기능의 특징은 자연스러운 방식으로 스스로의 의미를 '가리키며 있을' 뿐이기 때문에 새로운 앎을 생산해 내고 기존의 어떤 내용에도 좌우되지 않으면서 앎의 영역을 확장시킨다는 데 있다. 기호 자체의 의미는 따라서 어떤 식으로든 말과는 일치하지 않으며 오히려 어떤 언어에도 속하지 않고 일종의 정신적인 언어 형식을 구축하는 사상적 용어 혹은 개념과 일치한다고 볼 수 있다. 개념이 하나의 기호라는 생각 자체는 새로운 것이 아니었다. 하지만 윌리엄 오컴의 사상 속에 절대적으로 새로운 것이 있었다면 그것은 개념들이 음성이나 글을 통해 표현되는 말과 마찬가지로 고유의 구문론과 의미론을 갖춘 진정한 의미에서의 언어 체계를 가지고 있다는 생각이었다.

3.3 존재론과 언어

윌리엄 오컴은 음성 언어와 개념이 서로 분명히 구별되면서도 하나의 위계적인 질서 속에서 연결되어 있는 두 종류의 의미작용 체제라고 보았다. 오컴에 따르면 개념은 그것이 가리키는 사물의 가장 우선적이고 기본적인 기호인 반면 언어적 음성이나 글의 문자들은 오로지 개념이 의미하는 바에 의존해서만 사물들을 가리킨다. 개념의 의미가 변화하면 그것에 상응하던 언어적 음성의 의미도 변화한다.

무언가를 직접 가리키면서 동시에 그것 외에는 아무것도 가리키지 않는 이른바 '절대적인 용어들'이 존재하는 반면, 절대적인 용어에서 유래하는 이른바 '함의적인 용어들'이 존재한다. 이들은 고유의 의미를 가지고 있음에도 불구하고 원래의 용어들이 가지고 있던 의미를 함축적으로 유지한다. 바로 '유음어'가 이러한 경우에 속한다. 예를 들어 '힘'을 뜻하는 Forza에서 유래하는 '강하다'는 뜻의 형용사 Forte는 강인함을 지닌 모든 것들을 수식할 수 있는 반면 동시에 힘 자체를, 혹은 무언가를 강하게 만드는 요인을 의미할 수 있다. 절대적인 용어와 함의적인 용어 사이의 구분은 추상적인 용어와 구체적인 용어의 구분과는 일치하지 않는다. 사실상 특성을 가리키는 용어들 사이에서는 실제적인 일치가 가능하지만('힘'과 '강한'의 경우) 실체를 가리키는 용어들('인류'와 '인간'의 경우)은 정반대의 현상 때문에, 즉 추상적인 용어('인류')가 구체적인 용어('인간')에서 유래하기 때문에 일치가 불가능하고 오히려 추상적인 용어는 함의적인 용어와, 구체적인 용어는 절대적인 용어와 일치한다.

용어들의 유형을 구분하는 작업은 철학과 언어학 및 존재론 분야에서 이루어진 오컴의 정확한 선택과 연관된다. 윌리엄 오컴은 보편적 사실주의 이론처럼 실재와 존재론적 차이를 실체 및 언어학적 차이와 지나치게 일치시키는 언어철학들을 단호하게 거부했다. 이러한 철학에 동조하는 이들은 언어의 기능을 설명하기 위해 결국 필요 이상의 실체들을 언급할 수밖에 없는 상황에 놓인다는 것이 그의 생각이었다. 따라서 윌리엄 오컴은 먼저 모든 보편적 실체 혹은 공통분모와 같은 개념들을 배제하고, 이어서 개별적인 것들에 통일성을 부여하거나 무언가를 추가하는 관계성이라는 실체를 비롯해(예를 들어 개별적인 것에 동일한 공통점을 강요하는 유사성) 양이나 시간 같은 터무니없는 실체들을 배제해야 한다고 보았다. 윌리엄 오컴은 존재하는 모든 것이 개별적이며 실체 혹은 특성이라는 범주에 속할 뿐이라고 보았다. 보편적인 것은 관계나 양이나 구체적인 특성처럼 오로지 용어 혹은 개념에 불과한 것이었다. 윌리엄 오컴의 실질적인 전략은 스스로의 인식론을 문장론과 유사한 방식으로 구축하는 것이었다. 개념들은 앞서 언급한 것처럼 담론의 단순한 용어들에 상응하며 이들과 용어의 대체적인 성격을 공유한다. 그러나 담론의 용어들이 관례적인 성격을 가지고 있는 반면 개념들, 즉 사상적 용어들은 오히려 기초 언어, 즉 인식 행위 자체와 일치한다. 윌리엄 오컴은 개념과 사물의 관계 역시 이중적이라고 보았다. 개념들은 분명히 그것들이 가리키는 사물들을 닮았지만 한편으로는 사물의 결과였다. 이론적인 관점에서, 개별적인 사물과 개념 혹은 용어들을 하나로 묶어 주는 자연적인 의미작용의 관계는 바로 이러한 이중적인 관계를 바탕으로 성립된다. '한 마리의 특별한 백마'라는 개념은 그 백마를 생각하는 개별적인 사고 활동과 일치하며 "백마가 한 마리 있다"라는 명제 속에서 백마라는 실체를 '대체'하며 들어선 사상적 용어에 의해 표현된다. 개별적인 현실을 인식하는 사고 활동의 정체와 개념의 정체가 일치한다는 생각은 인식론적인 차원에서 인간과 현실 사이에 어떤 종류의 중재도 필요로 하지 않는 직접적인 관계가 성립된다는 것을 전제로 한다.

3.4 직관과 추상: 개별적인 것에 대한 앎

윌리엄 오컴은 지성과 현실세계 사이에서 중재 역할을 하는 모든 실체를 배제했다. 이러한 특징은 개념을 지적 행위로 간주하는 그만의 독특한 개념 이론을 통해 더 분명하게 드러난다. 일찍이 둔스 스코투스가 제시한 바 있고 윌리엄 오컴이 재정립을 시도한 직관과 추상의 구분 역시 이러한 맥락에서 이해할 필요가 있다. 윌리엄 오컴은 사실상 직관을 통한 앎과 추상을 통한 앎을 모두 단순한 앎으로 간주했다. 담론이나 발의와는 거리가 먼 이 단순한 앎은 어느 한 순간의 우발적인 사상적 담론을 명료하게 만들거나 명료하게 만들지 않는 특징을 가지고 있다.

우발적인 성격의 명제란 사물들의 필연적인 조건과 거리가 먼 상황, 다시 말해 변화의 잠재력을 가진 상황이 표현되는 명제를 말한다. 예를 들어 "말이 한 마리 있다" 혹은 "이 말은 희다"라는 명제는 우발적이다. 윌리엄 오컴은 직관에 의한 앎을 위의 예와 유사한 모든 종류의 우발적인 진실을 즉각적으로 명료하게 파악하는 단순한 앎으로 정의했다. 반면에 추상적인 앎은 이러한 종류의 진실에 대한 분명한 인식을 허락하지 않는다. 인식의 주체가 바라보는 한 백마의 존재는 주체의 감각기관과 지성이 정상적으로 기능한다는 가정하에, 말과 백색과 후자가 전자의 특성이라는 사실에 대한 '직관적인 앎'을 생산해 낸다. 이는 곧 인식의 주체가 "말이 한 마리 있다" 혹은 "이 말은 희다"라는 종류의 명제들을 명확하게 참으로 인식한다는 것을 의미한다. 하지만 윌리엄 오컴은 외부적인 대상의 존재와 실재가 직관적인 앎의 필수적인 조건이라는 점을 충분히 인식하면서도 이것이 절대적인 조건은 아니라고 보았다.

여기서 중요한 역할을 하는 것은 신의 절대적인 권능이라는 개념, 즉 모순을 동반하지 않는 한 모든 것을 할 수 있는 신의 능력이다. 윌리엄 오컴은, 만에 하나 신이 스스로가 창조한 자연적 질서와 인과관계를 무시하고 잠재력을 발휘해 일상세계에 개입하기로 결심한 뒤 우리가 다루고 있는 앎의 대상을 파괴한다고 해도, 그 대상에 대한, 즉 더 이상 존재하지 않는 대상에 대한 직관적인 앎도 마찬가지로 얻을 수 있다고 보았다. 존재하지 않는 대상에 대해서는 "백마가 한 마리 있다"라는 명제가 아니라 "말은 한 마리도 없다"라는 명제를 제시할 수 있기 때문에 존재하지 않는 대상에 대해서도 직관적인 앎이 가능하다고 보았던 것이다. 이 이론은 한편 기이해 보이기도 하고, 17세기에 데카르트가 주목했던 것처럼, 인간을 기만하는 신의 존재를 상상하게 만들기도 한다. 하지만 이는 잘못된 인상에 불과하다. 먼저, 존재하지 않는 대상에 대한 직관적인 앎의 이론은 개별적인 대상에 대한 윌리엄 오컴의 입장과 치밀한 일관성을 유지한다는 점에 주목할 필요가 있다. 그에 따르면, 현실세계에는 어떤 식으로든 또 다른 무언가의 존재에 의존하지 않고 오로지 실체와 특성의 범주에 속하는 개별적이고 절대적인 대상만이 대상들이 존재할 뿐이다. 결과적으로는 정신 혹은 이성적 영혼 속에 존재하는 기량으로서의 인식 활동은 앞서 가정한 신의 특별한 개입이 현실화되는 경우에도 대상의 존재와는 무관하게 전개될 수 있다. 신의 개입이 일반적으로는 일어나는 현상은 아니지만, 설사 일어난다 하더라도 윌리엄 오컴의 전지전능한 신은 인간을 기만하지 않는다. 그는 단지 인간사에 개입함으로써 그 우발적인 진실의 인식 과정을 단축시키고 사물들의 자연스러운 흐름 속에서는 일어날 수 없는 것이 무엇인지 분명하게 드러낼 뿐이다. 윌리엄 오컴이 가정하는 신의 특별한 개입은 무엇보다도 인식 과정의 본질적인 요소를 탐구하기 위해 인식 대상의 존재와 앎 사이의 결속력을 무력화할 수 있도록 해 준다. 윌리엄 오컴에게 직관적인 앎이란 '하나의 사물은 존재할 때 존재하며 존재하지 않을 때는 존재하지 않는다는 사실을 알려 주는' 앎을 의미했다.

3.5 학문과 학문의 대상들

모든 개별적인 사유 활동은 영혼의 기량 중에 하나이며 이를 통해 처음에는 모르던 무언가를 아는 것이 가능해진다. 알려고 하는 성향(habitus)과 결과적으로 반복되는 사유 활동은 유사한 사물들에 대한 수많은 지식을 생산해 낸다. 이러한 성향을 기반으로 하는 학문적 지식은 사물들 혹은 사물들을 가리키는 개별적인 용어들 또는 이들의 의미를 토대로 구축되지 않고 사물들 자체에 대해 이야기하는 명제들을 토대로 형성된다. 학문이란 어쨌든 이러한 명제들에 대한 동의를 생산해 내는 인식 습관을 말한다.

윌리엄 오컴은 '학문'이라는 말의 의미를 네 가지로 구분했다. 먼저 그는 참인 명제에 대한 일련의 확실한 지식들을 학문이라고 불렀다. 여기서 확실성은 사물에 대한 직접적인 앎에서 유래하지 않는다. 윌리엄 오컴이 말하는 것은 명확성이 아니라 확실성, 예를 들어 어떤 사람이 한 번도 가본 적이 없는 로마가 대도시라는 것을 알 수 있다든지 누군가가 자신의 아버지 혹은 어머니라는 것을 특별한 증거 없이도 알 수 있다는 사실에서 발견할 수 있는 종류의 확실성이다. 이와 유사한 부류의 명제들이 일반적으로 수용되는 이유는 누군가 믿을 만한 사람이 우리에게 정보를 제공했기 때문이다. 윌리엄 오컴은 이러한 종류의 앎을 지탱하는 믿음의 기초가 곧 의지라고 보았다.

두 번째 의미의 학문은 직접적인 앎 혹은 언어에 의해 중재된 앎을 토대로 하는 하나의 옳은 명제에 대한 명확한 지식으로 구성된다. 여기서 지식이란, 예를 들어 경험을 바탕으로 구축된 명제들을 토대로 얻어 낸 기초적인 '증명'처럼, 이미 명확한 것으로 알려진 명제로부터 도출할 수 있는 결론에 대한 지식을 말한다.

세 번째 의미의 학문은 필연적인 명제, 즉 언제나 참인 명제에 대한 명확한 지식으로 구성된다. 하지만 윌리엄 오컴은 전형적으로 필연적 명제로 간주되는 문장들, 예를 들어 "인간은 동물이다"는 오히려 필연적인 명제가 될 수 없다고 보았다. 이러한 명제는 인간이 존재하지 않는다면 사실상 거짓으로 드러날 수밖에 없는 한계를 가지고 있었다. 그에게 필연적인 명제란 조건법의 문장 구조, 즉 "만약에……, 그렇다면……"의 형태를 취하면서 용어들이 설명하는 개별적인 대상들이 부재할 때에도 진실을 유지하는 명제를 의미했다. 예를 들어 "한 인간이 있다면, 그는 동물이다"는 필연적인 명제다.

마지막으로 네 번째 의미의 학문은 필연적 전제로부터 정확한 삼단논법을 통해 얻어 낸 필연적 진실에 대한 명확한 지식으로 구성된다. 이 네 번째 학문의 특징은 바로 증명 원칙들을 바탕으로 얻어진 지식으로 구축되며 따라서 아리스토텔레스가 이론화한 학문과 일치한다는 데 있다.

학문의 대상에 대한 윌리엄 오컴의 입장은 그가 가정하는 지식의 구조와 언어 구조 사이의 긴밀한 유대관계와 일관성을 유지한다. 위에서 언급한 네 가지 의미의 학문이 모두 다루는 것은 참인 명제, 좀 더 엄밀한 의미에서 사상적 명제다. 학문은 어쨌든 하나의 단일한 인식 성향으로 고려될 수 있을 뿐만 아니라 다양한 성향들의 총체로도 간주될 수 있다. 후자의 경우, 학문의 대상은 단일하지 않고 다수이며 대상의 수만큼이나 많은 명제들이 동의를 요한다. 똑같은 이야기가 학문의 주제에도 적용된다. 윌리엄 오컴은 어떤 한 학문 분야에 유일한 주제는 존재하지 않는다고 보았다. 예를 들어 형이상학에서 존재 자체로서의 존재, 즉 그것을 중심으로 다루어질 수 있는 모든 문제들의 결론을 잠재적으로 내포하는 주제로 나설 수 있는 존재는 없다고 본 것이다. 윌리엄 오컴에게 학문의 주제는 익히 알려진 명제 속의 주제였고, 결과적으로 다양한 인식 성향들의 총체로 간주되는 학문의 유일한 주제는 존재할 수 없었다. 하지만 그는 형이상학의 경우 몇몇 주제들만큼은 '수식'의 관점(수많은 주체들에 대한 단일한 수식어로 쓰이는 '존재') 혹은 '완성'의 관점(학자들의 일부가 형이상학의 주제로 간주하는 '신')에서 일종의 우선권을 가진다고 보았다.

여하튼 아비뇽의 교황 요한 22세를 비롯해 윌리엄 오컴과 같은 시대를 살았던 수많은 신학자들은 그의 명제 이론을 신랄하게 비판하며 불평을 일삼았다. 이들은 학문의 대상이 실제로 하나의 사변적인 명제라면 논리학과 다를 바 없지 않느냐는 의혹을 제기했다. 이러한 비판의 목소리에 윌리엄 오컴이 항상 제시했던 답변은 그의 의미작용 이론 속에 들어 있다. 즉 학문의 대상은 명제 자체가 아니라 명제를 구성하는 용어들이 '가리키는' 일련의 현실 혹은 용어 자체가 의미하는 것 혹은 개념들이다.

3.6 오컴주의와 유명론: 언어학 혁명

윌리엄 오컴의 저서들이 파리 대학에서 교재로 채택되기까지의 과정은 결코 순탄하지 않았다. 1320년대 말에 알려지기 시작한 『논리학 대전』은 1330년부터 인문학과에서 대대적인 오컴주의 열풍을 일으켰고 그 과도한 열기는 결국 1339년 9월에 공석에서든 사석에서든 그의 사상을 논하거나 가르치는 일을 제한하는 금지령으로 이어졌다. 1340년 12월 29일에는 오컴주의를 전적으로 거부한다는 대학의 방침이 공식화되었다. 하지만 이러한 제재조치에도 불구하고 윌리엄 오컴의 사상은 상당히 넓은 독자층의 지지를 얻었다.

앎의 대상을 구축하는 명제와 용어들에 대한 논리적 분석의 치밀함 때문에 이른바 '유명론唯名論'으로 불리는 윌리엄 오컴의 사상은 단순히 보편성의 문제에 대한 답변으로 그칠 수 없는 성격의 것이었다. 가장 우선시되는 것이 구체적으로 존재하는 개별적인 현실이라면, 유명론자들이 보편적인 것을 개념으로 축소시킨다고 해서 이러한 현실의 가치를 부인하는 것은 아니다. 경험을 통해 확인할 수 있는 것은 개별적인 사물들의 존재이지 지성이 개념들을 정돈하기 위해 사용하는 범주들의 체제가 아니다. 사실상 개별적인 사물들은 개념적인 범주화의 정당성을 종과 속을 기준으로 수용하면서도 현실 속에서는 동일한 종과 속에 속하는 또 다른 개별적 존재들과는 무관하게 독립적인 방식으로 존재하거나 사라진다.

장 뷔리당(Jean Buridan, 1290년경~1358년경) 역시 오컴주의의 논제들을 부분적으로 수용했던 인물이다. 뷔리당은 개별적인 대상들이 현실을 파악하는 직접적인 이해 활동(직감)을 통해 인식된다고 보았다. 그에게 안다는 것은 불필요한 중재자적 실체에 의존하지 않고 개별적인 사물들의 개념을 파악한다는 것을 의미했다. 뷔리당의 사유는 따라서 일종의 개념주의였다고 볼 수 있다. 물론 이러한 측면은 그가 본질과 보편적 특성의 사실주의에 반대하며 일으켰던 논쟁의 전후관계 속에서 검토되어야 할 것이다. 하지만 뷔리당에게는 다름 아닌 논리학이 학문적 담론의 분석 도구였고 학문적 이론을 구축하는 것은 참인 명제들뿐만 아니라 의미론적 가치를 검토해야 하는 증명된 명제들이었다.

뒤이어 오컴주의적인 이성을 추구하는 여러 사상가들 사이에서도 새로운 입장들이 등장했다. 이 가운데 주목할 만한 것은 스토아학파(lekton)와 아벨라르(dictum)가 주장했던 것과 유사한 방식으로 명제들의 의미를 실재하는 하나의 언어학적 실체와 일치시켰던 이론이다. 애덤 워드햄(1298~1358년)이나 그레고리오 다 리미니(1300~1358년) 같은 신학자들이 지지했던 이 이론에 따르면 학문적인 성격의 명제와 신앙을 표현하는 명제 모두를 포함하는 범주의 명제들이 지니는 의미는 사물들에 대해 이야기하는 방식을 통해 주어지지만 단 하나의 명제와도 일치하지 않고 명제가 이야기하는 사물들과도 일치하지 않는 고유의 실체와 일치했다.

도미니크회의 로버트 홀콧(1290~1349년)은 이와는 정반대되는 입장을 취했던 인물이다. 그에게 명제들의 의미는 오로지 앎의 행위인 동시에 대상인 명제 자체였다. 홀콧은 어떤 명제의 불변하는 의미를 일방적으로 결정하는 것이 불가능하고 사실상 명제가 위치하는 문맥이나 순간과의 관계 속에서가 아니라면 명제가 지니는 진실의 값어치를 결정하는 것이 불가능하다고 보았다. 반면에 사람은 명제를 표명하는 순간, 예를 들어 "돌은 무겁다"라는 말을 입 밖으로 내뱉는 순간 돌이 무겁다는 것을 '안다'. 홀콧은 더 나아가서 학문의 대상을 묘사하는 명제들의 진실은 구체적으로 표명되지 않는 이상 신조차도 알 수 없다고 주장했다.

또 다른 입장을 표명했던 인물로 월터 채튼(Walter Chatton, 1290~1343년)과 월터 벌리(Walter Burley, 1275~1344년)를 들 수 있다. 채튼에 따르면 학문적인 성격의 명제처럼 복합적인 지식의 대상은 명제 속에서 용어들이 '가리키며' 말로 대체하는 실존하는 사물들이었다. 벌리에게도 복합적인 지식의 대상은 실질적인 사물 혹은 사건(예를 들어 그리스도의 탄생)이었다. 하지만 그는 명제를 구축하는 용어들이 사물 혹은 사건을 대체하며 가리키는 것이 아니라 개별적인 사물들 자체라고 보았다.

파리에서 활동했던 니콜라 도트레쿠르(1300~1350년경)는 유명론과 유사한 입장에서 출발했지만 일찍이 피에르 오리올과 같은 저자들이 표명했던 확률론을 구축하는 방향으로 나아갔다.

니콜라 도트레쿠르는 감각이 수용하는 것의 확실성과 명확성이 명제들의 논리적인 원칙과 함께 앎의 가장 기본적인 원리들이라고 보았다. 도트레쿠르에 따르면 확실성과 명확성은 실체의 개념보다 더 중요하고 우선시되어야 하며 심지어는 아리스토텔레스적인 목적론이나 인과율보다도 더 중요한(니콜라에게 목적론과 인과율은 다양한 사건들의 단순한 조합에 지나지 않았다) 원리였다. 그에게 지식의 확률론적인 성격과 열린 성격은 앎의 끝없는 증폭 과정에서 인간의 현실 경험을 보장하는 동시에 경험의 풍부함을 선사하는 요인이었다.

가난에 관한 논쟁

13세기 후반의 유럽 사회를 특징짓는 요인들 가운데 가장 눈에 띄는 것은 여러 도시들을 중심으로 이루어진 상업의 발전과 대학의 역동적인 학술 활동, 활발한 경제 및 정치 활동이다. 경제의 발전은 빈부 격차를 줄이지 못했지만 돈을 죄악의 일종으로만 여기던 단계에서 벗어나 하나의 가치로 고려하도록 만들었고 결과적으로 그리스도교 공동체 내부에 존재하던 빈부 격차 또한 새로운 관점에서 바라보도록 만들었다. 한편으로는 돈과 풍요로움에 대한 교회의 전통적인 불신("너희 가난한 자들은 복이 있나니 하나님의 나라가 너희의 것이다." "너희 부유한 자여 너희에게 화가 임하리라. (……) 너희는 굶주리고 애통하며 울 것이다." 「누가복음」 6장 20~25절)이 점차 수그러들기 시작했고 풍요로움을, 그것이 가난한 이들을 위해 사용될 수만 있다면, 허용할 수 있다는 입장이 대두되기 시작했다. 그러나 다른 한편에서는 빈부의 극심한 격차로 인해 사유재산이 허용되지 않던 초기 그리스도교 사회, 다시 말해 한 사람의 가난은 모두의 가난을 의미했던 옛 사회로의 복귀가 요구되었다. 13세기에서 14세기로 넘어오는 시기의 가난에 대한 맹렬한 논쟁은 바로 이러한 정황 속에서 탄생했다.

가난 및 그리스도교 공동체 내부의 평등에 대한 호소는 다양한 형태의 교회개혁 운동, 예를 들어 밀라노의 파타리아pataria* 운동이나 피에르 발도Pierre Valdo의 추종자들이 주도했던 극빈주의 운동의 공통점이었다. 하지만 "네 소유를 팔아 가난한 자들에게 나누어주라"(「마태복음」 19장 21절)는 복음서의 명령을 문자 그대로 따라야 한다는 주장을 통해 가난을 단순히 불편하고 고통스러운 상황 이상의 의미를 지닌 무언가로 만든 인물은 아시시의 프란체스코(1182년경~1226년)였다. 가난은 그리스도교도가 가장 기본적으로 선택해야 할 가치로 떠올랐다. 가난해진다는 것

* 파타리아는 11세기 밀라노를 중심으로 성직 매매, 수도사들의 혼인을 비롯해 고위 성직자들, 특히 밀라노 교회 성직자들의 도덕적 부패와 부의 축적에 반대하며 일어난 민중 운동을 말한다.

은 곧 신이 인간을 창조했을 당시의 본모습으로 돌아간다는 것을 의미했다. 가난은 사회적 재난이 아니라 모든 인간의 본질적인 특성이었고 가난을 통해 무엇보다도 예수 그리스도를 본받을 수 있었다. 뿐만 아니라 아울러 유럽 대부분의 사람들이 명백히 빈곤에 시달리던 시대에 가난을 하나의 도덕적 가치로 부각시킨다는 것은 무엇보다도 그들의 존엄성을 인정하는 행위였다. 성 프란체스코는 「규칙」을 통해 가난과 모든 종류의 사유재산 포기를 프란체스코회 수도사들의 삶의 기본 가치로 규정했다. "형제들이 살아가면서 지켜야 할 것은 이것이다. 즉 순종하며 정결하게 아무것도 소유하지 말고 교리를 따르며 우리 주 예수 그리스도를 본받아 살아가는 것이다."(1221년, 비공인 「규칙」 I, 4) 신의 영예를 벗어던지고 인간의 가난을 받아들인 그리스도를 본받아 프란체스코회 수도사는 모든 사유재산을 포기해야 했다.

성 프란체스코는 상인이었던 아버지 밑에서 일하던 시기에 가까이서 경험했던 상행위 역시 돈 못지않게 혐오했던 것으로 보인다. "어떤 수도사도 어디에 있든 어디를 가든 어떤 식으로든 금전을 소유하거나 타인으로부터 양도받거나 금전을 취할 수 있는 상황 자체를 허락하지 말아야 한다." 그리고 "어디서 금전을 발견하더라도 궁금해하지 말자. 금전은 허영 중에 허영이며 완전히 허영이기 때문이다."(VIII, 28)

호노리오Honorius 3세가 최종적으로 1223년에 공인한 프란체스코회의 「규칙」이 강조한 것은 절대적 가난이라는 이상이었다. 하지만 머지않아 다름 아닌 가난을 이해하고 실천하는 방식에 대한 논쟁이 벌어졌다. 이 논쟁은 교회와 친화적이었고 도시에서 설교 활동을 선호하던 '작은 형제들의 수도회' 혹은 '수도원주의자'들과 어떤 종류의 사유재산도 허락하지 않는 규범을 엄격하게 따르고자 했던 피에르 드 장 올리비(1248~1298년)나 우베르티노 다 카잘레(Ubertino da Casale, 1259년 이후~ 1329년)와 같은 고행주의자들 혹은 '영적 수도자'들 간에 일어났다. 영적 수도자들은 공동체를 가지고 있지 않았음에도 불구하고 엄격하고 절대적인 가난을 이상으로 공유했다. 가난은 그들이 세상과 격리되어 살아가는 특별한 존재라는 것을 증언해 주었다. 아울러 가난을 선포하는 프란체스코회의 가르침은 조아키노 다 피오레(Gioacchino da Fiore, 1135~1202년)의 천년왕국설에 상응하는 새로운 영적 시대의 도래를 예고하는 것이었다.

조아키노 다 피오레는 '아버지'와 '계율'의 첫 번째 시대와 '아들'과 '복음'의 두 번째 시대에 이어 천 년 동안 지속될 세 번째 시대, 즉 '성령'의 시대가 곧 오리라고 예언했다(때는 1260년이었다). 이러한 그의 예언은 평등한 사회의 이름으로 제도화된 교회와 극심한 빈부 격차를 비판하던 입장을 뒷받침하는 근거로 활용되곤 했다.

하지만 프란체스코 수도회의 급격한 성장은 이어서 프란체스코의 「규칙」과 복음서가 말하는 가난의 규범적 엄격함을 완화하는 결과를 가져왔다. 이는 무엇보다도 수도사들의 전도 활동과 영적 수양을 위해 필요한 물질적인 재산의 관리를 포함해 확장되고 조직화된 수도회의 활동을 유지하기 위한 일련의 조치들이 실행되면서 일어난 변화였다. 이러한 조치들 가운데 하나로 교황 인노첸시오 4세는 1247년에 '작은 형제들의 수도회'의 경제 활동과 재산을 관리하는 관리자들을 임명한 바 있다. 이러한 상황 속에서 프란체스코 수도회를 향해 겉으로만 가난을 실천한다는 비판의 목소리가 들려오기 시작했고 이에 맞서 프란체스코회의 총장 보나벤투라는 『가난한 자들의 옹호론』(1270년)을 통해 가난의 이상을 변호했다. 보나벤투라는 제도화된 교회를 순수하게 세속적인 현실로 보고 신랄하게 비판했던 인물이다. 하지만 그의 입장은 재물을 생존에 필요한 만큼만 취해야 한다고 주장하는 '영적 수도자'들의 입장과는 전적으로 달랐다. 보나벤투라는 가난이 형제들의 활동과 생활을 위해 필요한 재물을 '소유'하지 않고 단순히 '활용'하는 것에 지나지 않는다고 보았다.

1279년에 이르러 교황 니콜라오Nicholaus 3세는 교황 칙서 「씨 뿌리는 자가 떠났으니Exiit qui seminat」를 통해 프란체스코회 수도사들에게 가난의 가치와 의무를 상기시키면서 삶을 위해 필요한 재물의 '소유'와 '단순한 활용'을 구분한 뒤 후자를 프란체스코회의 「규칙」에 상응하는 정당한 원칙으로 천명했다. 교황은 칙서의 결론 부분에서 '작은 형제들 수도회'가 사용수익권을 가지고 있는 재산이 사실상 로마 교회의 소유임을 밝혔다.

하지만 불화는 가라앉지 않았다. 프란체스코회의 '영적 수도자'들은 '단순한 활용'의 개념을 고집스럽게 더 엄격한 방식으로 해석했고(이들은 이를 '빈곤한 활용'이라고 불렀다) 이 문제를 두고 수도회의 지도부와 격렬한 논쟁을 벌이기까지 했다. 이 논쟁은 프란체스코회 수도회의 영역을 벗어나 외부로까지 확산되었다. 도미니크회의 장 드 파리Jean de Paris는 프랑스의 왕 필리프 4세와 교황 보니파치오 7세 사이의 대립이 구체화되던 시기에 프란체스코회의 입장을 지지하면서 교회에 돌아가는 재물의 헌납이 교회에 재물의 소유권까지 부여하는 것은 아니며 소유권은 오로지 모든 것의 창조주인 신에게 있을 뿐이라고 밝힌 바 있다. 따라서 교회의 재산은 오로지 그리스도교 공동체의 생계 유지를 허락한다는 차원에서만 의미를 지닐 뿐이었다.

13세기 말과 14세기 초 사이에 신학자들이 다루던 프란체스코회의 가난이라는 주제는 그리스도와 사도들의 가난이라는 주제로 확장된다. 예수가 아무것도 소유한 적이 없다는 사실은 지상에서 그를 대변하는 자들 역시 똑같이 재산을 포기해야 한다는 것을 의미하는가? 프란체스코회의 가난이라는 이상은 은밀하게 교회의 부와 부패에 대한 비난으로 발전했다. 이러한 문제는 결과적으로 그리스도교 세계 전체에 직접적인 영향을 끼쳤고 교회의 위상과 교회 지도자가 보유하는 권력의 본질에 대한 의혹을 불러일으켰다. 그리스도의 영적 사명을 계승하는 교황이 재물과 육신에 대한 절대적인 권력까지 누리는 것은 정당한 일인가? 이 권력의 법 앞에서도 '절대적인' 성격은 어떻게 설명해야 하는가?

가난에 관한 논쟁은 아울러 신적 권능의 본질에 대한 신학적 논쟁, 특히 '정제된 능력potentia ordinata'과 '절대적인 능력potentia absoluta'의 구분과 깊은 연관성 속에서 이루어졌다. '정제된 능력'이란 신의 의지가 제정한 질서 혹은 신에 의해 실효성을 획득한 질서 속에서 발휘되는 능력이며 '절대적인 능력'이란 세상의 질서를 무효화할 수도 있고 세상 밖에서 발휘되거나 또 다른 세상을 창조할 수도 있는 능력을 말한다. 이러한 신학적인 문제는 교황이 보유하는 권력의 영역과 역할을 규정하는 정치적인 성격의 문제와 직접적으로 연결되었다.

신의 '정제된 능력'과 '절대적인 능력'의 구분을 교황의 권력에 가장 먼저 적용했던 인물은 수자의 엔리코다. 교황이 수도사를 그의 청빈 서약으로부터 자유롭게 할 수 있는가라는 문제에 대해 엔리코는 교황이 '완전한 권력plenitudo potestatis'을 토대로 '절대적인 능력'을 하나의 특별한 권한으로 발휘할 수 있는 만큼 충분히 가능하다고 대답했다. 하지만 법률 분야의 구분을 신학 논쟁에 도입하면서 이 두 개념을 보다 완전한 방식으로 발전시킨 인물은 둔스 스코투스다. 그는 '절대적인 능력'이 법을 초월하는 신의 개입이라고 보았다. '정제된 능력'을 바탕으로 움직인다는 것은 곧 정해진 법에 따라 행동한다는 것을 의미했고 반면에 절대적인 능력은 '사실상' 법과 무관하게 행동할 수 있다는 것을 의미했다. 이러한 해석이 가지고 있는 문제점과 정치에 끼칠 수 있는 영향을 누구보다도 또렷하게 인식했던 인물은 윌리엄 오컴이다. 신학적이면서 동시에 정치적인 성격을 가지고 있던 교황 요한 22세와의 분쟁에서 윌리엄 오컴은 '절대적인 능력'을 순수한 논리적 가능성으로 보는 해석을 지지하며 교황에게는 법을 초월해 행동할 수 있는 절대적인 권한으로서의 '완전한 권력'이 주어질 수 없다고 주장했다.

가난에 관한 논쟁은 1322년에 새로운 국면을 맞이했다. 이 해에 미켈레 다 체제나의 지휘하에 페루자에 모인 프란체스코 수도회의 참사회는 예수와 그의 제자들이 아무것도 소유한 적이 없다는 주장을 '건강'하고 '가톨릭적인' 주장으로 인정하면서 '작은 형제들의 수도회'가 선택한 가난이 곧 그리스도를 본받기 위한 길임을 선포했다. 이에 즉각적인 반응을 보인 교황 요한 22세는 아이러니하게도 '교령decretale'(교회법을 제정하는 문서)을 통해 교황 니콜라오 3세의 결정을 취하하고 오히려 프란체스코회의 수도사들에게 사유재산권을 인정하는 조취를 취한 뒤 교황 칙서 『몇 가운데*Cum inter nonnullos*』(1323년)를 통해 그리스도와 그의 제자들이 아무것도 소유하지 않았고 가난을 추구했다는 주장은 이단이라고 선포했다.

이러한 분쟁은 해가 거듭되면서 악화되었지만 중재의 노력이 전혀 없었던 것은 아니다. 예를 들어 우베르티노Ubertino는 『극빈에 관하여*De altissima paupertate*』(1323년)에서 수도사들의 무소유는 법이 규정하는 것들에 대한 법적 권리를 포기한다는 뜻하지 세속적인 재물의 공동 소유에 대한 자연적인 권리까지 포기한다는 뜻이 아니며 자연적인 권리는 사실상 원죄와 계율 사이에 애매모호한 상태로 남아 있다고 주장했다. 반면에 미켈레 다 체제나는 교황 요한 22세와 적대관계에 있던 황제 루트비히 4세를 지지하며 교황이 배교자이자 이단이며 그리스도의 적이기 때문에 황제의 명령으로 교황의 자리에서 물러나야 한다고 주장했다(1324년).

1327년 교황은 가난에 관한 문제를 논의하고 의견을 모으기 위해 미켈레 다 체제나를 아비뇽으로 소환했다. 그러나 완고한 교황은 생각을 굽힐 줄 몰랐고 결국 미켈레와 그의 동료들은(투옥이나 단죄의 위협을 받았을 가능성이 크다) 1328년 5월 26일 한밤중에 감시병들의 시선을 피해 아비뇽의 프란체스코회 수도원을 탈출한 뒤 에그 모르트Aigues-Mortes의 항구에 도달했다. 그리고 이곳에서 이탈리아에 머물던 황제 루트비히 4세의 보호를 받으며 독일의 뮌헨에 도착했다. 아비뇽에서 탈출했던 신학자들 가운데 한 명이 바로 윌리엄 오컴이다. 자신의 신학적 이론을 설명하기 위해 교황 앞에 나섰던 윌리엄 오컴은 당당하게 교황과 그의 절대적인 권력에 반대하는 논리를 펼쳤고 이로써 가난을 가장 열정적으로 지지한 사람들 가운데 한 명으로 기록되었다.

신학자들의 탈출에 대한 요한 22세의 반응은 즉각적이었다. 교황은 미켈레 다

체제나를 곧장 프란체스코회 총장직에서 해임하고 그의 파문과 함께 모든 탈주자들의 검거를 명령했다. 결과적으로 미켈레와 동료들의 입지는 점점 약해졌고 제국의 정치적 이득을 위한 도구로 전락하고 말았다. 1329년에 프란체스코회의 새 총장으로 제라르도 디 오도네Gerardo di Odone가 임명되면서 가난에 관한 교황과의 논쟁은 막을 내렸다고 볼 수 있다. 프란체스코회의 신학자들은(아비뇽에서 탈출했던 이들 가운데 몇몇을 포함해서) 교회의 품으로 돌아왔지만 미켈레 다 체제나와 윌리엄 오컴은 교회의 부패를 비판하며 초기 그리스도교 공동체로의 회귀를 위한 그들만의 투쟁을 계속했다. 이들의 투쟁은 시간이 흐르면서 세속 사회의 권한과 특권에 비해 교황이 지니는 권력의 의미와 한계에 대한 신학적이고 정치적인 논쟁의 형태로 발전했다.

가난에 관한 논쟁에 직접 관여했던 윌리엄 오컴은 1333년부터 1334에 걸쳐 집필한 『90일간의 저술*Opus nonaginta dierum*』을 통해 교황 요한 22세의 주장을 상세하고 꼼꼼하게 비판했다. 아울러 아시시에 모인 프란체스코회 참사회의 형제들을 위해 가난을 주제로 하는 『작은 형제들에게 보내는 편지*Lettera ai fratelli minori*』(1334년)를 집필했다.

여기서 윌리엄 오컴은 성경과 그가 주제별로 상세하게 분석했던 수많은 교황청 문서들이 '절대적인 가난'을 그리스도교의 사명을 완성하기 위한 하나의 길로 인정하고 있으며 따라서 교황 요한 22세의 논지는 성경의 권위뿐만 아니라 이성적 논리의 측면에서도 "과도한 상상의 결과에 지나지 않으며" 결과적으로 "이단적"이라고 비판했다(『작은 형제들에게 보내는 편지』).

오컴은 자연적 권리와 문명적 권리를 구분한 뒤 사유재산이 전적으로 법에 의해 인정되는 만큼 후자에 속한다고 보았다. 사유재산은 타자와 공유하지 않는 무언가의 일방적인 소유를 의미했다. 이와 달리 자연적인 상황에서 주어지는 사물들에 대한 자연적 권리는 누구든 타자를 배제할 수 없는 성격을 가지고 있었다. 사유재산과 금전과 정치권력 역시 인간의 원죄에서 비롯된 타락의 결과에 지나지 않았고, 따라서 적나라하게 드러난 인간의 나약함을 보충하는 것 외에 어떤 의미도 지닐 수 없었다. 반면에 가난에의 호소는 타락하기 이전 상태의 인간이 가지고 있던 순수한 본성을 재발견하는 자리로 나오라는 일종의 초대였다. 이러한 초대를 받아들인 프란체스코회 수도사들은 그리스도와 사도들을 본받아 아무것도 소유하지 않고 남들이 그들에게 허락하는 것만을 활용하는 것으로 만족했다. 즉 재물에 대한 어떤 법적 권한도 전제하지 않는 '실질적인 활용'으로 만족했던 것이다.

우리는 다름 아닌 오컴의 글을 통해 가난에 관한 논쟁의 성격 자체가 변화했음을 확인할 수 있다. 이 논쟁은 가난의 원칙에 대한 신학적인 논쟁에서 교황이 영적이고 세속적인 차원에서 행사하는 권한의 본질을 문제 삼는 첨예한 비평으로 발전했고, 윌리엄 오컴의 극단적인 논리를 통해 '가난'을 이상화하는 결과를 가져왔다. 교황이 행사하는 '완전한 권한'의 논리에 반대했던 윌리엄 오컴은 이렇게 말했다. "신앙에 관한 모든 문제들의 결론을 내릴 수 있는 권한은 오로지 교황에게만, 혹은 추기경들이나 고위 성직자들의 공의회에만 주어지는 것이 아니라 평신도들에게도 주어져야 한다." 왜냐하면 "모두와 관련된 문제는 모두가 인정해야 할 필요가 있기" 때문이다(『작은 형제들에게 보내는 편지』). "돈과 권력의 사업에" 연루된 '눈에 보이는' 교회 대신 윌리엄 오컴은 '눈에 보이지 않는' 겸허하고 영적인 교회를 상징적으로 예시하는 프란체스코 수도회의 가난을 제시했다.

권력의 이미지

13~14세기에 정치에 대해 논한다는 것

/ 정치적 차원을 바라보는 또 하나의 방식

유럽의 그리스도교 세계에서 정치에 대한, 아울러 정치학과 정치에 참여하는 인물들에 대한 긍정적인 시각이 형성되기 시작한 것은 13세기가 들어와서야 일어나는 일이다. 이전까지만 해도 몰락의 한 현상으로 간주되던 정치는 많은 사상가들에 의해 일종의 자연적인 '생산물'로 인식되기 시작했다. 결과적으로 인간의 공동체가 역사적으로 채택해 왔던 여러 형태의 사회체제들을 신학적인 차원에서 벗어나(다시 말해, 사회를 다스리는 통치자나 피통치자인 사회 구성원들의 종교적 믿음을 전혀 고려하지 않은 상태에서) 오로지 공동체 구성원들의 실질적인 요구를 충족시킬 수 있는 기능적인 측면만을 기준으로 진지하게 관찰하는 것이 가능할 뿐만 아니라 하나의 의무라는 확신이 생겨났다. 그런 식으로 '국가'라는 특별한 형태의 조직 사회를 연구 대상으로 하는 정치학이라는 최고의 '실용 학문'이 중세에 처음으로 등장했다. 동시에 일어난 이른바 '정치학자 아리스토텔레스의 귀환'은, 다시 말해 1245년에서 1270년 사이에 번역된 『니코마코스 윤리학』과 『정치학』의 라틴어 번역본 보급은 위에서 언급한 관점의 변화에 결정적인 요인을 제공했을 뿐만 아니라 당시의 지식인들에게 정치학의 이해를 위해 필요한 언어학적이고 개념적인 도구들을 제공했다. 이러한 개념과 용어 없이는 사실상 정치적인 성격의 문제점을 제기하는 것도, 이에 대한 설득력 있는 답변을 제시하는 것도 불가능했을 것이다. 하지만 이러한 개념적 도구의 도입으로 인해, 예를 들어 아리스토텔레스가 상이한 정치체제들(군주제, 귀족정치, 시민정치politia*)을 정의하며 이에 대한 장단점들을 평가했던 『정치학』 제3권을 강독하면서 중세의 대학 교수들은 어떤 형태의 정부가 최고의 정부인지라는 질문을 토대로 당시에는 절대적인 것으로 간주되던 군주제의 우월성에 의혹을 품기 시작했다. 그러나 다른 저서들의 경우와 마찬가지로 이 경우에도 아리스토텔레스가 그의 책을 읽고 해석하는 중세의 지식인들에게 제시했던 것은 규격화된 답변이나 확실한 길이라기보다는 독자의 입장에서 나름대로 해결책을 모색하며 활용할 수 있는 기술적인 용어와 일련의 다양한 논제들에 지나지 않았다.

/ 신권정치 이론의 위기

유럽의 여러 도시에서 오래전부터 존재해 온 '하부로부터'의 통치 관행들은 13세기 말에 이른바 아리스토텔레스의 정치학적 언어가 봉건제도와 중세 법률사상 및 키케로의 철학 전통과 조합을 이루면서 구축한 일종의 개념적 좌표 체제를 통해 이론적인 정당화의 근거를 발견하게 된다. 결과적으로 확산되기 시작한 권력의 '상승 구조' 이론에 따르면 권력은 권력 자체의 기원이 되는 민중의 동의와 임명을 통해 정당화될 수 있었다. 이러한 이론은 한편으로는 피통치자들의 통제를 관할하는 통치자에게 군주와 백성의 관계는 본질적으로 언약의 관계라는 전제를 각인시켰고, 다른 한편으로는 정치적 권력이 하늘에서부터 내려온다는 이념을

---

* 아리스토텔레스가 『정치학』에서 사용한 용어로 공동선을 추구하는 민중에 의해 운영되는 정부 형태를 말한다. 아리스토텔레스적인 관점에서 시민정치는 민주주의와 상반되는 개념이다. 아리스토텔레스는 시민정치가 공동의 이익을 추구하는 반면 민주주의는 이를 무시하고 가장 빈곤한 계층을 무조건적으로 지지한다고 보았다.

거부하면서 신과 신이 속세의 대리인으로 선택한 이들의 유일한 중재자 역할을 수세기에 걸쳐 가능한 한 가장 효과적인 방식으로 악용해 온 교회 지도자들의 구속력으로부터 지상의 군주들을 해방시키고 이들을 잠재적으로 치명적인 존재였던 교회의 품에서 분리시켰다.

이는 분명히 하나의 중대한 시대적 변화였고 13세기 말과 14세기 초반부터는 서유럽에서 가장 막강한 권력을 행사하던 교황들의 입지가 서서히 무너져 내리기 시작했다. 과거 6세기에 로마 교회가 영적인 동시에 정치적인 헤게모니를 장악한 이래로 서방 세계에서 꾸준히 획득해 온 절대적인 입지가 흔들리면서 일찍이 샤를마뉴 시대부터 교황들이 거머쥐고 있던 권력, 아울러 교황 그레고리오 7세가 성직 임명권 확보를 위한 투쟁을 벌이면서 교황의 권력이 유일하게 보편적 권력이라는 점을 천명하기 위해 쓴 『교황 교서Dictatus papae』(1075년)를 통해 또렷하게 이론화되기까지 했던 패권은 서서히 와해되기 시작했다.

/ 토마스 아퀴나스

앞서 중요성을 강조한 바 있는 아리스토텔레스의 정치학적 언어가 널리 알려지는 데 결정적으로 기여했던 인물은 대학에서 처음으로 아리스토텔레스의 정치학을 체계적으로 가르치기 시작한 토마스 아퀴나스였다. 그의 정치사상의 근간을 이루는 요소들은 사실상 전부 아리스토텔레스의 저서에서 유래한다.

아리스토텔레스의 영향을 또렷하게 보여 주는 것은 인간이 가지고 있는 기본적인 사회성에(아울러 이에 뒤따르는 모든 결과들에) 대한 주장뿐만 아니라 토마스 아퀴나스가 특별한 계율 사회에 적용되는 것으로 이해하는 긍정적인 법률이론, 즉 이성을 겸비한 피조물 안에 투영되는 영원한 계율(혹은 신이 우주에 부여한 목적론적 질서)의 영상과 일치하는 자연법lex naturalis의 보편적으로 유효한(하지만 내면적인 차원에서만 구속력을 지니는) 계율들로 구축되는 법이론이다. 아울러 사회적 삶을 영위하려는 성향이 인간의 기본적인 특징이라는 생각, 즉 인간은 자신의 본성을 완전한 방식으로 실현하고 세계에 대한 신의 구도 속에서 그에게 부여된 목표를 실현하기 위해 정치 공동체를 필요로 한다는 생각을 토대로 토마스 아퀴나스는 '모든 부분들이 그 자체로 전체에 속하듯이' 한 개인의 삶은 그가 일원으로 존재하는 공동체 내부에서 완성된다는 결론에 도달했다.

하지만 이는 한 개인이 그가 구성원으로 존재하는 국가에 전적으로 흡수된다는 것을 의미하지는 않는다. 왜냐하면 그의 존재는 영적 차원을 가지고 있으며 이 부분만큼은 공동체에 예속되지 않기 때문이다. 인간의 초자연적인 목적은 사실상 정치적 권력을 통해 실현되지 않는다. 인간의 가장 중요한 차원을 주재하는 것은 교회다.

한편 토마스 아퀴나스는 영적인 힘과 세속적인 힘이 모두 신에게서 유래하며 후자가 전자에 예속된다고 보았다. '신의 권능이 이를 명했다는 의미에서, 혹은 오로지 영혼의 구원과 관련된 것들에 관해서만' 세속적인 힘은 영적인 힘에 예속된다. 시민들의 권한이 교회의 지도층 인사들에게 예속된다는 주장은 그의 정치학 저술(1265년경의 『군주제에 관하여 *De regimine principum*』와 1270년경의 『정치학 주해』)에서 이론화된 바 있지만 예속 자체는 영적 목적의 우월성을 통해 정당화되는 세상의 감찰 기능, 즉 세속 통치자들의 통치 행위에 대한 감독과 감찰의 기능을 교회에 부여하는 만큼 오로지 목적의 차원에만 유효한 것으로 보인다. 사실상 토마스 아퀴나스는 국가와 교회의 관계라는 민감한 주제에 대해 또렷한 결론을 내리거나 주장한 적이 없다. 바로 그런 이유에서 이와 관련된 그의 글들은 근본적으로 상이할 수밖에 없는 해석들을 낳았고, 결국 그의 직계 제자들 사이에서도 루카Lucca의 톨로메오Tolomeo처럼 토마스 아퀴나스가 세속적인 권력을 영적인 권력에 엄격하게 예속시켰다고 잘못된 평가를 내리는 이들이 생겨났다.

/ 신권정치에 저항하는 14세기의 신학자들

14세기는 교황의 '완전한 권력plenitudo potestatis' 또는 교황이 그리스도의 대리자이자 성 베드로의 후계자이며 가장 완전한 형태의 권위를 보유하는 존재라는 생각을 거부하고 비난하던 정치이론가들의 시대였다. 교황이 유일하게 보편적이고 절대적인 권력을 가지고 있으며 따라서 지상의 모든 통치자들보다 우월하다는 사상은 교황 그레고리오 7세뿐만 아니라 바로 14세기 초에 교황 보니파치오 8세의 교황 교서 『유일하게 거룩한 교회*Unam Sanctam Ecclesiam*』(1302년)를 통해 이론화된 바 있다. 흔히 '신권정치'라는 이름으로 불리는 논리를 거부하는 입장들은 앞으로 다루게 될 여러 저자들을 통해 상당히 다양한 형태로 표출되었고 이들의 반론은 사실상 교황권의 절대화 논리를 논박하는 기능과는 무관하게 나름대로 중요성을 가진 여러 개념들이 혼용되는 성격을 가지고 있었다.

의미심장한 예는 교황 보니파치오 8세와 프랑스 왕 필리프 4세 사이에 치열한 논쟁이 전개되던 시기로 거슬러 올라가는 『왕과 교황의 권력에 관한 연구*Tractatus de potestate regia et papali*』(1302년경)의 저자 장 드 파리다. 그는 왕의 입장을 지지하고 교황의 시대착오적인 패권 장악 정책으로부터 속세의 법적 독립을 지켜 내기 위해, 토마스 아퀴나스가 주장했던 것처럼, 모든 정치적 공동체는 사회성이라는 인간의 본질적인 특성을 기초로 구축되기 때문에 교회에 의해 정당성을 인정받을 필요가 없다는 입장을 펼쳤다. 아울러 이와 상이한 기원을 가지고 있는 교회는 인간의 초자연적인 목적의 달성에 기능할 뿐이며 사제들의 유일한 과제가 성사 관리인 것도 바로 그 때문이라고 보았다. 그는 이러한 특징이 교회를 보편적인 성격(구원은 하나이며 모두를 위한 것이다)의 기관으로 만드는 것은 사실이지만 여러 민족들 사이에 존재하는 기본적이고 뿌리 깊은 차이점들, 예를 들어 지리와 기후, 언어와 문화의 차이점들이 다양한 형태의 정치체제가 공존할 수밖에 없다는 사실을 뒷받침해 주며, 그런 측면에서 하나의 보편적 제국을 현실화하려는 모든 꿈은 전적으로 비현실적일 수밖에 없다고 보았다. 그는 모든 문화 공동체를 위한 단 하나의 훌륭한 정치체제란 존재하지 않으며 따라서 각각의 공동체가 고유의 특성에 맞는 제도를 선택하는 것이 가장 바람직하다고 보았다.

하지만 보편주의라는 이상은 여전히 단테의 정치적 성찰의 중심 주제였다. 특히 『군주제에 관하여*De Monarchia*』에서 단테는 모든 공동체들의 중재를 주관하는 최고 기관으로서의 보편적 군주를 최선의 제도적 선택으로 간주했다. 단테는 군주제가 유일하게 원죄의 여파를 막을 수 있는 제도, 아울러 인간이 자연적 목표를 실현하기 위해, 혹은 그에게 주어진 지성의 잠재력을 최대한 발전시키기 위해 필요로 하는 평화와 안전, 질서와 통일성을 인류humana civilitas에게 보장할 수 있는 유일한 제도라고 보았다. 신권정치를 거부하는 단테의 입장은 따라서 황권(신의 섭리가 부여한 중재자로서의 역할)은 어떤 식으로든 교황의 중재에 의존하지 않으며 교황의 법적 권한은 영적인 차원을 결코 넘어설 수 없다는 입장이었다.

세속적인 권력, 특히 황권이 직접적으로(sine medio) 신에게서 온다는 명분을 내세워 정치에 개입하고자 했던 교황의 모든 시도를 단테가 비판했다면, 황권을 지지하는 입장을 고수하면서도 훨씬 더 모호한 태도를 취했던 윌리엄 오컴은 교황의 패권에 대한 욕망을 지적하면서, 장 드 파리와 마찬가지로, 속세를 다스리는 통치자들의 권력이 신에게서 오는 것은 사실이지만 민중의 선거를 거쳐야 한다는 점을 강조했다. 이러한 입장을 토대로, 특히 『교황과 황제의 권력에 대한 대화 *Dialigus de potestate papae et imperatoris*』(1339~1341년)의 결론 부분에서 윌리엄 오컴은 정부가 피통치자들의 필요와 요구에 얼마나 부합하는가를 유일한 기준으로 모든 정부 형태에 대한 평가를 시도한 바 있다.

지상의 모든 주권이 '신으로부터 인간에게a deo per homines' 주어진다는 논리 자체는 세속적 권력의 분배를 시도하는 교회 지도자들의 모든 개입이 사실상 부당하다는 것을 입증하는 논리였다. 하지만 윌리엄 오컴은 전적으로 예외적인 상황이 발생할 경우 교황이 원래는 그에게 주어지지 않았던 권한을 행사함으로써 폭군으로 변한 세속 군주를 폐위시킬 수 있다는 점을 인정했다. 이러한 예외적인 상황은 세속 권력이 자체적으로 문제를 해결하기 위한 체제가 완전히 비효율적인 것으로 드러나고 극단적인 상황이 대두될 때에만 허용될 수 있었다. 윌리엄 오컴은 아울러 이러한 예외적인 상황이 반대의 경우에도, 즉 왕이나 황제가 이단에 물든 교황을 폐위시키는 경우에도 똑같이 적용될 수 있다고 보았다.

/ 가장 급진적인 입장들

신권정치에 대한 가장 급진적인 형태의 비판을 주도했던 인물들은 잉글랜드의 존 위클리프John Wyclif와 파도바의 마르실리오다. 위클리프는 영적 차원의 상당한 부분을 속세의 권력자들이 통제할 수 있다고 확신했고 특히 마르실리오는 로마 주교들이 주장하는 완전한 권력이란 기존의 모든 정부와 사회체제를 해치고 무너트릴 수 있는 암과 같다고 비판했다. 마르실리오가 『평화의 수호자*Defensor pacis*』(1324년 완성)에서 신권정치 비판의 근거로 제시했던 것은 모든 인간이 '넉넉한 삶'을 보장받거나 가치 있는 삶을 살아가려는 선천적인 욕망을 가지고 있다는 생각이었다. 마르실리오에 따르면 한 개인이 이러한 차원의 삶을 영위하기 위해서는 시민 공동체가 인정한 법질서를 실행할 단일한 주권 정부가 필요하고 그가 이러한 정부가 통치하는 사회의 구성원이 되어야 할 필요가 있었다. 『평화의 수호자』의 요지는 한 국가의 통치 권한이 국가 구성원들 모두universitas civium의 보편적인 의지에 의해 주어진다는 것이었다.

그러나 교황의 절대주의에 맞서 충분히 견고한 세속적 권력체제를 제시하면서도, 아울러 부당한 개입을 통해 국가의 통치권을 약화시키고 시민들의 권리를 박탈하는 교황청을 신랄하게 비판하면서도, 마르실리오는 주저하지 않고 모든 통치권의 '머나먼' 기원은 결국 신이라는 점을 강조하면서 권력의 '하행' 이론을 복구하기 위해 노력했다. "모든 통치자는 비록 그를 직접 통치자로 세운 주체가 법을 제정하는 인간(즉 그를 선출한 민중)이라 할지라도 그가 통치자로 존재하는 것은 신의 명령에 의해서다." 여기서 부각되는 것은 불행히도 바울에서 아우구스티누스로 이어지는 정치이론 역시 사실상 아리스토텔레스나 권력의 기원이 '아래'에 있다고 보는 권력의 '상승' 이론을 인정하는 모든 사상과 마찬가지로 결국에는 중세 말기의 정치이론가들이 서로 상이하기 짝이 없는 이론을 설파하기 위해 이용하던 수많은 개념적 도구들 중 하나에 불과했다는 사실이다. 이러한 특징은 아울러 중세 말기에 이루어졌던 정치학적 성찰이, 그 복잡한 내용을 도식화하려는 시도를 뛰어넘어, 얼마나 풍부하고 복합적이었는지 보여 준다.

4

마이스터 에크하르트

4.1 삶과 저서들

1260년 고타Gotha 태생으로 추정되는 마이스터 에크하르트는 일찍부터 에르푸르트의 도미니크회 수도원에서 수사 생활을 시작했다. 이어서 파리에서 신학을 공부했고 1294년부터 페트루스 롬바르두스의 『명제집』을 강해했다. 파리에서의 초기 활동을 증언하는 자료로는 그의 부활절 설교 외에도 일종의 개강 강의록인 『명제집 강연*Collatio in libros Sententiarum*』이 남아 있다. 1295년과 1298년 사이에 독일로 돌아온 에크하르트는 그가 수도원장으로 있던 에르푸르트 수도원의 수도사들을 위해 수도 생활의 덕목에 대한 새로운 해석을 제시하는 『담론*Reden*』을 집필했다. 1302년과 1303년 사이에 에크하르트는 파리 대학의 신학 교수로 임명되었지만 그의 강의는 그리 커다란 성공을 거두지 못했다. 「전도서」 24장에 대한 두 편의 설교 기록과 두 편의 강의록이 이 시기에 집필되었다. 1303년에 에크하르트는 교수 활동을 그만두고 독일로 돌아와 작센 지방의 수도원장직을 맡았다. 이곳에서 1311년까지 복무한 뒤 부름을 받고 다시 파리로 돌아가 교수 활동을 시작했다.

1298년과 1311년 사이에는 그의 야심작 '삼부작*Opus tripartitum*' 집필에 심혈을 기울였다. 서문에 제시된 저자의 설명에 따르면 이 저서는 신학의 토대를 구축하는 1000개의 명제들로 구성된 『명제*Opus propositionum*』와 1000개 이상의 질문들로 구성된 『문제*Opus quaestionum*』, 그리고 크게 성서 주해와 설교 두 부분으로 나뉘는 『주해*Opus expositionum*』로 구성된다. 에크하르트는 이 책의 집필을 위해 평생 동안 노력했지만 결국에는 완성하지 못했다

파리에서 다시 교수 생활을 시작한 지 10년 뒤에 다시 독일로 돌아온 에크하르트는 라틴어를 말하고 이해하는 소수 지식인들의 울타리를 뛰어넘어 더 많은 이들에게 자신의 교리를 전파하고자 노력했다. 이를 위해 에크하르트는 본격적인 사목 활동을 시작했고 설교에 그치는 것이 아니라 평신도들을 위해 독일어로 『신의 위로에 관하여』, 『고귀한 인간에 관하여』와 같은 책들을 출판했다. 1324년과 1326년 사이에는 쾰른에 머물면서 알베르투스 만뉴스가 설립한 도미니크회의 '일반학교Studium Generale'에서 교수로 활동했던 것으로 보인다. 1326년에는 쾰른의 대주교 주도하에 에크하르트를 상대로 종교 재판이 열렸다. 에크하르트는 『변론』에서 그를 향해 쏟아진 비난에 대해 입장을 표명하고 제기된 문제들에 대해 변론을 시도했다. 1327년에는 아비뇽에 머물고 있던 교황 요한 22세에게 직접 억울함을 호소하기도 했다. 교황청은 60개의 항목들 가운데 25개 항목에 대해 단죄 판결을 내렸다. 1329년 3월 27일 공식 판결문이 발표되었을 때 에크하르트는 아비뇽에서 이미 사망한 뒤였다.

교회의 청빈에 대한 뜨거운 논쟁이 한창 진행 중이었고 교회라는 계급 사회에 대한 공개적인 비판(예를 들어 자유 심령 운동)이 잦아들 날이 없던 시기에 에크하르트는 청빈과 순수에 대한 새로운 이념을 제시했다. 에크하르트에 따르면 참된 단념이란 무엇보다도 인간이 스스로의 정체성을 구축하기 위해 기반으로 삼을 수 있다고 잘못 이해하는 모든 형태의 소유와 자긍심으로부터 자유로워지는 것이었다.

에크하르트에 따르면 인간을 특정짓는 것은 그가 가지고 있는 것(사상, 행위,

물질적인 재산)이 아니라 있는 그대로의 모습 혹은 신성한 존재로서의 모습이었다. "우리의 존재는 오로지 우리 자신의 부인否認에 근거할 뿐이다. 신은 모든 사물들과 더불어 스스로를 우리의 완전한 재산으로 주기를 원하기 때문에 먼저 우리가 모든 재산을 포기하기를 원한다. 실제로 신은 우리가 어떤 재산도 소유하는 것을 원하지 않는다."(『담론』)

여기서 나타나는 체념의 과정은 훈련과 헌신, 무엇보다도 스스로에 대한 점진적인 깨달음이 요구되는 과정인 동시에 인간을 그의 본성과 이질적인 것으로부터 멀어지게 하는 과정이다. 이러한 인간의 존재론적 위상에 대한 에크하르트의 성찰은 인간의 존엄성에 대한 새로운 차원의 정의를 정립시켰다. 즉 인간이 스스로를 실체들 가운데 하나이자 소유의 주체로 간주하는 이상 그의 내면에 존재하는 신성을 발견할 수 없다는 것이었다. 하지만 에크하르트는 인간이 피조물의 차원으로부터 거리를 유지하고 스스로의 본성에 대해 주의 깊게 성찰한다면 자신이 신에게서 유래했고 항상 신과 함께하는 존재라는 사실을 발견할 수 있다고 보았다. 인간이 신과 함께하는 존재라는 사실에 대한 깨달음은 비이성적이고 감정에 의존하는 신비주의적 경험의 결과가 아니라 오히려 스스로의 정신이 내재하는 원천적인 자유를 발견하는 것과 같았다. 에크하르트에게 자유는 존재에 대한 불확정성 혹은 전적으로 열린 자세를 의미했다. 이러한 것들이 바로 에크하르트가 독일어로 쓴 저서에서 '신전', '성', '불꽃', '정신의 빛'이라는 표현으로 가리키는 인간 영혼의 본질적 원리가 가지고 있는 특징들이다. 에크하르트는 아울러 아리스토텔레스의 '잠재적 지성' 이론을 재해석한 뒤 이를 전적으로 새로운 차원에서 활용했다. 에크하르트는 부정형의 지성이라는 개념을 수용했지만 여기에 인식해야 할 어떤 대상을 대립시키지는 않았다. 그는 이 대상이 오히려 정반대의 필연적인 존재, 절대적으로 부정형인 또 다른 지성, 즉 신이라고 보았다.

에크하르트는 파리에서 다루었던(1302~1303년) 초기의 논제들을 발전시키면서 '존재'의 우주를 '사유'의 우주에 대치시킨 바 있다. 그는 '존재'의 우주를 의미의 일상적인 경험이 주어지는 물리적인 세계로 간주했다. 이러한 경험 앞에서 '존재'는 항상 오로지 공간과 시간 속에 주어지는 피조물, 앎의 수동적인 대상에 지나지 않았다. '존재'에 비해 지성은 전적으로 다른 조건을 가지고 있었다. 지성은 부정형이기 때문에 그 자체로는 '비-실체'에 지나지 않았다. 바로 그런 이유에서, 지성(에크하르트는 신의 지성과 인간 지성을 또렷하게 구분하지 않는다)은 본질적으로 하나의 내재적인 관계성이었다. 다시 말해 지성은 스스로에 대해 성찰하고 이해하는 특성을 가지고 있었다. 에크하르트는 신과 인간 모두 이성적인 존재이며, 유일무이한 관계의 양극이라고 할 수 있다.

에크하르트는 이러한 일치와 차이의 역동성을 이미지의 비유를 통해 설명했다. 거울에 비친 한 인간의 이미지는 실제의 인간과 일치하면서도 차이를 보인다. 반사되었지만 동일한 이미지를 구축하기 때문에 일치한다고 볼 수 있는 반면 이미지는 어쨌든 거울 속에 갇혀 있기 때문에 실제의 인간과는 다르다. 인간 안에 있는 신의 이미지도 이와 마찬가지다. 지성은 신과 일치하지만 동시에 다른 존재다. 일치하는 이유는 인간 안에 비춰지는 것이 바로 신의 동일한 지성이기 때문이며, 다른 이유는 그 이미지가 곧 공간과 시간 속에 주어진 한 유한한 존재의 이미지이기 때문이다. 인간의 본성을 구축하는 이 인간과 신의 은밀한 관계를 에크하르트는 '영혼의 밑바닥에서 이루어지는 신의 탄생'이라고 불렀다.

4.2 라인강의 신비주의

'라인강의 신비주의'라는 말은 보통 라인강 계곡을 따라 펼쳐진 여러 저자들의 방대하고 다양한 형태의 저술 활동과 저서들을 총체적으로 가리키는 표현이다. 여기에는 무엇보다도 신학자들의 회합이나 영성 운동을 배경으로 때로는 이단의 냄새를 풍기기도 하는 이름 없는 저자들이 쓴 글이 포함된다. 독일 구어로 쓰인 이 저서들은 종종 에크하르트가 다루었던 주요 문제들 가운데 몇몇을 핵심 주제로, 예를 들어 인간의 신성화, 정신의 자유, 종교 전례에 비해 의도의 윤리학을 선호하는 경향, 교회의 위계질서가 지니는 중요성의 상대화와 같은 주제들을 다룬다.

콘스탄차에서 1295년경에 태어나 1366년 울름에서 사망한 하인리히 소이제Heinrich Seuse는 에크하르트의 가장 많이 알려진 제자들 가운데 한 명으로, 1332년에는 그의 노골적인 '에크하르트주의'로 인해 이단으로 몰리기도 했다. 1362년과 1363년 사이에 소이제는 '모범*Exemplar*'이라는 제목의 글 모음집을 편집했다. 여기에는 그의 자서전 『생애』와 『영원한 지혜의 소책』, 『진리의 소책』, 『서간문 소책』이 포함된다.

『진리의 소책』에서 소이제는 에크하르트를 변호하면서 그가 이름 없는 잔인한 '짐승'이라고 부르는 자유 심령 운동 같은 이단으로부터 에크하르트의 교리를 지키기 위해 변론을 전개했다. 이를 위해 소이제는 에크하르트 사상의 가장 기본적인 개념, 즉 '단념'에 대한 정통적인 해석을 제시하는 데 주력했다. 소이제는 이 '짐승'과의 대화에서 완벽한 인간 혹은 신 안에서 스스로를 부인한 인간이 육체의 모든 감각과 이성을 전적으로 상실하는 것은 아니며 바로 그런 이유에서 신과 구분되는 존재로 남는다고 주장했다. 그런 식으로 그는 인간이 아무리 자신으로부터 멀어질 수 있고 자아를 단념할 수 있다 하더라도 신과 완전히 하나가 되는 것은 불가능하다는 사실을 강조했다.

1300년경 스트라스부르에서 태어난 요하네스 타울러Johannes Touler 역시 도미니크회 수사를 거쳐 1323년부터 1324년까지 에크하르트의 강의를 들으며 공부했다.

상당히 두터운 설교 전집을 쓴 타울러는 에크하르트 사상의 몇몇 주제들을 모스부르크의 베르톨트의 해석을 토대로 발전시켰다. 타울러는 베르톨트의 저서에서 인간 영혼의 본질에 대한 성찰을 통해 인간과 신의 신비주의적인 결합을 철학적으로 정립시킬 수 있는 가능성을 발견했다. 타울러는 신의 이미지가 인간 영혼의 세 가지 기능(기억, 지성, 의지)을 토대로 구성된다는 토마스 아퀴나스의 논리를 사실상 거부했다. 그는 베르톨트처럼 인간이 보유하는 신의 이미지는 영혼 속에 머문다고 보았다. 타울러는 프라이베르크의 테오도리쿠스와 에크하르트가 언급했던 신의 지적인 관점을 신과 인간의 신비주의적인 결속으로 대체시켰다. 신성한 인간은 이 결속을 오로지 경험할 수 있을 뿐 아무 말도 하지 못한다.

성직자chierico와 평신도laico의 구분은 『그라티아누스 교령집*Decretum Gratiani*』이 두 부류의 그리스도교도들에 대한 정체성 부여를 시도하면서 탄생했다. 성직자는 신성한 업무를 맡기 위해 선택받은 인물로 세상과 멀리 떨어져 성찰과 기도에 주력해야 하는 인물이었다. 그는 아무것도 소유하지 말고 모든 것을 함께 나누어야 했다. 반면에 평신도는 물질을 소유할 수 있었고 혼인을 할 수도 있고 농사를 지을 수도 있었다.

교회뿐만 아니라 사회까지 관리하던 성직자들은 그리스도교가 책의 종교였던 만큼 글을 읽고 쓸 줄 알아야 했고 세인들의 법률, 문학, 역사 등 여러 분야에 대한 다양한 지식을 습득하고 있어야 했다. 성직자는 한마디로 식자(litterati)였다. 일반적으로 중세 초기의 성직자들은, 잉글랜드와 이탈리아 출신 성직자들의 경우에도 두 개 혹은 세 개의 언어, 즉 모국어와 라틴어 및 프랑스어를 말하고 쓸 줄 알았다. 하지만 성직자와 평신도, 식자와 무식자의 구분은 그다지 명확하지 않았다. 왜냐하면 낮은 신분의 성직자들은 아주 초보적인 지식만을 가지고 있었고 반대로 대부분의 평신도들이 문맹이었음에도 불구하고 수준 높은 학식을 겸비한 평신도들이 분명히 존재했기 때문이다. 어쨌든 12세기 이후로는 교회의 성직자들이 지배하고 주도하던 지식세계 바깥에서도 철학에 대한 요구가 대두되기 시작했다. 13세기에 시칠리아에서는 세계의 경이stupor mundi라고 불렸을 정도로 동시대인들의 상상력을 자극하며 놀라움 선사했던 철학자 황제 프리드리히 2세가 자신의 궁정으로 철학자 마이클 스콧, 천문학자이자 번역가였던 안티오키아의 테오도로스와 자코베 아나톨리Giacobbe Anatoli 같은 인물들을 '바다 건너편에서' 초빙해 무엇보다도 물리학에 대한 질문을 던지면서 이들과 대화를 나누었다. 뿐만 아니라 '라틴어를 모르고 정상적인 교육과정을 거치지 않은 이들'로 평가되던 평신도들까지 속어로 윤리학, 자연철학, 정치학과 같은 분야의 주제들을 다루기 시작했다. 가장 대표적인 예는 14세기 초에 독일의 쾰른에서 속어로 자신의 설교 원고를 집필했던 도미니크회의 요하네스 에크하르트일 것이다. 철학을 다루었던 평신도들 중에는 공증인이면서 『보물의 책*Libro del tesoro*』의 저자인 브루네토 라티니Brunetto Latini, 그리고 단테 알리기에리가 있다. 단테는 오로지 철학을 통해서만 "인간의 완성이 현실화될 수 있다"(『향연*Convivio*』 II, 12)고 보았다. 이는 다름 아닌 아베로에스주의자들이 가지고 있던 생각이었다. 바로 그런 이유에서 단테 역시 배우지 못한 사람들도 읽고 이해할 수 있도록 이탈리아 속어로 글을 썼다. 저자들에게는 새로운 언어였던 속어를 표현 도구로 수용하는 경향은 훨씬 더 넓은 독자층을 확보할 수 있다는 장점을 가지고 있었고 이는 결과적으로는 기존의 철학에도 적지 않은 영향을 끼쳤다. 예를 들어 속어와 실용적 이성이 지식세계를 지배하기 시작하면서 전면에 떠오른 것은 언어철학과 정치철학이었다. 단테는 자신의 『신곡*Divina Commedia*』에 대해 이런 의견을 남겼다. "이 작품 전체가 설명하고자 하는 철학적 장르는 윤리학 혹은 도덕철학이다. 이 작품은 사변적 성찰을 위해서가 아니라 실천을 위해 고안되었기 때문이다."(『서간문*Epistola*』 XIII, 40)

인문학과 교수들이 정신적인 행복이라는 문제와 관련하여 다루던 일련의 주제들에 대해서는 보카치오도 깊은 관심을 기울인 적이 있다. 그는 아리스토텔레스가 윤리학에서 묘사한 바 있는 이상적인 미덕으로서의 철학을 어떻게 상인들과 정치인들이 득실거리는 세계에 적용할 수 있을지 진지하게 고민했던 인물이다. 또 한 가지 흥미로운 현상은 원래 문화 활동이나 학술 활동과는 거리가 멀었던 공간들이 신학과 철학의 무대로 변했다는 사실이다. 무엇보다도 왕들의 궁전이 학문의 장으로 변신했다. 가장 대표적인 예는 윌리엄 오컴과 황제 루트비히 4세의 궁전이다. 비록 라틴어로 글을 썼지만 윌리엄 오컴의 생각만큼은 분명히 세속적이었다. "성서는 교회에 대해 말할 때 평신도들을 배척하지 않는다. 교회라는 말 자체는 남성과 여성 평신도들을 포함하는 말이다. 신은 성직자들의 신이듯이 평신도들의 신이기도 하다." 루트비히 4세는 평신도 학자들 마르실리오 다 파도바, 혹은 1327년에 이단으로 단죄 선고를 받은 바 있는 아베로에스주의자 장 드 장덩Jean de Jandun과 같은 인물들을 자신의 궁정에 받아들였다. 프랑스에서는 샤를Charles 5세가 니콜 오렘Nicole Oresme을 통해 아리스토텔레스의 『정치학』과 『윤리학』의 속어 번역을 추진했다. 샤를 5세의 궁정에서 살았던 시인 크리스틴 드 피잔Cristine di Pizan은 『현명한 왕 샤를의 훌륭한 소양과 행적의 책*Livre des faits et bonnes moeurs du sage roy Charles*』에서 그의 문화정

책에 대해 이렇게 증언했다. "라틴어를 프랑스어만큼 잘 이해하지 못했던 그는 많은 책들의 번역을 추진했다. 유용한 학문을 백성들에게 선사함으로써 백성들의 문화 수준을 향상시키고자 했기 때문이다."

5

라몽 유이

5.1 세 문화의 교차로에서

마요르카 섬에서 태어난 라몽 유이(Ramon Llull, 1232년경~1316년)는 세 종류의 상이한 문화, 즉 그리스도교와 유대교와 이슬람 문화가 서로 교차하는 광경을 목격하며 성장했다. 유이는 뒤이어 이 세 문화의 뛰어난 해석자가 되었을 뿐만 아니라 교리서들을 속어로 집필한 최초의 유럽 철학자가 되었다. 그는 교리를 토속적인 성격의 운문으로 표현하기도 했고 "라틴어도 모르고 아랍어도 모르는 이들에게 논리학과 철학을 소개하기 위해"(『개요*Compendium*』 6~9) 글을 썼다. 하지만 그의 연금술 저서들은 유이의 전집 목록에서 제외되어야 한다. 유이의 작품으로 알려진 연금술 저서들은 전부 위작이며 이는 너무 유명해진 그의 이름을 여러 연금술 저자들이 부당하게 차용했기 때문에 생겨난 오해에 불과하다. 유이는 신비주의적인 내용 및 시적이고 교육적인 내용의 책을 쓰기도 했다. 대표적인 예로 소설 『블랑케르나*Blanquerna*』와 『친구와 연인의 책』을 들 수 있다. 하지만 후세대의 사유에 보다 커다란 영향력을 끼친 저서들은 그의 '아르스 만냐'*를 다룬 저서들이다.

프란체스코 3차 수도회 소속으로 무료한 시절을 보내는 동안 유이는 그리스도교와 유대교, 이슬람교를 하나의 공통된 진실을 중심으로 통일시키겠다는 꿈을 키웠지만 그가 실제로 주력했던 것은 무신론자들을 그리스도교도로 개종시키는 일이었다. 무신론자들의 개종은 사실상 프란체스코회의 주요 목표 중에 하나였다. 실제로 성 프란체스코는 5차 십자군 원정 동안에 바빌론의 술탄을 그리스도교로 개종시키려고 시도한 적이 있고 베이컨은 다양한 국적의 무신론자들과 소통하기 위해 여러 언어를 습득해야 할 필요가 있다고 거듭 강조했었다.

하지만 유이가 원하고 추구했던 것은 엄격하게 수학적인 분석 모형을 바탕으로 누구에게든 그리스도교의 진실을 분명하게 설득할 수 있는 보편적인 언어였다. 유이는 이 언어를 완성하기 위해 일생을 바쳤다. 유이는 유럽과 동방을 여행했고 순교를 당한 것으로 전해지지만, 실제로는 튀니지에서 피습을 당한 뒤 마요르카에서 사망했다. 유이는 1850년 비오Pius 9세에 의해 복자福者로 추대되었다.

5.2 순열, 산정, 배치

유이의 생각을 이해하기 위해서는 먼저 순열의 개념을 파악할 필요가 있다. 상이한 요소들 n 이 주어졌을 때 어떤 순서로든 조합 가능성의 수는 n으로 표상되는 수의 '계승'에 의해 주어지며 1.2.3……n 과 같은 방식으로 산출된다. 아마도 유이가 익히 알고 있었을 것으로 보이는 순열의 한 예는 카발라의 어구전철anagramma이다. 예를 들어 ROMA의 경우 순열의 24가지 가능성 가운데 우리

* 아르스 마냐(Ars Magna, 위대한 기술)란 라몽 유이가 발명해 낸 방법으로, 도식이나 도형들을 활용하는 일종의 기계적인 논리학 속에서 기본적인 개념들을 서로 연결시켜 앎의 모든 분야에서 진실을 얻어 낼 수 있도록 하는 방법을 말한다.

는 일반적으로 의미가 있는 단어들 AMOR, MORA, ARMO, RAMO만 사용하고 AOMR, OAMR, MRAO, AROM과 같은 아무런 의미가 없는 단어들은 사용하지 않는다. 하지만 이론적으로는 새로운 말을 만들어 내기 위해 가능한 모든 순열들을 활용할 수 있다. 아울러 요소들의 개수가 늘어나면 늘어날수록 가능한 순열의 수는 기하급수적으로 늘어난다. 예를 들어 이탈리아어 알파벳의 21개 철자들을 모두 사용하면 5100경(京, 10의 16승)에 달하는 순열의 가능성이, 그것도 같은 철자를 반복해서 사용하지 않는다는 전제하에 발생한다. 철자들의 반복 사용을 허용하면 순열의 수는 5000자(秭, 10의 24승)로 늘어난다.

순열뿐만 아니라 요소들의 '배치' 역시 가능하다. 만약 네 사람 A, B, C, D가 있고 이들을 비행기 좌석에 앉는 순서까지 고려해서 짝을 지어, 예를 들어 누가 창가에 앉고 누가 복도 쪽에 앉을 것인지 고려해서 앉힌다면 어떤 배치가 가능할까? 이들이 배치될 수 있는 가능성의 수는 12가지, 즉 AB, AC, AD, BA, CA, DA, BC, BD, CD, CB, DB, DC다.

끝으로 '조합' 역시 가능하다. 예를 들어 네 사람 A, B, C, D 중에서 정찰을 보내야 할 두 명의 병사를 골라야 한다면 어떤 조합이 가능할까? 물론 이 경우에 순서는 중요하지 않다. 즉 A와 B로 구성된 조는 B와 A로 구성된 조와 동일하다. 이때 가능성은 6가지, 즉 AB, AC, AD, BC, BD, CD로 좁혀진다.

5.3 도식과 형상들

유이는 오늘날 컴퓨터 과학자들이 상당히 흥미로워할 만한 인위적인 조합 장치를 만들었다. 이 조합 장치가 최상의 기능을 발휘하기 위해서는 조합의 모든 가능성에 대한 어떤 종류의 제재도 피해야 한다. 그렇지 않으면 외부적인 기준들이 개입하게 되고 이들은 조합의 결과를 분류할 뿐만 아니라 조합의 경로 내부에 제재의 요소를 도입하는 결과를 가져온다.

예를 들어, 네 사람 A, B, C, D를 짝지을 때에는 앞서 언급한 것처럼 6가지 방식이 가능했지만, 생식이라는 외부적인 기준을 도입하게 되면, 즉 A와 B는 남성 C와 D는 여성이며 남성끼리 혹은 여성끼리의 조합을 피해야 한다면 조합의 가능성은 4가지로 축소된다. 또 다른 예를 들어 A와 C가 남매 사이라면, 그래서 근친상간이라는 문제를 피해야 한다면 가능성은 다시 3가지로 축소된다.

이제 여기서 유이는 상당히 혁신적인 조합 기술을 고안해 낸다.

존엄성의 구도

	절대적 원리	상대적 원리	문제	주제	덕목	악덕
B	선善	차이	~인지?	신	정의감	탐욕
C	위대함	조화	무엇?	천사	신중함	탐식
D	영원함	상반	관건은?	천국	강인함	사치
E	권력	원리	왜?	인간	절제력	교만
F	지혜	중재	얼마나?	상상	성실함	나태
G	의지	목적	~로서	감수성	희망	시기
H	기량	다수	언제?	생장력	박애	분노
I	진실	동등	어디에?	요소 활용력	인내심	거짓
K	영광	소수	어떤 식으로? 누구와 함께?	기교력	동정심	변덕

B에서 K에 이르는 9개의 알파벳 철자들은 절대적 원리를 표상하며 여기에 절대적 원리를 수식하는 9개의 상대적 원리와 9개의 문제, 9개의 주제, 9개의 덕목, 9개의 악덕이 상응하도록 배치되어 있다.

유이가 첫 번째 형상이라고 부르는 것에서 9개의 절대적 원리들은 철자로 축약되고 이 9개의 철자들은, 예를 들어 "선善은 위대하다" 혹은 이 경우의 수식어를 주어로 삼아 "위대함은 영광스럽다"는 식으로, 72가지의 문장을 조합해 낼 수 있다.

두 번째 형상은 유이가 어떤 조합도 제시하지 않았으니 생략하자. 훨씬 더 흥미로운 것은 세 번째 형상이다. 여기서 유이는 철자들로 짝을 지을 수 있는 모든 가능성을 고려한다. 단지 주어와 수식어가 뒤바뀔 수 있는 가능성은 여기서 고려되지 않는 듯이 보인다. 짝의 개수가 36개뿐이기 때문이다. 하지만 가능한 짝의 개수는 72개다. 왜냐하면 모든 철자가 이론적으로는 주어뿐만 아니라 술어로도 쓰일 수 있기 때문이다. 그런 식으로 "선은 위대한가?" 혹은 "위대한 선이란 무엇인가?"라는 질문이 가능해진다. 세 번째 형상이 허락하는 조합 가능성은, 적어도 이론상으로는, 432개의 문장과 864개의 문제에 달한다.

시간이 흐르면서 가장 커다란 성공을 거둔 네 번째 형상의 메커니즘은 유동적이다. 다시 말해 네 번째 형상은 연접한 상태에서 중심을 향해 점점 작아지는 세 개의 원으로 구성되어 있고 중심은 보통 매듭을 형성하는 일련의 선으로 고정되어 있다. 여기서 9개의 요소들은 세 요소로 구성된 3자항을 통해 84개의 조합을 만들어 낸다(예를 들어 BCD, BCE, CDE). 유이가 축약본인 『아르스 브레비스*Ars Brevis*』에서 252개의 조합에 대해 언급하는 것은 3자항을 구성하는 철자들을 통해 세 개의 문제를 3자항에 적용하는 것이 가능했기 때문이다. 유이는 3자항에 철자 T를 삽입하면서 3자항을 4자항으로 만들었다. 결과적으로 각각의 3자항은 20개의 조합이 포함된 기둥을 만들어 냈다. 그런식으로 만들어질 수 있는 기둥의 개수는 총 84개에 달한다.

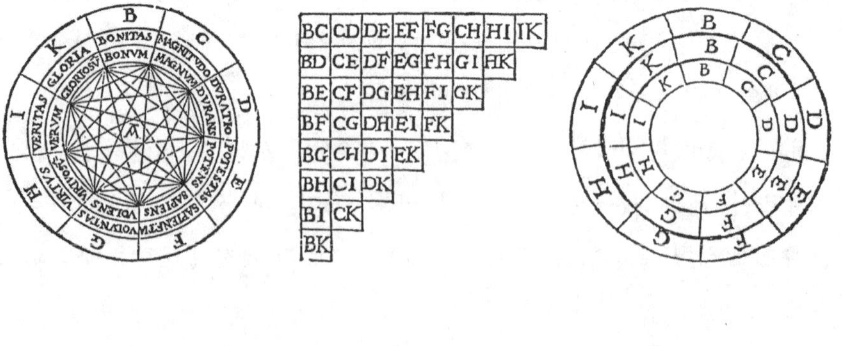

여기서 T에 우선하는 철자들은 절대적인 원리로, T를 뒤따르는 철자들은 상대적인 원리로 간주된다. 예를 들어 BCTC는 이렇게 읽을 수 있다. "만약에 선善(B)이 위대한(C) 이유가 조화로운 사물들(C)을 내포하기 때문이라면" 이런 식으로 모두 1680의 조합을 이끌어 내는 것이 가능하다.

하지만 여기서 유이의 조합 방식 '아르스'가 가지고 있는 첫 번째 한계가 드러난다. 가능한 조합들 가운데 상당수의 문장들이 신앙의 진실뿐만 아니라 경험을 토대로 거부될 수밖에 없는 내용을 가지고 있기 때문이다. 예를 들어 '아르스'는 조합을 통해 다음과 같은 질문과 답을 제시할 수 있다. 즉 "세상은 영원한가?"라는 질문에 "세상이 영원하다면, 선善 역시 광대해서 영원하다고 볼 수 있고 따라서 영원한 세상에는 악도 존재하지 말아야 한다"는 대답을 제시할 수 있다. 하지만 유이가 지적한 것처럼, 악은 세상에 실제로 존재하며 이는 경험을 통해 충분히 알 수 있는 사실이다. 결과적으로 우리는 세상이 영원하지 않다는 결론을 내려야 한다. 여기서 "세상은 영원한가?"라는 질문에 대한 우리의 부정적인 대답은 조합이 허락하는 논리의 결과가 아니라 '정직한 그리스도인'이 이미 알고 있는 사실, 즉 세상이 영원하다는 것은 아베로에스주의적인 이단이라는 사실을 근거로 주어진다.

아울러 1680개의 조합 가능성은 새로운 질문과 대답을 생성하는 데 필요한 것이 아니라 이미 정형화된 논제들의 근거를 제시하는 데 쓰일 뿐이라는 사실에 주목해야 한다. '아르스'는 수학적인 성격의 논리적 도구라기보다는 하나의 변증적 도구에 가깝다. 다시 말해 이미 축조된 하나의 논제를 증명하기 위해 필요한 유용한 방식들을 모두 확인하고 상기시키는 도구에 가까운 것이다.

5.4 조합 기술의 매력

후세대의 학자들은 유이의 조합 기술에 대단히 매력을 느꼈고, 예를 들어 쿠자누스처럼 그의 '아르스'가 마치 무한한 세계와 진실의 가능성을 탐구할 수 있는 하나의 메커니즘을 가진 것처럼 생각했다. 유이의 지대한 영향력은 르네상스의 그리스도교적 카발라주의뿐만 아니라 수학자들과 과학철학자들이 시도했던 현기증 나는 조합 기술로 이어졌다. 대표적인 예는 라이프니츠의 『조합 기술에 관한 논문*Dissertatio de arte combinatoria*』이다. 라이프니츠는 어떤 내용에도 구속되지 않는 텅 빈 상징적 형상들을 토대로 조합 방식의 구축을 시도했다.

하지만 유이는 신앙의 원리와 체계 있는 우주론이 조합 기술의 부족함을 보완해야 한다고 보았다. 유이는 자신의 『알가잘리 논리학*Logica Algazelis*』 카탈루냐어 판본에 이렇게 기록했다. "논리학에 대해서는 짧게 이야기할 필요가 있다. 왜냐하면 신에 대해 이야기해야 하기 때문이다."

오늘날 유이의 저서들을 그가 마치 컴퓨터 과학이라도 염두에 두고 있었다는 듯이 바라보는 것은 분명히 그의 의도에 대한 오해에서 비롯되었을 것이다. 하지만 그가 후세대의 학자들에게 끼친 지대한 영향을 고려했을 때 이 분야의 실질적인 선구자였다는 것은 틀림없는 사실이다.

머튼 대학의 우주론과 물리학

중세의 철학자들이 가장 미숙한 방식으로 다루었던 아리스토텔레스의 우주론 논제 중에 하나는 세계의 영원함이었다. 이들은 세계가 영원하며 어느 한 순간에 창조되지 않았다는 논리를 세계가 신에 의해 창조되었을 뿐만 아니라 '태초에' 창조되었다고 가르치는 그리스도교의 신앙과 양립될 수 없는 것으로 이해했다. 여기서 아리스토텔레스의 우주론이 가지고 있는 두 가지 기본적인 특징, 즉 단일성과 유한성에 대해 살펴볼 필요가 있다. 세계의 영원함과는 달리 단일성과 유한성은 그리스도교의 계시와 완벽한 조화를 이루는 것으로 받아들여졌고, 적어도 대부분의 스콜라 철학자들이 견지하던 전적으로 인본주의적인 관점에서는 그리스도교의 교리와 양립될 수 있는 성격의 원리들이었다. 따라서 상당히 의미심장하고 또 흥미로운 것은 이러한 관점에도 불구하고, 이들이 아리스토텔레스가 『우주론』에서 세계의 유한성과 단일성을 증명하며 다루었던 몇몇 논제들의 문제점을 지적하면서 하나의 이상의 세계가 존재할 수 없으며 현세계가 실질적인 재료와 잠재적인 재료를 이미 모두 보유하고 있다는 아리스토텔레스의 견해를 비판했다는 사실이다. 일찍이 1250년을 전후로, 창조주의 무궁무진한 권능에 한계를 부여할 수 없다는 생각을 가지고 있던 도미니크회 신학자 피에르 드 타랑테즈(Pierre de Tarentaise, 미래의 교황 인노첸시오 5세)는 자신의 『명제집 주해』에서 "신은 이 우주 외에 또 다른 우주를, 즉 또 다른 세상을, 아니 무수히 많은 세상을, 그것이 동일한 종류이든 전혀 다른 종류이든 간에, 창조할 수 있었고 여전히 창조할 수 있다"고 주장한 바 있다. 당대의 여러 신학자들이 공유하던 이러한 입장은 전적으로 종교적인 성격의 우려에서 비롯된 것이었다. 피에르와 그의 동료들이 원했던 것은 신의 자유와 전지전능함을 변호하는 일이었고, 이론적인 차원에서 아리스토텔레스가 생각했던 것보다 훨씬 더 원대하고 복합적인 우주의 창조 가능성을 그들의 신에게 부여하는 일이었다. 하지만 이들은 신이 실제로는 하나의 유한한 세상만을 피조물인 인간의 삶의 터전으로 창조했다는 믿음을 버리지 않았다.

/ 세계의 단일성 혹은 복수성

따라서 주목해야 할 것은 13세기와 14세기 사이에 발전한 세계의 복수성에 관한 성찰이 아리스토텔레스의 닫혀 있던 세계를 실제로 열어젖히는 결과를 가져온 적은 없으며 단지 또 다른 우주체제들이 개별적으로 존재할 수 있다는 가능성을 인정했을 뿐이라는 사실이다. 신이 세상의 규모를 늘리거나 줄일 수 있고 세상 밖에서 사물을 창조하거나 또 다른 세상을 창조할 수 있다는 점을 진지하게 고려하면서도 한편으로는 '당연히' 단 하나만의 세상이 존재한다는 것을 인정하는 입장은 결국 아리스토텔레스의 물리학과 우주론의 토대가 되는 몇몇 개념들과 원칙들, 특히 공간의 개념과 자연계 이론을 다시 한 번 검토하도록 만들었다.

아리스토텔레스가 또 다른 세상의 존재 가능성을 부인하며 제시했던 논리는 만약에 또 다른 세상이 존재한다면 그것의 요소들이 기존 세계의 자연계에도 영향을 끼칠 수밖에 없으며 결국에는 기존의 자연적 흐름과 정반대되는 흐름이 발생하리라는 것이었다. 이러한 아리스토텔레스의 생각에 가장 먼저 제동을 걸었던 인물이 바로 피에르 드 타랑테즈다. 그는 또 다른 잠재적 세계의 모든 요소들이 사실은 그 세계의 내부 규칙에 따라 유지되어야 한다고 답변했고 그의 의견은 모두가 동의하는 일반적인 견해로 발전했다. 예를 들어 니콜 오렘은 그의 『우주와 세상에 관한 책*Livre du ciel et du monde*』(1377년)에서 이렇게 말했다. "신이 이 세상 외에 또 다른 세상을 창조한다면 이 또 다른 세상의 사물들은, 이 세계의 사물들이 이 세계의 원리에 따라 움직이듯, 그 세계 안에서 그 세계만의 원칙에 따라 움직일 것이다." 그러나 이는 곧 모든 원소가 필연적으로 본래의 자리로 돌아가려는 경향을 가지고 있다는 원리를 포기해야만 한다는 것을 의미했고 결과적으로 또 다른 큰 변화들을 가져올 수밖에 없다는 것을 의미했다. 한 물체의 자연적인 운동을 결정짓는 요인은 예를 들어 가까운 우주에서 유래하는 '인력'과 같은 우발적인 조건에 종속될 수밖에 없었고, 동체와 원래 지점 사이의 거리는 아리스토텔레스 이론에서는 찾아볼 수 없는 중요한 요소로 부각될 수밖에 없었고 공간의 개념 역시 아리스토텔레스가 부여했던 절대적인 가치를 잃을 수밖에 없었다. 14세기에 윌리엄 오컴이나 니콜 오렘과 같은 사상가들은 아리스토텔레스의 '위'와 '아래'의 구분이 순수하게 상대적인 가치만을 가지고 있을 뿐이며 '가벼움'과 '무거움'의 차원에서 다시 정의되어야 한다고 주장했다. 오렘은 이렇게 말했다. "'위'와 '아래'가 가리키는 것은 사실상 가볍거나 무거운 사물들의 자연적 질서에 지나지 않는다. 즉 무거운 물체들은 가능한 한 가벼운 물체들 사이에 머문다."

세계의 복수성에 관한 논쟁은 더 나아가서 아리스토텔레스의 공간 개념, 즉 한 물체를 즉각적으로 에워싸고 물체의 움직임 혹은 부동성에 대한 판단을 허락해주는 표면으로서의 공간 개념에 대한 논쟁을 생생하게 유지하는 데 기여했다. 이는 아주 오래전부터 적지 않은 해석적, 이론적 어려움을 불러일으켰던 개념이다. 세상이 어디에 있는가? 이는 의미 있는 질문인가? 아니면 세상 밖에는 "공간도 허공도 시간도 존재하지 않는다"(『우주론』 279a 17~18)는 아리스토텔레스의 답변으로 만족해야 하나? 한 인간이 하늘 끝까지 밀려 나가 밖으로 팔을 뻗는다면 무슨 일이 벌어질까? 마지막 천구는 모든 것을 포함하면서 어떤 무엇에도 포함되지 않는다. 그렇다면 마지막 천구는 어떻게 움직일 수 있는가? 이러한 질문들 외에도 공간과 관련된 신학적인 성격의 또 다른 문제들이 함께 제기되었다.

세상의 창조가 공간 속에서 이루어지지 않았고 공간을 도구로 이루어졌다는

(시간 속에서 이루어지지 않았고 시간을 도구로 이루어졌다는 것처럼) 아우구스티누스의 생각을 받아들인다면 이는 또 다른 세계들의 존재 가능성을 부인하면서 아리스토텔레스가 근거로 제시했던 논리, 즉 또 다른 세상이 존재한다면 이 세상과 또 다른 세상 사이에 위치하게 될 텅 빈 공간의 존재를 인정할 수 없다는 주장과 모순을 일으키지 않는가? 아리스토텔레스가 그의 『물리학』 4권에서 주장했던 자연은 허공을 폐지한다는 원리는 무엇을 기준으로 정당화될 수 있는가? 그렇다면 신은 그의 무한한 권능에도 불구하고 우주의 안팎에서 허공을 만들어 낼 수 없단 말인가?

/ 토마스 브래드워딘

이러한 문제들을 수많은 책과 원전에 비추어(성서, 아우구스티누스, 헤르메스 문헌, 1277년에 단죄를 선고받은 논제들) 성찰했던 잉글랜드의 신학자 토마스 브래드워딘은 14세기 중반에 '차원과 확장을 모르는 무한히 넓은 광대함'을 지닌 신의 편재遍在함과 무소부재함의 발현이라는 독창적인 공간 개념을 발전시켰다. 이는 창조되지 않았고 창조 이전부터 영원히 존재하는 상상의 공간이며, 어떤 존재론적 실체도 가지고 있지 않고 "자연적 형상과는 엄격하게 구별되는 하나의 단순한 형상의 차원, 일종의 수학적 형상으로서의 공간 혹은 물리적 현실과 구별되는 순수한 질량으로서의 공간"을 말한다(『펠라기우스 논박』 I, 5). 이 절대적인 공간 개념은 세계의 복수성에 관한 오렘의 저서 『우주와 세계의 책 *Livre du ciel et du monde*』(I, 24)에서 좀 더 분명한 방식으로 강조된다. 오렘은 이렇게 말한다. "인간의 지성은 무한하지 않은 세계와 우주의 바깥에 하나의 공간이, 그것의 본질이 무엇이든 간에, 존재한다는 생각을 자연스럽게 받아들인다." 아울러 직관에 위배된다는 평가와 함께 아리스토텔레스의 입장은 완전히 전복된다. 오렘 역시 이 공간이 순수한 상상력의 산물이라는 점을 충분히 강조했음에도 불구하고, 아리스토텔레스가 자신의 『우주론』에서 추방했던 이 '형체 없는 텅 빈 공간'은 '세계의 구조'가 지니는 포기할 수 없는 요소로 복귀하게 된다.

/ 운동, 운동의 법칙, 충격 이론

아리스토텔레스는 '정지 상태'와 하나의 실체가 스스로의 잠재력을 실행에 옮기는 '운동'을 명확하게 구분했다. 모든 운동 과정이 하나의 원인을 필요로 하는 만큼, 아리스토텔레스는 운동이 항상 동력의 개입을 전제로 한다고 보았다. 『물리학』 제7권 1장에서 그는 움직이는 모든 것이 무언가에 의해 움직인다는 기본 원칙을 세웠다. 아리스토텔레스는 자연적인 운동의 동력을 하나의 내재적인 원리, 즉 사물들의 경우 이들이 원래의 자연적 공간으로 되돌아가려는 경향에서, 인간의 경우 영혼에서 발견했다. 하지만 아리스토텔레스는 강렬한 운동의 경우 외부적인 동력이 필요하며 동력은 동체와의 접촉이 유지되는 한도 내에서만 영향력을 발휘한다고 보았다. 하지만 이러한 이론은 강렬한 운동의 가장 일반적인 유형인 탄환의 운동을 분명하게 설명하지 못한다. 예를 들어 돌을 던졌을 때 손에서 빠져나간 돌은 왜 계속해서 움직이는가? 아리스토텔레스는 동력(손)이 매개체(이 경우에는 공기)에 동체를 실어 나를 힘을 전달한다고 보았다. 이 답변에 대한 의문은 일찍이 고대 말기부터 제기되어 왔다. 탄환이 매개체에 의해 운동을 유지한다면 탄환의 운동을 위해 오히려 공기 혹은 물을 강렬하게 뒤흔드는 것으로 충분하지 않는 것은 무엇 때문인가? 왜 공기 중에서 부딪히는 두 물체는 방향을 바꾸고 스치기만 할 경우에는 궤도를 유지하는가? 왜 가벼운 물체보다 무거운 물체를 더 멀리 날려 보낼 수 있는가? 이러한 의문점들을 검토한 요안네스 필로포노스(490년경~570년경)는 그의 『아리스토텔레스의 물리학 주해』에서 매개체가 동체의 운동을 보장한다기보다는 오히려 방해한다고 설명하면서 "돌이 손에서 떠나는 순간 일종의 형체 없는 동력이 돌에 전달되었다고" 보아야 한다고 주장했다.

/ 장 뷔리당

이러한 생각은 13세기 초부터 다수의 이슬람 사상가들과 아리스토텔레스의 해석에 주력했던 몇몇 서방 학자들에 의해 활발히 논의되기 시작했다. 프란체스코회의 사상가 마르키아Marchia의 프란체스코는 1323년의 한 신학 저서에서 손을 떠난 돌이 운동을 계속하는 것은 그것을 던진 손, 즉 외부 동력으로부터 "여분의 추진력"을 흡수했기 때문이라는 설명을 제시했다. 이 추진력의 본질을 보다 분명하게 정의했던 인물은 장 뷔리당이다. 뷔리당은 오랫동안 파리의 인문학과에서 강의했고 13세기의 이른바 '새로운 물리학'의 발전에 결정적으로 기여했던 인물이다. 『물리학』과 『우주론』에 관한 '질문들'을 구성하면서 그는 빠른 운동에 대한 하나의 유기적인 설명을 제시했다. 즉 동체가 동력의 시원을 떠나 운동을 계속하는 것은 동력이 동체에 '충격' 혹은 '돌진'할 수 있는 힘을 각인했기 때문이며 결과적으로 동체의 운동을 방해하는 저항력이 우세해지기 전까지는 운동을 계속한다는 것이었다. 앞선 세대의 그리스와 이슬람과 라틴 학자들이 제시했던 설명과 달리 뷔리당은 그의 '충격 이론'을 통해 물리학 분야에 놀라운 발전을 가져왔다. '충격 이론'은 최소한 두 가지의 중요한 변화를 가져왔다.

비록 수학적인 공식으로까지 발전했던 것은 아니지만 '충격 이론'을 통해 먼저 동체의 질량에 따른 속도의 변화를 설명하고 아리스토텔레스가 근거를 제시하지 못했던 일련의 자연 현상들(예를 들어, 왜 깃털보다는 돌이 더 멀리 날아가는가? 왜 무거운 맷돌이나 배의 움직임을 멈추는 데 힘이 드는가? 왜 멀리 뛰기 위해서는 그만큼 멀리서 달려와야 하는가?)을 설명하는 것이 가능해졌다. 아울러 '충격 이론'은 수많은 자연 현상들, 특히 중력의 가속 혹은 별들의 움직임과 같은 문제에 확장 적용될 수 있다는 장점을 가지고 있었다. 아리스토텔레스는 추락하는 물체의 속도가 증가하는 현상이 물체가 본래의 자연적 위치에 더욱 더 가까워지면서 일어난다는 추상적인 설명을 제시했었고, 중세의 아리스토텔레스주의자들은 속도가 빨라지는 것이 물체가 땅에 가까워질수록 공기의 저항이 약해지기 때문에 일어나는 현상이라고 보았다. 위의 두 이론을 모두 거부하면서 뷔리당은 무거운 물체의 가속을 '확보된 충격'이 중력과 일치하는 지점에 점차적으로 이르면서 일어나는 현상으로 설명했다. 더 나아가서 뷔리당은 신이 천체에 일종의 '추진력'을 각인했고 이 추진력은 저항력의 부재로 인해 '시간이 흘러도 약해지거나 파괴되지 않는다'고 보았다. 그런 식으로 아리스토텔레스주의적인 세계관의 본질적인 특징 가운데 하나였던 천체들의 운동 인식력이라는 개념은 결국 허황된 것으로 드러났다. 비록 달 아래의 불완전한 세계와 달 위의 완전한 세계라는 구분을 굳이 부인하려 들지 않았지만 뷔리당은 지상의 작동 원리와 천상의 작동 원리를 하나의 통일된 이론으로 설명하는 것이 가능하다는 것을 보여 주었다. 다름 아닌 수많은 자연 현상에 대한 폭넓은 적용과 설명이 가능했기 때문에 '충격 이론'은 14세기와 16세기 사이에 커다란 성공을 거두면서 지식인들의 만장일치로 수용되었다.

/ 논리학과 산술

14세기 초반에는 이른바 머튼학파로 불리는 학자들의 독창적인 연구 활동이 커다란 영향력을 발휘했다. 잉글랜드 옥스퍼드의 머튼Merton 대학에 몸담았던 이 학자들 가운데 대표적인 인물은 월터 벌리, 토마스 브래드워딘, '계산기'라는 별명을 가지고 있던 리처드 스와인즈헤드Richard Swineshead, 윌리엄 헤이테스베리William Heytesbury 등이다. 이들은 상당히 고차원적인 논리학, 의미론, 수학을 바탕으로 '운동', '순간', '시작', '끝'과 같은 개념들의 세련된 분석을 시도하면서 독특한 '기준의 언어들' 혹은 관계의 언어들, 예를 들어 '무한'의 언어, '지속'과 '한계'의 언어, 특성의 증폭과 감소의 언어 등을 발전시켰다.

가장 중요한 역할을 했던 인물은 브래드워딘이다. 그는 1328년에 『운동 속도의 비례에 관한 논문*Tractatus proportionum seu de proportionibus velocitatum in motibus*』에서 에우클레이데스의 이론을 바탕으로 수학적 상관관계를 이론화한 뒤 이를 속도와 동력과 저항 간의 관계에 적용시켰다. 그는 이어서 내용의 측면에서뿐만 아니라 대수학의 측면에서 놀랄 만한 성과를 이루어 낸 이른바 '브래드워딘의 법칙'을 완성했다. 이에 따르면, "운동 속도의 비율은 움직이는 물체의 힘에 대한 동력의 비율에 비례한다." 이는 곧 산술적 비율에 따른 속도의 증가가 동력과 저항력의 기하학적 비율에 따른 증가에 비례한다는 것을 의미한다.

브래드워딘의 생각과 방법론에 영감을 받은 헤이테스베리는 그의 『궤변의 해결을 위한 법칙들*Regulae solvendi sophismata*』(1355년)에서 머튼학파의 가장 주목할 만한 업적 가운데 하나로 평가받는 이른바 '평균 속도의 정리'를 제안했다. 아리스토텔레스가 양와 질을 분명하게 구별되는 범주로 보았음에도 불구하고, 대부분의 스콜라 철학자들은 어떤 특성이 나타내는 강도의 변화는 어떤 질적 요소(예를 들어 온도)의 상실이나 또 다른 요소의 취득으로 간주될 수 없다고 보았고 동일한 특성의 강도(intensio)가 어떻게 공간이나 시간, 혹은 양과 같은 불변하는 개념, 이른바 '확장된'(extensio) 영역과의 관계 속에서 변화하는지 설명하려고 노력했다. 학자들은 그런 식으로 '일률적인' 변화와 '불규칙적인' 변화를 구분하고 후자를 다시 '일률적으로 불규칙적인' 것과 '불규칙적으로 불규칙적인' 것을 구분하기에 이르렀다. 이러한 구분이 중요한 것은 '일률적인' 변화와 '일률적으로 불규칙적인' 변화의 동등한 가치를 규정하는 규칙을 세울 수 있기 때문이다. 이 규칙을 물체의 운동에 적용하게 되면, 일률적인 방식으로 가속하거나 감속하며 운동하는 하나의 물체가 일정 시간 동안 일정한 거리를 움직였을 때 그 거리는 같은 시간 동안 평균 속도로 움직였을 때의 거리와 일치한다는 법칙으로 풀이된다.

/ 땅의 자전운동

14세기의 자연철학자들이 다루었던 가장 흥미로운 가설들 중에 하나는 지구의 자전운동에 관한 것이었다. 물론 이 경우에도 땅이 우주의 고정된 중심이라는 믿음을 전복시킬 의도로 강력한 주장을 내세웠던 것은 아니지만 철학자들은 아리스토텔레스와 프톨레마이오스가 지동설을 반대하며 제시했던 논제들을 세밀하게 재검토했다. 이 과정을 통해 드러난 새로운 관점들이 바로 파리학파의 이른바 '새로운 물리학'이 이룩한 가장 주목할 만한 이론적 성과 중에 하나였다.

이 문제에 관해 보다 상세한 연구를 시도했던 뷔리당과 오렘은 지동설을 반대하는 근거로 제시되어 왔던 전형적인 실례와 관점들을 논박하며 이것들의 관찰자적인 시점이 불확실하다는 것을 증명해 냈다. 뷔리당과 오렘은 배를 타고 있으면서 배가 움직이고 있다는 사실을 전혀 모르는 사람을 예로 들었다. 즉 타고 있는 배가 움직이고 있다는 사실을 모른 채 실제로는 멈춰 있는 또 다른 배가 오히려 움직인다고 착각하는 사람과 마찬가지로 지상의 관찰자 역시 별과 행성이 뜨고 지는 현상이 이들의 공전에서 비롯되는지, 아니면 땅의 자전에서 비롯되는지 파악할 수 있는 어떤 도구도 가지고 있지 않다고 본 것이다.

하지만 뷔리당은 지동설을 반대하는 천문학 논제들이 전부 틀렸다 하더라도 하나만큼은 "설득력이 뛰어나다"고 생각했다. 이것이 이른바 '화살의 논제'다. 이 역시 아리스토텔레스가 다룬 적이 있고 이어서 프톨레마이오스가 발전시킨 바 있는 논제다. 움직이는 배 위에서 누군가가 하늘을 향해 화살을 수직으로 쏘아 올리면 이어서 화살은 선미에 떨어지거나 배가 지나간 뒤에 바다로 떨어지게 될 것이다. 이와 마찬가지로 땅이 만약 서쪽에서 동쪽으로 자전한다면 하늘을 향해 수직으로 쏘아 올린 탄환은 탄환을 쏘아 올린 자리에 정상적으로 떨어지지 않고 하늘에 머물러 있던 만큼 서쪽으로 멀어진 곳에 떨어지게 되리라는 것이었다.

한편 오렘은 지동설이 전혀 불합리하지 않으며 철학적인 차원에서 오히려 수많은 장점들을 제공한다고 보았다. 무엇보다도 우주에 대한 훨씬 단순하고 조화로운 이미지를 얻을 수 있었고 땅이 고정되어 있다는 관점으로는 사실상 해결되지 않는 훨씬 복잡한 문제들을 손쉽게 풀어낼 수 있었다. 위대한 자연철학자였을 뿐만 아니라 추기경이자 신학자였던 오렘은 잊지 않고 지동설이 성서의 내용에 위배된다는 점과 성서가 땅이 고정되어 있으며 태양이 지구를 중심으로 움직인다는 견해를 지지한다는 점에 주목했다. 하지만 오렘은 갈릴레오보다 2세기 반을 앞서 지동설 논쟁에 '편의의 원칙'을 적용하면서 성서의 내용이 성서가 쓰였을 당시의 시대정신에 부응하는 것이었던 만큼 문자 그대로 받아들여서는 안 된다고 보았다. 하지만 그렇다면 왜 오렘은 자신의 예리한 분석을 마감하면서 다른 '모든 사람들'과 마찬가지로 성서가 말하는 땅의 부동성을 믿는다고 천명했던 걸까? 오렘은 자신이 지동설 문제에 뛰어들었던 이유가 사실은 '토론에 대한 애착' 때문이었고 '신앙을 이성의 이름으로 거머쥐려는 이들을 반박하기' 위해서였다고 고백했다(『우주에 관한 책*Le livre du ciel*』 II, 25). 무엇보다도 오렘은 지동설을 지지하는 자신의 논제들이 개연적일 뿐 필연적이지 않다는 것을 분명하게 의식하고 있었다. 하지만 오렘 역시 그의 수많은 동시대인들과 마찬가지로 무엇이 진실인지 밝혀내는 데 관심이 있었다기보다는 이 문제를 둘러싼 수많은 입장과 논리들의 정당성을 헤아려 보는 데 더 깊은 관심을 가지고 있었다.

깊이의 철학, 넓이의 철학

『경이로운 철학의 역사』처럼 수많은 저자들의 상이한 문체, 상이한 관점, 상이한 해설, 상이한 사유를 통해 서양철학사를 읽는다는 것은 철학의 역사를 더 이상 한 저자의 관점에 의존하지 않고 다각도에서 보다 객관적으로 읽는다는 것을 의미한다. 하지만 움베르토 에코를 중심으로 모인 저자들이 철학사적 차원에서 제시하는 것은 단순히 파편적인 관점들의 목록이나 선입견 파괴를 위해 필요한 보다 명료한 개념들이라기보다는 훨씬 심층적인 차원의 방법론적 구도다. 물론 이러한 구도가 구체적으로 표명되는 것은 아니다. 이 구도는 오히려 독자들에게 유연하고 잠재적인 형태로 제시되는 하나의 열린 세계에 가깝다. 『경이로운 철학의 역사』가 제시하는 것은 철학적 개념들의 역사라기보다는 철학의 문화사적 맥락에 주목하는 사유의 계보에 가깝다. 개념의 역사가 고정된 관점들을 제시하는 반면 문화사는 기본적으로 다양한 해석의 가능성을 제공한다.

이 책의 저자들은 단일하거나 구체적인 역사철학적 관점을 제시하지 않는다. 저자들의 관심은 하나의 획일적인 철학사관을 확립하거나 다양한 철학사적 '사실'들을 소개하는 것이 아니라 철학의 역사를 문헌학적이고 계보학적인 구도에 투영시킴으로써 보다 일관적인 인문학적 차원으로, 혹은 다양한 학문 분야들 간의 소통이 가능한 단계로 끌어올리는 일이다.

이러한 방법론적 차이는 아주 원초적인 차원에서 대치되는 두 가지 입장을 비교해 보면 더욱 분명하게 드러난다. 첫 번째는 철학사 서술의 가장 기본적인 요소들 중에 하나인 '대조'를 기반으로 상이한 철학적 관점들의 '차이'에 주목하는 입장이다. 이 입장은 철학적 '차이' 자체가 철학의 역사를 구축한다고 보는 관점에서 출발한다. 두 번째는 차이 대신 철학자들 간의 근본적인 '동의'를 추적하는 입장이다. 이 입장은 '동의'의 기능적인 측면이 부각되는 경우를 제외하면 굉장히 드물게 발견된다. 동의 자체가 지극히 당연하고 가벼운 것으로 간주되고 철학적으로 어떤 실질적인 문제도 제시하지 않는 것처럼 보이기 때문이다. 그럼에도 불구하고, 이 가볍지만 긍정적인 동의들이 무질서하게 축적된 세계가 어느 순간 무겁게 가라앉으며 발휘하는 사유의 힘은 어떤 형태의 깨달음보다 더 즉각적이고 강렬하고 장엄하다. 이 두 번째 입장이 바로 차이에 가려진 동의를 발견하기까지 탐구 영역을 무한히 확장시키면서 박학을 추구하는 철학적 문헌학과 계보학의 출발점이라고 할 수 있다.

그러나 이러한 방법론적 차이는 원래 모호한 경계로만 존재하기 때문에 분석 대상으로만 머물지 않고 오히려 글을 쓰는 사람과 읽는 사람의 서술과 이해 방식 및 과정에 결정적인 영향을 끼친다. 예를 들어 계보학적인 방법론의 무한한 확장성은 하나의 포괄적인 철학사적 관점을 불가능하게 만드는 요인 중에 하나다. '연관성'을 구축하거나 추적하기 위해 추구하는 박학의 끝없는 넓이가 깊이 있는 이해를 방해하는 것이다. 반대로 '틀에 박혀' 파고드는 깊이는 계속해서 넓어지는 세계를 오히려 끝없이 황량하게 만든다. 이러한 예들을 우리는 얼마든지 찾아볼 수 있다. 어떤 의미에서는 우리가 알고 있는 위대한 철학자들 대부분이 이와 유사한 과정이나 오류를 경험했다고 볼 수 있다. 방법론적 구도의 차이점들은 철학사를 쓰거나 읽는 사람의 사고와 성찰을 통해 깊이와 넓이의 역학으로 번역된다. 누구든 철학을 접하면서 좋은 싫든 경험하는 것이 이 원초적인 깊이와 넓이의 역학 관계다. 다시 말해 서술의 방법론적 차이는 무엇보다도 철학사를 읽는 주체의 이해 과정 속에서 나래를 편다.

철학에는 깊이 없는 넓이도, 넓이 없는 깊이도 존재하지 않는다. 우리가 흔히 지혜라고 부르는 것은 사실상 철학적 깊이와 넓이의 연금술에 지나지 않는다. 깊이와 넓이의 관계는 정신과 육체의 관계와도 흡사하다. 정신과 육체가 분리되어 존재할 수 없듯이 깊기만 한 철학이나 넓기만 한 철학은 존재하지 않는다. 단순히 '깊은' 철학과 '넓은' 철학이 가능할 뿐이다. 하지만 사유의 활동을 뒷받침하는 순수하게 정신적인 운동은 철학의 경우 발굴에 가깝고 사유의 깊이와 직결된다. 넓이를 확보하는 것은 이 운동이 아니다. 정신이 방대함을 추구할 때에도 정신을 지탱하는 것은 깊이의 힘이지 넓이가 아니다. 깊이를 향한 이 원초적인 운동은 곡괭이로 땅을 파기 위해 허리를 굽혔다 펴는 운동과 흡사하다. 깊이 파고들다가도 허탈감과 무력감에 빠져드는 순간은 깊이의 끝없음을 통감하는 순간이 아니라 오히려 고개를 들고 운동이 부재하는 넓이의 세계를 한눈에 목격하는 순간이다. 반대로 방대한 지식세계를 넘나들 때 찾아오는 망막함은 깊이의 부재가 아니라 그 넓은 땅을 모두 파고들어갈 수 없다는 한계에서 비롯된다.

이상이 기본적으로 독자의 입장에서 경험하는 역학 관계라면 저자는 저자만이 가지고 있는 전략의 역학 관계를 경험한다. 독자는 독자일 뿐이지만 저자는 독자인 동시에 저자라는 점에서 형성되는 심층적인 전략이 존재한다. 저자는 깊이와 넓이를 향해 움직일 목적으로 혹은 깊이와 넓이를 대상으로 분리와 일치라는 전략을 사용한다. 정신과 육체가 결코 분리될 수 없는 무언가의 이름이듯, 분리와 일치 역시 쪼개질 수 없는 무언가의 이름이다. 이들은 정반대의 목표를 향해, 즉 분리는 질서를, 일치는 혼돈을 목표로 움직인다. 하지만 분리는 대상을 구축하기 위해, 일치는 대상을 파괴하기 위해 움직인다. 깊이의 철학은 분리와 파괴를 통해 질서를 구축하고 넓이의 철학은 일치와 조합을 통해 혼돈을 파괴한다. 이러한 전략적 움직임은 모두 깊이와 넓이의 결정적인 결별을 기도할 수 없는 인간적인 한계에서 비롯된다.

철학사의 서술 방식에 대한 논의가 이러한 부류의 관찰을 요구하는 이유는 통사적 관점, 역사철학적 관점 및 시대 구분에 따른 철학사 서술이 이미 오래전부터 주제 비평이나 특정 개념의 역사, 계보학, 문헌학, 고고학, 해석학의 관점이 반영된 다양한 종류의 미시적이고 분석적인 서술로 대체되기 시작했기 때문이다. 이러한 변화의 추이는 변화의 소용돌이 바깥에서 다름 아닌 깊이와 넓이의 역학적 관계를 기준으로 가늠할 수 있다. 시대 구분에 따른 서술 방식과 정반대되는 방향으로 발전한 대표적인 장르 모노그라피아를 예로 들어 보자. 모노그라피아란 주제를 하나만 골라 그 주제에 관한 '모든' 것을 설명하기 위해 필요한 모든 자료를 제시하고 해석을 시도하는 서술 양식을 말한다. 탐구자의 남다른 분석 능력은 물론 해박하고 유연한 인문학적 소양을 요하는 모노그라피아는 깊이와 넓이의 긴장을 확실히 극대화시킨다. 종종 일어나는 일이지만, 어떤 작품을 설명하면서 작품의 저자보다 더 많은 것을 알고 있다는 느낌을 독자에게 전달할 수 있다면 해당 작품에 대한 혼돈은 확실히 파괴되었다고 볼 수 있을 것이다.

모노그라피아가 전통적인 서술 양식에서 벗어나 특이한 방향으로 발전한 경우라면 『경이로운 철학의 역사』는 획일적인 철학사관을 전제하지 않는다는 점에서 전통적인 틀을 벗어날 뿐 모노그라피아와는 상반되는 양상을 보여 준다. 깊이와 넓이의 긴장을 자연스럽게 극대화한다는 점에서는 모노그라피아와 비슷하지만, 모노그라피아가 단일한 주제를 다룬다는 기본적인 설정을 통해 자연스럽게 깊이를 확보하고 넓이를 획득하기 위해 총력을 기울이며 혼돈을 파괴하는 반면, 『경이로운 철학의 역사』는 저자들이 다수라는 기본적인 설정을 통해 자연스럽게 넓이를 확보하고 깊이를 획득하기 위해 총력을 기울인다. 하지만 순수하게 독자의 입장만 고려하면 에코의 『경이로운 철학의 역사』는 넓이의 철학에 가깝다. 왜냐하면 혼돈의 추방을 독자들의 몫으로 남겨 두기 때문이다.

저자들은 용감하게 혼돈 속으로 뛰어들지만 혼돈의 추방을 목표로 서술하지 않고 관점들의 조합 가능성을 잠재적인 형태로만 제시한다. 문헌학과 계보학이라는 방법론에 동의할 뿐 깊이와 넓이의 조화를 꾀하지 않고 이러한 시도의 부재가 자연스럽게 독자의 과제로 이어지도록 만든다. 저자들은 각자의 전문 분야와 시대에 천착하며 발굴해 낸 단상들이 역사, 문화, 사회, 학문 및 예술의 발전과 결코 무관하지 않은 비정형화된 '철학 이야기'를 구축할 수 있다고 믿는다. 이것이 진정한 혼돈의 추방에 기여하는 길이라는 입장을 고수하는 셈이다.

철학사의 깊이는 항상 넓이의 무게에 짓눌리고 방대한 철학사는 항상 스스로의 깊이에 현기증을 느끼기 마련이다. 독자들이 감당하게 될 무게와 현기증 역시 만만치 않으리라 예상하지만 적지 않게 등장하는 새로운 개념들, 새로운 사실과 새로운 해석 들을 발견하고 다른 곳에는 감추어져 있지만 이곳에는 드러나 있는 신선한 사유의 향기들을 만끽하며, 에코를 비롯한 이탈리아의 인문학 장인들이 펼쳐 보이는 박학의 세계와 섣부른 판단에 만족하지 않는 무한한 긍정의 힘으로 보다 또렷한 철학의 지형도를 발견할 수 있기를 기대해 본다.

2018년 5월

윤병언

참고 문헌

I

J. Brunschwig e J. Lloyd (a cura di), *Il sapere greco, vol. I*, Einaudi, Torino 2005

B. Centrone, *Introduzione ai Pitagorici*, Laterza, Roma-Bari 1996

R. E. Dodds, *I greci e l'irrazionale*, La Nuova Italia, Firenze 1959

W. Jaeger, Paideia. *La formazione dell'uomo greco, I*, La Nuova Italia, Firenze 1936

P. Kingsley, *Misteri e magia nella filosofia antica*, Il Saggiatore, Milano 2007

R. Laurenti, *Introduzione a Talete, Anassimandro, Anassimene*, Laterza, Roma-Bari 2003

M. M. Sassi, *Gli inizi della filosofia in Grecia*, Bollati Boringhieri, Torino 2009

B. Snell, *La cultura greca e le origini del pensiero europeo*, Einaudi, Torino 1963

J.-P. Vernant, *Le origini del pensiero greco*, Editori Riuniti, Roma 1976

J. Warren, *I presocratici*, Einaudi, Torino 2009

II

F. Adorno, *Introduzione a Socrate*, Laterza, Roma-Bari 1970

M. Bonazzi, *I Sofisti*, Carocci, Roma 2010

L-A. Dorion, *Socrate*, Carocci, Roma 2010

G.B. Kerferd, *I sofisti*, Il Mulino, Bologna 1988

P. Hadot, *Che cos'è la filosofia antica?*, Einaudi, Torino 1998

M. Untersteiner, *I sofisti*, Bruno Mondadori, Milano 1996

G. Vlastos, Socrate. *Il filosofo dell'ironia complessa*, La Nuova Italia, Firenze 1998

III

F. Adorno, *Introduzione a Platone*, Laterza, Roma-Bari 2008

E. Berti, *Sumphilosophein. La vita nell'Accademia di Platone*, Laterza, Roma-Bari 2010

G. Cambiano, *Platone e le tecniche*, Laterza, Roma-Bari 1991

P. Friedländer, *Platone*, Bompiani, Milano 2004

F. Trabattoni, *Platone*, Carocci, Roma 2009

L. Robin, *Platone*, Cisalpino, Milano 1988

D. Sedley, *La levatrice del platonismo. Testo e sottotesto nel Teeteto di Platone, Vita e Pensiero*, Milano 2011

M. Vegetti, *"Un paradigma in cielo". Platone politico da Aristotele al Novecento*, Carocci, Roma 2009

M. Vegetti, *Quindici lezioni su Platone*, Einaudi, Torino 2003

IV

J. Ackrill, *Aristotele*, il Mulino, Bologna 1993

J. Barnes, *Aristotele*, Einaudi, Torino 2002

E. Berti, *Guida ad Aristotele*, Laterza, Bari-Roma 2012

I. Düring, *Aristotele*, Mursia, Milano 1976

W. Jaeger, *Aristotele. Prime linee di una storia della sua evoluzione spirituale*, La Nuova Italia, Firenze 1964

A. Jori, *Aristotele*, Bruno Mondadori, Milano 2008

G. Manetti, *Le teorie del segno nell'antichità classica*, Bompiani, Milano 1987

M. Mignucci, "Logica" in AA.VV., *Il sapere dei Greci*. Vol. I, Einaudi, Torino 2005

C. Natali, *Bios theoretikos: La vita di Aristotele e l'organizzazione della sua scuola*, Il Mulino, Bologna 1991

V

F. Alesse, *La Stoa e la tradizione socratica*, Napoli 2000

M.L. Chiesara, *Storia dello scetticismo greco,* Einaudi, Torino 2003

A.M. Ioppolo, *Opinione e scienza. Il dibattito tra stoici e accademici nel III e II secolo a.C.*, Napoli 1986

A.A. Long, *La filosofia ellenistica*, Il Mulino, Bologna 1989

G.E.R. Lloyd, *La scienza dei greci*, Laterza, Roma-Bari 1978

M. Nussbaum, *Terapia del desiderio: Teoria e pratica nell'etica ellenistica*, Vita e Pensiero, Milano 1998.

M. Pohlenz, *La Stoa. Storia di un movimento spirituale*, Bompiani, Milano 2005

J.M. Rist, *Introduzione a Epicuro*, Mursia, Milano 1978

L. Russo, *La rivoluzione dimenticata. Il pensiero scientifico greco e la scienza moderna*, Feltrinelli, Milano 1996

M. Vegetti, *L'etica degli antichi*, Laterza, Roma-Bari 1989

VI

M. Bettini, *Antropologia e cultura romana*, Carocci, Roma 2012

G. Cambiano, *I filosofia in Grecia e a Roma*, Il Mulino, Bologna 2013

D. Konstan, *Lucrezio e la psicologia epicurea*, Vita e Pensiero, Milano 2007

I. Dionigi, *Lucrezio. Le parole e le cose*, Patron, Bologna 2005

P.L. Donini, *Le scuole, l'anima, l'impero*, Rosenberg e Sellier, Torino 1982

M. Foucault, *L'ermeneutica del soggetto: Corso al Collège de France (1981-1982)*, Feltrinelli, Milano 2003

A. Giardina (a cura di), *L'uomo romano*, Laterza, Roma-Bari 1989

A. Grilli, *Politica, cultura e filosofia in Roma antica*, D'Auria, Napoli 2000

P. Hadot, *La cittadella interiore. Introduzione ai "Pensieri" di Marco Aurelio*, Vita e Pensiero, Milano 1996

S. Maso, *Filosofia a Roma: dalla riflessione sui principi all'arte della vita*, Carocci, Roma 2012

J. Scheid, *La religione a Roma*, Laterza, Roma-Bari 2001

W. Stroh, *Cicerone*, Il Mulino, Bologna 2010

P. Veyne, *La società romana*, Laterza, Roma-Bari 2004

VII

E. Bréhier, *La filosofia di Plotino*, Celuc, Milano 1975

R. Chiaradonna, *Plotino*, Carocci, Roma 2009

R. Chiaradonna (a cura di), *Filosofia tardoantica. Storia e problemi*, Carocci, Roma 2013

F. Calabi, *Storia del pensiero giudaico ellenistico*, Morcelliana, Brescia 2010

G. Cosmacini e M. Menghi, *Galeno e il galenismo. Scienza e idee della salute*, Franco Angeli, Milano 2012

F. Ferrari e M. Vegetti, *Plotino. L'eternità e il tempo*, Egea, Milano 1991

P. Hadot, *Plotino o la semplicità dello sguardo*, Einaudi, Torino 1999

M. Isnardi Parente, *Introduzione a Plotino*, Laterza, Roma-Bari 1984

A. Linguiti, *L'ultimo platonismo greco. Principi e conoscenza*, Olschki, Firenze 1990

J.M. Rist, Plotino. *La via verso la realtà*, Il Melangolo, Genova 1995

F. Romano, *Il Neoplatonismo*, Roma 1998

VIII

K. Barth, *L'epistola ai Romani*, Feltrinelli, Milano 2002

B. Benats, *Il ritmo trinitario della verità. La teologia di Ireneo di Lione*, Città Nuova, Roma 2006

R. Cantalamessa, *La cristologia di Tertulliano*, Ed. Universitaires, Fribourg Suisse 1962

E.R. Dodds, *Pagani e cristiani in un'epoca di angoscia*, La Nuova Italia, Firenze 1970

A. Grafton e M. Williams, *Come il cristianesimo ha trasformato il libro*, Carocci, Roma 2011

P. Hadot, *Esercizi spirituali e filosofia antica*, Einaudi, Torino 1988

W. Jaeger, *Cristianesimo primitivo e Paideia greca*, La Nuova Italia, Firenze 1977

H. Jonas, *Gnosi e spirito tardo antico*, Bompiani, Milano 2010

J. Liébaert, M. Spanneut, A. Zani, *Introduzione generale allo studio dei Padri della Chiesa*, Queriniana, Brescia 1998

S. Mazarino, *La fine del mondo antico*, Bur, Milano 1995

C. Moreschini, *Storia della filosofia patristica*, Morcelliana, Brescia 2004

P. Podolak, *Introduzione a Tertulliano*, Morcelliana, Brescia 2006

P. Rudolph, *La Gnosi: natura e storia di una religione tardoantica*, Paideia, Brescia 2000

IX

A. Bisogno, *Sententiae philosophorum. L'alto Medioevo e la storia della filosofia*, Città

Nuova, Roma 2011

G. D'Onofrio (a cura di), *Storia della teologia nel Medioevo*, Piemme, Casale Monferrato 1996P. Brown, Agostino d'Ippona, Einaudi, Torino 2005

G. Catapano, *Agostino*, Carocci, Roma 2010

H. Chadwick, Boezio. *La consolazione della musica, della logica, della teologia e della filosofia*, il Mulino, Bologna 1986

E. Gilson, *La filosofia nel Medioevo. Dalle origini patristiche alla fine del XIV secolo*, La Nuova Italia, Firenze 1983 (nuova edizione Bur 2011)

A.J. Gurevič, *Le categorie della cultura medievale*, Bollati Boringhieri, Torino 1983

J. Leclercq, *Cultura umanistica e desiderio di Dio. Studio sulla letteratura monastica del Medio Evo*, Sansoni, Firenze 1965

X

M.-D. Chenu, *La teologia nel XII secolo*, Jaca Book, Milano 1986

Mt. Fumagalli Beonio Brocchieri, *Introduzione ad Abelardo*, Laterza, Roma-Bari 2006 (5°ed.)

Mt. Fumagalli Beonio Brocchieri, *Le bugie di Isotta*, Laterza, Roma-Bari 1987

E. Gilson, *Eloisa e Abelardo*, Einaudi, Torino 1970

T. Gregory, *Mundana Sapientia. Forme di conoscenza nella cultura medievale*, Edizioni di storia e letteratura, Roma 1992

T. Gregory, *Anima mundi. La filosofia di Guglielmo di Conches e la Scuola di Chartres*, Sansoni, Firenze, 1955

M. Parodi, *Il conflitto dei pensieri*, Lubrina, Bergamo 1988

P. Riché, J. Verger, *Nani sulle spalle di giganti. Maestri e allievi nel medioevo*, Jaca Book, Milano 2011

R.W. Southern, Anselmo d'Aosta. *Ritratto su sfondo*, Jaca Book, Milano 1998

XI

M. Bettetini, L.Bianchi, C.Marmo, P.Porro, *Filosofia medievale*, Cortina, Milano 2004

L. Bianchi (a cura di), *La filosofia nelle università*, La Nuova Italia, Firenze 1997

C. D'Ancona, *Storia della filosofia nell'islam medievale*, Einaudi, Torino 2005

A. De Libera, *Storia della filosofia medievale*, Jaca Book, Milano 1995

P. Porro, *Tommaso d'Aquino. Un profilo storico-filosofico*, Carocci, Roma 2012

F. -X. Putallaz, R. Imbach, *Professione filosofo. Sigieri di Brabante*, Jaca Book, Milano 1998

C. Sirat, *La filosofia ebraica medievale secondo i testi editi e inediti*, Paideia, Brescia 1990

S. Vanni Rovighi, *Introduzione a Tommaso d'Aquino*, Laterza, Roma-Bari 1973

XII

A. Beccarisi, *Eckhart*, Carocci, Roma 2012

L. Bianchi, E. Randi, *Le verità dissonanti. Aristotele alla fine del Medioevo*, Laterza, Roma-Bari 1990

O. Boulnois, Duns Scoto. *Il rigore della carità*, Jaca Book, Milano 1996

M. Clagett, *La scienza della meccanica nel Medio Evo*, Feltrinelli, Milano 1972

Mt. Fumagalli Beonio Brocchieri, *Il pensiero politico medievale*, Laterza, Roma-Bari 2005

Mt. Fumagalli Beonio Brocchieri, *La Chiesa invisibile: riforme politico-religiose nel basso Medioevo*, Feltrinelli, Milano 1978

A. Ghisalberti, *Introduzione ad Ockham*, Laterza, Roma-Bari 1991 (2° ed.)

C. Marmo, *La semiotica del XIII secolo*, Bompiani, Milano 2010

P. Müller, *La logica di Ockham*, Vita e Pensiero, Milano 2012

B. Nardi, *Dante e la cultura medievale*, Laterza, Roma-Bari 1942

L. Sturlese, *Storia della filosofia tedesca nel Medioevo. Dagli inizi alla fine del XII secolo*, L. S. Olschki Editore, Firenze 1990

O. Todisco, *Guglielmo d'Occam: filosofo della contingenza*, Edizioni Messaggero, Padova 1998

P. Vignaux, *La filosofia nel Medioevo*, Laterza, Roma-Bari 1990

찾아보기

ㅈ

ㅊ

ㅋ

ㅍ

ㅎ

Philos 001

경이로운 철학의 역사 1
고대 · 중세 편

1판 1쇄 발행 2018년 7월 25일
1판 6쇄 발행 2023년 12월 23일

엮고지은이 움베르토 에코, 리카르도 페드리가
옮긴이 윤병언
펴낸이 김영곤
펴낸곳 아르테

편집 김지영 최윤지
디자인 박대성
기획위원 장미희
출판마케팅영업본부 본부장 한충희
마케팅 남정한 한경화 김신우 강효원
영업 최명열 김다운 김도연
해외기획 최연순
제작 이영민 권경민

출판등록 2000년 5월 6일 제406-2003-061호
주소 (10881) 경기도 파주시 회동길 201(문발동)
대표전화 031-955-2100 팩스 031-955-2151 이메일 book21@book21.co.kr

ISBN 978-89-509-7584-5 04100
ISBN 978-89-509-7583-8 (세트)